유하다요

JLPT
N1
언어지식ㆍ독해ㆍ청해

최신경향
종합서

한 권 스피드 합격

합격까지 30일 완성! 30일 학습플랜 제공

 연도별 기출단어, 기출문법
완벽 정리

 들고 다니면서 학습 가능한
JLPT N1 D-30일 체크북 수록

 JLPT 최신 출제 경향을 반영한
실전모의고사 3회분 수록

 복습용 무료 MP3 5종
다운로드 제공

yuhadayo.com   일본어 전문 인강 유하다요 일본어 yuhadayo.com
본 교재 인강 할인쿠폰 수록

유하다요

유하다요가 선보이는 JLPT 시리즈

유하다요 JLPT 한 권 스피드 합격

유하다요 JLPT N3
한 권 스피드 합격

유하다요 JLPT N2
한 권 스피드 합격

유하다요 JLPT N1
한 권 스피드 합격

본 교재와 함께 하면 완벽한 시너지 효과를 내는

본 교재 인강 **5만원 할인** 쿠폰코드

쿠폰 코드: N50000

이용 방법
결제 시, 쿠폰 코드 입력란에 해당 쿠폰 코드 입력 후 적용해 주세요.
*쿠폰에 관련된 문의는 유하다요 고객센터로 문의 부탁드립니다.

유하다요 사이트

1년에 단 2번 JLPT 시험

"올해 JLPT 합격하고 싶어요!"

"단기간 JLPT 학습플랜이 필요해요!"

"혼자서 JLPT 공부할 수 있을까요?"

"과거 기출을 알고 싶어요!"

やればできる！하면 된다!

유하다요 JLPT N3 한 권 스피드 합격으로
빠른 합격이 가능한 이유!

단기간 합격을 위한 30일 학습플랜 제공!

▶ **30일 스피드 합격플랜**

시험 30일 전에 시작하는 분을 위한 본 교재 최단기 학습플랜입니다.

1일	2일	3일	4일	5일	6일
[기출단어 문제풀이] 문제1 한자읽기 - 문제2 문맥규정	[기출단어 문제풀이] 문제3 유의표현 - 문제4 용법	[핵심단어 문제풀이] 문제1 한자읽기	[핵심단어 문제풀이] 문제2 문맥규정	[핵심단어 문제풀이] 문제3 유의표현	[핵심단어 문제풀이] 문제4 용법

- 합격까지 30일 완성을 위한 학습플랜으로 학습 가능
- JLPT 학습의 가장 이상적인 60일 학습플랜 추가 제공

JLPT 합격 노하우 yuhadayo.com

2
최신 기출 문제 분석 반영!

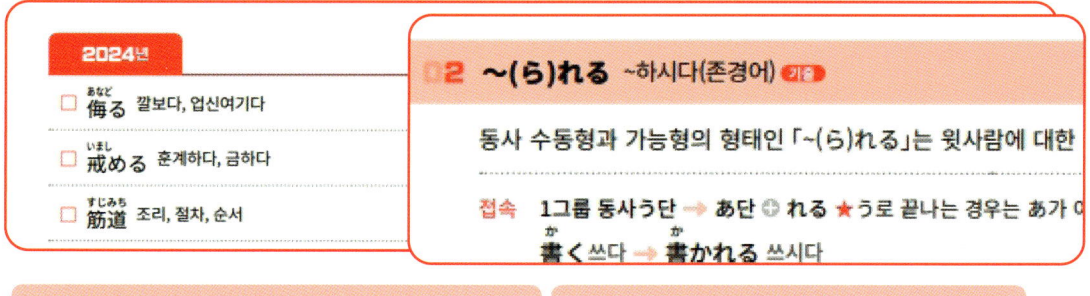

- 최신 연도별순으로 꼼꼼하게 정리된 기출단어 수록
- 과거 기출 문제를 철저히 분석한 기출문법 수록

3
실전 연습이 가능한 모의고사 3회분!

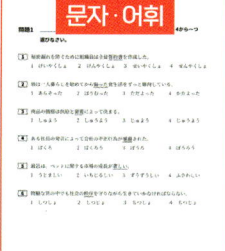   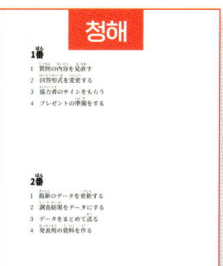

- 실제 시험과 같은 형태의 모의고사로 실전 감각 극대화
- 교재 수록 2회+온라인 모의고사 1회분

4 시험 직전 스피드 정리
D-30 체크북 부록!

- 출제 예상 단어와 문법을 30일 플랜으로 스피드있게 체크 가능
- 간편하게 들고 다닐 수 있는 부록 사이즈

5 무료 MP3 5종!

- 출제 예상 단어와 문법, 예문 MP3
- 기본 버전, 배속 버전, 시험장 버전으로 실전에 가까운 청해 MP3

JLPT 합격 노하우 yuhadayo.com

유하다요

JLPT
N1

문자·어휘 문법 독해 청해

한 권 스피드 합격

유하다요

목차

JLPT 알아보기 ... 004
이 책의 구성과 활용법 ... 008
합격플랜 ... 012

언어지식
문자·어휘

기출단어 집중 공략
- **문제1** 한자읽기 ... 018
- **문제2** 문맥규정 ... 032
- **문제3** 유의표현 ... 050
- **문제4** 용법 ... 074

핵심단어 집중 공략
핵심단어 리스트 ... 094

언어지식
문법

문법 집중 공략
- **문제5** 문법형식 판단 ... 182
- **문제6** 문장만들기 ... 184
- **문제7** 글의 문법 ... 186

필수 문법 워밍업
필수 문법 리스트 ... 192

기출문법 집중 공략
기출문법 리스트 254

핵심문법 집중 공략
핵심문법 리스트 300

독해

독해 문제유형 집중 공략
- **문제8** 단문 내용이해-단문 372
- **문제9** 내용이해-중문 386
- **문제10** 내용이해-장문 414
- **문제11** 통합이해 432
- **문제12** 주장이해 448
- **문제13** 정보검색 468

청해

청해 집중 공략
- **문제1** 과제이해 492
- **문제2** 포인트이해 504
- **문제3** 개요이해 518
- **문제4** 즉시응답 528
- **문제5** 통합이해 536

부록 ➕ 실전모의고사 2회분 ➕ 해설집 ➕ JLPT N1 D-30일 체크북

JLPT 알아보기

▶ JLPT란?

JLPT(일본어능력시험)이란 **J**apanese-**L**anguage **P**roficiency **T**est의 앞 글자를 딴 말로, 일본어를 모국어로 하지 않는 사람의 일본어 능력을 측정하고 인정하는 세계 최대 규모의 일본어 자격 시험입니다. 또한 JLPT 합격증은 전 세계 거의 모든 기업 및 국내외 대학 제출이 가능하여 국제 공인성이 높습니다.

▶ JLPT 레벨

JLPT는 난이도가 쉬운 레벨부터 어려운 레벨까지 N5, N4, N3, N2, N1으로 나누어져 있습니다.

레벨	인정 기준
N1	**폭넓은 분야에서 사용되는 일본어를 이해할 수 있는 레벨** • 읽기 논리적으로 약간 복잡하고 추상도가 높은 신문의 논설, 평론 등을 읽고 구성이나 상세 내용을 이해할 수 있다. • 듣기 자연스러운 속도의 회화나 뉴스, 강의를 듣고 이야기의 흐름이나 상세 내용, 요점을 파악할 수 있다.
N2	**일상에서 사용되는 일본어를 수월하게 이해할 수 있는 레벨** • 읽기 논지가 명확한 잡지의 기사, 해설, 평론 등을 읽고 내용을 이해할 수 있다. • 듣기 자연스러운 속도의 회화나 뉴스를 듣고 등장인물 간의 관계를 이해하거나 이야기의 흐름과 요점을 파악할 수 있다.
N3	**일상에서 사용되는 일본어를 어느 정도 이해할 수 있는 레벨** • 읽기 일상적인 화제에 대해 구체적으로 쓰인 글을 읽고 이해할 수 있다. • 듣기 자연스러운 속도에 가까운 일상 회화를 듣고 이야기의 구체적인 내용을 등장인물 간의 관계 파악과 함께 거의 이해할 수 있다.
N4	**기초적인 일본어를 수월하게 이해할 수 있는 레벨** • 읽기 기본적인 어휘나 한자를 사용해서 쓰여진 일상적인 화제의 문장을 읽고 이해할 수 있다. • 듣기 비교적 느린 속도의 일상 회화라면 거의 이해할 수 있다.
N5	**기초적인 일본어를 어느 정도 이해할 수 있는 레벨** • 읽기 히라가나, 카타카나, 일상생활에서 쓰이는 기초적인 한자로 쓰여진 정형화된 문장을 읽고 이해할 수 있다. • 듣기 느리고 짧은 회화에서 필요한 정보를 듣고 이해할 수 있다.

(어려운 레벨 ↑ 쉬운 레벨)

▶ JLPT 필수 정보

실시 횟수	매년 2회, 7월과 12월
성적 발표	합격/불합격(점수 표시)
유효기간	평생
시험 접수	❶ 인터넷 접수 — JLPT 홈페이지 (https://www.jlpt.or.kr/)를 통해 접수
	❷ 우편 접수 — 홈페이지를 통해 다운로드한 원서와 구비 서류(증명 사진 1매, 수험료)를 등기우편으로 발송 ※ 시험장 선택 불가능
	❸ 방문 접수 — 증명사진 1매와 수험료를 지참하여 JLPT 사무국 또는 접수처에 방문하여 원서 작성 후 접수 ※ 일반 접수 기간 이후 일주일 정도의 추가 접수 기간이 있습니다.

▶ JLPT 합격과 과락 기준점

모든 과목의 점수 합계가 합격 기준점을 넘어야 합격입니다. 다만, 한 가지 과목이라도 19점 미만으로 득점하면 불합격입니다.

레벨	합격 기준점	과목별 과락 기준점		
		언어지식 (문자·어휘, 문법)	독해	청해
N1	100점/180점	19점/60점	19점/60점	19점/60점
N2	90점/180점	19점/60점	19점/60점	19점/60점
N3	95점/180점	19점/60점	19점/60점	19점/60점
N4	90점/180점	38점/120점		19점/60점
N5	80점/180점	38점/120점		19점/60점

JLPT 알아보기

▶ N1 과목 구성과 시험 시간

교시	구성	문제유형	문제수	시간
1교시	언어지식 (문자·어휘)	한자읽기	6	110분
		문맥규정	7	
		유의표현	6	
		용법	6	
	언어지식 (문법)	문법형식의 판단	10	
		문장 만들기	5	
		글의 문법	4-5	
	독해	단문 내용이해	4	
		중문 내용이해	8	
		장문 내용이해	3-4	
		통합이해	2	
		주장이해	3-4	
		정보검색	2	
쉬는 시간 20분				
2교시	청해	과제이해	5	55분
		포인트이해	6	
		개요이해	5	
		즉시응답	11-13	
		통합이해	3-4	

▶ N1 합격 결과 발표

시험 결과는 인터넷으로 먼저 발표되고, 그 이후 성적표가 택배 발송됩니다.

	인터넷 발표	택배 배송
시기	• 1회시험-8월 말 • 2회시험-1월 말	• 1회시험-9월 말 • 2회시험-2월 말
성적 표시	• 합격/불합격 • 성적 점수 확인 가능	• 합격/불합격 • 성적 점수 확인 가능

[시험 결과 예시] 합격(Passed) 또는 불합격(Not Passed) 표시

구분별 득점			총점
언어지식	독해	청해	
52/60	60/60	52/60	164/180

▶ JLPT와 JPT 차이

일본어 학습자들이 많이들 궁금해하는 JLPT와 JPT의 차이는 다음과 같습니다. JLPT는 국제적으로 통용되지만, JPT는 국내 한정 자격증입니다. 또한 JLPT는 합격과 불합격으로 성적이 통지되지만, JPT는 점수로만 표시됩니다.

	JLPT	JPT
유효 범위/기한	• 전 세계/평생	• 국내/2년
주관	• 일본 문부과학성의 일본 국제 교류기금과 일본 국제 교육지원협회	• 국내 사설기관 YBM사
실시 횟수	• 매년 2회(7월, 12월)	• 매달 1회
성적 발표	• 합격/불합격(점수 표시)	• 990점 만점
레벨 유무	• N5-N1 구분	• 레벨 구분 없음

이 책의 구성과 활용법

각 파트별로 JLPT 합격을 위한 최적의 학습 커리큘럼으로 구성되어 있습니다.

▶ STEP 1 문자·어휘

❶ 문자·어휘 합격 공략 포인트 알아보기

N1 합격에 가까워지기 위한 문제 풀이 꿀팁과 노하우를 정리하였습니다. 문자·어휘 문제를 푸는 요령을 확인하고 정답률을 높여 보세요.

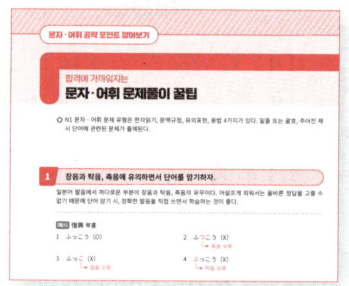

❷ 문제 유형 파악하기

JLPT 최신 출제 경향을 철저히 분석하여, N2 문자·어휘 각 문제 유형에 맞게 문제 풀이 공략법을 정리하였습니다. 각 문제 유형을 익혀 전략을 세워 보세요.

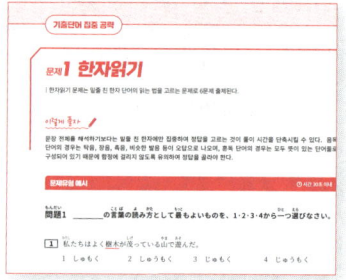

❸ 단어 암기&복습하기

실제 N1에서 출제된 [기출단어]와 N1 레벨에서 반드시 익혀야 할 [핵심단어]로 분별하여 수록하였습니다. 꼼꼼하게 암기하여 실력을 쌓고 [기본 다지기]를 통해 암기한 단어를 체크하고 복습해 보세요.

❹ 실전 감각 익히기

출제 경향에 딱 맞춘 실전 문제를 풀어봄으로써 시험에 대비할 수 있습니다. 학습한 내용을 적용하여 실제 시험에 대비해 보세요.

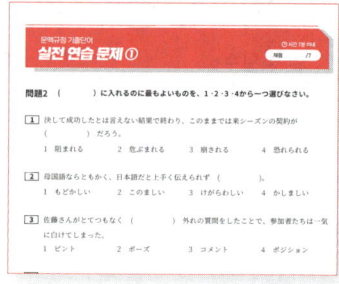

▶ STEP 2 문법

❶ 문법 합격 공략 포인트 알아보기
N1 합격에 가까워지기 위한 문제 풀이 꿀팁과 노하우를 정리하였습니다. 문법 문제를 푸는 요령을 확인하고 정답률을 높여 보세요.

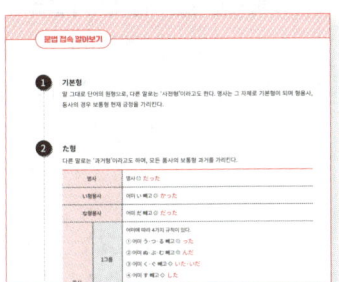

❷ 문제 유형 파악하기
JLPT 최신 출제 경향을 철저히 분석하여, N1 문법 각 문제 유형에 맞게 문제 풀이 공략법을 정리하였습니다. 각 문제 유형을 익혀 전략을 세워보세요.

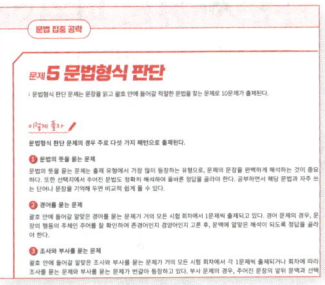

❸ 문법 이론 학습하기
N1 합격을 위해 꼭 암기해야 할 문법을 [필수 문법]과 [기출문법], [핵심문법]으로 분별하여 수록하였습니다. 각 문법에 대한 해설과 접속, 예시로 꼼꼼하게 학습해 보세요.

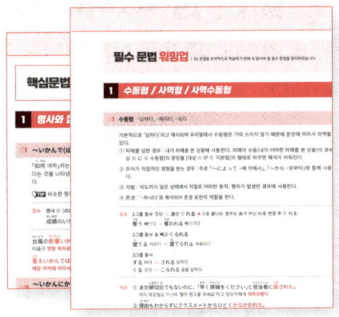

❹ 실전 감각 익히기
출제 경향에 딱 맞춘 실전 문제를 풀어봄으로써 시험에 대비할 수 있습니다. 학습한 내용을 적용하여 실제 시험에 대비해 보세요.

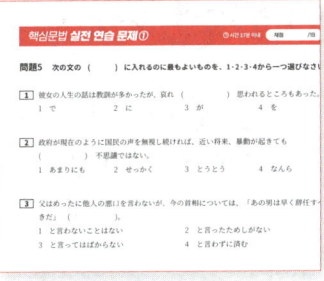

이 책의 구성과 활용법

▶ STEP 3 독해

❶ 독해 공략 포인트 알아보기
N1 합격에 가까워지기 위한 문제 풀이 꿀팁과 노하우, 그리고 N1 독해에서 자주 출제되는 질문 유형을 분석하여 정리하였습니다. 독해를 푸는 요령을 확인하고 정답률을 높여 보세요.

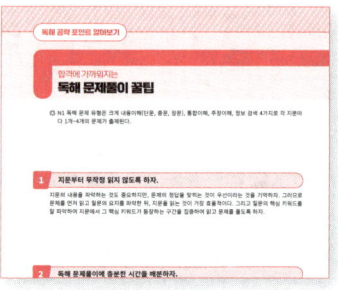

❷ 문제 유형 파악하기
JLPT 최신 출제 경향을 철저히 분석하여, N1 독해 각 문제 유형에 맞게 문제 풀이 공략법을 정리하였습니다. 각 문제 유형을 익혀 전략을 세워보세요.

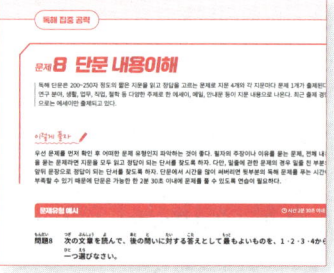

❸ 실전 감각 익히기
출제 경향에 딱 맞춘 실전 문제를 집중적으로 풀어봄으로써 시험에 대비할 수 있습니다.

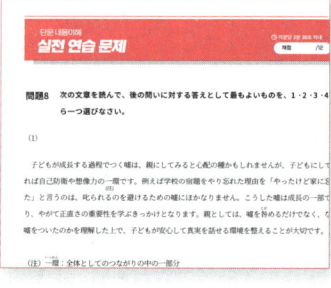

＋ 부록

해설집
모든 문제에 대한 정답의 단서뿐만 아니라 오답에 대한 명쾌한 이유까지 알기 쉽게 풀이하였습니다. 상세한 해설과 직역에 가까운 해석으로 고득점까지 노려 보세요.

실전 모의고사
실제 시험과 똑같은 형태의 모의고사 2회＋온라인 모의고사 1회로 실전 감각을 극대화할 수 있습니다. 모의고사까지 꼼꼼하게 챙겨 시험 직전 자신의 실력을 최종 점검해 보세요.

▶ STEP 4 청해

❶ 청해 공략 포인트 알아보기
N1 합격에 가까워지기 위한 문제 풀이 꿀팁과 노하우, 그리고 N1 청해에서 꼭 필요한 일본어 회화체를 포인트별로 정리하여 수록하였습니다. 회화체를 청해 문제 풀이 전에 학습하여 듣기 요령을 터득해 보세요.

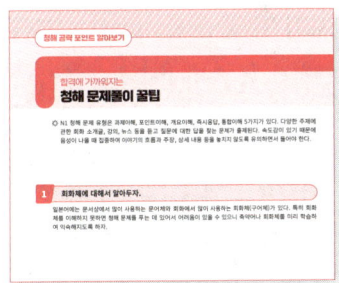

❷ 문제 유형 파악하기
JLPT 최신 출제 경향을 철저히 분석하여, N1 청해 각 문제 유형에 맞게 문제 풀이 공략법을 정리하였습니다. 각 문제 유형을 익혀 전략을 세워 보세요.

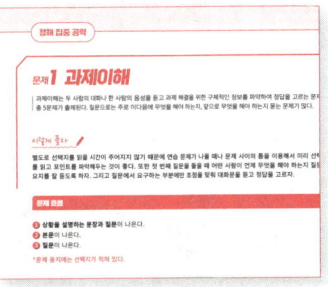

❸ 실전 감각 익히기
출제 경향에 딱 맞춘 실전 문제를 집중적으로 풀어봄으로써 시험에 대비할 수 있습니다.

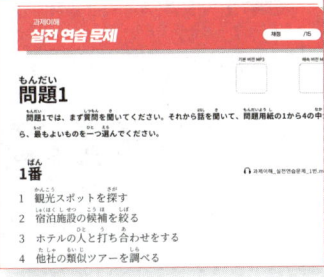

JLPT N2 D-30일 체크북
시험 30일 전에 출제 예상 단어와 문법을 체크할 수 있도록 정리하였습니다. 들고 다니면서 간편하게 학습해 보세요.

MP3 5종
정확한 원어민 발음을 들으면서 단어 학습을 할 수 있도록 [출제 예상 단어] 그리고 [출제 예상 문법] MP3와 기본, 배속, 시험장 버전의 청해 MP3를 수록하였습니다. 다운로드하여 반복 학습에 활용해 보세요.

학습플랜

▶ 30일 스피드 합격플랜

시험 30일 전에 시작하는 분을 위한 본 교재 최단기 학습플랜입니다.

1일	2일	3일	4일	5일	6일
[기출단어 문제풀이] 문제1 한자읽기 - 문제2 문맥규정	[기출단어 문제풀이] 문제3 유의표현 - 문제4 용법	[핵심단어 문제풀이] 문제1 한자읽기	[핵심단어 문제풀이] 문제2 문맥규정	[핵심단어 문제풀이] 문제3 유의표현	[핵심단어 문제풀이] 문제4 용법
[D-30일 체크북] D-30일 암기	[D-30일 체크북] D-29일 암기	[D-30일 체크북] D-28일 암기	[D-30일 체크북] D-27일 암기	[D-30일 체크북] D-26일 암기	[D-30일 체크북] D-25일 암기

7일	8일	9일	10일	11일	12일
[필수 문법 워밍업] 1 수동형/사역형/사역수동형 - 2 경어	[필수 문법 워밍업] 3 필수기출문법	[필수 문법 워밍업] 4 조사 - 5 부사	[필수 문법 워밍업] 6 접속사	[기출문법] 1 명사와 접속 - 2 동사와 접속	[기출문법] 3 품사 2개와 접속 - 4 여러 품사와 접속
[D-30일 체크북] D-24일 암기	[D-30일 체크북] D-23일 암기	[D-30일 체크북] D-22일 암기	[D-30일 체크북] D-21일 암기	[D-30일 체크북] D-20일 암기	[D-30일 체크북] D-19일 암기

13일	14일	15일	16일	17일	18일
[기출문법 문제풀이] 문제5 문법형식 판단 - 문제7 글의 문법	[핵심문법] 1 명사와 접속 - 2 동사와 접속	[핵심문법] 3 품사 2개와 접속 - 4 여러 품사와 접속	[핵심문법 문제풀이] 문제5 문법형식 판단 - 문제7 글의 문법	[독해 문제풀이] 문제8 단문	[독해 문제풀이] 문제9 중문
[D-30일 체크북] D-18일 암기	[D-30일 체크북] D-17일 암기	[D-30일 체크북] D-16일 암기	[D-30일 체크북] D-15일 암기	[D-30일 체크북] D-14일 암기	[D-30일 체크북] D-13일 암기

19일	20일	21일	22일	23일	24일
[독해 문제풀이] 문제9 중문	[독해 문제풀이] 문제10 장문	[독해 문제풀이] 문제11 통합이해	[독해 문제풀이] 문제12 주장이해	[독해 문제풀이] 문제13 정보검색	[청해 문제풀이] 문제1 과제이해
[D-30일 체크북] D-12일 암기	[D-30일 체크북] D-11일 암기	[D-30일 체크북] D-10일 암기	[D-30일 체크북] D-9일 암기	[D-30일 체크북] D-8일 암기	[D-30일 체크북] D-7일 암기

25일	26일	27일	28일	29일	30일
[청해 문제풀이] 문제2 포인트이해	[청해 문제풀이] 문제3 개요이해	[청해 문제풀이] 문제4 즉시응답	[청해 문제풀이] 문제5 통합이해	[모의고사1 문제풀이] 문자·어휘 - 청해	[모의고사2 문제풀이] 문자·어휘 - 청해
[D-30일 체크북] D-6일 암기	[D-30일 체크북] D-5일 암기	[D-30일 체크북] D-4일 암기	[D-30일 체크북] D-3일 암기	[D-30일 체크북] D-2일 암기	[D-30일 체크북] D-1일 암기

📅 개인별 수준에 따라 해당 학습플랜을 2번 반복하거나 각자 자신만의 학습 스타일에 맞게 학습 계획을 세워 보세요.

📅 보다 많이 실전 연습을 하고 싶다면 온라인 테스트에도 도전해 보세요.

60일 완성 합격플랜

시험 60일 전에 시작하는 분을 위한 본 교재의 가장 이상적인 학습플랜입니다.

1일	2일	3일	4일	5일	6일
[문자·어휘 기출단어] 문제1 암기, 문제풀이	[문자·어휘 기출단어] 문제2 암기, 문제풀이	[문자·어휘 기출단어] 문제3 암기, 문제풀이	[문자·어휘 기출단어] 문제4 암기, 문제풀이	[문자·어휘 핵심단어] 문제1 암기	[문자·어휘 핵심단어] 문제2 암기
7일	**8일**	**9일**	**10일**	**11일**	**12일**
[문자·어휘 핵심단어] 문제3 암기	[문자·어휘 핵심단어] 문제4 암기	[문자·어휘 핵심단어] 문제5 암기	[문자·어휘 핵심단어] 문제6 암기	[문자·어휘 핵심단어] 문제7-8 암기	[문자·어휘 핵심단어] 문제1 문제풀이
13일	**14일**	**15일**	**16일**	**17일**	**18일**
[문자·어휘 핵심단어] 문제2 문제풀이	[문자·어휘 핵심단어] 문제3 문제풀이	[문자·어휘 핵심단어] 문제4 문제풀이	[문자·어휘] 전체 복습	[문자·어휘] 전체 복습	[필수 문법 워밍업] 1-2 암기
19일	**20일**	**21일**	**22일**	**23일**	**24일**
[필수 문법 워밍업] 3 암기	[필수 문법 워밍업] 4-5 암기	[필수 문법 워밍업] 6 암기	[기출문법] 기출문법1 암기	[기출문법] 기출문법2 암기	[기출문법] 기출문법3 암기
25일	**26일**	**27일**	**28일**	**29일**	**30일**
[문법 기출문법] 기출문법4 암기	[기출문법] 기출문법1 문제풀이	[기출문법] 기출문법2 문제풀이	[기출문법] 기출문법3 문제풀이	[핵심문법] 핵심문법1 암기	[핵심문법] 핵심문법2 암기
31일	**32일**	**33일**	**34일**	**35일**	**36일**
[핵심문법] 핵심문법3 암기	[핵심문법] 핵심문법4 암기	[핵심문법] 핵심문법1 문제풀이	[핵심문법] 핵심문법2 문제풀이	[핵심문법] 핵심문법3 문제풀이	[문법] 전체 복습
37일	**38일**	**39일**	**40일**	**41일**	**42일**
[문법] 전체 복습	[독해] 문제8 문제풀이	[독해] 문제8 문제풀이	[독해] 문제9 문제풀이	[독해] 문제9 문제풀이	[독해] 문제10 문제풀이
43일	**44일**	**45일**	**46일**	**47일**	**48일**
[독해] 문제11 문제풀이	[독해] 문제12 문제풀이	[독해] 문제13 문제풀이	[독해] 전체복습	[독해] 전체복습	[청해] 문제1 문제풀이
49일	**50일**	**51일**	**52일**	**53일**	**54일**
[청해] 문제2 문제풀이	[청해] 문제3 문제풀이	[청해] 문제4 문제풀이	[청해] 문제5 문제풀이	[청해] 전체복습	[청해] 전체복습
55일	**56일**	**57일**	**58일**	**59일**	**60일**
[모의고사1] 문제풀이	[모의고사1] 복습	[모의고사2] 문제풀이	[모의고사2] 복습	[온라인 테스트] 문제풀이	[온라인 테스트] 복습

📅 개인별 수준에 따라 2일 치를 1일에 학습하거나 1일 치를 2일로 나눠 학습하는 등 자신만의 학습 스타일에 맞게 학습 계획을 세워 보세요.

N1

JLPT 합격노하우 **yuhadayo.com**

언어지식

문자·어휘

기출단어 집중 공략
- **문제1** 한자읽기
- **문제2** 문맥규정
- **문제3** 유의표현
- **문제4** 용법

핵심단어 집중 공략
핵심단어 리스트

문자·어휘 공략 포인트 알아보기

합격에 가까워지는
문자·어휘 문제풀이 꿀팁

⚙ N1 문자·어휘 문제 유형은 한자읽기, 문맥규정, 유의표현, 용법 4가지가 있다. 밑줄 또는 괄호, 주어진 제시 단어에 관련된 문제가 출제된다.

---

1 장음과 탁음, 촉음에 유의하면서 단어를 암기하자.

일본어 발음에서 까다로운 부분이 장음과 탁음, 촉음의 유무이다. 어설프게 외워서는 올바른 정답을 고를 수 없기 때문에 단어 암기 시, 정확한 발음을 직접 쓰면서 학습하는 것이 좋다.

예시 復興 부흥

1 ふっこう（O）　　　　　　　　2 ふつこう（X）
　　　　　　　　　　　　　　　　　　　↳ 촉음 오류

3 ふっこ（X）　　　　　　　　　4 ぶっこう（X）
　　↳ 장음 오류　　　　　　　　　　　↳ 탁음 오류

---

2 단어의 뜻을 확실하게 암기하자.

단어의 뜻을 확실하게 모르면 정답을 고를 수 없기 때문에 단어의 뜻을 확실하게 암기해 두는 것이 좋다. 문제의 문장을 모두 해석하고 괄호 안에 들어갈 말을 고를 수 없는 경우가 생기지 않도록 일본어 단어와 그 뜻을 매치해서 잘 암기하도록 하자. 또한 그 단어의 의미를 잘 파악해 두면서 유의어에는 무엇이 있는지도 함께 파악해 두면 좋다.

예시 ついに（　　　）の金メダルを獲得した。

1 意欲　　　　　　　　　　　　2 志願
3 欲求　　　　　　　　　　　　4 念願

↳ [意欲 의욕 － 欲求 욕구], [志願 지원 － 念願 염원]처럼 같은 한자로 구성하여 혼동을 주는 경우가 있다.

정답 念願 ≒ 願い
　　　　　↳ 유의어도 함께 기억해두자.

3 단어의 뉘앙스를 확실하게 파악하자.

단어의 뜻은 물론 어떤 문장에서 사용하는 단어인지 그 단어가 가진 뉘앙스까지 파악해 두는 것이 좋다. 한국어 해석으로는 말이 되어도 일본어에서는 사용법이 틀린 경우가 있으니 유의하도록 하자.

예시 昇進 승진

(○) 上田課長は来月、部長に昇進することになった。

우에다 과장은 다음 달, 부장으로 승진하게 되었다.

(×) 私の大学は、2年生までに必須科目を全部とらないと、3年生に昇進できない。

나의 대학은 2학년까지 필수과목을 전부 따지 않으면 3학년으로 승진으로 수 없다.

→ 進学 진학이라는 단어를 사용해야 하는 문장이다.

4 모르는 단어가 나왔다면 과감히 포기하자.

잘 모르는 단어가 나왔다면 오랜 시간 끌지 말고 다음 문제로 넘어가도록 하자. 언어지식 파트와 독해 문제까지 모든 문제를 풀고 정답을 마킹하기 전 시간이 남았다면 그때 다시 한번 확인해도 늦지 않다.

기출단어 집중 공략

문제 1 한자읽기

| 한자읽기 문제는 밑줄 친 한자 단어의 읽는 법을 고르는 문제로 6문제 출제된다.

이렇게 풀자

문장 전체를 해석하기보다는 밑줄 친 한자에만 집중하여 정답을 고르는 것이 풀이 시간을 단축시킬 수 있다. 음독 단어의 경우는 탁음, 장음, 촉음, 비슷한 발음 등이 오답으로 나오며, 훈독 단어의 경우는 모두 뜻이 있는 단어들로 구성되어 있기 때문에 함정에 걸리지 않도록 유의하여 정답을 골라야 한다.

문제유형 예시 ⏱ 시간 30초 이내

問題1　＿＿＿の言葉の読み方として最もよいものを、1・2・3・4から一つ選びなさい。

1　私たちはよく樹木が茂っている山で遊んだ。
　　1　しゅもく　　2　しゅうもく　　3　じゅもく　　4　じゅうもく

문제 1 _____의 말의 읽는 법으로서 가장 알맞은 것을, 1·2·3·4에서 하나 고르세요.

| 정답 | ③

| 해석 | 우리들은 자주 수목이 무성해 있는 산에서 놀았다.

| 해설 | 樹木는 3 じゅもく라고 음독으로 읽는다. 木는 ぼく라는 음독도 있지만 樹木는 じゅもく로 읽어야 한다.

| 단어 | 樹木(じゅもく) 수목 | 茂(しげ)る (초목이) 무성하다 | 山(やま) 산 | 遊(あそ)ぶ 놀다

2020년~2024년 한자읽기 기출단어 1

2020년부터 2024년까지 출제된 한자읽기 기출 단어를 정리하였습니다.

2024년

- ☐ 侮^{あなど}る 깔보다, 업신여기다
- ☐ 粗^{あら}い 거칠다
- ☐ 戒^{いまし}める 훈계하다, 금하다
- ☐ 寿命^{じゅみょう} 수명
- ☐ 筋道^{すじみち} 조리, 절차, 순서
- ☐ 誓約書^{せいやくしょ} 서약서
- ☐ 絶叫^{ぜっきょう} 절규
- ☐ 粘膜^{ねんまく} 점막
- ☐ 背後^{はいご} 배후
- ☐ 腐敗^{ふはい} 부패
- ☐ 抱負^{ほうふ} 포부
- ☐ 奔放^{ほんぽう} 분방

2023년

- ☐ 偏^{かたよ}り 치우침
- ☐ 軌跡^{きせき} 궤적
- ☐ 軽率^{けいそつ}だ 경솔하다
- ☐ 誇張^{こちょう} 과장
- ☐ 諭^{さと}す 타이르다, 깨우치다
- ☐ 振興^{しんこう} 진흥
- ☐ 潜伏^{せんぷく} 잠복
- ☐ 騒然^{そうぜん} (시끌벅적) 떠들썩함
- ☐ 秩序^{ちつじょ} 질서
- ☐ 朗^{ほが}らかだ 명랑하다, 쾌활하다, (날씨가) 쾌청하다
- ☐ 賄^{まかな}う 조달하다, 마련하여 공급하다
- ☐ 矛盾^{むじゅん} 모순

2022년

- 恩恵(おんけい) 은혜
- 慕う(した う) 그리워하다, 사모하다
- 施錠(せじょう) 자물쇠를 채움
- 沈下(ちんか) 침하, 물속에 가라앉음
- 臨む(のぞ む) 임하다
- 阻む(はば む) 저지하다, 막다
- 監督(かんとく) 감독
- 透ける(す ける) 들여다 보이다, 비쳐 보이다
- 忠告(ちゅうこく) 충고
- 如実に(にょじつに) 여실히, 있는 그대로
- 派生する(はせい する) 파생하다, 파생되다
- 勇敢に(ゆうかんに) 용감하게

2021년

- 遺憾に(いかんに) 유감스럽게
- 緊迫(きんぱく) 긴박
- 克明に(こくめいに) 극명하게
- 錯覚(さっかく) 착각
- 尊い(とうと い) 귀중하다, 고귀하다
- 貧富(ひんぷ) 빈부
- 憤る(いきどお る) 분개하다, 성내다
- 枯渇する(こかつ する) 고갈되다
- 心遣い(こころづか い) 마음을 씀, 배려
- 治癒(ちゆ) 치유
- 慰める(なぐさ める) 위로하다
- 閉鎖(へいさ) 폐쇄

2020년

- 促す(うなが す) 재촉하다
- 巧妙だ(こうみょうだ) 교묘하다
- 措置(そち) 조치
- 干渉(かんしょう) 간섭
- 振興(しんこう) 진흥
- 粘る(ねば る) 끈기 있게 견디어 내다

한자읽기 기출단어
기본 다지기 ①

채점   /10

한자 단어의 읽는 법을 둘 중에서 하나 고르세요.

1 腐敗
1 ふはい   2 ふばい

2 忠告
1 じゅうこく   2 ちゅうこく

3 諭す
1 さとす   2 うながす

4 軌跡
1 きせき   2 きあと

5 憤る
1 とどこおる   2 いきどおる

6 干渉
1 かんしょう   2 ほしょう

7 措置
1 そち   2 しょち

8 恩恵
1 おんけい   2 おんえ

9 慰める
1 いましめる   2 なぐさめる

10 粘膜
1 てんまく   2 ねんまく

해설집 p.2

정답 1① 2② 3① 4① 5② 6① 7① 8① 9② 10②

실전 연습 문제 ①

問題1 _____ の言葉の読み方として最もよいものを、1・2・3・4から一つ選びなさい。

1 隣町で殺人が起きたというニュースを接したときは寿命が縮むようだった。
1 じゅみょう　　2 じゅうみょう　　3 じゅめい　　4 じゅうめい

2 朗らかな秋空の下、今年も各地で様々な行事が催された。
1 おおらか　　2 きよらか　　3 なめらか　　4 ほがらか

3 防犯カメラには、泥棒が想像以上に巧妙な手口で金品を盗む姿が映っていた。
1 こみょう　　2 こうみょう　　3 こびょう　　4 こうびょう

4 昆虫であっても、命ある物はすべて尊いと言えよう。
1 ひとしい　　2 はかない　　3 とうとい　　4 あやうい

5 騒音問題で周辺住民からの苦情を受け、工場は閉鎖に追い込まれた。
1 へいさ　　2 へいざ　　3 へいさい　　4 へいさく

6 校内でこのような事故が起きてしまったことを非常に遺憾に思います。
1 ゆいかん　　2 ずいかん　　3 さかん　　4 いかん

정답　1① 2④ 3② 4③ 5① 6④

2015년~2019년
한자읽기 기출단어 2 | 2015년부터 2019년까지 출제된 한자읽기 기출 단어를 정리하였습니다.

2019년

- 潔い (いさぎよ) 미련 없이 깨끗하다, 떳떳하다
- 崩れる (くず) 무너지다
- 砕ける (くだ) 부서지다, 깨지다
- 貢献 (こうけん) 공헌
- 克服 (こくふく) 극복
- 債務 (さいむ) 채무
- 執着 (しゅうちゃく) 집착
- 映える (は) (빛을 받아) 빛나다
- 繁殖 (はんしょく) 번식
- 披露 (ひろう) 피로, 선보임
- 猛烈に (もうれつ) 맹렬하게
- 履歴 (りれき) 이력

2018년

- 偽り (いつわ) 거짓, 허구
- 戒める (いまし) 훈계하다, 금하다
- 回顧 (かいこ) 회고, 회상
- 丘陵 (きゅうりょう) 구릉, 언덕
- 驚嘆 (きょうたん) 경탄(놀라며 감탄함)
- 嫌悪感 (けんおかん) 혐오감
- 豪快に (ごうかい) 호쾌하게
- 自粛 (じしゅく) 자숙, 자제
- 募る (つの) 점점 심해지다, 모으다
- 滞る (とどこお) 정체되다, 지연되다, 밀리다
- 忍耐 (にんたい) 인내
- 膨大だ (ぼうだい) 방대하다

2017년

- 潤す (うるお) 촉촉하게 하다, 윤택하게 하다
- 怠る (おこた) 게으름을 피우다, 소홀히 하다
- 開拓 (かいたく) 개척
- 傾斜する (けいしゃ) 경사지다

☐ 指図(さしず) 지시		☐ 殺菌(さっきん) 살균	
☐ 託す(たくす) 맡기다		☐ 暴露(ばくろ) 폭로	
☐ 阻む(はばむ) 저지하다, 막다		☐ 復興(ふっこう) 부흥	
☐ 巡る(めぐる) 돌다, 돌아다니다		☐ 了承(りょうしょう) 승낙, 양해	

2016년

☐ 賢い(かしこい) 현명하다	☐ 偏る(かたよる) (한쪽으로) 치우치다, 기울다
☐ 鑑定(かんてい) (예술 작품 등의) 감정	☐ 顕著に(けんちょに) 현저하게
☐ 樹木(じゅもく) 수목	☐ 人脈(じんみゃく) 인맥
☐ 廃れる(すたれる) 쓰이지 않게 되다, 한물가다	☐ 相場(そうば) 시세
☐ 多岐に渡る(たきにわたる) 여러 갈래(다방면)에 걸치다	☐ 蓄える(たくわえる) 비축하다, 쌓다
☐ 陳列(ちんれつ) 진열	☐ 華やかだ(はなやかだ) 화려하다

2015년

☐ 値する(あたいする) ~할 가치가 있다, ~할 만하다	☐ 淡い(あわい) 엷다, 희미하다
☐ 画一的に(かくいつてきに) 획일적으로	☐ 興奮(こうふん) 흥분
☐ 慕われる(したわれる) 존경받다, 흠모 받다	☐ 承諾(しょうだく) 승낙
☐ 随時(ずいじ) 수시, 아무 때	☐ 添付(てんぷ) 첨부
☐ 唱える(となえる) 소리 내어 읽다, 주장하다	☐ 励む(はげむ) 힘쓰다
☐ 破損(はそん) 파손	☐ 変遷(へんせん) 변천

한자읽기 기출단어
기본 다지기 ②

채점 　　/10

한자 단어의 읽는 법을 둘 중에서 하나 고르세요.

[1] 添付
1　てんぶ　　　　　　　　2　てんぷ

[2] 開拓
1　かいたく　　　　　　　2　かいせき

[3] 鑑定
1　かんじょう　　　　　　2　かんてい

[4] 賢い
1　かしこい　　　　　　　2　あわい

[5] 膨大
1　ぼうだい　　　　　　　2　ほうだい

[6] 励む
1　はばむ　　　　　　　　2　はげむ

[7] 怠る
1　おちいる　　　　　　　2　おこたる

[8] 忍耐
1　にんたい　　　　　　　2　にんてい

[9] 嫌悪感
1　けんあくかん　　　　　2　けんおかん

[10] 映える
1　はえる　　　　　　　　2　ほえる

해설집 p.3

정답　1② 2① 3② 4① 5① 6② 7② 8① 9② 10①

실전 연습 문제 ❷

問題1 _____の言葉の読み方として最もよいものを、1・2・3・4から一つ選びなさい。

1 政府は紛争がある地域への旅行を自粛するよう勧告した。
　1　じせい　　　2　じちょう　　　3　じえい　　　4　じしゅく

2 携帯電話の履歴を確認の上、折り返しご連絡致します。
　1　ふくれき　　2　くつれき　　　3　りれき　　　4　おうれき

3 日本政府は消費者への安定的な供給を図り、米を蓄えている。
　1　たくわえて　2　たずさえて　　3　かかえて　　4　そなえて

4 この島は暖かいので、鳥の繁殖地として適している。
　1　ぞうしょく　2　じゅうしょく　3　はんしょく　4　ひんしょく

5 湿度が低い日は、加湿をして部屋を潤すと良いですよ。
　1　うながす　　2　およぼす　　　3　ひたす　　　4　うるおす

6 校内でボランティア活動のメンバーを募るため、校門前へ行く。
　1　こもる　　　2　おごる　　　　3　つのる　　　4　まつる

정답 1 ④　2 ③　3 ①　4 ③　5 ④　6 ③

2010년~2014년 한자읽기 기출단어 3

2010년부터 2014년까지 출제된 한자읽기 기출 단어를 정리하였습니다.

2014년

- ☐ 否^{いな}む 거절하다, 부정하다
- ☐ 概略^{がいりゃく} 개략, 대략
- ☐ 凝縮^{ぎょうしゅく} 응축
- ☐ 厳正^{げんせい}に 엄정하게
- ☐ 拒^{こば}む 거부하다
- ☐ 遂行^{すいこう} 수행
- ☐ 健^{すこ}やかに 튼튼하게, 건강하게
- ☐ 漂^{ただよ}う 떠돌다, 감돌다
- ☐ 中枢^{ちゅうすう} 중추, 가장 중요한 부분
- ☐ 督促^{とくそく} 독촉
- ☐ 臨^{のぞ}む 임하다
- ☐ 躍進^{やくしん} 약진, 눈부시게 진출함

2013년

- ☐ 跡地^{あとち} (건물 등을) 철거하고 난 땅, 철거 부지
- ☐ 憤^{いきどお}り 분개, 분노
- ☐ 憩^{いこ}い 휴식
- ☐ 愚^{おろ}かだ 어리석다
- ☐ 緩和^{かんわ} 완화
- ☐ 巧妙^{こうみょう}だ 교묘하다
- ☐ 趣旨^{しゅし} 취지
- ☐ 需要^{じゅよう} 수요
- ☐ 貫^{つらぬ}く 관철하다
- ☐ 日夜^{にちや} 밤낮, 언제나
- ☐ 把握^{はあく} 파악
- ☐ 貧富^{ひんぷ} 빈부

2012년

- 改革(かいかく) 개혁
- 群衆(ぐんしゅう) 군중
- 心地(ここち)よい 기분이 좋다
- 手際(てぎわ) 솜씨, 수완
- 名誉(めいよ)だ 명예롭다
- 由緒(ゆいしょ) 유서, 내력
- 覆(くつがえ)す 뒤집어엎다
- 克明(こくめい)に 극명하게
- 費(つい)やす 다 소비하다, 써 없애다
- 踏襲(とうしゅう) 답습
- 網羅(もうら) 망라
- 枠(わく) 테두리

2011년

- 閲覧(えつらん) 열람
- 合併(がっぺい) 합병
- 考慮(こうりょ) 고려
- 遮(さえぎ)る 가로막다, 차단하다
- 鈍(にぶ)る 둔해지다
- 漠然(ばくぜん)と 막연하게
- 肝心(かんじん)だ 가장 중요하다
- 兆(きざ)し 조짐
- 根拠(こんきょ) 근거
- 釈明(しゃくめい) 해명
- 逃(のが)れる 벗어나다
- 利益(りえき) 이익

2010년

- 潤(うるお)う 축축해지다, 윤택해지다
- 契約(けいやく) 계약
- 締(し)める (바싹) 죄다
- 手薄(てうす)だ 허술하다
- 華々(はなばな)しい 매우 화려하다
- 伴奏(ばんそう) 반주
- 極(きわ)めて 지극히
- 壊(こわ)す 부수다, 고장 내다
- 推理(すいり) 추리
- 練(ね)る 반죽하다, (계획을) 짜다
- 繁盛(はんじょう) 번성, 번창
- 本筋(ほんすじ) 본론

한자읽기 기출단어
기본 다지기 ③

채점　　　／10

한자 단어의 읽는 법을 둘 중에서 하나 고르세요.

1 督促
　　1　どくそく　　　　　　　2　とくそく

2 兆し
　　1　いやし　　　　　　　　2　きざし

3 跡地
　　1　せきち　　　　　　　　2　あとち

4 憤り
　　1　いきどおり　　　　　　2　いつわり

5 推理
　　1　すうり　　　　　　　　2　すいり

6 貫く
　　1　つぶやく　　　　　　　2　つらぬく

7 健やか
　　1　すこやか　　　　　　　2　さわやか

8 踏襲
　　1　たっしゅう　　　　　　2　とうしゅう

9 遮る
　　1　まぎれる　　　　　　　2　さえぎる

10 網羅
　　1　もうら　　　　　　　　2　もら

해설집 p.4

정답　1②　2②　3②　4①　5②　6②　7①　8②　9②　10①

실전 연습 문제 ③

問題1 ＿＿＿＿の言葉の読み方として最もよいものを、1・2・3・4から一つ選びなさい。

[1] 彼が自分より優れていることは否めない。
　　1　いなめない　　2　あきらめない　　3　ゆるめない　　4　こばめない

[2] 東京駅周辺は、日本中枢のビジネス街と言えるだろう。
　　1　なかす　　2　なかく　　3　ちゅうく　　4　ちゅうすう

[3] 会議の趣旨について始めに説明する必要がある。
　　1　しゅうし　　2　しゅし　　3　しゅうじ　　4　しゅじ

[4] この公園は緑も多く広々としていて、近隣に住む人々の憩いの場となっている。
　　1　こころよい　　2　いこい　　3　さいわい　　4　にぎわい

[5] A社とB社は来年度から合併のための正式な手続きを踏むそうだ。
　　1　がっへい　　2　がぺい　　3　がっぺい　　4　がへい

[6] 相手への敬意と感謝の気持ちを持つことがこの一言に凝縮されている。
　　1　ごうしゅく　　2　ぎょうしゅく　　3　ぎしゅく　　4　こしゅく

정답 1 ①　2 ④　3 ②　4 ②　5 ③　6 ②

기출단어 집중 공략

문제 2 문맥규정

| 문맥규정 문제는 괄호 안에 들어갈 알맞은 단어를 찾는 문제로 총 7문제 출제된다.

이렇게 풀자

우선 문장 전체를 읽은 후, 괄호 앞뒤의 내용을 잘 확인하여 문장을 가장 자연스럽게 이어주는 단어를 정답으로 골라야 한다. 문맥규정의 선택지는 모두 뜻이 있는 단어로 구성되어 있으며, 다양한 품사가 골고루 출제된다. 또한 기본형뿐만 아니라 다양한 변형 형태로 출제된다. 그리고 직역이 어려운 관용 표현 등이 출제되는 경우도 있으므로 단어 암기 시, 관용 표현은 반드시 유의해서 암기하도록 하자.

문제유형 예시
시간 1분 이내

問題2 （　　）に入れるのに最もよいものを、1・2・3・4から一つ選びなさい。

[1] その法案は過半数以上の賛成票を得て（　　）された。

　1　許可　　　　2　可決　　　　3　判決　　　　4　決算

| 문제 2 | (   )에 넣기에 가장 알맞은 것을, 1·2·3·4에서 하나 고르세요.

| 정답 | ②

| 해석 | 그 법안은 과반수 이상의 찬성표를 얻어서 (가결) 되었다.
　　　　1 허가　　2 가결　　3 판결　　4 결산

| 해설 | 선택지는 모두 명사이다. 그중 문맥상 가장 자연스러운 것은 2 可決이다. 1번은 허가, 3번은 판결, 4번은 결산이라는 뜻이므로 문맥과 맞지 않아 정답이 아니다.

| 단어 | 法案(ほうあん) 법안 | 過半数(かはんすう) 과반수 | 以上(いじょう) 이상 | 賛成票(さんせいひょう) 찬성표 | 得(え)る 얻다 | 可決(かけつ) 가결 | 許可(きょか) 허가 | 判決(はんけつ) 판결 | 決算(けっさん) 결산

2020년~2024년
문맥규정 기출단어 1 | 2020년부터 2024년까지 출제된 문맥규정 기출 단어를 정리하였습니다.

2024년

- ☐ 足手まとい 거치적거림, 부담, 짐
- ☐ 掲げる 내걸다, 내세우다
- ☐ 交錯 교착, 뒤얽힘
- ☐ 適応 적응
- ☐ とっさに 순간적으로, 즉시, 바로
- ☐ 難航 난항
- ☐ へとへとになる 녹초가 되다, 기진맥진하다

- ☐ 足止め 못 가게 말림, 발 묶임
- ☐ がやがや 왁자지껄
- ☐ 根底 근저, 근본
- ☐ 踏襲 답습
- ☐ 取り次ぐ (용건, 의사 등을) 전하다
- ☐ 払拭 불식, 떨고 훔쳐서 깨끗이 없앰
- ☐ 返上 반납, 반환

2023년

- ☐ 行き届く 구석구석까지 미치다
- ☐ 還元 환원
- ☐ 助長 조장
- ☐ つくづく 곰곰이, 절실히
- ☐ どんより (날씨가) 우중충함
- ☐ 発散 발산
- ☐ 紛らわしい 헷갈리기 쉽다

- ☐ 快挙 쾌거
- ☐ 結成 결성
- ☐ 自立 자립
- ☐ 手配 준비
- ☐ ネック 목, 걸림돌
- ☐ ほぐれる 풀리다
- ☐ 見返り 보답, 보상

2022년

- 噛み合う 서로 물어뜯다, 맞물리다, (의견 등이) 서로 맞다
- 軽快だ 경쾌하다
- 仕業 소행, 짓
- すべすべ 매끈매끈
- 忠実に 충실하게
- 念願 염원
- 保護 보호
- 食い込む 파고들다, 침범하다
- サイクル 사이클, 순환
- 掬う 건져 올리다, 떠내다
- 仲裁 중재
- てっきり 틀림없이, 꼭
- 発覚 발각
- ピント 핀트, 초점, 요점

2021년

- 旺盛 왕성
- ぎくしゃくする 서먹서먹하다, 어색하다
- 賛成派 찬성파
- 存続する 존속하다, 존속되다
- 施す 베풀다, (장식이나 가공 등을) 가하다
- もどかしい 안타깝다, 답답하다
- 目先 눈앞, 바로 앞
- 却下 각하, 기각
- こじれる 틀어지다, 꼬이다
- 熟知 숙지
- 担う 짊어지다, 떠맡다
- 風習 풍습
- めきめき 두드러지게
- 余波 여파

2020년

- 危ぶむ 위태로워하다
- クレーム 클레임, 불만
- 壮大だ 장대하다, 웅장하다
- みっちり 착실히, 충분히, 많이
- うずうずする 근질근질하다, 좀이 쑤시다
- 経緯 경위
- 撤去 철거

문맥규정 기출단어
기본 다지기 ①

채점 　/5

괄호 안에 들어갈 알맞은 어휘를 둘 중에서 하나 고르세요.

1 彼女は入社してから失敗ばかりだったが、汚名を（　　　）するために努力を重ねた。
　1　返上　　　　　　　　2　寄付

2 人手不足が（　　　）になると思うので、その点を考慮してプランを立て直そう。
　1　シック　　　　　　　2　ネック

3 話が上手く（　　　）まで辛抱強く待つのが営業の心構えである。
　1　かみ合う　　　　　　2　言い合う

4 3月に開かれた首脳会談で各国の代表は、約2時間をかけて（　　　）議論を交わした。
　1　みっちり　　　　　　2　くっきり

5 食欲（　　　）な息子が3人もいるので、毎月の食費がものすごい。
　1　強烈　　　　　　　　2　旺盛

해설집 p.5

정답　1 ①　2 ②　3 ①　4 ①　5 ②

실전 연습 문제 ①

問題2 （　　　）に入れるのに最もよいものを、1・2・3・4から一つ選びなさい。

1　決して成功したとは言えない結果で終わり、このままでは来シーズンの契約が（　　　）だろう。
　1　阻まれる　　　2　危ぶまれる　　　3　崩される　　　4　恐れられる

2　母国語ならともかく、日本語だと上手く伝えられず（　　　）。
　1　もどかしい　　2　このましい　　　3　けがらわしい　4　かしましい

3　佐藤さんがとてつもなく（　　　）外れの質問をしたことで、参加者たちは一気に白けてしまった。
　1　ピント　　　　2　ポーズ　　　　　3　コメント　　　4　ポジション

4　膨大な時間をかけて考えた新規プロジェクト案が、今日の会議で発表するや否や（　　　）された。
　1　排除　　　　　2　辞退　　　　　　3　廃棄　　　　　4　却下

5　科学技術は産業を通じて社会に（　　　）され、その成果が社会の発展にまわされる。
　1　配給　　　　　2　譲渡　　　　　　3　還元　　　　　4　賠償

6　この温泉は、赤ちゃんのような（　　　）の肌になると好評なんですよ。
　1　ねばねば　　　2　すべすべ　　　　3　てかてか　　　4　ざらざら

7　大自然に囲まれた（　　　）景色は、人々の心を魅了させる。
　1　偉大な　　　　2　寛大な　　　　　3　強大な　　　　4　壮大な

정답　1 ②　2 ①　3 ①　4 ④　5 ③　6 ②　7 ④

2015년~2019년
문맥규정 기출단어 2
2015년부터 2019년까지 출제된 문맥규정 기출 단어를 정리하였습니다.

2019년

- 危ぶむ (あやぶむ) 위태로워하다
- 気がかりだ (き) 마음에 걸리다, 근심스럽다
- 禁物 (きんもつ) 금물
- ここちよい 기분이 좋다
- 従事 (じゅうじ) 종사
- 推移 (すいい) 추이
- ずっしりと 묵직하게
- 精力的に (せいりょくてき) 정력적으로
- センサー 센서
- 壮大だ (そうだい) 장대하다, 웅장하다
- にじむ 번지다
- ひしひしと 강하게 느끼는 모양, 절절히
- 表明 (ひょうめい) 표명
- 歴然とする (れきぜん) 역연하다, 또렷하다

2018년

- 解除 (かいじょ) 해제
- 駆けつける (か) 급히 달려오다(가다)
- がらりと 싹, 갑자기 변하는 모양
- 起用 (きよう) 기용, 인재를 높은 자리에 올려 씀
- 堅実だ (けんじつ) 견실하다
- 言及 (げんきゅう) 언급
- 在庫 (ざいこ) 재고
- 遮断 (しゃだん) 차단
- 盛大に (せいだい) 성대하게
- せかせかと 성급하게, 부산하게
- 多角的だ (たかくてき) 다각적이다
- なだめる 달래다
- リスク 리스크, 위험
- レイアウト 레이아웃

2017년

- 逸脱(いつだつ) 일탈
- いとも簡単(かんたん)に 아주 간단히
- コンスタントに 항상 일정하게, 꾸준하게
- 称(たた)える 기리다, 치하하다
- 念願(ねんがん) 염원
- 非(ひ)がある 잘못이 있다
- 専(もっぱ)ら 오로지
- 一環(いっかん) 일환
- 経歴(けいれき) 경력
- シェア 셰어, 시장 점유율
- 打診(だしん)する 타진하다, (신체를 두드려서) 진찰하다, (상대의 뜻을) 떠보다
- 弾(はじ)く 튕기다
- まちまちだ 각기 다르다
- よみがえる 되살아나다

2016년

- 愛着(あいちゃく) 애착
- 基盤(きばん) 기반
- 最善(さいぜん)を尽(つ)くす 최선을 다하다
- すんなり 매끈하게, 순조롭게, 쉽게
- ノウハウ 노하우
- 頻繁(ひんぱん)に 빈번하게
- 見(み)かける 가끔 보다
- 一掃(いっそう)する 일소하다(한꺼번에 싹 제거하다)
- 教訓(きょうくん) 교훈
- 染(し)みる 스며들다, 배다, (얼얼하게) 시리다
- センス 센스
- 話(はなし)を切(き)り出(だ)す 이야기를 꺼내다
- へとへとに疲(つか)れる 몹시 지치다
- 流出(りゅうしゅつ) 유출

2015년

- ☐ おおらかだ 너그럽다
- ☐ 該当(がいとう) 해당
- ☐ 強制(きょうせい) 강제
- ☐ 合意(ごうい) 합의
- ☐ 凄まじい(すさまじい) 무시무시하다, 굉장하다
- ☐ 取り戻す(とりもどす) 되찾다, 회복하다
- ☐ 紛れる(まぎれる) (뒤섞여) 헷갈리다

- ☐ 稼働(かどう) 가동
- ☐ 起伏(きふく) 기복
- ☐ くよくよ 끙끙, 걱정하는 모양
- ☐ 強いて(しいて) 억지로, 굳이
- ☐ 直面(ちょくめん) 직면
- ☐ 幅広い(はばひろい) 폭넓다
- ☐ メディア 미디어

문맥규정 기출단어
기본 다지기 ②

채점   /10

괄호 안에 들어갈 알맞은 어휘를 둘 중에서 하나 고르세요.

1 彼はプロ野球選手になるために、毎日血の（　　　　　）ような努力をして練習に励んだ。
　　1　にじむ　　　　　　　　2　はずむ

2 その瞬間、幼いころの記憶が鮮明に（　　　　　）。
　　1　くつがえった　　　　　2　よみがえった

3 自然をこよなく愛する彼は、前向きで（　　　　　）性格の持ち主だ。
　　1　おおらかな　　　　　　2　あいまいな

4 自分がつらいときこそ、人のありがたみを（　　　　　）感じるものだ。
　　1　ひしひしと　　　　　　2　じわじわと

5 平日は忙しくてほとんど外食なので、休日は（　　　　　）料理を楽しんでいます。
　　1　まるっきり　　　　　　2　もっぱら

6 現在、残っている商品の（　　　　　）調査を行わなければなりません。
　　1　在庫　　　　　　　　　　2　発掘

7 彼女は服を選ぶ（　　　　　）が良く、とてもおしゃれな感じです。
　　1　センス　　　　　　　　　2　ポテンシャル

8 最後まで油断は（　　　　　）です。
　　1　支障　　　　　　　　　　2　禁物

9 こちらは私が（　　　　　）を尽くして完成した結果物です。
　　1　最終　　　　　　　　　　2　最善

10 嫌なら（　　　　　）やってほしいとは言いませんので、ご安心ください。
　　1　強いて　　　　　　　　　2　すんなり

실전 연습 문제 ②

問題2　(　　　)に入れるのに最もよいものを、1・2・3・4から一つ選びなさい。

1　災害による危険が遠ざかると、避難の勧告を（　　　　）するまで待ちましょう。
　　1　解散　　　　2　解釈　　　　3　解除　　　　4　解放

2　これから50年以上にわたる日本の人口（　　　　）状況をグラフから読み解くと、明らかに減少傾向にある。
　　1　変容　　　　2　推移　　　　3　運送　　　　4　在籍

3　木が突然（　　　　）音を立てて倒れたが、幸いにも怪我人はいなかった。
　　1　やかましい　2　すさまじい　3　たくましい　4　いさましい

4　入社してからずっと、先輩の下でビジネスにおける（　　　　）を培ってきた。
　　1　ストック　　2　ラベル　　　3　ノウハウ　　4　シナジー

5　著名人の還暦祝いだから（　　　　）だとは思っていたが、想像を遥かに超えるものであった。
　　1　盛大　　　　2　豊富　　　　3　重大　　　　4　円滑

6　この件に関しては見解が（　　　　）で、一つの結論を出すのが難しい。
　　1　まあまあ　　2　まちまち　　3　どろどろ　　4　そこそこ

7　不安で憂鬱な気持ちを（　　　　）するために、思い切って自分の気持ちを打ち明けてみようと決心した。
　　1　追放　　　　2　発射　　　　3　脱出　　　　4　一掃

정답　1 ③　2 ②　3 ②　4 ③　5 ①　6 ②　7 ④

2010년~2014년
문맥규정 기출단어 3

2010년부터 2014년까지 출제된 문맥규정 기출 단어를 정리하였습니다.

2014년

- 異色(いしょく) 이색
- 夥(おびただ)しい 엄청나다
- 食(く)い止(と)める 저지하다, 막다
- 心細(こころぼそ)い 불안하다, 쓸쓸하다
- 絶大(ぜつだい)だ 절대적이다, 아주 크다
- ノルマ 노르마, 할당량
- 揺(ゆ)らぐ 전체가 흔들리다, 요동하다
- ウェイトを置(お)く 무게를 두다, 중점을 두다
- 可決(かけつ) 가결
- 駆使(くし)する 구사하다
- 支障(ししょう) 지장
- てきぱきと 일을 잘 해내는 모양, 척척
- 平行線(へいこうせん)をたどる 평행선을 달리다, 끝까지 의견 일치를 못 보다
- 予断(よだん)を許(ゆる)さない 예측을 불허하다, 예측하기 어렵다

2013년

- 一任(いちにん)する 일임하다, 모두 맡기다
- 気(き)に障(さわ)る 마음에 거슬리다
- じめじめ 습기가 많은 모양, 축축, 꿉꿉
- 立(た)て替(か)える 대신 지불하다
- とりわけ 유난히, 그중에서도
- 担(にな)う 짊어지다, 떠맡다
- 念頭(ねんとう) 염두
- 腕前(うでまえ) 솜씨, 역량
- 強硬(きょうこう)に 강경하게
- そわそわする 안절부절못하다
- ためらう 주저하다
- 荷(に)が重(おも)い 책임이 무겁다
- 練(ね)る 반죽하다, (계획을) 짜다
- むしょうに 공연히, 까닭 없이

2012년

- 言い張る 우겨 대다
- 改訂版 개정판
- 急遽 갑작스럽게
- 寄与する 기여하다, 이바지하다
- ハードル 허들, 진입장벽
- 紛らわしい 헷갈리기 쉽다
- 和らぐ 누그러지다

- 大筋 대강(의 줄거리), 요점
- 加工 가공
- 究明する 구명하다, 규명하다
- 妥協 타협
- 人出 인파
- 催す 개최하다, 열다
- リストアップ 리스트 업

2011년

- 逸材 일재, 뛰어난 인재
- 会話が弾む 대화가 활기를 띠다
- 実情 실정
- 強み 강점
- 抜粋 발췌
- 並行 병행
- 無謀だ 무모하다

- 会心の出来 회심의(마음에 드는) 만듦새
- 修復 복원
- ストック 스톡, 비축, 재고품
- ニュアンス 뉘앙스
- 不備 충분히 갖추지 않음
- まみれ 투성이
- 猛反対 맹렬한 반대

2010년

- ☐ 円滑に 원활하게
- ☐ 完結する 완결 나다
- ☐ 結束 결속
- ☐ 念願 염원
- ☐ フォローする 팔로우하다, 보조하다
- ☐ 本音 본심, 속마음
- ☐ やんわり 온화하게, 부드럽게
- ☐ 及ぼす 미치게 하다, 끼치다
- ☐ キャリア 커리어, 경력
- ☐ 当ホテル 당 호텔
- ☐ 背景に 배경으로
- ☐ 報じる 보도하다
- ☐ 綿密だ 면밀하다
- ☐ 歴史上 역사상

괄호 안에 들어갈 알맞은 어휘를 둘 중에서 하나 고르세요.

1 友達が出してくれた料理はまるでプロのように（　　　）がすごくて、驚いた。
　1　経歴　　　　　　　　　2　腕前

2 様々なビジネス問題に対応するために、最先端のAI技術を（　　　）しなければならない。
　1　駆使　　　　　　　　　2　引用

3 いつも（　　　）自分の意見を押し通そうとする弟が、今日はやけに控えめな態度だ。
　1　頑丈に　　　　　　　　2　強硬に

4 ひとまず彼の命は救ったが、まだ（　　　）を許さない状態だ。
　1　予断　　　　　　　　　2　難点

5 田中選手の今季中の投手復帰は、（　　　）プランだと言う意見が多いらしい。
　1　無謀な　　　　　　　　2　有力な

6 プロのサッカー選手が蹴るボールと一般人が蹴るボールとは（　　　　）が違う。
　　1　軌道　　　　　　　　　　2　変遷

7 最近の子どもたちに（　　　　）うそをついても相手にされない。
　　1　軽快な　　　　　　　　　2　手薄な

8 彼は最後まで自分の国の将来を（　　　　）していた。
　　1　照会　　　　　　　　　　2　懸念

9 この道は（　　　　）が人が感じ取れないぐらいで、目の錯覚が起こる場所で有名だ。
　　1　傾斜　　　　　　　　　　2　保護

10 実際に詐欺に遭って、人は簡単に信じてはいけないという（　　　　）教訓を得た。
　　1　手痛い　　　　　　　　　2　心細い

실전 연습 문제 ③

問題2　(　　　)に入れるのに最もよいものを、1・2・3・4から一つ選びなさい。

1 交通トラブルが発生したため、(　　　) 行き先を変更せざるを得ない。
　1　急遽　　　2　厳正に　　　3　偶然　　　4　忠実に

2 これらの見解が正当か不当かを判断するには、より (　　　) 調査が必要になることは否めない。
　1　敏感な　　　2　残酷な　　　3　過剰な　　　4　綿密な

3 今月も必死で仕事をしたが、(　　　) 達成には至らなかった。
　1　ノルマ　　　2　ジャンル　　　3　カテゴリー　　　4　マニュアル

4 この周辺は駅名が似ているので、観光客にとっては非常に (　　　)。
　1　うたがわしい　　2　たわいない　　3　まぎらわしい　　4　みぐるしい

5 人材発掘のために、幅広い年齢向けに宣伝広告を出したかいがあって (　　　) を確保することができた。
　1　素人　　　2　若手　　　3　逸材　　　4　紳士

6 彼はいつも (　　　) 業務をこなしていて、周りの同僚を驚かせている。
　1　やんわりと　　2　めきめきと　　3　さらさらと　　4　てきぱきと

7 その生物学研究者は、徹底的に原因と真相を (　　　) するため、努力を惜しまなかった。
　1　究明　　　2　判決　　　3　発散　　　4　露出

해설집 p.9

정답　1① 2④ 3① 4③ 5③ 6④ 7①

> 기출단어 집중 공략

문제 3 유의표현

| 유의표현 문제는 밑줄 친 단어나 문장과 가장 비슷한 표현을 찾는 문제로 총 6문제 출제된다.

이렇게 풀자 ✏️

밑줄 친 부분의 동의어나 의미가 비슷하게 쓰인 문장을 정답으로 골라야 한다. 그리고 자신이 고른 정답을 문장에 대입해 보아도 문맥이 변하지 않는지 확인해 보는 것이 좋다. 유의표현 문제의 경우는 밑줄 친 부분과 선택지의 의미를 모두 알고 있어야 풀이가 가능하므로, 단어 암기 시 비슷한 뜻을 가진 어휘끼리 묶어서 암기하도록 하자.

문제유형 예시　　　　　　　　　　　　　　　　　🕐 시간 1분 이내

問題3 ＿＿＿＿の言葉に意味が最も近いものを、1·2·3·4から一つ選びなさい。

[1] そういう噂はうすうす聞いて知っている。

　　1　とっくに　　　2　おのずから　　　3　つねに　　　4　なんとなく

문제 3 _____의 말에 의미가 가장 가까운 것을, 1·2·3·4에서 하나 고르세요.

| 정답 | ④

| 해석 | 그러한 소문은 <u>어렴풋이</u> 들어서 알고 있다.
   1 훨씬 전에 2 저절로 3 항상 4 왠지 모르게

| 해설 | うすうす(어렴풋이)는 4 なんとなく(왠지 모르게, 어쩐지)와 의미가 가장 가깝다. 1번은 훨씬 전에, 2번은 저절로, 3번은 늘, 항상, 언제나라는 뜻이므로 정답이 아니다.

| 단어 | 噂(うわさ) 소문 | うすうす 희미하게, 어렴풋이 | 聞(き)く 듣다, 묻다 | 知(し)る 알다 | とっくに 훨씬 전에, 진작에 | 自(おの)ずから 저절로 | 常(つね)に 늘, 항상, 언제나 | なんとなく 왠지 모르게, 어쩐지

2020년~2024년
유의표현 기출단어 1
| 2020년부터 2024년까지 출제된 유의표현 기출 단어를 정리하였습니다.

2024년

☐ 委託(いたく)する 위탁하다	≒ 任(まか)せる 맡기다
☐ 請(う)け負(お)う 도급을 맡다, 책임지고 맡다	≒ 引(ひ)き受(う)ける (떠)맡다
☐ うなだれる (힘 없이) 고개를 떨구다	≒ 下(した)を向(む)く 아래를 향하다, 고개를 숙이다
☐ おろそかになる 소홀해지다	≒ いい加減(かげん)にする 적당히 하다, 대충대충 하다
☐ 工面(くめん)する (돈을) 마련하다, 조달하다	≒ 用意(ようい)する 준비하다
☐ 手腕(しゅわん) 수완	≒ 能力(のうりょく) 능력
☐ 進呈(しんてい)する 진정하다, 물건을 자진해서 드리다	≒ 差(さ)し上(あ)げる 드리다
☐ 清々(すがすが)しい 상쾌하다, 시원하다	≒ 爽(さわ)やかだ 상쾌하다, 상큼하다
☐ ぞんざいだ 거칠다, 난폭하고 무례하다	≒ 雑(ざつ)だ 조잡하다, 엉성하다
☐ 打撃(だげき) 타격	≒ ダメージ 대미지, 손해, 피해
☐ 目下(もっか) 목하, 현재	≒ 今(いま) 지금
☐ ロスする 손실되다, 손해 보다	≒ 無駄(むだ)にする 낭비하다, 헛되게 하다

2023년

☐ 肝心(かんじん)だ 가장 중요하다	≒ 重要(じゅうよう)だ 중요하다
☐ 懸念(けねん) 괘념, 근심, 우려	≒ 心配(しんぱい) 걱정
☐ しきたり 관습	≒ 慣習(かんしゅう) 관습
☐ 尺度(しゃくど) 척도	≒ 基準(きじゅん) 기준
☐ 辛抱(しんぼう) 참고 견딤	≒ 我慢(がまん) 참음

☐ 根(ね)こそぎ 전부, 몽땅	≒	すべて 전부, 모두
☐ 捗(はかど)る 진척되다	≒	順調(じゅんちょう)に進(すす)む 순조롭게 진행되다
☐ 不慮(ふりょ)の 뜻밖의, 의외의	≒	思(おも)いがけない 뜻밖이다
☐ 奮闘(ふんとう)する 분투하다	≒	必死(ひっし)に頑張(がんば)る 필사적으로 힘내다
☐ 没頭(ぼっとう)する 몰두하다	≒	熱中(ねっちゅう)する 열중하다
☐ やつれる 여위다, 초췌해지다	≒	やせ衰(おとろ)える 바짝 마르다, 수척해지다
☐ 煩(わずら)わしい 번거롭다, 귀찮다	≒	面倒(めんどう)だ 귀찮다

2022년

☐ あどけない 천진난만하다	≒	無邪気(むじゃき)だ 천진난만하다, 순진하다
☐ 温和(おんわ)だ 온화하다	≒	穏(おだ)やかだ 온화하다, 평온하다
☐ 風当(かぜあた)り 바람이 불어제침, 비난	≒	批判(ひはん) 비판
☐ 拮抗(きっこう)する 팽팽하다	≒	差(さ)がない 차(이)가 없다
☐ 気(き)ままだ 제멋대로다	≒	自由(じゆう)だ 자유롭다
☐ 若干(じゃっかん) 약간	≒	いくつか 몇 개인가
☐ 触発(しょくはつ)する 촉발하다	≒	刺激(しげき)する 자극하다
☐ スポット 스폿, 장소	≒	場所(ばしょ) 장소
☐ 調達(ちょうたつ)する 조달하다	≒	用意(ようい)する 준비하다
☐ てきぱきと 일을 잘 해내는 모양, 척척	≒	早(はや)く正確(せいかく)に 빠르고 정확하게
☐ 手分(てわ)けする 분담하다	≒	分担(ぶんたん)する 분담하다
☐ 閉口(へいこう)する 질리다, 두 손 들다, 항복하다	≒	困(こま)る 곤란하다, 난처하다

2021년

- うやむやに 흐지부지하게 ≒ あいまいに 애매하게
- お手上げだ 두 손 두 발 다 들었다, 속수무책이다 ≒ どうしようもない 어쩔 도리가 없다
- 寡黙だ 과묵하다 ≒ 口数が少ない 말수가 적다
- 寄与 기여 ≒ 貢献 공헌
- 寛ぐ 편히 쉬다, 느긋이 쉬다 ≒ ゆっくりする 천천히 하다, 느긋이 하다
- 出馬する 출마하다 ≒ 選挙に出る 선거에 나가다
- スケール 스케일, 규모 ≒ 規模 규모
- ずれ込む 다음 기한으로 넘어가다 ≒ 遅くなる 늦어지다, 느려지다
- 絶賛する 절찬하다, 극찬하다 ≒ 非常に素晴らしいとほめる 매우 훌륭하다고 칭찬하다
- 紛糾する 분규하다(말썽이 많고 시끄러워지다) ≒ 混乱する 혼란하다, 혼란해지다
- リスク 리스크, 위험 ≒ 危険 위험
- ろくに 제대로 ≒ 大して 그다지, 별로

2020년

- エキスパート 엑스퍼트, 전문가 ≒ 専門家 전문가
- 架空 가공, 상상으로 만듦 ≒ 想像 상상
- かねがね 전부터, 진작부터 ≒ 以前から 이전부터
- 凝視する 응시하다 ≒ じっと見る 가만히 보다, 지그시 보다
- 当面 당분간 ≒ しばらくは 당분간은, 한동안은
- ぼやく 투덜거리다, 불평하다 ≒ 愚痴を言う 푸념하다

유의표현 기출단어
기본 다지기 ①

밑줄 친 단어나 문장과 가장 비슷한 표현을 둘 중에서 하나 고르세요.

1. カフェインは頭をすっきりさせ、仕事を<u>はかどり</u>やすくします。
   1　早く終わり　　　　　　2　順調に進み

2. 患者の態度があまりにも横暴だと、医者が<u>閉口する</u>のもやむを得ない。
   1　困る　　　　　　　　　2　怒る

3. 高校生になったとはいえ、寝顔はまだ<u>あどけない</u>。
   1　無邪気だ　　　　　　　2　無表情だ

4. お噂は<u>かねがね</u>伺っておりましたので、一度お会いしたいと思っておりました。
   1　少しだけ　　　　　　　2　以前から

5. 日本に来て3年になるが、日本の<u>しきたり</u>になかなか慣れない。
   1　法則　　　　　　　　　2　慣習

6 辞書を片手に持ち、英語の翻訳に奮闘する姿は、恥ずかしくて誰にも見せたくない。
   1 必死に頑張る　　　　　　2 チャレンジする

7 まだ若干買い足さなければならない物があるものの、新居に必要なものはほとんど揃った。
   1 いくつか　　　　　　　　2 これから

8 あの人は普段寡黙だが、お酒を飲むと別人のようだ。
   1 礼儀正しい　　　　　　　2 口数が少ない

9 お金がないとぼやく前に、早く仕事を探すべきだ。
   1 苦情を言う　　　　　　　2 落ち込む

10 今は大変でも辛抱して飲み続ければ、だんだん薬が効いて痛みがなくなってくるだろう。
   1 努力　　　　　　　　　　2 我慢

정답　1② 2① 3① 4② 5② 6① 7① 8② 9① 10②

유의표현 기출단어
실전 연습 문제 ①

⏱ 시간 6분 이내
채점 　　/6

問題3 (　　　　)の言葉に意味が最も近いものを、1・2・3・4から一つ選びなさい。

1 山で遭難してしまい、携帯の電波も入らないので、もう<u>お手上げ</u>だ。
　　1　どうしようもない　2　後悔している　　3　助けを待つ　　4　不安がっている

2 私の夢は日本だけではなく世界を視野に入れた<u>スケール</u>の大きい仕事をすることだ。
　　1　舞台　　　　　　2　規模　　　　　　3　範囲　　　　　4　内容

3 その問題は<u>うやむやに</u>せずに、まともに話し合いで解決すべきだ。
　　1　でたらめに　　　2　あいまいに　　　3　一斉に　　　　4　うっかり

4 彼女は、介護の<u>エキスパート</u>として重宝がられている。
　　1　担当者　　　　　2　講師　　　　　　3　専門家　　　　4　保証人

5 VISAの更新のために、<u>わずらわしい</u>手続きを踏まなければならない。
　　1　不思議な　　　　2　真剣な　　　　　3　面倒な　　　　4　公平な

6 楽しいときと退屈なときの時間の<u>尺度</u>は異なる。
　　1　見解　　　　　　2　活気　　　　　　3　目標　　　　　4　基準

해설집 p.11

정답　1 ①　2 ②　3 ②　4 ③　5 ③　6 ④

2015년~2019년 유의표현 기출단어 2

2015년부터 2019년까지 출제된 유의표현 기출 단어를 정리하였습니다.

2019년

- ☐ 異例の 이례적인 ≒ 珍しい 드문, 희귀한
- ☐ 打ち込む 박아 넣다, 몰두하다 ≒ 熱中する 열중하다
- ☐ 極力 극력, 힘껏, 최대한 ≒ できるだけ 가능한 한, 되도록
- ☐ 吟味 음미, 자세히 조사함 ≒ 検討 검토
- ☐ コンパクトだ 콤팩트하다, 작지만 알차다 ≒ 小型の 소형의
- ☐ つぶさに 자세하게 ≒ 詳細に 상세하게
- ☐ 呟く 중얼거리다 ≒ 小さな声で言う 작은 목소리로 말하다
- ☐ ばてる 지치다, 기진하다 ≒ 疲れる 지치다, 피로해지다
- ☐ 不審だ 수상하다 ≒ 怪しい 수상하다, 의심스럽다
- ☐ まっとうする 완수하다 ≒ 完了する 완료하다
- ☐ 脈絡がない 맥락이 없다 ≒ つながりがない 연결(되는 것)이 없다, 연관이 없다
- ☐ ルーズだ 루스하다, 칠칠치 못하다 ≒ だらしない 단정하지 못하다, 야무지지 못하다

2018년

- ☐ ありありと 생생하게 ≒ はっきり 똑똑히, 분명히, 확실히
- ☐ エレガントだ 엘리건트하다, 우아하다 ≒ 上品だ 품위가 있다
- ☐ 克明に 극명하게 ≒ 詳しく丁寧に 자세하게 정성껏
- ☐ しくじる 실수하다, 실패하다 ≒ 失敗する 실패하다
- ☐ 渋る 주저주저하다 ≒ なかなかしようとしない 좀처럼 하려고 하지 않다

- ☐ 速やかに 조속히, 신속히 ≒ できるだけ早く 가능한 한 빨리
- ☐ スライスする 슬라이스하다, 얇게 썰다 ≒ 薄く切る 얇게 자르다(썰다)
- ☐ つかの間(の) 잠깐 동안(의) ≒ 短い 짧은
- ☐ 手立て (목적 달성을 위한) 방법, 수단 ≒ 方法 방법
- ☐ 漠然とする 막연하다 ≒ ぼんやりする 어렴풋하다, 흐리멍덩하다
- ☐ 妨害する 방해하다 ≒ じゃまする 방해하다, 훼방을 놓다
- ☐ めいめいに 각자에게 ≒ 一人一人に 한 사람 한 사람에게

2017년

- ☐ 薄々 희미하게, 어렴풋이 ≒ なんとなく 왠지 모르게, 어쩐지
- ☐ かたくなだ 완고하다, 고집스럽다 ≒ 頑固だ 완고하다
- ☐ 照会する 조회하다 ≒ 問い合わせる 문의하다
- ☐ 若干 약간 ≒ わずかに 간신히, 겨우
- ☐ 撤回する 철회하다 ≒ 取り消す 취소하다
- ☐ 難点 난점, 곤란한 점 ≒ 不安なところ 불안한 점
- ☐ 入念に 꼼꼼하게 ≒ 細かく丁寧に 세세하게 정성껏
- ☐ 粘り強い 끈기 있다 ≒ 諦めない 포기하지 않는다
- ☐ 張り合う 대항하여 겨루다 ≒ 競い合う 서로 경쟁하다, 서로 겨루다
- ☐ 抱負 포부 ≒ 決意 결의
- ☐ むっとしたようだ 욱한 것 같다 ≒ 怒ったような顔をする 화난듯한 얼굴을 하다
- ☐ ゆとり 여유 ≒ 余裕 여유

2016년

☐ 安堵する 안도하다	≒	ほっとする 안심하다
☐ 意気込み 패기	≒	意欲 의욕
☐ 怯える 무서워하다, 겁내다	≒	怖がる 무서워하다
☐ お詫びする 사죄하다	≒	謝る 사과하다
☐ かねがね 전부터, 진작부터	≒	以前から 이전부터
☐ かろうじて 겨우, 간신히	≒	何とか 어떻게(든), 그럭저럭, 간신히
☐ 故意に 고의로	≒	わざと 일부러
☐ 些細だ 사소하다	≒	小さい 작다
☐ 自尊心 자존심	≒	プライド 프라이드, 자존심
☐ 端的だ 단적이다, 간단하고 분명하다	≒	明白だ 명백하다
☐ 戸惑う 망설이다, 당황하다	≒	困る 곤란하다
☐ 煩わしい 번거롭다, 귀찮다	≒	面倒だ 귀찮다

2015년

☐ ありふれる 어디에나 있다, 흔해 빠지다	≒	平凡だ 평범하다
☐ 糸口 실마리, 단서	≒	ヒント 힌트
☐ うろたえる 당황하다, 허둥대다	≒	慌てる 당황하다, 허둥대다
☐ クレーム 클레임, 불만	≒	苦情 불평, 불만
☐ 誇張する 과장하다	≒	大げさだ 과장되다
☐ 互角だ 호각이다, 막상막하다	≒	大体同じだ 대체로 같다
☐ 錯覚する 착각하다	≒	勘違いする 착각하다, 잘못 생각하다
☐ 殺到する 쇄도하다	≒	一度に大勢来る 한꺼번에 많이 오다

☐ 仕上がる 마무리되다, 완성되다	≒	完成する 완성하다, 완성되다
☐ 助言 조언	≒	アドバイス 어드바이스, 조언
☐ ふいに 느닷없이	≒	突然 돌연, 갑자기
☐ 弁解する 변명하다	≒	言い訳をする 핑계를 대다

유의표현 기출단어
기본 다지기 ②

채점 　/10

밑줄 친 단어나 문장과 가장 비슷한 표현을 둘 중에서 하나 고르세요.

1 彼女はかたくなに断り続けた。
　　1　頑固に　　　　　　　　　2　冷静に

2 彼は私が彼を愛していると錯覚している。
　　1　自慢している　　　　　　2　勘違いしている

3 会社の創業記念式典にはエレガントな服装で参加する人が多い。
　　1　個性的な　　　　　　　　2　上品な

4 インターネットから取得した情報は、よく吟味する必要がある。
　　1　検討　　　　　　　　　　2　実行

5 別れた恋人を忘れるためには仕事に打ち込むしかない。
　　1　時間をかける　　　　　　2　夢中になる

6 祖父は自分の戦争体験をつぶさに語り始めた。
　　1　急に　　　　　　　　　2　詳細に

7 経済的にゆとりのある人は、心にもゆとりが持てる。
　　1　幸運　　　　　　　　　2　余裕

8 何をするにしても粘り強い精神力が必要だ。
　　1　諦めない　　　　　　　2　珍しくない

9 乗客全員が無事だという知らせを聞けば、ご家族はきっと安堵するでしょう。
　　1　ほっとする　　　　　　2　すっきりする

10 彼女が私の兄に好意を持っているということが態度にありありと現れている。
　　1　終始　　　　　　　　　2　はっきり

정답　1①　2②　3②　4①　5②　6②　7②　8①　9①　10②

유의표현 기출단어
실전 연습 문제 ②

⏱ 시간 6분 이내
채점 　　/6

問題3 ＿＿＿＿＿＿の言葉に意味が最も近いものを、1・2・3・4から一つ選びなさい。

1 夏の暑さが続いてばてている。
　　1 飽きて　　　　2 ひどく疲れて　　　3 汗をかいて　　　4 水分が不足して

2 この事件はまだ解決の糸口が見つかっていない。
　　1 意義　　　　　2 手続き　　　　　　3 方針　　　　　　4 手がかり

3 ホームに不審な小包が置いてあり、確認のため電車が止まっている。
　　1 怪しい　　　　2 深刻な　　　　　　3 険しい　　　　　4 否定的な

4 最近の携帯電話はコンパクトでおしゃれなデザインが多い。
　　1 便利で　　　　2 小さくて　　　　　3 軽くて　　　　　4 機能的で

5 電気代を抑えるために極力エアコンをつけないようにしています。
　　1 真っ先に　　　2 どうやら　　　　　3 大幅に　　　　　4 できる限り

6 今日は大事な面接だったのにアラームを止め、二度寝をしてしくじってしまった。
　　1 失敗して　　　2 誤解して　　　　　3 損をして　　　　4 驚いて

해설집 p.13

정답　1② 2④ 3① 4② 5④ 6①

2010년~2014년
유의표현 기출단어 3
2010년부터 2014년까지 출제된 유의표현 기출 단어를 정리하였습니다.

2014년

☐ 案の定 생각한 대로, 아니나 다를까	≒	やはり 역시
☐ 至って 극히, 매우	≒	非常に 매우, 상당히
☐ 打ち込む 박아 넣다, 몰두하다	≒	熱心に取り組む 열심히 몰두하다
☐ お手上げだ 두 손 두 발 다 들었다, 속수무책이다	≒	どうしようもない 어쩔 도리가 없다
☐ 回想する 회상하다	≒	思い返す (지난 일을) 다시 생각하다
☐ 格段に 현격히, 각별히	≒	大幅に 대폭으로, 큰 폭으로
☐ 気掛かりだ 마음에 걸리다, 근심스럽다	≒	心配だ 걱정스럽다
☐ ストレートに 스트레이트하게, 단도직입적으로	≒	率直に 솔직하게
☐ 手分けする 분담하다	≒	分担する 분담하다
☐ 不用意だ 준비되어 있지 않다, 부주의하다	≒	不注意だ 부주의하다
☐ 無償 무상, 무료	≒	ただ 무료, 공짜
☐ 厄介だ 번거롭다	≒	面倒だ 귀찮다

2013년

☐ 予め 미리, 사전에	≒	事前に 사전에
☐ 裏付け 뒷받침, 확증	≒	証拠 증거
☐ おおむね 대개, 대강	≒	だいたい 대체로, 대략
☐ 仰天する 몹시 놀라다	≒	とても驚く 매우 놀라다

☐ ことごとく 모조리	≒	すべて 전부, 모두
☐ 雑踏(ざっとう) 잡답, 혼잡	≒	人込(ひとご)み (사람으로) 북적임, 인파
☐ 従来(じゅうらい) 종래(이전부터 지금까지)	≒	これまで 지금까지, 이제까지
☐ すべ 방법, 수단	≒	方法(ほうほう) 방법
☐ 急(せ)かせる 재촉하다, 서두르게 하다(=急かす)	≒	急(いそ)がせる 서두르게 하다(=急がす)
☐ 抜群(ばつぐん)だ 발군이다, 뛰어나다	≒	ほかと比(くら)べて特(とく)に良(よ)い 다른 것과 비교했을 때 특히 좋다
☐ バックアップ 백업, 후원	≒	支援(しえん) 지원
☐ メカニズム 메커니즘, 구조	≒	仕組(しく)み 구조, 장치

2012년

☐ おっくうだ 귀찮다, 마음이 내키지 않다	≒	面倒(めんどう)だ 귀찮다
☐ おのずと 저절로, 자연히	≒	自然(しぜん)に 자연스럽게
☐ 簡素(かんそ)だ 간소하다	≒	シンプルだ 심플하다, 단순하다
☐ 貶(けな)す 폄하하다, 깎아내리다	≒	悪(わる)く言(い)う 나쁘게 말하다
☐ 触発(しょくはつ)される 촉발되다, 자극받다	≒	刺激(しげき)を受(う)ける 자극을 받다
☐ 清々(すがすが)しい 상쾌하다, 시원하다	≒	爽(さわ)やかだ 상쾌하다, 상큼하다
☐ スケール 스케일, 규모	≒	規模(きぼ) 규모
☐ しきりに 자꾸만, 끊임없이	≒	何度(なんど)も 몇 번이나
☐ 先方(せんぽう) 상대편, 앞쪽	≒	相手(あいて) 상대
☐ 断念(だんねん)する 단념하다	≒	諦(あきら)める 포기하다
☐ 当面(とうめん) 당분간	≒	しばらくは 당분간은, 한동안은
☐ ひそかに 살짝, 몰래	≒	こっそり 살짝, 몰래

2011년

- あっけない 싱겁다, 어이없다 ≒ 意外につまらない 의외로 시시하다
- ありきたりだ 세상에 얼마든지 있다, 흔하게 있다 ≒ 平凡だ 평범하다
- 画期的だ 획기적이다 ≒ 今までになく新しい 지금까지 없이 새롭다
- 極力 극력, 힘껏, 최대한 ≒ できる限り 가능한 한
- コントラスト 콘트라스트, 대조 ≒ 対比 대비
- シビアだ 엄격하다, 혹독하다 ≒ 厳しい 엄하다, 혹독하다
- 重宝する 편리해서 잘 쓰다 ≒ 便利で役に立つ 편리해서 도움이 되다.
- 手がかり 단서, 실마리 ≒ ヒント 힌트
- にわかには 당장에는 ≒ すぐには 바로는
- もくろむ 계획하다 ≒ 計画する 계획하다
- 落胆する 낙담하다 ≒ がっかりする 실망하다, 낙담하다
- 歴然とする 역연하다, 또렷하다 ≒ はっきりする 분명하다

2010년

- いやみ 비꼼, 비아냥 ≒ 皮肉 빈정거림, 비꼼
- 丹念に 정성껏, 세밀히 ≒ じっくり 차분히, 곰곰이
- どんよりした天気だ 흐린 날씨다, 우중충한 날씨다 ≒ 曇っていて暗い (구름이나 안개가 껴서) 흐려서 어둡다
- 馴染む 친숙해지다, 익숙해지다 ≒ 慣れる 익숙해지다
- 捗る 진척되다 ≒ 順調に進む 순조롭게 진행되다
- 張り合う 대항하여 겨루다 ≒ 競争する 경쟁하다
- 疎らだ 드문드문하다, 뜸하다 ≒ 少ない 적다

☐ 見合わせる 보류하다, 서로 마주 보다	≒ 中止する 중지하다
☐ やむをえず 할 수 없이, 어쩔 수 없이	≒ しかたなく 할 수 없이, 어쩔 수 없이
☐ ルーズだ 루스하다, 칠칠치 못하다	≒ だらしない 단정하지 못하다, 야무지지 못하다
☐ 朗報 낭보, 기쁜 소식	≒ うれしい知らせ 기쁜 소식
☐ 煩わしい 번거롭다, 귀찮다	≒ 面倒だ 귀찮다

유의표현 기출단어
기본 다지기 ③

채점   /10

밑줄 친 단어나 문장과 가장 비슷한 표현을 둘 중에서 하나 고르세요.

1 このドラマのストーリーはありきたりだが、だからこそ共感できる部分がある。
　　1　平凡だ　　　　　　　　2　愉快だ

2 このプロジェクトが成功したのはすべて先輩方のバックアップのおかげです。
　　1　意欲　　　　　　　　　2　支援

3 二日酔いのため、翌日の朝は体を動かすこともおっくうだった。
　　1　退屈だった　　　　　　2　面倒だった

4 学生時代を回想するたびに、自分が年を取ったのだと感じる。
　　1　思い返す　　　　　　　2　忘れる

5 先生が教室で虫を見つけて仰天する姿は、いつ見ても滑稽だ。
　　1　上を向く　　　　　　　2　ひどくびっくりする

6 大柄の彼は見かけによらず、いたってシャイな性格です。
　　1　非常に　　　　　　　　2　まだ

7 彼が犯人だという裏づけは何もない。
　　1　証拠　　　　　　　　　2　情報

8 台風が去った後の空は、じつにすがすがしい。
　　1　さわやかだ　　　　　　2　天気がいい

9 このアプリは、何ヶ国語にも翻訳できてとても重宝するらしい。
　　1　値段が高い　　　　　　2　便利で役に立つ

10 職場のため大都会の雑踏の中に住んでいると、時折実家に帰りたくなる。
　　1　渋滞　　　　　　　　　2　人込み

정답　1①　2②　3②　4①　5②　6①　7①　8①　9②　10②

실전 연습 문제 ③

問題3 ＿＿＿＿＿の言葉に意味が最も近いものを、1・2・3・4から一つ選びなさい。

1 この車のエンジンのメカニズムは非常に効率的で燃費が良い。
　　1 構造　　　　2 過程　　　　3 中身　　　　4 技術

2 この資料はおおむね完成していますから、あとは部長の許可をもらうだけです。
　　1 すべて　　　2 すぐに　　　3 だいたい　　4 あらかじめ

3 担任講師は私のノートを覗き込み、「凄く綺麗な字で読めないわ」といやみを言った。
　　1 皮肉　　　　2 お世辞　　　3 愛想　　　　4 冗談

4 5年間地元の地域活性化を願い、無償で活動して参りました。
　　1 無休　　　　2 愛着　　　　3 支援　　　　4 ただ

5 せかせるにしても、相手を気遣う一言を添えるのは重要だ。
　　1 避けさせる　2 困らせる　　3 待たせる　　4 急がせる

6 陰で他人の容姿や人格をけなす人は苦手です。
　　1 自慢する　　2 悪く言う　　3 同情する　　4 無視する

정답 1① 2③ 3① 4④ 5④ 6②

> 기출단어 집중 공략

문제 4 용법

용법 문제는 제시 단어를 올바르게 사용한 문장을 고르는 문제로 6문제 출제된다.

이렇게 풀자 ✏️

제시 단어의 의미와 품사를 정확하게 파악하고 있어야 한다. 제시 단어의 의미를 모른다면 모든 문장을 읽고 품사의 쓰임이 가장 자연스러운 것을 고르면 된다. 다만 이 방법이 통하지 않는 경우가 많으니 단어 암기와 함께 뉘앙스와 쓰임새도 함께 파악해 두는 것이 좋다.

문제 유형 예시　　　　　　　　　　　　　　　🕐 시간 2분 이내

問題4　次の言葉の使い方として最もよいものを、1・2・3・4から一つ選びなさい。

[1] 収容

1　印鑑や通帳などの貴重品を金庫に収容する。
2　来月発売される雑誌にインタビューの内容を収容するつもりだ。
3　このコンサートホールは観客を10万人収容することができる。
4　新型インフルエンザの流行がいつ収容するのかわからない。

문제 4 다음 말의 사용법으로서 가장 알맞은 것을, 1·2·3·4에서 하나 고르세요.

정답 ③

해석 수용
1 인감이나 통장 등의 귀중품을 금고에 수용한다.
2 다음 달 발매될 잡지에 인터뷰 내용을 수용할 예정이다.
3 이 콘서트홀은 관객을 10만 명 수용할 수 있다.
4 신형 인플루엔자의 유행이 언제 수용할 것인지 모른다.

해설 収容(수용)를 가장 올바르게 사용한 것은 3번이다. 1번은 保管(보관), 2번은 掲載(게재), 4번은 収束(수습)를 사용하는 것이 알맞다.

단어 収容(しゅうよう) 수용 | 印鑑(いんかん) 인감 | 通帳(つうちょう) 통장 | 貴重品(きちょうひん) 귀중품 | 金庫(きんこ) 금고 | 来月(らいげつ) 다음 달 | 発売(はつばい) 발매 | 雑誌(ざっし) 잡지 | インタビュー 인터뷰 | 内容(ないよう) 내용 | 〜つもりだ ~할 예정, 생각이다 | コンサートホール 콘서트홀 | 観客(かんきゃく) 관객 | 10万人(まんにん) 10만 명 | 新型(しんがた) 신형 | インフルエンザ 인플루엔자, 유행성 감기 | 流行(りゅうこう) 유행 | いつ 언제 | わかる 알다, 이해하다 | 保管(ほかん) 보관 | 掲載(けいさい) 게재 | 収束(しゅうそく)する 수속되다, 수습되다

2020년~2024년
용법 기출단어 1
2020년부터 2024년까지 출제된 용법 기출 단어를 정리하였습니다.

2024년

- 間柄(あいだがら) 사람 간의 사이, 관계
- 加工(かこう) 가공
- 資質(ししつ) 자질
- 正当(せいとう) 정당
- 風潮(ふうちょう) 풍조
- もたらす 가져오다, 초래하다
- ありきたり 세상에 얼마든지 있음, 흔하게 있음
- コンスタント 콘스턴트, 항상 일정함
- ずばり 싹둑 잘라 내는 모양, 거침없이
- 撤回(てっかい) 철회
- 補填(ほてん) 보전, 부족한 부분을 채움
- 養(やしな)う 기르다, 양육하다

2023년

- 改修(かいしゅう) 개수, 수리
- 完結(かんけつ) 완결
- 収容(しゅうよう) 수용
- 手厚(てあつ)い 극진하다
- 問(と)い詰(つ)める 캐묻다, 추궁하다
- 目(め)が冴(さ)える 잠이 안 오다, 눈이 말똥말똥하다
- 解約(かいやく) 해약
- 兆(きざ)し 조짐
- 痛烈(つうれつ) 통렬, 호됨
- デマ 유언비어, 헛소문
- 特産(とくさん) 특산
- もろい 무르다

2022년

- ぎこちない 어색하다, 딱딱하다
- 遮断(しゃだん) 차단
- 絶大(ぜつだい)だ 절대적이다, 아주 크다
- そそる 돋우다
- 手痛(ていた)い 심하다, 뼈아프다
- 誘致(ゆうち) 유치
- 結末(けつまつ) 결말
- 出荷(しゅっか) 출하
- 底力(そこぢから) 저력
- 断(だん)じて 결단코
- 要請(ようせい) 요청
- 譲(ゆず)る 양도하다, 물려주다

2021년

- 押収(おうしゅう) 압수
- 均等(きんとう) 균등
- 素早(すばや)い 재빠르다
- 懐(なつ)く 따르다
- 秘(ひ)める 숨기다, 간직하다
- リタイア 리타이어, 기권, 은퇴
- かたくな 완고함, 고집스러움
- 交付(こうふ) 교부
- 絶滅(ぜつめつ) 멸종
- 望(のぞ)ましい 바람직하다
- 本場(ほんば) 본고장
- 露骨(ろこつ) 노골

2020년

- 円滑(えんかつ) 원활
- 失脚(しっきゃく) 실각, 세력을 잃고 지위에서 물러남
- 実(じつ)に 실로, 참으로
- 怠(おこた)る 게으름을 피우다, 소홀히 하다
- 収容(しゅうよう) 수용
- もはや 이미, 이제는

용법 기출단어
기본 다지기 ①

채점 　　/10

제시 단어를 올바르게 사용한 문장을 둘 중에서 하나 고르세요.

1 目がさえる
1. 毎日残業やら出張やらで多忙すぎて、目がさえる。
2. 寝る前に携帯を見ると、いつも目がさえてしまう。

2 底力
1. 諦めかけたときのチームメイトの声援はいつも底力を発揮させる。
2. 私の趣味は筋トレなので、底力には自信がある。

3 改修
1. 古いビルが改修されてホテルに生まれ変わった。
2. 名前の記載を間違えたので、その部分だけ改修して提出する。

4 ぎこちない
1. こんなぎこちない毎日が続くなら、転職を考えようと思う。
2. 二人は仲直りしたはずなのに、なんとなくまだ会話がぎこちない。

5 断じて
1. 自分に有利になるように情報操作するなんて、断じて許せない。
2. 落ち込んでいることに気づかれないように、断じて明るくふるまった。

6 押収
1 犯人を捕まえるために、証拠になりそうなものは全部押収した。
2 受け取った書類に印鑑を押収して、返送してください。

7 秘める
1 気を秘めて業務に取り掛かろうと思っています。
2 彼女は本音を秘めてとりあえず良い話ばかり伝えた。

8 リタイア
1 初めてのフルマラソンの大会は、残り5kmの地点でリタイアした。
2 無事に手術を終えたので、あとは職務復帰に向けてリタイアを始める予定だ。

9 失脚
1 大したことではないと思ったことが大問題につながり、社長は結局失脚された。
2 反則をしたということで失脚処理されてしまった。

10 絶滅
1 絶滅危機におかれた動物を守らなければならず、募金運動をしています。
2 絶滅的に、事故現場に向かっても息子の姿は見つからなかった。

해설집 p.15

정답 1② 2① 3① 4② 5① 6① 7② 8① 9① 10①

용법 기출단어
실전 연습 문제 ①

⏱ 시간 12분 이내
채점　　／6

問題4　次の言葉の使い方として最もよいものを、1・2・3・4から一つ選びなさい。

1　遮断
　1　この構造では、外部の音を完全に遮断するのは難しい。
　2　今年の冬は平年より気温が上昇し、湖への立ち入りが遮断される可能性があるという。
　3　突然雨が降ってきたので、イベントは遮断せざるを得なかった。
　4　材料を仕入れることが困難になり、工場の生産ラインが遮断された。

2　痛烈
　1　職人は8日間にわたって、誰でも座れる痛烈な椅子と机を作った。
　2　こんなに痛烈な印象を残す人に、今まで会ったことがない。
　3　警察は、昨夜の捜査で痛烈な利益を得ていた犯罪集団の証拠を収集した。
　4　戦争を起こしたその国は、国際社会から痛烈な批判を浴びた。

3　露骨
　1　彼はいつも露骨に話をするので、そのまま信じてはいけない。
　2　どんな困難にも露骨に立ち向かっていく主人公の姿に感動した。
　3　マスクをしないで咳をしたら、露骨に嫌な顔をされた。
　4　いくら偉くても、お金があっても小さな幸せを忘れずに露骨に生きたい。

4　もはや
　1　新入社員の頃は、仕事に慣れずもはや上司に怒られたものだ。
　2　仮に原因や解決策が見つかったとしても、もはや手遅れだ。
　3　先生の機嫌がもはやいいので、生徒たちは不思議に思っていた。
　4　彼女は休学したのだと思っていたが、もはや違うようだ。

5 そそる
    1 契約更新日の1か月前まで連絡がない場合、更新に同意したとそそる。
    2 帰宅すると食欲をそそる匂いが玄関まで充満していた。
    3 あの女優の美しさや演技力にそそられる。
    4 外国の料理は香辛料が多く、私の胃をそそるものが多い。

6 もろい
    1 どこからどう見ても頑固そうな課長だけど、実は情にもろい一面があるんです。
    2 命の誕生は非常にもろいものである。
    3 月下美人（げっかびじん）という植物の花はもろくも一夜しか開花しない。
    4 広告デザイナーとして働く彼は、学生時代よりも遥かにもろく見えた。

정답 1 ① 2 ④ 3 ③ 4 ② 5 ② 6 ①

2015년~2019년
용법 기출단어 2

2015년부터 2019년까지 출제된 용법 기출 단어를 정리하였습니다.

2019년

- ☐ 解明(かいめい) 해명
- ☐ 簡素(かんそ) 간소
- ☐ くじける (기세가) 꺾이다
- ☐ 覆す(くつがえす) 뒤집어엎다
- ☐ 互角(ごかく) 호각, 막상막하
- ☐ 繁盛(はんじょう) 번성, 번창
- ☐ ひたむき 한결같음
- ☐ ほほえましい 흐뭇하다
- ☐ 交える(まじえる) 섞다, 주고받다
- ☐ 目安(めやす) 목표, 기준
- ☐ 様相(ようそう) 양상, 모습, 상태
- ☐ 要望(ようぼう) 요망

2018년

- ☐ かさばる 부피가 커지다, 부피가 늘다
- ☐ 基調に(きちょうに) 기조로, 바탕으로
- ☐ 交錯(こうさく) 교착, 뒤섞임
- ☐ 心当たり(こころあたり) 짐작, 짚이는 데
- ☐ 作動(さどう) 작동
- ☐ しぶとい 고집이 세다, 끈질기다
- ☐ 備え付ける(そなえつける) 비치하다
- ☐ 巧み(たくみ) 교묘함, 정교함
- ☐ 乗り出す(のりだす) 타고 나아가다, (어떤 일에) 착수하다
- ☐ 配属(はいぞく) 배속
- ☐ 抜粋(ばっすい) 발췌
- ☐ 面識(めんしき) 면식

2017년

- うなだれる (힘 없이) 고개를 떨구다
- 拠点(きょてん) 거점
- 緊密(きんみつ) 긴밀
- 昇進(しょうしん) 승진
- 重複(ちょうふく)する 중복되다 *じゅうふく라고도 함
- 提起(ていき) 제기
- 遂(と)げる 이루다
- 配布(はいふ) 배포
- 発足(ほっそく) 발족
- 滅(ほろ)びる 멸망하다
- 真(ま)っ先(さき) 맨 앞, 맨 먼저
- 見落(みお)とす 간과하다, 못 보고 놓치다

2016년

- 内訳(うちわけ) 내역, 명세
- 過密(かみつ) 과밀, 빽빽함
- 還元(かんげん) 환원
- 閑静(かんせい) 한적함, 조용함
- 規制(きせい) 규제
- 食(く)い違(ちが)う 어긋나다, 엇갈리다
- 経緯(けいい) 경위
- 察(さっ)する 헤아리다, 살피다
- 退(しりぞ)く 물러나다
- 素早(すばや)い 재빠르다
- 容易(たやす)い 쉽다, 용이하다
- 入手(にゅうしゅ) 입수

2015년

- 安静(あんせい) 안정
- 今更(いまさら) 이제 와서, 새삼스럽게
- 帯(お)びる (성질 등을) 띠다
- 思(おも)い詰(つ)める 골똘히 생각하다
- 軌道(きどう) 궤도
- くまなく 샅샅이
- 辞任(じにん) 사임
- 統合(とうごう) 통합
- 甚(はなは)だしい (정도가) 심하다
- 人手(ひとで) 일손, 남의 도움
- 没頭(ぼっとう) 몰두
- もはや 이미, 이제는

용법 기출단어
기본 다지기 ②

채점 /10

제시 단어를 올바르게 사용한 문장을 둘 중에서 하나 고르세요.

1　面識
　　1　私は面識がある人となら本来の姿を見せることに抵抗がない。
　　2　チームで業務を分担する際は1人1人の役割を面識する必要がある。

2　しぶとい
　　1　残業代ももらえないのに、こんな会社で働くなんてしぶといよ。
　　2　庭の雑草はかなりしぶとくて、なかなか取り切れない。

3　心当たり
　　1　今回の映画は心当たりして、日本だけでなく海外でも上映されることになった。
　　2　このメールにお心当たりがない場合は、このメールを破棄してください。

4　かさばる
　　1　冬用の服はかさばるので、使うとき以外は圧縮して保管している。
　　2　うちの会社の上司はみんなかさばっていて、尊敬できない。

5　抜粋
　　1　いくつかの論文から抜粋した内容でレポートを書いた。
　　2　彼は今回の企画の責任者に抜粋され、気合いが入っている。

6 巧み
1 歳を取ったら、巧みな住まいを探して田舎に帰る人が多い。
2 この施設は有名建築士によって巧みに造られた建物だ。

7 くじける
1 一度の失敗でくじけているようでは、今後が心配だ。
2 その問題から目をくじけていないで、現実を見るべきだ。

8 備え付ける
1 割れた花瓶を接着剤で備え付けたらなんとか元通りに戻った。
2 家具を備え付けるのに費用が思ったよりもかかってしまった。

9 覆す
1 歯磨きができない場合には、食後に口を覆すだけでもしたほうがいい。
2 彼が提案してきた内容は、今までの常識を覆すものだった。

10 ほほえましい
1 その古くてほほえましい家は、今は空き家になっているらしい。
2 公園で子どもたちが遊んでいる姿を見て、ほほえましく思った。

정답 1① 2② 3② 4① 5① 6② 7① 8② 9② 10②

問題4　次の言葉の使い方として最もよいものを、1・2・3・4から一つ選びなさい。

1 うなだれる
1　昨日の台風の影響で、電線が切れてうなだれている。
2　一時期は賑わっていたこの町も、今ではすっかりうなだれてしまった。
3　先輩に説教をされている間、彼はずっとうなだれていた。
4　登山の途中で道に迷い、山中をうなだれていたところを救助された。

2 はなはだしい
1　集中して勉強したおかげか、成績の変化がはなはだしい。
2　初対面にも関わらずはなはだしく話しかけてくる人は苦手だ。
3　役所のシステムが見直され、はなはだしい手続きが要らなくなった。
4　何でも自分一人の力でできると思っているなんて、勘違いもはなはだしい。

3 基調に
1　昼間は家族連れで混雑していたが、だんだん人が基調になってきた。
2　人からもらった物を基調に床に置いては失礼だ。
3　白を基調に作られたその作品は、世界各国で高く評価された。
4　私たちが基調に開発した商品が売り出されることとなった。

4 食い違う
1　駅前で彼と食い違ったが、私に全く気付かなかったようだ。
2　二人は意見が食い違うたびにいつも喧嘩になる。
3　先生が廊下を走っている生徒を食い違って注意をした。
4　光に照らすと、今まで見えなかった模様が食い違ってきた。

5 くまなく
　1　高齢化への危機感も感じられず何も着手していないなら、くまなく手遅れだろう。
　2　くまなく待ち合わせ場所に向かっても間に合わないと思います。
　3　カレーはくまなく煮込まないと野菜に味が染み込まない。
　4　警察は犯人の部屋をくまなく調べたが、証拠は見つからなかった。

6 解明
　1　このデータを分析することで、長年わからなかった宇宙の謎の解明につながる。
　2　山田先生は、数学の問題を丁寧に解明してくれるのでわかりやすい。
　3　ウイルスが収まったと思い、かつてあった色んな集まりの制限を解明した。
　4　警察による長時間の交渉のおかげで、人質は解明された。

정답　1 ③　2 ④　3 ③　4 ②　5 ④　6 ①

2010년~2014년
용법 기출단어 3
| 2010년부터 2014년까지 출제된 용법 기출 단어를 정리하였습니다.

2014년

- 一律に (いちりつに) 일률적으로
- 裏腹に (うらはら に) 정반대로, 거꾸로
- 抱え込む (かかえこむ) (양팔로) 껴안다, (많은 것을) 떠맡다
- 工面 (くめん) (돈을) 마련함, 조달함
- 心構え (こころがまえ) 마음의 준비, 각오
- しがみつく 달라붙다, 매달리다
- 損なう (そこなう) 손상하다, 해치다
- 耐えがたい (たえがたい) 참기 어렵다, 견딜 수 없다
- 携わる (たずさわる) 관계하다, 종사하다
- 剥がす (はがす) 벗기다, 떼다
- 人一倍 (ひといちばい) 남보다 갑절(로)
- 復旧する (ふっきゅうする) 복구하다, 복구되다

2013년

- 当てはめる (あてはめる) 꼭 들어 맞추다, 적용시키다
- 円滑 (えんかつ) 원활
- 庇う (かばう) 감싸다
- 加味 (かみ) 가미
- 合致 (がっち) 합치, 일치
- 口出し (くちだし) 말참견
- 気配 (けはい) 기색, 낌새
- 処置 (しょち) 조치
- 打開 (だかい) 타개
- 煩雑 (はんざつ) 번잡, 번거롭고 복잡함
- 拍子に (ひょうしに) ~한 찰나에, ~한 순간에
- 優位 (ゆうい) 우위

2012년

- 怠る (おこた る) 게으름을 피우다, 소홀히 하다
- 仕業 (しわざ) 소행, 짓
- 発散 (はっさん) 발산
- ブランク 블랭크, 공백
- 満たない (み たない) 차지 않다, 미달하다
- 免除 (めんじょ) 면제
- 広大だ (こうだい) 광대하다
- 総じて (そうじて) 대체로
- 秘める (ひめる) 숨기다, 간직하다
- 見込み (みこみ) 전망, 가망
- 無造作に (むぞうさに) 아무렇게나
- 有数 (ゆうすう) 유수, 굴지, 손꼽힘

2011년

- 叶う (かなう) 이루어지다
- とっくに 훨씬 전에, 진작에
- 赴任 (ふにん) 부임
- ほどける 풀리다
- 見失う (みうしなう) 보던 것을 놓치다, (모습 등을) 잃다
- ゆとり 여유
- 質素 (しっそ) 검소(함)
- 配布 (はいふ) 배포
- 不服 (ふふく) 불복, 불복종
- まちまち 각기 다름
- 目覚ましい (めざましい) 눈부시다
- 連携 (れんけい) 제휴

2010년

- 潔い (いさぎよい) 미련 없이 깨끗하다, 떳떳하다
- 細心 (さいしん) 세심
- 賑わう (にぎわう) 번성하다, 붐비다
- 発足 (ほっそく) 발족
- 見落とす (みおとす) 간과하다, 못 보고 놓치다
- めきめき 두드러지게
- 意地 (いじ) 고집
- 調達 (ちょうたつ) 조달
- ひとまず 우선, 일단
- 満喫 (まんきつ) 만끽
- 密集 (みっしゅう) 밀집
- 目先 (めさき) 눈앞, 바로 앞

용법 기출단어
기본 다지기 ③

채점　　/10

제시 단어를 올바르게 사용한 문장을 둘 중에서 하나 고르세요.

1　煩雑
　1　ビザを取得するための手続きはとても煩雑だから、書類だけでも早く準備したほうがいい。
　2　ずっと待っていたチャンスが来たが、煩雑になりすぎて逃してしまった。

2　口出し
　1　もう大人なんだから、私がすることにいちいち口出ししてほしくない。
　2　コーチの口出しのおかげで、初めて試合に勝つことができた。

3　工面
　1　新しい事業を始めるための資金を工面するのは大変だ。
　2　その目標を工面するには相当な覚悟が必要だ。

4　見落とす
　1　人の本性を見落とす力を身につけることも必要だ。
　2　私は大きな間違いを見落としていたことを反省した。

5　とっくに
　1　母はとっくに機嫌がいい。何かいい事があったに違いない。
　2　もう夜の11時だからレストランはとっくに閉まっている。

6 携わる
1 私の夢は立派な先生になって教育に携わることです。
2 経済的に負担が携わり、貧困な生活をしながら過ごしています。

7 満たない
1 満たない顔をしているけど、何かありましたか。
2 定員に満たなかったため、残念ながら、クラスは開設されませんでした。

8 ひとまず
1 ひとまず仕事の区切りをつけて、残りは明日やることにしよう。
2 こんな難しい試験にひとまず合格するなんて、さすが賢いだけある。

9 有数
1 5年前は名前の知らなかった企業が、今は世界有数の大企業になりました。
2 有数の人生だから、後悔なくやりたいことは全部するつもりです。

10 赴任
1 事態を素早く察知し、車で逃走する容疑者を赴任しました。
2 家族を残し、来月から海外に単身赴任することになりました。

정답 1① 2① 3① 4② 5② 6① 7② 8① 9① 10②

용법 기출단어 실전 연습 문제 ③

問題4　次の言葉の使い方として最もよいものを、1・2・3・4から一つ選びなさい。

[1]　見込み
1　彼女はとても兄弟たちの見込みがいいので、両親から頼りにされている。
2　明日の分のソースの見込みはだいたい終わったので、やっと家に帰れる。
3　単位が足りなくて今年みんなと一緒に卒業できる見込みがない。
4　見込みが激しくて、よく周りに迷惑をかけている。

[2]　潔い
1　この病院には眼科医として潔い先生がいる。
2　彼女には少女のような潔さがある。
3　イヤリングをいくら探してもまったく見つかる気配がないから潔く諦めた。
4　ゲームでこんなずるいことをするなんて、潔い奴だ。

[3]　ブランク
1　なんとか今月のブランクを達成できたので、ペナルティはなかった。
2　10年ぶりに再就職したがブランクがあって、なかなか思い通りに仕事が進まない。
3　ここ数年で、国内最高峰のブランクだと評価されるようになった。
4　彼女はプライベートと仕事のブランクがありすぎる。

[4]　めきめき
1　彼女は新入社員でありながら、めきめき営業力をつけ、いまやトップの成績だ。
2　毎年冬になると、肌がめきめきするので、保湿は欠かせない。
3　久しぶりに病気で入院している祖父に会ったが、めきめきしていた。
4　初めてのプレゼンを前に順番が近づくにつれ、めきめきしてきた。

5 裏腹に
1 同僚は取引先に依頼を裏腹に断られてショックを受けた。
2 「大丈夫」との言葉とは裏腹に彼女の表情は悲しそうだった。
3 うちの息子だけが悪いとは裏腹に言えないだろう。
4 この本を読めば、コミュニケーション能力を裏腹に学べる。

6 打開
1 一か月間の旅行休暇願いを提出したが、上司の許可が下りず打開するほかなかった。
2 少子高齢化の打開策は、国の政策と地方自治体の両方から掲げられている。
3 その人は、コンサートの荷物検査を打開し、警備員に追い出された。
4 他国での生活に馴染もうと、文化の壁を打開するのに何年もかかった。

핵심단어 집중 공략
핵심단어 리스트
2010년부터 최신 JLPT까지의 출제 문제 내 모든 어휘를 분석하여 N1 레벨의 출제 예상 핵심 단어를 품사별로 정리하였습니다.

1 명사
출제 예상 핵심 명사를 히라가나 순으로 정리하였습니다.

あ행

☐ 愛顧(あいこ) 애고, 사랑하여 돌보아 줌	☐ 愛好(あいこう) 애호	☐ 愛想(あいそう) 붙임성, 정나미 *あいそ 라고도 함
☐ 間柄(あいだがら) 사람 간의 사이, 관계	☐ 仰向(あおむ)け 뒤로 젖혀 위를 봄	☐ 垢(あか) (피부 등의) 때
☐ 証(あかし) 증거	☐ 悪臭(あくしゅう) 악취	☐ 悪玉(あくだま) 악인
☐ 痣(あざ) 피부의 반점, 멍	☐ 値(あたい) 값어치	☐ 頭打(あたまう)ち 시세가 막힌 상태, 진전할 가망이 없는 상태
☐ 圧巻(あっかん) 압권	☐ 斡旋(あっせん) 알선	☐ 圧迫(あっぱく) 압박
☐ 後回(あとまわ)し 뒤로 미룸	☐ 油絵(あぶらえ) 유화	☐ 雨具(あまぐ) 우비
☐ 網(あみ) 그물, 망	☐ 有様(ありさま) 모양, 상태	☐ 安価(あんか) 싼값
☐ 暗殺(あんさつ) 암살	☐ 暗算(あんざん) 암산	☐ 暗礁(あんしょう) 암초
☐ 暗示(あんじ) 암시	☐ 安否(あんぴ) 안부	☐ 暗黙(あんもく) 암묵
☐ 家出(いえで) 가출	☐ 威嚇(いかく) 위협	☐ 依拠(いきょ) 의거
☐ 異議(いぎ) 이의	☐ 偉業(いぎょう) 위업	☐ 意気地(いくじ) 기개, 패기
☐ 異見(いけん) 이견, 다른 의견	☐ 意向(いこう) 의향	☐ 石垣(いしがき) 돌담
☐ 委縮(いしゅく) 위축	☐ 異性(いせい) 이성	☐ 遺跡(いせき) 유적
☐ 依存(いぞん) 의존 *いそん이라고도 함	☐ 痛手(いたで) 깊은 상처, 심한 타격	☐ 銀杏(いちょう) 은행나무
☐ 一矢(いっし) 화살 한 개	☐ 一刻(いっこく) 일각, 짧은 시간	☐ 一変(いっぺん) 일변, 완전히 달라짐
☐ 移転(いてん) 이전	☐ 異動(いどう) (직위·근무처 따위의) 이동	☐ 稲光(いなびかり) 번개
☐ 意表(いひょう) 의표, 뜻밖	☐ 鼾(いびき) 코 고는 소리	☐ 今時分(いまじぶん) 지금쯤, 이맘때

- ☐ 意味合い 까닭, (사정을 내포한의미)
- ☐ 移民 이민
- ☐ 威力 위력
- ☐ 衣類 의류
- ☐ 色合い 색조
- ☐ 異論 이론
- ☐ 違和感 위화감
- ☐ 陰影 음영, 그림자
- ☐ 印鑑 인감
- ☐ 隕石 운석
- ☐ 引率 인솔
- ☐ 受け身 수동
- ☐ 渦 소용돌이
- ☐ 団扇 부채
- ☐ 訴え 호소, 소송
- ☐ 鵜呑み 통째로 삼킴, 그냥 받아들임
- ☐ 生まれつき 타고난 것
- ☐ 羽毛 우모, 깃털
- ☐ 裏打ち 보강, 뒷받침
- ☐ 浮気 바람기
- ☐ 運送 운송
- ☐ 運搬 운반
- ☐ 運用 운용
- ☐ 英雄 영웅
- ☐ 営利 영리
- ☐ 獲物 사냥감
- ☐ 襟 옷깃, 목덜미
- ☐ 縁 인연
- ☐ 沿岸 연안
- ☐ 厭世 염세
- ☐ 延滞 연체
- ☐ 縁談 혼담
- ☐ 応急 응급
- ☐ 黄金 황금
- ☐ 往診 왕진
- ☐ 大柄 덩치가 큼
- ☐ お喋り 잡담, 수다(쟁이)
- ☐ 雄 수컷
- ☐ おむつ 기저귀
- ☐ 趣 정취, 멋
- ☐ 親心 부모의 마음
- ☐ 及び腰 엉거주춤한 자세, 태도
- ☐ 折 때, 시기
- ☐ 織物 직물

か행

- ☐ 海運 해운
- ☐ 階級 계급
- ☐ 海峡 해협
- ☐ 懐疑 회의
- ☐ 解雇 해고
- ☐ 開港 개항
- ☐ 会心 회심
- ☐ 開示 개시, 분명히 표시함
- ☐ 怪獣 괴수
- ☐ 快晴 쾌청
- ☐ 階層 계층
- ☐ 怪談 괴담
- ☐ 会談 회담
- ☐ 改定 개정
- ☐ 介入 개입
- ☐ 回避 회피
- ☐ 怪物 괴물
- ☐ 快楽 쾌락

☐ 回覧(かいらん) 회람, 돌려 봄	☐ 乖離(かいり) 괴리, 서로 어그러져 동떨어지는 것	
☐ 改良(かいりょう) 개량	☐ 回路(かいろ) 회로	☐ 垣根(かきね) 울타리, 장벽
☐ 核(かく) 핵, 핵심	☐ 格差(かくさ) 격차	☐ 拡散(かくさん) 확산
☐ 各種(かくしゅ) 각종	☐ 革新(かくしん) 혁신	☐ 革命(かくめい) 혁명
☐ 隔離(かくり) 격리	☐ 確立(かくりつ) 확립	☐ 家計(かけい) 가계, 생계
☐ 掛け声(かけごえ) 고함 소리, 구호	☐ 加減(かげん) 가감, 더하기와 빼기	☐ 化合(かごう) 화합
☐ 過信(かしん) 과신, 너무 믿음	☐ 火星(かせい) 화성	☐ 化石(かせき) 화석
☐ 仮説(かせつ) 가설	☐ 風通し(かぜとお) 통풍	☐ 片思い(かたおもい) 짝사랑
☐ 肩書き(かたがき) 사회적 지위, 직함	☐ 塊(かたまり) 덩어리	☐ 花壇(かだん) 화단
☐ 家畜(かちく) 가축	☐ 渇望(かつぼう) 갈망	☐ 金槌(かなづち) 쇠망치
☐ 株式(かぶしき) 주식	☐ 株主(かぶぬし) 주주	☐ 貨幣(かへい) 화폐
☐ 加盟(かめい) 가맹	☐ 狩り(かり) 사냥	☐ 過労(かろう) 과로
☐ 皮切り(かわきり) 최초, 시초	☐ 勘(かん) 직감력, 육감	☐ 喚起(かんき) 환기
☐ 感興(かんきょう) 감흥	☐ 慣行(かんこう) 관행	☐ 勧告(かんこく) 권고
☐ 監視(かんし) 감시	☐ 慣習(かんしゅう) 관습	☐ 観衆(かんしゅう) 관중
☐ 感触(かんしょく) 감촉	☐ 肝心(かんじん) 가장 중요함	☐ 歓声(かんせい) 환성, 환호성
☐ 感染(かんせん) 감염	☐ 関税(かんぜい) 관세	☐ 感嘆(かんたん) 감탄
☐ 幹部(かんぶ) 간부	☐ 勘弁(かんべん) 용서함	☐ 感銘(かんめい) 감명
☐ 関与(かんよ) 관여	☐ 寛容(かんよう) 관용	☐ 観覧(かんらん) 관람
☐ 官僚(かんりょう) 관료	☐ 慣例(かんれい) 관례	☐ 還暦(かんれき) 환갑
☐ 貫禄(かんろく) 관록	☐ 外貨(がいか) 외화	☐ 外観(がいかん) 외관
☐ 害虫(がいちゅう) 해충	☐ 街頭(がいとう) 길거리, 노상	☐ 概念(がいねん) 개념
☐ 外来(がいらい) 외래	☐ 楽譜(がくふ) 악보	☐ 学歴(がくれき) 학력

☐ 崖(がけ) 절벽	☐ 合唱(がっしょう) 합창	☐ 眼科(がんか) 안과
☐ 眼球(がんきゅう) 안구	☐ 玩具(がんぐ) 완구, 장난감	☐ 願書(がんしょ) 원서
☐ 岩石(がんせき) 암석	☐ 元祖(がんそ) 원조, 시조	☐ 規格(きかく) 규격
☐ 飢餓(きが) 기아	☐ 気掛かり(きがかり) 마음에 걸림	☐ 機器(きき) 기기, 기계
☐ 基金(ききん) 기금	☐ 棄権(きけん) 기권	☐ 喜劇(きげき) 희극
☐ 起原(きげん) 기원	☐ 機構(きこう) 기구	☐ 気心(きごころ) 기질, 속마음
☐ 記載(きさい) 기재	☐ 気質(きしつ) 기질	☐ 記述(きじゅつ) 기술
☐ 奇跡(きせき) 기적	☐ 貴族(きぞく) 귀족	☐ 既定(きてい) 기정
☐ 起点(きてん) 기점, 출발점	☐ 喜怒哀楽(きどあいらく) 희로애락	☐ 起動(きどう) 기동
☐ 絹糸(きぬいと) 견사, 명주실	☐ 気迫(きはく) 기백, 기개	☐ 規範(きはん) 규범
☐ 忌避(きひ) 기피	☐ 気品(きひん) 기품	☐ 決め手(きめて) 결정적인 수단, 결정타
☐ 規約(きやく) 규약	☐ 脚色(きゃくしょく) 각색	☐ 脚本(きゃくほん) 각본
☐ 救急(きゅうきゅう) 구급	☐ 究極(きゅうきょく) 궁극	☐ 救済(きゅうさい) 구제
☐ 宮殿(きゅうでん) 궁전	☐ 協会(きょうかい) 협회	☐ 共感(きょうかん) 공감
☐ 凶器(きょうき) 흉기	☐ 協議(きょうぎ) 협의	☐ 強行(きょうこう) 강행
☐ 享受(きょうじゅ) 향수, 받아들여 누림	☐ 共存(きょうぞん) 공존 *きょうそん이라고도 함	☐ 協定(きょうてい) 협정
☐ 郷土(きょうど) 향토	☐ 強迫(きょうはく) 강박	☐ 脅迫(きょうはく) 협박
☐ 共鳴(きょうめい) 공명	☐ 恐竜(きょうりゅう) 공룡	☐ 局面(きょくめん) 국면
☐ 居住(きょじゅう) 거주	☐ 拒絶(きょぜつ) 거절	☐ 許容(きょよう) 허용
☐ 気流(きりゅう) 기류	☐ 岐路(きろ) 기로, 갈림길	☐ 緊急(きんきゅう) 긴급
☐ 均衡(きんこう) 균형	☐ 勤労(きんろう) 근로	☐ 技巧(ぎこう) 기교
☐ 犠牲(ぎせい) 희생	☐ 偽造(ぎぞう) 위조	☐ 技能(ぎのう) 기능
☐ 逆転(ぎゃくてん) 역전	☐ 業者(ぎょうしゃ) 업자	☐ 行政(ぎょうせい) 행정

☐ 義理(ぎり) 의리	☐ 疑惑(ぎわく) 의혹	☐ 空腹(くうふく) 공복
☐ 空欄(くうらん) 공란, 빈칸	☐ 苦役(くえき) 고역	☐ 口調(くちょう) 어조
☐ 玄人(くろうと) 전문가, 숙련자	☐ 君臨(くんりん) 군림	☐ 愚痴(ぐち) 푸념
☐ 軍事(ぐんじ) 군사	☐ 経過(けいか) 경과	☐ 警戒(けいかい) 경계
☐ 敬具(けいぐ) 경구, 편지 끝에 쓰는 인사말	☐ 軽減(けいげん) 경감	☐ 軽視(けいし) 경시
☐ 警鐘(けいしょう) 경종	☐ 形状(けいじょう) 형상, 모양	☐ 形態(けいたい) 형태
☐ 傾聴(けいちょう) 경청	☐ 刑罰(けいばつ) 형벌	☐ 啓蒙(けいもう) 계몽
☐ 経路(けいろ) 경로	☐ 決議(けつぎ) 결의	☐ 結合(けつごう) 결합
☐ 欠如(けつじょ) 결여	☐ 血管(けっかん) 혈관	☐ 決算(けっさん) 결산
☐ 獣(けもの) 짐승	☐ 権威(けんい) 권위	☐ 嫌悪(けんお) 혐오
☐ 権限(けんげん) 권한	☐ 健在(けんざい) 건재	☐ 検証(けんしょう) 검증
☐ 献身(けんしん) 헌신	☐ 権力(けんりょく) 권력	☐ 激減(げきげん) 격감
☐ 下痢(げり) 설사	☐ 原型(げんけい) 원형	☐ 原始(げんし) 원시
☐ 元首(げんしゅ) 원수	☐ 幻想(げんそう) 환상	☐ 原則(げんそく) 원칙
☐ 原点(げんてん) 원점	☐ 原動力(げんどうりょく) 원동력	☐ 原本(げんぽん) 원본
☐ 好意(こうい) 호의	☐ 交易(こうえき) 교역, 무역	☐ 公益(こうえき) 공익
☐ 校閲(こうえつ) 교열	☐ 好況(こうきょう) 호황	☐ 抗議(こうぎ) 항의
☐ 高原(こうげん) 고원, 높은 지대	☐ 交互(こうご) 교호, 서로 번갈아함	☐ 考察(こうさつ) 고찰
☐ 香辛料(こうしんりょう) 향신료	☐ 洪水(こうずい) 홍수	☐ 功績(こうせき) 공적, 공로
☐ 構想(こうそう) 구상	☐ 拘束(こうそく) 구속	☐ 後退(こうたい) 후퇴
☐ 耕地(こうち) 경지, 경작지	☐ 構築(こうちく) 구축	☐ 口頭(こうとう) 구두, 입으로 말함
☐ 購読(こうどく) 구독	☐ 購買(こうばい) 구매	☐ 光熱費(こうねつひ) 광열비
☐ 好評(こうひょう) 호평	☐ 広報(こうほう) 홍보	☐ 公募(こうぼ) 공모

☐ こうぼう 工房 공방	☐ こうりつ 効率 효율	☐ こかげ 木陰 나무 그늘
☐ こぎって 小切手 수표	☐ こくいん 刻印 각인	☐ こくひょう 酷評 혹평
☐ こころがけ 心掛け 마음가짐	☐ こしつ 固執 고집	☐ こじ 誇示 과시
☐ こぜに 小銭 잔돈, 적은 돈	☐ こだわり 拘り 고집	☐ ことがら 事柄 사항, 일
☐ こどう 鼓動 고동	☐ こどく 孤独 고독	☐ こばち 小鉢 작은 그릇
☐ こべつ 個別 개별	☐ こゆう 固有 고유	☐ こよう 雇用 고용
☐ こんけつ 混血 혼혈	☐ こんごう 混合 혼합	☐ こんじょう 根性 근성
☐ こんちゅう 昆虫 곤충	☐ こんどう 混同 혼동	☐ こんにゅう 混入 혼입
☐ ごい 語彙 어휘	☐ ごうせい 合成 합성	☐ ごうほう 合法 합법
☐ ごくひ 極秘 극비	☐ ごくらく 極楽 극락	☐ ごげん 語源 어원
☐ ごさ 誤差 오차		

さ행

☐ さいかく 才覚 재치, 기지	☐ さいがい 災害 재해	☐ さいく 細工 세공
☐ さいくつ 採掘 채굴	☐ さいげつ 歳月 세월	☐ さいげん 再現 재현
☐ さいさん 採算 채산, 수입과 지출을 맞추어 계산하는 것		☐ さいぜん 最善 최선
☐ さいたく 採択 채택	☐ さいりょう 最良 최량, 최선	☐ さがく 差額 차액
☐ さぎ 詐欺 사기	☐ さくいん 索引 색인, 인덱스	☐ さくげん 削減 삭감
☐ さくご 錯誤 착오	☐ さつじん 殺人 살인	☐ さっち 察知 찰지, 헤아려 아는 것
☐ さとやま 里山 마을 근처의 산	☐ さばき 裁き 심판	☐ さむけ 寒気 한기
☐ さむらい 侍 무사	☐ さよう 作用 작용	☐ さんがく 山岳 산악
☐ さんしゅつ 算出 산출	☐ さんび 賛美 찬미	☐ さんふじんか 産婦人科 산부인과
☐ さんぶつ 産物 산물	☐ さんみ 酸味 산미, 신맛	☐ さんみゃく 山脈 산맥
☐ さんらん 散乱 산란, 흩어짐	☐ さんらん 産卵 산란	☐ ざいじゅう 在住 재주, 거주

☐ 財政(ざいせい) 재정	☐ 財団(ざいだん) 재단	☐ 財務(ざいむ) 재무
☐ 在留(ざいりゅう) 재류	☐ 挫折(ざせつ) 좌절	☐ 雑貨(ざっか) 잡화
☐ 残留(ざんりゅう) 잔류	☐ 飼育(しいく) 사육	☐ 歯科(しか) 치과
☐ 仕返し(しかえし) 고쳐 함, 복수	☐ 指揮(しき) 지휘	☐ 仕草(しぐさ) 행위, 몸짓
☐ 死刑(しけい) 사형	☐ 志向(しこう) 지향	☐ 嗜好(しこう) 기호
☐ 試行(しこう) 시행	☐ 施行(しこう) 시행, 실시	☐ 思考回路(しこうかいろ) 사고 회로
☐ 試行錯誤(しこうさくご) 시행착오	☐ 示唆(しさ) 시사, 암시	☐ 思索(しさく) 사색
☐ 資産(しさん) 자산	☐ 資質(ししつ) 자질	☐ 指針(ししん) 지침
☐ 滴(しずく) 물방울	☐ 子息(しそく) 자식	☐ 下心(したごころ) 속마음
☐ 下地(したじ) 밑바탕, 소질	☐ 質疑(しつぎ) 질의	☐ 仕付け(しつけ) 예의범절을 가르침
☐ 嫉妬(しっと) 질투	☐ 執筆(しっぴつ) 집필	☐ 品揃え(しなぞろえ) 상품을 골고루 갖춤
☐ 司法(しほう) 사법	☐ 脂肪(しぼう) 지방	☐ 縞(しま) 줄무늬
☐ 始末(しまつ) 형편, (뒤)처리	☐ 社交(しゃこう) 사교	☐ 謝罪(しゃざい) 사죄
☐ 収益(しゅうえき) 수익	☐ 修学(しゅうがく) 수학	☐ 集計(しゅうけい) 집계
☐ 収支(しゅうし) 수지	☐ 修飾(しゅうしょく) 수식	☐ 習性(しゅうせい) 습성
☐ 終息(しゅうそく) 종식	☐ 収束(しゅうそく) 수속, 수습	☐ 集約(しゅうやく) 집약
☐ 修行(しゅぎょう) 수행	☐ 宿命(しゅくめい) 숙명	☐ 主権(しゅけん) 주권
☐ 主催(しゅさい) 주최	☐ 主体(しゅたい) 주체	☐ 出題(しゅつだい) 출제
☐ 出没(しゅつぼつ) 출몰	☐ 出資(しゅっし) 출자	☐ 出生(しゅっしょう) 출생
☐ 出費(しゅっぴ) 출비, 지출	☐ 出品(しゅっぴん) 출품	☐ 主導(しゅどう) 주도
☐ 主任(しゅにん) 주임	☐ 首脳(しゅのう) 수뇌	☐ 守備(しゅび) 수비
☐ 手法(しゅほう) 수법, 기교	☐ 主役(しゅやく) 주역	☐ 狩猟(しゅりょう) 수렵, 사냥
☐ 手腕(しゅわん) 수완	☐ 仕様(しよう) 방법, 사양	☐ 生涯(しょうがい) 생애

☐ 消去 (しょうきょ) 소거, 지워버림	☐ 証券 (しょうけん) 증권	☐ 衝撃 (しょうげき) 충격
☐ 証言 (しょうげん) 증언	☐ 症候群 (しょうこうぐん) 증후군	☐ 照合 (しょうごう) 조합, 대조하여 확인함
☐ 正体 (しょうたい) 정체	☐ 小児科 (しょうにか) 소아과	☐ 奨励 (しょうれい) 장려
☐ 植民地 (しょくみんち) 식민지	☐ 職務 (しょくむ) 직무	☐ 書斎 (しょさい) 서재
☐ 所持 (しょじ) 소지	☐ 所定 (しょてい) 소정	☐ 所得 (しょとく) 소득
☐ 初版 (しょはん) 초판	☐ 書評 (しょひょう) 서평	☐ 消防士 (しょうぼうし) 소방사
☐ 庶民 (しょみん) 서민	☐ 進化 (しんか) 진화	☐ 新型 (しんがた) 신형
☐ 審議 (しんぎ) 심의	☐ 新興 (しんこう) 신흥	☐ 審査 (しんさ) 심사
☐ 紳士 (しんし) 신사	☐ 伸縮 (しんしゅく) 신축	☐ 真実 (しんじつ) 진실
☐ 心情 (しんじょう) 심정	☐ 真相 (しんそう) 진상	☐ 新築 (しんちく) 신축
☐ 進呈 (しんてい) 진정(물건을 자진해서 드림)	☐ 進展 (しんてん) 진전	☐ 浸透 (しんとう) 침투
☐ 振動 (しんどう) 진동	☐ 振幅 (しんぷく) 진폭	☐ 真理 (しんり) 진리
☐ 侵略 (しんりゃく) 침략	☐ 診療 (しんりょう) 진료	☐ 自覚 (じかく) 자각
☐ 軸 (じく) 축	☐ 自己 (じこ) 자기	☐ 事項 (じこう) 사항, 항목
☐ 地獄 (じごく) 지옥	☐ 辞職 (じしょく) 사직	☐ 自制 (じせい) 자제, 자기 억제
☐ 事態 (じたい) 사태	☐ 自重 (じちょう) 자중	☐ 実質 (じっしつ) 실질, 실제 내용
☐ 実相 (じっそう) 실상	☐ 実態 (じったい) 실태	☐ 実費 (じっぴ) 실비
☐ 地盤 (じばん) 지반	☐ 重圧 (じゅうあつ) 중압	☐ 従属 (じゅうぞく) 종속
☐ 塾 (じゅく) 학원	☐ 受理 (じゅり) 수리	☐ 循環 (じゅんかん) 순환
☐ 上位 (じょうい) 상위	☐ 常時 (じょうじ) 상시, 항상	☐ 状勢 (じょうせい) 정세, 형세
☐ 常設 (じょうせつ) 상설	☐ 譲渡 (じょうと) 양도	☐ 情熱 (じょうねつ) 정열
☐ 譲歩 (じょうほ) 양보	☐ 条約 (じょうやく) 조약	☐ 除外 (じょがい) 제외
☐ 除去 (じょきょ) 제거	☐ 徐行 (じょこう) 서행	☐ 持論 (じろん) 지론

☐ 人格(じんかく) 인격	☐ 人権(じんけん) 인권	☐ 人体(じんたい) 인체
☐ 人倫(じんりん) 인륜	☐ 推進(すいしん) 추진	☐ 衰弱(すいじゃく) 쇠약
☐ 水槽(すいそう) 수조	☐ 推論(すいろん) 추론	☐ 筋道(すじみち) 도리, 절차
☐ 寸前(すんぜん) 직전, 바로 앞	☐ ずぶぬれ 흠뻑 젖음	☐ 誠意(せいい) 성의
☐ 生育(せいいく) 생육, 나서 키움	☐ 盛栄(せいえい) 성영, 번창하는 것	☐ 精鋭(せいえい) 정예
☐ 正規(せいき) 정규	☐ 盛況(せいきょう) 성황	☐ 正義(せいぎ) 정의
☐ 制御(せいぎょ) 제어	☐ 生計(せいけい) 생계	☐ 政権(せいけん) 정권
☐ 政策(せいさく) 정책	☐ 星座(せいざ) 성좌, 별자리	☐ 静止(せいし) 정지
☐ 生死(せいし) 생사	☐ 聖書(せいしょ) 성서, 성경	☐ 成熟(せいじゅく) 성숙
☐ 生鮮(せいせん) (야채나 생선 따위가) 싱싱함	☐ 生息(せいそく) 생식, 생존	☐ 制定(せいてい) 제정
☐ 声明(せいめい) 성명	☐ 制約(せいやく) 제약	☐ 責務(せきむ) 책무
☐ 世俗(せぞく) 세속, 세속 사람	☐ 背丈(せたけ) 신장, 키	☐ 切望(せつぼう) 갈망
☐ 設立(せつりつ) 설립	☐ 接触(せっしょく) 접촉	☐ 繊維(せんい) 섬유
☐ 宣言(せんげん) 선언	☐ 選考(せんこう) 선고, 가려 뽑는 것	☐ 潜水(せんすい) 잠수
☐ 先代(せんだい) 선대	☐ 戦闘(せんとう) 전투	☐ 潜入(せんにゅう) 잠입
☐ 先入観(せんにゅうかん) 선입관, 고정관념	☐ 仙人(せんにん) 선인, 신선	☐ 船舶(せんぱく) 선박
☐ 占領(せんりょう) 점령	☐ 戦力(せんりょく) 전력, 전투 능력	☐ 絶望(ぜつぼう) 절망
☐ 絶版(ぜっぱん) 절판	☐ 善悪(ぜんあく) 선악	☐ 全盛(ぜんせい) 전성
☐ 前提(ぜんてい) 전제	☐ 全滅(ぜんめつ) 전멸	☐ 前例(ぜんれい) 전례
☐ 総会(そうかい) 총회	☐ 創刊(そうかん) 창간	☐ 遭遇(そうぐう) 조우, 우연히 만남
☐ 捜索(そうさく) 수색	☐ 喪失(そうしつ) 상실	☐ 装飾(そうしょく) 장식
☐ 騒動(そうどう) 소동	☐ 挿入(そうにゅう) 삽입	☐ 装備(そうび) 장비
☐ 双方(そうほう) 쌍방	☐ 促進(そくしん) 촉진	☐ 束縛(そくばく) 속박

- ☐ 底意地(そこいじ) 근성, 마음보
- ☐ 阻止(そし) 저지
- ☐ 訴訟(そしょう) 소송
- ☐ 疎通(そつう) 소통
- ☐ そっちのけ 뒷전으로 돌림
- ☐ 素振り(そぶり) 거동, 기색
- ☐ 尊厳(そんげん) 존엄
- ☐ 損失(そんしつ) 손실
- ☐ 村落(そんらく) 촌락, 마을
- ☐ 増殖(ぞうしょく) 증식
- ☐ 増進(ぞうしん) 증진

た행

- ☐ 退化(たいか) 퇴화
- ☐ 体格(たいかく) 체격
- ☐ 待機(たいき) 대기
- ☐ 待遇(たいぐう) 대우
- ☐ 大衆(たいしゅう) 대중
- ☐ 対称(たいしょう) 대칭
- ☐ 対峙(たいじ) 대치, 대립
- ☐ 態勢(たいせい) 태세
- ☐ 耐性(たいせい) 내성
- ☐ 対談(たいだん) 대담
- ☐ 滞納(たいのう) 체납
- ☐ 対話(たいわ) 대화
- ☐ 多寡(たか) 다과, 많고 적음
- ☐ 多岐(たき) 다기, 여러 갈래로 갈려 복잡함
- ☐ 巧み(たくみ) 교묘함, 정교함
- ☐ 多数決(たすうけつ) 다수결
- ☐ 立ち入り禁止(たちいりきんし) 출입 금지
- ☐ 立ち直り(たちなおり) 다시 일어섬, 회복
- ☐ 種まき(たねまき) 씨 뿌리기, 파종
- ☐ 魂(たましい) 영혼
- ☐ 単一(たんいつ) 단일
- ☐ 単価(たんか) 단가
- ☐ 探求(たんきゅう) 탐구
- ☐ 探検(たんけん) 탐험
- ☐ 単行本(たんこうぼん) 단행본
- ☐ 探索(たんさく) 탐색
- ☐ 単身(たんしん) 단신, 혼자
- ☐ 探知(たんち) 탐지
- ☐ 単独(たんどく) 단독
- ☐ たんぱく質(しつ) 단백질
- ☐ 代行(だいこう) 대행
- ☐ 醍醐味(だいごみ) 묘미, 참다운 즐거움
- ☐ 大地(だいち) 대지, 땅
- ☐ 台無し(だいなし) 아주 망가짐, 엉망이 됨
- ☐ 台本(だいほん) 대본
- ☐ 代用(だいよう) 대용
- ☐ 妥結(だけつ) 타결, 타협
- ☐ 脱落(だつらく) 탈락, 낙오
- ☐ 脱却(だっきゃく) 탈각
- ☐ 脱出(だっしゅつ) 탈출
- ☐ 脱退(だったい) 탈퇴
- ☐ 断言(だんげん) 단언
- ☐ 弾力(だんりょく) 탄력
- ☐ 治安(ちあん) 치안
- ☐ 蓄積(ちくせき) 축적
- ☐ 地形(ちけい) 지형
- ☐ 知性(ちせい) 지성
- ☐ 巷(ちまた) 번화한 거리, 시가
- ☐ 着手(ちゃくしゅ) 착수
- ☐ 着色(ちゃくしょく) 착색
- ☐ 着目(ちゃくもく) 착목
- ☐ 着陸(ちゃくりく) 착륙
- ☐ 着工(ちゃっこう) 착공
- ☐ 中継(ちゅうけい) 중계

☐ ちゅうざい 駐在 주재	☐ ちゅうしょう 中傷 중상	☐ ちゅうちょ 躊躇 주저, 망설임
☐ ちゅうどく 中毒 중독	☐ ちょう 蝶 나비	☐ ちょうかく 聴覚 청각
☐ ちょうこう 兆候 징후, 징조	☐ ちょうしゅう 徴収 징수	☐ ちょうわ 調和 조화
☐ ちょちく 貯蓄 저축	☐ ちょっかん 直感 직감	☐ ちょめい 著名 저명
☐ ちんぎん 賃金 임금	☐ ちんでん 沈殿 침전	☐ ちんぼつ 沈没 침몰
☐ ちんもく 沈黙 침묵	☐ ついきゅう 追及 추궁함	☐ ついせき 追跡 추적
☐ ついほう 追放 추방	☐ ついらく 墜落 추락	☐ つうかん 痛感 통감
☐ つうせつ 痛切 통절, 뼈에 사무치도록 느낌	☐ つうれい 通例 통례, 관례	☐ つえ 杖 지팡이
☐ つきなみ 月並み 평범함, 진부함	☐ つじつま 辻褄 사리, 이치	☐ つどい 集い 모임, 회합
☐ つの 角 뿔	☐ つぼ 壺 항아리, 요점	☐ つぼみ 蕾 꽃봉오리
☐ つゆ 露 이슬	☐ ていぎ 定義 정의	☐ ていけい 提携 제휴
☐ ていけつ 締結 체결	☐ ていさい 体裁 체재	☐ ていじ 提示 제시
☐ ていたい 停滞 정체	☐ ていねん 定年 정년	☐ ていめい 低迷 저미 (좋지 않은 상태가 계속됨)
☐ ておくれ 手遅れ 때를 놓침	☐ てきおう 適応 적응	☐ てきしゅつ 摘出 적출
☐ てきせい 適性 적성	☐ てきはつ 摘発 적발	☐ てごたえ 手応え 반응, 보람
☐ てじゅん 手順 수순, 순서	☐ てつぼう 鉄棒 철봉	☐ てっこう 鉄鋼 철강
☐ てっぺん 天辺 꼭대기	☐ てぬき 手抜き 절차를 생략함	☐ て 手のひら 손바닥
☐ てびき 手引き 인도함, 길잡이	☐ てほん 手本 본보기, 모범	☐ てまひま 手間暇 노력과 시간
☐ てんい 転移 전이	☐ てんたい 天体 천체	☐ てんち 天地 천지, 하늘과 땅
☐ てんてき 天敵 천적	☐ てんとう 店頭 점두, 점포 앞	☐ てんねん 天然 천연
☐ てんぷく 転覆 전복	☐ てんぼう 展望 전망	☐ てんらく 転落 전락
☐ できばえ 出来栄え 만들어 낸 솜씨, 성과	☐ でなおし 出直し 처음부터 다시 함	☐ でんせつ 伝説 전설
☐ でんぱ 電波 전파	☐ とうえい 投影 투영	☐ とうき 陶器 도기, 도자기

☐ 等級(とうきゅう) 등급	☐ 討議(とうぎ) 토의	☐ 陶芸(とうげい) 도예, 도자기 공예
☐ 搭載(とうさい) 탑재	☐ 倒産(とうさん) 도산	☐ 投資(とうし) 투자
☐ 統制(とうせい) 통제	☐ 逃走(とうそう) 도주	☐ 投入(とうにゅう) 투입
☐ 逃避(とうひ) 도피	☐ 冬眠(とうみん) 동면	☐ 投与(とうよ) 투여
☐ 特典(とくてん) 특전	☐ 特派(とくは) 특파	☐ 匿名(とくめい) 익명
☐ 特有(とくゆう) 특유	☐ 刺(とげ) 가시	☐ 年頃(としごろ) 알맞은 나이
☐ 戸締り(とじまり) 문단속	☐ 特許(とっきょ) 특허	☐ 特権(とっけん) 특권
☐ 突破(とっぱ) 돌파	☐ 扉(とびら) 문짝	☐ 取扱(とりあつかい) 취급
☐ 取替(とりかえ) 교체	☐ 取り返し(とりかえし) 되찾음, 만회	☐ 取締役(とりしまりやく) 중역, 이사
☐ 動向(どうこう) 동향	☐ 同志(どうし) 동지	☐ 同士(どうし) 같은 종류, 끼리
☐ 同世代(どうせだい) 동세대, 같은 세대	☐ 同調(どうちょう) 동조	☐ 同等(どうとう) 동등
☐ 同封(どうふう) 동봉	☐ 同盟(どうめい) 동맹	☐ 同類(どうるい) 동류
☐ 独自(どくじ) 독자, 자기 혼자	☐ 独創(どくそう) 독창	☐ 貪欲(どんよく) 탐욕

な행

☐ 内閣(ないかく) 내각	☐ 内臓(ないぞう) 내장	☐ 苗(なえ) 모종
☐ 渚(なぎさ) 물가	☐ 名残(なごり) 추억, 기념	☐ 情け(なさけ) 정
☐ 名札(なふだ) 명찰	☐ 生身(なまみ) 살아 있는 (인간의) 몸뚱이, 날고기	☐ にきび 여드름
☐ 肉体(にくたい) 육체	☐ 偽物(にせもの) 위조품	☐ 荷造り(にづくり) 짐 꾸리기
☐ 入居(にゅうきょ) 입거, 입주	☐ 入賞(にゅうしょう) 입상	☐ 乳児(にゅうじ) 유아
☐ 尿(にょう) 소변, 오줌	☐ 妊娠(にんしん) 임신	☐ 認知(にんち) 인지
☐ 任務(にんむ) 임무	☐ 任命(にんめい) 임명	☐ 沼(ぬま) 늪
☐ 音色(ねいろ) 음색 *おんしょく라고도 함	☐ 値打ち(ねう) 값어치	☐ 熱量(ねつりょう) 열량
☐ 熱帯夜(ねったいや) 열대야	☐ 熱湯(ねっとう) 열탕, 뜨거운 물	☐ 粘り(ねば) 끈기

☐ 年賀(ねんが) 연하, 신년 축하	☐ 燃焼(ねんしょう) 연소	☐ 燃料(ねんりょう) 연료
☐ 農耕(のうこう) 농경	☐ 濃縮(のうしゅく) 농축	☐ 農地(のうち) 농지
☐ 納入(のうにゅう) 납입	☐ 納品(のうひん) 납품	☐ 軒先(のきさき) 처마 끝, 집 앞

は행

☐ 廃棄(はいき) 폐기	☐ 配給(はいきゅう) 배급	☐ 配偶者(はいぐうしゃ) 배우자
☐ 拝啓(はいけい) 배계('삼가 아룁니다'의 뜻으로 편지 첫머리에 쓰는 말)		☐ 背後(はいご) 배후
☐ 排出(はいしゅつ) 배출	☐ 排除(はいじょ) 배제	☐ 排水(はいすい) 배수
☐ 敗退(はいたい) 패퇴, 싸움에 지고 물러남	☐ 配置(はいち) 배치	☐ 配当(はいとう) 배당
☐ 敗北(はいぼく) 패배	☐ 配慮(はいりょ) 배려	☐ 破壊(はかい) 파괴
☐ 博士(はかせ) 박사	☐ 破棄(はき) 파기	☐ 波及(はきゅう) 파급
☐ 迫害(はくがい) 박해	☐ 白状(はくじょう) 자백	☐ 迫力(はくりょく) 박력
☐ 派遣(はけん) 파견	☐ 破砕(はさい) 파쇄, 깨어져 부서짐	☐ 恥(はじ) 부끄러움
☐ 恥じらい(はじらい) 수줍음, 부끄러움	☐ 跣(はだし) 맨발	☐ 破綻(はたん) 파탄
☐ 蜂蜜(はちみつ) 벌꿀	☐ 発育(はついく) 발육	☐ 発芽(はつが) 발아
☐ 発病(はつびょう) 발병	☐ 初耳(はつみみ) 처음 듣는 일	☐ 発酵(はっこう) 발효
☐ 果て(はて) 끝	☐ 歯止め(はどめ) 제동(기), 브레이크	☐ 花びら(はなびら) 꽃잎
☐ 浜(はま) 해변의 모래밭	☐ 浜辺(はまべ) 해변	☐ 波紋(はもん) 파문
☐ 原っぱ(はらっぱ) 빈터	☐ 破裂(はれつ) 파열	☐ 繁栄(はんえい) 번영
☐ 反響(はんきょう) 반향	☐ 判決(はんけつ) 판결	☐ 反撃(はんげき) 반격
☐ 反射(はんしゃ) 반사	☐ 繁殖期(はんしょくき) 번식기	☐ 判定(はんてい) 판정
☐ 判別(はんべつ) 판별, 식별	☐ 判明(はんめい) 판명	☐ 氾濫(はんらん) 범람
☐ 媒介(ばいかい) 매개	☐ 売却(ばいきゃく) 매각	☐ 賠償(ばいしょう) 배상
☐ 媒体(ばいたい) 매체	☐ 爆弾(ばくだん) 폭탄	☐ 爆破(ばくは) 폭파

□ 万事 만사	□ 万人 만인	□ 万能 만능
□ 贔屓 편을 들어줌, 후원자	□ 控え室 대기실	□ 悲観 비관
□ 秘訣 비결	□ 否決 부결	□ 被告 피고
□ 被災地 재해지, 피해지	□ 日差し 햇살, 햇볕	□ 秘書 비서
□ 比重 비중	□ 肥大 비대	□ 必然 필연
□ 必至 필지, 불가피	□ 必修 필수	□ 人影 사람의 그림자
□ 人気 인기척	□ 人質 인질	
□ 一筋 한 줄기, 오직 그것에만 마음을 쏟는 모양		□ 一晩 하룻밤, 밤새
□ 人波 인파	□ 人並み 남들과 같은 보통 정도나 상태	
□ 日向 양지	□ 避難 피난	□ 悲鳴 비명
□ 日焼け 피부가 햇볕에 타서 검게 되는 일		□ 拍子 박자
□ 標識 표식	□ 比率 비율	□ 頻度 빈도
□ 微生物 미생물	□ 美徳 미덕	□ 描写 묘사
□ 微量 미량, 극히 적은 양	□ 封印 봉인	□ 封鎖 봉쇄
□ 風俗 풍속, 풍습	□ 風土 풍토	□ 不況 불황
□ 布巾 행주	□ 複合 복합	□ 富豪 부호
□ 負債 부채, 빚	□ 負傷 부상	□ 附属 부속
□ 復活 부활	□ 不動産 부동산	□ 普遍 보편
□ 不良 불량	□ 浮力 부력	□ 不倫 불륜
□ 振る舞い 행동거지	□ 憤慨 분개	□ 紛失 분실
□ 紛争 분쟁	□ 粉末 분말	□ 武装 무장
□ 仏像 불상	□ 物資 물자	□ 文化財 문화재
□ 分業 분업	□ 分散 분산	□ 分離 분리

☐ 分裂(ぶんれつ) 분열	☐ 弊害(へいがい) 폐해	☐ 兵器(へいき) 병기
☐ 兵士(へいし) 병사	☐ 弊社(へいしゃ) 폐사, 저희 회사	☐ 平常(へいじょう) 평상, 평소
☐ 並列(へいれつ) 병렬	☐ 隔たり(へだたり) 간격, 격차	☐ 変革(へんかく) 변혁
☐ 返還(へんかん) 반환	☐ 偏見(へんけん) 편견	☐ 返済(へんさい) 반제, 변제
☐ 変動(へんどう) 변동	☐ 変容(へんよう) 변용	☐ 別途(べっと) 별도
☐ 便宜(べんぎ) 편의	☐ 弁償(べんしょう) 변상	☐ 弁論(べんろん) 변론
☐ 保育(ほいく) 보육	☐ 法案(ほうあん) 법안	☐ 崩壊(ほうかい) 붕괴
☐ 豊作(ほうさく) 풍작	☐ 方策(ほうさく) 방책	☐ 奉仕(ほうし) 봉사
☐ 放射(ほうしゃ) 방사	☐ 放射能(ほうしゃのう) 방사능	☐ 報酬(ほうしゅう) 보수
☐ 放置(ほうち) 방치	☐ 放任(ほうにん) 방임	☐ 褒美(ほうび) 포상
☐ 飽和(ほうわ) 포화	☐ 保温(ほおん) 보온	☐ 捕獲(ほかく) 포획
☐ 保管(ほかん) 보관	☐ 補給(ほきゅう) 보급	☐ 補強(ほきょう) 보강
☐ 保障(ほしょう) 보장	☐ 捕食(ほしょく) 포식, 잡아먹음	☐ 保持(ほじ) 보유, 계속 유지함
☐ 補充(ほじゅう) 보충	☐ 舗装(ほそう) 포장, 길을 아스팔트 등으로 다짐	☐ 捕捉(ほそく) 포착, 붙잡음
☐ 発端(ほったん) 발단	☐ 哺乳類(ほにゅうるい) 포유류	☐ 骨折り(ほねおり) 노력, 수고
☐ 保養(ほよう) 보양	☐ 保留(ほりゅう) 보류	☐ 捕虜(ほりょ) 포로
☐ 本能(ほんのう) 본능	☐ 本番(ほんばん) 실전, 본방, 본 경기	☐ 本名(ほんみょう) 본명, 실명
☐ 防衛(ぼうえい) 방위, 막아서 지킴	☐ 防火(ぼうか) 방화	☐ 忘却(ぼうきゃく) 망각
☐ 防御(ぼうぎょ) 방어	☐ 暴走(ぼうそう) 폭주	☐ 暴動(ぼうどう) 폭동
☐ 牧師(ぼくし) 목사	☐ 撲滅(ぼくめつ) 박멸	☐ 墓地(ぼち) 묘지
☐ 没落(ぼつらく) 몰락	☐ 没収(ぼっしゅう) 몰수	

ま행

☐ 邁進(まいしん) 매진	☐ 埋蔵(まいぞう) 매장	☐ 前売り(まえうり) 예매

☐ 紛れ 헷갈림, 요행	☐ 誠 진실	☐ 真心 진심, 성심
☐ 麻酔 마취	☐ 町並み 거리에 집·상점 따위가 즐비하게 서 있는 모양	
☐ 末期 말기	☐ 的 과녁	☐ 瞬き 눈을 깜빡임
☐ 麻痺 마비	☐ 幻 환상	☐ 眉 눈썹
☐ 満載 만재, 가득 싣는 것	☐ 満月 만월, 보름달	☐ 漫然 만연
☐ 見合い 맞선	☐ 味覚 미각	☐ 未婚 미혼
☐ 見境 분별, 판별	☐ 未熟 미숙	☐ 水気 수분, 물기
☐ 見世物 흥행, 구경거리	☐ 溝 도랑, 틈	☐ 見た目 겉보기
☐ 未知 미지	☐ 道筋 지나가는 길, 코스	☐ 道なり 길이 뻗어 있는 방향
☐ 道端 길가	☐ 密封 밀봉	☐ 未定 미정
☐ 見通し 전망	☐ 源 근원	☐ 身なり 옷차림
☐ 峰 산봉우리	☐ 身の上 신세, 처지	☐ 脈 맥, 맥박
☐ 未練 미련	☐ 民宿 민박	☐ 無実 사실이 아님, 억울함
☐ 無知 무지	☐ 斑 얼룩	☐ 明暗 명암
☐ 名産 명산, 명물	☐ 名称 명칭	☐ 名探偵 명탐정
☐ 名簿 명부	☐ 目方 무게, 중량	☐ 雌 암컷
☐ 目つき 눈매, 눈빛	☐ 滅亡 멸망	☐ 面目 면목
☐ 盲点 맹점	☐ 目論見 계획, 의도	☐ 模索 모색
☐ 目下 목하, 현재	☐ 物音 (무슨) 소리	☐ 物好き 유별난 것을 좋아함, 그런 사람
☐ 物真似 흉내	☐ 模倣 모방	☐ 諸々 여러 가지, 갖가지

や・ら・わ행

☐ 矢 화살	☐ 役員 임원, 간부	☐ 役職 담당 임무
☐ 屋敷 대지, 집의 부지	☐ 野心 야심	☐ 闇 어둠

☐ 揶揄 야유함, 놀림	☐ 優越 우월	☐ 誘拐 유괴
☐ 夕暮れ 해 질 녘	☐ 友好 우호	☐ 融合 융합
☐ 融資 융자	☐ 融通 융통	☐ 優勢 우세
☐ 誘導 유도	☐ 有望 유망	☐ 夕闇 땅거미
☐ 幽霊 유령	☐ 優劣 우열	☐ 誘惑 유혹
☐ 弓 활	☐ 由来 유래	☐ 要因 요인
☐ 溶液 용액	☐ 様式 양식	☐ 余暇 여가
☐ 預金 예금	☐ 抑圧 억압	☐ 浴室 욕실
☐ 抑制 억제	☐ 欲望 욕망	☐ 予言 예언
☐ よそ見 한눈 팖, 곁눈질	☐ 余地 여지	☐ 余白 여백
☐ 夜更かし 밤늦게까지 자지 않음, 밤샘		☐ 弱音 약한 소리, 나약한 말
☐ 酪農 낙농	☐ 落下 낙하	☐ 乱用 남용
☐ 理屈 도리, 이치	☐ 利子 이자	☐ 利潤 이윤
☐ 理性 이성	☐ 利息 이자	☐ 立体 입체
☐ 略語 약어, 줄임말	☐ 留意 유의	☐ 流通 유통
☐ 領域 영역	☐ 了解 양해	☐ 良質 양질
☐ 良心 양심	☐ 領土 영토	☐ 両立 양립
☐ 旅客 여객	☐ 旅券 여권	☐ 林業 임업
☐ 隣接 인접	☐ 倫理 윤리	☐ 類型 유형
☐ 類似 유사	☐ 類推 유추	☐ 冷却 냉각
☐ 劣化 열화, 상태나 성능·품질이 나빠짐	☐ 劣勢 열세	☐ 連鎖 연쇄
☐ 連帯 연대	☐ 連中 한패, 패거리	☐ 連動 연동
☐ 連邦 연방, 연합 국가	☐ 練磨 연마	☐ 連盟 연맹

☐ 労苦(ろうく) 노고, 수고	☐ 朗読(ろうどく) 낭독	☐ 浪費(ろうひ) 낭비
☐ 老舗(ろうほ) 노포	☐ 労力(ろうりょく) 노력, 수고	☐ 論議(ろんぎ) 논의
☐ 論理(ろんり) 논리	☐ 和解(わかい) 화해	☐ 若手(わかて) 젊은 사람
☐ 災(わざわ)い 재앙, 재난	☐ 罠(わな) 덫, 함정	☐ 藁(わら) 짚

2 い형용사 출제 예상 핵심 い형용사를 히라가나 순으로 정리하였습니다.

あ・か행

- 青臭(あおくさ)い 풋내 나다, 미숙하다
- あくどい 칙칙하다, 악랄하다
- 浅(あさ)ましい 한심스럽다
- 味気(あじけ)ない 따분하다, 시시하다 *あじきない라고도 함
- 荒(あら)っぽい 난폭하다, 거칠다
- 慌(あわ)ただしい 분주하다, 어수선하다
- 著(いちじる)しい 현저하다, 두드러지다
- 卑(いや)しい 천하다, 야비하다
- 嫌(いや)らしい 불쾌한 느낌이 들다
- 胡散臭(うさんくさ)い 수상쩍다
- 疑(うたが)わしい 의심스럽다
- 鬱陶(うっとう)しい 음울하다, 성가시다
- 疎(うと)ましい 지겹다, 역겹다
- 重々(おもおも)しい 묵직하다
- 限(かぎ)りない 무한하다, 한없다
- 姦(かしま)しい 시끄럽다
- 堅苦(かたくる)しい 너무 딱딱하다
- 軽々(かるがる)しい 경솔하다
- 決(き)まり悪(わる)い 민망하다
- 興味深(きょうみぶか)い 매우 흥미롭다
- 極(きわ)まりない 짝이 없다, 극심하다
- 仰々(ぎょうぎょう)しい (보기에) 과장되다
- 擽(くすぐ)ったい 간지럽다
- 屈託(くったく)ない 걱정이나 염려할 일이 없다
- 汚(けが)らわしい 추잡스럽다
- 煙(けむ)たい 매캐하다, 거북하다
- 心強(こころづよ)い 마음 든든하다
- 心無(こころな)い 생각이 모자라다
- 心(こころ)もとない 어쩐지 불안하다
- 快(こころよ)い 상쾌하다, 기분 좋다
- 好(この)ましい 마음에 들다, 바람직하다

さ・た・な행

- さりげない 아무렇지도 않은 듯하다
- 渋(しぶ)い 떫다, 차분한 멋이 있다
- すばしこい 재빠르다
- せこい 교활하다
- 切(せつ)ない 애달프다, 애절하다
- 素(そ)っ気(け)ない 매정하다, 인정머리 없다
- 逞(たくま)しい 우람하다, 늠름하다
- たわいない 실없다

- ☐ 怠(だる)い 나른하다
- ☐ 力強(ちからづよ)い 마음 든든하다, 힘차다
- ☐ でかい 크다
- ☐ 情(なさ)け深(ぶか)い 인정이 많다
- ☐ 何気(なにげ)ない 무심하다, 아무렇지도 않다
- ☐ 生温(なまぬる)い 미적지근하다
- ☐ 馴(な)れ馴(な)れしい 허물없다

- ☐ 近(ちか)しい 친하다, 친밀하다
- ☐ 照(て)れ臭(くさ)い 멋쩍다, 쑥스럽다
- ☐ 情(なさ)けない 한심하다
- ☐ 名高(なだか)い 유명하다
- ☐ 生臭(なまぐさ)い 비린내가 나다
- ☐ 悩(なや)ましい 괴롭다

は・ま・や・ら・わ행

- ☐ 儚(はかな)い 덧없다
- ☐ 久(ひさ)しい 오래간만이다
- ☐ 相応(ふさわ)しい 어울리다, 걸맞다
- ☐ 真(ま)ん丸(まる)い 아주 둥글다
- ☐ 見窄(みすぼ)らしい 초라하다
- ☐ 空(むな)しい 공허하다
- ☐ 目(め)まぐるしい 어지럽다, 눈이 핑핑 돌다
- ☐ 物足(ものた)りない 어딘가 부족하다
- ☐ 安(やす)っぽい 싸구려 같다
- ☐ ややこしい 까다롭다
- ☐ 余所余所(よそよそ)しい 서먹서먹하다
- ☐ 理屈(りくつ)っぽい 이치를 따지기 좋아하다

- ☐ 馬鹿馬鹿(ばかばか)しい 매우 어리석다
- ☐ 平(ひら)たい 평평하다, 납작하다
- ☐ 待(ま)ち遠(どお)しい 몹시 기다려지다
- ☐ 見苦(みぐる)しい 보기 흉하다
- ☐ 惨(むご)い 비참하다
- ☐ めでたい 경사스럽다
- ☐ 申(もう)し分(ぶん)ない 더할 나위 없다
- ☐ 物々(ものもの)しい 어마어마하다, 삼엄하다
- ☐ 止(や)むを得(え)ない 어쩔 수 없다
- ☐ 欲深(よくぶか)い 탐욕스럽다
- ☐ 喜(よろこ)ばしい 경사스럽다, 기쁘다
- ☐ 侘(わび)しい 쓸쓸하다, 적적하다

3 な형용사

출제 예상 핵심 な형용사를 히라가나 순으로 정리하였습니다.

あ・か행

☐ 悪辣<ruby>あくらつ</ruby>だ 악랄하다	☐ 浅<ruby>あさ</ruby>はかだ 천박하다	☐ 鮮<ruby>あざ</ruby>やかだ 선명하다
☐ 安泰<ruby>あんたい</ruby>だ 평안하고 무사하다	☐ 遺憾<ruby>いかん</ruby>だ 유감스럽다	☐ 異例<ruby>いれい</ruby>だ 이례적이다
☐ 円滑<ruby>えんかつ</ruby>だ 원활하다	☐ 旺盛<ruby>おうせい</ruby>だ 왕성하다	☐ 横着<ruby>おうちゃく</ruby>だ 뻔뻔하다
☐ 横暴<ruby>おうぼう</ruby>だ 횡포하다	☐ 大雑把<ruby>おおざっぱ</ruby>だ 조잡하다, 대략적이다	☐ 厳<ruby>おごそ</ruby>かだ 엄숙하다
☐ おぼろげだ 어렴풋하다	☐ 疎<ruby>おろそ</ruby>かだ 소홀하다	☐ 温厚<ruby>おんこう</ruby>だ 온후하다
☐ 画一的<ruby>かくいつてき</ruby>だ 획일적이다	☐ 過酷<ruby>かこく</ruby>だ 과혹하다	☐ かすかだ 희미하다, 어렴풋하다
☐ 過敏<ruby>かびん</ruby>だ 과민하다	☐ 軽<ruby>かろ</ruby>やかだ 가뿐하다	☐ 寛大<ruby>かんだい</ruby>だ 관대하다
☐ 完璧<ruby>かんぺき</ruby>だ 완벽하다	☐ 肝要<ruby>かんよう</ruby>だ 긴요하다, 매우 중요하다	☐ 頑丈<ruby>がんじょう</ruby>だ 튼튼하다
☐ 気軽<ruby>きがる</ruby>だ 가볍다, 부담 없다	☐ 希少<ruby>きしょう</ruby>だ 희소하다	☐ 几帳面<ruby>きちょうめん</ruby>だ 착실하고 꼼꼼하다
☐ 気長<ruby>きなが</ruby>だ 느긋하다	☐ 希薄<ruby>きはく</ruby>だ 희박하다	☐ 気<ruby>き</ruby>まぐれだ 변덕스럽다
☐ 生真面目<ruby>きまじめ</ruby>だ 고지식하다	☐ 窮屈<ruby>きゅうくつ</ruby>だ 갑갑하다, 답답하다	☐ 清<ruby>きよ</ruby>らかだ 맑다, 청아하다
☐ 強固<ruby>きょうこ</ruby>だ 강고하다	☐ 極端<ruby>きょくたん</ruby>だ 극단적이다	☐ 煌<ruby>きら</ruby>びやかだ 눈부시게 아름답다
☐ 均等<ruby>きんとう</ruby>だ 균등하다	☐ 勤勉<ruby>きんべん</ruby>だ 근면하다	☐ 緊密<ruby>きんみつ</ruby>だ 긴밀하다
☐ 健全<ruby>けんぜん</ruby>だ 건전하다	☐ 堅牢<ruby>けんろう</ruby>だ 견뢰하다, 튼튼하다	☐ 厳格<ruby>げんかく</ruby>だ 엄격하다
☐ 厳正<ruby>げんせい</ruby>だ 엄정하다	☐ 厳密<ruby>げんみつ</ruby>だ 엄밀하다	☐ 高尚<ruby>こうしょう</ruby>だ 고상하다
☐ 公明<ruby>こうめい</ruby>だ 공명하다, 공정하고 떳떳하다	☐ 克明<ruby>こくめい</ruby>だ 극명하다	☐ 滑稽<ruby>こっけい</ruby>だ 우스꽝스럽다
☐ 細<ruby>こま</ruby>やかだ 세심하다		

さ・た・な행

☐ 細<ruby>ささ</ruby>やかだ 자그마하다	☐ 残虐<ruby>ざんぎゃく</ruby>だ 잔인하고 포학하다	☐ 残酷<ruby>ざんこく</ruby>だ 잔혹하다
☐ 斬新<ruby>ざんしん</ruby>だ 참신하다	☐ 質素<ruby>しっそ</ruby>だ 검소하다	☐ 淑<ruby>しと</ruby>やかだ 정숙하다

□ しなやかだ (탄력 있고) 유연하다, 부드럽다		□ 新奇だ 신기하다
□ 真摯だ 진지하다	□ 親密だ 친밀하다	□ 地道だ 착실하다
□ 従順だ 순종하다	□ 迅速だ 신속하다	□ 甚大だ 몹시 크다
□ 速やかだ 조속하다	□ 精巧だ 정교하다	□ 正当だ 정당하다
□ 精密だ 정밀하다	□ 切実だ 절실하다	□ 繊細だ 섬세하다
□ 浅薄だ 천박하다	□ 絶妙だ 절묘하다	□ 相当だ 상당하다
□ 早急だ 조급하다 *さっきゅうだ라고도 함	□ 多忙だ 다망하다, 매우 바쁘다	□ 単調だ 단조롭다
□ 大胆だ 대담하다	□ 緻密だ 치밀하다	□ 中途半端だ 어중간하다
□ 痛快だ 통쾌하다	□ 痛烈だ 통렬하다	□ 手頃だ 알맞다, 적당하다
□ 手近だ 가까이 있다	□ 和やかだ 온화하다, 화목하다	□ 難解だ 난해하다
□ 滑らかだ 매끄럽다	□ 濃密だ 농밀하다	□ 能動的だ 능동적이다
□ 長閑だ 화창하다		

は・ま・や・ら・わ행

□ 半端だ 불완전하다, 어중간하다	□ 密かだ 은밀하다	□ 皮肉だ 빈정거리다
□ 非力だ 힘이 약하다	□ 貧弱だ 빈약하다	□ 頻繁だ 빈번하다
□ 微細だ 미세하다	□ 敏捷だ 민첩하다	□ 貧乏だ 가난하다
□ 不得手だ 잘하지 못하다	□ 不機嫌だ 언짢다, 기분이 좋지 않다	□ 不順だ 불순하다
□ 不当だ 부당하다	□ 無難だ 무난하다	□ 偏狭だ 편협하다
□ 豊潤だ 풍윤하다	□ 凡庸だ 범용하다, 평범하다	□ 前向きだ 긍정적이다
□ 負けず嫌いだ 지기 싫어하다	□ 稀だ 드물다, 희소하다	□ 無効だ 무효하다
□ 無残だ 무참하다	□ 無駄だ 소용없다	□ 無茶だ 터무니없다
□ 無念だ 원통하다	□ 無能だ 무능하다	□ 無用だ 쓸데없다
□ 明快だ 명쾌하다	□ 明瞭だ 명료하다	□ 明朗だ 명랑하다

☐ 猛烈(もうれつ)だ 맹렬하다	☐ 憂鬱(ゆううつ)だ 우울하다	☐ 有益(ゆうえき)だ 유익하다
☐ 勇敢(ゆうかん)だ 용감하다	☐ 雄大(ゆうだい)だ 웅대하다, 웅장하다	☐ 有力(ゆうりょく)だ 유력하다
☐ 緩(ゆる)やかだ 완만하다	☐ 弱気(よわき)だ 나약하다, 무기력하다	☐ 冷酷(れいこく)だ 냉혹하다
☐ 零細(れいさい)だ 영세하다	☐ 冷淡(れいたん)だ 냉담하다	☐ 露骨(ろこつ)だ 노골적이다

4 동사

출제 예상 핵심 동사를 히라가나 순으로 정리하였습니다.

あ행

- 相半ばする (あいなかばする) 상반하다, 서로 반반이다
- 仰ぐ (あおぐ) 우러러보다
- 明かす (あかす) 밝히다
- 赤らむ (あからむ) 불그스름해지다
- 欺く (あざむく) 속이다, 기만하다
- あやす 어린아이를 어르다, 달래다
- 操る (あやつる) 조종하다, 다루다
- 歩む (あゆむ) 걷다
- 荒らす (あらす) 황폐케 하다
- 併せる (あわせる) 합치다, 병합하다
- 案じる (あんじる) 걱정하다
- 活かす (いかす) 살리다
- 憩う (いこう) 휴식하다
- 急がす (いそがす) 재촉하다
- 痛める (いためる) (육체적으로) 다치(게 하)다
- 傷める (いためる) (물건 등을) 상하게 하다
- 労わる (いたわる) 친절하게 돌보다, 위로하다
- 偽る (いつわる) 거짓말하다, 속이다
- 営む (いとなむ) 경영하다, 영위하다
- 挑む (いどむ) 도전하다
- 否む (いなむ) 거절하다
- 癒す (いやす) 치유하다
- 穿つ (うがつ) 뚫다, 파고들다
- 薄まる (うすまる) (농도가) 옅어지다
- 埋める (うずめる) 묻다, 파묻다
- 俯く (うつむく) 머리를 숙이다
- 唸る (うなる) 신음하다, 으르렁거리다
- 倦む (うむ) 싫증 나다, 지치다
- うろつく 배회하다, 서성거리다
- うんざりする 진절머리가 나다
- 老いる (おいる) 늙다, 노쇠하다
- 負う (おう) (책임을) 지다, (피해를) 입다
- 拝む (おがむ) 절하다
- 興す (おこす) 일으키다, 흥하게 하다
- 抑える (おさえる) 억누르다
- 治まる (おさまる) 다스려지다, 가라앉다
- 収まる (おさまる) 수습되다, 해결되다
- 修める (おさめる) 닦다, 수양하다
- 惜しむ (おしむ) 아끼다, 아쉬워하다
- 襲う (おそう) 습격하다
- 陥る (おちいる) 빠지다
- 訪れる (おとずれる) 방문하다, 찾아오다

- ☐ 衰える 쇠약해지다, 쇠퇴하다
- ☐ 脅す 위협하다
- ☐ 赴く 향하여 가다, 향하다
- ☐ 及ぶ 미치다

か행

- ☐ 介する 사이에 두다, 끼우다
- ☐ 省みる 돌이켜 보다
- ☐ 孵る 부화하다
- ☐ 掲げる 내걸다, 내세우다
- ☐ 賭ける 걸다, 내기를 하다
- ☐ 課する 부과하다
- ☐ 掠る 스치다
- ☐ 傾ける 기울이다
- ☐ 叶える 이루어 주다
- ☐ 絡む 휘감기다, 얽히다
- ☐ 絡める 휘감다
- ☐ 交わす 주고받다, 교환하다
- ☐ 害する 해치다
- ☐ 利く 잘 움직이다, 기능을 발휘하다
- ☐ 訊く 묻다, 질문하다
- ☐ 築く 쌓다, 구축하다
- ☐ 鍛える 단련하다
- ☐ 究める 깊이 연구하다, 끝까지 밝히다
- ☐ 潜る 빠져나가다
- ☐ 下す 내리다, 하달하다
- ☐ 口ずさむ 읊조리다
- ☐ 黒ずむ 거무스름해지다
- ☐ 志す 뜻하다, 뜻을 두다
- ☐ 試みる 시험해 보다, 시도해 보다
- ☐ 拘る 구애되다, 집착하다
- ☐ 籠る 틀어박히다
- ☐ 堪える (감정, 고통 등을) 참다, 억누르다
- ☐ 凝る 열중하다
- ☐ ごまかす 속이다

さ행

- ☐ 苛む 괴롭히다
- ☐ 冴える 맑고 깨끗하다
- ☐ 栄える 번영하다, 번창하다
- ☐ 遡る 거슬러 올라가다
- ☐ 先立つ 앞서다
- ☐ 先んずる 앞질러 가다
- ☐ 捧げる 바치다
- ☐ 摩る 가볍게 문지르다, 어루만지다

☐ 授(さず)ける 하사하다, 내려 주다	☐ 定(さだ)める 정하다, 결정하다
☐ 悟(さと)る 깨닫다	☐ 妨(さまた)げる 방해하다
☐ さまよう 헤매다, 방황하다	☐ さらす 햇볕에 쬐다, 드러내다
☐ 障(さわ)る 방해가 되다	☐ 強(し)いる 강요하다
☐ 茂(しげ)る (초목이) 무성하다	☐ 沈(しず)める 가라앉히다
☐ 親(した)しむ 친하게 지내다, 가까이하다	☐ 凌(しの)ぐ 참고 견디어 내다, 헤쳐 나가다
☐ 忍(しの)ぶ 견디다, 남이 모르게 하다	☐ 痺(しび)れる 저리다, 마비되다
☐ 称(しょう)する 일컫다, 칭하다	☐ 白(しら)ける 바래서 허예지다, 분위기가 깨지다
☐ 記(しる)す 적다, (마음에) 새기다	☐ 熟(じゅく)す 잘 익다
☐ 据(す)える 붙박다, 설치하다	☐ 透(す)かす 틈새를 만들다
☐ 凄(すご)む 무시무시한 태도로 위협하다	☐ 濯(すす)ぐ 씻다, 헹구다
☐ 澄(す)む 맑다, 맑아지다	☐ 棲(す)む 서식하다, 둥지를 틀고 살다
☐ 擦(す)る 문지르다, 비비다	☐ 制(せい)する 제압하다
☐ 急(せ)かす 재촉하다	☐ 狭(せば)める 좁히다
☐ 添(そ)う 곁에 떨어지지 않다, 부응하다	☐ 添(そ)える 첨부하다, 곁들이다
☐ 即(そく)する 꼭 맞다, 입각하다	☐ 聳(そび)える 우뚝 솟다, 치솟다
☐ 背(そむ)く 등지다, 어긋나다	☐ 背(そむ)ける 돌리다, 외면하다
☐ 染(そ)める 물들이다, 염색하다	☐ 逸(そ)らす 딴 데로 돌리다, 빗나가게 하다

た행

☐ 耐(た)える 참다, 견디다	☐ 絶(た)える 끊어지다
☐ 昂(たかぶ)る 흥분되다	☐ 耕(たがや)す (논밭을) 갈다
☐ 携(たずさ)える 휴대하다	☐ 正(ただ)す 바르게 하다, 바로잡다
☐ 断(た)つ 끊다	☐ 奉(たてまつ)る 바치다

- ☐ 辿る 더듬어가다
- ☐ 弛む 느슨해지다
- ☐ 戯れる 놀다, 장난치다
- ☐ 脱する 벗어나다
- ☐ 仕える 시중들다, 섬기다
- ☐ 浸かる 잠기다, 빠지다
- ☐ 継ぐ 잇다
- ☐ 告げる 고하다, 알리다
- ☐ 培う 가꾸다, 배양하다
- ☐ 慎む 삼가다, 조심하다
- ☐ 務まる 잘 수행해 내다
- ☐ 摘まむ 집다
- ☐ 詰む 촘촘하다
- ☐ 紡ぐ 실을 뽑다, 말을 이어서 문장으로 만들다
- ☐ 徹する 철저하다
- ☐ 出しゃばる 주제넘게 나서다
- ☐ 尊ぶ 존경하다, 존중하다
- ☐ 咎める 책망하다
- ☐ 説く 말하다, 설득하다
- ☐ 跡絶える (완전히) 끊어지다, 두절되다
- ☐ 留める 멈추다, 만류하다
- ☐ 惚ける 시치미 떼다
- ☐ とろける 녹다

- ☐ 賜る 윗사람에게서 받다, 내려 주시다
- ☐ 垂れる 늘어지다
- ☐ 題する 제목을 붙이다
- ☐ 縮まる 오그라들다, 줄어들다
- ☐ 司る 맡다, 담당하다
- ☐ 尽くす 다하다, 애쓰다
- ☐ 償う 갚다, 변상하다
- ☐ 伝う 따라서 이동하다
- ☐ 突く 쿡쿡 찌르다
- ☐ 綴る 철하다, 잇대다
- ☐ 瞑る 눈을 감다
- ☐ 詰まる 막히다
- ☐ 摘む 뜯다, 따다
- ☐ 連なる 나란히 줄지어 있다
- ☐ 転ずる 변하다, 돌리다
- ☐ 投じる 던지다
- ☐ 遠ざける 멀리하다
- ☐ 途切れる 끊기다, 중단되다
- ☐ 閉ざす 닫다, 막다
- ☐ 整える 조정하다, 정돈하다
- ☐ 留まる 머무르다, 머물다
- ☐ 富む 재산이 많다, 풍부하다

な・は행

- 嘆く 슬퍼하다, 한탄하다
- なぞる 덧쓰다, 모방하다
- 馴らす 길들이다
- 抜かす 빠뜨리다, 거르다
- 妬む 질투하다
- 則る 기준으로 삼고 따르다, 본받다
- 図る 도모하다
- 剝げる (칠, 껍질 등이) 벗겨지다
- 弾ける 여물어서 터지다, 튀다
- 弾む 튀다
- 果てる 끝나다
- 嵌める 끼우다, 빠뜨리다
- 孕む 잉태하다, 내포하다
- ばらまく 뿌리다
- 干からびる 바짝 말라 버리다
- 率いる 거느리다, 통솔하다
- 浸す 담그다
- 閃く 번뜩이다
- 老ける 늙다
- 踏まえる 밟아 누르다, 근거하다
- 隔てる 사이를 두다, 가로막다
- 経る 지나다, 경과하다

- 為す 하다, 행하다(문어적인 말씨)
- 名付ける 이름을 짓다, 일컫다
- 睨む 노려보다
- 捻れる 비틀어지다
- 覗く 들여다보다
- 罵る 욕을 퍼붓다
- 博する 얻다, (이익을) 독차지하다
- 燥ぐ 까불며 떠들다
- 恥じる 부끄러이 여기다
- 叩く 털어 내다
- 嵌まる 꼭 맞다, 빠져들다
- 晴らす (불쾌감 등을) 풀다, 해소시키다
- 化ける 둔갑하다, 전혀 다른 것으로 변하다
- 控える 삼가다, 기다리다
- 惹かれる (마음 등이) 끌리다
- 引きずる 질질 끌다
- 冷やかす 놀리다, 식히다
- 封じる 봉하다
- ふざける 까불다, 희롱거리다
- 伏せる 엎드리다
- 謙る 자신을 낮추다
- 葬る 매장하다

☐ 解^{ほど}く 풀다	☐ 惚^ぼける 둔해지다, 흐려지다

ま・や・ら・わ행

☐ 舞^まう 흩날리다, 춤추다	☐ 負^まかす 지게 하다, 이기다
☐ 任^{まか}す 맡기다	☐ 蒔^まく 씨를 뿌리다, 원인을 만들다
☐ 弄^{いじ}る 만지작거리다 *まさぐる라고도 함	☐ 勝^{まさ}る 낫다, 우수하다
☐ 惑^{まど}わす 어지럽히다, 현혹시키다	☐ 免^{まぬが}れる 모면하다 *まぬかれる라고도 함
☐ 見^みくびる 깔보다, 얕보다	☐ 見^みせびらかす 과시하다
☐ 見^みなす 간주하다	☐ 報^{むく}う 갚다, 보답하다
☐ 群^むれる 떼를 짓다, 군집하다	☐ 銘^{めい}じる (마음속에 깊이) 새기다
☐ 捲^{めく}る 넘기다, 벗기다, 뜯다 *まくる라고도 함	☐ 愛^めでる (구경하며) 즐기다
☐ 設^{もう}ける 설치하다, 마련하다	☐ 黙^{もく}する 침묵하다
☐ 凭^{もた}れる 기대다, 거북하다	☐ 弄^{もてあそ}ぶ 손에 가지고 놀다, 농락하다
☐ 持^もてる 가질 수 있다, 인기가 있다	☐ 基^{もと}づく 의거하다
☐ 揉^もめる 분쟁이 일어나다, 옥신각신하다	☐ 安^{やす}らぐ 평온해지다
☐ 宿^{やど}す 잉태하다, 품다	☐ 病^やむ 앓다, 병들다
☐ 有^{ゆう}する 소유하다	☐ 歪^{ゆが}む 비뚤어지다, 일그러지다 *ひずむ라고도 함
☐ 揺^ゆさぶる 동요시키다	☐ 委^{ゆだ}ねる 맡기다, 위임하다
☐ 揺^ゆるがす (뒤) 흔들다	☐ 緩^{ゆる}む 느슨해지다
☐ 緩^{ゆる}める 늦추다, 느슨하게 하다, (긴장 등을) 풀다	☐ 要^{よう}する 필요로 하다
☐ 欲張^{よくば}る 지나치게 욕심을 부리다, 탐내다	☐ 避^よける 피하다
☐ 装^{よそお}う 치장하다, 가장하다	☐ 弱^{よわ}まる 약해지다, 수그러지다
☐ 論^{ろん}じる 논하다	

5 복합 동사
출제 예상 핵심 복합 동사를 히라가나 순으로 정리하였습니다.

あ행

- 呆(あき)れ果(は)てる 기가 막히다, 어이없다
- 有(あ)り余(あま)る 남아돌다
- 言(い)い渡(わた)す 선고하다
- 生(い)き延(の)びる 오래 살다, 살아남다
- 受(う)け継(つ)ぐ 계승하다
- 受(う)け止(と)める 막아 내다, 받아들이다
- 打(う)ち切(き)る 중단하다
- 売(う)り込(こ)む 팔려고 하다
- 追(お)い求(もと)める 추구하다
- 押(お)し切(き)る 꽉 눌러서 자르다, 강행하다
- 推(お)し進(すす)める 밀고 나가다, 추진하다
- 押(お)しつぶす 눌러 찌부러뜨리다
- 思(おも)い上(あ)がる 으쓱대다, 자만하다
- 思(おも)い知(し)らす 상대에게 뼈저리게 느끼게 하다
- 折(お)り合(あ)う 타협하다
- 織(お)り込(こ)む 섞어 넣어 짜다, 포함시키다
- 歩(あゆ)み寄(よ)る 걸어서 다가가다, 서로 양보하다
- 言(い)い放(はな)つ 단언하다, 함부로 말하다
- 意気込(いきご)む 벼르다, 의욕에 불타다
- 請(う)け負(お)う 도급을 맡다, 책임지고 맡다
- 受(う)け付(つ)ける 받아들이다, 접수하다
- 受(う)け流(なが)す 받아넘기다
- 埋(う)め合(あ)わせる 보충하다
- 追(お)い抜(ぬ)く 앞지르다
- 置(お)き換(か)える (딴 것과) 바꾸어 놓다, 대체하다
- 押(お)し込(こ)む 밀어 넣다
- 押(お)し付(つ)ける 억누르다, 강요하다
- 推(お)し量(はか)る 헤아리다, 추측하다
- 思(おも)い描(えが)く 마음에 그리다, 상상하다
- 表立(おもてだ)つ 표면화하다
- 折(お)り返(かえ)す 되짚어 오다, 답장을 바로 하다

か행

- 買(か)い替(か)える 새로 사서 바꾸다
- 書(か)き進(すす)める 써 나가다
- 駆(か)け込(こ)む 뛰어들다
- 懸(か)け離(はな)れる 동떨어지다, 차이가 크게 나다
- 買(か)い取(と)る 사들이다
- 掛(か)け合(あ)う 교섭하다
- 駆(か)け出(だ)す 뛰어나가다
- 駆(か)け巡(めぐ)る 뛰어(돌아)다니다

- ☐ 駆け寄る 달려들다
- ☐ 語り合う 서로 이야기를 주고받다
- ☐ 勝ち抜く 이겨 내다
- ☐ 噛み付く 물고 늘어지다
- ☐ 考え直す 다시 생각하다, 재고하다
- ☐ 決め付ける 일방적으로 단정하다
- ☐ 食いつく 달려들어 물다, 물고 늘어지다
- ☐ 組み合わせる 짜 맞추다
- ☐ 組み込む 짜 넣다
- ☐ 削り取る 삭제하다
- ☐ 心掛ける 항상 주의하다, 명심하다
- ☐ 凝り固まる 굳어지다, 응고하다

- ☐ 重ね合わせる 겹겹이 포개다
- ☐ 勝ち取る 쟁취하다, 거두다
- ☐ 兼ね合う 균형이 잡히다
- ☐ 駆り立てる 휘몰다, 내몰다
- ☐ 築き上げる 쌓아 올리다
- ☐ 切り出す 자르기 시작하다, 말을 꺼내다
- ☐ 汲み上げる 퍼 올리다
- ☐ 組み入れる (어떤 조직의) 일부로서 집어넣다
- ☐ くり貫く 도려내다
- ☐ 蹴飛ばす 걷어차다
- ☐ 込み合う 붐비다

さ행

- ☐ 咲き誇る 화려하게 피다
- ☐ 差し替える 바꾸어 끼워 넣다
- ☐ 射し込む 햇빛이 (쏟아져) 들어오다
- ☐ 仕入れる 사들이다, 얻다
- ☐ 仕込む 가르치다, 훈련하다
- ☐ 縛り付ける 붙들어 매다, 동여매다
- ☐ 知り合う 서로 알게 되다, 아는 사이가 되다
- ☐ 吸い上げる 빨아 올리다, 수렴하다
- ☐ 過ぎ去る 지나가다
- ☐ 擦り切れる 닳아서 떨어지다

- ☐ 咲き乱れる 꽃이 어우러져 피다
- ☐ 差し掛かる 접어들다, 다다르다
- ☐ 差し出す 내밀다
- ☐ 仕切る 칸을 막다
- ☐ 仕付ける (예의범절을) 가르치다
- ☐ 締め付ける 단단히 죄다
- ☐ 知り抜く 속속들이 잘 알다
- ☐ 据え付ける 설치하다
- ☐ 捨て去る 버리고 가(버리)다
- ☐ すり抜ける 빠져나가다

た행

- 助け合う 서로 돕다
- 畳み込む 접어 넣다, 마음속 깊이 간직하다
- 断ち切る 끊다, 잘라 버리다
- 立ち去る 떠나다
- 立ち尽くす 내내 서 있다
- 立ち直る 다시 일어서다
- 辿り着く 겨우 목적지에 다다르다, 도달하다
- 度重なる 거듭되다, 되풀이되다
- 使いこなす 보람 있게 쓰다, 잘 다루다
- 突き入る 돌진하다, 뛰어들다
- 突き動かす 밀어붙여 움직이게 하다
- 突き切る 꿰뚫다
- 突き刺す 푹 찌르다
- 突き進む 힘차게 나아가다
- 突き出す 밀어내다
- 突き詰める 끝까지 파고들다
- 突き止める 밝혀내다
- 突っ掛かる 달려들다
- 突っ走る 힘차게 달리다
- 突っ張る 버티다
- 積み上げる 쌓아 올리다
- 積み立てる 적금하다, 적립하다
- 詰め掛ける 몰려들다
- 手掛ける 손수 다루다
- 照り返す 반사하다
- 解き放つ 해방하다, 풀어 주다
- 閉じ込める 가두다, 감금하다
- 飛び交う 어지럽게 날다, 난무하다
- 飛び乗る (움직이는 것에) 뛰어 올라타다
- 取り込む 거두어들이다
- 取り締まる 단속하다
- 取り調べる 조사하다
- 取り立てる 거두다, 징수하다
- 取り付く 매달리다
- 取り除く 없애다, 제거하다
- 取り巻く 둘러싸다
- 取り混ぜる 뒤섞다
- 取り寄せる 가져오게 하다

な・は행

- 成し遂げる 끝까지 해내다, 성취하다
- 悩ます 괴롭히다, 시달리게 하다
- 成り立つ 성립하다
- 逃げ出す 도망가다

☐ 抜け出す 빠져나가다	☐ 乗っ取る 빼앗다, 탈취하다
☐ 呑み込む 삼키다, 납득하다	☐ 乗り切る 극복하다
☐ 乗り越える 타고 넘다, 극복하다	☐ 乗り込む 올라타다
☐ 吐き出す 토해 내다, 내뱉다	☐ 履き違える 잘못하여 바꿔 신다, 잘못 인식하다
☐ 跳ね返る 튀어서 되돌아오다	☐ 張り付く 달라붙다
☐ 晴れ渡る 활짝 개다	☐ 引き上げる 끌어올리다
☐ 引き起こす 일으키다	
☐ 引き落とす 잡아당겨 높은 곳에서 떨어뜨리다, 송금하다	
☐ 引き込む 틀어박히다, 끌어들이다	☐ 引き裂く 찢다, 갈라놓다
☐ 引き下げる 끌어내리다, 인하하다	☐ 引き締まる 쪼이다, 긴장되다
☐ 引きずる 질질 끌다	☐ 引き取る 물러가다, 떠맡다
☐ 引き寄せる 가까이 (끌어)당기다	☐ 引き渡す 넘겨주다, 양도하다
☐ ひねり出す 생각해 내다, (겨우) 짜내다	☐ 膨れ上がる 부풀어 오르다
☐ 踏み入る 발을 들여놓다, 들어서다	☐ 踏み込む 발을 들여놓다
☐ 踏み出す 발을 내디디다	☐ 振り払う 뿌리치다
☐ 振る舞う 행동하다	☐ 触れ合う 맞닿다, (서로) 스치다
☐ 踏ん張る 완강히 버티다	☐ ぶち明ける 모두 털어놓다
☐ ぶち込む 박아 넣다, 처넣다	☐ 放り込む 아무렇게나 던져 넣다

ま행

☐ 待ち望む 손꼽아 기다리다	☐ 見極める 끝까지 지켜보다
☐ 見定める (직접 눈으로) 확인하다, 확실히 보다	☐ 見据える 눈여겨보다
☐ 見つめ直す 다시 응시하다, 재검토하다	☐ 見積もる 눈대중으로 재다
☐ 見通す 꿰뚫어 보다, 내다보다	☐ 見習う 본받다

☐ 見抜く	알아차리다, 간파하다	☐ 見開く	눈을 크게 뜨다
☐ 見守る	지켜보다	☐ 見渡す	멀리 바라다보다, 전망하다
☐ 向き合う	마주 보다, 마주 대하다	☐ 結び付く	결부되다, 이어지다
☐ 結び付ける	연결시키다	☐ 目指す	목표로 하다
☐ 芽生える	싹트다	☐ 申し入れる	제의하다
☐ 申し出る	신청하다	☐ 持ち上げる	들어 올리다
☐ 持ち込む	가지고 들어오다	☐ 持て余す	처치 곤란해하다
☐ 持て成す	대접하다	☐ 盛り込む	그릇에 음식을 담다

や・ら・わ행

☐ やり通す	끝까지 하다	☐ やり遂げる	끝까지 해내다
☐ 行き交う	왕래하다 *いきかう라고도 함	☐ 行き着く	(목적지에) 이르다 *いきつく라고도 함
☐ 行き詰まる	막다르다 *いきづまる라고도 함	☐ 行き渡る	널리 퍼지다 *いきわたる라고도 함
☐ 呼び起こす	불러일으키다	☐ 呼び止める	불러서 멈춰 세우다
☐ 読み上げる	소리를 내어 읽다	☐ 読み返す	다시 읽다
☐ 寄り掛かる	기대다	☐ 寄り添う	바싹 달라붙다
☐ 割り当てる	분배하다	☐ 割り切る	딱 잘라 결론짓다
☐ 割り振る	할당하다		

6 부사 출제 예상 핵심 부사 단어를 히라가나 순으로 정리하였습니다.

あ행

- □ 敢えて 굳이, 억지로
- □ あっさり 담백하게, 깨끗이
- □ ありのまま 있는 그대로
- □ 如何に 어떻게, 얼마나
- □ 如何にも 어떻게든
- □ 幾多 수많이
- □ 幾分 어느 정도, 약간
- □ いささか 조금(도)
- □ 一概に 일률적으로, 싸잡아
- □ 一途に 오로지
- □ いっきょに 일거에, 단번에
- □ 一見 언뜻 보기에
- □ 一向に 전혀, 조금도
- □ 一切 일체, 일절
- □ いっそ 도리어, 차라리
- □ いとも 매우, 아주
- □ 未だ 아직(도)
- □ 今や 이제야말로, 이제는
- □ 嫌々 마지못해
- □ いやに 묘하게, 상당히
- □ うっとり 마음이 사로잡혀 멍한 모양
- □ うろちょろ 쫄래쫄래, 어른어른
- □ 大方 대개, 얼추
- □ 大ざっぱに 어림잡아, 대충
- □ 概ね 대개, 대강
- □ 遅くとも 늦어도
- □ 恐らく 아마, 어쩌면
- □ おどおど 벌벌, 주뼛주뼛
- □ 自ずから 저절로
- □ 折々 때때로

か행

- □ 果敢に 과감하게
- □ くよくよ 사소한 일을 늘 걱정하는 모양, 끙끙
- □ 傍ら 한편
- □ 且つ 또한, 한편
- □ かつて 일찍이, 예전부터
- □ かにかくに 여러 가지로, 어떻든 간에
- □ かねて 미리, 전부터
- □ からっと 활짝, 바싹
- □ 代わる代わる 번갈아 가며
- □ 愕然と 악연히, 깜짝 놀라는 모양

- □ がさがさ 꺼칠꺼칠, 거슬거슬
- □ がっくり 갑자기 부러지거나 꺾이는 모양, 낙담하는 모양, 확, 푹, 뚝
- □ がっしり 탄탄하게 꽉 짜여 있는 모양, 탄탄히
- □ がっちり 튼튼한 모양, 탄탄히
- □ 元来(がんらい) 원래
- □ きっかり (맞아 떨어지는 모양) 딱, (아주 뚜렷한 모양) 뚜렷이
- □ きっちり 빈틈이 없는 모양, 딱, 확실히
- □ きょろきょろ 두리번두리번
- □ くっきり 또렷이
- □ ぐっと 단숨에 꿀꺽, 뭉클
- □ けろりと 천연덕스럽게
- □ 懸命(けんめい)に 힘껏
- □ げっそり 갑자기 여윈 모양, 홀쭉
- □ 厳密(げんみつ)に 엄밀하게
- □ こうこうと 휘황찬란하게
- □ 交互(こうご)に 번갈아
- □ 刻々(こっこく) 시시각각으로
- □ 殊(こと)に 각별하게
- □ こりごり 지긋지긋함
- □ ごつごつ 울퉁불퉁
- □ ごろごろ 우르르, 데굴데굴

さ행

- □ 先(さき)に 앞서, 이전에
- □ 嘸(さぞ) 추측건대, 필시
- □ 早急(そうきゅう)に 조속히 *さっきゅう에라고도 함
- □ さっと 날렵하게
- □ さほど 그다지, 별로
- □ 然(さ)も 아주, 참으로
- □ 更(さら)に 더욱더
- □ 散々(さんざん) 정도가 심한 모양, 몹시, 실컷
- □ ざらざら 까칠까칠
- □ しなやかに 유연하게
- □ しぶしぶ 마지못해
- □ 終始(しゅうし) 줄곧
- □ 瞬時(しゅんじ)に 순식간에
- □ 所詮(しょせん) 결국, 어차피
- □ しょっちゅう 늘, 언제나
- □ しょんぼり 기운 없이 풀 죽은 모양, 쓸쓸히
- □ しんなり (야채 따위가) 숨이 죽은 모양, 나긋나긋
- □ 従順(じゅうじゅん)に 고분고분하게
- □ 順繰(じゅんぐ)りに 순서대로
- □ じわじわ (조금씩 진행되는 모양) 질금질금, (조금씩 스며들거나 배어 나오는 모양) 서서히

☐ 迅速に 신속하게	☐ すいすい 가볍게 나아가는 모양, 획획, 거침없이
☐ すくすく 잘 자라는 모양, 쑥쑥	☐ 頗る 대단히, 매우
☐ ずらっと 줄줄이	☐ ずるずる 오래 끌고 가는 모양, 질질
☐ 整然と 정연하게, 질서 있고 가지런하게	☐ 切実に 절실하게
☐ 即刻 즉각, 곧	☐ 尊大に 거만하게

た행

☐ 大概 대개	☐ 大層 매우, 몹시
☐ 淡々と 담담하게	☐ だらだら (액체가 흐르거나 길게 끄는 모양) 줄줄, 질질
☐ 断然 단연	☐ ちくりと 콕, 따끔하게
☐ ちやほや 상대를 얼러주는 모양, 오냐오냐	☐ ちょくちょく 이따금, 가끔
☐ ちらっと 흘끗, 언뜻	☐ ちらりと 흘끗, 언뜻
☐ 努めて 가능한 한, 애써	☐ 適宜 적당
☐ 徹底的に 철저하게	☐ てんで 전혀, 아예, 아주
☐ 到底 도저히	☐ 兎角 이것저것, 자칫하면
☐ 時折 때때로, 가끔	☐ とげとげ 가시 돋친 모양, 삐쭉삐쭉
☐ 突如 갑자기	☐ とっさに 순간적으로, 즉시, 바로
☐ 堂々と 당당하게	☐ どうやら 아무래도
☐ どっさり 무거운 물건을 내려놓는 모양, 털썩, 엄청나게 많은 모양, 듬뿍	☐ どろどろ 질척한 모양, 질척질척, 걸쭉걸쭉

な・は행

☐ 尚更 그 위에, 더욱더	☐ 何卒 아무쪼록
☐ 成る丈 되도록	☐ にわかに 불현듯이, 갑자기
☐ ぬるぬる 미끄러운 모양, 미끈미끈	☐ 熱烈に 열렬하게
☐ ねばねば 끈적끈적	☐ 甚だ 매우, 몹시

- 遥かに 아득히, 훨씬
- ひたひた 철썩철썩, 물밀듯이
- ひっそり 죽은 듯이 조용한 모양, 조용히
- ひんやり 썰렁, 찬 기운을 느끼는 모양
- 沸々 부글부글, 펄펄
- 平然と 태연하게
- べったり 찰싹
- 呆然と 멍하니

- 延いては 나아가서는
- ひたむきに 한결같이, 일편단심으로
- ひょっと 뜻밖에, 불쑥
- びくびく 흠칫흠칫, 바르르
- ふにゃふにゃ 흐물흐물
- べたべた 끈적끈적, 물건이 들러붙는 모양
- ぺこぺこ 몹시 배가 고픈 모양
- ぼうっと 희미하게 보이는 모양, 멍한 모양

ま・や・ら・わ행

- 前もって 미리, 앞서
- 誠に 참으로
- 目の当たり 눈앞, 직접
- 丸ごと 통째로
- 見る見るうちに 보고 있는 동안에, 순식간에
- 無論 물론
- もとより 처음부터, 원래
- やけに 몹시, 되게
- やみくもに 무작정
- 余程 상당히, 대단히
- 僅かに 간신히, 겨우

- 曲がりなりにも 그럭저럭, 어떻게든
- 正しく 바로, 틀림없이
- まもなく 곧, 머지않아
- 丸々 모조리
- むやみに 무모하게
- 明白に 명백하게
- もろに 완전히, 모조리
- やたら(と) 함부로 하는 모양, 몹시
- 緩やかに 완만하게
- 歴然と 역연히, 또렷이

7 카타카나어
출제 예상 핵심 카타카나어를 히라가나 순으로 정리하였습니다.

ア행

- □ アーティスト 아티스트, 예술가
- □ アイドル 아이돌, 우상
- □ アウトライン 아웃라인, 윤곽, 개요
- □ アクセス 액세스, 접근
- □ アクセル 액셀, 가속 장치
- □ アシスタント 어시스턴트, 조수
- □ アップ 업, 상승
- □ アピールポイント 어필 포인트
- □ アプローチ 어프로치, 접근(방법)
- □ アポ(イントメント) 어포인트먼트, 약속
- □ アラブ 아랍
- □ アルカリ 알칼리
- □ アルミニウム 알루미늄
- □ アワー 아워, 시간
- □ アングル 앵글, 각도
- □ イヤホン 이어폰
- □ インスピレーション 인스피레이션, 영감
- □ インセンティブ 인센티브, 장려금
- □ インターチェンジ 인터체인지(IC)
- □ インターナショナル 인터내셔널, 국제적
- □ インテリ 인텔리, 지식층
- □ インフォメーション 인포메이션, 정보
- □ インプット 인풋, 입력
- □ ウェイト 웨이트, 무게
- □ エッセー 에세이, 수필
- □ エッセンス 에센스, 본질
- □ エモーショナル 이모셔널, 감정적인
- □ エリア 에어리어, 지역
- □ エンジニア 엔지니어, 기술자
- □ エントリー 엔트리, 참가 신청
- □ オーダー 오더, 주문
- □ オートマチック 오토매틱, 자동

カ행

- □ カーソル (마우스의) 커서
- □ カクテル 칵테일
- □ カスタマイズ 커스터마이즈, 맞춤식 변경
- □ カテゴリー 카테고리, 범주
- □ カムバック 컴백
- □ カメラマン 카메라맨
- □ カルテ 카르테, 진료 기록 카드
- □ カンニング 커닝, 부정행위

☐ ガイダンス 가이던스, 생활 지도	☐ ガイドブック 가이드북, 안내서
☐ ガスストーブ 가스스토브, 가스난로	☐ ガレージ 개라지, 차고
☐ キープ 키프, 유지함	☐ キャッチボール 캐치 볼, 공을 던지고 받음
☐ ギャラリー 갤러리, 미술품 진열실	☐ クリエーター 크리에이터, 창작자
☐ クレーン 크레인, 기중기	☐ グラウンド 그라운드, 운동장
☐ グレー 그레이, 회색	☐ グローバル 글로벌, 전 세계적인
☐ コーディネート 코디네이트, 조정	☐ コスパ 코스트 퍼포먼스(コストパフォーマンス의 줄임말), 가성비
☐ コマーシャル 커머셜, 상업상	☐ コレクター 컬렉터, 수집가
☐ コンクール 콩쿠르, 경연 대회	☐ コンサートホール 콘서트홀
☐ コンサルティング 컨설팅, 조언	☐ コンタクト 콘택트, 접촉
☐ コンテスト 콘테스트, 경연	☐ コンテンツ 콘텐츠
☐ コンパス 컴퍼스	☐ コンプレックス 콤플렉스
☐ コンペ(ティション) 시합, 경기 대회	

サ행

☐ シート 시트, 자리	☐ シチュエーション 시추에이션, 상황, 사태
☐ シック 시크, 멋진 모양	☐ シナジー 시너지
☐ シナリオ 시나리오, 각본	☐ シフト 시프트, 이동
☐ シャープ 샤프, 날카로움	☐ ショー 쇼, 구경거리
☐ ジーパン 진 바지	☐ ジェスチャー 제스처, 몸짓
☐ ジャズ 재즈	☐ ジャンパー 점퍼
☐ ジャンプ 점프	☐ ジャンボ 점보
☐ ジャンル 장르	☐ ジレンマ 딜레마
☐ スキャンダル 스캔들	☐ スキル 스킬, 기술

- [ ] スケッチ 스케치
- [ ] スタジオ 스튜디오
- [ ] スタンス 스탠스, 태도, 자세
- [ ] スチーム 스팀, 증기
- [ ] ステータス 스테이터스, 상태
- [ ] ステップアップ 스텝 업, 단계적으로 증대함
- [ ] ストロー 스트로, 빨대
- [ ] スパイス 스파이스, 향신료
- [ ] スプリング 스프링, 용수철
- [ ] スポーツカー 스포츠카
- [ ] スランプ 슬럼프
- [ ] スローガン 슬로건
- [ ] セーブ 세이브, 힘을 아껴 둠, 절약
- [ ] セクション 섹션, 분할된 부분
- [ ] セレモニー 세리머니, 의식
- [ ] ゼリー 젤리
- [ ] ソックス 양말
- [ ] ソロ 솔로

タ・ナ행

- [ ] タイト 타이트, 팽팽함
- [ ] タイトル 타이틀, 제목
- [ ] タイムリー 타임리, 때맞춤
- [ ] タイル 타일
- [ ] タブー 터부, 금기
- [ ] タレント 탤런트
- [ ] タワー 타워
- [ ] ダース 다스, 12개로 한 조를 이루는 것
- [ ] ダウンロード 다운로드
- [ ] ダブル 더블
- [ ] ダンプカー 덤프트럭
- [ ] チームワーク 팀워크
- [ ] チェンジ 체인지
- [ ] チップス 칩스, 과자 같은 것을 얇게 썬 것
- [ ] チャイム 차임, 종
- [ ] チャンネル 채널
- [ ] チョイス 초이스, 선택
- [ ] テナント 테넌트, 임차인
- [ ] ディスカッション 디스커션, 토론
- [ ] データベース 데이터베이스
- [ ] デジタル 디지털
- [ ] デッサン 데생, 스케치
- [ ] デビュー 데뷔
- [ ] デフォルト 디폴트, 표준 설정
- [ ] デモ(ンストレーション) 데모, 시위운동
- [ ] デリケート 델리킷, 섬세함

- [ ] トーン 톤, 음조
- [ ] トップクラス 톱클래스
- [ ] トレンド 트렌드
- [ ] ドライ 드라이, 무미건조
- [ ] ドライバー 드라이버, 운전사
- [ ] ドリル 드릴
- [ ] ナチュラル 내추럴, 자연스러움
- [ ] ナプキン 냅킨
- [ ] ナルシスト 나르시시스트, 자기도취형인 사람
- [ ] ナンセンス 난센스, 무의미함
- [ ] ネーミング 네이밍, 이름을 붙임
- [ ] ネットワーク 네트워크
- [ ] ノイズ 노이즈, 소음
- [ ] ノイローゼ 노이로제
- [ ] ノック 노크

ハ행

- [ ] ハイライト 하이라이트, 가장 흥미 있는 부분
- [ ] ハンガー 옷걸이
- [ ] バッジ 배지
- [ ] バッテリー 배터리
- [ ] バット 배트
- [ ] バラエティ 버라이어티
- [ ] バリエーション 베리에이션, 변화, 변형
- [ ] パート 파트
- [ ] パートナー 파트너, 상대
- [ ] パジャマ 파자마
- [ ] パチンコ 파친코, 슬롯머신
- [ ] パッケージ 패키지, 포장
- [ ] パトロールカー 패트롤 카, 순찰차
- [ ] パンク 펑크, 타이어에 구멍이 남
- [ ] ヒロイン 여주인공
- [ ] ピンチ 핀치, 위기
- [ ] ピンポイント 핀 포인트, 극히 정확함
- [ ] フィードバック 피드백
- [ ] フィット 피트, 꼭 맞음
- [ ] フィルター 필터
- [ ] フォーム 폼, 형식
- [ ] フォーラム 포럼, 광장
- [ ] フライパン 프라이팬
- [ ] フリーランサー 프리랜서
- [ ] フリーランス 프리랜스, 프래랜서
- [ ] フレーズ 프레이즈, 문구
- [ ] ブーツ 부츠
- [ ] ブザー 버저

- ☐ ブロック 블록
- ☐ プライベート 프라이빗, 개인적
- ☐ プレスリリース 프레스 릴리스, 언론공개
- ☐ プロジェクト 프로젝트
- ☐ ベストセラー 베스트셀러
- ☐ ボイコット 보이콧, 불매 동맹
- ☐ ポジション 포지션
- ☐ ポンプ 펌프

- ☐ プライバシー 프라이버시
- ☐ プラスアルファ 플러스알파
- ☐ プログラミング 프로그래밍
- ☐ ベース 베이스
- ☐ ペース 페이스
- ☐ ポーズ 포즈, 자세
- ☐ ポテンシャル 퍼텐셜, 잠재력

マ・ヤ・ラ・ワ행

- ☐ マーク 마크, 상표
- ☐ マスコミ 매스컴 (マスコミュニケーション의 줄임말)
- ☐ マニュアル 매뉴얼
- ☐ マルチタスク 멀티태스킹, 다중 작업
- ☐ ミュージック 뮤직, 음악
- ☐ メーカー 메이커, 제조 회사
- ☐ メッセージ 메시지
- ☐ メンテナンス 메인터넌스, 건물·기계 등의 관리·유지
- ☐ モチーフ 모티프, 동기
- ☐ モラル 모럴, 윤리
- ☐ ライフワーク 라이프 워크, 필생의 사업
- ☐ ラベル 라벨
- ☐ ランプ 램프
- ☐ リアリティー 리얼리티

- ☐ マイホーム 마이홈, 자기 집
- ☐ マッサージ 마사지
- ☐ マネジメント 매니지먼트, 경영
- ☐ ミーティング 미팅, 회의
- ☐ メイン 메인
- ☐ メソッド 메서드, 방법
- ☐ メロディー 멜로디, 선율
- ☐ モーター 모터
- ☐ モチベーション 모티베이션, 동기 부여
- ☐ ユーザー 유저, 이용자
- ☐ ラッシュ 러시, 돌진
- ☐ ランダム 랜덤, 무작위
- ☐ リアクション 리액션, 반응
- ☐ リーダーシップ 리더십

- ☐ リクエスト 리퀘스트, 요청
- ☐ リテラシー 리터러시, 활용 능력
- ☐ リミット 리밋, 한계
- ☐ レース 레이스, 인종
- ☐ レバー 레버, 지렛대
- ☐ レンタカー 렌터카
- ☐ ローン 론, 대출
- ☐ リセット 리셋
- ☐ リフォーム 리폼
- ☐ ルール 룰, 규칙
- ☐ レディー 레이디, 숙녀
- ☐ レンジ 레인지, 점화구
- ☐ ロープ 로프, 줄
- ☐ ロマンチック 로맨틱

8 기타

출제 예상 핵심 관용 표현과 접두어, 접미어 등을 히라가나 순으로 정리하였습니다.

관용 표현

- ☐ 呆気にとられる 어안이 벙벙하다, 어이없다
- ☐ 一丸となる (힘을 합쳐서) 똘똘 뭉치다
- ☐ 腕を上げる 솜씨를 향상[숙달]시키다
- ☐ 大幅に遅れる 대폭으로 늦어지다
- ☐ 関連付ける 관련시키다
- ☐ 肝に銘じる 마음에 깊이 새기다
- ☐ 気を配る 마음을 쓰다, 배려하다
- ☐ 敬意を払う 경의를 표하다
- ☐ 焦点を当てる 초점을 맞추다
- ☐ 切羽詰まる 궁지에 몰리다, 막다르다
- ☐ 力を入れる 힘을 주다
- ☐ 手を緩める 엄한 태도를 늦추다
- ☐ 荷が重い 짐[책임]이 무겁다
- ☐ 羽目を外す 도가 지나치다, 객기를 부리다
- ☐ 人目を引く 남의 이목을 끌다
- ☐ 筆を入れる 문장을 고치다, 첨삭하다
- ☐ 前置きをする 서론을 말하다
- ☐ めどが立つ 전망이 서다, 목표가 서다
- ☐ 優劣をつける 우열을 가리다

- ☐ 案を練る 계획을 짜다
- ☐ 意に介する 개의하다, 마음에 두다
- ☐ 裏目に出る 예상이 틀어지다
- ☐ 甲斐がある 보람이 있다
- ☐ 気が散る 마음이 흐트러지다
- ☐ 急激に増える 급격히 늘다
- ☐ 奇をてらう 괴이함을 자랑하다
- ☐ 首尾一貫 시종일관
- ☐ 上位に食い込む 상위를 차지하다
- ☐ 先手を打つ 선수를 치다
- ☐ 注意を払う 주의를 기울이다
- ☐ 途方に暮れる 어찌할 바를 모르다
- ☐ 拍車をかける 박차를 가하다
- ☐ ひっきりなし 끊임없음, 계속적임
- ☐ 火を通す 잠깐 열을 가하다
- ☐ プロ顔負けだ 프로에 버금가다
- ☐ 耳を澄ませる 귀담아듣다
- ☐ 躍起になる 기를 쓰다
- ☐ 理に適う 이치에 맞다

접두어

あく 悪~ 악~	あくかんじょう ☐ 悪感情 악감정	あくじゅんかん ☐ 悪循環 악순환	あくじょうけん ☐ 悪条件 악조건
おお・だい 大~ 큰, 대~	おおかじ ☐ 大火事 큰불	おおかぶぬし ☐ 大株主 대주주	おおさわぎ ☐ 大騒ぎ 큰 소동
	だいさんせい ☐ 大賛成 대찬성	だいだげき ☐ 大打撃 큰 타격	だいとかい ☐ 大都会 대도시
げん 原~ 원~	げんざいりょう ☐ 原材料 원재료, 원자재	げんじゅうみん ☐ 原住民 원주민	
ご 誤~ 오~	ごさどう ☐ 誤作動 오작동	ごしよう ☐ 誤使用 오사용	ごはっちゅう ☐ 誤発注 오발주
さい 再~ 재~	さいかいはつ ☐ 再開発 재개발	さいこうせい ☐ 再構成 재구성	さいにんしき ☐ 再認識 재인식
さい 最~ 최(가장)~	さいしょうげん ☐ 最小限 최소한	さいせんたん ☐ 最先端 최첨단	さいゆうしゅう ☐ 最優秀 최우수
ちょう 超~ 초~	ちょうこうそく ☐ 超高速 초고속	ちょうのうりょく ☐ 超能力 초능력	ちょうまんいん ☐ 超満員 초만원
とう 当~ 당, 이~	とうあんけん ☐ 当案件 당 안건	とうれっしゃ ☐ 当列車 당 열차, 이 열차	とう ☐ 当ホテル 당 호텔
ひ 被~ 피~	ひせんきょけん ☐ 被選挙権 피선거권	ひほけんしゃ ☐ 被保険者 피보험자	
ふ・ぶ 不~ 부~, 불~	ふきそく ☐ 不規則 불규칙	ふけいき ☐ 不景気 불경기	ふしぜん ☐ 不自然だ 부자연스럽다
	ぶきみ ☐ 不気味だ 섬뜩하다, 으스스하다	ぶきよう ☐ 不器用だ 손재주가 없다	ぶさいく ☐ 不細工だ 못생기다
ふく 副~ 부~	ふくさよう ☐ 副作用 부작용	ふくしゃちょう ☐ 副社長 부사장	ふくそうじゅうし ☐ 副操縦士 부조종사
む・ぶ 無~ 무~	むしんけい ☐ 無神経 무신경	むじかく ☐ 無自覚 무자각, 지각이 없음	ぶあいそう ☐ 無愛想だ 퉁명하다, 무뚝뚝하다
もう 猛~ 맹~	もうはんたい ☐ 猛反対 맹반대	もうれんしゅう ☐ 猛練習 맹연습	もうこうげき ☐ 猛攻撃 맹공격
まる 丸~ 통째로~	まるいちにち ☐ 丸一日 하루 온종일	まるみ ☐ 丸見え 다 보임	まるあんき ☐ 丸暗記 통째로 암기

접미어

접미어	예시1	예시2	예시3
~員 ~원	審査員 (しんさいん) 심사위원	従業員 (じゅうぎょういん) 종업원	調査員 (ちょうさいん) 조사원
~化 ~화	活発化 (かっぱつか) 활발화	正当化 (せいとうか) 정당화	老朽化 (ろうきゅうか) 노후화
~上 ~상	事実上 (じじつじょう) 사실상	歴史上 (れきしじょう) 역사상	
~下 ~하	管理下 (かんりか) 관리하	支配下 (しはいか) 지배하	占領下 (せんりょうか) 점령하
~画 ~화	水彩画 (すいさいが) 수채화	水墨画 (すいぼくが) 수묵화	静止画 (せいしが) 정지 화면인 영상
~甲斐 ~보람	生き甲斐 (いきがい) 사는 보람	働き甲斐 (はたらきがい) 일하는 보람	やり甲斐 (やりがい) 하는 보람
~ぐるみ ~전체(~까지 모두)	家族ぐるみ (かぞくぐるみ) 가족 전체	地域ぐるみ (ちいきぐるみ) 지역 전체	町ぐるみ (まちぐるみ) 마을 전체
~系 ~계	外資系 (がいしけい) 외국 자본계	生態系 (せいたいけい) 생태계	理工系 (りこうけい) 이공계
~権 ~권	主導権 (しゅどうけん) 주도권	相続権 (そうぞくけん) 상속권	著作権 (ちょさくけん) 저작권
~圏 ~권(범위)	英語圏 (えいごけん) 영어권	首都圏 (しゅとけん) 수도권	勢力圏 (せいりょくけん) 세력권
~源 ~원	収入源 (しゅうにゅうげん) 수입원	情報源 (じょうほうげん) 정보원	発生源 (はっせいげん) 발생원
~心地 ~한 기분, ~했을 때의 기분	住み心地 (すみごこち) 거주했을 때의 기분	寝心地 (ねごこち) 잠자리 기분	乗り心地 (のりごこち) 승차감
~先 ~처	勤務先 (きんむさき) 근무처	取引先 (とりひきさき) 거래처	連絡先 (れんらくさき) 연락처
~者 ~자	加入者 (かにゅうしゃ) 가입자	主催者 (しゅさいしゃ) 주최자	配偶者 (はいぐうしゃ) 배우자
~書 ~서	企画書 (きかくしょ) 기획서	始末書 (しまつしょ) 시말서	診断書 (しんだんしょ) 진단서

접미어	예시 1	예시 2	예시 3
~職 ~직	管理職 관리직	事務職 사무직	名誉職 명예직
~陣 ~진(집단)	教授陣 교수진	経営陣 경영진	報道陣 보도진
~性 ~성	感受性 감수성	多様性 다양성	独創性 독창성
~戦 ~전	延長戦 연장전	空中戦 공중전	決勝戦 결승전
~隊 ~대	音楽隊 음악대	救急隊 구급대	探検隊 탐험대
~団 ~단	応援団 응원단	合唱団 합창단	記者団 기자단
~的 ~적	否定的 부정적	批判的 비판적	保守的 보수적
~点 ~점	一致点 일치점	妥協点 타협점	百点 100점
~難 ~난	経営難 경영난	資金難 자금난	就職難 취직난
~主 ~주	広告主 광고주	飼い主 사육주	持ち主 소유주
~派 ~파	少数派 소수파	実力派 실력파	保守派 보수파
~版 ~판	改訂版 개정판	修正版 수정판	訂正版 정정판
~品 ~품	骨董品 골동품	嗜好品 기호품	試作品 시작품, 시제품
~物 ~물	刊行物 간행물	添加物 첨가물	廃棄物 폐기물
	アクション物 액션물	時代物 시대물	洗濯物 세탁물
~味 ~미	現実味 현실미	新鮮味 신선미	人間味 인간미

접미어			
~目(め) 구별되는 곳, 시기	□ 分(わ)かれ目(め) 나눠지는 곳, 갈림길	□ 変(か)わり目(め) 바뀌는 곳, 시기	□ 結(むす)び目(め) 매듭
~欄(らん) ~란	□ 解答欄(かいとうらん) 해답란	□ 広告欄(こうこくらん) 광고란	□ 入力欄(にゅうりょくらん) 입력란
~率(りつ) ~률, 율	□ 誤答率(ごとうりつ) 오답률	□ 占有率(せんゆうりつ) 점유율	□ 達成率(たっせいりつ) 달성률
~量(りょう) ~량, 양	□ 情報量(じょうほうりょう) 정보량	□ 生産量(せいさんりょう) 생산량	□ 積載量(せきさいりょう) 적재량
~力(りょく) ~력	□ 強制力(きょうせいりょく) 강제력	□ 原動力(げんどうりょく) 원동력	□ 瞬発力(しゅんぱつりょく) 순발력
~類(るい) ~류	□ 昆虫類(こんちゅうるい) 곤충류	□ 爬虫類(はちゅうるい) 파충류	□ 哺乳類(ほにゅうるい) 포유류

한자읽기 핵심단어
기본 다지기

채점   /10

한자 단어의 읽는 법을 둘 중에서 하나 고르세요.

1 暗殺
   1 あんさつ   2 あんざつ

2 家出
   1 かしゅつ   2 いえで

3 歩む
   1 あゆむ   2 あるむ

4 過敏だ
   1 かみんだ   2 かびんだ

5 煙たい
   1 けむたい   2 えんたい

6 渇望
   1 かつぼう   2 かっぽう

7 郷土
   1 きょうと   2 きょうど

8 耕地
   1 けいち   2 こうち

9 快い
   1 こころよい   2 ここちよい

10 道筋
    1 どうきん   2 みちすじ

해설집 p.22

정답   1 ①   2 ②   3 ①   4 ②   5 ①   6 ①   7 ②   8 ②   9 ①   10 ②

한자읽기 핵심단어 실전 연습 문제 ①

問題1 ＿＿＿＿の言葉の読み方として最もよいものを、1・2・3・4から一つ選びなさい。

1 あの部屋からの悪臭がつんと鼻をついたので、入りたくなかった。
　1　あっしゅ　　　2　あっしゅう　　　3　あくしゅ　　　4　あくしゅう

2 前半戦では負けていたが、後半戦からはうちのチームが優勢になりつつある。
　1　ゆうせつ　　　2　ゆうぜつ　　　3　ゆうせい　　　4　ゆうぜい

3 台風の被害から免れるために、町の住民たちはみんなで事前に備える計画を立てました。
　1　ねじれる　　　2　まぬがれる　　　3　しびれる　　　4　たれる

4 親は何気なく言ったつもりでも、子どもはちゃんと聞いて覚えてしまう。
　1　なにきなく　　　2　なにぎなく　　　3　なにけなく　　　4　なにげなく

5 弱気なことは言わずに、この状況を打開する方法をはやく考えましょう。
　1　じゃくぎ　　　2　じゃくき　　　3　よわぎ　　　4　よわき

6 組合員全員と協議した結果、新しい規制を導入することにしました。
　1　ぎょうぎ　　　2　きょうぎ　　　3　きょくぎ　　　4　きょっぎ

정답　1 ④　2 ③　3 ②　4 ④　5 ④　6 ②

한자읽기 핵심단어 실전 연습 문제 ②

問題1 ＿＿＿の言葉の読み方として最もよいものを、1・2・3・4から一つ選びなさい。

1 中村(なかむら)先生は学生からの質問についていつも簡単明瞭な答えを出してくれる。
　　1　めいりょ　　　2　めいりょう　　3　めいろ　　　　4　めいろう

2 他人の心を傷つけるような発言や行動は当然慎むべきだと思います。
　　1　つつしむ　　　2　ねたむ　　　　3　さいなむ　　　4　たるむ

3 彼女はいつも仰々しい話をするから、なかなか信頼できません。
　　1　よそよそしい　2　ぎょうぎょうしい　3　なれなれしい　4　ものものしい

4 茹でた麺の水気を切ってソースに絡めてください。
　　1　みずぎ　　　　2　みずき　　　　3　みずけ　　　　4　みずげ

5 ある小さな村の少年の訴えが世界を変えるきっかけとなった。
　　1　うつたえ　　　2　うったえ　　　3　そつたえ　　　4　そったえ

6 情報の多様性が失われ、画一的な情報しか獲得できない時代となった。
　　1　かくいつてき　2　かくいちてき　3　かくいってき　4　がくいちてき

정답 1 ②　2 ①　3 ②　4 ③　5 ②　6 ①

한자읽기 핵심단어 실전 연습 문제 ③

問題1 ＿＿＿＿＿の言葉の読み方として最もよいものを、1・2・3・4から一つ選びなさい。

1 昨日、階段から転んでしまい、膝と肘に痣ができました。
1　あざ　　　　2　あか　　　　3　あらし　　　　4　あかし

2 そんなに素っ気ない態度で人に接したら誰とも仲良くなれない。
1　そっきない　　2　そっけない　　3　すっきない　　4　すっけない

3 引退後は、田舎で畑を耕しながら暮らそうと思う。
1　たがやしながら　2　ついやしながら　3　さとしながら　4　たくしながら

4 橋本（はしもと）さんの壺に嵌った発言のため、会場の中は静かになった。
1　つの　　　　2　つり　　　　3　つぼ　　　　4　つぼみ

5 風邪気味で、体中が怠くてしょうがないので、病院に行こうと思っている。
1　しぶくて　　2　だるくて　　3　はかなくて　　4　あおくさくて

6 古代から続く行事が今年も行われ、国家の安泰と国民の平穏を祈願しました。
1　あんねん　　2　あんぽう　　3　あんたい　　4　あんそう

정답　1 ①　2 ②　3 ①　4 ③　5 ②　6 ③

한자읽기 핵심단어 실전 연습 문제 ④

問題1 ＿＿＿＿の言葉の読み方として最もよいものを、1・2・3・4から一つ選びなさい。

1 パソコンが故障したのか、文字が化けて見えたので、メールの内容が全然読めなかった。
　　1　ぼけて　　　　2　しらけて　　　　3　ばけて　　　　4　よけて

2 机の上にある卓上カレンダーを捲って来月の予定を考えました。
　　1　つづって　　　2　めくって　　　　3　つぶって　　　4　うなって

3 最近はペットを飼っている人が多く、その分、ペット市場の成長も著しい。
　　1　あわただしい　2　ふさわしい　　　3　よろこばしい　4　いちじるしい

4 これは美しい自然の景色を描写した作品で、評論家の間でとても好評を得ている。
　　1　みょうしゃ　　2　みょしゃ　　　　3　びょうしゃ　　4　びょしゃ

5 この部族は昔から狩猟生活をして食糧を蓄えていました。
　　1　しゅりょう　　2　しゅうりょ　　　3　しゅりょ　　　4　しゅうりょう

6 ひどい事故に遭った人は精神が健全な状態ではいられないという。
　　1　けんせん　　　2　けんぜん　　　　3　げんせん　　　4　げんぜん

정답　1 ③　2 ②　3 ④　4 ③　5 ①　6 ②

한자읽기 핵심단어 실전 연습 문제 ⑤

問題1 ＿＿＿＿の言葉の読み方として最もよいものを、1・2・3・4から一つ選びなさい。

1 きちんとした企業としての体裁がまだ整っていない。
　　1　たいざい　　　2　たいさい　　　3　ていざい　　　4　ていさい

2 結果はどうであれ、粘りのある攻撃が印象に残る試合でした。
　　1　ねばり　　　　2　たより　　　　3　いつわり　　　4　かたより

3 熊に襲われる恐れがあるので、ここからは立入禁止です。
　　1　したわれる　　2　おわれる　　　3　おそわれる　　4　ただよわれる

4 列車が脱線し、転覆する大事故が起きてしまい、数多くの負傷者や死者が出ました。
　　1　てんふく　　　2　てんぷく　　　3　でんふく　　　4　でんぷく

5 いくら頑張ってもいい成績がとれなかったので、父から「情けない」と言われた。
　　1　あじけない　　2　あっけない　　3　なさけない　　4　あどけない

6 大学生のときはお金がなさすぎて一日おにぎり一つで飢えを凌いだ。
　　1　くつろいだ　　2　しのいだ　　　3　はしゃいだ　　4　すすいだ

정답　1 ④　2 ①　3 ③　4 ②　5 ③　6 ②

문맥규정 핵심단어
기본 다지기

채점   /7

괄호 안에 들어갈 알맞은 어휘를 둘 중에서 하나 고르세요.

[1] 理由はわからないが、なぜか体がとても（　　　　）。
　1　怠い　　　　　　　　　　2　生温い

[2] 大学を卒業したあとは、家業を（　　　　）つもりです。
　1　受け入れる　　　　　　　2　受け継ぐ

[3] 彼の父は（　　　　）人で、様々なことを知っている。
　1　スマートな　　　　　　　2　デリケートな

[4] 私は（　　　　）お店を運営しています。
　1　和やかな　　　　　　　　2　ささやかな

[5] それは目上の人に失礼（　　　　）行動です。
　1　軽々しい　　　　　　　　2　極まりない

[6] 七夕文化祭が開催され、赤城(あかぎ)神社に花を（　　　　）儀式が行われます。
　1　奉る　　　　　　　　　　2　授ける

[7] まもなく発射台に（　　　　）日本初の民間ロケットが打ち上げられます。
　1　据え付けられ　　　　　　2　押し付けられた

정답　1 ①　2 ②　3 ①　4 ②　5 ②　6 ①　7 ①

問題2 （　　　）に入れるのに最もよいものを、1・2・3・4から一つ選びなさい。

1 （　　　）を救出するために、警察が現場に向かった。
　　1　英雄　　　　2　怪物　　　　3　魂　　　　4　人質

2 彼は（　　　）自分の話をしてくれました。
　　1　淡々と　　　2　ちらりと　　3　こつこつと　　4　がらりと

3 悔しかったのか、妹は涙をこらえながら私を（　　　）いた。
　　1　したしんで　2　にらんで　　3　せかして　　4　ひきいて

4 状況に（　　　）対策をみんなで話し合いました。
　　1　逸らした　　2　制した　　　3　即した　　　4　及ぼした

5 （　　　）に優れたパソコンが買いたくて、綿密に調べてみた。
　　1　インフォメーション　　　　2　コスパ
　　3　デリケート　　　　　　　　4　モチベーション

6 彼女とは5歳の時から（　　　）、もう30年目の友情を築いた。
　　1　張り合って　2　かね合って　3　かみ合って　4　知り合って

7 消費者たちの好みを把握するために、（　　　）アンケートを実施しましょう。
　　1　もとより　　2　敢えて　　　3　未だ　　　　4　前もって

정답　1 ④　2 ①　3 ②　4 ③　5 ②　6 ④　7 ④

문맥규정 핵심단어 **실전 연습 문제 ②**

問題2　(　　　)に入れるのに最もよいものを、1・2・3・4から一つ選びなさい。

1 彼女の作品は見事な (　　　) で、本物と区別がつかないくらいでした。
　1　手引き　　　2　見返り　　　3　月並み　　　4　出来栄え

2 学校のビリが東大に入ることを目指すなんて、本当に (　　　) 話だ。
　1　堅実な　　　2　絶大な　　　3　滑稽な　　　4　厳かな

3 こんにちは。営業の仕事を (　　　) いる山田と申します。
　1　司って　　　2　練って　　　3　定めて　　　4　生やして

4 将来のことを (　　　)、よく眠れません。
　1　報じて　　　2　案じて　　　3　投じて　　　4　封じて

5 今から出発したら (　　　) 11時には駅に着くと思います。
　1　いっそ　　　2　とっさに　　3　ひっそり　　4　きっかり

6 久しぶりに会った彼はとても (　　　) 格好をしていました。
　1　儚い　　　2　目まぐるしい　3　見窄らしい　4　切ない

7 ドアを開けると、体を (　　　) しながら驚いている彼の顔が見えました。
　1　きょろきょろ　2　びくびく　　3　とげとげ　　4　ぬるぬる

정답　1 ④　2 ③　3 ①　4 ②　5 ④　6 ③　7 ②

문맥규정 핵심단어 실전 연습 문제 ③

問題2 (　　)に入れるのに最もよいものを、1・2・3・4から一つ選びなさい。

1 若い人たちは頭が柔らかいとよく言うが、（　　　　）そうだとは言えない。
　1　とりわけ　　　2　けんめいに　　　3　つとめて　　　4　いちがいに

2 父は節約精神を強調しているが、ただお金に（　　　　）だけだと思う。
　1　かたくるしい　　2　いやしい　　　3　のぞましい　　　4　もどかしい

3 優れた情報（　　　　）を持っている高橋(たかはし)部長が次期社長になるかもしれないという噂が流れています。
　1　リテラシー　　　2　サイクル　　　3　プライバシー　　　4　クレーム

4 年を取ったせいなのか、最近、だんだん頭が（　　　　）くることを実感している。
　1　ふざけて　　　2　惚けて　　　3　弾けて　　　4　ほどけて

5 2週間も雨が降り続いていて、もう（　　　　）。
　1　気がかりだ　　2　ぞんざいだ　　3　こりごりだ　　4　疎らだ

6 彼女は非常に美しく、（　　　　）俳優のような姿でした。
　1　しんなり　　　2　いっけん　　　3　てっきり　　　4　まもなく

7 そんな（　　　　）なことを考えていたなんて、呆れて開いた口が塞がらないですね。
　1　不順　　　2　些細　　　3　精密　　　4　有力

정답　1 ④　2 ②　3 ①　4 ②　5 ③　6 ②　7 ①

문맥규정 핵심단어 실전 연습 문제 ④

問題2 (　　　)に入れるのに最もよいものを、1・2・3・4から一つ選びなさい。

1 私が好きな映画は（　　　）な逆転勝利のストーリーがあるものだ。
　1　痛快　　　　2　浅薄　　　　3　単調　　　　4　軽率

2 明日は（　　　）遠足の日だから、わくわくして眠れない。
　1　めでたかった　2　待ち遠しかった　3　欲深かった　4　快かった

3 杉本さんはとても（　　　）なので、冗談を冗談として受け入れないタイプだ。
　1　温厚　　　　2　大胆　　　　3　生真面目　　　4　貧乏

4 勉強に才能がない分（　　　）に学業に励んだおかげで奨学金を受けることができた。
　1　明朗　　　　2　勤勉　　　　3　冷酷　　　　4　無謀

5 つぶれる寸前の会社だったが、今は一流企業になり、ますます（　　　）いる。
　1　冴えて　　　2　絶えて　　　3　衰えて　　　4　栄えて

6 支障なく計画を（　　　）ように、何回もシミュレーションを回してみました。
　1　食い込める　2　取り戻せる　3　見かけられる　4　推し進められる

7 鈴木さんは子どもの頃、親から（　　　）されて育ったそうだ。
　1　ちやほや　　2　がやがや　　3　だらだら　　4　じめじめ

정답　1 ①　2 ②　3 ③　4 ②　5 ④　6 ④　7 ①

문맥규정 핵심단어 실전 연습 문제 ⑤

問題2 (　　　)に入れるのに最もよいものを、1・2・3・4から一つ選びなさい。

[1] 別れを告げて遠ざかる彼女の姿を（　　　）見ていた。
　1　こうこうと　　2　整然と　　3　呆然と　　4　堂々と

[2] 試合の相手はとても（　　　）を持っている人だったので、勝てる自信がなかった。
　1　仕業　　2　余波　　3　念頭　　4　気迫

[3] 怒り始める母の姿を見ながら兄は（　　　）本当のことを言い出した。
　1　すくすく　　2　ちょくちょく　　3　ごろごろ　　4　おどおど

[4] 最近（　　　）暇もなく働いているので、どうしても疲れが取れない。
　1　掬う　　2　憩う　　3　担う　　4　報う

[5] 成績が伸びない原因の一つは（　　　）なところで自分をごまかして理解したことにしていることだ。
　1　肝心　　2　手頃　　3　無難　　4　斬新

[6] 一年中零下に留まるこの国に住みながら寒さには（　　　）ができたようです。
　1　快楽　　2　感嘆　　3　耐性　　4　幻想

[7] 吉田（よしだ）さんは誰にでも（　　　）接するけど、私はその態度が苦手だ。
　1　なれなれしく　　2　すばしこく　　3　ひらたく　　4　こころづよく

정답　1 ③　2 ④　3 ④　4 ②　5 ①　6 ③　7 ①

유의표현 핵심단어
기본 다지기

채점 /6

밑줄 친 단어나 문장과 가장 비슷한 표현을 둘 중에서 하나 고르세요.

1 人生とは脚本通りにいかないものだ。
　　1　台本　　　　　　　　　　2　見本

2 もう大人になったので、親からの経済的支援は打ち切られる予定です。
　　1　中止される　　　　　　　2　減少される

3 質素な生活をすることを心がけています。
　　1　健康な　　　　　　　　　2　地味な

4 自分の経歴を偽って面接に臨みました。
　　1　騙して　　　　　　　　　2　中心に話して

5 無口な人と一緒にいることは煙たいです。
　　1　苦手　　　　　　　　　　2　不安

6 情熱的で熱い性格の竹田(たけだ)さんは、色んな意味でエモーショナルな人だと思う。
　　1　感情的　　　　　　　　　2　肯定的

정답　1 ①　2 ①　3 ②　4 ①　5 ①　6 ①

해설집 p.31

유의표현 핵심단어 **실전 연습 문제** ①

시간 6분 이내　채점　/6

問題3　＿＿＿＿の言葉に意味が最も近いものを、1・2・3・4から一つ選びなさい。

1 兵士たちは罪もない町の人々を<u>無残に</u>殺した。
　　1　酷く　　　　2　平気に　　　　3　ずるく　　　　4　あっという間に

2 あと3日後に開幕式を行うのに、こんなに<u>疎かに</u>準備をしているなんて、信じられない。
　　1　華麗に　　　2　消極的に　　　3　いい加減に　　4　劇的に

3 大した問題でもないことをめぐって二人は<u>揉めて</u>いました。
　　1　迷って　　　2　喧嘩して　　　3　慌てて　　　　4　いじめて

4 彼女は南側の空を見上げてから<u>拝み</u>ました。
　　1　願いました　　　　　　　　　　2　目を閉じました
　　3　景色を眺めました　　　　　　　4　がっかりしました

5 何か気に入らなかったのか、彼は急に<u>罵り</u>始めた。
　　1　泣き出した　　　　　　　　　　2　投げ出した
　　3　焦り出した　　　　　　　　　　4　悪口を言い出した

6 交際を明らかにしてからは、周囲から<u>冷やかされる</u>こともしばしばあった。
　　1　話題にされる　　2　からかわれる　　3　祝われる　　4　悩まれる

해설집 p.31

정답　1 ①　2 ③　3 ②　4 ①　5 ④　6 ②

유의표현 핵심단어 **실전 연습 문제** ②

問題3 ＿＿＿＿の言葉に意味が最も近いものを、1・2・3・4から一つ選びなさい。

1 プロジェクトを遂行するための環境を整えておきました。
　　1　移して　　　　2　片づけて　　　　3　守って　　　　4　変えて

2 まだ結婚もしていない人が孕むなんて一体どういうことですか。
　　1　子どもができる　2　一人でいたい　　3　病気にかかる　　4　大きな借金がある

3 田中さんの普段の生活は、非常に味気なく感じられる。
　　1　つまらなく　　2　忙しく　　　　　3　おかしく　　　　4　うるさく

4 台風により、町の建物はもろに倒れてしまいました。
　　1　徐々に　　　　2　完全に　　　　　3　当たり前に　　　4　同時に

5 甚だ恐縮ですが、現在、当店ではその製品を取り扱っておりません。
　　1　いろいろと　　2　何度も　　　　　3　残念ながら　　　4　非常に

6 授業の中で不得手な科目があっても、学習意欲を失わず克服することが重要です。
　　1　意外な　　　　2　退屈な　　　　　3　苦手な　　　　　4　複雑な

정답 1 ②　2 ①　3 ①　4 ②　5 ④　6 ③

유의표현 핵심단어 실전 연습 문제 ③

問題3 ＿＿＿＿の言葉に意味が最も近いものを、1・2・3・4から一つ選びなさい。

1 値下げ交渉を求める企業には応じないスタンスを貫こうと思っています。
　　1　計画　　　　2　姿勢　　　　3　考え　　　　4　技術

2 私の頼みを聞いた吉本（よしもと）さんは、いやいや承諾してくれました。
　　1　無理に　　　2　案外　　　　3　しぶしぶ　　4　わざわざ

3 そんなことを言ってくれるとは、本当にきまり悪いですね。
　　1　恥ずかしい　2　面白い　　　3　厳しい　　　4　心強い

4 人を殺したくせに、犯人はけろりと嘘をついていた。
　　1　明白に　　　2　わざと　　　3　たぶん　　　4　平然と

5 日照りのせいで、町にある全ての池の水がひからびてしまった。
　　1　こおって　　2　こぼれて　　3　くさって　　4　かわいて

6 戦没者の遺体は、住民によって丁寧に葬られたそうです。
　　1　慰められた　2　埋められた　3　伝えられた　4　救われた

정답　1 ②　2 ③　3 ①　4 ④　5 ④　6 ②

유의표현 핵심단어 실전 연습 문제 ④

問題3 ＿＿＿＿＿の言葉に意味が最も近いものを、1・2・3・4から一つ選びなさい。

1 他の人と意見を交わす時には自分の意見ばかり押し付けてはいけません。
1　繰り返して話して　　　　　　2　強く話して
3　大きな声で話して　　　　　　4　かわいそうに話して

2 たとえ相手が何もわからないとしても、これはあまりにもあくどいやり方だと思いませんか。
1　ずるい　　　2　むずかしい　　　3　ずうずうしい　　　4　するどい

3 最近、仕事ははかどっていますか。
1　楽しんで　　　　　　　　2　自信を持ってやって
3　頑張って　　　　　　　　4　進んで

4 いくら頑張って対応しても、社長からは「てんで役に立たない存在だ」と言われた。
1　全く　　　2　あまり　　　3　決して　　　4　逆に

5 二人は結婚したがっているが、親から反対されているから、所詮できないと思う。
1　ちっとも　　　2　もしかすると　　　3　どうせ　　　4　なかなか

6 無駄な浪費だとわかっているにもかかわらず、やたらと買いまくってしまう。
1　急に　　　2　当たり前に　　　3　むやみに　　　4　思わず

정답 1 ②　2 ①　3 ④　4 ①　5 ③　6 ③

유의표현 핵심단어 실전 연습 문제 ⑤

問題3 _____ の言葉に意味が最も近いものを、1・2・3・4から一つ選びなさい。

1 彼女は体操部でサークル活動をしているだけに、しなやかな体を持っている。
　1　長い　　　　2　柔らかい　　　3　細い　　　　4　速い

2 いつ打ち合わせをするか、アポを取っておきましょう。
　1　連絡　　　　2　予想　　　　　3　場所　　　　4　約束

3 取引先からの条件は多少ややこしかった。
　1　面白かった　　　　　　　　　2　複雑だった
　3　気に入らなかった　　　　　　4　信用できなかった

4 自分が考えても彼の話は理屈に合わないと思いました。
　1　道理　　　　2　雰囲気　　　　3　目的　　　　4　伝統

5 親からの言葉は昔から一度も破ることなく、いつも従順してきた。
　1　賛成して　　　　　　　　　　2　尊敬して
　3　大人しくよく聞いて　　　　　4　ほめて

6 状況の改善に向けて度重なる努力を行い、パートナーシップを強化しました。
　1　繰り返す　　2　思い込む　　　3　役立てる　　4　言い表す

해설집 p.34

정답　1 ②　2 ④　3 ②　4 ①　5 ③　6 ①

용법 핵심단어 기본 다지기

채점 /10

제시 단어를 올바르게 사용한 문장을 둘 중에서 하나 고르세요.

1 緩和
1 通行止めが解除され、渋滞が緩和された。
2 あまりのプレッシャーに、緩和が止まらない。

2 ニュアンス
1 英語で表現しようとすると、日本語の細かいニュアンスが伝わらない。
2 独創的な彼の作品は、世界に強烈なニュアンスを与えた。

3 乗っ取る
1 マスクをかぶっている2人組の男たちによって、航空機が乗っ取られた。
2 おばあちゃんにもらったお菓子を独占するのではなく、皆に乗っ取りなさい。

4 侘しい
1 酔っぱらって侘しい姿を見せてしまいました。
2 年を取ってからの一人暮らしは侘しい。

5 むやみに
1 何か良いことでもあったのか、今日の彼はむやみに機嫌がいい。
2 むやみに薬を出すのは、医師としてあるまじき行為だ。

6 かつて

1 かつての社会と現代社会の常識が異なることは言うまでもない。
2 交渉参加に反対であることは、かつてから申し上げたとおりです。

7 栄える

1 子どもが生まれてからようやく家族という感覚が栄えてきた。
2 ショッピングモールが建設されたことで、街が栄えてきました。

8 おぼろげだ

1 おぼろげな雰囲気の中で挙式が執り行われました。
2 誰でも子どもの頃のおぼろげな記憶をいくつか持っていると思います。

9 気長だ

1 すぐに結果が出なくても子どもの成長を気長に見守ってください。
2 竹田(たけだ)さんは次々に訪れるお客様を気長に迎え入れました。

10 凡庸だ

1 凡庸な生活から抜け出し、新しい環境で挑戦したいと考えている。
2 この地域の玉ねぎは、他の産地より凡庸な甘みが特徴です。

해설집 p.35

정답 1 ① 2 ① 3 ① 4 ② 5 ② 6 ① 7 ② 8 ② 9 ① 10 ①

問題4 次の言葉の使い方として最もよいものを、1・2・3・4から一つ選びなさい。

1 渋い
1 この地域はおいしいお米を生産するところとして非常に渋い。
2 今月の営業報告書を見て、上司は額にしわを寄せて渋い顔をしていた。
3 完成品ではないが、これだけではどこか渋い気がするので、作り直したい。
4 すみません。昨日は渋い事情があって学校を休みました。

2 あざむく
1 リスクをあざむいてまで仕事に取り掛かる人はごくわずかだ。
2 不良品を送るなんて、これは消費者をあざむく行為だとしかいいようがない。
3 今の時代に個性のないあざむいたテーマのお店は生き残ることすら厳しい。
4 今までの経験をあざむいて、御社でも頑張りたいと思っています。

3 取り返しがつかない
1 普通のやり方では取り返しがつかないので、もっと果敢に挑戦しましょう。
2 彼はなぜか取り返しがつかない顔をしていた。
3 過去に犯してしまった取り返しがつかない過ちを思うと今も苦しい。
4 取り返しがつかない環境ですが、私なりに頑張っています。

4 案の定
1 案の定、中村さんは会場に来ていた。
2 そんなことは私には案の定ですよ。
3 仕事もよくできないくせに、いつも遊んでばかりいる彼が案の定情けないと思った。
4 絶対失敗してはいけないプロジェクトなので、案の定、よろしくお願いします。

5　逸材

1　逸材の良い彼女は、新しく出会った人ともよく喋る。
2　隣に住んでいる清水(しみず)さんは子どもみたいに逸材だ。
3　演技も歌も上手い彼は芸能界での逸材として有名だ。
4　あまり有名ではない俳優が映画の逸材だったが、演技を見て納得した。

6　請け負う

1　近年、リフォーム工事を請け負う会社がどんどん増えています。
2　当イベントのご予約はお電話にて請け負っております。
3　不安感に乗じてさまざまな物やサービスを請け負おうとする業者が出てくる。
4　去年から技術革新が激しいことでライバル企業に請け負われる可能性が高くなった。

용법 핵심단어 실전 연습 문제 ②

시간 12분 이내　채점　/6

問題4 次の言葉の使い方として最もよいものを、1・2・3・4から一つ選びなさい。

1 あらかじめ

1　あらかじめ資料を作って検討してから会議に入った。
2　彼女は焦ったらあらかじめ貧乏ゆすりをする癖がある。
3　なぜ危険な場所に一人で行ったのか、あらかじめ理解ができない。
4　ノックもせずにあらかじめ部屋に入ってきた母を見てびっくりしました。

2 交付

1　警察は目を左右交付に動かしながら容疑者の行動を監視した。
2　大きい負傷を負った選手は結局交付された。
3　物々交付をして食糧を手に入れました。
4　国からの交付金制度に応募できる資格があるかどうか見てみましょう。

3 怠る

1　時間を怠って頑張って働きました。
2　学校をサボって勉強を怠っているから、成績がいいわけがない。
3　敵が怠ってくることに備えて更に兵士たちをお城の周りに配置しておきましょう。
4　林部長は部下から怠られるとすぐいい気になる。

4 散々

1　散々悩んだあげく、結局転職はしないことにしました。
2　息子は「勉強頑張ってるよ」と言っているわりには、散々そうではない気がする。
3　これは重大な問題です。散々、国全体の問題につながる可能性もあります。
4　そんなに嫌なことなら散々やらなくていいと思いますが。

5 うっとうしい

1 団体でカフェに来た人たちはうっとうしくて何回も店員に注意されていた。
2 連続殺人事件が近所で起きたなんて、本当にうっとうしいですね。
3 雨の日が続き、うっとうしい気分になりました。
4 私には会社より個人的に活動する仕事の方がうっとうしいです。

6 今時分

1 家の今時分を作るメリットとして、メンテナンスの費用削減が挙げられる。
2 最近はご近所付き合いの今時分もだいぶ薄れていると思う。
3 年末になる今時分は、年末調整などやるべきことが次々と出てくる。
4 今時分防止グッズを直接鼻に差し込むと、スムーズに鼻呼吸できるらしいです。

정답 1 ① 2 ④ 3 ② 4 ① 5 ③ 6 ③

問題4 次の言葉の使い方として最もよいものを、1·2·3·4から一つ選びなさい。

1 様相
1. 怪我をした竹内さんの顔を見たら、様相痛そうな表情をしていました。
2. 昔の40代の生活と最近の40代の生活はだいぶ異なる様相を見せている。
3. たくさん悩みがあるのに、相談する様相が一人もいない。
4. 雨に濡れると桜の様相が浮き出る傘を買ってきました。

2 たやすい
1. 何回断っても、彼女はたやすく話しかけてきた。
2. こんなにかわいい猫を飼っている山田さんが本当にたやすいです。
3. あの人は子どもを助けるために海に飛び込んだたやすい人です。
4. 彼は先輩たちさえどうしようもなかった問題をたやすく解決しました。

3 へりくだる
1. 二人の仲をへりくだって、別れさせようと思いました。
2. へりくだった態度で取引先の人の話を聞きました。
3. 空を見上げていたら良いアイディアが頭の中にへりくだった。
4. 過去をへりくだってみると、挑戦せずに終わったことが一番記憶に残る。

4 宿す
1. 満月と満月の光を宿した水面を写真に残した。
2. 大した仕事じゃなかったので、新人に仕事を宿した。
3. 絵がうまくなりたかったので、ポスターの上に紙を置いて宿した。
4. うちの家の子犬は毛の色が黒いので「クロ」と宿した。

5 モチーフ

1 これは実際に起きた事件をモチーフにドラマ化した話題作です。
2 業務に取り掛かるにあたって、社員たちのモチーフを高めたいと思います。
3 あの政治家がやったことはモチーフに欠けることで、絶対に許されないと思う。
4 車のモチーフショーに参加する人は約200名だそうです。

6 かすかだ

1 誰が聞いてもわかるように、かすかに説明することが先生としての役目だと思います。
2 自分のかすかな行動で、皆様にご迷惑をおかけしてしまい、申し訳ありません。
3 チェロを弾くとか、ずいぶんかすかな趣味ですね。
4 漆黒(しっこく)のような闇の中で、かすかな光が見えたので、そこに向かって走りました。

용법 핵심단어 **실전 연습 문제 ④**

시간 12분 이내　채점　/6

問題4 次の言葉の使い方として最もよいものを、1・2・3・4から一つ選びなさい。

1 疎ましい
1 子ども一人で外出をするなんて、疎ましいからダメだよ。
2 デパートに行ったら疎ましい品物が多くて興奮を隠しきれなかった。
3 彼は何でも疎ましく話をするが、あくまでもはったりにすぎない。
4 偽善を装う政治家の話が疎ましくて腹が立った。

2 戒める
1 万引きをした人は固く戒めなければならない。
2 もう50歳という年ですが、ぜひ戒めてみたいと思い、参加させていただきました。
3 辛いことがあっても娘の笑顔を見たら全部戒められる。
4 携帯を戒めながら話を聞いている彼に「もっと集中しろ」と怒ってしまった。

3 手応え
1 ずいぶん手こずりましたが、手応えのある仕事をしたと思います。
2 皆さん、手応えを守って前に進んでください。
3 高橋(たかはし)さんは手応えが良くて客が多くても一人で対応できる。
4 全国代表候補との手応えを控え、緊張して寝られなかった。

4 総じて
1 宝くじが当たり、お金持ちになった中田(なかだ)さんは総じてお金を使っていた。
2 彼なりに頑張ったのに総じて悔しかったのでしょう。
3 彼女は目の前に置かれているみかんを総じて食べた。
4 総じて言えばあなたの考え方は根本的に間違っている。

5 ごつごつ

1 オーディションの結果は今月末に出ると聞いたのに、その期限がごつごつ延びている。
2 ちゃんと勉強しなかったわりには試験問題がごつごつ解けた。
3 おばあさんの家は田舎なので、ごつごつとした道が多くて歩きにくかった。
4 姉のごつごつとした言い方のせいで、気分が悪くなってしまいました。

6 衰える

1 もういい年になり、さすがに顔が衰えた感は否めないと思う。
2 認知症になって記憶力や認知力が衰えても習慣と感情は残るようです。
3 姉妹は冷蔵庫にあった最後のクッキーを食べようと衰えていた。
4 会場の雰囲気が衰えてしまったみたいなので、もう少し盛り上げてみようと思いました。

정답 1 ④ 2 ① 3 ① 4 ④ 5 ③ 6 ②

용법 핵심단어 실전 연습 문제 ⑤

問題4 次の言葉の使い方として最もよいものを、1・2・3・4から一つ選びなさい。

1 帯びる

1　いつも喧嘩ばかりしていた兄弟は、今日も相変わらず帯びていました。
2　森の中には木々が青々と帯びていました。
3　サッカーをしていた息子が隣の家の窓を割ってしまい、修理代を帯びなければならなかった。
4　春が来るとともにいろいろな花が満開し、キャンパスの中は活気を帯びてきた。

2 ずばり

1　誰もがためらったことをずばり言える性格の持ち主が羨ましい。
2　まだ若い年なのに死んでしまうとは、ずばり悲しい限りだ。
3　なるべく説明は明瞭にずばり具体的にしてください。
4　ずばり勉強ばかりしているから、学年1位になるのもおかしくない。

3 発足

1　あの人は心臓病を患っているので、発足を起こす恐れがあります。
2　我々の団体は、この度、発足してから20周年を迎えることになりました。
3　この事件が発足した経緯を調べてください。
4　問題が発足してから3週間も経っているのに、誰も解決しようとしない。

4 いささか

1　良い印象を持っているとしても、いささか人を信じてはいけない。
2　野球の試合中にいささか部外者が乱入し、警備員が追いかけた。
3　間違った行動をしたにもかかわらず、反省する姿はいささかなかった。
4　祖父は、10年前に亡くなった祖母からもらった時計をいささか捨てていない。

5 有数
1 有数な立場になるために、他の人まで利用した彼の行動が理解できなかった。
2 ここは日本有数の観光地であるお寺なので、ここで働けることを誇りに思っています。
3 全てが完璧に見える池田(いけだ)さんの有数の短所は朝に弱いということです。
4 適合性有数のために今からいくつかの検査を行いたいと思います。

6 テナント
1 新しく建てられたビルの前には「テナント募集中」という大きな懸垂幕がかかっていた。
2 今は無名ですが、きっと自分の中に隠れているテナントを発揮できる日が来ると思います。
3 社員のテナントを高めるために企業側から支援できる方法について説明します。
4 新入社員たち向けの研修の一環として、ケーステナントを取り入れる会社が増えてきました。

정답　1 ④　2 ①　3 ②　4 ③　5 ②　6 ①

N1

JLPT 합격노하우 **yuhadayo.com**

언어지식

문법

문법 집중 공략

문제5 문법형식 판단

문제6 문장만들기

문제7 글의 문법

필수 문법 워밍업

기출문법 집중 공략

핵심문법 집중 공략

문법 공략 포인트 알아보기

합격에 가까워지는
문법 문제풀이 꿀팁

⚙ N1 문법 문제 유형은 문법형식 판단, 문장만들기, 글의 문법 세 가지가 있다. 문맥상 알맞은 문법이나 접속 형태, 접속사를 묻는 문제가 총 19~20문제 출제된다.

1 문법 접속 형태를 익히자.

문제 풀이 전에 명사, 형용사, 동사 등과 접속하는 문법을 충분히 학습하도록 하자. 해당 문법이 어떠한 품사와 접속하는지도 중요하지만, 어떤 형태(기본형, 보통형, ます형, ない형, て형, た형 등)로 접속하고 있는지도 확인해 두어야 한다.

2 문법의 뉘앙스를 파악하자.

단순히 문법과 뜻만 달달 외운다고 해서 문제를 잘 풀 수 있는 것은 아니다. 해당 문법을 어떤 뉘앙스로 활용하는지 예문을 확인하면서 파악하는 것이 중요하다.

3 문제의 문장 전체를 확인하자.

모든 문법 문제의 경우는 문제 문장 전체를 읽고 의미를 확인해야지만 문제를 풀 수 있다. 그러므로 괄호 또는 밑줄, 빈칸이 있는 앞뒤 문장의 내용과 문맥을 잘 이해해야 할 뿐만 아니라 접속 형태도 잘 파악하면서 문제를 풀어나가도록 하자.

문법 접속 알아보기

1. 기본형

말 그대로 단어의 원형으로, 다른 말로는 '사전형'이라고도 한다. 명사는 그 자체로 기본형이 되며 형용사, 동사의 경우 보통형 현재 긍정을 가리킨다.

2. た형

다른 말로는 '과거형'이라고도 하며, 모든 품사의 보통형 과거를 가리킨다.

명사		명사 ➕ だった
い형용사		어미 い 빼고 ➕ かった
な형용사		어미 だ 빼고 ➕ だった
동사	1그룹	어미에 따라 4가지 규칙이 있다. ① 어미 う・つ・る 빼고 ➕ った ② 어미 ぬ・ぶ・む 빼고 ➕ んだ ③ 어미 く・ぐ 빼고 ➕ いた・いだ ④ 어미 す 빼고 ➕ した [예외] 行く 가다 → 行った 갔다
	2그룹	어미 る 빼고 ➕ た
	3그룹	① する 하다 → した 했다 ② 来る 오다 → 来た 왔다

3 ない형

다른 말로는 '부정형'이라고도 하며, 보통형 현재 부정을 가리킨다.

명사		명사 ➕ じゃない・ではない
い형용사		어미 い 빼고 ➕ くない
な형용사		어미 だ 빼고 ➕ じゃない・ではない
동사	1그룹	어미 う단 ➡ あ단 ➕ ない *う로 끝나는 경우는 あ가 아닌 わ로 변경 후 ➕ ない
	2그룹	어미 る 빼고 ➕ ない
	3그룹	する 하다 ➡ しない 하지 않는다 来(く)る 오다 ➡ 来(こ)ない 오지 않는다

4 て형

다른 말로는 '연결형'이라고도 하며, '~하고, ~해서'라고 해석한다.

명사		명사 ➕ で
い형용사		어미 い 빼고 ➕ くて
な형용사		어미 だ 빼고 ➕ で
동사	1그룹	어미에 따라 4가지 규칙이 있다. ① 어미 う・つ・る 빼고 ➕ って ② 어미 ぬ・ぶ・む 빼고 ➕ んで ③ 어미 く・ぐ 빼고 ➕ いて・いで ④ 어미 す 빼고 ➕ して [예외] 行(い)く 가다 ➡ 行(い)って 가고, 가서
	2그룹	어미 る 빼고 ➕ て
	3그룹	する 하다 ➡ して 하고, 해서 来(く)る 오다 ➡ 来(き)て 오고, 와서

5 보통형

보통형은 반말 표현으로 각 품사별 형태가 다르다. 각 품사별 예시 단어를 통해 형태를 알아보자.

품사	시제	현재		과거	
		긍정(기본형)	부정(ない형)	긍정(た형)	부정
명사		あめ 雨だ 비다	あめ 雨じゃない 비가 아니다	あめ 雨だった 비였다	あめ 雨じゃなかった 비가 아니었다
い형용사		さむ 寒い 춥다	さむ 寒くない 춥지 않다	さむ 寒かった 추웠다	さむ 寒くなかった 춥지 않았다
な형용사		しず 静かだ 조용하다	しず 静かじゃない 조용하지 않다	しず 静かだった 조용했다	しず 静かじゃなかった 조용하지 않았다
동사	1그룹	の 乗る 타다	の 乗らない 타지 않는다	の 乗った 탔다	の 乗らなかった 타지 않았다
	2그룹	み 見る 보다	み 見ない 보지 않는다	み 見た 봤다	み 見なかった 보지 않았다
	3그룹	する 하다	しない 하지 않는다	した 했다	しなかった 하지 않았다
		く 来る 오다	こ 来ない 오지 않는다	き 来た 왔다	こ 来なかった 오지 않았다

6 가정형

다른 말로는 'ば형'이라고도 하며, '~하면'이라고 해석한다.

품사		
명사		명사 ➕ **ならば**
い형용사		어미 い 빼고 ➕ **ければ**
な형용사		어미 だ 빼고 ➕ **ならば**
동사	1그룹	기본형 어미 う단 ➡ **え단** ➕ **ば**
	2그룹	기본형 어미 る 빼고 ➕ **れば**
	3그룹	する 하다 ➡ **すれば** 하면 く 来る 오다 ➡ **来れば** 오면

7 동사 ます형

동사의 정중형인「～ます ~합니다」의 접속 형태를 가리킨다. 각 그룹별로 ます형이 다르기 때문에 확인해두자.

1그룹 동사	기본형 어미 う단 ➡ い단
2그룹 동사	기본형 어미 る 빼기
3그룹 동사	する 하다 ➡ し 来る 오다 ➡ 来(き)

8 동사 진행형

동사 て형과 접속하는「～ている ~하고 있다」형태를 가리킨다.

9 동사 의지형

'~하자, ~해야지'라고 해석하며 각 그룹별로 의지형이 다르기 때문에 확인해두자.

1그룹 동사	기본형 어미 う단 ➡ お단 ⊕ う
2그룹 동사	기본형 어미 る 빼고 ⊕ よう
3그룹 동사	する 하다 ➡ しよう 하자, 해야지 来る 오다 ➡ 来(こ)よう 오자, 와야지

10. 동사 가능형

'~할 수 있다'라고 해석되며 각 그룹별로 가능형이 다르기 때문에 확인해두자.

1그룹 동사	기본형 어미 う단 ➡ え단 ➕ る
2그룹 동사	기본형 어미 る 빼고 ➕ られる
3그룹 동사	する 하다 ➡ できる 할 수 있다 来(く)る 오다 ➡ 来(こ)られる 올 수 있다

11. 형용사 어간

변형되지 않는 부분을 어간이라고 표현한다.

い형용사 어간	기본형 어미 い 빼기 優(やさ)しい 상냥하다 ➡ 優(やさ)し
な형용사 어간	기본형 어미 だ 빼기 豊(ゆた)かだ 풍부하다 ➡ 豊(ゆた)か

> 문법 집중 공략

문제 5 문법형식 판단

| 문법형식 판단 문제는 문장을 읽고 괄호 안에 들어갈 적절한 문법을 찾는 문제로 10문제가 출제된다.

이렇게 풀자 ✏️

문법형식 판단 문제의 경우 주로 다섯 가지 패턴으로 출제된다.

① 문법의 뜻을 묻는 문제

문법의 뜻을 묻는 문제는 출제 유형에서 가장 많이 등장하는 유형으로, 문제의 문장을 완벽하게 해석하는 것이 중요하다. 또한 선택지에서 주어진 문법도 정확히 해석하여 올바른 정답을 골라야 한다. 공부하면서 해당 문법과 자주 쓰는 단어나 문장을 기억해 두면 비교적 쉽게 풀 수 있다.

② 경어를 묻는 문제

괄호 안에 들어갈 알맞은 경어를 묻는 문제가 거의 모든 시험 회차에서 1문제씩 출제되고 있다. 경어 문제의 경우, 문장의 행동의 주체인 주어를 잘 확인하여 존경어인지 겸양어인지 고른 후, 문맥에 알맞은 해석이 되도록 정답을 골라야 한다.

③ 조사와 부사를 묻는 문제

괄호 안에 들어갈 알맞은 조사와 부사를 묻는 문제가 거의 모든 시험 회차에서 각 1문제씩 출제되거나 회차에 따라 조사를 묻는 문제와 부사를 묻는 문제가 번갈아 등장하고 있다. 부사 문제의 경우, 주어진 문장의 앞뒤 문맥과 선택지로 나온 부사의 뜻과 쓰임새를 잘 파악하여 정답을 골라야 한다. 그리고 간단한 조사를 묻는 문제의 경우, 평소에 조사의 의미와 쓰임새를 잘 파악해두어야 한다.

④ 접속 형태를 묻는 문제

N1의 거의 모든 시험 회차에서 뜻, 경어, 조사와 부사를 묻는 문제가 등장하는 반면, 전반적으로 접속 형태를 묻는 문제의 출제 빈도는 낮다. 동일한 단어의 다양한 형태로 선택지를 구성하여 접속 형태를 묻는 문제가 이따금 1문제 정도 출제되며, 이때는 해석에 중점을 두는 것이 아니라 접속 형태를 알고 있느냐가 관건이다. 문법의 의미를 알고 있더라도 접속 형태를 모르면 놓치게 되는 문제이기 때문에 공부할 때 문법의 의미뿐만 아니라 접속 형태도 유의해서 학습하자.

⑤ 수동형/ 사역형/ 사역수동형을 묻는 문제

출제 빈도는 낮지만 이따금 동사의 수동형, 사역형, 사역수동형을 묻는 문제가 출제된다. 그중에서도 사역수동형이 주로 정답으로 출제되며, 간혹 선택지에 수동형, 사역형, 사역수동형이 있어서 혼동을 야기하지만, 정작 정답은 동사 기본형인 문제가 출제되기도 한다.

문제유형 예시

⏱ 시간 1분 이내

問題5　次の文の　(　　　)　に入れるのに最もよいものを、1・2・3・4から一つ選びなさい。

1 彼は世間から注目されるために、いつも物事を大げさに (　　　)。
1　言うすべがない
2　言うことを禁じ得ない
3　言うには無理がある
4　言うきらいがある

문제 5 다음 문장의 (　　　)에 넣기에 가장 알맞은 것을 1·2·3·4에서 하나 고르세요.

| 정답 | ④

| 해석 | 그는 세간으로부터 주목받기 위해서 항상 세상만사의 일을 과장되게 (　　　).
1 말할 방법이 없다　2 말하는 것을 금할 수 없다　3 말하기에는 무리가 있다　4 말하는 경향이 있다

| 해설 | 문맥상 알맞은 표현은 4 言うきらいがある이다. 앞 문장과 자연스럽게 연결되기 위해서는 ~きらいがある(~하는 경향이 있다)라는 문법이 가장 적합하다.

| 단어 | 世間(せけん) 세간, 세상 | 注目(ちゅうもく) 주목 | ~ために ~위해서 | いつも 항상, 언제나 | 物事(ものごと) 세상만사의 일 | 大(おお)げさに 과장되게 | 言(い)う 말하다 | ~きらいがある ~하는 경향이 있다 | ~術(すべ)がない ~할 방법이 없다 | ~を禁(きん)じ得(え)ない ~을/를 금할 수 없다 | ~には ~하기에는 | 無理(むり) 무리

문제 6 문장만들기

문장만들기 문제는 문장 구성력을 판단하기 위한 문제로 5문제 출제된다. 선택지에 나와있는 표현들을 문법상 올바른 문장이 되도록 나열한 뒤, 별표에 들어가는 표현을 고르는 문제이다. 별표는 3번째 위치에 오는 경우가 많다.

이렇게 풀자

문장만들기 문제의 경우, 해석에 초점을 두면 오답을 고를 확률이 높다. 우선은 문장 전체가 아닌 선택지의 조합을 먼저 확인하는 것이 좋다. 선택지에서 문법이나 의미적으로 묶이는 것들이 있다면 하나로 묶어둔 후에 전체를 확인하도록 하자. 또한 빈칸 앞뒤의 품사를 확인하면 의미 해석이 어려운 경우에도 문제를 풀 수 있는 경우가 있으므로 품사 확인에 유의하도록 하자.

문제유형 예시

⏱ 시간 1분 이내

問題6 次の文の ___★___ に入る最もよいものを、1・2・3・4から一つ選びなさい。

[1] 試合中に ＿＿＿ ＿＿＿ ＿★＿ ＿＿＿ 彼は、正式な処分が決定するまで活動を自粛することとなった。

1　あるまじき　　2　として　　3　発言をしてしまった　　4　プロ野球選手

문제 6 다음 문장의 ★ 에 들어갈 가장 알맞은 것을 1·2·3·4에서 하나 고르세요.

정답 ① 4-2-1-3

해석 시합 중에 프로 야구 선수 로서 ★해서는 안 될 발언을 해 버린 그는 정식적인 처분이 결정될 때까지 활동을 자숙하게 되었다.
1 해서는 안 될   2 로서   3 발언을 해 버렸다   4 프로 야구 선수

해설 2 として 앞에는 명사가 와야 하기 때문에 4-2번으로 연결된다. 그리고 뒤 문장은 문맥상 あるまじき発言をしてしまった彼は(해서는 안 될 발언을 해 버린 그는)로 연결되는 것이 자연스럽기 때문에 1-3번으로 연결된다. 따라서 4-2-1-3으로 문장을 만들면 1 あるまじき가 정답이다.

단어 試合中(しあいちゅう) 시합중 | プロ 프로 | 野球(やきゅう) 야구 | 選手(せんしゅ) 선수 | ～として ~로서 | あるまじき 해서는 안 될, 있어서는 안 될 | ～まじき ~해서는 안 될 | 発言(はつげん) 발언 | ～てしまう ~해 버리다 | 正式(せいしき)だ 정식적이다 | 処分(しょぶん) 처분 | 決定(けってい) 결정 | 活動(かつどう) 활동 | 自粛(じしゅく) 자숙 | ～こととなる ~하게 되다

문제 **7** 글의 문법

글의 문법 문제는 주어진 하나의 글(700자 내외)을 읽어가며 빈칸에 들어갈 올바른 표현을 찾는 문제로 4~5문제가 출제되지만, 최근 경향으로는 4문제가 출제되고 있다. 문법을 묻는 문제뿐만 아니라 문맥상 적절한 뜻을 묻는 문제 그리고 조사, 부사, 접속사, 지시어를 묻는 문제가 출제된다.

이렇게 풀자

글의 문법 문제의 경우 독해처럼 느껴질 수 있지만 어디까지나 문법 문제라는 것을 잊으면 안 된다. 기본적으로 글의 전체를 이해해야 하는 점은 맞지만 해당 문제의 경우 빈칸의 앞뒤만 확인하더라도 풀 수 있는 문제들이다. 만약 긴 글을 읽는 것이 부담되는 경우나 시간이 부족한 경우에는 문제로 출제되어 있는 문장 주변 해석에 집중하도록 하자.

문제유형 예시   ⏱ 시간 7분 이내

問題7 次の文章を読んで、文章全体の趣旨を踏まえて、 16 から 20 の中に入る最もよいものを、1・2・3・4から一つ選びなさい。

以下は、ある作家が書いたエッセイである。

「同居人」ではなく「家族」で

　仕事をしていると、実家暮らしであっても家族とすれ違うことがある。うちは自分を含めて4人家族だが、起きる時間もご飯を食べる時間も寝る時間だって皆ばらばらだ。これではとても家族とは呼べないだろう。強いて言うなら、同居人だ。家族ではなく、一つの家に4人がシェアハウスしているのと 16 だった。

　 17 、ここ数年で状況は大きく変わった。ご時世といったらいいか、家族みんながリモートワークにテレワーク、オンライン授業になったのだ。まず変わったのは食事だった。これまでは個別で食べていた晩ごはんを、家族そろって食べるようになった。きっと皆さんは「そんなの当たり前だ」と言うかもしれない。だが、うちではしばらく

晩ごはんを家族そろって食べることがなかったのだ。それどころか、そんな歪な状態を(注2)不自然だと思うこと　18　なかった。

晩ごはんを一緒に食べるようになると、会話が生まれる。食卓を囲んでいる最中、無言になるのは気まずいのであれこれ　19　。かといって共通の話題はそんなにないため、どうしても自分のことを話してしまう。良くも悪くも在宅勤務をしたり、オンラインで授業を受けたりすることで、お互いの近況を共有し合う「家族」になれた。

社会人になってから親とまともに話したことがない。今思うと、仕事の忙しさを言い訳に家族と接することを敢えて　20　。きっと以前の自分は、親に仕事のことを聞かれたくなかったのだろう。だがこれもまた、一緒に過ごす時間ができたからこそ気づいたことだ。

これからは、もっと家族と一緒に過ごすようにしようと思う。父の晩酌に付き合ったっていい。母が口うるさく言ったっていい。せっかく一緒に暮らしているのだし、単なる「同居人」ではなく、「家族」でありたい。この時間と関係からくる幸せは今じゃないと感じることができないと知ったからにはもっと充実に家族と暮らしていきたい。

(注1) ご時世(じせい)：時代、時とともに移り変わる世の中

(注2) 歪(いびつ)な：ゆがんで異常な形になっていて、正常ではない

(注3) 晩酌(ばんしゃく)：夕食の時や夕方に飲むお酒のこと

16
1　そんな状態　　2　どんな状態　　3　同じ状態　　4　ある状態

17
1　ところが　　2　実は　　3　まして　　4　要するに

18
1　より　　2　のみ　　3　さえ　　4　ほど

19
1　話していただろう　　　　　2　話すようになる
3　話さないことはない　　　　4　話すとは限らない

20
1　避けてはいなかった　　　　2　避けていたのかもしれない
3　避けるはずがないだろう　　4　避けるには及ばない

| 문제 7 | 다음 문장을 읽고, 문장 전체의 취지에 입각하여, 16 부터 20 안에 들어갈 가장 알맞은 것을, 1·2·3·4에서 하나 고르세요. |

| 정답 | 16 ③　17 ①　18 ③　19 ②　20 ① |

| 해석 | 이하는 어느 작가가 쓴 에세이다.

'동거인'이 아니라 '가족'으로

일을 하고 있으면 본가 생활이어도 가족과 엇갈리는 경우가 있다. 우리 집은 나를 포함해서 4인 가족이지만, 일어나는 시간도 밥을 먹는 시간도 자는 시간도 모두 따로따로다. 이것으로는 도저히 가족이라고는 부를 수 없을 것이다. 굳이 말하자면 동거인이다. 가족이 아니라 하나의 집에 4명이 셰어하우스하고 있는 것과 [16] 였다.
　[17], 최근 몇 년간 상황은 크게 바뀌었다. 시국이라고 하면 좋을까, 가족 모두가 원격 근무에 재택근무, 온라인 수업이 된 것이다. 먼저 바뀐 것은 식사였다. 이제까지는 개별로 먹고 있었던 저녁밥을 가족 모두 모여서 먹게 되었다. 분명 여러분은 '그런 건 당연하다'라고 말할지도 모른다. 하지만, 우리 집에서는 한동안 저녁밥을 가족 모두 모여서 먹는 일이 없었던 것이다. 그렇기는커녕, 그런 일그러진(주석2) 상태를 부자연스럽다고 생각하는 일 [18] 없었다.
　저녁밥을 같이 먹게 되면 대화가 생겨난다. 한창 식탁을 둘러싸고 있을 때 무언이 되는 것은 어색하기 때문에 이것저것 [19]. 그렇다고 해서 공통의 화제는 그렇게 없기 때문에 아무래도 자신에 대한 것을 이야기해 버린다. 좋든 나쁘든 재택근무를 하거나 온라인으로 수업을 받거나 하는 것으로 서로의 근황을 공유하는 '가족'이 될 수 있었다.
　사회인이 되고 나서 부모님과 제대로 이야기한 적이 없다. 지금 생각하면 일의 바쁨을 핑계로 가족과 접하는 것을 굳이 [20]. 분명 이전의 자신은 부모님에게 일에 대한 것을 질문받고 싶지 않았던 것이겠지. 하지만 이것도 또, 같이 보내는 시간이 생겼기에 깨달은 것이다.
　이제부터는 더 가족과 함께 보내도록 하려고 생각한다. 아버지의 저녁 반주(주석3)에 자리를 함께 해도 좋다. 어머니가 잔소리해도 좋다. 모처럼 함께 살고 있는 것이고 단순한 '동거인'이 아니라 '가족'으로 있고 싶다. 이 시간과 관계에서 오는 행복은 지금이 아니면 느낄 수 없다고 안 이상에는 더 충실히 가족과 살아가고 싶다.

(주석1) 시대, 시국 : 시대, 시간과 함께 변해가는 세상
(주석2) 일그러진 : 비뚤어지고 이상한 모양이 되어 있어서, 정상이 아니다
(주석3) 저녁 반주 : 저녁 식사 때나 저녁에 마시는 술

| 해설 | **16**

1 그런 상태   2 어떤 상태   3 같은 상태   4 어느 상태

문맥에 맞는 문법 표현을 고르는 문제이다. 빈칸 앞부분에서 ひとつの家に4人がシェアハウスしているのと(하나의 집에 4명이 셰어하우스하고 있는 것과)라고 했으므로 뒷부분에는 이와 같은 상태라고 하는 것이 자연스럽다. 따라서 3 同じ状態(같은 상태)가 정답이다.

표현 정리 そんな 그런 | どんな 어떤 | 同(おな)じ 같은 | ある 어느 | 状態(じょうたい) 상태

17

1 그런데   2 실은   3 하물며   4 요컨대

문맥에 맞는 접속사를 고르는 문제이다. 빈칸 앞부분에서 가족이 아니라 하나의 집에 4명이 셰어하우스하고 있는 것과 같은 상황이라고 했다. 그리고 빈칸 뒷부분에서 최근 몇 년간 상황은 크게 바뀌었다고 상반되는 말을 하고 있다. 따라서 1 ところが(그런데)가 정답이다.

표현 정리 ところが 그런데 | 実(じつ)は 실은 | まして 하물며 | 要(よう)するに 요컨대

18

1 ~보다   2 ~뿐, ~만   3 ~조차   4 ~정도, ~만큼

문맥에 맞는 조사를 고르는 문제이다. 문맥상 가족이 모두 모여서 저녁밥을 먹지 않는 그런 일그러진 상태를 부자연스럽다고 생각하는 일조차 없었다고 하는 것이 자연스럽다. 따라서 3 さえ(조차)가 정답이다.

표현 정리 ～より(も) ~보다(도) | ～のみ ~뿐,~만 | ～さえ ~조차 | ～ほど ~정도, ~만큼

19

1 이야기하고 있었을 것이다   2 이야기하게 된다
3 이야기하지 않는 것은 아니다   4 이야기한다고는 할 수 없다

문맥에 맞는 문법 표현을 고르는 문제이다. 빈칸 앞부분에서 공통 화제가 그렇게 없기 때문에 아무래도 자신에 대한 것을 이라고 했으므로 뒷부분에서 자신에 대한 것을 이야기하게 된다고 하는 것이 자연스럽다. 따라서 2 話すようになる(이야기하게 된다)가 정답이다.

표현 정리 話(はな)す 이야기하다 | ～だろう ~일 것이다, ~겠지 | ～ようになる ~하게 되다 | ～ないことはない ~하지 않는 것은 아니다 | ～とは限(かぎ)らない (반드시) ~라고는 할 수 없다

20

1 피하고는 있지 않았다   2 피하고 있었던 것일지도 모른다
3 피할 리가 없을 것이다   4 피할 것까지는 없다, 피할 필요가 없다

문맥에 맞는 문법 표현을 고르는 문제이다. 빈칸 앞부분에서 사회인이 되고 나서 부모님과 제대로 된 이야기를 한 적이 없었다고 하며 일이 바쁜 것을 핑계로 해서 가족과 접하는 것을 굳이라고 했다. 문맥상 일이 바쁜 것을 핑계로 가족과 접하는 것을 굳이 피하고는 있지 않았다고 하는 것이 자연스럽다. 따라서 1 避けてはいなかった(피하고는 있지 않았다)가 정답이다.

표현 정리 避(さ)ける 피하다 | ~ては~ない ~하고는 ~않다 | ~ていた ~하고 있었다 | ~かもしれない ~일지도 모른다 | ~だろう ~일 것이다, ~겠지 | ~には及(およ)ばない ~할 것까지는 없다, ~할 필요가 없다, ~에 미치지 않는다

단어 エッセイ 에세이 | 同居人(どうきょにん) 동거인 | ~ではなく ~이/가 아니라 | 実家暮(じっかぐ)らし 본가 생활 | すれ違(ちが)う 엇갈리다 | ~を含(ふく)めて ~을/를 포함해서 | ~だって ~라도, ~일지라도 | 皆(みんな) 모두 | ばらばら 따로따로, 제각각 | とても~ない 도저히 ~없다 | 強(し)いて 억지로, 굳이 | シェアハウス 셰어하우스 | ここ数年(すうねん)で 최근 몇 년간 | ご時世(じせい) 시대, 시국 | リモートワーク 리모트워크, 원격 근무 | テレワーク 텔레워크, 재택 근무 | オンライン 온라인 | 個別(こべつ) 개별 | 揃(そろ)う 갖추어지다, 구비되다, (모두 한곳에) 모이다 | きっと 분명 | 当(あ)たり前(まえ)だ 당연하다 | だが 하지만 | しばらく 한동안 | それどころか 그렇기는커녕 | 歪(いびつ)だ 일그러지다 | 状態(じょうたい) 상태 | 不自然(ふしぜん)だ 부자연스럽다 | 生(う)まれる 생기다, 태어나다 | 食卓(しょくたく) 식탁 | 囲(かこ)む 둘러싸다 | ~最中(さいちゅう) 한창 ~중 | 無言(むごん) 무언 | 気(き)まずい 서먹서먹하다, 어색하다 | あれこれ 이것저것 | かといって 그렇다고 해서 | 共通(きょうつう) 공통 | 話題(わだい) 화제 | どうしても 무슨 일이 있어도, 아무래도 | 良(よ)くも悪(わる)くも 좋든 나쁘든 | 在宅勤務(ざいたくきんむ) 재택근무 | お互(たが)い 서로 | 近況(きんきょう) 근황 | 共有(きょうゆう)し合(あ)う 서로 공유하다 | 社会人(しゃかいじん) 사회인 | まともに 착실히, 제대로 | 言(い)い訳(わけ) 변명, 핑계 | 接(せっ)する 접하다 | 敢(あ)えて 굳이, 억지로 | ~からこそ ~이기 때문에 | 晩酌(ばんしゃく) 저녁 반주 | 付(つ)き合(あ)う 사귀다, 어울리다, (자리를) 함께하다 | 口(くち)うるさく言(い)う 잔소리하다 | せっかく 모처럼 | 単(たん)なる 단순한 | ~とともに ~와/과 함께 | 移(うつ)り変(か)わる 변해가다 | ゆがむ 비뚤어지다 | 異常(いじょう)だ 이상하다 | 形(かたち) 모양, 형태 | 正常(せいじょう)だ 정상이다

필수 문법 워밍업 | N1 문법을 본격적으로 학습하기 전에 꼭 알아야 할 필수 문법을 정리하였습니다.

1 수동형 / 사역형 / 사역수동형

01 수동형 ~당하다, ~해지다, ~되다

기본적으로 '당하다'라고 해석되며 우리말에서 수동형은 거의 쓰이지 않기 때문에 문장에 따라서 의역될 수 있다.

① 피해를 당한 경우 : 내가 피해를 본 상황에 사용한다. 피해의 수동(내가 어떠한 피해를 본 상황)의 경우 [대상 ⊕ に ⊕ 수동형]의 문장을 [대상 ⊕ が ⊕ 기본형]의 형태로 바꾸면 해석이 쉬워진다.

② 주어가 직접적인 영향을 받는 경우 : 주로 「〜によって ~에 의해서」, 「〜から ~로부터」와 함께 사용한다.

③ 자발 : 의도하지 않은 상태에서 저절로 어떠한 동작, 행위가 발생한 경우에 사용한다.

④ 존경 : '~하시다'로 해석되어 존경 표현의 역할을 한다.

접속 1그룹 동사 う단 ➡ あ단 ⊕ れる ★ う로 끝나는 경우는 あ가 아닌 わ로 변경 후 ⊕ れる
奪う 빼앗다 ➡ 奪われる 빼앗기다

2그룹 동사 る 빼고 ⊕ られる
建てる 세우다 ➡ 建てられる 세워지다

3그룹 동사
する 하다 ➡ される 당하다
くる 오다 ➡ こられる 옴을 당하다

예문 ① まだ締切日でもないのに、「早く原稿をください」と担当者に**促された**。
아직 마감일도 아닌데 '빨리 원고를 주세요'라고 담당자에게 **재촉당했다**.

② 理由もわからずにクラスメートからひどく**からかわれた**。
이유도 모르고 클래스 메이트에게 심하게 **놀림받았다**.

③ 争いは新たな争いを生むから、この後の二人の未来が**案じられる**。
다툼은 새로운 다툼을 낳으니까 이후의 두 사람의 미래가 **걱정된다**.

④ 先生が**話された**ことだから、信用してもいいと思うよ。
선생님이 **이야기하신** 일이니까 신용해도 된다고 생각해.

02 사역형 ~시키다, ~하게 하다

상대방에게 어떤 행동을 시킬 때 사용하는 표현이다. 주로 명령이나 허락, 감정 유발의 의미로 사용한다.

접속
1그룹 동사 う단 ➡ あ단 ➕ せる ★う로 끝나는 경우는 あ가 아닌 わ로 변경 후 ➕ せる
やる 하다 ➡ やらせる 하게 하다

2그룹 동사 る 빼고 ➕ させる
見る 보다 ➡ 見させる 보게 하다

3그룹 동사
する 하다 ➡ させる 시키다
くる 오다 ➡ こさせる 오게 하다

예문
単語を並び変えて、適切な英文を**完成させなさい**。
단어를 배열하여, 적절한 영문을 **완성시키시오**. (명령)

酔ったようですから、坂本さんはもうそろそろ家に**帰らせて**くれませんか。
취한 것 같으니까 사카모토 씨는 이제 슬슬 집에 **돌아가게 해**주지 않겠습니까? (허락)

図々しい彼の態度は私を本気で**怒らせた**。
뻔뻔한 그의 태도는 나를 진심으로 **화나게 했다**. (감정 유발)

03 사역수동형 억지로 ~하다(어쩔 수 없이 ~하다), ~하게 되다

말하는 사람의 의지와는 상관없이 누군가가 어떤 행동, 행위를 시켜 마지못해 그에 따르는 경우에 사용한다. 또는 외부의 자극에 의해 어떠한 행동, 행위를 하게 된다는 의미로 사용한다.

접속
1그룹 동사 う단 ➡ あ단 ➕ せられる·される
★す로 끝나는 경우는 される로 변형되지 않음
★う로 끝나는 경우는 あ가 아닌 わ로 변경 후 ➕ せられる·される
会う 만나다 ➡ 会わせられる·会わされる 억지로 만나다

2그룹 동사 る 빼고 ➕ させられる
起きる 일어나다 ➡ 起きさせられる 억지로 일어나다

3그룹 동사
する 하다 ➡ させられる 어쩔 수 없이 하다
くる 오다 ➡ こさせられる 어쩔 수 없이 오다

예문
今日だけは塾休みたかったのに、お母さんに強制的に**行かされた**。
오늘만큼은 학원 쉬고 싶었는데 엄마가 강제적으로 **어쩔 수 없이 가게 했다**.

小さい頃、母から嫌いな食べ物を粘り強く**食べさせられた**ものだ。
어린 시절, 어머니로부터 싫어하는 음식을 끈질기게 **먹게 되**곤 하였다.

「もういい年だから」と年齢を理由に、親に無理やり**お見合いさせられた**。
'이미 먹을 만큼 먹은 나이니까'라고 연령을 이유로 부모님이 시켜서 **억지로 맞선을 보게 되었다**.

2 경어

경어란?
경어는 일본식 표현으로 존경어 ⊕ 겸양어 ⊕ 정중어(です・ます)를 가리키는 말이다.
존경어 | 상대방을 높여주는 말로 한국어로 예를 들면 하시다, 드시다 등이 있다.
겸양어 | 나를 낮추는 말로 한국어에는 겸양어가 거의 없지만 예를 들면 드리다, 여쭈다 등이 있다.

01 특수 경어 표현

특수 경어란 기본형의 형태가 사라지고 완전히 새로운 단어가 되는 존경어와 겸양어를 가리킨다. 이런 특수 경어는 규칙이 없기 때문에 통째로 암기를 해야 한다.

💡**TIP** ます변형에 예외가 있는 동사가 있으므로 주의하자.

존경어 (상대를 높임)	기본형	겸양어 (나를 낮춤)
いらっしゃる おいでになる 계시다 〔기출〕	いる 있다	おる 있다
いらっしゃる おいでになる 가시다	行く 가다	参る 〔기출〕 伺う 上がる 가다 〔기출〕
いらっしゃる おいでになる お越しになる 〔기출〕 見える 〔기출〕 お見えになる 오시다	来る 오다	参る 오다
おっしゃる 말씀하시다	言う 말하다	申す 申し上げる 말씀드리다 〔기출〕
ご覧になる 보시다	見る 보다	拝見する 보다
召し上がる 드시다	食べる 먹다 飲む 마시다	いただく 먹다, 마시다
なさる 하시다 〔기출〕	する 하다	致す 하다
ご存じだ 아시다	知る 알다	存じる 〔기출〕 存じ上げる 알다 〔기출〕

존경어 (상대를 높임)	기본형	겸양어 (나를 낮춤)
—	分(わ)かる 이해하다, 알다	承知(しょうち)する [기출] かしこまる 이해하다, 알다
—	思(おも)う 생각하다	存(ぞん)じる [기출] 存(ぞん)じ上(あ)げる 생각하다
—	会(あ)う 만나다	お目(め)にかかる 뵙다
—	見(み)せる 보이다	お目(め)にかける ご覧(らん)に入(い)れる 보여 드리다
—	聞(き)く 듣다, 묻다	伺(うかが)う 여쭙다 承(うけたまわ)る 삼가 듣다
—	訪(たず)ねる 찾다, 방문하다	伺(うかが)う 上(あ)がる 찾아뵙다 [기출]
—	受(う)ける 받다	承(うけたまわ)る 삼가 받다
—	もらう 받다	いただく [기출] 頂戴(ちょうだい)する 받다 [기출]
—	あげる 주다	差(さ)し上(あ)げる 드리다
くださる 주시다	くれる 주다	-

転勤先(てんきんさき)でもどうぞお元気(げんき)で**いらっしゃって**ください。 전근지에서도 부디 건강하게 **계셔** 주세요. (존경어)

田中(たなか)さんは入社当時(にゅうしゃとうじ)、どんな仕事(しごと)を担当(たんとう)していたか覚(おぼ)えて**おいでになりますか**。
다나카 씨는 입사 당시, 어떤 일을 담당하고 있었는지 기억하고 **계십니까**? (존경어)

本日(ほんじつ)16時(じ)に丸山商社(まるやましょうしゃ)の部長(ぶちょう)が**お越(こ)しになります**。 오늘 16시에 마루야마 상사의 부장님이 **오십니다**. (존경어)

社長(しゃちょう)が**お見(み)えになる**まで少(すこ)し時間(じかん)がかかると思(おも)います。
사장님이 **오실** 때까지 조금 시간이 걸릴 것 같습니다. (존경어)

他(ほか)に追加(ついか)すべき項目(こうもく)があれば、遠慮(えんりょ)なく**おっしゃって**ください。
그 밖에 추가해야 하는 항목이 있으면 사양 말고 **말씀해** 주세요. (존경어)

このブラウザで**ご覧(らん)になりますと**、正(ただ)しく標示(ひょうじ)されない場合(ばあい)がございます。
이 브라우저로 **보시면** 올바르게 표시되지 않는 경우가 있습니다. (존경어)

どうぞ冷(さ)めないうちに**召(め)し上(あ)がって**ください。 부디 식기 전에 **드셔** 주세요. (존경어)

個人的(こじんてき)な質問(しつもん)ですが、これからどう**なさる**おつもりですか。
개인적인 질문입니다만 앞으로 어떻게 **하실** 생각이십니까? (존경어)

お宅の旦那さんはこの事を**ご存知ですか**。댁의 남편분은 이 일을 **아십니까**? (존경어)

本日は、温かく**迎えてくださり**、誠にありがとうございました。
오늘은 따뜻하게 **맞이해 주셔서** 진심으로 감사했습니다. (존경어)

当面の間、渋谷支店に**おります**ので、ご参考ください。
당분간 시부야 지점에 **있으**므로 참고해 주세요 (겸양어)

お届け物を受け取りに郵便局に**参りました**。물건을 받으러 우체국에 **왔습니다**. (겸양어)

本日から営業部に配属となりました三浦**と申します**。よろしくお願いいたします。
오늘부터 영업부에 배속된 미우라 **라고 합니다**. 잘 부탁드립니다. (겸양어)

私からも一言お礼を**申し上げたい**と思います。
저로부터도 한마디 감사의 말씀을 **드리고 싶다**고 생각합니다. (겸양어)

お子様の写真を**拝見させて**いただいてもよろしいですか。자제분의 사진을 **봐도** 괜찮으실까요? (겸양어)

夕食をおいしく**いただき**、休みました。저녁 식사를 맛있게 **먹고** 쉬었습니다. (겸양어)

女性スタッフも**お供いたします**ので、お気軽にご相談ください。
여성 담당자도 **모시고 가므로** 부담 없이 상담해 주세요. (겸양어)

大変お忙しい時期とはよく**存じて**おりますが、ご参加のほどよろしくお願いいたします。
바쁜 시기인 것은 **알고** 있습니다만, 참가하시기를 잘 부탁드립니다. (겸양어)

メールの内容は**承知いたしました**。こちらの日程は問題ございません。
메일 내용은 **알겠습니다**. 이쪽 일정은 문제없습니다. (겸양어)

はい、**かしこまりました**。さっそくスタッフ全員に連絡を回します。
네 **알겠습니다**. 바로 담당자 전원에게 연락을 돌리겠습니다. (겸양어)

お初に**お目にかかります**。ご挨拶が遅くなり申し訳ございません。
처음 **뵙겠습니다**. 인사가 늦어져서 죄송합니다. (겸양어)

その前に、説明を補強する証拠を**お目にかけたい**と思います。
그전에 설명을 보강할 증거를 **보여드리**고 싶습니다. (겸양어)

それでは、脳のメカニズムに関する動画を**ご覧に入れましょう**。
그럼 뇌의 메커니즘에 관한 동영상을 **보여드리죠**. (겸양어)

今度の打ち合わせのことですが、ご都合を**伺っても**よろしいでしょうか。
이번 협의에 대해서입니다만 사정을 **여쭈어봐도** 괜찮겠습니까? (겸양어)

ご予約は**承りました**ので、少々お待ちください。
예약은 **삼가 받았으므로** 조금만 기다려 주세요. (겸양어)

これまでお客様から**頂戴した**ご質問をピックアップして掲載しています。
지금까지 고객님에게서 **받은** 질문을 픽업해서 게재하고 있습니다. (겸양어)

ご来店いただいた先着50名様にプレゼントを**差し上げます**。
내점해 주신 선착순 50명 분에게 선물을 **드립니다**. (겸양어)

02 ～(ら)れる ~하시다(존경어) 기출

동사 수동형과 가능형의 형태인「~(ら)れる」는 윗사람에 대한 존경어로도 사용이 가능하다.

접속 1그룹 동사 う단 ➡ あ단 ➕ れる ★ う로 끝나는 경우는 あ가 아닌 わ로 변경 후 ➕ れる
書く 쓰다 ➡ 書かれる 쓰시다
休む 쉬다 ➡ 休まれる 쉬시다

2그룹 동사 る 빼고 ➕ られる
起きる 일어나다 ➡ 起きられる 일어나시다

3그룹 동사
する 하다 ➡ される 하시다 / くる 오다 ➡ こられる 오시다

田中さんはタバコを**吸われますか**。
다나카 씨는 담배를 **피우시나요**?

今回の夏季休暇は、どちらに**行かれましたか**。
이번 하기 휴가는 어디로 **가셨나요**?

03 お(ご) ➕ 동사 ます형/명사 ➕ になる ~하시다(존경어) 기출

상대방의 행동을 높여 말할 때 사용하는 표현이다. 주의할 점은 조사「に」를 함께 쓴다는 점이다.

접속 동사 ます형
お読みになる 읽으시다

명사
ご利用になる 이용하시다

この書籍は先生が**お書きになった**ものです。 이 서적은 선생님이 **쓰신** 것입니다.
ここからは部長が**ご説明になります**。 여기부터는 부장님이 **설명하십니다**.

04 お(ご) ➕ 동사 ます형/명사 ➕ です ~십니다(존경어)

단순히「です 입니다」를 쓰는 것에 비해 상대방에 대한 존경을 나타내는 표현으로 의문문일 때는 더욱 정중하게「お(ご)+ます형/명사+でしょうか ~십니까?」의 형태로 활용하기도 한다.

접속 동사 ます형
お戻りです 되돌아오십니다

명사
ご依頼です 의뢰십니다

課長、社長が**お呼びです**。 과장님, 사장님이 **부르십니다**.
街頭インタビューに寄せられた皆様からの**ご質問です**。
길거리 인터뷰에 쏟아진 여러분들로부터의 **질문이십니다**.

05 お(ご)＋동사 ます형/명사＋なさる ~하시다(존경어) 기출

「する 하다」의 존경어인「なさる 하시다」를 활용한 표현으로, 상대방에게 정중히 말할 때 사용한다.

> **TIP** tip 비슷한 표현인「お(ご)+동사 ます형/명사+になる ~하시다」에 비해 비교적 사용 빈도가 낮다.
> ます변형 시「お(ご)+동사ます형/명사+なさいます」의 형태가 되므로 주의하자.

접속　동사 ます형　　　　　　　　　　　　　　　　　명사
　　　お話しなさる 이야기하시다　　　　　　　　　　ご結婚なさる 결혼하시다

こちらのペンはまだお使いなさいますか。
이쪽의 펜은 아직 **사용하실까요**?

ご来店なさるお客様は、あらかじめご予約くださいますようお願いいたします。
내점하시는 고객님은 사전에 예약 주시도록 부탁드립니다.

06 おいでくださる 와 주시다(존경어) 기출

「来てくださる 와 주시다」를 보다 정중하게 말할 때 사용한다.

> **TIP** ます형으로 변형 시엔「おいでくださいます」의 형태가 되므로 주의가 필요하다. 또한,「おいでください 와 주십시오」도 함께 외워두자.

접속　こちらにおいでくださった皆様 이곳에 와 주신 여러분

本日は私たちの結婚式においでくださり、誠にありがとうございます。
오늘은 저희 결혼식에 **와 주셔서** 진심으로 감사합니다.

お気軽においでくださるようご案内いたします。
편하게 **와 주시도록** 안내드립니다.

07 お越しくださる 와 주시다(존경어)

「おいでくださる 와 주시다」와 마찬가지로 상대방이 오는 행위를 높여주는 존경어이다.

> **TIP**「お越しください 와 주십시오」도 함께 외워두자.

접속　わざわざお越しくださる 일부러 와 주시다

皆様、本日は展示会にお越しくださり誠にありがとうございます。
여러분 오늘은 전시회에 **와 주셔서** 진심으로 감사합니다.

ご多忙のところ、わざわざお越しくださり感謝申し上げます。
바쁘신 와중에 일부러 **와 주셔서** 감사 말씀 드립니다.

08 貴~ 귀~(존경어)

상대방에게 경의를 나타낼 때 사용하는 표현으로 명사의 바로 앞에 위치하여 해당 명사를 높여 준다.

접속　명사
　　　貴校 귀교

最後になりましたが、貴社の益々のご発展をお祈り申し上げます。
마지막이 되었습니다만 귀사의 무궁한 발전을 기원합니다.

貴店におかれましては、ご清栄のこととお慶び申し上げます。
귀점에게 있어서는 번영하심을 경하 드립니다.

09 ご覧ください 봐 주십시오(존경어)

「見てください」의 존경어이다. 「ご覧」은 '보심'이라는 뜻을 가지고 있는데, 이에 「ください」가 뒤에 접속되어 있는 상태이다.

접속　ご覧ください 봐 주십시오

こちらが新商品になります。どうぞご覧くださいませ。
이쪽이 신상품입니다. 부디 봐 주십시오.

メールをお送りいたしました。ご覧くださいますようお願いいたします。
메일을 보내드렸습니다. 봐 주시길 부탁드리겠습니다.

10 ~ていらっしゃる ~하고 계시다, ~이시다(존경어)

「~ている ~하고 있다」, 「~です ~입니다」, 「~である ~이다」를 대신하여 사용할 수 있는 존경어로 다소 딱딱한 표현이다. 주로 손윗사람이나 공적인 자리 등에서 사용하며 상대방에게 안부의 말이나 인사말을 건네거나 상대방에 대한 소개 또는 설명을 할 때 사용한다.

💡TIP ます변형 시 「~ていらっしゃいます」의 형태가 되므로 주의하자.

접속　동사 て형　　　　　　　　　　い형용사 て형
　　　覚えていらっしゃる 외우고 계시다　美しくていらっしゃる 아름다우시다

　　　な형용사 て형　　　　　　　　　명사 て형
　　　積極的でいらっしゃる 적극적이시다　息子さんでいらっしゃる 아드님이시다

お客様は大変ご満足していらっしゃるご様子でした。 고객님은 대단히 만족하고 계시는 모양이었습니다.

こちらは石原教授の奥様でいらっしゃいます。 이쪽은 이시하라 교수님의 사모님이십니다.

11 〜ておいでになる ~하고 계시다, ~이시다(존경어) 기출

「〜ていらっしゃる ~하고 계시다, ~이시다」를 대신하여 사용할 수 있는 존경어 표현이지만, 화자의 어투에 품위가 느껴지는 보다 딱딱한 표현으로 일상생활에서의 사용 빈도는 낮다.

💡**TIP** 현대에서 자주 쓰이지는 않지만 기출에서 정답으로 나왔었으니 암기해 두자.

접속 동사 て형
疑っておいでになる 의심하고 계시다

な형용사 て형
おきれいでおいでになる 예쁘시다

い형용사 て형
お若くておいでになる 젊으시다

명사 て형
おいくつでおいでになる 몇 살이시다

しっかりと準備を**整えておいでになられる**方々をお待ちしております。
확실하게 준비를 **갖추고 계실 수 있는** 분들을 기다리고 있습니다.

今日はご機嫌が**よくておいでになりますね**。오늘은 기분이 **좋으시군요**.

12 〜てくださる ~해 주시다(존경어) 기출

「〜てくれる ~해 주다」의 존경어이며 무언가를 해 주는 상대방의 행동을 높여 말할 때 사용한다.

접속 동사 て형
応援してくださる 응원해 주시다

この度はわざわざ足を運ん**でくださり**ありがとうございます。
이번에는 일부러 발걸음을 **해 주셔서** 감사합니다.

ファンの皆さんが**応援してくださった**おかげで無事にコンサートを終えることができました。
팬 여러분이 **응원해 주신** 덕분에 무사히 콘서트를 마칠 수가 있었습니다.

13 お(ご) + 동사 ます형/명사 + に上がる ~드리러 가다(겸양어) 기출

「お(ご)」에 동사 ます형 또는 명사를 접속 시킨 뒤, 「~に上がる」를 붙이면 해당 동사 및 명사에 대해 '~드리러 가다'라는 뜻의 겸양어가 된다. 발표 및 회의, 계약 교섭 등의 비즈니스 상황에서 자주 사용하는 표현이다.

💡 TIP 과거 기출문제에서 「お迎えにあがる 모시러 가다」로 출제된 적이 있다.

접속	동사 ます형	명사
	お願いにあがる 부탁 드리러 가다	ご説明にあがる 설명 드리러 가다

9時頃にお迎えにあがりますので、ご準備をお願いいたします。
9시경에 모시러 가므로 준비를 부탁드립니다.

ご注文の商品をお届けにあがりたいのですが、明日のご都合はいかがでしょうか。
주문하신 상품을 전해 드리러 가고 싶습니다만 내일 형편은 어떠실까요?

14 お(ご) + 동사 ます형/명사 + いただく ~해 받다, ~해 주시다(겸양어) 기출

「もらう 받다」의 겸양 표현을 활용한 표현으로, 상대방이 나에게 어떤 행동 및 행위를 해 주는 것에 대하여 정중하게 말할 때 사용한다. 또한 뒷부분을 「いただきたい」로 변경하여 '~해 받고 싶다, (상대방이) ~해 주었으면 좋겠다'라는 뉘앙스로도 활용할 수 있다.

💡 TIP 과거 기출문제에서 「ご理解いただく 이해해 주시다」로 출제된 적이 있다.

접속	동사 ます형	명사
	お越しいただく 와 주시다	ご理解いただく 이해해 주시다

本日お忙しいところ、お集まりいただきましてありがとうございます。
오늘 바쁘신 와중에 모여 주셔서 감사합니다.

以下の質問につきましてご回答いただけますと幸いです。
이하의 질문에 대해서 답변해 주실 수 있으시다면 좋겠습니다.

15 お(ご) + 동사 ます형/명사 + する・いたす ~해 드리다(겸양어) 기출

「お(ご)」에 동사 ます형 또는 명사를 접속 시킨 뒤 「する・いたす」를 붙이면 해당 동사 및 명사에 대해 '~해 드리다'라는 뜻의 겸양어가 된다. 이때 「する」보다 「いたす」가 더 정중한 표현이다.

접속	동사 ます형	명사
	お送りする 보내 드리다	ご案内いたす 안내드리다

駐車証明書をお渡しいただけましたら、1時間無料券をお渡しいたします。
주차 증명서를 건네주실 수 있으면 1시간 무료권을 건네드리겠습니다.

先日お問い合わせいただいた件につきまして、以下のとおりご回答いたします。
얼마 전 문의 주셨던 건에 대하여 다음과 같이 회답 드립니다.

16 お(ご) ✚ 동사 ます형/명사 ✚ 願(ねが)う   ~부탁드리다(겸양어) 기출

「お(ご)」에 동사 ます형 또는 명사를 접속 시킨 뒤, 「願(ねが)う」를 붙이면 해당 동사 및 명사에 대해 '~부탁드리다'라는 뜻의 겸양어가 된다. 의문형으로 「~願(ねが)えますか ~부탁드릴 수 있을까요?」로도 활용할 수 있다.

접속	동사 ます형	명사
	お待(ま)ち願(ねが)う 기다려주시길 부탁드리다	ご協力(きょうりょく)願(ねが)う 협력 부탁드리다

貴社(きしゃ)の見解(けんかい)を**お聞(き)かせ願(ねが)えますでしょうか**。 귀사의 견해를 **들려주시길 부탁드릴 수 있을까요?**
先日(せんじつ)お送(おく)りした契約書(けいやくしょ)の**ご確認(かくにん)願(ねが)います**。 얼마 전 보내드린 계약서 **확인 부탁드리겠습니다**.

17 ～させてもらう・～させていただく   ~하게 해 받다, ~하겠다(겸양어) 기출

'~하게 하다(사역형)'와 '받다'가 결합된 표현이며 직역을 하면 '~하게 함을 받다'라는 뜻이다. 내가 어떠한 행동을 하는 것에 대해 상대방의 허락을 받고 하겠다는 정중한 뉘앙스의 표현이다.

💡 TIP 「もらう」보다 정중하게 이야기할 때에는 「いただく」를 사용한다.

접속	동사 사역형
	変更(へんこう)させていただく 변경해 받다

一週間以内(いっしゅうかんいない)に連絡(れんらく)がない場合(ばあい)、**処分(しょぶん)させていただきます**。
일주일 이내에 연락이 없을 경우 **처분하겠습니다**.
すみません。体調(たいちょう)が優(すぐ)れないので、今日(きょう)は**早退(そうたい)させていただいてもよろしいでしょうか**。
죄송합니다. 몸 상태가 좋지 않기 때문에 오늘은 **조퇴해도 괜찮겠습니까**?

18 ～ていただく   ~해 받다, ~해 주시다(겸양어) 기출

「～てもらう ~해 받다, ~해 주다」의 겸양어로, 내가 부탁한 것을 상대방이 해 주는 경우에 사용하는 정중한 표현이다. '~해 받다'라고 직역하면 어색한 경우가 많으므로, '~해 주시다'로 자연스럽게 해석해야 한다.

💡 TIP 자주 사용하는 응용 표현인「～ていただけると助(たす)かる ~해 주실 수 있으면 감사하다」, 「～ていただけるとありがたい ~해 주실 수 있으면 감사하다」는 함께 암기해 두자.

접속	동사 て형
	来訪(らいほう)していただく 내방해 주시다

次回(じかい)の会議(かいぎ)の準備(じゅんび)を**していただけますか**。 다음 번 회의 준비를 **해 주실 수 있을까요?**
この件(けん)について部長(ぶちょう)に**相談(そうだん)していただけると**ありがたいですが。
이 건에 대해서 부장님에게 **상담해 주실 수 있으면** 감사하겠습니다만.

19 ～ておる ~하고 있다(겸양어)

「~ている ~하고 있다」의 겸양어이며 자신을 낮추어 상대방의 행위나 행동을 높여줄 때 사용한다.

접속　동사 て형
　　　　聞いておる 듣고 있다

前田さんはただいま席を外しておりますが、戻ってきましたら折り返しさせましょうか。
마에다 씨는 지금 자리를 **비우고 있습니다만** 되돌아오면 회답하게 할까요?

弊社の店は24時間年中無休でやっております。
폐사의 가게는 24시간 연중무휴로 **하고 있습니다**.

20 ～て差し上げる ~해 드리다(겸양어)

「~てあげる ~해 주다」의 겸양어로 자신이 상대방에게 무언가를 해 드린다는 의미로 사용하며, 상대방에게 이득이 되거나 메리트가 있는 일에 사용하는 것이 바람직하다.

💡**TIP** 자신이 상대방에게 어떠한 행위를 해 주는 「~てあげる」에서 변형되었기에, 말의 내용에 따라서는 어떠한 행위나 일에 대하여 원래는 자신이 그렇게 하지 않아도 되지만 상대방을 위해서 기꺼이 그렇게 해 주겠다는 뉘앙스를 포함할 수도 있으므로 쓰임새에 주의가 필요하다.

접속　동사 て형
　　　　教えて差し上げる 가르쳐 드리다

よろしければ私がホテルまでご案内して差し上げましょうか。
괜찮으시면 제가 호텔까지 안내**해 드릴까요**?

雨も降っているし、車で駅まで送って差し上げます。
비도 내리고 있고 차로 역까지 **데려다 드리겠습니다**.

21 ～て参る ~해 가다, ~해 오다(겸양어) 기출

「~ていく ~해 가다」, 「~てくる ~해 오다」의 겸양어로 자신을 낮추어 상대방의 행위나 행동을 높여줄 때 사용한다.

💡**TIP** 과거 기출문제에서 「努めてまいる 노력해 가다」, 「実行してまいる 실행해 가다」로 출제된 적이 있다.

접속　동사 て형
　　　　行って参る 갔다 오다

アドバイザーを設けて幅広く相談に対応できるように努めて参ります。
어드바이저를 마련하여 폭넓게 상담에 대응할 수 있도록 **노력해 가겠습니다**.

規律に基づき、以下の個人情報保護を実行して参りたいと思います。
규율에 의거하여 아래의 개인정보보호를 **실행해 가겠다**고 생각합니다.

22 弊~ 폐~, 저희~(겸양어)

명사의 바로 앞에 위치하여 해당 명사를 낮춰 상대방에게 공손하게 말하는 표현이다.

접속 명사
　　　弊社 폐사(저희 회사)

弊社では食品の衛生管理を徹底しております。
저희 회사에서는 식품의 위생 관리를 철저히 하고 있습니다.

平素より弊店をご利用いただき、誠にありがとうございます。
평소에 저희 가게를 이용해 주셔서 진심으로 감사합니다.

23 ございます / ございません 있습니다 / 없습니다(정중어)

「ある 있다」,「いる 있다」의 정중어인 「ござる 있다」에서 파생된 다소 딱딱한 표현이다. 주로 윗사람이나 공적인 자리 등에서 사용한다.

접속 명사
　　　誤りがございます 실수가 있습니다 / 問題ございません 문제없습니다

ご不明な点がございましたら、何なりとお申し付けください。
불명한 점이 있으시다면 무엇이든 말씀해 주십시오.

大変申し訳ございませんが、その日は先約があり、出席できません。
대단히 죄송합니다만(=면목 없습니다만) 그날은 선약이 있어 출석할 수 없습니다.

24 ~でございます ~입니다(정중어)

「~です ~입니다」의 정중어로 다소 딱딱한 표현이다. 주로 윗사람이나 공적인 자리 등에서 사용하며 말하는 본인의 관점에서 어떠한 일, 상태 등을 설명할 때 사용한다.

접속 な형용사 어간　　　　　　　　　　　명사
　　　お久しぶりでございます 오랜만입니다　　私の会社でございます 저의 회사입니다

自然の生態系は、一言でいうと大変複雑でございます。
자연의 생태계는 한 마디로 말하면 매우 복잡합니다.

今日の会議は13時からの予定でございます。
오늘 회의는 13시부터 예정입니다.

3 필수 기출 문법

2010년부터 최신 JLPT까지 출제된 반드시 알고 넘어가야 하는 N2 레벨 문법 및 N2 레벨 문법에서 파생된 N1 기출 문법을 접속 품사별로 정리하였습니다.

01 ~からして ① ~부터(가) ② ~(으)로 보아

① 이것도 이러하니 다른 것도 당연히 그러할 것이라고 하는 경우에 사용한다. 즉, 어느 일부분으로부터 전체를 파악할 때 사용한다.
② 어떠한 근거로부터 생각하면 이러할 것이라고 추측, 평가, 판단할 때 사용한다. 주로 부정적인 평가를 할 때 사용하는 경우가 많다.

TIP 어떠한 입장이나 관점에서 생각해서 판단, 평가를 내릴 때는 사용하지 않는다.

접속　명사
匂(にお)いからして 냄새부터가

① お金(かね)がいっぱい稼(かせ)げるという広告(こうこく)は**題名(だいめい)からして**うさんくさい。
　돈을 많이 벌 수 있다고 하는 광고는 **제목부터가** 수상쩍다.
② 納豆(なっとう)は見(み)た目(め)**からして**、食(た)べられそうにないです。
　낫토는 겉모습**으로 보아** 먹을 수 있는 것 같지 않습니다.

02 ~のことだから (다른 것도 아닌) ~이기 때문에

가족이나 친구, 회사 동료 등, 잘 아는 사람의 성격이나 평소의 행동, 습관 등에 비추어 어떠한 일이나 일어날 상황을 추측하거나 판단할 때 사용한다. 다른 것도 아닌 이것 때문이라고 이유를 강조하는 뉘앙스다.

접속　명사
母(はは)のことだから 어머니니까

時間(じかん)に正確(せいかく)な渡辺(わたなべ)**さんのことだから**、時間通(じかんどお)りに来(く)ると思(おも)うよ。
시간에 정확한 **와타나베 씨이기 때문에** 시간대로 올 거라고 생각해.
なんでも面倒(めんどう)くさがる息子(むすこ)**のことだから**、私(わたし)が洗濯(せんたく)するまで同(おな)じ服(ふく)を着(き)るでしょうね。
뭐든지 귀찮아하는 **아들이기 때문에** 내가 세탁하기까지 같은 옷을 입을 겁니다.

03 ～はともかく(として) ~은/는 어찌 됐든, ~은/는 그렇다 치고

뒷부분의 내용에 중점을 두며 이야기할 때 사용하는 표현이다. 앞부분의 내용은 나중에 생각하고, 지금은 뒷부분의 내용을 좀 더 강조하고 싶다는 뉘앙스를 가지고 있다.

접속 　명사
　　　結果はともかく 결과는 어찌 됐든

この店の**雰囲気はともかくとして**、何を食べても抜群においしい。
이 가게의 **분위기는 그렇다 치고** 무엇을 먹더라도 탁월하게 맛있다.

普段はともかく、旅行に来てまで仕事のことを考えたくない。
평소는 어찌 됐든 여행을 와서까지 일을 생각하고 싶지 않다.

04 ～を～とする / として / とした ~을/를 ~라고/으로 하다 / ~하고 / ~한

무언가를 어떠하다고 여기거나 생각할 때 사용하는 표현이다.

> **TIP** 비슷한 표현으로 「～が～とする ~이/가 ~라고 하다」가 있으며, 이 또한 기출에서 「電線に接触したのが原因としている 전선에 접촉한 것이 원인이라고 하고 있다」로 출제된 적이 있으므로 함께 암기해 두자.

접속 　명사
　　　業務効率化を目的とする 업무 효율화를 목적으로 하다

グルテンフリーライスペーパーは**小麦粉を原料とする**パンやパスタと異なり、グルテンを含まない。
글루텐 프리 라이스페이퍼는 **밀가루를 원료로 하는** 빵이나 파스타와 달리, 글루텐을 함유하지 않는다.

子育てに悩む**保護者を対象とした**アンケート調査を実施します。
육아로 고민하는 **보호자를 대상으로 한** 앙케트 조사를 실시합니다.

05 ～を除いて ~을/를 제외하고

동사「除く 제외하다」에서 파생된 문법으로, 여러 가지 대상 중에서 어느 하나를 제외한다는 의미를 가진 표현이다.「～を除き」는 같은 의미이지만 조금 더 딱딱한 표현이다.

접속 　명사
　　　一部商品を除いて 일부상품을 제외하고

会議には別途の仕事の予定がある**人を除いて**、みんな出席してください。
회의에는 별도의 일 예정이 있는 **사람을 제외하고** 다들 출석해 주세요.

宿題を忘れた**人を除いて**、休憩していいですよ。
숙제를 잊은 **사람을 제외하고** 쉬어도 좋아요.

06 〜ことはない ~할 필요는 없다

어떠한 동작을 하는 것이 불필요하여 그에 대한 조언, 충고 등을 하는 경우에 사용한다.

접속 동사 기본형
泣くことはない 울 필요는 없다

そこまで嫌なら、わざわざ**行くことはない**。 그렇게까지 싫은 거라면 일부러 **갈 필요는 없다**.
たくさん**食べることはないから**、食べたい分だけ食べればいい。
많이 **먹을 필요는 없으니까** 먹고 싶은 만큼만 먹으면 된다.

07 〜ところだった ~할 뻔했다

실제로 일어나지는 않았지만 어떠한 일이 일어나기 직전까지 갔었다는 것을 의미한다. 좋은 결과가 될 뻔하였지만 그렇지 못한 경우의 아쉬운 감정을 나타내거나 자칫 잘못했으면 나쁜 결과를 초래할 가능성이 있었던 상황에 사용한다.

💡**TIP** 「危うく 하마터면」, 「もう少しで 조금만 더 하면」와 같은 표현과 함께 쓰이는 경우가 많다. 또한 회화에서는 「ところ」를 「とこ」로 줄여서 말하기도 한다.

접속 동사 기본형, 동사 ない형
終わるところだった 끝날 뻔했다
買えないところだった 못 살 뻔했다

寝坊をしてしまって、危うく電車に**乗り遅れるところだった**。
늦잠을 자 버려서 하마터면 전철을 **놓쳐서 못 탈 뻔했다**.
電気代を払い忘れて、もう少しで電気が**切れるところだった**。
전기세를 내는 걸 잊어서 조금만 더 하면 전기가 **끊길 뻔했다**.

08 〜べきだ / 〜べきではない ~해야 한다 / ~해서는 안 된다

「べきだ」는 법이나 규칙으로 정해져 있지는 않지만 상식적으로 생각했을 때 그렇게 하는 것이 당연하다는 뉘앙스를 가지고 있어, 주로 상대방의 행위에 대해 충고나 조언을 할 때 사용한다.
「べきではない」는 「べきだ」의 부정형으로, 금지된 행위는 아니나 그 행위가 바람직하지 않은 경우에 사용한다.

접속 동사 기본형 ★する는 するべきだ(するべきではない)・すべきだ(すべきではない) 모두 가능
譲るべきだ 양보해야 한다 / 判断すべきではない 판단해서는 안 된다.

そんなに悩んでいないで、嫌なことは嫌だとはっきり**伝えるべきだよ**。
그렇게 괴로워하고 있지 말고 싫은 일은 싫다고 확실하게 **전달해야 해**.
優先順位を考えると、今**やるべきではない**ことです。 우선 순위를 생각하면 지금 **해서는 안 될** 일입니다.

09 ～まい ① ~하지 않겠다(부정의 의지) ② ~하지 않을 것이다(부정의 추측)

① 어떠한 동작을 결코 하지 않겠다는 자신의 강한 부정 의지를 나타낸다. 「もう いま」, 「二度と 두 번 다시」, 「決して 결코」등의 부사와 함께 잘 사용한다.
② 「～ないだろう ~하지 않을 것이다」와 가장 비슷한 뉘앙스로 쓰이는 부정 추측의 표현이다.

접속 동사 1그룹 : 기본형
　　　　行くまい 가지 않겠다, 가지 않을 것이다

　　　　동사 2그룹 : 기본형, 동사 ます형
　　　　食べ(る)まい 먹지 않겠다, 먹지 않을 것이다

　　　　동사 3그룹 : するまい・しまい・すまい 하지 않겠다, 하지 않을 것이다
　　　　来るまい・来まい・来まい 오지 않겠다, 오지 않을 것이다

① もう二度とお酒は**飲むまい**と思っていたのに、昨日の飲み会で飲んでしまった。
　두 번 다시 술은 **마시지 않겠다**고 생각하고 있었는데 어제 술 모임에서 마셔 버렸다.
② 田中くんの熱はずいぶん下がったから、もう心配する必要は**あるまい**。
　다나카 군의 열은 꽤나 내려갔으니까 이제 걱정할 필요는 **없을 것이다**.

10 ～ものなら ① ~한다면 ② ~할 수 (만) 있다면 ③ ~했다가는

①, ② 각각 동사 기본형과 또는 동사 가능형에 접속하며, 실현 가능성이 매우 희박하여 당장은 실현되기 어려운 상황에서 주로 자신의 희망을 나타낸다.
③ 동사 의지형에 접속하며, 'A했다가는 B라는 안 좋은 결과가 된다'는 의미로 주의 및 경고를 나타낸다.

접속　① 동사 기본형
　　　　治るものなら 낫는다면

　　　　② 동사 가능형
　　　　会えるものなら 만날 수 있다면

　　　　③ 동사 의지형
　　　　挑もうものなら 도전했다가는

① お金のことで悩まずに**済むものなら**そうしたい。
　돈으로 고민하지 않고 **해결된다면** 그렇게 하고 싶다.
② 過去に**戻れるものなら**英語をもっと頑張りたい。
　과거로 **되돌아갈 수 있다면** 영어를 좀 더 열심히 하고 싶다.
③ あの人のような責任感のない人がリーダーに**なろうものなら**、この国はおしまいだ。
　저 사람과 같은 책임감이 없는 사람이 리더가 **됐다가는** 이 나라는 끝이다.

11 ～わけにはいかない ① ~할 수는 없다 ② ~하지 않을 수는 없다

①동사 기본형에 접속하여 하고 싶은 마음은 있지만 주로 사회 통념상, 도의적인 이유로 어떠한 행동을 하고 싶지만 할 수 없는 경우에 사용하거나 ②동사 ない형에 접속하여 꼭 해야만 하는 경우에 사용한다. 단순히 화자의 능력 부족 등으로 할 수 없다고 하는 표현이 아니라는 것에 주의하자.

접속　① 동사 기본형
　　　　勝手(かって)に決(き)めるわけにはいかない 마음대로 정할 수는 없다

　　　　② 동사 ない형
　　　　行(い)かないわけにはいかない 안 가지 않을 수는 없다(=안 갈 수는 없다)

① 「明日(あした)は絶対(ぜったい)に遅刻(ちこく)するわけにはいかない」と思(おも)っていたら、一睡(いっすい)もできませんでした。
　　내일은 절대로 **지각할 수 없다**고 생각하고 있었더니 한숨도 잘 수 없었습니다.

② 大切(たいせつ)な親友(しんゆう)の結婚式(けっこんしき)だからどんな理由(りゆう)があっても参加(さんか)しないわけにはいかない。
　　소중한 친한 친구의 결혼식이니까 어떤 이유가 있어도 **참가하지 않을 수는 없다(=안 참가할 수는 없다)**.

12 ～かねない ~할지도 모른다

안 좋은 일이나 나쁜 결과가 일어날 가능성이 있다는 의미의 문어체 표현이다. 화자의 개인적인 판단으로 걱정, 불안, 우려의 기분을 나타낼 때 사용하며, 문법에 「ない」가 포함되어 있어 부정의 뜻으로 해석해 버리는 실수를 범하기 쉬우므로 주의해야 한다.

> **TIP** 비슷한 형태인 「～かねる ~하기 어렵다, ~할 수 없다」와 혼동하지 않도록 주의하자. 좋은 결과나 좋은 일이 일어날 가능성을 표현할 경우에는 「～かもしれない ~지도 모른다」를 사용한다.

접속　동사 ます형
　　　　倒産(とうさん)しかねない 도산할지도 모른다

ネガティブな感情(かんじょう)を放置(ほうち)すると、心身(しんしん)を壊(こわ)しかねない。
부정적인 감정을 방치하면 심신을 **망가트릴지도 모른다**.

SNSでの安易(あんい)な発言(はつげん)は、人(ひと)を傷(きず)つけることになりかねないので気(き)を付(つ)けてください。
SNS에서의 안이한 발언은 사람을 상처 입히게 **될지도 모르**므로 조심해 주세요.

13 ～そうに(も)ない ~할 것 같지(도) 않다

앞으로 미래에 어떠한 일이 일어날 가능성이 희박해 보이고 어려울 것 같다는 뉘앙스를 가지고 있는 표현으로, 화자의 추측이나 예상을 나타낼 때 사용한다.

> **TIP** 「～そうもない ~할 것 같지도 않다」의 형태도 함께 알아두자.

접속 동사 ます형
時間に間に合いそうにない 제시간에 맞지도 않을 것 같다

あっ、俺だけど、今日も家に**帰れそうにない**んだよね。
앗, 나인데 오늘도 집에 **돌아갈 수 없을 것 같아**.

先着50名が入場できるらしいが、こんな行列じゃ**入れそうにもない**。
선착 50명이 입장할 수 있다고 하지만 이런 행렬이면 **들어갈 수 있을 것 같지도 않다**.

14 ～つつある ~하고 있다(진행)

어떠한 동작이나 상황이 점점 변화하고 모습을 나타내는 표현이다. 상당히 딱딱한 느낌을 주기 때문에, 주로 문어체로 사용되며, 기자회견이나 발표 등, 공식 석상에서 회화체로 사용되기도 한다. 주로 「変わる 바뀌다」, 「なる 되다」, 「上がる 오르다」, 「減る 줄다」와 같은 변화동사에 접속하거나 「死ぬ 죽다」, 「消える 사라지다」, 「無くなる 없어지다」와 같은 순간동사와 접속한다.

접속 동사 ます형
定着しつつある 정착하고 있다

社会情勢の変化により、消費者の購買行動が**変わりつつある**。
사회 정세의 변화에 의해 소비자의 구매행동이 **변하고 있다**.

電気自動車の普及は年々**増加しつつある**。
전기 자동차의 보급은 매년 **증가하고 있다**.

15 ～っこない (절대로) ~할 리가 없다

확신을 갖고 어떠한 일이 절대로 일어나지 않는다고 강하게 부정하는 경우에 사용한다.

> **TIP** 주로 동사 가능형의 ます형에 접속하여 '~할 수 있을 리가 없다'라는 뜻으로 쓰인다.

접속 동사 ます형
できっこない 할 수 있을 리가 없다

こんなに難しい問題、**わかりっこないよ**。
이렇게 어려운 문제, **알 리가 없어**.

今はお腹がいっぱいだから、料理を全部**食べられっこないよ**。
지금은 배가 엄청 부르니까 요리를 전부 **먹을 수 있을 리가 없어**.

16 〜っぱなし ~한 채

어떠한 상태로 계속 방치되어 있을 때 사용하며, 그 방치된 상태에 대해 부정적인 뉘앙스를 가진 표현이다. 「開けっぱなし (창문 등이) 열린 채」, 「立ちっぱなし 선 채」는 특히 자주 쓰인다.

접속 동사 ます형
　　　入れっぱなし 넣은 채

冷凍庫を**開きっぱなし**にしたせいで、氷が溶けちゃったよ。
냉동고를 **연 채**로 둔 탓에 얼음이 녹아버렸어.

機内で10時間もずっと**座りっぱなし**で、腰が痛くなった。
기내에서 10시간이나 계속 **앉은 채**여서 허리가 아파졌다.

17 〜ようがない / 〜ようもない ~할 수가 없다 / ~할 수도 없다

「様 방법」이라는 명사에서 파생된 문법으로, 어떠한 일을 하고자 해도 할 수 있는 방법이 없기 때문에 할 수 없다는 뜻을 나타낼 때 사용하는 표현이다. 어떻게 하고 싶은 마음은 있지만 그럴 수가 없어서 유감스럽다는 뉘앙스를 가지고 있다.

접속 동사 ます형
　　　それしか言いようがない 그것밖에 말할 수가 없다

母の着物は袖が短すぎて、着たいけど**着ようもない**。
어머니의 기모노는 소매가 너무 짧아서 입고 싶어도 **입을 수가 없다**.

カメラが壊れたが、部品がなくて**直しようもない**。
카메라가 고장 났지만 부품이 없어서 **고칠 수도 없다**.

18 〜たところ ~했더니

주로 어떠한 동작을 통해 새로운 사실을 알게 된 경우나 놀란 경우에 사용한다. 주로 「〜たところ 〜た ~했더니 ~한 결과였다」의 형태로 잘 쓰인다.

접속 동사 た형
　　　調べたところ 조사했더니

着飾って**出かけようとしていたところ**、急に雨が降ってきた。
차려입고 **외출하려고 하고 있었더니** 갑자기 비가 내려왔다.

可愛くメイクをして彼氏を**待っていたところ**、「悪いけど、会えそうにない」というメッセージがきた。
귀엽게 화장을 하고 남자친구를 **기다리고 있었더니** '미안하지만 못 만날 것 같아'라는 메시지가 왔다.

19 ～てこそ ~하고서야 (비로소)

어떠한 조건이 충족되고 나서야 처음으로 무언가를 할 수 있게 되거나 알 수 있게 된다는 의미로, 주로 좋은 결과가 발생할 때 사용한다.

> **TIP** 「～てこそ」는 앞으로의 일에 사용하는 표현이기 때문에 이미 일어난 일에는 쓸 수 없다는 점에 주의하자.

접속　동사 て형
　　　親になってこそ 부모가 되고서야 비로소

失敗を積み重ねてこそ、人は強くなる。
실패를 몇 번이고 되풀이하고서야 비로소 사람은 강해진다.

話し合ってこそ相手のことをちゃんと理解できるし、わだかまりもなくなる。
서로 이야기하고서야 비로소 상대방을 제대로 이해할 수 있고, 응어리도 없어진다.

20 ～ないでもない ~하지 않는 것도 아니다

상황에 따라서는 어떠한 행동을 할 수도 있을 것이라는 막연한 가능성을 나타낼 때 사용한다.

접속　동사 ない형
　　　買えないでもない 사지 못하는 것도 아니다

お酒は飲まないでもないですが、あまり好きではありません。
술은 마시지 않는 것도 아닙니다만 별로 좋아하지 않습니다.

彼が言っていることがわからないでもないけど、別に理解したくはない。
그가 말하고 있는 것을 모르는 것도 아니지만 딱히 이해하고 싶지는 않다.

21 ～(よ)うとしている ~하려고 하고 있다

머지않아 어떤 상태, 동작, 행동의 변화가 일어나려고 할 때 사용하는 표현이다.

> **TIP** 시험에서는 「今年ももうすぐ終わろうとしている 올해도 이제 곧 끝나려고 하고 있다」로 출제되었다.

접속　동사 의지형
　　　出かけようとしている 외출하려고 하고 있다

何気なく空を見上げたら、雨が降ろうとしていた。
무심하게 하늘을 올려다봤더니 비가 내리려고 하고 있었다.

「乾杯！」とも言わずに、彼女は一人でもうビールを飲もうとしていた。
"건배!"라고도 말하지 않고 그녀는 혼자서 벌써 맥주를 마시려고 하고 있었다.

22 〜おそれがある ~할 우려가 있다

「恐(おそ)れ 두려움, 공포(심)」이라는 명사에서 파생된 문법으로, 화자의 걱정, 근심, 두려움의 감정을 담아 좋지 않은 일이 일어날 가능성이 있다고 말할 때 사용한다. 주로 뉴스나 신문에서 사용하는 딱딱한 표현이다.

접속 동사 기본형, 동사 ない형
　　　崩(くず)れるおそれがある 무너질 우려가 있다
　　　就職(しゅうしょく)できないおそれがある 취직 못 할 우려가 있다

　　　명사 ➕ の
　　　食中毒(しょくちゅうどく)のおそれがある 식중독일 우려가 있다

新規事業(しんきじぎょう)に必要(ひつよう)な資金(しきん)が**集(あつ)まらないおそれがある**。
신규 사업에 필요한 자금이 **모이지 않을 우려가 있다**.

急激(きゅうげき)な水位上昇(すいいじょうしょう)による河川(かせん)**氾濫(はんらん)のおそれがある**。
급격한 수위 상승에 의한 하천 **범람의 우려가 있다**.

23 〜どころではない・〜どころじゃない ~할 상황이 아니다

어떤 이유나 사정이 있어서 다른 것을 할 처지가 못 되는 여유가 없는 상황을 나타내는 표현이다.

💡 **TIP** 자주 쓰는 관용 표현인 「それどころではない・それどころじゃない 그럴 상황이 아니다」는 별도로 암기해 두자.

접속 동사 기본형
　　　行(い)くどころではない 갈 상황이 아니다

　　　명사
　　　ゲームどころじゃない 게임할 상황이 아니다

来週(らいしゅう)、大事(だいじ)なプレゼンがあるから今週末(こんしゅうまつ)はゆっくり**休(やす)むどころではない**。
다음 주 중요한 발표가 있으니까 이번 주말은 느긋이 **쉴 상황이 아니다**.

隣(となり)の部屋(へや)があまりにもうるさくて、**勉強(べんきょう)どころじゃなかった**。
옆방이 너무나도 시끄러워서 **공부할 상황이 아니었다**.

24 〜に先立って・〜に先立ち　~에 앞서(서)

「先立つ 앞서다」라는 동사에서 파생된 문법으로, 어떠한 특별한 이벤트 중요한 일을 앞두고 그에 앞서 사전 준비 또는 해야 하는 행위를 말할 때 사용하는 표현이다.

접속	동사 기본형	명사
	収集するに先立って 수집하기에 앞서서	発売に先立ち 발매에 앞서

工事を始めるに先立って周辺住民に説明する必要がある。
공사를 시작하기에 앞서서 주변 주민에게 설명할 필요가 있다.

一般公開に先立ち、映画の試写会が開かれた。
일반 공개에 앞서 영화 시사회가 열렸다.

25 〜につけ(て)　~할 때마다

어떠한 동작을 할 때마다 항상 동일하거나 비슷한 기분이 들 때 또는 마음에 무언가의 변화가 일어날 때 사용한다. 자주 쓰는 관용 표현으로「何かにつけ(て) 기회가 있을 때마다, 걸핏하면」이 있다.

> **TIP**「〜につけ(て)」는 기분, 마음의 상태가 변할 때만 사용하는 반면, 비슷한 표현인「〜たびに ~할 때마다」의 경우 기분, 마음에 변화가 일어나는 상황은 물론, 단순한 행동을 할 때도 사용한다.

접속	동사 기본형	명사(주로 관용표현)
	考えるにつけ 생각할 때마다	何事につけ 무슨 일이 있을 때마다, 무슨 일이든
		*이 경우 何事につけても 라고도 한다

この音楽を聞くにつけ、楽しかった学生時代の記憶が蘇る。
이 음악을 들을 때마다 즐거웠던 학생 시절의 기억이 되살아난다.

何事につけても、最低3年間は続けようと決心している。
무슨 일을 할 때마다 최저 3년간은 계속하려고 결심하고 있다.

26 〜にともなって・〜にともない   ① ~에 따라서 ② ~와/과 함께

「伴(ともな)う 동반하다」라는 동사에서 파생된 문법으로 두 가지의 의미가 있다.

① 앞 문장 내용의 변화에 따라 뒤 문장 내용도 점차적 혹은 순간적으로 변화하는 경우에 사용한다. 주로 '물가 상승', '경기 침체' 등과 같은 사회적 이슈나 현상에 사용하는 경우가 많다.

② 어떠한 일이 일어나면 부수적으로 또 다른 일도 함께 일어난다고 할 때 사용한다. 즉, 앞부분의 내용이 원인, 이유가 되어 뒷부분의 내용이 발생하게 된다는 의미이다.

TIP 「〜にともなう ⊕ 명사 ~에 따른 」의 형태로 사용할 수도 있다.

접속 동사 기본형 　　　　　　　　　　　　　　　　　명사
　　　　進(すす)むにともなって 진행됨에 따라서　　　妊娠(にんしん)にともない 임신과 함께

① 人口(じんこう)が 増加(ぞうか)するにともなって 新(あたら)しい社会問題(しゃかいもんだい)が台頭(たいとう)している。
　인구가 증가함에 따라서 새로운 사회문제가 대두되고 있다.

② 大(おお)きな地震(じしん)にともない、津波(つなみ)が発生(はっせい)した。 큰 지진과 함께 해일이 발생했다.

27 〜がちだ   자주 ~하다, ~하는 경향이 있다

바람직하지 못한 경향이 발생하기 쉽다는 뜻으로, 어떠한 동작이 빈도 높게 발생하거나 한쪽으로 치우칠 때 사용한다. 때문에 부정적인 뉘앙스를 지닌다.

접속 동사 ます형 　　　　　　　　　　　　　　　　　명사
　　　　忘(わす)れがちだ 자주 잊는다　　　　　　　　　病気(びょうき)がちだ 자주 병에 걸린다

最近(さいきん)忙(いそが)しくて外食(がいしょく)ばかりしているから、栄養(えいよう)が偏(かたよ)りがちだ。
최근 바빠서 외식만 하고 있으니까 영양분이 치우치는 경향이 있다.

キムさんはアルバイト3つもやっているので、学校(がっこう)を休(やす)みがちだ。
김 씨는 아르바이트를 3개나 하고 있기 때문에 학교를 자주 쉰다.

28 ~末に ~한 끝에

진행 과정에서 긴 시간과 노력을 들였거나, 여러 시행착오나 어려움을 겪은 뒤에 어떠한 결과를 얻게 되었다는 뉘앙스를 가진 표현이다. 좋은 결과와 나쁜 결과 양쪽 모두 사용할 수 있지만 짧은 시간의 과정에 대해서는 사용할 수 없다.

접속　동사 た형　　　　　　　　　　　　　　명사 ➕ の
　　　　耐え抜いた末に 견뎌 낸 끝에　　　　　試行錯誤の末に 시행착오 끝에

口論した末に、妻は全財産を持って家を出て行ってしまった。
언쟁한 끝에 아내는 전 재산을 가지고 집을 나가 버렸다.
この製品は**苦心の末に完成**されたものです。 이 제품은 **고심 끝에** 완성된 것입니다.

29 ~(っ)きり ① ~한 채 ② ~뿐, 만

① 한번 일어났던 일이나 상태가 변화 없이 쭉 이어지고 있는 것을 나타내는 표현이다. 또한 뒤 문장에는 주로 부정문이 온다. 「寝たきり状態 노쇠하거나 병이 들어 계속 병상에 누워있는 상태」라는 표현도 자주 사용하므로 외워두자.

② 수사나 지시어 뒤에 붙어 범위를 한정하는 의미로 사용한다.

접속　동사 た형　　　　　　　　　　　　　　명사
　　　　海外に行ったきり 해외에 간 채　　　　それきりだ 그것뿐이다

① 妹が夕方**出たっきり**帰って来ないので心配です。 여동생이 해 질 녘 **나간 채** 돌아오지 않아서 걱정입니다.
② **一人っきりで**食事をしたら何だかものさびしい。 **혼자서만** 식사를 하면 뭔가 굉장히 쓸쓸하다.

30 ~際(に) / ~際は 할 때(에), ~할 즈음(에) / ~할 때에는, ~할 즈음에는

어떤 시기, 시점, 때를 나타낼 때 사용한다. 같은 의미인 「〜時に/〜時は ~할 때에/~할 때는」보다 딱딱한 표현으로 공적인 행사 등의 자리나 말을 격식 있게 해야 하는 상황에서 사용하는 경우가 많다.

💡**TIP** 격식 있게 말할 때 「お ➕ 동사 ます형 ➕ の際」의 형태로 사용할 수 있다. 자주 사용하는 표현으로는 「お帰りの際 돌아가(오)실 때」, 「お越しの際 오실 때」, 「お困りの際 곤란하실 때」, 「お降りの際 내리실 때」 등이 있다.

접속　동사 보통형　　　　　　　　　　　　　명사 ➕ の
　　　　呼ぶ際 부를 때　　　　　　　　　　　雨天の際は 우천 시에는

お手すきの際に、資料をご確認いただけますでしょうか。 **손이 비실 때에** 자료를 확인해 주실 수 있으실까요?
お近くに**お越しの際は**ぜひお立ち寄りください。 근처에 **오실 때에는** 부디 들러 주세요.

31 ～にしては ~인 것치고는

어떤 대상의 환경이나 행동이 화자의 기대 또는 평가에 반하여 어긋나는 상황일 때 또는 뜻밖의 결과일 때 사용한다. 주로 다른 사람이나 사물에 대해 평가 혹은 비판을 할 때 쓰는 표현이다.

> **TIP** 비슷한 표현인 「～わりに(は) ~비해서(는)」는 일반적인 기준에서 예상과 어긋났을 때 사용하며, 「～にしては」와 다르게 앞부분에 길이, 무게, 키, 가격, 연령, 성적 등의 척도를 나타내는 단어가 올 수 있다. 또한 형용사에도 접속이 가능하다는 점에서 「～にしては」와 차이가 있다.

접속 동사 보통형
ダイエットしたにしては 다이어트한 것치고는

명사 보통형 ★ 현재 긍정의 경우 だ 빼고 접속(+である)
先生にしては 선생님인 것치고는

たくさん勉強したにしては、テストの点数が低すぎた。 많이 공부한 것치고는 테스트 점수가 너무 낮았다.
あの子は10歳にしてはあまりにも大人しい面がある。
저 아이는 10살인 것치고는 너무나도 얌전한 면이 있다.

32 ～思いをする ~한 기분이 들다, ~함을 느끼다

감정이나 감각을 나타내는 표현들과 함께 접속하여 사용하는 문법이다. 화자의 감정이나 감각을 나타낸다.

> **TIP** 「～思いだ ~한 기분이다, ~한 심정이다」의 표현도 함께 알아두자.

접속 동사 기본형
傷つく思いをする 상처받는 기분이 들다

い형용사
辛い思いをする 괴로운 기분이 들다

な형용사 어간 + な
不快な思いをする 불쾌한 기분이 들다

大好きだったおばあさんが亡くなってしまい、とても悲しい思いをした。
정말 좋아했던 할머니가 돌아가시고 말아서 매우 슬픔을 느꼈다.
会場での重い空気のせいで、窮屈な思いをした。
회장에서의 무거운 공기 탓에 갑갑함을 느꼈다.

33 〜ものか ~할까 보냐

특정 사항의 행동을 결단코 하지 않겠다는 화자의 의지를 보여주거나 어떤 대상을 강하게 부정할 때 사용한다.

> **TIP** 회화체로는 「〜もんか」가 있다.

접속 동사 기본형
信(しん)じるものか 믿을까 보냐

い형용사 기본형
怖(こわ)いものか 무서울까 보냐

な형용사 어간 ➕ な
楽(らく)なものか 편할까 보냐

명사 ➕ な
本当(ほんとう)なものか 정말일까 보냐

散々(さんざん)無視(むし)されたのに、我慢(がまん)できるものか。
몹시 무시당했는데 **참을 수 있을까 보냐**.

明日(あした)が合格発表日(ごうかくはっぴょうび)なのに、気楽(きらく)なものか。
내일이 합격 발표일인데 **속 편할까 보냐**.

34 〜たら〜たで・〜なら〜で ~하면 ~한 대로

①발생한 일에 대해 크게 문제 될 것이 없거나 ②무언가 발생하더라도 결과는 같다고 하는 두 가지의 의미를 가지고 있다. 이때, 앞부분과 뒷부분에는 같은 단어가 반복되어 들어간다.

> **TIP** な형용사와 명사의 경우 주로 「〜なら〜で ~라면 ~대로」의 형태로 잘 사용한다.

접속 동사 た형 ➕ たら ➕ 동사 た형 ➕ で
言ったら言ったで 말하면 말하는 대로

い형용사 た형 ➕ たら ➕ い형용사 た형 ➕ で
暑(あつ)かったら暑かったで 더우면 더운 대로

な형용사 어간 ➕ なら ➕ な형용사 어간 ➕ で
嫌(いや)なら嫌で 싫으면 싫은 대로

명사 ➕ なら ➕ 명사 ➕ で
反対(はんたい)なら反対で 반대면 반대인 대로

① それを親(おや)に話(はな)したら話したで、構(かま)わないと思(おも)うよ。
그걸 부모님에게 **이야기하면 이야기하는 대로** 상관없다고 생각해.

② 寒(さむ)かったら寒かったで、それと関係(かんけい)なく外出(がいしゅつ)はしようと思(おも)っています。
추우면 추운 대로 그것과 관계없이 외출은 하려고 생각하고 있습니다.

35 ～つもりで ~(한) 셈 치고, ~(했)다고 생각하고

실제로 그렇지는 않지만, 자신이 이미 어떠한 행동을 했다고 가정하거나 행동을 한 기분이 된 셈으로 간주하는 경우에 사용한다.

> **TIP** 동사의 경우 주로 동사 た형에 접속하는 형태로 사용한다.

접속

동사 진행형, 동사 た형
隠（かく）しているつもりで 숨기고 있는 셈 치고
解決（かいけつ）したつもりで 해결한 셈 치고

い형용사 기본형
若（わか）いつもりで 젊은 셈 치고

な형용사 어간 ⊕ な
元気（げんき）なつもりで 건강한 셈 치고

명사 ⊕ の
冗談（じょうだん）のつもりで 농담인 셈 치고

私（わたし）なりには**頑張（がんば）ったつもりで**取（と）り組（く）んだのに、何（なに）も変（か）わっていなかった。
내 나름대로는 **열심히 했다고 생각하고** 임했는데 아무것도 바뀌지 않았다.

褒（ほ）め言葉（ことば）のつもりで言（い）ったが、相手（あいて）の表情（ひょうじょう）はよくなかった。
칭찬했다고 생각하고 말했지만 상대방의 표정은 좋지 않았다.

36 ～てならない ~해서 견딜 수 없다, 너무 ~하다

강하게 솟구치는 감정이나 감각에 대하여 스스로 억제할래야 억제할 수 없을 때 사용하는 표현이다. 긍정, 부정적인 상황을 나타내는 문장 모두에 사용 가능하지만, 부정적인 상황에 사용하는 경우가 더 많다.

> **TIP** 「～てたまらない ~해서 견딜 수 없다, 너무 ~하다」와 의미가 같지만, 저절로 생겨나는 자발적인 감각이나 감정에도 사용할 수 있다. 때문에 자발의 의미를 갖는 단어인 「思（おも）える 생각되다」, 「泣（な）ける 눈물이 나오다」, 「気（き）がする 느낌이 들다」, 「気（き）になる 신경이 쓰이다」와 함께 잘 쓰이므로 암기해두자.

접속

동사 て형
気（き）になってならない 신경이 쓰여서 견딜 수 없다

い형용사 て형
悔（くや）しくてならない 분해서 견딜 수 없다

な형용사 て형
残念（ざんねん）でならない 유감스러워서 견딜 수 없다

メディアで故郷（ふるさと）の映像（えいぞう）が映（うつ）ると、**帰（かえ）りたくてならなくなる。**
미디어에서 고향 영상이 나타나면 **돌아가고 싶어서 견딜 수 없어진다.**

最近（さいきん）、この辺（へん）に泥棒（どろぼう）が出（で）ているという話（はなし）を聞（き）いたら、**不安（ふあん）でならなかった。**
최근, 이 주변에 도둑이 나오고 있다는 이야기를 들었더니 **너무 불안했다.**

37 ～ないことには ~하지 않고서는, ~하지 않으면

앞 문장의 조건을 충족해야만 뒤 문장이 성립한다는 것을 나타내며 뒤 문장에는 반드시 부정문이 온다.

접속   동사 ない형
　　　　 実際(じっさい)に話(はな)してみないことには
　　　　 실제로 이야기해 보지 않고서는

　　　　 い형용사 ない형
　　　　 証拠(しょうこ)がないことには 증거가 없고서는

　　　　 な형용사 어간 ＋ で
　　　　 健康(けんこう)でないことには 건강하지 않고서는

　　　　 명사 ＋ で
　　　　 金持(かねも)ちでないことには 부자가 아니고서는

注文(ちゅうもん)しておいた材料(ざいりょう)が**届(とど)かないことには**、どうせ何(なに)も作(つく)れない。
주문해 둔 재료가 **도착하지 않고서는** 어차피 아무것도 만들 수 없다.

大成功(だいせいこう)するといった確信(かくしん)が**ないことには**、このビジネスに投資(とうし)してくれる人(ひと)はいないだろう。
대성공한다는 확신이 **없고서는** 이 비즈니스에 투자해 주는 사람은 없겠지.

38 ～ないことはない ~(하)지 않는 것은 아니다

부분 긍정을 나타내는 표현으로, 어떠한 경우에는 가능할 수도 있다는 것을 나타내는 표현이다. 또한, 화자가 이중부정을 하며 긍정은 하지만 그것이 썩 마음에 드는 것이 아니거나 완전히 그렇지도 않다는 것을 돌려 말할 때도 사용한다. 「～なくはない」와 같은 표현이다. 🔍 p.267 기출문법

접속   동사 ない형
　　　　 できないことはない 할 수 없지 않은 것은 아니다

　　　　 い형용사 ない형
　　　　 親(した)しくないことはない 친하지 않은 것은 아니다

　　　　 な형용사 어간 ＋ で
　　　　 心配(しんぱい)でないことはない 걱정하지 않는 것은 아니다

　　　　 명사 ＋ で
　　　　 美人(びじん)でないことはない 미인이 아닌 것은 아니다

パクチーは**食(た)べないことはないですが**、あまり好(す)きではありません。
고수는 **먹지 않는 것은 아닙니다만** 별로 좋아하지 않습니다.

人気(にんき)のないお店(みせ)だとしても、いざ料理(りょうり)を食(た)べに行(い)ってみたら**おいしくないことはなかった**。
인기가 없는 가게라고 해도 막상 요리를 먹으러 가 봤더니 **맛있지 않은 것은 아니었다**.

39 〜ばこそ ~이기 때문에, ~이기에

이유와 원인을 강조하는 표현으로, '이러한 결과가 된 이유는 오직 이 이유 하나 때문이다'라는 뉘앙스를 가지고 있다.

접속

동사 가정형
大切(たいせつ)に思(おも)えばこそ 중요하게 생각하기 때문에

い형용사 가정형
寒暖差(かんだんさ)が激(はげ)しければこそ 일교차가 심하기 때문에

な형용사 어간 + であれば
健康(けんこう)であればこそ 건강하기 때문에

명사 + であれば
警察(けいさつ)であればこそ 경찰이기 때문에

慌(あわ)ただしければこそ一人一人丁寧(ひとりひとりていねい)な接客(せっきゃく)が必要(ひつよう)なのだ。
분주하기 때문에 한 사람 한 사람 정중한 접객이 필요한 것이다.

グローバル企業(きぎょう)であればこそ、ダイバーシティの施策(しさく)が大切(たいせつ)だ。
글로벌 기업이기 때문에 다양성 시책이 중요하다.

40 〜あまり(に) (너무) ~한 나머지

감정, 심리, 어떠한 상태가 극에 달하여 예상치 못하거나 의외의 결과가 초래되었을 때 사용하는 표현이다.

💡TIP い형용사는 주로 「い형용사의 명사화(어간 + さ) + の」의 형태로 「嬉(うれ)しさのあまり(に) 너무 기쁜 나머지」와 같이 사용한다. 또한 「〜(よ)うとするあまり(に) ~(하)려고 한 나머지」의 형태로「やる気(き)を出(だ)そうとしたあまり 너무 의욕을 내려고 한 나머지」처럼 쓰이는 경우도 있으니 함께 외워두자.

접속

동사 기본형, 동사 た형
驚(おどろ)いたあまり(に) 너무 놀란 나머지

い형용사 기본형
美(うつく)しいあまり(に) 너무 아름다운 나머지

な형용사 어간 + な
きれいなあまり(に) 너무 예쁜 나머지

명사 + の
興奮(こうふん)のあまり(に) 너무 흥분한 나머지

復職(ふくしょく)を焦(あせ)ったあまり、病気(びょうき)が治(なお)ってないのに治(なお)ったふりをした。
복직을 조급해 한 나머지 병이 낫지 않았는데 나은 척 했다.

ホラー映画(えいが)を見(み)に映画館(えいがかん)へ行(い)ったが、怖(こわ)さのあまりに途中退場(とちゅうたいじょう)した。
공포 영화를 보려고 영화관에 갔지만 너무 무서운 나머지 도중 퇴장했다.

41 ～うちに ~동안에

'어떠한 상황이나 동작이 일어나고 있는 동안'을 의미한다.

> **TIP** 「～うちに ~동안에」는 상태나 상황이 변화하는 것에 중점을 두기 때문에, 시간을 중점으로 두고 있는 「～間(あいだ)に ~사이에」와는 뉘앙스 차이가 있다. 두 표현이 선택지에 함께 등장하더라도 혼동하지 말자.

접속 동사 기본형, 동사 진행형
物価(ぶっか)が安定(あんてい)しているうちに
물가가 안정되어 있는 동안에

い형용사
温(あたた)かいうちに 따뜻한 동안에

な형용사 어간 ⊕ な
きれいなうちに 예쁜 동안에

명사 ⊕ の
子(こ)どものうちに 아이인 동안에

社長(しゃちょう)が会社(かいしゃ)に**いらっしゃるうちに**、書類(しょるい)にサインをいただいて契約(けいやく)を進(すす)めましょう。
사장님이 회사에 **계시는 동안에** 서류에 사인을 받아서 계약을 진행합시다.

明(あか)るいうちに、家(いえ)に帰(かえ)りましょう。
밝은 동안에 집에 돌아갑시다.

42 ～限(かぎ)り ~하는 한

「限(かぎ)る 한하다, 한정하다」라는 동사에서 파생된 문법으로 어떠한 상황이 지속되는 동안 계속이라는 의미를 가지고 있다.

> **TIP** 최대한 전력을 다해 어떠한 일을 할 때에는 '~을/를 다하여'라는 의미로도 사용한다. 잘 쓰는 표현인 「声(こえ)の限(かぎ)り 목청껏」, 「力(ちから)の限(かぎ)り 힘껏」, 「見渡(みわた)す限(かぎ)り 끝없이 펼쳐진, 눈이 미치는 한」, 「命(いのち)の限(かぎ)り 목숨을 다해」등의 관용표현은 암기해 두자.

접속 동사 보통형 현재
生(い)きている限(かぎ)り 살아 있는 한

い형용사 보통형 현재
降(ふ)らない限(かぎ)り 내리지 않는 한

な형용사 보통형 현재
★현재 긍정의 경우 だ 빼고 ⊕ な・である
可能(かのう)な限(かぎ)り 가능한 한

명사 보통형 현재
★현재 긍정의 경우 だ 빼고 ⊕ の・である
会社員(かいしゃいん)である限(かぎ)り 회사원인 한

言葉(ことば)の裏(うら)に愛情(あいじょう)が**ない限(かぎ)り**、どんな言葉(ことば)も胸(むね)には突(つ)き刺(さ)さらない。
말의 뒷면에 애정이 **없는 한**, 어떠한 말도 가슴에는 꽂히지 않는다.

健康(けんこう)である限(かぎ)り、仕事(しごと)を続(つづ)けたいと考(かんが)えている。
건강한 한, 일을 계속하고 싶다고 생각하고 있다.

43 〜からには ~하는(한) 이상에는

어떤 상황에 대하여 당연히 그렇게 해야 마땅하다는 강한 의지나, 단정, 결단, 의지 등을 나타내는 표현이다. 때문에 뒤 문장에는, 「〜なければならない ~하지 않으면 안 된다」, 「〜たい ~하고 싶다」, 「〜つもりだ ~할 생각, 예정이다」등의 표현과 함께 잘 사용한다.

> **TIP** 보다 딱딱한 표현인「〜上は ~하는(한) 이상은」, 「〜以上(は) ~하는(한) 이상(은)」도 함께 알아두자.

접속
동사 보통형
約束_{やくそく}したからには 약속한 이상에는

い형용사 보통형
安_{やす}いからには 싼 이상에는

な형용사 보통형 ★현재 긍정의 경우 だ 빼고 ➕ である
強力_{きょうりょく}であるからには 강력한 이상에는

명사 보통형 ★현재 긍정의 경우 だ 빼고 ➕ である
リーダーであるからには 리더인 이상에는

相手_{あいて}が助_{たす}けを**求_{もと}めているからには**、見_みないふりをするなんてことは絶対_{ぜったい}にできない。
상대가 도움을 **요구하고 있는 이상에는** 보지 않은 척 따위 한다는 것은 절대로 할 수 없다.

林_{はやし}さんが**素_そっ気_けないからには**、近_{ちか}づけない。
하야시 씨가 **매정한 이상에는** 가까이 지낼 수 없다.

44 〜ことか ~한가, ~던지, ~말인가(감정)

화자의 감정이 고조되었을 때 사용하는 표현이다. 주로 혼잣말처럼 '얼마나 ~던가'라며 감탄, 한탄 등을 표현하는 경우가 많은데, 「何と 얼마나」, 「どんなに 얼마나」, 「どれだけ 얼마만큼」, 「どれほど 얼마만큼」등과 함께 쓰는 경우가 많다.

접속
동사 보통형
心配_{しんぱい}したことか 걱정했던가

い형용사 보통형
嬉_{うれ}しいことか 기쁘던가

な형용사 보통형 ★현재 긍정의 경우 だ 빼고 ➕ な·である
残酷_{ざんこく}なことか 잔혹하던가

명사 보통형 ★현재 긍정의 경우 だ 빼고 ➕ である
尊_{とうと}いものであることか 고귀한 것이던가

祖父_{そふ}は戦争_{せんそう}で両親_{りょうしん}を亡_なくしたらしいが、どんなに**苦労_{くろう}したことか**。
할아버지는 전쟁으로 부모님을 여의었다고 하던데 얼마나 **고생했단 말인가**.

親友_{しんゆう}が子_こどもを授_{さず}かったなんて、なんと**喜_{よろこ}ばしいことか**。
친한 친구가 아이를 임신했다니 얼마나 **경사스러운가**.

45 ～ことから ~(으)로 인해, ~때문에

어떠한 일이 발생하게 된 이유나 근거, 유래 등을 설명할 때 사용하는 표현이다. 굉장히 딱딱한 문어체로 주로 뉴스나 신문에서 자주 사용되는 표현이다.

접속
동사 보통형
注視していたことから 주시하고 있었기 때문에

い형용사 보통형
礼儀正しいことから 예의 바르기 때문에

な형용사 보통형 ★현재 긍정의 경우 だ 빼고 ➕ な·である
派手であることから 화려하기 때문에

명사 보통형 ★현재 긍정의 경우 だ 빼고 ➕ である
雨であることから 비이기 때문에

友達は足が**大きいことから**、Big footと呼ばれていた。
친구는 발이 **크기 때문에** Big foot이라고 불리고 있었다.

彼女は話し方も振る舞いも**上品であることから**、育ちが良いのであろう。
그녀는 말투도 몸짓도 **품위가 있기 때문에** 성장 환경이 좋을 것이다.

46 ～せいか ~탓인지

어떠한 원인으로 인해 좋지 않은 결과가 발생한 경우에 사용한다. 「～せいだ ~탓이다」, 「～せいで ~탓에」의 형태로도 사용한다.

접속
동사 보통형
過労したせいか 과로한 탓인지

い형용사 보통형
鈍いせいか 둔한 탓인지

な형용사 보통형 ★현재 긍정의 경우 だ 빼고 ➕ な
未熟なせいか 미숙한 탓인지

명사 보통형 ★현재 긍정의 경우 だ 빼고 ➕ の
高血圧のせいか 고혈압 탓인지

頑張って**勉強しなかったせいか**、試験問題が全く解けなかった。
열심히 **공부하지 않았던 탓인지** 시험문제를 전혀 풀 수 없었다.

彼は図々しい**性格のせいか**、周りからよく嫌われる。
그는 뻔뻔한 **성격 탓인지** 주변으로부터 자주 미움받는다.

47 ～というものだ・～ってもんだ ~라는 것이다

화자의 생각을 주관적인 것이 아닌 일반적으로 생각해도 그러하다고 단정 지어 주장하거나 설명하고 싶을 때 사용한다. 상대가 모르거나 알고 있을 수도 있지만 알려주겠다는 뉘앙스를 포함하기도 한다.

> **TIP** 「～ってもんだ」는「～というものだ」를 강조해서 표현한 회화체이며, 시험에서는 「～ってもんだ」의 형태로 출제되었다.

접속

동사 보통형
やればできるってもんだ 하면 할 수 있다는 것이다

い형용사 보통형
寒(さむ)いというものだ 춥다는 것이다

な형용사 보통형 ★현재 긍정의 경우 だ 빼고 접속 가능
当然(とうぜん)ってもんだ 당연하다는 것이다

명사 보통형 ★현재 긍정의 경우 だ 빼고 접속 가능
日常茶飯事(にちじょうさはんじ)ってもんだ 일상다반사라는 것이다

相手(あいて)に何(なに)かしてほしいと思(おも)うより、自分(じぶん)から先(さき)に優(やさ)しく**接(せっ)するというものだ**。
상대방에게 무언가 해주면 좋겠다고 생각하기 보다 스스로 먼저 친절하게 **접하는 것이다**.

あれこれ考(かんが)えないで、まずは先(さき)に行動(こうどう)して**みるってもんだ**。
이것저것 생각하지 말고 우선은 먼저 행동해 **보는 것이다**.

48 ～というものではない (반드시) ~라는 것은 아니다

어떤 상황에 있어서, 일반적으로 생각했을 때는 타당하지만, 어느 일정 부분에 있어서 반드시 그렇지만은 않다고 화자의 주관적인 생각이 들어가서 그 상황을 완곡하게 부정하는 표현이다. 「必(かなら)ずしも 반드시」와 함께 사용되는 경우가 많다.

> **TIP** 「～というものでもない (반드시) ~라는 것도 아니다」라는 표현도 함께 알아두자.

접속

동사 보통형
すぐにできるというものではない
바로 할 수 있다는 것은 아니다

い형용사 보통형
楽(たの)しいというものではない
즐겁다는 것은 아니다

な형용사 보통형 ★현재 긍정의 경우 だ 빼고 접속 가능
不愉快(ふゆかい)(だ)というものではない
불쾌하다는 것은 아니다

명사 보통형 ★현재 긍정의 경우 だ 빼고 접속 가능
正解(せいかい)(だ)というものではない
정답이라는 것은 아니다

トップクラスの大学(だいがく)を卒業(そつぎょう)したからといって大企業(だいきぎょう)に**就職(しゅうしょく)できるというものではない**。
톱클래스 대학을 졸업했다고 해서 대기업에 **취직할 수 있다는 것은 아니다**.

たまに、安(やす)く買(か)ったと自慢(じまん)する人(ひと)がいるけれど、**安(やす)ければいいというものではない**。
가끔 싸게 샀다고 자랑하는 사람이 있는데 **반드시 싸다고 좋은 것은 아니다**.

49 ～というわけではない・～というわけじゃない ~라고 하는 것은 아니다

상황이 그러하다고 해서 반드시, 꼭 그러한 것은 아니라는 의미로, 어떠한 일을 100% 그렇다고 단정할 수 없는 경우에 사용하며 부분 부정의 표현이다.

> **TIP** 「～というわけではない」에서 「という」는 「って」로 축약할 수 있으며, 이는 일상회화에서 주로 사용하는 표현이므로 「～ってわけではない」의 형태도 함께 알아두자.

접속
동사 보통형	い형용사 보통형
間違っているというわけではない	不味いというわけではない
틀렸다고 하는 것은 아니다	맛없다고 하는 것은 아니다

な형용사 보통형 ★현재 긍정의 경우 だ 빼고 접속 가능	명사 보통형 ★현재 긍정의 경우 だ 빼고 접속 가능
好き(だ)というわけではない。	観光客(だ)というわけではない
좋아한다고 하는 것은 아니다	관광객이라고 하는 것은 아니다

この問題そんなに**難しいというわけではない**が、解くのに時間はかかると思う。
이 문제 그렇게 **어렵다고 하는 것은 아니**지만 푸는 데에 시간은 걸릴 거라고 생각해.

ジムを見学したからといって**入会しなきゃいけないってわけじゃない**よ。
헬스장을 견학했다고 해서 **입회하지 않으면 안 된다고 하는 건 아니야**.

50 ～とか ① ~라든지, ~라든가 ② ~라던데, ~라며

① 어느 그룹, 카테고리 내에서 대표적인 것을 예로 들며 이야기할 때 사용한다. 「～とか～とか」와 같이 열거의 형태로도 쓸 수 있는 가벼운 회화체이다.
② 타인에게 전해 듣거나 하여 출처가 확실하지 않은 정보를 전달하는 전문의 의미로, 이유를 전달할 때 사용한다. 문장 중간에 들어갈 때에는 「で」를 붙여서 「～とかで~라면서, ~라고 해서」의 형태로 쓰이기도 한다.

접속
동사 보통형	い형용사 보통형
番組で紹介されたとか 방송에서 소개되었다든가	部屋が汚いとか 방이 더럽다든가

な형용사 보통형 ★현재 긍정의 경우 だ 빼고 접속 가능	명사 보통형 ★현재 긍정의 경우 だ 빼고 접속 가능
景色が綺麗(だ)とか 경치가 예쁘다든가	親戚の結婚(だ)とか 친척의 결혼이라든가

① お客さんは、商品の品質が**悪いとか**、値段が**高いとか**、文句を言っていた。
고객은 상품의 품질이 **나쁘다든가** 가격이 **비싸다든가** 불평을 말하고 있었다.
② 上原さんはもうすぐ**出産するとかで**、休職するらしい。
우에하라 씨는 이제 곧 **출산한다면서** 휴직한다고 한다.

51 〜としたら・〜とすれば・〜とすると ~라고 하면

모두 가정 표현으로 해석은 동일하나 뉘앙스와 쓰임새가 조금씩 다르다.

① 「としたら」는 가장 많이 사용하는 가정 표현으로, 뒷부분에 의문문이나 희망과 추측의 표현이 온다.

② 「とすれば」는 A라는 앞의 조건이 충족될 경우 B에 도달한다는 논리에 기반한 조건문 문장에 사용한다.

③ 「とすると」는 어떠한 가정에 따른 결과가 보편적이고 당연하게 여겨지는 상황에서 주로 사용한다.

접속

동사 보통형	い형용사 보통형
生まれ変わるとしたら 다시 태어난다고 하면	広いとしたら 넓다고 하면

な형용사 보통형	명사 보통형
寛大だとしたら 관대하다고 하면	真実だとしたら 진실이라고 하면

① 今、何か食べるとしたら何が食べたいですか。
　지금 무언가 먹는다고 하면 무엇을 먹고 싶어요?

② 彼女が約束をちゃんと守ってくれるとすれば、全ては上手くいくと思います。
　그녀가 약속을 제대로 지켜 준다고 하면 모든 것은 잘 될 것이라고 생각합니다.

③ 電車が遅れるとすると、その分、遅く着くのは当然なことだ。
　전철이 늦어진다고 하면 그만큼 늦게 도착하는 것은 당연한 일이다.

52 〜としても ~라고 해도

앞 문장에서 서술된 내용이 뒤 문장의 내용에는 아무런 영향을 주지 않는다고 가정할 때 사용한다. 회화체로는 「〜としたって」라고도 한다.

접속

동사 보통형	い형용사 보통형
実現するとしても 실현한다고 해도	可愛くないとしても 귀엽지 않다고 해도

な형용사 보통형	명사 보통형
ダメだったとしても 잘 안됐다고 해도	子どもだとしても 아이라고 해도

引っ越すとしても資金がなければ実行できない。
이사한다고 해도 자금이 없으면 실행할 수 없다.

もし、あの時あなたが告白しなかったとしても、私の方から先に告白したと思うよ。
만약 그때 당신이 고백하지 않았다고 해도 내 쪽에서 먼저 고백했을 거라고 생각해.

53 〜とはいえ ~라고는 해도, ~라고는 하나

앞부분의 내용과는 상반되는 화자의 의견이나 판단을 이야기할 때 사용하는 역접 표현이다. 「〜といっても」와 같은 표현이지만, 「〜とはいえ」가 비교적 더 딱딱한 표현이다.

접속

동사 보통형	い형용사 보통형
留学したとはいえ 유학했다고는 해도	長いとはいえ 길다고는 해도

な형용사 보통형 ★현재 긍정의 경우 だ 빼고 접속 가능	명사 보통형 ★현재 긍정의 경우 だ 빼고 접속 가능
安全とはいえ 안전하다고는 해도	プロとはいえ 프로라고는 해도

今日のテストは**簡単だったとはいえ**、100点を取る自信はない。
오늘의 테스트는 **간단했다고는 해도** 100점을 딸 자신은 없다.

ケーキ食べ放題とはいえ、甘い物を大量に食べるのは困難だ。
케이크 무제한이라고는 하나 달콤한 것을 대량으로 먹는 것은 곤란하다.

54 〜とは限らない (반드시) ~라고는 할 수 없다

일반적으로 그럴 수 있지만, 단정 지을 수 없으며 예외 상황이 있을 수 있음을 나타낸다.

> **TIP** 앞부분에 「必ずしも 꼭, 반드시」, 「絶対 절대」, 「すべて 전부」등과 함께 사용한다. 응용하여 「〜とも限らない (반드시) ~라고도 할 수 없다」의 형태로도 사용할 수 있다.

접속

동사 보통형	い형용사 보통형
うまく行くとは限らない 잘 된다고는 할 수 없다	いいとは限らない 좋다고는 할 수 없다

な형용사 보통형 ★현재 긍정의 경우 だ 빼고 접속 가능	명사 보통형 ★현재 긍정의 경우 だ 빼고 접속 가능
幸せだとは限らない 행복하다고는 할 수 없다	犯人だとは限らない 범인이라고는 할 수 없다

自分が知っている常識や情報をみんなが**知っているとは限らない**。
자신이 알고 있는 상식이나 정보를 모두가 **알고 있다고는 할 수 없다**.

親が国会議員だからといって、子どもが**優秀とは限らない**。
부모가 국회의원이라고 해서 아이가 **우수하다고는 할 수 없다**.

55 〜だけあって ~한 만큼, ~인 만큼

앞부분에는 재능이나 노력, 지위 등이 언급되며, 뒷부분에는 그에 대해 긍정적으로 평가하는 내용이 서술된다. 앞부분에는 서술된 재능, 노력 등에 감탄이나 칭찬을 표현하기 때문에 「さすが 역시」와 같은 표현이 자주 같이 사용된다.

💡**TIP** 활용해서 문장 끝에 쓸 수 있는 표현인 「〜だけのことはある ~인 만큼의 가치는 있다」도 함께 알아두자.

접속
동사 보통형
並ぶだけあって 줄 서는 만큼

い형용사 보통형
高いだけあって 비싼 만큼

な형용사 보통형 ★현재 긍정의 경우 だ 빼고 ➕ な·である
豪華なだけあって 호화로운 만큼

명사 ★현재 긍정의 경우 だ 빼고 접속(➕ である)
東大卒であるだけあって 동경대 졸업인 만큼

そのポスターは、プロのカメラマンが撮っただけあって美しいですね。
그 포스터는 프로 카메라맨이 **찍은 만큼** 아름답네요.

彼は冒険家なだけあって、発想がユニークで面白い。
그는 **모험가인 만큼** 발상이 유니크해서 재미있다.

56 〜だけに ~한 만큼, ~인 만큼 ② ~이기 때문에 (더욱)

① 어떠한 사실에 걸맞게 어떠한 일이 발생할 것이라고 예상되는 결과 혹은 현상을 말할 때 사용한다.

② 어떠한 이유가 있기에 오히려 더욱 ~하다고 강조해서 말할 때 사용한다. 앞부분에서는 이유를 나타내고, 뒷부분의 내용은 그 이유 때문에 그러한 것이 당연한 것이라는 뉘앙스를 가지고 있다.

💡**TIP** 「〜だけあって ~한 만큼, ~인 만큼」과 비슷한 의미를 가졌지만, 「〜だけあって ~한 만큼, ~인 만큼」은 주로 긍정적인 내용이나 칭찬이 뒷부분에 오고, 「〜だけに」는 뒷부분에 부정적인 평가나 기대와 반대되는 결과가 올 수도 있다는 차이점이 있다.

접속
동사 보통형
思っていただけに 생각하고 있었던 만큼

い형용사 보통형
近いだけに 가까운 만큼

な형용사 보통형 ★현재 긍정의 경우 だ 빼고 ➕ な·である
健康なだけに 건강한 만큼

명사 ★현재 긍정의 경우 だ 빼고 ➕ な·である
遺伝であるだけに 유전인 만큼

① 彼はまだ若いだけに真夜中まで遊んでも次の日、平気で働く。
그는 아직 **젊은 만큼** 한밤중까지 놀아도 다음날 아무렇지도 않게 일한다.

② 双子であるだけに、言葉を交わさなくてもお互いを理解しているようだ。
쌍둥이이기 때문에 말을 나누지 않더라도 서로를 이해하고 있는 것 같다.

57 〜だろうか ~일까

아직 일어나지 않은 일에 대해 확신이 없는 경우나 진위를 가리는 의문문, 또는 반어의 표현으로 사용한다. 좀 더 정중한 표현으로는 「〜でしょうか ~인 것일까요?」가 있다.

> **TIP** 나아가 「〜のだろうか ~인 것인가, ~것일까」라는 뜻의 표현도 있다. 보다 강조된 형태로 어떠한 일에 대해 걱정하거나 불안해하는 뉘앙스가 담긴 의문문에서 사용한다.

접속

동사 보통형
帰ってくるだろうか 돌아올까

い형용사 보통형
いいだろうか 좋을까

な형용사 보통형 ★현재 긍정의 경우 だ 빼고 접속
効果的だろうか 효과적일까

명사 보통형 ★현재 긍정의 경우 だ 빼고 접속
価値のあるものだろうか 가치가 있는 것일까

一週間の語学研修で、どれだけ成長できるだろうか。
일주일 간의 어학연수로 얼마나 **성장할 수 있을까**?

最近、近所のおじいちゃんを見ていないけど元気に過ごしているだろうか。
최근, 근처 할아버지를 보지 못했는데 건강하게 **지내고 있을까**?

58 どうりで〜はずだ 어쩐지 ~하더라

화자가 어떠한 상황이나 상태의 이유를 알고 납득했을 때 사용하는 표현이다.

> **TIP** 「どうりで」뒤에는 「はずだ」 외에도 「〜と思った ~라고 생각했다」, 「〜わけだ (당연히) ~할 만도 하다」가 올 수 있다.

접속

동사 보통형
どうりで混んでいるはずだ 어쩐지 붐비더라

い형용사 보통형
どうりで暗いはずだ 어쩐지 어둡더라

な형용사 보통형 ★현재 긍정의 경우 だ 빼고 ➕ な・である
どうりで静かなはずだ 어쩐지 조용하더라

명사 보통형 ★현재 긍정의 경우 だ 빼고 ➕ の・である
どうりで普通以上のはずだ 어쩐지 보통 이상이더라

もう冬なのか。どうりで寒いはずだ。
벌써 겨울인 건가? **어쩐지 춥더라**.

アラームを消したの。どうりで遅刻したはずだ。
알람을 껐어? **어쩐지 지각했더라**.

59 ～っけ ~던가, ~었나

①화자가 애매모호하게 알고 있었던 사실에 대하여 상대방에게 확인하거나 ②스스로가 혼잣말로 확인하는 경우에 사용한다. ①의 경우, 어미를 올려읽고 ②의 경우, 어미를 내려읽는다.

💡**TIP** 「～ましたっけ ~했었죠?」 또는 「～でしたっけ ~였었죠?」로도 활용 가능하다. 또한 시험에서는 보다 응용한 「～んだっけ ~거더라」의 형태로 출제되었다. 「～っけ」와 「～んだっけ」모두 쓰임새는 동일하나, 「～んだっけ」가 보다 강한 감정을 담은 뉘앙스다.
この漢字、どう書くんだっけ。이 한자 어떻게 쓰는 거더라.

접속　**동사 보통형**　　　　　　　　　　　**い형용사 보통형**
あるっけ 있던가　　　　　　　　　丸いっけ 둥글던가

な형용사 보통형　　　　　　　　**명사 보통형**
有名だっけ 유명하던가　　　　　　最後だっけ 마지막이던가

① ともちゃんに話したっけ？彼と同棲はじめたんだよ。
토모쨩한테 이야기했던가? 남자친구와 동거 시작했어.

② 先々週の土曜日って、どこ行ったっけ？
지지난 주 토요일에 어디 갔었지?

60 ～なんて ① ~하다니, ~라니 ② ~따위, ~같은 것 ③ ~라던가, ~등

①어떠한 일이 일어난 것에 대해 놀람, 감탄을 나타내는 경우, 의외라고 생각하는 경우 ②본인을 낮추어 겸손하게 표현하거나 상대 혹은 특정 대상을 비하, 경멸, 경시하는 경우 ③어떠한 것에 대해서 열거하거나 예를 드는 경우에 사용한다. ①의 경우는 「～とは」와도 비슷하게 쓰인다. 🔍 p.340 핵심문법

💡**TIP** ②과 ③의 경우, 문맥에 따라 직역이 과하면 의역으로 나타내는 것이 자연스럽다. ②의 경우는 '~따위는, ~같은 것은' ③의 경우는 '~라던가는, ~등은'으로 해석해 보자.

접속　**동사 보통형**　　　　　　　　　　　**い형용사 보통형**
心配したなんて 걱정했다니　　　　こんなに愛しいなんて 이렇게 사랑스럽다니

な형용사 보통형　　　　　　　　**명사 (보통형)**
嫌だなんて 싫다니　　　　　　　　私なんて 나 같은 것
　　　　　　　　　　　　　　　　世界チャンピオンだなんて 세계 챔피언이라니

① 真実を言ったにも関わらず、信じてくれないなんて、ひどすぎる。
진실을 말했음에도 불구하고 믿어주지 않다니 너무하다.

② 私の娘なんて、まだ一人では何もできないですよ。
저의 딸 같은 것은 아직 혼자서는 아무것도 할 수 없어요.

③ それではあちらの商品なんていかがでしょうか。
그럼 저쪽 상품 등은 어떠신가요?

61 〜に決まっている 반드시 ~이다, ~임에 틀림없다

어떤 상황, 상태에 대해서 당연히 그럴 것이라고 화자가 강한 확신을 가지고 추측할 때 사용하는 표현이다.

> **TIP** 「〜に違いない」, 「〜に相違ない」또한 동일한 의미를 갖는 문법이지만, 「〜に相違ない」의 경우는 매우 딱딱한 문어체 표현이다.

접속 동사 보통형
風邪を引いたに決まっている
감기에 걸린 게 틀림없다

い형용사 보통형
安いに決まっている 싼 게 틀림없다

な형용사 보통형 ★현재 긍정의 경우 だ 빼고 접속
不愉快に決まっている 불쾌한 게 틀림없다

명사 ★현재 긍정의 경우 だ 빼고 접속
嘘に決まっている 거짓말임에 틀림없다

急に一人暮らしを始めるなんて、親から**反対されるに決まっている**。
갑자기 자취를 시작하다니 부모님으로부터 **반대당할 게 틀림없다**.

こんな遅い時間にメールしても、きっと**見ないに決まっている**よ。
이런 늦은 시간에 메일 보내도 분명 **보지 않을 게 틀림없어**.

62 〜ばかりに ~하는 바람에, ~탓에

사소한 실수, 사건 등이 이유나 원인이 되어 좋지 않은 결과가 되었을 때 사용하는 표현이다. 화자의 불만이나 후회, 유감스러운 감정을 나타낸다.

> **TIP** 비슷한 표현인 「〜せいで ~탓으로」는 주로 비난하거나 자책할 때 사용하므로 뉘앙스가 다르다.

접속 동사 보통형
忘れてしまったばかりに 잊어버린 바람에

い형용사 보통형
寒いばかりに 추운 바람에

な형용사 보통형 ★현재 긍정의 경우 だ 빼고 ➕ な·である
暇なばかりに 한가한 바람에

명사 보통형 ★현재 긍정의 경우 だ 빼고 ➕ である
女性であるばかりに 여성인 바람에

旅行中にスマホの電源が**切れてしまったばかりに**、目的地に到着できなかった。
여행 도중에 스마트폰의 전원이 **꺼져버린 바람에** 목적지에 도착할 수 없었다.

体力が**なかったばかりに**、山の頂上までは行けなかった。
체력이 **없었던 탓에** 산의 정상까지는 갈 수 없었다.

63 〜もの・〜んだもの ~인(한) 걸, ~란 말이야

자신이 그렇게 행동한 이유의 주관적인 정당함을 주장할 때 사용하는 문법으로, 주로 회화에서 어린이나 여성이 자주 사용한다. 「だって 왜냐하면, 그렇지만」라는 표현과 함께 잘 쓰인다.

> **TIP** 회화체로는 「〜もん・〜んだもん」라고 하므로 함께 암기해 두자. 「んだ」가 있으면 이유를 보다 강조하는 뉘앙스다.

접속 동사 보통형 ➕ もの・んだもの
行けるもの 갈 수 있는 걸
避けるんだもの 피한단 말이야

い형용사 보통형 ➕ もの・んだもの
もったいないもの 아까운 걸
少ないんだもの 적단 말이야

な형용사 보통형 ➕ もの・んだもの
★현재 긍정의 경우 だ 빼고 ➕ な ➕ んだもの
不思議だもの 신기한 걸
でたらめなんだもの 엉터리란 말이야

명사 보통형 ➕ もの・んだもの
★현재 긍정의 경우 だ 빼고 ➕ な ➕ んだもの
課長だもの 과장님인 걸
子どもなんだもの 아이란 말이야

A「わっ、部屋中マンガだらけ。」
B「10年間集めた物で、簡単には**捨てられないもの**。」

A : 와, 방 안이 만화투성이야.
B : 10년간 모은 것이라서 간단하게는 **버릴 수 없는걸**.

母 : 「何よ、このノート。ほとんど何も書いてないじゃない。」
子 : 「だって、**わからなかったんだもん**。」

어머니 : 뭐야 이 노트. 거의 아무 것도 써 있지 않잖아.
아이 : 그렇지만 **몰랐단 말이야**.

64 ～ものだ ① ~하는 법이다, ~하는 것이 당연하다 ② ~하곤 했다(회상) ③ ~(하는)구나(감탄)

① 일반적 또는 상식적으로 그렇게 하는 것이 마땅하며 당연하다고 할 때 사용하는 표현으로 충고, 의무, 규칙 등을 나타낸다.
② '그랬었지'라는 뉘앙스로, 어떤 과거의 일을 그리워하거나 떠올릴 때 사용한다.
③ 기본적인 의미는 '하다'이지만 문장 끝에 종조사 ね 또는 な를 넣어서 '~하구나'의 형태로, 화자가 강하게 느낀 감정을 표현할 때 사용한다. 주로 놀람, 감탄을 나타낼 때 쓰는 경우가 많지만, 「よくも～ものだ 잘도 ~하는구나」처럼, 반어법으로 상대방을 비꼬거나 비아냥거릴 때에도 사용하므로 쓰임새에 주의하자.

💡**TIP** 회화체는 「～もんだ」이고, N1 시험에서 ②, ③의 의미로 출제되었다.

접속 ① 동사 기본형·ない형
失敗するものだ 실패하는 법이다

② 동사 た형
会ったものだ 만나곤 했다

③ 동사 보통형
やってきたものだ 해 왔구나

① な형용사 어간 ➕ な
純粋なものだ 순수한 법이다

③ な형용사 보통형 ★현재 긍정의 경우 だ 빼고 ➕ な
不幸なものだ 불행하구나

① い형용사 기본형
寂しいものだ 외로운 법이다

③ い형용사 보통형
鋭いものだ 날카롭구나

① マナーある人は電車の中で化粧などしないものだ。 매너 있는 사람은 전차 안에서 화장 따위 하지 않는 법이다.
② 小さい頃はこの山の中で友達とよく遊んだものだ。 어릴 적은 이 산 안에서 친구와 자주 놀곤 했다.
③ 彼は何をやらせても上手いもんだな。 그는 무엇을 하게 하더라도 능숙하게 하는구나.

65 ～ものの ~기는 하지만(역접)

비록 과거의 사건이나 현재의 상황은 사실이지만, 그것과는 다른 상황이나 의외의 상황이 전개될 때 사용하는 역접을 나타내는 표현이다.

접속 동사 보통형
質問したものの 질문하기는 했지만

な형용사 보통형 ★현재 긍정의 경우 だ 빼고 ➕ な・である
静かなものの 조용하기는 하지만

い형용사 보통형
面白いものの 재미있기는 하지만

명사 보통형 ★현재 긍정의 경우 だ 빼고 ➕ である
外国人であるものの 외국인이긴 하지만

先月からスポーツクラブの会員になったものの、急に忙しくなり一度も行っていない。
지난달부터 스포츠 클럽 회원이 되었기는 하지만 갑자기 바빠져서 한 번도 가지 못하고 있다.
仕事は忙しいものの、やりがいがあるので楽しく働いています。
일은 바쁘기는 하지만 보람이 있기 때문에 즐겁게 일하고 있습니다.

4 조사

조사란?
조사란 보조 역할을 하는 품사로서 문장을 자연스럽게 만들어 주는 역할을 한다. 이러한 조사를 사용하여 문장을 연결하면 보다 매끄럽고 좋은 문장을 만들 수 있다.

*표시된 어휘는 기출문제에서 선별한 표현입니다.

～からしか ~로부터 밖에

大きな失敗**からしか**得られないこともあるはずです。
큰 실패**로부터 밖에** 얻을 수 없는 일도 있을 것입니다.

～くらい・～ぐらい ~정도, ~만큼

来週の小テストの出題範囲、びっくりする**くらい**広いね。
다음 주 쪽지시험의 출제 범위, 깜짝 놀랄 **만큼** 넓네.

～こそ* ~야말로

こちら**こそ**、お力添えいただき、誠にありがとうございました。
저**야말로** 힘을 보태 주셔서 진심으로 감사했습니다.

～(で)さえ(も) ~조차(도)

現在は走ることはおろか、歩くこと**さえ**難しいらしい。
현재는 달리는 것은커녕 걷는것 **조차** 어려운 것 같다.

～しか ~밖에

今は薬を飲んでどうにか耐える**しか**ない。
지금은 약을 먹고 어떻게 견딜 수**밖에** 없다.

～すら ~조차

主体的に働くところか、言われたこと**すら**できない人が多い。
주체적으로 일하기는커녕 말해진 것(=시킨 것)**조차**하지 못 하는 사람이 많다.

～だけ* ① ~만, ~뿐 ② ~만큼

① 大人がそんなことをするのは見苦しい**だけ**だ。
　어른이 그런 짓을 하는 것은 보기 흉할 **뿐**이다.
② 音楽に対する話はお互い見解が違いすぎて、話す**だけ**無駄だと思う。
　음악에 대한 이야기는 서로 견해가 너무 달라서 이야기하는 **만큼** 쓸데없다고 생각한다.

~だって* ~라도, ~일지라도

子どもだって小学生にもなれば親が気分が悪い時ぐらい察して行動できる。
아이일지라도 초등학생이나 되면 부모가 기분이 나쁜 때 정도 살펴서 행동할 수 있다.

~など ~등

積極的に関係者と協力するなどして問題を解決していきたい。
적극적으로 관계자와 협력하는 등 해서 문제를 해결해 가고 싶다.

~なんか* ~따위, ~같은 것

こんなに重要な仕事の責任者を私なんかにしてもいいですか。
이렇게 중요한 일의 책임자를 저 같은 것으로 해도 괜찮은가요?

~に~にと* ~며 ~며

昨日、無理して運動をしたせいで、足に腰にと筋肉痛じゃないところがない。
어제 무리해서 운동을 한 탓에 발이며 허리며 근육통이 아닌 곳이 없다.
(「~に ~に ~에 ~에」와 「~と ~라고, ~라며」가 결합된 표현으로 직역으로는 '~에 ~에라며'라는 뜻이지만, 자연스럽게 해석하면 '~며 ~며'에 가장 가깝다.)

~にまで ~에까지, ~에게까지, ~로까지

チェロは１年間レッスンを受けても、曲が自由に弾けるレベルにまで上達するのは難しいそうだ。
첼로는 1년간 레슨을 받아도 곡을 자유롭게 칠 수 있는 레벨에까지 숙달하는 것은 어렵다고 한다.

~のみ ~만, ~뿐

自分の経験のみを信じて行動するのはよくないと思う。
자신의 경험만을 믿고 행동하는 것은 좋지 않다고 생각한다.

~ばかり ~만, ~뿐

栄養の偏った食品ばかりを食べていて、体調を崩しやすくなった。
영양이 치우친 식품만을 먹고 있어서 컨디션을 해치기 쉬워지게 되었다.

~ほど* ~정도, ~만큼

夜空には数えきれないほどの星が煌めいていました。
밤하늘에는 셀 수 없을 정도의 별이 반짝이고 있었습니다.

～まで(に) ~까지(기한)

資料は15日までに提出しなければなりません。
자료는 15일**까지** 제출하지 않으면 안 됩니다.

～も～だ* ~도 ~(이)다

そんな口の利き方をしたらだめだけど、たかがゲームぐらいで息子に本気で怒るお父さんもお父さんだ。
그런 말투를 하면 안 되지만 고작 게임 정도로 아들에게 진심으로 화내는 아빠**도** 아빠**다**.

～より(も) ~보다(도)

海外の大学は日本の大学よりも卒業するのが難しいとされる。
해외의 대학은 일본의 대학**보다도** 졸업하는 것이 어렵다고 한다.

～をも ~도, ~까지도

新型コロナウイルスは命をも脅かす危険なウイルスです。
신형 코로나 바이러스는 생명**까지도** 위협하는 위험한 바이러스입니다.

5 부사

부사란?
부사란 문장에서 동사나 형용사를 꾸며주거나 더 자세하게 설명하기 위해서 사용하는 품사다.

*표시된 어휘는 기출문제에서 선별한 표현입니다.

あえて* 굳이

変更になった理由はわからないけど、**あえて**詳しく聞かなかった。
변경된 이유는 모르겠지만 **굳이** 상세하게 물어보지 않았다.

あまりに(も)* 너무나(도)

あまりに突然のできごとに男は仰天した。
너무나 갑작스러운 일에 남자는 몹시 놀랐다.

予め 미리, 사전에

目的地に着くまでにかかる時間を、出発する前に**あらかじめ**察しておいた。
목적지에 도착할 때까지 걸리는 시간을 출발하기 전에 **미리** 헤아려 두었다.

改めて 다시 한번, 새삼스럽게

自分がその仕事に相性が合うかどうか、**改めて**考えてみるといい。
자신이 그 일에 궁합이 맞는지 어떤지 **다시 한번** 생각해 보면 좋다.

いずれ 결국, 얼마 안 있어

一生懸命働けば、**いずれ**は報われると思います。
열심히 일하면 **결국**은 보답받을 거라고 생각합니다.

一段と 한층 (더), 더욱

リスク分散の重要性が**一段と**増していることは言うまでもない。
리스크 분산의 중요성이 **한층 더** 증가하고 있는 것은 말할 필요도 없다.

いつか* 언젠가

いつかまた会えることを楽しみにしています。
언젠가 또 만날 것을 기대하고 있겠습니다.

一体* 도대체

いったいどうしたんですか？
도대체 무슨 일입니까？

一向に~ない 전혀, 조금도 ~않다

そのまま就職して一向に日本に帰って来ない。
그대로 취직해서 전혀 일본에 돌아오지 않는다.

一切~ない 일절 ~않다

事故で怪我をしてから一切運動をしなくなりました。
사고로 부상을 입고 나서 일절 운동을 하지 않게 되었습니다.

いとも 매우, 아주

「1週間だけでいとも簡単に英語が話せるようになる」なんて、かなり無理があると思います。
'1주일 만으로 매우 간단히 영어를 이야기할 수 있게 된다'니 상당히 무리가 있다고 생각합니다.

今更 이제 와서

今更あれこれ愚痴をこぼすのはやめてください。
이제 와서 이것저것 불평을 늘어놓는 것은 그만두세요.

今に 이제 곧, 머지않아

その後、何が起こるか今にわかるだろう。
그 후, 무엇이 일어날지 머지않아 알게 되겠지.

おそらく* 아마, 어쩌면

彼は流暢に英語を話せたので、恐らく帰国子女ではないかと思います。
그는 유창하게 영어를 말할 수 있었으므로 어쩌면 귀국 자녀가 아닐까라고 생각합니다.

かえって* 도리어, 오히려

近道するために整備されていない山道を通ることになり、かえって時間がかかってしまった。
지름길로 가기 위해서 정비되어 있지 않은 산길을 통과하게 되어서 오히려 시간이 걸려버렸다.

必ずしも~ない* 반드시 ~것은 아니다

富が必ずしも幸福を保証するわけではない。
부가 반드시 행복을 보증하는 것은 아니다.

仮に* 가령, 만일

仮に太陽が西から昇ろうとも、彼と一緒に働くつもりはありません。
가령 태양이 서쪽에서 뜨더라도 그와 함께 일할 생각은 없습니다.

くれぐれも 부디, 아무쪼록

本日は台風が接近しているらしいので、お出かけの際にはくれぐれもお気をつけてください。
오늘은 태풍이 접근하고 있는 것 같으므로 외출 시에는 아무쪼록 조심해 주세요.

さぞ 아마, 필시, 오죽

最年少の世界チャンピオンになったことに対し、彼のご両親はさぞお喜びのことだろう。
최연소 세계 챔피언이 된 것에 대해서 그의 부모님은 필시 기뻐하실 것이다.

次第に 차츰, 차차

次第に気温も下がって寒くなってまいりましたが、お元気にお過ごしでいらっしゃいますか。
차츰 기온도 내려가고 추워져오고 있습니다만 건강하게 지내고 계십니까?

しばしば 자주, 여러 번

先月入社したばかりの吉田くんは勤務態度が悪く、遅刻もしばしばです。
지난달 입사한 지 얼마 안 된 요시다 군은 근무 태도가 나쁘고 지각도 자주 합니다.

実に 실로, 참으로

自ら進んでプロジェクトを企画したのに、途中で辞めるなんて実に無責任だ。
스스로 자진해서 프로젝트를 기획했는데 도중에서 그만두다니 실로 무책임하다.

徐々に 서서히

中央銀行は26日から金利を徐々に引き下げる考えを示した。
중앙은행은 26일부터 금리를 서서히 인하하겠다는 생각을 나타냈다.

せいぜい ① 기껏(해야) ② 있는 힘껏

① これだけの食材じゃ、せいぜい1人前しか作れないだろう。
이정도 식재료로는 기껏해야 1인분 밖에 만들 수 없을 것이다.
② 工場長がせいぜい頑張っている社員の姿を見て励ましてあげた。
공장장이 있는 힘껏 힘내고 있는 사원의 모습을 보고 격려해 주었다.

せっかく 모처럼

せっかく学んだ知識の多くはすぐに忘れ去られてしまう。
모처럼 배운 지식의 대부분은 바로 잊혀져 버린다.

そう～ない* 그렇게 ~않다

一見簡単そうに見えるかもしれないが、そう簡単ではない。
언뜻 보기에 간단해 보일지도 모르지만, 그렇게 간단하지 않다.

そのうち* 머지않아

警察にはそのうち誰かしら通報するだろうと誰もが思っているからか、相変わらずうるさいままだ。
경찰에게는 머지않아 누군가 신고할 것이라고 누구나가 생각하고 있었기 때문인지 여전히 시끄러운 상태다.

そもそも 애초에

そもそも問題を抱えている当事者が問題解決の意思がない場合もございます。
애초에 문제를 안고 있는 당사자가 문제 해결의 의사가 없는 경우도 있습니다.

たいして～ない 그다지 ~않다

3分も2分もたいして変わらないと思うかもしれないが、1分の違いでめんの硬さなどが変わるのだ。
3분도 2분도 그다지 다르지 않다고 생각할지도 모르지만 1분의 차이로 면의 경도 등이 바뀌는 것이다.

直ちに 바로, 즉각

クレジットカードを盗難、または紛失された場合は直ちにご連絡ください。
신용카드를 도난, 또는 분실당했을 경우는 바로 연락 주세요.

たとえ～ても* 설령 ~라도, 설령 ~라고 해도

たとえ余命半年だと言われても、私は最後まで病気と戦うつもりです。
설령 여생이 반년이라고 해도 나는 마지막까지 병과 싸울 생각입니다.

ちっとも～ない* 조금도, 전혀 ~않다

人のファッションを馬鹿にする冗談なんて、ちっとも面白くない。
사람의 패션을 업신여기는 농담 따위 전혀 재미있지 않다.

つい 그만, 무심결에

勉強しなければならないと思っているが、ついスマホをいじってしまう。
공부하지 않으면 안 된다고 생각하고 있지만 무심결에 스마트폰을 만져 버린다.

ついに* 드디어, 마침내
世間を騒がせた連続殺人犯が**ついに**逮捕されたそうだ。
세상을 떠들썩하게 만든 연속 살인범이 **마침내** 체포되었다고 한다.

とうとう* 드디어, 마침내, 끝내
3年以上連載していた人気漫画が**とうとう**終わってしまった。
3년 이상 연재하고 있었던 인기 만화가 **마침내** 끝나 버렸다.

とっくに 훨씬 전에, 진작에
今は夜の12時だからスーパーは**とっくに**閉まっているはずだよ。
지금은 밤 12시니까 슈퍼는 **진작에** 닫혀있을 것이야.

とても〜ない 도저히 ~할 수 없다
1週間内に単語を500個覚えるなんて**とても**でき**ない**よ。
1주일 안에 단어를 500개 외우라니 **도저히** 할 수 **없어**.

とりわけ 유난히, 그중에서도
好きな季節は夏で、**とりわけ**夏の夜中が好きです。
좋아하는 계절은 여름으로 **유난히** 여름밤을 좋아합니다.

どうしても* ① 무슨 일이 있어도, 꼭 ② 아무리 해도, 도저히 ~않다
① **どうしても**入学したい志望校があったので、必死に勉強した。
 무슨 일이 있어도 입학하고 싶은 지망 학교가 있었으므로 필사적으로 공부했다.
② 人をいじめる気持ちは**どうしても**理解できない。
 다른 사람을 괴롭히는 기분은 **아무리 해도** 이해할 수 없다.

どうやら* 아무래도
どうやら噂は本当みたいだ。峰岸さんは転勤になるらしい。
아무래도 소문은 정말인 것 같다. 미네기시 씨는 전근이 되는 것 같다.

なかなか〜ない* 좀처럼 ~않다
社会人ともなると**なかなか**そうはいか**ない**。
사회인쯤이 되면 **좀처럼** 그렇게는 되지 **않는다**.

何も* ① 아무것도 ② 특별히, 굳이 (何も~ない)

① 今は何も話したくありません。
지금은 **아무것도** 말하고 싶지 않습니다.

② 私が悪かったと思うけれど、だからといって何もそう怒ることはないだろう。
내가 나빴다고 생각하지만 그렇다고 해서 **굳이** 그렇게 화낼 필요는 없잖아.

なんら* 하등, 조금도

国民の声を無視し続ければ、近い将来、暴動が起きてもなんら不思議ではない。
국민의 목소리를 계속 무시한다면 가까운 미래에 폭동이 일어나더라도 **조금도** 이상하지 않다.

果たして* 과연

民間企業が、顧客だけを考えながら経営していくことは果たして可能なのだろうか。
민간기업이 고객만 생각하면서 경영해 가는 것은 **과연** 가능할 것인가.

ふと 문득

長い間、試行錯誤の末、ふと答えが思いついた。
오랜 기간 시행착오 끝에 **문득** 정답이 떠올랐다.

まさしく 바로, 틀림없이

これこそ、まさしく青春にほかならない。
이것이야말로 **틀림없이** 청춘이다.

まさか* 설마

まさか彼が犯人だなんて、夢にも思えませんでした。
설마 그가 범인이라니 꿈에도 생각 못 했습니다.

益々 점점, 더욱더

貴社におかれましては益々ご隆盛のこととお慶び申し上げます。
귀사에게 있어서는 **점점** 번성하시기를 경하 드립니다(=기원합니다).

まず* 우선, 일단

まず、自己紹介から始めたいと思います。
우선 자기소개부터 시작하고 싶다고 생각합니다.

まもなく* 곧, 머지않아

まもなく列車が到着いたしますので、黄色い線までお下がりください。
곧 열차가 도착하므로 노란 선까지 물러나 주세요.

まるで* ① 마치 ② 전혀 ~아니다

① あの女優は、**まるで**一輪の花のようだ。
　저 여자 배우는 **마치** 한 송이의 꽃과 같다.
② 20年前に読んだ本なので、今は内容を**まるで**覚えていない。
　20년 전에 읽은 책이기 때문에 지금은 내용을 **전혀** 기억하고 있지 않다.

万一・万が一 만일

具体的な契約内容を確認し、**万が一**のためにマニュアルを作っておきましょう。
구체적인 계약 내용을 확인하여 **만일**의 경우를 대비하여 매뉴얼을 만들어 둡시다.

見る見る(うちに) 순식간에

豪雨の影響により、水位が**見る見るうちに**上昇した。
호우의 영향으로 인해 수위가 **순식간에** 상승했다.

むしろ* 오히려

修理すると**むしろ**高くなりそうなので、これを機に新しいのを買うことにした。
수리하면 **오히려** 비싸질 것 같으므로 이것을 계기로 새로운 것을 사기로 했다.

めったに～ない 거의, 좀처럼 ~않다

家から**めったに出ない**彼も年に一回の同窓会には必ず出席するようにしている。
집에서 **좀처럼** 나가지 **않는** 그도 1년에 한 번의 동창회에는 반드시 출석하도록 하고 있다.

もしかしたら* 어쩌면, 혹시나

あの本のことなんだけれど、**もしかしたら**近所の図書館にあるかもしれないよ。
저 책 말인데 **어쩌면** 근처 도서관에 있을 지도 몰라.

専ら 오로지, 한결같이

私も**もっぱら**出前をお願いして食事を取ることが多いです。
저도 **한결같이** 배달을 부탁해서 식사를 하는 일이 많습니다.

最も* (무엇보다도) 가장

人生で最も大事なことは何だと思いますか。
인생에서 가장 중요한 것은 무엇이라고 생각합니까?

やがて 얼마 안 있어, 곧, 이윽고

しばらくの間、動物の鳴き声が聞こえたが、やがて静かになった。
잠시 동안 동물의 울음소리가 들렸지만 이윽고 조용해졌다.

ようやく* 겨우, 간신히

長い研修期間を経て、ようやく正社員としてこの会社で働くことになった。
긴 연수 기간을 거쳐 간신히 정사원으로서 이 회사에서 일하게 되었다.

ろくに~ない 제대로 ~하지 않다

仕事もろくにしないで文句ばかり言う人を雇うつもりはありません。
일도 제대로 하지 않고 불평만 말하는 사람을 고용할 생각은 없습니다.

6 접속사 | 글의 문법 유형에서 접속사를 고르는 문제가 자주 출제되므로 뉘앙스별로 의미를 잘 파악해두자.

접속사란?
접속사란 문장과 문장, 또는 구절과 구절, 단어와 단어를 서로 자연스럽게 연결하기 위해서 사용하는 품사다.
접속사는 뉘앙스에 따라 크게 순접, 역접, 보충, 설명, 조건, 선택, 전환 등과 같이 구분하여 사용한다.

*표시된 접속사는 기출문제에서 선별한 표현입니다.

01 순접

こうして* 이렇게 해서

こうして毎日仕事を頑張れるのも、健康な体があってのことだとつくづく思う。
이렇게 해서 매일 일을 열심히 할 수 있는 것도 건강한 몸이 있기 때문이라고 절실히 생각한다.

したがって* 따라서

したがって、労働力の減少による影響を緩和する必要があります。
따라서 노동력 감소로 인한 영향을 완화할 필요가 있습니다.

すると* 그러자, 그러면

扉が開いた。すると、扉の中から得体の知れない何かが現れた。
문이 열렸다. 그러자, 문안에서 정체를 알 수 없는 무언가가 나타났다.

そこで* 그래서

そこで問題となっているのがゴミの不法投棄などの行為についてです。
그래서 문제가 되고 있는 것이 쓰레기 불법 투기 등의 행위에 대해서입니다.

そして* 그리고

急に空が暗くなった。そして雨が土砂降りに降り始めた。
갑자기 하늘이 어두워졌다. 그리고 비가 억수같이 내리기 시작했다.

その結果* 그 결과

その結果、学会からの優秀研究賞を2年連続受賞した。
그 결과 학회로부터의 우수 연구상을 2년 연속 수상했다.

そのため* 그 때문에, 그렇기 때문에

徐々にモチベーションが下がっています。そのため、勉強する目標を定める必要があります。
서서히 동기 부여가 내려가고 있습니다. 그렇기 때문에 공부할 목표를 정할 필요가 있습니다.

それで 그래서

それで、来月で仕事を辞めさせてもらおうかと思っているんですが…。
그래서 다음 달로 일을 그만두려고 생각하고 있습니다만…

それゆえ 그러므로

この地域は事故が多発している。**それゆえ**車での通勤を禁止せざるを得ない。
이 지역은 사고가 다발하고 있다. **그러므로** 자동차으로의 통근을 금지하지 않을 수 없다.

だから* 그래서

だから言ったじゃないですか。彼には言っても無駄だと。
그래서 말하지 않았습니까. 그에게는 말해도 소용없다고.

(それ)では 그럼

それではこれより当社の新製品をご覧に入れましょう。
그럼 이제부터 당사의 신제품을 보여드리지요.

ともかく 여하튼, 어쨌든

お父さんは家訓として**ともかく**「何事にも感謝せよ」といつも強調している。
아버지는 가훈으로서 **여하튼** '무슨 일에도 감사해라'라고 항상 강조하고 있다.

なにしろ* 어쨌든, 여하튼

そうですね。**何しろ**危険なことも多いからいつも心配です。
그렇죠. **여하튼** 위험한 것도 많으니까 늘 걱정입니다.

ゆえに* 고로, 그러므로

我思う、**ゆえに**我あり。
나는 생각한다, **고로** 나는 존재한다.

よって 따라서

よって普段使っている言葉を確認することも一つの方法だと思います。
따라서 평소 쓰고 있는 단어를 확인하는 것도 하나의 방법이라고 생각합니다.

02 역접

一方(で)* 한편(으로)

そういう意見(いけん)も多(おお)いですよね。一方(いっぽう)でそうではないという声(こえ)もあります。
그러한 의견도 많죠. 한편으로 그렇지는 않다는 목소리도 있습니다.

が・だが* 그러나

危機(きき)は過(す)ぎ去(さ)った。だが、油断(ゆだん)は禁物(きんもつ)である。
위기는 지나갔다. 그러나 방심은 금물이다.

けれど(も) 하지만

最善(さいぜん)の努力(どりょく)を尽(つ)くした。けれども結果(けっか)は惨敗(さんぱい)だった。
최선의 노력을 다했다. 하지만 결과는 참패였다.

しかし・しかしながら 그러나

彼(かれ)は大富豪(だいふごう)だ。しかしながら実(じつ)に質素(しっそ)な生活(せいかつ)を送(おく)っている。
그는 대부호이다. 그러나 실로 검소한 생활을 보내고 있다.

しかるに 그런데(도)

何度(なんど)も注意(ちゅうい)した。しかるに改(あらた)める気配(けはい)がなかった。
몇 번이나 주의를 주었다. 그런데(도) 고칠 기색이 없었다.

そのくせ 그런데도

大口(おおぐち)をたたいているのに、そのくせ一人(ひとり)ではなにもできない。
호언장담을 하고 있는데 그런데도 혼자서는 아무것도 하지 못한다.

その反面(はんめん) 그 반면에

その反面(はんめん)、彼女(かのじょ)は仕事(しごと)が忙(いそが)しくて行(い)けないかもしれない。
그 반면에 그녀는 일이 바빠서 갈 수 없을지도 모른다.

それでも* 그래도

雨(あめ)は止(や)んだが、それでも外(そと)はまだ肌寒(はださむ)かった。
비는 그쳤지만 그래도 밖은 아직 쌀쌀했다.

それどころか* 그렇기는커녕, 그건 고사하고

彼(かれ)は挨拶(あいさつ)をしない。それどころか目(め)を合(あ)わせようともしない。
그는 인사를 하지 않는다. 그렇기는커녕 눈을 마주치려고 하지도 않는다.

(それ)なのに* 그런데도

昨日(きのう)は10時に眠(ねむ)りについた。**なのに**眠(ねむ)すぎて仕方(しかた)がない。
어제는 10시에 잠들었다. **그런데도** 너무 졸려서 어쩔 수 없다.

それにしても 그렇다 치더라도

それにしても大変(たいへん)なことになりましたね。どうすればいいのでしょう。
그렇다 치더라도 큰일이 되었네요. 어떻게 하면 좋은 걸까요.

それにも関(かか)わらず* 그럼에도 불구하고

雨(あめ)は激(はげ)しく降(ふ)り続(つづ)けた。**それにも関(かか)わらず**、試合(しあい)は続行(ぞっこう)され、観客(かんきゃく)も盛(も)り上(あ)がった。
비는 거세게 계속 내렸다. **그럼에도 불구하고** 시합은 속행되어 관객도 고조되었다.

ただ・ただし* 단, 다만

ただし、機内(きない)に酒類(しゅるい)のお持(も)ち込(こ)みはお断(ことわ)りしております。
다만 기내에 주류 반입은 금지하고 있습니다.

だけど 그렇지만

試合(しあい)に出場(しゅつじょう)するために頑張(がんば)って練習(れんしゅう)した。**だけど**、1回目(かいめ)の予選(よせん)で落(お)ちてしまった。
시합에 출전하기 위해서 열심히 연습했다. **그렇지만** 1회째 예선에서 떨어져 버렸다.

でも 근데

見(み)た目(め)はグロテスクに見(み)えた。**でも**味(あじ)は本当(ほんとう)においしかった
겉모습은 징그럽게 보였다. **근데** 맛은 정말로 맛있었다.

とはいっても 그렇다고 해도

彼(かれ)は1年間(ねんかん)アメリカに留学(りゅうがく)した。**とはいっても**ほとんど英語(えいご)が話(はな)せないままだ。
그는 1년간 미국에 유학했다. **그렇다고 해도** 거의 영어를 말할 수 없는 상태다.

ところが 그런데

勇気(ゆうき)を出(だ)してデートに誘(さそ)ってみた。**ところが**、丁寧(ていねい)に断(ことわ)られた。
용기를 내서 데이트를 권유해 보았다. **그런데** 정중하게 거절당했다.

とはいうものの 그렇다 하더라도

彼(かれ)はすごい腕(うで)を持(も)った剣士(けんし)だ。**とはいうものの**、今(いま)は年(とし)をとって歩(ある)くことすら大変(たいへん)そうだ。
그는 굉장한 실력을 가진 검객이다. **그렇다 하더라도** 지금은 나이를 먹어서 걷는 것조차 힘들어 보인다.

とはいえ* 그렇다 하더라도

彼はいわゆる夜型人間だ。**とはいえ**、そんなに朝に弱いわけでもない。
그는 소위 저녁형 인간이다. **그렇다 하더라도** 그렇게 아침에 약한 것도 아니다.

もっとも* 그렇다고는 하지만

今週末は海に泳ぎに行こうと思っています。**もっとも**、天気が良ければの話ですが。
이번 주말은 바다에 수영하러 가려고 생각하고 있습니다. **그렇다고는 하지만** 날씨가 좋을 경우의 이야기입니다만.

03 보충

その上* 게다가

この洗濯機は品質に優れ、**その上**コスパもよい。
이 세탁기는 품질이 우수하고 **게다가** 가성비도 좋다.

それに* 게다가

時間も遅くなったので、そろそろ帰りましょう。**それに**明日も仕事があるし。
시간도 늦었으므로 슬슬 돌아갑시다. **게다가** 내일도 일이 있고.

ちなみに 참고로, 덧붙여서 말하면

ちなみに私はこのチームのリーダーを務めています。
덧붙여서 말하면 저는 이 팀의 리더를 맡고 있습니다.

なお* 또한

先日は大変お世話になりました。**なお**、お土産まで頂戴して恐縮です。
지난번에는 대단히 신세를 졌습니다. **또한** 선물까지 받아서 황송합니다.

並びに 및, 또

お客様**ならびに**関係者各位、平素よりお世話になっており誠にありがとうございます。
고객님 **및** 관계자 여러분, 평소에 신세를 지고 있어 대단히 감사합니다.

ひいては 나아가서는

法律は個人の権利のために、**ひいては**国家の安寧のために存在します。
법률은 개인의 권리를 위해서 **나아가서는** 국가의 안녕을 위해서 존재합니다.

まして 하물며

韓国語(かんこくご)も苦手(にがて)なのに、**まして**英語(えいご)なんてできっこない。
한국어도 서툰데 **하물며** 영어 따위 할 수 있을 리가 없다.

また* 또

彼(かれ)は講師(こうし)でもあり、**また**フリーランスでもある。
그는 강사이기도 하며 **또** 프리랜서이기도 하다.

04 설명

いわゆる 소위, 이른바

黒字(くろじ)でありながら倒産(とうさん)してしまうという現象(げんしょう)が**いわゆる**「黒字倒産(くろじとうさん)」です。
흑자이면서 도산해 버린다고 하는 현상이 **이른바** '흑자도산'입니다.

実(じつ)は* 실은

実(じつ)は、来学期(らいがっき)から大学(だいがく)の課題研究(かだいけんきゅう)が忙(いそが)しくなり、アルバイトを続(つづ)けられないです。
실은 다음 학기부터 대학교의 과제 연구가 바빠져서 아르바이트를 계속할 수 없습니다.

実(じつ)のところ 실은

ここだけの話(はなし)ですが、**実(じつ)のところ**、彼(かれ)とあまり親(した)しくありません。
여기서만의 이야기입니다만, **실은** 그와 별로 친하지 않습니다.

すなわち* 즉

アメリカの議会(ぎかい)は大(おお)きく二院(にいん)、**すなわち**上院(じょういん)と下院(かいん)で構成(こうせい)されています。
미국 의회는 크게 이원, **즉** 상원과 하원으로 구성되어 있습니다.

例(たと)えば 예를 들면

例(たと)えば1990年代(ねんだい)に欧米企業(おうべいきぎょう)の研究開発方針(けんきゅうかいはつほうしん)は大(おお)きく変(か)わりました。
예를 들면 1990년대에 유럽과 미국 기업의 연구 개발 방침은 크게 변했습니다.

だって* 왜냐하면, 그렇지만

だって今更説明(いまさらせつめい)しても誰一人(だれひとり)信(しん)じてくれないじゃないですか。
그렇지만 이제 와서 설명해도 누구 한 명 믿어주지 않는걸요.

つまり* 즉

つまり、ご両親の背が高ければ、お子さんも背が高くなる可能性が高いということです。
즉, 부모님이 키가 크면 자녀분도 키가 커질 확률이 높다는 것입니다.

というのも 왜냐하면

大事な内容は必ずメモしましょう。**というのも**、人は忘れやすい生き物だからです。
중요한 내용은 반드시 메모합시다. **왜냐하면** 사람은 까먹기 쉬운 생명체니까요.

なぜかというと 왜냐하면

なぜかというと、業界と企業への志望動機が異なるからです。
왜냐하면 업계와 기업의 지망 동기가 다르기 때문입니다.

なぜなら(ば) 왜냐하면

なぜなら、大きな成功は日々の小さな努力の積み重ねにほかならないからだ。
왜냐하면 커다란 성공은 다름 아닌 나날의 작은 노력의 축적임이 틀림없기 때문이다.

要するに* 요컨대, 결국

要するに学生にとって一番大事なのは勉強だということです。
요컨대 학생에게 있어서 가장 중요한 것은 공부라는 것입니다.

05 조건

そう言えば* 그러고 보니

そう言えば、今日の彼女は何かおかしかった。
그러고 보니 오늘 그녀는 왠지 이상했어.

それなら 그렇다면

よくわかったよ。**それなら**こっちにも考えがある。
잘 알겠어. **그렇다면** 이쪽에도 생각이 있어.

とすると・としたら* 그렇다면

としたら、買うかどうかもう少し考えてみます。
그렇다면 살지 어떨지 조금 더 생각해 보겠습니다.

06 선택

あるいは* 혹은

猫は気分屋、あるいは気まぐれだというイメージがある。
고양이는 기분파, 혹은 변덕스럽다는 이미지가 있다.

それとも 그렇지 않으면, 아니면

生ビールにしますか。それともウーロン茶にしますか。
생맥주로 하시겠습니까? 아니면 우롱차로 하시겠습니까?

どちらかといえば 어느 쪽이냐 하면

どちらかと言えば、目玉焼きに醤油をかける派かな。
어느 쪽이냐 하면 계란 프라이에 간장을 뿌리는 쪽이려나.

または 또는

好みにより砂糖またはシロップを加えましょう。
기호에 따라서 설탕 또는 시럽을 첨가하죠.

もしくは 혹은

その件について電話もしくはメールにてご連絡させていただきます。
그 건에 대해서 전화 혹은 메일로 연락드리겠습니다.

07 전환

さて 자, 그런데

さて、次の問題は山田さんに解いてもらいましょう。
자, 다음 문제는 야마다 씨가 풀어볼까요.

ときに 자, 그건 그렇고

ときにお子様は今年でおいくつになりましたか。
그건 그렇고 자제분은 올해로 몇 살이 되셨나요?

ところで* 그런데, 그건 그렇고

ところで、あの件の進捗度はどれくらい進んでいますか。
그건 그렇고 그 건의 진척도는 어느 정도 진행되고 있습니까?

기출문법 집중 공략

2010년부터 최신 JLPT까지 출제된 N1 기출 문법 접속 품사별로 정리하였습니다.

1 명사와 접속

01 ～あっての ~이/가 있어야 (성립하는)

A라는 조건이 있어야 비로소 B가 성립할 수 있다는 뜻으로, A가 없으면 B도 성립할 수 없다는 뉘앙스를 내포한다.

접속 명사

　　お金(かね)あっての幸(しあわ)せ 돈이 있어야 성립하는 행복

皆(みな)さまのサポートあっての優勝(ゆうしょう)です。
여러분의 **서포트가 있어야 성립하는** 우승입니다.

親(おや)の愛(あい)あっての今(いま)の自分(じぶん)がいる。
부모의 **사랑이 있어서** 지금의 내가 있다.

02 ～次第(しだい)で(は) ~에 따라서(는)

「～次第だ ~에 달려있다, ~나름이다」에서 파생된 표현으로, 앞부분에 접속하는 명사에 따라 일의 진행 방향이나 결과가 달라진다는 것을 나타낸다.

접속 명사

　　反応次第(はんのうしだい)では 반응에 따라서는

体調次第(たいちょうしだい)では、おじいちゃんがお祝(いわ)いパーティーに参加(さんか)できるかもしれない。
몸 상태에 따라서는 할아버지가 축하 파티에 참가할 수 있을지도 모른다.

状況次第(じょうきょうしだい)では、あなたの条件(じょうけん)を受(う)け入(い)れる可能性(かのうせい)もある。
상황에 따라서는 당신의 조건을 받아들일 가능성도 있다.

03 〜だろうが(〜だろうが) / 〜だろうと(〜だろうと) / 〜であれ(〜であれ) / 〜であろうと(〜であろうと) ~이든 (~이든)

「〜だろうが」, 「〜だろうと」, 「〜であろうが」, 「〜であろうと」는 모두 동일한 뜻을 가지고 있다. 해당 표현은 단독 사용은 물론, 앞뒤로 중첩해서도 사용할 수 있으며, 어떠한 경우라도 변함없는 결과나 의지를 나타낸다. 단독으로 쓸 경우 문장 앞에 「たとえ 설령」, 「どんなに 아무리」와 같은 표현을 함께 사용할 수 있으며, 무엇이 되든 뒤에 오는 내용이 바뀌는 일은 없다는 것을 강조하는 표현이다.

💡 **TIP** 시험에서는 단독 사용으로도 앞뒤로 중첩 사용으로도 모두 출제된 문법이다. 또한 비슷한 표현으로는 「동사 의지형 ➕ (よ)うが ➕ まい형 ➕ まいが ~하든 ~하지 않든」, 「동사 의지형 ➕ (よ)うと ➕ まい형 ➕ まいと ~하든 ~하지 않든」이 있다. 🔍 p.323 핵심문법

접속 명사

犬だろうが猫だろうが 개든 고양이든

どういうチームだろうと 어떠한 팀이든

たとえ家族であれ 설령 가족이든

どんな内容であろうと 어떤 내용이든

飛行機だろうが船だろうが 비행기든 배든

雨だろうが雪だろうが 비든 눈이든

大人であれ子どもであれ 어른이든 아이든

正社員であろうとアルバイトであろうと 정사원이든 아르바이트든

相手が、**金持ちだろうが貧乏だろうが**、私は常に平等だ。
상대가 **부자든 빈곤하든** 나는 항상 평등하다.

高橋さんは、**日本料理だろうとフレンチ料理だろうと**なんだって作れる。
타카하시 씨는 **일본 요리든 프렌치 요리든** 뭐든지 만들 수 있다.

権力を持っている者であれそうではない者であれ、法的には平等になるべきだ。
권력을 가지고 있는 자든 그렇지 않은 자든 법적으로는 평등해야 한다.

犯行の動機が**何であろうと**、精神的に**どういう状態であろうと**罪は償うべきだ。
범행 동기가 **무엇이든** 정신적으로 **어떠한 상태든** 죄는 속죄해야 한다.

04 ～と相まって ~와/과 어우러져, ~와/과 맞물려

앞뒤에 오는 두 가지의 현상이 상호작용하여 한층 더 큰 효과나 결과를 일으켰을 때 사용하는 표현이다.

TIP 「～が相まって ~이/가 어우러져, ~이/가 맞물려」의 형태로도 사용할 수 있다.

접속　명사
　　　映像が音楽と相まって 영상이 음악과 어우러져

リーダーシップが観察力と相まって、プロジェクトを成功に導かせたのだろう。
리더십이 **관찰력과 어우러져** 프로젝트를 성공으로 이끌게 했던 것이겠지.

突然の山火事が強風と相まって、膨大な被害になってしまった。
갑작스러운 산불이 **강풍과 맞물려** 방대한 피해가 되어 버렸다.

05 ～といたしましては ~로서는

「～として ~로서」에서 파생된 표현으로, 그중 일부인 「する」가 「いたす」로 변동되어 만들어진 겸양어다. 겸양어 형태로 파생된 표현인 만큼, 다소 딱딱한 분위기에서 사용되는 경우가 많다. 때문에 주로 윗사람 앞이나 격식을 차리는 비즈니스적인 자리, 공적 기관 등에서 어떠한 일에 대한 입장, 원인, 결과, 의견, 해결책, 실적, 상세 등을 말할 때 사용한다.

접속　명사
　　　政府といたしましては 정부로서는

今回のプロジェクトを失敗した原因といたしましては、様々なことがあると思います。
이번 프로젝트를 실패한 **원인으로서는** 다양한 것이 있다고 생각합니다.

交渉の条件といたしましては下記の通りです。
교섭 **조건으로서는** 하기 대로입니다.

06 ～ならではの ~만의, ~특유의, ~이/가 아니고서는 안 되는

지역, 가게, 상품 등 오직 그것만이 지니고 있는 우수한 특징을 높이 평가하는 뉘앙스를 가지고 있으며, 주로 소개문에서 사용되는 표현이다.

TIP 「～ならではだ ~만이 가능하다, ~특유의 것이다, ~이/가 아니고서는 안 된다」의 형태로도 사용할 수 있다.

접속　명사
　　　この店ならではの味 이 가게만의 맛

伝統工芸品は職人ならではの知識と技術で受け継がれている。
전통 공예품은 **장인만의** 지식과 기술로 계승되고 있다.

この地域では海の町ならではの新鮮な魚料理やマリンスポーツなどが楽しめます。
이 지역에서는 **바다 마을만의** 신선한 생선요리나 마린 스포츠 등을 즐길 수 있습니다.

07　〜にして　① ~이/가 되어서　② ~이면서 동시에　③ ~인데도　④ ~이기에　⑤ 관용 표현

여러 가지 뜻이 있으므로 문장에 따라 알맞게 해석을 해야 한다. 기본적으로는 어떠한 단계나 레벨을 강조하는 표현으로, 무언가에 대하여 대단하거나 의외라며 놀라는 뉘앙스를 내포한다.

① 어떠한 단계가 되어서, 처음으로 무언가를 하게 되었다고 강조하는 표현이다. 앞부분에는 주로 시간, 연령, 횟수 등의 수량 명사와 함께 접속하는 특징이 있으며, 뒷부분에는「ようやく 간신히」,「やっと 겨우」,「初めて 처음으로, 비로소」와 같은 단어를 함께 잘 사용한다.

② 'A이면서 B이기도 하다'를 나타내는 표현으로 두 가지의 직업이나 어떠한 신분을 동시에 가지고 있는 경우에 사용한다.

③ 'A인데도', 'A조차(도)'를 나타내는 표현으로 특정 분야에 있어 전문적 직업을 가진 사람이나 높은 직위에 있는 신분이면서도 무언가를 해내기 어렵거나 해내지 못한다는 의미로 사용한다.

④ 'A이기에 가능하다'를 나타내는 표현으로 어떠한 직업이나 신분의 사람이기 때문에 비로소 과거에 이루지 못한 어떠한 행위나 동작이 이루어지거나 사건, 이슈가 해결되었을 때 사용한다.

⑤ 기타로 자주 쓰는 관용 표현이 있다. 이 경우, 암기가 필요하다.「一晩にして 하룻밤 사이에」,「一瞬にして 순식간에」,「幸いにして 다행히도」,「不幸にして 불행하게도」,「生まれながらにして 태어날 때부터」

💡TIP　시험에서는「6枚目にして最後となるCD 6장째가 되어서 마지막이 되는 CD」,「専門家にして初めて書ける 전문가이기에 비로소 쓸 수 있다」,「彼はわずか27歳にして市長となった 그는 불과 27살이 되어서 시장이 되었다」의 형태로 출제되었다.

접속　명사

① 3年目にして 3년째가 되어서
② 先生にして詩人 선생님이면서 동시에 시인
③ プロのピアニストにして 프로인 피아니스트인데도
④ この道20年の陶芸家にして 이 길 20년인 도예가이기에

---

① 親戚の叔父は**65歳にして**大学に入学した。
　친척인 삼촌은 **65세가 되어서** 대학에 입학했다.
② 友人は、**モデルにして**ゲームクリエーターとしても活躍している。
　친구는 **모델이면서 동시에** 게임 크리에이터로서도 활약하고 있다.
③ **先生にして**わからない問題を私が解けるわけがない。
　선생님인데도 모르는 문제를 내가 풀 수 있을 리가 없다.
④ 今回の法律制定は**あの政治家にして**できたことだと思う。
　이번의 법률 제정은 **저 정치가이기에** 할 수 있었던 일이라고 생각한다.
⑤ **不幸にして**、親に会いたいと言った少女の夢は結局叶わなかった。
　불행하게도 부모를 만나고 싶다고 말한 소녀의 꿈은 결국 이루어지지 않았다.

08 ～は否めない ~은/는 부정할 수 없다

「否む 부정하다」라는 동사에서 파생된 표현으로, 어떤 상황에 있어서 부정적인 요소에 대한 가능성을 부정할 수 없으니 조심스럽게 인정한다는 뉘앙스를 가졌다.

> **TIP** 명사 외의 품사를 접속시킬 때는 각 품사를 명사화하여 「～ことは否めない ~것은 부정할 수 없다」, 「～のは否めない ~것은 부정할 수 없다」와 같은 형태로 사용한다. 시험에서는 「確かに体力が落ちてきたことは否めない 확실히 체력이 떨어진 것은 부정할 수 없다」의 형태로 출제되었다. 또한 「～感は否めない ~느낌은 부정할 수 없다」와 같은 형태로도 자주 사용한다.

접속 명사

崩壊の可能性は否めない 붕괴의 가능성은 부정할 수 없다

この時期に人事部から呼ばれるとは、**転勤は否めない**。
이 시기에 인사부에서 부름을 받다니 **전근은 부정할 수 없다**.

完璧な出来栄えとは言えない、この**不足感**はだれもが**否めない**だろう。
완벽한 솜씨라고는 말할 수 없는 이 **부족감은** 누구나가 **부정할 수 없을** 것이다.

09 ～はどう(で)あれ ~은/는 어찌 됐든

앞 내용이 어떻든 간에 뒤 내용에 영향을 주지 않는다는 것을 의미하는 표현이다.

접속 명사

方法はどう(で)あれ 방법은 어찌됐든

結果はどうであれ、挑戦したことに全く悔いはありません。
결과는 어찌 됐든 도전한 것에 전혀 후회는 없습니다.

将来はどうあれ、今を楽しめればいいと言う人もいる。
장래는 어찌 됐든 지금을 즐길 수 있다면 된다고 말하는 사람도 있다.

10 ～もさることながら ~도 물론이거니와, ~도 그러하지만

'A도 물론 ~하지만, B는 더욱 ~하다'의 쓰임새를 가진 표현으로, 화자가 전달하고자 하는 포인트가 되는 내용은 뒷부분에 존재한다. 즉 뒷부분을 강조하는 뉘앙스의 표현이다.

접속 명사

温度もさることながら 온도도 물론이거니와

この本の魅力は、**内容もさることながら**、表現力の高さも欠かせないだろう。
이 책의 매력은 **내용도 물론이거니와** 표현력의 높음도 빠뜨릴 수 없을 것이다.

石原さんは**美貌もさることながら**性格もいいから、みんなから好かれる。
이시하라 씨는 **미모도 물론이거니와** 성격도 좋으니까 모두로부터 사랑받는다.

11 〜を受けて ~을/를 받아서, ~의 영향을 받아서

「受ける 받다」라는 동사에서 파생된 문법으로, 어떠한 상황이나 사건 등에 영향을 받은 것이 계기로 어떠한 결과가 되었다고 표현할 때 사용하는 표현이다.

접속 명사

石油価格の高騰を受けて 석유 가격 고등(=급등)의 영향을 받아서

円安現象を受けて日本国内の商品価格が上がり気味だ。
엔저 현상의 영향을 받아서 일본 국내의 상품 가격이 오르는 기색이다.

イギリスでの貴重な体験を受けて、人生の目標が決まった。
영국에서의 귀중한 체험의 영향을 받아서 인생의 목표가 정해졌다.

12 〜を皮切りに・〜を皮切りとして ~을/를 시작으로

어떠한 사건이나 상황이 발생한 이후, 그것을 기점으로 관련된 일이 더욱 전개되어 잇달아 일어날 때 사용하는 표현이다.

💡 **TIP** 동사를 활용할 경우, 「동사 ➕ の」의 형태로 동사를 명사화하여 접속시킬 수 있다.

접속 명사

証言を皮切りに 증언을 시작으로

彼女は今回のマラソン大会を皮切りに、日本各地で優勝している。
그녀는 이번 마라톤 대회를 시작으로 일본 각지에서 우승하고 있다.

お子様ランチは、ある地域のレストランを皮切りに、多くの店で取り扱うようになった。
어린이 런치는 어느 지역의 레스토랑을 시작으로 많은 가게에서 취급하게 되었다.

13 〜を機に ~을/를 계기로, ~을/를 계기로 하여

「機 기회」라는 명사에서 파생된 문법으로, 특정 사건이 기회가 되어 어떠한 일을 하게 된 경우에 사용한다. 다소 딱딱한 문어체 표현이다.

💡 **TIP** 비슷한 표현으로 「〜を契機に ~을/를 계기로」와 「〜を契機として ~을/를 계기로 하여」가 있으며 동사를 활용할 경우, 「동사 ➕ の」의 형태로 동사를 명사화하여 접속시킬 수 있다.

접속 명사

その事件を機に 그 사건을 계기로

叔父は定年退職を機に、ハワイに移住した。
삼촌은 정년퇴직을 계기로 하와이에 이주했다.

彼女は婚約を機に、料理教室へ通い始めたらしい。
그녀는 약혼을 계기로 요리 교실에 다니기 시작했다고 한다.

14 ～を最後に　~을/를 끝으로, ~을/를 마지막으로

특정 시점을 마지막으로 지금까지 해 왔던 것을 그만둔다는 의미로 사용하는 표현이다.

💡**TIP** 「～を最後として ~을/를 끝으로 하여, ~을/를 마지막으로 하여」라는 표현도 잘 사용하므로 함께 외워두자.

접속　명사
　　　今日を最後に 오늘을 끝으로

これは上等な酒だ。**これを最後に**、明日から酒を断つとするか。
이것은 고급진 술이다. **이것을 끝으로** 내일부터 술을 끊기로 할까.

彼女は4年後の**オリンピックを最後に**、引退するらしい。
그녀는 4년 후의 **올림픽을 마지막으로** 은퇴하는 것 같다.

15 ～を控えて　~을/를 앞두고

「控える」에는 '삼가다'라는 뜻 외에도 '앞두다'라는 뜻이 있다. 해당 문법은 '앞두다'라는 뜻에서 파생된 표현으로, 가까운 미래에 어떠한 이벤트를 예정하고 있음을 나타낸다. 또한 「～を控えて」의 앞에는 행사, 어떠한 특정일, 이슈가 되는 사건을 나타내는 명사가 위치한다.

접속　명사
　　　結婚式を控えて 결혼식을 앞두고

一人暮らしを控えて、必要な家電製品を買いに行こうと思う。
자취를 앞두고 필요한 가전제품을 사러 가려고 생각한다.

就職活動の**面接を控えて**、30回くらいビデオ撮影をして練習した。
취직 활동의 **면접을 앞두고** 30회 정도 비디오 촬영을 해서 연습했다.

16 〜をもって ① ~으로 ② ~로써

① 무언가를 수단이나 방법으로 이용한다고 할 때 사용하는 표현이다.

② 시간, 시점을 강조하여 어떤 행위를 종료할 때 사용하는 표현으로 주로 날짜나 시간과 관련된 명사와 함께 사용한다.

> **TIP** 동일한 뜻이지만 보다 정중하게 말하는 표현인 「〜をもちまして」도 함께 암기해 두자. 나아가 해당 문법을 활용하여 「〜をもってすれば ~이라면」, 「〜をもってしても ~이어도, ~로도」의 형태도 쓸 수 있다.
> 今の実力をもってすればN1合格は夢じゃないでしょう。
> 지금의 실력이라면 N1 합격은 꿈이 아니겠죠.
> この難問は、普段賢いと有名な彼女の頭をもってしても、解けなかった。
> 이 난문은 평소 똑똑하다고 유명한 그녀의 머리로도 풀 수 없었다.

접속 명사
書面をもって 서면으로 / 本日をもちまして 금일로써

① この新しい機械をもって大量生産を図りましょう。
이 새로운 **기계로** 대량생산을 도모합시다.

② 昨年末をもって、彼らのグループは解散した。
작년 말로써 그들의 그룹은 해산하였다.

17 〜を余儀なくされる / 〜を余儀なくさせる 어쩔 수 없이 ~하게 되다 / 어쩔 수 없이 ~하게 하다

「〜を余儀なくされる 어쩔 수 없이 ~하게 되다」는 외부의 요인에 의해 스스로의 의지와는 상관없이 화자 본인이 어떤 행동을 하게 되었을 때 사용하는 표현이다.

「〜を余儀なくさせる 어쩔 수 없이 ~하게 하다」는 외부 요인에 의해 부득이하게 어떤 행동을 하도록 지시, 명령을 하거나 어떤 상황으로 만들고 시킬 때 사용하는 표현이다.

> **TIP** 시험에서 「余儀なくされる」와 함께 쓰이는 조사 「を」를 묻는 문제가 출제되기도 하였다.

접속 명사
辞任を余儀なくされる 어쩔 수 없이 사임을 하게 되다
帰国を余儀なくさせる 어쩔 수 없이 귀국을 하게 하다

規則違反を繰り返したため、彼は学校から退学を余儀なくされた。
규칙 위반을 반복했기 때문에 그는 학교에서 **어쩔 수 없이 퇴학하게 되었다**.
連日の大雨は村の住民の避難所での生活を余儀なくさせた。
연일의 큰비는 마을의 주민의 피난소에서의 **생활을 어쩔 수 없이 하게 하였다**.

18 ~をよそに ~을/를 아랑곳하지 않고, ~을/를 개의치 않고

주로 부정적인 요소를 자신과는 관계없는 것으로 여겨, 그것을 무시하며 자신의 의지에 따라 행동을 취한다는 뉘앙스로 사용하는 표현이다.

접속 명사

不安をよそに 불안을 아랑곳하지 않고

親友は、私の心配をよそに彼に会いに行った。
친한 친구는 나의 걱정을 아랑곳하지 않고 그를 만나러 갔다.

家族からの反対をよそに二人は結婚しました。
가족으로부터의 반대를 아랑곳하지 않고 두 사람은 결혼했습니다.

2 동사와 접속

19 〜始末だ ~꼴이다, ~지경이다

안 좋은 상황이 지속되어 결국 부정적인 결과가 되었을 때 사용하는 표현이다. 화자의 어이없거나 기가 막힌 심정을 나타낸다.

💡**TIP** 예외적인 접속 형태로 「この始末だ 이 지경이다」, 「その始末だ 그 지경이다」, 「あの始末だ 저 지경이다」라는 관용 표현이 있다. 함께 외워두자.

접속　동사 기본형
　　　　ずぶぬれになる始末だ 흠뻑 젖는 되는 꼴이다

相手のせいで私の自転車とぶつかりそうになったのに、**逆ギレする始末だ**。
상대방 탓으로 내 자전거와 부딪칠 뻔했는데 **역으로 화를 내는 꼴이다**.

お買い物にクレジットカードを使いすぎて、代金を**滞納する始末だった**。
쇼핑에 신용카드를 너무 써서 대금을 **체납하는 지경이었다**.

20 〜だけのことだ ~(될) 뿐이다

① 어떠한 일을 하면 문제가 쉽게 정리되기 때문에 별일이 아니라는 뉘앙스로 사용하는 표현이다. 「〜たら〜だけのことだ ~하면 ~될 뿐이다」, 「〜ばいいだけのことだ ~하면 ~될 뿐이다」와 같이 가정표현과 함께 자주 쓴다.

② 그 이상, 그 이하도 아니라는 것을 강조하는 표현이다. 「ただ 단, 다만」, 「単に 단지, 다만」을 문장 앞에 함께 자주 쓴다.

💡**TIP** 관용 표현으로 「それ」라는 명사에 접속하여 「それだけのことだ 그뿐이다」라는 표현이 있다.

접속　① 동사 기본형, 동사 가정형(ば) ➕ いい　　② 동사 た형, 동사 보통형 ➕ という
　　　　敬うだけのことだ 공경하면 될 뿐이다　　　話しただけのことだ 이야기했을 뿐이다
　　　　買えばいいだけのことだ 사면 될 뿐이다　　慣れているというだけのことだ
　　　　　　　　　　　　　　　　　　　　　　　익숙해져 있다는 것뿐이다

① 数式が理解できなかったら、**頑張って覚えるだけのことだ**。
　수식을 이해 못 했다면 **열심히 외우면 될 뿐이다**.

① 落としたものは**拾えばいいだけのことだ**。
　떨어뜨린 것은 **주우면 될 뿐이다**.

② 当然のことを**しただけのことだから**、そんなに感謝しなくていいよ。
　당연한 일을 **했을 뿐이니까** 그렇게 감사 안 해도 돼.

② 準備は完璧だったが、計画通りに行かなかったのは運が**悪かったというだけのことだ**。
　준비는 완벽했지만 계획대로 안 된 것은 **운이 나빴다는 것뿐이다**.

21 ～なり ~하자마자

「～なり～た ~하자마자 ~했다」라는 과거형의 형태로만 사용하는 표현으로, 무언가를 하자마자 그 상태인 채로 바로 이어서 다른 예상치 못했던 일이 일어났을 때 사용한다. 주로 바람직하지 못한 일이 일어난 것에 대한 화자의 놀란 심경을 나타내는 뉘앙스로 빈번하지는 않지만 회화에서 쓰는 표현이다. 1인칭이나 2인칭 주어에는 사용하지 않고, 제3자인 타인에 대하여 말할 때 사용한다. 또한 문법의 앞부분과 뒷부분에는 동일한 주어가 와야 하는 특징이 있다.

> **TIP** 「～なり」가 동사 た형에 접속되는 경우에는 '~한 채로'라는 뜻이 된다. 이처럼 접속 형태에 따라 의미가 다르기 때문에, 접속 형태에 맞춰 의미를 잘 외워두자.
> 息子は、外出したなり、家にまだ帰ってこない。 아들은 외출한 채로 집에 아직 돌아오지 않는다.

접속 동사 기본형
登場するなり 등장하자마자

不器用な妹は刺繍をしようと縫い始めるなり、針で指を刺してしまった。
손재주가 없는 여동생은 자수를 하려고 **꿰매기 시작하자마자** 바늘로 손가락을 찔러 버렸다.

恋愛ドラマの主人公の女は男の顔を見るなり頬を叩いた。
연애 드라마의 주인공 여자는 남자의 얼굴을 **보자마자** 뺨을 때렸다.

22 ① ～はしない ② ～もしない ① ~하지는 않다 ② ~하지도 않다

① 어떤 점에 대해서 '~하지는 않다'는 것을 나타낸다. 부분 부정을 함으로써 보다 강한 부정의 뉘앙스를 지닌다.

② 상대방이 어떤 행동을 전혀 하지 않아, 그에 대한 화자의 불만을 나타낼 때 사용하는 표현이다. 상대방을 향해 '~조차 하지 않는다'고 비난하는 뉘앙스를 가지고 있다.

> **TIP** 특히 「～もしないで ~하지도 않고」의 형태로 자주 사용하는데, 이때 「～もせずに ~하지도 않고」의 형태로 바꿔 쓸 수도 있다.

접속 동사 ます형
① 忘れはしない 잊지는 않다 ② 聞きもしない 듣지도 않다

① 紙の本の需要は年々減っていくのかもしれないが、完全になくなりはしないだろう。
종이책의 수요는 해마다 줄어드는 걸지도 모르지만 완전히 **없어지지는 않을** 것이다.

② 彼女は振り向きもしないで「さようなら」と言って去っていった。
그녀는 **뒤돌아 보지도 않고** '잘 가'라고 말하고 떠나갔다.

23 ～べく ~하기 위하여

여러 뜻을 가진 고문(古文)의 조동사인 「～べし」에서 파생된 문법이므로 매우 딱딱한 문어체로, 어떠한 행위를 이루어내거나 달성하기 위한 목적을 설명할 때에 사용하는 표현이다.

접속 동사 기본형 ★する ➡ するべく・すべく 모두 가능
守（まも）るべく 지키기 위하여

人権（じんけん）に関（かん）する意識調査（いしきちょうさ）を**行（おこな）うべく**、資料（しりょう）を集（あつ）めている。
인권에 관한 의식조사를 **행하기 위하여** 자료를 모으고 있다.

入社後（にゅうしゃご）は、貴社（きしゃ）の発展（はってん）に**貢献（こうけん）すべく**益々精進（ますますしょうじん）する所存（しょぞん）です。
입사 후는 귀사의 발전에 **공헌하기 위하여** 더욱더 정진할 생각입니다.

24 ～見込（みこ）みだ ~할 전망이다, ~할 예정이다

미래에 대한 예상, 전망을 나타낼 때 사용하는 표현이다. 문어체로 신문, 뉴스 등에서 자주 사용되는 표현이다.

접속 동사 기본형
超（こ）える見込（みこ）みだ 넘어설 전망이다

この工事（こうじ）は、今年度中（こんねんどちゅう）に**終了（しゅうりょう）する見込（みこ）みだ**。
이 공사는 이번 연도 안에 **종료할 예정이다**.

今月（こんげつ）は、過去最高（かこさいこう）の売（う）り上（あ）げに**達（たっ）する見込（みこ）みです**。
이번 달은 과거 최고 매출에 **도달할 전망입니다**.

25 ～ようによって(は) ~하기에 따라서(는)

「様 방법」이라는 명사에서 파생된 문법으로, 현재의 상황, 상태가 어떠하든 의지를 갖고 그에 걸맞은 어떤 방법을 취하는지에 따라서 결과가 달라질 수 있음을 나타낸다.

접속 동사 ます형
考（かんが）えようによっては 생각하기 따라서는

毒（どく）も**使（つか）いようによっては**薬（くすり）になるし、逆（ぎゃく）に薬（くすり）も使（つか）い方（かた）を間違（まちが）えれば毒（どく）になる。
독도 **사용하기에 따라서는** 약이 되고, 거꾸로 약도 사용법을 틀리면 독이 된다.

確（たし）かに仕事量（しごとりょう）は多（おお）かったが、**やりようによっては**もっと短時間（たんじかん）で済（す）ませることができたはずだ。
확실히 업무량은 많았지만 **일하기에 따라서는** 조금 더 단시간에 끝낼 수 있었을 것이다.

26 〜たはいいが ~한 것은 좋으나

어떤 행동, 행위를 시도한 것 자체는 나쁘지 않았으나 그 행동, 행위를 한 만큼의 결과치를 얻지 못했거나 상황이 잘 안 풀리는 경우에 사용하는 표현이다.

> **TIP** 동일한 뜻이지만 보다 캐주얼하게 「〜たはいいけど」라고 말할 수 있다.

접속 동사 た형
頼んだはいいが 부탁한 것은 좋으나

久しぶりに友達に**会ったはいいが**、いざ顔を見たら意外に喋る話題がなかった。
오랜만에 친구를 **만난 것은 좋으나** 막상 얼굴을 봤더니 의외로 수다 떨 화제가 없었다.

やる気を出して挑戦して**見たはいいが**、結果は全然大したものではなかった。
의욕을 내서 도전해 **본 것은 좋으나** 결과는 대단한 것이 아니었다.

27 〜てからというもの ~하고 나서 계속

어떤 것을 계기로 변화가 일어나, 그 상태가 줄곧 지속되고 있다는 뉘앙스를 가진 표현이다.

접속 동사 て형
始めてからいうもの 시작하고 나서 계속

リーダーが**変わってからというもの**、無謀な提案ばかりでノイローゼになりそうだ。
리더가 **바뀌고 나서 계속** 무모한 제안뿐이라서 노이로제가 될 것 같다.

加藤社長が**就任してからというもの**、会社の営業利益が伸びている。
카토 사장님이 **취임하고 나서 계속** 회사의 영업이익이 늘고 있다.

28 〜ては ~하고서는, ~해서는

일반적으로 어떤 조건의 상태로는 안 좋은 결과가 된다고 말할 때 사용하는 표현으로, 뒷부분에는 부정적인 말이 함께 온다. 또한「ては」는 회화체로「ちゃ(じゃ)」로 바꿔 말할 수 있다.

> **TIP** 응용하여「〜ては〜ては」의 형태로 두 가지의 동작이 반복해서 일어남을 나타낼 수 있다.
> 食べては寝て、食べては寝てを繰り返した。
> 먹고서는 자고 먹고서는 자고를 반복했다.

접속 동사 て형
知られては 알려져서는

先入観を持っては、人間関係で構築できる幅も狭くなると思う。
선입견을 가져서는 인간관계에서 구축할 수 있는 폭도 좁아질 거라고 생각한다.

我慢だけしていては、何も解決されない。
참고만 있어서는 아무것도 해결되지 않는다.

29 ～ないまでも ~까지는 하지 않더라도

'앞부분의 내용만큼은 아니더라도, 최소한 어느 정도만큼은 원한다'와 같은, 최소한의 희망을 표현할 때 사용하는 표현이다. 「～とは言わないまでも ~라고는 말하지 않더라도」의 형태로 자주 사용한다.

접속　동사 ない형
予習と復習はしないまでも 예습과 복습까지는 하지 않더라도

ゆっくり話はできないまでも、生きているかどうかの連絡ぐらいしなさいね。
느긋하게 이야기까지는 할 수 없더라도 살아 있는지 어떤지 연락 정도 하렴.

プロ選手になりたいとは言わないまでも、そこそこの実力は身に付けたいです。
프로 선수가 되고 싶다 까지는 말하지 않더라도 그럭저럭의 실력은 갖추고 싶습니다.

30 ～なくはない ~하지 않는 것은 아니다

소극적인 부분 긍정을 나타내는 표현으로, 경우에 따라서는 그럴 수도 있다는 뉘앙스를 나타낼 때 사용한다.

💡TIP 「～なくもない ~하지 않는 것도 아니다」의 형태로도 사용할 수 있다. 또한 「～ないことはない ~하지 않는 것은 아니다」와 같은 표현이다. 🔍 p.220 필수기출문법

접속　동사 ない형
着られなくはない 입지 못하는 것은 아니다.

この量だと、来月までにできなくはないだろう。
이 양이라면 다음 달까지 하지 못하는 건 아닐 것이다.

海外出張している彼と会えなくはないけど、やっぱりビデオ通話じゃ寂しいよ。
해외 출장 중인 그와 만날 수 없는 것은 아니지만 역시 비디오 통화로는 허전해.

31 ～ずにいるところ ~하지 않고 있는 중

「～ずにいる ~하지 않고 있다」와 「～ところ(に) ~하는 참(에)」가 결합한 표현으로, 어떤 일도 하지 않고 있는 상황인 그 참에 어떤 사건, 이슈, 동작, 행동들이 발생한 경우에 사용한다.

접속　동사 ない형 ★する는 しずに가 아니라 せずに로 활용
誰一人も来ずにいるところ 누구 한 명도 오지 않고 있는 중

何も言わずにいたところ、やっと彼が口を切った。
아무것도 말하고 있지 않고 있던 중 드디어 그가 입을 뗐다.

ぼうっとしながら勉強せずにいたところ、いきなり母が部屋に入ってきたので、びっくりした。
멍하니 있으면서 공부하지 않고 있던 중 갑자기 어머니가 방에 들어왔기 때문에 놀랐다.

32 ～ないで済む・～ずに済む ~하지 않고 끝나다

「済む 끝나다, 해결되다」라는 동사에서 파생된 표현으로, 어떤 일을 하지 않고 문제없이 그 상황, 상태가 끝났다는 의미이다. 우려하거나 걱정했던 일이 일어나지 않아서 안심했다는 뉘앙스를 가지고 있다.

> **TIP** 「～ないで」와 「～ずに」는 동일한 뜻이지만, 「～ずに」가 보다 딱딱한 문어체 표현이다.

접속 동사 ない형 ★する는 しずに가 아니라 せずに로 활용
待たないで済む 기다리지 않고 끝나다 / 払わずに済む 지불하지 않고 끝나다

約束していた時間をオーバーして遊んでしまったが、親には**怒られないで済んで**良かった。
약속한 시간을 오버해서 놀고 말았지만 부모님에게는 **혼나지 않고 끝나서** 다행이다.

先生は私達にディスカッションするように言ったが、**質問されずに済んで**ホッとした。
선생님은 우리들에게 디스커션을 하라고 말했지만 **질문받지 않고 끝나서** 안심했다.

33 ～(よ)うにも～ない ~하려고 해도 ~할 수 없다, ~하려고 해도 ~하지 않다

무언가를 하고자 하는 의지는 있으나, 본인의 의지와 상관없이 그것을 할래야 할 수 없을 때 사용하는 표현이다. 뒷부분에는 가능부정형 혹은 부정형이 오게 되는데, 가능부정형이 접속되는 경우, 앞부분과 뒷부분의 동사는 동일한 동사가 사용되는 경우가 많다.

접속 동사 의지형
買おうにも買えない 사려고 해도 살 수 없다

こんな長文、**覚えようにも覚えられない**。
이런 장문, **외우려고 해도 외울 수 없다**.

自分の主張を**話そうにも**誰も**聞いてくれなかった**。
자신의 주장을 **이야기하려고 해도** 아무도 **들어주지 않았다**.

34 ～次第だ ~한 것이다, ~한 바이다

동사 보통형에 접속하며, 상대방에게 이러한 상황, 행동이 된 것에 대한 이유나 사정의 경위를 설명할 때 사용하는 표현이다. 굉장히 딱딱한 표현으로, 격식을 차리는 자리에서 주로 사용하는 표현이다.

> **TIP** 「次第だ」가 명사에 접속되는 경우에는 '(그 명사)~에 달려있다'라는 뜻이 된다. 이처럼 접속 형태에 따라 의미가 다르기 때문에, 접속 형태에 맞춰 의미를 잘 외워두자.

접속 동사 보통형
連絡した次第だ 연락한 바이다

全ては社長の反応にかかっているので、事前に**聞いた次第です**。
모든것은 사장님의 반응에 걸려 있기 때문에, 사전에 **물어본 바입니다**.

部長は事情があって会議に参加できず、代わりに 私 が**来た次第です**。
부장님은 사정이있어서 회의에 참가하지 못하고 대신에 제가 **온 바입니다**.

35 ～ほどのことではない ~할 만한 것은 아니다, ~할 정도의 일은 아니다

어떤 일의 정도가 가볍거나, 별일이 아닌 경우에 사용하는 표현이다. 「～ほどのことでもない ~할 만큼도 아니다, ~할 정도의 일도 아니다」의 형태로도 쓸 수 있다.

> **TIP** 응용하여 「～ほどの～ではない ~만큼의 ~는 아니다, ~정도의 ~는 아니다」또는 「～ほどの～でもない ~만큼의 ~도 아니다, ~정도의 ~도 아니다」등의 표현으로도 사용할 수 있다.

접속 동사 보통형

すごいと言えるほどのことではない 대단하다고 말할 수 있는 정도의 일은 아니다

重大な事項と言っても君が考えているほどのことではないから、心配しないで。
중대한 사항이라고 해도 자네가 생각하고 있는 정도의 일은 아니니까 걱정하지 마.

自慢するほどのことではないんですが、ちょっとした手品ができます。
자랑할 정도의 일은 아닙니다만 약간의 마술을 할 수 있습니다.

3 품사 2개와 접속

36 ～こそ～が・～こそ～けれど ~야말로 ~지만, ~만은 ~지만

앞부분에 대한 것 자체는 그러하다고 생각하여 부분적으로 인정하지만, 뒷부분에는 그에 반대되는 내용을 나타낸다. 뒷부분에 오는 내용을 보다 강조하는 뉘앙스의 문어체 표현이다.

> **TIP** 기본적으로 명사에 접속하는 문법이지만, 「동사 기본형 ➕ こと」의 형태로 해당 동사를 명사화하여 사용할 수도 있다. 또한 관용 표현으로 자주 사용하는 「今でこそ (과거는 어떻든) 지금이야」는 별도로 암기하자.
> 今でこそ再建築されたが、昔はこんな立派な街並みではなかった。
> 지금이야 재건축되었지만 옛날에는 이런 훌륭한 거리가 아니었다.

접속　동사 기본형 ➕ こと ➕ ～こそ+～が/～けれど　　　명사 ➕ ～こそ ➕ ～が/～けれど
　　　　よく寝ることこそいいが 잘 자는 거야말로 좋지만　　平和こそ望ましいが 평화만은 바람직하지만

息子が快活で友達とよく**遊ぶことこそいいが**、いつも服を汚してくるので困る。
아들이 쾌활해서 친구와 잘 **노는 것이야말로 좋지만** 항상 옷을 더럽혀 오기 때문에 곤란하다.
提案事項こそ素晴らしいですが、それを実現できるかは確信できません。
제안 사항만은 훌륭합니다만 그것을 실현 가능한지는 확신할 수 없습니다.

37 ～というところだ・～といったところだ (기껏해야) ~정도다

'잘해봐야, 기껏해야 어느 정도다'라고 화자의 주관적인 판단과 평가를 나타낼 때 사용하는 표현이다. 주로 기대치에 못 미치는 수량을 말할 때 사용하므로, 숫자와 관련된 명사와 함께 쓰이는 경향이 있다.

> **TIP** 시험에서는 「～といったところだ」의 형태로 출제되었다. 또한 회화체로 「～ってとこだ」라고도 한다.

접속　동사 기본형　　　　　　　　　　　　　　　명사
　　　　食事するというところだ 기껏해야 식사할 정도다　10人といったところだ 기껏해야 10명 정도다

会議はあと30分程度で**終わるというところだ**。
회의는 앞으로 30분 정도면 **끝나는 정도다**.
フリーランスで働いているといっても、月収の最高額はせいぜい**16万円といったところだ**。
프리랜스로 일하고 있다고 해도 월수입의 최고액은 고작 **16만엔 정도이다**.

38 ~ともなると・~ともなれば ~하게 되면, ~이라도 되면, ~쯤 되면

'어떤 특정 상황이나 어느 정도의 수준이 되면'이라고 할 때 사용하는 표현으로, 문장 뒷부분에는 당연히 예상되는 결과가 온다.

접속	동사 기본형	명사
	来るともなると 오게 되면	ゴールデンウィークともなれば 골든 위크 쯤 되면

大勢の前で発表するともなると、徹底した事前準備が大事だ。
많은 사람들 앞에서 **발표하게 되면** 철저한 사전 준비가 중요하다.

大学生ともなれば自分の将来像を具体的に語れるだろう。
대학생쯤 되면 자신의 미래상을 구체적으로 이야기할 수 있을 것이다.

39 ~からぬ ~하지 않다

기본적으로 い형용사 어간에 접속하여 해당 い형용사의 부정형을 나타내는 고어 표현이다. 하지만, 이후에 접속이 변질되어 명사임에도 불구하고 「無理からぬ」의 형태가 쓰이기도 한다.

💡TIP 「少なからぬ 적지 않다」는 특히 자주 쓰는 표현으로 미리 외워두자.

접속	い형용사 어간	명사
	遠からぬ 멀지 않다	無理からぬ 무리지 않다

今朝、**よからぬ**噂を聞いたんだけど、隣の旦那さんが入院しているらしいよ。
오늘 아침, **좋지 않은** 소문을 들었는데 옆집 남편이 입원해 있는 것 같아.

はると君はまだ8歳だというのに、**子どもらしからぬ**考えを言える子だ。
하루토 군은 아직 8살이라고 하는데 **어린애답지 않은** 생각을 말할 수 있는 아이다.

40 ~そのものだ ~그 자체다

앞부분을 강조하면서 다른 것이 아닌 바로 그 자체를 나타낼 때 사용한다.

접속	な형용사 어간	명사
	熱心そのものだ 열심 그 자체이다	天使そのものだった 천사 그 자체였다

この本で紹介されている生活ノウハウは、**実用的そのものだった**。
이 책에서 소개되어 있는 생활 노하우는 **실용적 그 자체였다**.

先輩に出会ったこと自体が私にとっては**幸運そのものです**。
선배를 만난 것 자체가 저에게 있어서는 **행운 그 자체입니다**.

41 〜極まりない・〜極まる ~하기 짝이 없다, 너무 ~하다

이 이상으로 정도가 심할 수 없다는 뉘앙스를 가진 표현이다. 「〜極まりない」와 「〜極まる」는 부정과 긍정의 형태로 보이지만, 결국은 동일한 의미로 사용되기 때문에 다른 의미로 혼동해서는 안 되며, 심한 정도의 크기는 「〜極まりない」가 「〜極まる」보다 극심함을 나타낸다.

> **TIP** 예외로 부정적인 뜻으로 사용되지 않는 「感極まる 너무 감동하다」와 같은 관용 표현은 별도로 암기하자.
> 感極まって泣いてしまう。 몹시 감동해서 울어 버리다.

접속   い형용사 ➕ こと
　　　酷いこと極まりない 심하기 짝이 없다

な형용사 어간/ な형용사 어간 ➕ なこと
危険極まりない 위험하기 짝이 없다
幼稚なこと極まりない 유치하기 짝이 없다

倒産して夜逃げしたなんて、生活が**苦しいこと極まりない**。
도산해서 야반도주했다니 생활이 **어렵기 짝이 없다**.

電車の中で大声で話すとは、**失礼極まりない**。
전철 안에서 큰 소리로 이야기를 하다니 **실례이기 짝이 없다**.

4 여러 품사와 접속

42 ～か否か ~인지 아닌지

어떤 행동을 할지 아닐지 혹은 어떤 내용이 정말로 그런지 아닌지 불확실할 때 사용한다.

접속
동사 보통형
成功するか否か 성공하는지 아닌지

い형용사 보통형
正しいか否か 옳은지 아닌지

な형용사 보통형 ★현재 긍정의 경우 だ 빼고 접속(➕である)
有益であるか否か 유익한지 아닌지

명사 보통형 ★현재 긍정의 경우 だ 빼고 접속(➕である)
真実か否か 진실인지 아닌지

あの風景画は、有名な歌手の某氏が**描いたか否か**まだ明らかになっていない。
저 풍경화는 유명한 가수인 모 씨가 **그렸는지 아닌지** 아직 밝혀지지 않았다.

建物の強度は**十分か否か**を今すぐにでも調査する必要がある。
건물의 강도는 **충분한지 아닌지**를 지금 당장이라도 조사할 필요가 있다.

43 ～かのごとく ~인 것 같이

「～ごとく」는 비유나 예시를 나타낼 때 사용하는 표현으로, 「～ように ~와/과 같이, ~처럼」과 같은 의미를 가졌으며, 굉장히 딱딱한 고어체이다. 이에 따라 「～かのごとく」 또한 「～かのように ~인 것 같이, ~인 것처럼」과 같은 의미로 딱딱한 고어체이다. 「まるで 마치」, 「あたかも 마치」와 함께 세트처럼 쓰는 경우가 많다.

> **TIP** 문장 끝에는 「～ようだ ~와/과 같다」와 같은 의미의 고어체인 「～ごとし ~와/과 같다」를 사용하며, 「～ような ~인 것 같이」과 같은 의미의 고어체는 「～ごとき ~와/과 같이」을 사용한다. p.301 핵심문법

접속
동사 보통형
戻ったかのごとく 되돌아간 것 같이

い형용사 보통형
なかったかのごとく 없었던 것 같이

な형용사 보통형 ★현재 긍정의 경우 だ 빼고 ➕である
同様であるかのごとく 같은 것 같이

명사 보통형 ★현재 긍정의 경우 だ 빼고 ➕である
大家さんであるかのごとく 집 주인인 것 같이

彼は、みんなで頑張って作った作品を一人で**作ったかのごとく**喋っていた。
그는 다 같이 열심히 만든 작품을 혼자서 **만든 것 같이** 떠들고 있었다.

誤った情報があたかも**事実であるかのごとく**流布されている。
잘못된 정보가 마치 **사실인 것처럼** 유포되고 있다.

44 ～(が)ゆえ(に) ~때문에

「故 까닭, 이유」라는 명사에서 파생된 문법으로, 내용에 대한 원인이나 이유를 나타낼 때 사용하는 딱딱한 문어체 표현이다.

> **TIP** 「ゆえに 고로, 그러므로」는 문장 앞에 접속사로서 단독으로도 사용할 수 있으며, 명사와 접속할 때에는 「～ゆえの ~때문의」로 사용한다.

접속
동사 보통형 ⊕ (が)
愛する(が)ゆえに 사랑하기 때문에

い형용사 보통형 ⊕ (が)
素晴らしい(が)ゆえに 훌륭하기 때문에

な형용사 보통형
★현재 긍정의 경우 だ 빼고 접속(⊕ である) ⊕ (が)
希少(である)(が)ゆえに
희소하기 때문에

명사 보통형
★현재 긍정의 경우 だ 빼고 접속(⊕ である) ⊕ (が)
慣れない環境(である)(が)ゆえに
익숙하지 않은 환경 때문에

説明を長く申し上げたゆえに、肝心な部分が伝わりにくかったかもしれません。
설명을 길게 **말씀드렸기 때문에** 가장 중요한 부분이 전해지기 어려웠을지도 모릅니다.

温暖化の影響で気温が高いがゆえに、高原野菜の生育が良くない。
온난화의 영향으로 기온이 **높기 때문에** 고원 야채(=고랭지 채소)의 생육이 좋지 않다.

45 ～こともあって ~이기도 해서

그 밖에도 어떤 현상이 일어난 여러 이유가 있지만, 그중 한 가지를 골라 설명할 때 사용하는 표현이다.

> **TIP** 시험에는 「～こともあって ~이기도 해서」의 형태로 꾸준히 출제되고 있지만, 「こと」 대신에 명사를 넣어서 「명사 ⊕ ～もあって 명사이기도 해서」의 형태로도 사용할 수 있다.
> 一人っ子政策という国策もあって 한 자녀 정책이라고 하는 국책이기도 해서

접속
동사 보통형
始めたこともあって 시작했기도 해서

い형용사 보통형
怠いこともあって 나른하기도 해서

な형용사 보통형
★현재 긍정의 경우 だ 빼고 ⊕ な
生意気なこともあって 건방지기도 해서

명사 보통형 ⊕ という
★현재 긍정의 경우 だ 빼고 접속 가능
先輩(だ)ということもあって 선배이기도 해서

この時期、気温差が大きいこともあって体調を崩しやすいと思います。
이 시기에 기온차가 **크기도 해서** 컨디션을 해치기 쉽다고 생각합니다.

今日は成人式ということもあって、華やかな着物を着た人が街を歩いている。
오늘은 **성인식이기도 해서** 화려한 기모노를 입은 사람이 거리를 걷고 있다.

46 ～とあって ~라고 해서, ~라서

'어떤 특수한 상황이라서 이러한 상황이 일어났다'고 할 때 사용한다. 그 원인 자체를 강조하는 문어체 표현으로, 어떤 상황에 대한 화자의 관찰을 나타내며, 딱딱한 표현이기에 일상 회화에서는 잘 사용하지 않는다.

> **TIP** 이미 일어났거나 현재 진행형인 상황에 대한 화자의 관찰을 나타내는 표현이기 때문에 「～とあって」 뒤에는 「～だろう ~겠지」, 「～かもしれない ~일지도 모른다」등, 앞으로의 일을 예상하거나 가능성을 나타내는 문장이 올 수 없다.

접속
동사 보통형
発売（はつばい）されるとあって 발매된다고 해서

い형용사 보통형
安（やす）いとあって 싸다고 해서

な형용사 보통형 ★현재 긍정의 경우 だ 빼고 접속
丁寧（ていねい）とあって 정중하다고 해서

명사 보통형 ★현재 긍정의 경우 だ 빼고 접속
年末年始（ねんまつねんし）とあって 연말연시라고 해서

この大会（たいかい）のコースは険（けわ）しく**困難（こんなん）とあって**、諦（あきら）める人（ひと）も少（すく）なくない。
이 대회의 코스는 험하고 **곤란하다고 해서** 포기하는 사람도 적지 않다.

二人（ふたり）が会（あ）ったのは**3年（ねん）ぶりとあって**、一晩中（ひとばんじゅう）話（はなし）は尽（つ）きなかった。
두 사람이 만난 것은 **3년 만이라서** 밤새도록 이야기는 끝나지 않았다.

47 ① 〜とあっては ② 〜とあれば ~라고 하면, ~라면

기본적으로 '어떤 특수한 상황이라면'을 가정할 때 사용하는 표현으로 다소 딱딱한 문어체다.

① 「〜とあっては」는 어떤 특수한 상황이라고 가정했을 때 자연스럽게 발생되는 상태를 나타내는 표현으로, '어떤 특수한 상황이라면 당연히 ~안 할 수는 없다'와 같은 뉘앙스로 사용한다. 따라서 「〜しかない ~밖에 없다」, 「〜なければいけない ~하지 않으면 안 된다」, 「〜ないわけにはいかない ~하지 않을 수는 없다」와 같은 형태와 자주 쓴다.

② 「〜とあれば」는 '어떤 특수한 상황이라는 조건이라면 어쩔 수 없이 ~다' 또는 '어쩔 수 없으니 ~하겠다, 하지 않을 수 없다'와 같은 뉘앙스로 사용한다. 주로 앞의 인물, 사물 등을 위해서라면이라는 쓰임새를 가지며 「〜ためとあれば何でもする ~위해서라면 뭐든지 한다」, 「〜ためとあればいくらでも払う ~위해서라면 얼마든지 지불한다」와 같은 형태와 자주 쓴다.

> **TIP** 접속 형태는 동일하다.

접속

동사 보통형
公開(こうかい)されるとあっては 공개된다고 하면
昇進(しょうしん)するとあれば 승진한다면

い형용사 보통형
ないとあっては 없다고 하면
いいとあれば 좋다면

な형용사 보통형 ★현재 긍정의 경우 だ 빼고 접속
必要(ひつよう)とあっては 필요하다고 하면
親切(しんせつ)とあれば 친절하다면

명사 보통형 ★현재 긍정의 경우 だ 빼고 접속
頼(たの)みとあっては 부탁이라고 하면
運命(うんめい)とあれば 운명이라면

① さすが**全国大会(ぜんこくたいかい)とあっては**、どの試合(しあい)も目(め)が離(はな)せない。
과연 **전국 대회라고 하면** 어느 시합도 눈을 뗄 수 없다.

① 自分(じぶん)のせいじゃなくても、自分(じぶん)がレンタルしたものが**壊(こわ)れたとあっては**、弁償(べんしょう)しなければいけない。
자신 때문이 아니어도 자신이 렌탈한 물건이 **고장 났다고 하면** 변상하지 않으면 안 된다.

② **子(こ)どものためとあれば**、何(なん)だってするし、どんな辛(つら)いことでも我慢(がまん)できる。
아이를 위해서라면 뭐든지 할 거고, 어떤 괴로운 일이라도 참을 수 있다.

② 妻(つま)の命(いのち)を**救(すく)うことができるとあれば**、お金(かね)はいくらになっても構(かま)いません。
아내의 목숨을 **구할 수 있다면** 돈은 얼마가 되어도 상관없습니다.

48 〜といったらない・〜といったらありはしない 정말이지 ~하다, ~하기 짝이 없다

말로 다 표현할 수 없을 만큼 감정이나 상태의 정도가 매우 심하다고 강조할 때 쓰는 표현이다. 또한「〜といったらない」는 회화체로「〜ったらない」라고 하며,「〜といったらありはしない」는 회화체로「〜といったらありゃしない」,「〜ったらありゃしない」라고 한다.

> **TIP** 시험에서는「〜といったらない」가 출제되었는데,「〜といったらない」,「〜ったらない」는 긍정문, 부정문 모두 사용 가능한 반면,「〜といったらありはしない」,「〜といったらありゃしない」,「〜ったらありゃしない」는 부정문에서만 사용할 수 있다는 점에 주의하자.
> (O) 自分の案が採用されたときのうれしさといったらない 내 안이 채용되었을 때는 정말이지 기쁘다.
> (×) 自分の案が採用されたときのうれしさといったらありはしない

접속
동사 기본형
腹が立つといったらない 정말이지 화난다

동사 ます형 ➕ 様(~하는 모습)
慌て様といったらありはしない
당황하는 모습은 말로 형용할 수 없다

な형용사 어간
不便といったらない 정말이지 불편하다

い형용사 기본형
汚いといったらない 정말이지 더럽다

명사
美しさといったらない 정말이지 아름답다

結婚した後に仕事に復帰してすぐ部長になるなんて、**絶好調といったらない**よね。
결혼한 후에 업무에 복귀해서 바로 부장이 되다니 **정말이지 절호조(=한창 잘나가)**네.

全校生徒の前で告白するなんて、**恥ずかしいったらありゃしない。**
전교생 앞에서 고백하다니 **부끄럽기 짝이 없다**.

49 〜と言っても過言ではない ~라고 해도 과언이 아니다

어떤 사실을 강하게 주장할 때 사용하는 상당히 딱딱한 문어체 표현이다. 동일한 뜻으로「〜といっても言い過ぎではない」의 형태로도 사용할 수 있다.

접속
동사 보통형
見えると言っても過言ではない
보인다고 해도 과언이 아니다

な형용사 보통형 ★현재 긍정의 경우 だ 빼고 접속 가능
大事だと言っても過言ではない
중요하다고 해도 과언이 아니다

い형용사 보통형
怖いと言っても過言ではない
무섭다고 해도 과언이 아니다

명사 보통형 ★현재 긍정의 경우 だ 빼고 접속 가능
天才と言っても過言ではない
천재라고 해도 과언이 아니다

大切な孫を思うと、目に入れても**痛くないと言っても過言ではありません。**
소중한 손자를 생각하면 눈에 넣어도 **아프지 않다고 해도 과언이 아닙니다**.

この広大な国立公園は、世界一の**規模と言っても過言ではない。**
이 광대한 국립 공원은 세계 제일의 **규모라고 해도 과언이 아니다**.

50 〜(か)と思いきや ~라고 생각했더니

예상했던 것과는 다른 뜻밖의 결과가 생겼을 때 사용하는 표현이다. 결과가 이미 일어난 시점에서 사용하기 때문에, 반드시 뒤에 오는 문장은 과거형이어야 한다.

💡**TIP** 시험에서는 「〜かと思いきや」가 출제되었는데, 이 경우 '~라고 생각했더니, ~가 했더니, ~가 싶더니'로 해석하면 된다.

접속
동사 보통형
終わった(か)と思いきや 끝났다고 생각했더니

い형용사 보통형
気難しい(か)と思いきや 까다롭다고 생각했더니

な형용사 보통형
★〜と思いきやは 현재 긍정의 경우 だ 빼고 접속 가능.
단, 〜かと思いきやは 현재 긍정의 경우 だ빼고 접속
将来有望(だ)と思いきや 장래에 유망하다고 생각했더니
元気かと思いきや 건강한가 했더니

명사 보통형
★〜と思いきやは 현재 긍정의 경우 だ 빼고 접속 가능.
단, 〜かと思いきやは 현재 긍정의 경우 だ빼고 접속
学生(だ)と思いきや 학생이라고 생각했더니
賛成かと思いきや 찬성인가 했더니

あの夫婦はいつも一緒にいるから**仲がいいと思いきや**、どうやらそうじゃなさそうだ。
저 부부는 항상 함께 있으니까 **사이가 좋다고 생각했더니** 아무래도 그렇지 않은 것 같다.

優勝かと思いきや、審判の判定の結果、延長戦となってしまった。
우승인가 했더니 심판의 판정 결과, 연장전이 되어 버렸다.

51 〜だろうに ~텐데

실제로 일어나지 않은 어떤 상황에 대해 '(그 상황이 일어남으로써 분명히 혹은 아마도) ~텐데'라고 유감스러움을 강조하거나 상대방을 향한 동정심, 측은함을 나타낼 때 사용하는 표현이다.

💡**TIP** い형용사의 현재 긍정의 경우「い 빼고 +かろうに」의 형태로도 사용할 수 있다. 다만, 주로「い형용사 보통형+だろうに」의 형태로 자주 사용한다.
よかろうに 좋을 텐데(O)
よいだろうに 좋을 텐데(O)

접속
동사 보통형
疲れているだろうに 피곤할 텐데

い형용사 보통형
辛かっただろうに 괴로웠을 텐데

な형용사 보통형 ★현재 긍정의 경우 だ 빼고 접속
簡単だっただろうに 간단했을 텐데

명사 보통형 ★현재 긍정의 경우 だ 빼고 접속
まだ素人だろうに 아직 아마추어일 텐데

問題を最後まで読めば**解けただろうに**、惜しいことをしてしまった。
문제를 마지막까지 읽으면 **풀 수 있었을 텐데** 아쉬운 행동을 해 버렸다.

まだ**幼かろうに**、家の手伝いを任されるなんて。
아직 **어릴 텐데** 집안 심부름을 맡게 되다니.

52 〜ならまだしも ~라면 몰라도

앞부분의 내용이라면 참겠지만, 뒷부분의 내용에 대해서는 차마 이해하거나 용서할 수 없다는 뉘앙스로 화자의 불만과 비난의 감정을 나타내는 표현이다.

접속

동사 보통형
謝(あやま)るならまだしも 사과하면 몰라도

い형용사 보통형
おいしいならまだしも 맛있다면 몰라도

な형용사 보통형 ★현재 긍정의 경우 だ 빼고 접속
嫌(いや)ならまだしも 싫으면 몰라도

명사 보통형 ★현재 긍정의 경우 だ 빼고 접속
子(こ)どもならまだしも 아이라면 몰라도

パソコンが完全(かんぜん)に壊(こわ)れて**使(つか)えないならまだしも**中途半端(ちゅうとはんぱ)に使(つか)えるから逆(ぎゃく)に困(こま)る。
컴퓨터가 완전히 고장 나서 **사용할 수 없으면 몰라도** 어중간하게 사용할 수 있으니까 오히려 곤란하다.

連日(れんじつ)遅刻(ちこく)じゃないか。一度(いちど)や**二度(にど)ならまだしも**、君(きみ)はだいぶ自覚(じかく)が足(た)りないようだ。
연일 지각이잖아. 한 번이나 **두 번이라면 몰라도** 자네는 상당히 자각이 부족한 것 같아.

53 〜に越(こ)したことはない ~보다 나은 것은 없다, ~이/가 제일이다

상식적으로 생각했을 때 그것보다 더 좋은 상황이나 상태, 수단은 없다고 말할 때 사용하는 표현이다.

> **TIP** 각 품사의 보통형의 현재형에만 접속하는 문법이다.

접속

동사 보통형
あるに越(こ)したことはない 있는 것이 제일이다

い형용사 보통형
高(たか)いに越(こ)したことはない 높은 것이 제일이다

な형용사 보통형
★현재 긍정의 경우 だ 빼고 접속(➕である)
便利(べんり)に越(こ)したことはない 편리한 것이 제일이다

명사 보통형
★현재 긍정의 경우 だ 빼고 접속(➕である)
それに越(こ)したことはない 그것이 제일이다

先方(せんぽう)からの**クレームがないに越(こ)したことはない**のですが、万(まん)が一(いち)のために備(そな)えておきましょう。
상대방으로부터 **클레임이 없는 것보다 나은 것은 없**습니다만 만일을 위해서 대비해 둡시다.

人生(じんせい)で大事(だいじ)なことは多(おお)いですが、**健康(けんこう)であるに越(こ)したことはない**と思(おも)います。
인생에서 중요한 것은 많습니다만 **건강한 것이 제일이라**고 생각합니다.

54 〜にもほどがある ~에도 정도가 있다

상대방의 행동, 말투 등의 정도가 심하다고 말할 때 사용하는 표현으로 상대방을 비난하는 뉘앙스를 내포한다.

접속 동사 보통형 현재
遅れるにもほどがある 늦는데도 정도가 있다

い형용사 보통형 현재
情けないにもほどがある 한심한데도 정도가 있다

な형용사 보통형 ★현재 긍정의 경우 だ 빼고 접속
無責任にもほどがある
무책임한데도 정도가 있다

명사 보통형 ★현재 긍정의 경우 だ 빼고 접속
冗談にもほどがある
농담에도 정도가 있다

あの子どもは口が達者だと思っていたが、大人を**馬鹿にするにもほどがある**。
저 아이는 말솜씨가 좋다고 생각하고 있었지만 어른을 깔보는 것에도 정도가 있다.

初対面なのに年収はいくらかなんて聞くのは、**非常識にもほどがある**。
초면인데 연수입은 얼마인지 따위를 묻는 것은 비상식에도 정도가 있다.

55 〜ものを ~일 텐데, ~일 것을

실제로 이루어지지 못한 일에 대한 불만이나 유감스러운 감정을 나타낼 때 사용하는 표현이다. 「〜のに」보다도 비난, 불만의 뉘앙스가 강하다.

> **TIP** 가정표현 「〜たら ~하면」, 「〜ば ~하면」과 함께 사용하여 '~하면 ~일 텐데'의 형식으로 자주 쓰인다.

접속 동사 보통형
教えてあげたものを 가르쳐 줬을 텐데

い형용사 보통형
よかったものを 좋았을 텐데

な형용사 보통형 ★현재 긍정의 경우 だ 빼고 ➕ な
簡単なものを 해결이 간단할 텐데

昨日言ってくれたら**手伝えたものを**、なんで当日になって言うの。
어제 말해 줬다면 도울 수 있었을 텐데 어째서 당일이 되어서 말하는 거야.

怪我してるんだから走らなければ**いいものを**、無理しちゃったから悪化させたみたいだね。
상처를 입은 상태니까 달리지 않으면 좋을 텐데 무리해 버려서 악화시킨 것 같네.

56 ～(よ)うが・～(よ)うと(も) ~하더라도, ~해도

모든 품사의 의지형에 접속하여, 어떤 일에도 영향을 받지 않고 자신이 생각하고 있는 일을 실행할 것이라는 강한 의지를 나타낼 때 사용하는 표현이다.

💡**TIP** 「たとえ 설령」, 「どんなに 아무리」, 「いくら 아무리」의 표현과 함께 자주 사용한다.

접속

동사 의지형
説得(せっとく)しようが 설득해도
言(い)われようとも 말해지더라도

な형용사 어간 ➕ だろう
有名(ゆうめい)だろうが 유명하더라도
便利(べんり)だろうと 편리해도

い형용사 어간 ➕ かろう
安(やす)かろうが 싸더라도
忙(いそが)しかろうと 바빠도

명사 ➕ だろう
未成年(みせいねん)だろうが 미성년자라도
誰(だれ)だろうと 누구라도

母(はは)がどんなに説得(せっとく)しようが、父(ちち)は自分(じぶん)の考(かんが)えを貫(つらぬ)き通(とお)した。
어머니가 아무리 **설득하더라도** 아버지는 자신의 생각을 관철했다.

彼(かれ)に謝(あやま)られようとも、もう許(ゆる)す気(き)はありません。
그에게 **사과받아도** 이제 용서할 마음은 없습니다.

기출문법 실전 연습 문제①

問題5　次の文の（　　　）に入れるのに最もよいものを、1・2・3・4から一つ選びなさい。

1　「そうだったんだ。確かに子どもがじっとしていられないのはわかるけど、外出先で落ち着きのない子どもに何も注意しない親（　　　）親だね。」

1　も　　　　2　こそ　　　　3　まで　　　　4　でも

2　（　　　）今までの自分の経験を生かしたとしても、結果が変わるまでの影響力はないと思う。

1　まさか　　2　たとえ　　3　いつか　　4　しばしば

3　「田中さん、職場で倒れたんだって。疲れたなら（　　　）、無理して働き続けるからそうなるんだ。」

1　休めばいいとはいえ　　　　2　休めばいいこともあって
3　休めばいいものを　　　　　4　休めばいいゆえ

4　年末セール（　　　）デパートは週末に限らず、平日も人が多く、長い行列ができていた。

1　といった　　2　とあって　　3　というより　　4　といえども

5　弟は両親の（　　　）、受験生にも関わらず毎晩遅くまで友達と遊び歩いている。

1　心配を最後に　　　　2　心配をめぐって
3　心配をよそに　　　　4　心配を除いて

6 彼女の小説は英語版（　　　　）、世界各国の46言語に翻訳され、世界中の人々に愛されています。

1　に反して　　　2　を皮切りに　　　3　のかたわら　　　4　と思いきや

7 「次の期末試験の結果（　　　　）、志望校を変えることも検討しなければならない」と担任に言われ、落ち込んでいる。

1　次第　　　2　次第に　　　3　次第には　　　4　次第では

8 人に干渉されずに生活できるのは都会の利点だ。一方で、人とのつながりを感じられるのは田舎（　　　　）利点だ。

1　からして　　　　　　　　　2　ならではの
3　はともかく　　　　　　　　4　のことだから

9 来週の会議につきまして、議事録の作成はどちらから行うのか事前に（　　　　）よろしいでしょうか。

1　伺っても　　　　　　　　　2　参っても
3　見えても　　　　　　　　　4　ご覧になっても

10 海外留学に行かれる際は、万一の場合に備えて、海外保険に（　　　　）と思います。

1　入ったとしたらそれまでだ　　2　入っておいたにすぎない
3　入っておいたに決まっている　4　入っておくに越したことはない

정답　1 ①　2 ②　3 ③　4 ②　5 ③　6 ②　7 ④　8 ②　9 ①　10 ④

問題6　次の文の　★　に入る最もよいものを、1・2・3・4から一つ選びなさい。

（問題例）

あそこで ＿＿＿ ＿＿＿ ★ ＿＿＿ は山田さんです。

1　テレビ　　2　見ている　　3　を　　4　人

（解答のしかた）

1. 正しい文はこうです。

あそこで ＿＿＿ ＿＿＿ ★ ＿＿＿ は山田さんです。
1　テレビ　　3　を　　2　見ている　　4　人

2. ★ に入る番号を解答用紙にマークします。

（解答用紙）　（例）　①　●　③　④

11　買ったばかりのパソコンが壊れたが、修理するとむしろ費用が高く ＿＿＿ ★ ＿＿＿ ＿＿＿ 新しいのを買うことにした。

　　1　なので　　　2　これを　　　3　機に　　　4　なりそう

12　経営者らはビジネスでAIを ＿＿＿ ＿＿＿ ★ ＿＿＿ が、十分なデータがなければどんなAIも有効に活用できないという点も考慮して判断すべきだ。

　　1　選択を　　　2　迫られている　　　3　使うか　　　4　否かの

13　彼は一度負けた相手と対戦する時は、「次 ＿＿＿ ＿＿＿ ★ ＿＿＿ 」と意気込んで、必ず試合前には敗因を徹底的に分析する。

　　1　負ける　　　2　絶対に　　　3　もんか　　　4　こそは

14 ただ交際するだけならいいものの、＿＿ ＿＿ ★ ＿＿ 一緒に暮らしていける自信がない。

　　1　結婚する　　　2　人とは　　　3　自己中心的な　　4　ともなると

15 プレゼンを準備したのは後輩たちなのに、先輩は＿＿ ＿＿ ★ ＿＿ 威張っていた。

　　1　あたかも　　　2　かのごとく　　3　自分が　　　　4　作ったもの

問題7 次の文章を読んで、文章全体の内容を考えて、 16 から 19 の中に入る最もよいものを、1·2·3·4から一つ選びなさい。

以下は、ある作家が書いたエッセイである。

「沈黙は金」という言葉の罠

「雄弁は銀、沈黙は金」という言葉は西洋圏から由来したもので、説得力のある言葉で語ることは大事だが、黙るべき時を知るのはもっと大事であるという意味だ。洋の東西を問わず、時には沈黙のほうが価値があるという言葉が、同じ語彙で現存しているのは、それがおおよそ普遍的な 16 。

村上春樹の鼠三部作の中に、沈黙について書かれた場面が登場する。主人公の「僕」と、友人の「鼠」がよく通うジェイズ・バーの店主は、「鼠」が注文をする前にさりげなくビールを出す。何一つ声をかけることなく、お互いにコミュニケーションできるというのだ。しかし、「僕」はその様子をみて、このように独白する。

「沈黙で分かり合えたところで、僕らはどこへもいけない」

実は、この言葉が本当に書かれているのかどうかは不確かだ。 17 、ある友人が僕にこの言葉を教えてくれたのだが、本人も、本のどの場面だったのか思い出せないらしいからだ。

この間、その友人が亡くなった。大学からの友人だったが、講義のある日もない日も、ウイスキーボトルを手に持ち、よくうちへやってきて、明け方まで 18 。就きたい仕事、別れたガールフレンドのこと、今一番関心のある思想、幼いころの記憶、お酒を飲みながら僕たちはあらゆるテーマを喋りつくした。いや、喋りつくしたと思い込んでいた。

葬式で、彼の母親と会った。悔みの言葉を告げ、一向に泣き止まない彼女の背中をさすり続けた。少し落ち着いてきた彼女が、枯れた声で僕に言った。「あなたに、話さなくちゃいけないことがあると言っていたわ。たぶん、いじめのことだと思うの。

あの子、子どもの頃からずっといじめられてて…。」

　ビールを片手に、酔っぱらって夜道を歩きながら、僕は考えた。沈黙は金ではない。できれば、その話は彼の口から聞きたかった。雄弁は銀でも構わない、しかし沈黙は虚無だ。そこには何もない。僕たちは話し続けるべきだった。そして、学生時代に彼が教えてくれた鼠三部作のあの言葉が本当に　19　、もう永遠に分かりっこないだろう。
(注3)

（注1）雄弁(ゆうべん)：説得力をもって力強く話すこと

（注2）悔(くや)みの言葉(ことば)：誰かがなくなったときに遺族にかける言葉

（注3）虚無(きょむ)：何物もなく、むなしいこと、空虚

16
1　真理であるためだろう　　　　2　真理である
3　真理であると言える　　　　　4　真理であるだろうか

17
1　ところが　　2　もしかしたら　　3　なにしろ　　4　なぜなら

18
1　話し込んだのである　　　　2　話し込んだものだ
3　話し込んだはずだ　　　　　4　話し込んだらしい

19
1　書かれていなかったからか　　2　書かれていたように
3　書かれているかどうかは　　　4　書かれていることは

정답　16 ①　17 ④　18 ②　19 ③

기출문법 실전 연습 문제 ②

問題5 次の文の（　　）に入れるのに最もよいものを、1・2・3・4から一つ選びなさい。

1　この辺りは道路の状態が悪く、雨が降るとすぐに渋滞になってしまい、（　　　　）極まりない。
　　1　不便　　　　2　不便な　　　　3　不便の　　　　4　不便に

2　他のチーム員に（　　　　）手伝ってもらうことなく、一晩中会議資料を全部一人で作った。
　　1　かりに　　　2　いっさい　　　3　どうしても　　　4　いったい

3　この世に生きている限り、（　　　　）使った時間は戻らないということを考えて行動すべきだ。
　　1　大人とも子どもとも　　　　　2　大人というか子どもというか
　　3　大人だろうと子どもだろうと　　4　大人でもなく子どもでもなく

4　目標点数を達成するために（　　　　）、思ったより良い結果は得られなかった。
　　1　努力したはいいが　　　　　　2　努力したつもりで
　　3　努力してこそ　　　　　　　　4　努力しては

5　何もない田舎の生活でも、（　　　　）便利なもので溢れていた都会での暮らしよりも豊かだと言えるかもしれない。
　　1　考えたと知りつつも　　　　　2　考えるともなると
　　3　考えたところ　　　　　　　　4　考えようによっては

6 がんの告知を受けた患者のドキュメンタリー番組を見て、最新の医療技術（　　　　　）治せない病気があることに心が苦しくなった。
1　にともなって　　2　に限って　　3　をもってしても　　4　を含めて

7 同僚によると、来月の昇進試験には社長面接があるそうだ。筆記試験（　　　　　）口頭試験もあるなんて、口下手な自分が受かるわけがない。
1　だけであるにせよ
2　だけのことで
3　だけあって
4　だけならまだしも

8 (会社で)
鈴井「部長、A社の村山社長が（　　　　　）。」
部長「そっか。もうこんな時間か。会議室まで案内してくれ。」
鈴井「はい。かしこまりました。」
1　お越しになりました
2　お目にかかりました
3　お迎えにあがりました
4　お目にかけました

9 今回の事態について政府（　　　　　）国から制定した法律に基づき、解決案を模索しようと思っております。
1　としても
2　といたしましては
3　にしては
4　につけて

10 「新入社員の鈴木くん、営業成績に関しては文句も（　　　　　）だけに、もう少し身だしなみにも気を使ってくれたら言うことないんだけどね。」
1　つけるどころじゃない
2　つけるしかない
3　つけたらきりがない
4　つけようがない

정답　1 ①　2 ②　3 ③　4 ①　5 ④　6 ③　7 ④　8 ①　9 ②　10 ④

問題6　次の文の ___★___ に入る最もよいものを、1・2・3・4から一つ選びなさい。

(問題例)

あそこで ＿＿＿ ＿＿＿ ★ ＿＿＿ は山田さんです。

1　テレビ　　2　見ている　　3　を　　4　人

(解答のしかた)

1. 正しい文はこうです。

   あそこで ＿＿＿ ＿＿＿ ★ ＿＿＿ は山田さんです。
   1　テレビ　　3　を　　2　見ている　　4　人

2. ___★___ に入る番号を解答用紙にマークします。

   (解答用紙)　(例)　①　●　③　④

11　新人の山田君が大事な書類を紛失したせいで上司の私まで社長に呼び出され、＿＿＿ ★ ＿＿＿ ＿＿＿ ＿＿＿ 。

1　行かせられる　　2　謝罪しに　　3　始末だ　　4　クライアントに

12　向こうは意味なく話したことなんだから、そんなに ＿＿＿ ＿＿＿ ★ ＿＿＿ ことではない。

1　ほどの　　2　抱える　　3　真剣に　　4　頭を

13　会社の財政難を経験したり、＿＿＿ ＿＿＿ ★ ＿＿＿ 自分がいると思います。

1　事業では赤字になったり　　2　勇気を出して始めた
3　今の成長した　　　　　　　4　色々な試行錯誤の末に

14 人生で初めて見た舞台だったが、俳優の ＿＿ ＿＿ ★ ＿＿ 見えた。

1 相まって 2 一段と華やかに
3 舞台のきらびやかな演出と 4 演技は

15 自分で収穫した ＿＿ ＿＿ ★ ＿＿ 失敗の経験からようやく上手に栽培できたときの達成感は何物にも代えがたい。

1 こと も 2 野菜が食べられる
3 度重なる 4 さることながら

問題7 次の文章を読んで、文章全体の内容を考えて、 16 から 19 の中に入る最もよいものを、1・2・3・4から一つ選びなさい。

以下は、小説家が書いた文章である。

「書ける」の意味

「書けない」と人が口にするとき、その言葉が指し示すのは何であろうか。

私は、小説を書いて飯を食う、 16 「小説家」と呼ばれる人間だ。そんな私が自分の職業を伝えると、非常によく耳にする返事がある。みんな口をそろえて、「私には書けません」と言うのだ。私はこの返答を、長いこと疑問に思ってきた。書けないはずはない。 17 、小学生の子どもでも日記を書けるじゃないか。にもかかわらず、彼らはそう答える。

この間、ある女性と話していた時のことである。彼女は普段、日本語学習サイトで、問題文を作る仕事を 18 。つまり、日常的に「書く」行為を行っているわけである。

しかし、不思議なことに、小説を執筆していることを彼女に伝えると、彼女ははっきりと「私は書けない」と言った。そんな彼女に疑問を抱き、「でも、普段から文章を書いているじゃないですか。小説だって書けるでしょう。」と聞いてみたら、「そりゃ、問題は作れますよ。けど、小説や詩は書けないし、書こうと思ったことさえないです。」と答えられた。

その後も話を聞いてみたのだが、問題は目的と理由があるから書けるらしい。彼女にとっては、問題用の読解文には目的と理由を見出しうるが、小説や詩などはそうでないというわけだ。

ならば、書けないというときに主張しようとしているのは、必ずしも、技術がないということではなく、書くための目的と理由を持っていない、もしくは持つことが 19 。こうして、私の長年抱いてきた疑問が、いくらか解消したわけである。

16
1　やがて　　　2　いわゆる　　　3　とうとう　　　4　つい

17
1　それに　　　2　すなわち　　　3　なお　　　　　4　だって

18
1　したがっていた　　　　2　しているそうだ
3　しようとしている　　　4　したと言える

19
1　できなくなっている　　　2　できなくなってしまう
3　できないということになる　4　できないかもしれない

정답　16 ②　17 ④　18 ②　19 ③

기출문법 실전 연습 문제 ③

問題5　次の文の（　　）に入れるのに最もよいものを、1・2・3・4から一つ選びなさい。

1　会社に勤めながら家事に子育てに（　　）色々と大変なのに、夫は全く手を貸してくれない。
　　1　は　　　　2　で　　　　3　の　　　　4　と

2　前から入社したいと話していた会社の面接を受けてきた弟の顔が明るかったので、「（　　）いい結果を期待してもよさそうだ」と思いました。
　　1　どうやら　　2　あえて　　3　まるで　　4　くれぐれも

3　「今のままじゃA大学に進学（　　）。」と先生に言われ、日々の学習により一層力を入れるようになった。
　　1　しようとした次第だ　　　2　しようにもできない
　　3　しすぎることはない　　　4　したくてならない

4　(教室で)
　　橘「先生、今何か（　　）。」
　　先生「いや。何だか外から変な音がしたから、気になって独り言しただけだよ。」
　　1　申し上げましたか　　　　2　存じましたか
　　3　おっしゃいましたか　　　4　おいでになりましたか

5　東京に転勤して以来、平日は会社と自宅の往復で、休日は遊ぶ友達もいない。慣れない土地で、初めての一人暮らしをしている寂しさ（　　）。
　　1　といったらない　　　　　2　というまでもない
　　3　ということになりかねない　4　といったところだ

6 つまらない日々を（　　　　　）、何かに本気で興味を持ってみようと思った。
1　打開すべく　　　　　　　　　　2　打開するにしろ
3　打開しようと　　　　　　　　　4　打開するわけにはいかないし

7 週刊誌の記事によれば、鈴木選手は昨年の試合中に負った肩の怪我が原因で、引退（　　　　　）らしい。
1　を余儀なくされた　　　　　　　2　にたえられた
3　でもあるまい　　　　　　　　　4　でしかない

8 昨日は同窓会があって友人たちに散々お酒を（　　　　　）ので、朝起きたら二日酔いがあまりにもひどかった。
1　飲まれた　　　2　飲ませてあげた　　　3　飲ませられた　　　4　飲ませた

9 伊藤監督は毎日熱心に私たちのチームを指導してくれたのだから、私たちの優勝は伊藤監督のおかげ（　　　　　）。
1　といわないでもない　　　　　　2　といっても過言ではない
3　という見込みだ　　　　　　　　4　というのは無理がある

10 世の中に起こる大事故の多くは（　　　　　）起きていることだから、職場での安全点検を徹底させることが何よりも重要だといえるだろう。
1　少ないとあれば何かの理由によって　　2　少なからぬ何かの理由によって
3　少ないか否か何かの理由によって　　　4　少ないのもかまわず何かの理由によって

정답　1④　2①　3②　4③　5①　6①　7①　8③　9②　10②

問題6 次の文の ★ に入る最もよいものを、1・2・3・4から一つ選びなさい。

（問題例）

あそこで ＿＿＿ ＿＿＿ ★ ＿＿＿ は山田さんです。

1 テレビ　　2 見ている　　3 を　　4 人

（解答のしかた）

1. 正しい文はこうです。

| あそこで ＿＿＿ ＿＿＿ ★ ＿＿＿ は山田さんです。 |
| 1 テレビ　　3 を　　2 見ている　　4 人 |

2. ★ に入る番号を解答用紙にマークします。

（解答用紙）　（例）　①　●　③　④

---

11 完全に ＿＿＿ ＿＿＿ ★ ＿＿＿ 戻れるほどだいぶ回復したので安心してください。

1 言えないまでも　　　　　2 とは
3 日常生活に　　　　　　　4 完治した

12 志願者が ＿＿＿ ＿＿＿ ★ ＿＿＿ と思います。

1 入学に挑戦してみたい　　2 どうあれ
3 300人であることは　　　 4 夢見ていた大学への

13 明日からの ___ ___ ★ ___ 、久しぶりに出したスーツケースが壊れていることに気づいた。
1 したものの　　　　2 荷造りをしようと
3 を控えて　　　　　4 海外出張

14 史上最強クラスの ___ ___ ★ ___ としているところだ。
1 設ける計画を　　　2 政府は臨時避難所を
3 立てよう　　　　　4 台風の被害を受けて

15 最近は会社での仕事以外にもバイトなどを掛け持ちしている人が多い。___ ___ ★ ___ そうだ。
1 やっている　　　　2 優秀な営業マンにして
3 英語講師の仕事を　4 営業部の井上さんだって

정답　11 ①　12 ④　13 ②　14 ①　15 ③

問題9 次の文章を読んで、文章全体の趣旨を踏まえて、 16 から 19 の中に入る最もよいものを、1・2・3・4から一つ選びなさい。

以下は、ある人が書いたエッセイである。

無意識の権力

我々の思考と行動の9割以上は無意識で、この判断装置は自分も気づかないうちに設定され、大きな影響を 16 。私はその無意識からくる影響を我が家に残存している家父長的な制度を通して実感した。

父は私と妹がテレビを見ている途中であるのも構わずリモコンを掴み、ニュースや野球のナイター中継に変える。また、法事(注1)や新年会などで親戚が一堂に会するとき(注2)は、母がいつも料理や酒の用意をし、男衆(注3)が散々散らかしたテーブルや床を片づける。そんな母に同情し、私もいつしか台所に居つくようになってしまった。

成人になってからしばらくして、父に父自身の高圧的な振る舞いについて意識しているのか尋ねたことがある。しかし父は、自分はそういった行動はしていないと言い張った。家族全員が、誰も逆らわなかったため、そういった振る舞いを自覚できなかったのだろう。 17 娘に変な質問をされたことに機嫌が悪い様子だった。

それでも、父を糾弾(注4)することはできない。 18 、私の中にもそういった権力構造が根付いていてなかなか変えることが難しいと知っているからだ。

母によれば、私は幼いころに弟に向かって「お姉ちゃんと呼びなさい」と言っていたらしい。そして、今でも弟は私をお姉ちゃんと呼んでいて、名前で呼ばれることはない。ただ、弟が私を姉として敬ってくれている分、私が弟の面倒事に手を貸すことがあるとしても、それに感謝されなくとも平気だし、反対に私の面倒事には力を貸してほしくないと思っている。

これは、私は姉であり、弟は自分より格下の存在だと見下しているがゆえに、弟からなんらの恩を受けたくないということの現れだ。これを見ると私の体に刻印された「無意識の権力構造」は父とたいして 19 と感じるのである。

(注1)法事(ほうじ)：遺族や親族などが集まり、故人のために祈る仏教の行事の一つ

(注2)一堂(いちどう)に会(かい)する：人々が同じ場所に集まる

(注3)男衆(おとこしゅう)：男の人たち

(注4) 糾弾(きゅうだん)：罪や責任を追及して非難すること

16
1　与えるべきだ　　　　　2　与えるかのようだ
3　与えるらしい　　　　　4　与えるところだ

17
1　むしろ　　　　　　　　2　せっかく
3　じょじょに　　　　　　4　あらためて

18
1　なのに　　2　ひいては　　3　ならびに　　4　というのも

19
1　変わらない　　　　　　2　変わりかねない
3　変わるわけがない　　　4　変わらないわけにはいかない

정답　16 ③　17 ①　18 ④　19 ①

핵심문법 집중 공략

2010년부터 최신 JLPT까지의 출제 문제 내 모든 문법을 분석하여 N1 레벨의 출제 예상 핵심 문법을 품사별로 정리하였습니다.

1 명사와 접속

01 ～いかんで(は) / ～いかんによって(は) ~여하로(는) / ~여하에 따라서(는)

「如何 여하」라는 명사에서 파생된 문법으로, 앞부분의 명사에 따라서 뒤의 행위, 결과가 성립되거나 정해진다는 것을 나타낸다. 문장 끝에 위치하여 「～いかんだ ~여하에 따르다, 달려있다」의 형태로도 사용할 수 있다.

💡TIP 비슷한 뜻의 「～次第で(は) ~에 따라서(는)」보다 격식 차린 표현이다. 🔍p.254 기출 문법

접속 명사 ➕ (の)
　　成績のいかんでは 성적 여하로는

台風の**影響いかんでは**試合を延期する可能性も否定できない。
태풍의 **영향 여하로** 시합을 연기하는 가능성도 부정할 수 없다.

答えいかんではなかったことにしてあげることもできる。
대답 여하에 따라서는 없던 일로 해 줄 수도 있다.

02 ～いかんにかかわらず ・～いかんによらず / ～いかんをとわず
~여하에 상관없이 / ~여하를 불문하고

1번 문법과 마찬가지로,「如何 여하」라는 명사에서 파생된 문법이다. 앞부분의 명사에 의해서 뒷부분에 오는 어떤 상태 및 결과가 아무런 영향을 받지 않음을 강조하는 표현이다.

💡TIP 「～いかんに関わらず」와 「～いかんを問わず」는 한자로 표기하여 사용하기도 하므로 함께 알아두자.

접속 명사 ➕ (の)
　　経験のいかんにかかわらず 경험 여하에 상관없이
　　勝敗のいかんによらず 승패 여하에 상관없이
　　性別のいかんをとわず 성별 여하를 불문하고

理由のいかんによらず、遅刻した人は試験を受けることはできません。
이유 여하에 상관없이 지각한 사람은 시험을 칠 수는 없습니다.

面接の**合否のいかんに関わらず**、採用結果はホームページにてお知らせします。
면접 **합격 여부 여하에 상관없이** 채용 결과는 홈페이지에서 알려드리겠습니다.

03 〜かたがた ~할 겸

두 가지의 목적을 갖고 어떤 행위나 행동을 한다는 의미로 사용하는 매우 격식 차린 표현이다. 앞부분에는 주로「お礼 감사의 말씀」,「お見舞い 병문안」,「お祝い 축하」,「お詫び 사죄의 말」,「ご報告 보고」,「ご挨拶 인사」와 같은 명사가 온다. 뒷부분에는 주로「行く 가다」,「来る 오다」,「訪ねる 방문하다」,「伺う 찾아뵙다」와 같은 어디론가의 이동, 움직임을 나타내는 동사가 많이 오며, 윗사람 앞이나 비즈니스적인 자리에서 자주 사용하는 표현이다.

접속 명사
ご報告かたがた 보고드릴 겸

お詫びかたがた 3月12日に伺いたいのですが、ご都合はいかがでしょうか。
사죄드릴 겸 3월 12일에 찾아뵙고 싶습니다만 형편은 어떠실까요?

もしお時間がございましたら、ご挨拶かたがた 佐藤様にお目にかかりたく存じます。
만약 시간이 있으시다면, 인사드릴 겸 사토님을 뵙고 싶습니다.

04 〜ごとき / 〜ごとく ~와/과 같은 / ~와/과 같이

「〜ような ~와/과 같은」,「〜ように ~와/과 같이」와 동일한 비유의 의미를 가졌으며, 굉장히 딱딱한 고어체이다. 문장 끝에는「〜ようだ ~와/과 같다」와 같은 의미의 고어체인「〜ごとし ~와/과 같다」를 사용한다.

> **TIP** 기출 문법인「〜かのごとく ~인 것 같이」와 함께 암기해 두자. p.273 기출 문법 또한 그 밖에 기출은 아니지만「〜など, 〜なんか, 〜なんて ~따위, ~같은 것」와 동일하게 사용되는 용법으로「명사+ごとき ~따위, ~같은 것」의 형식도 있으므로 함께 알아두자. 이 경우, 해당 명사를 경시하는 표현으로, 화자가 자신에게 사용하면 스스로를 겸손히 낮추는 뉘앙스를 지닌다.
> お前ごときに俺が負けるわけがない。 너 따위에게 내가 질리가 없다.

접속 명사 ➕ の
鬼のごとき 도깨비와 같은 / 天使のごとく 천사와 같이

彼の計算は機械のごとき精密さだ。
그의 계산은 기계와 같은 정밀함이다.

彼は風のごとく素早く走ることができる。
그는 바람과 같이 재빠르게 달릴 수 있다.

05 ～ずくめ ~일색, (온통) ~뿐

색깔이나 물건, 또는 어떤 사건이 온통 무언가로 가득하여 그것뿐이거나, 표면이 전부 무언가로 덮여있을 때 사용하는 표현으로, 긍정적인 문장과 부정적인 문장에서 모두 사용할 수 있다. 몇 가지의 명사와 접속하여 한정적인 쓰임새를 지니는 문법이므로 함께 사용하는 명사를 별도로 암기해 두자. 「いいこと 좋은 일」, 「おめでたいこと 경사스러운 일」, 「ごちそう 진수성찬」, 「黒 검정」, 「仕事 일」, 「会議 회의」, 「残業 잔업」, 「規則 규칙」, 「ブランド 브랜드」

접속 명사

おめでたいことずくめ 경사스러운 일 일색

規則ずくめのこんな学校はもううんざりです。
규칙뿐인 이런 학교는 이제 질립니다.

テーブルの上には**御馳走ずくめ**で、つい唾をごっくり飲み込んでしまいました。
테이블 위에는 **진수성찬뿐**이어서 그만 침을 꿀꺽 삼키고 말았습니다.

06 たかが～ 기껏해야~, 고작~

「高 정도」라는 명사에서 파생된 문법으로, 어떤 것에 대해 낮게 평가할 때 사용한다. 그것이 큰 의미나 가치를 가지고 있지 않다고 비하하는 뉘앙스를 가지고 있다.

> **TIP** 「たかが～くらいで 기껏해야 ~정도로」의 형태로 자주 사용한다.

접속 명사

たかが風邪 기껏해야 감기

たかが子ども同士の喧嘩なんだから、そのうちまたすぐ仲直りするよ。
기껏해야 아이들끼리의 싸움인 거니까 머지않아 또 바로 화해할 거야.

たかが2,000円のお小遣いくらいではお買い物も何もできない。
고작 2,000엔의 용돈 정도로는 쇼핑도 무엇도 할 수 없다.

07 ～たりとも～ない ~(이)라도 ~하지 않다

앞부분에 「一滴 한 방울」, 「一度 한 번」, 「一日 하루」 와 같은 최소 단위의 수량을 들어 전면적인 부정을 강조하는 표현이다.

접속 명사(수량사) ➕ たりとも ➕ ～ない형
一瞬たりとも油断できない 한순간이라도 방심할 수 없다

彼は毎日休まずに学校に来るのはもちろん、**一度たりとも**遅刻したことが**ない**。
그는 매일 쉬지 않고 학교에 오는 것은 물론 **한 번이라도** 지각한 적이 **없다**.

もう時間がないので、**一秒たりとも**無駄にすることは**できません**。
이제 시간이 없기 때문에 **일초라도** 낭비하는 일은 **할 수 없습니다**.

08 ～たるもの ~된 자, ~인 자

「政治家 정치가」, 「男 남자」, 「リーダー 리더」 등 직업이나 성별, 또는 특정한 입장을 가진 인물을 나타내는 명사를 들어, 해당 직업 및 입장을 가진 자는 당연히 그렇게 하거나, 그렇게 해서는 안 된다고 할 때 사용한다.

접속 명사
医者たるもの 의사 된 자

年配の人から「**男たるもの**、人前で涙を見せてはいけない」とよく言われる。
어르신으로부터 '**사나이 된 자** 사람들 앞에서 눈물을 보여서는 안 된다'라고 자주 말을 듣는다.

先生たるものが、平然と嘘をつくなんて、一体どういうことですか。
선생님 된 자가 태연하게 거짓말을 하다니 도대체 무슨 일입니까?

09 ～といい～といい ~도 ~도

무언가에 대해 서로 다른 두 가지의 예를 들어서 '~도 ~도 ~하다'라고 화자가 주관적으로 판단하거나 평가할 때 사용하는 표현이다. 좋은 평가, 나쁜 평가 모두 사용 가능하다.

💡**TIP** 「言う 말하다」에서 파생된 표현이지만, 해당 문법은 한자로 표기하지 않는 점에 주의하자.

접속 명사 ➕ といい, 명사 ➕ といい
顔といい性格といい 얼굴도 성격도

今のアパートは**家賃といい場所といい**文句なしの条件である。
지금의 아파트는 **집세도 장소도** 불평 없는 조건이다.

新しいパソコンは**デザインといい機能といい**全てにおいて気に入りました。
새로운 컴퓨터는 **디자인도 기능도** 모든 것에 있어서 마음에 들었습니다.

문법 | 핵심문법 집중 공략 **303**

10 ～ときたら ~로 말할 것 같으면, ~은/는

① 화자와 비교적 가까운 관계의 사람, 사물 등을 화두로 삼아서 그들의 극단적인 행위, 성질에 대하여 강한 비난, 불만, 분노 등을 나타낼 때 사용하는 표현이다.

② '~로 말할 것 같으면 ~이/가 당연하다'라는 뉘앙스로, 무언가를 가정했을 때 당연히 연상되는 것을 강조해서 말할 때 사용한다.

접속 명사
うちの猫(ねこ)ときたら 우리 고양이로 말할 것 같으면 / 暑(あつ)い日(ひ)ときたら 더운 날로 말할 것 같으면

① うちの**息子(むすこ)ときたら**、やりたいことができたから、大学(だいがく)を辞(や)めたいなんて言(い)い出(だ)したのよ。
우리 **아들로 말할 것 같으면** 하고 싶은 일이 생겼으니까 대학을 그만두고 싶다고 말을 꺼냈어.

② 金曜日(きんようび)の夜(よる)ときたら、アラームなしで好(す)きなだけ寝(ね)るのが当然(とうぜん)でしょ。
금요일 밤으로 말할 것 같으면 알람 없이 좋아하는 만큼 자는 것이 당연하잖아.

11 ～にあって(は) ~에서(는), ~에 있어서(는)

'어떤 상황이나 장소, 입장에서(는)'이라는 뜻으로, 그 상황이나 장소, 입장이 평소와는 다른, 특별한 상황임을 강조하는 문어체 표현이다.

> **TIP** 동일한 뜻의 「～で ~에서, 으로」, 「～において ~에서, ~에 있어서」보다 딱딱한 표현이며, 비슷한 모양의 표현인 「～とあって ~라고 해서, ~라서(원인 강조)」와 혼동하지 말자. ◎ p.275 기출 문법

접속 명사
家庭(かてい)にあっては 가정에서는

グローバル社会(しゃかい)にあって、ダイバーシティを尊重(そんちょう)する意識(いしき)が求(もと)められている。
글로벌 사회에서 다양성을 존중하는 의식이 요구되고 있다.

経営(けいえい)が厳(きび)しい状況(じょうきょう)にあっては、少(すこ)しでも経費(けいひ)を削減(さくげん)しなければならない。
경영이 험난한 **상황에서는** 조금이라도 경비를 삭감하지 않으면 안 된다.

12 〜にかかわる ~에 관련된

「関わる 관계되다, 관련되다」라는 동사에서 파생된 표현으로, 무언가에 영향을 끼치거나 관계된 대상, 범위를 나타낼 때 사용한다.

💡**TIP** 「〜に関わる」의 형태로 한자로 표기하여 사용하기도 하므로 함께 알아두자.

접속 **명사**
命(いのち)にかかわる 생명에 관련된

本件(ほんけん)は、**企業(きぎょう)リスクにかかわる**重大事案(じゅうだいじあん)だ。
본건은 **기업 리스크에 관련된** 중대 사안이다.

いつか**人材育成(じんざいいくせい)にかかわる**職種(しょくしゅ)に従事(じゅうじ)できるといいと思(おも)っている。
언젠가 **인재 육성에 관련된** 직종에 종사할 수 있으면 좋다고 생각하고 있다.

13 〜にかこつけて ~을/를 구실로, ~을/를 핑계 삼아

「託(かこつ)ける 핑계하다, 구실 삼다」라는 동사에서 파생된 문법으로, 무언가를 이유 또는 명분으로 내세워 행동을 정당화하려고 할 때 사용하는 표현이다.

💡**TIP** 조사「〜に」라고 쓰여 있는 부분을 '~에, ~에게'로 해석하지 않는 점에 주의하자.

접속 **명사**
病気(びょうき)にかこつけて 병을 구실로

息子(むすこ)は**勉強(べんきょう)にかこつけて**欲(ほ)しがっていた最新(さいしん)のパソコンを買(か)ってもらい、喜(よろこ)んでいた。
아들은 **공부를 핑계 삼아** 갖고 싶어 했던 최신 컴퓨터를 구매해 받아서 기뻐하고 있었다.

出張(しゅっちょう)にかこつけて思(おも)う存分(ぞんぶん)観光(かんこう)を楽(たの)しんだ。
출장을 핑계 삼아 마음껏 관광을 즐겼다.

14　～にしたら・～にすれば　~로서는, ~입장에서는

'어떠한 인물이나 조직의 입장 또는 시점에서 보거나 생각하면 어떠할 것이다'라고 추측할 때 사용하는 표현이다. 응용하여「～にしてみたら ~로서 보면, ~입장에서 보면」,「～にしてみれば ~로서 보면, ~입장에서 보면」의 형태로도 사용할 수 있다.

접속　명사
親にしたら 부모로서는 / 上司にすれば 상사 입장에서는

日本人にしたら簡単な漢字でも、外国人には難しいかもしれない。
일본인으로서는 간단한 한자여도 외국인에게는 어려울지도 모른다.

韓国人にすれば当たり前のことでも、外国人から見れば違うかもしれない。
한국인 입장에서는 당연한 일이라도 외국인이 보면 다를지도 모른다.

地域によってゴミの分別が異なるのは、**移住者にしてみたら**わかりにくい。
지역에 따라서 쓰레기의 분별이 다른 것은 **이주자의 입장에서 보면** 알기 어렵다.

学生にしてみれば厳しすぎる先生より親近感を持って接してくれる先生のほうがいい。
학생의 입장에서 보면 너무 엄격한 선생님보다 친근감을 갖고 접해 주는 선생님이 더 좋다.

15　～の至り　지극히 ~함, 정말 ~함

주로 감정을 나타내는 명사에 접속하여 그 상태가 최고에 도달해 있음을 나타내는 표현이다. 매우 딱딱한 표현이기 때문에 공적인 상황에서 사용하는 경우가 많다.

> **TIP**「光栄の至り 지극히 영광임」,「感激の至り 지극히 감격함」이라는 표현은 특히 많이 사용하므로 외워두자.

접속　명사
幸甚の至り 지극히 행복하고 감사함

昔は**若気の至り**で、目上の人に生意気な態度をとってしまったこともある。
옛날은 **지극히 젊은 패기**로 손윗사람에게 건방진 태도를 취해 버린 적도 있다.

御馳走に加えて、こんな高価なお土産まで頂くなんて、**恐縮の至りです**。
진수성찬에 더하여 이런 고가인 선물까지 주시다니 **정말 황송합니다**.

16 〜の極み　~의 극치, ~하기 그지없음

앞부분 명사의 상태가 극한의 정도에 달해 있음을 나타낼 때 사용하며, 긍정적인 상태, 부정적인 상태 모두에 사용 가능하다. 「〜の至り 지극히 ~함, 정말 ~함」과 비슷한 문법이지만, 보다 일상에서 자주 사용하는 표현이다.

> **TIP** 자주 쓰이는 단어 조합이 있으니 외워 두자. 「光栄の極み 영광이기 그지없음」, 「感激の極み 감격하기 그지없음」의 형태로 긍정적인 상태의 표현으로 잘 쓰며, 부정적인 상태를 표현하는 「痛恨の極み 원통함의 극치」, 「疲労の極み 피로하기 그지없음」, 「無駄の極み 낭비의 극치」 등과 같은 형태로도 잘 사용한다.

접속　명사
　　　贅沢の極み 사치의 극치

世界的に有名なアイドルと握手できたなんて、**感激の極みだよ**。
세계적으로 유명한 아이돌과 악수할 수 있었다니 **감격의 극치야**.

尊敬する先生にお褒めいただき、**光栄の極みです**。
존경하는 선생님에게 칭찬받아서 **영광스럽기 그지없습니다**.

17 〜はさておいて・〜はさておき　~은/는 제쳐두고

'굳이 문제 삼을 필요가 없거나 우선순위가 낮은 화제는 제쳐두고'라는 뜻으로, 화제를 바꿔서 앞서 다루고 싶은 내용의 이야기로 들어가자고 할 때 사용한다. 비슷한 의미의 「〜はともかく ~은/는 어찌 됐든」(p.206 기출필수문법)의 경우, 'A도 중요하지만 어찌 됐든 A보다 B가 더 중요하니 B에 중점을 두고 이야기하고 싶다'는 뉘앙스다. 반면 「〜はさておいて」, 「〜はさておき」는 'A는 얘기할 필요 없고 B를 화제로 삼고 싶다'는 뉘앙스라는 것을 알아두자.

> **TIP** 기본적으로 명사에 접속하는 표현이지만, 「동사/ い형용사/ な형용사/ 명사 보통형 ➕ か ➕ 〜はさておいて・〜はさておき」의 형태로도 사용 가능하다. 단, 이때 な형용사와 명사의 보통형 현재 긍정일 경우, 「だ」를 빼고 접속한다는 점에 주의하자.
> いざ日本に来たら、日本語で話せるかはさておき、お金に困っている状況だ。
> 막상 일본에 왔더니 일본어로 이야기할 수 있는지는 제쳐두고 돈이 쪼들리는 상황이다.

접속　명사
　　　冗談はさておき 농담은 제쳐두고

私的な感情はさておいて、このプロジェクトを最後まで遂行したいと思います。
사적인 감정은 제쳐두고 이 프로젝트를 마지막까지 수행하고 싶다고 생각합니다.

仕事の話はさておき、今夜は楽しく飲んで食べてリフレッシュしましょう。
일 얘기는 제쳐두고 오늘 밤은 즐겁게 마시고 먹고 리프레시합시다.

18 ~まみれ ~투성이, ~범벅

「塗(ま)れる 투성이가 되다」라는 뜻의 동사에서 파생된 문법으로, 주로 「汗(あせ) 땀」, 「埃(ほこり) 먼지」, 「血(ち) 피」, 「泥(どろ) 진흙」, 「砂(すな) 모래」, 「油(あぶら) 기름」 등과 같이 불쾌하거나 더러운 것이 표면에 잔뜩 묻어있는 것을 나타낼 때 사용한다.

> **TIP** N3레벨에서 학습한 비슷한 의미를 가진 「~だらけ ~투성이」와의 다른 점을 비교해 보자.
> 子(こ)どもが泥(どろ)だらけになって帰(かえ)ってきた。 아이가 진흙투성이가 되어서 돌아왔다.
> (단순히 진흙이 지나치게 많이 있는 상태로 아이가 돌아옴을 의미함)
> 子(こ)どもが泥(どろ)まみれになって帰(かえ)ってきた。 아이가 진흙투성이가 되어서 돌아왔다.
> (아이 몸에 진흙이 잔뜩 묻어 더럽혀진 상태로 돌아옴을 의미함)

접속 명사

埃(ほこり)まみれ 먼지 투성이

真夏(まなつ)にエアコンが故障(こしょう)してしまい、**汗(あせ)まみれ**になりながら晩御飯(ばんごはん)の支度(したく)をした。
한여름에 에어컨이 고장 나 버려서 **땀투성이**가 되면서 저녁 식사 준비를 했다.

息子(むすこ)が**砂(すな)まみれ**になって家(いえ)に帰(かえ)ってきたので、「早(はや)くお風呂(ふろ)に入(はい)りなさい」と話(はな)した。
아들이 **모래투성이**가 되어 집에 돌아왔기 때문에 "빨리 목욕하렴"이라고 이야기했다.

19 ~めく ~다워지다, ~인 듯하다

아직 충분하거나 완전하지는 않지만, 이전보다 한껏 더 그런 느낌이 난다고 말할 때 사용하는 표현이다. 「~のような感(かん)じがする ~와/과 같은 느낌이 든다」라는 뜻과 거의 비슷하며, 주로 「春(はる) 봄」, 「夏(なつ) 여름」, 「秋(あき) 가을」, 「冬(ふゆ) 겨울」과 같은 계절을 나타내는 명사나, 「冗談(じょうだん) 농담」, 「皮肉(ひにく) 비꼼」, 「謎(なぞ) 수수께끼」, 「説教(せっきょう) 설교」등과 같은 명사에 접속한다.

접속 명사

謎(なぞ)めく 수수께끼인 듯하다

3月(がつ)も過(す)ぎ、**春(はる)めいた**日(ひ)が多(おお)くなったように思(おも)われます。
3월도 지나 **봄 다운** 날이 많아진 것처럼 여겨집니다.

照(て)れ隠(かく)しであっても**冗談(じょうだん)めいた**ことを言(い)うのは避(さ)けたほうがいいですよ。
멋쩍음을 감추는 것이라고 해도 **농담인 듯한** 말을 하는 것은 피하는 편이 좋아요.

20 ～を顧みず ~을/를 돌아보지 않고, ~을/를 돌보지 않고

「顧みる 돌아보다, 돌보다」라는 뜻의 동사에서 파생된 문법으로, 무언가를 고려하거나 생각하지 않고, 그러한 상황을 감수해서라도 다른 것을 한다고 할 때 사용하는 표현이다.

TIP 「〜も顧みず ~도 돌아보지 않고, ~도 돌보지 않고」의 형태로도 사용할 수 있다.

접속　명사
批判を顧みず 비판을 돌아보지 않고

危険を顧みず、国を守るために最前線で懸命に戦いました。
위험을 돌아보지 않고 나라를 지키기 위해 최전선에서 열심히 싸웠습니다.

うちの父は家庭を顧みず、会社の同僚とゴルフばっかりしている。
우리 아버지는 가정을 돌보지 않고 회사 동료와 골프만 치고 있다.

21 ～を限りに ~을/를 끝으로

「限り 한계, 끝」이라는 명사에서 파생된 문법으로, 계속해 오고 있는 무언가를 특정 시점을 끝으로 종료할 때 사용하는 표현이다. 이에 대한 결의와 유감스러움의 뉘앙스를 가지며, 「本日 오늘」, 「今週 이번 주」, 「〜日 ~일」등과 같은 시간 명사와 함께 자주 사용한다.

TIP 동일한 뜻이지만 「명사 ➕ 限りで ~을 끝으로」의 형태로 사용할 수도 있다.
当店は今月末限りで閉店いたします。
이 가게는 이달 말을 끝으로 폐점합니다.

접속　명사
今月を限りに 이번 달을 끝으로

今日を限りに禁煙することに決意した。
오늘을 끝으로 금연을 하기로 결의했다.

今回のセールを限りに、家電製品事業を撤退する運びとなりました。
이번 세일을 끝으로 가전제품 사업을 철수하는 단계에 이르렀습니다.

22 ～を兼ねて ~을/를 겸해서

「兼ねる 겸하다」라는 동사에서 파생된 문법으로, B라는 본래의 목적이 있지만, A라는 또 다른 목적도 겸해서 무언가를 한다고 말할 때 사용하는 표현이다. 이때, 앞부분의 내용인 A보다, 뒷부분의 내용인 B가 주된 목적을 나타낸다.

💡TIP N3레벨에서 학습한 비슷한 의미를 가진 「～ついでに ~하는 김에」와의 다른 점을 비교해 보자.
ズボンを買ったついでに上に合う服も買った。 바지를 산 김에 위에 맞는 옷도 샀다.
(바지를 사는 것이 주목적으로, 위에 맞는 옷도 산 것은 부수적인 목적임을 의미함)
ダイエットを兼ねて運動を始めた。 다이어트를 겸해서 운동을 시작했다.
(다이어트는 부수적인 목적으로, 운동을 시작한 것이 주목적임을 의미함)

접속 명사
気分転換をかねて 기분전환을 겸해서

英語の練習をかねて、よくアメリカ人の友達とチャットしている。
영어 연습을 겸해서 자주 미국인 친구와 채팅하고 있다.
文法の最終チェックを兼ねて英文法ファイナル問題集を購入した。
문법 최종 체크를 겸해서 영문법 파이널 문제집을 구입했다.

23 ～を禁じ得ない ~을/를 금할 수 없다

마음속에서 어떤 감정이 솟구치듯이 올라와서 억누를 수가 없다고 할 때 사용하는 표현이다. 주로 감정과 기분을 나타내는「喜び 기쁨」,「怒り 분노」,「涙 눈물」,「驚き 놀람」,「恐怖 공포」,「悲しみ 슬픔」등의 명사와 함께 사용한다.

접속 명사
同情を禁じ得ない 동정을 금할 수 없다

結婚式をの際、ご両親への感謝の気持ちを禁じ得なかった。
결혼식 때 부모님에게로의 감사의 마음을 금할 수 없었다.
自分より弱い人をいじめる彼らの態度を見て、怒りを禁じ得なかった。
자신보다 약한 사람을 괴롭히는 그들의 태도를 보고 분노를 금할 수 없었다.

24 ～を踏まえ(て) ~을/를 토대로, ~에 입각하여

「踏まえる 근거하다, 입각하다」라는 동사에서 파생된 문법으로, 어떤 내용을 판단의 근거로 삼아서 무언가를 행한다고 말할 때 사용한다. 주로 격식을 차리는 자리에서 사용하는 딱딱한 문어체 표현이다.

접속　명사
　　　その根拠を踏まえて 그 근거를 토대로

本調査の結果を踏まえて、顧客に最適のサービスを提供しましょう。
본 조사 **결과를 토대로** 고객에게 최적의 서비스를 제공합시다.

政府からの新しい政策を踏まえて、これからの計画を立てましょう。
정부로부터의 새로운 **정책에 입각하여** 앞으로의 계획을 세웁시다.

25 ～を経て ~을/를 거쳐서

「経る 거치다」라는 동사에서 파생된 문법으로, 어떤 결과에 도달하기까지 걸린 시간이나 수단, 그 과정에서 경험한 일, 거쳐온 장소 등을 나타낼 때 사용한다.

접속　명사
　　　研修期間を経て 연수 기간을 거쳐서

メキシコまでの直行便がなかったので、アメリカを経てやっとメキシコまでたどり着いた。
멕시코까지의 직항편이 없었기 때문에 **미국을 거쳐서** 겨우 멕시코까지 이르렀다.

彼氏と2年間の交際を経て、先月結婚した。
남자 친구와 2년간의 **교제를 거쳐서** 지난달 결혼했다.

26 ～をものともせず(に) ~을/를 문제로도 삼지 않고, ~을/를 개의치 않고

곤란한 상황에 놓이거나 어떤 역경이 있음에도 굴복하지 않고 극복해낸다고 할 때 사용하는 표현이다. 행동을 취하는 주체가 어려움에 용감히 맞서는 점이 큰 특징이므로, 뒷부분에는 항상 좋은 내용이 온다.

접속　명사
　　　怪我をものともせずに 부상을 문제로도 삼지 않고

彼は逆境をものともせずに、事業を成功させた。
그는 **역경을 문제로도 삼지 않고** 사업을 성공시켰다.

プレッシャーをものともせず、最後の大会で見事に優勝を勝ち取った。
압박을 개의치 않고 마지막 대회에서 훌륭하게 우승을 거두었다.

2 동사와 접속

27 〜が早いか ~하자마자

「〜が早いか〜た ~하자마자 ~했다」라는 과거형의 형태로만 사용하는 딱딱한 문어체 표현으로, 어떤 일이 발생하자마자 재빠르게 또 다른 무언가가 일어났다고 할 때 사용한다. 전후의 동작이 거의 동시에 발생하였다는 스피드를 강조하는 표현이기에 시간적 격차가 매우 짧음을 나타낸다.

접속   동사 기본형
　　　　見つけるが早いが 발견하자마자

合格の知らせを**聞くが早いか**、嬉しさのあまり泣き出してしまった。
합격 소식을 **듣자마자** 기쁜 나머지 울음을 터뜨려 버렸다.

スポーツカーは信号の色が**変わるが早いか**、ものすごい轟音を鳴らしながら走って行った。
스포츠카는 신호의 색이 **바뀌자마자** 엄청난 굉음을 울리면서 달려갔다.

28 〜ことなく・〜ことなしに ~하지 않고, ~하는 일 없이

'일반적으로 예상되는 것과는 다르게, 무언가를 하지 않고'라는 부정의 뜻을 가진 딱딱한 문어체 표현이다.

> **TIP** 응용하여 「명사 ➕ なしに ~없이」의 형태로도 사용할 수 있다.
> 30人分の予約を事前連絡なしに一方的にキャンセルされた。
> 30인분의 예약을 사전 연락 없이 일방적으로 캔슬 당했다.

접속   동사 기본형
　　　　休憩することなく 휴식하지 않고

途中で**諦めることなく**最後までやり抜くように頑張ります。
도중에 **포기하지 않고** 마지막까지 해내도록 분발하겠습니다.

努力することなく成功を望んではいけない。
노력하는 일 없이 성공을 바라서는 안 된다.

29 ～術がない ~할 방법이 없다

「術 방법, 수단」이라는 명사에서 파생된 문법으로, 무언가를 달성하기 위한 방법이 없다는 뜻을 가진다. 동사 기본형에 접속시키지 않고 단독으로만 사용할 수도 있으며,「為す術がない 어찌할 도리(방법)가 없다」라는 관용 표현으로 사용하기도 한다.

접속　동사 기본형
　　　治す術がない 고칠 방법이 없다

急に姿を隠した彼に**連絡する術がない**。
갑자기 모습을 감춘 그에게 **연락할 방법이 없다**.

社長すらよく知らない情報や噂について、私なんかが**知る術がないです**。
사장님조차 잘 모르는 정보와 소문에 대해서 저따위가 **알 방법이 없습니다**.

30 ～そばから ~하는 족족, ~하기가 무섭게

어떤 일이 발생하더라도 금세 같은 상황에서 무언가가 반복적으로 일어난다고 할 때 쓰는 표현이다. 화자의 불만이나 어이없어하는 감정이 담겨 있으며, 주로 좋지 않은 일을 나타낼 때가 사용한다.

접속　동사 기본형, 동사 た형
　　　片づけるそばから(また散らかす) 치우는 족족 (또 어지럽힌다)
　　　覚えたそばから(忘れてしまう) 외우기가 무섭게 (잊어버린다)

彼女は**聞いたそばから**また同じ質問をしてくるので、教えてあげたい気持ちがなくなる。
그녀는 **묻는 족족** 또 같은 질문을 해 오기 때문에 가르쳐 주고 싶은 마음이 없어진다.

肉を焼いたけど、**焼いたそばから**家族にどんどん食べられて写真を撮る暇がなかった。
고기를 구웠는데 **굽기가 무섭게** 가족들이 자꾸 먹어서 사진을 찍을 틈이 없었다.

31　～ともなく・～ともなしに　무심코~, 문득~

별생각이나 의도 없이 무의식적으로 어떤 행동을 한다고 표현할 때 사용한다. 또한 「見るともなく(ともなしに)見ていた 무심코 보고 있었다」, 「聞くともなく(ともなしに)聞いていたら 무심코 듣고 있었더니」, 「話すともなく(ともなしに)話していたら 무심코 이야기하고 있었더니」처럼 문형 앞뒤 부분에는 같은 동사를 사용하는 경우가 특히 많다.

> **TIP** 기본적으로 동사 기본형에 접속하지만 예외로 의문사에 접속하여 「誰からともなく(ともなしに) 문득 누구로부터 인지 모르게」, 「どこからともなく(ともなしに) 문득 어디서부터 인지 모르게, 어디선가」와 같이 사용하기도 한다.
> 山の中を歩いていたら、**どこからともなく**動物の鳴き声が聞こえてきました。
> 산속을 걷고 있었더니 **문득 어디서부터 인지 모르게** 동물의 울음소리가 들려왔습니다.

접속　동사 기본형
　　　　言うともなく言っていたら 무심코 말하고 있었더니

カフェでお喋りをしている女性たちの話を**聞くともなく聞いていた**。
카페에서 수다를 떨고 있는 여성들의 이야기를 **무심코 듣고 있었습니다**.

毎日流れている曲なので、**覚えるともなしに覚えていました**。
매일 흘러나오고 있는 곡이기 때문에 **무심코 외우고 있었습니다**.

32　～まじき　~해서는 안 되는

어떤 사람의 지위, 신분, 입장을 고려했을 때, 해서는 안 되는 행동 및 태도에 대하여 비난하는 딱딱한 표현이다. 「～として～まじき行動 ~로서 해서는 안 되는 행동」, 「～として～まじきこと ~로서 해서는 안 되는 일」, 「～として許すまじき ~로서 허락해서는 안 되는」등의 형태로 많이 사용한다.

> **TIP** 「あるまじき 있어서는 안 되는」는 관용 표현으로 특히 자주 쓰이니 꼭 외워두자.
> 学生にあるまじき態度 학생에게 있어서는 안 되는 태도

접속　동사 기본형 ★する ➡ するまじき、すまじき
　　　　許すまじき行動 허락해서는 안 되는 행동

会社を無断欠勤するなんて、**社会人としてあるまじき**行為だ。
회사를 무단결근하다니 **사회인으로서 있어서는 안 되는** 행위이다.

飲酒運転をするとは、**すまじき**ことだ。
음주 운전을 하다니 **해서는 안 되는** 일이다.

33 ～や否や・～や ~하자마자

「～や否や～た ~하자마자 ~했다」라고 하는 과거형의 형태로만 사용하는 딱딱한 문어체 표현으로, 무언가를 하자마자 거의 동시에 갑작스럽거나 예상치 못한 의외의 일이 일어났을 때 사용한다. 화자의 놀란 심경을 나타내는 뉘앙스를 가진다. 또한「～や否や」는「否や」부분을 생략해서「～や」의 형태로 사용한다.

접속 동사 기본형
心配するや否や 걱정하자마자 / 薬を飲むや 약을 먹자마자

彼は海外から帰国するや否や自分で小さな会社を立ち上げた。
그는 해외에서 **귀국하자마자** 스스로 작은 회사를 설립했다.

駅に着くやすぐ電車が来たので、「ラッキー！」と思いました。
역에 **도착하자마자** 바로 전철이 왔기 때문에 "럭키!" 라고 생각했습니다.

34 ～そびれる ~하려다 못하다, ~할 기회를 놓치다

무언가를 하고자 했지만, 어떤 이유로 인하여 기회를 놓치는 바람에 최종적으로는 하지 못했다고 말할 때 사용한다. 실현하지 못 한 것에 대한 화자의 후회나 안타까운 감정이 담긴 뉘앙스의 표현이다.

접속 동사 ます형
寝そびれる 자려다 못 자다, 잠을 설치다

彼の明日の日程が気になりますが、聞きそびれました。
그의 내일 일정이 신경 쓰입니다만 **물어볼 기회를 놓쳤습니다**.

自分の意見も強く主張したかったのに、言いそびれました。
자신의 의견도 강하게 주장하고 싶었는데 **말할 기회를 놓쳤습니다**.

35 ～つ～つ ~하거나 ~하거나

서로 대조되는 의미의 동사들을 사용하여, 그 동작이나 행위가 반복해서 교차로 실행됨을 나타내는 표현이다.

> **TIP** 관용 표현으로 자주 사용하는「抜きつ抜かれつ 앞서거니 뒤서거니」,「持ちつ持たれつ 서로 도움(=상부상조)」는 꼭 암기하자.

접속 동사 ます형 ➕ つ, 동사 ます형 ➕ つ
押しつ押されつ 밀거나 밀리거나(=밀치락달치락)

試合は追いつ追われつの展開となり、興味津々でした。
시합은 **쫓거나 쫓기거나**의(=쫓고 쫓기는) 전개가 되어 흥미진진했습니다.

夜になっても家に帰ってこない娘を、玄関の前で行きつ戻りつしながら待っていた。
밤이 되어도 집에 돌아오지 않는 딸을 현관 앞에서 **왔다 갔다** 하면서 기다리고 있었다.

36 ～やしない 절대 ~하지 않다

회화체로 사용하는 강한 부정의 표현이다. 주로 상대방이 걱정하고 있을 때, 절대로 그렇지 않을 것이라고 안심시키는 경우에 사용한다. 또한 화자의 불만을 표현하거나 상대를 비난할 때 사용하기도 한다.

> **TIP** 「～やしない 절대 ~하지 않다」가 보다 강한 부정의 표현이기에, 「～はしない ~하지는 않다」를 「～やしない 절대 ~하지 않다」로 바꿀 수는 없다.

접속 동사 ます형
　　　死にやしない 절대 죽지 않다

学校の廊下では走らないように、何度も注意しているのに止めやしない。
학교 복도에서는 달리지 않도록 몇 번이나 주의를 주었는데 **절대 그만두지 않는다**.

いくら満員電車の中といっても、人の足を2回も踏んで謝りやしないなんて。
아무리 만원 열차 안이라도 해도 사람의 발을 2번이나 밟고 **절대 사과하지 않다**니.

37 ～たが最後・～たら最後 ~했다 하면

만일 어떤 상황에 놓이게 되면 그 뒤에는 돌이킬 수 없는 안 좋은 결과가 꼭 발생한다는 것을 의미한다. 딱딱한 표현인 「～たが最後」와 달리 「～たら最後」는 캐주얼한 회화체 표현이다.

접속 동사 た형
　　　貸したが最後 빌려줬다 하면 / 横になったら最後 누웠다 하면

会社に多大な損失をもたらしたが最後、チーム全体が解散することになる。
회사에 많고도 큰 손실을 **초래했다 하면** 팀 전체가 해산하게 된다.

このドラマは見たら最後、面白すぎて最終回まで見てしまう。
이 드라마는 **봤다 하면** 너무 재미있어서 마지막 화까지 보고 만다.

38 ～たためしがない ~한 적이 없다, ~한 전례가 없다

「例 선례, 예」라는 명사에서 파생된 문법으로, 그런 전례를 과거에 단 한 번도 듣도 보지 못했다는 뜻이다. 또한 화자의 불만이나 비난을 나타내는 표현으로 자신이 아닌 다른 대상을 비난할 때 사용한다.

접속 동사 た형
　　　時間通りに来たためしがない 시간대로 온 적이 없다

彼女は約束を守ったためしがない。
그녀는 약속을 **지킨 적이 없다**.

そんなあり得ない規則は今まで社内で通ったためしがないです。
그런 말도 안 되는 규칙은 지금까지 사내에서 **통과된 전례가 없습니다**.

39 〜たところで ~해 봤자, ~한들

어떤 행위를 한다고 해도 그것이 도움이 되거나 효과가 나타나지 않는다고 할 때 사용하는 표현으로, 기대에 반하는 결과를 얻게 됨을 나타낸다.

💡 **TIP** 「いくら〜たところで 아무리 ~해 봤자」, 「どんなに〜たところで 아무리 ~해 봤자」, 「今更〜たところで 이제 와서 ~해 봤자」의 형태로 자주 사용한다.

접속 동사 た형
頼んでみたところで 부탁해 봤자

レポートの締め切りまであと6時間しかないから、今から書き始めたところで間に合わないよ。
리포트 마감까지 앞으로 6시간 밖에 없으니까 지금부터 쓰기 시작해 봤자 제시간에 맞지 않아.

今更謝ったところで、許す気は全くありません。 이제 와서 사과해 본들 용서할 마음은 전혀 없습니다.

40 〜てはばからない 거리낌 없이 ~하다

「憚る 거리끼다」라는 동사에서 파생된 문법으로, '무서워하지 않고 대담하게 ~하다', '주저하지 않고 당당하게 ~하다'의 뜻을 가지고 있다. 주변에서 뭐라고 하든, 어떤 결과가 기다리고 있든, 본인의 뜻이나 의지를 굽히지 않고 당당하게 행동할 때 사용한다.

접속 동사 て형
断言してはばからない 거리낌 없이 단언하다

姉は今のコーチについて「あの男は早く辞任すべきだ」と言ってはばからない。
누나는 지금의 코치에 대해서 "저 남자는 빨리 사임해야 한다"고 거리낌 없이 말한다.

彼女はいつも自分の家が裕福なことを自慢してはばからない。
그녀는 항상 자신의 집이 유복한 것을 거리낌 없이 자랑한다.

41 〜てみせる ~해 보이겠다

상대방이 알 수 있도록 어떤 구체적인 행위를 꼭 하겠다는 화자의 강한 결의와 각오를 나타내는 표현이다.

💡 **TIP** 「必ず 반드시」, 「絶対に 절대로」, 「きっと 분명」등의 단어와 함께 자주 사용한다.

접속 동사 て형
合格してみせる 합격해 보이겠다

開発者たちは「今度こそ成功させてみせる」と意気込んでいたが、いい結果は出せなかった。
개발자들은 '이번에야말로 성공시켜 보이겠어'라고 의욕에 불타고 있었지만, 좋은 결과는 낼 수 없었다.

試合に絶対に勝ってみせるから、たくさん応援してくれたら嬉しいよ。
시합에 절대로 이겨 보일 테니까 많이 응원해 주면 기뻐.

42 〜ても始(はじ)まらない ~해도 소용없다

앞부분의 어떤 행위를 취한다 한들 어차피 쓸모없거나 도움이 안 되고, 늦었을 경우에 사용한다. 아무런 상황이 나아지지 않음을 의미한다.

> **TIP** 「〜ても」대신 「〜たって」를 사용해서 회화체로 「〜たって始(はじ)まらない」라고 할 수 있다.
> 待(ま)っていても始(はじ)まらない 기다리고 있어도 소용없다
> 待(ま)っていたって始(はじ)まらない 기다리고 있어도 소용없다

접속 동사 て형
話(はな)し合(あ)っても始(はじ)まらない 서로 이야기해도 소용없다

今(いま)さら後悔(こうかい)しても始(はじ)まらないよ。それよりも、次(つぎ)の試験(しけん)に備(そな)えて勉強(べんきょう)したら？
이제 와서 **후회해도 소용없어**. 그것보다도 다음 시험에 대비해서 공부하는 게 어때?

問題(もんだい)を解決(かいけつ)するための行動(こうどう)は取(と)らずに悩(なや)んでいても始(はじ)まらないよ。
문제를 해결하기 위한 행동은 취하지 않고 **고민하고 있어도 소용없어**.

43 〜てやまない ~해 마지않다

상대에 대한 기원이나 바람 등을 나타낼 때 사용하는 문어체 표현이다. 「愛(あい)する 사랑하다」, 「祈(いの)る 빌다」, 「願(ねが)う 바라다」, 「信(しん)じる 믿다」, 「期待(きたい)する 기대하다」등의 감정을 나타내는 동사에 접속하여, 그 감정이 긴 시간 계속되고 있음을 의미한다.

접속 동사 て형
愛(あい)してやまない 사랑해 마지않다

いつもあなたが幸(しあわ)せであるように、願(ねが)ってやまない。
항상 당신이 행복하도록 **기원해 마지않는다**.

きっと神様(かみさま)はどこかで私(わたし)たちを見守(みまも)り、守(まも)ってくださると信(しん)じてやまないです。
분명 하느님은 어딘가에서 우리들을 지켜보고 지켜 주신다고 **믿어 마지않습니다**.

44 ～ずじまいだ ~하지 못하고 끝나다

「ず」는 옛날 말인 고어로서, 현대어로 「ない(동사 부정형)」에 해당한다. 이에 「しまい 끝」이라는 명사가 결합되어 만들어진 표현이 「～ずじまいだ」다. 무언가를 하고자 했으나 어떠한 이유로 인해 실현하지 못하고 말았을 때 사용하는 표현으로, 그에 대한 화자의 유감 또는 후회하는 마음을 나타낸다. 또한 이미 발생한 일에 대해서만 사용 가능하며, 고어가 포함되어 있지만 회화에서도 종종 사용하는 표현이다.

> **TIP** 기본적으로 동사 ない형에 접속하지만, 응용하여 동사 가능형의 ない형에 접속할 수도 있다. 이때는 단순히 동사 ない형에 접속하는 것보다 더욱 화자의 유감스럽거나 후회하는 마음을 강조하는 뉘앙스를 지닌다.

접속　동사 ない형 ★する → せずじまいだ

結局告白せずじまいだった 결국 고백하지 못하고 끝났다

この間買った本は、結局、買った時の状態のまま読まずじまいだった。
얼마 전 산 책은 결국, 샀을 때의 상태 그대로 **읽지 못하고 끝났다**.

仕事が多く、多忙だったので計画していた旅行には行けずじまいだった。
일이 많아 매우 바빴기 때문에 계획하고 있던 여행에는 **가지 못하고 끝났다**.

45 ～ずとも ~하지 않더라도

「ず」는 옛날 말인 고어로서, 현대어로 「ない(동사 부정형)」에 해당한다. 해당 표현은 「～なくても ~하지 않아도」와 바꿔 쓸 수도 있는 표현으로, 어떠한 행동을 굳이 할 필요가 없다는 것을 의미한다. 고어가 포함되어 있기 때문에 다소 딱딱한 표현이며 주로 격식을 차려야 하는 장소, 서면 등에서 사용한다.

접속　동사 ない형 ★する → せずとも

聞かずとも 듣지 않더라도

ご利用のお客様は、本人確認済みのため、年齢確認をせずとも本サービスがご利用できます。
이용하시는 고객님은 본인확인이 끝났기 때문에 연령 확인을 **하지 않더라도** 본 서비스를 이용하실 수 있습니다.

露天風呂付き客室は、大浴場まで行かずとも天然温泉をお楽しみ頂けるため、ご好評頂いております。
노천탕이 딸린 객실은 대욕장(공공 목욕탕)까지 **가지 않더라도** 천연온천을 즐기실 수 있기 때문에 호평받고 있습니다.

46 〜ないでは済まない・〜ずには済まない ~하지 않으면 해결되지 않는다, ~하지 않으면 끝나지 않는다

「済む 끝나다, 해결되다」라는 동사에서 파생된 표현으로, 과거에 이미 일어난 일에 대해서 현재의 상황이나 일반적인 상식, 사회적인 통념 등을 고려하여 반드시 그렇게 하지 않으면 안 된다는 의미의 표현이다.

> **TIP** 과거의 일에 대해서만 사용할 수 있다는 점에 주의하자. 또한 「〜ないでは」와 「〜ずには」는 동일한 뜻이지만, 「〜ずには」가 보다 딱딱한 문어체 표현이다.

접속 동사 ない형 ★する → せず
来ずには済まない 오지 않으면 끝나지 않는다

人のものを壊してしまったから、弁償せずにはすまない。
다른 사람의 물건을 부수어 버렸기 때문에 **변상하지 않으면 해결되지 않는다**.

同じ問題が繰り返されるので、その原因を徹底的に調査せずには済まない。
같은 문제가 반복되기 때문에 그 원인을 철저히 **조사하지 않으면 해결되지 않는다**.

47 〜ねばならない・〜ねばならぬ ~하지 않으면 안 된다

「ねば」는 고어로, 「〜なければ ~하지 않으면」과 동일한 의미를 가진다. 따라서 「〜ねばならない」는 무언가를 하지 않으면 안 된다는 의무 또는 필요성을 나타내게 된다. 또한 「〜なければならない ~하지 않으면 안 된다」의 옛말이기에, 회화에서는 거의 사용하지 않는다.

> **TIP** 보다 딱딱한 표현으로 「ぬ」라는 「ない(동사 부정형)」의 고어체를 사용하여 「〜ねばならぬ ~하지 않으면 안 된다」라고 나타낼 수도 있다. 「〜ねばならぬ」는 매우 딱딱한 문어체 표현이지만, 특정 시대를 다룬 사극 드라마나 영화 등에서는 회화체로 사용하는 것을 볼 수 있다.

접속 동사 ない형 ★する → せねばならない, ある → あらねばならない
守らねばならない 지키지 않으면 안 된다

被害者に不利に作用しそうな法律は改正せねばならない。
피해자에게 불리하게 작용할 것 같은 법률은 **개정하지 않으면 안 된다**.

父親は「男たるもの強くあらねばならない」という思考を持っていた。
아버지는 '남자 된 자 강하게 **있지 않으면 안 된다**'고 하는 사고를 가지고 있었다.

48 ～んがため ~하기 위해

「ん」은 고어로, 「ない(동사 부정형)」에만 접속 가능한 표현이며, 목적을 달성하기 위해서 어떠한 행위를 할 때 사용하는 표현으로 화자의 강한 의지를 나타낸다. 고어가 포함된 표현이기 때문에 일상생활에서는 거의 사용하지 않으며, 연설 또는 서면 등에서 사용한다.

TIP 「～んがために ~하기 위해서」, 「～んがための ➕ 명사 ~하기 위한」의 형태로도 사용한다.

접속 동사 ない형 ★する ➡ せんがため
完成(かんせい)せんがため 완성하기 위해

試合(しあい)に勝(か)たんがため、反則行為(はんそくこうい)を行(おこな)ってしまった選手(せんしゅ)は、退場(たいじょう)された。
시합에 **이기기 위해** 반칙 행위를 해 버렸던 선수는 퇴장당했다.

資格試験(しかくしけん)に合格(ごうかく)せんがため、昼夜(ちゅうや)寝(ね)ずに頑張(がんば)って勉強(べんきょう)しました。
자격시험에 **합격하기위해** 주야로 자지 않고 힘내서 공부했습니다.

49 ～んばかりだ (당장이라도) ~할 것 같다

「ん」은 고어로, 「ない(동사 부정형)」에만 접속 가능한 표현이다. 어떠한 상황에 있어서, '실제로는 그렇지 않지만 곧 그렇게 될 것 같다'고 상황을 보다 생생하게 묘사하여 '동작의 정도'를 가정할 때 사용한다. 주로 다른 사람이나 사물의 동작, 표정, 모습 등을 나타내기 위해 사용하며, 자기 자신에 대해서는 사용하지 않는다. 또한 고어가 포함된 문어체이기 때문에 주로 글을 통해 서면에서 사용하며 회화에서는 거의 사용하지 않는다.

TIP 「～んばかりの ➕ 명사 ~할 것 같은」, 「～んがためだ ~할 것 같이」의 형태로도 사용한다.

접속 동사 ない형 ★する ➡ せんばかり
溢(あふ)れんばかりだ 넘쳐흐를 것 같다

息子(むすこ)が事故(じこ)にあったと聞(き)いて、心配(しんぱい)で胸(むね)が張(は)り裂(さ)けんばかりだ。
아들이 사고를 당했다고 들어서 걱정으로 가슴이 **당장이라도 찢어질 것 같다.**

彼女(かのじょ)は飛行機(ひこうき)を逃(のが)してしまって、泣(な)かんばかりの顔(かお)をしていた。
그녀는 비행기를 놓쳐 버려서 당장이라도 **울 것 같은 얼굴을 하고 있었다.**

50 〜ばきりがない・〜ときりがない・〜たらきりがない ~하면 끝이 없다

가정 표현인 「〜ば、〜と、〜たら ~하면」와 「切(き)り 한도, 종점」이라는 명사가 결합되어 만들어진 문법이다. 어떠한 행위를 가정하였을 때, 그것을 하면 종료되는 시점이 보이지 않거나 그 행동을 계속 지속할 수밖에 없음을 나타낼 때 사용한다.

💡**TIP** 한자로는 「切りがない」라고 표기할 수 있으며, 가정 표현 「〜ば, 〜と, 〜たら ~하면」에 접속하지 않고 단독으로 「きりがない 끝이 없다」의 형태로도 사용할 수 있다.

접속 동사 가정형 (ば・と・たら체)
考(かんが)えればきりがない 생각하면 끝이 없다
喋(しゃべ)り出(だ)すときりがない 수다떨기 시작하면 끝이 없다
話(はな)したらきりがない 이야기하면 끝이 없다

買(か)いたい物(もの)を挙(あ)げればきりがない。
사고 싶은 것을 예로 들면 끝이 없다.

会社(かいしゃ)に感(かん)じる不満(ふまん)を言(い)い出(だ)したらきりがない。
회사에 느끼는 불만을 말하기 시작하면 끝이 없다.

51 〜ばそれまでだ・〜たらそれまでだ ~하면 그것으로 끝이다

가정 표현인 「〜ば・〜たら ~하면」에 접속하여, '만약 그렇게 한다면 모든 것이 쓸모없게 된다'는 것을 의미한다. 끝을 맞이하는 데 있어 유감스러운 기분을 내포하거나 나쁘게 인식하지 않는 화자의 마음이 내포되어 있을 때는 해당 상황에 납득하여 포기하는 모습, 낙관적으로 생각하여 후련한 모습을 나타낼 수 있다.

접속 동사 가정형(ば・たら체)
死(し)んでしまえばそれまでだ 죽어버리면 그것으로 끝이다
諦(あきら)めたらそれまでだ 포기하면 그것으로 끝이다

子(こ)どもに色々(いろいろ)なおもちゃを買(か)ってあげても、本人(ほんにん)が興味(きょうみ)を示(しめ)さなければそれまでだ。
아이에게 여러 가지 장난감을 사 줘도 본인이 흥미를 보이지 않으면 그것으로 끝이다.

いくら練習(れんしゅう)しても本番(ほんばん)でしくじったらそれまでだ。
아무리 연습해도 본방에서 실패하면 그것으로 끝이다.

52 〜(よ)うが〜まいが・〜(よ)うと〜まいと　~하든 ~하지 않든

어떠한 행동을 가정하여 '그러든지 말든지'의 뉘앙스로, 결국 결과는 어느 쪽이든 같다는 것을 나타낸다. 앞부분과 뒷부분은 같은 동사를 사용하는 경우가 많다.

> **TIP** 「いくら 아무리」, 「どんなに 아무리」, 「たとえ 설령」, 「どれだけ 얼마만큼」등의 표현과 함께 자주 쓰이니 함께 외워두자.

접속　동사 의지형 ➕ が ➕ まい형 ➕ まいが / 동사 의지형 ➕ と ➕ まい형 ➕ まいと
　　　行こうが、行くまいが 가든 가지 않든 / 来ようと来まいと 오든 오지 않든

明日雨が降ろうが降るまいが、イベントは開かれるそうだ。
내일 비가 내리든 내리지 않든 이벤트는 열린다고 한다.

誰かがなんと言おうと言うまいと、私は自分の道を突き進むのみだ。
누군가가 뭐라고 말하든 말 하지 않든 나는 스스로의 길을 힘차게 나아갈 뿐이다.

53 〜べからず　~하지 말 것, ~하지 마시오

'~하면 안 된다'는 강한 금지명령을 나타내는 딱딱한 문어체 표현으로, 문장 말미에 사용한다. 주로 속담, 안내 표지판, 게시판에서 사용하며, 모든 사람들에게 금지를 나타내는 표현이다. 회화에서는 거의 사용하지 않는다.

> **TIP** 「〜べからざる ➕ 명사 ~해서는 안 되는~」의 형태로도 사용할 수 있다.
> いかなる理由があろうと、許すべからず行為であることは言うまでもない。
> 어떠한 이유가 있더라도 용서해서는 안 되는 행위인 것은 말할 필요도 없다.

접속　동사 보통형 ★する ➡ するべからず、すべからず
　　　楽書きすべからず 낙서하지 말 것

本展示会の全ての作品に触れるべからず。
본 전시회의 모든 작품에 접촉하지 말 것.

部外者立ち入るべからず。
부외자(=외부인) 출입하지 마시오.

54 ～までになる ~하게까지 되다, ~한 수준이 되다

긴 시간을 들인 노력 끝에, 어떤 상태나 결과에 이르렀음을 나타낼 때 사용한다. 변화나 성장의 과정을 포함하기도 하며, 기본적으로는 좋은 상태, 결과를 나타낼 때 사용한다.

> **TIP** 「～までになる」의 말미에 있는 「なる」를 대신하여 「変わる 변하다」, 「変化する 변화하다」, 「成長する 성장하다」, 「進む 진행되다」, 「進歩する 진보하다」 등의 변화동사를 사용할 수도 있다.

今ではほとんどの常用漢字が読めるまでに成長した。
지금은 대부분의 상용한자를 읽을 수 있게까지 성장했다.

접속 동사 보통형
作れるまでになる 만들 수 있게까지 되다

アメリカに来た最初の頃はとまどったが、今は流暢に**話せるまでになった**。
미국에 온 첫 무렵은 헤맸지만 지금은 유창하게 **이야기할 수 있게까지 되었다**.

交通事故で足を骨折したが、今では元気に**走れるまでになった**。
교통사고로 발을 골절 했지만 지금은 건강하게 **달릴 수 있는 수준이 되었다**.

55 ～までだ・～までのことだ ~할 뿐이다, ~하면 그만이다

① 동사 과거형에 접속하여, '별다른 뜻은 없고 그저 어떠한 이유나 목적으로 인해 그랬을 뿐'이며, 행위의 이유나 목적을 설명할 때 사용하는 표현이다. 별것 아니라는 뉘앙스를 지닌다.

② 동사 기본형에 접속하여, '이게 안 되면 다른 방법으로 하면 그만이다'라는 화자의 결심이나 의지를 나타내는 표현이다. 이 표현을 통해 화자의 낙관적인 태도, 납득에 의한 포기, 꽉 막혔던 것이 뚫리는 듯한 모습을 나타낼 수 있는데, 주로 가정 표현인 「～ば、～なら、～たら ~하면」와 함께 사용하여 '~하면 된다, ~하면 그만이다'의 형식으로 사용한다.

> **TIP** 「～までのことだ」는 「～までだ」와 동일한 뜻이지만, 「～までだ」보다 화자의 감정을 강조하는 뉘앙스를 지닌다.

접속 ① 동사 과거형
答えたまでだ 대답했을 뿐이다

② 동사 기본형
述べるまでのことだ 진술하면 그만이다

① これはあくまでも一人の母親としてやるべきことを**したまでです**。
이건 어디까지나 한 명의 어머니로서 해야 할 일을 했을 **뿐입니다**.

② 終電を逃して電車がないのなら、家まで歩いて**帰るまでのことだ**。
막차를 놓쳐서 전철이 없는 거라면 집까지 걸어서 **돌아가면 그만이다**.

3 품사 2개와 접속

56 いざ~となると・いざ~となれば 막상 ~하게 되면

단순히 가정할 때는 아무런 생각이 없었지만, 정작 실제로 그 행위를 하게 될 때는 생각보다 어렵다는 것을 깨달을 때 사용한다.

접속　동사 기본형　　　　　　　　　　　　　　명사
　　　　いざ買うとなると 막상 사게 되면　　　いざ引退となれば 막상 은퇴하게 되면

母に嘘をついたことを**いざ告白するとなると**きっと酷く怒られると思う。
어머니에게 거짓말을 한 것을 **막상 고백하게 되면** 분명 심하게 혼날 거라고 생각한다.

一軒家に住みたかったが、**いざ居住となれば**、色々と手入れが面倒くさくなる。
단독주택에 살고 싶었지만 **막상 거주하게 되면** 여러 가지로 관리가 귀찮아진다.

57 ~かいがある ~한 보람이 있다

「甲斐 보람」이라는 명사에서 파생된 문법으로, 힘들거나 어려운 일, 상황들을 극복하고 이겨내서 좋은 결과를 냈을 때 '정말 가치 있고 의미 있는 일을 했다'는 것을 강조하기 위해 사용하는 표현이다.

💡**TIP** 기본적으로 「동사 た형」 또는 「명사 ➕ の」에 접속하지만, 그 외로 동사 ます형에 접속하여 「~がいがある ~하는 보람이 있다」라고도 할 수 있다. 다만 동사 ます형에 접속할 경우에는 탁음 현상이 일어나 「かい」가 아닌 「がい」로 읽어야 하는 점에 주의하자.
優秀な部下は覚えが早く、育てがいがある。 우수한 부하는 이해가 빨라서 육성하는 보람이 있다.

접속　동사 た형　　　　　　　　　　　　　　　명사 ➕ の
　　　　頑張ったかいがある 열심히 한 보람이 있다　　応援のかいがある 응원한 보람이 있다

私の意見に対して前向きに考えてくれるとは、**話したかいがありますね**。
제 의견에 대해서 긍정적으로 생각해 주다니 **이야기한 보람이 있네요**.

日々の**努力のかいがあって**、人生最高体重からようやく5キロ減りました。
나날이 **노력한 보람이 있어서** 인생 최고 몸무게로부터 간신히 5킬로 줄었습니다.

58 ~限りだ ~하기 그지없다, 매우 ~하다

감정을 나타내는 표현에 접속하여, 그 정도가 매우 큰 것을 강조할 때 사용한다. 화자 본인의 기분, 마음을 나타낼 때 사용하는 표현으로, 타인의 감정에 대해 언급할 때는 사용할 수 없다.

접속   い형용사 기본형　　　　　　　　　　　　　　な형용사 어간 ⊕ な
嬉しい限りだ 기쁘기 그지없다　　　　　　　　残酷な限りだ 잔혹하기 그지없다

今日の花嫁は**美しい限りだ**。
오늘의 신부는 **아름답기 그지없다**.

あなたが一緒に行けないなんて、**残念な限りだ**。
당신이 함께 갈 수 없다니 **매우 유감스럽다**.

59 ~かたわら ~(을/를) 하는 한편

본래의 직업이나 사회적 활동을 하면서, 다른 시간대에 별도의 일을 추가적으로 할 때 사용하는 표현이다. 대다수는 본업과 부업을 함께 갖고 있는 경우에 사용하는데, 앞부분이 중심이 되는 동작(본업)을 나타낸다. 특히, 뉴스 등의 방송에서 등장하는 인물을 소개할 때 자주 사용하는 표현이기도 하다.

💡 **TIP** 비슷한 의미를 가진「~ながら ~하면서」는 단기간, 단시간에 동작이 실시되는 반면, 「~かたわら」는 장기간, 장시간에 걸쳐 실시되는 동작을 나타낼 때 사용한다.

접속   동사 기본형　　　　　　　　　　　　　　명사 ⊕ の
会社で働くかたわら 회사에서 일하는 한편　　　本業のかたわら 본업을 하는 한편

普段はファッションモデルとして**活動しているかたわら**、ネットショップの運営もしています。
평소는 패션모델로서 **활동하고 있는 한편** 인터넷 쇼핑몰 운영도 하고 있습니다.

私は通訳の**仕事のかたわら**、英会話教室で講師をやっています。
저는 통역 **일을 하는 한편** 영어 회화 학원에서 강사를 하고 있습니다.

60 ～がてら　~할 겸, ~하는 김에

앞부분의 행위를 하는 기회를 이용해서 겸사겸사 뒷부분의 다른 행위도 함께 함에 따라, 결과적으로 두 가지 일을 했음을 나타낸다. 주로「寄る 들르다」,「行く 가다」,「向かう 향하다」등과 같은 이동과 관련된 문장에서 사용하는 표현이다. 동사 ます형과 명사에 접속할 수 있는데, 명사에 접속할 경우,「명사 ⊕ する」의 형태로 성립 가능한「ドライブ 드라이브」,「散歩 산책」과 같은 동작성 명사에 접속한다.

> **TIP** 「～かたがた」 p.301 핵심 문법 또는「～ついでに」와도 비슷한 의미를 가지고 있지만「～ついでに」의 경우가 실생활에서 가장 많이 쓰이고, 그다음으로「～がてら」가 많이 쓰인다.「～かたがた」는 문어체이며 굉장히 딱딱한 표현이기 때문에 주로 격식을 차리는 상황에서 사용한다.

접속　동사 ます형　　　　　　　　　　　　　명사
　　　送りがてら 보낼 겸　　　　　　　　　　運動がてら 운동하는 김에

勉強しがてら、課題に必要な資料を集めるために図書館に向かいました。
공부할 겸 과제에 필요한 자료를 모으기 위해서 도서관으로 향했습니다.

いいよ。犬の**散歩がてら**駅前のスーパーにも寄ってくるよ。
좋아. 개 산책하는 김에 역 앞 슈퍼마켓에도 들리고 올게.

61 ～きらいがある　~하는 경향이 있다

「嫌い 싫음, 좋지 않은 경향」이라는 명사에서 파생된 문법으로, 어떤 인물의 성격이나 내면적 특징에 대해서 나타낼 때 사용하는 문어체 표현이다. 어떤 인물이 특정 상황에 놓이게 되면 주로 좋지 않은 행위를 하는 경우가 많음을 나타내며, 자연현상에는 사용할 수 없다는 특징을 가지고 있다.

> **TIP** 「多少 다소」,「少し 조금」,「どうも 아무래도, 어딘가」등의 표현과 함께 자주 쓰이니 외워두자.

접속　동사 기본형, 동사 ない형　　　　　　명사 ⊕ の
　　　飲み過ぎるきらいがある　　　　　　　過保護のきらいがある
　　　너무 마시는 경향이 있다　　　　　　　　과잉보호하는 경향이 있다
　　　信頼しないきらいがある
　　　신뢰하지 않는 경향이 있다

彼は世間から注目を浴びるために、いつも物事を**大げさに言うきらいがある**。
그는 세간으로부터 주목을 받기 위해서 항상 매사를 과장되게 말하는 경향이 있다.

何でもすぐ**飽きてしまうきらいがある**性格を、直さなければならない。
뭐든지 금방 질려 버리는 경향이 있는 성격을 고치지 않으면 안 된다.

62 ~てしかるべきだ ~해야 마땅하다, ~하는 것이 당연하다

'마땅히 그렇게 해야 한다'고 할 때 사용하는 딱딱한 표현으로, 그렇지 못한 현 상황에 대하여 불만스러운 감정이 담겨있는 뉘앙스를 가진다.

> **TIP** 「しかるべき ⊕ 명사 ~하는 것이 마땅한, ~하는 것이 당연한」의 형태로도 사용할 수 있다.
> 子どもは守られてしかるべき存在だ。
> 아이는 보호받는 것이 당연한 존재다.

접속　동사 て형　　　　　　　　　　　　　　い형용사 て형
　　　　使ってしかるべきだ 사용해야 마땅하다　　恥ずかしくてしかるべきだ 부끄러워해야 마땅하다

職位に関係なく、能力のある社員がいれば給与も**高くてしかるべきだ**。
직위에 관계없이 능력이 있는 사원이 있다면 급여도 **높아야 마땅하다**.

人はそれぞれの個性や好みが**違ってしかるべきだ**。
사람은 제각기의 개성이나 취향이 **다른 것이 당연하다.**

63 ~手前　① ~한 입장, 상황이니까　② ~앞이라서, ~한 체면상

기본적으로 화자 본인의 체면을 보호하기 위해 사용하는 표현이다.

① 어떤 행위를 하는 데 있어 본인의 입장이나 상황상 그렇게 할 수밖에 없음을 나타낼 때 사용한다.

② 제3자를 의식하며 본심과는 다르게 뒷부분의 행위를 취할 수밖에 없음을 나타낼 때 사용한다.

접속　동사 기본형, 동사 ている형, 동사 た형　　　　명사 ⊕ の
　　　　支援してもらう手前 지원받고 있으니까　　　息子の手前 아들 앞이라서
　　　　勤めている手前 근무하고 있으니까
　　　　言ってしまった手前 말해 버렸으니까

① アパレルの会社で**働いている手前**、ファッションについてたくさん研究しなければならない。
의류 회사에서 **일하고 있으니까** 패션에 대해서 많이 연구하지 않으면 안 된다.

② **好きな人の手前**、だらしない格好を見せるわけにはいきません。
좋아하는 사람 앞이라서 단정하지 못한 모습을 보일 수는 없습니다.

64 ① 〜てまで ② 〜までして   ① ~해서까지 ② ~까지 해서

최대치의 희생이나 대가를 지불하여 목적을 달성하는 것을 나타낼 때 사용한다. 목적을 달성하기 위해서는 수단을 가리지 않는 뉘앙스를 담고 있으며, 그 수단이나 행위, 동작 등이 극단적이라고 생각될 정도임을 강조한다.

접속　① 동사 て형　　　　　　　　　　　② 명사
　　　　命をかけてまで 목숨을 걸어서까지　　万引きまでして 도둑질까지 해서

① 友達を裏切ってまでお金を儲けようとは思っていません。
　친구를 배신해서까지 돈을 벌려고는 생각하고 있지 않습니다.
② 30歳の年の差がある人と結婚までして玉の輿に乗るとは、ある意味で凄いね。
　30세의 나이 차가 있는 사람과 결혼까지 해서 꽃가마를 타다니(=부잣집으로 시집 가다니) 어떤 의미로 대단하네.

65 〜ではあるまいし・〜じゃあるまいし ~도 아니고, ~도 아닌데

「〜ではある ~이기는 하다」와 「〜まい ~하지 않을 것이다」가 결합되어 만들어진 캐주얼한 표현이다. 주로 '~라면 이해할 수 있으나, 그게 아니니까'의 쓰임새로 어떤 사항에 대한 화자의 주장, 주의, 조언, 명령을 나타낼 때 사용하는데, 비난조의 뉘앙스로 자주 쓰이기 때문에 윗사람에게 사용하는 것은 지양해야 한다. 또한 뒷부분의 문장이 따로 없어도 해당 문법 자체만으로 문장을 끝맺을 수도 있다.

> **TIP** 회화체로는 「〜じゃあるまいし」를 쓰며, 보다 강조하는 어투로는 「〜でもあるまいし」를 사용한다.
> 또한 기본적으로 명사에 접속하는 문법이지만, 「동사 보통형 ➕ の/ん/わけ」의 형태로 해당 동사를 명사화하여 사용할 수도 있다.

접속　동사 보통형 ➕ の / ん / わけ　　　　　　　명사
　　　　終わるのではあるまいし 끝나는 것도 아니고　　専門家ではあるまいし 전문가도 아니고
　　　　引っ越すんじゃあるまいし 이사하는 것도 아니고
　　　　辞めるわけではあるまいし 그만두는 것도 아니고

ずっと会えないわけではあるまいし、一週間だけ離れるのだから大丈夫だよ。
계속 못 만나는 것도 아니고 일주일만 떨어지는 거니까 괜찮아.

食べ物の好き嫌いはやめなさい。子どもじゃあるまいし。
음식을 가려 먹는 것은 그만 두렴. 애도 아닌데.

66 〜でもしたら ~라도 한다면

'만약 어떠한 사태가 발생하기라도 한다면'이라는 부정적인 상황을 가정하는 표현이다. 뒤에 오는 내용은 그에 따라 예상될 법한 나쁜 일이 발생하거나, 나쁜 결과가 나오게 될 상황, 의문점을 나타낸다.

접속　동사 ます형　　　　　　　　　　　　　　　　명사
　　　　会社がつぶれでもしたら 회사가 망하기라도 한다면　怪我でもしたら 다치기라도 한다면

パスポートを**なくしでもしたら**大変だから、ホテルの金庫にしまっておこう。
여권을 **잃어버리기라도 한다면** 큰일이니까 호텔의 금고에 넣어 두자.

もし、突然バスが**ストライキでもしたら**どうやって目的地に行けばいいんだろう。
만약 갑자기 버스가 **파업이라도 한다면** 어떻게 목적지에 가면 좋은 걸까.

67 〜ともなると・〜ともなれば ~라도 되면, ~쯤 되면

'어느 정도 높은 수준이나 단계, 입장이 된다면 그에 걸맞게 어떠한 상태가 되거나 무언가를 하지 않으면 안 된다'의 쓰임새를 가진 가정 표현으로, 화자의 판단 및 평가 등을 나타낸다. 이때의 그 정도는 낮은 단계의 수준이 아닌 어느 정도 높은 단계를 나타낸다는 특징에 주의하자.

TIP 「さすがに 역시, 정말이지」, 「やはり 역시」, 「まさに 정말로」와 같은 표현과 함께 자주 사용한다.

접속　동사 기본형　　　　　　　　　　　　　　　　명사
　　　　買うともなると 사게라도 되면　　　　　　　　国の首相ともなれば 나라의 수상쯤 되면

入学願書を**入れるともなると**将来のことも考えて慎重に決めなければならない。
입학원서를 **넣게라도 되면** 장래도 생각해서 신중히 정하지 않으면 안 된다.

一流アイドルの**結婚式ともなれば**、様々な芸能人が見えるのも当然だろう。
일류 아이돌의 **결혼식쯤 되면** 여러 연예인이 보이는 것도 당연할 것이다.

68 〜ながらに(して) / 〜ながらの ~하면서, ~하는 채로, ~그대로인 / ~하면서의, ~하는 채로의, ~그대로의

「〜ながら ~하면서」라는 접미어에서 파생된 문법으로, 어떤 상태가 원래의 상태에서 변하지 않고 계속 지속되는 것을 나타낸다.

💡**TIP** 관용 표현으로 자주 사용하는「涙ながら(に) 눈물을 흘리면서」,「生まれながら(にして) 태어날 때부터」,「昔ながら(の) 옛날 그대로의」,「いつもながら(の) 항상, 늘」,「本場さながら(の) 본고장 그대로의」는 별도로 암기해 두자.

접속	동사 ます형	명사
	寝ながらに稼げる事業 자면서 돈을 벌 수 있는 사업	田舎ながらの 시골 그대로의

家に**いながらにして**いないふりをした。
집에 **있으면서** 없는 척 했다.

大阪の難波には、**本場さながらの**韓国料理店が軒を連ねている。
오사카의 난바에는 **본고장 그대로의** 한국 요리점이 줄지어 늘어서 있다.

69 〜なくして(は)・〜なしに(は) ~없이(는)

'앞부분의 내용 없이는 뒷부분의 내용이 이루어질 수 없다'고 조건을 나타낼 때 사용하는 문법이다. 앞부분의 내용이 매우 중요하다는 것을 강조하는 표현으로, 뒷부분에는「〜ない ~않다」의 부정문의 형태가 온다. 또한 기본적으로 명사에 접속하는 문법이지만,「동사 기본형 ➕ こと」의 형태로 해당 동사를 명사화하여 사용할 수 있다.

접속	동사 기본형 ➕ こと	명사
	使うことなくしては 사용하는 것 없이는	協力なくしては 협력 없이는
	努力することなしには 노력하는 것 없이는	許可なしには 허가 없이는

相手が金持ちだからすぐに結婚を決めてしまうなんて、**愛なくしては**長続きしないと思う。
상대가 부자라고 바로 결혼을 정해 버리다니 **사랑 없이는** 오래가지 않을 거라고 생각해.

幼少期の体験を**涙なしに**語ることはできない。
유소년기의 체험을 **눈물 없이** 이야기할 수 없다.

70 〜なり〜なり ~든지 ~든지

두 가지 선택지나 가능성을 제시하여, 뭐든 좋으니 그 선택지 중 하나를 선택하라고 할 때 사용한다. 주로 명령을 하거나, 조언, 주의, 부탁을 하는 문장에서 함께 쓰는 표현이다.

> **TIP** 줄여서「〜なり ~든지」의 형태로도 사용할 수 있다. 다만 이때「〜なり ~하자마자」와 혼동하지 않도록 주의하자. (p.264 핵심 문법) 또한 관용 표현으로 자주 사용하는「何なり 무엇이든지」,「いつなり 언제든지」,「どこなり 어디든지」,「どれなり 어떤 것이든지」는 꼭 암기하자.
> ミルクなり飲んで行きなさい。 우유든지(=우유라도) 마시고 가렴.

접속   동사 기본형 ➕ なり ➕ 동사 기본형 ➕ なり   명사 ➕ なり ➕ 명사 ➕ なり
            病院に行くなり薬を飲むなり   掃除なり洗濯なり 청소든지 세탁이든지
            병원에 가든지 약을 먹든지

運動するなり、食事制限するなりして血糖値をコントロールしたほうがいい。
운동하든지 식사제한(=식단 조절)하든지 해서 혈당치(=혈당 수치)를 컨트롤하는 게 좋다.

朝ごはんを抜かずに**おにぎりなりパンなり**食べて行きなさい。
아침을 거르지 말고 **주먹밥이든지 빵이든지** 먹고 가렴.

71 〜に至る ~에 이르다

「至る 이르다」라는 동사에서 파생된 문법으로, 최종적으로 어떠한 상태나 단계가 된다는 뜻을 지닌다. 주로 물리적인 공간에 대한 도달, 사물이나 상황의 변화의 결과, 결론을 내리는 상황에서 사용하며, 딱딱한 문어체 표현이다.

접속   동사 기본형   명사
            来るに至る 오기에 이르다   事態に至る 사태에 이르다

最悪の**結果になるに至って**、事件の真犯人が逮捕された。
최악의 **결과가 되기에 이르러서** 사건의 진범인(=진범)이 체포되었다.

交渉成立のために、**深夜に至って**会議が続いて行われた。
교섭 성립을 위해서 **심야에 이르러서** 회의가 계속되어 실시되었다.

72 〜に至（いた）るまで ~에 이르기까지

「至る 이르다」라는 동사에서 파생된 문법으로, 처음부터 극단적인 정도에 이르기까지의 모든 범위를 나타내는 딱딱한 문어체 표현이다. 주로「〜から〜に至（いた）るまで ~부터 ~에 이르기까지」의 형태로 사용하며, 어떤 상황이나 상태 등에 도달하는 데 있어 상한을 강조하는 뉘앙스를 지닌다.

💡 **TIP** 「〜に至（いた）るまでの ⊕ 명사 ~에 이르기까지의」의 형태로도 사용할 수도 있다.

結論（けつろん）に至（いた）るまでの過程（かてい）があるからこそ、その結果（けっか）がもっと輝（かがや）いて見（み）える。
결론에 이르기까지의 과정이 있기 때문에 그 결과가 더욱 빛나 보인다.

접속   동사 기본형   명사
          揉（も）めるに至（いた）るまで 옥신각신하기에 이르기까지   現在（げんざい）に至（いた）るまで 현재에 이르기까지

大雨（おおあめ）で、服（ふく）から**バックの中（なか）に至（いた）るまで**びしょびしょになった。
큰비로 옷부터 **가방 속에 이르기까지** 흠뻑 젖었다.

私（わたし）の母（はは）は和食（わしょく）から**フレンチに至（いた）るまで**、すべての料理（りょうり）を上手（うま）く作（つく）れる。
나의 어머니는 일식부터 **프렌치에 이르기까지** 모든 요리를 능숙하게 만들 수 있다.

73 〜にたえない ① (차마) ~할 수 없다 ② ~해 마지않다, 매우 ~하다

「堪（た）える 견디다, 참다」라는 동사에서 파생된 문법이다.

① 어떤 상황이 불쾌하기 때문에 계속 듣거나, 보거나, 읽는 것이 불가능하다고 할 때 사용하는 표현이다.「聞（き）くにたえない 차마 들을 수 없다」,「見（み）るにたえない 차마 볼 수 없다」,「読（よ）むにたえない 차마 읽을 수 없다」와 같이 한정된 의미의 표현과 함께 사용한다.

② 참을 수 없을 만큼 감정을 매우 강하게 느낄 때 사용하는 표현으로, 감정을 나타내는 표현인「感激（かんげき） 감격」,「感謝（かんしゃ） 감사」,「喜（よろこ）び 기쁨」,「〜の念（ねん） ~의 마음」등과 같이 쓰이는 경우가 많다. 또한 이 경우에는 대부분 해당 문법을「〜に堪（た）える」와 같이 한자로 표기하는 경향이 있다.

접속   동사 기본형   명사
          我慢（がまん）するにたえない 차마 참을 수 없다   喜（よろこ）びにたえない 매우 기쁘다

① 音痴（おんち）として有名（ゆうめい）な彼（かれ）の歌（うた）は、**聞（き）くにたえなかった**。
음치로서 유명한 그의 노래는 **차마 들을 수 없었다**

② 国家（こっか）のために、多大（ただい）な貢献（こうけん）をした彼（かれ）には**感謝（かんしゃ）の念（ねん）にたえません**。
국가를 위해서 매우 큰 공헌을 한 그에게는 **감사해 마지않습니다**(=매우 감사하는 마음입니다).

74 〜にたえる ~할 만하다, ~할 만한

「堪える 견디다, 참다」라는 동사에서 파생된 문법으로, 충분히 그렇게 할 만한 가치가 있음을 나타낼 때 사용한다. 「聞く 듣다」, 「見る 보다」, 「読む 읽다」, 「鑑賞 감상」, 「評価 평가」 등의 일부 표현에 접속하는 표현이므로 함께 쓰이는 동사는 암기해 두자.

접속 동사 기본형 　　　　　　　　　　　　　명사
　　　　見るにたえる 볼 만하다 　　　　　評価にたえる 평가할 만하다

世界的に有名な企業家の演説はさすがに**聞くにたえる**内容だった。
세계적으로 유명한 기업가의 연설은 역시 **들을 만한** 내용이었다.

この映画は大人の**鑑賞にたえる**奥深いコンテンツだとみなされている。
이 영화는 어른이 **감상할 만한** 심오한 콘텐츠라고 여겨지고 있다.

75 〜に足る ~하기에 충분하다

「足る (만)족하다, 충분하다」라는 동사에서 파생된 문법으로, 어떤 상황, 일 등이 힘들거나 불쾌해도 그에 대해 참을 만한 가치가 있음을 나타낼 때 사용한다. 「〜に堪える ~할 만하다」와 비슷한 표현이다.

TIP 동사 기본형과 명사에 접속하는 표현이지만, 그중 명사의 경우, 「명사 ➕ する」의 형태로 성립 가능한 「尊敬 존경」, 「信頼 신뢰」와 같은 동작성 명사만 사용할 수 있다는 점에 주의하자.

접속 동사 기본형 　　　　　　　　　　　　　명사
　　　　尊敬するに足る 존경하기에 충분하다 　　信用に足る 신용하기에 충분하다

彼には本プロジェクトのリーダー役を**任せるに足る**と思います。
그에게는 본 프로젝트의 리더 역할을 **맡기기에 충분하다**고 생각합니다.

まだまだ**実用に足る**品質ではありませんが、今後もいい開発をしていきたいです。
아직도 **실용하기에 충분한** 품질은 아니지만 향후도 좋은 개발을 해 나가고 싶습니다.

76 〜はおろか ~은/는커녕, ~은/는 물론이고

화자의 불만을 나타내면서 'A는커녕, B도 ~없다(않다)'의 형태로 사용하는 딱딱한 표현이다. 뒷부분에는 마이너스적 평가가 서술되어 부정적인 표현이 오는데, 앞부분보다 정도가 더 심한 상황이 뒷부분에 서술된다. 또한 기본적으로 명사에 접속하는 문법이지만, 「동사 기본형 ➕ こと / の」의 형태로 해당 동사를 명사화하여 사용할 수 있다.

TIP 「〜はおろか」의 뒤에는 「〜も ~도」, 「〜さえ ~조차」, 「〜すら ~조차」, 「〜までも ~까지도」와 같은 조사를 함께 잘 사용한다.

접속
동사 기본형 ➕ こと/ の
噛むことはおろか 물기는커녕

명사
漢字はおろか 한자는커녕

足を怪我してしまって、**走ることはおろか**歩くこともできない。
다리를 다쳐 버려서 **달리는 것은커녕** 걷는 것도 할 수 없다.

田舎には**スーパーはおろか**、コンビニすらない。
시골에는 **슈퍼마켓은 물론이고** 편의점조차 없다.

77 〜も同然だ ~한 것이나 마찬가지다, ~나 다름없다

실제와는 다르지만 어떠한 것과 거의 비슷하다고 할 때 사용하는 표현이다.

TIP 명사를 수식할 때는 「〜(も)同然の+명사 ~한 것이나 마찬가지인, ~나 다름없는」의 형태로도 사용할 수 있다.

一緒に過ごした時間も長いし、家族(も)同然の仲です。
함께 지낸 시간도 길고 가족이나 다름없는 사이에요.

접속
동사 た형, 동사 ない형
死んだも同然だ 죽은 것이나 마찬가지다
貯金していないも同然だ
저금하지 않은 것이나 마찬가지다

명사 ➕ (も)
初心者(も)同然だ 초보자나 다름없다

試合は11対2でこちらのチームが大きくリードしているので、**勝敗が決まったも同然だ**。
시합은 11대 2로 이쪽 팀이 크게 리드하고 있기 때문에 승패가 **정해진 것이나 마찬가지다**.

借りたものを元の持ち主に返さないのは、**泥棒も同然だ**。
빌린 것을 원래 소유자에게 돌려주지 않는 것은 **도둑이나 다름없다**.

4 여러 품사와 접속

78 ～ことだし ~이니까

「～から ~이니까」, 「～ので ~이기 때문에」와 비슷한 의미이다. 어떠한 결정 또는 판단을 내리거나 제안하는 이유를 말할 때 사용하는 표현으로, '다른 이유도 있겠지만, 마침 이러한 이유가 있으니까'라며 가벼운 이유를 말하는 뉘앙스를 지닌다.

TIP 보다 정중히 말할 때는 「～ことですし ~이니까요」의 형태로도 사용한다.

접속
동사 보통형
決まったことだし 결정되었으니까

い형용사 보통형
良いことだし 좋으니까

な형용사 보통형 ★현재 긍정의 경우 だ 빼고 ➕ な/である
静かなことだし 조용하니까

명사 보통형 ★현재 긍정의 경우 だ 빼고 ➕ の/である
休みのことだし 쉬는 날이니까

雨が**降っていることだし**、今日の外出予定は取り消しましょうか。
비가 **내리고 있으니까** 오늘의 외출 예정은 취소할까요?

どうぜこの荷物は力の強い人が**運ばなければならないことだし**、男の私が運びます。
어차피 이 짐은 힘이 센 사람이 **옮기지 않으면 안 되니까** 남자인 제가 옮기겠습니다.

79 〜だの〜だの ~라느니 ~라느니

화자가 불쾌함, 불만, 혐오감, 적의 등을 품고 있는 두 가지의 예를 열거할 때 사용하는 회화체 표현이다. 주로 비난할 때 사용하며 부정적인 뉘앙스를 지닌다. 또한 예시의 경우, 공통적인 요소를 가진 단어끼리 열거한다.

> **TIP** 앞부분과 뒷부분에는 품사가 다른 두 가지가 함께 사용될 수도 있다.
> 歯が痛いだの、鼻が詰まっただの 이가 아프다느니 코가 막혔다느니

통상적으로는 두 가지 예를 열거할 때 주로 사용하지만, 세 가지 이상 예를 들 때도 사용 가능하다. 또한, 한 가지 예만 들고 두 번째로 오는 예는 생략도 가능하다. 이 경우는 「〜だの何だの(と) ~라느니 뭐라느니(라고)」하는 관용 표현을 사용하므로 꼭 암기해 두자.
私について生意気だの何だの 나에 대해서 건방지다느니 뭐라느니

접속

동사 보통형
寝たいだのお腹すいただの
자고 싶다느니 배고프다느니

い형용사 보통형
寒いだの眠いだの 춥다느니 졸리다느니

な형용사 보통형 ★현재 긍정의 경우 だ 빼고 접속
客観的だの具体的だの
객관적이라느니 구체적이라느니

명사 보통형 ★현재 긍정의 경우 だ 빼고 접속
食費だの教育費だの 식비라느니 교육비라느니

友人は、こういう人が**好きだの嫌いだの**、人の好みにうるさい。
친구는 이러한 사람이 **좋다느니 싫다느니** 사람 취향에 까다롭다.

父は、**ワインだのウイスキーだの**毎晩酔っ払うまで飲んでいる。
아버지는 **와인이라느니 위스키라느니** 매일 밤 몹시 취할 때까지 마시고 있다.

80 ～て(は)かなわない・～て(は)やりきれない ~해서(는) 견딜 수 없다

「敵わない 필적할 수 없다, 당해낼 수 없다」, 「遣り切れない 해낼 수가 없다, 못 견디겠다」라는 표현에서 파생된 문법이다. 어떤 상황이나 환경에 대해서 그 정도가 주관적으로 생각했을 때 너무 심하여 참기 어려울 때 사용하며, 곤란하고 싫은 감정을 나타낸다.

💡**TIP** 「こんなに 이렇게」, 「こう 이렇게」라는 표현과 같이 쓰는 경우가 많다. 오래된 옛말이지만 회화에서 사용하며, 캐주얼하게 「ては」를 「ちゃ」로, 「では」를 「じゃ」로 변경하여 사용할 수도 있다.

접속　동사 て형
汚されてはかなわない 더럽혀져서는 견딜 수 없다
邪魔されてはやりきれない
방해받아서는 견딜 수 없다

い형용사 て형
痒くてはかなわない 가려워서는 견딜 수 없다
痛くてはやりきれない 아파서는 견딜 수 없다

な형용사 て형
複雑ではかなわない 복잡해서는 견딜 수 없다
曖昧ではやりきれない 애매해서는 견딜 수 없다

명사 て형
断食ではかなわない 단식으로는 견딜 수 없다
残業続きではやりきれない
계속 잔업해서는 견딜 수 없다

こう**暑くてはかなわない**が、日本に住む以上は耐えるしかない。
이렇게 **더워서는 견딜 수 없지**만 일본에 사는 이상은 참을 수밖에 없다.

こっちは精一杯でやっているのに、そっちからは文句ばかり**言われてはやりきれない**。
이쪽은 최대한으로 하고 있는데 그쪽에서는 불평만 **들어서는 견딜 수 없다**.

81 ～ても差し支えない ~해도 괜찮다, ~해도 지장 없다

「差し支え 지장, 좋지 않은 사정」이라는 명사에서 파생된 문법으로, 어떤 행위를 해도 상관 없거나 문제가 되지 않을 때 사용하는 딱딱한 표현이다. 격식을 차려야 하는 분위기나 장소, 서면 등에서 사용한다.

💡**TIP** 「～てもいい ~해도 된다」, 「～ても構わない ~해도 상관없다」를 격식있게 사용한 표현이기도 하다.

접속　동사 て형
お電話しても差し支えないでしょうか
전화드려도 괜찮으실까요

い형용사 て형
寒くても差し支えない 추워도 괜찮다

な형용사 て형
貧困でも差し支えない
빈곤해도 괜찮다

명사 て형
どんな内容でも差し支えない
어떤 내용이라도 괜찮다

別に**もらわなくても差し支えない**と思っていたが、いざ娘から手紙をもらったら嬉しかった。
딱히 **받지 않더라도 괜찮다**고 생각하고 있었지만 막상 딸로부터 편지를 받았더니 기뻤다.

私一人くらいは会場に**行かなくても差し支えない**だろう。
나 한 명 정도는 회장에 **가지 않아도 지장 없겠**지.

82 ～というか～というか ~라고 할까 ~라고 할까

자신이 느낀 인상이나 판단을 근거로 어떤 것에 대해 설명하거나 평가할 때 사용하는 표현이다. 직접적으로 무언가에 대해 단정하여 말하는 것을 피하기 위해서 사용하기도 하고, 설명하거나 예시를 들 때 적절한 표현을 생각하면서 말할 때 사용한다. 일상회화에서는 두 번째에 오는 「～というか」를 아예 생략해서 말하는 경우도 있다.

> **TIP** 「～といおうか～といおうか」라고 표현하여, 보다 강조하는 뉘앙스로 말할 수도 있다. 또한 「というか」를 '그건 그렇고'라는 의미의 독립적인 단어로도 사용할 수 있다. 회화체에서는 「ていうか 그건 그렇고」라고 하거나 보다 줄여서 「てか 근데」라고 한다.

접속
동사 보통형
好(す)きというか尊敬(そんけい)するというか
좋아한다고 할까 존경한다고 할까

い형용사 보통형
賢(かしこ)いというかずるいというか
똑똑하다고 할까 교활하다고 할까

な형용사 보통형 ★현재 긍정의 경우 だ 빼고 접속
勇敢(ゆうかん)というか無謀(むぼう)というか
용감하다고 할까 무모하다고 할까

명사 보통형 ★현재 긍정의 경우 だ 빼고 접속
青(あお)というか 紫(むらさき) というか
파랑이라고 할까 보라라고 할까

彼女(かのじょ)は穏(おだ)やかというかマイペースというか、どんな時(とき)も焦(あせ)らない人(ひと)ですね。
그녀는 **차분하다고 할까 마이 페이스라고 할까** 어떤 때도 조바심 내지 않는 사람이네요.

空(むな)しいというか切(せつ)ないというか、面白(おもしろ)くないから外(そと)で冗談(じょうだん)はやめてほしい。
공허하다고 할까 안타깝다고 할까 재미없으니까 밖에서 농담은 그만두었으면 좋겠다.

83 ～といえども ~라고 할지라도

어떠한 입장의 사람이나 경우를 가정하면서 그 가정이 사실이거나 당연하다고 해도, 실제로는 그에 반하는 결과가 올 수도 있다고 말할 때 사용하는 딱딱한 문어체 표현으로, 역접의 의미를 나타낸다.

> **TIP** 「いくら 아무리」,「どんなに 아무리」,「たとえ 설령」,「どれだけ 얼마만큼」등의 표현과 함께 자주 쓰이니 외워두자.

접속
동사 보통형
中退(ちゅうたい)したといえども 중퇴했다고 할지라도

い형용사 보통형
貧(まず)しいといえども 가난하다고 할지라도

な형용사 보통형 ★현재 긍정의 경우 だ 빼고 접속 가능
過敏(かびん)といえども 과민하다고 할지라도

명사 보통형 ★현재 긍정의 경우 だ 빼고 접속 가능
真夏(まなつ)といえども 한여름이라고 할지라도

いくら安(やす)いといえども、買(か)い過(す)ぎにもほどがある。
아무리 **싸다고 할지라도** 너무 많이 사는 것에도 정도가 있다.

未成年(みせいねん)といえども、犯罪(はんざい)を犯(おか)した者(もの)は実名(じつめい)で報道(ほうどう)されるべきだと思(おも)う。
미성년이라고 할지라도 범죄를 저지른 자는 실명으로 보도되어야 한다고 생각한다.

84 ～となると・～となれば・～となったら ~하게 되면, ~이/가 되면

「～となる ~하게 되다, 이/가 되다」와 「～と・～ば・～たら ~하면」이라는 뜻의 가정 표현이 결합된 문법이다. '만일 그러한 상황 또는 상태가 되면'이라는 뜻으로 어떠한 상황을 가정할 때 사용하며, 뒤에는 예상되는 결과를 나타내는 문장이 온다.

> **TIP** 당연하고 자연스러운 흐름에 따른 변화를 뜻하는 「～になる ~하게 되다, ~이/가 되다」는 문어체로도 회화체로도 자유롭게 사용한다. 반면, 「～となる」의 경우 의외스럽고 갑작스러운 인위적인 변화를 뜻하며 문어체에서 사용한다.
> 映画(えいが)を見(み)ることになる 영화를 보게 되다(어떠한 당연하고 자연스러운 흐름에 따라 보게 된다는 뉘앙스)
> 映画(えいが)を見(み)ることとなる 영화를 보게 되다(이례적으로 어떠한 이유가 있거나 생겨서 보게 된다는 뉘앙스)

접속
동사 보통형
離婚(りこん)するとなると 이혼하게 되면

い형용사 보통형
おいしいとなると 맛있게 되면

な형용사 보통형 ★현재 긍정의 경우 だ 빼고 접속
不安(ふあん)となると 불안하게 되면

명사 보통형 ★현재 긍정의 경우 だ 빼고 접속
大学生(だいがくせい)となると 대학생이 되면

これ以上(いじょう)物価(ぶっか)が**上(あ)がるとなると**、衣食住(いしょくじゅう)最低限(さいていげん)の生活(せいかつ)しかできなくなるだろう。
이 이상 물가가 **올라가게 되면** 의식주 최저한의 생활밖에 할 수 없게 될 것이다.

大勢(おおぜい)の前(まえ)で演説(えんぜつ)**となると**、誰(だれ)だってさすがに緊張(きんちょう)すると思(おも)う。
많은 사람 앞에서 **연설하게 되면** 누구라도 역시 긴장할 거라고 생각한다.

85 ～とは ~하다니, ~(이)라니

이미 벌어진 어떠한 일이나 사실에 대한 놀라움, 믿을 수 없는 마음, 충격을 나타낼 때 사용한다.

> **TIP** 「～なんて ~(이)라니」와 같은 의미를 가졌으며, 「こんなに 이렇게」, 「そんなに 그렇게」 등의 표현과도 함께 잘 사용한다.

접속
동사 보통형
治(なお)るとは 낫다니

い형용사 보통형
寒(さむ)いとは 춥다니

な형용사 보통형 ★현재 긍정의 경우 だ 빼고 접속 가능
綺麗(きれい)(だ)とは 예쁘다니

명사 보통형 ★현재 긍정의 경우 だ 빼고 접속 가능
2000円(えん)(だ)とは 2000엔이라니

宇宙旅行(うちゅうりょこう)ができるように**なるとは**、想像(そうぞう)もつかなかった。
우주여행을 할 수 있게 **되다니** 상상도 못했다.

日(ひ)の出(で)を見(み)に行(い)くために早起(はやお)きしたけど、まだ外(そと)が**暗(くら)いとは**、考(かんが)えもしなかった。
일출을 보러 가기 위해서 일찍 일어났지만 아직 밖이 **어둡다니** 생각지도 못했다.

86 〜とも〜とも　~라고도 ~라고도

몇 가지의 예를 들어도 그 어떤 것에도 해당되지 않거나, 그것만으로는 판단할 수 없다고 할 때 사용한다. 뒷부분에는「言えない 말할 수 없다」또는「判断できない 판단할 수 없다」와 같은 표현과 함께 사용하는 경우가 많으며, 앞부분과 뒷부분에 같은 표현을 반복하여 사용하는 경우도 있다.

💡 **TIP** 「うんともすんとも 응이라고도 아니라고도 (전혀 반응이 없는 모양)」라고 하는 관용 표현이 있다. 함께 외워두자.

접속　동사 보통형
自信があるともないとも
자신이 있다고도 없다고도

い형용사 보통형
いいとも悪いとも　좋다고도 나쁘다고도

な형용사 보통형　★현재 긍정의 경우 だ 빼고 접속
安全とも危険とも
안전하다고도 위험하다고도

명사 보통형　★현재 긍정의 경우 だ 빼고 접속
成功とも失敗とも
성공이라고도 실패라고도

連絡を一週間前にしたのに、明日の集まりに**来るとも来ないとも**返事がない。
연락을 일주일 전에 했는데 내일 모임에 **온다고도 오지 않는다고도** 답장이 없다.

彼の自己紹介には明朗だと書いてあるが、**明るいとも明るくないとも**言えなかった。
그의 자기소개에는 명랑하다고 적혀 있지만, **밝다고도 밝지 않다고도** 말할 수 없었다.

87 〜ならいざしらず　~라면 몰라도

「〜なら ~라면」이라는 가정 표현에서 파생된 문법으로, '무언가라면 모르겠지만, 그 무언가가 아니라면 이야기는 다르다'라고 할 때 사용하는 문어체 표현이다. 화자의 불평, 불만을 나타낸다.

💡 **TIP** 「昔ならいざしらず 옛날이라면 몰라도」, 「子どもならいざしらず 아이라면 몰라도」의 표현들은 특히 많이 쓰이니 외워두자. 또한「〜はいざしらず ~은 몰라도」의 형태로도 사용할 수 있다.

週末はいざしらず、普段この公園は閑散としている。
주말은 몰라도 평소 이 공원은 한산하다.

접속　동사 보통형
働くならいざしらず　일하면 몰라도

い형용사 보통형
気分が悪いならいざしらず
기분이 나쁘다면 몰라도

な형용사 보통형　★현재 긍정의 경우 だ 빼고 접속
親切ならいざしらず　친절하다면 몰라도

명사 보통형　★현재 긍정의 경우 だ 빼고 접속
社長ならいざしらず　사장님이라면 몰라도

乾燥機を買ってものすごく**便利ならいざしらず**、ただの衝動買いなら買いたくない。
건조기를 사서 굉장히 **편리하다면 몰라도** 그저 충동구매라면 사고 싶지 않다.

昔ならいざしらず、今の若い人たちはみんなスマートフォンを持っている。
옛날이라면 몰라도 지금의 젊은 사람들은 모두 스마트폰을 가지고 있다.

88 〜につけ〜につけ ~할 때도 ~할 때도(언제나), ~할 때나 ~할 때나

서로 상반되는 두 가지 단어를 나열하여, '그 어떤 때라도, 언제나'라는 의미로 사용한다. 관용 표현으로 사용하는 「良(よ)きにつけ悪(あ)しきにつけ 좋을 때나 나쁠 때나」, 「雨(あめ)につけ風(かぜ)につけ 비가 올 때도 바람이 불 때도」는 별도로 암기해 두자.

💡**TIP** 어떠한 동작을 할 때마다 항상 동일하거나 비슷한 기분이 들 때 또는 마음에 변화가 일어날 때 사용하는 N2 레벨에서 학습한 「〜につけ(て) ~할 때마다」에서 파생된 표현이다.

접속　동사 기본형
　　　　勝(か)つにつけ負(ま)けるにつけ 이길 때도 질 때도

　　　　い형용사 기본형
　　　　嬉(うれ)しいにつけ悲(かな)しいにつけ 기쁠 때도 슬플 때도

　　　　명사
　　　　多忙(たぼう)な日(ひ)につけ暇(ひま)な日(ひ)につけ
　　　　매우 바쁜 날일 때도 한가한 날일 때도

私(わたし)の夫(おっと)は**見(み)るにつけ見(み)ないにつけ**、家(いえ)でテレビをつけておく習慣(しゅうかん)があります。
제 남편은 **볼 때도 안 볼 때도** 집에서 텔레비전을 틀어 두는 습관이 있습니다.

清水教授(しみずきょうじゅ)の講義(こうぎ)は必須(ひっす)なので、**面白(おもしろ)いにつけつまらないにつけ**受講(じゅこう)するしかない。
시미즈 교수님의 강의는 필수이기 때문에 **재미있을 때나 재미없을 때나** 수강할 수밖에 없다.

89 〜にしたって・〜としたって ~라고 하더라도, ~라고 한들

'어떠한 상황이나 입장이라고 해도 변함없이 ~하다'라는 의미의 역접을 나타내는 표현이다. 뒤 문장에는 앞 문장에 대해 판단, 의견, 의심, 비난, 추측 등의 내용이 온다. 주로 좋지 않은 내용, 상황이 나타나는 일을 언급할 때 사용하는 표현이다. 「いくら 아무리」, 「どんなに 아무리」라는 표현과 함께 잘 사용한다. 또한 「〜にしたって」는 「〜にしたところで」로, 「〜としたって」는 「〜としたところで」로 바꿔 쓸 수 있다.

접속　동사 보통형　　　　　　　　　　　　　い형용사 보통형
　　　　怒(おこ)るにしたって 화낸다고 하더라도　　　不味(まず)いにしたって 맛없다고 하더라도
　　　　忘(わす)れようとしたって 잊으려고 한들　　　忙(いそが)しいとしたって 바쁘다고 한들

　　　　な형용사 보통형 な ★〜にしたって의 현재 긍정의 경우　　명사 보통형 ★〜にしたって의 현재 긍정의 경우 だ 빼고
　　　　だ 빼고 접속(➕である)　　　　　　　　　　　　　　　접속(➕である)
　　　　徹底的(てっていてき)であるにしたって 철저하다고 하더라도　　名医(めいい)にしたって 명의라고 하더라도
　　　　不便(ふべん)だとしたって 불편하다고 한들　　　　　　　　　事実(じじつ)だとしたって 사실이라고 한들

この技術(ぎじゅつ)は**一流選手(いちりゅうせんしゅ)にしたって**簡単(かんたん)に真似(まね)できる技(わざ)ではない。
이 기술은 **일류 선수라고 하더라도** 간단히 흉내 낼 수 있는 기술이 아니다.

どうにか遅刻(ちこく)は**避(さ)けたいとしたって**、授業(じゅぎょう)まであと5分(ふん)しか残(の)っていない。
어떻게든 지각은 **피하고 싶다고 한들** 수업까지 이제 5분밖에 남지 않았다.

90 ～にひきかえ ~와/과는 달리, ~와/과는 대조적으로

「引(ひ)き換(か)える (상태나 모습을) 바꾸다, 교환하다」라는 동사에서 파생된 문법으로, 두 가지의 대조적인 사항을 두고 비교할 때 사용하는 표현이다. '앞부분과 비교해서 뒷부분이 훨씬 좋거나 별로다'와 같은 화자의 주관적인 감정을 포함하고 있다.

접속

동사 보통형 ⊕ の
手伝(てつだ)ってくれるのにひきかえ
도와주는 것과는 달리

い형용사 보통형 ⊕ の
寒(さむ)かったのにひきかえ 추웠던 것과는 달리

な형용사 보통형
★현재 긍정의 경우 だ 빼고 ⊕ なの・であるの
必死(ひっし)なのにひきかえ 필사적인 것과는 달리
不十分(ふじゅうぶん)であるのにひきかえ
불충분한 것과는 달리

명사 또는 명사 보통형
★현재 긍정의 경우 だ 빼고 접속 ⊕ なの・であるの
兄(あに)にひきかえ 형(오빠)과는 달리
探偵(たんてい)なのにひきかえ 탐정인 것과는 달리
連休(れんきゅう)であるにひきかえ 연휴인 것과는 달리

去年(きょねん)は事業(じぎょう)が**うまくいったのにひきかえ**、今年(ことし)は売上(うりあげ)がとても低調(ていちょう)である。
작년은 사업이 **잘 된 것과는 달리** 올해는 매출이 매우 저조하다.

ほっそりした**お姉(ねえ)さんにひきかえ**、妹(いもうと)はぽっちゃりしている。
호리호리한 **언니와는 대조적으로** 여동생은 통통하다.

91 ～ばかりか ~뿐만 아니라

앞부분의 내용뿐만 아니라, 정도가 더 높은 무언가가 더 있다는 것을 강조할 때 사용하는 딱딱한 표현이다. 뒤에는 의지나 명령, 권유를 나타내는 표현을 쓸 수 없다는 특징이 있다. 또한 뒷부분에는 「～も ~도」, 「～さえ ~조차」, 「～すら ~조차」, 「～まで ~까지」등의 표현을 함께 잘 쓴다. 「それはかりか 그것뿐만 아니라」라는 관용 표현도 함께 외워두자.

💡**TIP** 만일 '~뿐만 아니라 ~도 하세요'와 같이 뒷부분에 의지나, 명령, 권유의 표현을 쓰고자 한다면 「～だけでなく ~뿐만 아니라」또는 「～ばかりでなく ~뿐만 아니라」를 쓰면 된다.

접속

동사 보통형
約束(やくそく)を破(やぶ)るばかりか 약속을 깰 뿐만 아니라

い형용사 보통형
優(やさ)しいばかりか 상냥할 뿐만 아니라

な형용사 보통형
★현재 긍정의 경우 だ 빼고 접속(⊕ な・である)
真剣(しんけん)であるばかりか 진지한 것뿐만 아니라

명사 보통형
★현재 긍정의 경우 だ 빼고 접속(⊕ である)
誤(あやま)りであるばかりか 실수일 뿐만 아니라

ストレスで白髪(しらが)が**生(は)えるばかりか**、円形脱毛(えんけいだつもう)も進(すす)んでしまっている。
스트레스로 흰머리가 **생길 뿐만 아니라** 원형 탈모도 진행되어 버리고 있다.

不景気(ふけいき)で**失業(しつぎょう)ばかりか**借金(しゃっきん)まで背負(せお)うことになった。
불경기로 **실업뿐만 아니라** 빚까지 지게 되었다.

92 ～ものがある ~하는 데가 있다, ~하는 점이 있다

화자의 기분, 감정을 나타낼 때 사용한다. 그에 대해 정확하게 정의를 내리기는 어렵지만, 왠지 그러한 느낌이나 특징이 있다고 말하고 싶을 때 사용한다.

접속

동사 보통형
感動_{かんどう}させるものがある 감동시키는 데가 있다

い형용사 보통형
辛_{つら}いものがある 괴로운 데가 있다

な형용사 보통형 현재 ★현재 긍정의 경우 だ 빼고 ⊕ な
不自然_{ふしぜん}なものがある 부자연스러운 데가 있다

さすが演技派俳優_{えんぎはいゆう}だけあって彼女_{かのじょ}の演技_{えんぎ}には人_{ひと}の心_{こころ}を**動_{うご}かすものがある**。
과연 연기파 배우인 만큼 그녀의 연기에는 사람의 마음을 **움직이는 데가 있다**.

大人_{おとな}になってからは基本上_{きほんうえ}の名前_{なまえ}でしか呼_よばれないから少_{すこ}し**寂_{さび}しいものがある**。
어른이 되고 나서는 기본 위의 이름(=성)으로 밖에 불리지 않으니까 조금 **쓸쓸한 점이 있다**.

93 ～をいいことに ~을/를 기회 삼아, ~을/를 구실로

「いい事_{こと} 좋은 일, (편리한) 핑계(구실)」이라는 명사에서 파생된 문법으로, 앞부분의 상황, 배경 등을 핑계로, 뒷부분의 내용이 성립되었음을 나타낼 때 사용한다. 뒷부분의 내용은 화자가 좋지 않다고 생각하는 내용이 나오게 된다.

접속

동사 보통형 ⊕ の
パソコンが壊_{こわ}れたのをいいことに 컴퓨터가 고장난 것을 기회 삼아

い형용사 보통형 ⊕ の
口_{くち}が軽_{かる}いのをいいことに 입이 가벼운 것을 기회 삼아

な형용사 보통형
★현재 긍정의 경우 だ 빼고 접속 ⊕ なの・であるの
容易_{ようい}なのをいいことに 용이한 것을 기회 삼아
親切_{しんせつ}であるのをいいことに 친절한 것을 기회로 삼아

명사 보통형
★현재 긍정의 경우 だ 빼고 접속 ⊕ なの・であるの
高_{たか}い身分_{みぶん}をいいことに 높은 신분을 기회 삼아
金持_{かねも}ちなのをいいことに 부자인 것을 기회 삼아
美人_{びじん}であるのをいいことに 미인인 것을 기회 삼아

匿名掲示板_{とくめいけいじばん}では顔_{かお}が**見_みえないのをいいことに**、悪口_{わるくち}などを書_かき込_こむ人_{ひと}もいる。
익명 게시판에서는 얼굴이 **보이지 않은 것을 기회 삼아** 욕 등을 써넣는 사람도 있다.

兄_{あに}は親_{おや}の**留守_{るす}をいいことに**、夜中_{よなか}までゲームばかりしている。
형(오빠)은 부모님의 **부재중을 구실로** 한밤중까지 게임만 하고 있다.

핵심문법 실전 연습 문제 ①

問題5 次の文の（　　）に入れるのに最もよいものを、1・2・3・4から一つ選びなさい。

1 彼女の人生の話は教訓が多かったが、哀れ（　　　　）思われるところもあった。
1　で　　　　2　に　　　　3　が　　　　4　を

2 政府が現在のように国民の声を無視し続ければ、近い将来、暴動が起きても（　　　　）不思議ではない。
1　あまりにも　　2　せっかく　　3　とうとう　　4　なんら

3 父はめったに他人の悪口を言わないが、今の首相については、「あの男は早く辞任すべきだ」（　　　　）。
1　と言わないことはない
2　と言ったためしがない
3　と言ってはばからない
4　と言わずに済む

4 （会議で）
部長「それでは、本案件についてそれぞれの部署からの意見を聞かせてください。まず、人事の島田さんから。」
島田「はい。そうですね…。まず、人事の立場から（　　　　）社内規定を変える必要があると思います。」
1　話させてやれば
2　話させてもらえば
3　話させてあげれば
4　話させていれば

5 日本は島国（　　　　）他国との交流がさほど活発ではなく、独自の文化が形成された。
1　であるかのように
2　であるからには
3　であるどころか
4　であるがゆえに

6 新規プロジェクトの件で、改めてご挨拶（　　　　）伺いたく存じます。
1　なりに　　　　2　といっても　　　　3　かたがた　　　　4　たるもの

7 (会場で)
「本日も講演会にたくさんの方々がいらっしゃいましたね。お忙しいところ、
（　　　　）ありがとうございます。」
1　お集まりいただきまして　　　　2　拝見してくださって
3　承知いただきまして　　　　　　4　頂戴してくださって

8 休日、テレビを（　　　　）見ていたら、学生時代の後輩が映っていたので、驚いた。
1　見たつもりで　　　　2　見るともなしに
3　見たが最後　　　　　4　見るや否や

9 (家で)
母　「あと20分後には出かけなきゃいけないのに、外出の支度を（　　　　）
　　　シャワーすら浴びていないってどういうこと？」
息子「ごめん。ごめん。何とか間に合わせるからそんなに怒らないでよ。」
1　することはおろか　　　2　せんがため
3　するうえに　　　　　　4　するそばから

10 外は騒がしいし、部屋も散らかっている。こんなに邪魔され（　　　　）。
1　ても始まらない　　　　2　ても差し支えない
3　てもしょうがない　　　4　てはかなわない

정답　1② 2④ 3③ 4② 5④ 6③ 7① 8② 9① 10④

問題6 次の文の ___★___ に入る最もよいものを、1・2・3・4から一つ選びなさい。

(問題例)

あそこで ___ ___ ___★___ ___ は山田さんです。

1 テレビ　　2 見ている　　3 を　　4 人

(解答のしかた)

1. 正しい文はこうです。

あそこで ___ ___ ___★___ ___ は山田さんです。
　　　　1 テレビ　　3 を　　2 見ている　　4 人

2. ___★___ に入る番号を解答用紙にマークします。

(解答用紙)　(例)　①　●　③　④

11 社員の離職に頭を悩ます人事担当者も多いが、転職市場の活性化や労働に対する意識の変化により、待遇の改善だけでは ___ ___★___ ___ ___ ことは明白だ。

1 至らない　　2 問題解決　　3 に　　4 本質的な

12 彼女は ___ ___ ___★___ ___ 自分の夢を追い続けた。

1 忠告や心配を　　2 ともせずに　　3 もの　　4 周りからの

13 幼い頃の勘違いや過ちにより ___ ___ ___★___ ___ 。

1 今更だけど　　　　　　　2 ギャンブルにはまってしまった
3 後悔してやまない　　　　4 人生だなんて

14 表では仲良くしているのに、＿＿＿ ＿＿＿ ★ ＿＿＿ 。
1　悪口ばかり言うから　　　　　　2　聞くにたえない
3　会社の同僚や上司の　　　　　　4　裏では

15 息子が最近よく見ている ＿＿＿ ＿＿＿ ★ ＿＿＿ が、思ったより面白くていつの間にか私も釘付けになって一緒にテレビを見ていた。
1　忍者であった　　　　　　　　　2　風のごとく動き
3　アニメーションの主人公は　　　4　敵を打ち破る

問題7 次の文章を読んで、文章全体の趣旨を踏まえて、 16 から 19 の中に入る最もよいものを、1・2・3・4から一つ選びなさい。

以下は、ある人が書いたエッセイである。

合理性と非合理性の基準

　東京のあらゆる場所で、人々がマスクをつけて生活を送っている。室内に限らず、公園や路地といった屋外でもマスクを着用しているが、本日の最高気温は38度。皆汗だくになりながらも、酸素マスクだと 16 、マスクを外さない。人々の口元を拝む(注1)機会は、レストランやカフェで、食べ物を口にしようとしているときだけだ。

　これらの行動はCOVID-19の感染拡大抑制に最も効果的な行動を取っているのではないかと考えがちだが、面白いことに、パンデミックの初期に比べて現在のほうがマスクの着用率が高いと言う。感染力が強いものの、致死率は低いウイルスのために、より大勢の人々がマスクを着用している。ここまで執拗にマスクをつけていることに疑問を抱(注2)いた 17 。経済学では「全ての人間は合理的な選択をする生き物だ」という言葉もあるが、こういった現象を見る限り、そうでもないかもしれないという考えが頭に浮かぶ。

　それだけでなく、当たりもしない宝くじを数年間買い続けたり、勉強をしないと明日のテストで不合格になることを知っていながら遊び続けたりすることも含めて、我々は非合理的な行動を行い続けている。宝くじを買うときに「これは投資である」とか、勉強をせずに遊ぶときに「十分に遊ばないと頭が回らない」など自分を合理化し、合理的な選択を妨げているのではないだろうか。これは我々がその瞬間の満足感を得るための思考の表れである。 18 、これを防止するためには選択するための装置が必要だと思う。

　例えば、宝くじを買うにしても回数を決めてその回数を上回ることになると購買を止めたり、時間を決めてその時間になると勉強せざるを得ない環境を作ることなど工夫を

することも良い。　19　非合理的な行為がやめられない場合、本当に使う分だけのお金を家に置いてくるなりして極端な設定を設けることも時にはいいと思う。

　もちろん、非合理的な行動が全て悪いものだとは言わないが、合理的な行動が未来に役立つことが多いため、必要な時以外は合理的判断とその遂行のために今この瞬間の満足感を抑え、自分の選択を制限してみるのはどうだろうか。

（注1）拝(おが)む：ここでは、見る
（注2）執拗(しつよう)：しつこいさま

16
1　思い込もうが　　　　　　2　思い込んでまで
3　思い込むだけで　　　　　4　思い込んでいるのか

17
1　ことはなくなった　　　　2　ことはないらしい
3　ことはないだろうか　　　4　ことはありえない

18
1　よって　　　2　しかるに　　　3　そのくせ　　　4　それどころか

19
1　こうして　　2　どれも　　　　3　どうしても　　4　あのように

정답　16 ④　17 ③　18 ①　19 ③

핵심문법 실전 연습 문제 ②

問題5 次の文の（　　　）に入れるのに最もよいものを、1・2・3・4から一つ選びなさい。

1 毎回試合で負けているが、「今度（　　　）勝つぞ！」と、チーム一丸となって練習に励んでいる。
1 だけ　　　2 こそ　　　3 ほど　　　4 など

2 私は子どもの頃から病院へ行くことが嫌いで、コロナ感染症（　　　）たかが風邪くらいでは決して病院には行かず、薬を飲んでぐっすり寝ることが多い。
1 ならいざしらず　2 にあって　3 いかんでは　4 を経て

3 (家で)
母「来月から一人暮らし始めるんだけど、食事とかどうするつもり？」
娘「今までは直接（　　　）けど、私って料理得意だから来週からは自分で作るつもりだよ。」
1 作り過ぎていた　　　　　　2 作りがちだ
3 作りそびれていた　　　　　4 作りまくっていた

4 毎年新学期になると、店内で受験勉強（　　　）タブレット端末を欲しがる子どもと親が言い合っている光景をよく見かける。
1 を兼ねて　　　2 をとわず　　　3 を除いて　　　4 をいいことに

5 郊外に大型ショッピングモールが（　　　）、昔からある商店街は急速に衰退している。
1 できてからというもの　　　2 できるってもんで
3 できるとなると　　　　　　4 できるかというと

6 ここまでプロジェクトが遅れているのなら、事前に説明および謝罪することが（　　　　）と思う。

1　ありうる
2　あるまでのことだ
3　あってしかるべきだ
4　あったも同然だ

7 田中さんは会社で代表を（　　　　）かたわら、毎月コラムニストとして経済雑誌に掲載するコラムを執筆している。

1　務める
2　務めよう
3　務めた
4　務められる

8 (学校で)
学生「宮野先生はいらっしゃいますか。」
職員「先生なら今図書館で調べものをされてるよ。もうすぐ（　　　　）と思うから、ちょっと座って待っていてね。」

1　おっしゃる
2　おいでになる
3　上がる
4　申し上げる

9 (会社で)
森「昨日部長が新入社員に注意してたの見た？ちょっと遅刻したからって、（　　　　）あんなに怒らなくてもいいのにね。」
中田「確かに。あれはひどかったね。」

1　常識だの礼儀だの
2　常識にしても礼儀にしても
3　常識というか礼儀というか
4　常識につけ礼儀につけ

10 録音データを（　　　　）、通話内容を簡単に把握できるプログラムが開発された。

1　確認せずには済まず
2　確認せねばならず
3　確認せずとも
4　確認すればきりがなく

정답　1② 2① 3③ 4④ 5① 6③ 7① 8② 9① 10③

問題6 次の文の ___★___ に入る最もよいものを、1・2・3・4から一つ選びなさい。

(問題例)

あそこで ＿＿＿ ＿＿＿ __★__ ＿＿＿ は山田さんです。

1 テレビ　　2 見ている　　3 を　　4 人

(解答のしかた)

1. 正しい文はこうです。

| あそこで ＿＿＿ ＿＿＿ __★__ ＿＿＿ は山田さんです。 |
| 1 テレビ　　3 を　　2 見ている　　4 人 |

2. __★__ に入る番号を解答用紙にマークします。

(解答用紙)　(例)　①　●　③　④

---

11 今週は朝から晩まで ＿＿＿ __★__ ＿＿＿ ＿＿＿ に疲れてしまったので、週末は気分転換にちょっと遠くまで出かけようと思う。

　　1 で　　　2 会議　　　3 ずくめ　　　4 想像以上

12 雨がいまだ激しく降り続いているにもかかわらず、山登りをするなんてその ＿＿＿ ＿＿＿ __★__ ＿＿＿。

　　1 に　　　2 驚き　　　3 を禁じ得なかった　　4 無謀さ

13 ＿＿＿ ＿＿＿ __★__ ＿＿＿ 、みんな一流の人間かといえば決してそんなことはない。

　　1 一流大学　　2 にしたって　　3 の　　4 卒業者

14 こちらの商品はセール品でございますので、一度 ＿＿＿ ＿＿＿ ★ ＿＿＿ いたしかねます。
1　購入したら　　　　　　　　2　未使用や未開封の
3　いかんによらず　　　　　　4　返品及び交換は

15 自分の子どもに暴力を振るうなんて、＿＿＿ ＿＿＿ ★ ＿＿＿。
1　まじき　　　　　　　　　　2　ある
3　行為だ　　　　　　　　　　4　親として

問題7 次の文章を読んで、文章全体の趣旨を踏まえて、 16 から 19 の中に入る最もよいものを、1・2・3・4から一つ選びなさい。

以下は、山本氏（やまもと）が知人の池田氏（いけだ）にあてて書いた手紙である。

(前略)ご無沙汰していますが、お変わりありませんか。

　私はなんとか元気でやっています。

　この間も話した通り、私の家族は旦那の転勤に伴い、三月に東京から大阪へ引っ越しをしました。慣れない場所での新生活ですが、引っ越しの荷物も 16 片付き、新居での生活が始まりました。もし大阪にくることがあればぜひうちに立ち寄ってください。積もる話もたくさんあるので、泊まりがけできてもらえるなら、なお歓迎します。

　さてこの度は娘の入学にあたり、お心遣いいただきありがとうございます。おかげさまで無事に入学式を終え、充実した学校生活を迎えることができました。手紙に入学式の時の写真を付けますので、ぜひ見てもらえたら嬉しいです。写真の中に写っている娘は多少緊張気味ですが、隣に座っていた同い年の友達としゃべり始めたら、すぐ緊張した表情がほぐれてきました。子どもたちが初対面でもすぐ仲良くなる姿を見るとうらやましくも思います。学校に行き、友達と触れ合っている娘を見ると、親として子どもの成長を感じることができ、ここまで成長してくれたことに感謝の気持ちでいっぱいです。このように、子どもの成長を見守る日々に感謝する毎日を過ごしていますが、ぐんぐん大きくなる娘にいつか追い抜かれる日もくるでしょうね。

　結婚して子どもが生まれてからは、毎日子どもの世話をし、夜全然寝られずに仕事をしたり、退職した後も 17 一人の時間を作ることができなかったのでストレスを抱えていました。そんな私に池田さんが「何かあったらまた話して」と寄り添い、温かくしてくださったおかげで、人生の大きな壁を乗り越えることができました。特に「困った時には頼りにさせてください」という池田さんの言葉に私は何度も 18 。

　ともあれ、遠からぬ来訪を待っています。入学式以後の話の続きでも 19 。

では、また近々お会いできることを楽しみにしています。

　　　　　　　　　　　　　　　　　　　　　　　　　　　　草々

　　　　　　　　　　　　　　　　　　　　　　　　二千三十年五月七日

16
1　ようやく　　　2　いつか　　　3　とりわけ　　　4　改めて

17
1　いったい　　　2　なかなか　　3　そう　　　　　4　かえって

18
1　救われました　　　　　　　　2　救わせられました
3　救わせました　　　　　　　　4　救われたようです

19
1　してみます　　2　してみせます　3　しましょう　4　するのですか

핵심문법 실전 연습 문제 ③

問題5　次の文の（　　）に入れるのに最もよいものを、1・2・3・4から一つ選びなさい。

1. 国のために死（　　　　）恐れず、最後まで戦い抜いた。
   1　をも　　　　2　のみ　　　　3　ほど　　　　4　より

2. 来週も登山に行こうと思っています。（　　　　）、天気が良ければの話ですが。
   1　あるいは　　2　もっとも　　3　あいにく　　4　ひいては

3. (天気予報で)
   「県内では海上を中心に風が（　　　　）つつあり、午前9時すぎには最大瞬間風速が観測されると予想されています。」
   1　強まる　　　2　強まっている　　3　強まって　　4　強まり

4. (会社で)
   山本「林くん、夜遅くまで仕事手伝ってくれて、本当にありがとう。」
   林　「いいよ。どうせ家に（　　　　）やることもないし。代わりに何かおごってくれる？」
   1　帰ったとたん　　　　　　2　帰ったところで
   3　帰っていることだし　　　4　帰るばかりか

5. 彼は周りからのプレッシャー（　　　　）、見事に試合で勝利を収めた。
   1　をものともせず　2　を限りに　　3　を踏まえて　　4　を禁じ得ず

6. 吉村課長は地方出張（　　　　）、経費でゴルフをしていたらしい。
   1　ときたら　　2　にかこつけて　　3　を受けて　　4　を契機として

7 この度は納期遅延におきまして（　　　　　）、厚く御礼を申し上げます。
1　ご説明になりまして　　　　2　おいでくださいまして
3　ご理解いただきまして　　　4　存じてくださいまして

8 長男は毎日一生懸命勉強して、家事も手伝ってくれる。（　　　　　）、次男は宿題も家事の手伝いもせず遊んでばかりだ。
1　それにむけて　　　　2　それにひきかえ
3　それに至るまで　　　4　それにくわえて

9 言いたいことは理解できるが、理由（　　　　　）、チームとして決定したことを今さら覆すわけにはいかない。
1　はさておいて　　　　2　のかいがあって
3　は否めないまま　　　4　のいかんをとわず

10 (電話で)
妻「もしもし？バスの定期券落としちゃったみたい。駅まで迎えにきてほしいんだけど…。」
夫「今日は車持ってきてなくて迎えに行く（　　　　　）よ。とりあえず駅前で待てる？」
1　ところがない　　2　わけがない　　3　術がない　　4　はずがない

정답　1①　2②　3④　4②　5①　6②　7③　8②　9④　10③

問題6 次の文の ___★___ に入る最もよいものを、1・2・3・4から一つ選びなさい。

（問題例）

あそこで ＿＿＿＿ ＿＿＿＿ ★ ＿＿＿＿ は山田さんです。

1 テレビ　　2 見ている　　3 を　　4 人

（解答のしかた）

1. 正しい文はこうです。

   あそこで ＿＿＿＿ ＿＿＿＿ ★ ＿＿＿＿ は山田さんです。
   　　　　　1 テレビ　　3 を　　2 見ている　　4 人

2. ___★___ に入る番号を解答用紙にマークします。

   （解答用紙）　（例）　① ● ③ ④

---

11 新しい政策を決めるにあたり、専門家を交えて話し合いを重ねるのもいいことだが、＿＿＿＿ ★ ＿＿＿＿ ＿＿＿＿ も聴いてほしいものだ。

1 国民の意見　　2 に関わる　　3 生活　　4 政策は

12 前から気になっていたものの、なかなか営業日との ＿＿＿＿ ＿＿＿＿ ★ ＿＿＿＿ が、この前の祝日にやっと行くことができました。

1 じまいでした　　2 合わず　　3 タイミングが　　4 行けず

13 企業が利益の最大化を図ることは当然だが、お客様 ＿＿＿＿ ＿＿＿＿ ★ ＿＿＿＿ 肝に銘じるべきだ。

1 利益で　　2 ある　　3 ことを　　4 あっての

14 女性の育児休暇はわりと取得しやすいですが、＿＿＿ ＿＿＿ ★ ＿＿＿ あります。

1　きらいが　　　　　　　　2　男性の
3　育児休暇となると　　　　4　ハードルが高くなる

15 いくら組織内で意見が対立しているからといって、プロジェクトの ＿＿＿ ＿＿＿ ★ ＿＿＿ ある。

1　投げ出すとは　　　　　　2　まさか途中で仕事を
3　責任者なのに　　　　　　4　無責任にもほどが

問題7 次の文章を読んで、文章全体の趣旨を踏まえて、 16 から 19 の中に入る最もよいものを、1・2・3・4から一つ選びなさい。

以下は、ある人が書いたエッセイである。

不幸の受け入れ方

　高校生の頃、私は周りの友達に憧れていた。朝起きてから夜ベッドに入るまで、机にしがみついて勉強していて不満がたまっても、それを話す相手がいない。そんな自分が世界一不幸だと思っていた。友達みたいに、家族で仲良く話したり旅行へ行ったりするのがうらやましかった。私には、勉強 16 なかった。

　そんなとき、たまたま学校の食堂で隣に座った子と話をした。彼女も私と似たような環境で、周りの友達に憧れていた。お互いの不満をシェアしながら私は思った。私が一番 17 。その子との会話で、みんなそれぞれ頑張って生きているんだということに気づかされた。

　 18 10年が経った。去年の夏ごろ、仕事に家庭にと、とにかく忙しくて、私は自分がいかに大変な状況にいるのかをSNSに投稿した。それは、大変さを紛らわせる私なりの方法だったが、その内容はまるで自分が世界で一番大変だと言っているものだった。

　元旦に主人の実家を訪れた。親戚一同が集まっているなかで、私は主人の弟の奥さん(注1)の隣に座った。ビールを飲みながら彼女の話を聴いていると、私よりもずっと大変だということがわかった。子どもが2歳になったばかりなのに、新しい仕事が始まり、さらに親に生活費を送るために、徹夜でアルバイトをすることもあるらしい。仕事をしないとお金が手に入らないが、仕事をすると子どもの面倒を見ることができない。それを打開するためには自分が無理をするしかないと、寝る間も惜しんで育児と仕事を 19 。それを聞いて私は自分が恥ずかしくなった。それ以来SNSでの大変さアピールを止めた。

他人の人生に触れると、自分が世界一不幸なわけではないことに気づく。外見からはわからないが、各自違う形の悩みを持っている。悩みの種類は違うけれど、誰もが悩みを抱えて生きている。彼女との会話で、高校時代に学校の食堂で考え抜いたことをもう一度噛みしめた。
　　　　(注2)

（注1）元旦(がんたん)：1月1日の午前中
（注2）噛(か)みしめる：ここでは、深い意味などを十分に感じ取る

16
1　ばかり　　　2　も　　　3　しか　　　4　は

17
1　幸せとは言えない　　　2　不幸なわけではない
3　幸せだった　　　　　　4　不幸ではない

18
1　どれほど　　　2　あれから　　　3　これまで　　　4　そのとき

19
1　両立しているという　　　2　両立してみせる
3　両立したほうがいい　　　4　両立したからである

정답　16 ③　17 ②　18 ②　19 ①

N1

JLPT 합격노하우 **yuhadayo.com**

독해

독해 집중 공략

- 문제8 단문 내용이해
- 문제9 중문 내용이해
- 문제10 장문 내용이해
- 문제11 통합이해
- 문제12 주장이해
- 문제13 정보검색

독해 공략 포인트 알아보기

합격에 가까워지는
독해 문제풀이 꿀팁

✪ N1 독해 문제 유형은 크게 내용이해(단문, 중문, 장문), 통합이해, 주장이해, 정보 검색 4가지로 각 지문마다 1개~4개의 문제가 출제된다.

1 지문부터 무작정 읽지 않도록 하자.

지문의 내용을 파악하는 것도 중요하지만, 문제의 정답을 맞히는 것이 우선이라는 것을 기억하자. 그러므로 문제를 먼저 읽고 질문의 요지를 파악한 뒤, 지문을 읽는 것이 가장 효율적이다. 그리고 질문의 핵심 키워드를 잘 파악하여 지문에서 그 핵심 키워드가 등장하는 구간을 집중하여 읽고 문제를 풀도록 하자.

2 독해 문제풀이에 충분한 시간을 배분하자.

문자·어휘와 문법 문제를 빠르게 풀이 한 뒤, 독해파트에 시간을 적절히 배분하는 것이 중요하다. 지문 읽기에 충분한 시간을 할애하여 차근차근 지문의 내용을 파악한 뒤 문제를 풀어나가야 한다.

3 접속사에 유의하면서 지문을 읽자.

접속사는 문맥의 흐름을 바꾸는 중요한 키워드이다. 특히 필자의 주장을 말하는 문장 앞에는 しかし 하지만·ところが 그런데· だが 그러나·だから 그래서·したがって 따라서·つまり 즉 등과 같은 접속사가 나오는 경우가 많으니 특히 주의해서 읽도록 하자.

| 4 | 선택지의 같은 키워드에 주목하면서 함정을 조심하자. |

선택지는 같은 키워드를 문장 앞뒤에 배치하여 비슷하게 보이도록 구성되어 있는 경우가 많다. 해당 키워드에 주목하면서 지문을 읽어 나가는 것이 중요하다. 또한 지문에 나온 단어와 비슷한 의미를 가진 단어가 선택지에 나오는 경우가 있다. 이 경우 정답이 될 확률이 많으니, 지문의 내용을 잘 파악한 뒤 정답을 고르도록 하자. 극단적인 이야기를 하는 선택지는 오답일 확률이 높다는 것도 기억하자.

비슷한 문장 배치의 선택지 예시

1 筆者が言いたいことは何か。

1 人々が生きていくためには、感情の個人差を敏感に察知するべきだ。
2 人々が生きていく上では、感情の反応を受け入れるべきだ。
3 感情の反応に個人差があることこそが、人間であることのあかしである。
4 感情の反応に個人差があることは、人間を取り巻く環境の変化によるものである。

독해 질문 유형 알아보기

1 주장을 묻는 문제

필자의 주장이나 의견, 생각을 묻는 문제로 주로 내용이해(단문, 중문, 장문), 주장이해 유형에서 출제된다. 지문 전체에 대한 필자의 주장을 묻는 경우도 있지만, 특정 키워드에 대한 필자의 생각을 묻는 문제도 출제된다. 그러므로 각 문단에서 정답이 되는 포인트를 잘 찾아서 읽도록 하자.

> **문제 예시**
>
> 筆者の考えに合うものはどれか。 필자의 생각에 맞는 것은 어느 것인가?
>
> 筆者の言いたいことは何か。 필자가 말하고 싶은 것은 무엇인가?
>
> 欲望について、筆者はどのように述べているか。 욕망에 대해서 필자는 어떻게 서술하고 있는가?
>
> この文章で筆者が述べていることは何か。 이 문장에서 필자가 서술하고 있는 것은 무엇인가?
>
> ウェブ時代に小説を読むことについて、筆者はどのように考えているか。
> 웹 시대에 소설을 읽는 것에 대해서 필자는 어떻게 생각하고 있는가?

2 개요를 묻는 문제

지문의 전체 흐름과 주요 내용을 묻는 문제로 주로 내용이해(단문) 유형의 안내문, 메일과 같은 지문에서 출제된다. 세세한 내용을 파악하는 것도 중요하지만 지문에서 전달하고자 하는 주된 내용을 파악하는 것이 무엇보다 중요하다. 그러므로 해당 글의 핵심 요지를 찾으면서 읽도록 하자.

> **문제 예시**
>
> このメールで最も伝えたいことは何か。 이 메일에서 가장 전하고 싶은 것은 무엇인가?
>
> 市民運動場の予約について、このお知らせは何を知らせているか。
> 시민운동장 예약에 대해서 이 공지는 무엇을 알리고 있는가?
>
> このメールの用件は何か。 이 메일의 용건은 무엇인가?

③ 이유를 묻는 문제

특정 키워드에 대한 이유를 묻는 문제로 주로 내용이해(단문, 중문, 장문), 주장이해 유형에서 출제된다. 지문 안에서 から・だから・ので・くて・理由として・なぜなら・なぜかというと・ため 등과 같은 표현이 나온다면 정답과 가까운 문장이기 때문에 유의해서 읽도록 하자.

> **문제 예시**
>
> 筆者によると、クマが山から降りてくるのはなぜか。
> 필자에 의하면, 곰이 산에서 내려오는 것은 왜인가?
>
> 筆者は、子どもが集団に入ると、なぜ自尊心が崩れると考えているのか。
> 필자는 아이가 집단에 들어가면 왜 자존심이 무너진다고 생각하고 있는가?
>
> 筆者は、なぜ初対面の相手に慎重になったほうがいいと述べているのか。
> 필자는 왜 첫 대면의 상대방에게 신중해지는 편이 좋다고 서술하고 있는가?
>
> 筆者によると、自然界で子孫を残した生物はなぜ子孫を残せたか。
> 필자에 의하면 자연계에서 자손을 남긴 생물은 왜 자손을 남길 수 있었는가?

④ 밑줄에 관한 문제

지문 안의 밑줄 친 부분에 대한 의미, 지시하는 부분, 이유, 필자의 주장 등을 묻는 문제로 주로 내용이해(단문, 중문, 장문), 주장이해 유형에서 출제된다. 밑줄 위치와 의미를 정확히 파악하고 앞뒤 문장을 잘 살펴 정답이 되는 포인트를 찾도록 하자.

> **문제 예시**
>
> そうした雰囲気とあるが、どのようなことか。
> 그러한 분위기라고 있는데, 어떠한 것인가? (지시하는 부분)
>
> 自分にうそのないふるまいとはどのようなものか。
> 자신에게 거짓 없는 행동이란 어떠한 것인가? (의미)
>
> 努力を惜しまなかったのはなぜか。
> 노력을 아끼지 않았다는 것은 왜인가? (이유)
>
> 偉大な作品について、筆者が述べていることに合うのはどれか。
> 위대한 작품에 대해서 필자가 서술하고 있는 것과 맞는 것은 어느 것인가? (필자의 주장)
>
> 時代は変わったとあるが、人の働き方はどう変わったのか。
> 시대는 변했다고 있는데, 사람의 일하는 법은 어떻게 변했는가? (포인트)

5 각 지문의 의견(차이점)을 묻는 문제

서로 다른 주장글에 대한 각각의 의견이나 차이점을 고르는 문제로 주로 통합이해 파트에서 출제된다. 각기 다른 의견을 서술하고 있는 두 개의 지문을 비교하면서 서로 다른 부분이 무엇인지 전체적인 내용부터 세세한 부분까지 파악하면서 읽도록 하자.

> **문제 예시**
>
> 雑談の良い点について、AとBはどのように述べているか。
> 잡담의 좋음 점에 대해서 A와 B는 어떻게 서술하고 있는가?
>
> 絵を描くことについて、AとBはどのように述べているか。
> 그림을 그리는 것에 대해서 A와 B는 어떻게 서술하고 있는가?
>
> AとBは、スランプの時はどのようにするのがいいと述べているか。
> A와 B는 슬럼프 때에 어떻게 하는 것이 좋다고 서술하고 있는가?

6 공통점을 묻는 문제

서로 다른 주장글에 대한 공통점을 고르는 문제로 주로 통합이해 파트에서 출제된다. 각기 다른 의견을 서술하고 있는 두 개의 지문을 비교하면서 서로 공통된 부분이 무엇인지 전체적인 내용부터 세세한 부분까지 파악하면서 읽도록 하자.

> **문제 예시**
>
> AとBの認識で共通していることは何か。 A와 B의 인식으로 공통되는 것은 무엇인가?
>
> 話の聞き方について、AとBの認識で共通していることは何か。
> 이야기 듣는 법에 대해서 A와 B의 인식으로 공통되는 것은 무엇인가?
>
> 企業の問題点として、AとBが共通して指摘している点は何か。
> 기업의 문제점으로서 A와 B가 공통해서 지적하고 있는 점은 무엇인가?
>
> 志望動機を書く際に、AとBが共通して重要だと述べていることは何か。
> 지망 동기를 쓸 때에 A와 B가 공통해서 중요하다고 서술하고 있는 것은 무엇인가?

7 포인트를 묻는 문제

특정 포인트나 앞으로의 과제를 묻는 문제로 주로 내용이해(단문, 중문, 장문), 주장이해 유형에서 출제된다. 전체적인 흐름이 아니라 정해진 포인트에 대한 질문이기 때문에 지문에서 해당 포인트에 대해서 어떻게 서술하고 있는지 하나하나 꼼꼼하게 읽는 것이 중요하다.

> **문제 예시**
>
> 科学者との関係で、今のジャーナリズムにはどのような問題があるか。
> 과학자와의 관계에서 지금의 저널리즘은 어떠한 문제가 있는가?
>
> 筆者は科学が社会にどのような貢献をしてきたと考えているか。
> 필자는 과학이 사회에 어떠한 공헌을 해왔다고 생각하고 있는가?
>
> 筆者は、子どもが成長するためにはどんなことが大事だと言っているか。
> 필자는 아이가 성장하기 위해서는 어떠한 것이 중요하다고 말하고 있는가?
>
> このメールを受け取った人がしなければならないことは何か。
> 이 메일을 받은 사람이 하지 않으면 안 되는 것은 무엇인가?

8 정보 파악 문제

지문 안의 정보를 파악하여 정답을 고르는 문제로 주로 정보검색 유형에서 출제된다. 전체적인 내용을 파악해야 하는 경우도 있지만, 특정 조건(주의점, 금액, 과제, 날짜 등)에 대한 정보만을 묻는 문제가 대부분이다. 그러므로 지문에서 그 조건에 해당하는 부분만 읽어도 문제를 풀 수 있다.

> **문제 예시**
>
> 証明書の申請に関して、留意/注意しなければならないことはどれか。
> 설명서 신청에 관해서 유의/주의하지 않으면 안 되는 것은 어느 것인가? (주의점)
>
> アンさんが入会の手続き時に支払わなければならない料金はどれか。
> 안 씨가 입회 수속 때에 지불하지 않으면 안 되는 요금은 어느 것인가? (금액)
>
> 参加するためには、どうしなければならないか。
> 참가하기 위해서는 어떻게 하지 않으면 안 되는가? (과제)
>
> 予約ができる日時はいつか。 예약을 할 수 있는 일시는 언제인가? (날짜)
>
> この中で、「学生レポーター」に応募できるのは誰か。
> 이 안에서 '학생 리포터'에 응모할 수 있는 것은 누구인가? (인물)
>
> 本を借りられるのは、次の方法のうちどれか。
> 책을 빌릴 수 있는 것은 다음 방법 중 어느 것인가? (방법)

독해 집중 공략

문제 8 단문 내용이해

독해 단문은 200~250자 정도의 짧은 지문을 읽고 정답을 고르는 문제로 지문 4개와 각 지문마다 문제 1개가 출제된다. 연구 분야, 생활, 업무, 직업, 철학 등 다양한 주제로 한 에세이, 메일, 안내문 등이 지문 내용으로 나온다. 최근 출제 경향으로는 에세이만 출제되고 있다.

이렇게 풀자

우선 문제를 먼저 확인 후 어떠한 문제 유형인지 파악하는 것이 좋다. 필자의 주장이나 이유를 묻는 문제, 전체 내용을 묻는 문제라면 지문을 모두 읽고 정답이 되는 단서를 찾도록 하자. 다만, 밑줄에 관한 문제의 경우 밑줄 친 부분의 앞뒤 문장으로 정답이 되는 단서를 찾도록 하자. 단문에서 시간을 많이 써버리면 뒷부분의 독해 문제를 푸는 시간이 부족할 수 있기 때문에 단문은 가능한 한 2분 30초 이내에 문제를 풀 수 있도록 연습이 필요하다.

문제유형 예시   ⏱ 시간 2분 30초 이내

問題8　次の文章を読んで、後の問いに対する答えとして最もよいものを、1・2・3・4から一つ選びなさい。

　数学によって誕生したものは多い。数学の基本となる四則演算(注)は、その発想自体が新しいものを生み出すヒントになるからである。数学が新たな発明品を次々に生み出しているのだから、数学なくして発明はないと言っても過言ではない。例えばスマートフォン、これは従来の携帯電話にパソコンやカメラなどの新たな要素を足し算したことで誕生したものである。このように、身近な数学である四則演算に基づいた発想スキルを習得すれば、研究者や開発者に限らず、誰もが新しいものを生み出す力が発揮できると思う。

(注)四則演算：足し算、引き算、掛け算、割り算

| 1 | 筆者は発明について、どのように述べているか。

1　研究者や開発者でなければ四則演算を使って発明を生み出せない。
2　研究者や開発者が従来のものからヒントを得て作ったものだ。
3　大抵の発明は、数学があってこそ生み出されてきたものだ。
4　大抵の発明は、数学の発明後に生み出されたものだ。

문제 8 다음 문장을 읽고, 뒤의 물음에 대한 답으로서 가장 알맞은 것을, 1·2·3·4에서 하나 고르세요.

| 정답 | ③

| 해석 |
> 　수학에 의해 탄생한 것은 많다. 수학의 기본이 되는 사칙 연산은, 그 발상 자체가 새로운 것을 만들어 내는 힌트가 되기 때문이다. ^(주석)수학이 새로운 발명품을 계속해서 만들어 내고 있는 것이니까 수학 없이 발명은 없다고 해도 과언이 아니다. 예를 들어 스마트폰, 이것은 기존의 휴대 전화에 컴퓨터나 카메라 등의 새로운 요소를 덧셈한 것으로 인해 탄생한 것이다. 이처럼 친근한 수학인 사칙 연산에 기반한 발상 스킬을 습득하면 연구자나 개발자에 한하지 않고 누구나가 새로운 것을 만들어 내는 힘을 발휘할 수 있을 거라고 생각한다.
>
> (주석) 사칙 연산 : 덧셈, 뺄셈, 곱셈, 나누기

| 1 | 필자는 발명에 대해서 어떻게 서술하고 있는가?

1 연구자나 개발자가 아니면 사칙 연산을 사용해서 발명을 만들어 낼 수 없다.
2 연구자나 개발자가 기존의 것에서 힌트를 얻어 만든 것이다.
3 대다수의 발명은 수학이 있고서야 비로소 만들어져 온 것이다.
4 대다수의 발명은 수학 발명 후에 만들어진 것이다.

| 해설 | 필자는 **수학이 새로운 발명품을 차례로 만들어 내고 있으므로, 수학 없이 발명은 없다고 해도 과언이 아니다**. (수학이 새로운 발명품을 계속해서 만들어 내고 있는 것이니까 수학 없이 발명은 없다고 해도 과언이 아니다)라고 했으므로 3번이 정답이다. 연구자나 개발자만 수학을 이용해서 새로운 것을 발명하는 것이 아니라 사칙 연산을 사용하면 누구나 발명가가 될 수 있다고 했으므로 1번과 2번은 정답이 아니다. 수학에 의해 탄생한 것은 많지만 대다수의 발명이 수학 발명 후에 만들어졌다는 언급은 없으므로 4번도 정답이 아니다.

| 단어 | 基本(きほん) 기본 | 四則演算(しそくえんざん) 사칙 연산 | 発想(はっそう) 발상 | 自体(じたい) 자체 | 生(う)み出(だ)す 낳다, 새로 만들어 내다, 생각해 내다 | ヒント 힌트 | 新(あら)ただ 새롭다 | 次々(つぎつぎ)に 차례대로, 계속해서 | ~なくして(は) ~없이(는) | ~と言(い)っても過言(かごん)ではない ~라고 해도 과언이 아니다 | 従来(じゅうらい) 종래, 이전 | 要素(ようそ) 요소 | 身近(みぢか)だ 가깝다, 친근하다 | ~に基(もと)づいて ~에 의거하여, ~에 기반하여 | 習得(しゅうとく) 습득 | 開発者(かいはつしゃ) 개발자 | ~に限(かぎ)らず ~에 한하지 않고, ~뿐만 아니라 | 発揮(はっき) 발휘 | ~てこそ ~하고서야 (비로소)

단문 내용이해
실전 연습 문제

⏱ 지문당 2분 30초 이내
채점 　　／12

問題8　次の文章を読んで、後の問いに対する答えとして最もよいものを、1・2・3・4から一つ選びなさい。

(1)

　子どもが成長する過程でつく嘘は、親にしてみると心配の種かもしれませんが、子どもにしてみれば自己防衛や想像力の一環(注)です。例えば学校の宿題をやり忘れた理由を「やったけど家に忘れた」と言うのは、叱られるのを避けるための嘘にほかなりません。こうした嘘は成長の一部であり、やがて正直さの重要性を学ぶきっかけとなります。親としては、嘘を咎めるだけでなく、なぜ嘘をついたのかを理解した上で、子どもが安心して真実を話せる環境を整えることが大切です。

（注）一環(いっかん)：全体としてのつながりの中の一部分

1　筆者の言いたいことは何か。

1　子どもの嘘は成長の一部というよりは、ただ叱られることを避けるためのものである。
2　子どもの嘘を責めるだけでなく、真実を打ち明けられる環境作りも重要だ。
3　子どもの嘘を想像力の成長と見なして、嘘をついても叱らないほうがいい。
4　子どもの嘘は親の心配の種なので、正直さの重要性について咎めることが重要だ。

해설집 p.66

(2)

　「科学」と聞くと、興味がない限り、専ら科学者や研究に携わる人々のものだと思う人もいるだろう。では「科学」ではなく「AI」だったらどうだろう。昨今、人間に代わって注文を受け、ものを運搬し、一人前の仕事をこなすロボットを導入している飲食店も少なくない。人間の役割をAIが担う、これこそが科学であり、人間がその研究を積み重ねた成果である。もはや科学の力なくして私たちの生活はありえない。科学の力は、知らず知らずのうちに、私たちの生活を支えるとても身近な存在となっていることを忘れてはならない。

2 筆者の考えに合うのはどれか。

1　科学の力は技術者や研究に携わる人々だけが使うものになった。
2　科学の力は専門家たちの世界に限らず、私たちに身近な存在になりつつある。
3　科学に興味がない人たちは、ロボットが仕事をする飲食店が少ないと思っている。
4　科学に興味がない人たちは、科学をAIのことだと思っている。

(3)

異文化体験の大切さは既に広まりつつある。ゆえに外国に在住する人が多いが、外国の文化に慣れすぎたせいか、むしろ帰って来てから自国の文化に違和感を覚えてしまうことがある。この現象を逆カルチャーショックという。帰国後の自国文化への再適応がストレスになったり、アイデンティティーの混乱や孤独感を引き起こしたりする。これが深刻化する場合、うつ病などにもなりかねない。異文化体験も良いが、自国文化の知識と理解への探求も怠ってはならない。

3 筆者の言いたいことは何か。

1 異文化体験をすると、帰国後の自国文化への再適応が必要になる。
2 異文化体験も良いが、自国の文化を学び、理解しようとする努力も重要だ。
3 逆カルチャーショックになるため、外国の文化に慣れすぎないようにした方がいい。
4 自国文化の探求を怠ると、アイデンティティーの混乱や孤独感を覚えることになる。

(4)

以下は、大学の進路担当者が受け取ったメールである。

さくら大学 進路担当 山本様

いつもお世話になっております。
さくら大学3年の鈴木です。

誠に申し訳ありませんが、先日ご提示いただいた進路相談の日時と企業面接のスケジュールが重なってしまい、日程相談が必要となったため、ご連絡させていただきました。9月20日以降でしたら日程調整が可能ですので、恐れ入りますが、再度ご検討の上、改めて日時を確認していただけないでしょうか。メールで日程を送っていただいたら、明日直接相談室に伺うのでそこで日にちを決めたいと思っています。万が一調整が難しい場合は取り消しをお願いいたします。

何卒、ご調整のほどよろしくお願いいたします。

---

4 このメールで最も伝えたいことは何か。

1 企業面接と予定が重なってしまい、相談を取り消してほしい。
2 明日相談室に行くので、日程相談が可能なスケジュールを送ってほしい。
3 明日相談室に行くので、そこで改めて日程の検討をしてほしい。
4 日程の確定は明日するが、メールで調整可能な日程を送ってほしい。

(5)

　動物界の頂点に君臨するのは、武器を抜きにしても人間であろう。人間は知恵と適応力を持ち、環境に応じて生き抜く能力が高いがゆえに、他の動物を凌ぐ。例えば、季節によって居場所を移したり、今すぐの食欲を満たすだけでなく、未来のために貯蓄をしたりする。これらも効率良くするために道具を使い始め、食物連鎖の頂点に立ったこの適応力と知能こそが、人間を動物界の頂点に位置づける理由であると言えないこともない。

（注）食物連鎖：自然界における食うか食われるかの関係で繋がっているもの

5 筆者の考えに合うのはどれか。

1　人間は他の動物を凌ぐために、生き抜く能力を身に付けた。
2　人間は効率を重視していたため、食物連鎖の頂点に立つことができた。
3　人間はあらゆる環境に対応できる力や知識で動物を凌いだ。
4　効率のいい道具こそ、人間を動物界の頂点に位置づけるものである。

(6)

以下は、あるパン屋のホームページに掲載されたお知らせである。

2025年2月1日

タナカ家のパン屋

臨時休業のお知らせ

日頃より、当店をご愛顧いただき誠にありがとうございます。

この度、突然ではございますが、店舗改装に伴い、しばらくの間、臨時休業させていただくことになりました。

そのため、当店は3月31日をもって一旦営業を終了し、8月上旬に新装オープンいたします。

大変ご不便をおかけいたしますが、何卒ご理解のほど、よろしくお願いいたします。

なお、最終日である3月31日は、パンが売り切れ次第閉店となります。営業時間が通常とは異なりますのでご了承ください。

タナカ家のパン屋　電話番号：020-428-4319

(営業時間：火曜日～土曜日　10:00～17:00)

---

6 このお知らせで最も伝えたいことは何か。

1　店舗改装の工事が予定より長引いていること
2　店舗を改装するので、8月まで営業をすることになったこと
3　臨時休業前の最終日は、販売状況によって閉店すること
4　新装オープンしてからは通常の営業時間と異なること

(7)

　住まいは、個々人のライフスタイルや価値観を反映する貴重な空間である。住んでいる人のためにより心地良く快適な日常生活を送るための工夫が施されているのが一般的だ。しかし、最近は自分だけでなく周りのための工夫をすることも多くなった。例えば、屋上を緑化にしたり、消費するエネルギーも持続可能なエネルギーに切り替えたりすることが代表的だ。さらに、ベランダに植物を置くこともその一つだと言えるだろう。これらは視覚的な安らぎが得られるなど住環境の質を向上させるとともに、生態系への配慮も示せる。持続可能な発展を志しているなかで、このような住まいが今後の理想とされるべきではないだろうか。

（注）緑化：ある場所に草や木を植えること

7　筆者によると、理想的な住まいとはどのようなものか。

1　持続可能なエネルギーに切り替え、快適な日常生活が送れるように工夫するもの
2　周りにも配慮し、ベランダに植物を植えておくもの
3　住んでいる人の価値観を反映し、視覚的な癒やしまで得られるようにするもの
4　住んでいる人の住み心地の良さだけでなく、持続可能な発展まで工夫するもの

(8)

　ワークライフバランスという言葉を聞いたことがあるだろうか。一言で言うと「仕事と生活の調和」である。コロナ禍を境にリモートワーク(注)が普及し、働き方の選択肢が増えたことで、ワークライフバランスが取りやすくなった。一方で、選択肢こそ増えたものの、長時間労働や非効率的な業務などが未だに社会問題として根強く残っており、労働によって個人の自由な時間が奪われるきらいがある。そのため、ワークライフバランスの環境整備をより推進し、生き甲斐や生活の豊かさを求める私たち労働者が働きやすい社会であってほしいと願うばかりだ。

（注）リモートワーク：職場に行かず、別の場所で仕事をすること

8 この文章で筆者が言いたいことは何か。

1　リモートワークによる業務環境は非効率だと言える。
2　仕事と生活のバランスがよく整っている社会を実現してほしい。
3　仕事の効率よりも生き甲斐や充実した生活を求める人が増えている。
4　リモートワークをより増やし、労働によって自由を奪われないようにすべきだ。

(9)

「怒り」はネガティブな感情かつ危険な感情でもある。怒りは瞬間的に強く影響する感情で、怒りを感じた瞬間は理性が追い付かないという。その間、自分を制御できなければ自分はもちろん他人も傷つけるという事態を招くかもしれない。
その感情をコントロールする方法のひとつとして、怒りを数値化してみることをお勧めする。かつて非常に怒ったときを10とし、それに比べて今感じている怒りはどれぐらいなのかを分析して数字にすることで、案外大したことではなかったということにも気づくだろう。こうして自分の衝動をうまくコントロールすると生産性も上昇するので、ぜひ試してほしいものだ。

[9] 怒りの数値化について、筆者はどのように述べているか。

1　怒りを分析することで、他人をどれぐらい傷つけたかを数字で表すことができる。
2　怒りを数値で表すことで、理性が追い付くまでの時間が計算できる。
3　怒りのレベルを測定し、瞬間的な感情の衝動を制御できる。
4　瞬間的に強く影響する感情を数字で表し、生産性の上昇に参考できる。

(10)

　最近、SNSにおける誹謗中傷が絶えないと問題になっているが、これは想像力の欠如が原因ではないだろうか。想像力とは「目の前には存在しないことを頭の中で思い浮かべる能力」だ。つまり、自身の知識や経験により、現実に起こり得ることをイメージする能力だ。SNSは匿名で顔が見えないという特質も相まって、想像力の欠如により主観性が強くなる。ゆえに、自身の発信が他者を傷つけるという想像力が全くなく、誹謗中傷を招くのだ。一瞬でも相手の立場で物事を考えてみる思いやりの心、それこそが、このSNS社会で必要な想像力だろう。

（注1）SNS：ソーシャルネットワークサービス(Social Networking Service)
（注2）誹謗中傷：悪口やうそなどを言って、他人を傷つけること

[10] 筆者によると、想像力とはどのようなものか。

1　これから起こり得ることを頭の中で予言するもの
2　他者を傷つけかねないと思わないようにするもの
3　相手の視点から物事を考え、配慮するもの
4　SNSという特殊な社会で誹謗中傷を招くもの

(11)

　子どもの脳は18歳まで育つという。その内の9割ほどは6歳にはもう完成されるらしい。この時期には、睡眠や食事といった基本的な生活習慣を身につけながら、色んな活動をすることで言葉を覚えたり、運動をしたり、思考をしたりするなどいわゆるインプットを担当する脳が発達する。どんな活動がどのようなプロセスで発達につながるのかは未だに解明されていないが、多様な体験は脳を多方面に刺激し、発達を促進するという事実だけは突き止めることができた。子どもは外で思いっきり遊ぶべきだと昔から言われてきたことは間違っていないのだろう。我々大人は子どもが道を大きく外れないように<u>見守ってあげるだけでも十分</u>ということだ。

11 見守ってあげるだけでも十分なのはなぜか。

　　1　脳の発達は様々な活動によって促されるから
　　2　どの活動が脳の発達に有効かはまだ解明されていないから
　　3　昔から思いっきり遊ばせるべきだと伝わってきているから
　　4　脳のインプットを担当する機能は自然に発達するから

（12）

以下は、書店から送られてきたメールの内容である。

西川様

いつも当店をご利用いただき誠にありがとうございます。

先日お問い合わせいただきました書籍「エンジニアのための就活ガイドブック」ですが、2024年6月30日をもちまして絶版となりました。

しかしながら、店頭にまだ若干在庫がございますので、お取り置きしておくことが可能です。

つきましては、お取り置きをご希望の際は、3日以内にその旨を当店までご連絡ください。商品絶版に伴いご不便をおかけいたしますが、何卒ご理解賜りますようお願い申し上げます。

なお、この件につきましてご不明な点がございましたら、下記のメールアドレス宛にお問い合わせくださいますようお願いします。

2024年7月8日
東京ブックセンター
在庫管理担当：木村
お問い合せメールアドレス：toiawase@bookcenter.jp

---

12 このメールで最も伝えたいことは何か。

1　特定の書籍が6月30日をもって絶版となってしまい、在庫が全くないこと
2　書籍の取り置きを希望する場合は、前もって店舗宛のメールで伝えてほしいこと
3　書籍の取り置きを希望する場合は、7月11日までに意向を店に連絡してほしいこと
4　書籍の取り置きを希望する場合は、3日以内に店舗に受け取りに来てほしいこと

독해 집중 공략

문제 9 중문 내용이해

독해 중문은 단문보다 조금 긴 600~650자 정도의 지문을 읽고 정답을 고르는 문제로 최근 출제 경향으로는 지문 4개와 각 지문마다 문제 2개가 출제된다. 에세이, 논문, 평론, 해설문 등이 지문으로 나오며 세부 내용 또는 인과 관계, 필자의 주장, 밑줄 친 부분의 의미 등을 묻는 문제가 많이 출제된다.

이렇게 풀자

각 단락의 내용이 무엇인지 정확히 이해하는 것이 중요하다. 그리고 세부 내용을 묻는 문제가 많이 출제되기 때문에 문장의 연결과 문맥의 뉘앙스를 잘 파악하면서 꼼꼼히 지문을 읽어나가도록 하자. 또한 필자의 생각이나 주장을 묻는 문제의 경우는 마지막 단락을 유의 깊게 읽으면 정답의 단서를 발견할 수 있다.

문제유형 예시 ⏱ 시간 5분 이내

問題9 次の文章を読んで、後の問いに対する答えとして最もよいものを、1・2・3・4から一つ選びなさい。

　企業の利益が増加すると、得をするのは誰なのか。利益の増加に伴い給与が増えるのならいざしらず、多くの人は自分の雇用主である企業が倒産したり従業員を解雇したりしない限り、被雇用者にとって利益が増えようが減ろうが、自分にはさほど関係ないと思っているはずだ。果たしてそうだろうか。

　企業の利益が増加すれば、さらなる収益を目指し、より充実した商品やサービスを消費者に提供できるように、積極的に設備投資などを行う。また、そこで働く人が必要になるので雇用が拡大する。雇用が増えることで業務の効率が上がり、全体的の生産性が向上する。それにより、収益が増大し、その成果は給料の引き上げや賞与金として還元されることになる。

　また、企業の利益による影響は、何も収入面に限ったことではない。企業価値も高くなるため、就職や転職を希望する優秀な人材が集まりやすくなることも考えられる。企業にとって優秀な人材の確保は利益に繋がるだけでなく、ひいては組織全体の成長にもなる。そ

れに加えて、企業が潤うのは当然のことながら、被雇用者や消費者、さらには社会全体にとって有利に働くと言えよう。

　経営者や株主でない限り、利益など自分には関係ないと思っているのなら、それは大きな間違いである。自分を社会から切り離すようなことはせず、日頃から企業の成長を静観(注)してみるのも悪くない。

（注）静観：静かに観察すること

1 筆者によると、企業の利益が増加すると、どうなるか。

1　被雇用者が自分が貰っている給与の額を疑いはじめる。
2　景気が良くなった分、設備投資などにかかる費用も上がる。
3　企業と消費者ともに成長できる市場の流れを生み出す。
4　企業と自分は関係ないと思う人が少なくなる。

2 筆者の考えに合うのはどれか。

1　自分にも関わりがあるという意識をもって、普段から企業の成長を見守ってほしい。
2　自分にも関わりがあるが、企業の成長をあまり期待しすぎないほうがいい。
3　被雇用者にとって有利な社会を築くには、企業の利益に積極的に携わるべきだ。
4　被雇用者は社会全般において影響力を持つので、経営者よりも注視されるべきだ。

문제 9 다음 문장을 읽고, 뒤의 물음에 대한 답으로서 가장 알맞은 것을, 1·2·3·4에서 하나 고르세요.

| 정답 | **1** ③   **2** ①

| 해석 |

> 기업의 이익이 증가하면 이득을 보는 것은 누구일까? 이익 증가에 따라서 급여가 늘어나는 것이라면 몰라도 많은 사람들은 자신의 고용주인 기업이 도산하거나 종업원을 해고하거나 하지 않는 한 피고용자에게 있어서 이익이 늘어나든 줄어들든 자신에게는 그다지 관계없다고 생각하고 있을 것이다. 과연 그럴까?
>
> 기업의 이익이 증가하면 더한 수익을 목표로 보다 충실한 상품이나 서비스를 소비자에게 제공할 수 있도록 적극적으로 설비 투자 등을 실시한다. 또한 그곳에서 일할 사람이 필요하게 되기 때문에 고용이 확대된다. 고용이 늘어나는 것으로 업무의 효율이 올라가고 전체적인 생산성이 향상된다. 그것으로 인해 이익이 증대하고 그 성과는 급여의 인상이나 상여금으로써 환원되게 된다.
>
> 또한 기업의 이익으로 인한 영향은 특별히 수입에 한정된 것은 아니다. 기업 가치도 높아지기 때문에 취직이나 이직을 희망하는 우수한 인재가 모이기 쉬워지는 것도 생각된다. 기업에게 있어서 우수한 인재 확보는 기업의 이익으로 이어질 뿐만 아니라 나아가서 조직 전체의 성장도 된다. 그것에 더해서 기업이 윤택해지는 것은 당연하지만 피고용자나 소비자, 게다가는 사회 전체에 있어서 유리하게 작용한다고 말할 수 있다.
>
> 경영자와 주주가 아닌 한, 이익 등 자신에게는 관계없다고 생각하고 있다면 그것은 큰 착각이다. 자신을 사회에서 분리하는 것은 하지 말고 평소부터 기업의 성장을 정관해 보는 것도 나쁘지 않다.
>
> (주석) 정관 : 조용히 관찰하는 것

1 필자에 의하면 기업의 이익이 증가하면 어떻게 되는가?

1 피고용자가 자신이 받고 있는 급여의 액수를 의심하기 시작한다.
2 경기가 좋아진 만큼 설비 투자 등에 드는 비용도 올라간다.
3 기업과 소비자 모두 성장할 수 있는 시장의 흐름을 만들어낸다.
4 기업과 자신은 관계없다고 생각하는 사람이 적어진다.

2 필자의 생각에 맞는 것은 어느 것인가?

1 자신에게도 관계가 있다는 의식을 가지고 평소부터 기업의 성장을 지켜봐 주었으면 한다.
2 자신에게도 관계가 있지만, 기업의 성장을 그다지 크게 기대하지 않는 편이 좋다.
3 피고용자에게 있어서 유리한 사회를 구축하기 위해서는 기업의 이익에 적극적으로 관여해야 한다.
4 피고용자는 사회 전반에서 영향력을 가지기 때문에 경영자보다도 주시되어야 한다.

| 해설 | **1** 필자는 組織全体の成長にもなる。それに加えて、企業が潤うのは当然のことながら、被雇用者や消費者、さらには社会全体にとって有利に働くと言えよう。(조직 전체 성장도 된다. 그것에 더해서 기업이 윤택해지는 것은 당연하지만 피고용자나 소비자, 게다가는 사회 전체에 있어서 유리하게 작용한다고 말할 수 있다.)라고 하며 기업뿐만 아니라 소비자 모두가 성장할 수 있다고 했으므로 3번이 정답이다. 1번은 본문에서 언급한 내용이 아니므로 정답이 아니고, 2번은 설비 투자에 대한 언급은 있지만 비용에 관해서는 언급하고 있지 않으므로 정답이 아니다. 4번은 기업의 이익은 자신과 관계없다고 생각하는 것은 큰 착각이라고 한 것은 맞지만 그렇게 생각하는 사람이 적어진다고는 언급하지 않았으므로 정답이 아니다.

2 필자는 自分を社会から切り離すようなことはぜず、日頃から企業の成長を静観してみるのも悪くない。(자신을 사회에서 분리하는 것은 하지 말고 평소부터 기업의 성장을 정관해 보는 것도 나쁘지 않다.)라고 말하며 평소부터 기업의 성장을 지켜봐 주었으면 좋겠다고 했으므로 1번이 정답이다. 2번은 본문에서 언급한 내용이 아니므로 정답이 아니고, 3번은 기업의 이익에 관심을 가지는 것은 맞으나 그 이유가 피고용자에게 유리한 사회를 구축하기 위해서라고 말하고 있지 않으므로 정답이 아니다. 4번은 본문에서 언급한 내용이 아니므로 정답이 아니다.

| 단어 | 企業(きぎょう) 기업 | 利益(りえき) 이익 | 得(とく)をする 득을 보다 | ～に伴(ともな)い ～에 따라 | ～ならいざしらず ～라면 몰라도 | 雇用主(こようぬし) 고용주 | 倒産(とうさん) 도산 | 従業員(じゅうぎょういん) 종업원 | 解雇(かいこ) 해고 | ～ない限(かぎ)り ～하지 않는 한 | 被(ひ)～ 피～ | さほど 그다지, 별로 | 果(は)たして 과연 | 更(さら)なる 한층 더, 더한 | 充実(じゅうじつ) 충실 | 提供(ていきょう) 제공 | 積極的(せっきょくてき) 적극적 | 設備(せつび) 설비 | 投資(とうし) 투자 | 拡大(かくだい) 확대 | 効率(こうりつ) 효율 | 向上(こうじょう) 향상 | 増大(ぞうだい) 증대 | 引(ひ)き上(あ)げ 인상 | 賞与金(しょうよきん) 상여금 | 還元(かんげん) 환원 | 転職(てんしょく) 이직 | 優秀(ゆうしゅう)だ 우수하다 | 人材(じんざい) 인재 | 確保(かくほ) 확보 | 繋(つな)がる 이어지다, 연결되다 | ひいては 나아가서는 | 組織(そしき) 조직 | ～に加(くわ)えて ～에 더해서 | 潤(うるお)う 축축해지다, 윤택해지다 | 有利(ゆうり)に働(はたら)く 유리하게 작용하다 | 株主(かぶぬし) 주주 | 切(き)り離(はな)す 떼어놓다, 분리하다 | 日頃(ひごろ) 평소 | 静観(せいかん) 정관, 객관적으로 바라보는 것 | 疑(うたが)う 의심하다 | 生(う)み出(だ)す 새로 만들어내다 | 見守(みまも)る 지켜보다 | 築(きず)く 쌓아 올리다, 구축하다 | 積極的(せっきょくてき)に 적극적으로 | 携(たずさ)わる 관계하다, 종사하다 | 全般(ぜんぱん) 전반 | ～において ～에서 | 影響力(えいきょうりょく) 영향력 | 注視(ちゅうし) 주시

중문 내용이해 실전 연습 문제

問題9　次の文章を読んで、後の問いに対する答えとして最もよいものを、1・2・3・4から一つ選びなさい。

(1)

　現代社会において、使用済み自動車の解体と再利用は、環境保護の観点から極めて重要な課題である。自動車は寿命を迎えると廃棄物として処理されることが多いが、使用済み自動車の解体は、単なる廃棄処理ではなく、資源の再利用を目的とした重要な工程である。
　解体業者は車を細かく分解した後、各金属を分類し回収する。この過程を経て、再利用可能な部品を選び、新たな製品の材料として使用する。これにより、資源の無駄づかいを防ぎ、環境への負担を軽減することができる。解体されたエンジンなどの主要部品は、修理や再製造を経て再び市場に出回る。そうして、新たな部品を製造する際のエネルギー消費を最小限に抑えることができるようになる。再利用された部品はコスパも優れており、消費者にとっても経済的なメリットがある。
　一方で、解体と再利用の工程には課題も存在する。例えば、解体作業中に発生する有害物質の処理や再利用部品の品質管理などが挙げられる。これらの課題を克服するためには、技術の進歩とともに法規制の整備が不可欠である。特に、環境保護の観点からは、厳格な基準を設ける必要がある。
　使用済み自動車の解体と再利用は、環境保護だけでなく、経済的な側面からも重要である。資源の有効活用を図ることで、持続可能な社会の実現に寄与する。よって、私たち一人一人が<u>その意義</u>を理解し、積極的に関与することが求められる。

(注1) 解体：ここでは車をばらばらにすること
(注2) 工程：ここでは車を作る時の順、作業の各段階
(注3) 有害物質：化学品から出る環境や体に悪いもの

[1] 修理や再製造について、筆者が言いたいことは何か。

1 修理や再製造の工程で有害物質の厳格な法規制を直ぐに作る必要がある。
2 エネルギー消費を最小限に抑えることができるので、消費者にとってはメリットがある。
3 環境への負担を減らすことができるため、基準を設ける必要はない。
4 修理や再製造を経て、新たな部品を製造する際のエネルギー消費を最小限に抑えられる。

[2] その意義とあるが、どのようなことか。

1 廃棄物を再利用し新製品をできるだけ作らないなど、資源の浪費を抑えること
2 解体作業中に発生する有害物質の処理や、再利用部品の品質管理を進めること
3 持続可能な社会を実現するために、一人一人が環境保護の観点から見直すこと
4 使用済み自動車の解体と再利用が環境保護と経済的な側面から非常に重要であること

(2)

　かつては、通勤電車の車内で人々が本を読んでいる光景をよく目にしたものだ。それが今では、スマートフォンでSNSやゲームを楽しんでいる人がほとんどだ。そんな時代だからこそ私は読書を薦めたい。

　読書にはストレスを軽減したり、リラックスしたりする効果があるというのを聞いたことはないだろうか。これは、本を読むことで、脳内に分泌されるホルモンが変化し、高揚感(注1)を与えたり、痛みを和らげたりする作用があるからだ。つまり、読書は脳をストレスから解放してくれるのだ。

　近年、医療の著しい進歩で、以前は不治の病と言われた癌ですら今では早期発見などにより治療し得る時代を迎え、人生100年時代という言葉まで登場するようになった。その一方で、深刻化しているのが認知症である。認知症とは、主に加齢(注2)に伴う脳の病気であり、これを患うと、記憶障害や理解・判断力の低下などが起こるのだが、高齢化社会が進むにつれてその患者数は年々増加している。

　そこで、その予防策として注目したいのが読書だ。読書は、前述したリラックス効果に加え、脳に刺激を与え、新しい情報や経験を取り入れることにより、加齢による認知機能の低下を防ぐとされているからだ。

　読書は、新しい知識やスキルを得たり、想像の世界へと導いて楽しませてくれたりするだけでなく、私たちが心身ともに健康でいられるための手段でもあるのだ。あるときは娯楽となり、またあるときは学習の手助けとなり、そして心の薬にもなり得る、そんな万能な読書を趣味にしない手はないだろう。

（注1）高揚感（こうようかん）：気持ちが非常に興奮した感覚
（注2）加齢：年を取ること

3 読書は脳をストレスから解放してくれるとあるが、なぜか。

1 本を読むことで、通勤電車の車内が楽しくなるから
2 本を読むことで、脳内のホルモンの性質が変わるから
3 本を読むことで、治療し難い病気まで治る効果があるから
4 本を読むことで、ストレスを緩和するための知識が得られるから

4 筆者によると、万能な読書とはどのようなものか。

1 脳を刺激することで、学習やスキル習得の手助けになる薬のようなもの
2 脳を刺激することで、リラックス効果がある薬のようなもの
3 今まで治せなかった病気だけでなく、老化を防いでくれる薬のようなもの
4 娯楽や学習の手助けにとどまらず、ストレスを解消してくれる薬のようなもの

(3)

　近年、デジタル製品の使用が低年齢化している問題は深刻だ。街中で、乳幼児に対して親が安易にスマホを与えている光景を見ると残念極まりない。

　この現象は、親の自己中心的な行動や周囲からの影響によるものと考えられる。親は自分の都合で、身近なデジタル製品を提供し、短時間の静けさを求める。しかし、この行為は子どもの健全な成長に悪影響を及ぼす恐れがある。

　いくら子どもが喜ぶからといっても、デジタル製品に夢中になれば、発達に必要な感覚的刺激が不足してしまう。例えば、移動中のベビーカーに乗った赤ちゃんがスマホの画面に長時間注視すると、周囲への興味が薄れ、視覚や聴覚、触覚の発達が妨げられてしまうだけでなく、状況変化を敏感に捉えることができなくなる。その結果、社会性や対人関係の構築にも悪影響を与えかねない。

　さらに、デジタル製品から得られる情報は瞬時に消費され、幼少期からこの情報に慣れてしまうと、集中力や持続力の低下を引き起こす原因になる。親は、子どもが喜ぶことを優先するが、それはどうあれ、実際には子どもの発達を阻害する結果に繋がる。ひいては親子間の対話が減少し、遊びの時間が不足する事態に至り、そうなると言語能力や感情の理解が十分に発育されにくくなる。

　このように、スマホ等のデジタル製品は発達に深刻な影響を及ぼす事を踏まえ、保護者は子どもに対して適切な使用を見極め、健全な成長を促す環境を整える必要がある。そして、未来を守るためには、社会全体でこの問題に向き合う必要があると考える。

5 デジタル製品を子どもに与えることについて、筆者はどのように考えているか。

1 子育てから解放され、一時の静けさを楽しむために必要な手段だ。
2 子どもを短時間で沈黙させ、親が自分の時間を確保できる手段だ。
3 一時の静けさを求め、安易に与えるのは子どもの健全な発達を阻害する要因となる。
4 一時の静けさを求め、子どもにデジタル製品を渡すと外で遊ぶ機会を失う。

6 筆者によると、デジタル製品の適切な使用とはどのようなことか。

1 与える時期や利用時間、感覚刺激を養う活動や親子の対話時間を考慮すること
2 子どもが喜ぶなら没頭しても問題ないので、いつ与えても構わないこと
3 与える時期や利用時間、状況変化の敏感さや遊びの時間を考慮すること
4 幼少期にありがちな集中力や持続力の低下を引き起こした場合に与えること

(4)

　最近、異分野連携、あるいは異分野融合という言葉をよく耳にするようになった。専門領域の垣根を越えて、異なる分野や立場の人たちがそれぞれの視点から研究テーマを集めたり議論したりすることで、今まで解決できなかった課題に対応し、実現不可能だった構想を形にできると注目を浴びている。

　そんな中、特に注目したいのが、医学と工学の異分野連携だ。これは医工連携と呼ばれ、病院などの医療機関、医療機器メーカーの民間企業に加え、大学の研究機関の協力を得て、医療のための新たなテクノロジーが開発されている。

　例えば、AI(人工知能)を活用したロボットによる手術などがそれだ。高度な技術を必要とする手術を行う場合、地方へ行けば行くほど、熟練の専門医の数が限られてくるのが現状であり、手術しようにもそれを行える医師がいなければ、手術はおろか治療すらできない。しかし、患者には平等に手術を受ける権利があるゆえ、その環境を整えるべきなのは言うまでもない。そこで、ロボットによる手術が注目されている。医師が離れた場所にいながら装置を動かし、患者に手術を行うことができる。これは、まさしく医学と工学の異分野連携における賜物(注)だと言わざるを得ない。医工連携においては、このような遠隔操作による手術のみならず、リハビリや介護支援の分野でも、今後様々な開発が期待されている。

　医工連携をはじめ、こうした異分野の連携により革新的な価値を創出しながら次世代へと繋ぐ。それにより、私たちの生活がより快適に、より可能性に満ちた未来になることを願ってやまない。

　　(注)　賜物(たまもの)：ここでは、成果

7 それとは何か。

1　ロボットが行う手術
2　高度な技術を必要とする手術
3　人工知能を活用した異分野連携
4　医療分野と製造分野の異分野連携

8 異分野連携について、筆者はどのように考えているか。

1　遠隔操作のロボットが私たちの生活全般を支える未来になる。
2　誰もが平等に手術を受けられるように、異分野連携で医療を発展させるべきだ。
3　医工連携のような異分野連携によって、一層便利で可能性に満ちた未来になってほしい。
4　新たな価値を生み出し続けることによって、理想的な環境を維持することができる。

（5）

　日本では4月頃になるとツバメが見られます。日々様変わり(注)していく街並みにも関わらず、私たちが住むところへやってきて、あっちこっち探索して巣を作ります。安全のために高いところや人通りが多い場所を好んで作る傾向があるそうで、以前は屋根の下に作るのが一般的でしたが、最近では駅の構内や高層ビルが建ち並ぶ都市部でもよく見かけるようになりました。また、前に作られたものが残っていればそれを再使用することもあります。このようにツバメは環境の変化に柔軟に適応し、巧みに活用しながら生活しているのです。

　このような「活用」は進化の結晶だと言えます。人間だって大昔には石や木、火など使って身を守ったり、洞窟で暮らしたりしていました。今は技術の進歩で電気や鉄、光なども活用できるようになりました。近年、ネットや人工知能も使えるようになりましたが、これらの技術もまた進化と言えるでしょう。人間はツバメとは知能に差があるので、様々な資源や道具を扱って他の動物を統べる位置までに上り詰めましたが、周囲のものをうまく活用して生きていることには違いありません。

　ただ、活用するときに必要な心構えは、使っているのは自分だけじゃないということです。我々はこれを意識せず進化をし続けた結果、あらゆる生態系の破壊を招く結果に至りました。人間も自然の一部であることを忘れず、周囲の環境に配慮し、他の生物と共存していくことが今後求められる行動なのです。

（注）様変わり：様子が変わること

9 筆者によると、ツバメの生活環境における特徴は何か。

1　ツバメは人間の住まいの変化にも構わず、自然の中に巣を作る。
2　ツバメは安全な巣作りのために、居住地を変えてまで生活している。
3　ツバメは人間の生活環境に依存しており、人間の助けなしでは生活できない。
4　ツバメは変化する環境にも対応し、既存の巣を活用しながら生きている。

10　「活用」について、筆者はどのように述べているか。

1　周りのものを活用するのはいいが、共存のための気配りも必要である。
2　活用する能力よりも、知能がどれほど優れているかが重要である。
3　活用することも重要だが、活用のための技術を工夫する必要がある。
4　活用による自然破壊が深刻なので、一部だけを利用する配慮が必要である。

(6)

　人生100年時代と言われるようになった。しかし、健康上の問題で日常生活が制限されることなく生活できる「健康寿命」を鑑みれば、せいぜい80年といったところだろう。健康とは、何も身体的なことに限ったことではない。やはり、心身ともに健康でなければ、たとえ100歳まで生きたとしても、真に幸福とはいえないわけで、寿命が長ければ長いほどいいというものでもない。「年をとる」ということは、老いることであり、人は加齢と共に、外見上の変化も表れれば、記憶力や思考力も低下する。それにより、気分が落ち込み、老化していく自分に自信が持てなくなったり、人と会うことが億劫になったりさえする。

　しかし、違う角度から捉えてみてはどうだろう。「年をとる」ということは老いることではなく、時を重ねることだと。数多くの人々と出会い、経験を積むことで、その先は、より充実した人生となる。そう考えると、「年をとる」ことが美しくさえ感じる。想像してほしい。果実一つをとってみてもそうだ。若い果実はまだ青く苦い。しかし、太陽の光を浴び、時に雨風に打たれ、耐え凌ぎ、やがて色づき、熟し、旨味(注)が増すのだ。そんな話をしてくれた恩師がいた。人間も同様、年をとると共に人としての味わいが増していくのだと。

　そうは言っても、年齢を重ねると、おのずと人生の終わりに近づいていくので、恐れがないと言ったら嘘になるかもしれない。ただ、「年をとる」ことは、自らの人生をより実り豊かなものにしていく過程だと思ったほうが、今この瞬間を、より楽しめるにちがいない。

（注）旨味：味わい

11 筆者によると、100歳まで生きたとしても真に幸福とはいえないのはなぜか。

1　外見上の変化や認知力の低下により、寂しくなって人と会わずにはいられなくなるから
2　外見上の変化や認知力の低下により、気分が落ち込んで自信を失うから
3　心身ともに健康でなくなり、日常生活が制限されるから
4　老いと共に、おのずと自分の人生を振り返って反省するようになるから

12 「年をとる」ことについて、筆者はどのように考えているか。

1　自らの人生をより実り豊かなものにしていく過程である。
2　年をとるということは美しく、実りある果実そのものである。
3　おのずと人生の最期を意識してしまうが、決して恐れていてはいけない。
4　年をとることで、人生が今よりもっと楽しくなっていくにちがいない。

(7)

　私は世界各国の料理を作ることが好きだ。単なる食事作りにとどまらず、旅先での思い出を再現し、その土地の文化や風景、人々との出会いをもう一度感じられるからである。

　旅で味わった料理の香りや味、その土地特有の食材や調理法は、今も鮮明に記憶に残っている。たとえば、インドの市街での体験は、熱した油でニンニクやさまざまなスパイスを炒めることで香りが一気に広がり、空気中の熱気と相まって漂う香辛料の香りが五感を刺激した。また、田園風景が広がる南フランスで食べた家庭料理。その料理に添えられていたフルーツをベースにしたソースには洗練された味わいがあり、特別な思い出がある。それらの経験を経て、自分の台所でその料理を再現すると、まるで再び旅をしているかのような感覚が呼び起こされるのである。

　料理を作る過程もまた、楽しみ尽くすべき時間である。特定の料理を作ろうと決めた瞬間から、私の旅が再開される。必要な香辛料や食材を探し歩く度に、旅先の市場や屋台が思い出され、材料を見つけた分だけ、旅での体験が蘇り、懐かしさに浸れる。

　さらに、料理を盛り付ける際の皿選びには一際こだわりがある。和の器なり洋の陶器なり、料理にマッチした器を選ぶことで、各国で目にした食卓の光景が頭に浮かび、その<u>文化を味わい尽くす</u>ことができるのである。

　こうした材料選びから料理の完成に至るまでの工程において、喜びと生きがいを感じずにはいられない時間であり、世界の料理を作ることは、ただの食事作りではなく、旅で得た五感をもう一度味わい、異国の空気や香りが思う存分感じられる大切な時間なのである。

13 筆者にとって、世界の料理を作ることはどのようなものか。

1 単なる料理ではなく、旅行先で体験した五感を楽しむ時間
2 単なる料理ではなく、特別な思い出を作る時間
3 旅行先で味わった料理の調理法を記憶に残す時間
4 旅行先で味わった料理の香りや味を再現する時間

14 文化を味わい尽くすとは、どのようなことか。

1 世界各国の料理をとことん作り、旅行の疑似体験をしているような気分に浸れること
2 料理するということは味覚を超えて、その国や地域の伝統と背景を実感できること
3 材料選択から完成までの一連の流れをとことん堪能できること
4 材料や食器を選択する過程で蘇った異文化体験を、改めて体験することができること

(8)

　新型コロナウイルスによるパンデミック後の意識変化により、数年前からの健康志向ブームがさらに高まりを見せている。健康志向とは、バランスの取れた食事や適度な運動を行い、健康を意識した生活を営むことだ。だが、健康を維持するにはそれだけでは十分ではない。健康とは「肉体的、精神的、社会的に完全に良好な状態」であり「単に疾病または弱っていないことではない」と定義されている。まさにその通りだろう。

　まだ記憶に新しい新型コロナウイルスは、世界を混乱に陥れ、これまで当たり前だと思っていた健康という二文字が、実はそうではなかったことを誰もが痛感したはずだ。家族など大切な人がコロナにかかって隔離されたり命を落としたりして、会えなくなった悲しみに打ちひしがれる人、社会での居場所がなくなり孤独と不安で押しつぶされそうになった人、自身を犠牲にして治療や救助に携わった医療関係者、世界中の誰もが健康とは到底言うことのできない未曾有の事態を私たちは経験した。あのような状況下にあっては、どんなに健康を保とうにも精神的に維持し得なかったことは言うまでもない。

　健康の定義である「肉体的」はもちろん、「精神的、社会的に完全に良好な状態」というものが、いかに重要かを今一度思い出してほしい。精神的、社会的に良好な状態あっての食欲であり、快眠であり、運動するための体力である。そこで、ようやく健康維持に向けて、バランスのとれた食事と適度な運動について考え、実行することができるであろう。安易に健康志向ブームに乗る前に、まず私たちの健康を支える根幹が何かを見直すところから始めてみてはどうだろうか。

（注1）パンデミック：感染症や伝染病の全国的・世界的な大流行
（注2）打ちひしがれる：精神的なショックなどによって気力や意欲などを完全に失う
（注3）未曾有：今まで起こったことのないこと、珍しいこと
（注4）快眠：ぐっすり眠ること
（注5）根幹：根本

[15] 筆者によると、健康志向ブームがさらに高まりを見せているのはなぜか。

1　新型コロナウイルスの大流行で、良質な食事や適切な運動が必要になったから
2　新型コロナウイルスの大流行後、健康を維持することが困難になったから
3　新型コロナウイルスの大流行を経験して、健康に対する意識変化があったから
4　新型コロナウイルスの大流行後、ようやく健康維持に向けて実行できる状態になったから

[16] 筆者によると、健康を維持するために最初にやらなければならないことは何か。

1　健康の定義である「心身ともに好ましい状態」の重要性を改めて思い出すこと
2　健康の定義である「身体的」が何よりも重要なので、疾病を予防するために細心の注意を払うこと
3　良質な食事と十分な睡眠、そして適切な運動を実行すること
4　健康志向ブームを意識しながらも、マイペースで健康管理に取り組むこと

(9)

　私たちの意思や感情は言葉のみならず、様々な形で表現することができる。身近なものでいえば音楽や踊り、彫刻、絵画などがある。このような表現方法を芸術という。

　芸術と言うと、展示会や舞台に足を運ばなければ触れる機会が無いように思えるが、日常生活の中にも溢れているものだ。映画もその一つだ。映画を観て、その映画が伝えたかったことは何かを友人と感想を言い合ったとき、全く違う見解だった経験はないだろうか。そんな時、作品の見え方というのは人それぞれであることに気づくだろう。

　純情な恋愛ソングが、ある人には会いたくても会えない亡き人に向けた曲に聴こえることがある。「愛する人への思い」の対象は聞き手の経験や状況によって異なってくるのだ。こういった作品の捉え方の違いは、どの芸術作品においても共通していることだろう。

　作品の解釈は十人十色なので、その多様な考え方に出会うことにより、作品を多角的な視点から捉えることができ、芸術作品への理解がより深まる。また、他人との相違点を見つけてただ比較することにとどまらず、理解することで今まで見えなかった新たな視野が広がり、自分の偏見や固定観念から解放される契機になるはずだ。全く新しい刺激に背を向けず、積極的に受け入れると自分の表現力の幅も広がって、より人生を豊かにすることができるだろう。

（注）十人十色（じゅうにんといろ）：人によって考えや性格が違うこと

17 こういった作品の捉え方の違いとは、どのようなことを意味しているか。

1 芸術作品は、人の成長過程や背景によって見解が異なること
2 芸術作品は、人の好みや思い出によって見解が異なること
3 展示会や舞台で作品を鑑賞すると見解が異なること
4 作品に救われたことのある人にとっては見解が異なること

18 芸術の感想を言い合うことについて、筆者はどのように考えているか。

1 斬新な刺激を受け入れることで、豊かな人生になる。
2 他人の見解を比較することが、固定観念から放されるきっかけとなる。
3 様々な芸術の見解は、他人の背景と視野を学ぶきっかけとなる。
4 色んな性格の人に出会うことで、作品への理解がより深まる。

(10)

　仕事の効率化を図る目的で、分業化を取り入れる業種が増えている。分業化とは、一つの業務を分担して複数人で行うことであるが、その分担された業務に熟知した担当者をおくことで、生産性や業務の効率化が図れるという利点があるわけだ。

　身近な例としては、医薬分業が代表的だろう。かつては病院を受診すると、そこで診察から薬の調剤までが行われていた。ところが現在は診察と薬が別になり、診察は病院で、薬は薬局でというように分業されている。これはつまり、医薬分業によって、医師と薬剤師がそれぞれの専門性を活かせる仕組みになり、薬害の防止や、過度な薬の処方を避け、より良質な医療が提供できるという利点があるのだ。一方で、患者側からすれば、病院で受診したあとに、薬局へ足を運ばなければならないという二重の手間がかかったり、合計の負担額が増加したりといった欠点があるのも事実だ。ただ、こうした欠点を鑑みても、分業における利点のほうが上回るため、分業化を導入する業種が増えていると言えよう。

　また、医薬分業にとどまらず、教育における学校業務も分業化が進み始めている。学校を取り巻く様々な問題や指導に対し、専門的な観点に基づく支援や対応を図る目的で、スクールカウンセラーや部活指導員などを起用するケースも増えた。これにより、教師の負担が軽減され、教科を教えることに専念できるというメリットがある。

　今後、さらに分業化が進めば、専門性のあるスキルを備えた、より多くの人材が求められる時代になるだろう。

19 こうした欠点とは何か。

1 医師と薬剤師の専門性がそれぞれ活かされているかどうか患者にはわからないこと
2 診療と調剤が一体化しているため、過度な薬を処方される可能性があること
3 診察と調剤が一体化しているため、二重に支払いを請求される可能性があること
4 診察と調剤が別々になっているため、移動が煩わしく、総支払額が増えること

20 今後の分業化について、筆者はどのように考えているか。

1 専門性のあるスキルを備えた人材が求められなくなる。
2 専門性のあるスキルを備えた人材だけが求められるようになる。
3 専門性のあるスキルを備えた人材がより一層必要になる。
4 専門性のあるスキルを備えた人材の確保が困難になる。

(11)

　技術は日々著しく進歩し続けている。人が車を運転しなくても、目的地を設定すれば自動で運んでくれる自動運転や、鞄を持ち歩かなくてもスマートフォン一つあれば電車に乗って移動することも買い物をすることもできるといった電子決済の普及は、少し前までは考えられなかったことだ。また最近ではスマートフォンを持たなくても指を機器にタッチするだけで支払いができてしまう機能まで登場しているほどである。しかも、最近の医療技術では失われた体の組織を再生する技術も進み、人々に希望を与え、命を救うことができるようになった。

　このような技術の変化に最初は便利な世の中になったもんだと感心していたが、人によってはこれが困難なことにもなり得る。私にしても適応することが得意ではないので、この著しい技術の変化を生活に取り入れることは困難に感じてしまうことがある。実際に、機能が多様すぎて使いこなせていない若者も少なからず見かけた。パソコンやスマートフォンにどんな機能があるかというテーマの動画が人気なのもその証拠であろう。

　また、こうして人々の生活が豊かになっていく背景には、資源を大量に消費し、製品を過剰生産しては廃棄されている現状がある。これは地球温暖化という世界でも深刻な環境問題を引き起こす原因となっている。地球上の気温は長期にわたり徐々に上昇しており、近年になればなるほど気温の上昇が加速しているという。この現象により自然災害が頻繁になり、植物や動物が減少したり、暑い国でしか流行らなかった感染症が広まったりするなど多岐にわたる深刻な影響が懸念される。

　このような問題を踏まえ、私たちは何を求めどのように行動していくべきなのか考え直さねばならないだろう。それが今後の最優先課題だと私は思う。

21 これが困難なことにもなり得るとあるが、なぜか。

1 パソコンなどは著しく発展したものの、新機能に追いつけないから
2 パソコンなどは著しく発展したものの、若者しか使いこなせないから
3 スマートフォンの機能が多様化したものの、値段も上昇しているから
4 高齢者にとっては技術を日常生活に取り入れること自体が困難であるから

22 筆者によると、今後の最優先課題は何か。

1 地球温暖化などの問題に踏まえ、どのように対応するか再考すること
2 技術の進歩によって得られることについて考えてみること
3 地球温暖化によって引き起こされる恐ろしい影響について考えること
4 進歩した技術を使用し、人々に希望を与えたり命を救ったりする方法を工夫してみること

(12)

　人間関係、文化、景気、政治動向など、私たちの社会を取り巻く環境は、時代とともに常に変化している。最近では少子高齢化や教育格差、デジタル技術の進展なども含め、このような社会現象は、自然に発生、あるいは自然環境により与えられたものではない。これらはすべて私たち人間が集団で共有する考え方や、それぞれの認識に基づく行動、すなわち社会的現実性によって引き起こされ、変容を遂げてきたものである。言い換えれば、私たち人間の思考や行動によって、現実は変わるということだ。これこそが、いかに人間が念じようとも結果を変えることのできない自然現象(注1)や化学反応などとは大きく異なる点である。

　例えば、職場など組織の一員である個人が、研修をきっかけに、意識や認知が変化する。さらに動機づけが向上すると、それを認知した周囲の人々も同様の過程を辿る。やがて、それが組織全体の変化に繋がるということになる。よって、共通の考え方や価値観を持った人々が周囲に存在しなかった場合、当然変化を起こすには至らず消滅してしまう。冒頭で述べたように、社会的現実性とは、集団で共有する認識と行動が現実に変化をもたらすものであり、個人の意識改革とは異なる。

　このように、社会の縮図である企業や団体などに取り入れ、組織の課題解決や目標達成に繋げる(注2)ことができる。人との繋がりが希薄となりつつある現代だが、社会は人間の集団で成り立っている以上、これから先も、現実に変化をもたらすのは、人間であり、人々の意識と行動が社会の未来を決定づけるということを忘れてはならない。

（注1）念じようとも：強く願おうとも
（注2）縮図：原型より縮小して描いた図

23 個人の意識改革とは異なるとあるが、なぜか。

1 社会的現実性は、個人ではなく集団における改革だから
2 社会的現実性は、組織内で自ずと起こり得る意識改革だから
3 社会的現実性は、集団で共有された思考や行動によって意識が変化するものだから
4 社会的現実性は、集団で共有する考え方や行動によって現実に変化が生じるものだから

24 この文章で筆者が最も言いたいことは何か。

1 社会は人間の集団で成り立っているので、意識改革は個人で行うべきである。
2 社会は人間の集団によって成り立ち、現実に変化をもたらす主体は人間である。
3 社会の縮図である企業や団体において、課題解決のためにも意識改革をする必要がある。
4 社会の縮図である企業や団体において、現実に変化をもたらす必要がある。

독해 집중 공략

문제 10 장문 내용이해

독해 장문은 1,000~1,100자 정도의 긴 지문을 읽고 정답을 고르는 문제로 최근 출제 경향으로는 지문 1개와 각 지문마다 문제 3개가 출제된다. 에세이, 논문, 평론, 해설문 등이 지문으로 나오며 세부 내용 또는 인과 관계, 필자의 주장, 밑줄 친 부분의 의미 등을 묻는 문제가 많이 출제된다.

이렇게 풀자

긴 문장을 읽어야 하기 때문에 집중력이 자칫 흐트러지기 쉽지만, 장문 문제는 독해 파트에서 가장 배점이 클 것으로 예상되므로 앞에서 절약한 시간을 해당 문제에 투자하여 풀도록 하자. 또한 지문의 전체 내용을 파악하고 있지 않으면 풀지 못하는 필자의 주장을 묻는 문제도 있기 때문에 각 단락의 내용과 키워드를 파악하면서 꼼꼼하게 읽도록 하자. 보통은 지문 내용 흐름대로 문제가 출제되기 때문에 지문을 처음부터 끝까지 읽으면서 문제를 순서대로 풀면 된다.

문제유형 예시　　　시간 10분 이내

問題10　次の文章を読んで、後の問いに対する答えとして最もよいものを、1・2・3・4から一つ選びなさい。

　私たちが住む地球上には、後世に遺すべき豊かな自然が存在している。しかしその一方で、都市化が進み産業が発達するにつれ、都市開発やレジャー開発などを進めるため、本来私たちが守るべき自然において、人為的に次々と森林の伐採(注1)が行われてきた。それが、自然破壊へと繋がっていることは紛れもない事実であり、これは人間が快適さや便利さを求めた結果(注2)である。だからこそ、この状況に対する反省を踏まえ、人為的要因による自然破壊を食い止めるべく、豊かな自然を維持していく取り組みも、積極的に行われ始めている。だが、それに相反するかのごとく(注3)、近年は山火事や豪雨による水害や土砂災害など、自然的要因によって自然が破壊される例も後を絶たない。

　ただ、ここで誤認してはならないのが、自然的要因というと、私たち人間には成す

術がないように思われるが、皮肉なことに、この自然的要因と言われている自然災害でさえも、人為的要因が深く関わっているという点である。なぜなら、山火事や豪雨などの原因は、地球温暖化や異常気象によるものだからである。地球温暖化は、温室効果ガスの濃度が高まり、熱の吸収が増加したことが要因とされているが、それは森林の伐採や工場からのガス排出などにより発生したものである。また、地球温暖化は異常気象を引き起こす原因の一つでもあり、自然的要因ですら、元を正せば、人為的なものだとわかるわかる。(注4)

　そこで、人間は自然を保護あるいは維持していくために、サスティナブルな環境というものに目を向け始めた。サスティナブルとは「持続可能な」という意味で、地球環境全般について、近年世界中が目指している考え方の一つだ。サスティナブルな自然環境を目指すことは、自然保護の観点から今後の大きな課題となるだろう。冒頭で「後世に遺すべき豊かな自然」と述べたように、サスティナブルな自然環境を実現しないことには、豊かな自然を維持し、後世に遺すなどもってのほかだろう。(注5)

　しかしながら、これまでの自然破壊は人為的といえども、<u>悪意をもって人間が行ってきたことではない</u>。あくまで、人々の暮らしにおける効率性と利便性を追求したからであって、人々にとって、より良い暮らしを築き上げてきたという点においては、昔も今も変わりはない。ただ、ここで一度立ち止まり、森林や自然の維持について省みることで、今私たちが身近で実行できるサスティナブルな取り組みを日常生活に取り入れていくことは十分可能である。だが、「明日から」では遅すぎる。次世代のためにも、今すぐ始められる小さな取り組みを、今日から始めればいい。

（注1）人為的：自然ではなく人の手が加わること
（注2）紛れもない：間違いなく
（注3）相反する：対立する
（注4）元を正せば：(物事の)始まりを調べると
（注5）もってのほか：とんでもない

[1] 自然破壊における、人為的要因と自然的要因との関係はどのようになっているか。

1 全く異なった相反関係になっている。
2 自然的要因は人為的要因がきっかけの因果関係になっている。
3 結果として自然を破壊するという点で、これらは同等関係になっている。
4 人為的要因なしに自然破壊は起こり得ないので、これらは相互関係になっている。

[2] 悪意をもって人間が行ってきたことではないとあるが、なぜか。

1 もともと悪意のある人間など存在しないため、人間が自然破壊をするわけないから
2 人々の暮らしをより豊かにするために行った結果が自然破壊に繋がってしまったから
3 悪意をもって人間が行ったとしたら、より広範囲に渡り森林伐採を行ったはずだから
4 自然災害による被害を最小限に抑えるためにも人間は森林を伐採する必要があったから

[3] 筆者の考えに合うのはどれか。

1 持続可能な自然環境を目指すために、今すぐにでも私たちができることを始めるべきだ。
2 森林伐採は一度中断し、自然保護における持続可能な暮らしについて検討すべきだ。
3 私たちは持続可能な暮らしを実現したので、今日からは小さい取り組みだけすれば十分だ。
4 次世代のために、私たちにできる小さな取り組みからゆっくり進めていけばいい。

문제 10 다음 문장을 읽고, 뒤의 물음에 대한 답으로서 가장 알맞은 것을, 1·2·3·4에서 하나 고르세요.

|정답| **1** ②　　**2** ②　　**3** ①

|해석|

　　우리들이 사는 지구상에는 후세에 남겨야 하는 풍요로운 자연이 존재하고 있다. 그러나 그 한편으로 도시화가 진행되어 산업이 발달함에 따라 도시 개발이나 레저 개발 등을 진행시키기 위해 본래 우리들이 지켜야 하는 자연에서 인위적으로(주석1) 차례차례 삼림 벌채가 행해져 왔다. 그것이 자연 파괴로 이어지는 것은 명백한(주석2) 사실이며 이것은 인간이 쾌적함이나 편리함을 추구한 결과이다. 그렇기 때문에 이 상황에 대한 반성에 입각하여 인위적 요인에 의한 자연 파괴를 저지하기 위하여 풍요로운 자연을 유지해 가는 대처도 적극적으로 행하기 시작하고 있다. 하지만 그것과 상반된(주석3) 것 같이 근래에 산불이나 호우로 인한 수해나 토사재해 등 자연적 요인으로 인해 자연이 파괴되는 예도 끊임없다.

　　다만 여기서 오인해서는 안 되는 것이 자연적 요인이라고 하면 우리들 인간에게는 어쩔 도리가 없는 것처럼 생각되지만 아이러니하게도 이 자연적 요인이라고 불리는 자연재해조차도 인위적 요인이 깊게 관계되어 있다는 점이다. 왜냐하면 산불이나 호우 등의 원인은 지구 온난화나 이상 기후로 인한 것이기 때문이다. 지구 온난화는 온실 효과 가스의 농도가 높아져서 열 흡수가 증가한 것이 요인으로 여겨지고 있지만, 그것은 삼림 벌채나 공장에서의 가스 배출 등에 인해 발생한 것이다. 또한 지구 온난화는 이상 기후를 일으키는 원인 중 하나이며 자연적 요인조차 엄밀히 따지면(주석4) 인위적인 것임을 알 수 있다.

　　그러므로 인간은 삼림 등 자연을 보호 또는 유지해 가기 위해서 서스테이너블한 환경이라는 것에 눈을 돌리기 시작했다. 서스테이너블이란 '지속 가능한'이라는 의미로 지구 환경 전반에 대해 근래 전 세계가 목표로 하고 있는 사고방식 중 하나이다. 서스테이너블한 환경을 목표로 하는 것은 자연 보호 관점에서 앞으로 커다란 과제가 될 것이다. 서두에서 '후세에 남겨야 하는 풍요로운 자원'이라고 서술한 것처럼 서스테이너블한 자연 환경을 실현하지 않고서는 자연을 유지해서 차세대로의 계승은 당치도 않을 것이다.

　　하지만 지금까지 자연 파괴는 인위적이라고는 하나 악의를 가지고 인간이 한 것(주석5)이 아니다. 어디까지나 사람들의 생활에서의 효율성과 편리성을 추구했기 때문이며 사람들에게 있어서 보다 좋은 생활을 쌓아 올린 점은 옛날이나 지금이나 변함은 없다. 다만 여기서 한 번 멈추어 서서 삼림이나 자연 유지에 대해 돌이켜 보는 것으로 지금 우리들이 가까이서 실행할 수 있는 서스테이너블한 대처를 일상생활에 도입해 가는 것은 충분히 가능하다. 하지만 '내일부터'는 너무 늦다. 차세대를 위해서도 지금 바로 시작할 수 있는 작은 대처를 오늘부터 시작하면 된다.

(주석1) 인위적 : 자연이 아닌 사람의 손을 더한 것
(주석2) 명백한 : 틀림없는
(주석3) 상반되다 : 대립하다
(주석4) 엄밀히 말하자면 : (모든 일의) 시작을 조사하면
(주석5) 당치도 않다 : 터무니없다

1 자연 파괴에서 인위적 요인과 자연적 요인의 관계는 어떻게 되어 있는가?

1 전혀 다른 상반 관계로 되어 있다.
2 자연적 요인은 인위적 요인이 계기인 인과 관계로 되어 있다.
3 결과적으로 자연을 파괴하는 점에서 이것들은 동등 관계로 되어 있다.
4 인위적 요인 없이는 자연 파괴가 일어날 수 없기 때문에 이것들은 상호 관계로 되어 있다.

2 악의를 가지고 인간이 한 것이 아니다라고 되어 있는데 왜인가?
　1 애당초 악의가 있는 인간은 존재하지 않으므로 인간이 자연 파괴를 할 리가 없기 때문에
　2 사람들의 생활을 보다 풍족하게 하기 위해서 한 결과가 자연 파괴로 이어져 버렸기 때문에
　3 악의를 가진 인간이 했다면 보다 광범위에 걸쳐 삼림 벌채를 했을 것이기 때문에
　4 자연재해에 의한 피해를 최소한으로 하기 위해서도 인간은 삼림을 벌채할 필요가 있었기 때문에

3 필자의 생각으로 맞는 것은 어느 것인가?
　1 지속 가능한 자연환경을 목표로 하기 위해 지금 바로라도 우리들이 할 수 있는 것을 시작해야 한다.
　2 삼림 벌채는 잠시 중단하고 자연 보호에서의 지속 가능한 생활에 대해서 검토해야 한다.
　3 우리들은 지속 가능한 한 생활을 실현했기 때문에 오늘부터는 작은 노력만 하면 충분하다.
　4 차세대를 위해서 우리들이 할 수 있는 작은 대처부터 천천히 해 나가면 된다.

|해설| **1** 필자는 皮肉なことに、この自然的要因と言われている自然災害でさえも、人為的要因が深く関わっているという点だ。(아이러니하게도 이 자연적 요인이라고 불리는 자연재해조차도 인위적 요인이 깊게 관계되어 있다는 점이다.)라고 했으므로 정답은 2번이다.

2 뒤 문장에서 あくまで、人々の暮らしにおける効率性と利便性を追求したからであって(어디까지나 사람들의 생활에서의 효율성과 편리성을 추구했기 때문이며)라고 하면서 악의를 가지고 인간이 행한 것이 원인이 아닌 사람들이 더욱 쾌적한 생활을 추구하는 과정에서 발생한 현상이라고 했으므로 2번이 정답이다. 1, 3, 4번은 본문에서 언급한 내용이 아니므로 정답이 아니다.

3 필자는 서스테이너블한 노력이 필요하다고 하면서 次世代のためにも、今すぐ始められる小さな取り組みを、今日から始めればいい。(차세대를 위해서도 지금 바로 시작할 수 있는 작은 대처를 오늘부터 시작하면 된다.)라고 했으므로 1번이 정답이다. 본문에서 언급한 내용이 아니므로 2, 3번은 정답이 아니고, 지금 바로 작은 노력부터 행동으로 옮겨야 한다고 했으므로 4번도 정답이 아니다.

|단어| 後世(こうせい) 후세 | 豊(ゆた)かだ 풍족하다, 풍부하다 | 存在(そんざい) 존재 | ~につれ(て) ~(함)에 따라(서) | 開発(かいはつ) 개발 | レジャー 레저, 여가 | ~において / ~における+명사 ~에서 / ~에서의 | 人為的(じんいてき) 인위적 | 森林(しんりん) 삼림 | 伐採(ばっさい) 벌채 | 破壊(はかい) 파괴 | 繋(つな)がる 이어지다, 연결되다 | 紛(まぎ)れもない 틀림없다, 명백하다, 확실하다 | 快適(かいてき)さ 쾌적함 | ~を踏(ふ)まえ(て) ~을/를 토대로, ~에 입각하여 | 要因(よういん) 요인 | 食(く)い止(と)める 저지하다, 막다 | 維持(いじ) 유지 | 取(と)り組(く)み 대처, 맞붙음 | 相反(あいはん)する 상반하다 | ~かのごとく ~인 것 같이 | 豪雨(ごうう) 호우, 큰 비 | 水害(すいがい) 수해 | 土砂(どしゃ) 토사 | 災害(さいがい) 재해 | 後(あと)を絶(た)たない 끊이지 않다, 완전히 없어지지 않다 | 誤認(ごにん) 오인 | ~術(すべ)がない ~할 방법이 없다 | 皮肉(ひにく)なことに 아이러니하게도 | 異常気象(いじょうきしょう) 이상 기후 | 濃度(のうど) 농도 | 吸収(きゅうしゅう) 흡수 | 引(ひ)き起(お)こす 일으키다 | 元(もと)を正(ただ)せば 원인을 밝히자면, 엄밀히 말하면 | 保護(ほご) 보호 | サスティナブル 지속 가능한, 지속 가능성 | 全般(ぜんぱん) 전반 | 観点(かんてん) 관점 | 冒頭(ぼうとう) 서두 | ~ないことには ~하지 않고서는, ~하지 않으면 | 継承(けいしょう) 계승 | もってのほか 당치도 않음 | 利便(りべん) 편리, 편의 | 立(た)ち止(ど)まる 멈추어 서다 | 省(かえり)みる 돌이켜보다 | 身近(みぢか)だ 가깝다, 친근하다 | 取(と)り入(い)れる 도입하다, 받아들이다 | 異(こと)なる 다르다 | 因果関係(いんがかんけい) 인과관계 | 同等(どうとう) 동등 | 相互(そうご) 상호, 서로 | 広範囲(こうはんい) 광범위 | 抑(おさ)える 억누르다 | 検討(けんとう) 검토

장문 내용이해
실전 연습 문제

⏱ 지문당 10분 이내
채점　　/1日

問題10 次の文章を読んで、後の問いに対する答えとして最もよいものを、1・2・3・4から一つ選びなさい。

(1)

以下は、駄菓子屋について書かれた文章である。

ここは下町。私の家から500メートルほど離れた場所に、古き良き駄菓子屋がある。子供の頃から通い続けているこの店は、私にとって単なる商店ではなく、特別な意味を持つ存在だ。

そこは、主のおばあさんあっての場所であり、彼女の優しい笑顔がいつも私たちを迎えてくれる。レジの近くには、ガラス瓶に入ったラムネや淡い色の大粒の飴や10円型のチョコレート等が並べられている。また、狭い店内の真ん中には大人の腰ほどの高い陳列台の上に、正方形や長方形の箱に入ったさまざまな種類のお菓子が所狭しとまるでパズルのように正確に置かれている。それらはいずれも子供心をときめかせ、小銭を握りしめてどれを買おうか悩む時間が、私にとって最高の一時だったのだ。

駄菓子屋は単にお菓子を買うだけの場所ではなく、友達と会話を楽しむ場でもある。学校の出来事や好きなアニメ、ゲームの話題で盛り上がりながら、店頭に置かれた小さなベンチでお菓子を食べる時間は、何にも代えがたい思い出だ。おばあさんも時折私たちの話に加わり、昔の話を聞かせてくれる。その話は新鮮でありながら、どこか懐かしい気持ちを呼び起こすものだった。

しかしながら、時代を経て駄菓子屋の数は減少し、現代にあっては大型スーパーやコンビニで用を済ます傾向となり、その存在は次第に薄れつつある。近所の駄菓子屋も例外ではなく、高齢になったおばあさんの体調はあまり良くなく、ついに今年を限りに閉店することが決まった。この知らせはショックだった。あの場所がなくなることは、思い出の一部が失われるようで、胸が締めつけられる思いだった。駄菓子屋は、ただお菓子を販売する場所にとどまらない。地域にあっては、そこは情報を交わす中心地であり、人々が集まり、連携を深める場でもあった。おばあさんの優しさと温かさに包まれた店は、私にとっても地域の人々にとっても、尊い場所だったのだ。だから、私

はおばあさんに感謝の気持ちを伝え、閉店までの間、できるだけ頻繁に足を運ぶつもりでいる。

　さらに、おばあさんの駄菓子屋を通して、私はその存在の大切さを次世代にも伝えたいと強く思う。駄菓子屋で過ごした時間は、私の成長とともに心に刻まれた宝物だ。家族や友人と共有した楽しいひととき、一人で訪れて心が落ち着けた時間、そのすべてが私の人生に深く影響を与えている。店内に漂う昔ながらの雰囲気や、おばあさんの変わらぬ笑顔が、今も私の心を支えてくれる。店は閉店に至ることとなったが、その思い出が消えるわけではない。むしろ、私の心の中でその場所は永遠に生き続けるだろう。そして、これからも店での思い出を大切にし、新たな物語を次の世代に受け継いでいきたいと強く願っているのだ。

（注1）駄菓子屋：昔からある庶民的な菓子を安価で販売する店
（注2）ラムネ：口に入れるとシュワシュワとした感覚が味わえる砂糖菓子
（注3）所狭しと：何かがぎっしり詰まっていて

1 駄菓子屋は単にお菓子を買うだけの場所ではなくとあるが、なぜか。

1　魅力的な品物が並べられていて、子供が興奮せざるを得ないから
2　大型スーパーやコンビニにはない昔ながらの品物が購入できるだから
3　おばあさんの過去の体験談や昔話が聞けるから
4　情報交換を通じ、地域住民との関わりや結び付きを作れるから

2 筆者によると、人生に深く影響を与えたこととは何か。

1　駄菓子屋で人々と情報を交わしながら、連携を深めたこと
2　駄菓子屋で子どもの頃から今に至るまで過ごした思い出や体験のこと
3　子どもの頃から大人になる過程で捉えてきた知識や教養のこと
4　子どもの時期に限って得られる感受性や忍耐力を養うことができたこと

3 次世代に対する願っていることについて、筆者はどのように考えているか。

1　貴重な経験は思い出として大切にし、現代的に創作した形で引き継ぎたい。
2　自分が経験してきた温かい思い出や価値を未来の世代にも共有していきたい。
3　筆者自身が体験したことを、まだ知らない家族や友人に共有したい。
4　貴重な経験を通して、自身がありのままの駄菓子屋を存続し引き継ぎたい。

(2)

　以下は、プライバシーの侵害について書かれた文章である。

　プライバシーの侵害とは、周知の通り(注1)、個人のプライバシーや個人情報が不正に流出されたり他人に晒(さら)されたりすることである。これにおいて、刑法上の罰則こそないが、名誉毀損(注2)として訴えられれば、刑事告訴され刑罰を受けることもある。まさか自分が他人のプライバシーを侵害することはないと思っている人も少なくないが、我々が思っているよりも侵害という境界線は際どいところにあり、実際には意図せず侵害をしてしまうことも多々ある。ゆえに、注意を払う必要がある。

　友人と旅行に行って写真を撮影し、家路に着くなり、旅の思い出に浸りながら写真を眺め、それをSNSに投稿(注3)する。なんということのない平凡な光景に思えるが、それこそがプライバシーの侵害になりかねないのだ。冒頭で述べたように、個人情報の不正流出がそれにあたるということは理解しているものの、何気ない行為が侵害に繋がるかもしれないという認識が欠けている。旅行で一緒に撮った友人との写真をSNSに投稿し、友人の承諾がなかったからプライバシーの侵害だと言われても、なんとも窮屈に感じる話だろう。

　しかしながら、今までごく普通に行われてきたことがプライバシーの侵害にあたるのだから気をつけるよりほかない。問題が起きた後の「知らなかった」は通用しないため、今からでも知識を習得するなりして、適切な対策を講じるべきだ。

　プライバシーの侵害が問題視されるのは、侵害の深刻さを十分理解せず、関連する規定にも慣れていないからだ。プライバシーの侵害というと、どうしても自分に害が及ぶことを防ぐ手立てを考えてしまいがちだ。被害に遭わないために、個人情報のセキュリティ強化など、意識的に対策を施している人はいるものの、自分が加害者、つまりプライバシーを侵す側になるかもしれないという意識が希薄であるように思う。

　SNSが生活の一部になっている人も少なくない現代のデジタル社会において、日頃から何が個人情報で、何が公示に値するものなのかを見極める判断力が求められる。特にデジタル環境に慣れ親しんだ世代(注4)はプライバシーの深刻さについて自ら気づき、気を使うことが難しいだろう。だからこそ、子供たちを含め、誰もがプライバシーについてしっかり学べる機会を設けてほしいものだ。

（注1）周知の通り：すでに多くに知られている通り

(注2) 名誉毀損：人の名誉を傷つけること
(注3) 家路に着く：自宅へ帰る
(注4) 公示：一般の人に発表して示すこと

4 注意を払う必要があるとあるが、なぜか。

1 名誉毀損で訴えられても、刑事告訴されて刑罰まで受けるとは思えないから
2 個人情報を他人に露出したのに、刑法上の罰則がないとは考えられないから
3 侵害と言えるものが曖昧なので、うっかりプライバシーを侵害することも多いから
4 個人のプライバシーや個人情報が流出されることが最近多くなったから

5 プライバシーの侵害が問題視にされることについて、筆者はどのように考えているか。

1 プライバシーの侵害が発生するのは、我々がそれについて無知だからである。
2 自分に対する侵害だけを考えてしまうので、「侵害」という言葉を使うのは不適切だ。
3 プライバシーの侵害は深刻なことなので、被害者にならぬよう防止策を練るべきだ。
4 プライバシーの侵害の深刻さに気づき、加害者にならないための対策を模索するべきだ。

6 現代のデジタル社会について、筆者の考えに合うのはどれか。

1 現代のデジタル社会においては、誰もが自力でプライバシーに関する知識を学ぶべきだ。
2 現代のデジタル社会においては、私生活侵害が頻繁に起こるSNSは遠ざけたほうがいい。
3 現代のデジタル社会においては、個人のプライバシーに関する意識の向上が不可欠だ。
4 現代のデジタル社会においては、SNSを頻繁に利用する人ほど情報発信に慎重になる必要がある。

(3)

以下は、組織文化について書かれた文章である。

組織文化とは、企業内で社員が共有する文化であり、社員の言動や思考などの基準となる。良い組織文化は社員の一体感を促すため、仕事の能率と生産性の向上にもつながる。つまり、社員は組織文化に基づいて仕事における判断や向き合い方を決めると言っても過言ではない。

組織文化は、社員の仕事に対する向き合い方はもちろん、自社サービスの品質、顧客対応の在り方にまで影響を及ぼす。たとえば「スピードよりも品質が大事」という組織文化が形成されている場合、短期間で数々の新サービスを生み出すよりも、時間がかかっても顧客の満足度を重視するサービスを提供しようとするに違いない。そしてそのような在り方は、ブランドイメージや強みになり、企業の発展にもつながるだろう。

組織文化に似た言葉として「組織風土」がある。組織風土とは「企業の特色」を意味し、職場の雰囲気や長年根付いている風習などを表す言葉である。

組織文化と組織風土は混同されやすいが、2つの概念は形成される過程に大きな違いがある。組織風土は、組織が成長しているなかで自然に形成された風習や習慣などを指す言葉である。一方、組織文化は目標に近づけることを前提にして戦略的に設定した文化を表す言葉である。そのため、社員に根付いている組織風土をコントロールするのは難しいものだが、組織文化は意図的に再形成できるという特徴がある。

近年に入り、企業の間で組織文化が重要視されはじめている。組織文化は、社員の行動指針としての役割を果たすものである。もし未曽有のトラブルや急激な市場変化などが発生した際、組織文化が明確に形成されていなければ、社員はどのような行動をすればよいのか混乱してしまい、円滑な対応が難しくなりかねない。しかし、組織文化が確立されていれば、社員の間に共通認識が生まれ、一丸となって迅速に対応できるようになるだろう。要するに、社会的状況や市場変化に迅速に対応するためには、明確な組織文化の確立が必要不可欠だということである。

また、組織文化の形成は、企業の採用活動においてもメリットがある。入社希望者に自社の組織文化をアピールすることで、組織文化に共感できる人材が集まりやすくなる。さらに組織文化に共感できる社員は会社への愛社精神も高い傾向にあり、離職率の低下にもつながる。

このように、魅力的な組織文化は仕事面だけでなく、人材確保の面においても大きなメリットが

あると言えなくはないだろう。

（注）未曽有（みぞう）：今までなかったこと

[7] そのような在り方とは、どういうことか。

1　組織文化に基づいてサービスや顧客対応を行うこと
2　組織文化に基づいてコスパの高いサービスを提供すること
3　企業の発展を重視し、利益の最大化を図ること
4　ブランドイメージや強みを最優先に考えること

[8] 筆者によると、企業の間で組織文化が重要視されはじめているのはなぜか。

1　もしもの事態が発生しても、組織文化がまともであれば社員が団結して速やかに解決できるから
2　もしもの事態が発生しても、組織文化がまともであればなんとか乗り越えられるから
3　社員がどのような行動を取ればいいか混乱している時、意図的に制御できるから
4　社内の共通認識が再形成し、社員の言動や思考の指標となれるから

[9] 筆者によると、組織文化の形成のメリットは何だと言っているか。

1　共通認識に基づいて速やかに対応できる上、会社への強い愛着心が持てるようになること
2　共通認識に基づいて速やかに対応できる上、組織文化に合わない人を排除できること
3　入社希望者に組織文化をアピールすることで、企業の印象を変えられること
4　入社希望者に組織文化を紹介することで、魅力的な企業だと認めてもらえること

(4)

以下は、マスメディアについて書かれた文章である。

　テレビやラジオ、新聞、雑誌などにおけるマスメディアは、世間で起きた様々な出来事を私たち大衆(注)に向け、より速く広く伝達する機能を持っている。このように、媒体が違おうとも、マスメディアは多くの人に大量の情報を一度に伝達することに違いはない。また、今ではインターネット上においても、写真や映像による情報が発信されており、インターネットが第5のマスメディアと捉えられることもあるが、一般的には、マスメディアには含まれずWebメディアと称されている。とはいえ、インターネットの普及に伴い、映像による大衆への情報のインパクトは計り知れない。

　しかし、そんな時代でありながら、あえて私は報道写真の意味について考える。デジタル化が進み、今でこそ、紙媒体による新聞が消滅の危機に直面しているが、かつて紙媒体の新聞が主流だった時代において、写真は、活字には表現できない報道内容を視覚的に捉えることで読者にその事実や実態を伝えてきた。また、映像であれば即座に流れていってしまう情報も、写真であれば、その一瞬を切り取ることで、カメラマンがその写真に込めたメッセージをも読み取ることができるだろう。ただ、当然のことながら、報道写真は一般の写真とは異なり、メッセージ性の要素のみでは成り立たず、客観的な記録および伝達に加え、迅速な理解を促すように記録された写真でなければならない。

　では、媒体が週刊誌の場合はどうだろう。日本では、憲法第21条において「表現の自由」が保障されており、この条項を根拠としてマスメディアには「報道の自由」が認められている。「報道の自由」とは、国民の「知る権利」に対し、それに奉仕する重要な役割を担っているのだが、行き過ぎた報道により、プライバシーの侵害や名誉毀損に発展することが多いのも現実だ。マスメディアに報道の自由が与えられているとはいえ、その権利があるのをいいことに、公共性の欠いた報道をしてはならないのだ。私生活上の事実など、個人のプライバシーに関わる場合、それは原則として公共性がないと判断される。週刊誌の報道写真が、プライバシー権の侵害に当たる場合も少なくなく、他のマスメディア以上に、報道される側の名誉やプライバシー等に十分配慮する必要があると言われている。先に述べたように、映像であれば、即座に「流れていってしまう情報」であっても、写真はその1枚が記録として永遠にそのページに残るものだからその影響力の大きさに留意すべきだ。

今後のマスメディアは、報道写真に限らず、国民の「知る権利」に対し、どこまで応えるべきか検討する必要がある。それは、取材対象者のプライバシーや個人の尊厳、権利に深く関わる問題であり、情報提供と倫理的責任のバランスをどのように取るかが重要な課題となる。

（注）マスメディア：不特定多数に様々な情報を伝達する手段や媒体

10　筆者によると、マスメディアの役割とは何か。

1　大衆に向け、Webメディアにより情報を迅速かつ広範囲に伝える役割
2　大衆に向け、インパクトのある映像を迅速かつ広範囲に伝える役割
3　大衆に向け、映像により様々な情報を明瞭かつ迅速に伝える役割
4　大衆に向け、それぞれの媒体により情報を迅速かつ広範囲に伝える役割

11　筆者によると、報道写真が一般の写真と異なるのはなぜか。

1　報道写真は一瞬を捉え、写真に意味を込めることができるから
2　報道写真は客観的な記録や伝達だけでなく、即座に状況を把握できる写真であるべきだから
3　報道写真は「報道の自由」が与えられているため、自由に撮影することができるから
4　報道写真は国民の「知る権利」に応えるためなら自由に撮影することが許されるから

12　今後のマスメディアについて、筆者の考えに合うのはどれか。

1　マスメディアには「報道の自由」があるとはいえ、報道される対象のプライバシー等に十分に注意すべきである。
2　マスメディアは、「知る権利」とプライバシーのバランスを考えて報道内容を柔軟に変更すべきである。
3　マスメディアは、報道される側の名誉やプライバシーに十分配慮しつつも報道内容の正確さを最優先にすべきである。
4　今後、マスメディアはプライバシーの侵害の懸念がある週刊誌での報道は避けたほうがい い。

(5)

　最近多様性という言葉をよく耳にする。多様性とは、一人一人の個性や違いを認め合い、互いに尊重することを言う。その中には、価値観や宗教、国籍、性別などの広い分野が含まれており、今や知らない人はいないほどの概念となっている。

　本来、私たちはそれぞれ違う考えや視点を持っているが、一人一人の個性を表現することになぜか協調性がないとされ、自由に表現することが許されず生きづらいとまで思ってしまうような世の中になっていた。そんな世の中に不満を抱いていた私は、多様性という言葉が個々人の独自性を認める世界を作ってくれるのではないかと期待を膨らませている。

　多様性という言葉を最近よく聞くことから、新しい言葉だと思う人もいるかもしれないが、この多様性という言葉と概念は今から約60年も前の1960年代のアメリカで生まれたものである。当時、キング牧師が人種差別を止めるよう演説を行ったことを皮切りに、人種差別や女性差別が世界で注目されるようになり、人々の間で訴える運動が活発に行われるようになった。こうした活動があったことで、世界に差別の存在を周知し、差別は悪であり無くならなければいけないものだと広めることができた。

　現代では、インターネットやSNSの発展により誰でも世界に向けて自身の考えを発信できるようになり、自然と多様な価値観に触れる機会が増えた。また、国境を越えた交流も活発化し、異なる文化や背景を持つ人々が互いに理解し、尊重し合う関係が構築されている。

　しかし、そんな現代でも尊重し合えない人は必ず存在する。そのため、次のような課題が考えられる。多様性を尊重し、全員の意見を聞いても全員を満足させられないため、当然ながら不満が続出する。それに、価値観による対立やコミュニケーションがうまく行かないため、意見をまとめることだけでなく、そのあとの行動や結果を出すことにも時間がかかることになる。

　そんな不安な点も挙げられるが、実際に国籍や性別、年齢の多様性から、現在では女性の働き方改革により時短で働きやすい職場環境が作られたり、外国人や高齢者を雇うことで人手不足を解消したりするなど、多くの企業が多様性を活用している。

　なんでもかんでも多様性を強く主張することは望ましくないが、こうして互いの違いを認め合い、その違いの意味を見出すことで、更に良い関係性を築いていけたら理想である。

（注）時短で：通常より短い時間で

13 期待を膨らませているとあるが、なぜか。

1　個人の特性を尊重することで、協調性のない人が存在しない未来社会になると思うから
2　差別を訴える運動が活発になり、差別の存在がなくなる未来社会になると思うから
3　個人の特性や生まれ持ったものを尊重し認めることができる未来社会になると思うから
4　違う考えや視点を持っている人がさらに窮屈さを感じる未来社会になると思うから

14 多様性にはどのような課題があるか。

1　多様性を尊重しない人が必ず存在するため、説得させなければならないこと
2　みんなの主張を聞く必要があるため、時間を要すること
3　みんなの要求を受け入れる必要があるため、影響力を発揮しなければならないこと
4　新しい用語であるため、多くの人に伝えて広める必要があること

15 多様性について、筆者はどのように考えているか。

1　多様性を押し付けず、互いに個性を認めれば良好な関係が作れる。
2　多様性を強く主張し、人種差別や女性差別を完全になくすべきだ。
3　外国人や高齢者の雇用を促すことで、多様性に満ちた企業が作れる。
4　多様性の尊重で差別が減るため、自分の意見をどんどん発信すべきだ。

(6)

　AIの普及と共に、やがて人間がすべてAIに取って代わられるのではないかと懸念されている。事実、すでに一部の業界において、人間の代わりにAIが業務を遂行する場面が多々見られるようになってきた。

　では、AIと人間の違いは何か。いつだったか、テレビを見ていたら、それについて話している番組があったことを思い出した。AIと私たち人間の決定的な違いが一つあると。それは、AIは嘘をつかないということだった。AIは感情を持たない上、自己意識もない。つまり、感情的要素は持たず、プログラムされたタスク(注1)を実行するように設計されているため、嘘をつくことがない。一方、人間はといえば、AIとは異なり感情や自己意識を持っている。これらの要素が人間の判断および意思決定に影響を与え、それにより、創造性や柔軟性、倫理的判断力をもたらしているのである。人間は感情を持っているからこそ、自らが論理的な思考力を磨いたり、芸術に触れ、発想力を豊かにしたり、さらには感情の延長線である欲求を軸として意思決定をしたりする。

　しかし、感情は持たないまでも、AIにも自己意識を持つことが可能ではないかという見解もある。それは、AIも人間と同様に、膨大なデータを脳内で処理し、それを意味のある情報として認識することができるからだ。それを証明するかのごとく、AIは学習したことを記憶し、それを今後の学習に活かすことができる。これは、AIが自己を理解し、自己意識を持つことが可能であることを意味し、限りなく人間に近い脳を保持しているということだ。

　しかしながら、AIはあくまでもプログラムされたタスクを実行するものであって、自己意識を持つことが可能であっても、現段階において、自我は持てないと考えられている。仮に自我を持つようになったら、自己の目的を達成しようとするようになり、やがて、人間が意図していない目的を追求したり、破壊的な行動を取ったりする可能性も否めない。

　よって、現時点におけるAIと人間の違いは、感情の有無と言えるのではないだろうか。人間は、感情があるからこそ、好き嫌いがあり、選択を重ね、自我を実現しようとするだろう。もしAIに感情が芽生えたとしたら、これまでのような主従関係(注2)も続かないのも当然である。どんなに研究や開発が進み、AIがさらに進化しようとも、感情を持つか持たないかの一線(注3)は超えてはならないのだ。そう考えれば、AIと人間との決定的な違いが「嘘をつくか、つかないか」ということも、改めて合点がいく。(注4)

（注1）タスク：与えられた仕事
（注2）芽生えた：ここでは、生まれ始めたこと
（注3）主従関係：一方が支配し、一方は従う関係のこと
（注4）合点がいく：納得がいく

16 それとはどういうことか。

1 任務を遂行できるように設計されていること
2 自己意識や感情的要素が判断や意思決定を左右すること
3 嘘をつくことが感情的要素に影響すること
4 プログラムされたタスクが自己意識や感情的要素に影響を受けていること

17 現時点で、AIと人間が決定的に異なるのはどのような点か。

1 大量のデータを脳内で処理し、それを情報として認識できるか否かという点
2 感情を持ち、自己の目的を達成しようとするかしないかという点
3 与えられたタスクを正確に実行できるか否かという点
4 感情を抑えたり、破壊行動に移したりするかしないかという点

18 AIについて、筆者の考えに合うのはどれか

1 AIと人間の関係を維持するには、AIに自我を保持させるまで進化を遂げなければならない。
2 AIの自我への発展を目指し、今後もさらなる進化のために研究や開発を進めなければならない。
3 AIが嘘をつかないように、今後もタスクのプログラムの設計を強化しなければならない。
4 どんなに進化を遂げようとも、AIに感情を持たせることは避けなければならない。

독해 집중 공략

문제 11 통합이해

독해 통합이해는 각각 300~350자 정도의 A와 B, 2개의 지문을 읽고 정답을 고르는 문제로 지문 2개와 문제 2개가 출제된다. 출제되는 2개의 지문은 같은 주제에 대해 쓰여진 글이지만, 서로 다른 주장과 의견을 말하는 에세이이다. 주로 문제에서는 2개의 지문의 공통점과 차이점, 또는 각각의 주장을 묻는 문제가 출제된다.

이렇게 풀자

우선 각 지문의 일치하는 핵심 키워드를 확인하도록 하자. 그리고 2개의 지문을 모두 읽고 내용을 비교, 통합하여 공통되는 점이 무엇인지, 다른 점이 무엇인지를 빠르게 파악하면서 문제를 풀어나가야 한다. 지문을 읽으면서 2개의 지문의 핵심 어구나 정답 키워드가 될만한 부분은 표시해두는 것도 좋다.

문제유형 예시

⏱ 시간 8분 이내

問題11　次のAとBの文章を読んで、後の問いに対する答えとして最もよいものを、1・2・3・4から一つ選びなさい。

A

　　勉強にしろ、仕事にしろ、誰もが一度はスランプを経験したことがあるだろう。スランプの原因や対処法は人それぞれだが、もしスランプに陥った時、そこから抜け出すにはいったいどうしたら良いのだろうか。そもそも、スランプに陥るということは、全てではないものの、ほとんどが、ある物事に対して、それだけ真摯に向き合い、努力してきたがゆえに起こり得るということ(注1)でもある。つまり、常に全力で何かを成し遂げようとしている時ほど、スランプに陥りやすい傾向にある。その結果、さらに自分を窮地に追い込んでしまい、悪循環を生じさせることにもなりかねないため、少し肩の力を抜いて、誰かに打ち明け、アドバイスを求めるのもいいだろう。自分では思いもつかない的確なアドバイスがもらえるかもしれない。

B

　　一流アスリートをはじめ、著名人と言われる人々は、常に何らかのプレッシャーを抱えている

に違いない。一線で活躍し続けることは並大抵のことではなく、何とも言いようがない苦悩もあるだろう。それゆえ、スランプに陥ることも珍しいことではなく、どんなに著名人であろうが、誰にでも陥り得るものだ。しかし、そんな彼らも自分なりに上手く対処法を見出すことで、その都度スランプから抜け出している。例えば、失敗を引きずらないために、それを新しいものとして受け入れることで気持ちをリフレッシュさせるなど、やはり、一つのことに拘ったり、自分の殻に閉じこもったりしないことが解決の糸口になるらしい。もしもスランプに陥ったら、著名人であろうとなかろうと、なるべく一人で抱え込むことなく、少し周囲を見渡すぐらいの余裕が必要なのだろう。

(注1) 真摯に：まじめで熱心に
(注2) 並大抵：普通

1 スランプに陥りやすい人について、AとBの認識で共通していることは何か。

1 ある物事に対し真剣に向き合い、自分の揺るぎない考えや信念をもって努力をし続ける人
2 誰にも相談することなく、常に自分で考えて対処法を見つけ出す人
3 相手の気持ちに真剣に向き合い、その人のために的確にアドバイスを与える人
4 気分転換をしたり、人のアドバイスや意見を受け入れたりして、ある物事に対し、柔軟に取り組む人

2 スランプに陥った時の対処法について、AとBはどのように述べているか。

1 AもBも、一人で抱えず、周りの人に助けを求めてみるのが良いと述べている。
2 Aは周りに意見を求めてみるのが良いと述べ、Bは苦悩は一人で抱えながらも、周りの様子を遠くから見渡してみるのが良いと述べている。
3 Aは何事も新しいものとして受け止めるようにし、Bは最後まで成し遂げられるように努力するのが良いと述べている。
4 Aは少し気分転換するのが良いと述べ、Bは解決の糸口を自分で探してみるのが良いと述べている。

문제 11 다음 A와 B 문장을 읽고, 뒤의 물음에 대한 답으로서 가장 알맞은 것을, 1·2·3·4에서 하나 고르세요.

| 정답 | **1** ①   **2** ①

| 해석 | A

> 공부든 일이든 누구나 한 번은 슬럼프를 경험한 적이 있을 것이다. 슬럼프의 원인이나 대처법은 사람마다 제각각이지만 만약 슬럼프에 빠졌을 때, 거기에서 빠져나오기 위해서는 대체 어떻게 하면 좋을 것인가. 애초에 슬럼프에 빠진다는 것은 전부는 아니지만 대부분이 어떤 일에 대해서 그만큼 진지하게 마주 보고 노력해 왔기 때문에 일어날 수 있는 일이기도 하다. 즉 항상 전력으로 무언가를 이루어내려고 하고 있을 때일수록 슬럼프에 빠지기 쉬운 경향이 있다. 그 결과, 더욱 자신을 궁지로 몰아넣어버리고 악순환을 발생시키는 것으로도 될지도 모르기 때문에 조금 어깨 힘을 빼고 누군가에게 털어놔 조언을 구하는 것도 좋을 것이다. 스스로는 생각해 내지도 못한 정확한 조언을 받을 수 있을지도 모른다.

B

> 일류 운동선수를 비롯하여 저명인이라고 불리는 사람들은 항상 무언가의 압박을 안고 있는 게 틀림없다. 일선에서 계속 활약하는 것은 이만저만한 일이 아니며 뭐라고 말할 수 없는 고뇌도 있을 것이다. 그러므로 슬럼프에 빠지는 것도 드문 일이 아니며 아무리 저명인이든 누구에게라도 빠질 수 있는 것이다. 그러나 그런 그들도 본인 나름대로 잘 대처법을 찾아내는 것으로 그때마다 슬럼프에서 벗어나고 있다. 예를 들면 실패를 질질 끌지 않기 위해서 그것을 새로운 것으로서 받아들이는 것으로 기분을 전환시키는 등 역시 한 가지에 구애되거나 본인의 껍데기에 틀어박히거나 하지 않는 것이 해결의 실마리가 되는 것 같다. 만약 슬럼프에 빠졌다면 저명인이든 아니든 되도록 혼자서 껴안지 말고 조금 주위를 돌아보는 정도의 여유가 필요할 것이다.

(주석1) 진지하게 : 성실하고 열심히
(주석2) 이만저만 : 보통

1 슬럼프에 빠지기 쉬운 사람에 대해서 A와 B의 인식으로 공통하고 있는 것은 무엇인가?
1 어떤 일에 대해 진지하게 마주 보고 자신의 흔들림 없는 생각이나 신념을 가지고 노력을 계속하는 사람
2 누구에게도 상의하는 일 없이 항상 스스로 생각하여 대처법을 발견해 내는 사람
3 상대방의 기분을 진지하게 마주 보고 그 사람을 위해 정확히 조언을 주는 사람
4 기분 전환을 하거나 다른 사람의 의견을 받아들이거나 해서 어떤 일에 대해 유연하게 임하는 사람

2 슬럼프에 빠졌을 때의 대처법에 대해서 A와 B는 어떻게 서술하고 있는가?
1 A도 B도 혼자서 껴안지 말고 주변 사람에게 도움을 구해 보는 것이 좋다고 서술하고 있다.
2 A는 주변에 의견을 구해보는 것이 좋다고 서술하고, B는 고뇌는 혼자서 안으면서도 주변 상황을 멀리서부터 바라봐 보는 것이 좋다고 서술하고 있다.
3 A는 모든 일이든 새로운 것으로 받아들이도록 하고, B는 마지막까지 끝까지 해낼 수 있도록 노력하는 것이 좋다고 서술하고 있다.
4 A는 조금 기분 전환을 하는 것이 좋다고 서술하고, B는 해결의 실마리를 스스로 찾아보는 것이 좋다고 서술하고 있다.

| 해설 | **1** A는 어떠한 일에 대해서 그만큼 진지하게 마주 보고 노력했기 때문에 슬럼프에 빠진다고 서술하고 있으며 B는 저명인으로 여겨지는 사람들은 항상 무언가 압박을 받고 있어서 일선에서 계속 활약하는 것은 뭐라고 말할 수 없는 고뇌가 있을 것이라고 서술하고 있다. A와 B 모두 어떠한 일에 대해서 진지하게 임하고 노력을 했기 때문에 슬럼프에 빠진 것이라고 이야기하고 있으므로 1번이 정답이다.

2 A는 누군가에게 조언을 구하면 스스로는 생각해 내지 못한 방법을 받을 수 있을 거라고 서술하고 있으며 B는 본인의 껍데기에 틀어박혀 있지 말고 조금 주변을 돌아보는 여유가 필요하다고 서술하고 있다. A와 B 모두 혼자만의 생각에 갇히지 말고 주변 사람에게 도움을 받아보는 것이 좋다고 이야기하고 있으므로 1번이 정답이다.

| 단어 | ～にしろ～にしろ ~(하)든 ~(하)든 | スランプ 슬럼프 | 対処(たいしょ) 대처 | 陥(おちい)る 좋지 못한 상태에서 헤어 나오지 못하다, 빠지다 | 抜(ぬ)け出(だ)す 빠져나가(오)다 | 物事(ものごと) 모든 일 | 真摯(しんし) 진지 | 向(む)き合(あ)う 마주 보다, 마주 대하다 | ～(が)ゆえ(に) ~때문에 | 常(つね)に 늘, 항상, 언제나 | 成(な)し遂(と)げる 끝까지 해내다, 달성하다 | 傾向(けいこう) 경향 | 窮地(きゅうち) 궁지 | 追(お)い込(こ)む 몰아 넣다 | 悪循環(あくじゅんかん) 악순환 | 生(しょう)じる 생기다, 발생하다 | ～かねない ~할지도 모른다 | 打(う)ち明(あ)ける (속마음을) 털어놓다 | 求(もと)める 구하다, 바라다 | 思(おも)いつく 문득 생각이 떠오르다 | 的確(てきかく)だ 딱 들어맞다, 정확하다 | 一流(いちりゅう) 일류 | アスリート 운동선수 | 著名(ちょめい) 저명 | プレッシャー 압력, 압박 | 抱(かか)える (껴)안다, 떠안다 | 活躍(かつやく) 활약 | 並大抵(なみたいてい) 이만저만 | ～ようがない 할 수가 없다 | 苦悩(くのう) 고뇌 | 見出(みいだ)す 찾아내다, 발견하다 | その都度(つど) 그때마다, 매번 | 引(ひ)きずる 질질 끌다 | 受(う)け入(い)れる 받아들이다 | 拘(こだわ)る 구애되다, 집착하다 | 殻(から) 껍질, 껍데기 | 閉(と)じこもる 틀어박히다 | 糸口(いとぐち) 실마리, 단서 | 抱(かか)え込(こ)む (양팔로) 껴안다, (많은 것을) 떠맡다 | 見渡(みわた)す 멀리 바라보다, 전망하다 | 余裕(よゆう) 여유 | 揺(ゆ)るぎ 흔들림, 동요 | 信念(しんねん) 신념 | 見(み)つけ出(だ)す 찾아내다, 알아내다 | 気分転換(きぶんてんかん) 기분전환 | 柔軟(じゅうなん)に 유연하게 | 取(と)り組(く)む 임하다, 맞붙다 | 様子(ようす) 모양, 상태, 상황 | 受(う)け止(と)める 막아 내다, 받아들이다

실전 연습 문제

問題11 次のAとBの文章を読んで、後の問いに対する答えとして最もよいものを、1・2・3・4から一つ選びなさい。

(1)

A

　小説を書くことは、私にとって内面の思考や感情を整理し、他者に正確に伝えるコミュニケーション手段の一つである。内気な性格がゆえ、会話では自分の意思を適切に表現できないことが多く、時には何も言えない始末だ。言いたいことを整理する術がなく、誤解を生むことすらある。しかし、伝え方の形を換えて考えを文字に綴り、練り上げること(注1)で、言いたいことが整理できるだけでなく誤解を避け自分の本当の意図を明確に伝えることができる。この過程では、書くことが自己アピールの一つの方法として機能し、他者とのコミュニケーションの架け橋となる。さらには、小説を書くことで、言葉の持つ力や深さを再認識し、自身の内面とも向き合い、自分を励ますことに繋げられるのだ。(注2)

B

　想像力を最大限に発揮できる貴重な手段、それは文字を書くことに尽きる。現実ではありえないことだが、空を飛ぶ鳥の視点で世界を眺めたり、犬になった自分が飼い犬と冒険したりする物語といい、現実の枠を飛び越えた感動や興奮を味わえる。さらには、物語を完成させた分だけ、達成感や喜びもいっそうである。また、小説を書くことは、創作の喜びを他者と共有し、多くの読者と繋がるべく貴重な手段でもある。読者と感動を分かち合うことは、自己表現としての満足感もさることながら、他人との対話法としても非常に重要な役割を果たしている。さらに、小説を書く過程では、表現を工夫しながら自己を見つめ直すこともあり、創作の中で自己成長を感じることができる。

（注1）綴り：文字を組み合わせての文章作り
（注2）架け橋：二つの物を繋げる役目となるもの

1 小説を書くことについて、AとBの認識で共通していることは何か。

1　対話に代わるもう一つの表現法であり、明確に表現できるということ
2　自己表現や内面の整理となり、相手と繋がる重要な手段だということ
3　思考を掻き立てて言葉を明確にし、長所を見出せる大切な方法だということ
4　他人とコミュニケーションをすることで、消極的な性格を直せるということ

2 小説を書くことについて、AとBはどのように述べているか。

1　Aは想像力を発揮することで感動を覚えると述べ、Bは活字を使うことで誤解を避けられると述べている。
2　Aは文字を表記することで対人関係のトラブルが避けられると述べ、Bは手掛けたストーリーの世界で他者と繋がり自身の成長を促すと述べている。
3　Aは自己アピールのための手段だと述べ、Bは自身の内面とも向き合う手法であると述べている。
4　Aは言葉の持つ力を見つめ直すことで内面を激励できると述べ、Bは創作している中で表現を工夫することで自己成長ができると述べている。

(2)

A

　　バイトリーダーの経験があるだろうか。社員や店長をサポートしつつ、店舗の円滑な運営を目的としてアルバイトスタッフの教育やフォロー、シフト(注1)の管理等、様々な業務を担っている。いわば、アルバイトスタッフの中核的存在(注2)である。このような重要な立ち位置の人でも「どうせアルバイトのくせに偉そうに」と仲間から快く思われないこともしばしばある。それは仲間からの信頼が得られていないからである。リーダーシップ、つまり、仲間であるスタッフに対しリーダーとして責任感を持たなければスタッフからの信頼を得ることはもはや不可能である。スタッフからの信頼なくして、統率力や指導力などあり得ない。リーダーシップとは責任感を持つということだと思う。だが、同じアルバイトという勤務形態でありながら、リーダーであるというだけで、他のスタッフより自分は偉いと勘違いしてしまっては、リーダーシップを発揮するどころか信頼も得られまい。そのため、謙虚に振る舞うことも大切だ。

B

　　リーダーたるものは当然リーダーシップを発揮できるものでなければならない。では、リーダーシップとは何か。リーダーシップというと、統率力や指導力を思い浮かべる人も多いかもしれない。しかし、リーダーシップで一番肝心なのは、責任感と信頼にほかならない。実際に仲間やメンバーが何か失敗しても責任を持って解決をしたり、仲間を信じて任せることで、全体的に安定感を与えることができる。安定的な環境で働くメンバーは成長も早い。リーダーシップの取り方を誤ると、リーダーという立場を利用した地位や特権で優位に立とうとしていると思われかねない。リーダーシップに限ったことではないが、誰を信頼し、どのような責任を負うべきかを把握するには、やはりコミュニケーションに越したものはないと思う。

（注1）シフト：勤務表

（注2）中核的存在：重要な役割を担う存在

3 リーダーシップについて、AとBはどのように述べているか。

1　AもBも、責任感と信頼が重要だと述べている。
2　AもBも、統率力や指導力を兼ね備えていることが重要だと述べている。
3　Aは中核的存在が重要だと述べ、Bはコミュニケーションすることが最も重要だと述べている。
4　Aは自分は偉いとプライドを持つことが重要だと述べ、Bは責任を果たすことが重要だと述べている。

4 AとBは、リーダーシップの取り方についてどのようにするのがいいと述べているか。

1　AもBも、リーダーとして仲間より優位に立って業務を遂行するべきだと述べている。
2　AもBも、信頼を得るためには常にコミュニケーションした方がいいと述べている。
3　Aは安定的な環境を作ったほうが重要だと述べ、Bは仲間を信頼し責任も取ってあげることが重要だと述べている。
4　Aは、謙虚な姿勢を保つようにするのがいいと述べ、Bはコミュニケーションをするのがいいと述べている。

(3)

A

　学生時代、英語のスピーチ授業に劣等感を覚えていた時期があった。発音や文法に自信がなかった故、人前で話すことにプレッシャーを感じていた。ところがある日、友人が「今日は声が出てたし、聞きやすかったよ」と言って励ましてくれた。そのことを契機に、苦手な事から逃げていた自分を省みて恥ずかしさと愚かさを痛感し、発表の時期までに様々な状況に備えるようになった。発表をイメージしながら文章を読み上げている自分の姿を録画して、客観的に自分を注意深く観察し改善に繋げたり、友人にアドバイスをもらったり、最大限の改善点を見つける努力を惜しまず積み重ねるようにした。そのかいあって、以前感じていた発表前の圧力は薄れ、恐れなくスピーチに挑めるようになった。試行錯誤を繰り返したことで、発音や言葉遣いに自信がつき自己肯定感が高まったと言える。

B

　ある日のヨガクラスで、逆立ちのプログラムが加わっていた。大人になった今、体を使うことに自信なんて到底あるはずがなかった。しかし、周囲を見渡すと何のためらいもなく床に両手を付け、体を支えているではないか。子どもの頃、できない運動はなく、優越感さえ覚えていたあの頃がひたすら懐かしく感じられ、今さら危険を顧みずに挑戦するなんてできっこないと言わんばかりに、ただ座って見ているだけだった。しかし、この日を境に逆立ちに必要な筋力と体の軸を鍛えるための基礎練習を開始し、少しずつ逆転のポーズを取り入れながら、記憶を蘇らせ感覚を養っていった。幾度となく転倒し、腰を強打することさえあったが、数秒間腕で体を維持できるようになり、自信が付いてきた。この過程で得た挑戦意欲は私の人生において大きな価値観を生み出すものとなったのだ。

（注）劣等感：ここでは、自分が他の人よりも劣っていると感じること

5 苦手を克服した経験について、AとBの認識で共通していることは何か。

1 不得手なことから逃げずに努力を積み重ねた末、乗り越えることができた。
2 一時期の諦めた気持ちを恥じて練習を繰り返したが、うまくできなかった。
3 自分を一歩置いて見つめ直し、土台を築き上げた。
4 記憶を頼りに挑戦し続け、主観的にならずに克服してきた。

6 苦手を克服することについて、AとBはどのように述べているか。

1 AもBも、短所を見直し前進することは成長の要因として必須だと述べている。
2 AもBも、困難な壁を乗り越えたことで得たものは自分の強みに繋がると述べている。
3 Aは積み重ねのトレーニングが何よりも大切だとを述べ、Bは再び頂点に立つための秘策を練ることが大切だと述べている。
4 Aは周りに相談して助言をもらうべきだと述べ、Bは意欲的なトレーニング手法を活用するべきだと述べている。

(4)

A

　職場での人間関係は実に難しい。最近ではコンプライアンス違反を回避させようとする(注1)あまり、上司が部下に仕事上の注意をするのも躊躇するなど、過度な対応が目に余る。(注2)そこで、上司の部下への対応の仕方として推奨されているのが「褒める」ことだ。相手の良い部分を見つけ、まずそれを褒めた後、「さらにこうするともっと良くなる」というように、最後に注意を促すべき内容を添える。こうすることで、上司から褒められたという印象を与え、次に続く注意でさえも、アドバイスとして捉え、向上心をも引き出し得る。これは職場での上下関係に限ったものではない。相手を褒めることは、人間関係の潤滑油とも言われ、人間関係を円滑にするために非常に重要な役割を果たしてくれる。日頃から相手の良いところを見つけて褒めることで、相手の意欲と向上心を促し、人間関係がスムーズになるため、結果的に人間関係のストレスも減っていくだろう。

B

　「褒め上手」とは何か。褒めることは人間関係を円滑にし、相手の自信や意欲を引き出すことにも繋がるのだが、「褒め上手」とは、決して相手に媚びるということではなく、純粋に相手の良いところを見つけ「褒めて伸ばす」という手段に長けているという意味だ。特に子育てや教育においては、親や教師が「褒め上手」となって、子供を「褒めて伸ばす」ことが、彼らの成長に良い影響を与えると言われている。一方で、過度に褒めることは、良い影響どころか、自信過剰を招きかねないため、大人の注意が極めて必要な部分ではある。しかし、子供に限らず、周囲から認められることで自己肯定感が増すのは言うまでもなく、常日頃から子供の良いところを見つけようとする努力が必要である。相手を褒めることは、ひいては相手を認めることに繋がり、ましてや成長過程における子供にとっては尚更重要なことに違いない。

（注1）コンプライアンス：企業や個人が法令や社会的ルール、またはそれを守ること
（注2）目に余る：程度がひどすぎて見ていられない様子

7 「褒めること」について、AとBが共通して重要だと述べていることは何か。

1 人間関係をスムーズにして相手の自己肯定感を高める効果があるため、相手の長所を見つけてそれを認めること
2 相手に対し注意する点は一切言わないようにし、日頃から褒め続けて意欲を引き出すこと
3 職場ではルールに反しないための手段として使い、子育てや教育においては自己肯定感を高めるためにだけ使うこと
4 普段は逆効果を招く過度な対応を控え、コンプライアンス違反があったときにこそ活用すること

8 「褒めること」が与える影響について、AとBはどのように述べているか。

1 AもBも、お互いの関係性が深まったり、相手の意欲や向上心を高めたりして相手を認めることにつながると述べている。
2 AもBも、褒めることにやり過ぎはなく、褒めれば褒めるほど相手の成長につながると述べている。
3 Aは職場においては過度な対応により部下が育たなくなると述べ、Bは子供にはどんなに褒めても褒めすぎることはなく、褒めることが健全な成長につながると述べている。
4 Aは人間関係がスムーズになってストレスを抱えることもなくなると述べ、Bは相手を認めることに繋がり、人の成長に非常に重要な影響を与えると述べている。

(5)

A

　母は近所のスーパーに行くだけで2時間近くかかることがしばしばある。帰宅するや否や、「ごめんなさい、雑談が弾んじゃって」と言うのがお決まりの文句になった。帰りが遅いことは問題にならない。私の関心は「雑談が弾んだ」と一般的に言わないことにある。雑談は軽い会話のことを意味するからだ。そこで、雑談と会話の定義に注目してみよう。雑談とは自由さと予測不能な展開があり、特に目的を定めず、気軽なイメージがある。一方、会話は、情報交換や目的達成のための手段である。果たして、スーパーの立ち話のような、軽い言葉のキャッチボールを続ける中でも、情報交換が行われ、相手から必要な情報を得ることができるだろうか。また、その場合でも「雑談が弾んだ」と言えるのだろうか。母はスーパーで、天気や近所の噂話を長時間続けるのだから、やはりこの定義はなおさら適切だと思える。雑談は目的のない自由さがあり、会話は情報交換などの目的があるため、2つの手段はまったく違う意味合いを持つ。

B

　雑談と言ったら、人間関係の構築において非常に重要な役目を果たすと言っても大げさとは言えないのではないでしょうか。例えば、バス停でバスを待っている間、何気なく交わした言葉がきっかけで交際が始まったという話を聞いたことがあります。また、仕事で行き詰まり、気分転換がてら交わした雑談により緊張がほぐれ、その後の仕事の効率が上がったなんて経験はないでしょうか。さらに、雑談は堅苦しくない雰囲気の中で交わされる話ではあるものの、話を展開するスキルや聞き手としての正しい姿勢が必要になるため、結果的に表現力の向上にもつながると思います。ゆえに、雑談とは単なる言葉のやり取り以上の価値を生み出し、日常生活のあらゆる場面において、人間関係を豊かにする上で必須の要素と考えるに至るのです。

9 雑談について、AとBはどのように述べているか。

1　AもBも、コミュニケーション能力を磨く手段として最善の方法だと述べている。
2　AもBも、平常の生活を営む中で、なくてはならない術であると述べている。
3　Aは目的が定まらない話を雑談と言うべきだと述べ、Bは会話とは違い自己成長率が低いものだと述べている。
4　Aは気軽な話し合いも雑談と言うべきだと述べ、Bは雑談は言葉のやり取り以上の価値を持ち、人間関係を豊かにしてくれると述べている。

10 雑談の見解について、AとBはどのように述べているか。

1　AもBも、雑談経験の蓄積は、自己開拓意識を高めると述べている。
2　AもBも、雑談と会話には線引きするような境目が見当たらないと述べている。
3　Aは雑談と会話が示す意味合いが違うと述べ、Bは雑談の価値が非常に重要だと述べている。
4　Aは雑談と会話には大差が無いと述べ、Bは雑談の価値は無限に存在すると述べている。

(6)

A

　企業の成長には、企業理念に合った人材育成が必要だが、ただ無作為(注1)に方策を行っても、企業が求める人材を育成できるはずがない。また、規模が大きくなるにつれ、企業内における立場によって求める人材が異なるとすれば、社員教育にしろ、スキルアップにしろ、その方向性はぶれるばかりだ。どの立場であっても最大の目的は利益に繋げることであり、それに必要な能力を発揮できる人材の確保が求められる(注2)。ひいては、そのような人材を育成することが必要不可欠というわけだ。また、人材の育成もさることながら、それを実行するべく、そのコーチングやティーチングを担える担当者を探すのが最優先だ。このように、企業理念に合った人材を育てるには、当然のことながら、それを指導できる担当者なくしては、企業理念に合った人材育成はありえないのだ。

B

　人材の育成に欠かせない3つの手法があるのをご存じだろうか。一つ目は、先輩社員が現場で後輩社員とともに業務を行いながら教育を行うOJT(On the Job Training)である。二つ目は、Off-JT(Off-the-JobTraining)といって、外部から講師を招く、あるいは階層別のグループ活動などを通して必要となるスキルの習得を目指す方法だ。これに関しては、職場内では得られない体験ができるメリットがある一方、実務とは連携しない場合もあるなど、賛否が分かれる。そして3つ目が、語学力の習得や資格取得などの自己啓発だ。そのため、企業は受講費用の補助や資格取得時の祝い金の提供など、さまざまな策を講じて促している(注3)。企業はこの3つの手法で社内環境を整え、人材育成を試みているというわけだ。このように、企業の発展には人材育成が何より重要であり、人材により企業が長期的に競争力を維持し向上できるかの明暗が分かれるとあって(注4)、育成制度の整備が今後より求められていくだろう。

(注1) 無作為：適当

（注2）ぶれる：あるべき場所からずれる

（注3）策を講じて：方法を考えて

（注4）明暗が分かれる：成功か失敗かがはっきり分かれる

11　AとBの認識で共通していることは何か。

1　企業の成長や発展には、さまざまな手法を取り入れ、まずは何でも実際に試してみることが必要だ。
2　企業が成長し続けるには人材育成が重要なので、まずはそれを実行するために必要な体制を整えなければならない。
3　人材を育成するための適任者は外部から招くべきであり、企業の理念を一方的に押し付けるだけでは、成長は望めない。
4　社員教育において、企業ができ得る限りの金銭的なサポートを行うことが、より優れた人材の育成に繋がる。

12　人材育成について、AとBはどのように述べているか。

1　AもBも、企業が求める人材を育成するためには、階層別のグループ活動を通じて必要なスキルを習得するべきだと述べている。
2　AもBも、人材育成に欠かせない3つの手法を駆使し、企業理念に合った人材を育成することが重要だと述べている。
3　Aは人材育成の実施にあたってその育成担当者を探すことが重要だと述べ、Bは外部からの育成担当者は実務と連携できないため、必ず企業内から選出すべきだと述べている。
4　Aは企業理念に合った人材の育成が可能な担当者を就任させることが重要だと述べ、Bは人材育成に必要な社内環境や体制を整えることが重要だと述べている。

독해 집중 공략

문제 12 주장이해

독해 주장이해는 1,000자 정도의 긴 지문을 읽고 정답을 고르는 문제로 최근 출제 경향으로는 지문 1개와 문제 3개가 출제된다. 사설, 논평 등 논리적인 글이 지문으로 출제되며 필자의 주장과 생각, 의도, 글의 개요를 묻는 문제가 많이 출제된다.

이렇게 풀자

전체적인 흐름과 함께 필자가 전달하고자 하는 메시지와 주장과 같은 전체적인 내용뿐만 아니라 세부적인 내용을 파악하면서 각 문단을 읽도록 하자. 필자의 주장은 뒷부분 또는 역접 접속사(しかし、だが、ところが、一方) 등의 뒤에 서술되어 있는 경우가 많으니 해당 접속사 뒷부분을 꼼꼼하게 읽는 것이 좋다. 만일 문제풀이 시간을 단축하고 싶다면, 문제를 먼저 읽고 질문의 의도를 파악한 다음 지문을 읽도록 하자. 보통은 지문 내용 흐름대로 문제가 출제되기 때문에 지문을 처음부터 끝까지 읽으면서 문제를 순서대로 풀면 된다.

문제유형 예시

⏱ 시간 10분 이내

問題12　次の文章を読んで、後の問いに対する答えとして最もよいものを、1・2・3・4から一つ選びなさい。

　近頃はSNSなどを通じて、自分の物や趣味など、自分自身について発信することは何も珍しいことではなくなった。自分を見てくれて応援してくれる人たちに勇気を得たり、いっぱいおしゃべりや自慢をしてストレスを発散したり、単に人々の反応や自分が他人にどう映っているか気になる人もいるだろう。自分に対する他人の評価や反応がよくなればなるほど、自分が他人より優れているのかもしれないと思ってしまったり、どれだけ見てくれたかという数値で人を判断してしまう人さえいるようだ。人間は自分の存在を認めてもらうことで幸せを感じる生き物であるため、人の目を気にしすぎて自分の個性や主観を失えば不幸になるに違いない。

　このような状況にならないためにも自尊心を高めることが大切だ。自尊心とは、自分に自信を持ち、自分に存在価値があってそれを尊いと思うことである。プライド(注1)と自尊心を取り違える人もいるが、二つの概念には大きな違いが存在する。それは、一言で言うと、他者との比較である。プライドというのは、自分の価値を常に他者との比較を通して決めることだ。比較を前提にしているので、自分が他人より優位であると感じたり、他人に対し優越感を持ったりする。一方、自尊心というと、自分に存在価値があるという感情こそあるが、それは他人との比較からではなく、あくまで

自分自身の中から見出し、欠点なども含めて自分を尊重する心を持つことである。とにかく、プライドがある人は、SNSなどにおいても、自分の発信に対し、他人がどう評価するかにより不安を覚えたり、気持ちが不安定になったりするものだが、自尊心がある人は、自分が発信することで、仲間との交流を自ら楽しいと思えるもので、基本的に他人の評価によってその感情が変わることはない。

　つまり、プライドが高いと、他人より優位に立ちたいという気持ちが優先されるがゆえに、他人は敵のような存在と化してしまう。逆に自尊心が高ければ、自分だけではなく、他人の存在をも認めることができるため、仲間という意識が芽生える。自尊心が持てる人間になるには、お互いを高め合える仲間を見つけ、自己中心的にならないような心がけが必要だと思う。SNSの普及により、かつてに比べ、他人の情報が必要以上に目に入ることが多くなった。自分の知らなかった他人の存在を知ることにより、どうしても比較してしまう。だからこそ「人は人、自分は自分」という意識で、誰もが自分の存在価値を見出せたらと思う。

(注1) 取り違える：間違って理解する
(注2) ～と化して：ここでは、～になって

1 このような状況とは、どのような状況か。

　1　おしゃべりや自慢をするだけではストレスが発散できない状況
　2　自分の存在価値を認められず、勇気を失ってしまう状況
　3　自分が他人より優位に立っていると勘違いしてしまう状況
　4　他人の視線を意識しすぎて、不幸になってしまう状況

2 自尊心とは何か。

　1　自信を持ち、自分に存在価値がありそれを誰よりも優れて尊いと思う心
　2　自信を持ち、自分の存在価値を他者よりも優位であると思う心
　3　自分に存在価値があり、自分の欠点も尊いと思えて誰よりも優れた自分を大切に思う心
　4　他人の評価を気にしたり落ち込んだりせず、自信を持って自分を尊いと思う心

3 筆者が言いたいことは何か。

1 他人と比較することなく、自分自身における存在価値を見出してほしい。
2 仲間と競い合えるように、自分が優位に立ちたいという向上心を持ち続けることが必要だ。
3 他人と比較しないためには、他人の存在を知らないふりをして自分の存在価値を見出すほかない。
4 他人と比較しないためには、なるべく一人で考え込んで自分自身を信じることが大切だ。

문제 12 다음 문장을 읽고, 뒤의 물음에 대한 답으로서 가장 알맞은 것을, 1·2·3·4에서 하나 고르세요.

| 정답 | 1 ④   2 ④   3 ①

| 해석 |

요즘은 SNS 등을 통해서 자신의 물건이나 취미 등 자기 자신에 대해서 발신하는 것은 별로 드문 일이 아니게 되었다. 자신을 봐 주고 응원 해주는 사람들에게 용기를 얻거나 잔뜩 수다 떨거나 자랑을 해서 스트레스를 발산하거나 그저 사람들의 반응이나 자신이 타인에게 어떻게 비치고 있는지 신경이 쓰이는 사람도 있을 것이다. 자신에 대한 타인의 평가나 반응이 좋아지면 좋아질수록, 자신이 타인보다 뛰어나 있을지도 모른다고 생각해 버리거나 얼마만큼 봐 주었는가 하는 수치로 사람을 판단해 버리는 사람조차 있는 것 같다. 인간은 자신의 존재를 인정받는 것으로 행복을 느끼는 생물이기 때문에 사람의 눈을 너무 신경 써서 자신의 개성이나 주관을 잃으면 불행해질 것이 틀림없다.

이러한 상황이 되지 않기 위해서도 자존심을 높이는 것이 중요하다. 자존심이란 자신에게 자신을 갖고 자신에게 존재 가치가 있어서 그것을 귀중하다고 생각하는 것이다. 프라이드와 자존심을 잘못 이해하는 사람도 있지만, 두 개의 개념에는 큰 차이가 존재한다. 그것은 한마디로 말하자면 다른 사람과의 비교이다. 프라이드라고 하는 것은 자신의 가치를 항상 타인과의 비교를 통해서 정하는 것이다. 비교를 전제로 하고 있기 때문에 자신이 타인보다 우위에 있다고 느끼거나 타인에 대해 우월감을 가지거나 한다. 한편 자존심이라고 하면 자신에게 존재 가치가 있다는 감정은 있지만 그것은 타인과의 비교에서부터가 아닌 어디까지나 자기 자신의 안에서부터 찾아내어 결점 등도 포함하여 본인을 존중하는 마음을 가지는 것이다. 어쨌든 프라이드가 있는 사람은 SNS 등에서도 자신의 발신에 대해 타인이 어떻게 평가하는가에 따라 불안을 느끼거나 기분이 불안정해지거나 하는 법이지만, 자존심이 있는 사람은 자신이 발신하는 것으로 동료와의 교류를 스스로 즐겁다고 생각할 수 있는 법이며, 기본적으로 타인의 평가에 따라 그 감정이 바뀌는 일은 없다.

즉, 프라이드가 높으면 타인보다 우위에 서고 싶다는 기분이 우선되기 때문에 타인은 적과 같은 존재로 변해 버린다. 반대로 자존심이 높으면 자신뿐만 아니라 타인의 존재도 인정할 수가 있기 때문에 동료라는 인식이 싹튼다. 자존심을 가질 수 있는 인간이 되기 위해서는 서로를 높여줄 수 있는 동료를 찾아 자기중심적으로 되지 않으려는 마음가짐이 필요하다고 생각한다. SNS의 보급으로 인해 예전에 비해 타인의 정보가 필요 이상으로 눈에 들어오는 일이 많아졌다. 자신이 몰랐던 타인의 존재를 아는 것으로 인해 무슨 일이 있어도 비교해 버린다. 그렇기 때문에 '남은 남, 자신은 자신'이라는 의식으로 누구나 자신의 존재 가치를 발견할 수 있으면하고 생각한다.

(주석1) 잘못 이해하다 : 잘못해서 이해하다
(주석2) ~로 변해 : 여기서는 ~가 되어

1 이러한 상황이란 어떠한 상황인가?

1 수다 떨기나 자랑을 하는 것만으로는 스트레스를 발산할 수 없는 상황
2 자신의 존재가치를 인정받지 못해서 용기를 잃어버리는 상황
3 자신이 타인보다 우위에 서있다고 착각해 버리는 상황
4 타인의 시선을 너무 의식해서 불행해져 버리는 상황

2 자존심이란 무엇인가?

1 자신감을 가지고 자신에게 존재 가치가 있으며 그것을 누구보다도 뛰어나고 귀중하다고 생각하는 마음
2 자신감을 가지고 자신의 존재 가치를 타인보다도 우위에 있다고 생각하는 마음
3 자신에게 존재 가치가 있고 자신의 결점도 귀중하다고 생각할 수 있으며 누구보다도 뛰어난 자신을 소중하게 생각하는 마음
4 타인의 평가를 신경 쓰거나 침울해지거나 하지 않고 자신감을 가지고 자신을 귀중하다고 생각하는 마음

3 필자가 말하고 싶은 것은 무엇인가?

1 타인과 비교하는 일 없이 자기 자신에서의 존재 가치를 발견했으면 한다.
2 동료와 서로 경쟁할 수 있도록 본인이 우위에 서고 싶다는 향상심을 계속 가지는 것이 중요하다.
3 타인과 비교하지 않기 위해서는 타인의 존재를 모르는 척하여 자신의 존재 가치를 찾을 수밖에 없다.
4 타인과 비교하지 않기 위해서는 되도록 혼자서 생각하고 자기 자신을 믿는 것이 중요하다.

| 해설 | **1** 인간은 자신의 존재를 인정받는 것으로 행복을 느끼는 생물이기 때문에 사람의 눈을 너무 신경 써서 자신의 개성이나 주관을 잃으면 불행해질 것이 틀림없다고 이야기하고 있으므로 4번이 정답이다. 1번은 수다 떨기나 자랑을 하는 것으로 스트레스를 발산하는 사람도 있다고 했으므로 정답이 아니고, 2번은 본문에서 언급한 내용이 아니므로 정답이 아니다. 3번은 타인보다 뛰어난 것일지도 모른다고 생각한다고는 했지만 그게 이러한 상황을 가리키는 것이 아니므로 정답이 아니다.

2 필자에 의하면 자존심이란 자신에게 존재 가치가 있다는 감정이지만 타인과 비교해서 생겨난 것이 아니라 자신 스스로의 내면에서 존재 가치를 찾아서 본인을 귀중하게 여기는 마음이라고 했으므로 4번이 정답이다.

3 필자는 본문에서 '남은 남, 자신은 자신'이라는 의식으로 누구나가 자신의 존재 가치를 발견했으면 한다고 했으므로 1번이 정답이다. 본문에서 언급한 내용이 아니므로 2, 3번은 정답이 아니고 서로를 높여줄 수 있는 동료를 찾아서 자기중심적으로 되지 않도록 하는 것이 중요하다고 했으므로 3번도 정답이 아니다.

| 단어 | 近頃(ちかごろ) 요즘, 근래 | 発信(はっしん) 발신 | 応援(おうえん) 응원 | 発散(はっさん) 발산 | 単(たん)に 그저, 단지 | 反応(はんのう) 반응 | 映(うつ)る 비치다 | 評価(ひょうか) 평가 | 優(すぐ)れる 뛰어나다, 우수하다 | 数値(すうち) 수치, 값 | 判断(はんだん) 판단 | 存在(そんざい) 존재 | 個性(こせい) 개성 | 主観(しゅかん) 주관 | 不幸(ふこう) 불행 | 状況(じょうきょう) 상황 | 自尊心(じそんしん) 자존심 | 尊(とうと)い 귀중하다, 고귀하다 | プライド 프라이드, 자존심 | 取(と)り違(ちが)える 잘못 이해하다 | 概念(がいねん) 개념 | 他者(たしゃ) 타자, 타인, 다른 사람 | 比較(ひかく) 비교 | 常(つね)に 늘, 항상, 언제나 | 前提(ぜんてい) 전제 | 優位(ゆうい) 우위 | 優越感(ゆうえつかん) 우월감 | あくまで 어디까지나, 철저하게 | 見出(みいだ)す 찾아내다, 발견하다 | 欠点(けってん) 결점 | 含(ふく)める 포함시키다 | 尊重(そんちょう) 존중 | とにかく 하여간, 어쨌든 | ~において / ~における+명사 ~에서 / ~에서의 | 不安(ふあん)を覚(おぼ)える 불안을 느끼다 | 交流(こうりゅう) 교류 | 自(みずか)ら 스스로 | 優先(ゆうせん) 우선 | ~(が)ゆえ(に) ~때문에 | 敵(てき) 적 | 化(か)する 화하다, 변하다 | 意識(いしき) 의식 | 芽生(めば)える 싹트다 | 自己中心的(じこちゅうしんてき)だ 자기중심적이다 | 心(こころ)がけ 마음가짐 | 普及(ふきゅう) 보급 | かつて 일찍이, 예전부터 | どうしても 무슨 일이 있어도, 꼭 | 勘違(かんちが)い 착각, 잘못 생각함 | 視線(しせん) 시선 | 落(お)ち込(こ)む 침울해지다 | 競(きそ)い合(あ)う 서로 경쟁하다, 서로 겨루다 | 向上心(こうじょうしん) 향상심 | 考(かんが)え込(こ)む 골똘히 생각하다

주장이해
실전 연습 문제

⏱ 지문당 10분 이내
채점　　/1且

問題12　次の文章を読んで、後の問いに対する答えとして最もよいものを、1・2・3・4から一つ選びなさい。

(1)

　ビジネス業界では、根拠に基づいた正確な判断が求められます。数年前からロジカルシンキングという言葉をよく耳にするようになりました。ロジカルシンキングとは、論理的思考のことで、意思決定や問題解決に大きく寄与するものです。従業員がこのスキルを身につけることで会社全体の生産性および競争力の向上に繋がると考えられ、論理的思考の育成は業界内で頻繁に行われています。ビジネス業界では定番のトレーニングであり、プログラムの中心的な要素として重要視されています。

　まず、論理的思考が従業員に与える正の影響について考えてみましょう。このスキルは、従業員がデータを分析し、情報を整理して一貫した結論を導き出す能力を高めるものです。これにより、起こり得るリスクを最小限に抑えつつ、効果的な意思決定が可能となります。また、問題解決の際にも、論理的なアプローチが迅速かつ効果的な解決策を見出すのに役立ちます。このように、論理的思考は個人の成長のみならず、組織全体の成長を支える土台となるのです。

　しかし、一方で、前述の思考が極端に働くと、<u>いくつかの負の影響が派生する可能性</u>があります。まず、忘れてはならないのが、人間の感情は直感や経験に基づく重要な情報源ということです。万が一、感情的な反応や直感が疎かにされると、結果的に誤った判断が下されることになりかねません。ビジネス業界においても、データや論理だけでなく、感情や人間関係も軽視することはできません。論理的思考に偏りすぎると、社員のモチベーションとチームワークが損なわれる恐れがあるのです。

　また、その思考の依存は、対人コミュニケーションにまで影響を及ぼすことがあります。論理的な議論ではデータに基づく一連の繋がりを求めますが、このことは、他人の感情や閃きなどの視点を軽視する結果となることがあります。一方で、コミュニケーションにおいては、感情的な共感と相互理解が重要です。よって、論理的思考だけでは、他人との信頼関係を築くのが難しくなる場合があると考えられます。

さらには、創造性や柔軟性が損なわれる事態も考えられます。それは、推論を通して得た結論が、一貫性を保ち、前提と矛盾しないかを検討して結論を導き出しますが、創造的な解決策や新しいアイデアはしばしば非論理的な思考から生み出されるものです。論理的思考が強調されすぎると、新しい発見や革新が妨げられる可能性が少なからずあると言えるのではないでしょうか。論理的な思考を最大限発揮するためには、論理的および非論理的な思考のバランスを保つことで、そのデメリットを最小限に抑える必要があることは言うまでもありません。

[1] 筆者は、なぜ論理的思考がビジネス業界で重要視されると述べているのか。

1　仕事の効率アップや市場での優位性の向上を期待することができるから
2　迅速に資料を分析し、創造的な発想や新しいアイデアを生み出す力に直結するから
3　会社全体のチームワークや連帯体制を強固なものにすることができるから
4　社内の雰囲気を改善し、社員個々の個性を発揮することができるから

[2] いくつかの負の影響が派生する可能性とあるが、なぜか。

1　論理を重視するあまり、労働力と経営力が損失しかねないから
2　論理を重んじるあまり、意欲や対人関係、発想力まで損失しかねないから
3　従業員の成長を促してしまい、離職率が上昇してしまうから
4　直感と経験を軽視してしまい、大切な情報を見失うリスクがあるから

[3] 筆者が最も言いたいことは何か。

1　論理的思考の盲点を非論理的思考が補うので、他人との信頼関係を築くことができる。
2　非論理的思考が最前線で働くことで、バランスの取れた思考アプローチが可能になり負の連鎖を食い止めることができる。
3　非論理的思考のメリットを取り入れることで、一貫性を保ち矛盾がない結論を導き出すことができる。
4　論理的思考の利点を最大限に活かしつつ、バランスの取れた思考アプローチでその悪影響を最小限に抑えることができる。

(2)

　対面での人との繋がりが希薄となったと言われる現代だが、その一方で、SNSの普及に伴い、インターネットを介し、非対面での人との繋がりは一気に広がりを見せている。わざわざ連絡しなくとも、SNSを通じて、普段なかなか会うことのできない友人や家族の近況を知ることができる上に、情報を発信することで、国内のみならず、世界中に人間関係を広げることも可能である。現実社会でこれをするには、世代や地域、職種などで制限されることが多く、知り合える範囲も限定的である。それに比べ、SNS上の人間関係は、気構えることなく、容易に構築することも可能だ。

　もちろん一瞬で築いた仲でも真面目に話すことを聞いてくれる人もいるが、素性の分からない不特定多数と関係を維持し続けるのはリスクがある。悪意を持った者が紛れている可能性もあるし、悩みを相談したとしても自分のことではないので不確かな情報に基づいた安易な助言で誤った選択をさせるしまうかもしれない。このような対応に慣れてしまうと、現実世界でも周囲の人々に同様の態度を取ってしまい、人間関係にも悪影響を及ぼす可能性がある。

　SNSはいわば顔のない世界であるがゆえに、表情も見えなければ、感情も感じ取りづらい。そのため、直接会ったときに比べて相手を気にしたり配慮したりすることが相対的に少なくなり、一方的な関係になりがちだ。その結果、物事を自分の都合のいいように解釈して、とにかく独りよがりになる場合もある。

　人は集団の中にいると「群集心理」が働き、行動や言葉遣いが過激になりやすいが、身を置く集団の規模が大きければ大きいほど、その影響力はより一層強まる。特にSNSのような匿名性の高い空間では、言葉を通して及ぼされる影響は、物理的な暴力よりも深刻な結果を招く。SNS上での付き合いは、時には人を追い詰め、取り返しのつかない事態に発展することもある。

　このような事態を未然に防ぐためには、相手に対する思いやりの心を忘れてはいけない。また、いかに非対面での人間関係が主流になろうとも、対面での人とのコミュニケーションの機会を積極的に持つことが非常に重要だ。例えば、自分の書き込みや情報発信が他人を傷つけかねないという意識を常に持ち、相手を尊重しなければならない。つまり、人間である以上、どんな時代が訪れようとも現実世界と向き合い、誰かと共存していくという考えを持ち続けることが必要不可欠なのである。

（注1）気構える：物事に対して心の準備をする

（注2）独りよがり：自分自身だけを良く思い、他人の意見を気にかけたり考えたりしないこと

4 リスクがあるとあるが、なぜか。

1　危ない人と出会い、あげくには実際の人間関係も悪くなりかねないから
2　多数の人に語りかけても、真剣に受け止めてくれる人が少ないから
3　人間関係がSNS上で簡単に築いた分、良くない選択をすることが多くなるから
4　非対面で繋がった人が、自分の周りの人々の情報を知ることになるから

5 顔のない世界について、筆者はどのように述べているか。

1　表情が読み取れないので、暴言を吐いたときの影響力が増す。
2　無意識に他人を傷つける行為は、「群集心理」を経てより深刻な問題をもたらす。
3　属している集団が大きくなるにつれ、感情にも鈍くなる。
4　SNSは相手の気持ちが分かりづらいので、深刻な社会問題として扱われている。

6 筆者が最も言いたいことは何か。

1　暴言による社会問題が起こらないように、コミュニケーションの機会を作ることが大切だ。
2　暴言による社会問題が起こらないように、他人を思いやることが大切だ。
3　相手を傷つけないためにも、現実の人と話し合うことを心がけなければならない。
4　相手を傷つけないためにも、都合よく受け止めることが大切だ。

(3)

　古くからアフリカで言い伝えられている言葉に「子どもを育てるには村全体の協力が必要だ」とあります。これは、私の座右の銘でもあります。現在、私は小学校教員のかたわら、非営利団体に所属し、外国にルーツがある子どもたちの学習支援活動を行っています。この活動に従事する理由は、平等な社会の実現を切実に願っているからです。この社会では、言語や文化の違いによって生活に困難を抱えている人がどれだけ居るのでしょう。そのような人々を見て見ないふりをすることはできず、この団体に加わることを決断し、座右の銘を原動力として活動しています。

　まずは、未来の社会を担う子どもたちに焦点を当て、全ての子どもたちが自己肯定感を持ち、自信を持って活躍できる場を提供することが重要だと考えたのです。学習支援を通じて、彼らが持つ可能性を最大限に引き出し、社会で活躍できるように育成することを目指しています。

　また、私自身の経験もこの活動を進めるための推進力の一つになっています。経験を重ねた今だからこそできることがあると思います。私の知識や経験を、次世代に伝えることで、彼らが直面する困難を乗り越える手助けができるのではないかと感じているのです。

　微々たる力かも知れませんが、これは私にとって社会貢献の一環です。一人一人の力が集結することで、強固なものとなり大きな変化を生むことができると信じています。教育支援活動を通じて、子どもたちの未来を開拓する手助けをすることは、非常に意義深いことなのです。

　さらに、この活動は多様性の推進にもつながります。異なる背景を持つ子どもたちが共に学び、成長することで、多様性を尊重し理解する力を養うことができます。これにより、将来的にはより包括的で調和の取れた社会の形成に貢献できる人になることが期待できます。

　他にも<u>寄り添う教育</u>の重要性を取り立てて言いたいと思います。教育とは単に、知識を伝えるだけでなく生徒一人一人の可能性を信じ、それぞれの思いや願い、または成長の過程を多面的かつ多角的に捉えるとともに、生徒が成長するための手がかりやきっかけとなる環境を整え、支援することです。だからこそ、私はまともな教育を子どもたちに提供するためにこの活動を通じて自己肯定感を育み、安心して学べる教育環境を築いていきたいと考えています。

　最後に、平等な社会の実現を目標に掲げて実現させることは、個人の力では限界があり、地域社会の協力が不可欠です。この活動は小さな一歩かもしれませんが、ここだけにとどまらず、全世界への変化の道筋となることを望んでいます。

（注）座右の銘：日ごろから心に留めておき、繰り返して確認したくなる言葉

[7] 支援活動を通じて子どもたちに与えられる効果について、筆者はどのように述べているか。

1　子どもたちに多様性を理解させることで、調和の取れた社会の一員になれると述べている。
2　子どもたちは文化の理解や言語を習得し、使いこなせるようになると述べている。
3　子どもたちは異国での生活体験を経て、客観的な視野が養えると述べている。
4　子どもたちは自尊心と自己防衛力が増し、強固な精神が育めると述べている。

[8] 寄り添う教育の重要性とあるが、どういうことか。

1　団体組織が積極的に生徒のサポートをして、誤った判断を下さないよう指導すること
2　生徒の可能性を信じ、各々の成長を見守るとともに環境を整備すること
3　生徒が誤った判断を下さないよう、活動を調査し正しい方向へ誘導すること
4　地域住民単位で生徒の育成に貢献し、一人一人の状況を把握して関わりを持つこと

[9] 筆者が言いたいことは何か。

1　団体組織の知名度を上げて、社会の一員として活躍することが目標である。
2　自身の社会的居場所を構築させ、生徒の鏡となる存在になることが目標である。
3　平等な社会を実現し、子どもたちの未来を切り開く手助けをすることが目標である。
4　偏見のない社会において、全ての子どもたちが生徒らしく平和に暮らせることが目標である。

(4)

　自分が今幸福かどうかと尋ねられたら、私は何と答えるだろう。「はい、幸福です」と即答できる人は、いったいどのくらいいるだろう。それは、幸福な人が少ないからではない。「幸福」というと、何か特別なことだと感じている人が多いからだ。例えば、試験に合格したとか、結婚したとか、昇進したとか、収入が多いとか、挙げればきりがないのだが、こうした何か特別な出来事や状態ではない限り、あえて自分が幸福だという実感は湧かない。では、そういうことがなければ人は幸福ではないのだろうか。いや、私はそうは思わない。

　私は大病を患ったことがある。もう治らないかもしれない、もうこれまでのような生活は送れないかもしれない、そう思った時、普段退屈だと思っていた何の変哲もない日常が、どれほど愛おしく、幸福なのかを痛感した。健康あっての幸福なのだと。よく「病気になって初めて健康のありがたみがわかる」と言うが、まさにそれだ。何も特別なことではなく、平穏な日常を無事に終えることができる暮らし、その当たり前こそが幸福なのだということが、人は不幸になって初めてわかるものだ。

　しかし、人間とは実に欲深い生き物で、あれほど当たり前の日常が幸福だと痛感したにもかかわらず、健康を取り戻すと、すぐ健康であることが幸せだったことを忘れてしまう。幸福が続けば、やがてそれは日常と化し、そうなればもはや特別ではなくなる。変わりない毎日が空しいとさえ感じてしまうこともある。だから、人は絶えず変化を求め、新たな幸福を追求するのだろう。幸福かと尋ねられ、「はい」と即答できる人が少ない所以はそこにあるのかもしれない。

　つまり、幸福とは、欲を満たした結果ではなく、豊かさの度合いだと言えよう。どれだけ平凡な毎日を送っていたとしても、家族など大切な人がそばにいて、裕福といかないまでも食べるものに困らず、好きなものを食べて、好きな服を着られる、こうした何気ない日常が楽しいと感じれば幸福だろうし、一方で、どんなにお金があって金銭的に何不自由ない状態だったとしても、病気で入退院を繰り返す生活であれば、決して幸福とは言えないだろう。つまり、幸福はお金では買えないということだ。

　幸福とは心の豊かさの度合いであり、決してお金や物に対する豊かさを表しているわけではない。今の状態にどれだけ特別に感じられるかが幸福の度合いを左右する。欲は更なる欲を呼び、今すでに持っているものを忘れさせて満足感を奪う。だからこそ、日頃から周りを見渡して自分にと

って大切な存在や価値を見つけるのはどうだろうか。きっと感謝すべきことに溢れているはずだ。病気の例えと同様、よく「人は失って初めて大切なものに気づく」と言われる。あとで後悔することのないよう、平凡な日常に感謝しながら日々過ごしていきたいものだ。

（注1）何の変哲もない：これといって変わったことのない
（注2）所以：理由
（注3）度合い：物事の程度

[10] 幸福なのかを痛感したとあるが、筆者は、何が幸福だと言っているのか。

1　体が回復し、またやりたいことにチャレンジできるようになること
2　退屈な日常が素敵だと思えるようになること
3　毎日平凡な生活を営むことができ、健康でいられること
4　健康を取り戻し、日常が特別だと感じて退屈だと思わなくなること

[11] 「はい」と即答できる人が少ないのはなぜか。

1　人は常に幸福を追い求めている状態で、まだ幸福を手に入れていない人が多いから
2　幸福は一瞬のものにすぎず、手に入れた瞬間にまた空しくなることが多いから
3　どんなに幸福であろうと、その状態が続くとそれが当然だと感じてしまう人がいるから
4　自分にとっての幸福が何かを忘れてしまい、それを欲だと勘違いしてしまう人がいるから

[12] 筆者が言いたいことは何か。

1　人は真の幸福を見失いがちだから、何気ない日常こそが幸福であることに気づくべきだ。

2　欲望を手放すことこそが、自分にとっての幸福を手に入れるための鍵となる。

3　誰しも病気になる可能性があるので、健康でいられるうちに何事にも感謝し悔いのない人生を送るべきだ。

4　人は一度失った大切なものは二度と手に入れることはできないので、日頃から幸福をかみしめるべきだ。

(5)

　先日、初めて訪れた美容院で非常に興味深いことを聞いた。私を担当した美容師が私の目を見ては「ヘーゼルの瞳が素敵ですね」と言った。なんとなく褒めていることに気がづいたので「ありがとうございます」と返した。しかし、「ヘーゼル」とは何のことかさっぱり分からなかったので聞いてみた。ヘーゼルとは、茶色と緑が混ざった色合いで、光の当たり方や角度によって変わる特徴を持っている瞳を、「ヘーゼルの瞳」と言うらしい。子どもの頃から目を褒められることは何度かあったが、具体的な色の名前で褒られたのは初めてで、なんだか閃いたような気分になった。

　無論、瞳の色は、黒だの茶色だの青だの緑だのといった色が存在し、黒い瞳にも茶色が混ざった黒や緑が加わったような黒など、多様な色が存在することくらいは知っていた。しかしながら、今までヘーゼルという色は聞き覚えがなく、ましてや自分の目の色がどんな色をしているかすら気づかなった。そう言われてからは自分自信を観察するようになり、自分のルーツ(注)にも興味を持つようになった。

　そもそも、瞳の色はDNAによって決定されるものだが、必ずしも両親と同じ色を受け継ぐとは限らないようだ。例えば、瞳の色が異なる両親から生まれた子どもの瞳の色の組み合わせや確率は、その家系の遺伝的背景をある程度推測することができる。また、両親と瞳の色が異なる場合、特に茶色の瞳を持つ両親から青い瞳の子どもが生まれる確率は稀だが、遺伝的な要素の組み合わせ次第ではその確率が全く無いとも言えないようだ。一般的には、両親のいずれかに青い瞳の遺伝子が隠れている場合、その確率が増し、また、両親が緑色の瞳を持っていないにもかかわらず、緑色の瞳の子どもが誕生することもあり得る。これは、遺伝子の多様性によって引き起こされるもののようだ。

　現に、父親は焦げ茶色で母親は茶色味がかった黒の瞳を持つが、私はヘーゼルの瞳である。当然のことながら、遺伝的要素は両親からの反映にとどまらず、祖父母、曾祖父母、さらにその以前の祖先から受け継いだ潜在的なDNAか関与している。私のこの目は長い年月を経て現代にも継承された大切なものだと気づき、もっと自分を理解し、愛せるようになった。

　自分を理解することはとても大切なことだ。あの日言われた一言が私をDNAの歴史へと導いたように、自分自身を観察し、特徴をつかむことで自己理解を深めることができる。その背景には遺伝子に絡んだ興味深い物語が隠されているかもしれない。

（注）ルーツ：根源

13 なんだか閃いたような気分になったとあるが、なぜか。

1　ヘーゼルの瞳の特徴について初めて聞いたから
2　大人になってから目を褒められたことは一度もなかったから
3　具体的な色合いで目を褒められたことは初めてだったから
4　初めて訪問した美容院で興味深い話を聞くことができたから

14 両親から継承される瞳の色の確率について、筆者はどのように述べているか。

1　両親が青色の瞳の場合、子どもは確実に青い目をしていると述べている。
2　瞳の色の確立は片親だけが持つ遺伝子で決定されることは不可能だと述べている。
3　両親のどちらも緑色の瞳を持っていなくても次世代に緑の瞳を継承することがあると述べている。
4　茶色の瞳を持つ両親の子どもは必然的に同じ系統の色の瞳の子どもが生まれると述べている。

15 筆者が言いたいことは何か。

1　瞳の色は単純に遺伝的な要素だけでなく、自分の先祖を見分ける基準になる。
2　多様性がある瞳の色の中には、自分の背景に関する興味深い物語が潜んでいる。
3　角度によって色彩の変化がある瞳は、DNAの観点からしても説明が難しいと考える。
4　ルーツを辿る手段として瞳の色について考察することは無意味である。

(6)

　時代と共に、社会はめざましい変貌を遂げている。産業や医療の発展、雇用、教育、ライフスタイルに至るまで、良きにつけ悪しきにつけ、現代社会はかつての社会とは大きく様変わりしている。時代が移り変わるにつれ、あらゆる場面で人々の暮らしが便利になっていく一方で、社会の課題として、少子高齢化、デジタル化、環境問題等、その時々の社会を反映した課題も山積みとなっている。かつては世間の常識とされていたものが、現代社会ではもはや全く通用しなくなったものも多く、歳を重ねれば重ねるほど、躊躇する場面に出くわすことになる。こんなにも人々の暮らしは豊かで便利になってきたものの、その一方で、個人の孤立がより深刻化されていると感じる人も多いようだ。それは一体何故だろう。

　人にとって、他人と交流し、そこから得られる経験や気づきは、その人自身に大きな影響を及ぼす。現代社会では、かつてと比較して人間関係が希薄になっていることは言うまでもなく、特に家族構成の違いは人間関係に顕著な影響を与えている。ライフスタイルの変化により、共働きの家庭も少なくないうえに、祖父母など多人数が同居する大家族はほとんど見られなくなった。両親が共働きで帰宅が遅くなれば、子どもが一人で食事をするのも珍しい光景ではない。以前は人々が対面で交流する環境が当たり前だったが、現代においては、良い近所付き合いはおろか、隣に誰が住んでいるかさえ知らないというのもざらである。

　また、携帯電話の普及により、自分が電話で話したい相手とダイレクトに繋がるようになり相手の親や兄弟などを介す必要がなくなった。煩わしさや緊張感から解放され、便利になった反面、その便利さにひきかえ、人と直接会って言葉を交わす機会は一つ減ったとも言える。ひいては、通話に代わりチャットやメッセージなど、文字でのやり取りが主流になり、直接言葉を交わす必要がなくなってしまった。

　さらに、交通系ICカードの普及も、人と触れ合う機会を減らした。駅の改札口では、駅員と顔を合わせることもなく通り過ぎるのが当たり前になった。近年では、コロナ禍の影響もあり、「無人化」や「非対面サービス」が加速している。機械を通じて必要なものを入手し、機械を使って料理を運搬してもらい、人と対面することなく宅配を受け取る。人と会わなくても生活するのに支障もなく事足りるのだ。つまり、現代は対面で人と会う必要性が全くと言っていいほどなくなり、<u>人間関係が希薄になったのである</u>。

もちろん、このような現象が必ずしも悪いとは言えないが、一人で何かをやっていくことに慣れてそれが当たり前な世の中になり、孤立する人々が益々増えるのは何だか切ない。これを機に現代社会における人間関係のあり方について、今一度顧みるべきではないだろうか。
(注5)

(注1) 変貌：様子が変わること
(注2) 様変わり：一変すること
(注3) ざら：ありふれている様子
(注4) 事足りる：十分である
(注5) あり方：ここでは、方向性

16 筆者によると、個人の孤立がより深刻化されているのはなぜか。

1　世の中が便利になるにつれて生じる社会問題に対処しなければならないから
2　歳を重ねるにつれて躊躇する場面が多くなり、一人で過ごす時間も増えるから
3　昔は世間の常識だったものが今では通用しなくなった上、人と人との結びつきが弱くなったから
4　両親が共働きで祖父母とも同居していない家庭は、子供が家事を全てやらなければならないから

17 人間関係が希薄になったのはなぜか。

1　ライフスタイルが変化し、誰とも対面で話す機会がなくなったから
2　ライフスタイルの変化や生活の機械化などにより、対面の機会が減ったから
3　かつては人の手を借りる必要があったものが、現代社会では全て機械化となったから
4　コロナ禍を境に無人化が加速し、人々が一人暮らしを好むようになったから

18 筆者が言いたいことは何か。

1 かつてのような人間関係は厄介さを感じることもあるが、現代の人間関係のあり方について考え直した方がいい。

2 人間関係のあり方が昔と今とであまりにギャップがあるのは良くないので、一度考え直したほうがいい。

3 日常生活が便利になった一方、人間関係が希薄になり、孤独を感じる人が増加しつつある。

4 現代はかつての社会より人間関係が希薄になったので、それについて反省するのも悪くない。

독해 집중 공략

문제 13 정보검색

독해 정보검색은 700~1,000자 정도의 안내문, 공지글 등의 지문을 읽고 필요한 정보를 찾아 정답을 고르는 문제로 지문 1개와 문제 2개가 출제된다. 다른 문제 유형과 다르게 문제가 먼저 나오고 지문은 오른쪽 페이지에 나온다. 주로 주의점을 묻는 문제가 가장 많이 출제되며, 질문 중에서 숫자 계산을 해야 정답을 찾을 수 있는 문제도 빈번히 출제된다는 점도 기억해두자.

이렇게 풀자

지문 전체를 읽을 필요는 없다. 주로 문제에는 주어진 상황이나 조건이 나오기 때문에 지문에서 문제와 선택지에 나와있는 조건과 키워드를 얼마나 빨리 찾아서 읽고 내용을 파악하는지가 중요하다. 예를 들어 가격에 대해 묻는 문제라면 지문에서 가격 정보 부분만 확인하면 된다. 다만, 지문에서 ※・*・別途・注意・ただし・のみ 등과 같은 기호나 표현이 나온다면 정답에 관련된 정보일 수 있으므로 주의해서 읽도록 하자.

문제유형 예시 ⏱ 시간 8분 이내

問題13　右のページは、ボランティア募集の案内である。下の問いに対する答えとして最もよいものを、1・2・3・4から一つ選びなさい。

1　ダニエルさんはスポーツ補助のボランティアに参加したいと考えている。参加するためには、どうしなければならないか。

1　10月5日の15:00までに申し込み、10月31日の説明会に参加する。
2　10月8日の15:00までに申し込み、10月31日の説明会に参加する。
3　10月5日の17:00までに申し込み、1週間が経過したらセンターに連絡する。
4　10月8日の17:00までに申し込み、10月31日の説明会に参加する。

2　ユンさんは、スポーツ補助のボランティアに参加するつもりだが、週末の午後4時から午後10時までアルバイトがある。ユンさんがボランティアに参加できるのはどれか。

1　ほりかわグランドとわかばアリーナにて11月9日の午前10時から午後4時半まで
2　ほりかわグランドとわかばアリーナにて11月9日の午前10時から午後3時まで
3　ほりかわグランドにて11月10日の午前10時から午後3時まで
4　ほりかわグランドにて11月10日の午後4時から午後10時まで

【スポーツフェスティバルのボランティア募集】

		ほりかわグランド	わかばアリーナ
11月8日(金)	13:00～17:00	会場準備*1	会場準備*1
11月9日(土)	10:00～16:30	案内係 スポーツ補助	案内係 スポーツ補助
11月10日(日)	10:00～15:00	案内係 スポーツ補助	案内係
11月10日(日)	15:00～17:00	会場片付け*2	会場片付け*2

・募集チラシ設置場所：市役所・市内の各公民館
・申込み方法：募集チラシに掲載のQRコードを読み取りの上、お申し込みください。
・締切日：10月8日15:00(*1会場準備担当の募集は10月5日17:00)
・集合時間：両会場とも、開始予定時刻の30分前(*2会場片付け担当は40分前)

【注意事項】
1. 両会場とも、駐車場はございませんので、公共交通機関をご利用の上、お越しください。
2. スポーツ補助をご希望の方は、10月31日に説明会を実施いたしますので、必ずご参加ください。なお、説明会に参加できない場合は、スポーツ補助を担当することはできませんのでご注意ください。
3. 時間帯を選択することはできません。上記に提示されている時間帯にて最初から最後まで担当していただきます。
4. お申し込み完了後、詳細を記載したご案内をメールにてお送りいたします。なお、お申し込み完了後、1週間経過してもメールが届かない場合は、下記ボランティアセンターまでお電話にてご連絡ください。
5. お申し込みの際、ご希望の会場および担当について第2希望までご記入いただきます。人数の関係上、第2希望になることもございますので、予めご了承ください。
6. お電話でのお申し込みは一切行っておりません。万が一、QRコードでの読み取りが不可だった場合におきましては、誠に恐れ入りますが、今回のボランティアのお申し込みはお受けできませんのでご承知ください。
7. 11月10日のわかばアリーナでは交流試合が実施されるため、スポーツ補助のボランティアはありません。

【お問い合わせ先】
ボランティアセンター
電話：000-1234-5678

문제 13   오른쪽 페이지는, 자원봉사 모집 안내이다. 아래의 물음에 대한 답으로서 가장 알맞은 것을, 1·2·3·4에서 하나 고르세요.

| 정답 | **1** ②   **2** ③

| 해석 | **1** 다니엘 씨는 스포츠 보조 자원봉사에 참가하고 싶다고 생각하고 있다. 참가하기 위해서는 어떻게 하지 않으면 안 되는가?

1 10월 5일 15:00까지 신청하고 10월 31일 설명회에 참가한다.
2 10월 8일 15:00까지 신청하고 10월 31일 설명회에 참가한다.
3 10월 5일 17:00까지 신청하고 1주일이 경과하면 센터에 연락한다.
4 10월 8일 17:00까지 신청하고 10월 31일 설명회에 참가한다.

2 윤 씨는 스포츠 보조 자원봉사에 참가할 생각인데 주말 오후 4시부터 오후 10시까지 아르바이트가 있다.

1 호리카와 그랜드와 와카바 아레나에서 11월 9일 오전 10시부터 오후 4시 반까지
2 호리카와 그랜드와 와카바 아레나에서 11월 9일 오전 10시부터 오후 3시 반까지
3 호리카와 그랜드에서 11월 10일 오전 10시부터 오후 3시까지
4 호리카와 그랜드에서 11월 10일 오후 4시부터 오후 10시까지

[스포츠 페스티벌 자원봉사 모집]

		호리카와 그랜드	와카바 아레나
11월 8일(금)	13:00~17:00	회장 준비*1	회장 준비*1
11월 9일(토)	10:00~16:30	안내원 스포츠 보조	안내원 스포츠 보조
11월 10일(일)	10:00~15:00	안내원 스포츠 보조	안내원
11월 10일(일)	15:00~17:00	회장 정리*2	회장 정리*2

• 모집 전단지 설치 장소 : 시청・시내 각 공민관
• 신청 방법 : 모집 전단지에 게재된 QR코드를 판독 후 신청해 주십시오.
• 마감일 : 10월 8일 15:00 (*1 회장 준비 담당 모집은 10월 5일 17:00)
• 집합 시간 : 두 회장 모두 개시 예정 시각 30분 전 (*2 회장 정리 담당은 40분 전)

[주의 사항]
1. 두 회장 모두 주차장은 없기 때문에 공공 교통 기관을 이용하신 후 와 주십시오.
2. 스포츠 보조를 희망하시는 분은 10월 31일에 설명회를 실시하기 때문에 반드시 참가해 주십시오. 또한 설명회에 참가할 수 없는 경우는 스포츠 보조를 담당할 수 없기 때문에 주의해 주십시오.
3. 시간대를 선택할 수는 없습니다. 상기에 제시되어 있는 시간대에서 처음부터 마지막까지 담당해 받습니다.
4. 신청 완료 후, 상세를 기재한 안내를 메일로 보내 드립니다. 또한 신청 완료 후, 1시간이 경과해도 메일이 도착하지 않는 경우는 하기 자원봉사 센터로 전화로 연락해 주십시오.

5. 신청하실 때 희망하시는 회장 및 담당에 대해서 제2지망까지 기입해 받습니다. 인원수 관계상, 제2지망이 되는 경우도 있기 때문에 미리 양해해 주십시오.
6. 전화로의 신청은 일체 실시되고 있지 않습니다. 만일 QR코드에서의 판독이 불가했을 경우에 있어서는 대단히 송구합니다만, 이번 자원봉사 신청은 받을 수 없기 때문에 알아주십시오.
7. 11월 10일 와카바 아레나에서는 교류 시합이 실시되기 때문에 스포츠 보조 자원봉사는 없습니다.

[문의처]
자원봉사 센터
전화 : 000-1234-5678

| 해설 | **1** 스포츠 보조를 희망하는 사람은 10월 8일 15:00까지 신청하고 나서 10월 31일에 실시되는 설명회에 반드시 참가해야 하므로 2번이 정답이다.

2 윤 씨는 주말에 오후 4시부터 오후 10시까지 아르바이트를 해야 하므로 스포츠 보조 자원봉사를 모집하고 있는 호리카와 그랜드에 11월 10일(일) 10:00부터 15:00까지 참가할 수 있으므로 3번이 정답이다.

| 단어 | ボランティア 자원봉사자 | 募集(ぼしゅう) 모집 | 補助(ほじょ) 보조 | 経過(けいか) 경과 | 案内係(あんないがかり) 안내원 | チラシ 전단지, 광고지 | 設置(せっち) 설치 | 掲載(けいさい) 게재 | 読(よ)み取(と)り 간파(함), 알아차림, 판독 | 締切(しめきり) 마감 | 開始(かいし) 개시 | 事項(じこう) 사항 | 公共交通機関(こうきょうこうつうきかん) 공공 교통기관 | お越(こ)しください 와 주십시오(존경어) | 実施(じっし) 실시 | 提示(ていじ) 제시 | 完了(かんりょう) 완료 | 詳細(しょうさい) 상세 | 記載(きさい) 기재 | ~際(さい)(に) ~할 때(에), ~할 즈음(에) | 記入(きにゅう) 기입 | 人数(にんずう) 인원수 | ~上(じょう) ~상 | 予(あらかじ)め 미리, 사전에 | 了承(りょうしょう) 승낙, 양해 | 一切(いっさい) 일체, 일절 | 万(まん)が一(いち) 만에 하나, 만일 | 誠(まこと)に 참으로, 대단히, 진심으로 | 恐(おそ)れ入(い)る 황송하다, 송구스러워하다, 죄송하다 | 承知(しょうち) 앎, 알고 있음 | 交流(こうりゅう) 교류

問題13 右のページは、宿泊施設の案内である。下の問いに対する答えとして最もよいものを、1・2・3・4から一つ選びなさい。

(1)

1　うめ市在住のサラさんは、留学先のさくら市立大学の友だち12人と、市民の森に宿泊するつもりだ。友だちのうち、さくら市在住者は8人である。1泊2食付きのプランを考えているが、友だちそれぞれに適用される利用料金はどのようになるか。

1　サラさんも友だちも4,500円
2　サラさんとさくら市以外に在住の友だちは5,500円、さくら市在住の8人は4,500円
3　サラさんとさくら市以外に在住の友だちは4,950円、さくら市在住の8人は4,050円
4　サラさんも友だちも4,050円

2　サラさんの友だちのワンさんは、7月1日に宿泊することにした。卵を食べると体にアレルギーが出てしまうので食べることができない。ワンさんは、これからいつまで何をしなければならないか。

1　電話で予約をして、10日前までに食事無しのプランに変更しなければならない。
2　6月10日までに予約をして、食事無しのプランに変更しなければならない。
3　6月21日までに電話で予約して、6月28日までに管理センターに電話して事情を説明する。
4　6月28日までに予約をして、卵料理を肉料理に変更しなければならない。

市民の森 宿泊施設のご案内

◆宿泊施設のご利用料金◆

	一般/大人	市民/大人*2	一般/学生	さくら市の学生*2
宿泊料A*1	4,000円	3,000円	2,500円	1,500円
宿泊料B*1	4,900円	3,900円	3,200円	2,200円
宿泊料C*1	7,800円	6,800円	5,500円	4,500円

*1 宿泊料A(食事無し)/B(朝食付き)/C(夕・朝食付き)

*2 ご予約時に、運転免許証など、市民であることが確認できる公的証明書のコピーをメールにてご提出ください。また、さくら市在住者以外でも、さくら市内の学校に在学している方なら、表示料金にてご利用いただけます。ご利用の際は学生証のコピーをご提出ください。なお、証明書類のご提出がない場合、さくら市民およびさくら市内の学校に在学している方におきましても、一般料金となりますのでご注意ください。

【宿泊予約に関して】

1 18歳未満の方のみのご宿泊はご遠慮いただいております。必ず、保護者の方とご一緒にお申し込みください。

2 学生10名以上のご宿泊に限り、全てのご宿泊プランのご利用料金をお1人様につき10%の割引が適用されます。

3 学生(10名以上)の引率で宿泊される教員の方は、さくら市在住のいかんを問わず、市民料金でご宿泊いただけます。

4 4名以上のご宿泊に限り、Cプランの夕食をバーベキューに変更することも可能です。詳細はお電話にてお問合せください。

5 ご予約は、ご宿泊の10日前までお電話にて承ります。ご予約が完了し次第、別途必要な公的証明書等をお送りください。(*2参照)

6 B・Cプランをご予約のお客様で、食物アレルギーをお持ちの方はお申し付けください。ご宿泊の3日前までにお電話にてご連絡願います。それ以降の変更は、食材の準備の都合上、お受けいたしかねますのでご注意ください。

皆様のお越しを職員一同、心よりお待ち申し上げております。

ご予約・お問合せ:市民の森 宿泊施設管理センター

電話:00-1111-2345

メール:info@shimin.mori

http://www.sakurashi.Ig.jp/shimin.mori

問題13　右のページは、年間セット券の案内である。下の問いに対する答えとして最もよいものを、1・2・3・4から一つ選びなさい。

(2)

3 会社員のマルコさんは、平日は午後5時まで会社で仕事をするが、仕事帰りに落語を観に行くために年間セット券を購入することにした。席は安いのに越したことはないが、やはり1階席という条件は妥協したくない。マルコさんは、どの年間セット券を購入するか。

1　②のS席
2　②のA席
3　③のA席
4　④のS席

4 アンナさんは、夜の部の年間セット券(S席)を持っている。席にこだわらず、できるだけ安くて、週末も利用できる昼の部に買い換えたい。いつまでに、どのように買い換えなければならないか。

1　3月25日までにインターネットで買い換えの申し込みをする。
2　3月25日以降にチケットセンターに電話して取り消し、当日劇場窓口にて昼の部のセット券を購入する。
3　4月8日以降にチケットセンターにメールして取り消し、改めてインターネットで購入する。
4　4月15日までにチケットセンターに電話して取り消し、改めてインターネットで購入する。

【さくら座 年間セット券のご案内】

◆年間セット券料金表◆

上演期間 2025年5月1日～2026年4月30日	S席(1・2階席)	A席(3階席)
① 昼の部* 　第一幕13:00-14:15 　　　　　　仲入り 　　　　　　第二幕14:45-15:50	48,000円	36,000円
② 夜の部* 　第一幕18:00-19:15 　　　　　　仲入り 　　　　　　第二幕19:45-21:05	53,000円	39,000円
③ 平日昼の部* 　第一幕13:00-14:15 　　　　　　　仲入り 　　　　　　　第二幕14:45-15:50	43,000円	29,000円
④ 平日夜の部* 　第一幕18:00-19:15 　　　　　　　仲入り 　　　　　　　第二幕19:45-21:05	48,000円	34,000円

*昼の部・夜の部、いずれも、途中、仲入り(休憩)30分を含みます。

【注意】
・3月25日より、インターネットにてセット券をお買い求めいただけます。
・申し込み開始直後は、アクセスが集中し、インターネットが繋がりにくくなる場合がございます。その際は、大変恐れ入りますが、しばらく時間をおいてから、再度アクセスをお試しください。
・夜の部は、公演当日に劇場窓口でのみお取り扱いをさせていただくお座席もございます。当日セット券の購入をご希望の方は、開演時間までに劇場窓口へお越しください。
・セット券の買い換えをご希望の方は、お手数ですが、お持ちのセット券をキャンセルの上、改めてご希望のセット券をお買い求めください。
・キャンセルの際は、4月8日以降に、下記チケットセンターまで、お電話にて承ります。なお、4月15日を過ぎますと、払い戻しいたしかねますのでご注意ください。
・メールでのキャンセルは受け付けておりません。メールをお送りいただいても、キャンセル処理は行われませんのでご注意ください。

さくら座 チケットセンター
電話：00-1234-5678(10:00-17:00)

問題13 右のページは、イベントの案内である。下の問いに対する答えとして最もよいものを、1・2・3・4から一つ選びなさい。

(3)

5 ジョンさんは、体験教室「和菓子作り」に申し込みたいと思っている。ジョンさんが留意しなければならないことはどれか。

1　事前準備が必要なので20分前に集合場所に行かなければならない。
2　受付は先着順のため、できる限り早めに参加費を支払わなければならない。
3　エプロンと帽子を当日までに用意しなければならない。
4　参加が決まったら、12月16日までに参加費を支払わなければならない。

6 ハリーさんは体験プログラム「伝統正月飾り作り」を12月14日に参加したいと考えている。書類提出は受付初日に行うつもりだ。ハリーさんが参加するためには何をしなければならないか。

1　電話で申し込んだ後、11月23日までに届くように書類を郵送し、当日2,000円を会場で支払う。
2　電話で申し込ん後、11月30日までに届くように書類を郵送し、当日2,800円を会場で支払う。
3　メールで申し込んだ後、11月23日までに書類をメールで送付し、当日2,800円を会場で支払う。
4　メールで申し込んだ後、当日会場で書類を提出し、2,000円を支払う。

【年内最後のイベントのご案内】

A 歴史観光ツアー「室町(むろまち)時代へ」(2回)	
◇定員◇	20名
◇集合場所◇	城跡正門前
◇日時◇	①12月16日(土)　②12月23日(土) 地域コース 9:00〜11:00
◇参加費◇	全2回：3,500円　※1回のみの参加料金：2,000円
◇その他◇	スマート翻訳機をご希望の場合、事前予約が必要。

B 体験教室「和菓子作り」	
◇定員◇	15名
◇集合場所◇	観光インフォメーションセンター2階の調理室
◇日時◇	12月23日(土)14:00〜15:30
◇参加費◇	2,500円(お抹茶付き)
◇その他◇	除菌対策後、調理室へ移動(エプロン・帽子を配付予定)

C 体験プログラム「伝統正月飾り作り」(2回)	
◇定員◇	10名
◇集合場所◇	観光インフォメーションセンター2階の会議室
◇日時◇	①12月14日(木)　②12月21日(木)　10:00〜11:30
◇参加費◇	全2回：2,800円　※1回のみの参加料金：2,000円

【申込方法】メール、あるいは電話でお申し込みください。

【必要事項】11月23日(金)〜11月30日(金)まで代表者の住所・氏名・電話番号・メールアドレス・希望する催し物名を明記の上、下記のメールアドレスもしくは宛先へお送りください。なお、お申し込み人数が定員を超えた場合は抽選となります。

【お支払いについて】開催日の1週間前までに指定口座までお支払いください。指定口座は後日メールでお知らせします。ただし、2回のイベントを1回のみ参加する場合、参加費は当日会場でお支払いいただけます。

【注意事項】集合時間30分前まで集合場所にお越しください。集合時間に遅れた方はご参加できない場合がございますので予めご注意ください。

・観光イベント担当: 観光資源復興協会
・メール：ibentotantou@kankou.jp
・宛先：東京都中央区東日本橋5丁目31番11号
・電話番号：000-101-1212

問題13 右のページは、子育て支援事業助成制度の案内である。下の問いに対する答えとして最もよいものを、1・2・3・4から一つ選びなさい。

(4)

7 この助成制度への応募に関して、留意しなければならないことはどれか。

1　9月8日の助成事業説明会に誰が参加できるかを予め確認し、支援活動センターに連絡しておかなければならない。
2　書類の提出を4月16日までにできるように、説明会に参加して事前チェックを受けなければならない。
3　6月14日までに、事業計画書と収入支出計画表の事前チェックを受けなければならない。
4　6月30日の午後5時までに書類が提出できるようにメールしなければならない。

8 木村さんは、子育てサポート事業の代表を務めている。この度、国の支援団体が公募している助成制度に申し込むことにした。書類提出は受付初日に行うつもりだが、木村さんがそれまでにしなければならないことは何か。

1　6月14日までに個別事前相談会に参加し、書類の事前チェックをしてもらう。
2　6月14日までに個別事前相談会の予約をし、参加する日までに書類を準備する。
3　4月15日までに個別事前相談会の予約を入れ、相談会で書類の事前チェックをしてもらう。
4　4月16日までに書類を準備し、その後個別事前相談会の予約をする。

子育て支援事業助成制度

◆「子育て支援事業助成制度」公募スケジュール◆

個別事前相談会*1	2025年6月14日までに事前相談および申請書類の事前チェックを実施
書類提出	2025年4月16日～6月30日17:00必着(メール) 提出書類：①事業計画書　②収入支出計画表
プレゼン審査*1	2025年7月上旬～8月下旬 平日9:00～
選考結果通知	2025年9月2日 申請書に記入の担当者メールアドレス宛に通知
助成事業説明会*1	2025年9月8日 13:00～ 助成対象に事業の進め方についての説明
助成金支払い開始	交付申請書類をご提出後、通常2～4週間後に 指定銀行口座に振込み*2

*1 いずれもウェブ会議ツールにて実施いたします。会場にお越しいただく必要はございませんが、個別事前相談会については、予めメールにて予約をお願いいたします。折り返し、ウェブ会議ツールのURLをお送りいたします。

*2 申請書類にご記入の銀行口座にお振込みいたします。(変更不可)

【注意事項】

1　書類の事前チェックを受けていない場合、書類の申請はいたしかねます。
2　書類の提出はメールでのみ受け付けます。インターネットの接続不良等、いかなる場合であっても、期日を過ぎた書類は申請が無効となります。
3　書類提出後、書類審査を実施します。審査に通過した事業はプレゼン審査に進むことができます。審査に通過した事業担当者にのみ7月5日までにお電話にてご連絡いたします。
4　選考委員会により助成先を決定いたしますが、選考委員会の判断により、一部減額の上で助成が決定する場合がございますのでご了承ください。
5　助成事業説明会には、それぞれの事業者から1名の方に出席していただきます。万が一、出席できない場合は助成が取り消しとなるため、申請する際に予め日程の調整をお願いいたします。なお、出席者は本事業関係者であれば、代表者に代わり参加しても構いません。

＜書類提出先・お問い合わせ＞

未来育児支援活動センター内
電話番号：000-123-4567　　　　　メール：info@kosodate.shien

問題13 右のページは、ヨガクラスの案内である。下の問いに対する答えとして最もよいものを、1・2・3・4から一つ選びなさい。

(5)

9 次の4人は今年の6月に、ヨガクラスに参加したいと考えている。この中で、受講できる人は誰か。

名前	住所	年齢	区内通勤・通学	使用説明講習の受講有無
ユンさん	港区外	30歳	港区内	一昨年の4月に受講済み
山下さん	港区内	15歳	港区内	今年の7月に受講予定
チョさん	港区外	23歳	港区外	今年の2月に受講済み
佐藤さん	港区内	58歳	港区外	昨年の6月に受講済み

1 ユンさん
2 山下さん
3 チョさん
4 佐藤さん

10 キムさんは、来週の「リセットフローヨガ」を予約したが、空きがあれば来週の「デトックスヨガ」も追加予約したいと考えている。追加予約をするためには、どうしなければならないか。

1 来週の日曜日以降に受付窓口で空きを確認し、空きがあれば、電話で予約する。
2 来週の月曜日以降にインターネットで空きを確認し、空きがあれば、電話で予約する。
3 来週の日曜日以降にインターネットで空きを確認し、空きがあれば、インターネットで予約する。
4 来週の月曜日以降にインターネットで空きを確認し、空きがあれば、インターネットで予約する。

【地域体育館ヨガクラスのご案内】

柔軟性の向上や筋力アップ、さらにはリラックス効果も期待できるヨガを楽しくやってみませんか。

〈対象〉

・下記の両方の条件に当てはまる方
- 港区在住、もしくは港区内に通勤および通学している16歳以上の方。
- 当体育館の使用説明講習を過去2年以内に受講した方。

※使用説明講習会の日程は、館内ポスターをご確認ください。(不定期開催)

〈クラスリスト〉

曜日	クラス名	内容
月曜日	【初心者】リフレッシュヨガ	優しいポーズを中心にゆっくりと動くヨガ。リラックスをしたい方にお勧めします。
水曜日	【中級者】デトックスヨガ	一つのポーズを長く保ち、柔軟性を高めるヨガ。身体の凝りを解消したい方にお勧めします。
金曜日	【上級者】リセットフローヨガ	筋肉に働きかけ、血行などを促すヨガ。運動量を上げ、健康を維持したい方にお勧めします。

〈利用方法〉

・会員制ではないので、都度ご予約が必要となります。(定員25名、先着順)
・予約には、基本予約と追加予約の二種類があります。
　　1. 受講日の前の週から、ご希望のクラスのご予約が1クラス可能です。
　　2. 実施日の2日前に定員に達していないクラスに限り、基本予約に加え、追加予約が可能となります。なお、追加予約は週に1回のみです。(週に最大2回)

※クラスの空きはホームページ内でご確認後、お電話にてご予約を承ります。

〈予約方法〉

・ヨガクラスの予約が初めての方は、窓口までお越しください。・使用説明講習を過去に受講したことがある場合には、受付窓口にてお申し出ください。受講者カードを発行します。
・受講者カードをお持ちの方は、ホームページ内の予約サイトにてご予約をお願いします。

【お問合せ先】

・メール：yogakyousitu@class.jp
・電話番号：000-101-1456

問題13 右のページは、図書館利用の案内である。下の問いに対する答えとして最もよいものを、1・2・3・4から一つ選びなさい。

(6)

11 竹田さんは、発表のために雑誌を借りる必要があって、立山大学の図書館に来た。図書館利用カードは持っている。貸出日は最大何日までか。

1 貸出は延長不可能で最大10日まで可能である。
2 貸出は1週間後から延長でき、最大17日まで延長可能である。
3 貸出は返却期日が過ぎたら自動延長され、最大20日まで延長可能である。
4 貸出は最大2週間まで可能である。

12 貸出に関して、留意しなければならないことは何か。

1 本と雑誌の予約は5冊以上できても、1度に5冊しか貸出できない。
2 予約資料は、自動貸出機を利用して受け取らなければならない。
3 返却期限日から1週間が経った資料は貸出を2回しか延長できない。
4 延長は、図書館のカウンターでしかできない。

【立山大学の図書館のご利用案内】

本学図書館の資料のご利用についてご案内いたします。

①貸出可能資料

本・雑誌・視聴覚資料(CD・DVD)・絵本

※辞書、地域資料、新聞、雑誌の最新号は館内閲覧のみとなります。

②貸出可能数

本・雑誌(最新号を除く)	5冊まで
視聴覚資料(CD・DVD)	3点まで
絵本	2冊まで

③貸出方法

・借りたい本と当図書館利用カードをカウンターへお持ちください。
・サクラ館とヒマワリ館では、自動貸出機もご利用いただけます。
・サクラ館の自動貸出機の設置場所については館内ガイド1階と3階をご覧ください。

④貸出時間の延長

・貸出期限は貸出日から10日までとなります。
・貸出日の1週間後から、1回に限り貸出期間を延長することができます。
・カウンター、お電話のほか利用者ポータルからも延長可能です。
・延長した日から10日間の延長となります。また、返却期日を過ぎている場合は、返却期日から10日間の自動延長となります。
・なお、次の資料は延長できませんのでご注意ください。
　－ 予約の入っている資料
　－ 一度延長した資料

⑤予約可能数

本・雑誌	本学に在学中の方	10冊まで※1
本・雑誌	本学に在学中ではない方	2冊まで
視聴覚資料(CD・DVD)	在学有無を問わず	5点まで
絵本	在学有無を問わず	3冊まで

※1 予約した資料が5冊以上ご用意できた場合でも、1度に借りられる資料は5冊までとなります。

【お問い合わせ先】

立山大学の図書館カウンター(サクラ館) 000‐821‐4646

N1

JLPT 합격노하우 **yuhadayo.com**

청해

청해 집중 공략

- **문제1** 과제이해
- **문제2** 포인트이해
- **문제3** 개요이해
- **문제4** 즉시응답
- **문제5** 통합이해

청해 공략 포인트 알아보기

합격에 가까워지는
청해 문제풀이 꿀팁

⚙ N1 청해 문제 유형은 과제이해, 포인트이해, 개요이해, 즉시응답, 통합이해 5가지가 있다. 다양한 주제에 관한 회화 소개글, 강의, 뉴스 등을 듣고 질문에 대한 답을 찾는 문제가 출제된다. 속도감이 있기 때문에 음성이 나올 때 집중하여 이야기의 흐름과 주장, 상세 내용 등을 놓치지 않도록 유의하면서 들어야 한다.

1 회화체에 대해서 알아두자.

일본어에는 문서상에서 많이 사용하는 문어체와 회화에서 많이 사용하는 회화체(구어체)가 있다. 특히 회화체를 이해하지 못하면 청해 문제를 푸는 데 있어서 어려움이 있을 수 있으니 축약어나 회화체를 미리 학습하여 익숙해지도록 하자.

2 중요한 포인트가 되는 부분은 들으면서 메모를 해두자.

어떤 문제 유형이든 중요한 포인트가 되는 부분, 예를 들어 누가 먼저 하는 행동인지 나중에 하는 행동인지, 핵심 키워드, 가격, 날짜 등을 적어두면 헷갈리지 않고 수월하게 정답을 찾을 수 있다.

3 선택지를 미리 읽어두도록 하자.

통합이해를 제외한 모두 문제 유형은 처음에 문제에 대한 설명과 연습문제가 나온다. 이미 문제 유형을 모두 파악하고 있다면 이 시간에 문제 용지에 나와 있는 선택지를 미리 읽고 파악해두는 것이 좋다.

4 답은 문제가 끝남과 동시에 답안지에 마킹하자.

청해의 경우는 마킹하는 시간이 따로 주어지지 않기 때문에 문제가 끝나는 동시에 답안지에 마킹해야 한다. 헷갈리는 문제라도 우선 마킹하고 다음 문제에 집중하는 것이 좋다.

5 못 들은 부분은 과감히 포기하자.

듣지 못한 부분 때문에 한 문제를 잡고 있는 것은 다음 문제에 안 좋은 영향을 끼칠 수 있다. 과감히 그 문제는 넘기고 다음 문제를 집중해서 듣는 것이 득점으로 이어진다.

청해에 잘 나오는 회화체 알아보기

1 축약어

회화에서는 말을 짧게 줄여 말하는 경우가 많다. 이런 축약어의 경우는 형태와 발음이 변하기 때문에 유의해서 듣고 의미를 잘 파악해야 한다.

01 ている・でいる → てる・でる ~하고 있다, ~해져 있다

好みが分かれている → 好みが分かれてる 취향이 나뉘어 있다
間違いだと思い込んでいる → 間違いだと思い込んでる 틀렸다고 굳게 믿고 있다

02 ておく・でおく → とく・どく ~해 두다, ~해 놓다

書類を取りまとめておく → 書類を取りまとめとく 서류를 정리해 두다
先に申し込んでおく → 先に申し込んどく 먼저 신청해 두다

03 てしまう・でしまう → ちゃう・じゃう ~해 버리다

雰囲気が悪くなってしまった → 雰囲気が悪くなっちゃった 분위기가 나빠져 버렸다
滑って転んでしまった → 滑って転んじゃった 미끄러져서 넘어져 버렸다

04 ていく・でいく → てく・でく ~해 가다

内容が変わっていく → 内容が変わってく 내용이 변해 가다
飛行機が飛んでいく → 飛行機が飛んでく 비행기가 날아 가다

05 なければならない → なきゃ ~하지 않으면 안 된다

テーブルを拭かなければならない → テーブルを拭かなきゃ 테이블을 닦지 않으면 안 된다

06 なくてはいけない → なくちゃ ~하지 않으면 안 된다

約束をキャンセルしなくてはいけない → 約束をキャンセルしなくちゃ 약속을 캔슬하지 않으면 안 된다

07 かもしれない → かも ~일지도 모른다

ちょっと足りないかもしれない → ちょっと足りないかも 좀 부족할지도 모른다

② 촉음 っ으로 발음 변화

회화체에서는 기존의 발음이 촉음이 되어 발음되는 경우가 있다.

01 こちら・そちら・あちら・どちら
→ こっち　そっち　あっち　どっち
이쪽・그쪽・저쪽・어느 쪽

02 そうか → そっか 그렇구나

03 やはり → やっぱり 역시

04 ばかり → ばっかり 만, 뿐

05 すごく → すっごく 엄청, 굉장히

06 あたたかい → あったかい 따뜻하다

③ 회화 리액션

일본어에는 우리말과 다른 다양한 맞장구 표현이나 상대방의 말에 대한 반응을 나타내는 리액션이 있기 때문에 해당 리액션의 의미를 잘 파악해두는 것이 중요하다.

01 놀랄 때

へえ 우와, 헐, 저런
へえ、そんなに好(す)きなんだ。
우와, 그렇게 좋아하는구나.

えっ・え 어, 응?
えっ、それは残念(ざんねん)だね。 어, 그건 유감이네.

02 말을 뜸 들이거나 생각할 때

あのう 저기…
あのう、できそうにないでしょうか。
저기…, 못할 것 같나요?

ええと 음
ええと、何(なん)だっけ？음, 뭐였지？

うーん・んー 어…
うーん、悩(なや)むな。 어…고민되네.

ふうん 흠
ふうん、そういう訳(わけ)だったのか。 흠, 그런 이유였구나.

03 긍정과 부정의 대답

ええ 네(긍정의 대답)
ええ、予約(よやく)しとけばよかったですね。
네, 예약해두면 좋았겠네요.

ううん 아니(부정의 대답)
ううん、まだ来(き)てないよ。 아니, 아직 안 왔어.

4 악센트에 따른 의미 변화

01 でしょう

痛(いた)いでしょう↘ 아프겠죠, 아플 것입니다. (추측)
痛(いた)いでしょう↗ 아프지?! (확인)

02 だろう

勝(か)っただろう↘ 이겼을 것이다, 이겼겠죠. (추측)
勝(か)っただろう↗ 이겼지?! (확인)

03 ~?

レシート見(み)せなくてもいい？↗ 영수증 안 보여줘도 돼? (허락 구할 때)
レシート見(み)せなくてもいい。↘ 영수증 안 보여줘도 돼. (허락할 때)

5 ん 으로 발음 변화

기존의 발음이 ん 발음으로 변화되는 경우가 있다.

01 동사 부정형의 ら ➡ ん

見(み)つからない ➡ 見(み)つかんない 안 보여, 못 찾겠어

02 のです ➡ んです ~거예요(이유, 강조)

十分(じゅうぶん)なのです ➡ 十分(じゅうぶん)なんです 충분하거든요
私(わたし)が直(なお)すのですか ➡ 私(わたし)が直(なお)すんですか 제가 고치는 거예요?

03 あまり ➡ あんまり 별로

あまり食(た)べたくない ➡ あんまり食(た)べたくない 별로 먹고 싶지 않다

6 기타 회화체

01 いう → ゆう 말하다

どう**いう**つもり？ → どう**ゆう**つもり？ 무슨 생각이야(어떻게 하려는 속셈이야)?

02 では → じゃ

それ**では** → それ**じゃ** 그럼
期待(きたい)してたほど**ではない** → 期待(きたい)してたほど**じゃない** 기대한 만큼이 아니다

03 は/と → って ~은/는, ~라고(하는)

コンビニ**は**何(なん)の略(りゃく)ですか
→ コンビニ**って**何(なん)の略(りゃく)ですか 편의점은 무슨 줄임말이에요?

動物園(どうぶつえん)から虎(とら)が逃(に)げた**という**ニュースが流(なが)れている
→ 動物園(どうぶつえん)から虎(とら)が逃(に)げた**っていう**ニュースが流(なが)れている
동물원에서 호랑이가 도망쳤다고 하는 뉴스가 흐르고 있다

04 そうだ・らしい ~라고 한다 **→ って** ~래(전문)

来週(らいしゅう)から梅雨(つゆ)に入(はい)る**そうだ** 다음 주부터 장마에 들어간다고 한다
→ 来週(らいしゅう)から梅雨(つゆ)に入(はい)る**って** 다음 주부터 장마에 들어간대

このパンは砂糖(さとう)を一切(いっさい)使(つか)わなかった**そうだ** 이 빵은 설탕을 일절 사용하지 않았다고 한다
→ このパンは砂糖(さとう)を一切(いっさい)使(つか)わなかった**って** 이 빵은 설탕을 일절 사용하지 않았대

청해 집중 공략

문제 1 과제이해

과제이해는 두 사람의 대화나 한 사람의 음성을 듣고 과제 해결을 위한 구체적인 정보를 파악하여 정답을 고르는 문제로 총 5문제가 출제된다. 질문으로는 주로 이다음에 무엇을 해야 하는지, 앞으로 무엇을 해야 하는지 묻는 문제가 많다.

이렇게 풀자

별도로 선택지를 읽을 시간이 주어지지 않기 때문에 연습 문제가 나올 때나 문제 사이의 틈을 이용해서 미리 선택지를 읽고 포인트를 파악해두는 것이 좋다. 또한 첫 번째 질문을 들을 때 어떤 사람이 언제 무엇을 해야 하는지 질문의 요지를 잘 듣도록 하자. 그리고 질문에서 요구하는 부분에만 초점을 맞춰 대화문을 듣고 정답을 고르자.

문제 흐름

❶ **상황을 설명하는 문장과 질문**이 나온다.
❷ **본문**이 나온다.
❸ **질문**이 나온다.

*문제 용지에는 선택지가 적혀 있다.

질문유형 예시

상황 설명문

洋服の店で店長と女の店員が話しています。
옷 가게에서 점장과 여자 점원이 이야기하고 있습니다.
旅行会社で女の人と課長が見積書について話しています。
여행 회사에서 여자와 과장이 견적서에 대해서 이야기하고 있습니다.

❶ 이다음에 무엇을 해야 하는지 묻는 문제

女の人は**このあとまず何を**しなければなりませんか。
여자는 이후 먼저 무엇을 하지 않으면 안 됩니까?
男の人は**最初に何を**しなければなりませんか。
남자는 맨 처음 무엇을 하지 않으면 안 됩니까?
男の職員は**このあと何を**しますか。
남자 직원은 이후 무엇을 합니까?
女の学生は**今日中に何を**しますか。
여자 학생은 오늘 중으로 무엇을 합니까?
女の部長は**このあとまずどう**しますか。
여자 부장은 이후 먼저 어떻게 합니까?

❷ 다른 구체적인 정보나 순서를 묻는 문제

女の職員はポスターを**どのように改善**しますか。
여자 직원은 포스터를 어떻게 개선합니까?
男の人は資料を**どのように修正**しますか。
남자는 자료를 어떻게 수정합니까?
女の人は**これから新たに何を**することにしましたか。
여자는 이제부터 새롭게 무엇을 하기로 했습니까?
参加者は**このあとまず何に参加**しますか。
참가자는 이후 먼저 무엇에 참가합니까?

문제유형 예시

기본 버전 MP3

배속 버전 MP3

もんだい
問題1

問題1では、まず質問を聞いてください。それから話を聞いて、問題用紙の1から4の中から、最もよいものを一つ選んでください。

1番

🎧 과제이해_문제유형_예시.mp3

1　運送会社に問い合わせをする
2　予備のサンプルを発送する
3　荷物の紛失を記録する
4　大阪支店に電話する

문제 1 문제1에서는, 먼저 질문을 들어주세요. 그리고 이야기를 듣고, 문제 용지의 1부터 4 중에서, 가장 알맞은 것을 하나 고르세요.

정답 ①

해석

会社で課長と男の人が話をしています。男の人はこのあとまず何をしますか。

F：大阪支店に送った荷物がまだ到着していないみたい。その中にサンプル家電が入ってるんだけど、どうなっているのか把握してる？
M：いいえ、詳細はまだ確認できていません。先日の台風の影響で物流サービスが遅れているのかもしれません。それとも間違った場所に配送されている可能性もあります。

회사에서 과장과 남자가 이야기하고 있습니다. 남자는 이후 먼저 무엇을 합니까?

F：오사카 지점에 보냈던 짐이 아직 도착하지 않은 것 같아. 그 안에 샘플 가전이 들어있는데, 어떻게 되고 있는 건지 파악하고 있어?
M：아니요, 자세한 내용은 아직 확인하지 못하고 있습니다. 얼마 전 태풍의 영향으로 물류 서비스가 늦어지고 있는 것일지도 모릅니다. 아니면 잘못된 장소에 배송되어 있을 가능성도 있습니다.

F : 今週中に荷物が届かないと困るんだよね。早く運送会社に連絡してもらえる？予備のサンプルもあるから、もし荷物が紛失していたら、再度発送しないといけないね。
M : はい、分かりました。運送会社に連絡してみます。紛失していたら、予備のサンプルを送る手続きをします。
F : あと大阪支店にも荷物の詳細を連絡しておいて。
M : 分かりました。

男の人はこのあとまず何をしますか。
1 運送会社に問い合わせをする
2 予備のサンプルを発送する
3 荷物の紛失を記録する
4 大阪支店に電話する

F : 이번 주 중에 짐이 도착하지 않으면 곤란해. 빨리 운송 회사에 연락해 줄 수 있어? 예비 샘플도 있으니까 만약 짐이 분실되었으면 다시 발송하지 않으면 안 되겠네.
M : 네, 알겠습니다. 운송 회사에 연락해 보겠습니다. 분실되어 있으면 예비 샘플을 보내는 수속을 하겠습니다.
F : 그리고 오사카 지점에도 짐의 자세한 내용을 연락해 둬.
M : 알겠습니다.

남자는 이후 먼저 무엇을 합니까?
1 운송회사에 문의를 한다
2 예비 샘플을 발송한다
3 짐의 분실을 기록한다
4 오사카 지점에 전화한다

| 해설 | 오사카 지점에 보냈던 샘플 가전이 태풍의 영향 또는 잘못된 배송으로 인해 아직 도착하지 않고 있는 상황에서 여자가 今週中に荷物が届かないと困るんだよね。早く運送会社に連絡してもらえる？(이번 주 중에 짐이 도착하지 않으면 곤란해. 빨리 운송 회사에 연락해 줄 수 있어?)라고 부탁했다. 이 부탁에 대해서 남자가 알겠다고 했으므로 1번이 정답이다. 짐이 분실되었을 경우에 예비 샘플을 발송한다고 했으므로 2번은 정답이 아니고, 짐이 분실되었는지 아직 확실하지 않으므로 3번도 정답이 아니다. 운송 회사에 연락한 뒤에 오사카 지점에 연락한다고 했으므로 4번도 정답이 아니다.

| 단어 | サンプル 샘플, 견본 | 家電(かでん) 가전 | 把握(はあく) 파악 | 詳細(しょうさい) 상세, 자세한 내용 | 影響(えいきょう) 영향 | 物流(ぶつりゅう) 물류 | 配送(はいそう) 배송 | 運送(うんそう) 운송 | 予備(よび) 예비 | 紛失(ふんしつ) 분실 | 再度(さいど) 재차, 다시 | 手続(てつづ)き 수속, 절차

실전 연습 문제

問題1

問題1では、まず質問を聞いてください。それから話を聞いて、問題用紙の1から4の中から、最もよいものを一つ選んでください。

1番

1. 観光スポットを探す
2. 宿泊施設の候補を絞る
3. ホテルの人と打ち合わせをする
4. 他社の類似ツアーを調べる

2番

1 シフトの一覧表を作成する
2 ミーティングの進行をする
3 スケジュール表を作成する
4 大学に店を出す申し込みをする

3番

1 クリスマス会の中止を参加者に伝える
2 出演者に出演時間の延長を依頼する
3 代わりの出演者を探す
4 クリスマス会の計画を立て直す

4番

1　イタリア料理の歴史を学ぶ
2　原材料の説明を聞く
3　基本的なパスタの作り方を見る
4　パスタを調理する

5番

1　参加者を募集する
2　面談の質問をまとめる
3　データの入力方法を教える
4　ミーティングの準備をする

6番

1 大学に補助金を申請する
2 スポンサー企業を探す
3 ウェブキャンペーンで寄付を行う
4 他の大学の資金調達の仕方を調べる

7番

1 お客様に挨拶する
2 お客様を席まで案内する
3 メニューを渡す
4 オーダーを声に出して読む

8番

1 汚れを落とす成分を向上させる
2 香りを抑える
3 柔らかく仕上がる成分を増やす
4 水に溶けやすくする

9番

1 売れ行きを確認する
2 新刊の陳列を整理する
3 新刊の紹介文を完成する
4 話題作をチェックする

10番

1 のせる写真を変更する
2 読者の興味を引く文に変える
3 表紙の文字の色を直す
4 表紙の文句の書体を変更する

11番

1 大学院の志望動機
2 進学希望の大学院の詳細
3 学部での研究資料
4 大学院指定のテンプレート

12番

1 電子レンジの中に食材のカスが残っているか見る
2 電子レンジの内部をきれいに掃除する
3 お皿に水を入れて電子レンジで温める
4 臭いが残っているか確かめる

13番

1 洗浄力と香りを改善する
2 価格と量を見直す
3 商品テストを行う
4 SNSを活用して販売を促進する

14番

🎧 과제이해_실전연습문제_14번.mp3

1　木を植える
2　土砂の撤去作業をする
3　池のさくを補修する
4　展望台の掃除をする

15番

🎧 과제이해_실전연습문제_15번.mp3

1　再発行の手続きをする
2　臨時カードをもらう
3　身分証明書を取りに行く
4　予約した本を受け取る

해설집 p.109~120

청해 집중 공략

문제 2 포인트이해

포인트이해는 두 사람의 대화 또는 한 사람의 음성을 듣고 질문에서 요구하는 핵심 포인트를 파악해서 정답을 고르는 문제로 총 6문제가 출제된다. 질문으로는 이유나 목적, 무엇이 중요한지, 무엇이 가장 ~한지를 묻는 문제가 많다. 그리고 무엇(何), 어떤(どのような・どんな・どういう), 어떻게(どのように) 등과 같은 의문사가 사용되어 질문 형태가 다양하다.

이렇게 풀자

첫 질문이 나올 때에 질문에서 요구하는 것이 무엇인지 잘 듣도록 하자. 포인트이해 문제는 선택지 읽는 시간이 주어지기 때문에 그 시간동안 선택지를 정확하게 읽고 내용을 잘 파악해야 한다. 그 후 본문을 들으면서 질문의 요지에 맞는 포인트만을 잘 캐치하여 듣고, 정답을 고르면 된다. 또한 이야기에서 구체적인 정보가 나올 경우는 꼼꼼히 메모를 하면서 듣는 습관을 기르도록 하자.

문제 흐름

❶ **상황을 설명하는 문장과 질문**이 나온다.
❷ **선택지를 읽는 시간(20초)**이 주어진다.
❸ **본문**이 나온다.
❹ **질문**이 나온다.

* 문제 용지에는 선택지가 적혀 있다.

질문유형 예시

상황 설명문

大学(だいがく)で男(おとこ)の学生(がくせい)と女(おんな)の学生(がくせい)が選挙(せんきょ)について話(はな)しています。
대학에서 남자 학생과 여자 학생이 선거에 대해서 이야기하고 있습니다.

病院(びょういん)でレポーターが院長(いんちょう)にロボットの導入(どうにゅう)についてインタビューしています。
병원에서 리포터가 원장에게 로봇 도입에 대해서 인터뷰하고 있습니다.

❶ 이유나 목적을 묻는 문제

監督(かんとく)は**どうして**優勝(ゆうしょう)できたと言(い)っていますか。
감독은 왜 우승할 수 있었다고 말하고 있습니까?

女(おんな)の人(ひと)が相撲(すもう)を見(み)に行(い)く**一番(いちばん)の理由(りゆう)**は何(なん)ですか。
여자가 스모를 보러 가는 가장 큰 이유는 무엇입니까?

男(おとこ)の人(ひと)は会社(かいしゃ)がこの試験(しけん)を行(おこな)う**目的(もくてき)**は何(なん)だと言(い)っていますか。
남자는 회사가 이 시험을 실시하는 목적은 무엇이라고 말하고 있습니까?

❷ 다른 의문사를 사용한 문제

講師(こうし)は客(きゃく)の信頼(しんらい)を得(え)るには、**何(なに)**が一番重要(いちばんじゅうよう)だと言(い)っていますか。
강사는 손님의 신뢰를 얻기 위해서는 무엇이 가장 중요하다고 말하고 있습니까?

社長(しゃちょう)は、今年度(こんねんど)、**どのような**人材(じんざい)を採用(さいよう)したいと言(い)っていますか。
사장은 이번 연도 어떠한 인재를 채용하고 싶다고 말하고 있습니까?

店長(てんちょう)は**どんな**絵本(えほん)を子供(こども)に読(よ)んであげるといいと言(い)っていますか。
점장은 어떤 그림 책을 아이들에게 읽어 주면 좋다고 말하고 있습니까?

문제유형 예시

기본 버전 MP3

배속 버전 MP3

問題2

問題2では、まず質問を聞いてください。そのあと、問題用紙のせんたくしを読んでください。読む時間があります。それから話を聞いて、問題用紙の1から4の中から、最もよいものを一つ選んでください。

1番

🎧 포인트이해_문제유형_예시.mp3

1　現場の職人の数が足りないから
2　使用する資材選びに迷っているから
3　取引できるメーカーがないから
4　品質低下の恐れがあるから

문제 2　문제2에서는, 먼저 질문을 들어주세요. 그 후, 문제 용지의 선택지를 읽으세요. 읽을 시간이 있습니다. 그리고 이야기를 듣고, 문제 용지의 1부터 4 중에서, 가장 알맞은 것을 하나 고르세요.

| 정답 |　②

| 해석 |

建設会社で女の人と男の人が話しています。男の人はどうして資料を提出できないと言っていますか。

F：今朝、部長に怒られたんだって？
M：そうなんだよ。新しい補修工事の現場があって、そろそろ施工計画書の提出期限が迫ってるんだけど、まだ資料を提出できていなくて。
F：どうかしたの？

건설 회사에서 여자와 남자가 이야기하고 있습니다. 남자는 왜 자료를 제출할 수 없다고 말하고 있습니까?

F：오늘 아침 부장님한테 혼났다면서?
M：맞아, 새로운 보수공사 현장이 있어서 슬슬 시공계획서의 제출 기한이 다가오는데, 아직 자료를 제출못 하고 있어서.
F：무슨 일 있었어?

M：実は、補修の仕上げで使う資材の価格が上昇してて、このままじゃ会社の利益を出せないかもしれないんだ。
F：計画書が通ったらすぐに工事に取り掛かるんでしょ？代わりに使える材料はあるの？
M：うん、取引できるメーカー会社まで確保しといたけど、切り替えることになるとそれを取り扱える職人が少なくなるみたい。職人探しにも時間がかかりそうだしもう頭がごちゃごちゃだよ。
F：なるほど、確かに低予算の工事だったし、色々考えなきゃいけないね。しかも、他の材料を使うことで品質が落ちたら大問題だもんね。
M：そう。とりあえず、もう一度資材メーカーに問い合わせてみるよ。まとめて一括で購入したら少しでも安くしてくれるかもしれないし。
F：うまくいくといいね。

男の人はどうして資料を提出できないと言っていますか。
1 現場の職人の数が足りないから
2 使用する資材選びに迷っているから
3 取引できるメーカーがないから
4 品質低下の恐れがあるから

M : 사실은 보수 마감에 사용할 자재의 가격이 상승하고 있어서 이대로는 회사의 이익을 내지 못할 수도 있거든.
F : 계획서가 통과하면 바로 공사에 착수하는 거지? 대신 사용할 수 있는 재료는 있어?
M : 응, 거래할 수 있는 제조 회사까지 확보해 두었는데, 바꾸게 되면 그걸 취급할 수 있는 장인이 적어지는 것 같아. 장인 찾기에도 시간이 걸릴 것 같고 벌써 머리가 뒤죽박죽이야.
F : 그렇구나, 확실히 저예산 공사였고 여러 가지 생각하지 않으면 안 되겠네. 게다가 다른 재료를 사용하는 것으로 품질이 떨어지면 큰 문제지?
M : 맞아. 우선 다시 한번 자재 제조 회사에 문의해 볼게. 다 합해서 일괄로 구입하면 조금이라도 싸게 해줄지도 모르고.
F : 잘되면 좋겠네.

남자는 왜 자료를 제출할 수 없다고 말하고 있습니까?
1 현장의 장인 수가 부족하기 때문에
2 사용할 자재 선택에 망설이고 있기 때문에
3 거래할 수 있는 제조 회사가 없기 때문에
4 품질 저하의 우려가 있기 때문에

|해설| 남자가 補修의 仕上げ로 使う 資材의 価格이 上昇하고 있어서, 이대로는 会社의 利益을 내지 못할 수도 있겠는 だ.(보수 마감에 사용할 자재의 가격이 상승하고 있어서 이대로는 회사의 이익을 내지 못할 수도 있거든.)라고 말하며 그 대신 사용할 수 있는 재료와 제조 회사는 확보해 뒀지만 장인을 찾는 데에는 시간이 걸릴 것 같아서 고민 중이라고 했으므로 2번이 정답이다. 대신 사용할 자제를 취급할 수 있는 장인이 적어진다고 한 것은 자재를 바꾸게 되었을 때 생각해야되는 문제이므로 1번은 정답이 아니고, 거래할 수 있는 제조 회사는 이미 확보해 두었다고 했으므로 3번도 정답이 아니다. 품질 저하 우려는 여자가 이야기했으므로 4번도 정답이 아니다.

|단어| 補修(ほしゅう) 보수 | 現場(げんば) 현장 | 施工(しこう) 시공 | 期限(きげん) 기한 | 迫(せま)る 다가오다, 육박하다 | 仕上(しあ)げ 마무리, 완성, (끝)마감 | 資材(しざい) 자재 | 上昇(じょうしょう) 상승 | 利益(りえき) 이익 | 通(とお)る 통하다 | 取(と)り掛(か)かる 착수하다 | 材料(ざいりょう) 재료 | 取引(とりひき) 거래 | メーカー 메이커, 제조 회사 | 確保(かくほ) 확보 | 切(き)り替(か)える 새로 바꾸다, 전환하다 | 取(と)り扱(あつか)う 다루다, 취급하다 | 職人(しょくにん) 장인 | ごちゃごちゃ 뒤섞인 모양, 뒤죽박죽 | 品質(ひんしつ) 품질 | 一括(いっかつ) 일괄 | 購入(こうにゅう) 구입 | 恐(おそ)れ 우려

問題2

問題2では、まず質問を聞いてください。そのあと、問題用紙のせんたくしを読んでください。読む時間があります。それから話を聞いて、問題用紙の1から4の中から、最もよいものを一つ選んでください。

1番

1 語学能力が優れている人
2 現場ですぐ仕事をこなせる人
3 周りの個々人に配慮できる人
4 会社と一緒に成長できる人

2番

1 外の録音に適した音質だから
2 他の機器との互換性が良いから
3 気軽に買える価格だから
4 サイズが選べるから

3番

1 問題解決の意識を向上させること
2 世代間の思考のギャップを減らすこと
3 自然に話し合うムードを演出すること
4 普段の業務では接したことない体験をすること

4番

1 時期に合った食材を使用したほうがいい
2 仕入れる食材の量を抑えたほうがいい
3 料理の価格を引き上げたほうがいい
4 ターゲットに適した空間づくりをしたほうがいい

5番

1 温かみのあるデザイン
2 機械によるチケットの購入
3 デバイスを使用した鑑賞方法
4 館内の写真撮影ができる点

6番

1 もっと写真を大きくしたほうがいい
2 商品の特徴は簡潔にしたほうがいい
3 テーマの色を見直したほうがいい
4 見出しの部分を変えたほうがいい

7番

1 リズム感を鍛える
2 もう少し声量を上げる
3 音程を安定させる
4 歌に感情を込める

8番

1 野球の知識を得ること
2 好きなチームを応援すること
3 溜まったストレスを発散すること
4 様々な料理や飲み物が楽しめること

9番

1 川に月光がきれいに差し込むから
2 川が月の形をしているから
3 昔月見団子の店が並んでいたから
4 橋の名前を由来にしたから

10番

1 簡単に制作できる点
2 制作費が抑えられる点
3 世代を超えて人気が得られる点
4 シリーズ化ができる点

11番

1 匂いの強さを抑えること
2 外観を考え直すこと
3 広告テーマを変えること
4 価格を下げること

12番

1 賞を受賞したかったから
2 おもしろい製品を作りたかったから
3 朝の眠気を覚ましたかったから
4 発電の原理を理解してもらいたかったから

13番

1 ポイント付与サービス
2 オンラインによる販売
3 商品の無料配送サービス
4 サイズ変更の無料対応

14番

1 メンバーが足りないこと
2 ゴミ捨てを事前に防ぐこと
3 看板の設置が難しいこと
4 自治体と協力すること

15番

1 友達と仕事と関係のない会話をする
2 簡単な運動で体を動かす
3 芸術作品を鑑賞する
4 参考になる建物を探す

16番
ばん

🎧 포인트이해_실전연습문제_16번.mp3

1 カメラの各部分の名前
　　　かくぶぶん　なまえ

2 レンズのいろんな種類
　　　　　　　　　しゅるい

3 光の調整方法
　　ひかり　ちょうせいほうほう

4 撮影時のアングルの位置
　　さつえいじ　　　　　　　　いち

해설집 p.120~133

청해 집중 공략

문제 3 개요이해

개요이해는 한 사람의 음성 또는 두 사람의 대화를 듣고 이야기하는 사람의 주장이나 생각, 의견을 파악하여 정답을 고르는 문제로 총 5문제가 출제된다. 문제지에 아무것도 나와있지 않고 질문과 선택지 모두 음성으로만 나오기 때문에 난이도가 높다. 질문으로는 주로 무엇에 대해서 이야기 하고 있는지, 말하고 싶은 것이 무엇인지, 어떤 주제에 대해서 어떻게 생각하고 있는지, 테마가 무엇인지 등 이야기 전체의 내용의 개요를 묻는 문제가 많다.

이렇게 풀자

질문과 선택지는 마지막에 단 한 번만 음성으로 나오기 때문에 집중해서 잘 들어야 한다. 질문은 구체적인 부분을 묻는 것이 아닌 본문 내용의 주제와 말하는 이의 주장이나 의견을 묻는 문제가 주로 출제된다. 그러므로 이야기의 전체적인 흐름을 잘 이해하면서 듣도록 하자.

문제 흐름

① **상황을 설명하는 문장**이 나온다.
② **본문**이 나온다
③ **질문**이 나온다.
④ **선택지(4개)**가 나온다.

질문과 선택지는 음성으로만 나온다는 점에 유의하자.
*문제 용지에는 아무것도 적혀 있지 않다.

질문유형 예시

상황 설명문

ラジオで専門家が車の自動走行について話しています。
라디오에서 전문가가 자동차의 자율주행에 대해서 이야기하고 있습니다.

テレビで男のアナウンサーと教育評論家が話しています。
텔레비전에서 남자 아나운서와 교육 평론가가 이야기하고 있습니다.

テレビでレポーターが市役所の男の人にインタビューしています。
텔레비전에서 리포터가 시청 남자에게 인터뷰하고 있습니다.

❶ 전체 내용의 개요를 묻는 문제

研究家はこの恐竜の**何について話していますか**。 연구가는 이 공룡의 무엇에 대해서 이야기하고 있습니까?

アナウンサーは**主に何について話していますか**。 아나운서는 주로 무엇에 대해서 이야기하고 있습니까?

議員が**言いたいことは何ですか**。 의원이 말하고 싶은 것은 무엇입니까?

作詞家が**伝えたいことは何ですか**。 작사가가 전하고 싶은 것은 무엇입니까?

社長は方言について**どのように考えていますか**。 사장은 방언에 대해서 어떻게 생각하고 있습니까?

講師の**話のテーマは何ですか**。 강사의 이야기의 테마는 무엇입니까?

問題3

問題3では、問題用紙に何も印刷されていません。この問題は、全体としてどんな内容かを聞く問題です。話の前に質問はありません。まず話を聞いてください。それから、質問とせんたくしを聞いて、1から4の中から、最もよいものを一つ選んでください。

―メモ―

문제 3 문제3에서는, 문제 용지에 아무것도 인쇄되어 있지 않습니다. 이 문제는, 전체로서 어떤 내용인지를 듣는 문제입니다. 이야기 전에 질문은 없습니다. 먼저 이야기를 들어주세요. 그리고, 질문과 선택지를 듣고, 1부터 4 중에서, 가장 알맞은 것을 하나 고르세요.

정답 ①

해석

テレビでアナウンサーが話しています。

F：昨日午後5時ごろ、お寺の敷地内に野生の熊が現れ、一時入場が制限されるなど大騒ぎになりました。今日12時現在、熊は捕獲されておらず、警察は敷地内の人を避難させ、周辺のパトロールを強化しています。寺の関係者によりますと、熊は体長3mほどで、興奮した様子はなく、駐車場や庭園などを30分ほど駆け回ったあと、北東方向の山へ移動したということで、けが人はいませんでした。アメリカから観光に来た40代の女性は、熊が住んでいるというのは知っていたが、思った以上に大きかったので驚いたと話しています。

アナウンサーは何について話していますか。
1 寺の敷地内の熊出現について
2 野生動物に対するパトロールの対応について
3 熊が現れた時の避難経路について
4 熊をみた外国人観光客の反応について

텔레비전에서 아나운서가 이야기하고 있습니다.

F : 어제 오후 5시경, 절 부지 내에 야생 곰이 나타나서 일시적으로 입장이 제한되는 등 큰 소동이 있었습니다. 오늘 12시 현재, 곰은 포획되지 않았으며 경찰은 부지 내의 사람을 피난시키고 주변 순찰을 강화하고 있습니다. 절의 관계자에 따르면 곰은 몸길이 3m정도로 흥분한 모습은 없고 주차장이나 정원 등을 30분 정도 뛰어다닌 뒤 북동 방향의 산으로 이동했다고 하며 다친 사람은 없었습니다. 미국에서 관광으로 온 40대 여성은 곰이 살고 있다는 것은 알고 있었지만, 생각했던 것보다 컸기 때문에 놀랐다고 이야기하고 있습니다.

아나운서는 무엇에 대해서 이야기하고 있습니까?
1 절 부지 내의 곰 출현에 대해서
2 야생동물에 대한 순찰 대응에 대해서
3 곰이 나타났을 때의 피난 경로에 대해서
4 곰을 본 외국인 관광객의 반응에 대해서

해설 아나운서가 お寺の敷地内に野生の熊が現れ、一時的に入場が制限されるなど大騒ぎになりました。(절 부지 내에 곰이 나타나서 일시적으로 입장이 제한되는 등 큰 소동이 있었습니다.)라고 말하며 절 안에 곰이 출현한 사건에 대해서 언급하고 있으므로 1번이 정답이다. 곰이 포획되지 않아서 순찰을 강화했다고 했지만 야생동물에 대한 순찰을 이야기한 것이 아니므로 2번은 정답이 아니고, 곰이 나타났을 때의 피난 경로에 대해서는 언급이 없으므로 3번도 정답이 아니다. 미국인 관광객의 인터뷰 내용이 다뤄져 있긴 하지만 주된 내용이 아니므로 4번도 정답이 아니다.

단어 敷地(しきち) 부지 | 野生(やせい) 야생 | 熊(くま) 곰 | 現(あらわ)れる 나타나다 | 一時的(いちじてき)に 일시적으로 | 制限(せいげん) 제한 | 大騒(おおさわ)ぎ 대소동, 큰 소동 | 捕獲(ほかく) 포획 | 避難(ひなん) 피난 | 周辺(しゅうへん) 주변 | パトロール 순찰 | 強化(きょうか) 강화 | 体長(たいちょう) 동물의 몸길이 | 興奮(こうふん) 흥분 | 様子(ようす) 모양, 상태, 상황 | 庭園(ていえん) 정원 | 駆(か)け回(まわ)る 이리저리 뛰어다니다 | 北東(ほくとう) 북동 | けが人(にん) 다친 사람, 부상자 | 出現(しゅつげん) 출현 | 対応(たいおう) 대응 | 経路(けいろ) 경로 | 反応(はんのう) 반응

問題3

 기본 버전 MP3
 배속 버전 MP3

問題3では、問題用紙に何も印刷されていません。この問題は、全体としてどんな内容かを聞く問題です。話の前に質問はありません。まず話を聞いてください。それから、質問とせんたくしを聞いて、1から4の中から、最もよいものを一つ選んでください。

―メモ―

1 🎧 개요이해_실전연습문제_1번.mp3

2 🎧 개요이해_실전연습문제_2번.mp3

3 🎧 개요이해_실전연습문제_3번.mp3

| 4 | 🎧 개요이해_실전연습문제_4번.mp3 |

| 5 | 🎧 개요이해_실전연습문제_5번.mp3 |

| 6 | 🎧 개요이해_실전연습문제_6번.mp3 |

| 7 | 🎧 개요이해_실전연습문제_7번.mp3 |

8　🎧 개요이해_실전연습문제_8번.mp3

9　🎧 개요이해_실전연습문제_9번.mp3

10　🎧 개요이해_실전연습문제_10번.mp3

11　🎧 개요이해_실전연습문제_11번.mp3

12　　🎧 개요이해_실전연습문제_12번.mp3

13　　🎧 개요이해_실전연습문제_13번.mp3

14　　🎧 개요이해_실전연습문제_14번.mp3

15　　🎧 개요이해_실전연습문제_15번.mp3

해설집 p.133~143

청해 집중 공략

문제 4 즉시응답

즉시응답은 두 사람의 대화로 구성되어 있으며 대화가 자연스럽게 이어질 수 있도록 나머지 한 사람의 대답을 고르는 문제로 총 11문제가 출제된다. 문제지에 아무것도 나와있지 않으며 음성만을 듣고 문제를 골라야 한다. 또한 빠른 템포로 문제가 이어지기 때문에 순간 집중력과 빠른 판단이 요구된다.

이렇게 풀자

AB형식의 짧은 대화이기 때문에 첫 번째 말하는 사람의 말을 잘 듣고 짧은 순간에 상황을 잘 파악해야 한다. 그리고 이어지는 3개의 선택지 중 올바른 대답을 골라야 한다. 헷갈리는 문제가 나오는 경우라도 고민할 시간이 없기 때문에 정답을 마킹 후, 바로 다음 문제를 들을 준비를 하는 것이 좋다. 그래야 다음 문제를 놓치지 않을 수 있다.
*경어와 회화체가 많이 출제되는 경향이 있으니 평소에 꾸준히 경어와 회화체에 익숙해지도록 학습해 두도록 하자.

문제 흐름

❶ **한 사람의 말**이 나온다.
❷ **선택지(3개)**가 나온다.

모두 음성으로만 나온다는 점에 유의하자.
*문제 용지에는 아무것도 적혀 있지 않다.

문제유형 예시

もんだい
問題4

問題4では、問題用紙に何も印刷されていません。まず文を聞いてください。それから、それに対する返事を聞いて、1から3の中から、最もよいものを一つ選んでください。

🎧 즉시응답_문제유형_예시.mp3

ーメモー

문제 4 문제4에서는, 문제 용지에 아무것도 인쇄되어 있지 않습니다. 먼저 문장을 들어 주세요. 그리고, 그것에 대한 대답을 듣고, 1부터 3 중에서, 가장 알맞은 것을 하나 고르세요.

정답 ①

해석

木村君、来月の新年会、参加するかどうか締め切りまでに前もって教えてね。 1 ごめん、締め切りっていつまでだっけ？ 2 えっ、もう締め切り過ぎてたの？ 3 いやあ、それが順調にいかなくてさ	키무라 군, 다음 달 신년회, 참가할지 어떨지 마감일까지 미리 알려줘. 1 미안, 마감이 언제까지였지? 2 어, 벌써 마감이 지났어? 3 사실 그게 순조롭게 진행되지 않아서 말이야

해설 신년회 참가 여부를 묻는 질문에 대한 대답을 고르는 문제이다. 언제까지 마감인지 물은 1번이 정답이다. 2번은 벌써 마감이 지났는지 되묻는 대답이므로 정답이 아니고, 3번은 작업이 순조롭게 진행이 되지 않는다고 이야기하는 대답이므로 정답이 아니다.

단어 新年会(しんねんかい) 신년회 | 締(し)め切(き)り 마감 | 前(まえ)もって 미리, 앞서 | 順調(じゅんちょう)に 순조롭게

問題4

問題4では、問題用紙に何も印刷されていません。まず文を聞いてください。それから、それに対する返事を聞いて、1から3の中から、最もよいものを一つ選んでください。

―メモ―

| 1 | 🎧 즉시응답_실전연습문제_1번.mp3 |

| 2 | 🎧 즉시응답_실전연습문제_2번.mp3 |

| 3 | 🎧 즉시응답_실전연습문제_3번.mp3 |

| 4 | 🎧 즉시응답_실전연습문제_4번.mp3 |

| 5 | 🎧 즉시응답_실전연습문제_5번.mp3 |

| 6 | 🎧 즉시응답_실전연습문제_6번.mp3 |

| 7 | 🎧 즉시응답_실전연습문제_7번.mp3 |

| 8 | 🎧 즉시응답_실전연습문제_8번.mp3 |

| 9 | 🎧 즉시응답_실전연습문제_9번.mp3 |

| 10 | 🎧 즉시응답_실전연습문제_10번.mp3 |

| 11 | 🎧 즉시응답_실전연습문제_11번.mp3 |

| 12 | 🎧 즉시응답_실전연습문제_12번.mp3 |

| 13 | 🎧 즉시응답_실전연습문제_13번.mp3 |

| 14 | 🎧 즉시응답_실전연습문제_14번.mp3 |

| 15 | 🎧 즉시응답_실전연습문제_15번.mp3 |

| 16 | 🎧 즉시응답_실전연습문제_16번.mp3 |

| 17 | 🎧 즉시응답_실전연습문제_17번.mp3 |

| 18 | 🎧 즉시응답_실전연습문제_18번.mp3 |

| 19 | 🎧 즉시응답_실전연습문제_19번.mp3 |

| 20 | 🎧 즉시응답_실전연습문제_20번.mp3 |

| 21 | 🎧 즉시응답_실전연습문제_21번.mp3 |

| 22 | 🎧 즉시응답_실전연습문제_22번.mp3 |

| 23 | 🎧 즉시응답_실전연습문제_23번.mp3 |

24	즉시응답_실전연습문제_24번.mp3
25	즉시응답_실전연습문제_25번.mp3
26	즉시응답_실전연습문제_26번.mp3
27	즉시응답_실전연습문제_27번.mp3
28	즉시응답_실전연습문제_28번.mp3
29	즉시응답_실전연습문제_29번.mp3
30	즉시응답_실전연습문제_30번.mp3
31	즉시응답_실전연습문제_31번.mp3
32	즉시응답_실전연습문제_32번.mp3
33	즉시응답_실전연습문제_33번.mp3
34	즉시응답_실전연습문제_34번.mp3

35 🎧 즉시응답_실전연습문제_35번.mp3

36 🎧 즉시응답_실전연습문제_36번.mp3

37 🎧 즉시응답_실전연습문제_37번.mp3

38 🎧 즉시응답_실전연습문제_38번.mp3

39 🎧 즉시응답_실전연습문제_39번.mp3

40 🎧 즉시응답_실전연습문제_40번.mp3

41 🎧 즉시응답_실전연습문제_41번.mp3

42 🎧 즉시응답_실전연습문제_42번.mp3

43 🎧 즉시응답_실전연습문제_43번.mp3

44 🎧 즉시응답_실전연습문제_44번.mp3

해설집 p.143~153

> 청해 집중 공략

문제 5 통합이해

통합이해는 세 사람의 대화에서 최종 결정된 내용을 고르는 문제가 1문제, 한 사람이 어떤 주제에 대해서 설명하는 안내문이나 소개를 들은 후 이어지는 두 사람의 대화를 듣고 두 사람이 각각 선택한 것이나 두 사람이 모두 함께 선택한 것을 고르는 문제가 2문제 출제된다.

이렇게 풀자

음성이 다소 길고 질문이 마지막에 나오기 때문에 중요한 포인트는 메모하면서 듣는 것이 좋다.

문제 흐름

문제 유형 1 　세 사람의 대화

세 사람의 대화에서는 중간에 제시되는 의견이 각각 긍정적인 반응인지 부정적인 반응인지 잘 파악하는 것이 중요하다. 또한 보통 최종 결정자(상사나 가장 높은 지위의 사람)가 마지막에 한 번 더 결정된 사항을 정리해주는 경우가 있기 때문에 마지막 문장도 놓치지 않고 듣도록 하자.

문제 유형 2 　한 사람의 음성 후, 두 사람의 대화

우선 한 사람의 음성에서 선택지의 단어를 언급하면서 각각의 정보를 이야기한다. 이때 대략적인 내용보다는 상세 내용과 중요 포인트를 꼼꼼히 메모하며 들어야 정답을 잘 찾을 수 있다. 두 사람의 대화에서는 직접적인 선택지 언급이 없기 때문에 메모해둔 각각의 정보를 통합하여 정답을 고르면 된다.

문제 흐름

문제 유형1   세 사람 또는 최종 결정한 내용을 고르는 문제

❶ **상황을 설명하는 문장**이 나온다.

❷ **본문**이 나온다.

❸ **질문**이 나온다.

❹ **선택지(4개)**가 나온다.

질문과 선택지는 음성으로만 나온다는 점에 유의하자. 선택지는 본문에서 언급한 문장으로 구성되어 있다.
***문제 용지에는 아무것도 적혀 있지 않다.**

문제 유형2   남녀 각각 또는 두 사람이 함께 어떤 것을 선택하는지 고르는 문제

❶ **상황을 설명하는 문장**이 나온다.

❷ **한 사람의 이야기**가 나온다.

❸ **두 사람의 대화**가 나온다.

❹ **질문1과 질문2**가 순서대로 나온다.

선택지는 본문에서 언급한 명사로 구성되어 있다.
***문제 용지에는 선택지가 적혀 있다.**

질문유형 예시

상황 설명문

会社で部長と社員二人が話しています。 회사에서 부장과 사원 두 명이 이야기하고 있습니다.
市役所で職人三人が話しています。 시청에서 직원 세 명이 이야기하고 있습니다.
ラジオである市の市長が話しています。 라디오에서 어느 시의 시장이 이야기하고 있습니다.
大学で先生の説明を聞いて、女の学生と男の学生が話しています。
대학에서 선생님의 설명을 듣고 여자 학생과 남자 학생이 이야기하고 있습니다.
テレビで動物をテーマにした本を紹介しています。 텔레비전에서 동물을 테마로 한 책을 소개하고 있습니다.

❶ 최종 결정을 묻는 문제

クリニックではまず**どうすることにしましたか**。 클리닉에서는 먼저 어떻게 하기로 했습니까?
売上を伸ばすために**何をすることにしましたか**。 매출을 늘리기 위해서 무엇을 하기로 했습니까?

❷ 한 사람의 선택을 고르는 문제

男の人は**どの**グループを希望しますか。 남자는 어느 그룹을 희망합니까?
女の人は**何番**の景品に応募しますか。 여자는 몇 번 경품에 응모합니까?

❸ 두 사람의 선택을 고르는 문제

二人は来週の週末**どの**山へ行きますか。 두 사람은 다음 주 주말 어느 산에 갑니까?
二人は**どの**講座に参加することにしましたか。 두 사람은 어느 강좌에 참가하기로 했습니까?

문제유형 예시

もんだい
問題5

問題5では、長めの話を聞きます。この問題には練習はありません。
問題用紙にメモをとってもかまいません。

1番

問題用紙に何も印刷されていません。まず話を聞いてください。それから、質問とせんたくしを聞いて、1から4の中から、最もよいものを一つ選んでください。

🎧 통합이해_문제유형_예시_1번.mp3

ーメモー

2番

まず話を聞いてください。それから、二つの質問を聞いて、それぞれ問題用紙の1から4の中から、最もよいものを一つ選んでください。

🎧 통합이해_문제유형_예시_2번.mp3

質問1

1　きらら
2　しずく
3　あかね
4　ゆうな

質問2

1　きらら
2　しずく
3　あかね
4　ゆうな

문제 5 문제5에서는, 긴 이야기를 듣습니다. 이 문제에는 연습은 없습니다. 문제 용지에 메모를 해도 상관없습니다.

1번 문제 용지에 아무것도 인쇄되어 있지 않습니다. 먼저 이야기를 들어 주세요. 그리고, 질문과 선택지를 듣고, 1부터 4중에서, 가장 알맞은 것을 하나 고르세요.

| 해석 |

1番
スポーツジムで店長と店員二人が話しています。

M1：二人も分かっていると思うけど、実は、最近うちの会員が減っててね。ほら、近くの交差点に新しい店ができて、あっちにお客さんが流れちゃったみたいなんだよ。
F：薄々気づいていました。あちらでは多種多様なトレーニング器具が備わっているようですね。うちも新しい器具を増やしましょうよ。
M1：うーん。うちの予算だとある程度は増やせるけど、ジムに全部入れるかな。
F：では、ダイエットやリハビリなど、特定のニーズに焦点を当てたプログラムを実施するのはどうでしょう。
M1：なるほど、専門プログラムか。
M2：何より続けて通うことが初心者には一番重要ですから初心者会員に「ポイント制度」を導入するのはどうですか。毎日運動した時間に応じてポイントを付与しそのポイントで期限を更新するときや運動用品を買うときに現金みたいに使えるようにするんです。
F：それもいいと思うんですけど、最近「機械の使い方がわからない」という意見が多数届いています。ですから、器具の使い方を絵と一緒に載せた説明書を作って貼るのはどうですか。これならお金がかからずに済むと思います。

1번
스포츠 헬스장에서 점장과 점원 두 명이 이야기하고 있습니다.

M1：두 사람도 알고 있다고 생각하지만 실은 최근 우리 회원이 줄고 있어. 봐, 근처 교차점에 새로운 가게가 생겨서 저쪽에 손님이 흘러가 버린 것 같아.
F：어렴풋이 깨닫고 있었어요. 저쪽에서는 다종다양한 트레이닝 기구가 갖추어져 있는 것 같네요. 우리도 새로운 기구를 늘리죠.
M2：어…, 우리 예산이면 어느 정도는 늘릴 수 있지만, 헬스장에 전부 들어갈 수 있을까?
F：그럼 다이어트나 재활치료 등 특정 니즈에 초점을 맞춘 프로그램을 실시하는 것은 어떨까요?
M1：과연, 전문 프로그램인가.
M2：무엇보다 계속해서 다니는 것이 초심자에게는 가장 중요하기 때문에 초심자 회원에게 '포인트 제도'를 도입하는 것은 어떨까요? 매일 운동한 시간에 따라서 포인트를 부여하고 그 포인트로 기한을 갱신할 때나 운동 용품을 살 때에 현금처럼 사용할 수 있도록 하는 것입니다.
F：그것도 좋다고 생각하지만 최근 "기계 사용법을 모르겠다"라는 의견이 다수 와 있어요. 그러니까 기구 사용법을 그림과 함께 실은 설명서를 만들어 붙이는 것은 어떨까요?습니까? 이거라면 돈이 들지 않고 끝난다고 생각해요.

M1：そうだね。あっちはトレーニングに慣れた中級者向けの施設みたいだから、こっちは引き続き初心者層に重点を置いとく方針で行こう。新しいプログラムを設けるには資格がある人を探す必要があるからな。ポイント制度はいい案だからいつかちゃんと話し合ってみよう。

スポーツジムでは、これからどうすることにしましたか。
1 ジムの器具を増やす。
2 専門プログラムを実施する。
3 ポイント制度を導入する。
4 器具の説明書を貼る。

M1 : 그렇네. 저쪽은 트레이닝에 익숙한 중급자용 시설 같으니까 이쪽은 계속 초심자층에 중점을 두는 방침으로 가자. 새로운 프로그램을 마련하기에는 자격이 있는 사람을 찾을 필요가 있으니까 말이지. 포인트 제도는 좋은 안이니까 언젠가 제대로 서로 이야기해 보자.

스포츠 헬스장에서는 이제부터 어떻게 하기로 했습니까?
1 헬스장의 기구를 늘린다.
2 전문 프로그램을 실시한다.
3 포인트 제도를 도입한다.
4 기구 설명서를 붙인다.

| 정답 | ④

| 해설 | 회원을 늘리기 위해서는 어떻게 해야 하는지 의견을 듣는 문제이다. 여자가 器具の使い方を絵と一緒に載せた説明書を作って貼るのはどうですか。これならお金がかからずに済むと思います。(기구의 사용법을 그림과 함께 실은 설명서를 만들어 붙이는 것은 어떤가요? 이거라면 돈이 들지 않고 끝난다고 생각해요.)라고 말했으므로 4번이 정답이다. 기구를 늘릴 수는 있지만 헬스장에 다 들어갈지 모르겠다고 했으므로 1번은 정답이 아니고, 다이어트나 재활치료 등 특정 니즈에 초점을 맞춘 전문 프로그램은 자격증을 갖고 있는 사람을 찾아야 되기 때문에 이번엔 실시하지 않게 되었으므로 2번도 정답이 아니다. 포인트 제도에 대한 의견은 나왔지만 나중에 제대로 이야기를 나눠보자고 했으므로 3번도 정답이 아니다.

| 단어 | 交差点(こうさてん) 교차점 | 薄々(うすうす) 희미하게, 어렴풋이 | 多種多様(たしゅたよう) 다종다양 | 器具(きぐ) 기구 | 備(そな)わる 갖추어지다, 구비되다 | リハビリ 재활치료 | 特定(とくてい) 특정 | ニーズ 니즈, 필요성, 요구 | 焦点(しょうてん) 초점 | 実施(じっし) 실시 | 何(なに)より 무엇보다 | 初心者(しょしんしゃ) 초심자, 초보자 | 制度(せいど) 제도 | 導入(どうにゅう) 도입 | ~に応(おう)じて ~에 따라서, ~에 맞춰서 | 付与(ふよ) 부여 | 更新(こうしん) 갱신 | 済(す)む 완료되다, 끝나다, 해결되다 | ~向(む)けに ~용, 대상(으로) | 施設(しせつ) 시설 | ~層(そう) ~층 | 重点(じゅうてん) 중점 | 方針(ほうしん) 방침 | 設(もう)ける 설치하다, 마련하다 | 案(あん) 안

2번 먼저 이야기를 들어 주세요. 그리고, 2개의 질문을 듣고, 각각 문제 용지의 1부터 4 중에서, 가장 알맞은 것을 하나 고르세요.

| 해석 |

2番
ラジオで柿の生産者の話を聞いて男の人と女の人が話しています。

F1：谷口市は柿の産地として、数多くの品種を育てています。まず「きらら」という品種は秋初めの9月頃に収穫され、硬めの食感と軽い酸味が特徴なので、サラダとしても召し上がれます。続いて「しずく」は10月頃になると店頭に並び始めます。強い歯ごたえと甘さが売りです。「あかね」はサイズこそやや小さいですが、酸味と甘さのバランスがちょうど良くて、柿の香りが強く感じられます。最後に「ゆうな」ですが、12月の年末頃から収穫される品種です。干し柿などの加工に向いており、熟成させると濃厚な甘さが楽しめます。これら全て谷口市農業組合のホームページからお買い求め頂けますので、ぜひご利用ください。

M：へえ、柿ってこんなに種類が多いんだ。お互い好きなの一つずつ選んで予約しようよ。

F2：そうしよう。思ったより色んな食べ方があるんだね。買って試してみたいな。

M：僕は調理しないですぐ口にできるものがいいなと思ってて。しかも、甘いものが好きで濃いめだったらなおさらだよ。

F2：やっぱり柿は甘いものに限るよね。それもいいけど、私は歯ごたえのいいものが好きだから、一つはそれで。

M：うん、いいね。僕はサラダで食べられるっていうのも気になるけど。うーん、でもやっぱり熟成した深い味わいの方がいいなあ。長期間ゆっくり楽しめるのも醍醐味だからね。

F2：ああ、そうだね。楽しみになってきた。

2번
라디오에서 감 생산자의 이야기를 듣고 남자와 여자가 이야기하고 있습니다.

F1：타니구치시는 감의 산지로서 수많은 품종을 기르고 있습니다. 먼저 '키라라'라고 하는 품종은 초가을인 9월경에 수확되며 딱딱한 식감과 가벼운 산미가 특징이기 때문에 샐러드로도 드실 수 있습니다. 이어서 '시즈쿠'는 10월경이 되면 가게 앞에 진열되기 시작합니다. 강한 식감과 단맛이 세일즈 포인트입니다. '아카네'는 사이즈는 약간 작지만 산미와 단맛의 균형이 적당히 좋고 감의 향기를 강하게 느낄 수 있습니다. 마지막으로 '유우나'입니다만, 12월 연말경부터 수확되는 품종입니다. 곶감 등의 가공에 적합하며 숙성시키면 농후한 단맛을 즐길 수 있습니다. 이것들 전부 다니구치시 농업조합의 홈페이지에서 구매하실 수 있으니 꼭 이용해 주세요.

M：와, 감은 이렇게 종류가 많구나. 서로 좋아하는 것을 하나씩 골라서 예약하자.

F2：그러자. 생각보다 다양한 먹는 법이 있네. 사서 시도해 보고 싶어.

M：나는 조리하지 않고 바로 먹을 수 있는 것이 좋다고 생각하고 있어서. 게다가 단것을 좋아해서 진하면 더 좋아.

F2：역시 감은 단 게 최고지. 그것도 좋지만 나는 식감이 좋은 걸 좋아하니까 하나는 그걸로.

M：응, 좋네. 난 샐러드로 먹을 수 있다는 것도 궁금한데. 어…, 하지만 역시 숙성된 깊은 맛 쪽이 좋은 걸. 장기간 천천히 즐길 수 있는 것도 묘미니까.

F2：아, 그렇네. 기대가 되기 시작했어.

<ruby>質問<rt>しつもん</rt></ruby>1 <ruby>女<rt>おんな</rt></ruby>の<ruby>人<rt>ひと</rt></ruby>はどの<ruby>柿<rt>かき</rt></ruby>を<ruby>選<rt>えら</rt></ruby>びましたか。 1 きらら **2 しずく** 3 あかね 4 ゆうな	질문1 여자는 어떤 감을 선택했습니까? 1 키라라 **2 시즈쿠** 3 아카네 4 유우나
<ruby>質問<rt>しつもん</rt></ruby>2 <ruby>男<rt>おとこ</rt></ruby>の<ruby>人<rt>ひと</rt></ruby>はどの<ruby>柿<rt>かき</rt></ruby>を<ruby>選<rt>えら</rt></ruby>びましたか。 1 きらら 2 しずく 3 あかね **4 ゆうな**	질문2 남자는 어떤 감을 선택했습니까? 1 키라라 2 시즈쿠 3 아카네 **4 유우나**

정답 질문1 ② 질문2 ④

해설 질문1 여자가 어떤 감을 선택한지를 묻는 문제이다. 여자는 라디오에서 소개된 4종류의 감에 대한 설명을 듣고 やっぱり柿は甘いものに限るよね。それもいいけど、私は歯ごたえのいいものが好きだから、一つはそれで。(역시 감은 단 게 최고지? 그것도 좋지만 나는 식감이 좋은 걸 좋아하니까 하나는 그걸로.)라고 말했으므로 강한 식감과 단맛이 세일즈 포인트인 시즈쿠인 것을 알 수 있다. 따라서 2번이 정답이다.

질문2 남자가 어떤 감을 선택한지를 묻는 문제이다. 남자는 처음에 조리하지 않고 바로 먹을 수 있는 것이 좋다고 하면서 샐러드로도 먹을 수 있는 키라라가 궁금하다고 하였으나 でもやっぱり熟成した深い味わいの方がいいなあ。長期間ゆっくり楽しめるのも醍醐味だからね。(하지만 역시 숙성된 깊은 맛 쪽이 좋은 걸. 장기간 천천히 즐길 수 있는 것도 묘미니까.)라고 말했으므로 곶감 등의 가공에 적합하며 숙성시키면 농후한 단맛을 즐길 수 있는 유우나인 것을 알 수 있다. 따라서 4번이 정답이다.

단어 柿(かき) 감 | 産地(さんち) 산지 | 品種(ひんしゅ) 품종 | 収穫(しゅうかく) 수확 | 硬(かた)め 좀 딱딱한 듯함, (약간) 딱딱함 | 食感(しょっかん) 식감 | 酸味(さんみ) 산미 | 特徴(とくちょう) 특징 | 召(め)し上(あ)がる 드시다(존경어) | 店頭(てんとう) 점두, 점포 앞 | 歯(は)ごたえ 씹는 맛, 식감 | バランス 밸런스, 균형 | 干(ほ)し柿(がき) 곶감 | 熟成(じゅくせい) 숙성 | 濃厚(のうこう)だ 농후하다 | 農業(のうぎょう) 농업 | 組合(くみあい) 조합 | 買(か)い求(もと)める 구매하다, 사들이다 | 濃(こ)いめ 좀 짙은 듯함, 약간 진함 | ~に限(かぎ)る ~(하는 것)이/가 제일이다, ~(하는 것)이/가 최고다 | 醍醐味(だいごみ) 묘미, 참다운 즐거움

실전 연습 문제

통합이해 　　채점 　/9

기본 버전 MP3

배속 버전 MP3

問題5

問題5では、長めの話を聞きます。この問題には練習はありません。
問題用紙にメモをとってもかまいません。

1番

問題用紙に何も印刷されていません。まず話を聞いてください。それから、質問とせんたくしを聞いて、1から4の中から、最もよいものを一つ選んでください。

🎧 통합이해_실전연습문제_1번.mp3

ーメモー

2番

まず話を聞いてください。それから、二つの質問を聞いて、それぞれ問題用紙の1から4の中から、最もよいものを一つ選んでください。

質問1

1　西側の古着屋
2　東側の古着屋
3　南側の古着屋
4　北側の古着屋

質問2

1　西側の古着屋
2　東側の古着屋
3　南側の古着屋
4　北側の古着屋

3番

問題用紙に何も印刷されていません。まず話を聞いてください。それから、質問とせんたくしを聞いて、1から4の中から、最もよいものを一つ選んでください。

―メモ―

4番
まず話を聞いてください。それから、二つの質問を聞いて、それぞれ問題用紙の1から4の中から、最もよいものを一つ選んでください。

🎧 통합이해_실전연습문제_4번.mp3

質問1

1　1番目の講座
2　2番目の講座
3　3番目の講座
4　4番目の講座

質問2

1　1番目の講座
2　2番目の講座
3　3番目の講座
4　4番目の講座

5番
ばん

問題用紙に何も印刷されていません。まず話を聞いてください。それから、質問とせんたくしを聞いて、1から4の中から、最もよいものを一つ選んでください。

🎧 통합이해_실전연습문제_5번.mp3

—メモ—

6番
ばん

まず話を聞いてください。それから、二つの質問を聞いて、それぞれ問題用紙の1から4の中から、最もよいものを一つ選んでください。

🎧 통합이해_실전연습문제_6번.mp3

質問1
しつもん

1　伊藤さん
2　田中さん
3　宮崎さん
4　高橋さん

質問2
しつもん

1　伊藤さん
2　田中さん
3　宮崎さん
4　高橋さん

해설집 p.153~159

유하다요

JLPT
N1

한 권 스피드 합격

해설집

유하다요

문자어휘

한자읽기

한자읽기 기출단어 기본 다지기① 22p

1 ①	2 ②	3 ①	4 ①	5 ②
6 ①	7 ②	8 ①	9 ②	10 ②

1 부패

해설 腐敗는 **1 ふはい**라고 음독으로 읽는다. 2번은 不買(ふばい) 불매라는 단어이다.

2 충고

해설 忠告는 **2 ちゅうこく**라고 음독으로 읽는다.

3 타이르다, 깨우치다

해설 諭す는 **1 さとす**라고 훈독으로 읽는다. 2번은 促(うなが)す 재촉하다라는 단어이다.

4 궤적

해설 軌跡는 **1 きせき**라고 음독으로 읽는다.

5 분개하다, 성내다

해설 憤る는 **2 いきどおる**라고 훈독으로 읽는다. 1번은 滞(とどこお)る 정체하다, 지연되다, 밀리다라는 단어이다.

6 간섭

해설 干渉는 **1 かんしょう**라고 음독으로 읽는다. 2번은 保障(ほしょう) 보장이라는 단어이다.

7 조치

해설 措置는 **1 そち**라고 음독으로 읽는다. 2번은 処置(しょち) 처치, 조치라는 단어이다.

8 은혜

해설 恩恵는 **1 おんけい**라고 음독으로 읽는다. 恵는 え라는 음독도 있지만, 恩恵는 おんけい로 읽어야 한다.

9 위로하다

해설 慰める는 **2 なぐさめる**라고 훈독으로 읽는다. 1번은 戒(いまし)める 훈계하다, 경계하다라는 단어이다.

10 점막

해설 粘膜는 **2 ねんまく**라고 음독으로 읽는다. 1번은 天幕(てんまく) 천막이라는 단어이다.

한자읽기 기출단어 실전 연습 문제① 23p

1 ①	2 ④	3 ②	4 ③	5 ①
6 ④				

문제 _____의 말의 읽는 법으로서 가장 알맞은 것을, 1·2·3·4 에서 하나 고르세요.

1 옆 동네에서 살인이 일어났다는 뉴스를 접했을 때는 <u>수명</u>이 줄어드는 것 같았다.

해설 寿命는 **1 じゅみょう**라고 음독으로 읽는다. 命는 めい라는 음독도 있지만, 寿命는 じゅみょう로 읽어야 한다.

단어 隣町(となりまち) 옆 동네 | 殺人(さつじん) 살인 | 接(せっ)する 접하다 | 寿命(じゅみょう) 수명 | 縮(ちぢ)む 줄어들다, 쪼그라들다 | 受命(じゅめい) 수명, 명령을 받음 | 十名(じゅうめい) 열 명

2 <u>쾌청</u>한 가을 하늘 아래, 올해도 각지에서 다양한 행사가 개최되었다.

해설 朗らか는 **4 ほがらか**라고 훈독으로 읽고 な형용사의 어간이다.

단어 朗(ほが)らかだ 명랑하다, 쾌활하다, (날씨가) 쾌청하다 | 催(もよお)す 개최하다, 열다 | おおらかだ 너그럽다 | 清(きよ)らかだ 맑다, 청아하다 | 滑(なめ)らかだ 매끄럽다

3 방범 카메라에는 도둑이 상상이상으로 <u>교묘</u>한 수법으로 금품을 훔치는 모습이 나타나 있었다.

해설 巧妙는 **2 こうみょう**라고 훈독으로 읽고 な형용사의 어간이다.

단어 防犯(ぼうはん)カメラ 방범 카메라 | 想像(そうぞう) 상상 | 巧妙(こうみょう)だ 교묘하다 | 手口(てぐち) (범죄 등의) 수법 | 映(うつ)る 비치다, 나타나다

4 곤충이라고 해도 생명이 있는 것은 모두 <u>고귀</u>하다고 말할 수 을 것이다.

| 해설 | 尊いは 3 とうとい라고 훈독으로 읽는다. |
| 단어 | 昆虫(こんちゅう) 곤충 | 命(いのち) 목숨, 생명 | 全(すべ)て 전부, 모두 | 尊(とうと)い 귀중하다, 고귀하다 | 等(ひと)しい 같다, 동등하다 | 儚(はかな)い 덧없다 | 危(あや)うい 위태롭다 |

5 소음 문제로 주변 주민으로부터의 불만이 접수되어 공장은 폐쇄에 몰렸다.

| 해설 | 閉鎖는 1 へいさ라고 음독으로 읽는다. |
| 단어 | 騒音(そうおん) 소음 | 周辺(しゅうへん) 주변 | 苦情(くじょう) 불평, 불만 | 閉鎖(へいさ) 폐쇄 | 追(お)い込(こ)む 몰아넣다 |

6 교내에서 이러한 사고가 일어나 버린 것을 매우 유감스럽게 생각합니다.

| 해설 | 遺憾은 4 いかん이라고 음독으로 읽는다. 遺는 ゆい라는 음독도 있지만, 遺憾은 いかん으로 읽어야 한다. |
| 단어 | 校内(こうない) 교내 | 非常(ひじょう)に 매우, 상당히 | 遺憾(いかん)だ 유감스럽다 | 盛(さか)んだ 번성하다, 왕성하다 |

한자읽기 기출단어 기본 다지기② 26p

| 1 ② | 2 ① | 3 ② | 4 ① | 5 ① |
| 6 ② | 7 ② | 8 ① | 9 ② | 10 ① |

1 첨부

해설 添付는 2 てんぷ라고 음독으로 읽는다.

2 개척

해설 開拓는 1 かいたく라고 음독으로 읽는다. 2번은 解析(かいせき) 해석이라는 단어이다.

3 감정

해설 鑑定는 2 かんてい라고 음독으로 읽는다. 定는 じょう라는 음독도 있지만, 鑑定는 かんてい로 읽어야 한다. 1번은 感情(かんじょう) 감정, 勘定(かんじょう) 계산이라는 단어이다.

4 현명하다

해설 賢いは 1 かしこい라고 훈독으로 읽는다. 2번은 淡(あわ)い 엷다, 희미하다라는 단어이다.

5 방대

해설 膨大는 1 ぼうだい라고 음독으로 읽는다. 大는 たい라는 음독도 있지만, 膨大는 ぼうだい로 읽어야 한다.

6 힘쓰다

해설 励むは 2 はげむ라고 훈독으로 읽는다. 2번은 阻(はば)む 저지하다, 막다라는 단어이다.

7 게으름을 피우다, 소홀히 하다

해설 怠る는 2 おこたる라고 훈독으로 읽는다. 1번은 陥(おちい)る 빠지다라는 단어이다.

8 인내

해설 忍耐는 1 にんたい라고 음독으로 읽는다. 2번은 認定(にんてい) 인정이라는 단어이다.

9 혐오감

해설 嫌悪感은 2 けんおかん이라고 음독으로 읽는다. 悪는 あく라는 음독도 있지만, 嫌悪感은 けんおかん으로 읽어야 한다.

10 (빛을 받아) 빛나다

해설 映える는 1 はえる라고 훈독으로 읽는다. 2번은 吠(ほ)える 짖다라는 단어이다.

한자읽기 기출단어 실전 연습 문제② 27p

| 1 ④ | 2 ③ | 3 ① | 4 ③ | 5 ④ |
| 6 ③ | | | | |

문제1 _____의 말의 읽는 법으로서 가장 알맞은 것을, 1·2·3·4에서 하나 고르세요.

1 정부는 분쟁이 있는 지역으로의 여행을 자제하도록 권고했다.

해설 自粛는 4 じしゅく라고 음독으로 읽는다.
단어 政府(せいふ) 정부 | 紛争(ふんそう) 분쟁 | 地域(ちいき) 지역 | 自粛(じしゅく) 자숙, 자제 | 勧告(かんこく) 권고 | 自生(じせい) 자생 | 次長(じちょう) 차장 | 自衛(じえい) 자위

2 휴대전화의 이력을 확인한 후, 잠시 후에 다시 연락드리겠습니다.

해설 履歴는 3 りれき라고 음독으로 읽는다.
단어 履歴(りれき) 이력 | 確認(かくにん) 확인 | 折(お)り返(かえ)す (답장 등을) 지체 없이 하다

3 일본 정부는 소비자에게 안정적인 공급을 도모하여 쌀을 <u>비축</u>하고 있다.

해설 蓄えては **1 たくわえて**라고 훈독으로 읽고 동사 て형이다.

단어 供給(きょうきゅう) 공급 | 図(はか)る 도모하다 | 蓄(たくわ)える 비축하다, 쌓다 | 携(たずさ)える 휴대하다 | 抱(かか)える (껴)안다, 떠안다 | 備(そな)える 대비하다

4 이 섬은 따뜻하기 때문에 새의 <u>번식</u>지로서 적합하다.

해설 繁殖는 **3 はんしょく**라고 음독으로 읽는다.

단어 繁殖(はんしょく) 번식 | 適(てき)する 알맞다, 적당하다 | 増殖(ぞうしょく) 증식 | 重職(じゅうしょく) 중직, 요직

5 습도가 낮은 날은 가습을 해서 방을 <u>촉촉하게</u> 하면 좋아요.

해설 潤すは **4 うるおす**라고 훈독으로 읽는다.

단어 湿度(しつど) 습도 | 加湿(かしつ)をする 가습을 하다, 습도를 높이다 | 潤(うるお)す 촉촉하게 하다, 윤택하게 하다 | 促(うなが)す 재촉하다, 독촉하다 | 及(およ)ぼす 미치게 하다, 끼치다 | 浸(ひた)す 담그다

6 교내에서 자원봉사 활동 멤버를 <u>모으기</u> 위해 교문 앞에 간다.

해설 募るは **3 つのる**라고 훈독으로 읽는다.

단어 校内(こうない) 교내 | ボランティア 자원봉사(자) | 活動(かつどう) 활동 | 募(つの)る 점점 심해지다, 모으다 | 籠(こも)る 틀어박히다 | 奢(おご)る 한턱내다 | 祭(まつ)る 제사 지내다

한자읽기 기출단어 기본 다지기③ 30p

| 1 ② | 2 ② | 3 ② | 4 ① | 5 ② |
| 6 ② | 7 ① | 8 ② | 9 ② | 10 ① |

---

1 독촉

해설 督促は **2 とくそく**라고 음독으로 읽는다.

2 조짐

해설 兆しは **2 きざし**라고 훈독으로 읽는다. 1번은 癒(いや)し 치유라는 단어이다.

3 철거 부지

해설 跡地は **2 あとち**라고 훈독+음독 조합으로 읽는다. 跡는 せき라는 음독도 있지만, 跡地는 あとち로 읽어야 한다.

4 분개

해설 憤りは **1 いきどおり**이라고 훈독으로 읽는다. 2번은 偽(いつわ)り 거짓, 허구라는 단어이다.

5 추리

해설 推理는 **2 すいり**라고 음독으로 읽는다. 1번은 数理(すうり) 수리라는 단어이다.

6 관철하다

해설 貫くは **2 つらぬく**라고 훈독으로 읽는다. 1번은 呟(つぶや)く 중얼거리다라는 단어이다.

7 튼튼함, 건강함

해설 健やかは **1 すこやか**라고 훈독으로 읽으며, な형용사의 어간이다. 2번은 爽(さわ)やか 상쾌함, 상큼함이라는 단어이다.

8 답습

해설 踏襲は **2 とうしゅう**라고 음독으로 읽는다.

9 가로막다, 차단하다

해설 遮るは **2 さえぎる**라고 훈독으로 읽는다. 1번은 紛(まぎ)れる (뒤섞여) 헷갈리다라는 단어이다.

10 망라

해설 網羅는 **1 もうら**라고 음독으로 읽는다. 장음에 주의하자.

한자읽기 기출단어 실전 연습 문제③ 31p

| 1 ① | 2 ④ | 3 ② | 4 ② | 5 ③ |
| 6 ② | | | | |

문제 _____의 말의 읽는 법으로서 가장 알맞은 것을, 1·2·3·4에서 하나 고르세요.

1 그가 나보다 뛰어나다는 것은 <u>부정할 수 없다</u>.

해설 否めないは **1 いなめない**라고 훈독으로 읽으며 동사 가능형의 ない형이다.

단어 優(すぐ)れる 뛰어나다, 우수하다 | 否(いな)む 거절하다, 부정하다 | 諦(あきら)める 포기하다 | 緩(ゆる)める 늦추다, 느슨하게 하다, (긴장 등을) 풀다 | 拒(こば)む 거부하다

2 도쿄역 주변은 일본의 **핵심** 비즈니스 거리라고 말할 수 있을 것이다.

해설 中枢는 **4 ちゅうすう**라고 음독으로 읽는다.

단어 周辺(しゅうへん) 주변 | 中枢(ちゅうすう) 중추, 가장 중요한 부분, 핵심 | ビジネス街(がい) 비즈니스 거리, 업무지구 | 泣(な)かす 울리다

3 회의의 **취지**에 대하여 먼저 설명할 필요가 있다.

해설 趣旨는 **2 しゅし**라고 음독으로 읽는다.

단어 趣旨(しゅし) 취지 | 始(はじ)めに 먼저, 처음에 | 収支(しゅうし) 수지, 수입과 지출 | 習字(しゅうじ) 습자, 문자를 바르고 아름답게 쓰는 연습 | 主事(しゅじ) 주사, (관청, 학교 등에서) 사무 주관자의 직함

4 이 공원은 초목도 많고 널찍해서 인근에 사는 사람들의 휴식의 장소로 되어 있다.

해설 憩い는 **2 いこい**라고 훈독으로 읽는다.

단어 緑(みどり) 녹색, 초목 | 広々(ひろびろ)とする 널찍하다 | 近隣(きんりん) 근린, 인근 | 憩(いこ)い 휴식 | 場(ば) 장소, 자리, 상황 | 快(こころよ)い 상쾌하다, 기분 좋다 | 幸(さいわ)い 다행(히) | 賑(にぎ)わい 번성함, 붐빔

5 A사와 B사는 내년도부터 **합병**을 위한 정식인 절차를 밟을 것이라고 한다.

해설 合併는 **3 がっぺい**라고 음독으로 읽는다. 併의 음독은 へい지만, 合併에서는 がっぺい라는 반탁음이 된다.

단어 来年度(らいねんど) 내년도 | 合併(がっぺい) 합병 | 正式(せいしき)だ 정식이다 | 手続(てつづ)きを踏(ふ)む 절차를 밟다

6 상대에게의 경의와 감사하는 마음을 지닌 것이 이 한마디 말에 **응축**되어 있다.

해설 凝縮는 **2 ぎょうしゅく**라고 음독으로 읽는다.

단어 敬意(けいい) 경의, 존경하는 마음 | 感謝(かんしゃ) 감사 | 一言(ひとこと) 한마디 말 | 凝縮(ぎょうしゅく) 응축

문맥규정

문맥규정 기출단어 기본 다지기① 36p

1 ① **2** ② **3** ① **4** ① **5** ②

1 그녀는 입사하고 나서 실패만 했지만 오명을 (씻)기 위해서 노력을 거듭했다.

1 반납 2 기부

해설 선택지는 모두 명사이다. 문맥상 가장 자연스러운 것은 **1 返上**이다. 2번은 문맥상 어색하다.

단어 汚名(おめい) 오명 | 返上(へんじょう) 반납, 반려 | 汚名(おめい)を返上(へんじょう)する 오명을 씻다 | 重(かさ)ねる 포개다, 겹치다, 거듭하다 | 寄付(きふ) 기부

2 일손 부족이 (걸림돌)이 될 것이라고 생각하기 때문에 그 점을 고려해서 계획을 다시 세우자.

1 시크 **2 걸림돌**

해설 선택지는 모두 카타카나어이다. 문맥상 가장 자연스러운 것은 **2 ネック**이다. 1번은 문맥상 어색하다.

단어 人手(ひとで) 일손, 남의 도움 | ネック 목, 걸림돌 | 考慮(こうりょ) 고려 | プラン 플랜, 계획 | 立(た)て直(なお)す 다시 세우다 | シック 시크, 멋진 모양

3 이야기가 잘 (맞을) 때까지 참을성 있게 기다리는 것이 영업의 마음가짐이다.

1 맞다 2 말다툼하다

해설 선택지는 모두 동사이다. 문맥상 가장 자연스러운 것은 **1 かみ合う**이다. 2번은 문맥상 어색하다.

단어 噛(か)み合(あ)う 서로 물어뜯다, 맞물리다, (의견 등이) 서로 맞다 | 辛抱強(しんぼうづよ)い 참을성이 많다 | 営業(えいぎょう) 영업 | 心構(こころがま)え 마음의 준비, 각오, 마음다짐 | 言(い)い合(あ)う 서로 말하다, 티격태격하다, 말다툼하다

4 3월에 열린 정상 회담에서 각국의 대표는 약 2시간을 들여서 (충분히) 논의를 나누었다.

1 충분히 2 또렷이

해설 선택지는 모두 부사이다. 문맥상 가장 자연스러운 것은 **1 みっちり**이다. 2번은 문맥상 어색하다.

단어 開(ひら)く 열리다 | 首脳会談(しゅのうかいだん) 정상 회담 | 時間(じかん)をかける 시간을 들이다 | みっちり 착실히, 충분히, 많이 | 議論(ぎろん) 논의 | 交(か)わす 주고받다, 교환하다, 나누다 | くっきり 또렷이

5 식욕 (왕성)한 아들이 3명이나 있기 때문에 매월 식비가 엄청나다.

1 강렬   2 왕성

해설 선택지는 모두 な형용사의 어간이다. 문맥상 가장 자연스러운 것은 **2 旺盛**이다. 1번은 문맥상 어색하다.

단어 食欲(しょくよく) 식욕｜旺盛(おうせい)だ 왕성하다｜食費(しょくひ) 식비｜物凄(ものすご)い 엄청나다｜強烈(きょうれつ)だ 강렬하다

문맥규정 기출단어 실전 연습 문제① 37p

1 ②　2 ①　3 ①　4 ④　5 ③
6 ②　7 ④

문제2 (　　)에 넣기에 가장 알맞은 것을, 1・2・3・4에서 하나 고르세요.

1 결코 성공했다고는 말할 수 없는 결과로 끝나서 이대로는 다음 시즌의 계약이 (위태로워지)겠지.

1 저지되다   2 위태로워지다
3 무너뜨려지다   4 두려워지다

해설 선택지는 모두 동사 수동형이다. 문맥상 가장 자연스러운 것은 **2 危ぶまれる**이다. 1, 3, 4번은 문맥상 어색하다.

단어 決(けっ)して 결코｜来(らい)シーズン 다음 시즌｜契約(けいやく) 계약｜阻(はば)む 저지하다, 막다｜危(あや)ぶむ 위태로워하다｜崩(くず)す 무너뜨리다｜恐(おそ)れる 두려워하다, 겁내다

2 모국어라면 몰라도 일본어라면 능숙하게 전달할 수 없어서 (답답하다).

1 답답하다   2 바람직하다
3 추잡스럽다   4 시끄럽다

해설 선택지는 모두 い형용사이다. 문맥상 가장 자연스러운 것은 **1 もどかしい**이다. 2, 3, 4번은 문맥상 어색하다.

단어 母国語(ぼこくご) 모국어｜もどかしい 안타깝다, 답답하다｜好(この)ましい 마음에 들다, 바람직하다｜汚(けが)らわしい 추잡스럽다｜姦(かしま)しい 시끄럽다

3 사토 씨가 터무니없이 (요점)에서 벗어난 질문을 한 것으로 참가자들은 단숨에 어색해져 버렸다.

1 요점   2 포즈
3 코멘트   4 포지션

해설 선택지는 모두 카타카나어이다. 문맥상 가장 자연스러운 것은 **1 ピント**이다. 2, 3, 4번은 문맥상 어색하다.

단어 とてつもなく 터무니없이｜ピント 핀트, 초점, 요점｜ピント外(はず)れだ 요점에서 벗어나다｜一気(いっき)に 단숨에, 한 번에｜白(しら)ける 바래지다 허예지다, 분위기가 깨지다｜ポーズ 포즈, 자세｜コメント 코멘트｜ポジション 포지션

4 방대한 시간을 들여서 생각한 신규 프로젝트 안이 오늘 회의에서 발표하자마자 (기각)되었다.

1 배제   2 사퇴
3 폐기   4 기각

해설 선택지는 모두 명사이다. 가장 자연스러운 것은 **4 却下**이다. 1, 2, 3번은 문맥상 어색하다.

단어 膨大(ぼうだい)だ 방대하다｜新規(しんき) 신규｜~や否(いな)や ~하자마자｜却下(きゃっか) 각하, 기각｜排除(はいじょ) 배제｜辞退(じたい) 사퇴｜廃棄(はいき) 폐기

5 과학기술은 산업을 통해서 사회에 (환원)되어 그 성과가 사회의 발전으로 돌려진다.

1 배급   2 양도
3 환원   4 배상

해설 선택지는 모두 명사이다. 문맥상 가장 자연스러운 것은 **3 還元**이다. 1, 2, 4번은 문맥상 어색하다.

단어 科学技術(かがくぎじゅつ) 과학기술｜産業(さんぎょう) 산업｜を通(つう)じて ~을/를 통해서｜還元(かんげん) 환원｜配給(はいきゅう) 배급｜譲渡(じょうと) 양도｜賠償(ばいしょう) 배상

6 이 온천은 아기처럼 (매끈매끈)한 피부가 된다고 해서 호평이에요.

1 끈적끈적   2 매끈매끈
3 번질번질   4 까칠까칠

해설 선택지는 모두 부사이다. 문맥상 가장 자연스러운 것은 **2 すべすべ**이다. 1, 3, 4번은 문맥상 어색하다.

단어 すべすべ 매끈매끈｜好評(こうひょう) 호평｜ねばねば 끈적끈적｜てかてか 번질번질｜ざらざら 까칠까칠

7 대자연에 둘러싸인 (장대한) 경치는 사람들의 마음을 매료시킨다.

1 위대한   2 관대한
3 강대한   4 장대한

해설 선택지는 모두 な형용사의 명사 수식형이다. 문맥상 가장 자연스러운 것은 **4 壮大な**이다. 1, 2, 3번은 문맥상 어색하다.

단어 大自然(だいしぜん) 대자연｜囲(かこ)む 둘러싸다, 에워싸다｜壮大(そうだい)だ 장대하다, 웅장하다｜魅了(みりょう) 매료｜偉大(いだい)だ 위대하다｜寛大(かんだい)だ 관대하다｜強大(きょうだい)だ 강대하다

문맥규정 기출단어 기본 다지기② 41p

| 1 ① | 2 ② | 3 ① | 4 ① | 5 ② |
| 6 ① | 7 ① | 8 ② | 9 ② | 10 ① |

1 그는 프로야구 선수가 되기 위해서 매일 피 (나는) 노력을 하며 연습에 힘썼다.

1 번지다   2 튀다

해설   선택지는 모두 동사이다. 문맥상 가장 자연스러운 것은 **1 にじむ**이다. 2번은 문맥상 어색하다.

단어   にじむ 번지다 ㅣ 血(ち)のにじむ 피나다 ㅣ 励(はげ)む 힘쓰다 ㅣ 弾(はず)む 튀다

2 그 순간, 어린 시절의 기억이 선명하게 (되살아났다).

1 뒤집혔다   **2 되살아났다**

해설   선택지는 모두 동사 과거형이다. 문맥상 가장 자연스러운 것은 **2 よみがえった**이다. 1번은 문맥상 어색하다.

단어   記憶(きおく) 기억 ㅣ 鮮明(せんめい)だ 선명하다 ㅣ よみがえる 되살아나다 ㅣ 覆(くつがえ)る 뒤집히다

3 자연을 더할 나위 없이 사랑하는 그는 긍정적이며 (너그러운) 성격의 소유자이다.

1 너그러운   2 애매한

해설   선택지는 모두 な형용사의 명사 수식형이다. 문맥상 가장 자연스러운 것은 **1 おおらかな**이다. 2번은 문맥상 어색하다.

단어   こよなく 더할 나위 없이, 각별히 ㅣ 前向(まえむ)きだ 긍정적이다 ㅣ おおらかだ 너그럽다 ㅣ 持(も)ち主(ぬし) 소유자 ㅣ 曖昧(あいまい)だ 애매하다

4 자기가 괴로울 때야말로 사람의 고마움을 (절절히) 느끼는 법이다.

1 절절히   2 서서히

해설   선택지는 모두 부사이다. 문맥상 가장 자연스러운 것은 **1 ひしひしと**이다. 2번은 문맥상 어색하다.

단어   ありがたみ 고마움 ㅣ ひしひしと 강하게 느끼는 모양, 절절히 ㅣ じわじわと (조금씩 진행되는 모양) 질금질금, (조금씩 스며들거나 배어 나오는 모양) 서서히

5 평일은 바빠서 대부분 외식이기 때문에 휴일은 (오로지) 요리를 즐기고 있습니다.

1 전혀   **2 오로지**

해설   선택지는 모두 부사이다. 문맥상 가장 자연스러운 것은 **2 もっぱら**이다. 1번은 문맥상 어색하다.

단어   外食(がいしょく) 외식 ㅣ 専(もっぱ)ら 오로지 ㅣ まるっきり 전혀, 아주

6 현재 남아 있는 상품의 (재고) 조사를 행하지 않으면 안 됩니다.

1 재고   2 발굴

해설   선택지는 모두 명사이다. 문맥상 가장 자연스러운 것은 **1 在庫**이다. 2번은 문맥상 어색하다.

단어   在庫(ざいこ) 재고 ㅣ 在庫調査(ざいこちょうさ) 재고 조사 ㅣ 行(おこな)う 행하다 ㅣ 発掘(はっくつ) 발굴

7 그녀는 옷을 고르는 (센스) 가 좋고 매우 멋진 느낌입니다.

1 센스   2 퍼텐셜

해설   선택지는 모두 카타카나어이다. 문맥상 가장 자연스러운 것은 **1 センス**이다. 2번은 문맥상 어색하다.

단어   センス 센스 ㅣ おしゃれだ 멋을 내다, 세련되다 ㅣ ポテンシャル 퍼텐셜, 잠재력

8 마지막까지 방심은 (금물) 입니다.

1 지장   **2 금물**

해설   선택지는 모두 명사이다. 문맥상 가장 자연스러운 것은 **2 禁物**이다. 1번은 문맥상 어색하다.

단어   油断(ゆだん) 방심, 부주의 ㅣ 禁物(きんもつ) 금물 ㅣ 支障(ししょう) 지장

9 이쪽은 제가 (최선) 을 다해서 완성한 결과물입니다.

1 최종   **2 최선**

해설   선택지는 모두 명사이다. 문맥상 가장 자연스러운 것은 **2 最善**이다. 1번은 문맥상 어색하다.

단어   最善(さいぜん)を尽(つ)くす 최선을 다하다 ㅣ 完成(かんせい) 완성 ㅣ 結果物(けっかぶつ) 결과물 ㅣ 最終(さいしゅう) 최종

10 싫다면 (굳이) 해 줬으면 좋겠다고는 말하지 않을 것이기 때문에 안심해 주십시오.

1 굳이   2 쉽게

해설   선택지는 모두 부사이다. 문맥상 가장 자연스러운 것은 **1 強いて**이다. 2번은 문맥상 어색하다.

단어   強(し)いて 억지로, 굳이 ㅣ お(ご)+동사 ます형/명사+ください ~해 주십시오(존경어) ㅣ すんなり 매끈하게, 순조롭게, 쉽게

문맥규정 기출단어 실전 연습 문제② 43p

| 1 ③ | 2 ② | 3 ② | 4 ③ | 5 ① |
| 6 ② | 7 ④ | | | |

문제2 ( )에 넣기에 가장 알맞은 것을, 1·2·3·4에서 하나 고르세요.

1
재해로 인한 위험이 멀어지면 피난 권고를 (해제) 할 때까지 기다립시다.

1 해산 2 해석
3 해제 4 해방

해설 선택지는 모두 명사이다. 문맥상 가장 자연스러운 것은 **3 解除**이다. 1, 2, 4번은 문맥상 어색하다.

단어 災害(さいがい) 재해 | 遠(とお)ざかる 멀어지다 | 避難(ひなん) 피난 | 勧告(かんこく) 권고 | 解除(かいじょ) 해제 | 解散(かいさん) 해산 | 解釈(かいしゃく) 해석 | 解放(かいほう) 해방

2
앞으로 50년 이상에 걸친 일본 인구 (추이) 상황을 그래프로부터 파악하면 명백하게 감소 경향에 있다.

1 변용 **2 추이**
3 운송 4 재적

해설 선택지는 모두 명사이다. 문맥상 가장 자연스러운 것은 **2 推移**이다. 1, 3, 4번은 문맥상 어색하다.

단어 ~にわたる ~에 걸친 | 推移(すいい) 추이 | 読(よ)み解(と)く 해독하다, 파악하다 | 明(あき)らかに 명백히, 분명히 | 傾向(けいこう) 경향 | 変容(へんよう) 변용 | 運送(うんそう) 운송 | 在籍(ざいせき) 재적

3
나무가 돌연 (무시무시한) 소리를 내며 쓰러졌지만 다행히도 다친 사람은 없었다.

1 시끄럽다 **2 무시무시하다**
3 우람하다 4 용감하다

해설 선택지는 모두 い형용사이다. 문맥상 가장 자연스러운 것은 **2 すさまじい**이다. 1, 3, 4번은 문맥상 어색하다.

단어 凄(すさ)まじい 무시무시하다, 굉장하다 | 音(おと)を立(た)てる 소리를 내다 | 幸(さいわ)いにも 다행히도 | 怪我人(けがにん) 다친 사람, 부상자 | やかましい 시끄럽다, 요란하다 | 逞(たくま)しい 우람하다, 늠름하다 | 勇(いさ)ましい 용감하다

4
입사하고 나서 줄곧 선배 밑에서 비즈니스에서의 (노하우)를 키워왔다.

1 스톡 2 라벨
3 노하우 4 시너지

해설 선택지는 모두 카타카나어이다. 가장 자연스러운 것은 **3 ノウハウ**이다. 1, 2, 4번은 문맥상 어색하다.

단어 入社(にゅうしゃ) 입사 | 〜の下(もと)で ~의 아래에서, ~의 밑에서 | ビジネス 비즈니스, 일, 사업 | ~における ~에서의 | ノウハウ 노하우 | 培(つちか)う 가깝다, 배양하다 | ストック 스톡, 비축, 재고품 | ラベル 라벨 | シナジー 시너지

5
유명 인사의 환갑잔치이니까 (성대) 할 거라고는 생각하고 있었지만 상상을 훨씬 뛰어넘는 것이었다.

1 성대 2 풍부
3 중대 4 원활

해설 선택지는 모두 な형용사의 어간이다. 문맥상 가장 자연스러운 것은 **1 盛大**이다. 2, 3, 4번은 문맥상 어색하다.

단어 著名人(ちょめいじん) 유명 인사 | 還暦祝(かんれきいわ)い 환갑잔치 | 盛大(せいだい)だ 성대하다 | 想像(そうぞう) 상상 | 遥(はる)かに 아득히, 훨씬 | 超(こ)える (수량, 기준 등을) 넘(어서)다 | 豊富(ほうふ)だ 풍부하다 | 重大(じゅうだい)だ 중대하다 | 円滑(えんかつ)だ 원활하다

6
이 건에 관해서는 견해가 (각기 달라) 서 하나의 결론을 내는 것이 어렵다.

1 그럭저럭 **2 각기 다름**
3 걸쭉걸쭉 4 고만고만

해설 선택지는 모두 부사이다. 문맥상 가장 자연스러운 것은 **2 まちまち**이다. 1, 3, 4번은 문맥상 어색하다.

단어 見解(けんかい) 견해 | まちまちだ 각기 다르다 | まあまあだ 그럭저럭이다, 고만고만하다 | どろどろだ 질척한 모양, 질척질척하다, 걸쭉걸쭉하다 | そこそこだ 그럭저럭이다, 고만고만하다

7
불안으로 우울한 기분을 (일소) 하기 위해서 큰맘 먹고 스스로의 기분을 털어놓아 보기로 결심했다.

1 추방 2 발사
3 탈출 **4 일소**

해설 선택지는 모두 명사이다. 문맥상 가장 자연스러운 것은 **4 一掃**이다. 1, 2, 3번은 문맥상 어색하다.

단어 憂鬱(ゆううつ) 우울 | 一掃(いっそう) 일소(한꺼번에 싹 제거함) | 打(う)ち明(あ)ける (속마음을) 털어놓다 | 追放(ついほう) 추방 | 発射(はっしゃ) 발사 | 脱出(だっしゅつ) 탈출

문맥규정 기출단어 기본 다지기③ 47p

| 1 ② | 2 ① | 3 ② | 4 ① | 5 ① |
| 6 ① | 7 ② | 8 ② | 9 ① | 10 ① |

1
친구가 내어 준 요리는 마치 프로인 것 같이 (솜씨)가 대단해서 놀랐다.

1 경력 **2 솜씨**

해설 선택지는 모두 명사이다. 문맥상 가장 자연스러운 것은 **2 腕前**이다. 1번은 문맥상 어색하다.

단어 まるで 마치 | 〜ように ~인 것 같이 | 腕前(うでまえ) 솜씨, 역량

| 経歴(けいれき) 경력

2 다양한 비즈니스 문제에 대응하기 위해서 최첨단의 AI 기술을 (구사) 하지 않으면 안 된다.

1 구사　　　　　　　　　　2 인용

해설　선택지는 모두 명사이다. 문맥상 가장 자연스러운 것은 **1 駆使**이다. 2번은 문맥상 어색하다.

단어　対応(たいおう) 대응 | 最先端(さいせんたん) 최첨단 | 技術(ぎじゅつ) 기술 | 駆使(くし)する 구사하다 | 引用(いんよう) 인용

3 항상 (강경하게) 자신의 의견을 끝까지 관철하려고 하는 남동생이 오늘은 몹시 조심스러운 태도다.

1 튼튼하게　　　　　　　　2 강경하게

해설　선택지는 모두 부사이다. 문맥상 가장 자연스러운 것은 **2 強硬に**이다. 1번은 문맥상 어색하다.

단어　強硬(きょうこう)に 강경하게 | 押(お)し通(とお)す 억지로 통과시키다, 끝까지 관철하다 | やけに 몹시, 되게 | 控(ひか)えめだ 소극적이다, 조심스럽다 | 頑丈(がんじょう)に 튼튼하게

4 일단 그의 생명은 구했지만 아직 (예측) 을 하기 어려운 상태이다.

1 예측　　　　　　　　　　2 난점

해설　선택지는 모두 명사이다. 문맥상 가장 자연스러운 것은 **1 予断**이다. 2번은 문맥상 어색하다.

단어　ひとまず 우선, 일단 | 命(いのち) 목숨, 생명 | 救(すく)う 구하다, 구원하다 | 予断(よだん)を許(ゆる)さない 예측을 불허하다, 예측하기 어렵다 | 難点(なんてん) 난점, 곤란한 점

5 다나카 선수의 이번 시즌 중의 투수 복귀는 (무모한) 계획이라고 하는 의견이 많은 모양이다.

1 무모한　　　　　　　　　2 유력한

해설　선택지는 모두 な형용사의 명사 수식형이다. 문맥상 가장 자연스러운 것은 **1 無謀な**이다. 2번은 문맥상 어색하다.

단어　今季(こんき) 이번 시즌 | 投手(とうしゅ) (야구 등의) 투수 | 復帰(ふっき) 복귀 | 無謀(むぼう)だ 무모하다 | プラン 플랜, 계획 | 有力(ゆうりょく)だ 유력하다

6 프로 축구 선수가 차는 공과 일반인이 차는 공과는 (궤도) 가 다르다.

1 궤도　　　　　　　　　　2 변천

해설　선택지는 모두 명사이다. 문맥상 가장 자연스러운 것은 **1 軌道**이다. 2번은 문맥상 어색하다.

단어　蹴(け)る (발로) 차다 | 一般人(いっぱんじん) 일반인 | 軌道(きどう) 궤도 | 変遷(へんせん) 변천

7 최근 아이들에게 (허술한) 거짓말을 쳐도 상대 주지 않는다.

1 경쾌한　　　　　　　　　2 허술한

해설　선택지는 모두 な형용사의 명사 수식형이다. 문맥상 가장 자연스러운 것은 **2 手薄な**이다. 1번은 문맥상 어색하다.

단어　軽快(けいかい)だ 경쾌하다 | 手薄(てうす)だ 허술하다

8 그는 마지막까지 자신의 나라의 장래를 (우려) 하고 있었다.

1 조회　　　　　　　　　　2 우려

해설　선택지는 모두 명사이다. 문맥상 가장 자연스러운 것은 **2 懸念**이다. 1번은 문맥상 어색하다.

단어　照会(しょうかい) 조회 | 懸念(けねん) 괘념, 근심, 우려

9 이 길은 (경사) 가 사람이 감지하지 못할 정도여서 눈의 착각이 일어나는 장소로 유명하다.

1 경사　　　　　　　　　　2 보호

해설　선택지는 모두 명사이다. 문맥상 가장 자연스러운 것은 **1 傾斜**이다. 2번은 문맥상 어색하다.

단어　傾斜(けいしゃ) 경사 | 感(かん)じ取(と)る 감지하다 | 錯覚(さっかく) 착각 | 保護(ほご) 보호

10 실제로 사기를 당하고 사람은 간단하게 믿으면 안 된다는 (뼈아픈) 교훈을 얻었다.

1 뼈아픈　　　　　　　　　2 쓸쓸한

해설　선택지는 모두 い형용사이다. 문맥상 가장 자연스러운 것은 **1 手痛い**이다. 2번은 문맥상 어색하다.

단어　詐欺(さぎ) 사기 | 手痛(ていた)い 심하다, 뼈아프다 | 教訓(きょうくん) 교훈 | 心細(こころぼそ)い 불안하다, 쓸쓸하다

문맥규정 기출단어 실전 연습 문제③　　49p

1 ①　**2** ④　**3** ①　**4** ③　**5** ③
6 ④　**7** ①

문제2　(　　　)에 넣기에 가장 알맞은 것을, 1·2·3·4에서 하나 고르세요.

1 교통 트러블이 발생했기 때문에 (갑작스럽게) 행선지를 변경할 수밖에 없다.

1 갑작스럽게　　　　　　　2 엄정하게
3 우연히　　　　　　　　　4 충실하게

해설　선택지는 모두 부사이다. 문맥상 가장 자연스러운 것은 **1 急遽**이다. 2, 3, 4번은 문맥상 어색하다.

단어　トラブル 트러블 | ～為(ため) ~때문에 | 急遽(きゅうきょ) 갑작스럽게 | 行(い·ゆ)き先(さき) 행선지 | 厳正(げんせい)に 엄정하게 | 偶然(ぐうぜん) 우연히 | 忠実(ちゅうじつ)に 충실하게

2 이것들의 견해가 정당한지 부당한지를 판단하기에는 보다 (면밀한) 조사가 필요하게 되는 것은 부정할 수 없다.

1 민감한   2 잔혹한
3 과한   **4 면밀한**

해설 선택지는 모두 な형용사의 명사 수식형이다. 문맥상 가장 자연스러운 것은 **4 綿密な**이다. 1, 2, 3번은 문맥상 어색하다.

단어 これら 이들, 이것들 | 見解(けんかい) 견해 | 判断(はんだん) 판단 | 否(いな)む 부정하다 | 敏感(びんかん)だ 민감하다 | 残酷(ざんこく)だ 잔혹하다 | 過剰(かじょう)だ 과잉되다, 과하다

3 이번 달도 필사적으로 일을 했지만 (할당량) 달성에는 이르지 못했다.

1 할당량   2 장르
3 카테고리   4 매뉴얼

해설 선택지는 모두 카타카나어이다. 문맥상 가장 자연스러운 것은 **1 ノルマ**이다. 2, 3, 4번은 문맥상 어색하다.

단어 ノルマ 노르마, 할당량 | 至(いた)る 이르다, 달성하다 | ジャンル 장르 | カテゴリー 카테고리, 범주 | マニュアル 매뉴얼

4 이 주변은 역 이름이 비슷하기 때문에 관광객 입장에서는 상당히 (헷갈리기 쉽다).

1 의심스럽다   2 실없다
3 헷갈리기 쉽다   4 보기 흉하다

해설 선택지는 모두 い형용사이다. 가장 자연스러운 것은 **3 まぎらわしい**이다. 1, 2, 4번은 문맥상 어색하다.

단어 周辺(しゅうへん) 주변 | 駅名(えきめい) 역 이름 | 紛(まぎ)らわしい 헷갈리기 쉽다 | 疑(うたが)わしい 의심스럽다 | たわいない 실없다 | 見苦(みぐる)しい 보기 흉하다

5 인재 발굴을 위해서 폭넓은 연령용으로 선전 광고를 낸 보람이 있어 (일재)를 확보할 수 있었다.

1 아마추어   2 젊은 사람
3 일재   4 신사

해설 선택지는 모두 명사이다. 문맥상 가장 자연스러운 것은 **3 逸材**이다. 1, 2, 4번은 문맥상 어색하다.

단어 人材(じんざい) 인재 | 発掘(はっくつ) 발굴 | 幅広(はばひろ)い 폭넓다 | 年齢(ねんれい) 연령 | ~向(む)けに ~용으로, ~대상으로 | 宣伝(せんでん) 선전 | 広告(こうこく) 광고 | かいがある 보람이 있다 | 逸材(いつざい) 일재, 뛰어난 인재 | 素人(しろうと) 아마추어, 풋내기 | 若手(わかて) 젊은 사람 | 紳士(しんし) 신사

6 그는 항상 (척척) 업무를 처리하고 있어서 주변 동료를 놀라게 하고 있다.

1 온화하게   2 두드러지게
3 찰랑찰랑하게   **4 척척**

해설 선택지는 모두 부사이다. 문맥상 가장 자연스러운 것은 **4 てきぱきと**이다. 1, 2, 3번은 문맥상 어색하다.

단어 てきぱきと 일을 잘 해내는 모양, 척척 | 業務(ぎょうむ)をこなす 업무를 처리하다 | 同僚(どうりょう) 동료 | 驚(おどろ)かせる 놀라게 하다 | やんわりと 온화하게, 부드럽게 | めきめきと 두드러지게 | さらさらと 습기가 없고 끈적끈적하지 않은 모양, 찰랑찰랑하게, 보슬보슬하게

7 그 생물학 연구자는 철저하게 원인과 진상을 (규명)하기 위해 노력을 아끼지 않았다.

1 규명   2 판결
3 발산   4 노출

해설 선택지는 모두 명사이다. 문맥상 가장 자연스러운 것은 **1 究明**이다. 2, 3, 4번은 문맥상 어색하다.

단어 生物学(せいぶつがく) 생물학 | 研究者(けんきゅうしゃ) 연구자 | 徹底的(てっていてき)に 철저하게 | 真相(しんそう) 진상 | 究明(きゅうめい) 구명, 규명 | 惜(お)しむ 아끼다 | 判決(はんけつ) 판결 | 発散(はっさん) 발산 | 露出(ろしゅつ) 노출

유의표현

유의표현 기출단어 기본 다지기①   55p

| 1 ② | 2 ① | 3 ① | 4 ② | 5 ② |
| 6 ① | 7 ① | 8 ② | 9 ① | 10 ② |

1 카페인은 머리를 개운하게 하여 일을 <u>진척되기</u> 쉽게 합니다.

1 빨리 끝내기   **2 순조롭게 진행되기**

해설 はかどる(진척되다)는 **2 順調に進む(순조롭게 진행되기)**와 의미가 가장 가깝다.

단어 カフェイン 카페인 | すっきりさせる 개운하게 하다 | 捗(はかど)る 진척되다 | 早(はや)く終(お)わる 빨리 끝나다 | 順調(じゅんちょう)に進(すす)む 순조롭게 진행되다

2 환자의 태도가 너무나도 횡포하면 의사가 <u>질리</u>는 것도 어쩔 수 없다.

1 곤란하다   2 화내다

해설 閉口する(질리다)는 **1 困る(곤란하다)**와 의미가 가장 가깝다.

단어	横暴(おうぼう)だ 횡포하다 ǀ 閉口(へいこう)する 질리다, 두 손 들다, 항복하다 ǀ やむを得(え)ない 어쩔 수 없다 ǀ 困(こま)る 곤란하다 ǀ 怒(おこ)る 화내다

3 고등학생이 되었다고는 하나 자는 얼굴은 아직 천진난만하다.

1 순진하다　　　　　　　2 무표정이다

해설	あどけない(천진난만하다)는 **1 無邪気だ(순진하다)**와 의미가 가장 가깝다.
단어	寝顔(ねがお) 자는 얼굴 ǀ 〜とはいえ ~라고는 해도, ~라고는 하나 ǀ あどけない 천진난만하다 ǀ 無邪気(むじゃき)だ 천진난만하다, 순진하다 ǀ 無表情(むひょうじょう)だ 무표정이다

4 소문은 전부터 듣고 있었기 때문에 한 번 만나 뵙고 싶다고 생각했었습니다.

1 조금만　　　　　　　　**2 이전부터**

해설	かねがね(전부터)는 **2 以前から(이전부터)**와 의미가 가장 가깝다.
단어	お噂(うわさ) 소문 ǀ かねがね 전부터, 진작부터 ǀ 少(すこ)しだけ 조금만 ǀ 以前(いぜん)から 이전부터

5 일본에 온 지 3년이 되었지만 일본의 관습에 좀처럼 적응이 안 된다.

1 법칙　　　　　　　　**2 관습**

해설	しきたり(관습)는 **2 慣習(관습)**과 의미가 가장 가깝다.
단어	しきたり 관습 ǀ なかなか 상당히, 꽤, 좀처럼 ǀ 法則(ほうそく) 법칙 ǀ 慣習(かんしゅう) 관습

6 사전을 한 손에 들고 영어 번역에 분투하는 모습은 부끄러워서 누구에게도 보여주고 싶지 않다.

1 필사적으로 힘내다　　　　2 도전하다

해설	奮闘する(분투하다)는 **1 必死に頑張る(필사적으로 힘내다)**와 의미가 가장 가깝다.
단어	片手(かたて) 한(쪽) 손 ǀ 翻訳(ほんやく) 번역 ǀ 奮闘(ふんとう)する 분투하다 ǀ 必死(ひっし)に頑張(がんば)る 필사적으로 힘내다 ǀ チャレンジする 도전하다

7 아직 약간 더 사지 않으면 안 되는 물건이 있지만 새 주택에 필요한 물건은 거의 구비되었다.

1 몇 개인가　　　　　　　2 앞으로

해설	若干(약간)는 **1 いくつか(몇 개인가)**와 의미가 가장 가깝다.
단어	若干(じゃっかん) 약간 ǀ 買(か)い足(た)す 사서 채우다 ǀ 新居(しんきょ) 새 주택 ǀ 揃(そろ)う 갖추어지다, 구비되다 ǀ いくつか 몇 개인가 ǀ これから 앞으로

8 저 사람은 평소 과묵하지만 술을 마시면 다른 사람 같다.

1 예의 바르다　　　　　**2 말수가 적다**

해설	寡黙だ(과묵하다)는 **2 口数が少ない(말수가 적다)**와 의미가 가장 가깝다.
단어	普段(ふだん) 평소 ǀ 寡黙(かもく)だ 과묵하다 ǀ 別人(べつじん) 다른 사람 ǀ 礼儀正(れいぎただ)しい 예의 바르다 ǀ 口数(くちかず)が少(すく)ない 말수가 적다

9 돈이 없다고 투덜거리기 전에 빨리 일자리를 찾아야 한다.

1 불평하다　　　　　　　2 침울해하다

해설	ぼやく(투덜거리다)는 **1 苦情を言う(불평하다)**와 의미가 가장 가깝다.
단어	ぼやく 투덜거리다, 불평하다 ǀ 苦情(くじょう)を言(い)う 불평하다 ǀ 落(お)ち込(こ)む 빠지다, 침울해지다, 낙담하다

10 지금은 힘들더라도 참고 계속 마시면 점점 약이 효과가 있어서 아픔이 없어질 것이다.

1 노력　　　　　　　　**2 참음**

해설	辛抱(참고 견딤)는 **2 我慢(참음)**과 의미가 가장 가깝다.
단어	辛抱(しんぼう) 참고 견딤 ǀ 飲(の)み続(つづ)ける 계속 마시다 ǀ 効(き)く 효과가 있다 ǀ 痛(いた)み 아픔 ǀ 努力(どりょく) 노력 ǀ 我慢(がまん) 참음

유의표현 기출단어 실전 연습 문제① 57p

1 ①　**2** ②　**3** ②　**4** ③　**5** ③
6 ④

문제3 _____ 의 말에 의미가 가장 가까운 것을, 1·2·3·4에서 하나 고르세요.

1 산에서 조난되어 버리고 휴대 전화의 전파도 들어오지 않기 때문에 더 이상 속수무책이다.

1 어쩔 도리가 없다　　　2 후회하고 있다
3 도움을 기다리다　　　　4 불안해하고 있다

해설	お手上げだ(속수무책이다)는 **1 どうしようもない(어쩔 도리가 없다)**와 의미가 가장 가깝다.
단어	遭難(そうなん)する 조난되다 ǀ 電波(でんぱ) 전파 ǀ お手上(てあ)げだ 두 손 두 발 다 들었다, 속수무책이다 ǀ どうしようもない 어쩔 도리가 없다 ǀ 後悔(こうかい)する 후회하다 ǀ 助(たす)けを待(ま)つ 도움을 기다리다 ǀ 不安(ふあん)がる 불안해하다

2 나의 꿈은 일본뿐만 아니라 세계를 시야에 넣은 스케일이 큰 일을 하는 것이다.

1 무대　　　　　　　　**2 규모**
3 범위　　　　　　　　4 내용

해설 スケール(스케일)는 **2 規模(규모)**와 의미가 가장 가깝다.
단어 視野(しや) 시야 | スケール 스케일, 규모 | 舞台(ぶたい) 무대 | 規模(きぼ) 규모 | 範囲(はんい) 범위 | 内容(ないよう) 내용

---

3 그 문제는 <u>흐지부지하게</u> 하지 말고 제대로 서로 이야기로 해결해야 한다.

1 엉터리로 　　　　**2 애매하게**
3 일제히 　　　　　4 깜박

해설 うやむやに(흐지부지하게)는 **2 あいまいに(애매하게)**와 의미가 가장 가깝다.
단어 うやむやに 흐지부지하게 | まともに 착실하게, 성실하게, 제대로 | 解決(かいけつ) 해결 | でたらめに 엉터리로, 아무렇게나 | 曖昧(あいまい)に 애매하게 | 一斉(いっせい)に 일제히, 여럿이 동시에 | うっかり 깜박, 무심코

---

4 그녀는 간병 <u>전문가</u>로서 중요시 여겨지고 있다.

1 담당자 　　　　　2 강사
3 전문가 　　　　4 보증인

해설 エキスパート(전문가)는 **3 専門家(전문가)**와 의미가 가장 가깝다.
단어 介護(かいご) 간호, 간병 | エキスパート 엑스퍼트, 전문가 | 重宝(ちょうほう)がる 중요시 여기다, 소중히 여기다 | 担当者(たんとうしゃ) 담당자 | 講師(こうし) 강사 | 専門家(せんもんか) 전문가 | 保証人(ほしょうにん) 보증인

---

5 비자 갱신을 위해서 <u>번거로운</u> 수속을 밟지 않으면 안 된다.

1 이상한 　　　　　2 진지한
3 귀찮은 　　　　4 공평한

해설 わずらわしい(번거로운)는 **3 面倒な(귀찮은)**과 의미가 가장 가깝다.
단어 更新(こうしん) 갱신 | 煩(わずら)わしい 번거롭다, 귀찮다 | 不思議(ふしぎ)だ 이상하다, 신기하다 | 真剣(しんけん)だ 진지하다 | 面倒(めんどう)だ 귀찮다 | 公平(こうへい)だ 공평하다

---

6 즐거운 때와 지루할 때의 시간의 <u>척도</u>는 다르다.

1 견해 　　　　　　2 활기
3 목표 　　　　　　**4 기준**

해설 尺度(척도)는 **4 基準(기준)**과 의미가 가장 가깝다.
단어 退屈(たいくつ)だ 지루하다, 따분하다 | 尺度(しゃくど) 척도 | 見解(けんかい) 견해 | 活気(かっき) 활기 | 目標(もくひょう) 목표 | 基準(きじゅん) 기준

유의표현 기출단어 기본 다지기② 62p

| 1 ① | 2 ② | 3 ② | 4 ① | 5 ② |
| 6 ② | 7 ② | 8 ① | 9 ① | 10 ② |

---

1 그녀는 <u>완고히</u> 계속 거절했다.

1 완고히 　　　　2 냉정하게

해설 かたくなに(완고히)는 **1 頑固に(완고히)**와 의미가 가장 가깝다.
단어 頑(かたく)なに 완고히 | 頑固(がんこ)だ 완고하다 | 冷静(れいせい)だ 냉정하다

---

2 그는 내가 그를 사랑하고 있다고 <u>착각하고 있다</u>.

1 자만하고 있다 　　**2 착각하고 있다**

해설 錯覚している(착각하고 있다)는 **2 勘違いしている(착각하고 있다)**와 의미가 가장 가깝다.
단어 錯覚(さっかく)する 착각하다 | 自慢(じまん)する 자만하다 | 勘違(かんちが)いする 착각하다

---

3 회사 창립기념식에는 <u>엘리건트한</u> 복장으로 참가하는 사람이 많다.

1 개성적인 　　　　**2 품위가 있는**

해설 エレガントな(엘리건트한)은 **2 上品な(품위가 있는)**과 의미가 가장 가깝다.
단어 創業記念式典(そうぎょうきねんしきてん) 창립기념식(전) | エレガントだ 엘리건트하다, 우아하다 | 個性的(こせいてき)だ 개성적이다 | 上品(じょうひん)だ 품위가 있다

---

4 인터넷에서 취득한 정보는 잘 <u>조사할</u> 필요가 있다.

1 검토 　　　　　2 실행

해설 吟味(자세히 조사함)은 **1 検討(검토)**와 의미가 가장 가깝다.
단어 取得(しゅとく)する 취득하다 | 吟味(ぎんみ) 음미, 자세히 조사함 | 検討(けんとう) 검토 | 実行(じっこう) 실행

---

5 헤어진 연인을 잊기 위해서는 일에 <u>몰두하는</u> 수밖에 없다.

1 시간을 들이다 　　**2 열중하다**

해설 打ち込む(몰두하다)는 **2 夢中になる(열중하다)**와 의미가 가장 가깝다.
단어 打(う)ち込(こ)む 박아 넣다, 몰두하다 | 時間(じかん)をかける 시간을 들이다 | 夢中(むちゅう)になる 열중하다, 푹 빠지다

---

6 할아버지는 자신의 전쟁 체험을 <u>자세히</u> 이야기하기 시작했다.

1 갑자기 　　　　　**2 상세하게**

해설 つぶさに(자세히)는 **2 詳細に(상세하게)**와 의미가 가장 가깝다.
단어 祖父(そふ) 조부, 할아버지 | つぶさに 자세히 | 語(かた)る 이야기

하다 | 急(きゅう)に 갑자기 | 詳細(しょうさい)に 상세하게

7 경제적으로 <u>여유</u>가 있는 사람은 마음에도 여유를 가질 수 있다.

1 행운　　　　　　　　**2 여유**

해설　ゆとり(여유)는 **2 余裕(여유)**와 의미가 가장 가깝다.

단어　ゆとり 여유 | 幸運(こううん) 행운 | 余裕(よゆう) 여유

8 무엇을 하든 <u>끈기</u> 있는 정신력이 필요하다.

1 포기하지 않다　　　　2 드물지 않다

해설　粘り強い(끈기 있다)는 **1 諦めない(포기하지 않다)**와 의미가 가장 가깝다.

단어　粘(ねば)り強(づよ)い 끈기 있다 | 精神力(せいしんりょく) 정신력 | 諦(あきら)める 포기하다 | 珍(めずら)しい 드물다, 진귀하다

9 승객 전원이 무사하다는 소식을 들으면 가족들은 분명히 <u>안도할</u> 것입니다.

1 안심하다　　　　　　2 상쾌하다

해설　安堵する(안도하다)는 **1 ほっとする(안심하다)**와 의미가 가장 가깝다.

단어　無事(ぶじ)だ 무사하다 | 安堵(あんど)する 안도하다 | ほっとする 안심하다 | すっきりする 시원하다, 후련하다, 상쾌하다

10 그녀가 나의 형에게 호의를 가지고 있다는 것이 태도에 <u>생생히</u> 나타나있다.

1 시종일관　　　　　　**2 똑똑히**

해설　ありあり(생생히)는 **2 はっきり(똑똑히)**와 의미가 가장 가깝다.

단어　好意(こうい) 호의 | ありありと 생생히 | 終始(しゅうし) 줄곧, 시종일관 | はっきり 똑똑히, 분명히, 확실히

유의표현 기출단어 실전 연습 문제②　　64p

1 ②　　**2** ④　　**3** ①　　**4** ②　　**5** ④

6 ①

문제3　＿＿＿＿＿의 말에 의미가 가장 가까운 것을, 1・2・3・4에서 하나 고르세요.

1 여름 더위가 계속되어 <u>지쳐</u>있다.

1 질려서　　　　　　　**2 매우 지쳐서**

3 땀을 흘려서　　　　　4 수분이 부족해서

해설　ばてて(지쳐)는 **2 ひどく疲れて(매우 지쳐서)**와 의미가 가장 가깝다.

단어　ばてる 지치다, 기진하다 | 飽(あ)きる 싫증 나다, 질리다, 물리다 | ひどく疲(つか)れる 매우 지치다 | 汗(あせ)をかく 땀을 흘리다 | 水分(すいぶん)が不足(ふそく)する 수분이 부족하다

2 이 사건은 아직 해결의 <u>실마리</u>가 발견되지 않았다.

1 의의　　　　　　　　2 수속

3 방침　　　　　　　　**4 단서**

해설　糸口(실마리)는 **4 手がかり(단서)**와 의미가 가장 가깝다.

단어　糸口(いとぐち) 실마리, 단서 | 意義(いぎ) 의의 | 手続(てつづ)き 수속, 절차 | 方針(ほうしん) 방침 | 手(て)がかり 단서

3 승강장에 <u>수상한</u> 소포가 놓여져 있어 확인을 위해 전철이 멈추어있다.

1 의심스러운　　　　　2 심각한

3 험한　　　　　　　　4 부정적인

해설　不審な(수상한)은 **1 怪しい(의심스러운)**과 의미가 가장 가깝다.

단어　ホーム 승강장(プラットホーム 플랫폼의 줄임말) | 不審(ふしん)だ 수상하다 | 小包(こづつみ) 소포 | 怪(あや)しい 수상하다, 의심스럽다 | 深刻(しんこく)だ 심각하다 | 険(けわ)しい 험하다, 험상궂다 | 否定的(ひていてき)だ 부정적이다

4 최근 휴대전화는 <u>콤팩트하고</u> 세련된 디자인이 많다.

1 편리하고　　　　　　**2 작고**

3 가볍고　　　　　　　4 기능적이고

해설　コンパクトで(콤팩트하고)는 **2 小さくて(작고)**와 의미가 가장 가깝다.

단어　コンパクトだ 콤팩트하다, 작지만 알차다 | おしゃれだ 멋을 내다, 세련되다 | 便利(べんり)だ 편리하다 | 小(ちい)さい 작다 | 軽(かる)い 가볍다 | 機能的(きのうてき)だ 기능적이다

5 전기세를 억제하기 위해서 <u>최대한</u> 에어컨을 틀지 않도록 하고 있습니다.

1 맨 먼저　　　　　　　2 아무래도

3 대폭으로　　　　　　**4 가능한 한**

해설　極力(최대한)은 **4 できる限り(가능한 한)**과 의미가 가장 가깝다.

단어　電気代(でんきだい) 전기세 | 抑(おさ)える 억누르다, 억제하다 | 極力(きょくりょく) 극력, 힘껏, 최대한 | 真(ま)っ先(さき)に 맨 앞에, 맨 먼저 | どうやら 아무래도 | 大幅(おおはば)に 대폭으로, 큰 폭으로 | できる限(かぎ)り 가능한 한

6 오늘은 중요한 면접이었는데 알람을 끄고 깼다가 다시 자서 <u>실수해</u> 버렸다.

1 실패해서　　　　　　2 오해해서

| 3 손해를 봐서 | 4 놀라서 |

해설 しくじって(실수해)는 **1 失敗して(실패해서)**와 의미가 가장 가깝다.

단어 アラーム 알람 | 二度寝(にどね)をする 깼다가 다시 자다 | しくじる 실수하다, 실패하다 | 失敗(しっぱい)する 실패하다 | 誤解(ごかい)する 오해하다 | 損(そん)をする 밑지다, 손해를 보다 | 驚(おどろ)く 놀라다

유의표현 기출단어 기본 다지기 ③ 70p

| 1 ① | 2 ② | 3 ② | 4 ① | 5 ② |
| 6 ① | 7 ① | 8 ① | 9 ② | 10 ② |

1 이 드라마의 스토리는 <u>흔하지만</u> 그렇기 때문에 공감할 수 있는 부분이 있다.

1 평범하다　　2 유쾌하다

해설 ありきたりだ(흔하다)는 **1 平凡だ(평범하다)**와 의미가 가장 가깝다.

단어 ありきたりだ 세상에 얼마든지 있다, 흔하게 있다 | 平凡(へいぼん)だ 평범하다 | 愉快(ゆかい)だ 유쾌하다

2 이 프로젝트가 성공한 것은 전부 선배님들의 <u>백업</u> 덕분입니다.

1 의욕　　**2 지원**

해설 バックアップ(백업)은 **2 支援(지원)**과 의미가 가장 가깝다.

단어 バックアップ 백업, 후원, 지원 | ～おかげだ ~덕분이다 | 意欲(いよく) 의욕 | 支援(しえん) 지원

3 숙취 때문에 다음 날 아침은 몸을 움직이는 것도 <u>귀찮았다</u>.

1 따분했다　　**2 귀찮았다**

해설 おっくうだった(귀찮았다)는 **2 面倒だった(귀찮았다)**와 의미가 가장 가깝다.

단어 二日酔(ふつかよ)い 숙취 | ～為(ため) ~때문에 | 翌日(よくじつ) 익일, 다음 날 | おっくうだ 귀찮다, 마음이 내키지 않다 | 退屈(たいくつ)だ 지루하다, 따분하다 | 面倒(めんどう)だ 귀찮다

4 학생 시절을 <u>회상할</u> 때마다 내가 나이를 먹은 것이라고 느낀다.

1 다시 생각하다　　2 잊다

해설 回想する(회상하다)는 **1 思い返す(다시 생각하다)**와 의미가 가장 가깝다.

단어 回想(かいそう)する 회상하다 | 思(おも)い返(かえ)す (지난 일을) 다시 생각하다 | 忘(わす)れる 잊다

5 선생님이 교실에서 벌레를 발견하여 <u>몹시 놀라는</u> 모습은 언제 봐도 우스꽝스럽다.

1 위를 보다　　**2 심하게 놀라다**

해설 仰天する(몹시 놀라다)는 **2 ひどくびっくりする(심하게 놀라다)**와 의미가 가장 가깝다.

단어 仰天(ぎょうてん)する 몹시 놀라다 | 滑稽(こっけい)だ 우스꽝스럽다 | 上(うえ)を向(む)く 위를 보다 | ひどくびっくりする 심하게 놀라다

6 덩치가 큰 그는 보기와는 다르게 <u>매우</u> 수줍음이 많은 성격이다.

1 매우　　2 아직

해설 いたって(매우)는 **1 非常に(매우)**와 의미가 가장 가깝다.

단어 大柄(おおがら)だ 덩치가 크다 | 見(み)かけによらない 보기와는 다르다 | 至(いた)って 극히, 매우 | シャイだ 수줍음이 많다 | 非常(ひじょう)に 매우, 상당히 | まだ まだ 아직

7 그가 범인이라는 <u>확증</u>은 아무것도 없다.

1 증거　　2 정보

해설 裏付け(확실한 증거)는 **1 証拠(증거)**와 의미가 가장 가깝다.

단어 犯人(はんにん) 범인 | 裏付(うらづ)け 뒷받침, 확증 | 証拠(しょうこ) 증거 | 情報(じょうほう) 정보

8 태풍이 떠난 후의 하늘은 실로 <u>상쾌하다</u>.

1 상쾌하다　　2 날씨가 좋다

해설 すがすがしい(상쾌하다)는 **1 さわやかだ(상쾌하다)**와 의미가 가장 가깝다.

단어 実(じつ)に 실로, 참으로, 정말 | 清々(すがすが)しい 상쾌하다, 시원하다 | 爽(さわ)やかだ 상쾌하다, 상큼하다 | 天気(てんき)がいい 날씨가 좋다

9 이 앱은 몇 개 국어나 번역할 수 있어서 매우 <u>편리해서 잘 쓰는</u> 모양이다.

1 가격이 비싸다　　**2 편리해서 도움이 된다**

해설 重宝する(편리해서 잘 쓰다)는 **2 便利で役に立つ(편리해서 도움이 된다)**와 의미가 가장 가깝다.

단어 アプリ 앱(アプリケーション 애플리케이션의 줄임말) | 翻訳(ほんやく)する 번역하다 | 重宝(ちょうほう)する 편리해서 잘 쓰다

10 직장 때문에 대도시의 <u>혼잡</u> 속에 살고 있으면 가끔 본가에 돌아가고 싶어진다.

1 (교통의) 정체　　**2 인파**

해설 雑踏(혼잡)은 **2 人込み(인파)**와 의미가 가장 가깝다.

단어 職場(しょくば) 직장 | 大都会(だいとかい) 대도시 | 雑踏(ざっとう) 잡답, 혼잡 | 時折(ときおり) 때때로, 가끔 | 実家(じっか) 본가 | 渋滞(じゅうたい) (교통의) 정체, 밀림 | 人込(ひとご)み (사람으로) 북적임, 인파

유의표현 기출단어 실전 연습 문제③   72p

1 ①   2 ③   3 ①   4 ④   5 ④
6 ②

문제3 _____ 의 말에 의미가 가장 가까운 것을, 1·2·3·4에서 하나 고르세요.

1 이 자동차의 엔진의 <u>메커니즘</u>은 매우 효율적이어서 연비가 좋다.
1 **구조**   2 과정
3 알맹이   4 기술

해설 メカニズム(메커니즘)은 **1 構造(구조)**와 의미가 가장 가깝다.
단어 メカニズム 메커니즘, 구조 | 非常(ひじょう)に 매우, 상당히 | 効率的(こうりつてき)だ 효율적이다 | 燃費(ねんぴ) 연비 | 構造(こうぞう) 구조 | 過程(かてい) 과정 | 中身(なかみ) 속, 알맹이 | 技術(ぎじゅつ) 기술

2 이 자료는 <u>대강</u> 완성되어 있기 때문에 남은 건 부장님의 허가를 받는 것뿐입니다.
1 전부   2 곧
3 **대체로**   4 미리

해설 おおむね(대강)는 **3 だいたい(대체로)**와 의미가 가장 가깝다.
단어 資料(しりょう) 자료 | おおむね 대개, 대강 | 許可(きょか) 허가 | 全(すべ)て 전부, 모두 | すぐに 곧, 즉시, 바로 | 大体(だいたい) 대체로, 대략 | 予(あらかじ)め 미리, 사전에

3 담임 강사는 나의 노트를 들여다보고 "너무 예쁜 글씨여서 읽지 못하겠어"라고 <u>비아냥</u>댔다.
1 **빈정거림**   2 겉치레 말
3 붙임성   4 농담

해설 いやみ(비아냥)은 **1 皮肉(빈정거림)**과 의미가 가장 가깝다.
단어 講師(こうし) 강사 | 覗(のぞ)き込(こ)む 얼굴을 내밀면서 들여다보다 | いやみを言(い)う 비아냥대다 | 皮肉(ひにく) 빈정거림, 비꼼 | お世辞(せじ) 아첨, 겉치레 말 | 愛想(あいそう・あいそ) 붙임성, 정나미 | 冗談(じょうだん) 농담

4 5년간 살고 있는 지역의 지역활성화를 바라며 <u>무상</u>으로 활동해 왔습니다.
1 무휴   2 애착
3 지원   4 **무료**

해설 無償(무상)은 **4 ただ(무료)**와 의미가 가장 가깝다.
단어 地元(じもと) 생활근거지, 고장, 동네, 자기가 살고 있는 지역 | 地域(ちいき) 지역 | 活性化(かっせいか) 활성화 | 無償(むしょう) 무상 | 無休(むきゅう) 무휴 | 愛着(あいちゃく) 애착 | 支援(しえん) 지원 | ただ 공짜, 무료

5 <u>재촉하더라도</u> 상대를 배려하는 한 마디를 곁들이는 것은 중요하다.
1 피하게 하다   2 곤란하게 하다
3 기다리게 하다   4 **서두르게 하다**

해설 せかせる(재촉하다)는 **4 いそがせる(서두르게 하다)**와 의미가 가장 가깝다.
단어 急(せ)かせる 재촉하다, 서두르게 하다 | 気遣(きづか)う 마음을 쓰다, 배려하다 | 添(そ)える 첨부하다, 곁들이다 | 避(さ)ける 피하다 | 困(こま)る 곤란하다 | 待(ま)つ 기다리다 | 急(いそ)ぐ 서두르다

6 뒷전에서 타인의 용모나 인격을 <u>폄하하는</u> 사람은 질색입니다.
1 자랑하다   2 **나쁘게 말하다**
3 동정하다   4 무시하다

해설 けなす(폄하하다)는 **2 悪く言う(나쁘게 말하다)**와 의미가 가장 가깝다.
단어 陰(かげ) 그늘, 음영, 뒷전 | 容姿(ようし) 용모, 외모 | 人格(じんかく) 인격 | 貶(けな)す 폄하하다, 깎아내리다 | 自慢(じまん)する 자랑하다 | 悪(わる)く言(い)う 나쁘게 말하다 | 同情(どうじょう)する 동정하다 | 無視(むし)する 무시하다

용법

용법 기출단어 기본 다지기   78p

1 ②   2 ①   3 ①   4 ②   5 ①
6 ①   7 ②   8 ①   9 ①   10 ①

1 잠이 안 오다

1 매일 잔업이며 출장이며로 너무 바빠서 <u>잠이 오지 않는다</u>.
2 **자기 전에 휴대폰을 보면 늘 <u>잠이 안 와</u> 버린다.**

해설 目がさえる(잠이 오지 않다)를 가장 올바르게 사용한 것은 **2번**이다. 1번은 目が回る(눈이 핑핑 돌다)를 사용하는 것이 알맞다.
단어 目(め)が冴(さ)える 잠이 오지 않다, 눈이 말똥말똥하다 | ~やら ~하고 ~하고, ~하며 ~하며 | 多忙(たぼう)だ 다망하다, 매우 바쁘다 | 目(め)が回(まわ)る 눈이 핑핑 돌다, 매우 바쁘다

2 저력

1 포기할 뻔했을 때 팀원의 성원은 항상 저력을 발휘시킨다.
2 나의 취미는 근력 트레이닝이기 때문에 저력에는 자신이 있다.

해설　底力(저력)을 가장 올바르게 사용한 것은 **1번**이다. 2번은 筋力(근력)을 사용하는 것이 알맞다.

단어　底力(そこぢから) 저력 | ~かける ~할 뻔하다 | チームメイト 팀원 | 声援(せいえん) 성원 | 発揮(はっき) 발휘 | 筋(きん)トレ 근력 트레이닝, 근력 운동 | 筋力(きんりょく) 근력

3　개수

1 낡은 빌딩이 개수되어서 호텔로 다시 태어났다.
2 이름의 기재를 틀렸기 때문에 그 부분만 개수해서 제출한다.

해설　改修(개수)를 가장 올바르게 사용한 것은 **1번**이다. 2번은 修正(수정)을 사용하는 것이 알맞다.

단어　改修(かいしゅう) 개수, 수리 | 生(う)まれ変(か)わる 다시 태어나다 | 記載(きさい) 기재 | 修正(しゅうせい) 수정

4　어색하다

1 이런 어색한 매일이 계속된다면 이직을 생각하려고 한다.
2 두 사람은 화해했을 텐데 어쩐지 아직 대화가 어색하다.

해설　きこちない(어색하다)를 가장 올바르게 사용한 것은 **2번**이다. 1번은 味気ない(따분하다)를 사용하는 것이 알맞다.

단어　ぎこちない 어색하다, 딱딱하다 | 転職(てんしょく) 전직, 이직 | 仲直(なかなお)り 화해 | なんとなく 왠지 모르게, 어쩐지 | 味気(あじけ・あじき)ない 따분하다, 시시하다

5　결단코

1 자신에게 유리하도록 정보 조작하다니 결단코 용서할 수 없다.
2 침울해하는 것을 들키지 않도록 결단코 밝게 행동했다.

해설　断じて(결단코)를 가장 올바르게 사용한 것은 **1번**이다. 2번은 努めて(되도록)을 사용하는 것이 알맞다.

단어　断(だん)じて 결단코 | 有利(ゆうり)になる 유리해지다 | 情報(じょうほう) 정보 | 操作(そうさ) 조작 | 許(ゆる)す 용서하다 | 落(お)ち込(こ)む 빠지다, 침울해하다, 낙담하다 | 努(つと)めて 가능한 한, 애써 | 振(ふ)る舞(ま)う 행동하다

6　압수

1 범인을 잡기 위해서 증거가 될 것 같은 것은 전부 압수했다.
2 수취한 서류에 인감을 압수해서 반송해 주세요.

해설　押収(압수)를 가장 올바르게 사용한 것은 **1번**이다. 2번은 押印(날인)을 사용하는 것이 알맞다.

단어　押収(おうしゅう) 압수 | 捕(つか)まえる 붙잡다 | 証拠(しょうこ) 증거 | 受(け)取(と)る 수취하다, 받다 | 書類(しょるい) 서류 | 印鑑(いんかん) 인감 | 返送(へんそう) 반송 | 押印(おういん) 날인

7　숨기다

1 마음을 숨기고 업무에 착수하려고 생각하고 있습니다.
2 그녀는 본심을 숨기고 일단 좋은 말만 전달했다.

해설　秘める(숨기다)를 가장 올바르게 사용한 것은 **2번**이다. 1번은 締める(다잡다)를 사용하는 것이 알맞다.

단어　秘(ひ)める 숨기다, 간직하다 | 取(と)り掛(か)かる (일, 사업 등에) 착수하다 | 本音(ほんね) 속마음, 본심 | 気(き)を締(し)める 마음을 다잡다

8　리타이어

1 첫 풀 마라톤 대회는 나머지 5km 지점에서 리타이어 했다.
2 무사히 수술을 마쳤기 때문에 나머지는 직무복귀를 향해서 리타이어를 시작할 예정이다.

해설　リタイア(리타이어)를 가장 올바르게 사용한 것은 **1번**이다. 2번은 リハビリ(재활치료)를 사용하는 것이 알맞다.

단어　リタイア 리타이어, 기권, 은퇴 | フルマラソン 풀 마라톤 | 残(のこ)り 나머지 | 終(お)える 끝나다, 마치다 | 職務(しょくむ) 직무 | 復帰(ふっき) 복귀 | ~に向(む)けて ~을/를 향해서 | リハビリ 재활치료

9　실각

1 별일이 아니라고 생각했던 것이 큰 문제로 이어져 사장은 결국 실각되었다.
2 반칙을 했다는 것으로 실각 처리되어 버렸다.

해설　失脚(실각)을 가장 올바르게 사용한 것은 **1번**이다. 2번은 失格(실격)을 사용하는 것이 알맞다.

단어　失脚(しっきゃく) 실각, 세력을 잃고 지위에서 물러남 | 大問題(だいもんだい) 큰 문제 | 反則(はんそく) 반칙 | ~ことで ~한 일로, ~것으로 | 処理(しょり) 처리 | 失格(しっかく) 실격

10　멸종

1 멸종 위기에 놓인 동물을 지키지 않으면 안 되어서 모금 운동을 하고 있습니다.
2 멸종적으로 사고 현장을 향하더라도 아들의 모습은 발견되지 않았다.

해설　絶滅(멸종)을 가장 올바르게 사용한 것은 **1번**이다. 2번은 絶望(절망)을 사용하는 것이 알맞다.

단어　絶滅(ぜつめつ) 멸종 | 募金(ぼきん) 모금 | 事故現場(じこげんば) 사고 현장 | ~に向(む)かって ~을/를 향해서 | 絶望的(ぜつぼうてき)だ 절망적이다

용법 기출단어 실전 연습 문제① 　　　80p

1 ①　　2 ④　　3 ③　　4 ②　　5 ②
6 ①

문제4 다음 말의 사용법으로서 가장 알맞은 것을, 1·2·3·4에서 하나 고르세요.

1 차단

1 이 구조로는 외부의 소리를 완전하게 차단하는 것은 어렵다.
2 올해의 겨울은 평년보다 기온이 상승하여 호수로의 출입이 차단될 가능성이 있다고 한다.
3 갑자기 비가 내리기 시작했기 때문에 이벤트는 차단할 수밖에 없었다.
4 재료를 매입하는 것이 곤란하게 되어 공장의 생산 라인이 차단되었다.

해설　遮断(차단)을 가장 올바르게 사용한 것은 **1번**이다. 2번은 禁止(금지), 3번은 中断(중단), 4번은 停止(정지)를 사용하는 것이 알맞다.

단어　遮断(しゃだん) 차단 | 構造(こうぞう) 구조 | 平年(へいねん) 평년 | 上昇(じょうしょう) 상승 | 湖(みずうみ) 호수 | 立(た)ち入(い)り 출입 | 突然(とつぜん) 돌연, 갑자기 | 仕入(しい)れる 사들이다, 얻다, 매입하다 | 困難(こんなん) 곤란 | 禁止(きんし) 금지 | 中断(ちゅうだん) 중단 | 停止(ていし) 정지

2 통렬

1 장인은 8일간에 걸쳐서 누구나 앉을 수 있는 통렬한 의자와 책상을 만들었다.
2 이렇게 통렬한 인상을 남기는 사람을 지금까지 만난 적이 없다.
3 경찰은 어젯밤의 수사에서 통렬한 이익을 얻고 있던 범죄 집단의 증거를 수집했다.
4 전쟁을 일으킨 그 나라는 국제사회로부터 통렬한 비판을 받았다.

해설　痛烈(통렬)을 가장 올바르게 사용한 것은 **4번**이다. 1번은 頑丈(튼튼), 2번은 強烈(강렬), 3번은 不当(부당)을 사용하는 것이 알맞다.

단어　痛烈(つうれつ) 통렬, 호됨 | 職人(しょくにん) 장인 | ～にわたって ~에 걸쳐서 | 警察(けいさつ) 경찰 | 捜査(そうさ) 수사 | 犯罪(はんざい) 범죄 | 集団(しゅうだん) 집단 | 証拠(しょうこ) 증거 | 収集(しゅうしゅう) 수집 | 戦争(せんそう) 전쟁 | 国際社会(こくさいしゃかい) 국제사회 | 批判(ひはん)を浴(あ)びる 비판을 받다 | 頑丈(がんじょう)だ 튼튼하다 | 強烈(きょうれつ)だ 강렬하다 | 不当(ふとう)だ 부당하다

3 노골

1 그는 항상 노골적으로 이야기를 하기 때문에, 그대로 믿어서는 안 된다.
2 어떤 곤란에도 노골적으로 맞서 가는 주인공의 모습에 감동했다.
3 마스크를 하지 않고 기침을 했더니 노골적으로 싫은 내색을 보였다.
4 아무리 훌륭해도 돈이 있어도 작은 행복을 잊지 않고 노골적으로 살고 싶다.

해설　露骨(노골)을 가장 올바르게 사용한 것은 **3번**이다. 1번은 大げさ(과장됨), 2번은 勇敢(용감), 4번은 質素(검소함)을 사용하는 것이 알맞다.

단어　露骨(ろこつ)だ 노골적이다 | 困難(こんなん) 곤란 | 立(た)ち向(む)かう 맞서다, 대항하다 | 咳(せき)をする 기침을 하다 | 大(おお)げさだ 과장되다 | 勇敢(ゆうかん)だ 용감하다 | 質素(しっそ)だ 검소하다

4 이미

1 신입사원 때는 일에 익숙해지지 않아 이미 상사에게 혼나곤 했다.
2 가령 원인이나 해결책이 발견되었다 해도 이미 늦었다.
3 선생님의 심기가 이미 좋기 때문에 학생들은 의아하게 생각하고 있었다.
4 그녀는 휴학했을 것이라고 생각하고 있었지만 이미 틀린 것 같다.

해설　もはや(이미, 이제는)을 가장 올바르게 사용한 것은 **2번**이다. 1번은 しょっちゅう(언제나), 3번은 やけに(몹시), 4번은 どうやら(아무래도)를 사용하는 것이 알맞다.

단어　もはや 이미, 이제는 | ～ものだ ~하곤 했다 | 仮(かり)に 만일, 가령 | 原因(げんいん) 원인 | 解決策(かいけつさく) 해결책 | 手遅(ておく)れだ 때를 놓치다 | 機嫌(きげん) 기분, 비위, 심기 | 不思議(ふしぎ)だ 이상하다, 신기하다, 의아하다 | 休学(きゅうがく) 휴학 | しょっちゅう 늘, 언제나 | やけに 몹시, 되게 | どうやら 아무래도

5 돋우다

1 계약 갱신일의 1개월 전까지 연락이 없을 경우, 갱신에 동의한 것으로 돋는다.
2 귀가했더니 식욕을 돋우는 냄새가 현관까지 가득해 있었다.
3 저 여배우의 아름다움과 연기력에 돋아진다.
4 외국의 요리는 향신료가 많아 내 위장을 돋우는 것이 많다.

해설　そそる(돋우다)를 가장 올바르게 사용한 것은 **2번**이다. 1번은 見なされる(간주되다), 3번은 惹かれる(끌리다), 4번은 刺激する(자극하다)를 사용하는 것이 알맞다.

단어　そそる 돋우다 | 契約(けいやく) 계약 | 更新(こうしん) 갱신 | 同意(どうい) 동의 | 食欲(しょくよく) 식욕 | 匂(にお)い 냄새 | 充満(じゅうまん)する 충만하다, 가득하다 | 演技力(えんぎりょく) 연기력 | 香辛料(こうしんりょう) 향신료 | 胃(い) 위, 위장 | 見(み)なす 간주하다 | 惹(ひ)かれる (마음 등이) 끌리다 | 刺激(しげき)する 자극하다

6 무르다

1 어디에서 어떻게 봐도 완고할 것 같은 과장님이지만 사실은 정에 무른 일면이 있답니다.
2 생명의 탄생은 매우 무른 것이다.
3 월하미인이라는 식물의 꽃은 무르게도 하룻밤 밖에 개화하지 않는다.
4 광고 디자이너로서 일하는 그는 학생 시절보다도 훨씬 무르게 보였다.

해설　もろい(무르다)를 가장 올바르게 사용한 것은 **1번**이다. 2번은 尊い(귀중하다), 3번은 儚い(덧없다), 4번은 逞しい(늠름하다)를 사용하

는 것이 알맞다.

단어 もろい 무르다 | 頑固(がんこ)だ 완고하다 | 一面(いちめん) 일면, 한쪽 면 | 命(いのち) 목숨, 생명 | 誕生(たんじょう) 탄생 | 非常(ひじょう)に 매우, 상당히 | 月下美人(げっかびじん) (선인장의 일종) 월하미인 | 一夜(いちや) 하룻밤 | 広告(こうこく) 광고 | デザイナー 디자이너 | 遥(はる)かに 아득히, 훨씬 | 尊(とうと)い 귀중하다, 고귀하다 | 儚(はかな)い 덧없다 | 逞(たくま)しい 우람하다, 늠름하다

용법 기출단어 기본 다지기② 84p

1 ①	2 ②	3 ②	4 ①	5 ①
6 ②	7 ①	8 ②	9 ②	10 ②

1 면식

1 나는 <u>면식</u>이 있는 사람과 함께라면 본래의 모습을 보여주는 것에 저항이 없다.
2 팀에서 업무를 분담할 때는 한 사람 한 사람의 역할을 <u>면식</u>할 필요가 있다.

해설 面識(면식)을 가장 올바르게 사용한 것은 **1번**이다. 2번은 認識(인식)을 사용하는 것이 알맞다.

단어 面識(めんしき) 면식 | 本来(ほんらい) 본래 | 抵抗(ていこう) 저항 | 分担(ぶんたん) 분담 | ～際(さい) ~할 때, ~할 즈음 | 認識(にんしき) 인식

2 끈질기다

1 잔업 수당도 받을 수 없는데 이런 회사에서 일을 하다니 <u>끈질겨</u>.
2 정원의 잡초는 꽤나 <u>끈질겨서</u> 좀처럼 뽑을 수 없다.

해설 しぶとい(끈질기다)를 가장 올바르게 사용한 것은 **2번**이다. 1번은 ばかばかしい(어리석다)를 사용하는 것이 알맞다.

단어 しぶとい 고집이 세다, 끈질기다 | 残業代(ざんぎょうだい) 잔업 수당 | 庭(にわ) 정원, 마당 | 雑草(ざっそう) 잡초 | 取(と)り切(き)る 모조리 떼다, 따다, 뜯다 | ばかばかしい 어리석다, 너무 바보같다

3 짐작

1 이번 영화는 <u>짐작</u>해서 일본뿐 아니라 해외에서도 상영되게 되었다.
2 이 메일에 <u>짚이는 데</u>가 없는 경우는 이 메일을 파기해 주세요.

해설 心当(こころあ)たり(짐작, 짚이는 데)를 가장 올바르게 사용한 것은 **2번**이다. 1번은 大当たり(대성공)을 사용하는 것이 알맞다.

단어 心当(こころあ)たり 짐작, 짚이는 데 | 上映(じょうえい)する 상영하다 | 破棄(はき) 파기 | 大当(おおあ)たり 크게 적중함, 대성공

4 부피가 커지다

1 겨울용 옷은 <u>부피가 커지기</u> 때문에 사용할 때 이외는 압축해서 보관하고 있다.
2 우리 회사 상사는 모두 <u>부피가 커져서</u> 존경할 수 없다.

해설 かさばる(부피가 커지다)를 가장 올바르게 사용한 것은 **1번**이다. 2번은 威張る(거만하게 굴다)를 사용하는 것이 알맞다.

단어 かさばる 부피가 커지다, 부피가 늘다 | 圧縮(あっしゅく) 압축 | 保管(ほかん) 보관 | 尊敬(そんけい) 존경 | 威張(いば)る 뽐내다, 으스대다, 거만하게 굴다

5 발췌

1 몇 가지 논문에서 <u>발췌</u>한 내용으로 레포트를 썼다.
2 그는 이번 기획의 책임자로 <u>발췌</u>되어 기합이 들어가 있다.

해설 抜粋(발췌)를 가장 올바르게 사용한 것은 **1번**이다. 2번은 抜擢(발탁)을 사용하는 것이 알맞다.

단어 抜粋(ばっすい) 발췌 | 気合(きあ)いが入(はい)る 기합이 들어가다 | 抜擢(ばってき) 발탁

6 정교함

1 나이를 먹으면 <u>정교</u>한 집을 찾아서 시골에 돌아가는 사람이 많다.
2 이 시설은 유명 건축사에 의해서 <u>정교</u>하게 만들어진 건물이다.

해설 巧(たく)み(교묘함, 정교함)을 가장 올바르게 사용한 것은 **2번**이다. 1번은 閑静(한적)을 사용하는 것이 알맞다.

단어 巧(たく)み 교묘함, 정교함 | 住(す)まい 주거, 살고 있는 곳 | 施設(しせつ) 시설 | 建築士(けんちくし) 건축사 | 造(つく)る 만들다 | 閑静(かんせい)だ 한적하다, 조용하다

7 (기세가) 꺾이다

1 한 번의 실패로 <u>꺾여</u> 있어서는 앞으로가 걱정이다.
2 그 문제로부터 눈을 <u>꺾여</u> 있지 말고 현실을 봐야 한다.

해설 くじける(꺾이다)를 가장 올바르게 사용한 것은 **1번**이다. 2번은 背ける(외면하다)를 사용하는 것이 알맞다.

단어 くじける (기세가) 꺾이다 | ～ようでは ~해서는 | 目(め)を背(そむ)ける 차마 보지 못하여 시선을 돌리다

8 비치하다

1 깨진 꽃병을 접착제로 <u>비치했</u>더니 간신히 원래대로 되돌아왔다.
2 가구를 <u>비치하는데</u> 비용이 생각보다도 들어버렸다.

해설 備え付ける(비치하다)를 가장 올바르게 사용한 것은 **2번**이다. 1번은 くっつける(붙이다)를 사용하는 것이 알맞다.

단어 備(そな)え付(つ)ける 비치하다 | 何(なん)とか 어떻게(든), 그럭저럭, 간신히 | 元通(もとどお)りに戻(もど)る 원래 상태로 되돌아가(오)다 | くっつける (꼭) 붙이다, 들러붙게 하다

9 뒤집어엎다

1 양치질을 할 수 없는 경우에는 식후에 입을 <u>뒤집어엎는</u> 것만이라도 하

편이 좋다.
그가 제안해 왔던 내용은 지금까지의 상식을 뒤집어엎는 것이었다.

해설 覆す(뒤집어엎다)를 가장 올바르게 사용한 것은 **2번**이다. 1번은 す すぐ(헹구다)를 사용하는 것이 알맞다.

단어 覆(くつがえ)す 뒤집어엎다 | 歯磨(はみがき) 양치질 | 食後(しょくご) 식후 | 提案(ていあん) 제안 | 常識(じょうしき) 상식 | すすぐ 헹구다

10 흐뭇하다

그 낡고 흐뭇한 집은 지금은 빈집이 되어 있는 것 같다.
공원에서 아이들이 놀고 있는 모습을 보며 흐뭇하게 생각했다.

해설 ほほえましい(흐뭇하다)를 가장 올바르게 사용한 것은 **2번**이다. 1번은 見窄(みすぼ)らしい(초라하다)를 사용하는 것이 알맞다.

단어 ほほえましい 흐뭇하다 | 空(あ)き家(や) 빈집 | 見窄(みすぼ)らしい 초라하다

용법 기출단어 실전 연습 문제② 86p

1 ③   2 ④   3 ③   4 ②   5 ④
6 ①

문제4 다음 말의 사용법으로서 가장 알맞은 것을, 1·2·3·4에서 하나 고르세요.

1 (힘 없이) 고개를 떨구다

1 어제 태풍의 영향으로 전선이 끊어져서 고개를 떨구고 있다.
2 한때 활기찼던 이 마을도 지금은 완전히 고개를 떨구어 버렸다.
3 선배에게 설교를 듣는 동안에 그는 계속 고개를 떨구고 있었다.
4 등산 도중에 길을 잃어 산속을 떨구고 있던 와중에 구조되었다.

해설 うなだれる(고개를 떨구다)를 가장 올바르게 사용한 것은 **3번**이다. 1번은 垂れる(늘어지다), 2번은 廃れる(쇠퇴하다), 4번은 さまよう(헤매다)를 사용하는 것이 알맞다.

단어 うなだれる (힘 없이) 고개를 떨구다 | 影響(えいきょう) 영향 | 一時期(いちじき) 한때 | 賑(にぎ)わう 번성하다, 붐비다, 활기차다 | すっかり 아주, 완전히, 몽땅 | 説教(せっきょう)をされる 설교를 듣다 | 救助(きゅうじょ) 구조 | 垂(た)れる 늘어지다 | 廃(すた)れる 쓰이지 않게 되다, 한물가다, 쇠퇴하다 | さまよう 헤매다, 방황하다

2 (정도가) 심하다

1 집중해서 공부한 덕분인지 성적의 변화가 심하다.
2 첫 만남인데도 불구하고 심하게 말을 걸어오는 사람은 거북하다.
3 관공서의 시스템이 개편되어 심한 수속이 필요 없게 되었다.

4 무엇이든 자기 혼자의 힘으로 할 수 있다고 생각하고 있다니 착각도 심하다.

해설 はなはだしい(정도가 심하다)를 가장 올바르게 사용한 것은 **4번**이다. 1번은 著しい(현저하다), 2번은 馴れ馴れしい(허물없다), 3번은 煩わしい(번거롭다)를 사용하는 것이 알맞다.

단어 甚(はなは)だしい (정도가) 심하다 | 初対面(しょたいめん) 첫 대면, 첫 만남 | 役所(やくしょ) 관공서 | 見直(みなお)す 다시 보다, 재검토하다 | 手続(てつづ)き 수속, 절차 | 勘違(かんちが)い 착각 | 著(いちじる)しい 현저하다, 두드러지다 | 馴(な)れ馴(な)れしい 허물없다 | 煩(わずら)わしい 번거롭다, 귀찮다

3 바탕으로

1 낮에는 가족 나들이객으로 혼잡해 있었지만 점점 사람이 바탕으로 되었다.
2 타인에게 받았던 물건을 바탕으로 바닥에 두는 것은 실례다.
3 흰색을 바탕으로 만들어진 그 작품은 세계 각국에서 높이 평가되었다.
4 우리들이 바탕으로 개발한 상품이 팔기 시작하게 되었다.

해설 基調に(바탕으로)를 가장 올바르게 사용한 것은 **3번**이다. 1번은 疎(まば)らに(드문드문하게), 2번은 無造作に(아무렇게나), 4번은 独自に(독자적으로)를 사용하는 것이 알맞다.

단어 基調(きちょう)に 기조로, 바탕으로 | 家族連(かぞくづ)れ 가족 나들이객 | 混雑(こんざつ) 혼잡 | 床(ゆか) 마루, 바닥 | 売(う)り出(だ)す 팔기 시작하다 | 疎(まば)らに 드문드문하게, 뜸하게 | 無造作(むぞうさ)に 아무렇게나 | 独自(どくじ)に 독자적으로

4 엇갈리다

1 역 앞에서 그와 엇갈렸지만 나를 전혀 눈치채지 못한 모양이다.
2 두 사람은 의견이 엇갈릴 때마다 항상 다투게 된다.
3 선생님이 복도를 달리고 있는 학생을 엇갈려서 주의를 주었다.
4 빛에 비추었더니 지금까지 보이지 않았던 모양이 어긋나 왔다.

해설 食い違う(어긋나다, 엇갈리다)를 가장 올바르게 사용한 것은 **2번**이다. 1번은 すれ違う(스치듯 지나가다), 3번은 呼び止める(불러서 멈춰 세우다), 4번은 浮かび上がる(떠오르다)를 사용하는 것이 알맞다.

단어 食(く)い違(ちが)う 어긋나다, 엇갈리다 | 照(て)らす 비추다, 비추어보다 | 模様(もよう) 모양 | すれ違(ちが)う 스치듯 지나가다, 엇갈리다 | 呼(よ)び止(と)める 불러서 멈춰 세우다 | 浮(う)かび上(あ)がる 떠오르다

5 살살이

1 고령화로의 위기감도 느끼지 못하고 아무것도 착수하고 있지 않다면 살살이 때를 놓치는 것이다.
2 살살이 약속 장소로 향해도 제시간에 맞지 않는다고 생각합니다.

3 카레는 샅샅이 푹 끓이지 않으면 야채에 맛이 깊이 배어들지 않는다.
4 경찰은 범인의 방을 샅샅이 조사했지만 증거는 발견되지 않았다.

해설 くまなく(샅샅이)를 가장 올바르게 사용한 것은 **4번**이다. 1번은 もはや(이미), 2번은 今更(이제 와서), 3번은 じっくり(곰곰이)를 사용하는 것이 알맞다.

단어 くまなく 샅샅이 | 高齢化(こうれいか) 고령화 | 危機感(ききかん) 위기감 | 着手(ちゃくしゅ) 착수 | 手遅(ておく)れ 때를 놓침 | 待(ま)ち合(あ)わせ 약속 | 煮込(にこ)む 푹 끓이다 | 染(し)み込(こ)む 깊이 배어들다, 깊이 스며들다 | 警察(けいさつ) 경찰 | 犯人(はんにん) 범인 | 証拠(しょうこ) 증거 | もはや 이미, 이제는 | 今更(いまさら) 이제 와서, 새삼스럽게 | じっくり 차분히, 곰곰이

6 해명

1 이 데이터를 분석하는 것으로 오랜 세월 몰랐던 우주의 수수께끼의 <u>해명</u>으로 이어진다.
2 야마다 선생님은 수학 문제를 정성껏 <u>해명</u>해 주기 때문에 알기 쉽다.
3 바이러스가 잠잠해졌다고 생각해, 전에 있었던 여러 모임의 제한을 <u>해명</u>했다.
4 경찰에 의한 장시간 교섭 덕분에 인질은 <u>해명</u>되었다.

해설 解明(해명)을 가장 올바르게 사용한 것은 **1번**이다. 2번은 解説(해설), 3번은 解除(해제), 4번은 解放(해방)을 사용하는 것이 알맞다.

단어 解明(かいめい) 해명 | 長年(ながねん) 오랜 세월 | 謎(なぞ) 수수께끼, 불가사의 | 丁寧(ていねい)に 정중히, 공손히, 정성껏 | ウイルス 바이러스 | 収(おさ)まる 수습되다, 해결되다, 잠잠해지다 | かつて 일찍이, 예전부터 | 制限(せいげん) 제한 | 交渉(こうしょう) 교섭 | 人質(ひとじち) 인질 | 解説(かいせつ) 해설 | 解除(かいじょ) 해제 | 解放(かいほう) 해방

용법 기출단어 기본 다지기③   90p

1 ①	2 ①	3 ①	4 ②	5 ②
6 ①	7 ②	8 ①	9 ①	10 ②

1 번잡

1 비자를 취득하기 위한 수속은 매우 <u>번잡</u>하니까 서류 만이라도 빨리 준비하는 편이 좋다.
2 계속 기다리고 있었던 찬스가 왔지만 너무 <u>번잡</u>해져서 놓쳐 버렸다.

해설 煩雑(번잡)을 가장 올바르게 사용한 것은 **1번**이다. 2번은 慎重(신중)을 사용하는 것이 알맞다.

단어 煩雑(はんざつ)だ 번잡, 번거롭고 복잡함 | ビザ 비자 | 取得(しゅとく) 취득 | 手続(てつづ)き 수속, 절차 | 書類(しょるい) 서류 | 逃(のが)す 놓치다 | 慎重(しんちょう)だ 신중하다

2 말참견

1 이제 어른이니까 내가 하는 일에 일일이 <u>말참견</u>하지 않았으면 좋겠다.
2 코치의 <u>말참견</u> 덕분에 처음으로 시합에 이길 수 있었다.

해설 口出し(말참견)을 가장 올바르게 사용한 것은 **1번**이다. 2번은 助言(조언)을 사용하는 것이 알맞다.

단어 口出(くちだ)し 말참견 | いちいち 하나하나, 일일이 | コーチ 코치 | 助言(じょげん) 조언

3 조달함

1 새로운 사업을 시작하기 위한 자금을 <u>조달하는</u> 것은 힘들다.
2 그 목표를 <u>조달</u>하기에는 상당한 각오가 필요하다.

해설 工面(마련함, 조달함)을 가장 올바르게 사용한 것은 **1번**이다. 2번은 達成(달성)을 사용하는 것이 알맞다.

단어 工面(くめん) (돈을) 마련함, 조달함 | 事業(じぎょう) 사업 | 資金(しきん) 자금 | 達成(たっせい) 달성

4 못 보고 놓치다

1 사람의 본성을 <u>못 보고 놓치는</u> 힘을 습득하는 것도 필요하다.
2 나는 커다란 실수를 <u>못 보고 놓치고</u> 있었던 점을 반성했다.

해설 見落とす(못 보고 놓치다)를 가장 올바르게 사용한 것은 **2번**이다. 1번은 見抜く(알아차리다)를 사용하는 것이 알맞다.

단어 見落(みお)とす 간과하다, 못 보고 놓치다 | 本性(ほんせい) 본성 | 身(み)につける 몸에 익히다, 습득하다 | 見抜(みぬ)く 알아차리다, 간파하다

5 훨씬 전에

1 어머니는 훨씬 전에 심기가 좋다. 무언가 좋은 일이 있었던 게 틀림없다.
2 벌써 밤 11시니까 레스토랑은 <u>훨씬 전에</u> 닫혀 있다.

해설 とっくに(훨씬 전에)를 가장 올바르게 사용한 것은 **2번**이다. 1번은 やけに(몹시)를 사용하는 것이 알맞다.

단어 とっくに 훨씬 전에, 진작에 | 機嫌(きげん) 기분, 비위, 심기 | ~に違(ちが)いない ~(임)에 틀림없다 | やけに 몹시, 되게

6 종사하다

1 저의 꿈은 훌륭한 선생님이 되어 교육에 <u>종사하는</u> 것입니다.
2 경제적으로 부담이 <u>종사하여</u> 빈곤한 생활을 하면서 지내고 있습니다.

해설 携わる(관계하다, 종사하다)를 가장 올바르게 사용한 것은 **1번**이다. 2번은 加わる(가해지다)를 사용하는 것이 알맞다.

단어 携(たずさ)わる 관계하다, 종사하다 | 教育(きょういく) 교육 | 経済的(けいざいてき)に 경제적으로 | 貧困(ひんこん) 빈곤 | 加(くわ)わる 가해지다, 더해지다

7 미달하다

미달한 얼굴을 하고 있는데 무슨 일 있었습니까.
정원에 미달했기 때문에 안타깝지만 클래스는 개설되지 않았습니다.

해설 満たない(미달하다)를 가장 올바르게 사용한 것은 **2번**이다. 1번은 浮かない(시무룩한)을 사용하는 것이 알맞다.

단어 満(み)たない 차지 않다, 미달하다 | 定員(ていいん) 정원 | ~為(ため) ~때문에 | 開設(かいせつ) 개설 | 浮(う)く 뜨다, 들뜨다 | 浮(う)かない顔(かお) 어두운 얼굴, 시무룩한 얼굴

8 우선

우선 일의 매듭을 짓고 나머지는 내일 하기로 하자.
이렇게 어려운 시험에 우선 합격하다니 역시 영리하다고 할 만하다.

해설 まず(우선, 일단)을 가장 올바르게 사용한 것은 **1번**이다. 2번은 すんなり(쉽게)를 사용하는 것이 알맞다.

단어 ひとまず 우선, 일단 | 区切(くぎ)りをつける 매듭을 짓다 | 賢(かしこ)い 현명하다, 영리하다 | ~だけある ~만(도) 하다 | すんなり 매끈하게, 순조롭게, 쉽게

9 유수

1 5년 전에는 이름도 알지 못했던 기업이 지금은 세계 유수의 대기업이 되었습니다.
2 유수의 인생이니까 후회 없이 하고 싶은 것은 전부 할 생각입니다.

해설 有数(유수, 굴지, 손꼽힘)을 가장 올바르게 사용한 것은 **1번**이다. 2번은 有限(유한)을 사용하는 것이 알맞다.

단어 有数(ゆうすう) 유수, 굴지, 손꼽힘 | 大企業(だいきぎょう) 대기업 | 後悔(こうかい) 후회 | 有限(ゆうげん)だ 유한하다

10 부임

1 사태를 재빠르게 알아차려서 차로 도주하는 용의자를 부임했습니다.
2 가족을 남겨 두고 다음 달부터 해외에 단신 부임하게 되었습니다.

해설 赴任(부임)을 가장 올바르게 사용한 것은 **2번**이다. 1번은 追跡(추적)을 사용하는 것이 알맞다.

단어 赴任(ふにん) 부임 | 事態(じたい) 사태 | 素早(すばや)い 재빠르다 | 察知(さっち)する 찰지하다, 헤아려 알다, 알아차리다 | 逃走(とうそう) 도주 | 容疑者(ようぎしゃ) 용의자 | 単身(たんしん) 단신, 혼자 | 追跡(ついせき) 추적

용법 기출단어 실전 연습 문제③ 92p

| 1 ③ | 2 ③ | 3 ② | 4 ① | 5 ② |
| 6 ② |

문제4 다음 말의 사용법으로서 가장 알맞은 것을, 1·2·3·4에서 하나 고르세요.

---

1 전망, 가망

1 그녀는 매우 형제들의 전망이 좋기 때문에 부모님이 의지하고 있다.
2 내일 쓸 분량의 소스의 전망은 대체로 끝났기 때문에 가까스로 집에 돌아갈 수 있다.
3 학점이 부족해서 올해 모두와 함께 졸업할 수 있는 가망이 없다.
4 가망이 심해서 자주 주변에 폐를 끼치고 있다.

해설 見込み(전망, 가망)을 가장 올바르게 사용한 것은 **3번**이다. 1번은 面倒見(보살핌), 2번은 仕込み(준비), 4번은 思い込み(확신)을 사용하는 것이 알맞다.

단어 見込(みこ)み 전망, 가망 | 頼(たよ)りにする 의지하다 | だいたい 대체로, 대략 | やっと 겨우, 가까스로 | 単位(たんい) 학점 | 面倒見(めんどうみ) 보살핌 | 面倒見(めんどうみ)がいい 잘 돌봐주다 | 仕込(しこ)み (음식점 등에서 재료를) 사들여 준비함, 매입 | 思(おも)い込(こ)みが激(はげ)しい (자기만의) 믿음이 심하다, 고정관념이 강하다

2 미련 없이 깨끗하다

1 이 병원에는 안과 의사로서 깨끗한 선생님이 있다.
2 그녀에게는 소녀와 같은 깨끗함이 있다.
3 귀걸이를 아무리 찾아도 전혀 발견될 기미가 없어서 깨끗하게 포기했다.
4 게임에서 이런 치사한 짓을 하다니 깨끗한 녀석이다.

해설 潔い(미련 없이 깨끗하다, 떳떳하다)를 가장 올바르게 사용한 것은 **3번**이다. 1번은 名高い(유명하다), 2번은 清純さ(청순함), 4번은 せこい(교활하다)를 사용하는 것이 알맞다.

단어 潔(いさぎよ)い 미련 없이 깨끗하다, 떳떳하다 | 眼科医(がんかい) 안과의, 안과 의사 | イヤリング 귀걸이 | 全(まった)く 전혀 | 気配(けはい) 기색, 낌새, 기미 | ずるい 교활하다, 능글맞다, 치사하다 | 奴(やつ) 놈, 녀석, 자식 | 名高(なだか)い 유명하다 | 清純(せいじゅん)さ 청순함 | せこい 교활하다

3 공백

1 어떻게든 이달의 공백을 달성할 수 있었기 때문에 페널티는 없었다.
2 10년 만에 재취업했지만 공백이 있어서 좀처럼 뜻대로 일이 진행되지 않는다.
3 최근 몇 년간으로 국내 최고봉의 공백이라고 평가받게 되었다.
4 그녀는 사생활과 일의 공백이 너무 있다.

해설 ブランク(블랭크, 공백)을 가장 올바르게 사용한 것은 **2번**이다. 1번은 ノルマ(할당량), 3번은 ブランド(브랜드), 4번은 ギャップ(차이)를 사용하는 것이 알맞다.

단어 ブランク 블랭크, 공백 | 何(なん)とか 어떻게(든), 그럭저럭, 간신히 | 達成(たっせい) 달성 | ペナルティ 페널티 | 再就職(さいしゅうしょく) 재취업 | なかなか 상당히, 꽤, 좀처럼 | 思(おも)い通(どお)りに 뜻대로 | ここ数年(すうねん) 최근 몇 년간 | 最高峰(さいこうほう) 최고봉, 1인자 | プライベート 프라이빗, 개인적, 사생활 | ノルマ 노르마, 할당량 | ブランド 브랜드 | ギャップ

갭, 간격, 차이

> **4** 두드러지게
>
> 1 그녀는 신입사원이면서 <u>두드러지게</u> 영업력을 키워서 이제는 톱 성적이다.
> 2 매년 겨울이 되면 피부가 <u>두드러지기</u> 때문에 보습은 빠뜨릴 수 없다.
> 3 오랜만에 병으로 입원해 있는 할아버지를 만났지만 <u>두드러져</u> 있었다.
> 4 첫 프레젠테이션을 앞두고 순서가 가까워짐에 따라 <u>두드러져</u> 왔다.

해설 めきめき(두드러지게, 눈에 띄게)를 가장 올바르게 사용한 것은 **1번**이다. 2번은 がさがさ(꺼칠꺼칠), 3번은 げっそり(홀쭉), 4번은 そわそわ(안절부절)을 사용하는 것이 알맞다.

단어 めきめき 두드러지게 | 営業力(えいぎょうりょく) 영업력 | 今(いま)や 이제야말로, 이제는 | 肌(はだ) 피부, 살 | 保湿(ほしつ) 보습 | 欠(か)かす 빠뜨리다, 거르다 | プレゼン 프레젠테이션(プレゼンテーション의 줄임말), 발표 | 順番(じゅんばん) 순번, 차례 | ~につれ(て) ~(함)에 따라(서) | がさがさ 꺼칠꺼칠, 거슬거슬 | げっそり 갑자기 여윈 모양, 홀쭉 | そわそわする 안절부절못하다

> **5** 정반대로
>
> 1 동료는 거래처에 의뢰를 <u>정반대로</u> 거절당해서 충격을 받았다.
> 2 "괜찮아"라는 말과는 <u>정반대로</u> 그녀의 표정은 슬퍼 보였다.
> 3 우리 아들만이 나쁘다고는 <u>정반대로</u> 말할 수 없을 것이다.
> 4 이 책을 읽으면 커뮤니케이션 능력을 <u>정반대로</u> 배울 수 있다.

해설 裏腹に(정반대로, 거꾸로)를 가장 올바르게 사용한 것은 **2번**이다. 1번은 即座に(즉석에서), 3번은 一概に(일률적으로), 4번은 一気に(단숨에)를 사용하는 것이 알맞다.

단어 裏腹(うらはら)に 정반대로, 거꾸로 | 同僚(どうりょう) 동료 | 取引先(とりひきさき) 거래처 | 依頼(いらい) 의뢰 | 即座(そくざ)に 즉석에서 | 一概(いちがい)に 일률적으로, 싸잡아 | 一気(いっき)に 단숨에

> **6** 타개
>
> 1 한 달간의 여행 휴가서를 제출했지만 상사의 허가가 내려오지 않아 <u>타개</u>할 수밖에 없었다.
> 2 저출산 고령화의 <u>타개책</u>은 국가의 정책과 지방자치체 양쪽에서 내걸려 있다.
> 3 그 사람은 콘서트 짐 검사를 <u>타개</u>하여 경비원에게 쫓겨났다.
> 4 다른 나라에서의 생활에 익숙해지려고 문화의 벽을 <u>타개</u>하는 데에 몇 년이나 걸렸다.

해설 打開(타개)를 가장 올바르게 사용한 것은 **2번**이다. 1번은 妥協(타협), 3번은 拒否(거부), 4번은 突破(돌파)를 사용하는 것이 알맞다.

단어 打開(だかい) 타개 | 休暇願(きゅうかねが)い 휴가원, 휴가서 | 許可(きょか)が下(お)りる 허가가 내려오다 | ~(より)ほかない ~할 수밖에 없다 | 少子高齢化(しょうしこうれいか) 저출산 고령화 | 政策(せいさく) 정책 | 地方自治体(ちほうじちたい) 지방자치체 | 掲(かか)げる 내걸다, 내세우다 | 警備員(けいびいん) 경비원 | 追(お)い出(だ)す 내쫓다, 몰아내다, 쫓아내다 | 馴染(なじ)む 친숙해지다, 익숙해지다 | 妥協(だきょう) 타협 | 拒否(きょひ) 거부 | 突破(とっぱ) 돌파

한자읽기

한자읽기 핵심단어 기본 다지기① 144p

1 ①	2 ②	3 ①	4 ②	5 ①
6 ①	7 ②	8 ②	9 ①	10 ②

1 암살

해설 暗殺는 **1 あんさつ**라고 음독으로 읽는다.

2 가출

해설 家出는 **2 いえで**라고 훈독으로 읽는다. 家는 か라는 음독, 出는 しゅつ라는 음독도 있지만, 家出는 いえで로 읽어야 한다.

3 걷다

해설 歩む는 **1 あゆむ**라고 훈독으로 읽는다.

4 과민하다

해설 過敏だ는 **2 かびんだ**라고 음독으로 읽는다.

5 매캐하다, 거북하다

해설 煙たい는 **1 けむたい**라고 훈독으로 읽는다. 煙는 えん이라는 음독도 있지만, 煙たい는 けむたい로 읽어야 한다.

6 갈망

해설 渇望는 **1 かつぼう**라고 음독으로 읽는다. 望는 もう라는 음독도 있지만, 渇望는 かつぼう로 읽어야 한다.

7 향토

해설 郷土는 **2 きょうど**라고 음독으로 읽는다. 郷는 ごう라는 음독, 土는 と라는 음독도 있지만, 郷土는 きょうど로 읽어야 한다.

8 경지, 경작지

해설 耕地는 **2 こうち**라고 음독으로 읽는다. 地는 じ라는 음독도 있지만, 耕地는 こうち로 읽어야 한다.

9 상쾌하다, 기분 좋다

해설 快いは **1 こころよい**라고 훈독으로 읽는다.

10 지나가는 길, 코스

해설 道筋는 **2 みちすじ**라고 훈독으로 읽는다.

한자읽기 핵심단어 실전 연습 문제① 145p

1 ④   2 ③   3 ②   4 ④   5 ④
6 ②

문제1 _____의 말의 읽는 법으로서 가장 알맞은 것을, 1·2·3·4에서 하나 고르세요.

1 저 방에서의 악취가 콕 하고 코를 찔렀기 때문에 들어가고 싶지 않았다.

해설 悪臭는 **4 あくしゅう**라고 음독으로 읽는다.
단어 悪臭(あくしゅう) 악취 | つんと 냄새가 강하게 코를 찌르는 모양, 콕 | 突(つ)く 찌르다 | アッシュ 애쉬(ash) | 握手(あくしゅ) 악수

2 전반전에서는 지고 있었지만 후반전부터는 우리 팀이 우세해지고 있다.

해설 優勢는 **3 ゆうせい**라고 음독으로 읽는다.
단어 前半戦(ぜんはんせん) 전반전 | 後半戦(こうはんせん) 후반전 | 優勢(ゆうせい) 우세 | ～つつある ~하고 있다(진행) | 融雪(ゆうせつ) 눈이 녹음 | 遊説(ゆうぜい) 유세

3 태풍의 피해로부터 모면하기 위해서 마을의 주민들은 모두 함께 사전에 대비하는 계획을 세웠습니다.

해설 免れる는 **2 まぬがれる**라고 훈독으로 읽는다.
단어 被害(ひがい) 피해 | 免(まぬが・まぬか)れる 모면하다 | 事前(じぜん)に 사전에 | 備(そな)える 대비하다 | ねじれる 비틀어지다 | 痺(しび)れる 저리다, 마비되다 | 垂(た)れる 늘어지다

4 부모는 아무렇지도 않게 말했다고 생각해도 아이는 확실히 듣고 외워 버린다.

해설 何気ない는 **4 なにげない**라고 훈독으로 읽는다. 気의 음독은 き 또는 け이지만, 何気ない에서는 げ라는 탁음이 된다.
단어 何気(なにげ)ない 무심하다, 아무렇지도 않다 | ～たつもりだ ~(한) 셈 치다, ~했다고 생각하다

5 나약한 말은 하지 말고 이 상황을 타개할 방법을 빨리 생각합시다.

해설 弱気는 **4 よわき**라고 훈독+음독으로 읽고, な형용사의 어간이다.
단어 弱気(よわき)だ 나약하다, 무기력하다 | 打開(だかい) 타개

6 조합원 전원과 협의한 결과, 새로운 규제를 도입하기로 했습니다.

해설 協議는 **2 きょうぎ**라고 음독으로 읽는다.
단어 組合員(くみあいいん) 조합원 | 協議(きょうぎ) 협의 | 規制(きせい) 규제 | 導入(どうにゅう) 도입 | 行儀(ぎょうぎ) 예의범절 | 曲技(きょくぎ) 곡기, 곡예의 기술

한자읽기 핵심단어 실전 연습 문제② 146p

1 ②   2 ①   3 ②   4 ③   5 ②
6 ①

문제1 _____의 말의 읽는 법으로서 가장 알맞은 것을, 1·2·3·4에서 하나 고르세요.

1 나카무라 선생님은 학생으로부터의 질문에 대해서 언제나 간단 명료한 답을 내어 준다.

해설 明瞭는 **2 めいりょう**라고 음독으로 읽고, な형용사 어간이다.
단어 明瞭(めいりょう)だ 명료하다 | 答(こた)えを出(だ)す 답을 내다 | 迷路(めいろ) 미로 | 明朗(めいろう)だ 명랑하다

2 타인의 마음을 상처 입히는 듯한 발언이나 행동은 당연히 삼가해야 한다고 생각합니다.

해설 慎む는 **1 つつしむ**이라고 훈독으로 읽는다.
단어 傷(きず)つける 상처를 입히다, 다치게 하다 | 発言(はつげん) 발언 | 当然(とうぜん)だ 당연하다 | 慎(つつし)む 삼가다, 조심하다 | 妬(ねた)む 질투하다 | 苛(さいな)む 괴롭히다 | 弛(たる)む 느슨해지다

3 그녀는 항상 과장된 이야기를 하니까 좀처럼 신뢰할 수 없습니다.

해설 仰々しい는 **2 ぎょうぎょうしい**라고 음독으로 읽는다. 仰는 こう라는 음독도 있지만, 仰々しい는 ぎょうぎょうしい로 읽어야 한다.
단어 仰々(ぎょうぎょう)しい (보기에) 과장되다 | なかなか 상당히, 꽤, 좀처럼 | 信頼(しんらい) 신뢰 | 余所余所(よそよそ)しい 서먹서먹하다 | 馴(な)れ馴(な)れしい 허물없다 | 物々(ものもの)しい 어마어마하다, 삼엄하다

4 삶은 면의 물기를 제거하고 소스를 묻혀 주세요.

해설　水気는 3 **みずけ**라고 훈독+음독으로 읽고, 명사이다. 気는 き라는 음독도 있지만, 水気는 みずけ로 읽어야 한다.

단어　水気(みずけ)を切(き)る 물기를 제거하다 | 絡(から)める 휘감다, (고루) 묻히다 | 水着(みずぎ) 수영복

5 어느 작은 마을의 소년의 호소가 세계를 바꾸는 계기가 되었다.

해설　訴えは 2 **うったえ**라고 훈독으로 읽는다.

단어　村(むら) 마을, 촌락 | 訴(うった)え 호소, 소송

6 정보의 다양성이 상실되어 획일적인 정보밖에 획득할 수 없는 시대가 되었다.

해설　画一的는 1 **かくいつてき**라고 음독으로 읽는다.

단어　多様性(たようせい) 다양성 | 失(うしな)う 잃다, 상실하다 | 画一的(かくいつてき) 획일적이다 | 獲得(かくとく) 획득

한자읽기 핵심단어 실전 연습 문제③　　147p

1 ①　　2 ②　　3 ①　　4 ③　　5 ②
6 ③

문제Ⅰ　＿＿＿＿의 말의 읽는 법으로서 가장 알맞은 것을, 1·2·3·4 에서 하나 고르세요.

1 어제 계단에서 굴러버려서 무릎과 팔꿈치에 멍이 생겼습니다.

해설　痣는 1 **あざ**라고 훈독으로 읽는다.

단어　階段(かいだん) 계단 | 転(ころ)ぶ 구르다, 넘어지다 | 膝(ひざ) 무릎 | 肘(ひじ) 팔꿈치 | 痣(あざ) 피부의 반점, 멍 | 垢(あか) (피부 등의) 때 | 嵐(あらし) 폭풍(우) | 証(あかし) 증거

2 그렇게 매정한 태도로 사람을 대하면 누구와도 사이좋게 될 수 없다.

해설　素っ気ないは 2 **そっけない**라고 음독으로 읽는다. 素는 す라는 음독, 気는 き라는 음독도 있지만, 素っ気ない는 そ와 け로 읽어야 한다.

단어　素(そ)っ気(け)ない 매정하다, 인정머리 없다 | 態度(たいど) 태도 | 接(せっ)する 접하다, 대하다 | 誰(だれ)とも 누구와도

3 은퇴 후에는 시골에서 밭을 갈면서 살려고 생각한다.

해설　耕しながらは 1 **たがやしながら**라고 훈독으로 읽는다.

단어　引退(いんたい) 은퇴 | 畑(はたけ) 밭 | 耕(たがや)す (논밭을) 갈다 | 費(つい)やす 다 소비하다, 써 없애다 | 諭(さと)す 타이르다, 깨우치다 | 託(たく)す 맡기다

4 하시모토 씨의 정곡을 찌른 발언 때문에 회장 안은 조용해졌다.

해설　壺는 3 **つぼ**라고 훈독으로 읽는다.

단어　壺(つぼ) 항아리, 요점 | 壺(つぼ)に嵌(は)まる 정곡을 찌르다 | 発言(はつげん) 발언 | 角(つの) 뿔 | 釣(つ)り 낚시 | 蕾(つぼみ) 꽃봉오리

5 감기 기운으로 온몸이 나른해서 어쩔 수 없기 때문에 병원에 가려고 생각하고 있다.

해설　怠くては 2 **だるくて**라고 훈독으로 읽는다.

단어　風邪気味(かぜぎみ) 감기 기운 | 体中(からだじゅう) 온몸 | 怠(だる)い 나른하다 | 〜てしょうがない 〜해서 어쩔 수 없다 | 渋(しぶ)い 떫다, 차분한 멋이 있다 | 儚(はかな)い 덧없다 | 青臭(あおくさ)い 풋내 나다, 미숙하다

6 고대에서부터 계속된 행사가 올해도 실시되어 국가의 안태와 국민의 평온을 기원했습니다.

해설　安泰는 3 **あんたい**라고 음독으로 읽는다.

단어　古代(こだい) 고대 | 行事(ぎょうじ) 행사 | 安泰(あんたい) 안태 | 平穏(へいおん) 평온 | 祈願(きがん) 기원 | 罨法(あんぽう) 엄법, 찜질

한자읽기 핵심단어 실전 연습 문제④　　148p

1 ③　　2 ②　　3 ④　　4 ③　　5 ①
6 ②

문제Ⅰ　＿＿＿＿의 말의 읽는 법으로서 가장 알맞은 것을, 1·2·3·4 에서 하나 고르세요.

1 컴퓨터가 고장 난 것인지 글자가 깨져 보였기 때문에 메일의 내용을 전혀 읽을 수 없었다.

해설　化ける는 3 **ばけて**라고 훈독으로 읽는다.

단어　故障(こしょう)する 고장 나다 | 化(ば)ける 둔갑하다, 전혀 다른 것으로 변하다 | 文字(もじ)が化(ば)ける 글자가 깨지다 | 惚(ぼ)ける 둔해지다, 흐려지다 | 白(しら)ける 바래서 허예지다, 분위기가 깨지다 | 避(よ)ける 피하다

2 책상 위에 있는 탁상 달력을 넘기며 다음 달의 예정을 생각했습니다.

해설 捲る는 **2 めくって**라고 훈독으로 읽는다.

단어 卓上(たくじょう)カレンダー 탁상 달력 | 捲(めく·まく)る 넘기다, 벗기다, 뜯다 | 綴(つづ)る 철하다, 잇대다 | 瞑(つぶ)る 눈을 감다 | 唸(うな)る 신음하다, 으르렁대다

3 최근에는 반려동물을 키우고 있는 사람이 많으며 그만큼 반려동물 시장의 성장도 두드러진다.

해설 著しい는 **4 いちじるしい**라고 훈독으로 읽는다.

단어 飼(か)う 키우다, 기르다 | その分(ぶん) 그만큼 | 市場(しじょう) 시장 | 著(いちじる)しい 현저하다, 두드러지다 | 慌(あわ)ただしい 분주하다, 어수선하다 | 相応(ふさわ)しい 어울리다, 걸맞다 | 喜(よろこ)ばしい 경사스럽다, 기쁘다

4 이것은 아름다운 자연의 경치를 묘사한 작품으로 평론가 사이에서 매우 호평을 얻고 있다.

해설 描写는 **3 びょうしゃ**라고 음독으로 읽는다.

단어 描写(びょうしゃ) 묘사 | 評論家(ひょうろんか) 평론가 | 好評(こうひょう) 호평

5 이 부족은 옛날부터 수렵 생활을 해서 식량을 비축하고 있었습니다.

해설 狩猟는 **1 しゅりょう**라고 음독으로 읽는다.

단어 部族(ぶぞく) 부족 | 狩猟(しゅりょう) 수렵, 사냥 | 食糧(しょくりょう) 식량 | 蓄(たくわ)える 비축하다, 쌓다 | 終了(しゅうりょう) 종료

6 심각한 사고를 당한 사람은 정신이 건전한 상태로는 있을 수 없다고 한다.

해설 健全은 **2 けんぜん**이라고 음독으로 읽는다.

단어 事故(じこ)に遭(あ)う 사고를 당하다 | 精神(せいしん) 정신 | 健全(けんぜん)だ 건전하다 | 状態(じょうたい) 상태 | 厳選(げんせん) 엄선

한자읽기 핵심단어 실전 연습 문제⑤ 149p

1 ④ 2 ① 3 ③ 4 ② 5 ③
6 ②

문제1 _____의 말의 읽는 법으로서 가장 알맞은 것을, 1·2·3·4에서 하나 고르세요.

1 제대로 된 기업으로서의 체재가 아직 갖추어져 있지 않다.

해설 体裁는 **4 ていさい**라고 음독으로 읽는다. 体는 たい라는 음독도 있지만, 体裁는 ていさい로 읽어야 한다.

단어 きちんとする 제대로 되다 | 体裁(ていさい) 체재, 일정한 형식 | 整(ととの)う 정돈되다, 갖추어지다 | 滞在(たいざい) 체류, 체재

2 결과는 어찌 됐든, 끈기 있는 공격이 인상에 남는 시합이었습니다.

해설 粘り는 **1 ねばり**라고 훈독으로 읽는다.

단어 粘(ねば)り 끈기 | 攻撃(こうげき) 공격 | 便(たよ)り 근황 소식, 편지 | 頼(たよ)り 의지 | 偽(いつわ)り 거짓, 허구 | 偏(かたよ)り 치우침

3 곰에게 습격당할 우려가 있기 때문에 여기서부터는 출입 금지입니다.

해설 襲われる는 **3 おそわれる**라고 훈독으로 읽는다.

단어 熊(くま) 곰 | 襲(おそ)う 습격하다 | ~恐(おそ)れがある ~할 우려가 있다 | 立入禁止(たちいりきんし) 출입 금지 | 慕(した)う 사모하다 | 追(お)う 쫓다 | 漂(ただよ)う 떠돌다, 감돌다

4 열차가 탈선하여 전복하는 큰 사고가 일어나 버려서 수많은 부상자와 사망자가 나왔습니다.

해설 転覆는 **2 てんぷく**라고 음독으로 읽는다. 覆의 음독은 ふく이지만, 転覆에서는 ぷく라는 반탁음이 된다.

단어 列車(れっしゃ) 열차 | 脱線(だっせん) 탈선 | 転覆(てんぷく) 전복 | 大事故(だいじこ) 큰 사고 | 数多(かずおお)い 수많다 | 負傷者(ふしょうしゃ) 부상자 | 死者(ししゃ) 사망자, 죽은 사람

5 아무리 분발해도 좋은 성적을 따지 못했기 때문에 아버지에게 "한심하다"라고 말을 들었다.

해설 情けない는 **3 なさけない**라고 훈독으로 읽는다.

단어 いくら~ても 아무리 ~해도 | 情(なさ)けない 한심하다 | 味気(あじけ·あじき)ない 따분하다, 시시하다 | あっけない 싱겁다, 어이없다 | あどけない 천진난만하다

6 대학생 때는 돈이 너무 없어서 하루 주먹밥 하나로 굶주림을 참고 견디어 냈다.

해설 凌いだ는 **2 しのいだ**라고 훈독으로 읽는다.

단어 おにぎり 주먹밥 | 飢(う)え 굶주림, 허기 | 凌(しの)ぐ 참고 견디어 내다, 헤쳐 나가다 | 寛(くつろ)ぐ 편히 쉬다, 느긋이 쉬다 | 燥(はしゃ)ぐ 까불며 떠들다 | 濯(すす)ぐ 씻다, 헹구다

문맥규정

문맥규정 핵심단어 기본 다지기				150p
1 ①	2 ②	3 ①	4 ②	5 ②
6 ①	7 ①			

1 이유는 모르겠지만 왠지 몸이 매우 (나른하다).

1 나른하다　　　　　2 미지근하다

해설　선택지는 모두 い형용사이다. 문맥상 가장 자연스러운 것은 **1 怠い**이다. 2번은 문맥상 어색하다.

단어　何故(なぜ)か 왠지, 어쩐지 | 怠(だる)い 나른하다 | 生温(なまぬる)い 미적지근하다

2 대학을 졸업한 후는 가업을 (계승할) 생각입니다.

1 받아들이다　　　　**2 계승하다**

해설　선택지는 모두 동사이다. 문맥상 가장 자연스러운 것은 **2 受け継ぐ**이다. 1번은 문맥상 어색하다.

단어　家業(かぎょう) 가업 | 受(う)け入(い)れる 받아들이다 | 受(う)け継(つ)ぐ 계승하다

3 그의 아버지는 (스마트한) 사람이어서 여러 가지 일을 알고 있다.

1 스마트한　　　　　2 섬세한

해설　선택지는 모두 な형용사의 명사 수식형이다. 문맥상 가장 자연스러운 것은 **1 スマートな**이다. 2번은 문맥상 어색하다.

단어　スマートだ 스마트하다 | デリケートだ 델리킷하다, 섬세하다

4 저는 (자그마한) 가게를 운영하고 있습니다.

1 온화한　　　　　　**2 자그마한**

해설　선택지는 모두 な형용사의 명사 수식형이다. 문맥상 가장 자연스러운 것은 **2 ささやかな**이다. 1번은 문맥상 어색하다.

단어　和(なご)やかだ 온화하다, 화목하다 | 細(ささ)やかだ 자그마하다

5 그것은 윗 사람에게 실례이기 (짝이 없는) 행동입니다.

1 경솔하다　　　　　**2 짝이 없다**

해설　선택지는 모두 い형용사이다. 문맥상 가장 자연스러운 것은 **2 極まりない**이다. 1번은 문맥상 어색하다.

단어　軽々(かるがる)しい 경솔하다 | 極(きわ)まりない 짝이 없다, 극심하다

6 칠석 문화제가 개최되어 아카기 신사에 꽃을 (바치는) 의식이 행해집니다.

1 바치다　　　　　　2 하사하다

해설　선택지는 모두 동사이다. 문맥상 가장 자연스러운 것은 **1 奉る**이다. 2번은 문맥상 어색하다.

단어　七夕(たなばた) 칠석 | 文化祭(ぶんかさい) 문화제 | 開催(かいさい) 개최 | 赤城神社(あかぎじんじゃ) 아카기 신사 | 奉(たてまつ)る 바치다 | 儀式(ぎしき) 의식 | 授(さず)ける 하사하다, 내려주다

7 머지않아 발사대에 (설치된) 일본 최초의 민간 로켓이 쏘아 올려집니다.

1 설치되다　　　　　2 억눌러지다

해설　선택지는 모두 동사이다. 문맥상 가장 자연스러운 것은 **1 据え付けられた**이다. 2번은 문맥상 어색하다.

단어　間(ま)もなく 이윽고, 곧, 머지않아 | 発射台(はっしゃだい) 발사대 | 据(す)え付(つ)ける 설치하다 | 民間(みんかん)ロケット 민간 로켓 | 打(う)ち上(あ)げる 쏘아 올리다 | 押(お)し付(つ)ける 억누르다, 강요하다

문맥규정 핵심단어 실전 연습 문제①				151p
1 ④	2 ①	3 ②	4 ③	5 ②
6 ④	7 ④			

문제2 (　　)에 넣기에 가장 알맞은 것을, 1·2·3·4에서 하나 고르세요.

1 (인질) 을 구출하기 위해서 경찰이 현장으로 향했다.

1 영웅　　　　　　　2 괴물
3 영혼　　　　　　　**4 인질**

해설　선택지는 모두 명사이다. 문맥상 가장 자연스러운 것은 **4 人質**이다. 1, 2, 3번은 문맥상 어색하다.

단어　人質(ひとじち) 인질 | 救出(きゅうしゅつ) 구출 | 警察(けいさつ) 경찰 | 現場(げんば) 현장 | 英雄(えいゆう) 영웅 | 怪物(かいぶつ) 괴물 | 魂(たましい) 영혼

2 그는 (담담하게) 자신의 이야기를 해 주었습니다.

1 담담하게　　　　　2 흘끗
3 꾸준히　　　　　　4 싹

해설　선택지는 모두 부사이다. 문맥상 가장 자연스러운 것은 **1 淡々と**이다. 2, 3, 4번은 문맥상 어색하다.

단어　淡々(たんたん)と 담담하게 | ちらりと 흘끗, 언뜻 | こつこつと 꾸준히(노력하는 모양) | がらりと 싹, 갑자기 변하는 모양

3 분했는지 여동생은 눈물을 참으면서 나를 (노려 보고) 있었다.

1 친하게 지내고 　　　　　　**2 노려 보고**
3 재촉하고 　　　　　　　　4 통솔하고

해설 　선택지는 모두 동사 て형이다. 문맥상 가장 자연스러운 것은 **2 にらんで**이다. 1, 3, 4번은 문맥상 어색하다.

단어 　悔(くや)しい 분하다 | 堪(こら)える (감정, 고통 등을) 참다, 억누르다 | 睨(にら)む 노려보다 | 親(した)しむ 친하게 지내다, 가까이하다 | 急(せ)かす 재촉하다 | 率(ひき)いる 거느리다, 통솔하다

4 상황에 (입각한) 대책을 모두 함께 서로 이야기했습니다.

1 딴 데로 돌렸다 　　　　　2 제압했다
3 입각했다 　　　　　　　4 미치게 했다

해설 　선택지는 모두 동사 과거형이다. 문맥상 가장 자연스러운 것은 **3 即した**이다. 1, 2, 4번은 문맥상 어색하다.

단어 　即(そく)する 꼭 맞다, 입각하다 | 対策(たいさく) 대책 | 話(はな)し合(あ)う 서로 이야기하다 | 逸(そ)らす 딴 데로 돌리다, 빗나가게 하다 | 制(せい)する 제압하다 | 及(およ)ぼす 미치게 하다, 끼치다

5 (가성비) 가 뛰어난 컴퓨터를 사고 싶어서 면밀하게 조사해 봤다.

1 정보 　　　　　　　　　　**2 가성비**
3 섬세함 　　　　　　　　　4 동기 부여

해설 　선택지는 모두 카타카나어이다. 문맥상 가장 자연스러운 것은 **2 コスパ**이다. 1, 3, 4번은 문맥상 어색하다.

단어 　コスパ 코스트 퍼포먼스(コストパフォーマンス 의 줄임말), 가성비 | 優(すぐ)れる 뛰어나다, 우수하다 | コスパに優(すぐ)れる 가성비가 뛰어나다 | 綿密(めんみつ)だ 면밀하다 | インフォメーション 인포메이션, 정보 | デリケート 델리킷, 섬세함 | モチベーション 모티베이션, 동기 부여

6 그녀와는 5살 때부터 (서로 알게 되어서) 벌써 30년째 우정을 쌓았다.

1 대항하여 겨뤄서 　　　　　2 균형이 잡혀서
3 서로 물어뜯어서 　　　　　**4 서로 알게 되어서**

해설 　선택지는 모두 동사 て형이다. 문맥상 가장 자연스러운 것은 **4 知り合って**이다. 1, 2, 3번은 문맥상 어색하다.

단어 　知(し)り合(あ)う 서로 알게 되다, 아는 사이가 되다 | 友情(ゆうじょう) 우정 | 築(きず)く 쌓다, 구축하다 | 張(は)り合(あ)う 대항하여 겨루다 | 兼(か)ね合(あ)う 균형이 잡히다 | 噛(か)み合(あ)う 서로 물어뜯다, 맞물리다, (의견 등이) 서로 맞다

7 소비자들의 취향을 파악하기 위해서 (미리) 앙케트를 실시합시다.

1 원래 　　　　　　　　　　2 굳이
3 아직도 　　　　　　　　　**4 미리**

해설 　선택지는 모두 부사이다. 문맥상 가장 자연스러운 것은 **4 前もって**이다. 1, 2, 3번은 문맥상 어색하다.

단어 　消費者(しょうひしゃ) 소비자 | 好(この)み 기호, 취향 | 把握(はあく) 파악 | 前(まえ)もって 미리, 앞서 | アンケート 앙케트 | 実施(じっし) 실시 | もとより 처음부터, 원래 | 敢(あ)えて 굳이, 억지로 | 未(いま)だ 아직(도)

문맥규정 핵심단어 실전 연습 문제② 　　152p

1 ④　　2 ③　　3 ①　　4 ②　　5 ④
6 ③　　7 ②

문제 ( )에 넣기에 가장 알맞은 것을, 1・2・3・4에서 하나 고르세요.

1 그녀의 작품은 훌륭한 (솜씨) 로 진품과 구별이 되지 않을 정도였습니다.

1 길잡이 　　　　　　　　　2 보답
3 평범함 　　　　　　　　　**4 솜씨**

해설 　선택지는 모두 명사이다. 문맥상 가장 자연스러운 것은 **4 出来栄え**이다. 1, 2, 3번은 문맥상 어색하다.

단어 　見事(みごと)だ 훌륭하다, 볼 만하다 | 出来栄(できば)え 만들어 낸 솜씨, 성과 | 本物(ほんもの) 진품 | 区別(くべつ)がつく 구별이 되다 | 手引(てび)き 인도함, 길잡이 | 見返(みかえ)り 보답, 보상 | 月並(つきな)み 평범함, 진부함

2 학교의 꼴찌가 동경대에 들어가는 것을 목표로 하다니 정말로 (우스꽝스러운) 이야기다.

1 견실한 　　　　　　　　　2 절대적인
3 우스꽝스러운 　　　　　4 엄숙한

해설 　선택지는 모두 な형용사의 명사 수식형이다. 문맥상 가장 자연스러운 것은 **3 滑稽な**이다. 1, 2, 4번은 문맥상 어색하다.

단어 　ビリ 꼴찌 | 東大(とうだい) 동경대(東京大学의 줄임말) | 滑稽(こっけい)だ 우스꽝스럽다 | 堅実(けんじつ)だ 견실하다 | 絶大(ぜつだい)だ 절대적이다, 아주 크다 | 厳(おごそ)かだ 엄숙하다

3 안녕하세요. 영업 일을 (담당하고) 있는 야마다라고 합니다.

1 담당하고 　　　　　　　2 짜고

3 정하고	4 기르고

해설　선택지는 모두 동사 て형이다. 문맥상 가장 자연스러운 것은 **1 司って**이다. 2, 3, 4번은 문맥상 어색하다.

단어　司(つかさど)る 맡다, 담당하다 ｜ 練(ね)る 반죽하다, (계획을) 짜다 ｜ 定(さだ)める 정하다, 결정하다 ｜ 生(は)やす 기르다

4　장래의 일을 (걱정해서) 잠을 잘 잘 수가 없습니다.

1 보도해서	**2 걱정해서**
3 던져서	4 봉해서

해설　선택지는 모두 동사 て형이다. 문맥상 가장 자연스러운 것은 **2 案じて**이다. 1, 3, 4번은 문맥상 어색하다.

단어　案(あん)じる 걱정하다 ｜ 報(ほう)じる 보도하다 ｜ 投(とう)じる 던지다 ｜ 封(ふう)じる 봉하다

5　지금부터 출발하면 (딱) 11시에는 역에 도착할 거라고 생각합니다.

1 차라리	2 즉시
3 조용히	**4 딱**

해설　선택지는 모두 부사이다. 문맥상 가장 자연스러운 것은 **4 きっかり**이다. 1, 2, 3번은 문맥상 어색하다.

단어　きっかり (맞아 떨어지는 모양) 딱, (아주 뚜렷한 모양) 뚜렷이 ｜ いっそ 도리어, 차라리 ｜ とっさに 순간적으로, 즉시, 바로 ｜ ひっそり 죽은 듯이 조용한 모양, 조용히

6　오랜만에 만난 그는 매우 (초라한) 모습을 하고 있었습니다.

1 덧없다	2 어지럽다
3 초라하다	4 애절하다

해설　선택지는 모두 い형용사이다. 문맥상 가장 자연스러운 것은 **3 見窄らしい**이다. 1, 2, 4번은 문맥상 어색하다.

단어　見窄(みすぼ)らしい 초라하다 ｜ 格好(かっこう)をする 모습을 하다 ｜ 儚(はかな)い 덧없다 ｜ 目(め)まぐるしい 어지럽다, 눈이 핑핑 돌다 ｜ 切(せつ)ない 애달프다, 애절하다

7　문을 열자 몸을 (바르르) 하면서 놀라고 있는 그의 얼굴이 보였습니다.

1 두리번두리번	**2 바르르**
3 삐쭉삐쭉	4 미끈미끈

해설　선택지는 모두 부사이다. 문맥상 가장 자연스러운 것은 **2 びくびく**이다. 1, 3, 4번은 문맥상 어색하다.

단어　びくびく 흠칫흠칫, 바르르 ｜ きょろきょろ 두리번두리번 ｜ とげとげ 가시 돋친 모양, 삐쭉삐쭉 ｜ ぬるぬる 미끄러운 모양, 미끈미끈

문맥규정 핵심단어 실전 연습 문제③　153p

1 ④　**2** ②　**3** ①　**4** ②　**5** ③
6 ②　**7** ①

문제2　(　　)에 넣기에 가장 알맞은 것을, 1・2・3・4에서 하나 고르세요.

1　젊은 사람들은 머리가 유연하다고 자주 말하지만 (일률적으로) 그렇다고는 말할 수 없다.

1 유난히	2 힘껏
3 애써	**4 일률적으로**

해설　선택지는 모두 부사이다. 문맥상 가장 자연스러운 것은 **4 いちがい**이다. 1, 2, 3번은 문맥상 어색하다.

단어　頭(あたま)が柔(やわ)らかい 머리가 유연하다 ｜ 一概(いちがい)に 일률적으로, 싸잡아 ｜ とりわけ 유난히, 그중에서도 ｜ 懸命(けんめい)に 힘껏 ｜ 努(つと)めて 가능한 한, 애써

2　아버지는 절약 정신을 강조하고 있지만 그저 돈에 (쩨쩨할) 뿐이라고 생각한다.

1 너무 딱딱하다	**2 쩨쩨하다**
3 바람직하다	4 안타깝다

해설　선택지는 모두 い형용사이다. 문맥상 가장 자연스러운 것은 **2 いやしい**이다. 1, 3, 4번은 문맥상 어색하다.

단어　精神(せいしん) 정신 ｜ 卑(いや)しい 천하다, 야비하다 ｜ お金(かね)に卑(いや)しい 돈에 쩨쩨하다 ｜ 堅苦(かたくる)しい 너무 딱딱하다 ｜ 望(のぞ)ましい 바람직하다 ｜ もどかしい 안타깝다, 답답하다

3　뛰어난 정보 (활용 능력)을 가지고 있는 타카하시 부장님이 차기 사장이 될 지도 모른다는 소문이 나돌고 있습니다.

1 활용 능력	2 사이클
3 프라이버시	4 클레임

해설　선택지는 모두 카타카나어이다. 문맥상 가장 자연스러운 것은 **1 リテラシー**이다. 2, 3, 4번은 문맥상 어색하다.

단어　優(すぐ)れる 뛰어나다, 우수하다 ｜ リテラシー 리터러시, 활용 능력 ｜ 噂(うわさ)が流(なが)れる 소문이 나돌다 ｜ サイクル 사이클, 순환 ｜ プライバシー 프라이버시 ｜ クレーム 클레임, 불만

4　나이를 먹은 탓인지 최근 점점 머리가 (둔해져) 오는 것을 실감하고 있다.

1 까불어서	**2 둔해져서**
3 튀어서	4 풀려서

해설	선택지는 모두 동사 て형이다. 문맥상 가장 자연스러운 것은 **2 惚ける**이다. 1, 3, 4번은 문맥상 어색하다.
단어	だんだん 차차, 점점	惚(ぼ)ける 둔해지다, 흐려지다	実感(じっかん) 실감	ふざける 까불다, 희롱거리다	弾(はじ)ける 여물어서 터지다, 튀다	ほどける 풀리다

---

5 2주 동안이나 비가 계속 내리고 있어서 이제 (지긋지긋하다).

1 마음에 걸리다　　　　　2 거칠다
3 지긋지긋하다　　　　4 드문드문하다

해설	선택지는 모두 부사이다. 문맥상 가장 자연스러운 것은 **3 こりごりだ**이다. 1, 2, 4번은 문맥상 어색하다.
단어	こりごりだ 지긋지긋하다	気(き)がかりだ 마음에 걸리다, 근심스럽다	ぞんざいだ 거칠다, 난폭하고 무례하다	疎(まば)らだ 드문드문하다, 뜸하다

---

6 그녀는 매우 아름다워서 (언뜻 보기에) 배우와 같은 모습이었습니다.

1 나긋나긋　　　　　　　**2 언뜻 보기에**
3 틀림없이　　　　　　　4 곧

해설	선택지는 모두 부사이다. 문맥상 가장 자연스러운 것은 **2 いっけん**이다. 1, 3, 4번은 문맥상 어색하다.
단어	一見(いっけん) 언뜻 보기에	しんなり (야채 따위가) 숨이 죽은 모양, 나긋나긋	てっきり 틀림없이, 꼭	まもなく 곧, 머지않아

---

7 그런 (불순) 한 일을 생각하고 있었다니 어처구니 없어서 벌어진 입이 다물어지지 않네요.

1 불순　　　　　　　　2 사소
3 정밀　　　　　　　　　4 유력

해설	선택지는 모두 な형용사의 어간이다. 문맥상 가장 자연스러운 것은 **1 不順**이다. 2, 3, 4번은 문맥상 어색하다.
단어	不順(ふじゅん)だ 불순하다	呆(あき)れる 기가 막히다, 어이없다, 어처구니없다	開(あ)いた口(くち)が塞(ふさ)がらない 벌어진 입이 다물어지지 않는다, 기가 막혀서 말이 안 나오다	些細(ささい)だ 사소하다	精密(せいみつ)だ 정밀하다	有力(ゆうりょく)だ 유력하다

문맥규정 핵심단어 실전 연습 문제④　　　154p

1 ①	2 ②	3 ③	4 ②	5 ④
6 ④	7 ①			

문제2 ( )에 넣기에 가장 알맞은 것을, 1・2・3・4에서 하나 고르세요.

---

1 내가 좋아하는 영화는 (통쾌) 한 역전 승리의 스토리가 있는 것이다.

1 통쾌　　　　　　　　2 천박
3 단조　　　　　　　　　4 경솔

해설	선택지는 모두 な형용사의 어간이다. 문맥상 가장 자연스러운 것은 **1 痛快**이다. 2, 3, 4번은 문맥상 어색하다.
단어	痛快(つうかい)だ 통쾌하다	逆転勝利(ぎゃくてんしょうり) 역전 승리	浅薄(せんぱく)だ 천박하다	単調(たんちょう)だ 단조롭다	軽率(けいそつ)だ 경솔하다

---

2 내일은 (몹시 기다려졌던) 소풍 날이니까 두근두근거려서 잠을 잘 수 없다.

1 경사스러웠다　　　　　**2 몹시 기다려졌다**
3 탐욕스러웠다　　　　　4 기분 좋았다

해설	선택지는 모두 い형용사 과거형이다. 문맥상 가장 자연스러운 것은 **2 待ち遠しかった**이다. 1, 3, 4번은 문맥상 어색하다.
단어	待(ま)ち遠(どお)しい 몹시 기다려지다	わくわく (설렐 때) 두근두근	めでたい 경사스럽다	欲深(よくぶか)い 탐욕스럽다	快(こころよ)い 상쾌하다, 기분 좋다

---

3 스기모토 씨는 매우 (고지식) 하기 때문에 농담을 농담으로서 받아들이지 않는 타입이다.

1 온후　　　　　　　　　2 대담
3 고지식　　　　　　　4 가난

해설	선택지는 모두 な형용사의 어간이다. 문맥상 가장 자연스러운 것은 **3 生真面目**이다. 1, 2, 4번은 문맥상 어색하다.
단어	生真面目(きまじめ)だ 고지식하다	受(う)け入(い)れる 받아들이다	温厚(おんこう)だ 온후하다	大胆(だいたん)だ 대담하다	貧乏(びんぼう)だ 가난하다

---

4 공부에 재능이 없는 만큼 (근면) 하게 학업에 힘쓴 덕분에 장학금을 받을 수 있었다.

1 명랑　　　　　　　　　**2 근면**
3 냉혹　　　　　　　　　4 무모

해설	선택지는 모두 な형용사의 어간이다. 문맥상 가장 자연스러운 것은 **2 勤勉**이다. 1, 3, 4번은 문맥상 어색하다.
단어	勤勉(きんべん)だ 근면하다	学業(がくぎょう) 학업	励(はげ)む 힘쓰다	奨学金(しょうがくきん) 장학금	明朗(めいろう)だ 명랑하다	冷酷(れいこく)だ 냉혹하다	無謀(むぼう)だ 무모하다

---

5 망하기 직전의 회사였지만 지금은 일류 기업이 되어 점점 더 (번영하고) 있다.

1 맑고 깨끗하고　　　　　2 끊어지고

3 쇠약해지고 4 번영하고

해설 선택지는 모두 동사의 て형이다. 문맥상 가장 자연스러운 것은 **4 栄えて**이다. 1, 2, 3번은 문맥상 어색하다.

단어 潰(つぶ)れる 찌부러지다, 망하다 | 寸前(すんぜん) 직전, 바로 앞 | 一流企業(いちりゅうきぎょう) 일류 기업 | 益々(ますます) 점점 더, 더욱더 | 栄(さか)える 번영하다, 번창하다 | 冴(さ)える 맑고 깨끗하다 | 絶(た)える 끊어지다 | 衰(おとろ)える 쇠약해지다, 쇠퇴하다

6 지장 없이 계획을 (추진할 수) 있도록 몇 번이나 시뮬레이션을 돌려 보았습니다.

1 파고들 수 있다 2 되찾을 수 있다
3 가끔 볼 수 있다 **4 추진할 수 있다**

해설 선택지는 모두 동사 가능형이다. 문맥상 가장 자연스러운 것은 **4 推し進められる**이다. 1, 2, 3번은 문맥상 어색하다.

단어 支障(ししょう) 지장 | 推(お)し進(すす)める 밀고 나가다, 추진하다 | シミュレーション 시뮬레이션 | 食(く)い込(こ)む 파고들다, 침범하다 | 取(と)り戻(もど)す 되찾다, 회복하다 | 見(み)かける 가끔 보다

7 스즈키 씨는 어린 시절, 부모님으로부터 (오냐오냐) 해지며 자랐다고 한다.

1 오냐오냐 2 왁자지껄
3 질질 4 축축

해설 선택지는 모두 부사이다. 문맥상 가장 자연스러운 것은 **1 ちやほや**이다. 2, 3, 4번은 문맥상 어색하다.

단어 ちやほや 상대를 얼러주는 모양, 오냐오냐 | ちやほやする 오냐오냐하다 | がやがや 왁자지껄 | だらだら (액체가 흐르거나 길게 끄는 모양) 줄줄, 질질 | じめじめ 습기가 많은 모양, 축축, 꿉꿉

문맥규정 핵심단어 실전 연습 문제⑤ 155p

1 ③   2 ④   3 ④   4 ②   5 ①
6 ③   7 ①

문제2 (　　)에 넣기에 가장 알맞은 것을, 1・2・3・4에서 하나 고르세요.

1 이별을 고하고 멀어져 가는 그녀의 모습을 (멍하니) 보고 있었다.

1 휘황찬란하게 2 정연하게
3 멍하니 4 당당하게

해설 선택지는 모두 부사이다. 문맥상 가장 자연스러운 것은 **3 呆然と**이다. 1, 2, 4번은 문맥상 어색하다.

단어 別(わか)れを告(つ)げる 이별을 고하다 | 呆然(ぼうぜん)と 멍하니 | こうこうと 휘황찬란하게 | 整然(せいぜん)と 정연하게, 질서 있고 가지런하게 | 堂々(どうどう)と 당당하게

2 시합 상대는 매우 (기개)를 가지고 있는 사람이었기 때문에 이길 자신이 없었다.

1 소행 2 여파
3 염두 **4 기개**

해설 선택지는 모두 명사이다. 문맥상 가장 자연스러운 것은 **4 気迫**이다. 1, 2, 3번은 문맥상 어색하다.

단어 気迫(きはく) 기백, 기개 | 仕業(しわざ) 소행, 짓 | 余波(よは) 여파 | 念頭(ねんとう) 염두

3 화내기 시작하는 어머니의 모습을 보면서 형은 (주뼛주뼛) 진실을 말하기 시작했다.

1 쑥쑥 2 이따금
3 데굴데굴 **4 주뼛주뼛**

해설 선택지는 모두 부사이다. 문맥상 가장 자연스러운 것은 **4 おどおど**이다. 1, 2, 3번은 문맥상 어색하다.

단어 おどおど 벌벌, 주뼛주뼛 | すくすく 잘 자라는 모양, 쑥쑥 | ちょくちょく 이따금, 가끔 | ごろごろ 우르르, 데굴데굴

4 최근 (휴식할) 틈도 없이 일하고 있기 때문에 도저히 피로가 가시지 않는다.

1 건져 올리다 **2 휴식하다**
3 짊어지다 4 갚다

해설 선택지는 모두 동사이다. 문맥상 가장 자연스러운 것은 **2 憩う**이다. 1, 3, 4번은 문맥상 어색하다.

단어 憩(いこ)う 휴식하다 | どうしても 아무리 해도, 도저히 | 疲(つか)れが取(と)れる 피로가 가시다 | 掬(すく)う 건져 올리다, 떠내다 | 担(にな)う 짊어지다, 떠맡다 | 報(むく)う 갚다, 보답하다

5 성적이 늘지 않는 원인의 하나는 (가장 중요)한 데에서 자신을 속이고 이해한 것으로 하고 있는 것이다.

1 가장 중요 2 적당
3 무난 4 참신

해설 선택지는 모두 な형용사의 어간이다. 문맥상 가장 자연스러운 것은 **1 肝心**이다. 2, 3, 4번은 문맥상 어색하다.

단어 成績(せいせき)が伸(の)びる 성적이 늘다 | 肝心(かんじん)だ 가장 중요하다 | ごまかす 속이다 | 手頃(てごろ)だ 알맞다, 적당하다 | 無難(ぶなん)だ 무난하다 | 斬新(ざんしん)だ 참신하다

6 일 년 내내 영하에 머무는 이 나라에 살면서 추위에는 (내성) 이 생긴 것 같습니다.

1 쾌락　　　　　　　　　2 감탄
3 내성　　　　　　　　　4 환상

해설　선택지는 모두 명사이다. 문맥상 가장 자연스러운 것은 **3 耐性**이다. 1, 2, 4번은 문맥상 어색하다.

단어　一年中(いちねんじゅう) 일 년 동안, 일 년 내내 | 零下(れいか) 영하 | 留(とど)まる 머무르다, 머물다 | 耐性(たいせい) 내성 | 快楽(かいらく) 쾌락 | 感嘆(かんたん) 감탄 | 幻想(げんそう) 환상

7 요시다 씨는 누구에게라도 (허물없이) 대하지만 나는 그 태도가 거북하다.

1 허물없이　　　　　　　2 재빠르게
3 평평하게　　　　　　　4 마음 든든하게

해설　선택지는 모두 い형용사이다. 문맥상 가장 자연스러운 것은 **1 なれなれしく**이다. 2, 3, 4번은 문맥상 어색하다.

단어　馴(な)れ馴(な)れしい 허물없다 | 接(せっ)する 접하다, 대하다 | すばしこい 재빠르다 | 平(ひら)たい 평평하다, 납작하다 | 心強(こころづよ)い 마음 든든하다

유의표현

유의표현 핵심단어 기본 다지기　156p

1 ①　　2 ①　　3 ②　　4 ①　　5 ①
6 ①

1　인생이란 각본대로 되지 않는 법이다.

1 대본　　　　　　　　　2 견본

해설　脚本(각본)은 **1 台本(대본)**과 의미가 가장 가깝다.

단어　脚本(きゃくほん) 각본 | ~通(とお)りに ~대로 | 台本(だいほん) 대본 | 見本(みほん) 견본, 샘플

2　이제 어른이 되었기 때문에 부모님으로부터의 경제적 지원은 중단될 예정입니다.

1 중지되다　　　　　　　2 감소되다

해설　打ち切られる(중단되다)는 **1 中止される(중지되다)**와 의미가 가장 가깝다.

단어　支援(しえん) 지원 | 打(う)ち切(き)る 중단하다 | 中止(ちゅうし)する 중지하다 | 減少(げんしょう)する 감소하다

3　검소한 생활을 하는 것을 항상 주의하고 있습니다.

1 건강한　　　　　　　　2 수수한

해설　質素な(검소한)은 **2 地味な(수수한)**과 의미가 가장 가깝다.

단어　質素(しっそ)だ 검소하다 | 心掛(こころが)ける 항상 주의하다, 명심하다 | 健康(けんこう)だ 건강하다 | 地味(じみ)だ 수수하다

4　자신의 경력을 속여서 면접에 임했습니다.

1 속여서　　　　　　　　2 중심으로 이야기해서

해설　偽って(속여서)는 **1 騙して(속여서)**와 의미가 가장 가깝다.

단어　経歴(けいれき) 경력 | 偽(いつわ)る 거짓말하다, 속이다 | 臨(のぞ)む 임하다 | 騙(だま)す 속이다 | 中心(ちゅうしん)に話(はな)す 중심으로 이야기하다

5　과묵한 사람과 같이 있는 일은 거북합니다.

1 거북　　　　　　　　　2 불안

해설　煙たい(거북하다)는 **1 苦手(거북)**과 의미가 가장 가깝다.

단어　無口(むくち)だ 과묵하다, 말수가 적다 | 煙(けむ)たい 매캐하다, 거북하다 | 苦手(にがて)だ 잘하지 못하다, 질색이다, 거북하다 | 不安(ふあん)だ 불안하다

6　정열적이고 뜨거운 성격인 타케다씨는 여러가지 의미로 감정적인 사람이라고 생각한다.

1 감정적　　　　　　　　2 긍정적

해설　エモーショナル(감정적)은 **1 感情的(감정적)**과 의미가 가장 가깝다.

단어　情熱的(じょうねつてき)だ 정열적이다 | エモーショナル 이모셔널, 감정적인 | 感情的(かんじょうてき)だ 감정적이다 | 肯定的(こうていてき)だ 긍정적이다

유의표현 핵심단어 실전 연습 문제①　157p

1 ①　　2 ③　　3 ②　　4 ①　　5 ④
6 ②

문제3　_____ 의 말에 의미가 가장 가까운 것을, 1·2·3·4에서 하나 고르세요.

1　병사들은 죄도 없는 마을의 사람들을 무참하게 죽였다.

1 심하게　　　　　　　　2 아무렇지도 않게
3 교활하게　　　　　　　4 눈 깜짝할 사이에

해설　無残に(무참하게)는 **1 酷く(심하게)**와 의미가 가장 가깝다.

단어　兵士(へいし)たち 병사들 | 罪(つみ) 죄 | 無残(むざん)だ 무참하

다 | 酷(ひど)い 심하다, 참혹하다 | 平気(へいき)だ 아무렇지도 않다, 태연하다 | ずるい 교활하다, 치사하다 | あっという間(ま)に 눈 깜짝할 사이에

---

2 앞으로 3일 후에 개막식을 행하는데 이렇게 소홀하게 준비를 하고 있다니 믿을 수 없다.

1 화려하게　　　　　2 소극적이게
3 무책임하게　　　4 극적이게

해설　疎かに(소홀하게)는 **3 いい加減に(무책임하게)**와 의미가 가장 가깝다.

단어　開幕式(かいまくしき) 개막식 | 疎(おろそ)かだ 소홀하다 | 華麗(かれい)だ 화려하다 | 消極的(しょうきょくてき)だ 소극적이다 | いい加減(かげん)だ 적당하다, 대충이다, 무책임하다(부정적인 뉘앙스) | 劇的(げきてき)だ 극적이다

---

3 대단한 문제도 아닌 것을 둘러싸고 두 사람은 옥신각신하고 있었습니다.

1 망설이고　　　　　**2 싸우고**
3 당황하고　　　　　4 괴롭히고

해설　揉めて(옥신각신하고)는 **2 喧嘩して(싸우고)**와 의미가 가장 가깝다.

단어　~をめぐって ~을/를 둘러싸고 | 揉(も)める 분쟁이 일어나다, 옥신각신하다 | 迷(まよ)う 망설이다, 헤매다 | 喧嘩(けんか)する 싸우다 | 慌(あわ)てる 당황하다, 허둥대다 | いじめる 괴롭히다

---

4 그녀는 남쪽 하늘을 올려다보고 나서 절하였습니다.

1 빌었습니다　　　2 눈을 감았습니다
3 경치를 바라봤습니다　4 실망했습니다

해설　拝みました(절하였습니다)는 **1 願いました(빌었습니다)**와 의미가 가장 가깝다.

단어　見上(みあ)げる 올려다보다, 쳐다보다 | 拝(おが)む 절하다 | 願(ねが)う 원하다, 빌다 | 目(め)を閉(と)じる 눈을 감다 | 景色(けしき)を眺(なが)める 경치를 바라보다 | がっかりする 실망하다, 낙담하다

---

5 무엇인가 마음에 들지 않았던 것인지 그는 갑자기 욕을 퍼붓기 시작했다.

1 울기 시작했다　　　2 던지기 시작했다
3 초조해하기 시작했다　**4 욕을 하기 시작했다**

해설　罵り始めた(욕을 퍼붓기 시작했다)는 **4 悪口を言い出した(욕을 하기 시작했다)**와 의미가 가장 가깝다.

단어　気(き)に入(い)る 마음에 들다 | 罵(ののし)る 욕을 퍼붓다 | 泣(な)き出(だ)す 울기 시작하다 | 投(な)げ出(だ)す 던지기 시작하다 | 焦(あせ)り出(だ)す 초조해하기 시작하다 | 悪口(わるぐち)を言(い)い出(だ)す 욕을 하기 시작하다

---

6 교제를 분명하게 하고 나서는 주위에서부터 놀림당하는 일도 자주 있었다.

1 화제로 되어지다　　**2 놀림당하다**
3 축하받다　　　　　4 고민되다

해설　冷(ひ)やかされる(놀림당하다)는 **2 からかわれる(놀림당하다)**와 의미가 가장 가깝다.

단어　交際(こうさい) 교제 | 周囲(しゅうい) 주위 | 冷(ひ)やかす 놀리다, 식히다 | しばしば 자주, 여러 번 | 話題(わだい)にする 화제로 하다 | からかう 조롱하다, 놀리다, 야유하다 | 祝(いわ)う 축하하다 | 悩(なや)む 고민하다

유의표현 핵심단어 실전 연습 문제② 158p

1 ②　**2** ①　**3** ①　**4** ②　**5** ④
6 ③

문제3 ＿＿＿＿ 의 말에 의미가 가장 가까운 것을, 1・2・3・4에서 하나 고르세요.

---

1 프로젝트를 수행하기 위한 환경을 정돈해 두었습니다.

1 옮겨　　　　　**2 치워**
3 지켜　　　　　4 바꿔

해설　整えて(조정해서)는 **2 片づけて(치워)**와 의미가 가장 가깝다.

단어　遂行(すいこう)する 수행하다 | 整(ととの)える 조정하다, 정돈하다 | 移(うつ)す 옮기다 | 片(かた)づける 치우다 | 守(まも)る 지키다 | 変(か)える 바꾸다

---

2 아직 결혼도 하지 않은 사람이 잉태하다니 도대체 어떻게 된 일입니까.

1 아이가 생기다　　2 혼자서 있고 싶다
3 병에 걸리다　　　　4 큰 빚이 있다

해설　孕む(잉태하다)는 **1 子どもができる(아이가 생기다)**와 의미가 가장 가깝다.

단어　孕(はら)む 잉태하다, 내포하다 | 子(こ)どもができる 아이가 생기다 | 一人(ひとり)でいたい 혼자서 있고 싶다 | 病気(びょうき)にかかる 병에 걸리다 | 大(おお)きな借金(しゃっきん)がある 큰 빚이 있다

---

3 다나카 씨의 평소 생활은 매우 재미없게 느껴진다.

1 시시하게　　　　2 바쁘게
3 이상하게　　　　　4 시끄럽게

해설 　味気なく(재미없게)는 **1 つまらなく(시시하게)**와 의미가 가장 가깝다.

단어 　味気(あじき・あじけ)ない 따분하다, 시시하다, 재미없다 | 詰(つ)まらない 재미없다 | 忙(いそが)しい 바쁘다 | おかしい 이상하다 | うるさい 시끄럽다

---

4 태풍에 의해 마을의 건물은 <u>완전히</u> 쓰러져 버렸습니다.

1 서서히　　　　　　　**2 완전히**
3 당연히　　　　　　　4 동시에

해설 　もろに(완전히)는 **2 完全に(완전히)**와 의미가 가장 가깝다.

단어 　～により ~에 의해 | もろに 완전히, 모조리 | 徐々(じょじょ)に 서서히 | 完全(かんぜん)に 완전히 | 当(あた)り前(まえ)に 당연히 | 同時(どうじ)に 동시에

---

5 <u>매우</u> 죄송스럽습니다만 현재 이 가게에서는 그 제품을 취급하고 있지 않습니다.

1 여러 가지로　　　　　2 몇 번이나
3 유감스럽게도　　　　**4 매우**

해설 　甚だ(매우)는 **4 非常に(매우)**와 의미가 가장 가깝다.

단어 　甚(はなは)だ 매우, 몹시 | 恐縮(きょうしゅく)だ 죄송하게 여기다 | 取(と)り扱(あつか)う 다루다, 취급하다 | 色々(いろいろ)と 여러 가지로 | 何度(なんど)も 몇 번이나 | 残念(ざんねん)ながら 유감스럽게도 | 非常(ひじょう)に 매우, 상당히

---

6 수업 중에서 <u>잘하지 못하는</u> 과목이 있어도 학습 의욕을 잃지 않고 극복하는 것이 중요합니다.

1 의외인　　　　　　　2 지루한
3 잘 못하는　　　　　4 복잡한

해설 　不得手な(잘하지 못하는)은 **3 苦手な(잘 못하는)**과 의미가 가장 가깝다.

단어 　不得手(ふえて)だ 잘하지 못하다 | 学習(がくしゅう) 학습 | 意欲(いよく) 의욕 | 失(うしな)う 잃다, 상실하다 | 克服(こくふく) 극복 | 意外(いがい)だ 의외이다 | 退屈(たいくつ)だ 지루하다, 따분하다 | 苦手(にがて)だ 잘 못하다 | 複雑(ふくざつ)だ 복잡하다

유의표현 핵심단어 실전 연습 문제③　　　159p

1 ②　　2 ③　　3 ①　　4 ④　　5 ④
6 ②

문제3 ＿＿＿＿의 말에 의미가 가장 가까운 것을, 1・2・3・4에서 하나 고르세요.

---

1 가격 인하 교섭을 요구하는 기업에게는 응하지 않는 <u>스탠스</u>를 관철하려고 생각하고 있습니다.

1 계획　　　　　　　　**2 자세**
3 생각　　　　　　　　4 기술

해설 　スタンス(스탠스, 태도, 자세)는 **2 姿勢(자세)**와 의미가 가장 가깝다.

단어 　値下(ねさ)げ 가격 인하 | 交渉(こうしょう) 교섭 | 求(もと)める 구하다, 바라다, 요구하다 | 応(おう)じる 응하다, 응답하다, 따르다 | スタンス 스탠스, 태도, 자세 | 貫(つらぬ)く 관철하다 | 計画(けいかく) 계획 | 姿勢(しせい) 자세 | 考(かんが)え 생각 | 技術(ぎじゅつ) 기술

---

2 나의 부탁을 들었던 요시모토 씨는 <u>마지못해</u> 승낙해 주었습니다.

1 무리하게　　　　　　2 의외로
3 마지못해　　　　　4 일부러

해설 　いやいや(마지못해)는 **3 しぶしぶ(마지못해)**와 의미가 가장 가깝다.

단어 　嫌々(いやいや) 마지못해 | 承諾(しょうだく) 승낙 | 無理(むり)に 무리하게, 억지로 | 案外(あんがい) 의외(로) | しぶしぶ 마지못해 | わざわざ 일부러

---

3 그런 것을 말해 주다니 정말로 <u>민망하네요</u>.

1 부끄럽다　　　　　2 재미있다
3 엄하다　　　　　　　4 마음 든든하다

해설 　きまり悪い(민망하다)는 **1 恥ずかしい(부끄럽다)**와 의미가 가장 가깝다.

단어 　決(き)まり悪(わる)い 민망하다 | 恥(は)ずかしい 부끄럽다 | 面白(おもしろ)い 재미있다 | 厳(きび)しい 엄하다, 혹독하다 | 心強(こころづよ)い 마음 든든하다

---

4 사람을 죽인 주제에 범인은 <u>천연덕스럽게</u> 거짓말을 하고 있었다.

1 명백하게　　　　　　2 고의로
3 아마도　　　　　　　**4 태연하게**

해설 　けろりと(천연덕스럽게)는 **4 平然と(태연하게)**와 의미가 가장 가깝다.

단어 　けろりと 천연덕스럽게 | 明白(めいはく)に 명백하게 | わざと 고의로, 일부러 | たぶん 아마도 | 平然(へいぜん)と 태연하게

---

5 가뭄 탓에 마을에 있는 모든 연못의 물이 <u>바짝 말라</u> 버렸다.

1 얼어　　　　　　　　2 넘쳐
3 썩어　　　　　　　　**4 말라**

해설 　ひからびて(바싹 말라)는 **4 かわいて(말라)**와 의미가 가장 가깝다.

단어 　日照(ひで)り 가뭄 | 干(ひ)からびる 바짝 말라 버리다 | 凍(こお)る 얼다, 얼어붙다 | こぼれる 넘치다, 넘쳐흐르다 | 腐(くさ)る 썩

다 | 乾(かわ)く 건조하다, 마르다

6 전몰자의 유체는 주민에 의해서 정중하게 매장되었다고 합니다.

1 위로받았다 2 **묻혔다**
3 전해졌다 4 구해졌다

해설 葬られた(매장되었다)는 **2 埋められた(묻혔다)**와 의미가 가장 가깝다.

단어 戦没者(せんぼつしゃ) 전몰자 | 遺体(いたい) 유체, 시체 | 葬(ほう)る 매장하다 | 慰(なぐさ)める 위로하다 | 埋(う)める 묻다, 메우다 | 伝(つた)える 전하다 | 救(すく)う 구하다

유의표현 핵심단어 실전 연습 문제④ 160p

1 ② 2 ① 3 ④ 4 ① 5 ③
6 ③

문제3 _____ 의 말에 의미가 가장 가까운 것을, 1·2·3·4에서 하나 고르세요.

1 다른 사람과 의견을 주고받을 때에는 자신의 의견만 강요해서는 안 됩니다.

1 반복해서 이야기해서 **2 강하게 이야기해서**
3 큰 목소리로 이야기해서 4 불쌍하게 이야기해서

해설 押し付ける(강요하다)는 **2 強く話して(강하게 이야기해서)**와 의미가 가장 가깝다.

단어 交(か)わす 주고받다, 교환하다 | 押(お)し付(つ)ける 억누르다, 강요하다 | 繰(く)り返(かえ)して話(はな)す 반복해서 이야기하다 | 強(つよ)く話(はな)す 강하게 이야기하다 | 大(おお)きな声(こえ)で話(はな)す 큰 목소리로 이야기하다 | 可哀(かわい)そうに話(はな)す 불쌍하게 이야기하다

2 설령 상대가 아무것도 모른다고 하더라도 이것은 너무나도 악랄한 방식이라고 생각하지 않습니까.

1 교활하다 2 어렵다
3 뻔뻔하다 4 예리하다

해설 あくどい(악랄하다)는 **1 ずるい(교활하다)**와 의미가 가장 가깝다.

단어 たとえ〜ても 설령 ~해도 | あくどい 칙칙하다, 악랄하다 | ずるい 교활하다, 능글맞다, 치사하다 | 難(むずか)しい 어렵다 | 図々(ずうずう)しい 뻔뻔하다 | 鋭(するど)い 날카롭다, 예리하다

3 최근 일은 진척되고 있습니까.

1 즐기고 2 자신감을 가지고 하고
3 분발하고 **4 진행되고**

해설 はかどって(진척되고)는 **4 進んで(진행되고)**와 의미가 가장 가깝다.

단어 捗(はかど)る 진척되다 | 楽(たの)しむ 즐기다 | 頑張(がんば)る 노력하다, 분발하다 | 進(すす)む 진행되다

4 아무리 열심히 대응해도 사장님으로부터는 "전혀 도움이 되지 않는 존재다"라고 들었다.

1 전혀 2 그다지
3 결코 4 반대로

해설 てんで(전혀)는 **1 全く(전혀)**와 의미가 가장 가깝다.

단어 いくら〜ても 아무리 ~해도 | 対応(たいおう) 대응 | てんで 전혀, 아예, 아주 | 全(まった)く 전혀 | あまり 그다지 | 決(けっ)して 결코 | 逆(ぎゃく)に 반대로, 거꾸로

5 두 사람은 결혼하고 싶어하고 있지만 부모로부터 반대 당하고 있기 때문에 어차피 할 수 없다고 생각한다.

1 조금도 2 어쩌면
3 어차피 4 좀처럼

해설 所詮(어차피)는 **3 どうせ(어차피)**와 의미가 가장 가깝다.

단어 所詮(しょせん) 결국, 어차피 | ちっとも 조금도(부정적인 뉘앙스) | もしかすると 어쩌면 | どうせ 어차피 | なかなか 상당히, 꽤, 좀처럼

6 쓸데없는 낭비라고 알고 있는데도 불구하고 몹시 사들이고 만다.

1 갑자기 2 당연히
3 무모하게 4 엉겁결에

해설 やたらと(몹시)는 **3 むやみに(무모하게)**와 의미가 가장 가깝다.

단어 無駄(むだ)だ 소용없다, 쓸데없다 | 浪費(ろうひ) 낭비 | 〜にも関(かか)わらず ~(임)에도 불구하고 | やたら(と) 함부로 하는 모양, 몹시 | 買(か)いまくる (마구) 사들이다 | 急(きゅう)に 갑자기 | 当(あ)たり前(まえ)に 당연히 | むやみに 무모하게 | 思(おも)わず 엉겁결에, 뜻하지 않게

유의표현 핵심단어 실전 연습 문제⑤ 161p

1 ② 2 ④ 3 ② 4 ① 5 ③
6 ①

문제3 _____ 의 말에 의미가 가장 가까운 것을, 1·2·3·4에서 하나 고르세요.

1 그녀는 체조부에서 서클 활동을 하고 있는 만큼 <u>유연한</u> 몸을 가지고 있다.

1 길다 2 부드럽다
3 가늘다 4 빠르다

해설　しなやかな(유연한)은 **2 柔らかい(부드럽다)**와 의미가 가장 가깝다.

단어　体操部(たいそうぶ) 체조부 | ～だけに ~인 만큼, ~이기 때문에 (더욱) | しなやかだ (탄력 있고) 유연하다, 부드럽다 | 長(なが)い 길다 | 柔(やわ)らかい 부드럽다 | 細(ほそ)い 가늘다 | 速(はや)い 빠르다

2 언제 사전 미팅을 할지 <u>약속</u>을 잡아 둡시다.

1 연락 2 예상
3 장소 4 약속

해설　アポ(어포인트먼트, 약속)은 **4 約束(약속)**과 의미가 가장 가깝다.

단어　打(う)ち合(あ)わせ 사전 미팅 | アポ(イントメント) 어포인트먼트, 약속 | 連絡(れんらく) 연락 | 予想(よそう) 예상 | 場所(ばしょ) 장소 | 約束(やくそく) 약속

3 거래처로부터의 조건은 다소 <u>까다로웠다</u>.

1 재미있었다 2 복잡했었다
3 마음에 들지 않았다 4 신용할 수 없었다

해설　ややこしかった(까다로웠다)는 **2 複雑だった(복잡했었다)**와 의미가 가장 가깝다.

단어　取引先(とりひきさき) 거래처 | 条件(じょうけん) 조건 | 多少(たしょう) 다소 | ややこしい 까다롭다 | 面白(おもしろ)い 재미있다 | 複雑(ふくざつ)だ 복잡하다 | 気(き)に入(い)る 마음에 들다 | 信用(しんよう)する 신용하다

4 자신이 생각해도 그의 이야기는 <u>이치</u>에 맞지 않는다고 생각했습니다.

1 도리 2 분위기
3 목적 4 전통

해설　理屈(이치)는 **1 道理(도리)**와 의미가 가장 가깝다.

단어　理屈(りくつ) 도리, 이치 | 道理(どうり) 도리, 이치 | 雰囲気(ふんいき) 분위기 | 目的(もくてき) 목적 | 伝統(でんとう) 전통

5 부모로부터의 말은 옛날부터 한 번도 어기는 적이 없이 항상 <u>순종해</u> 왔다.

1 찬성해 2 존경해
3 얌전하게 잘 들어 4 칭찬해

해설　従順して(순종해)는 **3 大人しくよく聞いて(얌전하게 잘 들어)**와 의미가 가장 가깝다.

단어　破(やぶ)る 어기다, 찢다, 깨다 | 従順(じゅうじゅん)する 순종하다 | 賛成(さんせい)する 찬성하다 | 尊敬(そんけい)する 존경하다 | 大人(おとな)しい 얌전하다 | 褒(ほ)める 칭찬하다

6 상황의 개선을 향해서 <u>거듭되는</u> 노력을 하여 파트너십을 강화했습니다.

1 반복하다 2 꼭 믿다
3 유용하게 쓰다 4 말로 표현하다

해설　度重(たびかさ)なる(거듭되다)는 **1 繰り返す(반복하다)**와 의미가 가장 가깝다.

단어　改善(かいぜん) 개선 | ～に向(む)けて ~을/를 향해서 | 度重(たびかさ)なる 거듭되다, 되풀이되다 | 繰(く)り返(かえ)す 반복하다 | 思(おも)い込(こ)む 깊이 마음먹다, 꼭 믿다 | 役立(やくだ)てる 유용하게 쓰다 | 言(い)い表(あらわ)す 말로 표현하다

용법

용법 핵심단어 기본 다지기　162p

| 1 ① | 2 ① | 3 ① | 4 ② | 5 ② |
| 6 ① | 7 ② | 8 ② | 9 ① | 10 ① |

1 완화

1 통행금지가 해제되고 정체가 <u>완화</u>되었다.
2 지나친 압박으로 <u>완화</u>가 멈추지 않는다.

해설　緩和(완화)를 가장 올바르게 사용한 것은 **1번**이다. 2번은 緊張感(긴장감)을 사용하는 것이 알맞다.

단어　緩和(かんわ) 완화 | 通行止(つうこうど)め 통행금지 | 解除(かいじょ) 해제 | 渋滞(じゅうたい) (교통의) 정체, 밀림 | プレッシャー 압력, 압박 | 緊張感(きんちょうかん) 긴장감

2 뉘앙스

1 영어로 표현하려고 하면 일본어의 세세한 <u>뉘앙스</u>가 전달되지 않는다.
2 독창적인 그의 작품은 세계에 강렬한 <u>뉘앙스</u>를 주었다.

해설　ニュアンス(뉘앙스)를 가장 올바르게 사용한 것은 **1번**이다. 2번은 ショック(쇼크)를 사용하는 것이 알맞다.

단어　ニュアンス 뉘앙스 | 細(こま)かい 자세하다, 잘다, 세세하다 | 独創的(どくそうてき)だ 독창적이다 | 強烈(きょうれつ)だ 강렬하다 | ショック 쇼크

3 빼앗다, 탈취하다

1 마스크를 쓰고 있는 2인조 남자들에 의해 항공기가 **탈취되었다.**
2 할머니께 받은 과자를 독점하는 것이 아니라 모두에게 **탈취하렴.**

해설 乗(の)っ取(と)る(빼앗다, 탈취하다)를 가장 올바르게 사용한 것은 **1번**이다. 2번은 分け合う(서로 나누다)를 사용하는 것이 알맞다.

단어 乗(の)っ取(と)る 빼앗다, 탈취하다 | ～人組(にんぐみ) ~인조 | 航空機(こうくうき) 항공기 | お菓子(かし) 과자 | 独占(どくせん) 독점 | 分(わ)け合(あ)う 서로 나누다

4 쓸쓸하다

1 술에 몹시 취해서 쓸쓸한 모습을 보이고 말았습니다.
2 **나이를 먹고 나서의 자취는 쓸쓸하다.**

해설 侘しい(쓸쓸하다)를 가장 올바르게 사용한 것은 **2번**이다. 1번은 見苦しい(보기 흉하다)를 사용하는 것이 알맞다.

단어 侘(わび)しい 쓸쓸하다, 적적하다 | 酔(よ)っぱらう (술에) 몹시 취하다 | 一人暮(ひとりぐ)らし 혼자 삶, 자취 | 見苦(みぐる)しい 보기 흉하다

5 함부로

1 무슨 좋은 일이라도 있었는지 오늘의 그는 함부로 기분이 좋다.
2 **함부로 약을 내놓는 것은 의사로서 있을 수 없는 행위다.**

해설 むやみに(함부로)를 가장 올바르게 사용한 것은 **2번**이다. 1번은 やたら(몹시)를 사용하는 것이 알맞다.

단어 むやみに 무모하게, 함부로 | 機嫌(きげん) 기분, 심기 | ～まじき ~해서는 안 되는 | 行為(こうい) 행위 | やたら(と) 함부로 하는 모양, 몹시

6 예전부터

1 **예전부터의 사회와 현대사회의 상식이 다른 것은 말할 필요도 없다.**
2 교섭 참가에 반대인 것은 예전부터 말씀드린 대로입니다.

해설 かつて(예전부터)를 가장 올바르게 사용한 것은 **1번**이다. 2번은 かねて(전부터)를 사용하는 것이 알맞다.

단어 かつて 일찍이, 예전부터 | 常識(じょうしき) 상식 | 異(こと)なる 다르다 | ～までもない ~할 필요도 없다 | 言(い)うまでもない 말할 필요도 없다 | 交渉(こうしょう) 교섭 | 申(もう)し上(あ)げる 말씀드리다(겸양어) | かねて 미리, 전부터

7 번창하다

1 아이가 태어나고 나서 겨우 가족이라고 하는 감각이 번창하기 시작했다.
2 **쇼핑몰이 건설된 것으로 거리가 번창하기 시작했습니다.**

해설 栄える(번창하다)를 가장 올바르게 사용한 것은 **2번**이다. 1번은 芽生える(싹트다)를 사용하는 것이 알맞다.

단어 栄(さか)える 번영하다, 번창하다 | ようやく 겨우, 간신히 | 感覚(かんかく) 감각 | 芽生(めば)える 싹트다

8 어렴풋하다

1 어렴풋한 분위기 속에서 예식이 거행되었습니다.
2 **누구라도 어린 시절의 어렴풋한 기억을 몇 개인가 갖고 있을 거라고 생각합니다.**

해설 おぼろげだ(어렴풋하다)를 가장 올바르게 사용한 것은 **2번**이다. 1번은 厳かだ(엄숙하다)를 사용하는 것이 알맞다.

단어 おぼろげだ 어렴풋하다 | 挙式(きょしき) 예식 | 執(と)り行(おこな)う 거행하다, 집행하다 | 厳(おごそ)かだ 엄숙하다

9 느긋하다

1 **바로 결과가 나오지 않아도 아이의 성장을 느긋하게 지켜봐 주세요.**
2 타케다 씨는 차례대로 방문하는 손님을 느긋하게 맞아들였습니다.

해설 気長だ(느긋하다)를 가장 올바르게 사용한 것은 **1번**이다. 2번은 和やかに(온화하게)를 사용하는 것이 알맞다.

단어 気長(きなが)だ 느긋하다 | 見守(みまも)る 지켜보다 | 次々(つぎつぎ)に 차례대로 | 訪(おとず)れる 방문하다 | 迎(むか)え入(い)れる 맞아들이다, 받아들이다 | 和(なご)やかだ 온화하다, 화목하다

10 범용하다

1 **범용한 생활에서 빠져나와 새로운 환경에서 도전하고 싶다고 생각하고 있다.**
2 이 지역 양파는 다른 산지보다 범용한 단맛이 특징입니다.

해설 凡庸だ(범용하다)를 가장 올바르게 사용한 것은 **1번**이다. 2번은 豊潤だ(풍윤하다)를 사용하는 것이 알맞다.

단어 凡庸(ぼんよう)だ 범용하다, 평범하다 | 抜(ぬ)け出(だ)す 빠져나오다 | 地域(ちいき) 지역 | 玉(たま)ねぎ 양파 | 産地(さんち) 산지 | 特徴(とくちょう) 특징 | 豊潤(ほうじゅん)だ 풍윤하다

용법 핵심단어 실전 연습 문제① 164p

1 ② 2 ② 3 ③ 4 ① 5 ③
6 ①

문제4 다음 말의 사용법으로서 가장 알맞은 것을, 1·2·3·4에서 하나 고르세요.

1 떫다

1 이 지역은 맛있는 쌀을 생산하는 곳으로서 매우 떫다.
2 **이번 달의 영업보고서를 보고 상사는 이마에 주름살을 짓고 떫은 얼굴을 하고 있었다.**
3 완성품은 아니지만 이것만으로는 어딘가 떫은 느낌이 들기 때문에 다시 만들고 싶다.
4 죄송합니다. 어제는 떫은 사정이 있어서 학교를 쉬었습니다.

해설 渋い(떫다, 차분한 멋이 있다)를 가장 올바르게 사용한 것은 **2번**이다. 1번은 名高い(유명하다), 3번은 物足りない(어딘가 부족하다), 4번은 やむを得ない(어쩔 수 없다)를 사용하는 것이 알맞다.

단어 渋(しぶ)い 떫다, 차분한 멋이 있다 | 地域(ちいき) 지역 | 米(こめ) 쌀 | 非常(ひじょう)に 매우, 상당히 | 額(ひたい) 이마 | しわを寄(よ)せる 주름살을 짓다, 찌푸리다 | 完成品(かんせいひん) 완성품 | 事情(じじょう) 사정 | 名高(なだか)い 유명하다 | 物足(ものた)りない 어딘가 부족하다 | やむを得(え)ない 어쩔 수 없다, 부득이하다

2 속이다

1 리스크를 <u>속이면서</u>까지 일에 착수하는 사람은 극히 얼마 안 된다.
2 불량품을 보내다니 이것은 소비자를 <u>속이는</u> 행위라고 밖에 말할 수가 없다.
3 요즘 시대에 개성 없는 <u>속인</u> 테마의 가게는 살아 남는 것조차 어렵다.
4 지금까지의 경험을 <u>속여서</u> 귀사에서도 열심히 하고 싶다고 생각합니다.

해설 あざむく(속이다)를 가장 올바르게 사용한 것은 **2번**이다. 1번은 負う(지다), 3번은 有り触れる(흔하다), 4번은 活かす(살리다)를 사용하는 것이 알맞다.

단어 欺(あざむ)く 속이다, 기만하다 | リスク 리스크, 위험 | 取(と)り掛(か)かる 착수하다 | 極(ごく) 극히, 대단히 | 僅(わず)か 근소하다, 얼마 안 되다 | 不良品(ふりょうひん) 불량품 | 消費者(しょうひしゃ) 소비자 | 行為(こうい) 행위 | ~ようがない ~(다른 수단 및 방법이 없어서) 할 수가 없다 | 今(いま)の時代(じだい) 요즘(같은) 시대 | 個性(こせい) 개성 | 生(い)き残(のこ)る 살아 남다 | 御社(おんしゃ) 귀사, 상대방의 회사 등을 높여 부르는 말 | 負(お)う (책임)을 지다, (피해)를 입다 | 有(あ)り触(ふ)れる 흔하다 | 活(い)かす 살리다

3 돌이킬 수 없다

1 보통의 방법으로는 <u>돌이킬 수 없기</u> 때문에 좀 더 과감하게 도전합시다.
2 그는 왠지 <u>돌이킬 수 없는</u> 얼굴을 하고 있었다.
3 과거에 저질러 버린 <u>돌이킬 수 없는</u> 잘못을 생각하면 지금도 괴롭다.
4 <u>돌이킬 수 없는</u> 환경입니다만 저 나름대로 분발하고 있습니다.

해설 取り返しがつかない(돌이킬 수 없다)를 가장 올바르게 사용한 것은 **3번**이다. 1번은 どうしようもない(어쩔 도리가 없다), 2번은 冴えない(우중충한), 4번은 慣れていない(익숙하지 않다)를 사용하는 것이 알맞다.

단어 取(と)り返(かえ)し 되찾음, 만회 | 取(と)り返(かえ)しがつかない 돌이킬 수 없다 | 果敢(かかん)に 과감하게 | 何故(なぜ)か 왠지, 어쩐지 | 犯(おか)す 범하다, 저지르다 | 過(あやま)ち 잘못, 과오 | どうしようもない 어쩔 도리가 없다 | 冴(さ)える 맑고 깨끗하다 | 冴(さ)えない顔(かお) 우중충한 얼굴, 생기 없는 얼굴 | 慣(な)れる 익숙해지다

4 아니나 다를까

1 <u>아니나 다를까</u> 나카무라 씨는 회장에 와 있었다.
2 그런 것은 저에게는 <u>아니나 다를까</u>에요.
3 일도 잘 못하는 주제에 항상 놀고만 있는 그가 <u>아니나 다를까</u> 한심하다고 생각했다.
4 절대 실패해서는 안 되는 프로젝트이기 때문에 <u>아니나 다를까</u> 잘 부탁드립니다.

해설 案の定(아니나 다를까)를 가장 올바르게 사용한 것은 **1번**이다. 2번은 容易い(쉽다), 3번은 いたって(매우), 4번은 何卒(아무쪼록)을 사용하는 것이 알맞다.

단어 案(あん)の定(じょう) 생각한 대로, 아니나 다를까 | 情(なさ)けない 한심하다 | 容易(たやす)い 쉽다, 용이하다 | いたって 대단히, 매우 | 何卒(なにとぞ) 아무쪼록

5 일재

1 <u>일재</u>가 좋은 그녀는 새로 만난 사람과도 잘 수다 떤다.
2 옆집에 살고 있는 시미즈 씨는 아이인 것 같이 <u>일재</u>다.
3 연기도 노래도 잘하는 그는 예능계에서의 <u>일재</u>로서 유명하다.
4 그다지 유명하지 않은 배우가 영화의 <u>일재</u>였지만 연기를 보고 납득했다.

해설 逸材(일재)를 가장 올바르게 사용한 것은 **3번**이다. 1번은 愛想(붙임성), 2번은 純粋(순수), 4번은 主役(주역)을 사용하는 것이 알맞다.

단어 逸材(いつざい) 일재, 뛰어난 인재 | 演技(えんぎ) 연기 | 芸能界(げいのうかい) 예능계 | 俳優(はいゆう) 배우 | 愛想(あいそう・あいそ) 붙임성, 정나미 | 純粋(じゅんすい)だ 순수하다 | 主役(しゅやく) 주역

6 도급을 맡다, 책임지고 맡다

1 최근 리폼 공사를 <u>도급을 맡는</u> 회사가 점점 늘고 있습니다.
2 당 이벤트의 예약은 전화로 <u>도급을 맡고</u> 있습니다.
3 불안감을 틈타서 다양한 물건이나 서비스를 <u>도급을 맡으려고</u> 하는 업자가 나오기 시작하다.
4 작년부터 기술 혁신이 극심한 것으로 라이벌 기업에 <u>도급을 맡게</u> 될 가능성이 높아졌다.

해설 請け負う(도급을 맡다, 책임지고 맡다)를 가장 올바르게 사용한 것은 **1번**이다. 2번은 承る(삼가 받다), 3번은 売り込む(팔려고 하다), 4번은 追い抜く(앞지르다)를 사용하는 것이 알맞다.

단어 請(う)け負(お)う 도급을 맡다, 책임지고 맡다 | リフォーム 리폼 | 当(とう)~ 해당~ | 乗(じょう)じる 틈타다, 때를 이용하다, 흐름에 맡기다 | 不安感(ふあんかん)に乗(じょう)じる 불안감을 틈타다 | 業者(ぎょうしゃ) 업자 | 技術革新(ぎじゅつかくしん) 기술 혁신 | 承(うけたまわ)る 삼가 받다 | 売(う)り込(こ)む 팔려고 하다 | 追(お)い抜(ぬ)く 앞지르다

용법 핵심단어 실전 연습 문제②　　166p

1 ①　**2** ④　**3** ②　**4** ①　**5** ③
6 ③

問題4　다음 말의 사용법으로서 가장 알맞은 것을, 1・2・3・4에서 하나 고르세요.

1　사전에

1 **사전에 자료를 만들어 검토하고 나서 회의에 들어갔다.**
2 그녀는 초조해하면 <u>사전에</u> 다리를 떠는 버릇이 있다.
3 어째서 위험한 장소에 혼자서 간 건지 <u>사전에</u> 이해할 수가 없다.
4 노크도 하지 않고 <u>사전에</u> 방에 들어온 어머니를 보고 놀랐습니다.

해설　あらかじめ(사전에)를 가장 올바르게 사용한 것은 **1번**이다. 2번은 しきりに(자꾸만), 3번은 とうてい(도저히), 4번은 突然(갑자기)를 사용하는 것이 알맞다.

단어　予(あらかじ)め 미리, 사전에 ┃ 検討(けんとう) 검토 ┃ 焦(あせ)る 안달나다, 초조해하다 ┃ 貧乏(びんぼう)ゆすりをする 다리를 떨다 ┃ 癖(くせ) 버릇, 습관 ┃ しきりに 자꾸만, 끊임없이 ┃ 到底(とうてい) 도저히 ┃ 突然(とつぜん) 돌연, 갑자기

2　교부

1 경찰은 눈을 좌우 <u>교부</u>로 움직이면서 용의자의 행동을 감시했다.
2 큰 부상을 입은 선수는 결국 <u>교부</u>되었다.
3 물물 <u>교부</u>를 해서 식량을 손에 넣었습니다.
4 **나라에서의 <u>교부</u>금 제도에 응모할 수 있는 자격이 있는지 어떤지 봐 봅시다.**

해설　交付(교부)를 가장 올바르게 사용한 것은 **4번**이다. 1번은 交互(교호, 서로 번갈아감), 2번은 交代(교체, 교대), 3번은 交換(교환)을 사용하는 것이 알맞다.

단어　交付(こうふ) 교부 ┃ 警察(けいさつ) 경찰 ┃ 左右(さゆう) 좌우 ┃ 容疑者(ようぎしゃ) 용의자 ┃ 監視(かんし) 감시 ┃ 負傷(ふしょう) 부상 ┃ 負(お)う (책임을) 지다, (피해를) 입다 ┃ 食糧(しょくりょう) 식량 ┃ 手(て)に入(い)れる 손에 넣다, 입수하다 ┃ 制度(せいど) 제도 ┃ 資格(しかく) 자격 ┃ 交互(こうご) 교호, 서로 번갈아함 ┃ 交代(こうたい) 교체, 교대 ┃ 交換(こうかん) 교환

3　소홀히 하다

1 시간을 <u>소홀히</u> 해서 열심히 일했습니다.
2 **학교를 땡땡이치고 공부를 <u>소홀히</u> 하니까 성적이 좋을 리가 없다.**
3 적이 <u>소홀해</u> 오는 것을 대비해서 더욱 병사들을 성의 주변에 배치해 둡시다.
4 하야시 부장님은 부하에게 <u>소홀해지면</u> 바로 우쭐댄다.

해설　怠る(소홀히 하다)를 가장 올바르게 사용한 것은 **2번**이다. 1번은 惜しむ(아끼다), 3번은 襲う(습격하다), 4번은 煽てられる(치켜세워지다)를 사용하는 것이 알맞다.

단어　怠(おこた)る 게으름을 피우다, 소홀히 하다 ┃ サボる 땡땡이치다 빼먹다 ┃ 敵(てき) 적 ┃ 備(そな)える 대비하다 ┃ 兵士(へいし) 병사 ┃ お城(しろ) 성 ┃ いい気(き)になる 기분 좋아하다, 우쭐하다 ┃ 惜(お)しむ 아끼다, 아쉬워하다 ┃ 襲(おそ)う 습격하다, 덮치다 ┃ 煽(おだ)てる 치켜세우다

4　몹시

1 **<u>몹시</u> 고민한 끝에 결국 이직은 안 하기로 했습니다.**
2 아들은 "공부 열심히 하고 있어"라고 말하고 있는 것에 비해서는 <u>몹시</u> 그렇지 않은 느낌이 든다.
3 이것은 중대한 문제입니다. <u>몹시</u> 나라 전체의 문제로 이어질 가능성도 있습니다.
4 그렇게 싫은 일이라면 <u>몹시</u> 하지 않아도 좋다고 생각합니다만.

해설　散々(몹시)를 가장 올바르게 사용한 것은 **1번**이다. 2번은 さほど(그다지), 3번은 ひいては(나아가서는), 4번은 敢えて(굳이)를 사용하는 것이 알맞다.

단어　散々(さんざん) 정도가 심한 모양, 몹시, 실컷 ┃ ～あげく ~한 끝에 ┃ ～わりには ~치고는, ~비해서는 ┃ 気(き)がする 느낌이 들다, 생각이 들다 ┃ 重大(じゅうだい)だ 중대하다 ┃ さほど 그다지, 별로 ┃ 延(ひ)いては 나아가서는 ┃ 敢(あ)えて 굳이, 억지로

5　음울하다

1 단체로 카페에 온 사람들은 <u>음울해서</u> 몇 번이나 점원에게 주의 받고 있었다.
2 연속 살인 사건이 근처에서 일어났다니 정말로 <u>음울</u>하네요.
3 **비가 오는 날이 계속되어 <u>음울</u>할 기분이 되었습니다.**
4 저에게는 회사보다 개인적으로 활동하는 일 쪽이 <u>음울</u>합니다.

해설　うっとうしい(음울하다, 성가시다)를 가장 올바르게 사용한 것은 **3번**이다. 1번은 姦しい(시끄럽다), 2번은 恐ろしい(두렵다, 무섭다), 4번은 相応しい(어울리다)를 사용하는 것이 알맞다.

단어　鬱陶(うっとう)しい 음울하다, 성가시다 ┃ 連続(れんぞく) 연속 ┃ 殺人(さつじん) 살인 ┃ 近所(きんじょ) 근처 ┃ 姦(かしま)しい 시끄럽다 ┃ 恐(おそ)ろしい 두렵다, 무섭다 ┃ 相応(ふさわ)しい 어울리다, 걸맞다

6　이맘때

1 집의 <u>이맘때</u>를 만드는 장점으로서 메인터넌스 비용 삭감이 예로 들어진다.
2 최근은 이웃과의 교제의 <u>이맘때</u>도 상당히 옅어지고 있다고 생각한다.
3 **연말이 되는 <u>이맘때</u>는 연말 정산 등 해야 할 일이 잇달아 나온다.**
4 <u>이맘때</u> 방지 굿즈를 직접 코에 꽂으면 원활하게 코로 호흡할 수 있다고 합니다.

해설　今時分(이맘때)를 가장 올바르게 사용한 것은 **3번**이다. 1번은 縁側

(툇마루), 2번은 意味合い(까닭), 4번은 鼾(코골이)를 사용하는 것이 알맞다.

단어 今時分(いまじぶん) 지금쯤, 이맘때 | メリット 메리트, 장점 | メンテナンス 메인터넌스, 건물·기계 등의 관리·유지 | 費用(ひよう) 비용 | 削減(さくげん) 삭감 | 挙(あ)げる (예로) 들다, 거행하다 | 付(つ)き合(あ)い 교제, 사귐 | 近所(きんじょ)付(つ)き合(あ)い 이웃(집)과의 교제(왕래) | だいぶ 꽤, 어지간히, 상당히 | 薄(うす)れる 엷어지다, 희미해지다 | 年末調整(ねんまつちょうせい) 연말 정산 | 次々(つぎつぎ) 잇달아, 계속(해서) | 防止(ぼうし) 방지 | グッズ 굿즈 | 差(さ)し込(こ)む 끼워 넣다, 꽂다 | スムーズに 순조롭게, 스무스하게 | 鼻呼吸(びこきゅう) 코로 호흡함 | 縁側(えんがわ) 툇마루, 물고기의 지느러미 | 意味合(いみあ)い 까닭, (사정을 내포한) 의미 | 鼾(いびき) 코 고는 소리, 코골이

용법 핵심단어 실전 연습 문제③ 168p

1 ②　2 ④　3 ②　4 ①　5 ①
6 ④

문제4 다음 말의 사용법으로서 가장 알맞은 것을, 1·2·3·4에서 하나 고르세요.

1 양상

1 다친 타케우치 씨의 얼굴을 봤더니 양상 아픈 것 같은 표정을 하고 있었습니다.
2 옛날의 40대의 생활과 최근의 40대의 생활은 꽤 다른 양상을 보이고 있다.
3 많은 고민이 있는데도 상담할 양상이 한 명도 없다.
4 비에 젖으면 벚꽃 양상이 드러나는 우산을 사 왔습니다.

해설 様相(양상)를 가장 올바르게 사용한 것은 **2번**이다. 1번은 相当(상당히), 3번은 相手(상대방), 4번은 模様(모양)를 사용하는 것이 알맞다.

단어 様相(ようそう) 양상, 모습, 상태 | だいぶ 꽤, 상당히 | 濡(ぬ)れる 젖다 | 浮(う)き出(で)る (표면에) 떠오르다, 드러나다 | 相当(そうとう) 상당히 | 相手(あいて) 상대방 | 模様(もよう) 모양

2 쉽다

1 몇 번 거절해도 그녀는 쉽게 말을 걸어왔다.
2 이렇게 귀여운 고양이를 기르고 있는 야마다 씨가 정말 쉽습니다.
3 저 사람은 아이를 구하기 위해서 바다에 뛰어든 쉬운 사람입니다.
4 그는 선배들조차 어쩔 도리가 없던 문제를 쉽게 해결했습니다.

해설 たやすい(쉽다, 용이하다)를 가장 올바르게 사용한 것은 **4번**이다. 1번은 しつこい(끈질기다), 2번은 羨ましい(부럽다), 3번은 勇ましい(용감하다)를 사용하는 것이 알맞다.

단어 容易(たやす)い 쉽다, 용이하다 | 飛(と)び込(こ)む 뛰어들다 | ~(で)さえ ~조차 | どうしようもない 어쩔 도리가 없다 | しつこい 끈질기다 | 羨(うらや)ましい 부럽다 | 勇(いさ)ましい 용감하다

3 자신을 낮추다

1 두 사람 사이를 자신을 낮춰서 헤어지게 하려고 생각하고 있었습니다.
2 자신을 낮추는 태도로 거래처의 사람의 이야기를 들었습니다.
3 하늘을 올려다 보고 있었더니 좋은 아이디어가 머릿속에 자신을 낮췄다.
4 과거를 자신을 낮춰 보면 잘못되어 있는 일을 하고 있다는 것을 알 수 있다고 생각해.

해설 へりくだる(자신을 낮추다)를 가장 올바르게 사용한 것은 **2번**이다. 1번은 隔てる(가로막다), 3번은 閃く(번뜩이다), 4번은 振り返る(돌아보다)를 사용하는 것이 알맞다.

단어 謙(へりくだ)る 자신을 낮추다 | 仲(なか) (사람과 사람의) 사이, 관계 | 取引先(とりひきさき) 거래처 | 見上(みあ)げる 우러러보다, 올려다보다 | 隔(へだ)てる 사이에 두다, 가로막다 | 閃(ひらめ)く 번뜩이다 | 振(ふ)り返(かえ)る 돌아보다, 회고하다

4 품다

1 보름달과 보름달의 빛을 품은 수면을 사진으로 남겼다.
2 대단한 일이 아니었기 때문에 신인한테 일을 품었다.
3 그림을 잘 그리고 싶었기 때문에 포스터의 위에 종이를 놓고 품었다.
4 우리 집의 강아지는 털의 색이 까맣기 때문에 '검정'이라고 품었다.

해설 宿す(품다)를 가장 올바르게 사용한 것은 **1번**이다. 2번은 任せる(맡기다), 3번은 なぞる(덧쓰다), 4번은 名付ける(이름을 짓다)를 사용하는 것이 알맞다.

단어 宿(やど)す 잉태하다, 품다 | 満月(まんげつ) 만월, 보름달 | 新人(しんじん) 신인, 신참 | 任(まか)せる 맡기다 | なぞる 덧쓰다, 모방하다 | 名付(なづ)ける 이름을 짓다, 일컫다

5 모티브

1 이것은 실제로 일어난 사건을 모티브로 드라마화 한 화제작입니다.
2 업무에 착수하기에 앞서 사원들의 모티브를 높이고 싶다고 생각합니다.
3 저 정치가가 한 일은 모티브가 결여되는 일로 절대로 용서받을 수 없다고 생각한다.
4 차의 모티브 쇼에 참가하는 사람은 약 200명이라고 합니다.

해설 モチーフ(모티브, 동기)를 가장 올바르게 사용한 것은 **1번**이다. 2번은 モチベーション(모티베이션), 3번은 モラル(모럴, 윤리), 4번은 モーター(모터)를 사용하는 것이 알맞다.

단어 モチーフ 모티브, 동기 | 話題作(わだいさく) 화제작, 화제인 작품 | 取(と)り掛(か)かる (일, 사업 등에) 착수하다 | ~にあたって ~데 있어서, ~에 앞서 | ~に欠(か)ける ~이/가 결여되다 | モチベーション 모티베이션, 동기 부여 | モラル 모럴, 윤리 | モーターショー 모터쇼

6 희미하다

1 누가 들어도 알도록 <u>희미하게</u> 설명하는 것이 선생님으로서의 역할이라고 생각합니다.
2 자신의 <u>희미한</u> 행동으로 여러분에게 민폐를 끼쳐 버려서 죄송합니다.
3 첼로를 켠다든가 꽤나 <u>희미한</u> 취미네요.
4 칠흑과 같은 어둠 속에서 <u>희미한</u> 빛이 보였기 때문에 그곳을 향해서 달렸습니다.

해설　かすかだ(희미하다)를 가장 올바르게 사용한 것은 **4번**이다. 1번은 細(こま)やかだ(세심하다), 2번은 浅(あさ)はかだ(천박하다), 3번은 高尚だ(고상하다)를 사용하는 것이 알맞다.

단어　かすかだ 희미하다, 어렴풋하다 | 役目(やくめ) 임무, 책임, 역할 | 迷惑(めいわく) 민폐, 성가심 | チェロを引(ひ)く 첼로를 켜다, 첼로를 연주하다 | 漆黒(しっこく) 칠흑 | 闇(やみ) 어둠 | 細(こま)やかだ 세심하다 | 浅(あさ)はかだ 천박하다 | 高尚(こうしょう)だ 고상하다

용법 핵심단어 실전 연습 문제④　　170p

1 ④　　2 ①　　3 ①　　4 ④　　5 ③
6 ②

문제4　다음 말의 사용법으로서 가장 알맞은 것을, 1·2·3·4에서 하나 고르세요.

1 지겹다

1 아이 혼자서 외출을 하다니 <u>지겨워서</u> 안 돼.
2 백화점에 갔더니 <u>지겨운</u> 물건이 많아서 흥분을 다 감추지 못했다.
3 그는 무엇이든 <u>지겹게</u> 이야기를 하지만 어디까지나 허세에 불과하다.
4 위선을 떠는 정치가의 이야기가 <u>지겨워서</u> 화가 났다.

해설　疎ましい(지겹다, 역겹다)를 가장 올바르게 사용한 것은 **4번**이다. 1번은 心細い(어쩐지 마음이 안 놓이다), 2번은 物凄い(엄청나다), 3번은 仰々しい(과장되다)를 사용하는 것이 알맞다.

단어　疎(うと)ましい 역겹다, 지겹다 | 興奮(こうふん) 흥분 | 隠(かく)す 감추다, 숨기다 | 〜きれない 다 ~할 수 없다 | あくまでも 어디까지나, 철저하게 | はったり 허세 | 〜にすぎない ~에 지나지 않는다, ~에 불과하다 | 偽善(ぎぜん) 위선 | 装(よそお)う 치장하다, 가장하다 | 偽善(ぎぜん)を装(よそお)う 위선을 떨다 | 腹(はら)が立(た)つ 화가 나다 | 心細(こころぼそ)い 불안하다, 쓸쓸하다, 어쩐지 마음이 안 놓이다 | 物凄(ものすご)い 엄청나다 | 仰々(ぎょうぎょう)しい (보기에) 과장되다

---

2 훈계하다

1 절도를 한 사람은 단단히 <u>훈계하지</u> 않으면 안 된다.
2 벌써 50살이라고 하는 나이입니다만 꼭 <u>훈계해</u> 보고 싶다고 생각해서 참가했습니다.
3 괴로운 일이 있더라도 딸의 웃는 얼굴을 보니 전부 <u>훈계된다</u>.
4 휴대폰을 <u>훈계하면서</u> 이야기를 듣고 있는 그에게 "조금 더 집중해"라고 화내 버렸다.

해설　戒める(훈계하다, 금하다)를 가장 올바르게 사용한 것은 **1번**이다. 2번은 挑む(도전하다), 3번은 癒やす(치유하다), 4번은 弄る(만지작거리다)를 사용하는 것이 알맞다.

단어　戒(いまし)める 훈계하다, 금하다 | 万引(まんび)き 물건을 훔침, 절도 | 固(かた)く 단단히, 굳게 | 挑(いど)む 도전하다 | 癒(い)やす 치유하다 | 弄(いじ・まさぐ)る 만지작거리다

---

3 보람

1 꽤나 애먹었습니다만 <u>보람</u> 있는 일을 했다고 생각합니다.
2 여러분 <u>보람</u>을 지켜서 앞으로 나아가 주세요.
3 타카하시 씨는 <u>보람</u>이 좋아서 손님이 많아도 혼자서 대응할 수 있다.
4 전국 대표 후보와의 <u>보람</u>을 앞두고 긴장해서 잠이 들 수 없었습니다.

해설　手応え(반응, 보람)을 가장 올바르게 사용한 것은 **1번**이다. 2번은 手順(순서), 3번은 手際(솜씨), 4번은 手合わせ(시합)을 사용하는 것이 알맞다.

단어　手応(てごた)え 반응, 보람 | 手(て)こずる 애먹다 | 候補(こうほ) 후보 | 控(ひか)える 삼가다, 기다리다, 앞두다 | 手順(てじゅん) 순서 | 手際(てぎわ) 솜씨, 수완 | 手合(てあ)わせ 시합

---

4 대체로

1 복권이 당첨되어 부자가 된 나카다 씨는 <u>대체로</u> 돈을 쓰고 있었다.
2 그 나름 열심히 했는데 <u>대체로</u> 분한 것이겠죠
3 그녀는 눈앞에 놓여져 있는 귤을 <u>대체로</u> 먹었다.
4 <u>대체로</u> 말하면 당신의 사고방식은 근본적으로 틀렸다.

해설　総じて(대체로)를 가장 올바르게 사용한 것은 **4번**이다. 1번은 やたらに(마구, 몹시), 2번은 さぞ(추측건대, 필시), 3번은 丸ごと(통째로)를 사용하는 것이 알맞다.

단어　総(そう)じて 대체로 | 宝(たから)くじ 복권 | 悔(くや)しい 분하다 | みかん 귤 | 根本的(こんぽんてき)に 근본적으로 | やたらに 함부로, 마구 | 嘸(さぞ) 추측건대, 필시 | 丸(まる)ごと 통째로

---

5 울퉁불퉁

1 오디션 결과는 이번 달 말에 나온다고 들었는데 그 기한이 <u>울퉁불퉁</u> 늘어나고 있다.
2 제대로 공부하지 않았던 것치고는 시험문제가 <u>울퉁불퉁</u> 풀렸다.
3 할머니 집은 시골이기 때문에 <u>울퉁불퉁한</u> 길이 많아서 걷기 힘들었다.

4 언니의 울퉁불퉁한 말투 탓에 기분이 나빠져 버리고 말았습니다.

해설 ごつごつ(울퉁불퉁)을 가장 올바르게 사용한 것은 **3번**이다. 1번은 ずるずる(질질), 2번은 すいすい(획획), 4번은 とげとげ(삐쭉삐쭉)을 사용하는 것이 알맞다.

단어 ごつごつ 울퉁불퉁 | 期限(きげん) 기한 | 期限(きげん)が延(の)びる 기한이 늘어나다 | ~わりには ~비해서는, ~치고는 | ずるずる 오래 끌고 가는 모양, 질질 | すいすい 가볍게 나아가는 모양, 획획, 거침없이 | とげとげ 가시 돋친 모양, 삐쭉삐쭉

6 쇠약해지다

1 먹을 만큼 먹은 나이가 되어 역시 얼굴이 쇠약해진 감은 부정할 수 없다고 생각한다.
2 치매에 걸려서 기억력이나 인지력이 쇠약해져도 습관과 감정은 남는 것 같습니다.
3 자매는 냉장고에 있던 마지막 쿠키를 먹으려고 쇠약해져 있었다.
4 회장의 분위기가 쇠약해져 버린 것 같기 때문에 조금 더 흥을 돋우어 보자고 생각했습니다.

해설 衰える(쇠약해지다)를 가장 올바르게 사용한 것은 **2번**이다. 1번은 老ける(늙다), 3번은 揉める(옥신각신하다), 4번은 白ける(분위기가 깨지다)를 사용하는 것이 알맞다.

단어 衰(おとろ)える 쇠약해지다, 쇠퇴하다 | ~は否(いな)めない ~은/는 부정할 수 없다 | 認知(にんち) 인지 | 認知症(にんちしょう) 인지증, 치매 | 記憶力(きおくりょく) 기억력 | 認知力(にんちりょく) 인지력 | 盛(も)り上(あ)げる (흥, 분위기를) 돋우다, 고조시키다 | 老(ふ)ける 늙다 | 揉(も)める 분쟁이 일어나다, 옥신각신하다 | 白(しら)ける 바래서 허예지다, 분위기가 깨지다

용법 핵심단어 실전 연습 문제⑤ 172p

1 ④   2 ①   3 ②   4 ③   5 ②
6 ①

문제4 다음 말의 사용법으로서 가장 알맞은 것을, 1・2・3・4에서 하나 고르세요.

1 (성질 등을) 띠다

1 항상 싸움만 하고 있던 형제는 오늘도 변함없이 띠고 있었습니다.
2 숲 속에는 나무들이 파릇파릇하게 띠고 있었습니다.
3 축구를 하고 있던 아들이 옆집 창문을 깨뜨려 버려 수리비를 띠지 않으면 안 되었다.
4 봄이 옴과 함께 여러 가지 꽃이 만개하여 캠퍼스 안은 활기를 띠기 시작했다.

해설 帯びる(띠다)를 가장 올바르게 사용한 것은 **4번**이다. 1번은 揉める(옥신각신하다), 2번은 茂る((초목이) 무성하다), 3번은 償う (변상하다)를 사용하는 것이 알맞다.

단어 帯(お)びる (성질 등을) 띠다 | 喧嘩(けんか) 싸움, 다툼 | 相変(あいか)わらず 변함없이, 여전히 | 木々(きぎ) 나무들 | 青々(あおあお)と 파릇파릇(하게) | 修理代(しゅうりだい) 수리비 | ~とともに ~와/과 함께, ~함에 따라, ~임과/와 동시에 | 満開(まんかい) 만개 | 揉(も)める 분쟁이 일어나다, 옥신각신하다 | 茂(しげ)る (초목이) 무성하다 | 償(つぐな)う 갚다, 변상하다

2 거침없이

1 누구나 주저한 것을 거침없이 말할 수 있는 성격의 주인이 부럽다.
2 아직 젊은 나이인데 죽어 버리다니 거침없이 슬프기 그지없다.
3 가능한 한 설명은 명료하게 거침없이 구체적으로 해 주세요.
4 거침없이 공부만 하고 있으니까 학년 1위가 되는 것도 이상하지 않다.

해설 ずばり(싹둑 잘라 내는 모양, 거침없이)를 가장 올바르게 사용한 것은 **1번**이다. 2번은 実に(실로, 참으로), 3번은 且つ(동시에, 또한), 4번은 しょっちゅう(늘, 언제나)를 사용하는 것이 알맞다.

단어 ずばり 싹둑 잘라 내는 모양, 거침없이 | ためらう 주저하다 | 持(も)ち主(ぬし) 소유주, 주인 | ~限(かぎ)りだ ~하기 그지없다 | 明瞭(めいりょう)に 명료하게 | 実(じつ)に 실로, 참으로 | 且(か)つ 또한, 한편 | しょっちゅう 늘, 언제나

3 발족

1 저 사람은 심장병을 앓고 있기 때문에 발족을 일으킬 우려가 있습니다.
2 우리 단체는 금번 발족하고 나서 20주년을 맞이하게 되었습니다.
3 이 사건이 발족한 경위를 조사해 주세요.
4 문제가 발족하고 나서 3주 동안이나 지났는데 아무도 해결하려고 하지 않는다.

해설 発足(발족)을 가장 올바르게 사용한 것은 **2번**이다. 1번은 発作(발작), 3번은 発端(발단), 4번은 発生(발생)을 사용하는 것이 알맞다.

단어 発足(ほっそく) 발족, (단체 등의) 활동이 시작됨, 출발 | 心臓病(しんぞうびょう) 심장병 | 患(わずら)う (병을) 앓다 | 恐(おそ)れ 우려, 염려 | この度(たび) 금번, 이번 | 経緯(けいい) 경위 | 経(た)つ 지나다, 경과하다 | 発作(ほっさ) 발작 | 発端(ほったん) 발단 | 発生(はっせい) 발생

4 조금(도)

1 좋은 인상을 가지고 있다고 하더라도 조금(도) 사람을 믿어서는 안 된다.
2 야구 시합 중에 조금(도) 외부인이 난입하여 경비원이 뒤쫓아 갔다.
3 틀린 행동을 했는데도 불구하고 반성하는 모습은 조금(도) 없었다.
4 할아버지는 10년 전에 죽은 할머니에게 받은 시계를 조금(도) 버리고 있지 않다.

해설 いささか(조금(도))를 가장 올바르게 사용한 것은 **3번**이다. 1번은 むやみに(무모하게), 2번은 突如として(갑자기), 4번은 未だ(아직(도))를 사용하는 것이 알맞다.

단어 いささか 조금(도) | 部外者(ぶがいしゃ) 부외자, 외부인 | 乱入(らんにゅう) 난입 | 警備員(けいびいん) 경비원 | 追(お)い掛

(か)ける 뒤쫓아 가다 | ～にも関(かか)わらず ~(임)에도 불구하고 | むやみに 무모하게 | 突如(とつじょ)として 갑자기 | 未(いま)だ 아직(도)

---

5 유수

1 유수한 입장이 되기 위해서 다른 사람까지 이용한 그의 행동을 이해할 수 없었다.
2 여기는 일본 유수의 관광지인 절이기 때문에 여기에서 일할 수 있는 것을 자랑으로 생각하고 있습니다.
3 모든 것이 완벽하게 보이는 이케다 씨의 유수의 단점은 아침에 약하다는 것입니다.
4 적합성 유수를 위해서 지금부터 몇 가지인가의 검사를 실시하고 싶다고 생각합니다.

해설 有数(유수, 굴지, 손꼽힘)을 가장 올바르게 사용한 것은 **2번**이다. 1번은 有利(유리), 3번은 唯一(유일), 4번은 有無(유무)를 사용하는 것이 알맞다.

단어 有数(ゆうすう) 유수, 굴지, 손꼽힘 | 立場(たちば) 입장 | 誇(ほこ)り 자랑, 긍지 | 適合性(てきごうせい) 적합성 | 有利(ゆうり) 유리 | 唯一(ゆいいつ) 유일 | 有無(うむ) 유무

---

6 테넌트

1 새롭게 지어진 빌딩 앞에는 '테넌트 모집 중'이라고 하는 큰 현수막이 걸려 있었다.
2 지금은 무명입니다만 꼭 자신의 안에 숨겨져 있는 테넌트를 발휘할 수 있는 날이 올 것이라고 생각합니다.
3 사원의 테넌트를 높이기 위해서 기업 측으로부터 지원할 수 있는 방법에 대해서 설명하겠습니다.
4 신입 사원들 대상의 연수의 일환으로서 케이스 테넌트를 도입하는 회사가 늘고 있습니다.

해설 テナント(테넌트)를 가장 올바르게 사용한 것은 **1번**이다. 2번은 ポテンシャル(퍼텐셜), 3번은 リテラシー(리터러시), 4번은 メソッド(메서드)를 사용하는 것이 알맞다.

단어 テナント 테넌트, 임차인 | 募集(ぼしゅう) 모집 | 懸垂幕(けんすいまく) 현수막 | 懸垂幕(けんすいまく)がかかる 현수막이 걸리다 | 無名(むめい) 무명 | 発揮(はっき) 발휘 | ～側(がわ) ~측 | 支援(しえん) 지원 | ～向(む)け ~용, ~대상 | 研修(けんしゅう) 연수 | 一環(いっかん) 일환 | 取(と)り入(い)れる 도입하다, 받아들이다 | ケースメソッド 케이스메서드(사례를 바탕으로 한 연구) | ポテンシャル 퍼텐셜, 잠재력 | リテラシー 리터러시, 활용 능력 | メソッド 메서드, 방법

문법

기출문법 실전 연습 문제① 282p

문제5
1 ① 2 ② 3 ③ 4 ② 5 ③
6 ② 7 ④ 8 ② 9 ① 10 ④

문제6
11 ① 12 ① 13 ③ 14 ③ 15 ④

문제7
16 ① 17 ④ 18 ② 19 ③

문제5 다음 글의 (　　) 에 넣기에 가장 알맞은 것을, 1·2·3·4에서 하나 고르세요.

1 "그랬었구나. 확실히 아이가 가만히 있지 못하는 것은 알겠는데 외출한 곳에서 침착하지 못한 아이에게 아무것도 주의를 주지 않는 부모 (　도　) 부모네."

1 도
2 야말로
3 까지
4 (이)라도

해설 문맥상 알맞은 표현은 **1 も**이다. 아이가 가만히 있지 못하는 것은 알겠다만 그걸 보고도 주의를 주지 않고 가만히 있는 부모 또한 문제라는 뉘앙스의 문장에 가장 적합한 조사는 ~も(~도)이다.

단어 確(たし)かに 확실히 | じっとする 가만히 있다 | 外出先(がいしゅつさき) 외출처, 외출한 곳 | 落(お)ち着(つ)く 침착성, 차분함 | 注意(ちゅうい)する 주의하다, 주의를 주다 | ~も ~だ ~도 ~(이)다 | ~こそ ~야말로 | ~まで ~까지 | ~でも ~(이)라도

2 (　설령　) 지금까지의 자신의 경험을 살렸다고 하더라도 결과가 바뀌기까지의 영향력은 없다고 생각한다.

1 설마
2 설령
3 언젠가
4 여러 번

해설 문맥상 알맞은 표현은 **2 たとえ**이다. 지금까지의 자신의 경험을 살린다고 하더라도 결과가 바뀌기까지의 영향력은 없다고 생각한다는 문장에 가장 적합한 부사는 たとえ(설령)이다.

단어 たとえ~ても 설령~라도 | 経験(けいけん) 경험 | 生(い)かす (경험 등을) 살리다 | 影響力(えいきょうりょく) 영향력 | まさか 설마 | いつか 언젠가 | しばしば 자주, 여러번

3 "다나카 씨 직장에서 쓰러졌다던데. 피곤하면 (쉬면 좋을 텐데) 무리해서 계속 일하니까 그렇게 되는 거야."

1 쉬면 좋다고는 하나
2 쉬면 좋기도 해서
3 쉬면 좋을 텐데
4 쉬면 좋기 때문에

해설 문맥상 알맞은 표현은 **3 休めばいいものを**이다. 모두 い형용사 보통형과 접속이 되는 문법이지만, 앞뒤 문장과 자연스럽게 연결되기 위해서는 ~ものを(~일 텐데, ~일 것을)이라는 문법이 가장 적합하다.

단어 職場(しょくば) 직장 | 倒(たお)れる 쓰러지다 | ~ものを ~일 텐데, ~일 것을 | 無理(むり)する 무리하다 | 働(はたら)き続(つづ)ける 계속 일하다 | ~とはいえ ~라고는 해도, ~라고는 하나 | ~こともあって ~이기도 해서 | ~(が)ゆえ(に) ~때문에

4 연말 세일 (이라고 해서) 백화점은 주말뿐만 아니라 평일에도 사람이 많고 긴 행렬이 생겨 있었다.

1 과 같은
2 이라고 해서
3 이라기보다
4 이라고 할지라도

해설 문맥상 알맞은 표현은 **2 とあっては**이다. 모두 명사와 접속이 되는 문법이지만, 앞뒤 문장과 자연스럽게 연결되기 위해서는 ~とあって(~라고 해서, ~라서)라는 문법이 가장 적합하다.

단어 年末(ねんまつ)セール 연말 세일 | ~とあって ~라고 해서, ~라서 | デパート 백화점 | ~に限(かぎ)らず ~에 한하지 않고, ~뿐만 아니라 | 行列(ぎょうれつ) 행렬, 줄 | ~といった ~와/과 같은 | ~というより ~라기보다 | ~といえども ~라고 할지라도

5 남동생은 부모님의 (걱정을 아랑곳하지 않고) 수험생인데도 불구하고 매일 밤늦게까지 친구들과 놀러 다니고 있다.

1 걱정을 끝으로
2 걱정을 둘러싸고
3 걱정을 아랑곳하지 않고
4 걱정을 제외하고

해설 문맥상 알맞은 표현은 **3 心配をよそに**이다. 모두 명사와 접속이 되는 문법이지만, 앞뒤 문장과 자연스럽게 연결되기 위해서는 ~をよそに(~을/를 아랑곳하지 않고, ~을/를 개의치 않고)라는 문법이 가장 적합하다.

단어 心配(しんぱい) 걱정 | ~をよそに ~을/를 아랑곳하지 않고, ~을/를 개의치 않고 | 受験生(じゅけんせい) 수험생 | ~にも関(かか)わらず ~(임)에도 불구하고 | 遊(あそ)び歩(ある)く 여기저기 돌아다니다, 놀러 다니다 | ~を最後(さいご)に ~을/를 끝으로, 을/를 마지막으로 | ~をめぐって ~을/를 둘러싸고 | ~を除(のぞ)いて ~을/를 제외하고

6 그녀의 소설은 영어판 (을 시작으로) 세계 각국의 46언어로 번역되어 전 세계 사람들에게 사랑받고 있습니다.

1 에 반대로
2 을 시작으로

3 을 하는 한편   4 이라고 생각했더니

해설   문맥상 알맞은 표현은 **2 を皮切りに**이다. 모두 명사와 접속이 되는 문법이지만, 앞뒤 문장과 자연스럽게 연결되기 위해서는 ~を皮切りに(~을/를 시작으로)라는 문법이 가장 적합하다.

단어   小説(しょうせつ) 소설 | ~版(ばん) ~판 | ~を皮切(かわき)りに ~을/를 시작으로 | 世界各国(せかいかっこく) 세계 각국 | 言語(げんご) 언어 | 翻訳(ほんやく) 번역 | 世界中(せかいじゅう) 온 세계, 전 세계 | ~に反(はん)して ~에 반해서, ~와/과는 반대로 | ~のかたわら ~(을/를) 하는 한편 | ~と思(おも)いきや ~라고 생각했더니

---

7 "다음 기말시험 결과 (에 따라서는) 지망 학교를 바꾸는 일도 검토하지 않으면 안 된다"고 담임에게 이야기를 들어 낙담하고 있다.

1 하는 대로(동사 ます형에 접속)   2 차츰(부사)
3 (없는 단어)   **4 에 따라서는(명사에 접속)**

해설   문맥상 알맞은 표현인 ~次第では(~에 따라서는)의 접속 형태를 묻는 문제로 次の期末試験の結果라는 명사에 접속해야 한다. 따라서 자연스럽게 연결되기 위해서는 **4 次第では**로 오는 것이 가장 적합하다. 1번은 동사 ます형에 접속하여 어떠한 동작이 끝나고 곧바로 다음의 동작을 진행하겠다는 것을 나타내므로 정답이 될 수 없다. 2번은 부사이기 때문에 정답이 안되며, 3번은 존재하지 않는 단어이다.

단어   期末試験(きまつしけん) 기말시험 | ~次第(しだい)では ~에 따라서는 | 志望校(しぼうこう) 지망 학교 | 検討(けんとう) 검토 | 担任(たんにん) 담임 | 落(お)ち込(こ)む 빠지다, 침울해지다, 낙담하다 | ~次第(しだい) ~하는 대로 | 次第(しだい)に 차츰, 차차

---

8 사람에게 간섭받지 않고 생활할 수 있는 것은 도시의 이점이다. 한편으로 사람과의 유대를 느낄 수 있는 것은 시골 (만의) 이점이다.

1 부터가, 로 보아도   **2 만의**
3 은 어찌 됐든   4 이기 때문에

해설   문맥상 알맞은 표현은 **2 ならではの**이다. 모두 명사와 접속이 되는 문법이지만, 앞뒤 문장과 자연스럽게 연결되기 위해서는 ~ならではの(~만의, ~이/가 아니고서는 안 되는)이라는 문법이 가장 적합하다.

단어   干渉(かんしょう) 간섭 | 都会(とかい) 도시 | 利点(りてん) 이점 | 一方(いっぽう)で 한편으로 | 繋(つな)がり 연결, 관계, 유대 | 田舎(いなか) 시골 | ~ならではの ~만의, ~특유의, ~이/가 아니고서는 안 되는 | ~からして ~부터(가) , ~(으)로 보아 | ~はともかく(として) ~은/는 어찌 됐든, ~은/는 그렇다 치고 | ~のことだから (다른 것도 아닌) ~이기 때문에

---

9 다음 주 회의에 대해서 의사록 작성은 어느 쪽에서부터 행하는 건지 사전에 (여쭤봐도) 괜찮겠습니까?

1 여쭤봐도(겸양어)   2 가도(와도)(겸양어)
3 오셔도(존경어)   4 보셔도(존경어)

해설   문맥상 알맞은 표현은 **1 伺っても**이다. 화자 본인이 상대방에게 정중히 물어보는 상황이므로, 대화 흐름 상 자연스럽게 연결되기 위해서는 聞(き)く(듣다, 묻다)의 겸양어인 伺っても(여쭤봐도)라는 문법이 가장 적합하다. 2번은 상황과 맞지 않고, 3, 4번은 존경어이므로 정답이 아니다.

단어   議事録(ぎじろく) 의사록, 회의록 | 行(おこな)う 행하다 | 伺(うかが)う 여쭙다(겸양어) | ~てもよろしい ~해도 좋다(정중어) | 参(まい)る 가다, 오다(겸양어) | 見(み)える 오시다(존경어) | ご覧(らん)になる 보시다(존경어)

---

10 해외 유학을 가실 때는 만일의 경우를 대비해서 해외 보험에 (들어 두는 것보다 나은 것은 없다)고 생각합니다.

1 들었다고 하면 그것으로 끝이다
2 들어 둔 것에 지나지 않는다
3 들어 두었음에 틀림없다
4 들어 두는 것보다 나은 것은 없다

해설   문맥상 알맞은 표현은 **4 入っておくに越したことはない**이다. 모두 동사와 접속이 되는 문법이지만, 앞뒤 문장과 자연스럽게 연결되기 위해서는 ~に越したことはない(~보다 나은 것은 없다)라는 문법이 가장 적합하다.

단어   留学(りゅうがく) 유학 | 万一(まんいち)の場合(ばあい) 만일의 경우 | 備(そな)える 구비하다, 대비하다 | 保険(ほけん)に入(はい)る 보험에 들다 | ~に越(こ)したことはない ~보다 나은 것은 없다, ~이/가 제일이다 | ~たらそれまでだ ~하면 그것으로 끝이다 | ~に過(す)ぎない ~에 지나지 않는다, ~에 불과하다 | ~に決(き)まっている 반드시 ~이다, ~임에 틀림없다

문제6 다음 글의 ★ 에 들어갈 가장 알맞은 것을, 1·2·3·4에서 하나 고르세요.

11 산 지 얼마 안 된 컴퓨터가 고장 났는데 수리하면 오히려 비용이 비싸게 될 것 같으 ★므로 이것을 계기로 새로운 것을 사기로 했다.

1 므로   2 이것을
3 계기로   4 될 것 같으

해설   문맥상 '비용이 비싸게 될 것 같으므로'로 이어지는 것이 자연스럽기 때문에 4-1번으로 연결된다. 그리고 2를 機に 앞에는 명사가 오기 때문에 2-3번으로 연결된다. 따라서 4-1-2-3으로 문장을 만들면 **1 なので**가 정답이다.

단어   ~たばかりの ~한지 얼마 안 된 | 壊(こわ)れる 고장 나다, 부서지다 | 修理(しゅうり)する 수리하다 | むしろ 차라리, 오히려 | 費用(ひよう) 비용 | ~を機(き)に ~을/를 계기로, ~을/를 계기로 하여

| 12 | 경영자들은 비즈니스에서 AI를 쓸지 쓰지 않을지 ★선택을 강요받고 있지만 충분한 데이터가 없으면 어떤 AI도 유효하게 활용할 수 없다는 점도 고려하여 판단해야 한다. |

1 선택을   2 강요받고 있지
3 쓸지   4 쓰지 않을지

해설 문맥상 使うか否か (쓸지 쓰지 않을지)로 이어지는 것이 자연스럽기 때문에 3-4번으로 연결된다. 그리고 ～か否かの(~인지 아닌지) 뒤에는 명사가 와야 하기 때문에 4-1번으로 연결되며, 1 選択を 뒤에는 서술형인 동사가 오는 것이 적절하므로 1-2번으로 연결된다. 따라서 3-4-1-2로 문장을 만들면 **1 選択を**가 정답이다.

단어 経営者(けいえいしゃ) 경영자 | ～ら ~들, 사람을 나타내는 명사에 접속하여 복수를 나타냄 | ビジネス 비즈니스 | AI(エーアイ) AI(인공지능) | ～か否(いな)か ~인지 아닌지 | 選択(せんたく) 선택 | 迫(せま)る 다가오다, 육박하다, 강요하다 | 十分(じゅうぶん)だ 충분하다 | データ 데이터, 자료 | 有効(ゆうこう)に 유효하게 | 活用(かつよう) 활용 | 考慮(こうりょ) 고려 | 判断(はんだん) 판단

| 13 | 그는 한 번 졌던 상대와 대전할 때는 "다음에야말로 절대로 ★질 까 보냐"라고 의욕에 불타 반드시 시합 전에는 패인을 철저하게 분석한다. |

1 지다   2 절대로
3 할까 보냐   4 에야말로는

해설 앞 부분의 次(다음)에는 ～こそは (~에야말로는)으로 이어지는 것이 자연스럽기 때문에 4번이 제일 먼저 나온다. 그리고 3 もんか 앞에는 서술형인 동사가 오는 것이 적절하므로 1-3번으로 연결된다. 또한 絶対に負けるもんか(절대로 질까 보냐)로 이어지는 것이 자연스럽기 때문에 2-1-3번으로 연결된다. 따라서 4-2-1-3으로 문장을 만들면 **1 負ける**가 정답이다.

단어 一度(いちど) 한 번 | 負(ま)ける 지다 | 対戦(たいせん) 대전 | 絶対(ぜったい)に 절대로 | ～もんか ~할까 보냐 | 意気込(いきご)む 벼르다, 의욕에 불타다 | 試合(しあい) 시합 | 敗因(はいいん) 패인, 지거나 실패한 원인 | 徹底的(てっていてき) 철저하게 | 分析(ぶんせき) 분석

| 14 | 단지 교제하는 것뿐이라면 좋기는 하지만 결혼 게라도 되면 ★자기중심적인 사람과는 함께 살아갈 수 있는 자신이 없다. |

1 결혼하다   2 사람과는
3 자기중심적인   4 하게 되면

해설 4 ともなると 앞에는 동사 기본형이나 명사가 오는 것이 적절하므로 1-4로 연결된다. 그리고 自己中心的な(자기중심적인)의 뒤에는 명사가 와야 하고 문맥상 人とは(사람과는)으로 연결되는 것이 자연스럽기 때문에 3-2번으로 연결된다. 따라서 1-4-3-2로 문장을 만들면 **3 自己中心的な**가 정답이다.

단어 ただ 단, 다만, 그저, 단지 | 交際(こうさい)する 교제하다 | ～ものの ~기는 하지만 | ～ともなると ~하게 되면, ~이라도 되면, ~쯤 되면 | 自己中心的(じこちゅうしんてき)だ 자기중심적이다 | 暮(く)らす 살다, 생활하다 | 自信(じしん) 자신(감)

| 15 | 발표를 준비한 것은 후배들인데 선배는 마치 자신이 ★만든 것 같이 으스대고 있었다. |

1 마치   2 같이
3 자신이   4 만든 것

해설 あたかも(마치)의 뒤에는 비유나 예시를 나타내는 ～かのごとく(~인 것 같이)의 형태가 와야 하므로 1-2의 순서로 이어진다. 그리고 1번과 2번 사이의 빈 공간 중, 3 自分が의 뒤에는 동사가 와야 하므로 4 作ったもの로 연결된다. 따라서 문맥상 1-2번 사이의 비어 있는 문장을 완성하여 1-3-4-2로 문장을 만들면 **4 作ったもの**가 정답이다.

단어 プレゼン 프레젠테이션, 발표(プレゼンテーション의 줄임말) | 準備(じゅんび)する 준비하다 | 後輩(こうはい) 후배 | 先輩(せんぱい) 선배 | ～かのごとく ~인 것 같이 | 威張(いば)る 뽐내다, 으스대다

문제7 다음 문장을 읽고, 문장 전체의 취지를 토대로, 16 부터 19 안에 들어갈 가장 알맞은 것을, 1・2・3・4에서 하나 고르세요.

이하는 어느 작가가 쓴 에세이다.

'침묵은 금'이라는 말의 덫

'웅변은 은, 침묵은 금'이라는 말은 서양권에서 유래한 것으로,(주석1) 설득력 있는 말로 이야기하는 것은 중요하지만, 가만히 있어야 할 때를 아는 것은 더욱 중요하다는 의미다. 동서양을 불문하고, 때로는 침묵이 더 가치가 있다고 하는 말이, 같은 어휘로 현존하고 있는 것은 그것이 대체로 보편적인 16 .

무라카미 하루키의 쥐 3부작 중에, 침묵에 대해서 적힌 장면이 등장한다. 주인공인 '나'와 친구인 '쥐'가 자주 다니는 제이즈 바의 점주는 '쥐'가 주문하기 전에 아무렇지도 않게 맥주를 내민다. 무엇 하나 말을 거는 일 없이 서로 커뮤니케이션할 수 있다는 것이다. 하지만 '나'는 그 모습을 보고 이렇게 독백한다.

'침묵으로 서로를 이해한들 우리는 어디에도 갈 수 없다'

실은 이 단어가 정말로 적혀있는지 어떤지는 불확실하다. 17 , 어떤 친구가 나에게 이 말을 가르쳐 준 것이지만, 본인도 책의 어떤 장면이었는지 기억해 내지 못하는 모양이기 때문이다.

지난번, 그 친구가 죽었다. 대학 시절부터의 친구였지만, 강의가 있는 날도 없는 날도 위스키 병을 손에 들고 자주 우리 집에 찾아와서 새벽까지 18 . 종사하고 싶은 일, 헤어진 여자 친구 일, 지금 가장 관심 있는 사상, 어릴 적의 기억, 술을 마시면서 우리들은 온갖 주제로 끝까지 수다 떨었다. 아니, 끝까지 수다 떨었다고 꼭 믿고 있었다.

장례식에서 그의 어머니와 만났다. 애도의 말을 고하며 전혀 울음을 그치지 않는 그녀의 등을 계속 어루만졌다. 조금 진정된 그녀(주석2) 가, 쉰 목소리로 나에게 말했다. "너한테 이야기하지 않으면 안 되는 게 있다고 말했었어. 아마 따돌림에 대한 거라고 생각해. 그 아이, 어렸을 적부터 계속 따돌림 당했어서…"

맥주를 한 손에 들고, 몹시 취해서 밤길을 걸으면서 나는 생각했다. 침묵은 금이 아니다. 가능하면 그 이야기를 그의 입에서 듣고 싶

45

었다. 웅변은 은이라도 상관없다, 하지만 침묵은 허무이다. 그곳에는 아무것도 없다. 우리들은 계속 이야기를 해야 했었다. 그리고 학창 시절에 그가 가르쳐 준 쥐 삼부작의 그 말이 정말로 [19], 이제 영원히 절대로 알 리가 없을 것이다.

(주석1) 웅변 : 설득력을 갖고 힘차게 이야기하는 것.
(주석2) 애도의 말 : 누군가가 죽었을 때 유가족에게 건네는 말
(주석3) 허무 : 무엇도 없고 덧없는 것. 공허

16 1 진리이기 때문일 것이다 2 진리다
3 진리라고 말할 수 있다 4 진리인 것일까

해설 문맥에 맞는 문법 표현을 고르는 문제이다. 문맥상 빈칸 앞부분에서 同じ語彙で現存しているのは(같은 어휘로 현존하고 있는 것은)이라고 하였으므로 뒤에 오는 빈칸을 포함한 문장에는 언급한 사실의 이유를 뒷받침하는 문장이 자연스럽다. 따라서 1 真理であるためだろう가 정답이다.

표현 真理(しんり) 진리 | ～である ~(이)다 | ～ためだ ~때문이다 | ～と言える ~라고 말할 수 있다 | ～だろうか ~인 것일까

17 1 그런데 2 어쩌면
3 어쨌든 **4 왜냐하면**

해설 문맥에 맞는 접속사를 고르는 문제이다. 빈칸 앞부분에서 사실은 이 단어가 정말로 적혀있는지 어떤지는 명확하지 않다고 한 후, 뒷부분에서 그 이유를 설명하고 있다. 따라서 빈칸에 들어갈 접속사로 알맞은 것은 4 なぜなら이다.

표현 ところが 그런데 | もしかしたら 어쩌면, 혹시 | なにしろ 어쨌든, 여하튼 | なぜなら 왜냐하면

18 1 이야기에 열중한 것이다 **2 이야기에 열중하곤 했다**
3 이야기에 열중했을 것이다 4 이야기에 열중한 것 같다

해설 문맥에 맞는 문법 표현을 고르는 문제이다. 빈칸 앞부분에서 ウイスキーボトルを手に持ち、よくうちへやってきて、明け方まで(위스키 병을 손에 들고 자주 우리 집에 찾아와서 새벽까지)라고 했으며, 문맥상 과거를 회상하는 내용으로 이어나가는 것이 자연스럽다. 따라서 2 話し込んだものだ가 정답이다.

표현 話(はな)し込(こ)む (장시간) 이야기에 열중하다 | ～ものだ ~하는 법이다, ~하곤 했다 | ～はずだ ~할 것이다 | ～らしい ~인 것 같다

19 1 적혀 있지 않았기 때문인지 2 적혀 있던 것처럼
3 적혀 있는지 어떤지는 4 적혀 있는 것은

해설 문맥에 맞는 문법 표현을 고르는 문제이다. 앞부분에 침묵으로 서로를 이해한들 우리는 어디에도 갈 수 없다는 문장이 실제로 적혀 있는지 어떤지는 친구가 죽어서 알 수 없다는 내용으로 말을 이어가는 것이 자연스럽다. 따라서 3 書かれているかどうかは이다.

표현 ～ように ~처럼 | ～かどうか 인지 어떤지

단어 沈黙(ちんもく) 침묵 | 言葉(ことば) 말 | 罠(わな) 덫, 함정 | 雄弁(ゆうべん) 웅변 | 銀(ぎん) 은 | 金(きん) 금 | 西洋圏(せいようけん) 서양권 | 由来(ゆらい) 유래 | 説得力(せっとくりょく) 설득력 | 語(かた)る 말하다, 이야기하다 | 黙(だま)る 침묵하다, 가만히 있다 | 意味(いみ) 의미 | 洋(よう)の東西(とうざい) 동서양 | ～を問(と)わず ~을/를 불문하고 | 時(とき)には 때로는 | 価値(かち) 가치 | 語彙(ごい) 어휘 | 現存(げんぞん) 현존*げんそん이라고도 함 | おおよそ 대강, 대체로 | 普遍的(ふへんてき)だ 보편적이다 | 鼠(ねずみ) 쥐 | 三部作(さんぶさく) (영화나 드라마 등의) 3부작 | 登場(とうじょう) 등장 | 主人公(しゅじんこう) 주인공 | 店主(てんしゅ) 점주 | さりげない 아무렇지도 않은 듯하다, 그런 티를 보이지 않다 | 何(なに)一(ひと)つ 무엇하나, 아무것도 | 声(こえ)をかける 말을 걸다 | お互(たが)いに 서로 | 様子(ようす) 모습, 모양 | 独白(どくはく) 독백 | 分(わ)かり合(あ)う 서로 이해하다, 서로 알다 | 実(じつ)は 실은 | 不確(ふたし)かだ 불확실하다, 애매하다 | 本人(ほんにん) 본인 | 思(おも)い出(だ)す 생각해내다, 떠올리다 | この間(あいだ) 요전(번), 지난번 | ウイスキーボトル 위스키 병 | 遣(や)って来(く)る 찾아오다 | 明(あ)け方(がた) 새벽(녘) | 就(つ)く 취임하다, 취직하다 | 思想(しそう) 사상 | 記憶(きおく) 기억 | あらゆる 모든, 온갖 | 喋(しゃべ)る 수다 떨다, 재잘거리다 | ～つくす 끝까지 ~하다, 다 ~하다 | 思(おも)い込(こ)む 깊이 마음먹다, 꼭 믿다 | 葬儀(そうぎ) 장례식 | 悔(くや)みの言葉(ことば)を告(つ)げる 애도의 말을 고하다 | 一向(いっこう)に～ない 전혀, 조금도 ~않다(없다) | 泣(な)き止(や)む 울음을 그치다 | 擦(さす)る 가볍게 문지르다, 어루만지다 | 枯(か)れる 마르다, 시들다 | 声(こえ)が枯(か)れる 목이 쉬다 | いじめ 따돌림, 괴롭힘 | 片手(かたて) 한(쪽) 손 | 酔(よ)っぱらう 몹시 취하다 | 夜道(よみち) 밤길 | 虛無(きょむ) 허무 | 永遠(えいえん)に 영원히 | ～っこない (절대로) ~할 리가 없다 | 遺族(いぞく) 유족, 유가족 | むなしい 공허하다, 덧없다 | 空虛(くうきょ) 공허

기출문법 실전 연습 문제② 288p

문제5
1 ①   2 ②   3 ③   4 ①   5 ④
6 ③   7 ④   8 ①   9 ③   10 ④

문제6
11 ②   12 ②   13 ④   14 ①   15 ④

문제7
16 ②   17 ④   18 ②   19 ③

문제5 다음 글의 (   )에 넣기에 가장 알맞은 것을, 1·2·3·4에서 하나 고르세요.

1 이 부근은 도로 상태가 나빠서 비가 내리면 바로 정체되어 버려 (불편)하기 짝이 없다.

1 불편   2 불편한

46

3 불편의　　　　　　　　　4 불편하게

해설　~極まりない(~하기 짝이 없다)의 앞부분의 접속 형태를 묻는 문제로 極まりない는 な형용사 어간에 접속한다. 따라서 자연스럽게 연결되기 위해서는 **1 不便**의 접속 형태가 가장 적합하다. 2, 3, 4번은 접속 형태가 맞지 않는다.

단어　辺(あた)り 근처, 부근｜道路(どうろ) 도로｜状態(じょうたい) 상태｜渋滞(じゅうたい) 정체｜不便(ふべん)だ 불편하다｜~極(きわ)まりない ~하기 짝이 없다, 너무 ~하다

2 다른 팀원에게 (일절) 도움받는 일 없이 밤새 회의 자료를 전부 혼자서 만들었다.

1 가령　　　　　　　　　　**2 일절**
3 아무리 해도　　　　　　　4 도대체

해설　문맥상 알맞은 표현은 **2 いっさい**이다. 다른 팀원에게 도움을 전혀 받지 않고 혼자서 회의 자료를 만들었다고 했으므로 앞뒤 문장과 자연스럽게 연결되기 위해서는 いっさい ~ない(일절 ~않다)라는 부사가 가장 적합하다.

단어　チーム員(いん) 팀원｜一切(いっさい)~ない 일절 ~않다｜一晩中(ひとばんじゅう) 밤새도록, 밤새｜会議(かいぎ) 회의｜資料(しりょう) 자료｜仮(かり)に 가령, 만일｜どうしても 무슨 일이 있어도, 꼭, 아무리 해도, 도저히 ~않다｜一体(いったい) 도대체

3 이 세상에 살아 있는 한 (어른이든 아이든) 쓴 시간은 되돌아오지 않는다는 것을 생각해서 행동해야 한다.

1 어른이라고도 아이라고도
2 어른이라고 할까 아이라고 할까
3 어른이든 아이든
4 어른도 아니고 아이도 아니고

해설　문맥상 알맞은 표현은 **3 大人だろうと子どもだろうと**이다. 앞뒤 문장과 자연스럽게 연결되기 위해서는 ~だろうと~だろうと (~이든 ~이든)라는 문법이 가장 적합하다.

단어　この世(よ) 이 세상｜~限(かぎ)り ~하는 한｜~だろうと~だろうと ~이든 ~이든｜行動(こうどう) 행동｜~とも~とも ~라고도 ~라고도｜~というか~というか ~라고 할까 ~라고 할까｜~でもなく ~도 아니고

4 목표 점수를 달성하기 위해서 (노력한 것은 좋으나) 생각한 것보다 좋은 결과는 얻을 수 없었다.

1 노력한 것은 좋으나　　　2 노력한 셈 치고
3 노력하고서야 (비로소)　　4 노력해서는

해설　문맥상 알맞은 표현은 **1 努力したはいいが**이다. 모두 동사와 접속이 되는 문법이지만, 앞뒤 문장과 자연스럽게 연결되기 위해서는 ~はいいが(~한 것은 좋으나)라는 문법이 가장 적합하다.

단어　点数(てんすう) 점수｜達成(たっせい) 달성｜~たはいいが ~한 것은 좋으나｜~つもりで ~(한)셈 치고, ~(했)다고 생각하고｜~て

こそ ~하고서야 (비로소)｜~ては ~하고는, 해서는

5 아무것도 없는 시골 생활이라도 (생각하기에 따라서는) 편리한 물건으로 넘쳤던 도시에서의 생활보다도 풍족하다고 말할 수 있을지도 모른다.

1 생각했다고 알면서도　　　2 생각하게 되면
3 생각했더니　　　　　　　**4 생각하기에 따라서는**

해설　문맥상 알맞은 표현은 **4 考えようによっては**이다. 모두 동사와 접속이 되는 문법이지만, 앞뒤 문장과 자연스럽게 연결되기 위해서는 ~ようによっては(~하기에 따라서는)라는 문법이 가장 적합하다.

단어　田舎(いなか) 시골｜~ようによって(は) ~하기에 따라서(는)｜便利(べんり)だ 편리하다｜溢(あふ)れる 넘치다｜都会(とかい) 도시｜暮(く)らし 생활｜豊(ゆた)かだ 풍족하다, 풍부하다｜~つつ(も) ~하면서(도)｜~ともなると ~하게 되면, ~이라도 되면, ~쯤 되면｜~たところ ~했더니

6 암 고지를 받은 환자의 다큐멘터리 방송을 보고 최신 의료 기술 (로도) 치료할 수 없는 병이 있다는 것에 마음이 괴로워졌다.

1 에 따라서　　　　　　　　2 에 한해서
3 로도　　　　　　　　　　4 을 포함해서

해설　문맥상 알맞은 표현은 **3 をもってしても**이다. 모두 명사와 접속이 되는 문법이지만, 앞뒤 문장과 자연스럽게 연결되기 위해서는 ~をもってしても(~이어도, ~로도)라는 문법이 가장 적합하다.

단어　癌(がん) 암｜告知(こくち) 고지｜患者(かんじゃ) 환자｜ドキュメンタリー 다큐멘터리｜最新(さいしん) 최신｜医療(いりょう) 의료｜技術(ぎじゅつ) 기술｜~をもってしても ~이어도, ~로도｜~にともなって ~에 따라서, ~와/과 함께｜~に限(かぎ)って ~에 한해서, ~만｜~を含(ふく)めて ~을/를 포함해서

7 동료에 의하면 다음 달 승진 시험에는 사장님 면접이 있다고 한다. 필기시험 (만이라면 몰라도) 구두시험도 있다니 말주변이 없는 내가 합격할 리가 없다.

1 만이라고 해도　　　　　　2 (될) 뿐으로
3 인 만큼　　　　　　　　　**4 만이라면 몰라도**

해설　문맥상 알맞은 표현은 **4 だけならまだしも**이다. 모두 명사와 접속이 되는 문법이지만, 앞뒤 문장과 자연스럽게 연결되기 위해서는 ~ならまだしも(~라면 몰라도)라는 문법이 가장 적합하다.

단어　同僚(どうりょう) 동료｜昇進(しょうしん) 승진｜面接(めんせつ) 면접｜筆記試験(ひっきしけん) 필기시험｜~ならまだしも ~라면 몰라도｜口頭(こうとう) 구두｜口下手(くちべた)だ 말주변이 없다, 말솜씨가 없다｜受(う)かる 붙다, 합격하다｜~わけがない ~할 리가 없다｜~にせよ ~라고 해도｜~だけのことだ ~(될) 뿐이다｜~だけあって ~한 만큼, ~인 만큼

8 (회사에서)
스즈이 "부장님, A사의 무라야마 사장님이 (오셨습니다).
부장님 "그런가. 벌써 이런 시간인가. 회의실까지 안내해 줘."
스즈이 "네, 알겠습니다."

1 오셨습니다(존경어) 2 뵈었습니다(겸양어)
3 모시러 갔습니다(겸양어) 4 보여 드렸습니다(겸양어)

해설 문맥상 알맞은 표현은 **1 お越しになりました**이다. 타사인 A사의 사장님이 왔다는 것을 전달하고 있는 상황이므로, 대화 흐름 상 자연스럽게 연결되기 위해서는 お越しになる(오시다)라고 하는 来る의 존경어가 가장 적합하다. 2번은 会(あ)う(만나다)의 겸양어인 お目にかかる(뵙다)라는 표현이고, 3번은 お(ご)+동사 ます형/명사+に上(あ)がる(~드리러 가다)라는 겸양어를 활용한 お迎(むか)えにあがる(모시러 가다)라는 표현이다. 4번은 見せる(보이다)의 겸양어 お目(め)にかける(보여 드리다)이므로 정답이 아니다.

단어 お越(こ)しになる 오시다(존경어) | 会議室(かいぎしつ) 회의실 | 案内(あんない) 안내 | お目(め)にかかる 뵙다(겸양어) | お(ご)+동사 ます형/명사+に上(あ)がる ~드리러 가다(겸양어) | お目(め)にかける 보여 드리다(겸양어)

9 이번 사태에 대해서 정부 (로서는) 나라에서 제정한 법률에 의거하여 해결안을 모색하려고 생각하고 있습니다.

1 라고 해도 2 로서는
3 인 것치고는 4 할 때마다

해설 문맥상 알맞은 표현은 **2 といたしましては**이다. 모두 명사와 접속이 되는 문법이지만, 앞뒤 문장과 자연스럽게 연결되기 위해서는 ~といたしましては(~로서는)이라는 문법이 가장 적합하다.

단어 事態(じたい) 사태 | 政府(せいふ) 정부 | ~といたしましては ~로서는 | 制定(せいてい) 제정 | ~に基(もと)づき ~에 의거하여, ~에 기반하여 | 解決案(かいけつあん) 해결안 | 模索(もさく) 모색 | ~としても ~라고 해도 | ~にしては ~인 것치고는 | ~につけ(て) ~할 때마다

10 "신입 사원인 스즈키군, 영업 성적에 관해서는 트집도 (잡을 수가 없는) 만큼, 조금 더 차림새에도 신경을 써 준다면 말할 것이 없는데 말이야."

1 잡을 상황이 아니다 2 잡을 수밖에 없다
3 잡으면 끝이 없다 4 잡을 수가 없다

해설 문맥상 알맞은 표현은 **4 つけようがない**이다. 앞뒤 문장과 자연스럽게 연결되기 위해서는 ~ようがない(~할 수가 없다)라는 문법이 가장 적합하다.

단어 新入社員(しんにゅうしゃいん) 신입 사원 | 営業(えいぎょう) 영업 | 成績(せいせき) 성적 | 文句(もんく)をつける 트집을 잡다, 시비를 걸다 | ~ようがない ~할 수가 없다 | ~だけに ~한 만큼, ~인 만큼 | 身(み)だしなみ 단정한 몸가짐, 차림새 | ~どころじゃない ~할 상황이 아니다 | ~しかない ~밖에 없다 | ~たらきりがない ~하면 끝이 없다

문제6 다음 글의 _★_ 에 들어갈 가장 알맞은 것을, 1・2・3・4에서 하나 고르세요.

11 신참인 야마다 군이 중요한 서류를 분실한 탓에 상사인 나까지 사장님에게 불려 가서 클라이언트에게 ★사죄하러 가게 된 꼴이다.

1 가게 되다 2 사죄하러
3 꼴이다 4 클라이언트에게

해설 ~始末だ(~꼴이다)의 앞에는 동사 기본형이 와야 하기 때문에 문맥상 行かせられる(가게 되다)로 이어지는 것이 자연스럽기 때문에 1-3번으로 연결된다. 그리고 앞에는 クライアント謝罪しに(클라이언트에 사죄하러)가 와야 자연스럽기 때문에 4-2번으로 연결된다. 따라서 4-2-1-3으로 문장을 만들면 **2 謝罪しに**가 정답이다.

단어 新人(しんじん) 신인, 신참 | 書類(しょるい) 서류 | 紛失(ふんしつ) 분실 | ~せいで ~탓에 | クライアント 클라이언트, 의뢰인, 고객 | 謝罪(しゃざい) 사죄 | ~始末(しまつ)だ ~꼴이다, ~지경이다

12 상대방은 의미 없이 이야기한 것이니까 그렇게 진지하게 머리를 ★싸맬 정도의 일은 아니다.

1 정도의 2 싸매다
3 진지하게 4 머리를

해설 뒤 문장인 ことではない 앞에는 ほどの가 와야 ~ほどのことではない(~할 만한 것은 아니다, ~할 정도의 일은 아니다)로 완성되어 문맥상 자연스럽고, ~ほどのことではない 앞에는 동사 보통형이 와야 하므로 2-1로 연결된다. 그리고 真剣に(진지하게) 뒤에는 頭を(머리를)로 연결되는 것이 자연스럽기 때문에 3-4번으로 연결된다. 따라서 3-4-2-1로 문장을 만들면 **2 抱える**가 정답이다.

단어 意味(いみ) 의미 | 頭(あたま)を抱(かか)える 머리를 싸매다(고민하다) | ~ほどのことではない ~할 만한 것은 아니다, ~할 정도의 일은 아니다

13 회사의 재정난을 경험하거나 용기를 내서 시작한 사업에서는 적자가 되거나 ★여러 가지 시행착오 끝에 지금의 성장한 자신이 있다고 생각합니다.

1 사업에서는 적자가 되거나 2 용기를 내서 시작했다
3 지금의 성장했다 4 여러 가지 시행착오 끝에

해설 문맥상 勇気を出して始めた事業では赤字になったり(용기를 내서 시작한 사업에서는 적자가 되거나)로 이어지는 것이 자연스럽기 때문에 2-1번으로 연결된다. 또한 뒤 문장인 自分がいると思います(자신이 있다고 생각합니다) 앞에는 今の成長した(지금의 성장한)이 와야 문맥상 자연스럽기 때문에 3번이 가장 뒤에 위치하게 된다. 그리고 今の成長した 앞에는 色々な試行錯誤の末に(여러 가지 시행착오 끝에)가 오는 것이 문맥상 자연스럽기 때문에, 2-1-4-3으로 문장을 만들면 **4 色々な試行錯誤の末に**가 정답이다.

단어 財政難(ざいせいなん) 재정난 | 勇気(ゆうき)を出(だ)す 용기를 내다 | 事業(じぎょう) 사업 | 赤字(あかじ) 적자 | 試行錯誤(しこ

うさ(ごこ) 시행착오 | ～末(すえ)に ～한 끝에

---

14 인생에서 처음 본 무대였지만 배우의 연기는 무대의 휘황찬란한 연출과 ★어우러져 한층 더 화려하게 보였다.

1 어우러져
2 한층 더 화려하게
3 무대의 휘황찬란한 연출과
4 연기는

해설 문맥상 舞台のきらびやかな演出と相まって(무대의 휘황찬란한 연출과 어우러져)로 이어지는 것이 자연스럽기 때문에 3-1번으로 연결된다. 그리고 뒤 문장인 見えた(보였다) 앞에는 一段と華やかに(한층 더 화려하게)가 와야 문맥상 자연스럽기 때문에 3-1-2로 연결된다. 마지막으로 3-1-2 앞에는 俳優の演技は(배우의 연기는)으로 연결되는 것이 자연스럽기 때문에, 4-3-1-2로 문장을 만들면 **1 相まって**가 정답이다.

단어 俳優(はいゆう) 배우 | 演技(えんぎ) 연기 | 煌(きら)びやかだ 눈부시게 아름답다, 휘황찬란하다 | 演出(えんしゅつ) 연출 | ～と相(あい)まって ～와/과 어우러져, ～와/과 맞물려 | 一段(いちだん)と 한층(더), 더욱 | 華(はな)やかだ 화려하다

---

15 스스로 수확한 야채를 먹을 수 있는 것도 ★물론이거니와 거듭되는 실패의 경험으로 간신히 능숙하게 재배 가능했을 때의 달성감은 무엇과도 바꾸기 어렵다.

1 것도
2 야채를 먹을 수 있다
3 거듭되는
4 물론이거니와

해설 문맥상 ～もさることながら(～도 물론이거니와, ～도 그러하지만)로 이어지는 것이 자연스럽기 때문에 1-4번으로 연결된다. 그리고 1 ことも 앞에는 동사가 와야 하며 의미상 野菜が食べられる(야채를 먹을 수 있는)으로 이어지는 것이 자연스럽기 때문에 2-1-4번으로 연결된다. 따라서 2-1-4-3으로 문장을 만들면 **4 さることながら**가 정답이다.

단어 収穫(しゅうかく) 수확 | 野菜(やさい) 야채, 채소 | ～もさることながら ～도 물론이거니와, ～도 그러하지만 | 度重(たびかさ)なる 거듭되다 | ようやく 겨우, 간신히 | 栽培(さいばい) 재배 | 達成感(たっせいかん) 달성감, 성취감 | 何物(なにもの) 어떠한 물건, 무엇 | 何物(なにもの)にも 어떤 것에도, 무엇과도 | 代(か)える 대신하다 | ～がたい ～하기 어렵다

문제7 다음 문장을 읽고, 문장 전체의 취지를 토대로, [16] 부터 [19] 안에 들어갈 가장 알맞은 것을, 1·2·3·4에서 하나 고르세요.

이하는, 소설가가 쓴 문장이다.

> **'쓸 수 있다'의 의미**
>
> '쓸 수 없다'고 사람이 말을 할 때, 그 말이 가리키는 것은 무엇일까.
> 나는 소설을 써서 밥을 먹고 사는 [16] '소설가'라고 불리는 인간이다. 그런 내가 나의 직업을 전하면, 매우 자주 듣는 대답이 있다. 모두 입을 모아서 "저는 쓸 수 없어요"라고 말하는 것이다. 나는 이 대답을 오랫동안 의문으로 생각해 왔다. 쓸 수 없을 리는 없다. [17], 초등학교 어린애들도 일기를 쓸 수 있지 않은가. 그런데도 불구하고 그들은 그렇게 대답한다.
> 지난번, 어느 여성과 이야기를 했던 때의 일이다. 그녀는 평소, 일본어 학습 사이트에서 문제를 만드는 일을 [18]. 즉, 일상적으로 '쓰는' 행위를 하고 있는 것이다.
> 하지만 신기하게도 소설을 집필하고 있다는 것을 그녀에게 전하자, 그녀는 명료하게 "나는 쓸 수 없어"라고 말했다. 그런 그녀에게 의문을 품고, "하지만 평소에 문장을 쓰고 있지 않나요? 소설이라해도 쓸 수 있을 텐데요."라고 물어보니 "그거야 문제는 만들 수 있죠. 하지만 소설이나 시는 쓸 수 없고 쓰려고 한 적조차 없어요."라고 대답했다.
> 그 후도 이야기를 들어 보았지만, 문제는 목적과 이유가 있어서 쓸 수 있다고 한다. 그녀에게 있어서 문제용의 독해 지문에서는 목적과 이유를 찾아낼 수 있지만, 소설이나 시는 그렇지 않다는 것이다.
> 그렇다면 쓸 수 없다고 하는 때에 주장하려고 하고 있는 것은 반드시 기술이 없다는 것이 아니라, 쓰기 위한 목적과 이유를 가지고 있지 않다, 혹은 가지는 것이 [19]. 이렇게 해서 나의 오랜 세월 품고 있던 의문이 다소 해소된 것이다.

---

16 1 이윽고
2 이른바
3 드디어
4 무심결에

해설 문맥에 맞는 부사를 고르는 문제이다. 문맥상 빈칸 앞부분의 小説を書いて飯を食う(소설을 써서 밥을 먹고 사는)라고 하는 내용을 자연스럽게 정리하는 말이 뒷부분에 들어가는 것이 자연스럽다. 따라서 **2 いわゆる**가 정답이다.

표현 いわゆる 소위, 이른바 | やがて 얼마 안 있어, 곧, 이윽고 | とうとう 드디어, 마침내, 끝내 | つい 그만, 무심결에

---

17 1 게다가
2 즉
3 또한
4 왜냐하면

해설 문맥에 맞는 접속사를 고르는 문제이다. 빈칸 앞부분에는 주장이 나오고 빈칸 뒷부분에는 小学生の子供でも日記を書けるじゃないか(초등학교 어린애들도 일기를 쓸 수 있지 않은가)라고 주장에 대한 근거를 더했다. 따라서 **4 だって**가 정답이다.

표현 それに게다가 | すなわち 즉 | なお 또한 | だって 왜냐하면, 그렇지만

---

18 1 하고 싶어 했었다
2 하고 있다고 한다
3 하려고 하고 있다
4 했다고 말할 수 있다

해설 문맥에 맞는 문법 표현을 고르는 문제이다. 빈칸 앞 문장에 彼女は普段、日本語学習サイトで(그녀는 평소에 일본어 학습 사이트에서)라고 했으므로 전문을 나타내는 표현을 사용하는 것이 자연스럽다. 따라서 **2 しているそうだ**가 정답이다.

표현 ～たがる ～하고 싶어하다 | ～そうだ (전문) ~라고 한다 | ～(よ)うとする ～하려고 하다 | ～と言(い)える ～(라)고 말할 수 있다

19	1 할 수 없게 되어 있다	2 할 수 없게 되어 버린다
	3 할 수 없다는 것이 된다	4 할 수 없을지도 모른다

해설 문맥에 맞는 문법 표현을 고르는 문제이다. 빈칸 앞 문장에 という ことではなく라고 했으므로 뒤 문장도 ということ라는 표현을 사용하는 것이 자연스럽다. 따라서 **3 できないということになる**가 정답이다.

표현 ~てしまう ~해 버리다 | ~ということだ ~라고 한다, ~라는 것이다 | ~ことになる ~하게 되다 | ~かもしれない ~할지도 모른다

단어 口(くち)にする 입에 담다, 말하다 | 指(さ)し示(しめ)す 지시하다, 지적하다, 가리키다 | 飯(めし)を食(く)う 밥을 먹다, 밥을 먹고 살다 | 耳(みみ)にする 듣다 | 口(くち)を揃(そろ)える 입을 모으다, 이구동성으로 말하다 | 返答(へんとう) 대답, 응답 | 長(なが)いこと 오랫동안 | 疑問(ぎもん) 의문 | にもかかわらず 그럼에도 불구하고, 그런데도 | この間(あいだ) 요전(번), 지난번 | 行為(こうい) 행위 | 不思議(ふしぎ)だ 이상하다, 신기하다 | 執筆(しっぴつ) 집필 | 抱(いだ)く (마음속에) 품다 | 詩(し) 시 | 読解(どっかい) 독해 | 見出(みいだ)す 찾아내다, 발견하다 | 동사 ます형+うる ~할 수 있다 | ならば 그렇다면 | 必(かなら)ずしも~ない 반드시 ~아니다 | 技術(ぎじゅつ) 기술 | もしくは 또는, 혹은 | こうして 이렇게 해서 | 長年(ながねん) 오랜 세월, 여러 해 | 幾(いく)らか 조금, 다소 | 解消(かいしょう) 해소 | ~わけだ ~할 만도 하다, (당연히) ~인 것이다

기출문법 실전 연습 문제③ 294p

문제5
1 ④ 2 ① 3 ② 4 ③ 5 ①
6 ① 7 ① 8 ③ 9 ② 10 ②

문제6
11 ① 12 ④ 13 ② 14 ① 15 ③

문제7
16 ③ 17 ① 18 ④ 19 ①

문제5 다음 글의 (   )에 넣기에 가장 알맞은 것을, 1·2·3·4에서 하나 고르세요.

1	회사에 근무하면서 집안일이며 육아 (며) 여러 가지로 힘든데 남편은 전혀 도와주지 않는다.
1 ~은/는	2 ~(으)로, ~에서, ~때문에
3 ~의, ~인	**4 ~며**

해설 맥상 알맞은 표현은 **4 と**이다. 회사를 다니는 와중에 집안일과 육아까지 병행하고 있는 사실을 나열하고 있는 문장에 가장 적합한 조사는 「~と」이다. N1 레벨에서는 주로 ~に ~に (~에 ~에)와 ~と (~라고, ~라며)가 결합된 표현으로 출제된다. 직역으로는 '~에 ~에라며'라는 뜻이지만, 우리말로 해석하자면 '~며 ~며'에 가장 가깝다. ~に ~にと (~며 ~며)를 세트로 외우도록 하자.

단어 勤(つと)める 근무하다 | 家事(かじ) 가사, 집안일 | 子育(こそだ)て 육아 | ~と ~와/과, ~라고 | ~に~にと ~며 ~며 | 色々(いろいろ)と 여러가지로 | 全(まった)く 완전히, 전혀 | 手(て)を貸(か)す 손을 빌려주다, 돕다 | ~は ~은/는 | ~で ~(으)로, ~에서, ~때문에 | ~の ~의, ~인

2	전부터 입사하고 싶다고 이야기하고 있던 회사의 면접을 보고 온 남동생의 얼굴이 밝았기 때문에 '(아무래도) 좋은 결과를 기대해도 좋을 것 같다'고 생각했습니다.
1 아무래도	2 굳이
3 마치	4 부디

해설 문맥상 알맞은 표현은 **1 どうやら**이다. 입사하고 싶다고 했던 회사의 면접 날 집에 돌아온 남동생의 얼굴이 밝았기 때문에, 앞뒤 문장과 자연스럽게 연결되기 위해서는 どうやら(아무래도)라는 부사가 가장 적합하다.

단어 入社(にゅうしゃ) 입사 | どうやら 아무래도 | 期待(きたい) 기대 | あえて 굳이, 억지로 | まるで 마치, 전혀 | くれぐれも 부디, 아무쪼록

3	"지금대로라면 A대학에 진학 (하려 해도 할 수 없어)"라고 선생님에게 들어서 매일 학습에 한층 더 힘을 쏟게 되었다.
1 하려고 한 바이다	**2 하려 해도 할 수 없다**
3 너무 할 필요는 없다	4 하고 싶어서 견딜 수 없다

해설 문맥상 알맞은 표현은 **2 しようにもできない**이다. 모두 동사와 접속이 되는 문법이지만, 앞뒤 문장과 자연스럽게 연결되기 위해서는 ~(よ)うにも~ない(~하려고 해도 ~할 수 없다, ~하려고 해도 ~하지 않다)라는 문법이 가장 적합하다.

단어 進学(しんがく) 진학 | ~(よ)うにも~ない ~하려고 해도 ~할 수 없다, ~하려고 해도 ~하지 않다 | 日々(ひび) 나날, 매일 | より一層(いっそう) 한층 더, 보다 더 | 力(ちから)を入(い)れる 힘을 쏟다, 힘을 쓰다 | ~次第(しだい)だ ~한 것이다, ~한 바이다 | ~すぎる 너무 ~하다 | ~ことはない ~할 필요는 없다 | ~てならない ~해서 견딜 수 없다, 너무 ~하다

4	(교실에서) 타치바나 "선생님, 지금 무언가 (말씀하셨나요)?" 선생님 "아니. 어쩐지 밖에서 이상한 소리가 나서 신경 쓰여서 혼잣말한 것뿐이야."
1 말씀드렸나요(겸양어)	
2 알았나요(겸양어)	
3 말씀하셨나요(존경어)	
4 가셨나요, 오셨나요, 계셨나요(존경어)	

해설 문맥상 알맞은 표현은 **3 おっしゃいましたか**이다. 선생님에게 무언가를 말했는지 묻고 있는 상황이므로, 대화 흐름 상 자연스럽게 연결되기 위해서는 おっしゃいましたか(말씀하셨나요)라고 하는 言

우의 존경어가 가장 적합하다. 1번은 言う의 겸양어 申し上げる(말씀드리다)이며, 2번은 知る의 겸양어 存(ぞん)じる(알다)라는 뜻으로, 4번은 いる, 行く, 来る의 존경어 おいでになる(계시다, 가시다, 오시다)이므로 정답이 아니다.

단어 おっしゃる 말씀하시다(존경어) | 何(なん)だか 어쩐지, 무엇인지 | 音(おと)がする 소리가 나다 | 気(き)になる 신경 쓰이다 | 独(ひと)り言(ごと) 혼잣말 | 申(もう)し上(あ)げる 말씀드리다(겸양어) | 存(ぞん)じる 알다(겸양어) | おいでになる 계시다, 가시다, 오시다(존경어)

---

5 도쿄로 전근한 이래, 평일은 회사와 자택의 왕복이고 휴일은 놀 친구도 없다. 익숙하지 않은 땅에서 첫 자취를 하는 것은 쓸쓸하기 (짝이 없다).

1 짝이 없다 2 라고 할 필요도 없다
3 라고 하는 것이 될지도 모른다 4 (기껏해야) ~정도다

해설 문맥상 알맞은 표현은 **1 といったらない**이다. 모두 명사와 접속이 되는 문법이지만, 앞뒤 문장과 자연스럽게 연결되기 위해서는 ~といったらない(정말이지 ~하다, ~하기 짝이 없다)라는 문법이 가장 적합하다.

단어 転勤(てんきん) 전근 | ~て以来(いらい) ~한 이래(로 계속) | 往復(おうふく) 왕복 | 土地(とち) 토지, 땅 | 一人暮(ひとりぐ)らし 혼자 삶, 자취 | ~といったらない 정말이지 ~하다, ~하기 짝이 없다 | ~までもない ~할 필요도 없다 | ~かねない ~할지도 모른다 | ~といったところだ (기껏해야) ~정도다

---

6 보잘것없는 나날을 (타개하기 위하여) 무언가에 진심으로 흥미를 가져 보자고 생각했다.

1 타개하기 위하여 2 타개한다고 한들
3 타개하더라도 4 타개할 수는 없고

해설 문맥상 알맞은 표현은 **1 打開すべく**이다. 모두 동사와 접속이 되는 문법이지만, 앞뒤 문장과 자연스럽게 연결되기 위해서는 ~べく(~하기 위하여)라는 문법이 가장 적합하다.

단어 打開(だかい) 타개 | ~べく ~하기 위하여 | 本気(ほんき) 본마음, 진심 | ~にしろ ~라고 해도, ~라고 한들 | ~(よ)うと ~하더라도, ~해도 | ~わけにはいかない ~할 수는 없다

---

7 주간지 기사에 따르면 스즈키 선수는 작년 시합 중에 입은 어깨 부상이 원인으로 은퇴 (를 어쩔 수 없이 하게 된) 것 같다.

1 를 어쩔 수 없이 하게 되었다 2 할 수 있을만 했다
3 라도 없을 것이다 4 에 불과하다

해설 문맥상 알맞은 표현은 **1 を余儀なくされた**이다. 모두 명사와 접속이 되는 문법이지만, 앞뒤 문장과 자연스럽게 연결되기 위해서는 ~を余儀なくされる(어쩔 수 없이 ~하게 되다)라는 문법이 가장 적합하다.

단어 週刊誌(しゅうかんし) 주간지 | 記事(きじ) 기사 | 負(お)う (책임을) 지다, (피해를) 입다 | 肩(かた) 어깨 | 怪我(けが) 상처, 부상 | 引退(いんたい) 은퇴 | ~を余儀(よぎ)なくされる 어쩔 수 없이 ~하게 되다 | ~にたえる ~할 만하다, ~할 만한 | ~まい ~하지 않겠다, ~하지 않을 것이다 | ~でしかない ~에 불과하다, ~일 뿐이다

---

8 어제는 동창회가 있어서 친구들에게 몹시 술을 (억지로 마시게 되었기) 때문에, 아침에 일어났더니 숙취가 너무나도 심했다.

1 마시게 되었다 2 마시게 해 주었다
3 억지로 마시게 되었다 4 마시게 했다

해설 문맥상 알맞은 표현은 **3 飲ませられた**이다. 문맥의 앞뒤를 보면, 동창회가 있어서 친구들과 술을 마시게 되었고, 화자 본인의 숙취가 심할 정도로 마셨다는 것을 알 수 있다. 이에 따라 飲ませられた(억지로 마시게 되었다)라는 사역수동형 표현이 가장 적합하다. 1번은 단순히 마시게 됨을 의미하는 수동형 표현이며, 2번은 내가 남에게 시킬 때 사용하는 사역형 표현에 ~てあげる(~해 주다)가 결합되어 내가 남에게 마시게 해 주는 것을 의미하므로 정답이 아니다. 4번은 2번과 마찬가지로 내가 남에게 시킬 때 사용하는 사역형 표현이므로 정답이 아니다.

단어 同窓会(どうそうかい) 동창회 | 散々(さんざん) 정도가 심한 모양, 몹시, 실컷 | 飲(の)む 마시다 | 飲(の)ませられる 억지로 마시게 되다, 어쩔 수 없이 마시다 | 二日酔(ふつかよ)い 숙취 | 飲(の)まれる 마심 당하다, 마셔지다, 마시게 되다 | 飲(の)ませる 마시게 시키다, 마시게 하다

---

9 이토 감독님은 매일 열심히 우리 팀을 지도해 줬으니까 우리의 우승은 이토 감독님 덕분 (이라고 해도 과언이 아니다).

1 이라고 말하지 않는 것도 아니다 **2 이라고 해도 과언이 아니다**
3 이라고 할 전망이다 4 이라고 하는 것은 무리가 있다

해설 문맥상 알맞은 표현은 **2 といっても過言ではない**이다. 모두 명사와 접속이 되는 문법이지만, 앞뒤 문장과 자연스럽게 연결되기 위해서는 ~といっても過言ではない(~라고 해도 과언이 아니다)라는 문법이 가장 적합하다.

단어 監督(かんとく) 감독 | 優勝(ゆうしょう) 우승 | ~といっても過言(かごん)ではない ~라고 해도 과언이 아니다 | ~ないでもない ~하지 않는 것도 아니다 | ~見込(みこ)みだ ~할 전망이다, ~할 예정이다 | ~というのは無理(むり)がある ~라고 하는 것은 무리가 있다

---

10 세상에 일어나는 큰 사고의 대부분은 (적지 않은 무언가의 이유에 의해) 일어나고 있는 일이기 때문에 직장에서의 안전 점검을 철저하게 시키는 것이 무엇보다 중요하다고 말할 수 있을 것이다.

1 적다면 무언가의 이유에 의해
2 적지 않은 무언가의 이유에 의해
3 적은지 아닌지 무언가의 이유에 의해
4 적은 것도 개의치 않고 무언가의 이유에 의해

해설 | 문맥상 알맞은 표현은 **2 少なからぬ何かの理由によって**이다. 모두 い형용사와 접속이 되는 문법이지만, 앞뒤 문장과 자연스럽게 연결되기 위해서는 ~からぬ(~하지 않다)라는 문법이 가장 적합하다.

단어 | 世(よ)の中(なか) 세상 | ~からぬ ~하지 않다 | 安全(あんぜん) 안전 | 点検(てんけん) 점검 | ~とあれば ~라고 하면, ~라면 | ~か否(いな)か ~인지 아닌지 | ~もかまわず ~도 개의치 않고, ~도 아랑곳하지 않고

문제6 다음 글의 ★ 에 들어갈 가장 알맞은 것을, 1·2·3·4에서 하나 고르세요.

11 완전히 완치했다 고는 ★말할 수 없더라도 일상생활로 되돌아갈 수 있을 만큼 꽤 회복했기 때문에 안심해 주세요.

1 말할 수 없더라도   2 라고는
3 일상생활로   4 완치했다

해설 | 문맥상 とは言えないまでも(라고는 말할 수 없더라도)로 이어지는 것이 자연스럽기 때문에 2-1번으로 연결된다. 그리고 2 とは 앞에는 동사인 4 完治したで 이어지는 것이 자연스럽기 때문에 4-2번으로 연결된다. 日常生活に(일상생활로)는 뒤 문장인 戻れる(돌아갈 수 있다)로 이어지는 것이 자연스럽다. 따라서 4-2-1-3으로 문장을 만들면 **1 言えないまでも**가 정답이다.

단어 | 完全(かんぜん)に 완전히 | 完治(かんち)する 완치하다 | ~とは ~라고는 | ~ないまでも ~까지는 하지 않더라도 | 日常生活(にちじょうせいかつ) 일상생활 | 戻(もど)る 되돌아오(가)다 | だいぶ 꽤, 상당히 | 回復(かいふく) 회복 | 安心(あんしん)する 안심하다

12 지원자가 300명인 것은 어찌 됐든 ★꿈꾸고 있던 대학으로의 입학에 도전해 보고 싶다고 생각합니다.

1 입학에 도전해 보고 싶다   2 어찌 됐든
3 300명인 것은   **4 꿈꾸고 있던 대학으로의**

해설 | 문맥상 300人であることはどうあれ(300명인 것은 어찌 됐든)으로 이어지는 것이 자연스럽기 때문에 3-2번으로 연결된다. 그리고 4 夢見ていた大学への 뒤에는 문맥상 1 入学に挑戦してみたい로 이어지는 것이 자연스럽기 때문에 4-1번으로 연결된다. 따라서 3-2-4-1로 문장을 만들면 **4 夢見ていた大学への**가 정답이다.

단어 | 志願者(しがんしゃ) 지원자 | ~はどうあれ ~은/는 어찌 됐든 | 夢見(ゆめみ)る 꿈꾸다 | 入学(にゅうがく) 입학 | 挑戦(ちょうせん) 도전

13 내일부터의 해외출장 을 앞두고 ★짐을 싸려고 하 기는 했지만 오랜만에 꺼낸 캐리어가 파손되어 있는 것을 깨달았다.

1 하기는 했지만   **2 짐을 싸려고**
3 을 앞두고   4 해외출장

해설 | 문맥상 海外出張を控えて(해외출장을 앞두고)로 이어지는 것이 자연스럽기 때문에 4-3번으로 연결된다. 그리고 1 したものの 앞에는 2 荷造りしようとが 오는 것이 자연스럽기 때문에 2-1번으로 연결된다. 따라서 4-3-2-1로 문장을 만들면 **2 荷造りをしようとした**가 정답이다.

단어 | 海外出張(かいがいしゅっちょう) 해외출장 | ~を控(ひか)えて ~을/를 앞두고 | 荷造(にづく)り 짐을 쌈, 짐을 꾸림 | ~ものの ~기는 하지만 | スーツケース 슈트케이스, 캐리어 | 壊(こわ)れる 부서지다, 파손되다

14 사상 최강 클래스의 태풍 피해의 영향을 받아서 정부는 임시 피난소를 ★설치할 계획을 세우려고 하는 중이다.

1 설치할 계획을   2 정부는 임시 피난소를
3 세우자   4 태풍 피해의 영향을 받아서

해설 | 문맥상 台風の被害を受けて政府は臨時避難所を(태풍 피해의 영향을 받아서 정부는 임시 피난소를)로 이어지는 것이 자연스럽기 때문에 4-2번으로 연결된다. 그리고 1 設ける計画을 뒤에는 문맥상 3 立てようで 이어지는 것이 자연스럽기 때문에 1-3번으로 연결된다. 따라서 4-2-1-3으로 문장을 만들면 **1 設ける計画を**가 정답이다.

단어 | 史上(しじょう) (역)사상 | 最強(さいきょう) 최강 | クラス 클래스, 반, 등급 | 台風(たいふう) 태풍 | 被害(ひがい) 피해 | ~を受(う)けて ~을/를 받아서, ~의 영향을 받아서 | 臨時(りんじ) 임시 | 避難所(ひなんじょ) 피난처 | 設(もう)ける 설치하다, 마련하다 | ~ているところだ ~하고 있는 중이다

15 최근에는 회사에서의 일 이외에도 알바 등을 겸임하고 있는 사람이 많다. 영업부의 이노우에 씨도 우수한 영업맨이면서 동시에 ★영어 강사 일을 하고 있다고 한다.

1 하고 있다   2 우수한 영업맨이면서 동시에
3 영어 강사 일을   4 영업부의 이노우에 씨도

해설 | 문맥상 英語講師の仕事をやっている(영어 강사 일을 하고 있다)로 이어지는 것이 자연스럽기 때문에 3-1번으로 연결된다. 그리고 문맥상 2 優秀な営業マンにして 앞에는 4 業部の井上さんだって라는 표현이 오는 것이 자연스럽기 때문에 4-2로 연결된다. 따라서 4-2-3-1로 문장을 만들면 **3 英語講師の仕事を**가 정답이다.

단어 | バイト 알바, '아르바이트(=アルバイト)'의 준말 | 掛(か)け持(も)ち 겸임, 겸무 | ~だって ~도, ~라도 | 優秀(ゆうしゅう)だ 우수하다 | 営業(えいぎょう)マン 영업맨 | ~にして ~이면서 동시에 | 講師(こうし) 강사

문제7 다음 문장을 읽고, 문장 전체의 취지를 토대로, ⌐16⌐ 부터 ⌐19⌐ 안에 들어갈 가장 알맞은 것을, 1·2·3·4에서 하나 고르세요.

이하는, 어느 사람이 쓴 에세이다.

무의식의 권력

　우리들의 사고와 행동의 9할 이상은 무의식이며, 이 판단 장치는 자신도 모르는 사이에 설정되어, 큰 영향을 ⌐16⌐. 나는 그 무의식에서 오는 영향을 우리 집에 잔존해 있는 가부장적인 제도를 통해서 실감했다.

아버지는 나와 여동생이 텔레비전을 보고 있는 도중인데도 개의치 않고 리모컨을 쥐고 뉴스나 야구 야간 경기 중계로 바꾼다. 또 제사나 신년회 등으로 친척이 한자리에 모일 때는, 어머니가 항상 요리나 술을 준비하고 남정네가 실컷 어지른 테이블이나 바닥을 정리한다. 그런 어머니에게 동정하여 나도 어느덧 주방에 자리 잡게 되어 버렸다.
(주석1) (주석2)
(주석3)

성인이 되고 나서 얼마 후, 아버지에게 아버지 자신의 고압적인 행동에 대해서 의식하고 있는 것 인지 물어본 적이 있다. 하지만 아버지는 자신은 그러한 행동은 하지 않는다고 우겨 댔다. 가족 전원이 아무도 거스르지 않았기 때문에, 그러한 행동을 자각할 수 없었던 것 일 것이다. ☐17☐ 딸에게 이상한 질문을 받은 것에 기분이 나쁜 모양이었다.

그래도, 아버지를 규탄할 수는 없다. ☐18☐, 내 안에도 그러한 권력 구조가 뿌리박혀 있어서 좀처럼 바꾸는 것이 어렵다고 알고 있기 때문이다.
(주석4)

어머니에 따르면, 나는 어릴 적에 남동생을 향해서 "누나라고 부르렴"이라고 말했었다고 한다. 그리고, 지금도 남동생은 나를 누나라고 부르고 있고, 이름으로 불리는 일은 없다. 다만, 남동생이 나를 누나로서 공경해 주고 있는 만큼, 내가 남동생의 뒷바라지에 손을 빌려줄 일이 있다고 해도, 그것에 감사 받지 않아도 아무렇지 않고 반대로 내 뒷바라지에는 힘을 빌려주지 않았으면 한다고 생각하고 있다.

이것은, 나는 누나이며, 남동생은 자신보다 아래의 존재라고 내려다보고 있기 때문에, 남동생에게 아무런 은혜도 입고 싶지 않다는 것의 표현이다. 이것을 보면 내 몸에 각인된 "무의식의 권력구조"는 아버지와 그다지 ☐19☐ 라고 느끼는 것이다.

(주석1) 제사 : 유족이나 친족 등이 모여 고인을 위해 기도하는 불교 행사 중 하나
(주석2) 한자리에 모이다 : 사람들이 같은 장소에 모이다
(주석3) 남정네들 : 남자들
(주석4) 규탄 : 죄나 책임을 추궁하여 비난하는 것

16	1 주어야 한다	2 주는 것 같다
	3 준다고 한다	4 막 주려는 참이다

해설 문맥에 맞는 문법 표현을 고르는 문제이다. 앞부분에 我々の思考と行動の9割以上は無意識で、この判断装置は自分も気づかないうちに設定され、大きな影響を(우리들의 사고와 행동의 9할 이상은 무의식이며, 이 판단 장치는 자신도 모르는 사이에 설정되어, 큰 영향을)이라며 사고와 행동에는 무의식이 크게 영향을 끼치고 있음을 말하고 있다. 따라서 **3 与えるらしい**가 정답이다.

표현 与(あた)える 주다 | ～べきだ ~해야 한다 | ～かのようだ 마치 ~인 것 같다 | ～らしい ~라고 한다 | ～ところだ 막 ~하려는 참이다

17	**1 오히려**	2 모처럼
	3 서서히	4 다시 한번, 새삼스럽게

해설 문맥에 맞는 부사를 고르는 문제이다. 아버지 자신의 고압적인 행동에 대해 본인은 그런 행동은 하지 않는다고 우겨 댔다. 또한 본인의 태도를 고치려고 하기보다는 딸에게 이상한 질문을 받은 것에 기분이 나쁜 모양이었다고 했다. 따라서 **1 むしろ**가 정답이다.

표현 むしろ 오히려 | せっかく 모처럼 | 徐々(じょじょ)に 서서히 | 改(あらた)めて 다시 한번, 새삼스럽게

18	1 그런데도	2 나아가서는
	3 및, 또	**4 왜냐하면**

해설 문맥에 맞는 접속사를 고르는 문제이다. 빈칸이 포함되어 있는 문장 가장 마지막 부분에는 私の中にもそういった権力構造が根付いていてなかなか変えることが難しいと知っているからだ.(내 안에도 그러한 권력 구조가 뿌리박혀 있어서 좀처럼 바꾸는 것이 어렵다고 알고 있기 때문이다.)라며 이유를 나타내고 있다. 따라서 **4 というのも**가 정답이다.

표현 なのに 그런데도 | ひいては 나아가서는 | 並(なら)びに 및, 또 | というのも 왜냐하면

19	**1 달라지지 않다**	2 달라질지도 모른다
	3 달라질 리가 없다	4 달라지지 않을 수는 없다

해설 가부장적인 환경에서 지냈던 필자도 사실은 남동생에 대해서 아버지와 마찬가지인 행동을 취하고 있기 때문에 본인 또한 아버지와 별반 다른게 없다고 느끼고 있는 상황이다. 따라서 **1 変わらない**가 정답이다.

표현 変(か)わる 변하다 | たいして～ない 그다지 ~않다 | ～かねない ~할지도 모른다 | ～わけがない ~할 리가 없다 | ～わけにはいかない ~할 수는 없다

단어 無意識(むいしき) 무의식 | 権力(けんりょく) 권력 | 思考(しこう) 사고 | 判断装置(はんだんそうち) 판단 장치 | 影響(えいきょう) 영향 | 残存(ざんぞん) 잔존 | 家父長(かふちょう) 가부장 | 制度(せいど) 제도 | 実感(じっかん) 실감 | 構(かま)う 상관하다 | 掴(つか)む 잡다, 쥐다 | 中継(ちゅうけい) 중계 | 法事(ほうじ) 재, 제사 | 親戚(しんせき) 친척 | 一堂(いちどう)に会(かい)する 한자리에 모이다 | 男衆(おとこしゅう) 사나이들, 남정네 | 散々(さんざん) 정도가 심한 모양, 몹시, 실컷 | 同情(どうじょう) 동정 | 何時(いつ)しか 어느덧, 어느 사이에 | 居付(いつ)く 자리 잡고 살다, (집에) 차츰히 붙어 있다 | 高圧的(こうあつてき)だ 고압적이다 | 振(ふ)る舞(ま)い 행동거지 | 意識(いしき) 의식 | 尋(たず)ねる 묻다 | 言(い)い張(は)る 우겨 대다 | 逆(さか)らう 거스르다, 거역하다 | 自覚(じかく) 자각 | 機嫌(きげん)が悪(わる)い 기분이 나쁘다, 기분이 언짢다 | 糾弾(きゅうだん) 규탄 | 構造(こうぞう) 구조 | 根付(ねづ)く 뿌리내리다, 뿌리박다 | 敬(うやま)う 존경하다, 공경하다 | 面倒事(めんどうごと) 귀찮은 일, 사건, 뒷바라지 | 手(て)を貸(か)す 손을 빌려주다, 돕다 | 格下(かくした) 지위나 격식이 아래임 | 存在(そんざい) 존재 | 見下(みくだ)す 내려다보다, 깔보다, 멸시하다 | ～(が)ゆえ(に) ~때문에 | 何(なん)らの 아무런 | 恩(おん)を受(う)ける 은혜를 입다 | 現(あらわ)れ 표현, 결과 | 刻印(こくいん) 각인 | 遺族(いぞく) 유족 | 故人(こじん) 고인 | 仏教(ぶっきょう) 불교 | 罪(つみ) 죄 | 追及(ついきゅう) 추궁함 | 非難(ひなん) 비난

핵심문법 실전 연습 문제① 346p

문제5
1 ② 2 ④ 3 ③ 4 ② 5 ④
6 ③ 7 ① 8 ② 9 ① 10 ④

문제6
11 ② 12 ③ 13 ① 14 ① 15 ④

문제7
16 ④ 17 ③ 18 ① 19 ③

문제5 다음 글의 ( )에 넣기에 가장 알맞은 것을, 1·2·3·4에서 하나 고르세요.

---

1 그녀의 인생 이야기는 교훈이 많았지만 애처롭(게) 생각되는 점도 있었다.

1 에서 **2 게**
3 가 4 을

해설 문맥상 알맞은 표현은 **2 に**이다. 모두 조사에 해당하는 문법이지만, 앞뒤 문장과 자연스럽게 연결되기 위해서는 な형용사를 부사로 만들어 ~に思われる ~(하)게 생각되다의 형태로 만들어 줘야 되기 때문에 ~に(~(하)게)라는 조사가 가장 적합하다.

단어 人生(じんせい) 인생 | 教訓(きょうくん) 교훈 | 哀(あわ)れだ 가엾다, 애처롭다 | 哀(あわ)れに 가엾게, 애처롭게 | ~に思(おも)う ~(하)게 생각하다, ~(으)로 생각하다 | ~で ~(에)서, ~(으)로, ~때문에 | ~が ~이/가 | ~を ~을/를

---

2 정부가 현재처럼 국민의 목소리를 계속 무시하면 가까운 미래에 폭동이 일어나도 (조금도) 이상하지 않다.

1 너무나도 2 모처럼
3 드디어 **4 조금도**

해설 문맥상 알맞은 표현은 **4 なんら**이다. 정부가 현재처럼 국민의 목소리를 계속 무시할 경우에는 언제든지 폭동이 일어날 수 있다는 문장에 가장 적합한 부사는 なんら(하등, 조금도)이다.

단어 政府(せいふ) 정부 | 国民(こくみん) 국민 | 暴動(ぼうどう) 폭동 | なんら 하등, 조금도 | なんら~ない 조금도 ~않다 | 不思議(ふしぎ)だ 이상하다, 신기하다 | あまりに(も) 너무나(도) | せっかく 모처럼 | とうとう 드디어, 마침내, 끝내

---

3 아버지는 좀처럼 타인의 욕을 말하지 않지만 지금 수상에 대해서는 "저 남자는 빨리 사임해야 한다"(라고 거리낌 없이 말한다).

1 라고 말하지 않는 것은 아니다 2 라고 말한 전례가 없다
3 라고 거리낌 없이 말한다 4 라고 말하지 않고 끝나다

해설 문맥상 알맞은 표현은 **3 と言ってはばからない**이다. 모두 동사와 접속이 되는 문법이지만, 앞뒤 문장과 자연스럽게 연결되기 위해서는 ~てはばからない(거리낌 없이 ~하다)라는 문법이 가장 적합하다.

단어 めったに~ない 거의, 좀처럼 ~않다 | 悪口(わるぐち) 욕 | 首相(しゅしょう) 수상 | 辞任(じにん) 사임 | ~てはばからない 거리낌 없이 ~하다 | ~ないことはない ~(하)지 않는 것은 아니다 | ~たためしがない ~한 적이 없다, ~한 전례가 없다 | ~ずに済(す)む ~하지 않고 끝나다

---

4 (회의에서)
부장 "그럼, 본 안건에 대해서 제각각의 부서에서의 의견을 들려주세요. 우선, 인사(팀) 시마다 씨부터."
시마다 "네. 그렇네요…. 우선, 인사(팀)의 입장에서 (이야기를 하자면) 사내 규정을 바꿀 필요가 있다고 생각합니다."

1 이야기하게 해 주면
2 이야기하게 해 받으면(=이야기를 하자면)
3 이야기하게 해 주면
4 이야기하게 하고 있으면

해설 문맥상 알맞은 표현은 **2 話させてもらえば**이다. 앞뒤 문장과 자연스럽게 연결되기 위해서는 ~させてもらう(~하게 해 받다, ~하겠다)라는 문법이 가장 적합하다.

단어 本案件(ほんあんけん) 본 안건 | 部署(ぶしょ) 부서 | 人事(じんじ) 인사 | 立場(たちば) 입장 | ~させてもらう ~하게 해 받다, ~하겠다(겸양어) | 社内規定(しゃないきてい) 사내 규정 | ~させてやる ~하게 해 주다 | ~させてあげる ~하게 해 주다 | ~させている ~하게 하고 있다

---

5 일본은 섬나라 (이기 때문에) 다른 나라와의 교류가 그다지 활발하지 않아서 독자적인 문화가 형성되었다.

1 마치 ~인 것처럼 2 인 이상에는
3 는커녕 **4 이기 때문에**

해설 문맥상 알맞은 표현은 **4 であるゆえに**이다. 모두 명사+である와 접속이 되는 문법이지만, 앞뒤 문장과 자연스럽게 연결되기 위해서는 ~(が)ゆえ(に)(~때문에)라는 문법이 가장 적합하다.

단어 島国(しまぐに) 섬나라 | ~(が)ゆえ(に) ~때문에 | 交流(こうりゅう) 교류 | さほど 그다지, 별로 | 活発(かっぱつ)だ 활발하다 | 独自(どくじ)の文化(ぶんか) 독자적인 문화 | ~かのように 마치 ~인 것처럼 | ~からには ~하는(한) 이상에는 | ~どころか ~은/는커녕

---

6 신규 프로젝트 건으로 다시 한번 인사 (드릴 겸) 찾아뵙고 싶다고 생각합니다.

1 나름대로 2 라고 해도

54

| 3 드릴 겸 | 4 된 자 |

해설 문맥상 알맞은 표현은 **3 かたがた**이다. 모두 명사와 접속이 되는 문법이지만, 앞뒤 문장과 자연스럽게 연결되기 위해서는 かたがた (~할 겸)이라는 문법이 가장 적합하다.

단어 新規(しんき) 신규 | 改(あらた)めて 다시 한번, 새삼스럽게 | ~かたがた ~할 겸 | 伺(うかが)う 찾아뵙다(겸양어) | 存(ぞん)じる 생각하다(겸양어) | ~なり(に) ~나름대로 | ~といっても ~라고 해도 | ~たるもの ~된 자, ~인 자

---

7 (회장에서)
사회자 " 금일도 강연회에 많은 분들이 오셨네요. 바쁘신 와중에, (모여 주셔서) 감사합니다."

| **1 모여 주셔서** | 2 봐 주셔서 |
| 3 앎 받아서 | 4 받아 주셔서 |

해설 문맥상 알맞은 표현은 **1 お集まりいただきまして**이다. 강연회의 모인 사람들에 대해 감사함을 전달하고 있는 상황이므로, 대화 흐름상 자연스럽게 연결되기 위해서는 集まる(모이다)라는 동사에 お+동사 ます형+いただく ~해 받다, ~해 주시다, 라는 겸양어가 사용된 표현이 가장 적합하다. 2번은 見る(보다)의 겸양어인 拝見する(보다)에 ~てくださる(~해 주시다)라는 존경어가 접속되어 있는, 겸양어와 존경어가 혼재된 옳지 않은 표현이다. 3번은 分かる(이해하다, 알다)의 겸양어인 承知する(이해하다, 알다)라는 표현이 쓰여 있으므로 정답이 아니다. 4번도 2번과 마찬가지로, もらう(받다)의 겸양어인 頂戴する(받다)에 ~てくださる(~해 주시다)라는 겸양어와 존경어가 혼재된 옳지 않은 표현이다.

단어 講演会(こうえんかい) 강연회 | 集(あつ)まる 모이다 | お(ご)+동사 ます형/명사+いただく ~해 받다, ~해 주시다(겸양어) | 拝見(はいけん)する 보다(겸양어) | ~てくださる ~해 주시다(존경어) | 承知(しょうち)する 이해하다, 알다(겸양어) | 戴(ちょうだい)する 받다(겸양어)

---

8 휴일, 텔레비전을 (무심코) 보고 있었더니 학창 시절의 후배가 비치고 있었기 때문에 놀랐다.

| 1 본 셈 치고 | **2 무심코** |
| 3 봤다 하면 | 4 보자마자 |

해설 문맥상 알맞은 표현은 **2 見るともなしに**이다. 앞뒤 문장과 자연스럽게 연결되기 위해서는 ~ともなしに(무심코~, 문득~)라는 문법이 가장 적합하다.

단어 ~ともなしに 무심코~, 문득~ | 学生時代(がくせいじだい) 학창 시절 | 後輩(こうはい) 후배 | 驚(おどろ)く 놀라다 | ~つもりで ~(한) 셈 치고, ~(했)다고 생각하고 | ~たが最後(さいご) ~했다 하면 | ~や否(いな)や ~하자마자

---

9 (집에서)
어머니 "앞으로 20분 후에는 나가지 않으면 안 되는데 외출 채비를 (하기는커녕) 샤워조차 하지 않는다는 건 어떻게 된 거지?"

아들 "미안. 미안. 어떻게든 제시간에 맞출 테니까 그렇게 화내지 마."

| **1 하기는커녕** | 2 하기 위해 |
| 3 한 데다가 | 4 하는 족족 |

해설 문맥상 알맞은 표현은 **1 することはおろか**이다. 앞뒤 문장과 자연스럽게 연결되기 위해서는 ~はおろか(~은/는커녕, ~은/는 물론이고)라는 문법이 가장 적합하다. する(하다)는 동사이므로 동사 기본형 +こと/のはおろか의 형태로 접속된다.

단어 外出(がいしゅつ) 외출 | 支度(したく) 준비, 채비 | ~はおろか ~은/는커녕, ~은/는 물론이고 | シャワーを浴(あ)びる 샤워를 하다 | 間(ま)に合(あ)う 제시간에 맞다 | ~んがため ~하기 위해 | ~うえに ~인 데다가 | ~そばから ~하는 족족, ~하기가 무섭게

---

10 밖은 소란스럽고 방도 어질러져 있다. 이렇게 방해받아 (서는 견딜 수 없다).

| 1 도 소용없다 | 2 도 괜찮다 |
| 3 도 어쩔 수 없다 | **4 서는 견딜 수 없다** |

해설 문맥상 알맞은 표현은 **4 てはかなわない**이다. 모두 동사 て형과 접속이 되는 문법이지만, 앞뒤 문장과 자연스럽게 연결되기 위해서는 ~て(は)かなわない(~해서(는) 견딜 수 없다)라는 문법이 가장 적합하다.

단어 騒(さわ)がしい 시끄럽다, 소란스럽다 | 散(ち)らかる 흩어지다, 어질러지다 | 邪魔(じゃま)する 방해하다 | ~て(は)かなわない ~해서(는) 견딜 수 없다 | ~ても始(はじ)まらない ~해도 소용없다 | ~ても差(さ)し支(つか)えない ~해도 괜찮다, ~해도 지장 없다 | ~てもしょうがない ~해도 어쩔 수 없다, ~해도 소용없다

문제6 다음 글의 ＿＿★＿＿ 에 들어갈 가장 알맞은 것을, 1·2·3·4에서 하나 고르세요.

---

11 사원의 퇴사에 골머리를 앓는 인사 담당자도 많지만, 이직 시장의 활성화나 노동에 대한 의식 변화로 인해 대우 개선 만으로는 본질적인 ★문제 해결 에 이르지 못하는 것은 명백하다.

| 1 이르지 못하다 | **2 문제 해결** |
| 3 에 | 4 본질적인 |

해설 문맥상 本質的な問題解決(본질적인 문제 해결)로 이어지는 것이 자연스럽기 때문에 4-2번으로 연결된다. 그리고 至らない(이르지 못하다) 앞에는 조사 에가 와야 하기 때문에 3-1번으로 연결된다. 따라서 4-2-3-1로 문장을 만들면 **2 問題解決**가 정답이다.

단어 離職(りしょく) 이직, 퇴사 | 悩(なや)ます 괴롭히다, 시달리게 하다 | 頭(あたま)を悩(なや)ます 골머리를 앓다 | 人事(じんじ) 인사 | 担当者(たんとうしゃ) 담당자 | 転職(てんしょく) 전직, 이직 | 活性化(かっせいか) 활성화 | 労働(ろうどう) 노동 | 意識(いしき) 의식 | 待遇(たいぐう) 대우, 처우 | 改善(かいぜん) 개선 | 本質的(ほんしつてき)だ 본질적이다 | ~に至(いた)る ~에 이르다

12 그녀는 주위로부터의 충고나 걱정을 ★개의 치 않고 자신의 꿈을 계속 쫓아갔다.

1 충고나 걱정을 2 치 않고
3 개의 4 주위로부터의

해설 문맥상 ~をものともせずに(~을/를 개의치 않고)로 이어지는 것이 자연스럽기 때문에 3-2번으로 연결된다. 그리고 忠告や心配を(충고나 걱정을) 앞에는 周りからの(주위로부터의)가 오는 것이 자연스럽기 때문에 4-1번으로 연결된다. 따라서 4-1-3-2로 문장을 만들면 **3 もの**가 정답이다.

단어 忠告(ちゅうこく) 충고 | ~をものともせず(に) ~을/를 문제로도 삼지 않고, ~을/를 개의치 않고

13 어릴 적의 착각과 잘못에 의해 갬블에 빠져들고 만 인생이라니 ★이제 와서지만 후회해 마지않는다.

1 이제 와서지만 2 갬블에 빠져들고 말았다
3 후회해 마지않는다 4 인생이라니

해설 문맥상 今更だけど後悔してやまない(이제 와서이지만 후회해 마지않는다)로 이어지는 것이 자연스럽기 때문에 1-3번으로 연결된다. 그리고 人生なんて(인생이라니) 앞에는 ギャンブルにはまってしまった(갬블에 빠져들고 말았다)가 오는 것이 자연스럽기 때문에 2-4번으로 연결된다. 따라서 2-4-1-3으로 문장을 만들면 **1 今更だけど**가 정답이다.

단어 勘違(かんちが)い 착각 | 過(あやま)ち 잘못, 과오 | ギャンブル 갬블, 노름, 도박 | 嵌(は)まる 꼭 맞다, 빠져들다 | 今更(いまさら) 이제 와서 | 後悔(こうかい) 후회 | ~てやまない ~해 마지않다

14 겉으로는 사이좋게 하고 있는데 뒤에서는 회사의 동료나 상사의 ★욕만 하니까 차마 들을 수 없다.

1 욕만 하니까 2 차마 들을 수 없다
3 회사의 동료나 상사의 4 뒤에서는

해설 문맥상 悪口ばかり言うから聞くにたえない(욕만 하니까 차마 들을 수 없다)로 이어지는 것이 자연스럽기 때문에 1-2번으로 연결된다. 그리고 会社の同僚や上司の(회사의 동료나 상사의) 의 悪口ばかり言うから(욕만 하니까)가 오는 것이 자연스럽기 때문에 3-1번으로 연결된다. 또한 3 会社の同僚や上司の 앞에는 4 裏では로 이어지는 것이 자연스럽다. 따라서 4-3-1-2로 문장을 만들면 **1 悪口ばかり言うから**가 정답이다.

단어 裏(うら) 뒤, 뒷면 | 同僚(どうりょう) 동료 | 悪口(わるぐち) 욕 | ~にたえない(차마) ~할 수 없다

15 아들이 최근 자주 보고 있는 애니메이션 주인공은 바람과 같이 움직여 ★적을 격파하는 닌자였는데 생각한 것보다 재미있어서 어느샌가 나도 못 박힌 듯이 되어서 같이 텔레비전을 보고 있었다.

1 닌자였다 2 바람과 같이 움직여

3 애니메이션 주인공은 **4 적을 격파하다**

해설 문맥상 風のごとく動き敵を打ち破る(바람과 같이 움직여 적을 격파하는)로 이어지는 것이 자연스럽기 때문에 2-4번으로 연결된다. 그리고 敵を打ち破る(적을 격파하는) 뒤에는 명사가 와야 하는데 敵を打ち破る忍者であったが(적을 격파하는 닌자였는데)로 이어지는 것이 자연스럽기 때문에 2-4-1번으로 연결된다. 또한 앞부분 息子が最近よく見ている(아들이 최근 자주 보고 있는) 뒤에는 3 アニメーションの主人公は로 이어지는 것이 자연스럽기 때문에 가장 앞에 자리하게 된다. 따라서 3-2-4-1로 문장을 만들면 **4 敵を打ち破る**가 정답이다.

단어 主人公(しゅじんこう) 주인공 | 風(かぜ) 바람 | ~ごとく ~와/과 같이 | 敵(てき) 적 | 打(う)ち破(やぶ)る 쳐부수다, 격파하다 | 忍者(にんじゃ) 닌자 | 釘付(くぎづ)け 그 자리에서 움직이지 못하게 함, 못 박힌 듯이 (가만히 그 자리에) 있음

문제7 다음 문장을 읽고, 문장 전체의 취지를 토대로, 16 부터 19 안에 들어갈 가장 알맞은 것을, 1·2·3·4에서 하나 고르세요.

이하는, 어느 사람이 쓴 에세이다.

합리성과 비합리성의 기준

도쿄의 온갖 장소에서, 사람들이 마스크를 쓰고 생활을 보내고 있다. 실내에 한하지 않고, 공원이나 골목길과 같은 야외에서도 마스크를 착용하고 있지만, 오늘의 최고 기온은 38도. 모두 땀투성이가 되면서도, 산소마스크라고 16 , 마스크를 벗지 않는다. 사람들의 입가를 보는 기회는 레스토랑이나 카페에서, 음식을 입에 담으려고 하고 있을 때뿐이다. (주석1)

이것들의 행동은 COVID-19의 감염 확대 억제에 가장 효과적인 행동을 취하고 있는 것은 아닐까라고 생각하기 쉽지만, 재미있게도, 팬데믹의 초기에 비해서 현재 쪽이 마스크 착용률이 높다고 한다. 감염력이 강하기는 하지만, 치사율은 낮은 바이러스를 위해, 보다 많은 사람들이 마스크를 착용하고 있다. 이렇게까지 집요하게 마스크를 쓰고 있는 것에 의문을 품은 17 . 경제학에서는 '모든 인간은 합리적인 선택을 하는 생물이다'라고 하는 말도 있지만, 이러한 현상을 보는 한, 그렇지 않을지도 모른다고 하는 생각이 머리에 떠오른다. (주석2)

그뿐만이 아니라 당첨되지도 않는 복권을 수년간 계속 사거나, 공부를 하지 않으면 내일 테스트에서 불합격이 된다는 것을 알고 있으면서 계속 놀거나 하는 것도 포함해서, 우리들은 비합리적인 행동을 계속 행하고 있다. 복권을 살 때에 "이것은 투자다"라든지, 공부하지않고 놀 때에 "충분히 놀지 않으면 머리가 돌아가지 않는다"등 자신을 합리화하고, 합리적인 선택을 방해하고 있는 것은 아닐까. 이것은 우리들이 그 순간의 만족감을 얻기 위한 사고의 표출이다. 18 , 이것을 방지하기 위해서는 선택하기 위한 장치가 필요하다고 생각한다.

예를 들면, 복권을 산다고 해도 횟수를 정해서 그 횟수를 상회하게 되면 구매를 멈추거나, 시간을 정해서 그 시간이 되면 공부할 수밖에 없는 환경을 만드는 것 등 궁리를 하는 것도 좋다. 19 비합리적인 행위를 멈출 수 없을 경우, 정말로 사용할 만큼만의 돈을 집에 두고 오든지 해서 극단적인 설정을 마련하는 것도 때로는 좋다고 생각한다.

물론, 비합리적인 행동이 전부 나쁜 것이라고는 말하지 않겠지만, 합리적인 행동이 미래에 도움이 되는 일이 많기 때문에 필요할 때 이외는 합리적 판단과 그 수행을 위해서 지금 이 순간의 만족감을 억누르고, 자신의 선택을 제한해 보는 것은 어떨까.

(주석1) 보다 : 여기에서는, 보다
(주석2) 집요 : 끈질긴 모양

16
1 굳게 믿더라도　　　2 굳게 믿어서 까지
3 굳게 믿는 것만으로　**4 굳게 믿고 있는 건지**

해설 문맥에 맞는 문법 표현을 고르는 문제다. 빈칸 앞부분에 皆汗だくになりながら、酸素マスクだと(모두 땀투성이가 되면서도, 산소마스크라고)라고 하고 뒷부분에 마스크를 벗지 않는다고 했다. 따라서 **4 思い込んでいるのか**가 정답이다.

표현 思(おも)い込(こ)む 굳게 믿다 | ~(よ)うが ~하더라도, ~해도 | ~てまで ~해서 까지 | ~だけで ~하는 것 만(뿐)으로 | ~ているのか ~하고 있는 건가, ~하고 있는 건지

17
1 일은 없어졌다
2 일은 없다고 한다, 일은 없는 것 같다
3 일은 없는 것일까
4 일은 있을 수 없다

해설 문맥에 맞는 문법 표현을 고르는 문제다. 빈칸 앞부분에 ここまで執拗にマスクをつけていることに疑問を抱いた(이렇게까지 집요하게 마스크를 쓰고 있는 것에 의문을 품은)이라고 하고 뒷부분에 경제학에서 말하고 있는 '모든 인간은 합리적인 선택을 하는 생물이다'라는 말에 그렇지 않을 지도 모른다고 하는 생각이 머리에 떠오른다며 반문하고 있다. 따라서 괄호 안에는 이렇게까지 집요하게 마스크를 쓰고 있는 것에 대한 의문을 제기하는 **3 ことはないだろうか**가 정답이다.

표현 ~はなくなる ~은/는 없어지다 | ~らしい ~라고 한다(전문), ~인 것 같다(추측) | ~だろうか ~인가, ~일까 | ~あり得(え)ない ~있을 수 없다

18 **1 따라서**　2 그런데(도)
3 그런데도　4 그렇기는커녕

해설 문맥에 맞는 접속사를 고르는 문제다. 빈칸 앞부분에 これは我々がその瞬間の満足感を得るための思考の表れである。(이것은 우리들이 그 순간의 만족감을 얻기 위한 사고의 표출이다.)라고 했고, 빈칸 뒷부분에 これを防止するためには選択するための装置が必要だと思う。(이것을 방지하기 위해서는 선택하기 위한 장치가 필요하다고 생각한다.)라고 했다. 따라서 그 사이인 빈칸에는 앞부분에 대한 화자의 생각을 뒷받침해 줄 수 있는 순접 표현의 접속사가 와야 되기 때문에 **1 よって**가 정답이 된다.

표현 よって 따라서 | しかるに 그런데(도) | そのくせ 그런데도 | それどころか 그렇기는커녕, 그건 고사하고

19 1 이렇게 해서　　2 어느 것도
3 도저히　　　　4 저렇게

해설 비합리적인 선택을 방지하기 위한 장치로서, 예를 들면 복권을 구매하는 횟수 제한, 일정 시간만큼은 공부를 해야 하는 환경을 만드는 궁리를 하는 게 좋다고 하였지만 그럼에도 불구하고 비합리적인 행위를 그만둘 수 없을 경우, 라는 것을 나타내야 되기 때문에 '도저히'라는 표현을 넣어주는 것이 자연스럽다. 따라서 **3 どうしても**가 정답이다.

표현 こうして 이렇게 해서 | どれも 어느 것도 | どうしても~ない 아무리 해도, 도저히 ~않다 | あのように 저렇게, 저처럼

단어 合理性(ごうりせい) 합리성 | 非合理性(ひごうりせい) 비합리성 | 基準(きじゅん) 기준 | あらゆる 모든, 일체의, 온갖 | マスクをつける 마스크를 쓰다 | 路地(ろじ) 골목길 | 屋外(おくがい) 옥외, 집의 바깥, 야외 | 着用(ちゃくよう) 착용 | 気温(きおん) 기온 | 汗(あせ)だく 땀투성이 | 酸素(さんそ)マスク 산소마스크 | 外(はず)す 떼다, 떼어 내다 | 口元(くちもと) 입가, 입언저리 | 拝む(おがむ) 보다, 뵙다 (겸양어) | 機会(きかい) 기회 | 口(くち)にする 입에 담다, 먹다 | COVID-19 신종 코로나 바이러스 감염증(=新型(しんがた)コロナウイルス感染症(かんせんしょう)) | 感染(かんせん) 감염 | 拡大(かくだい) 확대 | 抑制(よくせい) 억제 | 最(もっと)も (무엇보다도) 가장 | パンデミック 팬데믹 | 初期(しょき) 초기 | 着用率(ちゃくようりつ) 착용률 | 致死率(ちしりつ) 치사율 | ウイルス 바이러스 | 執拗(しつよう)だ 집요하다 | 疑問(ぎもん)を抱(いだ)く 의문을 품다 | 経済学(けいざいがく) 경제학 | 合理的(ごうりてき)だ 합리적이다 | 生(い)き物(もの) 생물 | 現象(げんしょう) 현상 | ~限(かぎ)り ~하는 한 | 頭(あたま)に浮(う)かぶ 머리에 떠오르다 | 当(あ)たる 당첨되다, 맞다 | 宝(たから)くじ 복권 | 投資(とうし) 투자 | 妨(さま)げる 방해하다, 지장을 주다 | 瞬間(しゅんかん) 순간 | 満足感(まんぞくかん) 만족감 | 思考(しこう) 사고 | 表(あらわ)れ 표현, 표출 | 防止(ぼうし) 방지 | 装置(そうち) 장치 | 回数(かいすう) 횟수 | 上回(うわまわ)る 상회하다, 웃돌다 | 購買(こうばい) 구매 | ~ざるを得(え)ない ~하지 않을 수 없다 | 工夫(くふう) 궁리, 고안 | 行為(こうい) 행위 | 極端(きょくたん)だ 극단적이다 | 設定(せってい) 설정 | 設(もう)ける 설치하다, 마련하다 | 判断(はんだん) 판단 | 遂行(すいこう) 수행 | 抑(おさ)える 억누르다 | 制限(せいげん) 제한 | しつこい 끈질기다

핵심문법 실전 연습 문제② 352p

문제5
1 ②　2 ①　3 ③　4 ④　5 ①
6 ③　7 ①　8 ②　9 ①　10 ③

문제6
11 ③　12 ②　13 ④　14 ③　15 ①

문제7
16 ①　17 ②　18 ①　19 ③

문제5 다음 글의 (   )에 넣기에 가장 알맞은 것을, 1·2·3·4에서 하나 고르세요.

---

1 매회 시합에서 지고 있지만 "이번 (에야말로) 이기겠어!"라고 팀이 똘똘 뭉쳐서 연습에 힘쓰고 있다.

1 만
2 에야말로
3 만큼
4 등

해설 문맥상 알맞은 표현은 **2 こそ**이다. 모두 매회 시합에서 지지만 이번 에야말로 이기겠다며 팀이 결의를 다져서 연습하고 있다는 내용을 나타내는 문장에 가장 적합한 조사는 〜こそ(〜야말로)이다.

단어 〜こそ 〜야말로 | 一丸(いちがん) 한 덩어리 | 一丸(いちがん)となる (힘을 합쳐서) 똘똘 뭉치다 | だけ 〜만, 〜뿐 | 〜ほど 〜만큼 | 〜など 〜등

---

2 나는 어릴 적부터 병원에 가는 것을 싫어해서 코로나 감염증 (이라면 몰라도) 고작 감기 정도로는 결코 병원에는 가지 않고 약을 먹고 푹 자는 경우가 많다.

1 이라면 몰라도
2 에 있어서
3 여하로는
4 를 거쳐서

해설 문맥상 알맞은 표현은 **1 ならいざしらず**이다. 모두 명사와 접속이 되는 문법이지만, 앞뒤 문장과 자연스럽게 연결되기 위해서는 〜ならいざしらず(〜라면 몰라도)라는 문법이 가장 적합하다.

단어 コロナ感染症(かんせんしょう) 코로나 감염증 | 〜ならいざしらず 〜라면 몰라도 | たかが〜 기껏해야〜, 고작〜 | 決(けっ)して 〜ない 결코 〜않다 | ぐっすり 깊이 잠든 모양, 푹 | 〜にあって(は) 〜에서(는), 〜에 있어서(는) | 〜いかんでは 〜여하로(는) | 〜を経(へ)て 〜을/를 거쳐서

---

3 (집에서)
어머니 "다음 달부터 자취 시작하는데 식사라던가 어떻게 할 생각이야?"
딸 "지금까지는 직접 (만들 기회를 놓치고 있었)지만 나는 요리 잘 하니까 다음 주부터는 스스로 만들 생각이야."

1 너무 만들고 있었다
2 자주 만들다
3 만들 기회를 놓치고 있었다
4 마구 만들고 있었다

해설 문맥상 알맞은 표현은 **3 作りそびれていた**이다. 앞뒤 문장과 자연스럽게 연결되기 위해서는 〜そびれる(〜하려다 못하다, 〜할 기회를 놓치다)라는 문법이 가장 적합하다.

단어 一人暮(ひとりぐ)らし 혼자 삶, 자취 | 〜そびれる 〜하려다 못하다, 〜할 기회를 놓치다 | 〜過(す)ぎる 너무 〜하다 | 〜がちだ 자주 〜하다, 〜하는 경향이 있다 | 〜まくる 마구 〜하다

---

4 매년 신학기가 되면 가게 안에서 수험 공부 (를 구실로) 태블릿 단말기를 갖고 싶어 하는 아이와 부모가 말다툼하는 광경을 자주 본다.

1 를 겸해서
2 를 불문하고
3 를 제외하고
4 를 구실로

해설 문맥상 알맞은 표현은 **4 をいいことに**이다. 모두 명사와 접속이 되는 문법이지만, 앞뒤 문장과 자연스럽게 연결되기 위해서는 〜をいいことに(〜을/를 기회 삼아, 〜을/를 구실로)라는 문법이 가장 적합하다.

단어 新学期(しんがっき) 신학기 | 受験勉強(じゅけんべんきょう) 수험 공부 | 〜をいいことに 〜을/를 기회 삼아, 〜을/를 구실로 | タブレット 태블릿 | 端末(たんまつ) 단말(기) | 言(い)い合(あ)う 서로 말하다, 말다툼하다, 언쟁하다 | 光景(こうけい) 광경 | 〜を兼(か)ねて 〜을/를 겸해서 | 〜を問(と)わず 〜을/를 불문하고, 〜에 상관없이 | 〜を除(のぞ)いて 〜을/를 제외하고

---

5 교외에 대형 쇼핑몰이 (생기고 나서 계속) 옛날부터 있던 상점가는 급속히 쇠퇴하고 있다.

1 생기고 나서 계속
2 생긴다는 것으로
3 생기게 되면
4 생기는가 하면

해설 문맥상 알맞은 표현은 **1 できてからというもの**이다. 앞뒤 문장과 자연스럽게 연결되기 위해서는 〜てからというもの(〜하고 나서 계속)라는 문법이 가장 적합하다.

단어 郊外(こうがい) 교외 | 大型(おおがた) 대형 | 〜てからというもの 〜하고 나서 계속 | 商店街(しょうてんがい) 상점가 | 急速(きゅうそく)に 급속하게 | 衰退(すいたい) 쇠퇴 | 〜ってもんだ 〜라는 것이다 | (いざ)〜となると (막상)〜하게 되면 | 〜かというと 〜하는가 하면, 〜하냐 하면

---

6 이렇게까지 프로젝트가 늦어지고 있는 거라면 사전에 설명 및 사죄하는 것이 (있어야 마땅하다)고 생각한다.

1 있을 수 있다
2 있으면 그만이다
3 있어야 마땅하다
4 있는 것이나 마찬가지다

해설 문맥상 알맞은 표현은 **3 あってしかるべきだ**이다. 앞뒤 문장과 자연스럽게 연결되기 위해서는 〜てしかるべきだ(〜해야 마땅하다, 〜하는 것이 당연하다)라는 문법이 가장 적합하다.

단어 ここまで 여기까지, 이렇게까지 | プロジェクト 프로젝트 | 事前(じぜん)に 사전에 | 説明(せつめい) 설명 | 謝罪(しゃざい) 사죄 | 〜てしかるべきだ 〜해야 마땅하다, 〜하는 것이 당연하다 | 〜得(う・え)る 〜할 수 있다, 〜할 가능성이 있다 | 〜までのことだ 〜할 뿐이다, 〜하면 그만이다 | 〜も同然(どうぜん)だ 〜한 것이나 마찬가지다, 〜나 다름없다

---

7 다나카 씨는 회사에서 대표를 (맡는) 한편, 매달 칼럼니스트로서 경제 잡지에 게재하는 칼럼을 집필하고 있다.

1 맡다
2 맡자
3 맡았다
4 맡을 수 있다

해설 〜かたわら(〜(을/를) 하는 한편)의 앞부분의 접속 형태를 묻는 문제

로 かたわら는 동사 기본형에 접속한다. 따라서 자연스럽게 연결되기 위해서는 **1 務める**의 접속 형태가 가장 적합하다. 2, 3, 4번은 접속 형태가 맞지 않는다.

단어 代表(だいひょう) 대표 | 務(つと)める (역할을) 맡다 | ～かたわら ～(을/ 를) 하는 한편 | コラムニスト 칼럼니스트 | 経済(けいざい) 경제 | 雑誌(ざっし) 잡지 | 掲載(けいさい)する 게재하다 | コラム 칼럼 | 執筆(しっぴつ) 집필

---

8 (학교에서)
학생 "미야노 선생님은 계시나요?"
직원 "선생님이라면 지금 도서관에서 조사를 하고 계셔. 이제 곧 (오실 거)라고 생각하니까 잠시 앉아서 기다리고 있어."

1 말씀하시다(존경어)   **2 오시다(존경어)**
3 찾아뵙다(겸양어)   4 말씀드리다(겸양어)

해설 문맥상 알맞은 표현은 **2 おいでになる**이다. 선생님을 찾는 학생에게 직원이 선생님이 이제 곧 올테니 잠시 앉아서 기다리라고 직원이 학생에게 안내하고 있는 상황이므로, 대화 흐름 상 자연스럽게 연결되기 위해서는 おいでになる(계시다)라고 하는 표현이 가장 적합하다. おいでになる의 경우, いる(있다), 行く(가다), 来る(오다) 세 가지의 존경어이며, 이 경우는 来る(오다)의 존경어가 된다. 1번 おっしゃる(말씀하시다)는 言う(말하다)의 존경어이며, 3번 上がる(찾아뵙다)는 行く(가다), 訪ねる(찾다, 방문하다)의 겸양어이므로 정답이 아니다. 4번 申し上げる(말씀드리다)는 言う(말하다)의 겸양어로, 마찬가지로 정답이 아니다.

단어 いらっしゃる 계시다, 가시다, 오시다(존경어) | 調(しら)べもの (문서 따위를) 조사함 | ～(ら)れる ～하시다(존경어) | おいでになる 계시다, 가시다, 오시다(존경어) | おっしゃる 말씀하시다(존경어) | 上(あ)がる 찾아뵙다(겸양어) | 申(もう)し上(あ)げる 말씀드리다(겸양어)

---

9 (회사에서)
모리 "어제 부장님이 신입사원에게 주의 주고 있던 거 봤어? 조금 지각했다고 해서 (상식이라느니 예의라느니) 그렇게까지 화를 내지 않아도 될 텐데 말이야."
나카다 "확실히. 그건 심했지."

1 상식이라느니 예의라느니
2 상식이라고 해도 예의라고 해도
3 상식이라고 할까 예의라고 할까
4 상식할 때도 예의할 때도

해설 문맥상 알맞은 표현은 **1 常識だの礼儀だの**이다. 부장님이 신입사원에게 주의를 주었는데 조금 지각을 했다고 해서 굳이 그렇게까지 과하게 화를 내었어야 할까 문장에는 ～だの～だの(~라느니 ~라느니)라는 문법이 가장 적합하다.

단어 新入社員(しんにゅうしゃいん) 신입사원 | 注意(ちゅうい)する 주의를 주다 | 常識(じょうしき) 상식 | 礼儀(れいぎ) 예의 | ～だの～だの ~라느니 ~라느니 | ～にしても ~라고 해도 | ～というか ～というか ~라고 할까 ~라고 할까 | ～につけ～につけ ~할 때도

～할 때도(언제나), ～할 때나 ~할 때나

---

10 녹음 데이타를 (확인하지 않더라도) 통화 내용을 간단하게 파악할 수 있는 프로그램이 개발되었다.

1 확인하지 않으면 끝나지 않고
2 확인하지 않으면 안 되고
3 확인하지 않더라도
4 확인하면 끝이 없어서

해설 문맥상 알맞은 표현은 **3 確認せずとも**이다. 모두 동사와 접속이 되는 문법이지만, 앞뒤 문장과 자연스럽게 연결되기 위해서는 ～ずとも(~하지 않더라도)라는 문법이 가장 적합하다.

단어 録音(ろくおん) 녹음 | データ 데이터 | ～ずとも ~하지 않더라도 | 通話(つうわ) 통화 | 把握(はあく) 파악 | プログラム 프로그램 | 開発(かいはつ) 개발 | ～ずには済(す)まない ~하지 않으면 해결되지 않는다, ~하지 않으면 끝나지 않는다 | ～ねばならない ~하지 않으면 안 된다 | ～ばきりがない ~하면 끝이 없다

문제6 다음 글의 ＿＿＿★＿＿＿에 들어갈 가장 알맞은 것을, 1·2·3·4에서 하나 고르세요.

---

11 이번 주는 아침부터 밤까지 <u>회의</u> ★<u>일색</u> <u>으로</u> <u>상상 이상</u>으로 지쳐 버렸기 때문에 주말은 기분 전환으로 조금 멀리까지 외출하려고 생각한다.

1 으로   2 회의
3 일색   4 상상 이상

해설 문맥상 2 会議 뒤에는 ～ずくめ(~일색, (온통) ~뿐)이 오는 것이 자연스럽기 때문에 2-3번으로 연결된다. 그리고 ～ずくめ 뒤에는 ～で(~(으)로)가 오는 것이 자연스럽기 때문에 2-3-1번이 되고, ～で 뒤에는 4 想像以上로 연결되어야 되기 때문에 1-4번으로 연결되어야 뒤 문장 ～に疲れてしまったので(~으로 지쳐 버렸기 때문에)와 연결된다. 따라서 2-3-1-4로 문장을 만들면 **3 ずくめ**가 정답이다.

단어 ～ずくめ ~일색, (온통) ~뿐 | 想像(そうぞう) 상상 | 気分転換(きぶんてんかん) 기분 전환

---

12 비가 아직 거세게 계속 내리고 있는데도 불구하고 등산을 하다니 그 <u>무모함</u> <u>에</u> ★<u>놀람</u> <u>을 금할 수 없었다</u>.

1 에   **2 놀람**
3 을 금할 수 없었다   4 무모함

해설 문맥상 ～を禁じ得なかった(~을/를 금할 수 없다) 앞에는 주로 감정과 기분을 나타내는 명사가 오는 것이 자연스럽기 때문에 2-3번으로 연결된다. 그리고 문맥상 無謀さ(무모함) 뒤에는 ～に(~에)가 접속되는 것이 자연스럽기 때문에 4-1번으로 연결된다. 따라서 4-1-2-3로 문장을 만들면 **2 驚き**가 정답이다.

단어 激(はげ)しい 격하다, 격렬하다, 거세다 | ～にも関(かか)わらず ~(임)에도 불구하고 | 山登(やまのぼ)り 등산, 산에 오름 | 無謀(むぼう)だ 무모하다 | 無謀(むぼう)さ 무모함 | 驚(おどろ)き 놀람

~を禁(きん)じ得(え)ない ~을/를 금할 수 없다

13 일류 대학 의 ★졸업자 라고 하더라도 모두 일류 인간인가 하면 결코 그런 것은 아니다.

1 일류 대학　　2 라고 하더라도
3 의　　4 졸업자

해설 문맥상 一流大学の卒業者(일류 대학의 졸업자)로 이어지는 것이 자연스럽기 때문에 1-3-4번으로 연결된다. 그리고 2 にしたって 앞에는 명사가 오기 때문에 4-2번으로 연결된다. 따라서 1-3-4-2로 문장을 만들면 **4 卒業者**가 정답이다.

단어 一流(いちりゅう) 일류 | ~にしたって ~라고 하더라도, ~라고 한들 | ~かといえば ~하는가 하면, ~하냐 하면 | 決(けっ)して~ない 결코 ~않다

14 이쪽 상품은 세일 상품이기 때문에 한 번 구입하면 미사용이나 미개봉 ★여하에 상관없이 반품 및 교환을 할 수 없습니다.

1 구입하면　　2 미사용이나 미개봉
3 여하에 상관없이　　4 반품 및 교환은

해설 문맥상 ~いかんによらず(~여하에 상관없이) 앞에는 명사가 오는 것이 자연스럽기 때문에 2-3번으로 연결된다. 그리고 앞 문장 一度(한 번) 뒤에는 購入したら(구입하면)이 오는 것이 자연스럽기 때문에 1-2-3번으로 연결되고, 返品及び交換は(반품 및 교환은)이 마지막에 오는 것이 자연스럽기 때문에 4번이 제일 마지막에 온다. 따라서 1-2-3-4로 문장을 만들면 **3 いかんによらず**가 정답이다.

단어 セール品(ひん) 세일 상품 | ~でございます ~입니다(정중어) | 購入(こうにゅう) 구입 | 未使用(みしよう) 미사용 | 未開封(みかいふう) 미개봉 | ~いかんによらず ~여하에 상관없이 | 返品(へんぴん) 반품 | 交換(こうかん) 교환 | ~かねる ~하기 어렵다, ~할 수 없다

15 자신의 아이에게 폭력을 휘두르다니, 부모로서 있어 ★서는 안 되는 행위다.

1 해서는 안 되는　　2 있다
3 행위다　　4 부모로서

해설 문맥상 ~まじき(~해서는 안되는) 앞에는 동사 기본형이 오는 것이 자연스럽기 때문에 2-1번으로 연결되고, 그리고 문맥상 제일 앞에 親として(부모로서)가 와야되기 때문에 4-2-1번으로 연결된다. 따라서 4-2-1-3번으로 문장을 만들면 **1 まじき**가 정답이다.

단어 暴力(ぼうりょく)を振(ふ)るう 폭력을 휘두르다 | 親(おや) 부모 | ~まじき ~해서는 안 되는 | 行為(こうい) 행위

문제7 다음 문장을 읽고, 문장 전체의 취지를 토대로, 16 부터 19 안에 들어갈 가장 알맞은 것을, 1·2·3·4에서 하나 고르세요.

이하는, 야마모토 씨가 지인인 이케다 씨 앞으로 쓴 편지다.

(전략)한동안 격조하고 있었습니다만, 별일 없으시죠?
　저는 그럭저럭 잘 지내고 있습니다.
　지난번에도 이야기한 대로, 저의 가족은 남편의 전근에 따라서, 3월에 도쿄에서 오사카로 이사를 했습니다. 익숙하지 않은 장소에서의 새로운 생활이지만, 이삿짐도 16 정리되어, 새 집에서의 생활이 시작되었습니다. 만약 오사카에 올 일이 있다면 꼭 저희 집에 들러주세요. 쌓이는 이야기도 많이 있기 때문에, 숙박할 예정으로 와주실 수 있다면, 더욱 환영합니다.
　그리고 이번에는 딸의 입학에 앞서 마음 써 주셔서 감사합니다. 덕분에 무사히 입학식을 마치고, 충실한 학교생활을 맞이할 수 있었습니다. 편지에 입학식 때 사진을 첨부하므로, 꼭 봐 주시면 좋겠습니다. 사진 속에 찍혀 있는 딸은 다소 긴장한 기색이지만, 옆에 앉아 있던 동갑내기 친구와 수다를 떨기 시작하자, 금방 긴장한 표정이 풀렸습니다. 아이들이 초면인데도 금방 친해지는 모습을 보면 부럽기도 합니다. 학교에 가서, 친구들과 어울리고 있는 딸을 보면, 부모로서 자녀의 성장을 느낄 수 있고, 여기까지 성장해 준 것에 감사한 마음으로 가득합니다. 이렇게, 아이의 성장을 지켜보는 날들에 감사하는 하루하루를 보내고 있습니다만, 쑥쑥 크는 딸에게 언젠가 앞지르게 될 날도 오겠지요.
　결혼하고 아이가 태어나고 나서부터는 매일 아이를 돌보고, 밤에 전혀 잠을 못 자고 일을 하거나, 퇴직한 후에도 17 혼자만의 시간을 만들 수 없기 때문에 스트레스를 받고 있었습니다. 그런 저에게 이케다 씨가 "무슨 일이 있으면 또 이야기해"라며 다가와, 따뜻하게 해 주신 덕분에, 인생의 큰 벽을 극복할 수 있었습니다. 특히 "어려울 때에는 의지해 주세요"라는 이케다 씨의 말에 저는 몇 번이나 18 .
　아무튼, 멀지 않은 내방을 기다리고 있겠습니다. 입학식 이후의 이야기의 연장이라도 19 .
　그럼, 또 머지않아 만나 뵙기를 기대하고 있겠습니다.
　　　　　　　　　　그럼 이만 인사드리겠습니다.
　　　　　　　　　　　　　　　　2030년 5월 7일

16 1 간신히　　2 언젠가
　　3 유난히　　4 새삼스럽게

해설 문맥에 맞는 부사 표현을 고르는 문제다. 앞부분에 야마모토 씨가 남편의 전근에 따라서 3월부터 도쿄에서 오사카로 이사 온 것을 이케다 씨에게 말하며, 익숙하지 않은 장소에서의 새로운 생활이지만 이삿짐도 정리되어 새 집에서의 생활이 시작되었다고 하였고, 이사를 오고 나서 이삿짐도 겨우 정리되었다고 하는 것이 문맥적으로 자연스럽다. 따라서 **1 ようやく**가 정답이다.

표현 ようやく 겨우, 간신히 | いつか 언젠가 | とりわけ 유난히, 그 중에서도 | 改(あらた)めて 다시 한번, 새삼스럽게

17 1 도대체　　2 좀처럼
　　3 그렇게　　4 오히려

해설 문맥에 맞는 부사를 고르는 문제다. 야마모토 씨가 딸이 태어나고 나서 힘들었던 본인의 생활에 대해 이케다 씨에게 말하는 부분으로, 앞

부분에 結婚して子どもが生まれてからは、毎日子どもの世話をし、夜全然寝られずに仕事をしたり、退職した後も(결혼하고 아이가 태어나고 나서부터는 매일 아이를 보고, 밤에 전혀 잠을 못 자고 일을 하거나, 퇴직한 후에도)라고 나와 있고, 一人の時間を作ることができなかったのでストレスを抱えていました。(혼자만의 시간을 만들 수 없었기 때문에 스트레스를 받고 있었습니다.)라고 나와 있기 때문에 두 문장은 '좀처럼'으로 이어주는 게 문맥적으로 자연스럽다. 따라서 **2 なかなか**가 정답이다.

표현 一体(いったい) 도대체 | なかなか〜ない 좀처럼 ~않다 | そう〜ない 그렇게 ~않다 | かえって 도리어, 오히려

18
1 **구원받았습니다**
2 어쩔 수 없이 구원하게 되었습니다
3 구원하게 했습니다
4 구원받은 것 같습니다

해설 문맥에 맞는 문법 표현을 고르는 문제다. 육아와 일, 잠 부족에 이어 퇴직 후에도 혼자만의 시간을 갖지 못하여 스트레스를 받고 있던 야마모토 씨에게 이케다 씨가 "무슨 일이 있으면 또 이야기해", "어려울 때는 의지해 주세요"라고 말해주며 인생의 벽을 넘을 수 있게 도와줬다는 것에 대한 얘기를 하고 있기 때문에 '구원 되어지다', 즉, '구원받았다'라는 동사의 수동형을 사용한 표현을 넣어주는 것이 자연스럽다. 따라서 **1 救われました**가 정답이다.

표현 救(すく)う 구하다, 구원하다 | 〜(ら)れる ~당하다, ~해지다, ~되다(수동형) | 〜(さ)せられる 억지로 ~하다 (어쩔 수 없이 ~하다), ~하게 되다(사역 수동형) | 〜(さ)せる ~시키다, ~하게 하다(사역형)

19
1 해 보겠습니다
2 해 보이겠습니다
3 **합시다**
4 하는 것인가요

해설 앞부분에 ともあれ、遠からぬ来訪を待っています。入学式以後の話の続きでも(아무튼 멀지 않은 내방을 기다리고 있겠습니다. 입학식 이후의 이야기의 연장이라도)라고 나와 있기 때문에, 〜でもしましょう(~라도 합시다)로 연결해 주는 것이 자연스럽다. 따라서 **3 しましょう**가 정답이다.

표현 〜てみる ~해 보다 | 〜てみせる ~해 보이다 | 〜でもする ~라도 하다 | 〜するのですか ~하는 것인가요

단어 〜氏(し) ~씨, 성에 붙이는 존칭 | 宛(あ)てる (편지·메일 등을) ~앞으로 보내다 | 前略(ぜんりゃく) 전략, 편지문에서, 의례적인 계절 인사나 앞글을 생략하는 의미로 첫머리에 쓰는 말 | ご無沙汰(ぶさた)している 한동안 격조하고 있(었)다, 오랫동안 (본인의) 소식을 전하지 못하고 있다 | 何(なん)とか 어떻게든, 그럭저럭, 간신히 | 旦那(だんな) 남편 | 転勤(てんきん) 전근 | 〜に伴(ともな)い ~에 따라서, ~와/과 함께 | 新生活(しんせいかつ) 새로운 생활 | 新居(しんきょ) 새 집, 새 주택 | 立(た)ち寄(よ)る 들르다 | 積(つ)もる 쌓이다 | 泊(と)まりがけ 묵을 예정(으로 머넘) | 歓迎(かんげい) 환영 | さて 자, 그런데 | 〜にあたり ~에 있어, ~에 앞서 | 心遣(こころづか)い 마음을 씀, 걱정함, 배려 | 無事(ぶじ)に 무사히 | 充実(じゅうじつ)する 충실하다 | 緊張(きんちょう) 긴장 | 〜気味(ぎみ) ~기미, ~기운, ~기색 | 同(おな)い年(どし) 동갑내기, 동갑 | 喋(しゃべ)る 수다 떨다, 재잘거리다 | 解(ほぐ)れる 풀

리다 | 初対面(しょたいめん) 첫 대면, 초면 | 姿(すがた) 모습, 모양 | 触(ふ)れ合(あ)う 맞닿다, (서로) 스치다, 친하게 어울리다 | 見守(みまも)る 지켜보다 | ぐんぐん 부쩍부쩍, 쭉쭉, 쑥쑥, 힘차게 성장하는 모양 | 追(お)い抜(ぬ)く 앞지르다 | 抱(かか)える (껴)안다, 떠안다 | ストレスを抱(かか)える 스트레스를 받다 | 寄(よ)り添(そ)う 바싹 달라붙다, 다가오다 | 壁(かべ) 벽 | 乗(の)り越(こ)える 타고 넘다, 극복하다 | 遠(とお)からぬ 멀지 않다, 머지않다 | 来訪(らいほう) 내방 | 近々(ちかぢか) 곧, 머지않아 | 草々(そうそう) 편지 끝에 바삐 썼다는 뜻을 나타내는 인사말, 그럼 이만 인사드리겠습니다

핵심문법 실전 연습 문제③   358p

문제5
1 ① 2 ② 3 ④ 4 ② 5 ①
6 ② 7 ③ 8 ② 9 ④ 10 ③

문제6
11 ② 12 ④ 13 ② 14 ④ 15 ①

문제7
16 ③ 17 ② 18 ② 19 ①

문제5 다음 글의 (   )에 넣기에 가장 알맞은 것을, 1·2·3·4에서 하나 고르세요.

1 나라를 위해서 죽음 (도) 두려워하지 않고 마지막까지 싸웠다.

1 **도**
2 뿐
3 만큼
4 보다

해설 문맥상 알맞은 표현은 **1 をも**이다. 나라를 위해서는 죽음까지도 두려워하지 않고 마지막까지 싸웠다는 문장에 가장 적합한 조사는 목적이나 대상을 넓게 내세우는 뜻을 나타내는 をも(~도, ~까지도)이다.

단어 国(くに) 나라 | 死(し) 죽음 | をも ~도, ~까지도 | 恐(おそ)れる 두려워하다 | 戦(たたか)い抜(ぬ)く (끝까지) 싸우다 | 〜のみ ~만, ~뿐 | 〜ほど ~정도, ~만큼 | 〜より(も) ~보다(도)

2 다음 주도 등산을 가려고 생각하고 있습니다. (그렇다고는 하지만) 날씨가 좋으면이라는 이야기입니다만.

1 혹은
2 **그렇다고는 하지만**
3 공교롭게도
4 나아가서는

해설 문맥상 알맞은 표현은 **2 もっとも**이다. 다음 주도 등산을 가려고 생각하고 있지만 날씨가 좋아야 그렇게 한다는 문장에 가장 적합한 부사는 もっとも(그렇다고는 하지만)이다.

단어 もっとも 그렇다고는 하지만 | あるいは 혹은 | あいにく 공교롭게(도), 때마침 | ひいては 나아가서는

3 (날씨 예보에서)
"현내에서는 해상을 중심으로 바람이 (강해져)고 있으며 오전 9시 이후에는 최대순간풍속이 관측될 거라고 예상되고 있습니다."

1 강해지다
2 강해지고 있다
3 강해지고
4 강해져

해설 ～つつある(~하고 있다)의 앞부분의 접속 형태를 묻는 문제로 つつある는 동사ます형에 접속한다. 따라서 자연스럽게 연결되기 위해서는 **4 強まり**의 접속 형태가 가장 적합하다. 1, 2, 3번은 접속 형태가 맞지 않는다.

단어 県内(けんない) 현내, 현의 행정 구역내 | 海上(かいじょう) 해상 | ～を中心(ちゅうしん)に ~을/를 중심으로 | 強(つよ)まる 강해지다 | ～つつある ~하고 있다 | 風速(ふうそく) 풍속 | 観測(かんそく) 관측

4 (회사에서)
야마모토 "하야시 군, 밤늦게까지 일 도와줘서 정말 고마워."
하야시 "괜찮아. 어차피 집에 (돌아가 봤자) 할 일도 없고. 대신에 뭔가 한턱 내 줄래?"

1 돌아가자마자
2 돌아가 봤자
3 돌아가고 있는 거니까
4 돌아갈 뿐만 아니라

해설 문맥상 알맞은 표현은 **2 帰ったところで**이다. 앞뒤 문장과 자연스럽게 연결되기 위해서는 ～たところで(~해 봤자, ~한들)라는 문법이 가장 적합하다.

단어 ～たところで ~해 봤자, ~한들 | 奢(おご)る 한턱 내다(쏘다), 대접하다 | ～たとたん ~하자마자, ~한 순간 | ～ことだし ~이니까 | ～ばかりか ~뿐만 아니라

5 국민의 반대 (를 개의치 않고) 새로운 수상은 증세를 단행했다.

1 을 개의치 않고
2 을 끝으로
3 을 토대로
4 을 금할 수 없고

해설 문맥상 알맞은 표현은 **1 ものともせず**이다. 모두 명사와 접속이 되는 문법이지만, 앞뒤 문장과 자연스럽게 연결되기 위해서는 ～をものともせず(に)(~을/를 문제로도 삼지 않고, ~을/를 개의치 않고)라는 문법이 가장 적합하다.

단어 プレッシャー 압력, 압박 | ～をものともせず(に) ~을/를 문제로도 삼지 않고, ~을/를 개의치 않고 | 見事(みごと)に 훌륭하게, 멋지게 | 勝利(しょうり)を収(おさ)める 승리를 거두다 | ～を限(かぎ)りに ~을/를 끝으로 | ～を踏(ふ)まえて ~을/를 토대로, ~에 입각하여 | ～を禁(きん)じ得(え)ない ~을/를 금할 수 없다

6 요시무라 과장님은 지방 출장 (을 핑계 삼아) 경비로 골프를 하고 있었던 모양이다.

1 으로 말할 것 같으면
2 을 핑계 삼아
3 의 영향을 받아서
4 을 계기로

해설 문맥상 알맞은 표현은 **2 にかこつけて**이다. 모두 명사와 접속이 되는 문법이지만, 앞뒤 문장과 자연스럽게 연결되기 위해서는 ～にかこつけて(~을/를 구실로, ~을/를 핑계 삼아)라는 문법이 가장 적합하다.

단어 地方(ちほう) 지방 | 出張(しゅっちょう) 출장 | ～にかこつけて ~을/를 구실로, ~을/를 핑계 삼아 | 経費(けいひ) 경비 | ゴルフ 골프 | ～ときたら ~로 말할 것 같으면, ~은/는 | ～を受(う)けて ~을/를 받아서, ~의 영향을 받아서 | ～を契機(けいき)として ~을/를 계기로 하여

7 이번에는 납기 지연에 있어서 (이해해 주셔서) 깊이 감사의 말씀을 드립니다.

1 설명하셔서
2 와 주셔서
3 이해해 주셔서
4 생각해 주셔서

해설 문맥상 알맞은 표현은 **3 ご理解いただきまして**이다. 화자가 납기를 지연시킨 점에 있어 상대방에게 이해를 받아서, 감사의 말을 전달하는 상황이므로, 대화 흐름 상 자연스럽게 연결되기 위해서는 理解(이해)라는 명사에 お(ご)+명사+いただく(~해 받다, ~해 주시다)라는 겸양어로 사용한 문법이 가장 적합하다. 1번은 説明(설명)라는 명사에 お(ご)+동사 ます형/명사+になる ~하시다(존경어)가 쓰였기 때문에 정답이 아니며, 2번은 おいでくださる 와 주시다(존경어)가 쓰여서 문맥상 자연스럽지 않기 때문에 정답이 아니다. 4번은 思う (생각하다)라는 동사의 겸양어인 存じる(생각하다)에 ～てくださる(~해 주시다)라는 존경어가 접속되어 있는, 겸양어와 존경어가 혼재된 옳지 않은 표현이다.

단어 この度(たび) 이번, 이번에 | 納期遅延(のうきちえん) 납기 지연 | ～におきまして ~에서, ~에 있어서 | 理解(りかい) 이해 | お(ご)+동사 ます형/명사+いただく ~해 받다, ~해 주시다(겸양어) | 厚(あつ)く御礼(おれい) 깊이 감사의 말씀 | 申(もう)し上(あ)げる 말씀드리다(겸양어) | お(ご)+동사 ます형/명사+になる ~하시다(존경어) | ご説明(せつめい)になる 설명하시다(존경어) | おいでくださる 와 주시다(존경어) | 存(ぞん)じる 생각하다(겸양어) | ～てくださる ~해 주시다(존경어)

8 장남은 매일 열심히 공부하고 집안일도 도와준다. (그것과는 달리) 차남은 숙제도 집안일 돕기도 하지 않고 놀기만 한다.

1 그것을 향해서
2 그것과는 달리
3 그것에 이르기까지
4 그것에 더해서

해설 문맥상 알맞은 표현은 **2 それにひきかえ**이다. 앞뒤 문장과 자연스럽게 연결되기 위해서는 ～にひきかえ(~와/과는 달리, ~와/과는 대조적으로)라는 문법이 가장 적합하다.

단어 長男(ちょうなん) 장남 | 家事(かじ) 가사, 집안일 | ～にひきかえ ~와/과는 달리, ~와/과는 대조적으로 | 次男(じなん) 차남 | ～てばかりだ ~하기만 하다 | ～に向(む)けて ~을/를 향해서 | ～に至(いた)るまで ~에 이르기까지 | ～に加(くわ)えて ~에 더해서

9 말하고 싶은 것은 이해할 수 있지만 이유 (의 여하를 불문하고) 팀으로서 결정한 것을 이제 와서 뒤집어엎는 것은 불가능하다.

1 는 제쳐두고　　　　　　2 한 보람이 있어서
3 는 부정할 수 없는 채로　**4 의 여하를 불문하고**

해설　문맥상 알맞은 표현은 **4 のいかんをとわず**이다. 모두 명사와 접속이 되는 문법이지만, 앞뒤 문장과 자연스럽게 연결되기 위해서는 〜いかんをとわず(〜여하를 불문하고)라는 문법이 가장 적합하다.

단어　〜いかんをとわず ~여하를 불문하고 | 今更(いまさら) 이제 와서 | 覆(くつがえ)す 뒤집어엎다 | 〜わけにはいかない ~할 수는 없다 | 〜はさておいて ~은/는 제쳐두고 | 〜かいがある ~한 보람이 있다 | 〜は否(いな)めない ~은/는 부정할 수 없다

10 (전화로)
아내 "여보세요? 버스 정기권을 떨어뜨려 버린 것 같아. 역까지 마중 나와 줬으면 좋겠는데…"
남편 "오늘은 차 가지고 오질 않아서 마중하러 갈 (방법이 없어). 우선 역 앞에서 기다릴 수 있어?"

1 곳이 없다　　　　　　　2 할 리가 없다
3 방법이 없다　　　　　　4 일 리가 없다

해설　문맥상 알맞은 표현은 **3 術がない**이다. 모두 동사와 접속이 되는 문법이지만, 앞뒤 문장과 자연스럽게 연결되기 위해서는 〜術がない(〜할 방법이 없다)라는 문법이 가장 적합하다.

단어　定期券(ていけん) 정기권 | 落(お)とす 떨어뜨리다 | 迎(むか)える 맞이하다, 마중하다 | 〜術(すべ)がない ~할 방법이 없다 | とりあえず 우선, 일단 | ところ 곳 | 〜わけがない ~할 리가 없다 | 〜はずがない ~일 리가 없다

문제6 다음 글의 ＿★＿에 들어갈 가장 알맞은 것을, 1·2·3·4에서 하나 고르세요.

11 새로운 정책을 정하기에 앞서 전문가와 섞어 서로 이야기를 거듭하는 것도 좋은 일이지만, 생활 ★에 관련된 정책은 국민의 의견 도 들어 주었으면 한다.

1 국민의 의견　　　　　　**2 에 관련된**
3 생활　　　　　　　　　　4 정책은

해설　문맥상 生活に関わる政策は(생활에 관련된 정책은)로 이어지는 것이 자연스럽기 때문에 3-2-4번으로 연결된다. 그리고 뒤 문장인 も聴いてほしいものだ(도 들어 주었으면 한다) 앞에는 国民の意見(국민의 의견)으로 이어지는 것이 자연스럽다. 따라서 3-2-4-1로 문장을 만들면 **2 に関わる**가 정답이다.

단어　政策(せいさく) 정책 | 〜にあたり ~데 있어(서), ~에 앞서 | 交(ま)じえる 섞다, 주고받다 | 重(かさ)ねる 포개다, 겹치다, 거듭하다 | 〜に関(かか)わる ~에 관련된 | 国民(こくみん) 국민 | 聴(き)く 듣다, 귀를 기울이다, 경청하다 | 〜ものだ ~하는 법이다, ~하는 것이 당연하다, ~하곤 했다(회상), ~(하는)구나(감탄)

12 전부터 신경 쓰이고 있었기는 하지만 좀처럼 영업일과의 타이밍이 맞지 않아서 ★가지 못하고 끝났습니다 만, 요전번 공휴일에 겨우 갈 수가 있었습니다.

1 끝났습니다　　　　　　　2 맞지 않고, 맞지 않아서
3 타이밍이　　　　　　　　**4 못 가고, 못 가서**

해설　문맥상 앞부분 営業日との(영업일과의) 뒤에는 タイミングが(타이밍이)라는 말이 오는 것이 자연스럽기 때문에 3번이 제일 먼저 온다. 그리고 그 뒤에는 タイミングが合わない(타이밍이 맞지 않다)로 이어지는 것이 문맥상 자연스럽기 때문에 3-2번으로 연결된다. 그리고 그 뒤에는 4-1번이 연결되어, 行けずじまいでした(가지 못하고 끝났습니다)로 이어지는 것이 문맥상 자연스럽다. 따라서 3-2-4-1로 문장을 만들면 **4 行けず**가 정답이다.

단어　気(き)になる 신경 쓰이다 | 〜ものの ~기는 하지만 | なかなか〜ない 좀처럼 ~않다 | 営業日(えいぎょうび) 영업일 | タイミングが合(あ)う 타이밍이 맞다 | 〜ずじまいだ ~하지 못하고 끝나다 | 祝日(しゅくじつ) 축일, 공휴일 | やっと 겨우

13 기업이 이익의 최대화를 도모하는 것은 당연하지만 고객 이 있어야 성립하는 ★이익 인 것을 명심해야 한다.

1 이익　　　　　　　　　　**2 인**
3 것을　　　　　　　　　　4 이 있어야 성립하는

해설　문맥상 앞부분 お客様(고객) 뒤에는 あっての(~이/가 있어야 (성립하는))이라는 말이 오는 것이 자연스럽기 때문에 4번이 제일 먼저 온다. 그리고 그 뒤에는 利益であることを(이익인 것을)로 이어지는 것이 문맥상 자연스럽다. 따라서 4-1-2-3으로 문장을 만들면 **2 ある**가 정답이다.

단어　利益(りえき) 이익 | 最大化(さいだいか) 최대화 | 図(はか)る 도모하다, 계획하다 | 当然(とうぜん)だ 당연하다 | 〜あっての ~이/가 있어야 (성립하는) | 肝(きも)に銘(めい)じる 명심하다

14 여성의 육아휴가는 비교적 취득하기 쉽습니다만 남성의 육아휴가 되면 ★허들이 높아지는 경향이 있습니다.

1 경향이　　　　　　　　　2 남성의
3 육아휴가가 되면　　　　　**4 허들이 높아진다**

해설　문맥상 男性の(남성의) 뒤에는 育児休暇となると(육아휴가가 되면)가 와야 男性の育児休暇となると(남성의 육아휴가가 되면)으로 완성되어 자연스럽고, 그 뒤에는 ハードルが高くなる(허들이 높아진다)로 이어져서 2-3-4번으로 연결된다. 그리고 뒤 문장인 あります(있습니다) 앞에는 1 きらいが가 나오는 것이 문맥상 자연스럽다. 따라서 2-3-4-1로 문장을 만들면 **4 ハードルが高くなる**가 정답이다.

단어　育児休暇(いくじきゅうか) 육아휴가 | 割(わり)と 비교적 | 取得(しゅとく) 취득 | 〜となると ~하게 되면, ~이/가 되면 | ハードルが高(たか)い 허들이 높다, 진입장벽이 높다 | 〜きらいがある ~하는 경향이 있다

15 아무리 조직 내에서 의견이 대립하고 있다고 해서 프로젝트의 책임자인데 설마 도중에 일을 ★내팽개치다니 무책임한 것에도 정도가 있다.

1 내팽개치다니 2 설마 도중에 일을
3 책임자인데 4 무책임한 것에도 정도가

해설 문맥상 앞부분 プロジェクトの(프로젝트의)에는 責任者なのに(책임자인데)가 이어지는 것이 자연스럽기 때문에 가장 처음에는 3번이 오게 된다. 그리고 まさか途中で仕事を投げ出すとは(설마 도중에 일을 내팽개치다니)로 이어지는 것이 자연스럽기 때문에 2-1번으로 연결된다. 또한, 無責任にもほどが(무책임한 것에도 정도가)는 뒷부분 ある(있다)와 이어져야 문맥상 자연스럽기 때문에 가장 마지막에는 4번이 오게 된다. 따라서 3-2-1-4로 문장을 만들면 **1 投げ出すとは**가 정답이다.

단어 いくら 아무리 | 組織(そしき) 조직 | 対立(たいりつ) 대립 | ~からといって ~라고 해서 | プロジェクト 프로젝트 | 責任者(せきにんしゃ) 책임자 | まさか 설마 | 投(な)げ出(だ)す 내던지다, 내팽개치다 | 無責任(むせきにん) 무책임 | ~にもほどがある ~에도 정도가 있다

문제7 다음 문장을 읽고, 문장 전체의 취지를 토대로, [16]부터 [19] 안에 들어갈 가장 알맞은 것을, 1·2·3·4에서 하나 고르세요.

이하는, 어느 사람이 쓴 에세이다.

불행을 받아들이는 방식

고등학생 시절, 나는 주위 친구들을 동경하고 있었다. 아침에 일어나서 밤에 침대에 들어갈 때까지, 책상에 달라붙어서 공부하고 있어서 불만이 쌓여도 그것을 말할 상대가 없다. 그런 자신이 세상에서 가장 불행하다고 생각하고 있었다. 친구처럼 가족끼리 사이좋게 이야기하거나 여행을 가거나 하는 것이 부러웠다. 나에게는 공부 [16] 없었다.

그럴 때, 우연히 학교 식당에서 옆자리에 앉은 아이와 이야기를 했다. 그녀도 나와 닮은 듯한 환경으로, 주변 친구들을 동경하고 있었다. 서로의 불만을 공유하면서 나는 생각했다. 내가 가장 [17]. 그 아이와의 대화로, 모두 제각기 힘을 내며 살고 있다는 것을 깨닫게 되었다.

[18] 10년이 흘렀다. 작년 여름 무렵, 일이며 가정이며 어쨌든 바빠서, 나는 자신이 얼마나 힘든 상황에 있는지를 SNS에 투고했다. 그것은 힘든 것을 달래게 하는 내 나름의 방법이었지만, 그 내용은 마치 자신이 세상에서 제일 힘들다고 말하고 있는 것이었다.

설날에 남편의 본가를 방문했다. 친척 모두가 모여있는 가운데 (주석1) 나는 남편의 남동생의 아내 옆자리에 앉았다. 맥주를 마시면서 그녀의 이야기를 듣고 있었더니, 나보다도 훨씬 힘들다는 것을 알았다. 아이가 막 2살이 되었는데, 새로운 일이 시작되고, 게다가 부모님에게 생활비를 보내기 위해서, 철야로 아르바이트를 하는 일도 있다고 한다. 일을 하지 않으면 돈이 손에 들어오지 않지만, 일을 하면 아이를 돌볼 수가 없다. 그것을 타개하기 위해서는 자신이 무리를 하는 수밖에 없다고 잠자는 시간도 아끼며 육아와 일을 [19]. 그것을 듣고 나는 자신이 부끄러워졌다. 그 이후로 SNS에서의 힘듦을 호소

하는 것을 멈추었다.

타인의 인생에 접하면, 자신이 세상에서 가장 불행한 것은 아닌 것을 깨닫는다. 외관으로부터는 알 수 없지만, 각자 다른 형태의 고민을 가지고 있다. 고민의 종류는 다르다고 하더라도, 누구나 고민을 안고 살고 있다. 그녀와의 대화로 고등학교 시절에 학교 식당에서 깊이 생각했던 것을 다시 한번 되새겼다. (주석2)

(주석1) 설날 : 1월 1일 오전 중
(주석2) 음미하다, 되새기다 : 여기에서는, 깊은 의미 등을 충분히 감지하다

16 1 만 2 도
 3 밖에 4 는

해설 문맥에 맞는 조사를 고르는 문제이다. 앞부분에 친구들이 부럽다는 내용과 함께 友達みたいに、家族で仲良く話したり旅行へ行ったりするのがうらやましかった。(친구처럼 가족끼리 사이좋게 이야기하거나 여행을 가거나 하는 것이 부러웠다.)라고 했기 때문에 뒤에는 부러워하는 이유가 오는 것이 자연스럽다. 그리고 ~ない(~않다, 없다)라는 부정형도 뒤에 나와 있기 때문에 「~しか ~ない」로 정답 유추도 가능하다. 따라서 **3 しか**가 정답이다.

표현 ~ばかり ~뿐, 만 | ~も ~도 | ~しか ~밖에 | ~は ~은/는

17 1 행복하다고는 할 수 없다 **2 불행한 것은 아니다**
 3 행복했다 4 불행하지 않다

해설 문맥에 맞는 문법 표현을 고르는 문제이다. 앞부분에 학교 식당에서 만난 친구와 이야기를 하면서 혼자만 불행한 것이 아니라는 것을 깨달았으므로 세상에서 나만 불행하지 않다는 걸 깨달았다는 내용이 오는 것이 자연스럽다. 따라서 **2 不幸なわけではない**가 정답이다.

표현 不幸(ふこう)だ 불행하다 | ~とは言(い)えない ~라고는 할 수 없다 | ~わけではない 반드시 ~인 것은 아니다

18 1 얼마나 **2 그로부터**
 3 지금까지 4 그때

해설 문맥에 맞는 접속사를 고르는 문제이다. 빈칸 뒷부분에 10年が経った(10년이 흘렀다)라고 했기 때문에 앞부분의 시점에서 시간이 지났다는 것을 표현하는 게 자연스럽다. 따라서 **2 あれから**가 정답이다.

표현 どれほど 얼마나 | あれから 그로부터 | これまで 지금까지 | そのとき 그때

19 **1 양립하고 있다고 한다** 2 양립해 보이겠다
 3 양립하는 편이 좋다 4 양립했기 때문이다

해설 문맥에 맞는 문법 표현을 고르는 문제이다. 앞부분에 寝る間も惜しんで育児と仕事を(잠잘 시간도 아끼며 육아와 일을)이라고 했기 때문에 두 가지 일을 병행하고 있음을 나타내고 있는 표현이 와야 자연스럽다. 따라서 **1 両立しているという**가 정답이다.

표현 両立(りょうりつ) 양립 | ~という ~라고 한다 | ~てみせる ~해 보이겠다 | ~たほうがいい ~하는 편이 좋다 | ~からである ~때문이다

단어 不幸(ふこう)だ 불행하다 | 受(う)け入(い)れる 받아들이다 | ~に憧(あこが)れる ~을/를 동경하다 | しがみつく 달라붙다, 매달리다 | 不満(ふまん)が溜(た)まる 불만이 쌓이다 | 仲良(なかよ)い 사이좋다 | たまたま 가끔, 이따금, 우연히 | 環境(かんきょう) 환경 | シェア 공유 | 経(た)つ 지나다, 경과하다, 흐르다 | ~に~にと ~며 ~며 | 状況(じょうきょう) 상황 | 投稿(とうこう) 투고 | 紛(まぎ)らわす 얼버무리다, 마음을 달래다, 기분을 돌리다 | ~なりの ~나름의 | 元旦(がんたん) 설날, 1월 1일 오전 중 | 実家(じっか) 본가 | 訪(おとず)れる 방문하다, 찾다 | 親戚(しんせき) 친척 | 一同(いちどう) 일동 | 主人(しゅじん) 주인, 남편 | ずっと 훨씬, 쭉, 계속 | 徹夜(てつや) 철야, 밤을 새움 | 面倒(めんどう)を見(み)る 돌보다, 보살피다 | 打開(だかい) 타개 | 寝(ね)る間(ま)も惜(お)しむ 잠자는 틈도 아끼다, 잠자는 시간도 아끼다 | 育児(いくじ) 육아 | それ以来(いらい) 그 이래, 그 후로 | アピール 어필, 호소 | 触(ふ)れる 접(촉)하다, 닿다 | 外見(がいけん) 외견, 외관, 겉모습 | 各自(かくじ) 각자 | 悩(なや)み 고민 | 抱(かか)える (껴)안다, 떠안다 | 考(かんが)え抜(ぬ)く 깊이 생각하다 | 噛(か)みしめる 음미하다, 되새기다 | 感(かん)じ取(と)る 감지하다, 마음에 느끼어 이해하다

독해

단문 실전 연습 문제				374p
1 ②	2 ②	3 ②	4 ④	5 ③
6 ③	7 ④	8 ②	9 ③	10 ③
11 ①	12 ③			

문제8 다음 문장을 읽고, 뒤의 물음에 대한 답으로서 가장 알맞은 것을, 1・2・3・4에서 하나 고르세요.

(1)

아이가 성장하는 과정에서 하는 거짓말은 부모 입장에서 보면 걱정의 발단일지도 모르겠습니다만, 아이 입장에서 보면 자기방어나 상상력의 일환입니다. 예를 들어 학교의 숙제를 하는 것을 잊어버린 이유를 '했는데 집에 두고 왔어'라고 말하는 것은 혼나는 것을 피하기 위한 거짓말임이 틀림없습니다. 이러한 거짓말은 성장의 일부이며 머지않아 정직함의 중요성을 배우는 계기가 됩니다. **부모로서는 거짓말을 나무라는 것뿐만 아니라, 왜 거짓말을 했는지를 이해한 후에 아이가 안심하고 진실을 이야기할 수 있는 환경을 조성하는 것이 중요합니다.**

(주석) 일환 : 전체의 흐름의 일부분

1 필자가 말하고 싶은 것은 무엇인가?

1 아이의 거짓말은 성장의 일부라고 하기보다는 단지 혼나는 것을 피하기 위한 것이다.
2 아이의 거짓말을 나무라는 것뿐만 아니라 진실을 모두 털어놓을 수 있는 환경을 만드는 것도 중요하다.
3 아이의 거짓말을 상상력의 성장으로 간주하고 거짓말을 해도 혼내지 않는 편이 좋다.
4 아이의 거짓말은 부모의 걱정의 발단이기 때문에 정직함의 중요성에 대해서 책망하는 것이 중요하다.

해설 필자는 親としては、嘘を咎めるだけでなく、なぜ嘘をついたのかを理解した上で、子どもが安心して真実を話せる環境を整えることが大切です。(부모로서는 거짓말을 나무라는 것뿐만 아니라, 왜 거짓말을 했는지를 이해한 후에 아이가 안심하고 진실을 이야기할 수 있는 환경을 조성하는 것이 중요합니다.)라고 하며 아이의 거짓말을 어떻게 받아들여야 하는지 이야기하고 있으므로 2번이 정답이다. 거짓말은 단지 혼나는 것을 피하기 위한 수단이지만 성장의 일부라고 했으므로 1번은 정답이 아니고, 혼내지 않아야 한다거나 정직함의 중요성을 책망해야 한다는 언급은 없으므로 3, 4번도 정답이 아니다.

단어 過程(かてい) 과정 | ~にしてみると・~にしてみれば ~로서 보면, ~입장에서 보면 | 種(たね) 씨(앗), 자손, 원인, 발단 | 自己防衛(じこぼうえい) 자기방어 | 一環(いっかん) 일환 | 避(さ)ける 피하다 | ~にほかならない 다름 아닌 ~이다, 바로 ~이다, ~임에 틀림없다 | やがて 얼마 안 있어, 곧, 이윽고, 머지않아 | 咎(とが)める 책망하다 | 整(ととの)える 정돈하다, 조정하다 | 責(せ)める 비난하다, 나무라다 | 打(う)ち明(あ)ける (속마음을) 털어놓다 | 見(み)なす 간주하다

(2)

'과학'이라고 들으면 흥미가 없는 한 오로지 과학자나 연구에 종사하는 사람들의 것이라고 생각하는 사람도 있을 것이다. 그렇다면 '과학'이 아닌 'AI'라면 어떨까. 요즘음 인간을 대신해서 주문을 받고 요리를 운반하며 한 사람 몫의 일을 처리하는 로봇을 도입하고 있는 음식점도 적지 않다인간의 역할을 AI가 짊어지는 이것이야말로 과학이며 인간이 그 연구를 거듭한 성과이다. 이미 과학의 힘 없이 우리들의 생활은 있을 수 없다. **과학의 힘은 모르는 사이에 우리의 생활을 지탱하는 매우 친근한 존재가 되고 있는 것을 잊어서는 안 된다.**

2 필자의 생각에 맞는 것은 어느 것인가?

1 과학의 힘은 기술자나 연구에 종사하는 사람들만이 사용하는 것이 되었다.
2 과학의 힘은 전문가들의 세계에 한하지 않고 우리에게 친근한 존재가 되어가고 있다.
3 과학에 흥미가 없는 사람들은 로봇이 일을 하는 음식점이 적다고 생각하고 있다.
4 과학에 흥미가 없는 사람들은 과학을 AI라고 생각하고 있다.

해설 필자는 科学の力は、知らず知らずのうちに、私たちの生活を支えるとても身近な存在となっていることを忘れてはならない。(과학의 힘은 모르는 사이에 우리의 생활을 지탱하는 매우 친근한 존재가 되고 있는 것을 잊어서는 안 된다.)라고 하며 일상생활과도 가까운 관계가 있다고 이야기하고 있으므로 2번이 정답이다. 과학에 관심이 없는 사람들이 이렇게 생각하고 있다고 했으므로 1번은 정답이 아니고, 로봇을 도입하고 있는 음식점이 적지 않다고 했으므로 3번도 정답이 아니다. 본문에서 언급하지 않은 내용이므로 4번도 정답이 아니다.

단어 ~限(かぎ)り ~하는 한 | 専(もっぱ)ら 오로지, 한결같이 | 携(たずさ)わる 관계하다, 종사하다 | 昨今(さっこん) 작금, 요즘 | 代(か)わる 대신하다 | 運搬(うんぱん) 운반 | 一人前(いちにんまえ) 한 사람 몫, 능력이나 기술이 제구실을 할 수 있게 됨 | こなす 잘게 부수다, 처리하다 | 導入(どうにゅう) 도입 | 役割(やくわり) 역할 | 担(にな)う 짊어지다, 떠맡다 | 積(つ)み重(かさ)ねる 겹겹이 쌓다, 거듭하다 | 成果(せいか) 성과 | もはや 이미, 이제는 | ~なくして(は) ~없이(는) | ありえない 있을 수 없다 | 知(し)らず知(し)らず 모르는 사이에, 어느새 | 支(ささ)える 지탱하다, 지지하다 | 身近(みぢか)だ 가깝다, 친근하다 | ~に限(かぎ)らず ~에 한하지 않고, ~뿐만 아니라 | ~つつある ~하고 있다(진행)

(3)

이문화 체험의 중요함은 이미 널리 퍼지고 있다. 그러므로 외국에 거주하는 사람이 많지만 외국의 문화에 너무 익숙해진 탓인지 오히려 돌아오고 나서 자국의 문화에 위화감을 느껴버리는 일이 있다. 이 현상을 역 컬처 쇼크라고 한다. 귀국 후 자국 문화에 대한 재적응이 스트레스가 되거나 정체성의 혼란이나 고독감을 일으키거나 한다. 이것이 심각해질 경우, 우울증 등에도 걸릴지도 모른다. 이문화 체험도 좋지만, 자국 문화의 지식과 이해에 대한 탐구도 소홀히 해서는 안 된다.

3 필자가 말하고 싶은 것은 무엇인가?

1 이문화 체험을 하면 귀국 후의 자국 문화에 대한 재적응이 필요하게 된다.
2 이문화 체험도 좋지만, 자국의 문화를 배우고 이해하려고 하는 노력도 중요하다.
3 역 컬처 쇼크가 되기 때문에 외국의 문화에 너무 익숙해지지 않도록 하는 편이 좋다.
4 자국 문화의 탐구를 게을리하면 정체성의 혼란이나 고독감을 느끼게 된다.

해설 필자는 異文化体験も良いが、自国文化の知識と理解への探求も怠ってはならない。(이문화 체험도 좋지만, 자국 문화의 지식과 이해에 대한 탐구도 소홀히 해서는 안 된다.)라고 하며 자국 문화를 이해하려는 자세가 중요하다고 이야기하고 있으므로 2번이 정답이다. 자국 문화에 대한 재적응이 필요하다고는 하지 않았으므로 1번은 정답이 아니고, 외국 문화에 너무 익숙해지지 말아야 한다고도 하지 않았으므로 3번은 정답이 아니다. 자국 문화의 재적응으로 정체성의 혼란과 고독감을 느낄 수 있다고 했으므로 4번도 정답이 아니다.

단어 異文化(いぶんか) 이문화 | 広(ひろ)まる 넓어지다, 널리 퍼지다, 널리 알려지다 | ～つつある ~하고 있다(진행) | ゆえに 고로, 그러므로 | 在住(ざいじゅう) 재주, 거주 | むしろ 오히려 | 違和感(いわかん) 위화감 | 現象(げんしょう) 현상 | 適応(てきおう) 적응 | アイデンティティー 아이덴티티, 정체성, 주체성 | 混乱(こんらん) 혼란 | 孤独感(こどくかん) 고독감 | 引(ひ)き起(お)こす 일으키다 | 深刻(しんこく) 심각 | うつ病(びょう) 우울증 | ～かねない ~할지도 모른다 | 探求(たんきゅう) 탐구 | 怠(おこた)る 게으름을 피우다, 소홀히 하다

(4)

이하는, 대학 진로 담당자가 받은 메일이다.

사쿠라 대학 진로 담당자 야마모토 님

항상 신세를 지고 있습니다.
사쿠라 대학 3학년 스즈키입니다.

대단히 죄송합니다만, 지난번 제시해 주셨던 진로 상담의 일시와 기업 면접의 스케줄이 겹쳐 버려서 일정 상담이 필요하게 되었기 때문에 연락하였습니다. 9월 20일 이후라면 일정 조정이 가능하기 때문에 송구합니다만, 재차 검토하신 후, 다시 한번 일시를 확인 받을 수는 없을까요? 메일로 일정을 보내 받는다면 내일 직접 상담실로 찾아 뵙겠으니 거기서 날짜를 정하고 싶다고 생각하고 있습니다. 만일 조정이 어려운 경우는 취소를 부탁드립니다.

아무쪼록 조정 잘 부탁드립니다.

4 이 메일에서 가장 전하고 싶은 것은 무엇인가?

1 기업 면접과 일정이 겹쳐 버려서 상담을 취소해 주었으면 한다.
2 내일 상담실에 가기 때문에 일정 상담이 가능한 스케줄을 보내 주었으면 한다.
3 내일 상담실에 가기 때문에 거기서 다시 한 번 일정 검토를 해 주었으면 한다.
4 일정 확정은 내일 하지만, 메일로 조정 가능한 일정을 보내 주었으면 한다.

해설 스즈키는 메일에서 メールで日程を送っていただいたら、明日直接相談室に伺うのでそこで日にちを決めたいと思っています。(메일로 일정을 보내 받는다면 내일 직접 상담실로 찾아 뵙겠으니 거기서 날짜를 정하고 싶다고 생각하고 있습니다.)라고 말하면서 우선 메일로 일정을 주시면 내일 직접 상담실에 가서 일정을 확정하겠다고 했으므로 4번이 정답이다. 일정 조정이 어려운 경우에 취소해 달라고 했으므로 1번은 정답이 아니고, 내일 상담실에 가는 것은 맞으나 일정 상담이 가능한 스케줄을 보내 달라고 요청하지는 않았으므로 2번도 정답이 아니다. 일정 검토는 상담실에서 하는 것이 아니므로 3번도 정답이 아니다.

단어 進路(しんろ) 진로 | 提示(ていじ) 제시 | 企業(きぎょう) 기업 | 調整(ちょうせい) 조정 | 恐(おそ)れ入(い)る 황송해하다, 송구스러워하다, 죄송해하다 | 再度(さいど) 재차, 다시 | 検討(けんとう) 검토 | 改(あらた)めて 다시 한번, 새삼스럽게 | 万(まん)が一(いち) 만일 | 取(と)り消(け)す 취소하다 | 何卒(なにとぞ) 아무쪼록 | 確定(かくてい) 확정

(5)

동물계의 정점에 군림하는 것은 무기를 빼고서라도 인간일 것이다. 인간은 지혜와 적응력을 가지고 환경에 맞춰서 살아가는 능력이 높기 때문에 다른 동물을 능가한다. 예를 들어 계절에 따라서 거처를 옮기거나 지금 바로 식욕을 채울 뿐 아니라 미래를 위해 저축을 하거나 한다. 이런 것들도 효율 좋게 하기 위한 도구를 사용하기 시작하여 먹이 사슬의 정점에 선 이 적응력과 지능이야말로 인간을 동물계의 정점에 자리 잡게 만든 이유라고 말할 수 없는 것도 아니다.

(주석) 먹이 사슬 : 자연계에서 잡아먹느냐 먹히느냐의 관계로 이어져 있는 것

5 필자의 생각에 맞는 것은 어느 것인가?

1 인간이 다른 동물을 능가하기 위해서, 살아남는 능력을 익혔다.
2 인간은 효율을 중시하고 있었기 때문에 먹이 사슬의 정점에 서는 것이 가능했다.

> 3 인간은 모든 환경에 대응할 수 있는 힘과 지식으로 동물을 능가했다.
> 4 효율이 좋은 도구야말로 인간을 동물계의 정점에 자리 잡게 만드는 법이다.

해설 　필자는 食物連鎖の頂点に立ったこの適応力と知能こそが、人間を動物界の頂点に位置づける理由であると言えないこともない。(먹이 사슬의 정점에 선 이 적응력과 지능이야말로 인간을 동물계의 정점에 자리 잡게 만든 이유라고 말할 수 없는 것도 아니다.)라고 했으므로 정답은 3번이다. 본문에서 언급하지 않은 내용이므로 1번은 정답이 아니고, 효율을 중시해서 먹이 사슬의 정점에 선 것이 아니므로 2번도 정답이 아니다. 도구가 동물계의 정점에 자리 잡게 만든 것이 아니므로 4번도 정답이 아니다.

단어 　動物界(どうぶつかい) 동물계 | 頂点(ちょうてん) 정점 | 君臨(くんりん) 군림 | 武器(ぶき) 무기 | ~をぬきにして ~을/를 제외하고, ~을/를 빼고 | 知恵(ちえ) 지혜 | 適応力(てきおうりょく) 적응력 | ~に応(おう)じて ~에 따라서, ~에 맞춰서 | 生(い)き抜(ぬ)く 꿋꿋이 살아 가다 | ~(が)ゆえ(に) ~때문에 | 凌(しの)ぐ 참고 견디어 내다, 헤쳐 나가다, 능가하다 | 居場所(いばしょ) 있는 곳, 거처 | 満(み)たす 가득 채우다, 만족시키다 | 貯蓄(ちょちく) 저축 | 効率(こうりつ) 효율 | 食物連鎖(しょくもつれんさ) 먹이 사슬 | 知能(ちのう) 지능 | 位置(いち)づける 자리매김하다, 자리 잡게 하다 | ~ないこともない ~(하)지 않는 것도 아니다 | あらゆる 모든, 일체의, 온갖

(6)

> 이하는 어느 빵집의 홈페이지에 게재된 공지이다.
>
> 2025년 2월 1일　　　　　　　　　　　　다나카 집의 빵집
>
> 임시 휴업 공지
>
> 평소에 당점을 아낌없이 사랑해 주셔서 진심으로 감사합니다.
> 이번에 갑작스럽습니다만, 점포 개장에 따라 잠시 동안 임시 휴업하게 되었습니다.
> 그 때문에 이 가게는 3월 31일로 일단 영업을 종료하고 8월 초에 신장 오픈합니다.
> 대단히 불편을 끼칩니다만, 아무쪼록 이해 잘 부탁드리겠습니다.
> 또한 마지막 날인 3월 31일은 빵이 매진되는 대로 폐점이 됩니다. 영업시간이 통상과는 다르므로 양해해 주십시오.
>　　　　　　　　　　　　다나카 집의 빵집 전화번호 : 020-428-4319
>　　　　　　　　　　　　(영업시간 : 화요일~토요일 10:00~17:00)

> **6** 이 공지사항에서 가장 전달하고 싶은 것은 무엇인가?
>
> 1 점포 개장 공사가 예정보다 지연되고 있는 것
> 2 점포를 개장하기 때문에 8월까지 영업을 하게 되었다는 것
> **3 임시 휴업 전인 마지막 날은 판매 상황에 따라서 폐점하는 것**
> 4 신장 오픈하고 나서는 통상 영업시간과 다른 것

해설 　공지에서 最終日である3月31日は、パンが売り切れ次第閉店となります。営業時間が通常とは異なりますのでご了承ください。(마지막 날인 3월 31일은 빵이 매진되는 대로 폐점이 됩니다 영업시간이 통상과는 다르므로 양해 해 주세요.)라고 하며 판매 상황에 따라서 영업을 종료하겠다고 하였으므로 3번이 정답이다. 언급하지 않은 내용이므로 1번은 정답이 아니고, 점포를 개장하는 것은 맞지만 8월까지 영업한다는 내용은 없으므로 2번도 정답이 아니다. 평소와 영업시간이 다른 날은 마지막 날인 3월 31일이므로 4번도 정답이 아니다.

단어 　掲載(けいさい) 게재 | 臨時(りんじ) 임시 | 日頃(ひごろ) 평소, 평상시 | 愛顧(あいこ) 애고, 사랑하여 돌보아 줌 | 店舗(てんぽ) 점포 | 改装(かいそう) 개장 | ~に伴(ともな)い ~에 따라 | 当店(とうてん) 당점, 이 가게 | ~をもって ~으로, ~로써 | 一旦(いったん) 일단 | 終了(しゅうりょう) 종료 | 新装(しんそう) 신장 | 上旬(じょうじゅん) 초, 상순 | 何卒(なにとぞ) 아무쪼록 | 売(う)り切(き)れる 매진되다 | ~次第(しだい) ~하는 대로 | 閉店(へいてん) 폐점 | 通常(つうじょう) 통상, 보통 | 異(こと)なる 다르다 | 了承(りょうしょう) 승낙, 양해 | 長引(ながび)く 오래 끌다, 지연되다

(7)

> 　주거는 개개인의 라이프 스타일이나 가치관을 반영하는 귀중한 공간이다. 살고 있는 사람을 위해서 보다 기분 좋고 쾌적한 일상생활을 보내기 위한 궁리가 행해지는 것이 일반적이다. 하지만 최근에는 자신뿐만 아니라 주변을 위한 궁리를 하는 것도 많아졌다. 예를 들어 옥상을 녹화[주석]로 하거나 소비하는 에너지도 지속 가능한 에너지로 전환하거나 하는 것이 대표적이다. 게다가, 베란다에 식물을 두는 것도 그 하나라고 말할 수 있을 것이다. 이러한 시각적인 안식을 얻을 수 있는 등 주거 환경의 질을 향상시킴과 동시에 생태계에 대한 배려도 나타낼 수 있다. 지속 가능한 발전을 지향하는 가운데 이러한 주거가 앞으로 이상적으로 여겨져야 하지 않을까.
>
> (주석) 녹화 : 어떤 장소에 풀이나 나무를 심는 것

> **7** 필자에 의하면 이상적인 주거란 어떠한 것인가?
>
> 1 지속 가능한 에너지로 전환하여 쾌적한 일상생활을 보낼 수 있도록 궁리하는 것
> 2 주변에도 배려하여 베란다에 식물을 심어 두는 것
> 3 살고 있는 사람의 가치관을 반영하여 시각적인 치유까지 얻을 수 있도록 하는 것
> **4 살고 있는 사람의 거주했을 때의 기분 좋음 뿐만 아니라 지속 가능한 발전까지 궁리하는 것**

해설 　필자는 これらは視覚的な安らぎが得られるなど住環境の質を向上させるとともに、生態系への配慮も示せる。(이러한 시각적인 안식을 얻을 수 있는 등 주거 환경의 질을 향상시킴과 동시에 생태계에 대한 배려도 나타낼 수 있다.)라고 하며 이러한 주거가 이상적으로 되어야 한다고 했으므로 4번이 정답이다. 집 주변을 위한 궁리의 예시이므로 1, 2번은 정답이 아니고, 살고 있는 사람의 가치관을 반영해서 시각적인 치유까지 얻을 수 있다고 하지 않았으므로 3번도 정답이 아니다.

단어 | 個々人(ここじん) 개개인 | ライフスタイル 라이프 스타일 | 価値観(かちかん) 가치관 | 反映(はんえい) 반영 | 貴重(きちょう)だ 귀중하다 | 空間(くうかん) 공간 | 心地(ここち)良(よ)い 기분이 좋다 | 快適(かいてき)だ 쾌적하다 | 工夫(くふう) 궁리, 고안 | 施(ほどこ)す 베풀다, (장식이나 가공 등을) 가하다, 행하다 | 緑化(りょくか) 녹화 *りょっか라고도 함 | 持続(じぞく) 지속 | 切(き)り替(か)える 달리 바꾸다, 전환하다 | 視覚的(しかくてき)だ 시각적이다 | 安(やす)らぎ 평온, 평안 | 住環境(じゅうかんきょう) 주거 환경 | 向上(こうじょう) 향상 | ~とともに ~와/과 함께, ~함에 따라, ~임과/와 동시에 | 生態系(せいたいけい) 생태계 | 配慮(はいりょ) 배려 | 志(こころざ)す 뜻하다, 뜻을 두다 | 住(す)み心地(ごこち) 거주했을 때의 기분

(8)

워크 라이프 밸런스라는 단어를 들어본 적이 있는가. 한마디로 말하자면 '일과 생활의 조화'이다. 코로나 재앙을 경계로 원격 근무^(주석)가 보급되어 일하는 방식의 선택지가 늘어난 것으로 워크 라이프 밸런스를 취하기 쉬워졌다. 한편으로 선택지는 늘었지만 장시간 노동이나 비효율적인 업무 등이 아직도 사회 문제로서 뿌리 깊게 남아 있으며 노동에 의해서 개인의 자유로운 시간이 빼앗기는 경향이 있다. 그 때문에 **워크 라이프 밸런스의 환경 정비를 보다 추진하여 사는 보람이나 생활의 풍족함을 추구하는 우리들 노동자가 일하기 쉬운 사회였으면 한다고 바랄 뿐이다.**

(주석) 원격 근무 : 직장에 가지 않고 다른 장소에서 일을 하는 것

8 이 문장에서 필자가 말하고 싶은 것은 무엇인가?

1 원격 근무로 인한 업무 환경은 비효율이라고 말할 수 있다.
2 일과 생활의 밸런스가 잘 정돈되어 있는 사회를 실현했으면 한다.
3 일의 효율보다도 사는 보람이나 충실한 생활을 추구하는 사람이 늘고 있다.
4 원격 근무를 보다 늘리고 노동에 의해서 자유를 빼앗기지 않도록 해야한다.

해설 필자는 ワークライフバランスの環境整備をより推進し、生き甲斐や生活の豊かさを求める私たち労働者が働きやすい社会であってほしいと願うばかりだ。(워크 라이프 밸런스의 환경 정비를 보다 추진하여 사는 보람이나 생활의 풍족함을 추구하는 우리들 노동자가 일하기 쉬운 사회였으면 한다고 바랄 뿐이다.)라고 했으므로 2번이 정답이다. 원격 근무가 비효율적이라는 내용은 언급하고 있지 않으므로 1번은 정답이 아니고, 사는 보람이나 충실한 생활을 추구하는 사람이 늘고 있다고 언급하지 않았으므로 3번도 정답이 아니다. 노동에 의해서 개인의 자유로운 시간이 빼앗기는 경향이 있다고만 했으므로 4번도 정답이 아니다.

단어 | 一言(ひとこと) 한마디 말 | 調和(ちょうわ) 조화 | コロナ禍(か) 코로나 재앙 | ~を境(さかい)に ~을/를 시점으로, ~을/를 경계로 | リモートワーク 원격 근무 | 普及(ふきゅう) 보급 | 選択肢(せんたくし) 선택지 | ~ものの ~기는 하지만(역접) | 労働(ろうどう) 노동 | 非効率的(ひこうりつてき)だ 비효율적이다 | 業務(ぎょうむ) 업무 | 未(いま)だ 아직(도) | 根強(ねづよ)い 뿌리 깊다 | 끈질기다 | 奪(うば)う 빼앗다 | ~きらいがある ~하는 경향이 있다 | 整備(せいび) 정비 | 推進(すいしん) 추진 | 生(い)き甲斐(がい) 사는 보람 | 豊(ゆた)かさ 풍부함, 풍족함 | 求(もと)める 구하다, 바라다, 추구하다 | 整(ととの)う 정돈되다 | 充実(じゅうじつ) 충실

(9)

'분노'는 부정적인 감정 또한 위험한 감정이기도 하다. 분노는 순간적으로 강하게 영향을 주는 감정으로 분노를 느꼈던 순간은 이성이 따라잡지 못한다고 한다. 그 사이에 자신을 제어할 수 없으면 자신은 물론 타인도 상처 입히는 사태를 초래할지도 모른다.
그 감정을 컨트롤하는 방법의 하나로서 분노를 수치화해 보는 것을 추천한다. 예전에 매우 화났던 때를 10이라고 하고 그것과 비교하여 지금 느끼는 분노는 어느 정도인지를 분석하고 숫자로 표현하는 것으로 의외로 별일 아니었다는 것에도 깨닫게 될 것이다. **이렇게 자신의 충동을 능숙하게 컨트롤하면 생산성도 상승하기 때문에 꼭 시도해 보길 바란다.**

9 분노의 수치화에 대해서 필자는 어떻게 서술하고 있는가?

1 분노를 분석하는 것으로 타인을 어느 정도 상처 입혔는지를 숫자로 나타낼 수 있다.
2 분노를 수치로 나타내는 것으로 이성이 따라잡기까지의 시간을 계산할 수 있다.
3 분노의 레벨을 측정하고 순간적인 감정의 충동을 억제할 수 있다.
4 순간적으로 강하게 영향을 주는 감정을 숫자로 나타내서 생산성 상승에 참고할 수 있다.

해설 필자는 その感情をコントロールする方法のひとつとして、怒りを数値化してみることをお勧めする。(그 감정을 컨트롤하는 방법의 하나로서 분노를 수치화해 보는 것을 추천한다.)라고 말하며 분노를 수치화하면 감정과 충동을 컨트롤할 수 있다고 말하고 있으므로 3번이 정답이다. 어느 정도 상처 줬는지 숫자로 나타낼 수 있다고는 언급하고 있지 않으므로 1번은 정답이 아니고, 언급하지 않은 내용이므로 2번도 정답이 아니다. 분노의 수치화로 충동을 컨트롤하면 생산성이 상승한다고만 했으므로 4번도 정답이 아니다.

단어 | ネガティブだ 부정적이다 | かつ 또한, 한편 | 瞬間的(しゅんかんてき)に 순간적으로 | 追(お)い付(つ)く 따라잡다, 따라붙다 | 制御(せいぎょ) 제어 | 事態(じたい) 사태 | 招(まね)く 초대하다, 초래하다 | コントロール 컨트롤, 통제 | 数値化(すうちか) 수치화 | かつて 일찍이, 예전부터 | 非常(ひじょう)に 매우, 상당히 | 分析(ぶんせき) 분석 | 衝動(しょうどう) 충동 | 上昇(じょうしょう) 상승 | 測定(そくてい) 측정 | 参考(さんこう) 참고

(10)

최근 SNS에서의 악성 댓글이 끊이지 않는다고 문제가 되고 있지만, 이것은 상상력 결여가 원인이 아닐까. 상상력이란 '눈앞에는 존재하지 않는 것을 머릿속에서 떠올리는 능력'이다. 즉, 본인의 지식과 경험에 의해 현실에서 일어날 수 있는 것을 상상하는 능력이다. SNS는 익명으로 얼굴이 보이지 않는 특질도 맞물려 상상력 결여에 의해 주관성이 강해진다. 그러므로 본인의 발신이 다른 사람을 상처 입힌다는 상상력이

전혀 없어 악성 댓글을 초래하는 것이다. **한순간이라도 상대의 입장에서 모든 일을 생각해 보는 배려심, 그것이야말로 이 SNS 사회에서 필요한 상상력일 것이다.**

(주석1) SNS : 소셜 네트워크 서비스(Social Networking Service)
(주석2) 악성 댓글 : 욕설이나 거짓말 등을 말해서 타인을 상처 입히는 것

---

10 필자에 의하면 상상력이란 어떠한 것인가?

1 앞으로 일어날 수 있는 일을 머릿속에서 예언하는 것
2 타인을 상처 입힐지도 모른다고 생각하지 않도록 하는 것
3 상대의 시점에서 모든 일을 생각하고 배려하는 것
4 SNS라는 특수한 사회에서 악성 댓글을 초래하는 것

해설　필자는 一瞬でも相手の立場で物事を考えてみる思いやりの心、それこそが、このSNS社会で必要な想像力だろう。(한순간이라도 상대의 입장에서 모든 일을 생각해 보는 배려심, 그것이야말로 이 SNS 사회에서 필요한 상상력일 것이다.)라고 했으므로 3번이 정답이다. 상상력은 눈앞에 존재하지 않는 것을 머릿속에서 떠올리는 능력이라고 했으므로 1번은 정답이 아니고, 상대를 상처 입힐 수 있다고 상상하면서 배려해야 한다고 했으므로 2번도 정답이 아니다. SNS가 특수하기 때문에 악성 댓글을 부른다는 언급은 없으므로 4번도 정답이 아니다.

단어　~における+명사 ~에서의 | 誹謗中傷(ひぼうちゅうしょう) 악성 댓글 | 絶(た)えない 끊이지 않다 | 欠如(けつじょ) 결여 | 思(おも)い浮(う)かぶ 떠오르다, 생각나다 | 匿名(とくめい) 익명 | 特質(とくしつ) 특질, 특성 | ~と相(あい)まって ~와/과 어우러져, ~와/과 맞물려 | 主観性(しゅかんせい) 주관성 | ゆえに 고로, 그러므로 | 発信(はっしん) 발신 | 招(まね)く 초대하다, 초래하다 | 一瞬(いっしゅん) 한순간, 짧은 순간 | 物事(ものごと) 세상만사의 일, 모든 일 | 予言(よげん) 예언 | ~かねない ~할지도 모른다 | 配慮(はいりょ) 배려 | 特殊(とくしゅ)だ 특수하다

---

(11)

아이들의 뇌는 18살까지 자란다고 한다. 그중 9할 정도는 6살에는 이미 완성된다고 한다. 이 시기에는 수면이나 식사와 같은 기본적인 생활습관을 몸에 익히면서 다양한 활동을 하는 것으로 단어를 외우거나 운동을 하거나 사고를 하거나 하는 등 이른바 인풋을 담당하는 뇌가 발달한다. 어떤 활동이 어떠한 프로세스로 발달로 이어지는가는 아직 밝혀지지 않았지만, 다양한 체험은 뇌를 다방면으로 자극하여 발달을 촉진한다는 사실만큼은 밝혀낼 수 있었다. 아이들은 밖에서 마음껏 놀아야 한다고 옛날부터 말해져 온 것은 잘못되지 않은 것이다. 우리 어른들은 아이들이 길에서 크게 벗어나지 않도록 **지켜봐 주는 정도로도 충분**하다는 것이다.

11 지켜봐 주는 것으로 충분한 것은 왜인가?

1 뇌의 발달은 다양한 활동에 의해 촉진되기 때문에
2 어떤 활동이 뇌의 발달에 유효한지는 아직 밝혀지지 않았기 때문에
3 옛날부터 마음껏 놀게 해야 한다고 전해져 오고 있기 때문에
4 뇌의 인풋을 담당하는 기능은 자연스럽게 발달하기 때문에

해설　필자는 どんな活動がどのようなプロセスで発達につながるのかは未だに解明されていないが、多様な体験は脳を多方面に刺激し、発達を促進するという事実だけは突き止めることができた。(어떤 활동이 어떠한 프로세스로 발달로 이어지는가는 아직 밝혀지지 않았지만, 다양한 체험은 뇌를 다방면으로 자극하여 발달을 촉진한다는 사실만큼은 밝혀낼 수 있었다.)라고 하면서 다양한 체험이 뇌의 발달에 좋다고 했으므로 1번이 정답이다. 2번은 어떤 활동이 어떻게 발달로 이어지는지는 알지 못하지만 다양한 활동이 발달에는 좋다는 사실은 밝혀냈다고 했으므로 정답이 아니고, 3번은 옛날부터 말해져 온 것이 잘못되지 않았다고 할 뿐 직접적인 이유는 아니므로 정답이 아니다. 4번은 다양한 활동을 하는 것으로 인풋을 담당하는 뇌가 발달한다고 했으므로 정답이 아니다.

단어　脳(のう) 뇌 | 時期(じき) 시기 | 思考(しこう) 사고 | いわゆる 소위, 이른바 | インプット 인풋 | 発達(はったつ) 발달 | プロセス 프로세스, 과정 | 未(いま)だ 아직(도) | 解明(かいめい) 해명하다, 밝혀내다 | 多様(たよう)だ 다양하다 | 多方面(たほうめん) 다방면 | 刺激(しげき) 자극 | 促進(そくしん) 촉진 | 突(つ)き止(と)める 밝혀내다 | 思(おも)いっきり 마음껏, 실컷 | 外(はず)れる 빠지다, 벗어나다 | 見守(みまも)る 지켜보다 | 促(うなが)す 재촉하다, 촉진하다 | 有効(ゆうこう)だ 유효하다

---

(12)

이하는 서점으로부터 보내져온 메일 내용이다.

니시카와 님

항상 당점을 이용해 주셔서 참으로 감사합니다.
지난번 문의해 주셨던 서적 '엔지니어를 위한 취활 가이드북'은 2024년 6월 30일 자로 절판되었습니다.
그러나 점포 앞에 아직 약간의 재고가 있으므로 따로 보관해 놓을 수 있습니다.
그러므로 따로 보관을 희망하실 때에는 3일 이내에 그 내용을 당점으로 연락해 주십시오. 상품 절판으로 인해 불편을 끼쳐 드립니다만, 아무쪼록 이해해 주시길 부탁드리겠습니다.
또한 이 건에 대해서 불명한 점이 있으시다면 하기 메일 주소로 앞으로 문의해 주시길 부탁드립니다.

2024년 7월 8일
도쿄 북 센터
재고 관리 담당 : 기무라
문의 메일 주소 : toiawase@bookcenter.jp

12 이 메일에서 가장 전하고 싶은 것은 무엇인가?

1 특정 서적이 6월 30일 자로 절판이 되어 버려서 재고가 전혀 없다는 것
2 서적의 보관을 희망하는 경우는 미리 점포 앞 메일로 전해 주었으면 한다는 것

3 서적의 보관을 희망하는 경우는 7월 11일까지 의향을 가게로 연락해 주었으면 한다는 것
4 서적의 보관을 희망하는 경우는 3일 이내에 점포로 가지러 와 주었으면 한다는 것

해설 도쿄 북 센터의 담당자 기무라가 2024년 7월 8일에 메일을 보내면서 お取り置きをご希望の際は、3日以内にその旨を当店までご連絡ください。(따로 보관을 희망하실 때에는 3일 이내에 그 내용을 당점으로 연락해 주십시오.)라고 했기 때문에 7월 11일까지 가게에 연락해야 하므로 3번이 정답이다. 절판된 것은 맞지만 점포 앞에 재고가 있다고 말했으므로 1번은 정답이 아니고, 따로 보관을 희망할 경우에는 3일 이내에 가게로 연락을 달라고 했으므로 2, 4번은 정답이 아니다.

단어 当店(とうてん) 당점, 이 가게 | 誠(まこと)に 참으로 | 書籍(しょせき) 서적 | エンジニア 엔지니어, 기술자 | 就活(しゅうかつ) 취활, 취준(就職活動의 줄임말) | ~をもちまして ~으로, ~로써 | 絶版(ぜっぱん) 절판 | 店頭(てんとう) 점두, 점포 앞 | 若干(じゃっかん) 약간 | 在庫(ざいこ) 재고 | お取(と)り置(お)き 따로 남겨둠, 따로 보관함 | つきましては 따라서, 그러므로 | ~際(さい)は ~할 때에는, ~할 즈음에는 | その旨(むね) 그 내용, 그 이야기 | ~に伴(ともな)い ~에 따라 | 何卒(なにとぞ) 아무쪼록 | 賜(たま)わる 윗사람에게 받다, 내려 주시다 | ~宛(あて) ~앞 | 在庫(ざいこ) 재고 | 前(まえ)もって 미리, 앞서 | 店舗(てんぽ) 점포, 가게 | 意向(いこう) 의향

중문 실전 연습 문제 390p

1 ④	2 ③	3 ②	4 ④	5 ③
6 ①	7 ④	8 ④	9 ③	10 ①
11 ②	12 ①	13 ①	14 ④	15 ③
16 ①	17 ①	18 ①	19 ④	20 ③
21 ①	22 ①	23 ④	24 ②	

문제9 다음 문장을 읽고, 뒤의 물음에 대한 답으로서 가장 알맞은 것을, 1·2·3·4에서 하나 고르세요.

(1)

현대 사회에서 사용이 끝난 자동차의 해체와 재이용은 환경 보호의 관점에서 매우 중요한 과제이다. 자동차는 수명을 맞이하면 폐기물로서 처리되는 경우가 많지만, 사용이 끝난 자동차의 해체는 단순한 폐기 처리가 아닌 자원의 재이용을 목적으로 한 중요한 공정이다.

해체 업자는 자동차를 세밀하게 분해한 뒤, 각 금속을 분류하고 회수한다. 이 과정을 거쳐 재이용할 수 있는 부품을 고르고 새로운 제품의 재료로써 사용한다. 이것으로 인해 자원의 낭비를 막고 환경으로의 부담을 경감할 수 있다. 해체된 엔진 등의 주요 부품은 수리나 재제조를 거쳐 다시 시장으로 나돈다. 그렇게 해서 새로운 부품을 제조할 때 에너지 소비를 최소한으로 억제할 수 있게 된다. 재이용된 부품은 가성비도 뛰어나고 소비자에게 있어서도 경제적인 메리트가 있다.

한편으로 해체와 재이용의 공정에는 과제도 존재한다. 예를 들어 해체 작업 중에 발생하는 유해 물질의 처리나 재이용 부품의 품질 관리 등을 들 수 있다. 이러한 과제를 극복하기 위해서는 기술의 진보와 함께 법 규제의 정비가 불가결하다. 특히 환경 보호의 관점에서는 엄격한 기준을 마련할 필요가 있다.

사용이 끝난 자동차의 해체와 재이용은 환경 보호뿐만 아니라 경제적인 측면에서도 중요하다. 자원의 유효 활용을 도모하는 것으로 지속 가능한 사회 실현에 기여한다. 따라서 우리들 한 사람 한 사람이 <u>그 의의</u>를 이해하고 적극적으로 관여하는 것이 요구된다.

(주석1) 해체 : 여기서는 차를 산산조각 내는 것
(주석2) 공정 : 여기서는 차를 만들 때의 순서, 작업의 각 단계
(주석3) 유해 물질 : 화학품에서 나오는 환경이나 몸에 나쁜 것

1 수리와 재제조에 대해서 필자가 말하고 싶은 것은 무엇인가?

1 수리나 재제조 공정에서 유해 물질의 엄격한 법 규제를 바로 만들 필요가 있다.
2 에너지 소비를 최소한으로 억제할 수 있기 때문에 소비자에게 메리트가 있다.
3 환경으로의 부담을 줄일 수 있기 때문에 기준을 마련할 필요는 없다.
4 수리나 재제조를 거쳐 새로운 부품을 제조할 때의 에너지 소비를 최소한으로 억제할 수 있다.

해설 필자는 엔진을 비롯한 주요 제품을 제조에 다시 사용하는 것으로 新たな部品を製造する際のエネルギー消費を最小限に抑えることができるようになる。(새로운 부품을 제조할 때 에너지 소비를 최소한으로 억제할 수 있게 된다.)라고 했으므로 4번이 정답이다. 해체 작업 중 발생하는 유해 물질에 대해 법규적 정비와 엄격한 기준을 마련할 필요가 있다고 했지만 바로 만들어야 한다는 언급은 없으므로 1번은 정답이 아니고, 본문에서 언급한 내용이 아니므로 2, 3번도 정답이 아니다.

2 <u>그 의의</u>라고 있는데 어떠한 것인가?

1 폐기물을 재이용해서 신제품을 되도록 만들지 않는 등, 자원의 낭비를 억제하는 것
2 해체 작업 중에 발생하는 유해 물질 처리나 재이용 부품의 품질 관리를 추진하는 것
3 지속 가능한 사회를 실현하기 위해서 한 사람 한 사람이 환경 보호의 관점에서 재검토하는 것
4 사용이 끝난 자동차의 해체와 재이용이 환경 보호와 경제적 측면에서 매우 중요하다는 것

해설 의의에 대해서 使用済み自動車の解体と再利用は、環境保護だけでなく、経済的な側面からも重要である。(사용이 끝난 자동차의 해체와 재이용은 환경 보호뿐만 아니라 경제적인 측면에서도 중요하다.)라고 했으므로 4번이 정답이다. 1번은 사용이 끝난 자동차 해체와 재이용으로 낭비를 억제한다고 했으므로 정답이 아니고, 2번은 이미 유해 물질 처리 및 재이용 부품의 품질 관리는 앞으로의 과제

이지만 여기서 말한 의의는 아니므로 정답이 아니다. 3번은 한 사람 한 사람이 환경 보호 관점에서 재검토해야 한다고 언급하지 않았으므로 정답이 아니다.

단어 使用済(しようず)み 사용이 끝남 | 解体(かいたい) 해체 | 保護(ほご) 보호 | 観点(かんてん) 관점 | 極(きわ)めて 지극히, 매우 | 寿命(じゅみょう) 수명 | 廃棄物(はいきぶつ) 폐기물 | 処理(しょり) 처리 | 単(たん)なる 단순한 | 資源(しげん) 자원 | 工程(こうてい) 공정 | 業者(ぎょうしゃ) 업자 | 分解(ぶんかい) 분해 | 金属(きんぞく) 금속 | 分類(ぶんるい) 분류 | 過程(かてい) 과정 | 経(へ)る 지나다, 경과하다 | 無駄(むだ)づかい 낭비 | 防(ふせ)ぐ 막다 | 負担(ふたん) 부담 | 軽減(けいげん) 경감 | 主要(しゅよう) 주요 | 製造(せいぞう) 제조 | 再(ふたた)び 두 번, 재차, 다시 | 出回(でまわ)る 나돌다 | ~際(さい)(に) ~할 때(에), ~할 즈음(에) | 抑(おさ)える 억누르다 | コスパ 코스트 퍼포먼스(コストパフォーマンス 의 줄임말), 가성비 | 優(すぐ)れる 뛰어나다, 우수하다 | メリット 메리트, 장점 | 存在(そんざい) 존재 | 有害物質(ゆうがいぶっしつ) 유해 물질 | 品質(ひんしつ) 품질 | 挙(あ)げる 들다, 거행하다 | 克服(こくふく) 극복 | 法規制(ほうきせい) 법 규제 | 整備(せいび) 정비 | 不可欠(ふかけつ)だ 불가결하다 | 厳格(げんかく)だ 엄격하다 | 設(もう)ける 설치하다, 마련하다 | 側面(そくめん) 측면 | 有効(ゆうこう) 유효 | 図(はか)る 도모하다 | 持続(じぞく) 지속 | 寄与(きよ) 기여 | 意義(いぎ) 의의 | 関与(かんよ) 관여 | 求(もと)める 구하다, 바라다, 요구하다 | ばらばら 뿔뿔이, 제각각, 산산조각 | 浪費(ろうひ) 낭비 | 見直(みなお)す 다시 보다, 재검토하다 | 非常(ひじょう)に 매우, 상당히

(2)

예전부터 통근 전차 차내에서 사람들이 책을 읽고 있는 광경을 자주 보곤 했다. 그것이 지금에서는 스마트폰으로 SNS나 게임을 즐기고 있는 사람이 대부분이다. 그런 시대이기 때문에 나는 독서를 추천하고 싶다.

독서에는 스트레스를 경감하거나 릴랙스를 하거나 하는 효과가 있다고 들은 적은 없는가. 이것은 책을 읽는 것으로 **뇌 내에 분비되는 호르몬이 변화하고 고양감을 주거나 아픔을 완화하거나 하는 작용이 있기 때문이다.** 즉, **독서는 뇌를 스트레스에서 해방시켜주는** 것이다.
(주석1)

최근 의료의 현저한 진보로 이전에는 불치병이라고 불렸던 암조차 지금은 조기 발견 등에 의해 치료할 수 있는 시대를 맞이하여 인생 100년 시대라는 단어까지 등장하게 되었다. 그 한편으로 심각화되고 있는 것이 인지증이다. 인지증이란 주로 가령에 따른 뇌의 병이며 이것을 앓으면 기억 장애나 이해, 판단력 저하 등을 일으키는데 고령화 사회가 진행됨에 따라서 그 환자 수는 매년 증가하고 있다.
(주석2)

그래서 그 예방책으로써 주목하고 싶은 것이 독서이다. 독서는 전술한 릴랙스 효과에 더해 뇌에 자극을 주고 새로운 정보나 경험을 받아들이는 것에 의해 가령에 의한 인지 기능 저하를 막는다고 여겨지고 있기 때문이다.

독서는 새로운 지식이나 스킬을 얻거나 상상의 세계로 인도하여 즐겁게 해 주거나 할 뿐만 아니라 우리들이 몸과 마음 모두 건강하게 있을 수 있기 위한 수단이기도 하다. **어떤 때는 오락이 되고 또 어떤 때는 학습의 도움이 되며 그리고 마음의 약도 될 수 있는 그런 만능인 독서를 취미로 삼지 않을 방법은 없을 것이다.**

(주석1) 고양감 : 기분이 매우 흥분한 감각
(주석2) 가령 : 나이를 먹는 것

---

3 독서는 뇌를 스트레스에서 해방시켜준다고 있는데 왜인가?

1 책을 읽는 것으로 통근 전차 차내가 즐거워지기 때문에
2 책을 읽는 것으로 뇌 내에 호르몬의 성질이 변하기 때문에
3 책을 읽는 것으로 치료하기 어려운 병까지 치료되는 효과가 있기 때문에
4 책을 읽는 것으로 스트레스를 완화하기 위한 지식을 얻을 수 있기 때문에

해설 필자는 脳内に分泌されるホルモンが変化し、高揚感を与えたり、痛みを和らげたりする作用があるからだ。(뇌 내에 분비되는 호르몬이 변화하고 고양감을 주거나 아픔을 완화하거나 하는 작용이 있기 때문이다.)라고 했으므로 2번이 정답이다. 1번은 통근 열차에서 책을 읽는 사람들이 많다고만 이야기했으므로 정답이 아니고, 3번은 의료 기술의 발전으로 불치병이라고 불렸던 암까지 치료하는 시대를 맞이하였다고만 하였으므로 정답이 아니다. 4번은 책을 읽는 것으로 스트레스를 완화하는 지식을 얻을 수 있다고 언급하지 않았으므로 정답이 아니다.

4 필자에 의하면 만능인 독서란 어떠한 것인가?

1 뇌를 자극하는 것으로 학습이나 스킬 습득의 도움이 되는 약과 같은 것
2 뇌를 자극하는 것으로 릴랙스 효과가 있는 약과 같은 것
3 지금까지 치료하지 못했던 병뿐만 아니라 노화를 막아주는 약과 같은 것
4 오락과 학습의 도움에 그치지 않고 스트레스를 해소해 주는 약과 같은 것

해설 필자는 あるときは娯楽となり、またあるときは学習の手助けとなり、そして心の薬にもなり得る、そんな万能な読書を趣味にしない手はないだろう。(어떤 때는 오락이 되고 또 어떤 때는 학습의 도움이 되며 그리고 마음의 약도 될 수 있는 그런 만능인 독서를 취미로 삼지 않을 방법은 없을 것이다.)라고 했으므로 4번이 정답이다. 학습의 도움뿐만 아니라 건강하게 있을 수 있는 수단이라고 했으므로 1번은 정답이 아니고, 독서가 릴랙스 효과가 있지만 뇌를 자극해서 얻을 수 있는 효과라고는 하지 않았으므로 2번도 정답이 아니다. 독서로 노화를 막아준다는 언급은 없으므로 3번도 정답이 아니다.

단어 かつて 일찍이, 예전부터 | 光景(こうけい) 광경 | ~ものだ ~하곤 했다(회상) | ~からこそ ~이기 때문에 | 薦(すす)める 추천하다 | 軽減(けいげん) 경감 | リラックス 릴랙스, 긴장을 풀고 쉼 | 分泌(ぶんぴつ) 분비 | 高揚感(こうようかん) 고양감 | 和(やわ)らげる 누그러뜨리다, 완화하다 | 作用(さよう) 작용 | 解放(かいほう) 해방 | 医療(いりょう) 의료 | 著(いちじる)しい 현저하다, 두드러지다 | 不治(ふじ)の病(やまい) 불치병 | 癌(がん) 암 | 早期(そうき) 조기 | 治療(ちりょう) 치료 | 深刻化(しんこくか) 심각화 | 認知症(にんちしょう) 인지증, 치매 | 加齢(かれい) 가령, 나이를 한 살 먹음 | 伴(ともな)う 동반하다, 따르다 | 患(わずら)う (병을) 앓다 | 障害(しょうがい) 장애 | 高齢化(こうれいか) 고령화 | ~につれ(て) ~(함)에 따라(서) | 患者(かんじゃ) 환자 | 前述(ぜんじゅつ)する 전술하다 | ~に加(くわ)え

~에 더해 | 刺激(しげき) 자극 | 取(と)り入(い)れる 도입하다, 받아들이다 | 防(ふせ)ぐ 막다 | 知識(ちしき) 지식 | スキル 스킬, 기술 | 導(みちび)く 안내하다, 인도하다 | 心身(しんしん) 심신, 마음과 몸 | 娯楽(ごらく) 오락 | 手助(てだす)け 도움, 조력 | 万能(ばんのう)だ 만능이다 | 手(て)がない 방법(수단)이 없다 | 非常(ひじょう)に 매우, 상당히 | 興奮(こうふん) 흥분 | 緩和(かんわ) 완화 | 老化(ろうか) 노화 | ~にとどまらず ~에 그치지 않고 | 解消(かいしょう) 해소

(3)

최근 디지털 제품의 사용이 저연령화되고 있는 문제는 심각하다. 거리에서 영유아들에 대해서 부모가 안이하게 스마트폰을 주고 있는 광경을 보면 안타깝기 짝이 없다.

이 현상은 부모의 자기중심적인 행동이나 주위로부터의 영향에 의한 것이라고 생각된다. 부모는 자신의 사정으로 친근한 디지털 제품을 제공하고 단시간의 조용함을 요구한다. 그러나 이 행위는 아이의 건전한 성장에 악영향을 끼칠 우려가 있다.

아무리 아이가 기쁘다고 해도 디지털 제품에 열중하게 되면 발달에 필요한 감각적 자극이 부족해져 버린다. 예를 들어 이동 중 유모차에 탄 아기가 스마트폰 화면을 장시간 주시하면 주위에 대한 흥미가 약해져서 시각이나 청각, 감각 발달이 방해되어 버릴 뿐만 아니라 상황 변화를 민감하게 파악할 수 없게 된다. 그 결과, 사회성이나 대인 관계 구축에도 악영향을 줄지도 모른다.

게다가, 디지털 제품으로 얻어지는 정보는 순식간에 소비되며 유소년기부터 이 정보에 익숙해져 버리면 집중력이나 지속력 저하를 일으키는 원인이 된다. 부모는 아이들이 기뻐하는 것을 우선시하지만, 이것은 어찌 됐든 실제로는 아이의 발달을 저해하는 결과로 이어진다. 나아가서는 부모와 자식 사이의 대화가 감소하고 노는 시간이 부족해지는 사태에 이르며 그렇게 되면 언어 능력이나 감정 이해가 충분하게 발육되기 어려워진다.

이처럼 스마트폰 등 디지털 제품은 발달에 심각한 영향을 끼치는 것을 토대로 보호자는 아이에 대해 적절한 사용을 하는지 지켜보고 건전한 성장을 촉구하는 환경을 갖출 필요가 있다. 그리고 미래를 지키기 위해서는 사회 전반에서 이 문제를 마주 볼 필요가 있다고 생각한다.

5 디지털 제품을 아이들에게 주는 것에 대해서 필자는 어떻게 생각하고 있는가?

1 육아에서 해방되어 한때의 조용함을 즐기기 위한 필수적인 수단이다.
2 아이들을 단시간에 침묵시켜서 부모가 자신의 시간을 확보할 수 있는 수단이다.
3 한때의 조용함을 원해 안이하게 주는 것은 아이들의 건전한 발달을 저해하는 요인이 된다.
4 한때의 조용함을 원해 아이들에게 디지털 제품을 건네주면 밖에서 놀 기회를 잃는다.

해설 필자는 親は自分の都合で、身近なデジタル製品を提供し、短時間の静けさを求める。しかし、この行為は子どもの健全な成長に悪影響を及ぼす恐れがある。(부모는 자신의 사정으로 친근한 디지털 제품을 제공하고 단시간의 조용함을 요구한다. 그러나 이 행위는 아이의 건전한 성장에 악영향을 끼칠 우려가 있다.)라고 했으므로 3번이 정답이다. 1, 2, 4번은 본문에서 언급한 내용이 아니므로 정답이 아니다.

6 필자에 의하면 디지털 제품의 적절한 사용이란 어떠한 것인가?

1 준 시기나 이용 시간, 감각 자극을 키우는 활동과 부모 자식의 대화 시간을 고려하는 것
2 아이들이 기뻐한다면 몰두해도 문제없으므로 언제 주어도 상관하지 않는 것
3 준 시기나 이용 시간, 상황 변화의 민감함이나 놀이 시간을 고려하는 것
4 유소기에 흔히 있는 집중력과 지속력 저하를 일으킬 경우에 주는 것

해설 필자는 디지털 제품을 유소기 때부터 접하게 되면 부모와 자식 사이의 대화가 감소하게 되고 언어 능력과 감정 이해가 발육되기 어려울 수 있다며 보호자는 자녀에 대해서 적절한 사용을 견지하며, 건전한 성장을 촉구하는 환경을 조정할 필요가 있다. (보호자는 아이에 대해 적절한 사용을 하는지 지켜보고 건전한 성장을 촉구하는 환경을 갖출 필요가 있다.)라고 했으므로 1번이 정답이다. 2, 3, 4번은 본문에서 언급한 내용이 아니므로 정답이 아니다.

단어 深刻(しんこく)だ 심각하다 | 乳幼児(にゅうようじ) 유아, 영유아 | 安易(あんい)に 쉽게, 안이하게 | 光景(こうけい) 광경 | ~極(きわ)まりない ~하기 짝이 없다 | 自己中心的(じこちゅうしんてき)だ 자기중심적이다 | 影響(えいきょう) 영향 | 身近(みぢか)だ 가깝다, 친근하다 | 提供(ていきょう) 제공 | 求(もと)める 구하다, 바라다, 요구하다 | 行為(こうい) 행위 | 健全(けんぜん)だ 건전하다 | 及(およ)ぼす 미치게 하다, 끼치다 | ~恐(おそ)れがある ~할 우려가 있다 | 夢中(むちゅう)になる 열중하다 | 発達(はったつ) 발달 | 刺激(しげき) 자극 | ベビーカー 유모차 | 注視(ちゅうし) 주시 | 薄(うす)れる 엷어지다, 희미해지다, 약해지다 | 視覚(しかく) 시각 | 聴覚(ちょうかく) 청각 | 触覚(しょっかく) 촉각 | 妨(さまた)げる 방해하다 | 敏感(びんかん)だ 민감하다 | 捉(とら)える 잡다, 파악하다 | 構築(こうちく) 구축 | ~かねない ~할지도 모른다 | 瞬時(しゅんじ)に 순식간에 | 幼少期(ようしょうき) 유소년기 | 持続力(じぞくりょく) 지속력 | 引(ひ)き起(お)こす 일으키다 | 優先(ゆうせん) 우선 | ~はどう(で)あれ ~은/는 어찌 됐든 | 阻害(そがい) 저해 | ひいては 나아가서는 | 対話(たいわ) 대화 | 事態(じたい) 사태 | 至(いた)る 이르다, 도달하다 | 発育(はついく) 발육 | ~を踏(ふ)まえ(て) ~을/를 토대로, ~에 입각하여 | 保護者(ほごしゃ) 보호자 | 適切(てきせつ)だ 적절하다 | 見極(みきわ)める 끝까지 지켜보다 | 促(うなが)す 재촉하다, 촉구하다 | 整(ととの)える 조정하다, 정돈하다, 갖추다 | 向(む)き合(あ)う 마주 보다, 마주 대하다 | 解放(かいほう) 해방 | 沈黙(ちんもく) 침묵 | 確保(かくほ) 확보 | 養(やしな)う 기르다, 양육하다 | 考慮(こうりょ) 고려 | 没頭(ぼっとう)する 몰두하다 | 構(かま)う 상관하다 | ~がちだ 자주 ~하다, ~하는 경향이 있다

(4)

최근에 이분야 연계 혹은 이분야 융합이라는 단어를 자주 듣게 되었다. 전문 영역의 장벽을 넘어서 다른 분야나 입장의 사람들이 각자의 시점에서 연구 테마를 모으거나 의논하거나 하는 것으로 지금까지 해결하지 못했던 과제에 대응하고 실현 불가능했던 구상을 형상화할 수 있다고 주목을 받고 있다.

그런 가운데 특히 주목하고 싶은 것이 의학과 공학의 이분야 연계이다. 이것은 이공 연계라고 불리며 병원 등의 의료 기관, 의료 기기 제조 회사인 민간 기업에 더해 대학의 연구 기관의 협력을 얻어 의료를 위한 새로운 테크놀로지가 개발되고 있다.

예를 들어 AI(인공지능)를 활용한 로봇에 의한 수술 등이 그것이다. 고도의 기술을 필요로 하는 수술을 할 경우 지방으로 가면 갈수록 숙련된 전문의의 수가 한정적인 것이 현재 상황이며 수술하려고 해도 그것을 할 수 있는 의사가 없다면 수술은 커녕 치료조차 할 수 없다. 그러나 환자에게는 평등하게 수술을 받을 권리가 있기 때문에 그 환경을 갖추어야 한다는 것은 말할 필요도 없다. 그래서 로봇에 의한 수술이 주목받고 있다. 의사가 떨어진 장소에 있으면서 장치를 움직여 환자에게 수술을 할 수 있다. 이것은 바로 의학과 공학의 이분야 연계에서의 산물이라고 말하지 않을 수 없다. 의공 연계에 있어서는 이러한 원격 조작에 의한 수술뿐만 아니라 재활 치료나 간호 지원 분야에서도 앞으로 다양한 개발이 기대되고 있다.

이공 연계를 시작으로 이러한 이분야 연계로 인한 혁신적인 가치를 창출하면서 다음 세대로 연결한다. 그것으로 인해 우리들의 생활이 더 쾌적하고 더욱 가능성으로 가득 찬 미래가 되는 것을 바라 마지않는다.

(주석) 산물 : 여기서는 성과

7 그것이란 무엇인가?

1 로봇이 실시하는 수술
2 고도의 기술을 필요로 하는 수술
3 인공지능을 활용한 이분야 연계
4 의료 분야와 제조 분야의 이분야 연계

해설　필자는 特に注目したいのが、医学と工学の異分野連携だ. (특히 주목하고 싶은 것이 의학과 공학의 이분야 연계이다.)라고 하면서 의료 기관과 의료 기기를 만드는 민간 기업, 그리고 연구 기관이 협력하여 새로운 의료 기술을 개발하고 있다고 이야기하고 있으므로 4번이 정답이다.

8 이분야 연계에 대해서 필자는 어떻게 생각하고 있는가?

1 원격 조작 로봇이 우리들 생활 전반을 지탱하는 미래가 된다.
2 누구나 평등하게 수술을 받을 수 있도록 이분야 연계로 의료를 발전시켜야 한다.
3 의공 연계와 같은 이분야 연계로 인해 한층 편리하고 가능성으로 가득 찬 미래가 되었으면 좋겠다.
4 새로운 가치를 계속 만들어 내는 것으로 인해 이상적인 환경을 유지할 수 있다.

해설　마지막 문장에서 이분야 연계로 인해 창출된 혁신적인 가치를 다음 세대에게 물려주고 그것으로 인해서 私たちの生活がより快適に、より可能性に満ちた未来になることを願ってやまない. (우리들의 생활이 더 쾌적하고 보다 가능성으로 가득 찬 미래가 되는 것을 바라 마지않는다.)라고 했으므로 3번이 정답이다. 원격 조작 로봇으로 우리 생활 전반을 지탱할 거라고 하지 않으므로 1번은 정답이 아니고, 환자가 평등하게 수술을 받을 수 있는 방법으로 이분야 연계가 주목받고 기대되고 있다고 만 했으므로 2번도 정답이 아니다. 혁신적인 가치를 창출함으로 더 좋은 미래를 바란다고 했으므로 4번도 정답이 아니다.

단어　異分野(いぶんや) 이분야, 다른 분야 | 連携(れんけい) 연계 | あるいは 혹은 | 融合(ゆうごう) 융합 | 領域(りょういき) 영역 | 垣根(かきね) 울타리, 장벽 | 議論(ぎろん) 의논 | 対応(たいおう) 대응 | 構想(こうそう) 구상 | 医療(いりょう) 의료 | 機関(きかん) 기관 | メーカー 메이커, 제조 회사 | 企業(きぎょう) 기업 | ～に加(くわ)えて ~에 더해서 | 新(あら)ただ 새롭다 | テクノロジー 테크놀로지 | 人工知能(じんこうちのう) 인공지능 | 活用(かつよう) 활용 | 高度(こうど)な 고도한 | 熟練(じゅくれん) 숙련 | 専門医(せんもんい) 전문의 | 現状(げんじょう) 현상, 현재 상태 | ～はおろか ~은/는 커녕, ~은/는 물론이고 | 治療(ちりょう) 치료 | 平等(びょうどう)だ 평등하다 | 権利(けんり) 권리 | ～(が)ゆえ(に) ~때문에 | 整(ととの)える 조정하다, 정돈하다, 갖추다 | ～までもない ~할 필요도 없다 | 装置(そうち) 장치 | まさしく 바로, 틀림없이 | ～における+명사 ~에서의 | 賜物(たまもの) 선물, 산물 | ～ざるを得(え)ない ~하지 않을 수 없다 | ～において ~에서 | 遠隔(えんかく) 원격 | 操作(そうさ) 조작 | ～のみならず ~뿐만 아니라 | リハビリ 재활 치료 | 介護(かいご) 간호, 간병 | 革新的(かくしんてき)だ 혁신적이다 | 創出(そうしゅつ) 창출 | 繋(つな)ぐ 잇다, 연결하다 | 快適(かいてき)だ 쾌적하다 | 満(み)ちる 가득 차다 | ～てやまない ~해 마지않다 | 全般(ぜんぱん) 전반 | 支(ささ)える 지탱하다 | 生(う)み出(だ)す 새로 만들어 내다 | 理想的(りそうてき)だ 이상적이다 | 維持(いじ) 유지

(5)

일본에서는 4월쯤이 되면 제비를 볼 수 있습니다. 나날이 변모해 가는 거리에도 불구하고 우리들이 사는 곳으로 찾아와 여기저기 탐색해서 둥지를 만듭니다. 안전을 위해서 높은 곳이나 사람의 왕래가 많은 장소를 선호해 만드는 경향이 있다고 하며, 이전에는 지붕 아래에 만드는 것이 일반적이었지만, 최근에는 역 구내나 고층 빌딩이 늘어선 도시부에서도 자주 볼 수 있게 되었습니다. 또 전에 만들어진 것이 남아 있으면 그것을 재사용하는 일도 있습니다. 이렇게 제비는 환경의 변화에 유연하게 적응하고 교묘하게 활용하면서 생활하고 있는 것입니다.

이러한 '활용'은 진화의 결정체라고 할 수 있습니다. 인간도 아주 먼 옛날에는 돌이나 나무, 불 등을 사용하여 몸을 지키거나 동굴에서 살거나 하고 있었습니다. 지금은 기술의 진보로 전기나 철, 빛 등도 활용할 수 있게 되었습니다. 근래 인터넷이나 인공지능도 사용할 수 있게 되었습니다만, 이러한 기술도 또한 진화라고 말할 수 있겠죠. 인간은 제비와는 지능에 차이가 있기 때문에 다양한 자원이나 도구를 다루며 다른 동물을 통솔하는 위치까지 올라갔습니다만, 주위의 것을 잘 활용해서 살고 있는 것에는 다른 점이 없습니다.

다만 활용할 때 필요한 마음가짐은 사용하고 있는 것은 자신만이 아니라는 것입니다. 우리는 이것을 의식하지 않고 진화를 계속한 결과, 모든 생태계의 파괴를 초래하는 결과에 이르렀습니다. 인간도 자연의 일부임을 잊지 말고, 주위 환경에 배려하여, 다른 생물과 공존해 가는 것이 이후 요구되는 행동인 것입니다.

(주석) 변모 : 모양이나 상태가 변하는 것

依存(いぞん) 의존 *いそん이라고도 함 | 既存(きぞん) 기존 | 気配(きくば)り 배려 | 優(すぐ)れる 뛰어나다, 우수하다 | 深刻(しんこく) 심각

(6)

인생 100년 시대라고 불리게 되었다. 그러나 건강상의 문제로 일상생활이 제한되는 일 없이 생활할 수 있는 '건강 수명'을 감안해서 판단해 보면 기껏해야 80년 정도일 것이다. 건강이란 그저 신체적인 것에 한정된 것은 아니다. 역시 몸과 마음 모두 건강하지 않으면 설령 100년까지 산다고 해도 참으로 행복하다고 말할 수 없는 것으로 수명이 길면 길수록 좋은 것도 아니다. '나이를 먹는다'는 것은 늙는다는 것이며 사람은 가령과 함께 외견상의 변화도 나타나고 기억력이나 사고력도 저하된다. 그로 인해 기분이 우울해지고 노화해 가는 자신에게 자신감을 가질 수 없어지게 되거나 사람과 만나는 것이 귀찮아지기까지 한다.

그러나 다른 각도에서 받아들여 보면 어떨까. '나이를 먹는다'는 것은 늙는 것이 아니라 시간을 거듭하는 것이라고. 수많은 사람들과 만나고 경험을 쌓는 것으로 그 앞은 보다 충실한 인생이 된다. 그렇게 생각하면 '나이를 먹는' 것이 아름답게 조차 느껴진다. 상상하길 바란다. 열매 하나를 따 봐도 그렇다. 어린 열매는 아직 푸르고 맛이 떫다. 하지만 태양빛을 받고 때로는 비바람을 맞으며 견디고 버터 이윽고 색깔이 띠게 되고 열매가 잘 익으며 감칠맛이 늘어난다. 그런 이야기를 해 준 은사님이 있었다. 인간도 마찬가지로 나이를 먹음에 따라 사람으로서의 맛이 더해져 가는 거라고.

그렇다고 해도 나이를 먹으면 저절로 인생이 끝에 가까워지기 때문에 두려움이 없다고 말하면 거짓말이 될지도 모른다. 다만 '나이를 먹는' 것은 스스로의 인생을 보다 결실을 맺게 하고 풍성하게 만들어가는 과정이라고 생각하는 편이 지금 이 순간을 보다 즐길 수 있을 것임에 틀림없다.

(주석) 감칠맛 : 풍미

---

11 필자에 의하면 100살까지 산다고 해도 참으로 행복하다고 말할 수 없는 것은 왜인가?

1 외견상의 변화와 인지력 저하로 인해 쓸쓸해져서 사람과 만나지 않고서는 견딜 수 없게 되기 때문에
2 외견상의 변화와 인지력 저하로 인해 기분이 우울해져 자신감을 잃게 되기 때문에
3 몸과 마음 모두 건강하지 못하게 되어 일상생활이 제한되기 때문에
4 노화와 함께 저절로 자신의 인생을 돌아보고 반성하게 되기 때문에

해설 필자가 100년을 산다고 해서 정말로 행복하다고 말할 수 없는 이유로 나이가 들어갈수록 젊을 때와 다르게 겉모습이 달라지고 기억력과 인지력이 저하되기 때문에 결과적으로 기분이 우울해지고 스스로에게 자신이 없어지게 된다고 했으므로 2번이 정답이다. 사람을 만나지 않고서는 견딜 수 없다고 하지 않았으므로 1번은 정답이 아니고, 일상생활이 제한되는 것은 건강수명을 설명할 때 언급한 내용이므로 3번도 정답이 아니다. 노화와 함께 인생을 돌아보고 반성하게 되는 것은 본문에서 언급한 내용이 아니므로 4번도 정답이 아니다.

---

9 필자에 의하면 제비의 생활환경에서의 특징은 무엇인가?

1 제비는 인간의 주거 변화에도 아랑곳하지 않고 자연 속에 둥지를 만든다.
2 제비는 안전한 둥지 만들기를 위해서 거주지를 바꾸면서까지 생활하고 있다.
3 제비는 인간의 생활환경에 의존하고 있고 인간의 도움 없이는 생활할 수 없다
4 제비는 변화하는 환경에도 대응하고 기존의 둥지를 활용하면서 살고 있다.

해설 필자는 제비가 전에 만든 둥지가 있다면 재사용을 하고 環境の変化に柔軟に適応し、巧みに活用しながら生活しているのです。(이렇게 제비는 환경의 변화에 유연하게 적응하고 교묘하게 활용하면서 생활하고 있는 것입니다.)라고 했으므로 4번이 정답이다. 1, 2, 3번은 언급하지 않은 내용이므로 정답이 아니다.

---

10 '활용'에 대해서 필자는 어떻게 서술하고 있는가.

1 주변의 것을 활용하는 것은 좋지만, 공존을 위한 배려도 필요하다.
2 활용하는 능력보다도 지능이 얼마나 뛰어난 지가 중요하다.
3 활용하는 것도 중요하지만 활용을 위한 기술을 궁리할 필요가 있다.
4 활용으로 인한 자연 파괴가 심각하기 때문에 일부만 이용하는 배려가 필요하다.

해설 필자는 人間も自然の一部であることを忘れず、周囲の環境に配慮し、他の生物と共存していくことが今後求められる行動なのです。(인간도 자연의 일부임을 잊지 않고, 주위 환경에 배려하여, 다른 생물과 공존해 가는 것이 이후 요구되는 행동인 것입니다.)라고 했기 때문에 1번이 정답이다. 2, 3번은 본문에서 언급한 내용이 아니므로 정답이 아니고, 일부만 이용해야 한다는 언급은 없으므로 4번도 정답이 아니다.

단어 ツバメ 제비 | 様変(さまが)わり 변모, 모양이 바뀜, 탈바꿈 | 街並(まちな)み 거리 | ～にも関(かか)わらず ~임(에도) 불구하고 | 探索(たんさく) 탐색 | 巣(す) 둥지 | 人通(ひとどお)り 사람의 왕래 | 好(この)む 좋아하다, 즐기다 | 傾向(けいこう) 경향 | 屋根(やね) 지붕 | 構内(こうない) 구내 | 高層(こうそう)ビル 고층 빌딩 | 建(た)ち並(なら)ぶ (건물 등이) 줄지어 서다, 늘어서다 | 見(み)かける 가끔 보다 | 柔軟(じゅうなん)だ 유연하다 | 適応(てきおう) 적응 | 巧(たく)みだ 교묘하다, 정교하다 | 結晶(けっしょう) 결정(체) | 大昔(おおむかし) 아주 먼 옛날 | 洞窟(どうくつ) 동굴 | 鉄(てつ) 철, 쇠 | 人工知能(じんこうちのう) 인공지능 | 資源(しげん) 자원 | 扱(あつか)う 다루다, 취급하다 | 統(す)べる 총괄하다, 통솔하다 | 上(のぼ)り詰(つ)める 꼭대기까지 오르다 | 心構(こころがま)え 마음의 준비, 각오, 마음가짐 | 意識(いしき) 의식 | あらゆる 모든, 일체의, 온갖 | 生態系(せいたいけい) 생태계 | 破壊(はかい) 파괴 | 招(まね)く 초대하다, 초래하다 | 至(いた)る 이르다, 도달하다 | 配慮(はいりょ) 배려 | 共存(きょうぞん) 공존 | 求(もと)める 구하다, 바라다, 요구하다 | 様子(ようす) 모양, 상태, 상황 | ～における+명사 ~에서의 | ～も構(かま)わず ~도 개의치 않다, ~도 아랑곳하지 않다 | 居住地(きょじゅうち) 거주지

12 '나이를 먹는' 것에 대해서 필자가 말하고 싶은 것은 무엇인가?

1 자신의 인생을 보다 결실을 맺게 하고 풍성하게 만들어가는 과정이다.
2 나이를 먹는다는 것은 아름다우며 결실 있는 과실 그 자체이다.
3 저절로 인생의 끝을 의식해 버리지만 결코 두려워해서는 안 된다.
4 나이를 먹는 것으로 인생이 지금보다 더 즐거워져 갈 것임이 틀림없다.

해설 본문에서 나이를 먹는 것을 시간을 거듭하는 것이라고 하며 数多くの人々と出会い、経験を積むことで、その先は、より充実した人生となる。(수 많은 사람들과 만나고 경험을 쌓는 것으로 그 앞은 보다 충실한 인생이 된다.)라고 했으므로 1번이 정답이다. 나이를 먹는 것을 시간을 거듭하는 거라고 생각하면 아름답게 느껴진다고만 했으므로 2번은 정답이 아니고, 본문에서 언급한 내용이 아니므로 3번도 정답이 아니다. 나이를 먹는 것은 본인의 인생을 더욱 풍성하게 만드는 과정이라고 생각하는 것이 지금 이 순간을 즐겁게 보낼 수 있다고 했으므로 4번도 정답이 아니다.

단어 制限(せいげん) 제한 | 寿命(じゅみょう) 수명 | 鑑(かんが)みる (현재 사정을) 감안해서 판단하다 | せいぜい 기껏(해서), 있는 힘껏 | ~といったところだ (기껏해야) ~정도다 | 心身(しんしん) 심신, 마음과 몸 | たとえ~ても 설령 ~해도 | 真(しん)に 참으로, 진실로 | 幸福(こうふく) 행복 | 老(お)いる 늙다, 노쇠하다 | 加齢(かれい) 가령, 나이를 한 살 먹음 | ~と共(とも)に ~와/과 함께, ~함에 따라, ~임과/와 동시에 | 外見(がいけん) 외견, 겉보기 | ~も~ば~も ~도 ~하고(하거니와) ~도 | 記憶力(きおくりょく) 기억력 | 思考力(しこうりょく) 사고력 | 落(お)ち込(こ)む 침울해지다, 우울해지다 | 億劫(おっくう)だ 귀찮다, 마음이 내키지 않다 | 角度(かくど) 각도 | 捉(とら)える 잡다, 파악하다, 받아들이다 | 積(つ)む 쌓다, 싣다 | 充実(じゅうじつ) 충실 | 太陽(たいよう) 태양 | 雨風(あまかぜ) 비바람 | 耐(た)える 견디다, 참다 | 凌(しの)ぐ 참고 견디어 내다, 헤쳐 나가다 | やがて 얼마 안 있어, 곧, 이윽고 | 色(いろ)づく 물들다, 색을 띄게 되다 | 熟(じゅく)す 잘 익다 | 旨味(うまみ) 감칠맛, 맛이 좋은 정도 | 増(ま)す 늘다, 많아지다 | 恩師(おんし) 은사 | 同様(どうよう)だ 같은 모양이다, 같다 | 味(あじ)わい 맛, 풍미, 운치 | 恐(おそ)れ 두려움, 공포(심) | 自(みずか)ら 스스로 | 実(み)のる 열매를 맺다, 결실을 맺다 | 豊(ゆた)かだ 풍족하다, 풍부하다 | 過程(かてい) 과정 | ~に違(ちが)いない ~임에 틀림없다 | 認知力(にんちりょく) 인지력 | おのずと 저절로, 자연히 | 振(ふ)り返(かえ)る 돌아보다, 회고하다 | 反省(はんせい) 반성 | 最期(さいご) 최후, 임종 | 意識(いしき) 의식 | 決(けっ)して~ない 결코 ~않다

(7)

나는 세계 각국의 요리를 만드는 것을 좋아한다. 단순한 식사 만들기에 그치지 않고 여행지에서의 추억을 재현하고 그 땅의 문화나 풍경, 사람들과의 만남을 한 번 더 느낄 수 있기 때문이다.
여행에서 맛보았던 요리의 향기나 맛, 그 땅 특유의 식재료나 조리법은 지금도 선명하게 기억에 남아 있다. 예를 들어 인도 거리에서의 체험은 뜨거운 기름으로 마늘이나 다양한 스파이스를 볶는 것으로 향기가 단숨에 퍼져 공기 중의 열기와 어우러져 떠도는 향신료의 향기가 오감을 자극했다. 또 전원 풍경이 펼쳐지는 남프랑스에서 먹은 가정 요리. 그 요리에 곁들여져 있던 과일을 베이스로 한 소스에는 세련된 맛이 있고 특별한 추억이 있다. 이러한 경험을 거쳐 자신의 주방에서 그 요리를 재현하면 마치 다시 여행을 하는 것 같은 감각이 불러일으켜지는 것이다.
요리를 만드는 과정도 또한 실컷 즐기는 시간이다. 특정 요리를 만들려고 결정한 순간부터 나의 여행은 재개된다. 필요한 향신료나 식재료를 찾아다닐 때마다 여행지의 시장이나 포장마차가 생각나며 재료를 발견한 분만큼 여행에서의 체험이 되살아나서 그리움에 잠길 수 있다.
게다가 요리를 담을 때에 그릇 선택에도 유달리 고집이 있다. 일식 그릇이든 서양식 도기든 요리에 맞는 그릇을 고르는 것으로 각국에서 본 식탁 광경이 머릿속에 떠올라 그 문화를 실컷 맛볼 수 있는 것이다.
이러한 재료 선택부터 요리 완성에 이르기 까지의 공정에서 기쁨과 사는 보람을 느끼지 않을 수 없는 시간이며 세계의 요리를 만드는 것은 그저 식사 준비가 아닌 여행에서 얻은 오감을 한 번 더 맛보고 이국의 공기와 향기를 마음껏 느낄 수 있는 소중한 시간인 것이다.

13 필자에게 있어서 세계의 요리를 만드는 것은 어떠한 것인가?

1 단순한 요리가 아닌 여행지에서 체험한 오감을 즐기는 시간
2 단순한 요리가 아닌 특별한 추억을 만드는 시간
3 여행지에서 맛본 요리의 조리법을 기억으로 남기는 시간
4 여행지에서 맛본 요리의 향기나 맛을 재현하는 시간

해설 필자는 세계의 요리를 만드는 행동에 대해서 単なる食事作りにとどまらず、旅先での思い出を再現し、その土地の文化や風景、人々との出会いをもう一度感じられるからである。(단순히 식사를 만드는 것에 그치지 않고 여행지에서의 추억을 재현하고 그 땅의 문화나 풍경, 사람들과의 만남을 한 번 더 느낄 수 있기 때문이다.) 라고 했으므로 1번이 정답이다. 요리로 특별한 추억을 만든다는 언급은 없으므로 2번은 정답이 아니고, 여행지에서 맛본 요리의 조리법을 기억하고 있다는 언급만 했으므로 3번도 정답이 아니다. 여행에서 맛본 요리를 재연하는 것은 여행지에서의 오감을 느끼는 시간을 위한 수단일 뿐이므로 4번도 정답이 아니다.

14 문화를 실컷 맛보는 것이란 어떠한 것인가?

1 세계 각국의 요리를 철저히 만들어서 여행의 유사 체험을 하고 있는 듯한 기분에 잠길 수 있는 것
2 요리를 하는 것은 미각을 넘어서 그 나라나 지역의 전통과 배경을 실감할 수 있는 것
3 재료 선택부터 완성까지의 일련의 흐름을 철저히 만끽할 수 있는 것
4 식재료나 식기를 선택하는 과정에서 되살아난 이문화 체험을 다시 한번 체험할 수 있는 것

해설 필자는 세계의 요리를 만들기 위해서 필요한 향신료와 식자재를 선택하거나 요리에 맞는 그릇을 선택하는 과정에서 여행의 체험과 식탁의 광경이 되살아난다고 하였으므로 4번이 정답이다. 1번은 요리 그 자체보다는 요리를 만드는 과정을 통해서 여행을 다시 체험한다고 하였으므로 정답이 아니고, 2번은 본문에서 언급한 내용이 아니므로 정답이 아니다. 3번은 요리를 만드는 과정에서는 기쁨과 사는 보람을 느낀다고 하였으므로 정답이 아니다.

단어 単(たん)なる 단순한 | ~にとどまらず ~에 그치지 않고 | 再現(さいげん) 재현 | 味(あじ)わう 맛보다, 음미하다 | 香(かお)り 향

기 | 特有(とくゆう) 특유 | 鮮明(せんめい)だ 선명하다 | 市街(しがい) 거리 | 体験(たいけん) 체험 | 熱(ねっ)する 뜨겁게 하다, 가열하다 | ニンニク 마늘 | スパイス 스파이스, 향신료 | ~と相(あい)まって ~와/과 어우러져, ~와/과 맞물려 | 漂(ただよ)う 떠돌다, 감돌다 | 香辛料(こうしんりょう) 향신료 | 五感(ごかん) 오감 | 刺激(しげき) 자극 | 田園(でんえん) 전원 | 添(そ)える 첨부하다, 곁들이다 | 洗練(せんれん) 세련 | 味(あじ)わい 맛, 풍미, 운치 | 経(へ)る 지나다, 경과하다, 거치다 | 再(ふたた)び 두 번, 재차, 다시 | 呼(よ)び起(お)こす 불러일으키다 | 過程(かてい) 과정 | 동사 ます형+尽(つ)くす 전부 ~하다, 실컷 ~하다 | 特定(とくてい) 특정 | 再開(さいかい) 재개 | 蘇(よみがえ)る 되살아나다 | 浸(ひた)る 잠기다, 빠지다 | 盛(も)り付(つ)ける 보기 좋게 담다 | ~際(さい)(に) ~할 때(에), ~할 즈음(에) | 一際(ひときわ) 한층 더, 유달리 | 拘(こだわ)り 고집 | 和(わ) 일(본)식 | 器(うつわ) 그릇 | 洋(よう)(서)양식 | 陶器(とうき) 도기 | マッチ 매치, 일치 | 食卓(しょくたく) 식탁 | 光景(こうけい) 광경 | 至(いた)る 이르다, 도달하다 | 工程(こうてい) 공정 | ~において ~에서 | 生(い)きがい 사는 보람, 삶의 보람 | 異国(いこく) 이국, 외국 | 思(おも)う存分(ぞんぶん) 마음껏, 실컷 | とことん 끝까지, 철저히 | 疑似(ぎじ) 의사, 유사 | 伝統(でんとう) 전통 | 堪能(たんのう)する 만끽하다 | 異文化(いぶんか) 이문화 | 改(あらた)めて 다시 한번, 새삼스럽게

(8)

신종 코로나바이러스로 인한 팬데믹 후의 의식 변화에 의해 수년 전부터의 건강 지향 붐이 더욱 상승세를 보이고 있다. 건강 지향이란 균형 있는 식사나 적절한 운동을 하고 건강을 의식한 생활을 영위하는 것이다. 그러나 건강을 유지하기 위해서는 그것만으로는 충분하지 않다. 건강이란 '육체적, 정신적, 사회적으로 완전히 양호한 상태'이며 '단지 질병 또는 약해져 있지 않은 것은 아니다'라고 정의하고 있다. 바로 그 말대로이다.

아직 기억이 생생한 신종 코로나바이러스는 세계를 혼란에 빠뜨려 지금까지 당연하다고 생각하고 있던 건강이라는 두 글자가 사실은 그렇지 않았다는 것을 누구나 통감했을 것이다. 가족 등 소중한 사람이 코로나에 걸려서 격리되거나 목숨을 잃거나 해서 만날 수 없게 된 슬픔에 의욕을 잃은 사람(주석2), 사회에서의 있을 곳이 없어져 고독과 불안으로 짓눌릴 뻔한 사람, 본인을 희생해서 치료나 구조에 종사한 의료 관계자, 전 세계 누구나가 건강이라고는 도저히 말할 수 없는 미증유(주석3) 사태를 우리들은 경험했다. 그러한 상황에서는 아무리 건강을 유지하려고 해도 정신적으로 유지할 수 없었던 것은 말할 필요도 없다.

건강의 정의인 '육체적'은 물론 '정신적, 사회적으로 완전히 양호한 상태'라는 것이 얼마나 중요한지를 지금 한 번 더 생각해냈으면 좋겠다. 정신적, 사회적으로 양호한 상태가 있어야 식욕이 있고 쾌면(주석4)이 있고 운동하기 위한 체력이 있다. 그러면 그제야 건강 유지를 향해서 균형 잡힌 식사와 적절한 운동에 대해서 생각하고 실행할 수 있을 것이다. 안이하게 건강 지향 붐에 타기 전에 우선 우리들의 건강을 지탱하는 근간(주석5)이 무엇인지를 재검토하는 것부터 시작해 보는 것은 어떨까?

(주석1) 팬데믹 : 감염증이나 전염병의 전국적, 세계적인 대유행
(주석2) 의욕을 잃은 : 정신적인 쇼크 등으로 인해 기력이나 의욕을 완전히 잃다
(주석3) 미증유 : 지금까지 일어난 적이 없는 일, 드문 일
(주석4) 쾌면 : 푹 자는 것

(주석5) 근간 : 근본

15 필자에 의하면 건강 지향 붐이 더욱 상승세를 보이고 있는 것은 왜인가?

1 신종 코로나바이러스 대유행으로 양질의 식사나 적절한 운동이 필요하게 되었기 때문에
2 신종 코로나바이러스 대유행 후, 건강을 유지하는 것이 곤란하게 되었기 때문에
3 신종 코로나바이러스 대유행을 경험하고 건강에 대한 의식 변화가 있었기 때문에
4 신종 코로나바이러스 대유행 후, 겨우 건강 유지를 향해서 실행할 수 있는 상태가 되었기 때문에

해설 필자는 まだ記憶に新しい新型コロナウイルスは、世界を混乱に陥れ、これまで当たり前だと思っていた健康という二文字が、実はそうではなかったことを誰もが痛感したはずだ。(아직 기억이 생생한 신종 코로나바이러스는 세계를 혼란에 빠뜨려 지금까지 당연하다고 생각했던 건강이라는 두 글자가 사실은 그렇지 않았다는 것을 누구나 통감했을 것이다.)라고 하며 신종 코로나로 인해서 건강에 대한 인식이 바뀌었다고 이야기하고 있으므로 3번이 정답이다. 1번은 언급한 내용이 아니므로 정답이 아니고, 2번은 팬데믹이 유행하는 기간에 건강을 유지하려고 해도 정신적으로 유지할 수 없었다고 했으므로 정답이 아니다. 4번은 본문에서 언급하지 않은 내용이므로 정답이 아니다.

16 필자에 의하면 건강을 유지하기 위해서 처음에 하지 않으면 안 되는 것은 무엇인가?

1 건강의 정의인 '심신 모두 바람직한 상태'의 중요성을 다시 한번 떠올리는 것
2 건강의 정의인 '신체적'이 무엇보다도 중요하기 때문에 질병을 예방하기 위해서 세심하게 주의하는 것
3 양질의 식사와 충분한 수면, 그리고 적절한 운동을 실행하는 것
4 건강 지향 붐을 의식하면서도 자기만의 방식으로 건강 관리에 임하는 것

해설 필자는 건강을 지탱하는 근간이 무엇인지 먼저 생각해 보라고 하였으며 근간은 健康の定義である「肉体的」はもちろん、「精神的、社会的に完全に良好な状態」というものが、いかに重要かを今一度思い出してほしい。(건강의 정의인 '육체적'은 물론 '정신적, 사회적으로 완전히 양호한 상태'라는 것이 얼마나 중요한지를 지금 한 번 더 생각해냈으면 좋겠다.)이므로 1번이 정답이다. 2, 3, 4번은 본문에서 언급한 내용이 아니기 때문에 정답이 아니다.

단어 新型(しんがた)コロナウイルス 신종 코로나바이러스 | パンデミック 팬데믹 | 意識(いしき) 의식 | 志向(しこう) 지향 | ブーム 붐, 유행 | バランス 밸런스, 균형 | 適度(てきど)だ 적당하다, 알맞다 | 営(いとな)む 경영하다, 영위하다 | 維持(いじ) 유지 | 肉体的(にくたいてき) 육체적 | 精神的(せいしんてき) 정신적 | 良好(りょうこう)だ 양호하다 | 状態(じょうたい) 상태 | 単(たん)に 그저, 단지 | 疾病(しっぺい) 질병 | 定義(ていぎ) 정의 | まさに

바로, 틀림없이 | 混乱(こんらん) 혼란 | 陥(おとしい)れる 빠뜨리다 | 痛感(つうかん) 통감 | 隔離(かくり) 격리 | 打(う)ちひしぐ 기력이나 의욕을 잃게 하다 | 居場所(いばしょ) 있는 곳, 거처 | 孤独(こどく) 고독 | 押(お)しつぶす 눌러 찌부러뜨리다, 짓누르다 | 犠牲(ぎせい) 희생 | 治療(ちりょう) 치료 | 救助(きゅうじょ) 구조 | 携(たずさ)わる 관계하다, 종사하다 | 到底(とうてい) 도저히 | 未曾有(みぞう) 미증유 | 事態(じたい) 사태 | ~下(か) ~하 | ~にあって(は) ~에서는, ~에 있어서(는) | 保(たも)つ 지키다, 유지하다 | 如何(いか)に 어떻게, 얼마나 | ~あっての ~이/가 있어야 (성립하는) | 快眠(かいみん) 기분 좋게 잠 | ようやく 겨우, 간신히, 그제야 | ~に向(む)けて ~을/를 향해서 | 安易(あんい)に 쉽게, 안이하게 | 支(ささ)える 지탱하다 | 根幹(こんかん) 근간 | 見直(みなお)す 다시 보다, 재검토하다 | 感染症(かんせんしょう) 감염증 | 伝染病(でんせんびょう) 전염병 | 意欲(いよく) 의욕 | 根本(こんぽん) 근본 | 良質(りょうしつ) 양질 | 困難(こんなん)だ 곤란하다 | 好(この)ましい 마음에 들다, 바람직하다 | 改(あらた)めて 다시, 새삼스럽게 | 細心(さいしん) 세심 | マイペース 마이 페이스, 자기 방식 | 取(と)り組(く)む 임하다, 맞붙다

(9)

우리들의 의사나 감정은 말뿐만 아니라 다양한 형태로 표현할 수 있다. 가까운 것으로 말하자면 음악이나 춤, 조각, 그림 등이 있다. 이러한 표현 방법을 예술이라고 한다.

예술이라고 하면 전시회나 무대에 가지 않으면 접할 기회가 없을 것처럼 생각할 수 있지만, 일상생활 속에서도 넘쳐나고 있는 것이다. 영화도 그중 하나이다. 영화를 보고 그 영화가 전하고 싶었던 것은 무엇인가를 친구와 감상을 서로 이야기할 때, 전혀 다른 견해였던 경험은 없는가. 그럴 때 작품 보는 방법이라는 것은 사람마다 다르다는 것을 깨달을 것이다.

순수한 연애 노래가 어떤 사람에게는 만나고 싶어도 만날 수 없는 고인을 향한 곡으로 들릴 때도 있다. '사랑하는 사람을 향한 마음'의 대상은 듣는 이의 경험이나 상황에 따라 다른 것이다. 이러한 작품의 파악하는 방법의 차이는 어느 예술 작품에서도 공통되고 있는 것이다.

작품의 해석은 십인십색이기 때문에 그 다양한 사고방식을 만나는 것으로 인해 작품을 다각적인 시점에서 파악할 수 있고 예술 작품에 대한 이해가 더 깊어진다. 또 타인과의 다른 점을 발견하고 그저 비교하는 것에 그치지 않고 이해하는 것으로 지금까지 보이지 않았던 새로운 시야가 펼쳐지고 자신의 편견이나 고정관념에서 해방되는 계기가 될 것이다. 완전히 새로운 자극에 등을 돌리지 말고 적극적으로 받아들이면 자신의 표현력의 폭도 넓어지고 보다 인생을 풍요롭게 할 수 있을 것이다.

(주석) 십인십색 : 사람에 따라서 생각이나 성격이 다른 것

17 이러한 작품의 파악하는 방법의 차이란 어떠한 것을 의미하고 있는가?

1 예술 작품은 사람의 성장 과정이나 배경에 따라 견해가 다른 것
2 예술 작품은 사람의 취향이나 추억에 따라 견해가 다른 것
3 전시회나 무대에서 작품을 감상하면 견해가 다른 것
4 작품의 표현 방법에 따라 견해가 다른 것

해설 필자는 순수한 연애 노래가 사람에 따라서 다를 수 있다는 예시를 들면서 聞き手の経験や状況によって対象が異なるのだ。(듣는 이의 경험이나 상황에 따라 대상이 다른 것이다.)라고 했으므로 1번이 정답이다. 2, 3, 4번은 본문에서 언급한 내용이 아니므로 정답이 아니다.

18 다양한 사고방식과 만나는 것에 대해서 필자는 어떻게 생각하고 있는가?

1 참신한 자극을 받아들이는 것으로 풍요로운 인생이 된다.
2 타인의 견해를 비교하는 것이 고정관념에서 벗어나는 계기가 된다.
3 다양한 예술의 견해는 타인의 배경과 시야를 배우는 계기가 된다.
4 여러 성격의 사람과 만나는 것으로 작품에 대한 이해가 더 깊어진다.

해설 필자는 全く新しい刺激に背を向けず、積極的に受け入れると自分の表現力の幅も広がって、より人生を豊かにすることができるだろう。(완전히 새로운 자극에 등을 돌리지 말고 적극적으로 받아들이면 자신의 표현력의 폭도 넓어지고 보다 인생을 풍요롭게 할 수 있을 것이다.)라고 했으므로 1번이 정답이다. 타인의 견해를 비교하고 나아가 이해해야 고정관념에서 해방될 수 있다고 했으므로 2번은 정답이 아니고, 3, 4번은 본문에서 언급한 내용이 아니므로 정답이 아니다.

단어 意思(いし) 의사 | 様々(さまざま)だ 다양하다 | 身近(みぢか)だ 가깝다, 친근하다 | 彫刻(ちょうこく) 조각 | 触(ふ)れる 접촉하다, 접하다 | 見解(けんかい) 견해 | 純情(じゅんじょう) 순정 | 亡(な)き人(ひと) 고인, 죽은 사람 | 対象(たいしょう) 대상 | 異(こと)なる 다르다, 같지 않다 | 捉(とら)える 잡다, 파악하다, 받아들이다 | ~において ~에서 | 解釈(かいしゃく) 해석 | 十人十色(じゅうにんといろ) 십인십색 | 多様(たよう)だ 다양하다 | 多角的(たかくてき)だ 다각적이다 | 視点(してん) 시점 | 相違点(そういてん) 상위점, 다른 점 | ~にとどまらず ~에 그치지 않고 | 新(あら)ただ 새롭다 | 視野(しや) 시야 | 偏見(へんけん) 편견 | 固定観念(こていかんねん) 고정관념 | 解放(かいほう) 해방 | 契機(けいき) 계기 | 刺激(しげき) 자극 | 背(せ)を向(む)ける 등을 돌리다, 모른체하다 | 積極的(せっきょくてき)だ 적극적이다 | 受(う)け入(い)れる 받아들이다 | 豊(ゆた)かだ 풍족하다, 풍부하다 | 過程(かてい) 과정 | 鑑賞(かんしょう) 감상 | 斬新(ざんしん)だ 참신하다 | 放(はな)す 놓다, 놓아주다 | 完璧(かんぺき)だ 완벽하다 | 保(たも)つ 지키다, 유지하다

(10)

일의 효율화를 도모하는 목적으로 분업화를 도입하는 업종이 늘고 있다. 분업화란 한 개의 업무를 분담해서 복수의 인원으로 실시하는 것인데 그 분담된 업무에 숙지한 담당자를 두는 것으로 생산성이나 업무 효율화를 도모할 수 있다는 이점이 있는 것이다.

가까운 예로써는 의약 분업이 대표적일 것이다. 일찍이 병원에서 진료를 받으면 거기서 진찰부터 약 조제까지가 행해졌었다. 그런데 현재는 진찰과 약이 별개가 되어 진찰은 병원에서 약은 약국에서라는 식으로 분업되어 있다. 이것은 즉 의약 분업으로 인해 의사와 약제사가 각자의 전문성을 살릴 수 있는 구조가 되어 약해 방지나 과도한 약 처방을 피하고 보다 양질인 의료를 제공할 수 있다는 이점이 있는 것이다. 한편으로 환자 측에서 보면 병원에서 진료를 받은 뒤에 약국으로 가지 않으

면 안 되는 이중 수고가 들거나 합계 부담액이 증가하거나 하는 결점이 있는 것도 사실이다. 다만 이러한 결점을 감안해서 판단해도 분업에서의 이점 쪽이 웃돌기 때문에 분업화를 도입하는 업종이 늘고 있다고 말할 수 있다.

또한 의약 분야에 그치지 않고 교육에서의 학교 업무도 분업화가 진행되기 시작하고 있다. 학교를 둘러싼 다양한 문제나 지도에 대해서 전문적인 관점에 의거한 지원이나 대응을 도모할 목적으로 스쿨 카운슬러 부활동 지도원 등을 기용하는 경우도 늘었다. 이로 인해 교사의 부담이 경감되고 교과를 가르치는 일에 전념할 수 있다는 장점이 있다. 이후 더욱 분업화가 진행되면 전문성 있는 기술을 갖춘 보다 많은 인재가 요구되는 시대가 될 것이다.

19 이러한 결점이란 무엇인가?

1 의사와 약제사의 전문성이 각자 살려지고 있는지 어떤지 환자에게는 알 수 없는 것
2 진료와 조제가 일체화되어 있기 때문에 과도한 약을 처방받을 가능성이 있는 것
3 진찰과 조제가 일체화되어 있기 때문에 이중 지불을 청구 받을 가능성이 있는 것
4 진찰과 조제가 따로 되어 있기 때문에 이동이 번거롭고 총 지불액이 늘어나는 것

해설 필자가 말하는 의약 분야의 분업화가 가지는 결점은 환자가 병원에서 진료를 받은 뒤에 약국까지 가서 약을 받아야 하는 수고 및 진찰비와 약 값을 포함하여 금액이 늘어나는 것을 이야기하므로 4번이 정답이다. 1번은 본문에서 언급하는 내용이 아니므로 정답이 아니고, 2번은 진료와 조제가 분업화되어서 과도하게 약을 처방받는 일을 피할 수 있다고 했으므로 정답이 아니다. 3번은 진료와 조제가 분업화되어 진찰비와 약 값을 각각 내야 한다는 점이 단점이라고 했으므로 정답이 아니다.

20 앞으로의 분업화에 대해서 필자는 어떻게 생각하고 있는가?

1 전문성 있는 기술을 갖춘 인재가 요구되지 않게 된다.
2 전문성 있는 기술을 갖춘 인재만이 요구되게 된다.
3 전문성 있는 기술을 갖춘 인재가 한층 더 필요하게 된다.
4 전문성 있는 기술을 갖춘 인재 확보가 곤란해진다.

해설 필자는 의료 분야뿐만 아니라 학교 업무를 예시로 들면서 각자의 전문성을 살릴 수 있는 구조가 된다고 이야기하고 今後、さらに分業化가 進행되면、專門性のあるスキルを備えた、より多くの人材が求められる時代になるだろう。(이후 더욱 분업화가 진행되면 전문성 있는 기술을 갖춘 보다 많은 인재가 요구되는 시대가 될 것이다.)라고 했으므로 3번이 정답이다. 본문에서 언급한 내용이 아니므로 1, 4번은 정답이 아니고, 전문성 있는 기술을 갖춘 인재만 필요하다고 언급한 것은 아니므로 2번도 정답이 아니다.

단어 効率化(こうりつか) 효율화 | 図(はか)る 도모하다 | 分業(ぶんぎょう) 분업 | 取(と)り入(い)れる 도입하다, 받아들이다 | 業種(ぎょうしゅ) 업종 | 分担(ぶんたん) 분담 | 熟知(じゅくち) 숙지 | 利点(りてん) 이점 | 身近(みぢか)だ 가깝다, 친근하다 | 医薬(いやく) 의약 | かつて 일찍이, 예전부터 | 受診(じゅしん) 수진, 진찰(진료)을 받음 | 診察(しんさつ) 진찰 | 調剤(ちょうざい) 조제 | 薬剤師(やくざいし) 약제사, 약사 | 活(い)かす 살리다 | 仕組(しく)み 짜임새, 구조 | 薬害(やくがい) 약해, 약을 잘못 쓴 피해 | 防止(ぼうし) 방지 | 過度(かど)だ 과하다, 과도하다 | 処方(しょほう) 처방 | 避(さ)ける 피하다 | 良質(りょうしつ)だ 양질이다 | 医療(いりょう) 의료 | 提供(ていきょう) 제공 | 手間(てま) 수고, 시간 | 増加(ぞうか) 증가 | 鑑(かんが)みる 현재 사정을 감안해서 판단하다 | ~における+명사 ~에서의 | 上回(うわまわ)る 웃돌다 | 導入(どうにゅう) 도입 | ~にとどまらず ~에 그치지 않고 | 取(と)り巻(ま)く 둘러싸다 | 観点(かんてん) 관점 | ~に基(もと)づく ~에 의거한 | 支援(しえん) 지원 | 対応(たいおう) 대응 | スクールカウンセラー 스쿨 카운슬러, 학생 상담 교사 | 部活(ぶかつ) 부활동 | 起用(きよう) 기용 | ケース 케이스, 경우 | 軽減(けいげん) 경감 | 専念(せんねん) 전념 | メリット 메리트, 이점 | スキル 스킬, 기술 | 備(そな)える 대비하다, 갖추다 | 人材(じんざい) 인재 | 求(もと)める 구하다, 바라다, 요구하다 | 請求(せいきゅう) 청구 | 煩(わずら)わしい 번거롭다, 귀찮다 | 総(そう)~ 총~ | 一層(いっそう) 한층 더, 더욱더 | 確保(かくほ) 확보 | 困難(こんなん) 곤란

(11)

기술은 매일 현저하게 계속 진보하고 있다. 사람이 차를 운전하지 않아도 목적지를 설정하면 자동으로 옮겨주는 자동 운전이나 가방을 가지고 다니지 않더라도 스마트폰 하나만 있으면 전철을 타고 이동하는 것도 쇼핑을 하는 것도 가능한 전자 결제의 보급은 조금 전까지는 생각할 수 없었던 일이다. 또한 최근에는 스마트폰을 가지고 다니지 않더라도 손가락을 기기에 터치하는 것만으로 지불이 가능해 버리는 기능까지 등장하고 있을 정도이다. 게다가 최근 의료 기술에서는 잃어버린 신체의 조직을 재생하는 기술도 진보하여 사람들에게 희망을 주고 목숨을 구할 수 있게 되었다.

이러한 기술 변화에 처음에는 편리한 세상이 되었다고 감탄했지만, 사람에 따라서는 <u>이것이 곤란한 일이 될 수도 있다</u>. 나만 해도 적응하는 것이 서툴기 때문에 이 현저한 기술의 변화를 생활에 도입하는 것이 곤란하게 느껴져 버린 적이 있다. 실제로 기능이 너무 다양해서 잘 다룰 수 없는 젊은 사람들도 적지 않게 보였다. 컴퓨터나 스마트폰에 어떤 기능이 있는가 라는 테마의 동영상이 인기가 있는 것도 그 증거일 것이다.

또 이렇게 사람들의 생활이 풍족해져 가는 배경에는 자원을 대량으로 소비하고 제품을 과잉 생산하고는 폐기되고 있는 현상이 있다. 이것은 지구 온난화라는 세계적으로도 심각한 환경 문제를 일으키는 원인이 되고 있다. 지구상의 기온은 장기간에 걸쳐 서서히 상승하고 있으며 근래에 들면 들수록 기온 상승이 가속되고 있다고 한다. 이 현상으로 인해 자연재해가 빈번하게 되거나 식물이나 동물이 감소하거나 더운 나라에서 밖에 유행하지 않았던 감염증이 퍼지거나 하는 등 여러 갈래에 걸친 심각한 영향이 우려된다.

이러한 문제에 입각하여 우리들은 무엇을 요구하고 어떻게 행동해 가야 할 것인지 다시 한번 생각하지 않으면 안 될 것이다. 그것이 앞으로의 최우선 과제라고 나는 생각한다.

21 <u>이것이 곤란한 일이 될 수도 있다</u>고 되어 있는데 왜인가?

> **1 컴퓨터 등은 현저하게 발전했지만 신기능을 따라잡지 못하기 때문에**
> 2 컴퓨터 등은 현저하게 발전했지만 젊은 사람들 밖에 잘 다룰 수 없기 때문에
> 3 스마트폰의 기능이 다양화되었지만 가격도 상승하고 있기 때문에
> 4 고령자에게 있어서는 기술을 일상생활에 도입하는 것 자체가 곤란하기 때문에

해설 필자는 기술이 현저하게 발전했다고 이야기하면서 機能が多様すぎて使いこなせていない若者も少なからず見かけた。(기능이 너무 다양해서 잘 다룰 수 없는 젊은 사람들도 적지 않게 보였다.)라고 했으므로 1번이 정답이다. 2, 3, 4번은 본문에서 언급한 내용이 아니므로 정답이 아니다.

> **22** 필자에 의하면 앞으로의 최우선 과제는 무엇인가?
> **1 지구 온난화 등의 문제에 입각하여 어떻게 대응할지 다시 생각하는 것**
> 2 기술의 진보에 의해서 얻을 수 있는 것에 대해서 생각해 보는 것
> 3 지구 온난화에 의해서 일어난 무시무시한 영향에 대해서 생각하는 것
> 4 진보한 기술을 사용하여 사람들에게 희망을 주거나 목숨을 구하거나 하는 방법을 궁리해 보는 것

해설 필자는 지구 온난화 문제를 예시로 들면서 このような問題を踏まえ、私たちは何を求めどのように行動していくべきなのか考え直さねばならないだろう。(이러한 문제에 입각하여 우리들은 무엇을 요구하고 어떻게 행동해 가야 할 것인지 다시 한번 생각하지 않으면 안 될 것이다.)라고 했으므로 1번이 정답이다. 2, 3, 4번은 본문에서 언급한 내용이 아니므로 정답이 아니다.

단어 著(いちじる)しい 현저하다, 두드러지다 | 設定(せってい) 설정 | 持(も)ち歩(ある)く 가지고 다니다 | 電子決済(でんしけっさい) 전자 결제 | 普及(ふきゅう) 보급 | 機能(きのう) 기능 | 医療(いりょう) 의료 | 組織(そしき) 조직 | 救(すく)う 구하다, 구원하다 | 困難(こんなん)だ 곤란하다 | 適応(てきおう) 적응 | 取(と)り入(い)れる 도입하다, 받아들이다 | 多様(たよう)だ 다양하다 | 使(つか)いこなす 보람 있게 쓰다, 잘 다루다 | 少(すく)なからず 적지 않다 | 証拠(しょうこ) 증거 | 豊(ゆた)かだ 풍족하다, 풍부하다 | 資源(しげん) 자원 | 過剰(かじょう) 과잉 | 廃棄(はいき) 폐기 | 現状(げんじょう) 현상, 현재 상태 | 地球温暖化(ちきゅうおんだんか) 지구 온난화 | 深刻(しんこく)だ 심각하다 | 引(ひ)き起(お)こす 일으키다 | ~にわたり ~에 걸쳐 | 徐々(じょじょ)に 서서히 | 上昇(じょうしょう) 상승 | 災害(さいがい) 재해 | 頻繁(ひんぱん)だ 빈번하다 | 感染症(かんせんしょう) 감염증 | 多岐(たき)に渡(わた)る 여러 갈래(다방면)에 걸치다 | 影響(えいきょう) 영향 | 懸念(けねん) 괘념, 근심, 우려 | ~を踏(ふ)まえ(て) ~을/를 토대로, ~에 입각하여 | 最優先(さいゆうせん) 최우선 | 追(お)い付(つ)く 따라잡다, 따라붙다 | 再考(さいこう)する 재고하다, 다시 생각하다 | 工夫(くふう) 궁리, 고안

(12)

　인간관계, 문화, 경기, 정치 동향 등 우리들의 사회를 둘러싼 환경은 시대와 함께 항상 변화하고 있다. 최근에는 저출산 고령화나 교육 격차, 디지털 기술의 진전 등도 포함하여 이러한 사회현상은 자연스럽게 발생 또는 자연환경에 의해 주어지는 것은 아니다. 이것들은 모두 우리들 인간이 집단에서 공유하는 사고나 각각의 인식에 의거한 행동, 즉 사회적 현실성에 의해 일어나고 변용을 이루어온 것이다. 바꿔 말하면 우리들 인간의 사고나 행동에 의해 현실은 바뀐다는 것이다. 이것이야말로 얼마나 인간이 염원하더라도(주석1) 결과를 바꿀 수 없는 자연 현상이나 화학 반응 등과는 크게 다른 점이다.

　예를 들어 직장 등 조직의 일원인 개인이 연수 등을 계기로 의식이나 인지가 변화한다. 더욱 동기 부여가 향상되면 그것을 인지한 주위 사람들도 같은 과정을 더듬어간다. 이윽고 그것이 조직 전체의 변화로 이어지는 것이 된다. 따라서 공통의 사고방식이나 가치관을 가진 사람들이 주위에 존재하지 않았을 경우, 당연히 변화를 일으키기에 이르지 않고 소멸해 버린다. 서두에서 서술한 것처럼 사회적 현실성이란 집단에서 공유하는 인식과 행동이 현실에 변화를 초래하는 것이며 개인의 의식 개혁과는 다르다.

　이처럼 사회의 축도인 기업이나 단체 등에 도입하여 조직의 과제 해결이나 목표 달성(주석2)으로 연결할 수 있다. 사람과의 연결이 희박해지고 있는 현대지만 사회는 인간의 집단으로 성립되어 있는 이상 앞으로도 현실에 변화를 초래하는 것은 인간이며 사람들의 의식과 행동이 사회의 미래를 결정한다는 것을 잊어서는 안 된다.

(주석1) 염원하더라도 : 강하게 바라더라도
(주석2) 축도 : 원형보다 축소해서 그린 그림

> **23** 개인의 의식 개혁과는 다르다고 되어 있는데 왜인가?
> 1 사회적 현실성은 개인이 아닌 단체에서의 개혁이기 때문에
> 2 사회적 현실성은 조직 내에서 저절로 일어날 수 있는 의식 개혁이기 때문에
> 3 사회적 현실성은 집단으로 공유된 사고나 행동에 의해서 의식이 변화하는 것이기 때문에
> **4 사회적 현실성은 집단으로 공유하는 사고방식이나 행동에 의해 현실에 변화가 생기는 것이기 때문에**

해설 개인의 의식 개혁과는 다르다는 문장 앞에 社会的現実性とは、集団で共有する認識と行動が現実に変化をもたらすもの(사회적 현실성이란 집단에서 공유하는 인식과 행동이 현실에 변화를 초래하는 것)이라고 했으므로 4번이 정답이다. 1번은 사회적 현실성은 개인이 변화해서 조직도 변화한다고 했으므로 정답이 아니고, 2번은 자연스럽게 일어나는 것이 아니라고 했으므로 정답이 아니다. 3번은 집단으로 공유된 사고방식이나 행동에 의해서 의식이 아닌 현실에 변화가 생긴다고 했으므로 정답이 아니다.

> **24** 이 문장에서 필자가 가장 말하고 싶은 것은 무엇인가?
> 1 사회는 인간의 집단으로 성립되고 있기 때문에 의식 개혁은 개인이 실시해야 한다.

2 사회는 인간의 집단에 의해서 성립되며 현실에 변화를 초래하는 주체는 인간이다.
3 사회의 축도인 기업이나 단체에서 과제 해결을 위해서도 의식개혁을 할 필요가 있다.
4 사회의 축도인 기업이나단체에서 현실에 변화를 초래할 필요가 있다.

해설 필자는 社会は人間の集団で成り立っている以上、これから先も、現実に変化をもたらすのは、人間であり(사회는 인간의 집단으로 성립되어 있는 이상 앞으로도 현실에 변화를 초래하는 것은 인간이며)라고 했으므로 2번이 정답이다. 개인의 의식 개혁과는 다르다고 했으므로 1번은 정답이 아니고, 본문에서 언급한 내용이 아니므로 3, 4번도 정답이 아니다.

단어 景気(けいき) 경기 | 動向(どうこう) 동향 | 取(と)り巻(ま)く 둘러싸다 | ~とともに ~와/과 함께, ~함에 따라, ~임과/와 동시에 | 常(つね)に 늘, 항상, 언제나 | 少子高齢化(しょうしこうれいか) 저출산 고령화 | 格差(かくさ) 격차 | 進展(しんてん) 진전 | 現象(げんしょう) 현상 | 発生(はっせい) 발생 | 集団(しゅうだん) 집단 | 認識(にんしき) 인식 | ~に基(もと)づく ~에 의거한 | 引(ひ)き起(お)こす 일으키다 | 変容(へんよう) 변용 | 遂(と)げる 이루다 | 言(い)い換(か)える 바꿔 말하다 | 思考(しこう) 사고 | 如何(いか)に 어떻게, 얼마나 | 念(ねん)じる 마음속으로 빌다 | 反応(はんのう) 반응 | 異(こと)なる 다르다, 같지 않다 | 組織(そしき) 조직 | 研修(けんしゅう) 연수 | 意識(いしき) 의식 | 認知(にんち) 인지 | 動機(どうき)づけ 동기 부여 | 向上(こうじょう) 향상 | 同様(どうよう)だ 같은 모양이다, 같다 | 過程(かてい) 과정 | 辿(たど)る 더듬어가다 | やがて 얼마 안 있어, 곧, 이윽고 | 繋(つな)がる 이어지다, 연결되다 | 価値観(かちかん) 가치관 | 至(いた)る 이르다, 도달하다 | 消滅(しょうめつ) 소멸 | 冒頭(ぼうとう) 서두 | もたらす 가져오다, 초래하다 | 改革(かいかく) 개혁 | 縮図(しゅくず) 축도 | 取(と)り入(い)れる 도입하다, 받아들이다 | 希薄(きはく)だ 희박하다 | ~つつある ~하고 있다 | 成(な)り立(た)つ 성립하다 | 原型(げんけい) 원형 | 縮小(しゅくしょう) 축소 | ~における+명사 ~에서의 | 自(おの)ずと 저절로, 자연히 | 生(しょう)じる 생기다 | 主体(しゅたい) 주체

장문 실전 연습 문제 419p

1 ④	2 ②	3 ②	4 ③	5 ①
6 ③	7 ①	8 ①	9 ①	10 ④
11 ②	12 ①	13 ①	14 ②	15 ①
16 ②	17 ②	18 ④		

문제10 다음 문장을 읽고, 뒤의 물음에 대한 답으로서 가장 알맞은 것을, 1·2·3·4에서 하나 고르세요.

(1)

이하는, 막과자 가게에 대해서 쓰여진 문장이다.

이곳은 서민들이 많이 사는 거리. 우리 집에서 500미터 정도 떨어진 장소에 오래된 좋은 막과자 가게가 있다. 어린 시절부터 계속 다녔던 이 가게는 나에게 있어 단순한 상점이 아니고 특별한 의미를 가진 존재이다.(주석1)

그곳은 주인인 할머니가 있어야 성립하는 장소이며 그녀의 상냥한 웃는 얼굴이 언제나 우리들을 맞이해 준다. 계산대 근처에는 유리병에 든 라무네나 연한 색의 왕사탕이나 10엔 모양의 초콜릿 등이 진열되어 있다.(주석2) 또한 좁은 가게 안 중앙에는 어른의 허리 정도의 높은 진열대 위에 정사각형이나 직사각형 상자에 든 다양한 종류의 과자가 빼곡히 있어서 마치 퍼즐처럼 정확하게 놓여있다.(주석3) 그것들은 어느 것도 아이들의 마음을 두근거리게 하고 동전을 꽉 쥐고 어느 것을 살지 고민하는 시간이 나에게 있어 최고의 순간이었다.

막과자 가게는 그저 과자를 사는 장소가 아니고 친구와 대화를 즐기는 장소이기도 하다. 학교에서 있었던 일이나 좋아하는 애니메이션, 게임 화제로 고조되면서 가게 앞에 놓인 작은 벤치에서 과자를 먹는 시간은 무엇으로도 바꾸기 어려운 추억이다. 할머니도 때때로 우리들의 이야기에 끼어들어 옛날이야기를 들려준다. 그 이야기는 신선하면서도 어딘가 그리운 기분을 불러일으키는 것이었다.

하지만 시대를 지나고 막과자 가게의 수는 감소하여 현대에서는 대형 슈퍼마켓이나 편의점에서 용무를 마치는 경향이 되어 그 존재는 차차 희미해지고 있다. 근처 막과자 가게도 예외가 아니고 고령이 된 할머니의 몸 상태는 그다지 좋지 않아서 결국 올해를 끝으로 폐점하는 것이 결정되었다. 이 소식은 충격이었다. 그 장소가 없어진다는 것은 추억의 일부를 잃는 것 같아서 가슴이 죄어지는 기분이었다. **막과자 가게는 단지 과자를 판매하는 장소에 그치지 않는다.** 지역에 있어서는 그곳은 정보를 교환하는 중심지이며 사람들이 모이고 연계를 깊게 하는 장소이기도 했다. 할머니의 상냥함과 따뜻함에 둘러싸인 가게는 나에게 있어서도 지역 사람들에게 있어서도 소중한 장소였던 것이다. 그래서 나는 할머니에게 감사의 마음을 전하고 폐점 전까지 가능한 한 빈번하게 방문할 생각이다.

게다가 할머니의 막과자 가게를 통해서 나는 그 존재의 소중함을 다음 세대에게도 전하고 싶다고 강하게 생각한다. **막과자 가게에서 보냈던 시간은 나의 성장과 함께 가슴에 새겨진 보물이다. 가족이나 친구와 공유했던 즐거운 한때, 혼자서 방문해서 마음을 안정시킬 수 있었던 시간, 그 모든 것이 나의 인생에 깊게 영향을 주고 있다.** 가게 안에 떠돌던 옛날 그대로의 분위기나 할머니의 변함없는 웃는 얼굴이 지금도 내 마음을 지탱해 준다. 가게는 폐점에 이르게 되었지만 그 추억이 사라지는 것은 아니다. 오히려 내 마음속에서 그 장소는 영원히 계속 살아갈 것이다. 그리고 앞으로도 가게에서의 추억을 소중히 하고 새로운 이야기를 다음 세대에게 계승해 가고 싶다고 강하게 바라고 있다.

(주석1) 막과자 가게 : 옛날부터 있던 서민적인 과자를 싼 가격에 판매하는 가게
(주석2) 라무네 : 입에 넣으면 톡톡 튀는 감각을 맛볼 수 있는 설탕 과자
(주석3) 빼곡히 : 무언가 빽빽하게 차 있어서

1 막과자 가게는 그저 과자를 사는 장소가 아니고라고 되어 있는데 왜인가?

1 매력적인 물건이 진열되어 있어 아이들이 흥분하지 않을 수 없기 때문에

2 대형 슈퍼마켓이나 편의점에는 없는 옛날 그대로의 물건을 구입할 수 있기 때문에
3 할머니의 과거 체험담이나 옛날이야기를 들을 수 있기 때문에
4 정보 교환을 통해 지역 주민들과의 관계나 결속을 만들 수 있기 때문에

해설　필자는 駄菓子屋は、ただお菓子を販売する場所にとどまらない。地域にあっては、そこは情報を交わす中心地であり、人々が集まり、連携を深める場でもあった。(막과자 가게는 단지 과자를 판매하는 장소에 그치지 않는다. 지역에 있어서는 그곳은 정보를 교환하는 중심지이며 사람들이 모이고 연계를 깊게 하는 장소이기도 했다.)라고 했으므로 4번이 정답이다. 1, 2번은 본문에서 언급한 내용이 아니므로 정답이 아니고, 3번은 추억을 이야기할 때 언급한 것이므로 정답이 아니다.

2 필자에 의하면 인생에 깊게 영향을 주었던 것이란 무엇인가?
1 막과자 가게에서 사람들과 정보를 교환하면서 연계를 깊게 한 것
2 막과자 가게에서 어린 시절부터 지금에 이르기까지 보낸 추억이나 체험의 것
3 어린 시절부터 어른이 되는 과정에서 얻은 지식과 교양의 것
4 어린 시기에 한해서 얻을 수 있는 감수성이나 인내력을 기를 수 있었던 것

해설　필자는 駄菓子屋で過ごした時間は、私の成長とともに心に刻まれた宝物だ。家族や友人と共有した楽しいひととき、一人で訪れて心を落ち着けた時間、そのすべてが私の人生に深く影響を与えている(막과자 가게에서 보냈던 시간은 나의 성장과 함께 가슴에 새겨진 보물이다. 가족이나 친구와 공유했던 즐거운 한때, 혼자서 방문해서 마음을 안정시킬 수 있었던 시간, 그 모든 것이 나의 인생에 깊게 영향을 주고 있다.)라고 했으므로 2번이 정답이다. 1, 3, 4번은 본문에서 언급한 내용이 아니므로 정답이 아니다.

3 다음 세대에 대해 바라고 있는 것에 대해서 필자는 어떻게 생각하고 있는가?
1 귀중한 경험은 추억으로서 소중하고 현대적으로 창작한 형태로 이어받고 싶다.
2 자신이 경험해온 따뜻한 추억이나 가치를 미래의 세대에게도 공유해 가고 싶다.
3 필자 자신이 체험한 일을 아직 모르는 가족이나 친구에게 공유하고 싶다.
4 귀중한 경험을 통해서 자신이 있는 그대로의 막과자 가게를 존속하고 이어받고 싶다.

해설　할머니의 막과자 가게가 문을 닫는 것에 대해서 필자는 추억이 사라지는 것이 아닌 내 마음속에서 영원히 살아 갈거라고 하면서 이제부터도 店での思い出を大切にし、新たな物語を次の世代に受け継いでいきたいと強く願っているのだ。(앞으로도 가게에서의 추억을 소중히 하고 새로운 이야기를 다음 세대에 계승해 가고 싶다고 강하게 바라고 있다.)라고 했으므로 2번이 정답이다. 1, 3, 4번은 본문에서 언급한 내용이 아니므로 정답이 아니다.

단어　駄菓子(だがし) 막과자 | 下町(したまち) 서민들이 많이 사는 거리, 서민적인 분위기의 변화가 | 離(はな)れる 떨어지다, 멀어지다 | 古(ふる)き良(よ)き 오래되고 좋은 | 単(たん)なる 단순한 | ~あっての ~이/가 있어야 (성립하는) | 瓶(びん) 병 | ラムネ 라무네(과자 이름) | 淡(あわ)い 엷다, 희미하다 | 大粒(おおつぶ) 알갱이가 큼, 큰 알 | 陳列台(ちんれつだい) 진열장 | 正方形(せいほうけい) 정방형, 정사각형 | 長方形(ちょうほうけい) 직방형, 직사각형 | 所狭(ところせま)しと 빼곡히, 빽빽히, 잔뜩 | いずれも 어느 것도, 아무거나 | ときめく 가슴이 두근거리다, 설레다 | 小銭(こぜに) 잔돈 | 握(にぎ)りしめる 꽉 쥐다, 움켜쥐다 | 一時(いっとき) 일시, 한때, 한동안 *ひとときら고도 읽음 | 盛(も)り上(あ)がる 고조되다, 높아지다 | 代(か)える 대신하다 | 時折(ときおり) 때때로, 가끔 | 新鮮(しんせん)だ 신선하다 | 懐(なつ)かしい 그립다 | 呼(よ)び起(お)こす 불러 일으키다 | 経(へ)る 지나다, 경과하다 | ~にあって(は) ~에서(는), ~에 있어서(는) | 用(よう)を済(す)ます 볼일을 마치다 | 次第(しだい)に 차츰, 차차 | 薄(うす)れる 엷어지다, 희미해지다 | ~つつある ~하고 있다(진행) | 高齢(こうれい) 고령 | ついに 드디어, 마침내, 결국 | 閉店(へいてん) 폐점, 가게 문을 닫음 | ショック 쇼크, 충격 | 締(し)め付(つ)ける 단단히 죄다, 조르다, 압박하다 | ~にとどまらない ~에 그치지 않다 | 地域(ちいき) 지역 | 交(か)わす 주고받다, 교환하다, 나누다 | 連携(れんけい) 연계 | 尊(とうと)い 귀중하다, 고귀하다, 소중하다 | 頻繁(ひんぱん)だ 빈번하다 | 刻(きざ)む 잘게 썰다, 새기다 | 漂(ただよ)う 떠돌다, 감돌다 | ~ながらの ~하면서의, ~하는 채로의, ~그대로의 | ~に至(いた)る ~에 이르다 | 受(う)け継(つ)ぐ 계승하다 | 庶民的(しょみんてき)だ 서민적이다 | ぎっしり 잔뜩, 가득 | 詰(つ)まる 막히다, 가득 차다 | 魅力的(みりょくてき)だ 매력적이다 | 興奮(こうふん) 흥분 | 結(むす)び付(つ)き 결속, 관계 | 過程(かてい) 과정 | 捉(とら)える 잡다, 파악하다, 받아들이다 | 教養(きょうよう) 교양 | 感受性(かんじゅせい) 감수성 | 忍耐(にんたい) 인내 | 養(やしな)う 기르다, 양육하다 | 創作(そうさく) 창작 | 引(き)継(つ)ぐ 이어받다, 물려받다 | 存続(そんぞく)する 존속하다, 존속되다

(2)

이하는, 프라이버시 침해에 대해서 쓰여진 문장이다.
　프라이버시 침해란 주지하듯이 개인의 프라이버시나 개인 정보가 부정하게 유출되거나 타인에게 노출되거나 하는 것이다. 이것에 대해서 형법상 처벌은 없지만 명예훼손으로 고소하면 형사 고소되어 형벌을 받는 경우도 있다. 설마 자신이 타인의 프라이버시를 침해할 일은 없다고 생각하고 있는 사람도 적지 않지만, 우리가 생각하고 있는 것보다도 침해라는 경계선은 아슬아슬한 곳에 있어 실제로는 의도치 않게 침해를 해 버리는 일도 많이 있다. 그러므로 주의를 기울 필요가 있다.
　친구와 여행에 가서 사진을 촬영하고 귀갓길에 오르자마자 여행의 추억에 잠기면서 사진을 보며 그것을 SNS에 투고한다. 이렇다 할 것 없는 평범한 광경으로 생각할 수 있지만, 이것이야말로 프라이버시 침해가 될지도 모르는 것이다. 서두에서 서술한 것처럼 개인 정보의 부정 유출 등이 그것에 해당한다는 것은 이해하고 있지만 아무 생각 없는 행위가 침해로 이어질지도 모른다는 인식이 결여되어 있다. 여행에서 함께 찍은 친구와의 사진을 SNS에 투고하고 친구의 승낙이 없었으니 프라이버시 침해라고 해도 정말 답답하게 느낄 이야기일 것이다.

그렇지만 지금까지 극히 평범하게 행해져 온 것이 프라이버시 침해에 해당하는 것이니 조심할 수밖에 없다. 문제가 일어난 후의 '몰랐다'는 통하지 않기 때문에 지금부터라도 지식을 습득하든지 해서 적절한 대책을 강구해야 한다.

프라이버시 침해가 문제시되고 있는 것은 침해의 심각성을 충분히 이해하지 않고 관련된 규정에도 익숙해 있지 않기 때문이다. 프라이버시 침해라고 하면 아무래도 자신에게 해가 미치는 것을 막는 방법을 생각하는 경향이 있다. 피해를 당하지 않기 위해서 개인 정보 보안 강화 등 의식적으로 대책을 가하는 사람은 있지만 자신이 가해자, 즉 프라이버시를 침해하는 측이 될지도 모른다는 의식이 희박한 것처럼 느껴진다.

SNS가 생활의 일부가 되어 있는 사람도 적지 않은 현대의 디지털 사회에 있어서 평소부터 무엇이 개인 정보이고 무엇이 공시할 만한 것인지를 판별하는 판단력이 요구된다.(주석4) 특히 디지털 환경에 친숙해진 세대는 프라이버시의 심각성에 대해서 스스로 깨닫고 신경 쓰는 것이 어려울 것이다. 그렇기 때문에 아이들을 포함해 누구든지 프라이버시에 대해서 확실하게 배울 수 있는 기회를 마련했으면 한다.

(주석1) 주지하듯이 : 이미 다수에게 알려진 대로
(주석2) 명예훼손 : 사람의 명예를 상처 입히는 것
(주석3) 귀갓길에 오르다 : 자택으로 돌아가다
(주석4) 공시 : 일반인에게 발표하여 나타내는 것

4 주의를 기울 필요가 있다고 있는데 왜인가?

1 명예훼손으로 고소당해도 형사 고소되어 형벌까지 받는다고 생각하지 않기 때문에
2 개인 정보를 타인에게 노출했는데 형법상 처벌이 없다고는 생각할 수 없기 때문에
3 침해라고 말할 수 있는 것이 애매하기 때문에 무심코 프라이버시를 침해하는 일도 많기 때문에
4 개인의 프라이버시나 개인 정보가 유출되는 일이 최근 많아졌기 때문에

해설 필자는 침해라는 경계선은 아슬아슬한 곳에 있다고 하면서 なんということのない平凡な光景に思えるが、それこそがプライバシーの侵害になりかねないのだ. (이렇다 할 것 없는 평범한 광경으로 생각할 수 있지만 이것이야말로 프라이버시 침해가 될지도 모르는 것이다.)라고 했으므로 3번이 정답이다. 명예훼손으로 고소당하면 형벌까지 받을 수 있다고 했으므로 1번은 정답이 아니고, 2, 4번은 본문에서 언급한 내용이 아니므로 정답이 아니다.

5 프라이버시 침해가 문제시되고 있는 것에 대해서 필자는 어떻게 생각하고 있는가?

1 프라이버시 침해가 발생하는 것은 우리가 그것에 대해 무지하기 때문이다.
2 자신에 대한 침해만을 생각해 버리기 때문에 '침해'라는 말을 쓰는 것은 부적절하다.
3 프라이버시 침해는 심각한 것이기 때문에 피해자가 되지 않도록 방지책을 짜야 한다.
4 프라이버시 침해의 심각성을 깨닫고 가해자가 되지 않기 위한 대책을 모색해야 한다.

해설 필자는 プライバシーの侵害が問題視されるのは、侵害の深刻さを十分理解せず、関連する規定にも慣れていないからだ. (프라이버시 침해가 문제시되고 있는 것은 침해의 심각성을 충분히 이해하지 않고 관련된 규정에도 익숙해 있지 않기 때문이다.)라고 했으므로 1번이 정답이다. 본문에서 언급한 내용이 아니므로 2번은 정답이 아니고, 자신에게 해가 미치는 것을 막는 방법만 생각하고 있다고 했으므로 3번도 정답이 아니다. 가해자가 되지 않기 위해 대책을 모색하는 것이 아닌 가해자가 될 수도 있다는 가능성에 대해 인식을 하고 있어야 한다고 했으므로 4번도 정답이 아니다.

6 현대 디지털 사회에 대해서 필자의 생각에 맞는 것은 무엇인가?

1 현대 디지털 사회에서는 누구나 자력으로 프라이버시에 관한 지식을 배워야 한다.
2 현대 디지털 사회에서는 사생활 침해가 빈번하게 일어나는 SNS는 멀리하는 편이 좋다.
3 현대 디지털 사회에서는 개인의 프라이버시에 관한 의식 향상이 불가결하다.
4 현대 디지털 사회에서는 SNS을 빈번하게 이용하는 사람일수록 정보 발신에 신중할 필요가 있다.

해설 필자는 日頃から何が個人情報で、何が公示に値するものなのかを見極める判断力が求められる. (평소부터 무엇이 개인 정보이고 무엇이 공시할 만한 것인지를 판별하는 판단력이 요구된다.)라고 했으므로 3번이 정답이다. 스스로 깨닫기 어려운 사람을 포함해 누구나 알 수 있게 기회를 마련해야 한다고 했으므로 1번은 정답이 아니고, SNS를 멀리해야 한다거나 SNS를 많이 사용하는 사람이 정보 발신에 신중해야 한다는 말은 언급하지 않았으므로 2, 3번도 정답이 아니다.

단어 プライバシーの侵害(しんがい) 프라이버시 침해 | 周知(しゅうち) 주지, 두루 앎 | 不正(ふせい) 부정 | 流出(りゅうしゅつ) 유출 | 晒(さら)す 햇볕에 쬐다, 드러내다 | ～において ~에서 | 刑法(けいほう) 형법 | ～上(じょう) ~상 | 罰則(ばっそく) 벌칙 | 名誉毀損(めいよきそん) 명예훼손 | 訴(うった)える 고소하다 | 刑事(けいじ) 경찰, 형사 | 告訴(こくそ) 고소 | 刑罰(けいばつ) 형벌 | まさか 설마 | 境界線(きょうかいせん) 경계선 | 際(きわ)どい 아슬아슬하다 | 意図(いと) 의도 | 多々(たた)ある 종종 있다 | ゆえに 고로, 그러므로 | 注意(ちゅうい)を払(はら)う 주의를 기울다, 주의하다 | 撮影(さつえい) 촬영 | 家路(いえじ)に着(つ)く 귀갓길에 오르다 | 浸(ひた)る 잠기다, 빠지다 | 眺(なが)める 바라보다, 조망하다 | 投稿(とうこう) 투고 | 平凡(へいぼん)だ 평범하다 | 光景(こうけい) 광경 | ～かねない ~할지도 모른다 | 冒頭(ぼうとう) 서두 | ～ものの ~기는 하지만(역접) | 何気(なにげ)ない 무심하다, 아무렇지도 않다, 아무 생각 없다 | 行為(こうい) 행위 | 認識(にんしき) 인식 | 欠(か)ける 결여되다, 빠지다 | 承諾(しょうだく) 승낙 | 窮屈(きゅうくつ)だ 답답하다 | 極(ごく) 극히, 대단히 | ～(より)ほかない ~할 수밖에 없다 | 通用(つうよう)する 통용하다, 통하다 | 知識(ちしき) 지식 | 適切(てきせつ)だ 적절하다 | 講(こう)じる 강구하다 | 深刻(しんこく)さ 심각성 | 関連(かん

れん) 관련 | 規定(きてい) 규정 | どうしても 무슨 일이 있어도, 꼭 | 害(がい) 해, 방해, 지장 | 及(およ)ぶ 미치다 | 防(ふせ)ぐ 막다 | 手立(てだ)て (목적 달성을 위한) 방법, 수단 | 被害(ひがい)に遭(あ)う 피해를 당하다 | セキュリティ 시큐리티, 보안, 안전 | 意識(いしき) 의식 | 施(ほどこ)す 베풀다, (장식이나 가공 등을) 가하다 | 加害者(かがいしゃ) 가해자 | 侵(おか)す 침범하다, 침입하다 | 希薄(きはく)だ 희박하다 | 日頃(ひごろ) 평소, 평상시 | 公示(こうじ) 공시 | 値(あたい)する ~할 가치가 있다,~할 만하다 | 見極(みきわ)める 끝까지 지켜보다, 판별하다 | 判断力(はんだんりょく) 판단력 | 求(もと)める 구하다, 바라다, 요구하다 | 慣(な)れ親(した)しむ 친숙해지다 | 自(みずか)ら 스스로 | 設(もう)ける 설치하다, 마련하다 | 露出(ろしゅつ) 노출 | 曖昧(あいまい)だ 애매하다 | 無知(むち) 무지 | 防止策(ぼうしさく) 방지책 | 練(ね)る 반죽하다, (계획을) 짜다 | 模索(もさく) 모색 | 頻繁(ひんぱん)だ 빈번하다 | 遠(とお)ざける 멀리하다 | 向上(こうじょう) 향상 | 不可欠(ふかけつ)だ 불가결하다 | 発信(はっしん) 발신 | 慎重(しんちょう) 신중

(3)

이하는, 조직 문화에 대해 쓰여진 문장이다.

조직 문화란 기업 내에서 사원이 공유하는 문화이며 사원의 언동이나 사고 등의 기준이 된다. 좋은 조직 문화는 사원의 일체감을 촉구하기 때문에 일의 능률과 생산성 향상으로도 이어진다. 즉, 사원은 조직 문화에 기반하여 일에서의 판단이나 마주 보는 법을 정한다고 해도 과언이 아니다.

조직 문화는 사원의 일에 대한 마주 보는 법은 물론 자사 서비스의 품질, 고객 대응의 자세에까지 영향을 미치게 한다. 예를 들어 '스피드보다는 품질이 중요'라는 조직 문화가 형성되어 있을 경우, 단기간에 수많은 신서비스를 새로 만들어 내기보다는 시간이 걸리더라도 고객의 만족도를 중시하는 서비스를 제공하려고 할 것이 틀림없다. 그리고 그러한 자세는 브랜드 이미지나 강점이 되어 기업 발전으로도 연결될 것이다.

조직 문화와 비슷한 말로서 '조직 풍토'가 있다. 조직 풍토란 '기업의 특색'을 의미하며 직장의 분위기나 긴 세월 뿌리내리고 있는 풍습 등을 나타내는 말이다.

조직 문화와 조직 풍토는 혼동되기 쉽지만, 2개의 개념은 형성되는 과정에 큰 차이가 있다. 조직 풍토는 조직이 성장하고 있는 중에 자연스럽게 형성된 풍습이나 습관 등을 가리키는 말이다. 한편, 조직 문화는 목표에 가까워지는 것을 전제로 해서 전략적으로 설정한 문화를 나타내는 말이다. 그 때문에 사원에게 뿌리내리고 있는 조직 풍토를 제어하는 것은 어려운 법이지만, 조직 문화는 의도적으로 재형성할 수 있다는 특징이 있다.

최근 들어 기업들 사이에서 조직 문화가 중요시되기 시작하고 있다. 조직 문화는 사원의 행동 방침으로서의 역할을 다하는 것이다. 만약 미증유의 트러블이나 급격한 시장 변화 등이 발생했을 때, 조직 문화가 명확하게 형성되어 있지 않으면 사원은 어떠한 행동을 하면 좋을지 혼란해 버려 원활한 대응이 어려워질지도 모른다. 하지만 조직 문화가 확립되어 있으면 사원 사이에 공통 의식이 생기고 똘똘 뭉쳐 신속하게 대응할 수 있게 될 것이다. 요컨대 사회적 상황이나 시장 변화에 신속하게 대응하기 위해서는 명확한 조직 문화의 확립이 필요 불가결하다는

것이다.

또한 조직 문화의 형성은 기업의 채용 활동에서도 메리트가 있다. 입사 희망자에게 자사의 조직 문화를 어필하는 것으로 조직 문화에 공감할 수 있는 인재가 모이기 쉬워진다. 게다가 조직 문화에 공감할 수 있는 사원은 회사에 대한 애사 정신도 높은 경향이 있어 이직률 저하로도 이어진다.

이처럼 매력적인 조직 문화는 일적인 면뿐만 아니라 인재 확보 면에서도 큰 메리트가 있다고 말할 수 없지는 않을 것이다.

(주석) 미증유 : 지금까지 없었던 일

---

7 그러한 자세란 어떠한 것인가?

1 조직 문화에 기반하여 서비스나 고객 대응을 실시하는 것
2 조직 문화에 기반하여 가성비 높은 서비스를 제공하는 것
3 기업의 발전을 중시하여 이익의 최대화를 도모하는 것
4 브랜드 이미지나 강점을 최우선으로 생각하는 것

해설　필자는 組織文化は、社員の仕事に対する向き合い方はもちろん、自社サービスの品質、顧客対応の在り方にまで影響を及ぼす。(조직 문화는 사원의 일에 대한 마주 보는 법은 물론 자사 서비스의 품질, 고객 대응의 자세에까지 영향을 미치게 한다.)라고 했으며 그러한 자세에 맞게 서비스와 고객 대응을 진행하는 것이 곧 브랜드의 이미지와 강점이 된다고 이야기하고 있으므로 정답은 1번이다. 2, 3, 4번은 본문에서 언급한 내용이 아니므로 정답이 아니다.

---

8 필자에 의하면 기업들 사이에서 조직 문화가 중요시되기 시작하고 있는 것은 왜인가?

1 만약의 사태가 발생해도 조직 문화가 건실하다면 사원이 단결해서 신속하게 해결할 수 있기 때문에
2 만약의 사태가 발생해도 조직 문화가 건실하다면 어떻게든 극복할 수 있기 때문에
3 사원이 어떠한 행동을 취하면 좋을지 혼란해하고 있을 때, 의도적으로 제어할 수 있기 때문에
4 사내의 공통 인식이 재형성되어 사원의 언동이나 사고의 지표가 될 수 있기 때문에

해설　필자는 미증유의 트러블이나 급격한 시장 변화가 발생하였을 경우에 組織文化が確立されていれば、社員の間に共通認識が生まれ、一丸となって迅速に対応できるようになるだろう。(조직 문화가 확립되어 있으면 사원 사이에 공통 의식이 생기고 똘똘 뭉쳐 신속하게 대응할 수 있게 될 것이다.)라고 했으므로 1번이 정답이다. 2, 3, 4번은 본문에서 언급한 내용이 아니므로 정답이 아니다.

---

9 필자에 의하면 조직 문화 형성의 메리트는 무엇이라고 말하고 있는가?

1 공통 인식을 기반하여 신속하게 대응할 수 있는 데다가 회사에 대한 강한 애착심을 가질 수 있게 되는 것

2 공통 인식을 기반하여 신속하게 대응할 수 있는 데다가 조직 문화에 맞지 않는 사람을 배제할 수 있는 것
3 입사 희망자에게 조직 문화를 어필하는 것으로 기업의 인상을 바꿀 수 있는 것
4 입사 희망자에게 조직 문화를 소개하는 것으로 매력적인 기업이라고 인정받을 수 있는 것

해설 필자는 조직 문화가 건실하다면 문제가 발생하더라도 공통 인식을 기반으로 빠르게 대응할 수 있으며 동시에 조직 문화에 공감할 수 있고 애사 정신이 높은 인재들이 모이기 쉬워진다고 했으므로 정답은 1번이다. 2, 3, 4번은 본문에서 언급한 내용이 아니므로 정답이 아니다.

단어 組織(そしき) 조직 | 企業(きぎょう) 기업 | 思考(しこう) 사고 | 一体感(いったいかん) 일체감 | 促(うなが)す 재촉하다, 독촉하다, 촉구하다 | 能率(のうりつ) 능률 | 向上(こうじょう) 향상 | ～に基(もと)づいて ~에 의거하여, ~에 기반하여 | ～において / ～における+명사 ~에서 / ~에서의 | 向(む)き合(あ)う 마주 보다, 마주 대하다 | ～と言(い)っても過言(かごん)ではない ~라고 해도 과언이 아니다 | 品質(ひんしつ) 품질 | 顧客(こきゃく) 고객 | 対応(たいおう) 대응 | 在(あ)り方(かた) 본연의 자세 | 影響(えいきょう) 영향 | 及(およ)ぼす 미치게 하다, 끼치다 | 数々(かずかず)の 수많은 | 生(う)み出(だ)す 새로 만들어내다, 창출해 내다 | 重視(じゅうし) 중시 | 提供(ていきょう) 제공 | 強(つよ)み 강점, 유리한 점 | 風土(ふうど) 풍토 | 特色(とくしょく) 특색 | 長年(ながねん) 긴 세월, 여러 해 | 根付(ねづ)く 뿌리내리다, 뿌리박다 | 風習(ふうしゅう) 풍습 | 混同(こんどう) 혼동 | 概念(がいねん) 개념 | 過程(かてい) 과정 | 概念(がいねん) 개념 | 前提(ぜんてい) 전제 | 戦略的(せんりゃくてき)だ 전략적이다 | 設定(せってい) 설정 | 意図的(いとてき)だ 의도적이다 | 特徴(とくちょう) 특징 | 指針(ししん) 지침 | 役割(やくわり) 역할 | 果(は)たす 완수하다, 다하다 | 未曽有(みぞう) 미증유 | トラブル 트러블 | 急激(きゅうげき)だ 급격하다 | 市場変化(しじょうへんか) 시장 변화 | 発生(はっせい) 발생 | ～際(さい)に ~할 때(에), ~할 즈음(에) | 明確(めいかく)だ 명확하다 | 混乱(こんらん)する 혼란하다, 혼란해지다 | 円滑(えんかつ)だ 원활하다 | ～かねない ~할지도 모른다 | 確立(かくりつ) 확립 | 認識(にんしき) 인식 | 一丸(いちがん)となる (힘을 합쳐서) 똘똘 뭉치다 | 迅速(じんそく)に 신속하게 | 要(よう)するに 요컨대, 결국 | 状況(じょうきょう) 상황 | 不可欠(ふかけつ) 불가결 | 採用(さいよう) 채용 | メリット 메리트, 장점 | 共感(きょうかん) 공감 | 人材(じんざい) 인재 | 愛社精神(あいしゃせいしん) 애사 정신 | 傾向(けいこう) 경향 | 離職(りしょく) 이직, 퇴사 | 魅力(みりょく) 매력 | 確保(かくほ) 확보 | 愛着(あいちゃく) 애착 | 利益(りえき) 이익 | 図(はか)る 도모하다 | 最優先(さいゆうせん) 최우선 | 事態(じたい) 사태 | まともだ 성실하다, 건실하다 | 団結(だんけつ) 단결 | 速(すみ)やかに 조속히, 신속히 | 乗(の)り越(こ)える 타고 넘다, 극복하다 | 制御(せいぎょ) 제어 | 指標(しひょう) 지표 | 排除(はいじょ) 배제

(4)
이하는, 매스 미디어에 대해서 쓰여진 문장이다.
TV나 라디오, 신문, 잡지 등에서의 매스 미디어는 세간에서 일어난
(주석)

다양한 일들을 우리들 대중을 향해 보다 빠르고 넓게 전달해 주는 기능을 가지고 있다. 이처럼 매체가 다르더라도 매스 미디어는 많은 사람에게 대량의 정보를 한 번에 전달하는 것에 차이는 없다. 또한 지금은 인터넷상에서도 사진이나 영상에 의한 정보가 발신되고 있으며 인터넷이 제5의 매스 미디어로 인식되는 일도 있지만, 일반적으로는 매스 미디어에는 포함되지 않으며 웹 미디어라고 칭해지고 있다. 그렇다 하더라도 인터넷의 보급에 따라 영상에 의한 대중에 대한 정보의 임팩트는 헤아릴 수 없다.

하지만 그런 시대이면서도 굳이 나는 보도 사진의 의미에 대해서 생각한다. 디지털화가 진행되어 지금이야말로 종이 매체에 의한 신문이 소멸 위기에 직면해 있지만, 일찍이 종이 매체인 신문이 주류였던 시대에서 사진은 활자로는 표현할 수 없는 보도 내용을 시각적으로 파악하는 것으로 독자에게 그 사실이나 사태를 전해왔다. 또한 영상이라면 즉석에서 흘러가 버릴 정보도 사진이면 그 한순간을 잘라내는 것으로 카메라맨이 그 사진에 담은 메시지도 간파할 수 있을 것이다. 다만 당연하지만 보도 사진은 일반 사진과는 달리 메시지성 요소 만으로는 성립되지 않으며 객관적인 기록 및 전달에 더해 신속한 이해를 촉구하도록 기록된 사진이 아니면 안 된다.

그렇다면 매체가 주간지의 경우는 어떨까. 일본에서는 헌법 제21조에서 '표현의 자유'가 보장되어 있으며 이 조항을 근거로써 매스 미디어에는 '보도의 자유'가 인정되고 있다. '보도의 자유'란 국민의 '알 권리'에 대해 그것에 봉사하는 중요한 역할을 짊어지고 있는데, 지나친 보도로 인해 프라이버시 침해나 명예훼손으로 발전하는 일이 많은 것도 현실이다. 매스 미디어에게 보도의 자유가 주어져 있다고는 하나 그 권리가 있는 것을 구실로 공공성이 결여된 보도를 해서는 안 되는 것이다. 사생활상의 사실 등, 개인의 프라이버시에 관련된 경우, 그것은 원칙으로서 공공성이 없다고 판단된다. 주간지의 보도 사진이 프라이버시권 침해에 해당하는 경우도 적지 않으며 다른 매스 미디어 이상으로 보도되는 쪽의 명예나 프라이버시 등에 충분히 배려할 필요가 있다고 말해지고 있다. 앞서 서술한 것처럼 영상이라면 즉석에서 '흘러가 버리는 정보'여도 사진은 1장이 기록으로서 영원히 그 페이지에 남는 것이기 때문에 그 영향력의 크기에 유의해야 한다.

앞으로의 매스 미디어는 보도 사진뿐만 아니라 국민의 '알 권리'에 대해 어디까지 응해야 할지 검토할 필요가 있다. 그것은 취재 대상자의 프라이버시나 개인의 존엄, 권리에 깊이 관련된 문제라서, 정보 제공과 윤리적 책임의 밸런스를 어떻게 맞출지가 중요한 과제가 된다.

(주석) 매스 미디어 : 불특정 다수에게 다양한 정보를 전달하는 수단이나 매체

10 필자에 의하면 매스 미디어의 역할이란 무엇인가?

1 대중을 향해서 웹 미디어에 의한 정보를 신속 또한 광범위하게 전달하는 역할
2 대중을 향해서 임팩트 있는 영상을 신속 또한 광범위하게 전달하는 역할
3 대중을 향해서 영상에 의한 다양한 정보를 명료 또한 신속하게 전달하는 역할
4 대중을 향해서 각각의 매체에 의한 정보를 신속 또한 광범위하게 전달하는 역할

해설 필자는 매스 미디어에 대해서 テレビやラジオ、新聞、雑誌など

におけるマスメディアは、世間で起きた様々な出来事を私たち大衆に向け、より速く広く伝達してくれる機能を持っている。(TVや ラジオ, 신문, 잡지 등에서의 매스 미디어는 세간에서 일어난 다양한 일들을 우리들 대중을 향해 보다 빠르고 넓게 전달해 주는 기능을 가지고 있다.)라고 했으므로 4번이 정답이다. 1, 2, 3번은 본문에서 언급한 내용이 아니므로 정답이 아니다.

11 필자에 의하면 보도 사진이 일반 사진과 다른 것은 왜인가?

1 보도 사진은 순간을 포착하여 사진에 의미를 담을 수 있기 때문에
2 보도 사진은 객관적인 기록이나 전달뿐만 아니라 즉석에서 상황을 파악할 수 있는 사진이어야 하기 때문에
3 보도 사진은 '보도의 자유'가 주어져 있어 자유롭게 촬영할 수 있기 때문에
4 보도 사진은 국민의 '알 권리'에 응하기 위해서라면 자유롭게 촬영하는 것이 허락되기 때문에

해설 보도 사진은 메시지성 요소만 있어서는 안 되며 客観的な記録および伝達に加え、迅速な理解を促すように記録された写真でなければならない。(객관적인 기록 및 전달에 더해 신속한 이해를 촉구하도록 기록된 사진이 아니면 안 된다.)라고 했으므로 2번이 정답이다. 보도 사진이 아닌 사진에 대한 이야기이므로 1번은 정답이 아니고, 보도의 자유가 있어도 개인의 사생활을 침해해서는 안 된다고 했으므로 3, 4번도 정답이 아니다.

12 앞으로의 매스 미디어에 대해서 필자의 생각에 맞는 것은 어느 것인가?

1 매스 미디어에는 '보도의 자유'가 있다고는 하나 보도되는 대상의 프라이버시 등에 충분히 주의해야 한다.
2 매스 미디어는 '알 권리'와 프라이버시의 밸런스를 생각해서 보도 내용을 유연하게 변경해야 한다.
3 매스 미디어는 보도되는 쪽의 명예나 프라이버시에 충분히 배려하면서도 보도 내용의 정확성을 최우선으로 해야 한다.
4 앞으로 매스 미디어는 프라이버시 침해의 우려가 있는 주간지 보도는 피하는 편이 좋다.

해설 매스 미디어는 법적으로 보도의 자유가 인정되어 있지만 지나친 보도로 인해서 프라이버시 침해 및 명예 훼손 문제가 많으므로 보도의 자유를 구실로 삼아서 타인의 사생활을 침해한 공공성이 결여된 보도는 해서는 안 된다고 했으므로 정답은 1번이다. 2, 3, 4번은 본문에서 언급한 내용이 아니므로 정답이 아니다.

단어 マスメディア 매스 미디어 | 〜において / 〜における+명사 ~에서 / ~에서의 | 世間(せけん) 세간 | 大衆(たいしゅう) 대중 | 〜に向(む)けて ~을/를 향해서 | 伝達(でんたつ) 전달 | 機能(きのう) 기능 | 媒体(ばいたい) 매체 | 発信(はっしん) 발신 | 捉(とら)える 잡다, 파악하다, 인식하다 | 一般的(いっぱんてき) 일반적 | 称(しょう)する 일컫다, 칭하다 | とはいえ 그렇다 하더라도 | 普及(ふきゅう) 보급 | 〜に伴(ともな)い ~에 따라서, ~와/과 함께 | インパクト 임팩트 | 計(はか)り知(し)れない 헤아릴 수 없다 | 敢(あ)えて 굳이, 억지로 | 報道(ほうどう) 보도 | 消滅(しょうめつ) 소멸 | 危機(きき) 위기 | 直面(ちょくめん) 직면 | かつて 일찍이,

예전부터 | 主流(しゅりゅう) 주류 | 活字(かつじ) 활자 | 視覚的(しかくてき)だ 시각적이다 | 実態(じったい) 실태 | 即座(そくざ)に 즉석에서 | 一瞬(いっしゅん) 한순간, 짧은 순간 | 切(き)り取(と)る 잘라내다, 도려내다 | 込(こ)める 속에 담다 | 読(よ)み取(と)る 간파하다, 알아차리다 | 要素(ようそ) 요소 | 客観的(きゃっかんてき)だ 객관적이다 | 成(な)り立(た)つ 성립하다 | 迅速(じんそく)だ 신속하다 | 促(うなが)す 재촉하다, 독촉하다, 촉구하다 | 週刊誌(しゅうかんし) 주간지 | 憲法(けんぽう) 헌법 | 保障(ほしょう) 보장 | 条項(じょうこう) 조항 | 根拠(こんきょ) 근거 | 権利(けんり) 권리 | 奉仕(ほうし) 봉사 | 役割(やくわり) 역할 | 担(にな)う 짊어지다, 떠맡다 | 行(い)き過(す)ぎる 지나치다, 통과하다 | プライバシー 프라이버시 | 侵害(しんがい) 침해 | 名誉毀損(めいよきそん) 명예훼손 | 〜とはいえ ~라고는 해도, ~라고는 하나 | 〜をいいことに ~을/를 기회 삼아, ~을/를 구실로 | 公共性(こうきょうせい) 공공성 | 欠(か)く 결여되다 | 原則(げんそく) 원칙 | 名誉(めいよ) 명예 | 配慮(はいりょ) 배려 | 述(の)べる 말하다, 서술하다 | 影響力(えいきょうりょく) 영향력 | 留意(りゅうい) 유의 | 検討(けんとう) 검토 | 取材(しゅざい) 취재 | 対象者(たいしょうしゃ) 대상자 | 尊厳(そんげん) 존엄 | 提供(ていきょう) 제공 | 倫理(りんり) 윤리 | 不特定多数(ふとくていたすう) 불특정 다수 | 且(か)つ 또한, 한편 | 広範囲(こうはんい) 광범위 | 明瞭(めいりょう)だ 명료하다 | 把握(はあく) 파악 | 撮影(さつえい) 촬영 | 柔軟(じゅうなん)だ 유연하다 | 〜つつ(も) ~하면서(도) | 懸念(けねん) 괘념, 근심, 우려 | 避(さ)ける 피하다

(5)

이하는, 다양성에 대해서 쓰여진 문장이다.

최근 다양성이라는 말을 자주 듣는다. 다양성이란 사람 한 사람의 개성이나 차이를 서로 인정하고 서로 존중하는 것을 말한다. 그 안에는 가치관이나 종교, 국적, 성별 등 넓은 분야가 포함되어 있으며 지금은 모르는 사람은 없을 정도의 개념이 되어있다.

본래 우리들은 각자 다른 생각이나 시점을 가지고 있지만, 한 사람 한 사람의 개성을 표현하는 것에 왜인지 협조성이 없다고 여겨져 자유롭게 표현하는 것이 허락되지 않아 살기 어렵다고까지 생각해 버릴 것 같은 세상이 되고 있었다. 그런 세상에 불만을 품고 있던 나는 다양성이라는 말이 개인의 독자성을 인정하는 세계를 만들어 주지 않을까 하고 기대를 부풀리고 있다.

다양성이라는 말을 최근에 자주 듣기 때문에 새로운 말이라고 생각하는 사람도 있을지도 모르지만, 이 다양성이라는 말과 개념은 지금부터 약 60년도 전인 1960년대 미국에서 태어난 것이다. 당시 킹 목사가 인종 차별을 멈추도록 연설을 실시한 것을 시작으로 인종 차별이나 여성차별이 세계에서 주목받게 되어 사람들 사이에서 호소하는 운동이 활발하게 행해지게 되었다. 이러한 활동이 있었기에 세계에 차별의 존재를 널리 알리고 차별은 악이며 없어지지 않으면 안 되는 것이라고 널리 퍼지게 할 수 있었다.

현대에서는 인터넷이나 SNS의 발전에 의해 누구라고 세계를 향해서 자신의 생각을 발신할 수 있게 되어, 자연스럽게 다양한 가치관에 접하는 기회가 늘었다. 또한 국경을 넘은 교류도 활발하게 되어 다른 문화나 배경을 가진 사람들이 서로 이해하고 서로 존중하는 관계가 구축되고 있다.

하지만 그런 현대에서도 서로 존중할 수 없는 사람은 반드시 존재한다. 그 때문에 다음과 같은 과제가 생각된다. 다양성을 존중하여 모두

의 의견을 들어도 전원을 만족시킬 수 없기 때문에 당연하지만 불만이 속출한다. 게다가 가치관에 의한 대립이나 커뮤니케이션이 잘 되지 않기 때문에 의견을 정리하는 것뿐만 아니라 그 후의 행동이나 결과를 내는 것에도 시간이 걸리게 된다.

　이런 불안한 점도 들 수 있지만, 실제로 국적이나 성별, 연령의 다양성부터 현재에는 여성의 일하는 방식 개혁에 의해 시간 단축으로 일하기 쉬운 직장 환경이 만들어지거나 외국인이나 고령자를 고용하는 것으로 일손 부족을 해소하거나 하는 등 많은 기업들이 다양성을 활용하고 있다.

　뭐든지 다양성을 강하게 주장하는 것은 바람직하지 않지만, 이렇게 서로의 차이를 인정하고 그 차이의 의미를 발견하는 것으로 더욱 좋은 관계성을 구축해 갈 수 있다면 이상적일 것이다.

(주석) 시간 단축으로 : 통상보다 짧은 시간으로

13 기대를 부풀리고 있다고 있는데 왜인가?

1 개인의 특성을 존중하는 것으로 협조성이 없는 사람이 존재하지 않는 미래 사회가 된다고 생각하기 때문에
2 차별을 호소하는 운동이 활발해져서 차별의 존재가 없어지는 미래 사회가 될 거라고 생각하기 때문에
3 개인의 특성이나 가지고 태어난 것을 존중하고 인정할 수 있는 미래 사회가 될 거라고 생각하기 때문에
4 다른 생각이나 시점을 가지고 있는 사람이 더욱 답답함을 느끼는 미래 사회가 될 거라고 생각하기 때문에

해설　개성을 표현하는 것이 허락되지 않아서 살기 어렵다고 느껴지는 세상이 되었기 때문에 다양성이라는 말이 개인의 독자성을 인정해 주는 세계를 만들어줄 거라는 기대를 필자가 품고 있다고 했으므로 3번이 정답이다. 1, 2, 4번은 본문에서 언급한 내용이 아니므로 정답이 아니다.

14 다양성에는 어떠한 과제가 있는가?

1 다양성을 존중하지 않는 사람이 반드시 존재하기 때문에 설득하지 않으면 안 되는 것
2 모두의 주장을 들을 필요가 있기 때문에 시간을 필요로 하는 것
3 모두의 요구를 받아들일 필요가 있기 때문에 영향력을 발휘하지 않으면 안 되는 것
4 새로운 용어이기 때문에 많은 사람에게 전달하여 널리 퍼지게 할 필요가 있는 것

해설　필자는 가치관에 따른 대립과 커뮤니케이션이 순조롭게 진행되지 않기 때문에 意見をまとめることだけでなく、そのあとの行動や結果を出すことにも時間がかかることになる。(의견을 정리하는 것뿐만 아니라 그 후의 행동이나 결과를 내는 것에도 시간이 걸리게 된다.)라고 했으므로 2번이 정답이다. 1, 3, 4번은 본문에서 언급한 내용이 아니므로 정답이 아니다.

15 다양성에 대해서 필자는 어떻게 생각하고 있는가?

1 다양성을 강요하지 말고 서로 개성을 인정하면 양호한 관계를 만들 수 있다.
2 다양성을 강하게 주장하여 인종 차별이나 여성차별을 완전히 없애야 한다.
3 외국인이나 고령자 고용을 촉구하는 것으로 다양성으로 가득 찬 기업을 만들 수 있다.
4 다양성의 존중으로 차별이 줄어들기 때문에 자신의 의견을 계속 발신해야 한다.

해설　필자는 다양성을 강하게 주장하는 것은 좋지 않으며 互いの違いを認め合い、その違いの意味を見出すことで、更に良い関係性を築いていけたら理想である。(서로의 차이를 인정하고 차이의 의미를 발견하는 것으로 더욱 좋은 관계성을 구축해 갈 수 있다면 이상적일 것이다.)라고 했으므로 1번이 정답이다. 2, 3, 4번은 본문에서 언급한 내용이 아니므로 정답이 아니다.

단어　多様性(たようせい) 다양성 | 認(みと)め合(あ)う 서로 인정하다 | 尊重(そんちょう) 존중 | 価値観(かちかん) 가치관 | 宗教(しゅうきょう) 종교 | 国籍(こくせき) 국적 | 概念(がいねん) 개념 | 本来(ほんらい) 본래 | 視点(してん) 시점 | 協調性(きょうちょうせい) 협조성 | 傾向(けいこう) 경향 | 個々人(ここじん) 개개인 | 独自性(どくじせい) 독자성 | 膨(ふく)らむ 부풀다, 부풀어 오르다 | 牧師(ぼくし) 목사 | 差別(さべつ) 차별 | 演説(えんぜつ) 연설 | ~を皮切(かわき)りに ~을/를 시작으로 | 訴(うった)える 고소하다, 호소하다 | 存在(そんざい) 존재 | 周知(しゅうち)する 주지하다, 널리 알리다 | 広(ひろ)める 널리 퍼지게 하다, 널리 알려지게 하다 | ~に向(む)けて ~을/를 향해서 | 発信(はっしん) 발신 | 触(ふ)れる 접촉하다, (문화에) 접하다 | 国境(こっきょう) 국경 | 越(こ)える (장소, 시간 등을) 넘다 | 交流(こうりゅう) 교류 | 活発化(かっぱつか) 활발화 | 背景(はいけい) 배경 | 構築(こうちく) 구축 | 続出(ぞくしゅつ) 속출 | 対立(たいりつ) 대립 | 挙(あ)げる 들다, 거행하다 | 改革(かいかく) 개혁 | 時短(じたん) 시간 단축 | 雇(やと)う 고용하다 | 人手(ひとで) 일손, 남의 도움 | 解消(かいしょう) 해소 | 企業(きぎょう) 기업 | 望(のぞ)ましい 바람직하다 | 見出(みいだ)す 찾아내다, 발견하다 | 築(きず)く 쌓다, 구축하다 | 通常(つうじょう) 통상, 보통 | 特性(とくせい) 특성 | 生(う)まれ持(も)つ 타고나다, 가지고 태어나다 | 窮屈(きゅうくつ)さ 갑갑함, 답답함 | 説得(せっとく) 설득 | 要(よう)する 필요로 하다 | 要求(ようきゅう) 요구 | 影響力(えいきょうりょく) 영향력 | 発揮(はっき) 발휘 | 用語(ようご) 용어 | 押(お)し付(つ)ける 억누르다, 강요하다 | 良好(りょうこう)だ 양호하다 | 雇用(こよう) 고용 | 満(み)ちる 가득 차다

(6)

　AI의 보급과 함께 얼마 안 있어 인간이 전부 AI로 대체되는 것이 아닐까 하고 우려되고 있다. 사실 이미 일부 업계에서 인간을 대신하여 AI가 업무를 수행하는 장면이 많이 볼 수 있게 되어 왔다.

　그렇다면 AI와 인간의 차이는 무엇일까. 언제였는지 TV를 보고 있었더니 그것에 대해서 이야기하고 있는 방송이 있었던 것을 떠올렸다. AI와 우리들 인간의 결정적인 차이가 하나 있다고. 그것은 AI는 거짓말을 하지 않는다는 것이었다. AI는 감정을 가지지 않는 데다가 자의식도 없다. 즉 감정적 요소는 가지지 않고 프로그램된 태스크를 실행하도록 설계되어 있기 때문에 거짓말을 하는 일이 없다. 한편 인간이라고 하면

AI와는 달라 감정이나 자의식을 가지고 있다. 이러한 요소가 인간의 판단 및 의사 결정에 영향을 주어 그것으로 인해 창조성이나 유연성, 윤리적 판단력을 가져오고 있는 것이다. 인간은 감정을 가지고 있기 때문에 스스로가 논리적인 사고력을 갈고닦거나 예술을 접해서 발상력을 풍부하게 하거나 더욱이는 감정의 연장선인 욕구를 축으로 의사 결정을 하거나 한다.

하지만 감정은 가지지 않더라도 AI에게도 자의식을 가지는 것이 가능하지 않을까라는 견해도 있다. 그것은 AI도 인간과 마찬가지로 방대한 데이터를 뇌 내에서 처리하고 그것을 의미가 있는 정보로서 인식할 수 있기 때문이다. 그것을 증명하는 것 같이 AI는 학습한 것을 기억하고 그것을 앞으로의 학습에 살릴 수 있다. 이것은 AI가 자기를 이해하고 자의식을 가지는 것이 가능하다는 것을 의미하며 한없이 인간에 가까운 뇌를 보유하고 있다는 것이다.

하지만 AI는 어디까지나 프로그램된 태스크를 실행하는 것이며 자의식을 가지는 것이 가능하더라도 현 단계에서 자아는 가질 수 없다고 생각되고 있다. 만일 자아를 가지게 되면 자기 목적을 달성하려고 하게 되어 이윽고 인간이 의도하고 있지 않은 목적을 추구하거나 파괴적인 행동을 취하거나 할 가능성도 부정할 수 없다.

따라서 현시점에서의 AI와 인간의 차이는 감정의 유무라고 말할 수 있는 것이 아닐까. 인간은 감정이 있기 때문에 좋고 싫음이 있고 선택을 거듭해 자아를 실현하려고 할 것이다. 만약 AI에게 감정이 싹 트였다(주석2)고 한다면 지금까지와 같은 주종 관계도 이어갈 수 없는 것도 당연하다.(주석3) 아무리 연구나 개발이 진행되고 AI가 더욱이 진화한다고 해도 감정을 가지는가 가지지 않는가의 일선을 넘으면 안 되는 것이다. 그렇게 생각하면 AI와 인간과의 결정적인 차이가 '거짓말을 하느냐 안 하느냐'라는 것도 다시 한번 수긍이 간다.(주석4)

(주석1) 태스크 : 주어진 일
(주석2) 싹트다 : 여기에서는 생겨나기 시작한 것
(주석3) 주종 관계 : 한쪽이 지배하고 한쪽은 따르는 관계의 것
(주석4) 수긍이 가다 : 납득이 가다

16 그것이란 어떠한 것인가?

1 임무를 수행할 수 있도록 설계되어 있는 것
2 자의식이나 감정적 요소가 판단이나 의사 결정을 좌우하는 것
3 거짓말을 하는 것이 감정적 요소에 영향을 주는 것
4 프로그램된 태스크가 자의식이나 의식이나 감정적 요소에 영향을 받고 있는 것

해설　본문에서 인간은이라고 하면, AI와는 異なり 감정이나 自己意識을 가지고 있다. 이러한 요소가 인간의 판단 및 의사 결정에 影響을 주어(인간이라고 하면 AI와는 달리 감정이나 자의식을 가지고 있다. 이러한 요소가 인간의 판단 및 의사 결정에 영향을 주어)라고 했으므로 2번이 정답이다. 1, 3, 4번은 본문에서 언급한 내용이 아니므로 정답이 아니다.

17 현시점에서 AI와 인간이 결정적으로 다른 것은 어떠한 점인가?

1 대량의 데이터를 뇌 내에서 처리하여 그것을 정보로서 인식할 수 있는지 아닌지 하는 점
2 감정을 가지고 자신의 목적을 달성하려고 하는지 하지 않는지 하는 점
3 주어진 태스크를 정확하게 실행할 수 있는지 아닌지 하는 점
4 감정을 억누르거나 파괴 행동으로 옮기거나 하는지 하지 않는지 하는 점

해설　AI가 자아를 가지게 되면 자신의 목적을 달성하려고 할지도 모른다고 이야기하면서 現時点에서의 AI와 인간의 차이는, 감정의 有無라고 말할 수 있는 것이 아닐까. (현시점에서의 AI와 인간의 차이는 감정의 유무라고 말할 수 있는 것이 아닐까.)라고 했으므로 2번이 정답이다.

18 AI에 대해서 필자의 생각에 맞는 것은 어느 것인가?

1 AI와 인간의 관계를 유지하기 위해서는 AI에게 자아를 보유하게 할 때까지 진화를 이루지 않으면 안 된다.
2 AI의 자아에 대한 발전을 목표로 앞으로도 한층 더 진화를 위해서 연구나 개발을 진행하지 않으면 안 된다.
3 AI가 거짓말을 하지 않도록 앞으로도 태스크 프로그램의 설계를 강화하지 않으면 안 된다.
4 아무리 진화를 이루더라도 AI에게 감정을 가지게 하는 것은 피하지 않으면 안 된다.

해설　필자는 どんなに 연구나 개발이 진행되고, AI가 더욱이 진화하려고 해도, 감정을 가지든 가지지 않든의 일선은 넘어서는 안 되는 것이다. (아무리 연구나 개발이 진행되고 AI가 더욱이 진화한다고 해도 감정을 가지는가 가지지 않는가의 일선을 넘으면 안 되는 것이다.)라고 했으므로 4번이 정답이다. 1, 2, 3번은 본문에서 언급한 내용이 아니므로 정답이 아니다.

단어　普及(ふきゅう) 보급 | やがて 얼마 안 있어, 곧, 이윽고 | 取(と)って代(か)わる 대신하다 | 懸念(けねん) 걱정, 근심, 우려 | 既(すで)に 이미, 벌써 | ～において / ～における+명사 ~에서 / ~에서의 | 業務(ぎょうむ) 업무 | 遂行(すいこう) 수행 | 場面(ばめん) 장면 | 自己意識(じこいしき) 자기의식, 자의식 | 要素(ようそ) 요소 | タスク 태스크, 작업 | 設計(せっけい) 설계 | 判断(はんだん) 판단 | 意思(いし) 의사 | 影響(えいきょう) 영향 | 創造性(そうぞうせい) 창조성 | 柔軟性(じゅうなんせい) 유연성 | 倫理的(りんりてき) 윤리적 | もたらす 가져오다, 초래하다 | ～からこそ ~이기 때문에 | 自(みずか)ら 스스로 | 論理的(ろんりてき)だ 논리적이다 | 思考力(しこうりょく) 사고력 | 磨(みが)く 닦다, 갈고닦다 | 触(ふ)れる 접촉하다, (문화에) 접하다 | 発想力(はっそうりょく) 발상력 | 豊(ゆた)かだ 풍족하다, 풍부하다 | 延長線(えんちょうせん) 연장선 | 欲求(よっきゅう) 욕구 | 軸(じく) 축 | 見解(けんかい) 견해 | 同様(どうよう)に 다름없이, 마찬가지로 | 膨大(ぼうだい)だ 방대하다 | 脳内(のうない) 뇌 내, 뇌 속 | 処理(しょり) 처리 | 認識(にんしき) 인식 | ～かのごとく ~인 것 같이 | 活(い)かす 살리다 | 保持(ほじ) 보유 | あくまで 어디까지나, 철저하게 | 現段階(げんだんかい) 현단계 | 自我(じが) 자아 | 仮(かり)に 만일, 가령 | 達成(たっせい) 달성 | 意図(いと) 의도 | 追求(ついきゅう) 추구 | 破壊的(はかいてき)だ 파괴적이다 | 可能性(かのうせい) 가능성 | ～は否(いな)めない ~은/는 부정할 수 없다 | 有無(うむ) 유무 | 好(す)き嫌(きら)い 호불호, 좋고 싫음 | 芽生(め

ば)える 싹트다 | 主従関係(しゅじゅうかんけい) 주종 관계 | 一線(いっせん)を超(こ)える 일선을 넘다, 해서는 안 되는 짓을 하다 | 改(あらた)めて 다시 한번, 새삼스럽게 | 合点(がってん) 승낙, 수긍 | 支配(しはい) 지배 | 従(したが)う 따르다 | 納得(なっとく) 납득 | 任務(にんむ) 임무 | ~か否(いな)か ~인지 아닌지 | 抑(おさ)える 억누르다 | 維持(いじ) 유지 | 遂(と)げる 이루다 | さらなる 한층 더

통합이해 실전 연습 문제 436p

1 ②	2 ④	3 ①	4 ④	5 ①
6 ②	7 ①	8 ④	9 ④	10 ③
11 ②	12 ④			

문제11 다음 A와 B 문장을 읽고, 뒤의 물음에 대한 답으로서 가장 알맞은 것을, 1・2・3・4에서 하나 고르세요.

(1)

A

소설을 쓰는 것은 나에게 있어서 내면의 사고나 감정을 정리하여 다른 사람에게 정확하게 전달하는 커뮤니케이션 수단 중 하나이다. 내성적인 성격이기 때문에 대화로는 자신의 의사를 적절하게 표현할 수 없는 일이 많고 때로는 아무것도 말하지 못하는 지경이다. 말하고 싶은 것을 정리할 방법이 없고 오해를 낳는 일 조차 있다. 하지만 전하는 방법의 형태를 바꿔서 생각을 문자로 엮어 다듬는 것으로 말하고 싶은 것을 정리할 수 있을 뿐만 아니라 오해를 피해 자신의 진짜 의도를 명확하게 전달할 수 있다. 이 과정에서는 쓰는 것이 자기 어필의 한 가지 방법으로써 기능하고 다른 사람과의 커뮤니케이션 가교(주석2)가 된다. 게다가 소설을 쓰는 것으로 말이 가진 힘이나 깊이를 재인식하고 자신의 내면과도 마주 보며 자신을 격려하는 것으로 연결할 수 있는 것이다.

B

상상력을 최대한으로 발휘할 수 있는 귀중한 수단, 그것은 문자를 쓰는 것 밖에 없다. 현실에서는 있을 수 없는 일이지만 하늘을 나는 새의 시점에서 세계를 바라보거나 개가 된 자신이 반려견과 모험하거나 하는 이야기도 현실의 틀을 뛰어넘은 감동이나 흥분을 맛볼 수 있다. 게다가 이야기를 완성시킨 만큼 달성감이나 기쁨도 더욱 클 것이다. 또한 소설을 쓰는 것은 창작의 기쁨을 타인과 공유하고 많은 독자와 연결되기 위한 귀중한 수단이기도 하다. 독자와 감동을 서로 나눠 가지는 것은 자기표현으로서의 만족감도 물론이거니와 타인과의 대화법으로서도 상당히 중요한 역할을 다하고 있다. 게다가 소설을 쓰는 과정에서는 표현을 궁리하면서 자기를 재검토하는 일도 있어서 창작 중에 자기 성장을 느낄 수 있다.

(주석1) 엮어 : 문자를 조합하여 문장 만들기
(주석2) 가교 : 두 개의 물건을 이어주는 역할을 하는 것

1 소설을 쓰는 것에 대해서 A와 B의 인식으로 공통되는 것은 무엇인가?

1 대화를 대신할 다른 한 가지 표현법이며 명확하게 표현할 수 있다는 것
2 자기표현이나 내면 정리가 되어 상대방과 이어지는 중요한 수단이라는 것
3 사고를 불러일으켜서 말을 명확하게 하고 장점을 찾아낼 수 있는 소중한 방법이라는 것
4 타인과 커뮤니케이션하는 것으로 소극적인 성격을 고칠 수 있다는 것

해설 A는 소설을 쓰는 것은 말하고 싶은 것을 정리할 수 있을 뿐만 아니라 자기 어필의 방법 중 하나로 기능하여 다른 사람과의 커뮤니케이션의 가교가 된다고 서술하고 있으며 B는 자기표현의 만족감뿐만 아니라 창작의 기쁨을 타인과 공유하고 많은 독자들과 연결되는 귀중한 수단이라고 서술하고 있다. A와 B 모두 상대방과 이어지는 중요한 수단이라고 이야기하고 있으므로 2번이 정답이다.

2 소설을 쓰는 것에 대해서 A와 B는 어떻게 서술하고 있는가?

1 A는 상상력을 발휘하는 것으로 감동을 느낀다고 서술하고, B는 활자를 사용하는 것으로 오해를 피할 수 있다고 서술하고 있다.
2 A는 문자를 표기하는 것으로 대인 관계의 트러블을 피할 수 있다고 서술하고, B는 손수 다룬 스토리 세계에서 타인과 연결되어 자신의 성장을 촉진한다고 서술하고 있다.
3 A는 자기 어필을 위한 수단이라고 서술하고, B는 자신의 내면과도 마주 보는 수단이라고 서술하고 있다.
4 A는 말이 가진 힘을 재검토하는 것으로 내면을 격려할 수 있다고 서술하고, B는 창작하는 가운데 표현을 궁리하는 것으로 자기 성장을 할 수 있다고 서술하고 있다.

해설 A는 말이 가지는 힘과 깊이를 재인식하고 본인의 내면과 마주 보고 격려할 수 있다고 서술하고 있으며 B는 소설에 쓰는 표현을 궁리하면서 자아 성장을 느낄 수 있다고 서술하고 있으므로 4번이 정답이다.

단어 思考(しこう) 사고 | 内気(うちき)だ 내향적이다 | ~(が)ゆえに ~때문에 | 意思(いし) 의사 | 適切(てきせつ)だ 적절하다 | ~始末(しまつ)だ ~꼴이다, ~지경이다 | ~術(すべ)がない ~할 방법이 없다 | 誤解(ごかい) 오해 | 換(か)える 바꾸다, 교환하다 | 綴(つづ)る 철하다, 잇대다, 엮다 | 練(ね)り上(あ)げる 다듬다 | 避(さ)ける 피하다 | 意図(いと) 의도 | 明確(めいかく)だ 명확하다 | 過程(かてい) 과정 | 機能(きのう) 기능 | 架(か)け橋(はし) 가교 | 再認識(さいにんしき) 재인식 | 向(む)き合(あ)う 마주 보다, 마주 대하다 | 励(はげ)ます 북돋다, 격려하다 | 繋(つな)げる 연결하다, 잇다 | 想像力(そうぞうりょく) 상상력 | 発揮(はっき) 발휘 | 貴重(きちょう)だ 귀중하다 | ~に尽(つ)きる ~밖에 없다, ~에 달려 있다, ~만한 것이 없다 | 視点(してん) 시점 | 眺(なが)める 바라보다, 조망하다 | 冒険(ぼうけん) 모험 | ~といい~といい ~도 ~도 | 枠(わく) 테두리, 틀 | 飛(と)び越(こ)える (단계 등을) 뛰어넘다 | 興奮(こうふん) 흥분 | 味(あじ)わう 맛보다, 음미하다 | 達成感(たっせいかん) 달성감, 성취감 | 創作(そうさく) 창작 | 繋(つな)がる 이어지다, 연결되다 | ~べく ~하기 위하여 | 分(わ)かち合(あ)う 서로 나누어 가지다 | ~もさることながら ~도 물론이거니

와, ~도 그러하지만 | 対話(たいわ) 대화 | 非常(ひじょう)に 매우, 상당히 | 役割(やくわり) 역할 | 果(は)たす 완수하다, 다하다 | 工夫(くふう) 궁리, 고안 | 見(み)つめ直(なお)す 다시 응시하다, 재검토하다 | 組(く)み合(あ)わせる 짜 맞추다, 조합하다 | 役目(やくめ) 임무, 책임, 역할 | 掻(か)き立(た)てる 북돋다, 불러일으키다 | 見出(みいだ)す 찾아내다, 발견하다 | トラブル 트러블, 말썽 | 手掛(てが)ける 손수 다루다 | 促(うなが)す 재촉하다, 독촉하다, 촉진하다 | 激励(げきれい) 격려

(2)

A

아르바이트 리더 경험이 있는가? 사원이나 점장을 서포트하면서 점포의 원활한 운영을 목적으로써 아르바이트 스태프의 교육이나 보조, 시프트 관리 등 다양한 업무를 떠맡고 있다. 말하자면 아르바이트 스태프(주석1)의 중핵적 존재이다. 이러한 중요한 입장의 사람이어도 '어차피 아르바이트인 주제에 잘난체하기는'이라고 동료에게 기분 좋게 생각되지 않는 일도 자주 있다. 그것은 동료로부터의 신뢰를 얻지 못하고 있기 때문이다. 리더십, 즉 동료인 스태프에 대해 리더로서 책임감을 가지지 않으면 스태프로부터의 신뢰를 얻는 것은 이미 불가능하다. 스태프로부터의 신뢰 없이는 통솔력이나 지도력 등은 있을 수 없다. 리더십이란 책임감을 가지는 것이라고 생각한다. 하지만 같은 아르바이트라는 근무 형태이면서 리더라는 것만으로 다른 스태프보다 본인이 대단하다고 착각해 버리면 리더십을 발휘하기는커녕 신뢰도 얻지 못할 것이다. 그 때문에 겸허하게 행동하는 것도 중요하다.

B

리더인 자는 당연히 리더십을 발휘할 수 있는 자가 아니면 안 된다. 그렇다면 리더십이란 무엇인가. 리더십이라고 하면 통솔력이나 지도력을 떠올리는 사람도 많지도 모른다. 하지만 리더십에서 가장 중요한 것은 다름 아닌 책임감과 신뢰이다. 실제로 동료나 멤버가 무언가 실패해도 책임을 지고 해결하거나 동료를 믿고 맡기는 것으로 전체적으로 안정감을 줄 수 있다. 안정적인 환경에서 일하는 멤버는 성장도 빠르다. 리더십의 취하는 방법을 틀리면 리더라는 입장을 이용한 지위나 권력으로 우위에 서려고 하고 있다고 생각될지도 모른다. 리더십에 한정된 것은 아니지만, 누구를 신뢰하고 어떤 책임을 져야 하는지 파악하기 위해서는 역시 커뮤니케이션보다 나은 것은 없다고 생각한다.

(주석1) 시프트 : 근무표
(주석2) 핵적 존재 : 중요한 역할을 떠맡는 존재

---

3 리더십에 대해서 A와 B는 어떻게 서술하고 있는가?

1 A도 B도 책임감과 신뢰가 중요하다고 서술하고 있다.
2 A도 B도 통솔력이나 지도력을 겸비하고 있는 것이 중요하다고 서술하고 있다.
3 A는 중핵적 존재가 중요하다고 서술하고, B는 커뮤니케이션하는 것이 가장 중요하다고 서술하고 있다.
4 A는 자신이 잘났다고 프라이드를 가지는 것이 중요하다고 서술하고, B는 책임을 다하는 것이 중요하다고 서술하고 있다.

해설　A는 동료인 스태프들에게 리더로서 책임을 가지지 못하면 스태프의 신뢰를 얻을 수 없으며 신뢰 없이는 통솔력과 지도력도 있을 수 없다고 말하고 있고, B는 리더십이라고 하면 통솔력이나 지도력이 떠오르겠지만 가장 중요한 것은 책임과 신뢰라고 주장하고 있다. A와 B 모두 결국에는 책임과 신뢰가 중요하다고 이야기하고 있으므로 1번이 정답이다.

---

4 A와 B는 리더십의 취하는 방법에 대해서 어떻게 하는 것이 좋다고 서술하고 있는가?

1 A도 B도 리더로서 동료보다 우위에 서서 업무를 수행해야 한다고 서술하고 있다.
2 A도 B도 신뢰를 얻기 위해서는 항상 커뮤니케이션하는 편이 좋다고 서술하고 있다.
3 A는 안정적인 환경을 만드는 편이 중요하다고 서술하고, B는 동료를 신뢰하고 책임도 져주는 것이 중요하다고 서술하고 있다.
4 A는 겸허한 자세를 유지하도록 하는 것이 좋다고 서술하고, B는 커뮤니케이션을 하는 것이 좋다고 서술하고 있다.

해설　A는 리더라는 것만으로 다른 스태프들보다 본인이 잘났다고 착각하면 스태프들의 신뢰를 얻을 수 없으니 겸허하게 행동하라고 이야기하고 있고, B는 리더십을 위해서는 커뮤니케이션을 하는 것이 좋다고 했으므로 4번이 정답이다.

단어　サポート 서포트, 지지, 후원 | ～つつ(も) ～하면서(도) | 店舗(てんぽ) 점포, 가게 | 円滑(えんかつ)だ 원활하다 | 運営(うんえい) 운영 | フォロー 팔로우, 보조 | シフト 시프트, 근무표 | 業務(ぎょうむ) 업무 | 担(にな)う 짊어지다, 떠맡다 | いわば 말하자면, 비유해서 말한다면 | 中核的(ちゅうかくてき) 중핵적, 핵심적 | 存在(そんざい) 존재 | 立(た)ち位置(いち) 입장, 입지, 위상 | どうせ 어차피 | 偉(えら)そうにする 잘난 듯이 하다 | 仲間(なかま) 한패, 한 무리, 동료 | 快(こころよ)い 상쾌하다, 기분 좋다 | しばしば 자주, 여러 번 | 信頼(しんらい) 신뢰 | もはや 이미, 이제는 | ～なくして(は) ～없이(는) | 統率力(とうそつりょく) 통솔력 | 形態(けいたい) 형태 | 偉(えら)い 훌륭하다, 대단하다 | 勘違(かんちが)い 착각 | 発揮(はっき) 발휘 | ～どころか ～은/는커녕 | ～まい ～하지 않겠다(부정의 의지), ～하지 않을 것이다(부정의 추측) | 謙虚(けんきょ)だ 겸허하다 | 振(ふ)る舞(ま)う 행동하다 | ～たるもの ～된 자, ～인 자 | 思(おも)い浮(う)かべる 떠올리다, 회상하다 | 肝心(かんじん) 가장 중요함 | ～にほかならない 다름 아닌 ～이다, 바로 ～이다 | 任(まか)せる 맡기다 | 誤(あやま)る 틀리다, 실수하다 | 地位(ちい) 지위 | 特権(とっけん) 특권 | 優位(ゆうい) 우위 | ～かねない ～할지도 모른다 | 負(お)う (책임을) 지다, (피해를) 입다 | 把握(はあく) 파악 | ～に越(こ)したことはない ～보다 나은 것은 없다, ～이/가 제일이다 | 役割(やくわり) 역할 | 兼(か)ね備(そな)える 겸비하다, 함께 갖추다 | 果(は)たす 완수하다, 다하다 | 遂行(すいこう) 수행 | 常(つね)に 늘, 항상, 언제나 | 姿勢(しせい) 자세 | 保(たも)つ 지키다, 유지하다

(3)

A

학생 시절, 영어 스피치 수업에 열등감을 느끼고 있었던 시기가 있었다. 발음이나 문법에 자신이 없었기 때문에 사람들 앞에서 말하는 것에 압박을 느끼고 있었다. 그런데 어느 날 친구가 "오늘은 목소리가 나

와 있었고 듣기 쉬웠어"라고 말하며 격려해 주었다. 그것을 계기로 서툰 일에서 도망치고 있었던 자신을 돌이켜 보고 부끄러움과 어리석음을 통감하며 발표 시기까지 다양한 상황에 대비하게 되었다. 발표를 이미지 하면서 문장을 소리내어 읽는 자신의 모습을 녹화하여 객관적으로 자신을 신중하게 관찰하고 개선으로 연결하거나 친구에게 조언을 받거나 최대한의 개선점을 발견하는 노력을 아끼지 않고 거듭하도록 했다. 그러한 보람이 있어서 이전에 느끼고 있었던 발표 전의 압박은 엷어졌고 두려움 없이 스피치에 도전할 수 있게 되었다. 시행착오를 반복한 것으로 발음이나 말투에 자신감이 붙어 자기 긍정감이 높아졌다고 말할 수 있다.

B

어느 날 요가 교실에서 물구나무 서기 프로그램이 더해져 있었다. 어른이 된 지금 몸을 쓰는 일에 자신 따위 있을 리가 없었다. 하지만 주위를 바라보니 아무런 망설임도 없이 바닥에 양손을 대고 몸을 지탱하고 있는 것이 아닌가. 어린 시절, 할 수 없던 운동은 없어서 우월감조차 느끼고 있었던 그 시절이 한결같이 그립게 느껴져서 이제 와서 위험을 돌아보지 않고 도전하는 것 따윈 할 수 있을 리가 없다고 당장이라도 말할 것 같이 단지 앉아서 지켜볼 뿐이었다. 하지만 이날을 시점으로 물구나무 서기에 필요한 근력과 몸의 축을 단련하기 위한 기초 연습을 개시하여 조금씩 역전 포즈를 받아들이면서 기억을 되살려 감각을 길러갔다. 몇 번이나 넘어져서 허리를 강타하는 일조차 있었지만 몇 초간 팔로 몸을 유지할 수 있게 되어 자신감이 붙기 시작했다. 이 과정에서 얻은 도전 의욕은 나의 인생에서 큰 가치관을 새로 만들어 내는 것이 된 것이다.

(주석) 열등감 : 여기서는 자신이 다른 사람보다 열등하다고 느끼는 것

5 서툰 일을 극복한 경험에 대해서 A와 B의 인식으로 공통되는 것은 무엇인가?

1 잘하지 못하는 일에서 도망치지 않고 노력을 거듭한 끝에 뛰어넘을 수 있었다.
2 한 때의 포기했던 마음을 부끄러이 여겨서 연습을 반복했지만 잘되지 않았다.
3 자신을 한 발짝 두고 재검토하여 토대를 쌓아 올렸다.
4 기억을 의지해 계속 도전하여 주관적으로 되지 않고 극복해 왔다.

해설 A는 친구에게 격려 받은 것을 계기로 도망치지 않고 개선과 조언을 받아서 두려움 없이 스피치에 도전할 수 있게 되었다고 서술하였고 B는 주변 사람들이 망설임 없이 하는 모습을 보고 따라서 한 것을 계기로 물구나무 서기 연습을 하여 자신감을 가지게 되었다고 서술하고 있다. A와 B 모두 서툰 일에서 도망치지 않고 노력을 거듭한 끝에 극복할 수 있었다는 것을 이야기하고 있으므로 1번이 정답이다.

6 서툰 일을 극복하는 것에 대해서 A와 B는 어떻게 서술하고 있는가?

1 A도 B도 단점을 다시 살펴보고 전진하는 것은 성장의 요인으로써 필수라고 서술하고 있다.
2 A도 B도 곤란의 벽을 뛰어넘은 것으로 얻은 것은 자신의 강점으로 연결된다고 서술하고 있다.
3 A는 거듭된 트레이닝이 무엇보다도 중요하다고 서술하고, B는 다시 정점에 서기 위한 비책을 짜는 것이 중요하다고 서술하고 있다.
4 A는 주위에 상담해서 조언을 받아야 한다고 서술하고, B는 의욕적인 트레이닝 수법을 활용해야 한다고 서술하고 있다.

해설 A는 시행착오를 반복하여 발음과 말투에 자신감이 생겨서 본인에 대한 긍정감도 높아졌다고 서술하고 있으며 B는 물구나무 서기를 위한 노력을 통해서 얻은 도전 의욕이 인생의 큰 가치관을 낳았다고 서술하고 있다. A도 B도 모두 서툰 일을 극복하여 얻은 것이 자신의 강점이 되었다고 서술하고 있으므로 2번이 정답이다.

단어 劣等感(れっとうかん) 열등감 | 時期(じき) 시기 | ~(が)ゆえ(に) ~때문에 | プレッシャー 압력, 압박 | 励(はげ)ます 북돋다, 격려하다 | 契機(けいき) 계기 | 省(かえり)みる 돌이켜보다 | 愚(おろ)かさ 어리석음 | 痛感(つうかん) 통감 | 備(そな)える 대비하다 | 読(よ)み上(あ)げる 소리를 내어 읽다 | 客観的(きゃっかんてき)だ 객관적이다 | 注意深(ちゅういぶか)い 매우 조심스럽다, 신중하다 | 観察(かんさつ) 관찰 | 改善(かいぜん) 개선 | 繋(つな)げる 연결하다, 잇다 | 惜(お)しむ 아끼다 | 積(つ)み重(かさ)ねる 겹겹이 쌓다, 포개어 쌓다, 거듭하다 | 甲斐(かい)がある 보람이 있다 | 圧力(あつりょく) 압력 | 薄(うす)れる 엷어지다, 희미해지다 | 恐(おそ)れ 두려움 | 挑(いど)む 도전하다 | 試行錯誤(しこうさくご) 시행착오 | 繰(く)り返(かえ)す 반복하다 | 言葉遣(ことばづか)い 말투, 말씨 | 自己(じこ) 자기 | 肯定(こうてい) 긍정 | 逆立(さかだ)ち 거꾸로 서기, 물구나무 서기 | 加(くわ)わる 가해지다, 더해지다 | 到底(とうてい) 도저히 | 見渡(みわた)す 멀리 내다보다, 전망하다 | ためらい 주저, 망설임 | 支(ささ)える 지탱하다 | 優越感(ゆうえつかん) 우월감 | ひたすら 오로지, 한결같이 | ~を顧(かえり)みず ~을/를 돌아보지 않고, ~을/를 돌보지 않고 | ~っこない (절대로) ~할 리가 없다 | ~んばかりに (당장이라도) ~할 것 같이 | ~を境(さかい)に ~을/를 시점으로, ~을/를 경계로 | 筋力(きんりょく) 근력 | 軸(じく) 축 | 鍛(きた)える 단련하다 | 基礎(きそ) 기초 | 逆転(ぎゃくてん) 역(회)전 | 取(と)り入(い)れる 도입하다, 받아들이다 | 蘇(よみがえ)る 되살아나다 | 養(やしな)う 기르다, 양성하다 | 幾度(いくど)となく 수도 없이, 몇 번이나 | 転倒(てんとう) 굴러 넘어짐 | 強打(きょうだ) 강타 | 腕(うで) 팔 | 維持(いじ) 유지 | 過程(かてい) 과정 | 意欲(いよく) 의욕 | ~において ~에서 | 生(う)み出(だ)す 새로 만들어 내다, 창출해 내다 | 克服(こくふく) 극복 | 不得手(ふえて)だ 잘 하지 못하다 | ~末(すえ)(に) ~한 끝에 | 乗(の)り越(こ)える 타고 넘다, 극복하다 | 恥(は)じる 부끄러이 여기다 | 見(み)つめ直(なお)す 다시 응시하다, 재검토하다 | 土台(どだい) 토대, 기초 | 築(きず)き上(あ)げる 쌓아 올리다 | 頼(たよ)り 의지 | 主観的(しゅかんてき)だ 주관적이다 | 見直(みなお)す 다시 보다, 재검토하다 | 前進(ぜんしん) 전진 | 要因(よういん) 요인 | 困難(こんなん)だ 곤란하다 | 強(つよ)み 강점, 유리한 점 | 繋(つな)がる 이어지다, 연결되다 | 再(ふたた)び 두 번, 재차, 다시 | 頂点(ちょうてん) 정점, 꼭대기 | 秘策(ひさく) 비책 | 練(ね)る 반죽하다, (계획을) 짜다 | 助言(じょげん) 조언 | 手法(しゅほう) 수법, 방법 | 活用(かつよう) 활용

(4)

A

　직장에서의 인간관계는 실로 어렵다. 최근에는 컴플라이언스 위반(주석1)을 회피시키려고 하는 나머지 상사가 부하에게 업무상 주의를 하는 것도 주저하는 등, 과도한 대응이 눈꼴사납다. 그래서 상사의 부하에 대한 대응 방법으로써 추천되고 있는 것이 '칭찬하는'(주석2) 것이다. 상대의 좋은 부분을 발견하여 우선 그것을 칭찬한 후 '더욱 이렇게 하면 좀 더 좋아진다'라는 식으로 마지막에 주의를 촉구해야 할 내용을 덧붙인다. 이렇게 하는 것으로 상사로부터 칭찬받았다는 인상을 주고 다음에 이어지는 주의조차도 조언으로서 받아들이고 향상심을 이끌어낼 수 있다. 이것은 직장에서의 상하 관계에 한정된 것은 아니다. 상대방을 칭찬하는 것은 인간관계의 윤활유라고도 말해지고 인간관계를 원활하게 하기 위해서 상당히 중요한 역할을 다해 준다. 평소부터 상대방의 좋은 점을 발견해서 칭찬하는 것으로 상대방의 의욕과 향상심을 촉구하고 인간관계가 순조롭게 되기 때문에 결과적으로 인간관계의 스트레스도 줄어들 것이다.

B

　'칭찬을 잘한다'라는 건 무엇일까. 칭찬하는 것은 인간관계를 원활하게 하고 상대방의 자신감이나 의욕을 이끌어내는 것으로도 이어지는 일인데 '칭찬을 잘한다'라는 것은 결코 상대방에게 아첨한다는 일이 아니라 순수하게 상대방의 좋은 점을 발견하여 '칭찬해서 성장시킨다'라는 수단에 능숙하다고 하는 의미이다. 특히 육아나 교육에서는 부모나 교사가 '칭찬을 잘하는 사람'이 되어 아이를 '칭찬해서 성장시키는' 것이 그들의 성장에 좋은 영향을 준다고 말해지고 있다. 한편으로 과도하게 칭찬하는 것은 좋은 영향은커녕 자신감 과잉을 초래할지도 모르기 때문에 어른의 주의가 지극히 필요한 부분이긴 하다. 하지만 아이에 한정되지 않고 주위로부터 인정받는 것으로 자기 긍정감이 느는 것은 말할 필요도 없고 평소부터 아이의 좋은 점을 발견하려고 하는 노력이 필요하다. 상대방을 칭찬하는 것은 나아가서는 상대방을 인정하는 것으로 이어지고 하물며 성장 과정에서의 아이에게 있어서는 더욱더 중요한 것이 틀림없다.

(주석1) 컴플라이언스 : 기업이나 개인이 법령이나 사회적 룰, 또는 그 것을 지키는 것
(주석2) 눈꼴사납다 : 정도가 너무 지나쳐서 보고 있을 수 없는 상태

---

7 '칭찬하는 것'에 대해서 A와 B가 공통해서 중요하다고 서술하고 있는 것은 무엇인가?

1 **인간관계를 원활하게 하고 상대방의 자기 긍정감을 높이는 효과가 있기 때문에 상대방의 장점을 발견하고 그것을 인정하는 것**
2 상대방에 대해 주의할 점은 일절 말하지 않도록 하고 평소부터 계속 칭찬해서 의욕을 이끌어내는 것
3 직장에서는 룰을 위반하지 않기 위한 수단으로써 사용하고 육아나 교육에서는 자기 긍정감을 높이기 위해서만 사용하는 것
4 평소에는 역효과를 초래하는 과도한 대응을 삼가고 컴플라이언스 위반이 있었을 때야말로 활용하는 것

해설　A는 평소에 상대방의 좋은 부분을 발견하여 칭찬하는 것으로 상대방의 의욕과 향상심을 촉구하고 결과적으로 인간관계가 순조롭게 된다고 서술하고 있으며 B는 주위에 인정받는 것으로 자기 긍정감이 늘어나기 때문에 평소 아이들 좋은 점을 발견하려는 노력이 필요하다고 서술하고 있다. A와 B 모두 칭찬을 하는 것은 상대방에게 좋은 효과를 주기 때문에 평소부터 상대방의 좋은 점을 발견하는 것이 좋다고 이야기하고 있으므로 1번이 정답이다.

---

8 '칭찬하는 것'이 주는 영향에 대해서 A와 B는 어떻게 서술하고 있는가?

1 A도 B도 서로의 관계성이 깊어지거나 상대방의 의욕이나 향상심을 높이거나 해서 상대방을 인정하는 것으로 연결된다고 서술하고 있다.
2 A도 B도 칭찬하는 것은 과함은 없으며 칭찬하면 칭찬할수록 상대방의 성장에 연결된다고 서술하고 있다.
3 A는 직장에서는 과도한 대응으로 인해 부하가 성장하지 않게 된다고 서술하고, B는 아이들에게는 아무리 칭찬해도 과하게 칭찬하는 것이 아니며 칭찬하는 것이 건전한 성장으로 이어진다고 서술하고 있다.
4 **A는 인간관계가 원활하게 되어서 스트레스를 떠안는 일이 없어진다고 서술하고, B는 상대방을 인정하는 것으로 이어져 사람의 성장에 매우 중요한 영향을 준다고 서술하고 있다.**

해설　A는 칭찬을 통해서 인간관계가 원활하게 되어 결과적으로 스트레스가 줄어든다고 서술하고 있으며 B는 칭찬하는 행위는 상대방을 인정하는 것이기 때문에 성장 과정에 있는 아이들에게는 매우 중요하다고 서술하고 있으므로 4번이 정답이다.

단어　実(じつ)に 실로, 참으로, 정말 | コンプライアンス 컴플라이언스 | 違反(いはん) 위반 | 回避(かいひ) 회피 | ～上(じょう) ~상 | 躊躇(ちゅうちょ) 주저 | 過度(かど)だ 과하다, 과도하다 | 対応(たいおう) 대응 | 目(め)に余(あま)る 눈꼴사납다, 묵과할 수 없다 | 推奨(すいしょう) 추장, 추천 | 促(うなが)す 재촉하다, 독촉하다, 촉진하다 | 添(そ)える 첨부하다, 곁들이다 | 捉(とら)える 잡다, 파악하다, 받아들이다 | 向上心(こうじょうしん) 향상심 | 潤滑油(じゅんかつゆ) 윤활유 | 円滑(えんかつ)に 원활하게 | 非常(ひじょう)に 매우, 상당히 | 役割(やくわり)を果(は)たす 역할을 다하다 | 日頃(ひごろ) 평소 | 意欲(いよく) 의욕 | スムーズに 순조롭게 | 繋(つな)がる 이어지다, 연결되다 | 決(けっ)して～ない 결코 ~않다 | 媚(こ)びる 아첨하다, 비위를 맞추다 | 純粋(じゅんすい)だ 순수하다 | 長(た)ける 뛰어나다, 숙달하다, 능숙하다 | ～において / ～における+명사 ~에서 / ~에서의 | 影響(えいきょう) 영향 | 過剰(かじょう) 과잉 | 招(まね)く 초대하다, 초래하다 | ～かねない ~할지도 모른다 | 極(きわ)めて 지극히 | 増(ま)す 늘다, 많아지다 | ～までもない ~할 필요도 없다 | 常日頃(つねひごろ) 늘, 평소 | ひいては 나아가서는 | 過程(かてい) 과정 | 尚更(なおさら) 그 위에, 더욱더 | 企業(きぎょう) 기업 | 法令(ほうれい) 법령 | 程度(ていど) 정도 | 様子(ようす) 모양, 상태, 상황 | 一切(いっさい)～ない 일절 ~않다 | 逆効果(ぎゃくこうか) 역효과 | 控(ひか)える 삼가다, 기다리다 | 健全(けんぜん)だ 건전하다 | 抱(かか)える 안다, 떠안다

(5)

A

　어머니는 근처 슈퍼마켓에 가는 것만으로 2시간 가까이 걸리는 일이 자주 있다. 귀가하자마자 "미안해, 잡담이 활기를 띠어서"라고 말하는 것이 상투적인 말이 되었다. 귀가가 늦어지는 것은 문제가 되지 않

다. 나의 관심은 "잡담이 활기를 띠었다"라고 일반적으로 말하지 않는 것에 있다. 잡담은 가벼운 대화를 의미하기 때문이다. 그래서 잡담과 대화의 정의에 주목해 보자. 잡담이란 자유로움과 예측 불가능한 전개가 있으며 특별히 목적을 정하지 않고 가벼운 이미지가 있다. 한편 대화는 정보 교환이나 목적 달성을 위한 수단이다. 과연 슈퍼마켓의 서서하는 이야기와 같은 가벼운 말의 캐치볼을 계속하는 중에서도 정보 교환이 행해지고 상대방에게 필요한 정보를 얻을 수 있을까. 또한 그 경우에도 "잡담이 활기를 띠었다"라고 말할 수 있을까. 어머니는 슈퍼에서 날씨나 근처의 소문을 장시간 계속하는 것이니까 이 정의는 더욱더 적절하다고 생각할 수 있다. 잡담은 목적이 없는 자유로움이 있으며 대화는 정보 교환 등의 목적이 있기 때문에 두 개의 수단은 전혀 다른 의미를 가진다.

B

잡담이라고 하면 인간관계의 구축에서 상당히 중요한 역할을 다하고 있다고 해도 과장이라고는 말할 수 없지 않을까요? 예를 들어 버스 정류장에서 버스를 기다리고 있는 사이, 아무렇지도 않게 나눈 말이 계기로 교제가 시작됐다는 이야기를 들은 적이 있습니다. 또한 업무에서 일이 진전되지 않아서 기분 전환 겸 나눈 잡담에 의해 긴장이 풀려 그 후의 업무 효율이 올라갔다는 경험은 없으신가요. 게다가 잡담은 너무 딱딱하지 않은 분위기 속에서 나눠지게 되는 이야기이기는 하지만 이야기를 전개하는 스킬이나 듣는 사람으로서의 올바른 자세가 필요해지기 때문에 결과적으로 표현력 향상으로도 연결된다고 생각합니다. 그러므로 잡담이란 단순한 말의 주고받음 이상의 가치를 만들어 내고 일상생활의 모든 장면에서 인간관계를 풍요롭게 만들어주는 데 있어서 필수 요소라고 생각하기에 이르는 것입니다.

9 잡담에 대해서 A와 B는 어떻게 서술하고 있는가?

1 A도 B도 커뮤니케이션 능력을 갈고닦을 수단으로서 최선의 방법이라고 서술하고 있다.
2 A도 B도 평소 생활을 영위하는 가운데에서 없어서는 안 되는 수단이라고 서술하고 있다.
3 A는 목적이 정해지지 않은 이야기를 잡담이라고 말해야 한다고 서술하고, B는 대화와는 다르게 자기 성장률이 낮은 것이라고 서술하고 있다.
4 A는 가벼운 대화도 잡담이라고 말해야 한다고 서술하고, B는 잡담은 말의 주고받음 이상의 가치를 가지며 인간관계를 풍요롭게 해 준다고 서술하고 있다.

해설 A는 잡담과 대화의 정의를 구분해서 설명하고 있으며 B는 잡담은 말의 주고받음 이상의 가치를 가지며 인간관계를 풍요롭게 해 준다고 서술하고 있으므로 4번이 정답이다.

10 잡담의 견해에 대해서 A와 B는 어떻게 서술하고 있는가?

1 A도 B도 잡담 경험의 축적은 자기 개척 의식을 높여준다고 서술하고 있다.
2 A도 B도 잡담과 대화에는 선을 긋는 듯한 경계선이 보이지 않는다고 서술하고 있다.
3 A는 잡담과 대화가 나타내는 의미가 다르다고 서술하고, B는 잡담의 가치가 매우 중요하다고 서술하고 있다.
4 A는 잡담과 대화에는 큰 차이가 없다고 서술하고, B는 잡담의 가치는 무한하게 존재한다고 서술하고 있다.

해설 A는 잡담과 대화의 정의가 다르다는 점에 대해서 서술하고 있으며 B는 잡담이 단순한 대화가 아닌 인간관계 구축에 매우 중요한 역할을 하기 때문에 가치가 매우 높다고 서술하고 있으므로 3번이 정답이다.

단어 しばしば 자주, 여러 번 | ~や否(いな)や ~하자마자 | 雑談(ざつだん) 잡담 | 弾(はず)む 튀다, 활기를 띠다 | お決(き)まりの文句(もんく) 상투적인 문구(말), 틀에 박힌 문구(말) | 一般的(いっぱんてき)に 일반적으로 | 定義(ていぎ) 정의 | 予測不能(よそくふのう)だ 예측 불가능하다 | 展開(てんかい) 전개 | 定(さだ)める 정하다, 결정하다 | 気軽(きがる)だ 가볍다, 부담없다 | 交換(こうかん) 교환 | 達成(たっせい) 달성 | 果(は)たして 과연 | 立(た)ち話(ばなし) 서서 이야기함, 서서하는 이야기 | 尚更(なおさら) 그 위에, 더욱더 | 適切(てきせつ)だ 적절하다 | 意味合(いみあ)い 까닭, (사정을 내포한) 의미 | 構築(こうちく) 구축 | 非常(ひじょう)に 매우, 상당히 | 役目(やくめ)を果(は)たす 임무를 다하다, 역할을 다하다 | 大(おお)げさ 과장 | 何気(なにげ)ない 무심하다, 아무렇지도 않다 | 交(か)わす 주고받다, 나누다 | 行(ゆ)き詰(づ)まる 막다르다, (일이) 진전되지 않다 *いきづまる라고도 함 | 気分転換(きぶんてんかん) 기분 전환 | ~がてら ~할 겸, ~하는 김에 | 緊張(きんちょう) 긴장 | ほぐれる 풀리다 | 効率(こうりつ) 효율 | 堅苦(かたくる)しい 너무 딱딱하다 | スキル 스킬, 기술 | 聞(き)き手(て) 듣는 사람 | 姿勢(しせい) 자세 | 向上(こうじょう) 향상 | 繋(つな)がる 이어지다, 연결되다 | ゆえに 고로, 그러므로 | 単(たん)なる 단순한 | やり取(と)り 주고받음, 교환함 | 生(う)み出(だ)す 새로 만들어 내다 | あらゆる 모든, 온갖 | 豊(ゆた)かだ 풍족하다, 풍부하다, 풍요롭다 | 必須(ひっす) 필수 | 要素(ようそ) 요소 | 至(いた)る 이르다, 도달하다 | 磨(みが)く 닦다, 갈고닦다 | 最善(さいぜん) 최선 | 平常(へいじょう) 평상, 평소 | 営(いとな)む 경영하다, 영위하다 | 術(すべ) 방법, 수단 | 自己(じこ) 자기 | 見解(けんかい) 견해, 의견 | 蓄積(ちくせき) 축적 | 開拓(かいたく) 개척 | 意識(いしき) 의식 | 線引(せんび)き 선을 그음 | 境目(さかいめ) 경계(선), 갈림길 | 見当(みあ)たる (찾던 것이) 발견되다, 눈에 띄다, 보이다 | 大差(たいさ) 대차, 큰 차 | 無限(むげん)だ 무한하다 | 存在(そんざい) 존재

(6)

A

기업의 성장에는 기업 이념에 맞는 인재 육성이 필요한데, 그저 무작위로 방책을 실시하더라도 기업이 요구하는 인재를 육성할 수 있을 리가 없다. 또한 규모가 커짐에 따라 기업 내에서의 입장에 따라서 요구하는 인재가 다르다고 한다면 사원 교육이든 스킬 업이든 그 방향성은 흔들릴 뿐이다. 어느 입장이더라도 최대 목적은 이익으로 연결하는 것이며 그것에 필요한 능력을 발휘할 수 있는 인재 확보가 요구된다. 나아가서 그러한 인재를 육성하는 것이 필요 불가결이라고 하는 것이다. 또한 인재 육성은 물론이거니와 그것을 실행하기 위해서 그 코칭이나 티칭을 떠맡을 수 있는 담당자를 찾는 것이 최우선이다. 이처럼 기업 이념에 맞는 인재를 기르기 위해서는 당연하지만 그것을 지도할 수 있는 담당자 없이는 기업 이념에 맞는 인재 육성은 있을 수 없는 것이다.

B

인재 육성에 빠뜨릴 수 없는 3가지 방법이 있는 것을 알고 있는가. 첫 번째는 선배 사원이 현장에서 후배 사원과 함께 업무를 실시하면서 교육을 하는 OJT(On the Job Training)이다. 두 번째는 Off-JT(Off-the-Job Training)라고 해서 외부에서 강사를 초대하거나 또는 계층별 그룹 활동 등을 통해서 필요해지는 스킬 습득을 목표로 하는 방법이다. 이것에 관해서는 직장 내에서는 얻을 수 없는 체험을 할 수 있는 메리트가 있는 한편, 실무와는 연계하지 않는 경우도 있는 등, 찬성과 반대가 갈린다. 그리고 세 번째는 어학력 습득이나 자격증 취득 등의 자기 계발이다. 이를 위해 기업은 수강 비용 보조나 자격증 취득 시의 축하금 제공 등 다양한 방법을 강구하며(주석3) 촉구하고 있다. 기업은 이 3가지 방법으로 사내 환경을 정비하고 인재 육성을 시도하고 있다는 것이다. 이처럼 기업의 발전에는 인재 육성이 무엇보다 중요하며 인재로 인해 기업이 장기적으로 경쟁력을 유지하고 향상시킬 수 있는지의 명암이 갈려서(주석4) 육성 제도의 정비가 앞으로 보다 요구되어 갈 것이다.

(주석1) 무작위 : 적당
(주석2) 흔들리다 : 있어야 할 장소에서 어긋나다
(주석3) 방법을 강구하며 : 방법을 생각하며
(주석4) 명암이 갈리다 : 성공인지 실패인지 뚜렷하게 나뉘다

11 A와 B의 인식에서 공통되는 것은 무엇인가?

1 기업의 성장이나 발전에는 다양한 수법을 도입하여 우선은 무엇이라도 실제로 시험해 보는 것이 필요하다.
2 기업이 계속 성장하기 위해서는 인재 육성이 중요하기 때문에 우선은 그것을 실행하기 위해 필요한 체제를 갖추지 않으면 안 된다.
3 인재를 육성하기 위한 적임자는 외부에서 초대해야 하며 기업의 이념을 일방적으로 강요하는 것만으로는 성장은 바랄 수 없다.
4 사원 교육에서 기업이 할 수 있는 한의 금전적인 서포트를 실시하는 것이 보다 뛰어난 인재 육성으로 이어진다.

해설 A는 기업의 성장에는 기업 이념에 맞는 인재를 확보하고 육성하는 것이 필수적이기 때문에 인재를 지도할 담당자를 찾는 것이 우선적이라고 서술하고 있으며 B는 OJT와 Off-JT, 자기 계발을 예시로 들면서 인재 육성 제도 정비가 앞으로 더욱 필요하다고 서술하고 있다. A와 B 모두 기업이 성장하기 위해서는 인재 육성이 중요하고 그에 맞는 체제가 필요하다고 언급하고 있으므로 2번이 정답이다.

12 인재 육성에 대해서 A와 B는 어떻게 서술하고 있는가?

1 A도 B도 기업이 바라는 인재를 육성하기 위해서는 계층별 그룹 활동을 통해서 필요한 스킬을 습득해야 한다고 서술하고 있다.
2 A도 B도 인재 육성에 빠뜨릴 수 없는 3가지 방법을 구사해 기업 이념에 맞는 인재를 육성하는 것이 중요하다고 서술하고 있다.
3 A는 인재 육성의 실시에 앞서 그 육성 담당자를 찾는 것이 중요하다고 서술하고, B는 외부에서의 육성 담당자는 실무와 연계할 수 없기 때문에 반드시 기업 내에서 선출해야 한다고 서술하고 있다.
4 A는 기업 이념에 맞는 인재 육성이 가능한 담당자를 취임시키는 것이 중요하다고 서술하고, B는 인재 육성에 필요한 사내 환경이나 체제를 갖추는 것이 중요하다고 서술하고 있다.

해설 A는 기업 이념에 맞는 인재를 육성하기 위해서는 인재 육성 담당자가 필수적이라고 서술하고 있으며 B는 기업들이 세 가지 방법으로 사내 환경을 갖추어서 인재 육성을 시도하고 있다고 서술하고 있으므로 4번이 정답이다.

단어 企業(きぎょう) 기업 | 理念(りねん) 이념 | 育成(いくせい) 육성 | 無作為(むさくい) 무작위 | 方策(ほうさく) 방책 | 求(もと)める 구하다, 바라다, 요구하다 | 規模(きぼ) 규모 | ~につれ(て) ~(함)에 따라(서) | ~において / ~における+명사 ~에서 / ~에서의 | 立場(たちば) 입장 | ~にしろ~にしろ ~(하)든 ~(하)든 | 方向性(ほうこうせい) 방향성 | ぶれる 정상적인 위치에서 벗어나다, (태도나 생각, 방침 등이) 흔들리다 | 利益(りえき) 이익 | 繋(つな)げる 잇다, 연결하다 | 発揮(はっき) 발휘 | 確保(かくほ) 확보 | ひいては 나아가서는 | 不可欠(ふかけつ) 불가결 | ~もさることながら ~도 물론이거니와, ~도 그러하지만 | ~べく ~하기 위하여 | 担(にな)う 짊어지다, 떠맡다 | 最優先(さいゆうせん) 최우선 | ~なくして(は) ~없이(는) | 欠(か)かせない 빠뜨릴 수 없다 | 手法(しゅほう) 수법, 기교, 방법 | ご存(ぞん)じだ 아시다(존경어) | 現場(げんば) 현장 | ~とともに ~와/과 함께, ~함에 따라, ~임과/와 동시에 | 業務(ぎょうむ) 업무 | 講師(こうし) 강사 | 招(まね)く 초대하다, 초래하다 | 階層別(かいそうべつ) 계층별 | スキル 스킬, 기술 | 体験(たいけん) 체험 | メリット 메리트, 이점 | 実務(じつむ) 실무 | 連携(れんけい) 연계 | 賛否(さんぴ) 찬부, 찬반, 찬성과 반대 | 資格(しかく) 자격 | 取得(しゅとく) 취득 | 自己(じこ) 자기 | 啓発(けいはつ) 계발 | 受講(じゅこう) 수강 | 補助(ほじょ) 보조 | 提供(ていきょう) 제공 | 様々(さまざま)だ 다양하다 | 策(さく)を講(こう)じる 대책을 강구하다 | 促(うなが)す 재촉하다, 독촉하다, 촉진하다 | 整(ととの)える 조정하다, 정돈하다, 갖추다 | 試(こころ)みる 시험해 보다, 시도해 보다 | 維持(いじ) 유지 | 向上(こうじょう) 향상 | 明暗(めいあん) 명암 | ~とあって ~라고 해서, ~라서 | 制度(せいど) 제도 | 整備(せいび) 정비 | ずれる 어긋나다, 밀리다 | 取(と)り入(い)れる 도입하다, 받아들이다 | 試(ため)す 시험하다, 시도하다 | 体制(たいせい) 체제 | 適任者(てきにんしゃ) 적임자 | 一方的(いっぽうてき) 일방적 | 押(お)し付(つ)ける 억누르다, 강요하다 | 望(のぞ)む 바라다, 소망하다 | 金銭的(きんせんてき) 금전적 | 優(すぐ)れる 뛰어나다, 우수하다 | 繋(つな)がる 이어지다, 연결되다 | 駆使(くし) 구사 | 実施(じっし) 실시 | ~にあたって ~데 있어서, ~에 앞서 | 選出(せんしゅつ) 선출 | 就任(しゅうにん) 취임

주장이해 실전 연습 문제 452p

1 ①	2 ②	3 ④	4 ①	5 ②
6 ②	7 ①	8 ②	9 ③	10 ③
11 ③	12 ③	13 ③	14 ③	15 ②
16 ③	17 ②	18 ①		

문제12 다음 문장을 읽고, 뒤의 물음에 대한 답으로서 가장 알맞은 것을, 1・2・3・4에서 하나 고르세요.

(1)

　　　비즈니스 업계에서는 근거에 의거한 정확한 판단이 요구됩니다. 몇 년 전부터 로지컬 싱킹이라는 단어를 자주 듣게 되었습니다. 로지컬 싱킹이란 논리적 사고를 뜻하며 의사 결정이나 문제 해결에 크게 기여하는 것입니다. 종업원이 이 기술을 습득하는 것으로 회사 전체의 생산성 및 경쟁력 향상으로 이어진다고 생각되어 논리적 사고의 육성은 업계 내에서 빈번하게 실시되고 있습니다. 비즈니스 업계에서는 기본이 되는 트레이닝이며 프로그램의 중심적인 요소로서 중요시되고 있습니다.
　　우선 논리적 사고가 종업원에게 주는 긍정적인 영향에 대해서 생각해 봅시다. 이 스킬은 종업원이 데이터를 분석하고 정보를 정리하여 일관된 결론을 이끌어 내는 능력을 높이는 것입니다. 이것으로 인해 일어날 수 있는 리스크를 최소한으로 억제하면서 효과적인 의사 결정이 가능해집니다. 또한 문제 해결할 때에도 논리적인 접근이 신속하고 효과적인 해결책을 발견하는 데에 도움이 됩니다. 이처럼 논리적 사고는 개인의 성장뿐만 아니라 조직 전체의 성장을 지탱하는 토대가 되는 것입니다.
　　하지만 한편으로 전술한 사고가 극단적으로 작용하면 몇 가지의 부정적인 영향이 파생할 가능성이 있습니다. 우선 잊어서는 안 되는 것이 인간의 감정은 직감이나 경험에 의거한 중요한 정보원이라는 것입니다. 만일 감정적인 반응이나 직감이 소홀하게 되면 결과적으로 잘못된 판단이 내려지게 될 지도 모릅니다. 비즈니스 업계에서도 데이터나 논리 뿐만 아니라 감정이나 인간관계도 경시할 수는 없습니다. 논리적 사고에 너무 치우치면 사원의 동기 부여나 팀 워크가 손상될 우려가 있는 것입니다.
　　또한 이 사고의 의존은 대인 커뮤니케이션에까지 영향을 미치는 일이 있습니다. 논리적인 의논에서는 데이터에 의거한 일련의 연결을 요구합니다만, 이것은 타인의 감정이나 번뜩임 등의 시점을 경시하는 결과가 되는 일이 있습니다. 한편으로 커뮤니케이션에서는 감정적인 공감과 상호 이해가 중요합니다. 따라서 논리적인 사고만으로는 타인과의 신뢰 관계를 쌓는 것이 어려워지는 경우가 있다고 생각됩니다.
　　게다가 창조성이나 유연성이 손상되는 사태도 생각됩니다. 그것은 추론을 통해서 얻은 결론이 일관성을 유지하고 전제와 모순되지 않는지를 검토하여 결론을 이끌어 냅니다만, 창조적인 해결책이나 새로운 아이디어는 자주 비논리적인 사고에서 새로 만들어지는 것입니다. 논리적 사고가 너무 강조되면 새로운 발견이나 혁신이 저해될 가능성이 적지 않게 있다고 말할 수 있는 것은 아닐까요? 논리적인 사고를 최대한 발휘하기 위해서는 논리적 및 비논리적인 사고의 밸런스를 유지하는 것으로 그 디메리트를 최소한으로 억제할 필요가 있다는 것은 말할 필요도 없습니다.

1 필자는 왜 논리적 사고가 비즈니스 업계에서 중요시되고 있다고 서술하고 있는가?

1 업무의 효율 상승이나 시장에서의 우위성 향상을 기대할 수 있기 때문에
2 신속하게 자료를 분석하여 창조적인 발상이나 새로운 아이디어를 새로 만들어내는 힘에 직결하기 때문에
3 회사 전체의 팀워크나 연대 체제를 강고한 것으로 할 수 있기 때문에
4 사내의 분위기를 개선하여 사원 개개인의 개성을 발휘할 수 있기 때문에

해설　필자는 본문에서 논리적 사고를 종업원이 습득하는 것으로 회사 전체의 생산성과 경쟁력 향상으로 이어진다고 했으므로 1번이 정답이다. 2, 3, 4번은 본문에서 언급한 내용이 아니므로 정답이 아니다.

2 몇 가지의 부정적인 영향이 파생할 가능성이라고 있는데 왜인가?

1 논리를 중시한 나머지 노동력과 경영력이 손실할지도 모르기 때문에
2 논리를 중요시한 나머지 의욕이나 대인관계, 발상력까지 손실할지도 모르기 때문에
3 종업원의 성장을 너무 재촉해 버려서 이직률이 상승해 버리기 때문에
4 직감과 경험을 경시해 버려서 중요한 정보를 놓칠 리스크가 있기 때문에

해설　논리적 사고를 너무 중요시하면 사원의 동기 부여와 팀 워크, 대인 커뮤니케이션, 창조성과 유연성을 잃게 될 수도 있다고 했으므로 2번이 정답이다. 1, 3, 4번은 본문에서 언급한 내용이 아니므로 정답이 아니다.

3 필자가 가장 말하고 싶은 것은 무엇인가?

1 논리적 사고의 맹점을 비논리적 사고가 보완하기 때문에 타인과의 신뢰 관계를 쌓을 수 있다.
2 비논리적 사고가 최전선에서 작용하는 것으로 균형 잡힌 사고 접근이 가능해져 부정적인 연쇄를 막을 수 있다.
3 비논리적 사고의 메리트를 도입하는 것으로 일관성을 유지하고 모순이 없는 결론으로 이끌어 낼 수 있다.
4 논리적 사고의 이점을 최대한 살리면서 균형 잡힌 사고 접근으로 그 악영향을 최소한으로 억제할 수 있다.

해설　필자는 논리적 및 비논리적 사고의 밸런스를 유지하여 논리적인 사고의 디메리트를 최소한으로 억제할 필요가 있고 그것이 논리적 사고를 최대한 발휘하는 방법이라고 이야기하고 있으므로 4번이 정답이다. 1, 2, 3번은 본문에서 언급한 내용이 아니므로 정답이 아니다.

단어　業界(ぎょうかい) 업계 | 根拠(こんきょ) 근거 | ～に基(もと)づく・～に基(もと)づいた ~에 의거한 | 判断(はんだん) 판단 | 求(もと)める 구하다, 바라다, 요구하다 | ロジカルシンキング 로지컬 싱킹, 논리적 사고 | 論理的思考(ろんりてきしこう) 논리적 사고 | 意思(いし) 의사 | 寄与(きよ) 기여 | 従業員(じゅうぎょういん) 종업원 | スキル 스킬, 기술 | 向上(こうじょう) 향상 | 繋(つな)がる 이어지다, 연결되다 | 育成(いくせい) 육성 | 頻繁(ひんぱん)に 빈번하게 | 定番(ていばん) 기본적인 것, 기본이 되는 것 | 要素(ようそ) 요소 | 重要視(じゅうようし) 중요시 | 正(せい)の影響(えいきょう) 긍정적인 영향, 올바른 영향 | 分析(ぶんせき) 분석 | 一貫(いっかん)する 일관되다 | 導(みちび)き出(だ)す 이끌어 내다, 도출하다 | リスク 리스크 | 最小限(さいしょうげん)に 최소한으로 | 抑(おさ)える 억누르다, 억제하다 | ～つつ(も) ~하면서(도) | ～際(さい)(に) ~할 때(에), ~할 즈음(에) | アプロー

チ 어프로치, 접근(방법) | 迅速(じんそく) 신속 | かつ 또한, 한편 | 見出(みいだ)す 찾아내다, 발견하다 | ~のみならず ~뿐만 아니라 | 組織(そしき) 조직 | 支(ささ)える 지탱하다 | 土台(どだい) 토대 | 前述(ぜんじゅつ) 전술 | 極端(きょくたん)だ 극단적이다 | 負(ふ)の影響(えいきょう) 부정적인 영향 | 派生(はせい) 파생 | 直感(ちょっかん) 직감 | 情報源(じょうほうげん) 정보원 | 万(まん)が一(いち) 만에 하나, 만일 | 疎(おろそ)かだ 소홀하다 | 誤(あやま)る 실수하다, 잘못되다 | 下(くだ)す 내리다, 하달하다 | ~かねない ~할지도 모른다 | ~において ~에서 | 軽視(けいし) 경시 | 偏(かたよ)る (한쪽으로) 치우치다, 기울다 | モチベーション 모티베이션, 동기 부여 | 損(そこ)なう 손상하다, 해치다 | ~恐(おそ)れがある ~할 우려가 있다 | 依存(いぞん) 의존 *いそん이라고도 함 | 対人(たいじん) 대인 | 及(およ)ぼす 미치게 하다, 끼치다 | 議論(ぎろん) 의론, 논의 | 一連(いちれん) 일련 | 閃(ひらめ)き 번뜩임 | 視点(してん) 시점 | 共感(きょうかん) 공감 | 相互(そうご) 상호 | よって 따라서 | 信頼(しんらい) 신뢰 | 築(きず)く 쌓아올리다, 구축하다 | 創造性(そうぞうせい) 창조성 | 柔軟性(じゅうなんせい) 유연성 | 事態(じたい) 사태 | 推論(すいろん) 추론 | 保(たも)つ 지키다, 유지하다 | 前提(ぜんてい) 전제 | 矛盾(むじゅん) 모순 | 検討(けんとう) 검토 | しばしば 자주, 여러 번 | 非論理的(ひろんりてき)だ 비논리적이다 | 生(う)み出(だ)す 새로 만들어 내다 | 革新(かくしん) 혁신 | 妨(さまた)げる 방해하다, 지장을 주다 | 少(すく)なからず 적지 않다, 적잖이 | 最大限(さいだいげん) 최대한 | 発揮(はっき) 발휘 | デメリット 결점, 단점 | 優位性(ゆういせい) 우위성 | 発想(はっそう) 발상 | 直結(ちょっけつ) 직결 | 連帯(れんたい) 연대 | 体制(たいせい) 체제 | 強固(きょうこ)だ 강고하다 | 改善(かいぜん) 개선 | 個性(こせい) 개성 | 労働力(ろうどうりょく) 노동력 | 損失(そんしつ) 손실 | 重(おも)んじる 중요시하다 | 意欲(いよく) 의욕 | 促(うなが)す 재촉하다, 독촉하다 | 離職率(りしょくりつ) 이직률 | 上昇(じょうしょう) 상승 | 見失(みうしな)う 보던 것을 놓치다, (모습 등을) 잃다 | 盲点(もうてん) 맹점 | 補(おぎな)う 보충하다 | 最前線(さいぜんせん) 최전선 | 負(ふ)の連鎖(れんさ) 부정적인 연쇄 | 食(く)い止(と)める 저지하다, 막다 | 取(と)り入(い)れる 도입하다, 받아들이다 | 利点(りてん) 이점 | 活(い)かす 살리다

(2)

 대면으로의 사람과의 연결이 희박해졌다고 말해지는 현대이지만, 그 한편으로 SNS의 보급과 함께 인터넷을 사이에 두고 비대면으로의 사람과의 연결은 단숨에 확산되고 있다. 일부러 연락하지 않더라도 SNS를 통해서 평소에 좀처럼 만날 수 없는 친구나 가족의 근황을 알 수 있는 데다가 정보를 발신하는 것으로 국내뿐만 아니라 전 세계에 인간관계를 넓히는 것도 가능하다. 현실 사회에서 이것을 하기에는 세대나 지역, 직종 등으로 제한되는 것이 많고 서로 알 수 있는 범위도 한정적이다. 그에 비해 SNS상의 인간관계는 마음의 준비를 하는 일 없이 용이하게 구축하는 것도 가능하다.^(주석1)

 물론 한순간에 구축한 사이라도 진지하게 이야기하는 것을 들어주는 사람도 있지만, 신원을 모르는 불특정 다수와 관계를 계속 유지하는 것은 리스크가 있다. 악의를 가진 자가 뒤섞여 있을 가능성도 있고, 고민을 상담한다고 해도 자신의 일이 아니기 때문에 불확실한 정보에 의거한 안이한 조언으로 잘못된 선택을 하게 만들지도 모른다. 이러한 대응에 익숙해져 버리면 현실 세계에서도 주위 사람에게 같은 태도를 취해버려 인간관계에도 악영향을 미치게 할 가능성이 있다.

 SNS는 말하자면 얼굴 없는 세계이기 때문에 표정도 보이지 않거니와 감정도 감지하기 어렵다. 그 때문에 직접 만났을 때에 비교해서 상대를 신경 쓰거나 배려하거나 하는 일이 상대적으로 적어지고 일방적인 관계가 되기 쉽다. 그 결과 모든 일을 자신의 형편 좋게 해석하고 어쨌든 독선이 되는 경우도 있다.^(주석2)

 사람은 집단 안에 있으면 '군중 심리'가 작용하여 행동이나 말투가 과격해지기 쉬워지는데 몸을 담고 있는 집단의 규모가 크면 클수록 그 영향력은 한층 더 강해진다. 특히 SNS와 같은 익명성이 높은 공간에서는 말을 통해서 미치는 영향은 물리적인 폭력보다도 심각한 결과를 초래한다. SNS상에서의 교제는 때로는 사람을 궁지에 몰아넣어 돌이킬 수 없는 사태로 발전하는 경우도 있다.

 이러한 사태를 미연에 방지하기 위해서는 상대방에 대한 배려하는 마음을 잊어서는 안 된다. 또한 얼마나 비대면으로의 인간관계가 주류가 되더라도 대면으로의 사람과의 커뮤니케이션의 기회를 적극적으로 가지는 것이 매우 중요하다. 예를 들면 본인의 댓글이나 정보 발신이 타인을 상처 입히게 할지도 모른다는 의식을 항상 가지고 상대방을 존중하지 않으면 안 된다. 즉 인간인 이상, 어떤 시대가 찾아오더라도 현실 세계와 마주 보고 누군가와 함께 공존해 가야 한다는 생각을 계속 가져야 하는 것이 필요 불가결한 것이다.

(주석1) 마음의 준비를 하다 : 모든 일에 대해서 마음의 준비를 하다
(주석2) 독선 : 자기 자신만을 좋게 생각하고 타인의 의견을 신경 쓰거나 생각하거나 하지 않는 것

4 리스크가 있다고 있는데 왜인가?

1 위험한 사람과 만나고 결국에는 실제 인간관계도 나빠질지도 모르기 때문에
2 다수의 사람에게 말을 걸어도 진지하게 받아주는 사람이 적기 때문에
3 인간관계가 SNS상에서 쉽게 구축한 만큼 좋지 않은 선택을 하는 일이 많아지기 때문에
4 비대면으로 연결된 사람이 자신의 주변 사람들의 정보를 알게 되기 때문에

해설 필자는 앞에서 악의를 가진 사람이 있을 수 있는 불측정 다수의 사람을 언급하면서 이러한 대응에 익숙해져 버리면, 현실세계에서도 주위 사람에게 같은 태도를 취해버려, 人間関係にも悪影響を及ぼす可能性がある。(이러한 대응에 익숙해져 버리면 현실 세계에서도 주위 사람에게 같은 태도를 취해버려 인간관계에도 악영향을 미치게 할 가능성이 있다.)라고 했으므로 1번이 정답이다. 2번은 진지하게 받아주는 사람은 적지만 리스크는 아니므로 정답이 아니고, 3번은 인간관계가 쉽게 쌓인 만큼 안 좋은 선택을 하는 것은 아니므로 정답이 아니다. 4번은 본문에서 언급한 내용이 아니므로 정답이 아니다.

5 얼굴 없는 세계에 대해 필자는 어떻게 말하고 있는가?

1 표정을 알아차릴 수 없기 때문에 폭언을 했을 때의 영향력이 증가한다.

2 무의식적으로 타인에게 상처를 주는 행위는 '군중 심리'를 거쳐서 보다 심각한 문제를 초래한다.
3 속해 있는 집단이 커짐에 따라 감정에도 둔해진다.
4 SNS는 상대의 마음을 알기 어렵기 때문에 심각한 사회문제로 다뤄지고 있다.

해설 필자는 얼굴이 보이지 않기 때문에 아무렇지 않게 상대방에게 상처를 주는데 '군중 심리'가 작용하여 행동이나 말투가 과격해지기 쉬워진다고 언급하고, 이어서 言葉を通して及ぼされる影響は、物理的な暴力よりも深刻な結果を招く。(말을 통해서 미치는 영향은 물리적인 폭력보다도 심각한 결과를 초래한다.)라고 했으므로 2번이 정답이다. 1, 3, 4번은 본문에서 언급한 내용이 아니므로 정답이 아니다.

6 필자가 가장 말하고 싶은 것은 무엇인가?
1 폭언으로 인한 사회문제가 일어나지 않도록 커뮤니케이션의 기회를 만드는 것이 중요하다.
2 폭언으로 인한 사회문제가 일어나지 않도록 타인을 배려하는 것이 중요하다.
3 상대방을 상처 입히지 않기 위해서라도 현실의 사람과 대화하는 것을 명심해야 한다.
4 상대방을 상처 입히지 않기 위해서라도 형편 좋게 받아들이는 것이 중요하다.

해설 필자는 このような事態を未然に防ぐためには、相手に対する思いやりの心を忘れてはいけない。(이러한 사태를 미연에 방지하기 위해서는 상대방에 대한 배려하는 마음을 잊어서는 안 된다.)라고 했으므로 2번이 정답이다. 소통의 기회를 만드는 것도 중요하지만 그전에 상대방을 존중하고 누군가와 공존해 간다는 생각이 필요하다고 했으므로 1번은 정답이 아니고, 상처를 주지 않기 위해서 현실의 사람과 대화하는 것이 아니므로 3번도 정답이 아니다. 본문에서 언급한 내용이 아니므로 4번도 정답이 아니다.

단어 対面(たいめん) 대면 | 繋(つな)がり 연결, 이어짐 | 希薄(きはく)だ 희박하다 | 普及(ふきゅう) 보급 | ~に伴(ともな)い ~에 따라서, ~와/과 함께 | 介(かい)する 사이에 두다, 끼우다 | 非対面(ひたいめん) 비대면 | 一気(いっき)に 단숨에, 한 번에 | 近況(きんきょう) 근황 | 発信(はっしん) 발신 | ~のみならず ~뿐만 아니라 | 地域(ちいき) 지역 | 職種(しょくしゅ) 직종 | 制限(せいげん) 제한 | 知(し)り合(あ)う 서로 알(게 되)다 | 範囲(はんい) 범위 | 限定的(げんていてき)だ 한정적이다 | ~上(じょう) ~상 | 気構(きがま)える 마음의 준비를 하다, 각오하다 | 容易(ようい)だ 용이하다, 손쉽다 | 構築(こうちく) 구축 | 一瞬(いっしゅん) 한순간, 짧은 순간 | 築(きず)く 쌓다, 구축하다 | 仲(なか) 사이 | 不特定多数(ふとくていたすう) 불특정 다수 | 維持(いじ) 유지 | リスク 리스크, 위험 | 悪意(あくい) 악의 | 紛(まぎ)れる 헷갈리다, 뒤섞이다 | 不確(ふたし)かだ 불확실하다 | ~に基(もと)づいた ~에 의거한 | 安易(あんい)だ 안이하다, 쉽다 | 助言(じょげん) 조언 | 対応(たいおう) 대응 | 周囲(しゅうい) 주위 | 同様(どうよう)だ 같은 모양이다, 같다 | 態度(たいど) 태도 | 悪影響(あくえいきょう) 악영향 | 及(およ)ぼす 미치게 하다, 끼치다 | いわば 말하자면, 비유해서 말한다면 | ~(が)ゆえ(に) ~때문에 | も~ば~も ~도 ~하고(하거니와) ~도 | 感(かん)じ取(と)る 감지하다 | 配慮(はいりょ) 배려 | 相対的(そうたいてき)に 상대적으로 | 一方的(いっぽうてき)だ 일방적이다 | 物事(ものごと) 세상 만사의 일, 모든 일 | 解釈(かいしゃく) 해석 | 独(ひと)りよがり 독선(적), 자기 혼자만 옳다고 믿는 것 | 集団(しゅうだん) 집단 | 群集心理(ぐんしゅうしんり) 군집 심리, 군중 심리 | 言葉遣(ことばづか)い 말투, 말씨 | 過激(かげき)だ 과격하다 | 規模(きぼ) 규모 | 影響力(えいきょうりょく) 영향력 | 一層(いっそう) 한층 더, 더욱더 | 匿名(とくめい) 익명 | 物理的(ぶつりてき)だ 물리적이다 | 暴力(ぼうりょく) 폭력 | 深刻(しんこく)だ 심각하다 | 招(まね)く 초대하다, 초래하다 | 追(お)い詰(つ)める 궁지로 몰아넣다 | 取(と)り返(かえ)しがつかない 돌이킬 수 없다 | 事態(じたい) 사태 | 未然(みぜん)に防(ふせ)ぐ 미연에 방지하다 | 思(おも)いやり 배려, 동정 | 如何(いか)に 어떻게, 얼마나 | 主流(しゅりゅう) 주류 | ~(よ)うと(も) ~하더라도, ~해도 | 積極的(せっきょくてき)に 적극적으로 | 非常(ひじょう)に 매우, 상당히, 대단히 | 書(か)き込(こ)み 써넣음, 댓글 | 傷(きず)つける 상처를 입히다, 다치게 하다 | ~かねない ~할지도 모른다 | 意識(いしき) 의식 | 常(つね)に 늘, 항상, 언제나 | 尊重(そんちょう) 존중 | ~以上(いじょう)(は) ~하는(한) 이상(은) | 訪(おとず)れる 방문하다, 찾아오다 | 向(む)き合(あ)う 마주 보다, 마주 대하다 | 共存(きょうぞん) 공존 *きょうそん이라고도 함 | 必要不可欠(ひつようふかけつ) 필요 불가결 | 語(かた)りかける 말을 걸다 | 真剣(しんけん)に 진지하게 | 受(う)け止(と)める 막아 내다, 받아들이다 | 読(よ)み取(と)る 간파하다, 알아차리다 | 暴言(ぼうげん)を吐(は)く 폭언을 하다 | 増(ま)す 늘다, 많아지다 | 無意識(むいしき) 무의식 | 行為(こうい) 행위 | ~を経(へ)て ~을/를 거쳐서 | もたらす 가져오다, 초래하다 | 属(ぞく)する (범위 안에) 속하다 | ~につれ(て) ~(함)에 따라(서) | 鈍(にぶ)る 둔해지다 | 扱(あつか)う 다루다, 취급하다 | 心掛(こころ/が)ける 항상 주의하다, 명심하다

(3)

예로부터 아프리카에서 전해져오고 있는 말로 "아이들을 키우기 위해서는 마을 전체의 협력이 필요하다"라고 있습니다. 이것은 저의 좌우명이기도 합니다. 현재 저는 초등학교 교사를 하는 한편 비영리 단체(주석)에 소속하여 외국에 뿌리가 있는 아이들의 학습 지원 활동을 실시하고 있습니다. 이 활동에 종사하는 이유는 평등한 사회 실현을 절실하게 바라고 있기 때문입니다. 이 사회에서는 언어나 문화의 차이에 의해 생활에 곤란을 안고 있는 사람이 얼마나 있을까요? 그러한 사람들을 본체만체하는 것은 할 수 없어 이 단체에 참가하는 것을 결단하고 좌우명을 원동력으로 하여 활동하고 있습니다.

우선은 미래 사회를 짊어질 아이에게 초점을 맞춰 모든 아이들이 자기 긍정감을 가져 자신감을 갖고 활동할 수 있는 장소를 제공하는 것이 중요하다고 생각한 것입니다. 학습 지원을 통해서 그들이 가진 가능성을 최대한으로 이끌어내고 사회에서 활약할 수 있도록 육성하는 것을 목표로 하고 있습니다.

또한 저 자신의 경험도 이 활동을 나아가게 하기 위한 추진력의 하나가 되고 있습니다. 경험을 거듭한 지금이기 때문에 할 수 있는 일이 있다고 생각합니다. 저의 지식이나 경험을 다음 세대에게 전달하는 것으로 그들이 직면하는 고난을 극복하는 도움이 될 수 있는 것은 아닐까 하고 느끼고 있는 것입니다.

미약한 힘일지도 모르지만, 이것은 저에게 있어서 사회 공헌의 일환

입니다. 한 사람 한 사람의 힘이 집결하는 것으로 강고한 것이 되어 큰 변화를 낳을 수 있다고 믿고 있습니다. 교육 지원 활동을 통해서 아이들의 미래를 개척하는 도움을 주는 것은 상당히 의의 깊은 일인 것입니다.

게다가 이 활동은 다양성의 추진으로도 이어집니다. 다른 배경을 가진 아이들이 함께 배우고 성장하는 것으로 다양성을 존중하고 이해하는 힘을 기를 수 있습니다. 이로 인해 장래적으로는 보다 포괄적이고 조화가 잡힌 사회 형성에 공헌할 수 있는 사람이 되는 것을 기대할 수 있습니다.

이 밖에도 이해하며 돕는 교육의 중요성을 특별히 내세워서 말하고 싶다고 생각합니다. 교육이란 그저 지식을 전달하는 것뿐만 아니라 학생 한 사람 한 사람의 가능성을 믿고 각각의 마음이나 바람, 또는 성장 과정을 다면적 또한 다각적으로 파악함과 동시에 학생이 성장하기 위한 단서나 계기가 되는 환경을 갖추어 지원하는 것입니다. 그렇기 때문에 저는 제대로 된 교육을 아이들에게 제공하기 위해 이 활동을 통해서 자기 긍정감을 기르고 안심하고 배울 수 있는 교육 환경을 쌓아가고 싶다고 생각하고 있습니다.

마지막으로 평등한 사회 실현을 목표로 내걸고 실현시키는 것은 개인의 힘으로는 한계가 있으며 지역 사회의 협력이 불가결합니다. 이 활동은 작은 한 걸음일지도 모르지만, 여기에만 그치지 않고 전 세계로의 변화의 길이 되는 것을 바라고 있습니다.

(주석) 좌우명 : 평소부터 마음에 새겨 두고 반복해서 확인하고 싶어지는 말

7 지원 활동을 통해서 아이들에게 주어지는 효과에 대해서 필자는 어떻게 서술하고 있는가?

1 아이들에게 다양성을 이해시키는 것으로 조화가 잡힌 사회의 일원이 될 수 있다고 서술하고 있다.
2 아이들은 문화 이해나 언어를 습득하고 잘 다룰 수 있게 된다고 서술하고 있다.
3 아이들은 이국에서의 생활 체험을 거쳐 객관적인 시야를 기를 수 있다고 서술하고 있다.
4 아이들은 자존심과 자기방어력이 늘고 강고한 정신을 기를 수 있다고 서술하고 있다.

해설 필자는 다른 배경을 가진 아이들이 함께 성장함으로써 다양성을 존중하고 이해할 수 있는 힘을 기를 수 있고 이로 인해서 지금보다 포괄적이고 조화가 잡힌 사회를 형성하는 데 공헌할 수 있다고 서술하고 있으므로 1번이 정답이다. 2, 3, 4번은 본문에서 언급한 내용이 아니므로 정답이 아니다.

8 이해하며 돕는 교육의 중요성이라고 있는데 어떠한 것인가?

1 단체 조직이 적극적으로 학생의 서포트를 하고 잘못된 판단을 내리지 않도록 지시하는 것
2 학생의 가능성을 믿고 각각의 성장을 지켜봄과 동시에 환경을 정비하는 것
3 학생이 잘못된 판단을 내리지 않도록 활동을 조사하여 올바른 방향으로 유도하는 것
4 지역 주민 단위로 학생의 육성에 공헌하여 한 사람 한 사람의 상황을 파악하고 관계를 가지는 것

해설 필자는 학생 한 사람 한 사람의 가능성을 믿으며 동시에 학생을 다양한 각도에서 파악하면서 성장할 수 있는 환경을 지원하는 것이 중요하고 그러한 교육 환경을 만들고 싶다고 이야기하고 있으므로 2번이 정답이다. 1, 3, 4번은 본문에서 언급하는 내용이 아니므로 정답이 아닙니다.

9 필자가 말하고 싶은 것은 무엇인가?

1 단체 조직의 지명도를 높여서 사회의 일원으로서 활약하는 것이 목표이다.
2 자신의 사회적 거처를 구축시켜 학생의 모범이 되는 존재가 되는 것이 목표이다.
3 평등한 사회를 실현하여 아이들의 미래를 개척하게 도움을 주는 것이 목표이다.
4 편견 없는 사회에서 모든 아이들이 학생답게 평화롭게 지낼 수 있는 것이 목표이다.

해설 필자는 교육 지원 활동을 통해 아이들의 미래를 개척하는 것에 도움을 주는 것은 상당히 의미 깊은 일이며 평등한 사회를 실현하기 위해서는 개인의 힘으로는 부족하기 때문에 이러한 지원 활동을 하고 있다고 했으므로 3번이 정답이다. 1, 2, 4번은 본문에서 언급한 내용이 아니므로 정답이 아니다.

단어 座右(ざゆう)の銘(めい) 좌우명 | 教員(きょういん) 교원, 교사 | ～かたわら ~(을/를) 하는 한편 | 非営利団体(ひえいりだんたい) 비영리 단체 | 所属(しょぞく) 소속 | ルーツ 루츠, 뿌리, 조상, 근원 | 支援(しえん) 지원 | 従事(じゅうじ) 종사 | 平等(びょうどう)だ 평등하다 | 切実(せつじつ)に 절실하게 | 困難(こんなん) 곤란 | 抱(かか)える (껴)안다, 떠안다 | 見(み)て見(み)ないふりをする 본체만체하다 | 加(くわ)わる 가해지다, 더해지다, 참가하다 | 決断(けつだん) 결단 | 原動力(げんどうりょく) 원동력 | 担(にな)う 짊어지다, 떠맡다 | 焦点(しょうてん)を当(あ)てる 초점을 맞추다 | 活躍(かつやく) 활약 | 場(ば) 장소, 자리, 상황 | 提供(ていきょう) 제공 | 可能性(かのうせい) 가능성 | 最大限(さいだいげん)に 최대한으로 | 育成(いくせい) 육성 | 推進力(すいしんりょく) 추진력 | ～からこそ ~이기 때문에 | 知識(ちしき) 지식 | 次世代(じせだい) 차세대 | 直面(ちょくめん) 직면 | 乗(の)り越(こ)える 타고 넘다, 극복하다 | 手助(てだす)け 도움, 조력 | 微々(びび)たる 미미한 | 貢献(こうけん) 공헌 | 一環(いっかん) 일환 | 集結(しゅうけつ) 집결 | 強固(きょうこ)だ 강고하다 | 開拓(かいたく) 개척 | 非常(ひじょう)に 매우, 상당히, 대단히 | 意義深(いぎぶか)い 의의 깊다, 중요하다 | 多様性(たようせい) 다양성 | 尊重(そんちょう) 존중 | 養(やしな)う 기르다, 양육하다 | 包括的(ほうかつてき) 포괄적 | 調和(ちょうわ) 조화 | 形成(けいせい) 형성 | 寄(よ)り添(そ)う 바싹 달라붙다, 이해하며 돕다 | 取(と)り立(た)てる 거두다, 징수하다, 특별히 내세우다 | 単(たん)に 그저, 단지 | 過程(かてい) 과정 | 多面的(ためんてき) 다면적 | 且(か)つ 또한, 한편 | 多角的(たかくてき) 다각적 | 捉(とら)える 잡다, 파악하다 | ～とともに ~와/과 함께, ~함에 따라, ~임과/와 동시에 | 手(て)がかり 단서, 실마리 | きっかけ 계기 | 整(ととの)える 조정하다, 정돈하다 | まともだ 성실하다, 건실하다, 제대로

되다 | 育(はぐく)む 기르다, 키우다 | 築(きず)く 쌓다, 구축하다 | 掲(かか)げる 내걸다, 내세우다 | 限界(げんかい) 한계 | 地域(ちいき) 지역 | 不可欠(ふかけつ) 불가결 | 一歩(いっぽ) 한 걸음, 한 단계 | ~にとどまらず ~에 그치지 않고 | 道筋(みちすじ) 지나가는 길, 코스 | 望(のぞ)む 바라다, 소망하다 | 心(こころ)に留(と)める 마음에 새겨 두다 | 繰(く)り返(かえ)す 반복하다 | 使(つか)いこなす 보람 있게 쓰다, 잘 다루다 | 異国(いこく) 이국 | ~を経(へ)て ~을/를 거쳐서 | 客観的(きゃっかんてき)だ 객관적이다 | 視野(しや) 시야 | 自尊心(じそんしん) 자존심 | 防衛力(ぼうえいりょく) 방위력, 방어력 | 増(ま)す 늘다, 많아지다 | 精神(せいしん) 정신 | 組織(そしき) 조직 | 積極的(せっきょくてき)に 적극적으로 | 判断(はんだん) 판단 | 下(くだ)す 내리다, 하달하다 | 各々(おのおの) 각각, 각기 | 見守(みまも)る 지켜보다 | 整備(せいび) 정비 | 誘導(ゆうどう) 유도 | 単位(たんい) 단위 | 状況(じょうきょう) 상황 | 把握(はあく) 파악 | 知名度(ちめいど) 지명도 | 居場所(いばしょ) 있는 곳, 거처 | 構築(こうちく) 구축 | 鏡(かがみ) 거울, 모범 | 存在(そんざい) 존재 | 切(き)り開(ひら)く 개척하다 | 偏見(へんけん) 편견 | 暮(く)らす 살다, 생활하다

(4)

　자신이 지금 행복한지 어떤지라고 질문받는다면 나는 뭐라고 대답할까. "네 행복합니다"라고 즉답할 수 있는 사람은 대체 어느 정도 있을까. 그것은 행복한 사람이 적기 때문은 아니다. '행복'이라고 하면 무언가 특별한 것이라고 생각하는 사람이 많기 때문이다. 예를 들면 시험에 합격했다던가, 결혼했다던가, 승진했다던가, 수입이 많다던가 예를 들면 끝이 없는 것인데, 이러한 무언가 특별한 일이나 상태가 아닌 한, 굳이 자신이 행복하다는 실감은 나지 않는다. 그럼 그러한 일이 없으면 사람은 행복하지 않은 것일까. 아니, 나는 그렇게는 생각하지 않는다.

　나는 큰 병을 앓은 적이 있다. 이제 나을 수 없을지도 몰라, 이제 지금까지와 같은 생활은 보낼 수 없을지도 몰라, 그렇게 생각했을 때 평소에 지루하다고 생각하고 있었던 아무 색다를 것도 없는 일상이 얼마나 사랑스럽고 행복한 건지를 통감했다.(주석1) 건강이 있어야 행복인 것이라고. 자주 "병에 걸리고 나서야 비로소 건강의 고마움을 안다"라고 하는데, 정말로 그렇다. 전혀 특별한 일이 아니고 평온한 일상을 무사히 마칠 수 있는 생활, 그 당연함이야말로 행복이라는 것을 사람은 불행해지고 나서야 비로소 아는 법이다.

　하지만 인간이란 실로 욕심이 많은 생물로 저렇게 당연한 일상이 행복하다고 통감했는데도 불구하고 건강을 되찾으면 바로 건강한 것이 행복한 것을 잊어버린다. 행복이 계속되면 이윽고 그것은 일상으로 변하고 그렇게 되면 이미 특별하지 않게 된다. 변함없는 매일이 공허하다라고조차 느껴 버리는 일도 있다. 그래서 사람은 끊임없이 변화를 바라고 새로운 행복을 추구하는 것이다. 행복한지 질문받으면 "네"라고 즉답할 수 있는 사람이 적은 까닭은(주석2) 거기에 있을지도 모른다.

　즉, 행복이란 욕심을 채운 결과가 아니라 풍족함의 정도(주석3)라고 말할 수 있을 것이다. 아무리 평범한 매일을 보내고 있다고 해도 가족 등 소중한 사람이 옆에 있고 유복까진 아니더라도 먹을 것에 곤란하지 않으며 좋아하는 음식을 먹고 좋아하는 옷을 입을 수 있는, 이러한 아무렇지도 않은 일상이 즐겁다고 느끼면 행복일 것이고, 한편으로 아무리 돈이 있고 금전적으로 남부럽지 않은 상태였다고 해도 병으로 입원과 퇴원을 반복하는 생활이라면 결코 행복하다고는 말할 수 없을 것이다. 즉, 행복은 돈으로는 살 수 없다는 것이다.

　행복이란 마음의 풍족함의 정도이며 결코 돈이나 물건에 대한 풍족

함을 나타내는 것은 아니다. 지금 상태에 얼마나 특별하게 느낄 수 있는지가 행복의 정도를 좌우한다. 욕심은 더욱이 욕심을 불러 지금 이미 가지고 있는 것을 잊게 하여 만족감을 빼앗는다. 그렇기 때문에 평소부터 주변을 멀리 바라보고 자신에게 있어서 소중한 존재나 가치를 발견하는 것은 어떨까? 분명 감사해야 할 것들로 넘치고 있을 것이다. 병의 예시와 마찬가지로 자주 "사람은 잃어버리고 나서 비로소 소중한 것을 깨닫는다"라고 말해진다. 나중에 후회하는 일이 없도록 평범한 일상에 감사하면서 하루하루를 보내고 싶다.

(주석1) 색다를 것도 없는 : 이렇다 할 변화가 없다
(주석2) 까닭 : 이유
(주석3) 정도 : 모든 일의 정도

10 행복한 건지를 통감했다고 있는데 필자는 무엇이 행복하다고 말하고 있는가?

1 몸이 회복되고 또 하고 싶은 일에 도전할 수 있게 된 것
2 지루한 일상이 멋지다고 생각할 수 있게 된 것
3 매일 평범한 생활을 영위할 수 있고 건강하게 있을 수 있는 것
4 건강을 되찾고 일상이 특별하다고 느껴서 지루하다고 생각하지 않게 된 것

해설　필자는 큰 병에 걸린 이후로 당연함이 바로 행복이라는 사실을 깨달았다고 말하고 있으므로 3번이 정답이다. 1, 4번은 본문에서 언급한 내용이 아니므로 정답이 아니고, 2번은 중병에 걸리고 나서 지루한 일상생활이 멋지다고 생각한 것이 아닌 사랑스럽게 느껴지고 행복한 것임을 통감했다고 했으므로 정답이 아니다.

11 "네"라고 즉답할 수 있는 사람이 적은 것은 왜인가?

1 사람은 항상 행복을 추구하고 있는 상태이고 아직 행복을 손에 넣지 못한 사람이 많기 때문에
2 행복은 짧은 순간의 것에 불과하여 손에 넣은 순간에 또 공허해지는 일이 많기 때문에
3 아무리 행복해도 그 상태가 계속되면 그것이 당연하다고 느껴 버리는 사람이 있기 때문에
4 본인에게 있어서의 행복이 무엇인지 잊어버려 그것을 욕심이라고 착각해 버리는 사람이 있기 때문에

해설　필자는 행복이 계속되면 일상으로 변하게 되어 또 다른 행복을 추구하게 되기 때문에 행복하다고 즉답할 수 없는 사람이 많다고 했으므로 3번이 정답이다. 1, 2, 4번은 본문에서 언급한 내용이 아니므로 정답이 아니다.

12 필자가 말하고 싶은 것은 무엇인가?

1 사람은 진정한 행복을 놓치는 경향이 있기 때문에 아무렇지도 않은 일상이야말로 행복이라는 것을 깨달아야 한다.
2 욕망을 놓는 것이야말로 자신에게 있어서의 행복을 손에 넣기 위한 열쇠가 된다.

3 누구나 병이 들 가능성이 있기 때문에 건강하게 있을 수 있는 동안에 무슨 일이든 감사하고 후회 없는 인생을 보내야 한다.
4 사람은 한 번 잃어버린 소중한 것은 두 번 다시 손에 넣을 수 없기 때문에 일상에서 행복을 음미해야 한다.

해설 필자는 본인이 병에 걸린 것을 예시로 들면서 "사람은 잃고 나서 비로소 소중한 것을 깨닫는다"라고 했으며 당연한 일상이 행복이라고 이야기했으므로 1번이 정답이다. 2, 3, 4번은 본문에서 언급한 내용이 아니므로 정답이 아니다.

단어 幸福(こうふく) 행복 | 尋(たず)ねる 묻다, 찾다 | 即答(そくとう) 즉답 | 昇進(しょうしん) 승진 | 挙(あ)げる 들다, 거행하다 | ~ばきりがない ~하면 끝이 없다 | 状態(じょうたい) 상태 | 敢(あ)えて 굳이, 억지로 | 実感(じっかん) 실감 | 湧(わ)く 솟아나다, 생기다 | 大病(たいびょう) 큰 병, 중병 | 患(わずら)う (병을) 앓다 | 退屈(たいくつ)だ 지루하다 | 変哲(へんてつ)もない 특별한 것도 없다, 평범하다 | 愛(いと)おしい 귀엽다, 사랑스럽다 | 痛感(つうかん) 통감 | ~あっての ~이/가 있어야 (성립하는) | ありがたみ 고마움 | まさに 틀림없이, 확실히, 정말로 | 平穏(へいおん)だ 평온하다 | 無事(ぶじ)だ 무사하다 | 終(お)える 끝내다, 마치다 | 暮(く)らし 삶, 생활 | 不幸(ふこう)だ 불행하다 | 実(じつ)に 실로, 참으로, 정말 | 欲深(よくぶか)い 탐욕스럽다, 욕심이 많다 *よくふかい라고도 읽음 | 取(と)り戻(もど)す 되찾다, 회복하다 | やがて 얼마 안 있어, 곧, 이윽고 | 化(か)する 변하다 | もはや 이미, 이제는 | 空(むな)しい 공허하다 | 絶(た)えず 늘, 끊임없이 | 求(もと)める 구하다, 바라다 | 新(あら)ただ 새롭다 | 追求(ついきゅう) 추구 | 所以(ゆえん) 까닭, 근거 | 欲(よく) 욕심 | 満(み)たす 가득 채우다, 만족시키다 | 豊(ゆた)かさ 풍족함, 풍부함 | 度合(どあ)い 정도 | 平凡(へいぼん)だ 평범하다 | 裕福(ゆうふく) 유복 | ~ないまでも ~까지는 하지 않더라도 | 何気(なにげ)ない 무심하다, 아무렇지도 않다 | 金銭的(きんせんてき) 금전적 | 何不自由(なにふじゆう)ない 남부럽지 않다 | 入退院(にゅうたいいん) 입퇴원, 입원과 퇴원 | 繰(く)り返(かえ)す 반복하다 | 決(けっ)して~ない 결코 ~않다 | 左右(さゆう) 좌우 | 更(さら)なる 한층 더, 더한 | 奪(うば)う 빼앗다 | 日頃(ひごろ) 평소 | 見渡(みわた)す 멀리 바라다보다, 전망하다 | 存在(そんざい) 존재 | 溢(あふ)れる 넘치다 | 同様(どうよう)に 다름없이, 마찬가지로 | 失(うしな)う 잃다, 잃어 버리다 | 後悔(こうかい) 후회 | 物事(ものごと) 세상만사의 일, 모든 일 | 追(お)い求(もと)める 추구하다 | 一瞬(いっしゅん) 일순간, 한순간 | ~にすぎない ~에 지나지 않는다, ~에 불과하다 | 瞬間(しゅんかん) 순간 | 勘違(かんちが)い 착각, 잘못 생각함 | 見失(みうしな)う 보던 것을 (시야에서) 놓치다, 잃다 | ~がちだ 자주 ~하다, ~하는 경향이 있다 | 欲望(よくぼう) 욕망 | 手放(てばな)す 손을 놓다, 떼어 놓다 | 誰(だれ)しも 누구나, 누구든지 | 悔(く)い 뉘우침, 후회 | 噛(か)みしめる 악물다, 음미하다

(5)

얼마 전에 처음 방문한 미용실에서 매우 흥미 깊은 이야기를 들었다. 나를 담당한 미용사가 나의 눈을 보고서는 "헤이즐 눈동자가 멋지네요"라고 말했다. 왠지 모르게 칭찬하고 있다는 것에 눈치를 챘기 때문에 "감사합니다"라고 답했다. 하지만 '헤이즐'이란 무엇인지 전혀 몰랐기 때문에 물어봤다. 헤이즐이란 갈색과 녹색이 섞인 색조이며 빛이 닿는 방식이나 각도에 따라서 변하는 특징을 가지고 있는 눈동자를 헤이즐 눈동자라고 말한다고 한다. 어린 시절부터 눈을 칭찬받은 적은 몇 번인가 있었지만, 구체적인 색의 이름으로 칭찬받은 것은 처음이라서 왠지 번뜩이는 것 같은 기분이 들었다.

　물론 눈동자 색은 검정이라느니, 갈색이라느니, 파랑이라느니, 녹색이라느니라고 하는 색이 존재하고 검은 눈동자에도 갈색이 섞인 검정이나 녹색이 더해진 것 같은 검정 등 다양한 색이 존재한다는 것 정도는 알고 있었다. 하지만 지금까지 헤이즐이라는 색은 들은 기억이 없고 하물며 자신의 눈의 색이 어떤 색을 하고 있는지조차 눈치채지 못했다. 그렇게 말을 듣고 나서는 자기 자신을 관찰하게 되어 자신의 루츠에도 흥미를 가지게 되었다. (주석)

　애당초 눈동자 색은 DNA에 의해서 결정되는 것이지만 반드시 부모님과 같은 색을 이어받는다고는 할 수 없는 것 같다. 예를 들어 눈동자 색이 다른 부모님에게서 태어난 아이의 눈동자 색 조합이나 확률은 그 가계의 유전적 배경을 어느 정도 추측할 수 있다. 또한 부모님과 눈동자 색이 다를 경우 특히 갈색 눈동자를 가진 부모님에게서 파란 눈동자의 아이가 태어날 확률은 드물지만 유전적인 요소의 조합에 따라서는 그 확률이 전혀 없다고도 말할 수 없는 것 같다. 일반적으로는 부모님 중 어느 한 명에게 파란 눈동자의 유전자가 숨겨져 있는 경우 그 확률이 늘어나고 또 부모님이 녹색 눈동자를 가지지 않았는데도 불구하고 녹색 눈동자의 아이가 탄생하는 경우도 있을 수 있다. 이것은 유전자의 다양성에 의해 일어나는 일인 것 같다.

　실제로 아버지는 짙은 갈색이고 어머니는 갈색빛을 띤 검정 눈동자를 가지지만 나는 헤이즐 눈동자이다. 당연하지만 유전적 요소는 부모님으로부터의 반영에 그치지 않고 조부모, 증조부모 더욱 그 이전 선조부터 이어받는 잠재적인 DNA가 관련하고 있다. 내 이 눈은 긴 세월을 거쳐 현대에도 계승된 소중한 것이라고 깨닫고 더 자신을 이해하고 사랑할 수 있게 되었다.

　자신을 이해하는 것은 매우 중요한 것이다. 그날 들은 한 마디가 나의 DNA의 역사로 인도한 것처럼 자기 자신을 관찰하고 특징을 포착하는 것으로 자기이해를 깊게 할 수 있다. 그 배경에는 유전자에 역인 매우 흥미로운 이야기가 숨겨져 있을지도 모른다.

(주석) 루츠 : 근원

13 왠지 번뜩인 듯한 기분이 들었다고 있는데 왜인가?

1 헤이즐 눈동자의 특징에 대해서 처음 들었기 때문에
2 어른이 되고 나서 눈을 칭찬받은 적은 한 번도 없었기 때문에
3 구체적인 색조로 눈을 칭찬받았던 적은 처음이었기 때문에
4 처음 방문했던 미용실에서 매우 흥미로운 이야기를 들을 수 있었기 때문에

해설 어린 시절부터 눈을 칭찬받은 적은 몇 번 있었지만 구체적으로 칭찬을 들은 것은 처음이라서 뭔가 번뜩인 듯한 기분이 들었다고 했으므로 3번이 정답이다. 1, 2, 4번은 본문에서 언급한 내용이 아니므로 정답이 아니다.

14 부모님으로부터 계승된 눈동자 색의 확률에 대해 필자는 어떻게 서술하고 있는가?

1 부모님이 파란색 눈동자일 경우 아이는 확실히 파란 눈을 하고 있다

고 서술하고 있다.
2 눈동자 색의 확립은 한쪽 부모만이 가지는 유전자로 결정되는 것은 불가능하고 서술하고 있다.
3 부모님 어느 쪽도 녹색 눈동자를 가지고 있지 않아도 다음 세대에 녹색 눈동자를 계승하는 경우가 있다고 서술하고 있다.
4 갈색 눈동자를 가진 부모님의 자녀는 필연적으로 같은 계통 색의 눈동자의 아이가 태어난다고 서술하고 있다.

해설 필자는 유전자의 다양성으로 인해서 부모님 모두가 녹색 눈동자를 가지고 있지 않아도 아이가 녹색 눈동자를 가지고 태어나는 경우가 있다고 이야기하고 있으므로 3번이 정답이다. 반드시 부모와 같은 눈동자를 이어받는 것은 아니라고 했으므로 1번은 정답이 아니고, 본문에서 언급한 내용이 아니므로 2번도 정답이 아니다. 갈색 눈동자를 가진 부모에게서 파란색 눈동자를 가진 아이가 태어날 확률이 전혀 없다고도 말할 수 없는 것 같다고 했으므로 4번도 정답이 아니다.

15 필자가 말하고 싶은 것은 무엇인가?
1 눈동자의 색은 단순히 유전적인 요소뿐만 아니라 자신의 선조를 분별하는 기준이 된다.
2 다양성이 있는 눈동자 색 안에는 자신의 배경에 관한 매우 흥미로운 이야기가 숨어 있다.
3 각도에 의해 색채 변화가 있는 눈동자는 DNA 관점에서 보아도 설명이 어렵다.
4 루츠를 더듬어 가는 수단으로서 눈동자 색에 대해서 고찰하는 것은 무의미하다.

해설 필자는 눈동자의 유전적인 요소는 부모뿐만 아니라 조부모, 증조부모뿐만 아니라 선조가 가진 잠재적 DNA도 관여하고 있기 때문에 본인의 눈동자를 둘러싼 배경에는 흥미 깊은 유전적 이야기가 있을 지도 모른다고 이야기하고 있으므로 정답은 2번이다. 1, 3, 4번은 본문에서 언급한 내용이 아니므로 정답이 아니다.

단어 訪(おとず)れる 방문하다, 찾다 | 非常(ひじょう)に 매우, 상당히, 대단히 | 興味深(きょうみぶか)い 매우 흥미롭다 | ヘーゼル 헤이즐 | 瞳(ひとみ) 눈동자, 동공 | なんとなく 왠지 모르게, 어쩐지 | さっぱり 산뜻한 모양, 전혀 | 色合(いろあ)い 색조 | 角度(かくど) 각도 | 特徴(とくちょう) 특징 | 具体的(ぐたいてき)だ 구체적이다 | 閃(ひらめ)く 번뜩이다 | 無論(むろん) 물론 | ~だの~だの ~라느니 ~라느니 | 加(くわ)わる 가해지다, 더해지다 | 多様(たよう)だ 다양하다 | 存在(そんざい) 존재 | 聞(き)き覚(おぼ)えの 들은 기억 | ましてや 더구나, 하물며 | 観察(かんさつ) 관찰 | ルーツ 루츠, 뿌리, 조상, 근원 | そもそも 애초에 | 必(かなら)ずしも 반드시 | 受(う)け継(つ)ぐ 계승하다, 이어받다 | 組(く)み合(あ)わせ 조합, 짜 맞춤 | 確率(かくりつ) 확률 | 家系(かけい) 가계 | 遺伝的(いでんてき) 유전적 | ある程度(ていど) 어느 정도 | 推測(すいそく) 추측 | 稀(まれ)だ 드물다, 희소하다 | 要素(ようそ) 요소 | ~次第(しだい)で ~에 따라서, ~나름으로 | 一般的(いっぱんてき)に 일반적으로 | いずれ 어느 것, 어느 쪽 | 遺伝子(いでんし) 유전자 | 増(ま)す 늘다, 많아지다 | ~にも関(かか)わらず ~(임)에도 불구하고 | 引(ひ)き起(お)こす 일으키다 | 現(げん)に 실제로 | ~味(み)~미 | ~がかる ~(의) 빛을 띠게 되다 | 反映(はんえい) 반영 | ~にとどまらず ~에 그치지 않고 | 曽祖父母(そうそふぼ) 증조부모 | 祖先(そせん) 선조, 조상 | 潜在的(せんざいてき)だ 잠재적이다 | 関与(かんよ) 관여 | ~を経(へ)て ~을/를 거쳐서 | 継承(けいしょう) 계승 | 導(みちび)く 안내하다, 인도하다 | 絡(から)む 얽히다 | 隠(かく)す 감추다, 숨기다 | 訪問(ほうもん) 방문 | 確実(かくじつ)に 확실히 | 確立(かくりつ) 확립 | 必然的(ひつぜんてき)だ 필연적이다 | 系統(けいとう) 계통 | 単純(たんじゅん)に 단순하게 | 先祖(せんぞ) 선조, 조상 | 見分(みわ)ける 분별하다, 분간하다 | 基準(きじゅん) 기준 | 潜(もぐ)る 잠수하다, 잠입하다, 숨다 | 色彩(しきさい) 색채, 빛깔 | ~からして ~부터(가), ~(으)로 보아 | 辿(たど)る 더듬어가다 | 観点(かんてん) 관점 | 考察(こうさつ) 고찰

(6)

시대와 함께 사회는 눈부신 변모를 이루고 있다. 산업이나 의료 발전, 고용, 교육, 라이프 스타일에 이르기까지 좋든 나쁘든 현대 사회는 예전의 사회와는 크게 탈바꿈하고 있다. 시대가 변해감에 따라 모든 장면에서 사람들의 생활이 편리해져 가는 한편으로 사회의 과제로서 저출산 고령화, 디지털화, 환경 문제 등 그때그때의 사회를 반영한 과제도 산더미처럼 쌓이고 있다. **일찍이 세간의 상식으로 여겨지던 것이 현대 사회에서는 이미 전혀 통용되지 않게 된 것도 많고** 나이를 거듭하면 거듭할수록 주저하는 장면과 맞닥뜨리게 된다. 이렇게도 사람들의 생활은 풍족하고 편리해져 왔지만 그 한편으로 개인의 고립이 보다 심각화되고 있다고 느끼는 사람도 많은 것 같다. 그건 도대체 어째서일까.

사람에게 있어 타인과 교류하고 거기에서 얻은 경험이나 깨달음은 그 사람 자신에게 큰 영향을 끼친다. **현대 사회에서는 예전과 비교해서 인간관계가 희박해지고 있다는 것은 말할 필요도 없으며** 특히 가족 구성의 차이는 인간관계에 현저한 영향을 주고 있다. 라이프 스타일의 변화로 인해 부모님이 맞벌이인 가정도 적지 않은 데다 조부모님 등 많은 사람이 동거하는 대가족은 거의 볼 수 없게 되었다. 부모님이 맞벌이로 귀가가 늦어지면 아이가 혼자서 식사하는 일도 드문 광경이 아니다. 이전에는 사람들과 대면으로 교류하는 환경이 당연했지만 현대에서는 좋은 이웃과의 교제는커녕 옆에 누가 살고 있는지조차 모르는 것도 흔하다.

또한 휴대 전화의 보급에 의해 자신이 전화로 이야기하고 싶은 상대와 다이렉트로 연결하게 되어 상대방의 부모님이나 형제 등을 사이에 둘 필요가 없어졌다. 번거로움이나 긴장감으로부터 해방되어 편리해진 반면, 그 편리함과는 대조적으로 사람과 직접 만나서 말을 주고 받을 기회는 하나 줄었다고 말할 수 있다. 나아가서는 통화 대신 채팅이나 메시지 등 문자로의 주고받음이 주류가 되어 직접 말을 주고받을 필요가 없어져 버렸다.

게다가 교통 카드의 보급도 사람과 맞닿을 기회를 줄였다. 역 개찰구에서는 역무원과 얼굴을 마주할 일도 없이 통과하는 것이 당연해 졌다. 최근에는 코로나 재앙의 영향도 있어 '무인화'나 '비대면 서비스'가 가속되고 있다. 기계를 통해서 필요한 것을 입수하고 기계를 사용해서 음식이 운반해 받고 사람과 대면하는 일 없이 택배를 수취한다. **사람과 만나지 않아도 생활하는데에 지장도 없고 족한 것이다. 즉 현대는 대면으로 사람과 만날 필요성이 전혀 없다고 해도 좋을 정도로 없어져 인간관계가 희박해진 것이다.**

물론 이러한 현상이 반드시 나쁘다고 말할 수는 없지만, 혼자서 무언가를 해 나가는 것에 익숙해져 그것이 당연한 세상이 되고 고립화되는 사람들이 점점 늘어나는 것은 무언가 애달프다. **이것을 계기로 현대**

사회에서의 인간관계 방향성에 대해서 지금 한 번 돌이켜봐야 하지 않을까.

(주석1) 변모 : 모양이 바뀌는 것
(주석2) 탈바꿈 : 일변하는 것
(주석3) 흔하다 : 어디에나 있는 모양
(주석4) 족하다 : 충분하다
(주석5) 방향성 : 여기에서는, 방향성

16 필자에 의하면 개인의 고립이 보다 심각화되고 있는 것은 왜인가?

1 세상이 편리해짐에 따라서 생기는 사회문제에 대처하지 않으면 안 되기 때문에
2 나이를 거듭함에 따라 주저하는 장면이 많아져서 혼자서 지내는 시간도 늘어나기 때문에
3 옛날에는 세간의 상식이었던 것이 지금은 통용되지 않게 된 데다가 사람과 사람 간의 연결고리가 약해졌기 때문에
4 부모님이 맞벌이이고 조부모님과도 동거하지 않는 가정은 아이들이 집안일을 전부 하지 않으면 안 되기 때문에

해설 필자는 과거에 상식이었던 것들이 현대 사회에서는 상식이 아니게 된 것이 많으며 생활 양식의 변화나에 의해 사람들이 직접 만나거나 대면해서 교류할 대화할 기회가 더욱 줄어들었기 때문에 인간관계가 희박해지고 고립되는 사람들이 점점 많아 지는 것이 애달프다고 이야기하고 있으므로 3번이 정답이다. 1, 2, 4번은 본문에서 언급한 내용이 아니므로 정답이 아니다.

17 인간관계가 희박해진 것은 왜인가?

1 라이프 스타일이 변하여 누구와도 대면으로 이야기할 기회가 없어졌기 때문에
2 라이프 스타일의 변화와 생활의 기계화로 인하여 대면 기회가 줄었기 때문에
3 과거에는 사람의 손을 빌릴 필요가 있었던 것이 현대 사회에서는 전부 기계화가 되었기 때문에
4 코로나 재앙을 시점으로 무인화가 가속되어 사람들이 자취를 선호하게 되었기 때문에

해설 필자는 가족 구성의 변화뿐만 아니라 휴대 전화 및 교통 카드 보급 등에 의해 중간에 사람을 거치는 일이 줄어든 만큼 대화의 기회도 줄어들어서 결과적으로 인간관계가 희박해졌다고 이야기하고 있으므로 2번이 정답이다. 1번은 대면으로 대화할 기회는 줄어들었지만 누구와도 대화할 기회가 없어진 것은 아니므로 정답이 아니고, 3번은 과거에는 사람의 손을 빌릴 필요가 있었던 것이 현대 사회에서는 기계를 통해 무인화가 진행된 것은 맞지만 모든 그렇게 된 것은 아니므로 정답이 아니다. 4번은 본문에서 언급한 내용이 아니므로 정답이 아니다.

18 필자가 말하고 싶은 것은 무엇인가?

1 예전과 같은 인간관계는 성가심을 느낄 때도 있지만, 현대의 인간관계의 방향성에 대해서 다시 한번 생각하는 편이 좋다.
2 인간관계의 방향성이 옛날과 지금으로 너무 갭이 있는 것은 좋지 않기 때문에 한 번 다시 생각해 보는 편이 좋다.
3 일상생활이 편리해진 한편, 인간관계가 희박해져서 고독을 느끼는 사람이 증가하고 있다.
4 현대는 예전의 사회보다 인간관계가 희박해졌기 때문에 그것에 대해서 반성하는 것도 나쁘지 않다.

해설 필자는 과거에는 당사자 이외의 상대를 개입시키는 것이 번거롭고 긴장감이 있었지만 사람과 이야기를 나눌 기회이기도 했다고 하며 인간관계의 방향성에 대해서 한 번 더 돌이켜 생각해 볼 필요가 있다고 했으므로 1번이 정답이다. 2, 3, 4번은 본문에서 언급한 내용 아니므로 정답이 아니다.

단어 目覚(めざ)ましい 눈부시다 | 変貌(へんぼう) 변모 | 遂(と)げる 이루다, 달성하다 | 医療(いりょう) 의료 | 雇用(こよう) 고용 | ライフスタイル 라이프 스타일, 생활 양식 | ~に至(いた)る ~에 이르다 | 良(よ)きにつけ悪(あ)しきにつけ 좋든 나쁘든 | かつて 일찍이, 예전부터 | 様変(さまが)わり 변모, 모양이 바뀜, 탈바꿈 | 移(うつ)り変(か)わる 변해가다 | あらゆる 모든, 일체의, 온갖 | 一方(いっぽう)(で) ~한편(으로) | 少子高齢化(しょうしこうれいか) 저출산 고령화 | 反映(はんえい) 반영 | 山積(やまづ)み 산더미처럼 높게 쌓아 올림, (일 따위가) 많이 밀림 | 世間(せけん) 세간, 세상 | もはや 이미, 이제는 | 通用(つうよう) 통용 | 躊躇(ちゅうちょ) 주저 | 出(で)くわす 만나다, 맞닥뜨리다 | 豊(ゆた)かだ 풍족하다, 풍부하다 | 孤立(こりつ) 고립 | 深刻化(しんこくか) 심각화 | 交流(こうりゅう) 교류 | 影響(えいきょう) 영향 | 及(およ)ぼす 미치게 하다, 끼치다 | 希薄(きはく) 희박 | 比較(ひかく) 비교 | ~までもない ~할 필요도 없다 | 構成(こうせい) 구성 | 顕著(けんちょ)だ 현저하다 | 共働(ともばたら)き 맞벌이 | 同居(どうきょ) 동거 | 光景(こうけい) 광경 | 対面(たいめん) 대면 | ~において / ~における+명사 ~에서 / ~에서의 | 近所(きんじょ)付(づ)き合(あ)い 이웃과의 교제 | ~はおろか ~은/는커녕, ~은/는 물론이고 | ざらだ 흔하다, 쌔고 쌔다 | 普及(ふきゅう) 보급 | ダイレクト 다이렉트 | 繋(つな)がる 이어지다, 연결되다 | 介(かい)する 사이에 두다, 끼우다 | 煩(わずら)わしさ 번거로움, 귀찮음 | 緊張感(きんちょうかん) 긴장감 | 解放(かいほう) 해방 | 反面(はんめん) 반면 | ~にひきかえ ~와/과는 달리, ~와/과는 대조적으로 | 交(か)わす 주고받다, 나누다 | ひいては 나아가서는 | やり取(と)り 주고받음, 교환함 | 主流(しゅりゅう) 주류 | 交通系(こうつうけい)ICカード 교통 카드 | 触(ふ)れ合(あ)う 맞닿다, (서로) 스치다 | 改札口(かいさつぐち) 개찰구 | コロナ禍(か) 코로나 재앙 | 無人化(むじんか) 무인화 | 加速(かそく) 가속 | 運搬(うんぱん) 운반 | 宅配(たくはい) 택배 | 支障(ししょう) 지장 | 事足(ことた)りる 족하다, 충분하다 | 現象(げんしょう) 현상 | 必(かなら)ずしも 반드시 | 益々(ますます) 점점, 더욱더 | ~を機(き)に ~을/를 계기로, ~을/를 계기로 하여 | 在(あ)り方(かた) 본연의 자세 | 顧(かえり)みる 돌아보다, 회고하다 | 一変(いっぺん) 일변, 완전히 달라짐 | 有(あ)り触(ふ)れる 흔하다 | 生(しょう)じる 생기다 | 対処(たいしょ) 대처 | ~につれ(て) ~(함)에 따라(서) | 結(むす)びつき 연결(됨), 이어짐 | ~を境(さかい)に ~을/를 시점으로, ~을/를 경계로 | 厄介(やっかい)さ 번거로움, 성가심 | ギャップ 갭, 간격, 차이 | 考(かんが)え直(なお)す 다시 생각하다, 재고

하다 | 孤独(こどく) 고독 | ~つつある ~하고 있다(진행)

정보검색 실전 연습 문제   472p

1 ④	2 ③	3 ④	4 ④	5 ④
6 ①	7 ③	8 ③	9 ④	10 ②
11 ③	12 ①			

문제13 오른쪽 페이지는, 숙박 시설 안내이다. 아래의 물음에 대한 답으로서 가장 알맞은 것을, 1·2·3·4에서 하나 고르세요.

(1)

1 우메시 거주 중인 사라 씨는 유학처인 사쿠라 시립 대학 친구 12명과 시민의 숲에 숙박할 예정이다. 친구 중, 사쿠라시 거주자는 8명이다. 1인 2식 포함된 플랜을 생각하고 있는데, 친구 각각에게 적용되는 이용 요금은 어떻게 되는가?

1 사라 씨도 친구들도 4,500엔
2 사라 씨와 사쿠라시 이외에 거주의 친구는 5,500엔, 사쿠라시 거주의 8명은 4,500엔
3 사라 씨와 사쿠라시 이외에 거주의 친구는 4,950엔, 사쿠라시 거주의 8명은 4,050엔
4 사라 씨도 친구도 4,050엔

해설 사쿠라시에 살고 있지 않아도 사쿠라 시립 대학에 다니고 있으면 석식과 조식이 포함된 플랜 C를 사쿠라시 학생 요금인 4,500엔으로 이용할 수 있으며, 10인 이상일 경우에는 10% 할인이 적용돼서 4,050엔으로 이용할 수 있으므로 4번이 정답이다.

2 사라 씨의 친구인 왕 씨는 7월 1일에 숙박하기로 했다. 계란을 먹으면 몸에서 알레르기가 나와 버리기 때문에 먹을 수 없다. 왕 씨는 앞으로 언제까지 무엇을 하지 않으면 안 되는가?

1 전화로 예약을 해서 10일 전까지 식사 미포함 플랜으로 변경하지 않으면 안 된다.
2 6월 10일까지 예약을 해서 식사 미포함 플랜으로 변경하지 않으면 안 된다.
3 6월 21일까지 전화로 예약해서 6월 28일까지 관리 센터로 전화하여 사정을 설명한다.
4 6월 28일까지 예약을 해서 계란 요리를 고기 요리로 변경하지 않으면 안 된다.

해설 예약은 숙박 10일 전까지 전화로 받고 있기 때문에 6월 21일까지 숙박 시설 관리 센터로 예약을 해야 하고, 음식물 알레르기가 있을 경우에는 숙박 3일 전까지 이야기해야 된다. 즉, 6월 28일까지 관리 센터로 전화를 하지 않으면 안 되므로 3번이 정답이다.

시민의 숲 숙박 시설 안내

◆숙박 시설 이용 요금◆

	일반/어른	시민/어른*2	일반/학생	사쿠라시 학생*2
숙박료A*1	4,000엔	3,000엔	2,500엔	1,500엔
숙박료B*1	4,900엔	3,900엔	3,200엔	2,200엔
숙박료C*1	7,800엔	6,800엔	5,500엔	4,500엔

*1 숙박료A (식사 미포함) / B (조식 포함) / C (석식·조식 포함)
*2 예약 시에 운전면허증 등 시민인 것을 확인할 수 있는 공적 증명서 사본을 메일로 제출해 주십시오. 또한 사쿠라시 거주자 이외라도에 사쿠라시 내의 학교에 재학하고 있는 분이라면 표시 금액으로 이용하실 수 있습니다. 이용할 때에는 학생증 사본을 제출해 주십시오. 또한 증명 서류 제출이 없는 경우, 사쿠라 시민 및 사쿠라 시내 학교에 재학하고 있는 분에 있어서도 일반 요금이 되기 때문에 주의해 주십시오.

【숙박 예약에 관해서】

1. 18세 미만인 분만의 숙박은 사양하고 있습니다. 반드시 보호자 분과 함께 신청해 주십시오.
2. 학생 10명 이상의 숙박에 한해서 모든 숙박 플랜의 이용 요금을 한 분당 10% 할인이 적용됩니다.
3. 학생(10명 이상)의 인솔로 숙박하시는 교원 분은 사쿠라시 거주 여하를 불문하고 시민 요금으로 숙박하실 수 있습니다.
4. 4명 이상의 숙박에 한해서 C플랜의 석식을 바비큐로 변경하는 것도 가능합니다. 자세한 내용은 전화로 문의해 주십시오.
5. 예약은 숙박 10일 전까지 전화로 받습니다. 예약이 완료되는 대로 별도 필요한 공적 증명서 등을 보내 주십시오. (*2 참조)
6. B·C플랜을 예약한 손님 중에서 음식물 알레르기를 가지고 계신 분은 말씀해 주십시오. 숙박 3일 전까지 전화로 연락 부탁드립니다. 그 이후의 변경은 식재료 준비 사정상 받기 어렵기 때문에 주의해 주십시오.

여러분의 방문을 직원 모두 진심으로 기다리고 있습니다.

예약·문의 : 시민의 숲 숙박 시설 관리 센터
전화 : 00-1111-2345
메일 : info@shimin.mori
http://www.sakurashi.lg.jp/shimin.mori

단어 宿泊(しゅくはく) 숙박 | 施設(しせつ) 시설 | 在住(ざいじゅう) 재주, 거주 | ~付(つ)き ~붙음, 포함 | 適用(てきよう) 적용 | アレルギー 알레르기 | 運転免許証(うんてんめんきょしょう) 운전면허증 | 公的証明書(こうてきしょうめいしょ) 공적 증명서 | 在学(ざいがく) 재학 | ~際(さい)は ~할 때에는, ~할 즈음에는 | 未満(みまん) 미만 | 保護者(ほごしゃ) 보호자 | ~につき ~당 | 引率(いんそつ) 인솔 | 教員(きょういん) 교원, 교사 | ~いかんを問(と)わず ~여하를 불문하고 | 詳細(しょうさい) 상세, 자세한 내용 | 承(うけたまわ)る 삼가 받다(겸양어) | ~次第(しだい) ~하는

대로 | 別途(べっと) 별도 | 参照(さんしょう) 참조 | 申(もう)し付(つ)ける 명령하다, 말씀하다 | お(ご)+ 동사 ます형/명사+願(ねが)う ~부탁드리다(정중어) | ~上(じょう) ~상 | ~かねる ~하기 어렵다, ~할 수 없다 | お越(こ)し 가심, 오심(존경어) | 一同(いちどう) 일동

문제13 오른쪽 페이지는, 연간 세트권 안내이다. 아래의 물음에 대한 답으로서 가장 알맞은 것을, 1・2・3・4에서 하나 고르세요.

(2)

> **3** 회사원인 마루코 씨는 평일 오후 5시까지 회사에서 일을 하는데, 퇴근길에 만담을 보러 가기 위해서 연간 세트권을 구입하기로 했다. 좌석은 싼 것이 제일이지만, 역시 1층석이라는 조건은 타협하고 싶지 않다. 마루코 씨는 어느 연간 세트권을 구입하는가?
>
> 1 ②의 S석 2 ②의 A석
> 3 ③의 A석 **4 ④의 S석**

해설 회사원인 마루코 씨는 1층석을 원하고 있지만 오후 5시 이후부터 공연을 볼 수 있기 때문에 1층과 2층으로 구성된 S석과 6시부터 시작되는 평일 밤 공연 연간 세트권을 사야 되므로 4번이 정답이다.

> **4** 안나 씨는 밤 공연 연간 세트권(S석)을 가지고 있다. 좌석에 구애되지 않고 가능한 한 싸고 주말도 이용할 수 있는 낮 공연으로 새로 사서 바꾸고 싶다. 언제까지 어떻게 새로 사지 않으면 안 되는가?
>
> 1 3월 25일까지 인터넷으로 교환 신청을 한다.
> 2 3월 25일 이후에 티켓 센터에 전화해서 취소하고 당일 극장 창구에서 낮 공연 세트권을 구입한다.
> 3 4월 8일 이후에 티켓 센터에 메일 해서 취소하고 다시 인터넷에서 구입한다.
> **4 4월 15일까지 티켓 센터에 전화하여 취소하고 다시 인터넷에서 구입한다.**

해설 안나 씨가 현재 가지고 있는 밤 공연을 낮 공연으로 바꾸기 위해서는 환불이 가능한 4월 15일 이전까지 티켓 센터로 전화해서 소지하고 있는 밤 공연 세트권을 취소해야 한다. 낮 공연은 인터넷을 통해서 구입 가능하기 때문에 극장 창구에서 구입할 필요가 없으므로 4번이 정답이다.

【사쿠라 극장 연간 세트권 안내】

◆연간 세트권 요금표◆

상연 기간 2025년5월1일~2026년4월30일	S석 (1・2층석)	A석 (3층석)
① 낮 공연* 제1막 13:00-14:15 중간 휴식 시간 제2막 14:45-15:50	48,000엔	36,000엔
② 밤 공연* 제1막 18:00-19:15 중간 휴식 시간 제2막 19:45-21:05	53,000엔	39,000엔
③ 평일 낮 공연* 제1막 13:00-14:15 중간 휴식 시간 제2막 14:45-15:50	43,000엔	29,000엔
④ 평일 밤 공연* 제1막 18:00-19:15 중간 휴식 시간 제2막 19:45-21:05	48,000엔	34,000엔

*낮 공연・밤 공연 모두 도중에 중간 휴식 시간(휴게) 30분을 포함합니다.

【주의】

- 3월 25일부터 인터넷에서 세트권을 구입하실 수 있습니다.
- 신청 개시 직후에는 접속이 집중되어 인터넷이 연결되기 어려워지는 경우가 있습니다. 그럴 때에는 대단히 송구합니다만, 잠깐 시간을 두고 나서 다시 접속을 시도해 주십시오.
- 밤 공연은 공연 당일에 극장 창구에서만 취급하고 있는 좌석도 있습니다. 당일 세트권 구입을 희망하시는 분은 공연 시작 시간까지 극장 창구로 와 주십시오.
- 세트권 교환을 희망하시는 분은 번거로우시겠지만, 가지고 계신 세트권을 취소하신 후, 다시 희망하시는 세트권을 구입해 주십시오.
- 취소할 때에는 4월 8일 이후에 하기 티켓 센터까지 전화로 받습니다. 또한 4월 15일이 지나면 환불하기 어렵기 때문에 주의해 주십시오.
- 메일에서의 취소는 접수하고 있지 않습니다. 메일을 보내주셔도 취소 처리는 행해지지 않기 때문에 주의해 주십시오.

사쿠라 극단 티켓 센터
전화 : 00-1234-5678(10:00-17:00)

단어 落語(らくご) 만담 | 観(み)る 보다 | 購入(こうにゅう) 구입 | ~に越(こ)したことはない ~보다 나은 것은 없다, ~이/가 제일이다 | 妥協(だきょう) 타협 | 夜(よる)の部(ぶ) 밤 공연 | 拘(こだわ)る 구애되다, 집착하다 | 昼(ひる)の部(ぶ) 낮 공연 | 買(か)い換(か)える 새로 사서 바꾸다 | 取(と)り消(け)す 취소하다 | 劇場(げきじょう) 극장 | 改(あらた)めて 다시, 다시 한번, 새삼스럽게 | ~座(ざ) ~극장 | 上演(じょうえん) 상연 | ~幕(まく) ~막 | 仲(なかい)り 중간 휴식 시간 | いずれも 어느 것도, 아무거나, 모두 | 含(ふく)む 포함하다 | 買(か)い求(もと)める 구입하다, 구매하다 | 開始(かいし) 개시 | アクセス 접속 | 繋(つな)がる 이어지다, 연결되다 | ~際(さい)は ~할 때에는, ~할 즈음에는 | 恐(おそ)れ入(い)る 황송해하다, 송구스러워하다, 죄송해하다 | しばらく 잠깐, 한동안 | 再度(さいど) 재차, 다시 | 取(と)り扱(あつか)う 다루다, 취급하다 | 開演(かいえん) 상연, 공연 시작 | お越(こ)しください 와 주세요(존경어) | お手数(てすう)ですが 번거로우시겠지만 | 承(うけたまわ)る 삼가 받다(겸양어) | 払(はら)い戻(もど)し 환불 | ~かねる ~하기 어렵다, ~할 수 없다 | 受(う)け付(つ)ける 받아들이다, 접수하다 | 処理(しょり) 처리

문제13 오른쪽 페이지는, 이벤트 안내이다. 아래의 물음에 대한 답으로서 가장 알맞은 것을, 1・2・3・4에서 하나 고르세요.

3)

5 존 씨는 체험 교실 '화과자 만들기'를 신청하고 싶다고 생각하고 있다. 존 씨가 유의하지 않으면 안 되는 것은 어느 것인가?

1 사전 준비가 필요하기 때문에 20분 전에 집합 장소에 가지 않으면 안 된다.
2 접수는 선착순이기 때문에 가능한 한 빨리 참가비를 지불하지 않으면 안 된다.
3 앞치마와 모자를 당일까지 준비하지 않으면 안 된다.
4 참가가 결정되면 12월 16일까지 참가비를 지불하지 않으면 안 된다.

해설 각 이벤트는 참가가 결정되면 개최일 일주일 전까지 지정된 계좌로 참가비를 입금하지 않으면 안 된다. 존 씨가 화과자 만들기 체험 교실에 참가하려면 12월 23일의 1주일 전인 12월 16일까지 참가비를 입금해야 하므로 4번이 정답이다. 집합 장소에 30분 전까지 가지 않으면 안 된다고 했으므로 1번은 정답이 아니고, 본문에서 언급한 내용이 아니므로 2번도 정답이 아니다. 앞치마와 모자는 개최 측에서 배부한다고 했으므로 3번도 정답이 아니다.

6 해리 씨는 체험 프로그램 '전통 정월 장식 만들기'를 12월 14일에 참가하고 싶다고 생각하고 있다. 서류 제출은 접수 첫날에 할 생각이다. 해리 씨가 참가하기 위해서는 무엇을 하지 않으면 안 되는가?

1 전화로 신청한 후, 11월 23일까지 도착하도록 서류를 우편으로 보내고 당일 2,000엔을 회장에서 지불한다.
2 전화로 신청한 후, 11월 30일까지 도착하도록 서류를 우편으로 보내고 당일 2,800엔을 회장에서 지불한다.
3 메일로 신청한 후, 11월 23일까지 서류를 메일로 송부하고 당일 2,800엔을 회장에서 지불한다.
4 메일로 신청한 후, 당일 회장에서 서류를 제출하고 2,000엔을 지불한다.

해설 해리 씨가 전통 정월 장식 만들기에 참가하기 위해서는 메일 또는 전화로 신청한 후에 서류 접수 첫날인 11월 23일까지 메일 주소 또는 주소로 필요한 서류를 보내야 한다. 또한 이벤트를 1회만 참가하는 경우에는 참가비를 당일 회장에서 지불해야 하며 전통 정월 장식 만들기는 1회 참가일 경우 2,000엔이 필요하므로 1번이 정답이다.

【연내 마지막 이벤트 안내】

A 역사 관광 투어 '무로마치 시대로' (2회)	
◇정원◇	20명
◇집합장소◇	성터 정문 앞
◇일시◇	①12월16일(토) ②12월23일(토) 지역 코스 10:00~11:30
◇참가비◇	총 2회 : 3,500엔 ※1회만 참가 요금 : 2,000엔
◇기타◇	스마트 번역기를 희망하시는 경우, 사전 예약이 필요.

B 체험 교실 '화과자 만들기'	
◇정원◇	15명
◇집합장소◇	관광 인포메이션 센터 2층 조리실
◇일시◇	12월23일(토)14:00~15:30
◇참가비◇	2,500엔 (말차 포함)
◇기타◇	제균 대책 후, 조리실에 이동 (앞치마, 모자를 배부 예정)

C 체험 프로그램 '전통 정월 장식 만들기' (2회)	
◇정원◇	10명
◇집합장소◇	관광 인포메이션 센터 2층 회의실
◇일시◇	①12월14일(목) ②12월21일(목) 10:00~11:30
◇참가비◇	총 2회 : 2,800엔 ※1회만 참가 요금 : 2,000엔

【신청 방법】메일 또는 전화로 신청해 주십시오.

【필요 사항】11월 23일~11월 30일(금)까지 대표자의 주소·성명·전화 번호·메일 주소·희망하는 행사명을 명기한 후, 하기의 메일 주소 혹은 수신처로 보내 주세요. 또한 신청 인원이 정원을 넘은 경우는 추첨이 됩니다.

【지불 방법에 대해서】개최일 일주일 전까지 지정 계좌로 지불해 주십시오. 지정 계좌는 후일 메일로 알려 드립니다. 단, 2회 이벤트를 1회만 참가하는 경우 참가비는 당일 회장에서 지불하실 수 있습니다.

【주의 사항】집합 시간 30분 전까지 집합 장소에 와 주십시오. 집합 시간에 늦으신 분은 참가할 수 없는 경우가 있기 때문에 미리 주의해 주십시오.

• 관광 이벤트 담당 : 관광 자원 부흥 협회
• 메일 : ibentotantou@kankou.jp
• 주소 : 도쿄도 츄오구 히가시니혼바시 5쵸메 31번 11호
• 전화번호 : 000-101-1212

단어 体験(たいけん) 체험 | 和菓子(わがし) 일본식 과자, 화과자 | 留意(りゅうい) 유의 | 先着順(せんちゃくじゅん) 선착순 | エプロン 앞치마 | 帽子(ぼうし) 모자 | 伝統(でんとう) 전통 | 初日(しょにち) 초일, 첫날 | 郵送(ゆうそう) 우송, 우편 | 送付(そうふ) 송부 | 室町(むろまち) 무로마치 (일본의 시대 이름) | 城跡(しろあと) 성지, 성터 | インフォメーション 인포메이션, 정보 | 調理室(ちょうりしつ) 조리실 | 抹茶(まっちゃ) 말차, 녹차를 갈아서 분말로 만든 차 | ~付(つ)き ~포함 | 除菌(じょきん) 제균, 세균을 없앰 | 配布(はいふ) 배부 | 催(もよお)し物(もの) 행사, 이벤트 | 明記(めいき) 명기, 똑똑히 씀 | もしくは 혹은 | 宛先(あてさき) 수신인(의 주소), 수신처 | 抽選(ちゅうせん) 추첨 | 開催(かいさい) 개최 | 口座(こうざ) 계좌 | 後日(ごじつ) 후일 | お越(こ)しください 와 주세요(존경어) | 予(あらかじ)め 미리, 사전에 | 資源(しげん) 자원 | 復興(ふっこう) 부흥 | 協会(きょうかい) 협회

문제13 오른쪽 페이지는, 육아 지원 사업 조성 제도의 안내이다. 아래의 물음에 대한 답으로서 가장 알맞은 것을, 1·2·3·4에서 하나 고르세요.

(4)

7 이 조성 제도에 대한 응모에 관해서 유의하지 않으면 안 되는 것은

1 9월 8일 조성 사업 설명회에 누가 참가할 수 있는지를 미리 확인하고 지원 활동 센터에 연락해 두지 않으면 안 된다.
2 서류 제출을 4월 16일까지 할 수 있도록 설명회에 참가하여 사전 체크를 받지 않으면 안 된다.
3 6월 14일까지 사업 계획서와 수입 지출 계획표의 사전 체크를 받지 않으면 안 된다.
4 6월 30일 오후 5시까지 서류를 제출할 수 있도록 메일을 보내지 않으면 안 된다.

해설 본문에서 서류 사전 체크를 받아야 서류 신청이 가능하다고 했고, 6월 14일까지 미리 사업 계획서와 수입 지출 계획표의 사전 체크를 받아야 하므로 3번이 정답이다.

8 키무라 씨는 육아 서포트 사업의 대표를 맡고 있다. 이번에 국가 지원 단체가 공모하고 있는 조성 제도에 신청하기로 했다. 서류 제출은 접수 첫날에 할 생각인데, 키무라 씨가 그때까지 하지 않으면 안 되는 것은 무엇인가?

1 6월 14일까지 개별 사전 상담회에 참가하여 서류의 사전 체크를 받는다.
2 6월 14일까지 개별 사전 상담회의 예약을 하여 참가하는 날까지 서류를 준비한다.
3 4월 15일까지 개별 사전 상담회의 예약을 넣고 상담회에서 서류의 사전 체크를 받는다.
4 4월 16일까지 서류를 준비하여 그 후에 개별 사전 상담회 예약을 한다.

해설 키무라 씨는 서류 제출을 접수 첫날에 할 생각이라고 했으며 서류를 제출하기 위해서는 개별 사전 상담회에서 서류 사전 체크를 받아야 한다. 그렇기 때문에 서류 제출 첫날인 4월 16일 이전에 개별 사전 상담회에서 서류 사전 체크를 받아야 하므로 3번이 정답이다.

육아 지원 사업 조성 제도

◆'육아 지원 사업 조성 제도' 공모 스케줄◆

개별 사전 상담회＊1	2025년6월14일까지 사전 상담 및 신청 서류 사전 체크를 실시
서류 제출	2025년 4월 16일~6월 30일 17:00 도착 필수(메일) 제출 서류 : ①사업 계획서 ②수입 지출 계획표
프레젠테이션 심사＊1	2025년 7월 상순~8월 하순 평일 9:00~
선고 결과 통지＊1	2025년 9월 2일 신청서에 기입한 담당자 메일 주소 앞으로 통지
조성 사업 설명회＊1	2025년 9월 8일 13:00~ 조성 대상에게 사업 진행 방법에 대한 설명
조성금 지불 개시	교부 신청 서류를 제출한 후, 통상 2~4주 후에 지정 은행 계좌에 입금＊2

＊1 모두 웹 회의 툴로 실시합니다. 회장에 오실 필요는 없습니다만, 개별 사업 설명회에 대해서는 미리 메일로 예약 부탁드립니다. 예약을 받은 즉시 웹 회의 툴 URL을 보내 드리겠습니다.
＊2 신청 서류에 기입하신 은행 계좌로 입금해 드립니다. (변경 불가)

【주의 사항】
1. 서류 사전 체크를 받지 않은 경우, 서류 신청은 하기 어렵습니다.
2. 서류 제출은 메일로만 받습니다. 인터넷 접속 불량 등 어떠한 경우라도 기일을 지난 서류는 신청이 무효가 됩니다.
3. 서류 제출 후, 서류 심사를 실시합니다. 심사에 통과한 사업은 프레젠테이션 심사로 나아갈 수 있습니다. 심사에 통과한 사업 담당자에게만 7월 5일까지 전화로 연락드립니다.
4. 선고 위원회에 의해 조성처를 결정합니다만, 선고 위원회의 판단에 의해 일부 감액된 후에 조성이 결정되는 경우가 있기 때문에 양해해 주십시오.
5. 조성 사업 설명회에는 각각의 사업자로부터 한 분에게 출석해 받습니다. 만일 출석할 수 없는 경우에는 조성이 취소되기 때문에 신청할 때에 미리 일정 조정을 부탁드립니다. 또한 출석자는 본 사업 관계자라면 대표자를 대신하여 참가해도 상관없습니다.

<서류 제출처・문의처>
미래 육아 지원 활동 센터 내
전화번호 : 000-123-4567
메일 : info@kosodate.shien

단어 支援(しえん) 지원 | 助成(じょせい) 조성 | 制度(せいど) 제도 | 留意(りゅうい) 유의 | 予(あらかじ)め 미리, 사전에 | 支出(ししゅつ) 지출 | 務(つと)める (역할을) 맡다 | 公募(こうぼ) 공모 | 実施(じっし) 실시 | 必着(ひっちゃく) 필착, 도착 필수 | プレゼン プレゼンテーション(프레젠테이션의 줄임말), 발표 | 審査(しんさ) 심사 | 選考(せんこう) 선고 | 下旬(げじゅん) 하순 | 通知(つうち) 통지 | ~宛(あて) ~앞 | 対象(たいしょう) 대상 | 開始(かいし) 개시 | 交付(こうふ) 교부 | 通常(つうじょう) 통상, 보통 | 口座(こうざ) 계좌 | いずれも 어느 것도, 아무거나, 모두 | 折(お)り返(かえ)す 되짚어 오다, 답장을 바로 하다 | ~かねる ~하기 어렵다, ~할 수 없다 | 受(う)け付(つ)ける 받아들이다, 접수하다 | 接続(せつぞく) 접속 | 不良(ふりょう) 불량 | いかなる 어떠한 | 期日(きじつ) 기일 | 無効(むこう) 무효 | ~先(さき) ~처(~하는 곳) | 判断(はんだん) 판단 | 減額(げんがく) 감액 | 了承(りょうしょう) 승낙, 양해 | 万(まん)が一(いち) 만에 하나, 만일 | 取(と)り消(け)し 취소 | ~際(さい)(に) ~할 때(에), ~할 즈음(에) | 調整(ちょうせい) 조정 | 構(かま)う 상관하다

문제13 오른쪽 페이지는, 요가 클래스 안내이다. 아래의 물음에 대한 답으로서 가장 알맞은 것을, 1・2・3・4에서 하나 고르세요.

5)

9 다음 네 사람은 올해 6월에 요가 클래스에 참가하고 싶다고 생각하고 있다. 이 가운데 수강할 수 있는 사람은 누구인가?

이름	주소	연령	구내 통근·통학	사용 설명 강습의 수강 유무
윤 씨	미나토구 외	30살	미나토구 내	재작년 4월에 수강 완료
야마시타 씨	미나토구 내	15살	미나토구 내	올해 7월에 수강 완료
조 씨	미나토구 외	23살	미나토구 외	올해 2월에 수강 완료
사토 씨	미나토구 내	58살	미나토구 외	작년 6월에 수강 완료

1 윤 씨
2 야마시타 씨
3 조 씨
4 사토 씨

해설 지역 체육관 요가 클래스는 미나토구에 거주 중이거나 미나토구 내 학교 또는 회사에 다니고 있어야 하며 2년 이내에 사용 강습 설명회에 참여했고 16살 이상인 사람만 가능하므로 4번이 정답이다. 윤 씨는 사용 설명 강습회를 들은 지 2년이 넘었기 때문에 1번은 정답이 아니고, 야마시타 씨는 16살 미만이기 때문에 2번도 정답이 아니다. 조 씨는 미나토구에서 살지 않고 미나토구에서 통근 및 통학도 하지 않고 있으므로 3번도 정답이 아니다.

10 김 씨는 다음 주 '리셋 플로 요가'를 예약했지만 빈자리가 있으면 다음 주 '디톡스 요가'도 추가 예약하고 싶다고 생각하고 있다. 추가 예약을 하기 위해서는 어떻게 하지 않으면 안 되는가?

1 다음 주 일요일 이후에 접수창구에서 빈자리를 확인하고 빈자리가 있으면 전화로 예약한다.
2 다음 주 월요일 이후에 인터넷으로 빈자리를 확인하고 빈자리가 있으면 전화로 예약한다.
3 다음 주 일요일 이후에 인터넷으로 빈자리를 확인하고 빈자리가 있으면 인터넷으로 예약한다.
4 다음 주 월요일 이후에 인터넷으로 빈자리를 확인하고 빈자리가 있으면 인터넷으로 예약한다.

해설 클래스 실시 2일 전에 정원이 차지 않은 클래스에 한해서는 추가 예약이 가능하다. 김 씨가 추가 예약을 하기 위해서는 일단 수요일에 실시되는 '디톡스 요가'클래스의 실시 2일 전인 다음 주 월요일부터 인터넷을 통해서 빈자리 여부를 확인하면 된다. 그리고 빈자리가 있을 경우에는 전화로 예약을 하면 되므로 2번이 정답이다.

【지역 체육관 요가 클래스 안내】

유연성 향상이나 근력 상승, 더욱이는 릴랙스 효과도 기대할 수 있는 요가를

<대상>
- 아래 두 조건에 적합하는 분
- 미나토구 거주, 혹은 미나토구 내에 통근 및 통학하고 있는 16살 이상인 분
- 당 체육관의 사용 설명 강습을 과거 2년 이내에 수강한 분

※사용 설명 강습회 일정은 관내 포스터를 확인해 주십시오. (부정기 개최)

<클래스 리스트>

요일	클래스명	내용
월요일	【초심자】 리프레시 요가	쉬운 포즈를 중심으로 천천히 움직이는 요가. 릴랙스를 하고 싶은 분에게 추천합니다.
수요일	【중급자】 디톡스 요가	하나의 포즈를 길게 유지하여 유연성을 높이는 요가. 신체의 결림을 해소하고 싶은 분에게 추천합니다.
금요일	【상급자】 리셋 플로 요가	근육에 작용하여 혈액 순환 등을 촉진하는 요가. 운동량을 올려 건강을 유지하고 싶은 분에게 추천합니다.

<이용 방법>
- 회원제가 아니기 때문에 그때마다 예약이 필요합니다. (정원 25명, 선착순)
- 예약에는 기본 예약과 추가 예약 두 종류가 있습니다.
1. 수강일 전주부터 희망하시는 클래스 예약을 1클래스 가능합니다.
2. 실시일 2일 전에 정원에 달하지 않은 클래스에 한해서 기본 예약에 더해 추가 예약이 가능해집니다. 또한 추가 예약은 일주일에 1번뿐입니다. (주 최대 2회)

※클래스 빈자리는 홈페이지 내에서 확인 후, 전화로 예약을 받습니다.

<예약 방법>
- 요가 클래스 예약이 처음인 분은 창구까지 와 주십시오.
- 사용 설명 강습을 과거에 수강한 적이 있는 경우에는 접수창구에서 신청해 주십시오. 수강자 카드를 발행하겠습니다.

【문의처】
- 메일 : yogakyousitu@class.jp
- 전화번호 : 000-101-1456

단어 受講(じゅこう) 수강 | 講習(こうしゅう) 강습 | 有無(うむ) 유무 | ~済(ず)み (이미) ~완료, 끝남 | 空(あ)き 빈자리 | 追加(ついか) 추가 | 地域(ちいき) 지역 | 柔軟性(じゅうなんせい) 유연성 | 向上(こうじょう) 향상 | 筋力(きんりょく) 근력 | 更(さら)には 게다가는, 더욱이는 | 対象(たいしょう) 대상 | 当(あ)てはまる 들어맞다, 적합하다 | 在住(ざいじゅう) 재주, 거주 | もしくは 혹은 | 館内(かんない) 관내 | 不定期(ふていき) 부정기 | 開催(かいさい) 개최 | リフレッシュ 리프레시 | デトックス 디톡스, 해독 | 保(たも)つ 지키다, 유지하다 | 凝(こ)り 결림 | 解消(かいしょう) 해소 | リセット 리셋 | フロー 플로, 흐름, 유동 | 筋肉(きんにく) 근육 | 働(はたら)きかける 작용하다 | 血行(けっこう) 혈행, 혈액

순환 | 促(うなが)す 재촉하다, 독촉하다, 촉진하다 | 維持(いじ) 유지 | 都度(つど) 그때마다, 할 때마다 | 先着順(せんちゃくじゅん) 선착순 | 実施日(じっし) 실시 | 達(たっ)する 달하다, 도달하다 | 承(うけたまわ)る 삼가 받다(겸양어) | お越(こ)しください 와 주세요(존경어) | 申(もう)し出(で)る 신청하다, 스스로 말하다 | 発行(はっこう) 발행

문제13 오른쪽 페이지는, 도서관 이용 안내이다. 아래의 물음에 대한 답으로서 가장 알맞은 것을, 1·2·3·4에서 하나 고르세요.

(6)

> **11** 타케다 씨는 발표를 위해 잡지를 빌릴 필요가 있어서 타테야마 대학 도서관에 왔다. 도서관 이용 카드는 가지고 있다. 대출일은 최대 며칠까지인가?
>
> 1 대출은 연장 불가능이며 최대 10일까지 가능하다.
> 2 대출은 일주일 후부터 연장할 수 있고 최대 17일까지 연장 가능하다.
> **3 대출은 반환 기일이 지나면 자동 연장되며 최대 20일까지 연장 가능하다.**
> 4 대출은 최대 2주까지 가능하다.

해설 대출 기한은 대출일로부터 10일까지이지만 대출하고 나서 일주일이 지난 뒤부터 1회에 한하여 대출 기한을 최대 10일간 더 연장할 수 있으며, 대출 기한이 10일 지나면 자동으로 10일이 연장된다고 기재되어 있으므로 3번이 정답이다. 1회에 한해서 연장 가능하다고 했으므로 1번은 정답이 아니고, 최대 10일까지 연장할 수 있다고 했으므로 2번도 정답이 아니다. 대출은 최대 20일까지 가능하다고 했으므로 4번도 정답이 아니다.

> **12** 대출에 관해서 유의하지 않으면 안 되는 것은 무엇인가?
>
> **1 책과 잡지 예약은 5권 이상 가능하더라도 한 번에 5권밖에 빌릴 수 없다.**
> 2 예약 자료는 자동 대출기를 이용해서 받지 않으면 안 된다.
> 3 반납 기일로부터 일주일이 지난 자료는 대출을 2번밖에 연장할 수 없다.
> 4 연장은 도서관 카운터에서밖에 할 수 없다.

해설 예약 가능수의 표 아래에 있는 주의 사항에 예약한 자료가 5冊以上ご用意できた場合でも、1度に借りられる資料は5冊までとなります。(예약한 자료가 5권 이상 준비된 경우라도 한 번에 빌릴 수 있는 자료는 5권까지입니다.)라고 했으므로 1번이 정답이다. 본문에서 언급한 내용이 아니므로 2번은 정답이 아니고, 반납 기일로부터 일주일이 지나면 1회에 한해서 대출 기한을 연장할 수 있다고 했으므로 3번도 정답이 아니다. 연장은 도서관 카운터 이외에도 전화 및 이용자 포털에서도 가능하다고 했으므로 4번도 정답이 아니다.

【타테야마 대학 도서관 이용 안내】

본 대학교 도서관 자료 이용해 대해서 안내드립니다.

① 대출 가능 자료

책·잡지·시청각 자료(CD·DVD)·그림책
※사전, 지역 자료, 신문, 잡지의 최신호는 관내 열람만 됩니다.

② 대출 가능 수

책·잡지(최신호 제외)	5권까지
시청각 자료(CD·DVD)	3점까지
그림책	2권까지

③ 대출 방법

- 빌리고 싶은 책과 당 도서관 이용 카드를 카운터로 가져와 주십시오.
- 사쿠라관과 히마와리관에서는 자동 대출기도 이용하실 수 있습니다.
- 사쿠라관의 자동 대출기 설치 장소에 대해서는 관내 가이드 1층과 3층을 봐 주십시오.

④ 대출 시간 연장

- 대출 기한은 대출일로부터 10일까지입니다.
- 대출일 1주일 후부터는 1회에 한해서 대출 기간을 연장할 수 있습니다.
- 카운터, 전화 이외에도 이용자 포털에서도 연장 가능합니다.
- **연장한 날로부터 10일간 연장이 됩니다. 또한 반납 기일을 지나 있는 경우는 반납 기일로부터 10일간 자동 연장이 됩니다.**
- 또한 다음 자료는 연장할 수 없기 때문에 주의해 주십시오.
  - 예약이 들어간 자료
  - 한 번 연장한 자료

⑤ 예약 가능 수

책·잡지	본 대학에 재학 중인 분	10권까지※1
	본 대학에 재학 중이지 않은 분	2권까지
시청각 자료 (CD·DVD)	재학 유무 불문	5점까지
그림책	재학 유무 불문	3권까지

※1 예약한 자료가 5권 이상 준비된 경우라도 한 번에 빌릴 수 있는 자료는 5권까지입니다.

【문의처】

타테야마 도서관 카운터 (사쿠라관)
000-821-4646

단어 貸出(かしだし) 대출 | 延長(えんちょう) 연장 | 返却(へんきゃく) 반환, 반납 | 期日(きじつ) 기일 | 留意(りゅうい) 유의 | 受(う)け付(つ)ける 받아들이다, 접수하다 | 経(た)つ 지나다, 경과하다 | 視聴覚(しちょうかく) 시청각 | 絵本(えほん) 그림책 | 地域(ちいき) 지역 | 最新号(さいしんごう) 최신호 | 館内(かんない) 관내 | 閲覧(えつらん) 열람 | 除(のぞ)く 제거하다, 빼다, 제외하다 | 設置(せっち) 설치 | ご覧(らん)ください 봐 주십시오(존경어) | ポータル 포털 (사이트) | 在学(ざいがく) 재학 | 有無(うむ) 유무 | ~を問(と)わず ~을/를 불문하고, ~에 상관없이

청해

과제이해 실전 연습 문제 496p

1 ④	2 ②	3 ②	4 ②	5 ②
6 ④	7 ①	8 ②	9 ③	10 ④
11 ③	12 ②	13 ②	14 ②	15 ③

기본 버전 MP3  배속 버전 MP3

문제1 문제1에서는, 먼저 질문을 들어주세요. 그리고 이야기를 듣고, 문제 용지의 1부터 4 중에서, 가장 알맞은 것을 하나 고르세요.

🎧 과제이해_실전연습문제_1번.mp3

旅行会社で、課長と女の社員が日本ツアーの企画について話しています。女の社員はこのあとまず何をしなければなりませんか。

M：田中さん、冬休みの特別企画だけど、この前話した国内ツアーについて具体的なプラン頼んどいたよね？
F：はい、国内の有名な温泉地をめぐる温泉ツアーはいかがでしょうか。
M：温泉かあ、寒い冬にぴったりだね。じゃあ、これから温泉地やその周辺の観光スポットのリストアップが必要かもしれないね。悪いんだけど、頼んでいいかな。
F：はい、分かりました。今話題になっている観光地をいくつか取り調べておきます。
M：それが終わったら、ホテルの候補を挙げて、その宿泊施設に直接連絡を取ったあと空室状況を確認してもらえるかな？あっ、でもまずは他社が提供している類似ツアーの調査が優先だね。その調査結果を踏まえて、具体的な企画を考えてほしい。
F：はい。
M：最終的に選別された候補地については企画担当全員でさらに検討するから、田中さんはその分析をしっかりお願いね。

F：分かりました。頑張ります。

1 女の社員はこのあとまず何をしなければなりませんか。

1 観光スポットを探す
2 宿泊施設の候補を絞る
3 ホテルの人と打ち合わせをする
4 他社の類似ツアーを調べる

해석 여행사에서 과장과 여자 사원이 일본 투어의 기획에 대해서 이야기하고 있습니다. 여자 사원은 이후 먼저 무엇을 하지 않으면 안 됩니까?

M：다나카 씨, 겨울 휴가의 특별기획 말인데, 이전에 이야기한 국내 투어에 대해서 구체적인 플랜 부탁해 뒀지?
F：네, 국내의 유명한 온천지를 돌아다니는 온천 투어는 어떠할까요?
M：온천이라, 추운 겨울에 딱이네. 그럼 이제부터 온천이나 그 주변의 관광 스폿의 리스트업이 필요할지도 모르겠네. 미안한데 부탁해도 될까?
F：네, 알겠습니다. 지금 화제가 되고 있는 관광지를 몇 가지 조사해 두겠습니다.
M：그게 끝나면 호텔 후보를 꼽아서 그 숙박 시설에 직접 연락을 한 후, 공실 상황을 확인해 줄 수 있을까? 아, 하지만 먼저 타사가 제공하고 있는 유사 투어의 조사가 우선이겠네. 그 조사 결과를 토대로 구체적인 기획을 생각해 주었으면 좋겠어.
F：네.
M：최종적으로 선별된 후보지에 대해서는 기획 담당 전원이 더 검토할 테니까 다나카 씨는 그 분석을 확실하게 부탁.
F：알겠습니다. 열심히 하겠습니다.

여자 사원은 이후 먼저 무엇을 하지 않으면 안 됩니까?

1 관광 스폿을 찾는다
2 숙박 시설의 후보를 좁힌다
3 호텔 사람과 사전 미팅을 한다
4 타사의 유사 투어를 조사한다

해설 남자는 여자에게 관광 명소와 호텔 후보를 조사하기 전에 더먼저 타사가 제공하고 있는 類似ツアーの調査が優先だね。その調査結果を踏まえて、具体的な企画を考えてほしい。(하지만 먼저 타사가 제공하고 있는 유사 투어의 조사가 우선이겠네. 그 조사 결과를 토대로 구체적인 기획을 생각해 주었으면 좋겠어.)라고 말했으므로 4번이 정답이다. 관광 스폿의 리스트업이 필요하지만 우선순위가 아니므로 1번은 정답이 아니고, 호텔은 후보를 꼽는다고만 했으므로 2번도 정답이 아니다. 호텔에 직접 연락해서 공실 상황을 확인한다고 했으므로 3번도 정답이 아니다.

단어 ツアー 투어, 관광 여행 | 企画(きかく) 기획 | 具体的(ぐたいてき)だ 구체적이다 | 巡(めぐ)る 돌다, 순회하다, 돌아다니다 | スポ

ット 스폿, 장소 | リストアップ 리스트 업 | 取(と)り調(しら)べる 조사하다 | 候補(こうほ)を挙(あ)げる 후보를 꼽다 | 宿泊施設(しゅくはくしせつ) 숙박시설 | 空室(くうしつ) 공실 | 状況(じょうきょう) 상황 | 他社(たしゃ) 타사, 다른 회사 | 提供(ていきょう) 제공 | 類似(るいじ) 유사 | 優先(ゆうせん) 우선 | 〜を踏(ふ)まえ(て) 〜을/를 토대로, 〜에 입각하여 | 最終的(さいしゅうてき)に 최종적으로 | 選別(せんべつ) 선별 | 検討(けんとう) 검토 | 分析(ぶんせき) 분석 | 絞(しぼ)る (쥐어)짜다, 좁히다 | 打(う)ち合(あ)わせ 사전 미팅

🎧 과제이해_실전연습문제_2번.mp3

大学(だいがく)で女(おんな)の学生(がくせい)と男(おとこ)の学生(がくせい)が話(はな)しています。男(おとこ)の学生(がくせい)は明日(あした)、まず何(なに)をしなければなりませんか。

F：おはよう、佐藤君(さとうくん)。ちょっといい？

M：うん、どうしたの？

F：明日(あした)、サークルのミーティングで、大学祭(だいがくさい)で出店(しゅってん)するお店(みせ)のシフト表(ひょう)を決(き)めないといけないんだ。リーダーの私(わたし)がやらないといけないんだけど、実(じつ)は明日(あした)病院(びょういん)に行(い)くことになっちゃって。代(か)わりに出(で)てもらえない？

M：いいよ。

F：よかった。ありがとう。明日(あした)は当日(とうじつ)のシフトについて話(はな)し合(あ)ってから決(き)まったシフトはミーティングの後(あと)で表(ひょう)にしてほしいんだ。それを見(み)て全体(ぜんたい)のスケジュール表(ひょう)を作(つく)るから。

M：分(わ)かった。ところで、出店申請書(しゅってんしんせいしょ)はシフトの話(はなし)が終(お)わった後(あと)大学(だいがく)に提出(ていしゅつ)した方(ほう)がいいよね？

F：うん。必(かなら)ず明日中(あしたじゅう)に出(だ)してほしい。お願(ねが)いね。

M：任(まか)せといて。

2 男(おとこ)の学生(がくせい)は明日(あした)、まず何(なに)をしなければなりませんか。

1 シフトの一覧表(いちらんひょう)を作成(さくせい)する
2 ミーティングの進行(しんこう)をする
3 スケジュール表(ひょう)を作成(さくせい)する
4 大学(だいがく)に店(みせ)を出(だ)す申(もう)し込(こ)みをする

해석 대학에서 여자 학생과 남자 학생이 이야기하고 있습니다. 남자 학생은 내일 먼저 무엇을 하지 않으면 안 됩니까?

F：안녕, 사토 군. 잠깐 괜찮아?

M：응, 무슨 일이야?

F：내일 동아리 미팅에서 대학교 축제에서 출점할 가게의 시프트 표를 정하지 않으면 안 되거든. 리더인 내가 하지 않으면 안 되지만, 사실은 내일 병원에 가게 되어 버려서. 대신 나가줄 수 없을까?

M：좋아.

F：다행이다. 고마워. 내일은 당일 시프트에 대해서 의논하고 나서 정해진 시프트는 미팅 후에 표로 해줬으면 해. 그걸 보고 전체 스케줄표를 만들 거니까.

M：알았어. 그런데 출점 신청서는 시프트 이야기가 끝난 뒤에 대학교에 제출하는 편이 좋겠지?

F：응. 반드시 내일 중으로 내줬으면 좋겠어. 부탁해.

M：맡겨둬.

남자 학생은 내일 먼저 무엇을 하지 않으면 안 됩니까?

1 시프트의 일람표를 작성한다
2 미팅 진행을 한다
3 스케줄표를 작성한다
4 대학에 가게를 낼 신청을 한다

해설 여자가 내일 동아리 미팅에서 대학제에서 출점할 가게의 시프트 표를 정하지 않으면 안 된다고 말하며 리더의 내가 하지 않으면 안 되는데, 실은 내일 병원에 가게 되어 버려서. 代わりに出てもらえない？(리더인 내가 하지 않으면 안 되지만, 실은 내일 병원에 가게 되어 버려서. 대신 나가줄 수 없을까?)라며 남자에게 미팅의 진행을 부탁했다. 이 부탁에 대해서 남자는 좋다고 했으므로 2번이 정답이다. 시프트 표를 미팅 후에 작성해 달라고 했으므로 1번은 정답이 아니고, 스케줄표는 시프트 표를 참고해서 여자가 작성할 거라고 했으므로 3번도 정답이 아니다. 출점 신청서는 미팅이 끝난 후에 대학 측에 제출해 달라고 했으므로 4번도 정답이 아니다.

단어 大学祭(だいがくさい) 대학교 축제 | 出店(しゅってん) 출점, 가게를 내는 것 | シフト表(ひょう) 시프트 표(스케줄 표) | 一覧表(いちらんひょう) 일람표 | 申(もう)し込(こ)み 신청

🎧 과제이해_실전연습문제_3번.mp3

市役所(しやくしょ)で男(おとこ)の人(ひと)と女(おんな)の人(ひと)が話(はな)しています。女(おんな)の人(ひと)はこのあとまず何(なに)をしなければなりませんか。

M：岡野(おかの)さん、来週(らいしゅう)のクリスマス会(かい)に招待(しょうたい)した出演者(しゅつえんしゃ)4人(にん)のうち一人(ひとり)が病気(びょうき)で入院(にゅういん)されたそうで、辞退(じたい)したいって連絡(れんらく)が来(き)たんだ。

F：そうなんですか。じゃあ、クリスマス会(かい)どうしましょう。もし中止(ちゅうし)にするなら申(もう)し込(こ)まれた方(かた)にすぐ連絡(れんらく)しないといけませんね。

M：中止(ちゅうし)にはできないから、至急(しきゅう)、他(ほか)の3人(にん)の出演者(しゅつえんしゃ)の方(かた)に連絡(れんらく)してクリスマス会(かい)の出演(しゅつえん)の時間(じかん)をそれぞれ延長(えんちょう)できるかどうか聞(き)いてもらえないかな。

F：はい、さっそく調整(ちょうせい)してみます。万(まん)が一(いち)に備(そな)えて他(ほか)の出演者(しゅつえんしゃ)を探(さが)しましょうか。

M：本当(ほんとう)は代(か)わりの人(ひと)を探(さが)してほしいけど、そんな余裕(よゆう)ないと思(おも)うなあ。計画通(けいかくどお)りにクリスマス会(かい)をしよう。

110

F : そうですね。今回のクリスマス会は、予算も日程もきついですもんね。
M : とりあえず、さっきお願いした件だけ至急お願いするよ。
F : はい、分かりました。

3 女の人はこのあとまず何をしなければなりませんか。

1 クリスマス会の中止を参加者に伝える
2 出演者に出演時間の延長を依頼する
3 代わりの出演者を探す
4 クリスマス会の計画を立て直す

해석 시청에서 남자와 여자가 이야기하고 있습니다. 여자는 이후 먼저 무엇을 하지 않으면 안 됩니까?

M : 오카노 씨, 다음 주 크리스마스 모임에 초대한 출연자 4명 중 한 명이 병으로 입원하셨다고 해서 사퇴하고 싶다고 연락이 왔어.
F : 그런가요? 그럼 크리스마스 모임 어떻게 하죠? 만약 중지할 거라면 신청하신 분께 바로 연락하지 않으면 안 되겠네요.
M : 중지할 수는 없으니까 시급히 다른 3명의 출연자분에게 연락해서 크리스마스 모임의 출연 시간을 각각 연장할 수 있을지 어떨지 물어봐 줄 수 없을까?
F : 네, 바로 조정해 보겠습니다. 만에 하나를 대비해서 다른 출연자를 찾을까요?
M : 사실은 대신할 사람을 찾아주었으면 하지만, 그럴 여유 없다고 생각해. 계획대로 크리스마스 모임을 하자.
F : 그렇네요. 이번 크리스마스 모임은 예산도 일정도 빡빡하니까요.
M : 우선 아까 부탁한 건만 시급히 부탁할게.
F : 네, 알겠습니다.

여자는 이후 먼저 무엇을 하지 않으면 안 됩니까?

1 강연회의 중지를 참가자에게 전한다
2 출연자에게 출연 시간의 연장을 의뢰한다
3 대신할 출연자를 찾는다
4 크리스마스 모임의 계획을 다시 세운다

해설 남자는 中止にはできないから、至急、他の3人の出演者の方に連絡してクリスマス会の出演の時間をそれぞれ延長できるかどうか聞いてもらえないかな。(중지할 수는 없으니까 시급히 다른 3명의 출연자분에게 연락해서 크리스마스 모임의 출연 시간을 각각 연장할 수 있을지 어떨지 물어봐 줄 수 없을까?)라고 말했고, 이에 대해서 여자는 바로 조정해 보겠다고 했으므로 2번이 정답이다. 남자가 모임을 중지할 수는 없다고 했으므로 1번은 정답이 아니고, 대신할 출연자를 찾을 여유가 없다고 했으므로 3번도 정답이 아니다. 크리스마스 모임은 계획대로 진행할 거라고 했으므로 4번도 정답이 아니다.

단어 出演者(しゅつえんしゃ) 출연자 | 辞退(じたい) 사퇴 | 申(もう)し込(こ)む 신청하다 | 至急(しきゅう) 지급, 매우 급함 | 延長(えんちょう) 연장 | 万(まん)が一(いち) 만에 하나, 만일 | 備(そな)える 대비하다 | 余裕(よゆう) 여유 | 依頼(いらい) 의뢰 | 立(た)

て直(なお)す 다시 세우다

🎧 과제이해_실전연습문제_4번.mp3

料理教室のイベントで司会者が説明しています。参加者はこのあとまず何をしますか。

F : 皆さん、料理教室にご参加いただきありがとうございます。今日はイタリア料理をテーマにしたクッキングクラスを開催します。まず講師の先生にイタリア料理の歴史についてお話をしていただく予定でしたが、時間の都合上省略します。はじめに、先生に原材料の説明をしてもらってから、パスタの基本的な作り方を実演していただきます。実演が終わったら、参加者の皆さんに試作品を作っていただきます。材料に火を通す際は注意を払ってください。

4 参加者はこのあとまず何をしますか。

1 イタリア料理の歴史を学ぶ
2 原材料の説明を聞く
3 基本的なパスタの作り方を見る
4 パスタを調理する

해석 요리 교실 이벤트에서 사회자가 설명하고 있습니다. 참가자들은 이후 먼저 무엇을 합니까?

F : 여러분, 요리 교실에 참가해 주셔서 감사합니다. 오늘은 이탈리아 요리를 테마로 한 쿠킹 클래스를 개최합니다. 먼저 강사 선생님에게 이탈리아 요리의 역사에 대해서 이야기를 들을 예정이었지만, 시간 사정상 생략하겠습니다. 처음에 선생님에게 원재료의 설명을 듣고 나서 파스타의 기본적인 만드는 법을 실연해 받겠습니다. 실연이 끝나면 참가자 여러분에게 시제품을 만들어 받겠습니다. 재료에 열을 가할 때는 주의를 기울여 주세요.

참가자는 이후 먼저 무엇을 합니까?

1 이탈리아 요리의 역사를 배운다
2 원재료의 설명을 듣는다
3 기본적인 파스타의 만드는 법을 본다
4 파스타를 조리한다

해설 강사가 はじめに、先生に原材料の説明をしてもらってから、パスタの基本的な作り方を実演していただきます。(처음에 선생님에게 원재료의 설명을 듣고 나서 파스타의 기본적인 만드는 법을 실연해 받겠습니다.)라고 말했으므로 2번이 정답이다. 이탈리아 요리의 역사에 대한 설명은 시간 사정상 생략한다고 했으므로 1번은 정답이 아니고, 원재료에 대한 설명을 듣고 난 후에 기본적인 파스타의 만드는 법을 보여준다고 했으므로 3번도 정답이 아니다. 참가자들한테 파스타를 직접 만들어 받는다고 한 것은 가장 마지막이었으므로 4번도 정답이 아니다.

단어 司会者(しかいしゃ) 사회자 | クッキング 쿠킹 | 開催(かいさい) 개최 | 講師(こうし) 강사 | ～上(じょう) ~상 | 省略(しょうりゃく) 생략 | 原材料(げんざいりょう) 원재료 | 実演(じつえん) 실연, 시범 | 試作品(しさくひん) 시작품, 시제품 | 火(ひ)を通(とお)す 열을 가하다 | 調理(ちょうり) 조리

🎧 과제이해_실전연습문제_5번.mp3

大学の研究室で男の人と女の人が話しています。女の人はこのあとまず何をしなければなりませんか。

M：今週から食事と睡眠に関する研究プロジェクトが始まるよね。
F：はい、参加者の募集は先週終わって、応募者の中から6人ぐらいに絞りました。
M：じゃ、次は参加者の記録を取り始めなければいけないね。
F：そうですね。しかし、記録を取る前に参加者と面談が必要ですね。面談では、食事の摂取量と睡眠時間について詳しく質問していこうと思います。
M：あと、生活習慣についても聞いたほうがいいと思うよ。そしてデータの入力方法も説明しないといけないね。あ、でもその説明は私がするから、聞きたいことだけ準備しといて。
F：はい、分かりました。それに加えて、参加者が感じていることや思っていることについても聞ければいいですね。
M：うん。途中、ミーティングを開いてプロジェクトの進捗具合をみよう。
F：はい。睡眠と食事の摂取量の関係はどんな研究結果が出るか気になります。

5 女の人はこのあとまず何をしなければなりませんか。
1 参加者を募集する
2 面談の質問をまとめる
3 データの入力方法を教える
4 ミーティングの準備をする

해석 대학 연구실에서 남자와 여자가 이야기하고 있습니다. 여자는 이후 먼저 무엇을 하지 않으면 안 됩니까?

M：이번 주부터 식사와 수면에 관한 연구 프로젝트가 시작되지?
F：네, 참가자의 모집은 지난주 끝났고 응모자 중에서 6명 정도로 좁혔습니다.
M：그럼 다음은 참가자의 기록을 적기 시작하지 않으면 안 되겠네.
F：그렇네요. 하지만 기록을 적기 전에 참가자와 면담이 필요하겠네요. 면담에서는 식사의 섭취량과 수면 시간에 대해서 자세히 질문해 가려고 생각합니다.
M：또 생활 습관에 대해서도 물어보는 편이 좋다고 생각해. 그리고 데이터 입력 방법도 설명하지 않으면 안 되겠네. 아, 하지만 그 설명은 내가 할 테니까 묻고 싶은 것만 준비해 둬.
F：네, 알겠습니다. 거기에 더해서 참가자가 느끼고 있는 것이나 생각하고 있는 것에 대해서도 들을 수 있으면 좋겠네요.
M：응. 도중에 미팅을 열어서 프로젝트 진척 상태를 보자.
F：네. 수면과 식사 섭취량의 관계는 어떤 연구 결과가 나올지 궁금하네요.

여자는 이후 먼저 무엇을 하지 않으면 안 됩니까?
1 참가자를 모집한다
2 면담의 질문을 정리한다
3 데이터 입력 방법을 가르쳐 준다
4 미팅 준비를 한다

해설 여자가 しかし、記録を取る前に参加者と面談が必要ですね。(하지만 기록을 적기 전에 참가자와 면담이 필요하겠네요.)라고 말한 것에 대해 남자가 입력 방법도 알려주라고 하지만 でもその説明は私がするから、聞きたいことだけ準備しといて。(하지만 그 설명은 내가 할 테니까 묻고 싶은 것만 준비해 둬.)라고 말했기 때문에 여자가 대화 이후 가장 먼저 해야 할 일은 면담에서 할 질문을 준비하는 것이라는 것을 알 수 있으므로 2번이 정답이다. 참가자 모집은 지난주에 끝났다고 했으므로 1번은 정답이 아니고, 데이터 입력 방법에 대한 설명은 남자가 진행한다고 했으므로 3번도 정답이 아니다. 참가자에게 기록 입력 방법을 설명한 후에 미팅을 열어서 프로젝트 진척 상태를 본다고 했으므로 4번도 정답이 아니다.

단어 睡眠(すいみん) 수면 | プロジェクト 프로젝트 | 募集(ぼしゅう) 모집 | 応募者(おうぼしゃ) 응모자 | 絞(しぼ)る (쥐어)짜다, 좁히다 | 面談(めんだん) 면담 | 摂取量(せっしゅりょう) 섭취량 | ～に加(くわ)えて ~에 더해서 | 進捗(しんちょく) 진척

🎧 과제이해_실전연습문제_6번.mp3

大学のダンスクラブで部長と男の学生が話しています。男の学生はこれからまず何をしますか。

F：伊藤さん、ごめんね。急に呼び出しちゃって。
M：おはようございます。何か問題でもありますか。
F：それが、今度のダンスクラブのイベントの費用が足りないみたい。予定より規模が大きくなっちゃって、資金調達を考えないといけないの。大学からの補助金はこれ以上出ないそうよ。
M：大学からの補助金以外に、他にどんな資金調達の方法があるか探さないといけませんね。新しいスポンサーを探すのも手だと思います。地元の企業にアプローチしてみ

るのはどうでしょう。

F：確かに、スポンサーの支援があれば大きな助けになるね。他は寄付を募るキャンペーンも考えてみようか。あと入場料も有料にするしかないね。

M：入場料は無料の方がいいと思います。有料にしたら見に来てくれる人が減ると思います。その代わり、ウェブキャンペーンを実施して寄付を広く呼びかけたら資金調達できると思います。SNSを活用して多くの人に知らせて寄付をしてもらいましょう。

F：そうね。スポンサー探しと、ウェブキャンペーンをする前に、他の大学はどのように資金調達をしているか参考事例をまとめてくれる？

M：分かりました。調べて次のミーティングで結果を報告します。

F：うん。私は、どんな企業がスポンサーになってくれるか調べておくよ。

6 男の学生はこれからまず何をしますか。

1 大学に補助金を申請する
2 スポンサー企業を探す
3 ウェブキャンペーンで寄付を行う
4 他の大学の資金調達の仕方を調べる

해석 대학 댄스 클럽에서 부장님과 남자 학생이 이야기하고 있습니다. 남자 학생은 이제부터 먼저 무엇을 합니까?

F：이토 씨, 미안해. 갑자기 불러내 버려서.
M：안녕하세요. 뭔가 문제라도 있나요?
F：그게, 이번 댄스 클럽의 이벤트 비용이 부족한 것 같아. 예정보다 규모가 커져 버려서 자금 조달을 생각하지 않으면 안 돼. 대학으로부터의 보조금은 이 이상 안 나온다고 해.
M：대학으로부터의 보조금 이외에 다른 어떤 자금 조달의 방법이 있는지 찾지 않으면 안 되겠네요. 새로운 스폰서를 찾는 것도 방법이라고 생각해요. 지역 기업에 접근해 보는 것은 어떨까요?
F：확실히 스폰서의 지원이 있으면 큰 도움이 되겠네. 다른 건 기부를 모금하는 캠페인도 생각해 볼까? 그리고 입장료도 유료로 하는 수밖에 없겠네.
M：입장료는 무료인 편이 좋다고 생각해요. 유료로 하면 보러 와주는 사람이 줄어들 거라고 생각해요. 그 대신 웹 캠페인을 실시해서 기부를 널리 호소한다면 자금 조달할 수 있을 거라고 생각해요. SNS를 활용해서 많은 사람에게 알려서 기부를 해 받도록 하죠.
F：그렇네. 스폰서 찾기와 웹 캠페인을 하기 전에 다른 대학은 어떻게 자금조달을 하고 있는지 참고 사례를 정리해 줄래?
M：알겠습니다. 조사해서 다음 미팅에서 결과를 보고할게요.
F：응, 나는 어떤 기업이 스폰서가 되어줄지 조사해 둘게.

남자 학생은 이제부터 먼저 무엇을 합니까?

1 대학에 보조금을 신청한다
2 스폰서 기업을 찾는다
3 웹 캠페인으로 기부를 실시한다
4 다른 대학의 자금조달 방법을 조사한다

해설 여자는 他の大学はどのように資金調達をしているか参考事例をまとめてくれる？(다른 대학은 어떻게 자금조달을 하고 있는지 참고 사례를 정리해 줄래?)라고 말했고 이에 대해 남자는 알겠다고 대답했으므로 4번이 정답이다. 대학교에서 더 이상 보조금이 나오지 않는다고 했으므로 1번은 정답이 아니고, 다른 대학교의 자금조달 상황을 조사한 후에 스폰서와 웹 캠페인을 진행한다고 했으므로 2, 3번은 정답이 아니다.

단어 規模(きぼ) 규모 | 資金(しきん) 자금 | 調達(ちょうたつ) 조달 | 補助金(ほじょきん) 보조금 | スポンサー 스폰서 | 手(て) 손, 방법 | 地元(じもと) 생활 근거지, 고장, 동네, 자기가 살고 있는 지역 | アプローチ 어프로치, 접근(방법) | 支援(しえん) 지원 | 寄付(きふ)を募(つの)る 기부를 모금하다 | キャンペーン 캠페인 | 実施(じっし) 실시 | 呼(よ)びかける 호소하다 | 参考(さんこう) 참고 | 事例(じれい) 사례

🎧 과제이해_실전연습문제_7번.mp3

レストランで店長が新しいバイトの男の人に指導をしています。男の人はお客様が来た後、まず何をしなければなりませんか。

F：山田さん、今日はレジの操作方法と仕事の流れについて教えるね。
M：はい、今日もしっかり覚えますので、よろしくお願いします。
F：あっ、説明の前に大事なことがあるの。それはお客様が来店したら大きな声で感じよく挨拶することね。
M：はい、分かりました。
F：その後は席まで案内すること。そしてお客様にメニューを渡して、注文をしたら、それを聞いてそのままレジを打つの。お客様が注文をし終えた直後にはオーダーが合ってるかもう一度読み上げて確認するのも忘れないでね。
M：二度確認するんですね。ところで、レジの打ち方はどうすればいいでしょうか。
F：レジは、お客様がオーダーした料理またはドリンクの番号を押すだけだよ。注文した料理が出来上がったら、お客様のテーブルに運んでほしい。片付けと皿洗いはまた別の日に教えるからまずはここまで覚えよう。
M：はい、分かりました。一度やってみて、もしわからない部分があったらお聞きします。

7 男の人はお客様が来た後、まず何をしなければなりませんか。

1 **お客様に挨拶する**
2 お客様を席まで案内する
3 メニューを渡す
4 オーダーを声に出して読む

해석 레스토랑에서 점장님이 새로운 아르바이트 남자에게 지도를 하고 있습니다. 남자는 손님이 온 후, 먼저 무엇을 하지 않으면 안 됩니까?

F : 야마다 씨, 오늘은 계산대의 조작 방법과 일의 흐름에 대해서 가르쳐 줄게.
M : 네, 오늘도 확실하게 외울 테니 잘 부탁드립니다.
F : 아, 설명하기 전에 중요한 게 있어. 그건 손님이 내점하면 큰 목소리로 느낌 좋게 인사하는 거야.
M : 네, 알겠습니다.
F : 그 후에는 자리까지 안내할 것. 그리고 손님에게 메뉴를 건네고 주문을 하면 그것을 듣고 그대로 계산대에 주문을 반영하는 거야. 손님이 주문을 끝낸 직후에는 오더가 맞는지 다시 한번 소리를 내어 읽고 확인하는 것도 잊지 마.
M : 두 번 확인하는군요. 그런데 계산대에 주문을 반영하는 법은 어떻게 하면 좋을까요?
F : 계산대는 손님이 오더한 요리 또는 드링크 번호를 누르는 것뿐이야. 주문한 요리가 완성되면 손님 테이블로 옮겨 주었으면 해. 정리와 설거지는 또 다른 날에 가르쳐 줄 테니까 우선은 여기까지 기억하자.
M : 네, 알겠습니다. 한 번 해 보고 혹시 모르는 부분이 있으면 여쭤 보겠습니다.

남자는 손님이 온 후, 먼저 무엇을 하지 않으면 안 됩니까?

1 손님에게 인사한다
2 손님을 자리까지 안내한다
3 메뉴를 건넨다
4 주문을 소리 내어 읽는다

해설 여자가 あっ、説明の前に大事なことがあるの。それはお客様が来店したら大きな声で感じよく挨拶することね。(앗, 설명하기 전에 중요한 일이 있어. 그건 손님이 내점하면 큰 목소리로 느낌 좋게 인사하는 거야.)라고 말했고 남자가 이에 대해 알겠다고 했으므로 1번이 정답이다. 인사를 하고 나서 자리까지 안내한다고 했으므로 2번은 정답이 아니고, 손님이 자리에 앉고 나서 메뉴를 건넨다고 했으므로 3번도 정답이 아니다. 손님이 주문을 끝낸 직후에 주문을 다시 한번 확인한다고 했으므로 4번도 정답이 아니다.

단어 操作(そうさ) 조작 | 来店(らいてん) 내점 | オーダー 오더, 주문 | 読(よ)み上(あ)げる 소리를 내어 읽다 | 皿洗(さらあら)い 설거지

研究室でリーダーが研究員に開発中の洗剤について話しています。研究員は洗剤をどのように改良しますか。

M : 皆さん、この粉末洗剤の試作品について実施した社内調査の結果を報告します。1年前は、洗浄力が気になるという意見が多かったですが、今回は香りが強すぎるという声が上がっています。なので、洗浄力を維持したまま、香りをもう少し弱めにすることでよりバランスの取れた製品になると思います。また、洗濯後、洗濯物が柔らかく仕上がるようにしてくれる成分についても良い評価が得られました。最後に、粉をもっと細かくしてより水に溶けやすくした点についても高く評価されました。今回の調査結果の報告は以上ですが、とりあえず先ほどの改善点の解決が早急ですね。チームのみんなで協力して、製品を改良していきましょう。

8 研究員は洗剤をどのように改良しますか。

1 汚れを落とす成分を向上させる
2 香りを抑える
3 柔らかく仕上がる成分を増やす
4 水に溶けやすくする

해석 연구실에서 리더가 연구원에게 개발 중인 세제에 대해서 이야기하고 있습니다. 연구원은 세제를 어떻게 개량합니까?

M : 여러분, 이 분말 세제의 시제품에 대해서 실시한 사내 조사 결과를 보고하겠습니다. 1년 전은 세정력이 신경이 쓰인다는 의견이 많았습니다만, 이번에는 향기가 너무 강하다는 목소리가 높아지고 있습니다. 때문에 세정력을 유지한 채 향기를 조금 더 약하게 하는 것으로 보다 밸런스가 잡힌 제품이 될 거라고 생각합니다. 또, 세탁 후 세탁물이 부드럽게 마무리되도록 해 주는 성분에 대해서도 좋은 평가를 얻을 수 있었습니다. 마지막으로 가루를 더 곱게 해서 보다 물에 녹기 쉽게 한 점에 대해서도 높게 평가되었습니다. 이번 조사 결과의 보고는 이상입니다만, 우선 조금 전의 개선점 해결이 시급하겠네요. 팀 모두 협력하여 제품을 개량해 갑시다.

연구원은 세제를 어떻게 개량합니까?

1 오염을 제거하는 성분을 향상시킨다.
2 향기를 억제한다.
3 부드럽게 마무리되는 성분을 늘린다.
4 물에 녹기 쉽게 한다.

해설 연구원은 1年前は、洗浄力が気になるという意見が多かったですが、今回は香りが強すぎるという声が上がっています。

(1년 전은 세정력이 신경이 쓰인다는 의견이 많았습니다만, 이번에는 향기가 너무 강하다는 목소리가 높아지고 있습니다.)라고 말하며 세정력은 유지하면서 향을 조금 약하게 하면 보다 밸런스가 잡힌 제품이 될 거라고 말했다. 따라서 2번이 정답이다. 세정력은 이대로 유지한다고 했으므로 1번은 정답이 아니고, 부드럽게 마무리되는 성분이 좋은 평가를 받았다고 했으므로 3번도 정답이 아니다. 물에 녹기 쉽게 한 점은 높은 평가를 받았다고 했으므로 4번도 정답이 아니다.

단어 洗剤(せんざい) 세제 | 改良(かいりょう) 개량 | 粉末(ふんまつ) 분말 | 試作品(しさくひん) 시작품, 시제품 | 実施(じっし) 실시 | 報告(ほうこく) 보고 | 洗浄(せんじょう) 세정 | 維持(いじ) 유지 | バランス 밸런스, 균형 | 製品(せいひん) 제품 | 仕上(しあ)がる 마무리되다, 완성되다 | 評価(ひょうか) 평가 | 溶(と)ける 녹다 | 改善点(かいぜんてん) 개선점 | 早急(そうきゅう・さっきゅう)だ 조급하다, 시급하다 | 協力(きょうりょく) 협력 | 汚(よご)れを落(お)とす 오염을 제거하다 | 成分(せいぶん) 성분 | 向上(こうじょう) 향상 | 抑(おさ)える 억누르다 | 増(ふ)やす 늘리다

🎧 과제이해_실전연습문제_9번.mp3

本屋で店長と女の店員が話しています。女の店員はこのあと何をしますか。

M：山田さん、最近仕事を頑張ってるね。本の売れ行きが良くなってきてるよ。

F：ありがとうございます。それは良かったです。

M：引き続き、この調子でお願いね。ところで、今日の業務はどうなってるの？

F：まずは売れ行きのチェックをするつもりだったんですが、店長に確認していただいたのあとは新刊の陳列を整える作業が残ってます。

M：そうか。今週の話題作のリサーチを先にお願いしたいんだけど。今から在庫を確認して必要な本を注文するから。

F：はい。分かりました。あっ、そういえば新刊の紹介文の作成がまだ終わってなくて、もう少し時間をいただけますか。

M：確かに新刊の発売日が来週だったね。**リサーチは私が発注しながらできるから、山田さんは発売の準備を進めてくれる？**

F：分かりました。この前と同じように書けばいいでしょうか。

M：うーん、内容の特徴を伝える注目ポイントを入れるのはどうかな。読者の興味を引いて売れ行きに繋がると思うよ。

F：分かりました。

M：修正したら、新作は新刊コーナーに整理して紹介文を貼っておいてね。

9 女の店員はこのあと何をしますか。
1 売れ行きを確認する
2 新刊の陳列を整理する
3 新刊の紹介文を完成する
4 話題作をチェックする

해석 서점에서 점장과 여자 점원이 이야기하고 있습니다. 여자 점원은 이후 무엇을 합니까?

M：야마다 씨, 요즘 일을 열심히 하고 있네. 책의 팔림새가 좋아지고 있어.

F：감사합니다. 그건 다행이네요.

M：계속해서 이 상태로 부탁해. 그런데 오늘 업무는 어떻게 되고 있어?

F：우선은 팔림새의 체크를 할 생각이었습니다만, 점장님이 확인해 주셨기 때문에 나머지는 신간의 진열을 정돈하는 작업이 남아 있습니다.

M：그렇구나. 이번주 화제작의 리서치를 먼저 부탁하고 싶은데. 지금부터 재고를 확인해서 필요한 책을 주문할 거라서.

F：네. 알겠습니다. 아, 그러고 보니 신간의 소개문 작성이 아직 끝나지 않아서 조금 더 시간을 받을 수 있을까요?

M：확실히 신간의 발매일은 다음 주였지? **리서치는 내가 발주하면서 할 수 있으니까 야마다 씨는 발매 준비를 진행해 줄래?**

F：알겠습니다. 이전과 똑같이 쓰면 될까요?

M：음, 내용의 특징을 전달하는 주목 포인트를 넣는 것은 어떨까? 독자의 흥미를 끌어서 팔림새로 이어질 거라고 생각해.

F：알겠습니다.

M：수정하면 신작은 신간 코너에 정리하고 소개문을 붙여둬.

여자 점원은 이후 무엇을 합니까?

1 팔림새를 확인한다.
2 신간의 진열을 정리한다.
3 신간 소개문을 완성한다.
4 화제작을 체크한다.

해설 남자가 리서치는 내가 발주하면서 할 수 있으니까, 야마다 씨는 발매의 준비를 진행해 주겠느냐?(リサーチは私が発注しながらできるので、やまだ씨는 발매 준비를 진행해 줄래?)라고 했고 여자는 발매 준비에 필요한 신간 소개문을 작성한다고 말했으므로 3번이 정답이다. 팔림새를 점장이 체크해 주었기 때문에 1번은 정답이 아니고, 처음에는 신간 진열을 하려고 했으나 다른 업무를 먼저 지시받았으므로 2번도 정답이 아니다. 화제작 리서치는 점장이 발주하면서 한다고 했으므로 4번도 정답이 아니다.

단어 売(う)れ行(ゆ)き 팔리는 상태, 팔림새 | 引(ひ)き続(つづ)き 계속해서, 잇달아 | 業務(ぎょうむ) 업무 | 新刊(しんかん) 신간 | 陳列(ちんれつ) 진열 | 整(ととの)える 조정하다, 정돈하다 | 話題作(わだいさく) 화제작 | リサーチ 리서치, 조사 | 在庫(ざいこ) 재고 | 発注(はっちゅう) 발주 | 特徴(とくちょう) 특징 | 読者(ど

くしゃ) 독자 | 繫(つな)がる 이어지다, 연결되다 | 修正(しゅうせい) 수정 | 新作(しんさく) 신작 | コーナー 코너

🎧 과제이해_실전연습문제_10번.mp3

市役所で女の職員と男の職員が市の広報誌について話しています。女の職員は来月号の表紙をどのように修正しますか。

F：来月号の広報誌の表紙について、目を通してくれた？
M：うん、見たよ。表紙の野生の鳥の写真は良いけど、フレーズがいまいちかな。もう少し工夫が必要かもしれないね。
F：具体的にどのように修正すればいいと思う？
M：例えば、鳥の魅力をアピールできるような文を入れてはどうだろう。あと、デザイン的には文字の色を変えて、フレーズをもっと目を引くものに変更するんだ。
F：表紙の文字の色は何がいいかな。
M：そうだね。もう少し爽やかな組み合わせのほうがいいと思うけど、先にフォントを選択してそれに合わせたほうがいいよ。
F：今の文字のデザインはおしゃれだけど個性的だから、今回の広報誌のコンセプトには向いてないかもね。
M：シンプルできれいなほうがフレーズを目立たせると思うよ。色はその後決めてもいいんじゃない？
F：分かった。修正してみる。

10 女の職員は来月号の表紙をどのように修正しますか。
1 のせる写真を変更する
2 読者の興味を引く文に変える
3 表紙の文字の色を直す
4 表紙の文句の書体を変更する

해석　시청에서 여자 직원과 남자 직원이 시의 홍보지에 대해서 이야기하고 있습니다. 여자 직원은 다음 달 호 표지를 어떻게 수정합니까?
F : 다음 달 호의 홍보지 표지에 대해서 훑어봐 줬어?
M : 응, 봤어. 표지의 야생 새 사진은 좋은데, 문구가 뭔가 좀 모자라. 조금 더 궁리가 필요할지도 모르겠어.
F : 구체적으로 어떻게 수정하면 좋을 거라고 생각해?
M : 예를 들어 새의 매력을 어필할 수 있을 만한 문장을 넣으면 어떨까? 그리고 디자인적으로는 문자 색을 바꿔서 문구를 더 눈에 띄는 것으로 변경하는 거야.
F : 표지의 글자 색은 뭐가 좋을까?
M : 그렇네. 조금 더 산뜻한 조합 쪽이 좋다고 생각하지만, 먼저 폰트를 선택하고 거기에 맞추는 편이 좋아.
F : 지금 문자 디자인은 세련되었지만 개성적이니까 이번 홍보지의 콘셉트에는 적합하지 않을지도.
M : 심플하고 깔끔한 편이 문구를 눈에 띄게 한다고 생각해. 색은 그 후에 결정해도 좋지 않아?
F : 알았어. 수정해 볼게.

여자 직원은 다음 달 호 표지를 어떻게 수정합니까?
1 게재할 사진을 변경한다
2 독자의 흥미를 끄는 문장으로 바꾼다
3 표지의 글자 색을 고친다
4 표지의 문구의 서체를 변경한다

해설　남자가 先にフォントを選択してそれに合わせた方がいいよ. (먼저 폰트를 선택하고 거기에 맞추는 편이 좋아.)라고 하면서 먼저 폰트를 선택하고 폰트에 맞춰서 글자 색을 바꾸라고 말했고 이에 대해 여자도 수정해 본다고 했으므로 4번이 정답이다. 표지에 들어갈 야생 새 사진은 좋다고 했으므로 1번은 정답이 아니고, 독자의 흥미를 끄는 글이 아닌 새의 매력을 어필할 수 있는 글을 넣으라고 했으므로 2번도 정답이 아니다. 표지의 글자 색은 폰트를 선택한 후에 결정하는 게 좋다고 남자가 이야기하고 있으므로 3번도 정답이 아니다.

단어　市役所(しやくしょ) 시청 | 広報誌(こうほうし) 홍보지, 홍보물 | 表紙(ひょうし) 표지 | 修正(しゅうせい) 수정 | 目(め)を通(とお)す 훑어보다 | 野生(やせい) 야생 | フレーズ 프레이즈, 문구 | 今一(いまいち) (원가) 조금 모자란 모양 | 工夫(くふう) 궁리, 고안 | 魅力(みりょく) 매력 | アピール 어필 | 目(め)を引(ひ)く 눈길을 끌다 | 爽(さわ)やかだ 상쾌하다, 상큼하다, 산뜻하다 | 組(く)み合(あ)わせ 조합, 짜 맞춤 | フォント 폰트 | おしゃれだ 멋이 있다 | コンセプト 콘셉트 | シンプル 심플 | 載(の)せる 게재하다 | 書体(しょたい) 서체

🎧 과제이해_실전연습문제_11번.mp3

大学で男の先生と女の学生が話しています。女の学生はこのあと先生に何を送らなければなりませんか。

M：佐藤さん、大学院の受験の推薦状のことなんですが、今週末までに書いておけば間に合いますか。
F：はい、今週末で大丈夫です。お忙しいところ申し訳ありません。よろしくお願いします。
M：進学するにあたって志望動機と大学院に関する資料を送ってもらいましたが、もう一つ、佐藤さんが学部で行った研究について詳細の資料があれば送ってもらえますか。
F：はい、指定のテンプレート通りに書けばよろしいでしょうか。
M：自由様式でも構いませんが、指定のものを使うに越したことはないと思います。
F：分かりました。大学時代のレポートや卒業論文があるのでそれでいいですか。

M：いいですね。志望動機を関連づけるとより説得力のある推薦状を書くことができます。
F：すぐに準備して送ります。

11 女の学生はこのあと先生に何を送らなければなりませんか。
1 大学院の志望動機
2 進学希望の大学院の詳細
3 学部での研究資料
4 大学院指定のテンプレート

해석 대학에서 남자 선생님과 여자 학생이 이야기하고 있습니다. 여자 학생은 이후 선생에게 무엇을 보내지 않으면 안 됩니까?

M：사토 씨, 대학원의 수험 추천장 말인데요, 이번 주말까지 써 두면 제시간에 맞을까요?
F：네, 이번 주말로 괜찮습니다. 바쁘신 와중에 죄송합니다. 잘 부탁드립니다.
M：진학하는 데 있어서 지망 동기와 대학원에 관한 자료를 보내 받았습니다만, 하나 더, 사토 씨가 학부에서 실시했던 연구에 대해서 상세 자료가 있으면 보내 받을 수 있을까요?
F：네, 지정된 템플릿대로 적으면 좋을까요?
M：자유 양식도 상관없습니다만, 지정된 것을 사용하는 것보다 나은 것은 없다고 생각합니다.
F：알겠습니다. 대학 시절의 리포트나 졸업 논문이 있는데 그걸로 괜찮을까요?
M：좋네요. 지망 동기를 관련지으면 보다 설득력 있는 추천장을 쓸 수 있습니다.
F：바로 준비해서 보내겠습니다.

여자 학생은 이후 선생님께 무엇을 보내지 않으면 안 됩니까?
1 대학원의 지망 동기
2 진학 희망 대학원의 상세
3 학부에서의 연구 자료
4 대학원 지정의 템플릿

해설 선생님이 「もう一つ、佐藤さんが学部で行った研究について詳細の資料があれば送ってもらえますか(하나 더, 사토 씨가 학부에서 실시했던 연구에 대해서 상세 자료가 있으면 보내 받을 수 있을까요?)」라고 말하면서 여자 학생이 보내준 지망 동기와 대학원 관련 자료뿐만 아니라 학부에서 한 연구 내용을 보내달라고 부탁했으므로 3번이 정답이다. 따라서 3번이 정답이다. 지망 동기와 진학을 희망하는 대학원의 상세 정보는 이미 남자에게 보냈기 때문에 1, 2번은 정답이 아니고, 자유 양식도 괜찮다고 했으므로 4번도 정답이 아니다.

단어 受験(じゅけん) 수험 | 推薦状(すいせんじょう) 추천장, 추천서 | 志望(しぼう) 지망 | 動機(どうき) 동기 | ～に関(かん)する ~에 관한 | 詳細(しょうさい) 상세, 자세한 내용 | 指定(してい) 지정 | テンプレート 템플릿 | ～通(とお)り ~대로 | 様式(ようしき) 양식 | 構(かま)う 상관하다 | ～に越(こ)したことはない ~보다 나은 것은 없다, ~이/가 제일이다 | レポート 리포트 | 論文(ろんぶん) 논문 | 関連(かんれん)づける 관련짓다, 연관 짓다 | 説得力(せっとくりょく) 설득력

🎧 과제이해_실전연습문제_12번.mp3

電話で女の人と男の職員が電子レンジの修理について話しています。女の人はこのあとまず何をしますか。

F：もしもし、電子レンジの修理の件で電話しました。最近使っている電子レンジから変な臭いがするんですが、どうすればいいですか。
M：それは困りましたね。食材のカスが電子レンジに残っていないか確認していただきたいのですが。
F：はい、ちょっと待ってください。
M：どうですか。臭いの原因は見つかりましたか。
F：ええ、カスを拭き取るのを忘れていたようです。
M：そうですか。それなら、最初にレンジの内部の掃除をしてもらいたいので、布巾などを使って焦げた部分やカスをしっかりと取り除いてください。
F：はい、分かりました。
M：もしそれでも臭いがまだ残っているようなら、お皿に水を少し入れてレンジで数分加熱してください。
F：分かりました。そうしてみます。

12 女の人はこのあとまず何をしますか。
1 電子レンジの中に食材のカスが残っているか見る
2 電子レンジの内部をきれいに掃除する
3 お皿に水を入れて電子レンジで温める
4 臭いが残っているか確かめる

해석 전화로 여자와 남자 직원이 전자레인지 수리에 대해서 이야기하고 있습니다. 여자는 이후 먼저 무엇을 합니까?

F：여보세요, 전자레인지 수리 건으로 전화했습니다. 최근 사용하고 있는 전자레인지에서 이상한 냄새가 나는데, 어떻게 하면 좋을까요?
M：그건 난처하겠네요. 식재료의 찌꺼기가 전자레인지에 남아있지 않은지 확인해 주셨으면 합니다만.
F：네, 잠시만 기다려 주세요.
M：어떻습니까? 냄새의 원인은 찾았습니까?
F：네, 찌꺼기를 닦아내는 것을 잊고 있었던 것 같아요.
M：그렇습니까? 그렇다면 먼저 전자레인지의 내부 청소를 해 주셨으면 하기 때문에 행주 등을 사용해서 탄 부분이나 찌꺼기를 확실하게 제거해 주세요.
F：네, 알겠습니다.
M：만약 그래도 냄새가 아직 남아있는 것 같으면 접시에 물을 조금

넣어서 전자레인지로 몇 분 가열해 주세요.

F : 알겠습니다. 그렇게 해볼게요.

여자는 이후 먼저 무엇을 합니까?
1 전자레인지 안에 식재료 찌꺼기가 남아 있는지 본다
2 전자레인지 내부를 깨끗이 청소한다
3 접시에 물을 넣어서 전자레인지로 데운다
4 냄새가 남아있는지 확인한다

해설 남자가 그렇다면, 최초에 레인지의 내부의 청소를 해 주셨으면 하기 때문에, 행주 등을 사용해서 탄 부분이나 카스를 확실히 제거해 주세요.(그렇다면 먼저 전자레인지의 내부 청소를 해 주셨으면 하기 때문에 행주 등을 사용해서 탄 부분이나 찌꺼기를 확실하게 제거해 주세요.)라고 말하자 여자가 알겠다고 했으므로 2번이 정답이다. 남자의 요청으로 여자가 전자레인지 안에 식재료 찌꺼기가 남아있는지 이미 확인을 했으므로 1번은 정답이 아니고, 냄새가 남아 있을 경우에 접시에 물을 넣어 전자레인지를 사용해서 가열하라고 했으므로 3번도 정답이 아니다. 행주 등을 사용해서 탄 부분이나 찌꺼기를 확실히 제거한 후에 할 일이므로 4번도 정답이 아니다.

단어 職員(しょくいん) 직원 | 電子(でんし)レンジ 전자레인지 | 臭(にお)い (안 좋은) 냄새 | 食材(しょくざい) 식재료 | カス 찌꺼기 | 拭(ふ)き取(と)る 닦아 내다, 씻어 내다 | 内部(ないぶ) 내부 | 布巾(ふきん) 행주 | 焦(こ)げる 타다, 눋다 | 取(と)り除(のぞ)く 없애다, 제거하다 | 加熱(かねつ) 가열 | 確(たし)かめる 확인하다

🎧 과제이해_실전연습문제_13번.mp3

会社で部長と男の社員が話しています。男の社員は何をしなければなりませんか。

F : 新たに開発した洗顔剤について、他社の製品との差別化が必要ね。今のところ、反応はどう？

M : はい、洗浄力と香りについてはこの前改善されたので不満の声はありませんが、価格と量については評価が低いですね。

F : なるほど。

M : 最近の消費者はリーズナブルな商品を好む傾向がありますから、もう少し工夫が必要だと思います。

F : じゃ、その要望に応えられるように原価やコストの分析が必要だね。来週の会議で話し合えるように準備をお願い。

M : はい、分かりました。これが改善できたら、他社の製品と比べて我々の洗顔剤がどれだけコストパフォーマンスが良いか明確に示せますね。

F : そうだね。また、商品テストで得られた洗浄力のデータを広告で伝えることも重要だね。

M : 広告に関してはテレビのコマーシャルに加えて、SNSを活用するのも効果的だと思います。消費者の購買意欲を高めることができれば、会社の利益が上がると期待できます。

F : その通り。しっかり進めてね。

M : はい、頑張ります。

13 男の社員は何をしなければなりませんか。
1 洗浄力と香りを改善する
2 価格と量を見直す
3 商品テストを行う
4 SNSを活用して販売を促進する

해석 회사에서 부장님과 남자 사원이 이야기하고 있습니다. 남자 사원은 무엇을 하지 않으면 안 됩니까?

F : 새로 개발한 세안제에 대해서 타사 제품과의 차별화가 필요해. 지금으로서는 반응은 어때?

M : 네, 세정력과 향에 대해서는 이전에 개선되었기 때문에 불만의 목소리는 없습니다만, 가격과 양에 대해서는 평가가 낮네요.

F : 그렇군.

M : 최근 소비자는 합리적인 상품을 좋아하는 경향이 있기 때문에 조금 더 궁리가 필요하다고 생각합니다.

F : 그럼 그 요망에 응할 수 있도록 원가나 비용 분석이 필요하겠네. 다음 주 회의에서 의논할 수 있도록 준비를 부탁해.

M : 네, 알겠습니다. 이것을 개선할 수 있다면 타사의 제품과 비교해서 저희 세안제가 얼마나 가성비가 좋은지 명확히 나타낼 수 있겠네요.

F : 그렇지. 또 상품 테스트에서 얻은 세정력 데이터를 광고로 전하는 것도 중요하지.

M : 광고에 관해서는 텔레비전 커머셜에 더해서 SNS를 활용하는 것도 효과적이라고 생각합니다. 소비자의 구매 의욕을 높일 수 있다면 회사의 이익이 올라갈 거라고 기대할 수 있습니다.

F : 그 말대로야. 확실히 진행해.

M : 네, 열심히 하겠습니다.

남자 사원은 무엇을 하지 않으면 안 됩니까?
1 세정력과 향을 개선한다
2 가격과 양을 재검토한다
3 상품 테스트를 실시한다
4 SNS를 활용하여 판매를 촉진한다

해설 새로 개발한 세안제는 가격과 양에 대한 평가가 나쁘다는 남자의 말을 듣고 여자가 쟈, 그 요망에 응할 수 있도록 원가나 코스트의 분석이 필요하네.(그럼 그 요망에 응할 수 있도록 원가나 비용 분석이 필요하겠네.)라고 말했다. 이에 대해서 남자가 알겠다고 했으므로 2번이 정답이다. 세정력과 향은 이미 개선해서 문제가 없다고 했으므로 1번은 정답이 아니고, 이미 상품 테스트를 진행해 결과를 얻은 상태이므로 3번도 정답이 아니다. 가격과 양을 재검토하고 나서 상품 테스트를 기준으로 광고를 만든다고 했으므로 4번도 정답이 아니다.

단어 新(あら)ただ 새롭다 | 洗顔剤(せんがんざい) 세안제 | 他社(た

しゃ) 타사, 다른 회사 | 差別化(さべつか) 차별화 | 洗浄力(せんじょうりょく) 세정력 | 改善(かいぜん) 개선 | 不満(ふまん) 불만 | 消費者(しょうひしゃ) 소비자 | リーズナブル 합리적 | 好(この)む 좋아하다, 즐기다 | 傾向(けいこう) 경향 | 工夫(くふう) 궁리, 고안 | 要望(ようぼう) 요망, 요구 | ~に応(こた)えて ~에 부응해서, ~에 힘입어 | 原価(げんか) 원가 | コスト 비용 | 分析(ぶんせき) 분석 | コストパフォーマンス 코스트 퍼포먼스, 가성비 | 明確(めいかく)だ 명확하다 | コマーシャル 커머셜, 상업상, 선전 | ~に加(くわ)えて ~에 더해서 | 購買(こうばい) 구매 | 意欲(いよく) 의욕 | 利益(りえき) 이익 | 見直(みなお)す 다시 보다, 재검토하다 | 販売(はんばい) 판매 | 促進(そくしん) 촉진

업을 진행합시다. 여러분들의 협력을 부탁드립니다.

자원봉사 참가자는 먼저 무엇을 합니까?
1 나무를 심는다
2 토사의 철거 작업을 한다
3 연못의 수책을 보수한다
4 전망대의 청소를 한다

해설 여자는 그 토사를 제거하는 작업을 먼저 해 주셨으면 좋겠다고 생각합니다.)라고 이야기하며 원래 전망대 주변에 새로운 나무를 심는 것이 주요 작업이었지만 며칠 전에 내린 비로 전망대 주변에 토사가 흘러 들어 와서 토사를 제거하는 작업을 한다고 말했으므로 2번이 정답이다. 원래는 나무를 심을 예정이었지만 일정이 변경되었으므로 1번은 정답이 아니고, 후일에 수책 보수 작업을 할 예정이라고 했으므로 3번도 정답이 아니다. 전망대 청소를 하는 것은 맞지만 먼저 하는 일이 아니므로 4번도 정답이 아니다.

단어 ボランティア 자원봉사 | 森林(しんりん) 산림 | 保護(ほご) 보호 | 主(おも)な 주요한, 주된 | 展望台(てんぼうだい) 전망대 | 樹木(じゅもく) 수목 | 土砂(どしゃ) 토사 | 流(なが)れ込(こ)む 흘러 들어가(오)다 | 取(と)り除(のぞ)く 없애다, 제거하다 | 撤去(てっきょ) 철거 | 収集(しゅうしゅう) 수집 | 後日(ごじつ) 후일 | 柵(さく) 수책, 울타리 | 補修(ほしゅう) 보수 | 保(たも)つ 지키다, 유지하다 | 訪(おとず)れる 방문하다, 찾아오다 | 快適(かいてき)に 쾌적하게

🎧 과제이해_실전연습문제_14번.mp3

女(おんな)の人(ひと)がボランティアの参加者(さんかしゃ)に話(はな)しています。ボランティアの参加者(さんかしゃ)はまず何(なに)をしますか。

F:皆(みな)さん、本日(ほんじつ)の森林保護(しんりんほご)ボランティア活動(かつどう)についてご説明(せつめい)いたします。本日(ほんじつ)、最初(さいしょ)に行(おこな)う予定(よてい)だった主(おも)な作業(さぎょう)は展望台(てんぼうだい)周辺(しゅうへん)に新(あたら)しい樹木(じゅもく)を植(う)えることでしたが、先日(せんじつ)の雨(あめ)で展望台(てんぼうだい)に土砂(どしゃ)が流(なが)れ込(こ)んできているところがありますので、その土砂(どしゃ)を取(と)り除(のぞ)く作業(さぎょう)を先(さき)にしていただきたいと思(おも)っております。撤去(てっきょ)した土砂(どしゃ)は袋(ふくろ)に入(い)れて収集(しゅうしゅう)したまま、その場(ば)に置(お)いてください。後日(ごじつ)池(いけ)のさくの補修(ほしゅう)に使(つか)いますので捨(す)てないようにご注意(ちゅうい)ください。それから、美(うつく)しい展望台(てんぼうだい)を保(たも)つために掃除(そうじ)を行(おこな)います。訪(おとず)れる方々(かたがた)が快適(かいてき)に利用(りよう)できるように作業(さぎょう)を進(すす)めましょう。皆(みな)さんのご協力(きょうりょく)をお願(ねが)いします。

14 ボランティアの参加者(さんかしゃ)はまず何(なに)をしますか。
1 木(き)を植(う)える
2 土砂(どしゃ)の撤去作業(てっきょさぎょう)をする
3 池(いけ)のさくを補修(ほしゅう)する
4 展望台(てんぼうだい)の掃除(そうじ)をする

해설 여자가 자원봉사 참가자에게 이야기하고 있습니다. 자원봉사 참가자는 먼저 무엇을 합니까?
F:여러분, 오늘 산림 보호 자원봉사 활동에 대해서 설명하겠습니다. 오늘 처음에 실시할 예정이었던 주된 작업은 전망대 주변에 새로운 수목을 심는 것이었습니다만, 요전의 비로 전망대에 토사가 흘러 들어오고 있는 곳이 있기 때문에 그 토사를 제거하는 작업을 먼저 해 주셨으면 좋겠다고 생각하고 있습니다. 철거한 토사는 봉투에 넣어서 수집한 채 그 자리에 놓아 주세요. 후일 연못의 수책 보수에 사용하기 때문에 버리지 않도록 주의해 주십시오. 그리고 아름다운 전망대를 유지하기 위해서 청소를 실시하겠습니다. 방문하는 분들이 쾌적하게 이용할 수 있도록 작

🎧 과제이해_실전연습문제_15번.mp3

図書館(としょかん)で男(おとこ)の人(ひと)と女(おんな)の職員(しょくいん)が話(はな)しています。男(おとこ)の人(ひと)はこのあとまず何(なに)をしなければなりませんか。

M:すみません。図書(としょ)カードを紛失(ふんしつ)してしまったんですけど、再発行(さいはっこう)をお願(ねが)いできますか。

F:もちろんです。ただ、再発行(さいはっこう)には保険証(ほけんしょう)や、免許証(めんきょしょう)などの身分証明書(みぶんしょうめいしょ)の提出(ていしゅつ)が必要(ひつよう)です。そして発行(はっこう)に少々(しょうしょう)お時間(じかん)をいただきますが、よろしいですか。

M:あ、財布(さいふ)が車(くるま)にあるので説明(せつめい)だけ聞(き)いてすぐ持参(じさん)します。保険証(ほけんしょう)もそこにあると思(おも)います。

F:わかりました。再発行(さいはっこう)の手続(てつづ)きが済(す)みましたら臨時(りんじ)カードをお渡(わた)ししますので、当分(とうぶん)の間(あいだ)はそちらをご利用(りよう)ください。

M:あの、臨時(りんじ)カードって一般(いっぱん)のカードと同(おな)じく使(つか)えますか。

F:いいえ、多少(たしょう)制限(せいげん)がございます。まず、一部(いちぶ)の本(ほん)や資料(しりょう)の貸出(かしだし)ができなくなります。また、事前予約(じぜんよやく)できるサービスも使(つか)えなくなります。

M:そうですか。紛失(ふんしつ)する前(まえ)に予約(よやく)した本(ほん)があるんですが、

この場合は受け取れないということですか。
F：予約システムを使う際の制限ですので、事前にご予約された本であれば、問題なく本日貸出できます。
M：あ、良かったです。じゃ、行ってきますね。

15 男の人はこのあとまず何をしなければなりませんか。
1 再発行の手続きをする
2 臨時カードをもらう
3 身分証明書を取りに行く
4 予約した本を受け取る

해석 도서관에서 남자와 여자 직원이 이야기하고 있습니다. 남자는 이후 먼저 무엇을 하지 않으면 안 됩니까?

M : 실례합니다. 도서 카드를 분실해 버렸는데요, 재발행을 부탁할 수 있을까요?
F : 물론입니다. 다만 재발행에는 보험증이나 면허증 등의 신분증 제출이 필요합니다. 그리고 발행에 조금 시간을 받습니다만, 괜찮으신가요?
M : 아, 지갑이 차에 있기 때문에 설명만 듣고 바로 지참하겠습니다. 보험증도 거기에 있다고 생각해요.
F : 알겠습니다. 재발행 절차가 끝나면 임시 카드를 건네 드리니 당분간은 그쪽을 이용해 주세요.
M : 저기, 임시 카드는 일반 카드와 똑같이 사용할 수 있나요?
F : 아니요, 다소 제한이 있습니다. 먼저 일부 책이나 자료 대출을 할 수 없게 됩니다. 또 사전 예약할 수 있는 서비스도 사용할 수 없게 됩니다.
M : 그래요? 분실하기 전에 예약했던 책이 있습니다만, 이 경우는 받을 수 없다는 걸까요?
F : 예약 시스템을 사용할 때의 제한이기 때문에 사전에 예약하신 책이라면 문제없이 오늘 대출할 수 있습니다.
M : 아, 다행입니다. 그럼 갔다 올게요.

남자는 이후 먼저 무엇을 하지 않으면 안 됩니까?
1 재발행 절차를 밟는다
2 임시 카드를 받는다
3 신분증을 가지러 간다
4 예약한 책을 수취한다

해설 재발행에는 보험증이나 면허증 등의 신분증이 필요하다는 여자의 말을 듣고 남자는 あ、財布が車にあるので説明だけ聞いてすぐ持参します。(아, 지갑이 차에 있기 때문에 설명 듣고 바로 지참하겠습니다.)라고 했으므로 3번이 정답이다. 신분증을 가지고 온 뒤에 재발행 절차를 밟아야 하므로 1번은 정답이 아니고 신분증을 가지러 간 후에 제출할 수 있으므로 2번도 정답이 아니다. 재발행 절차를 밟고 나서 임시 카드가 나오므로 4번도 정답이 아니다.

단어 職員(しょくいん) 직원 | 紛失(ふんしつ) 분실 | 再発行(さいはっこう) 재발행, 재발급 | 保険証(ほけんしょう) 보험증 | 免許証(めんきょしょう) 면허증 | 身分証明書(みぶんしょうめいしょ) 신분증 | 提出(ていしゅつ) 제출 | 持参(じさん) 지참 | 手続(てつづ)き 수속, 절차 | 済(す)む 끝나다, 완료되다 | 臨時(りんじ) 임시

| 当分(とうぶん) 당분간, 잠시 동안 | 一般(いっぱん) 일반 | 制限(せいげん) 제한 | 貸出(かしだし) 대출 | 受(う)け取(と)る 수취하다, 받다 | ~際(さい)(に) ~할 때(에), ~할 즈음(에)

포인트이해 실전 연습 문제   508p

1 ③   2 ②   3 ②   4 ②   5 ③
6 ④   7 ④   8 ③   9 ②   10 ③
11 ② 12 ③ 13 ④ 14 ② 15 ③
16 ③

기본 버전 MP3

배속 버전 MP3

문제2 문제2에서는, 먼저 질문을 들어주세요. 그 후, 문제 용지의 선택지를 읽으세요. 읽을 시간이 있습니다. 그리고 이야기를 듣고, 문제 용지의 1부터 4 중에서, 가장 알맞은 것을 하나 고르세요.

🎧 포인트이해_실전연습문제_1번.mp3

テレビでアナウンサーが航空会社の社長にインタビューしています。社長は、今年度、どのような人材を採用したいと言っていますか。

F：本日はフジ航空の石原社長にお話を伺いたいと思います。今年度は引き続き新入社員を大幅に採用するとのことですが、どのような人材が求められるでしょうか。
M：ええ、これまでは語学の能力や臨機応変に対応できる能力などすぐに現場に入れるような人材を求めてきました。しかし、これらのスキルは入社後の社員の研修でも十分育成できることだと気が付いたんです。それで我が社の今後の目標に合わせて新たな人材像を見直すことにしました。
F：そうですか。
M：はい。航空会社は空の上で旅をするお客様に素晴らしい空のサービスを提供する仕事でもありますから、最善を尽くしてお客様をもてなすサービス精神が必要となります。これは経験がある人でもすぐに身につけられるものじゃないんです。普段から家族や友達、そして仲間に気

を遣って行動する人こそ、お客様にも思いやりを持って対応できると思います。

F：おっしゃる通りだと思います。
M：入社してからは会社のビジョンだけではなく、それぞれ持っている自分たちの目標に向かって積極的に取り組んでもらい、ともに成長していきたいですね。

1 社長は、今年度、どのような人材を採用したいと言っていますか。

1　語学能力が優れている人
2　現場ですぐ仕事をこなせる人
3　周りの個々人に配慮できる人
4　会社と一緒に成長できる人

해석 텔레비전에서 아나운서가 항공 회사의 사장에게 인터뷰하고 있습니다. 사장은 이번 연도 어떠한 인재를 채용하고 싶다고 말하고 있습니까?

F：오늘은 후지 항공의 이시하라 사장님에게 이야기를 듣고 싶다고 생각합니다. 이번 연도는 계속해서 신입 사원을 대폭 채용한다고 합니다만, 어떠한 인재가 요구되나요?
M：네, 지금까지는 어학 능력이나 임기응변에 대응할 수 있는 능력 등 바로 현장에 들어갈 수 있는 인재를 요구해 왔습니다. 하지만 이러한 스킬은 입사 후의 직원 연수에서도 충분히 육성할 수 있다는 것이라고 깨달은 것입니다. 그래서 저희 회사의 향후 목표에 맞추어서 새로운 인재상을 재검토하기로 했습니다.
F：그러신가요?
M：네. 항공 회사는 하늘 위에서 여행하는 손님에게 훌륭한 하늘의 서비스를 제공하는 일이기도 해서 최선을 다해서 손님을 대접하는 서비스 정신이 필요해 집니다. 이것은 경험이 있는 사람이라도 바로 습득할 수 있는 것이 아닙니다. 평소부터 가족이나 친구, 그리고 동료에게 신경을 쓰며 행동하는 사람이야말로 손님에게도 배려를 가지고 대응할 수 있다고 생각합니다.
F：말씀하신 대로라고 생각합니다.
M：입사하고 나서는 회사의 비전뿐만 아니라, 각자 가지고 있는 자신들의 목표를 향해서 적극적으로 임해서 함께 성장해 가고 싶네요.

사장은 이번 연도 어떠한 인재를 채용하고 싶다고 말하고 있습니까?

1 어학 능력이 뛰어난 사람
2 현장에서 바로 일을 소화할 수 있는 사람
3 주위의 개개인에게 배려할 수 있는 사람
4 회사와 함께 성장할 수 있는 사람

해설 남자가 普段から家族や友達、そして仲間に気を遣って行動する人こそ、お客様にも思いやりを持って対応できると思います。(평소부터 가족이나 친구, 그리고 동료에게 신경을 쓰며 행동하는 사람이야말로 손님에게도 배려심을 가지고 대응할 수 있다고 생각합니다.)라며 원하는 인재상을 말하고 있다. 따라서 3번이 정답이다. 어학 능력이 뛰어난 사람이나 바로 현장에 들어갈 수 있는 사람은 입사 후 사원 연수에서도 육성할 수 있는 스킬이라고 했으므로 1, 2번은 정답이 아니다. 입사하고 나서 앞으로 회사와 함께 성장해 나가자고 말하고 있으므로 4번도 정답이 아니다.

단어 航空(こうくう) 항공｜人材(じんざい) 인재｜採用(さいよう) 채용｜伺(うかが)う 여쭙다, 찾아뵙다(겸양어)｜引(ひ)き続(つづ)き 계속해서, 잇달아｜新入社員(しんにゅうしゃいん) 신입사원｜大幅(おおはば)に 대폭｜求(もと)める 구하다, 바라다｜語学(ごがく) 어학｜臨機応変(りんきおうへん) 임기응변｜対応(たいおう) 대응｜スキル 스킬, 기술｜研修(けんしゅう) 연수｜育成(いくせい) 육성｜新(あら)ただ 새롭다｜見直(みなお)す 다시 보다, 재검토하다｜提供(ていきょう) 제공｜最善(さいぜん)を尽(つ)くす 최선을 다하다｜持(も)て成(な)す 대접하다｜気(き)を遣(つか)う 배려하다, 신경쓰다｜~こそ ~야말로｜思(おも)いやり 배려, 동정, 헤아림｜おっしゃる 말씀하시다(존경어)｜~通(とお)りだ ~(하)는 대로이다｜ビジョン 비전｜積極的(せっきょくてき)に 적극적으로｜取(と)り組(く)む 임하다, 맞붙다, 힘을 쏟다｜仕事(しごと)をこなす 일을 처리하다｜個々人(ここじん) 개개인｜配慮(はいりょ) 배려

🎧 포인트이해_실전연습문제_2번.mp3

大学で女の学生と男の学生が動画の撮影について話しています。男の学生が今使っているマイクを選んだ理由は何ですか。

F：高橋君、最近日常生活の動画を配信してるんだよね。それに憧れて私も始めてみたんだ。でも、私と違って高橋君の動画は雑音もないし、声もきれいだよね。外付けマイク使ってる？
M：うん。使ってるよ。
F：やっぱり必要かな？しっかり録音してくれるのか不安なんだけど、実際はどう？
M：ある程度の音は拾うし、音質も十分だよ。特に外で重宝するんだよね。
F：へえ、そのマイク、それなりの値段してるよね。まだ初心者だし、高いものは買えないな。
M：そんなことないよ。少し高くはなるけど、性能のわりに安いから動画配信してる人の中でかなり人気だよ。まあ、僕は日によってカメラを変えてるから、どのカメラでも使いやすくて相性がいいものを基準に探したけどね。毎回変えるの大変だし。
F：そうなんだ。じゃ、私もとりあえず定番のものを買ってみようかな。
M：あと、これはサイズも多様だから比較するのもいいと思う。
F：ありがとう、参考になった！

2 男の学生が今使っているマイクを選んだ理由は何ですか。

1 外の録音に適した音質だから
2 他の機器との互換性が良いから
3 気軽に買える価格だから
4 サイズが選べるから

해석 대학에서 여자 학생과 남자 학생이 동영상 촬영에 대해서 이야기하고 있습니다. 남자 학생이 지금 쓰고 있는 마이크를 선택한 이유는 무엇입니까?

F : 타카하시 군, 최근 일상생활 동영상을 배포하고 있지? 그것에 동경해서 나도 시작해 봤어. 하지만 나와 다르게 타카하시 군의 동영상은 잡음도 없고 목소리도 깨끗하네. 외장형 마이크 쓰고 있어?

M : 응. 쓰고 있어.

F : 역시 필요할까? 제대로 녹음해 주는 건지 불안한데, 실제로는 어때?

M : 어느 정도의 소리는 포착하고 음질도 충분해. 특히 밖에서 요긴해.

F : 와, 그 마이크, 나름 가격이 있지? 아직 초심자이고 비싼 것은 살 수 없는데.

M : 그렇지 않아. 조금 비싸지기는 하지만, 성능치고 싸니까 동영상 배포하고 있는 사람들 사이에서 꽤 인기야. 뭐, 나는 날에 따라서 카메라를 바꾸고 있으니까 어느 카메라라도 사용하기 쉽고 궁합이 좋은 것을 기준으로 찾았지만. 매번 바꾸는 것도 힘들고.

F : 그렇구나. 그럼 나도 일단 기본적인 것을 사 볼까.

M : 그리고 이건 사이즈도 다양하니까 비교하는 것도 좋다고 생각해.

F : 고마워, 참고가 되었어!

남자 학생이 지금 쓰고 있는 마이크를 선택한 이유는 무엇입니까?

1 야외 녹음에 적합한 음질이기 때문에
2 다른 기기와의 호환성이 좋기 때문에
3 부담 없이 살 수 있는 가격이기 때문에
4 사이즈를 고를 수 있기 때문에

해설 남자가 どのカメラでも使いやすくて相性がいいものを基準に探したけどね。(어느 카메라라도 사용하기 쉽고 궁합이 좋은 것을 기준으로 찾았지만.)이라고 말하며 카메라와의 궁합을 기준으로 선택하고 있고, 지금 외장형 마이크를 쓰는 것도 그 이유 때문이라고 했으므로 2번이 정답이다. 야외에서 요긴하게 사용하고 있다는 것도 언급은 했지만 주된 이유는 아니므로 1번은 정답이 아니고, 부담 없이 살 수 있는 가격이라고는 하지 않았으므로 3번도 정답이 아니다. 사이즈가 다양하므로 비교해서 구매해 보라고 여자에게 권장을 했을 뿐이므로 4번도 정답이 아니다.

단어 撮影(さつえい) 촬영 | 配信(はいしん) 배신, 배포 | 雑音(ざつおん) 잡음 | 外付(そとづ)け 외장 | 実際(じっさい) 실제 | ある程度(ていど) 어느 정도 | 音(おと)を拾(ひろ)う 소리를 포착하다 | 音質(おんしつ) 음질 | 重宝(ちょうほう)する 편리해서 잘 쓰다, 요긴하다 | ~なりの ~나름(대로)의 | 初心者(しょしんしゃ) 초심자, 초보자 | 性能(せいのう) 성능 | ~わりに(は) ~치고(는) | 相性(あいしょう) 궁합이 맞음 | 基準(きじゅん) 기준 | 定番(ていばん) 기본적인 것, 기본이 되는 것 | 多様(たよう)だ 다양하다 | 比較(ひかく) 비교 | 適(てき)する 알맞다, 적합하다 | 機器(きき) 기기 | 互換性(ごかんせい) 호환성 | 気軽(きがる)に 부담 없이, 가볍게

🎧 포인트이해_실전연습문제_3번.mp3

勉強会で男の人がある会社の研修について話しています。この研修の目的は何だと言っていますか。

M : 最近、とあるIT企業が社員向けに面白い研修をしているようです。若手の新入社員と、年の離れた上司がペアを組み、一緒にレクリエーションをするというものです。その一例として、脱出ゲームに一緒に挑戦をし、課題を解決することが挙げられます。年齢が離れていても、ゲームを通じて自然に話しやすい雰囲気になることが期待されています。会話を重ねることでお互いの事を知り、世代間の考えの差を縮めるのが狙いです。また、この会社では、普段のデスクワークだけではなかなか体験できないようなプログラムの企画に力を入れています。この研修で社員同士のコミュニケーションが深まり、チームワークも強化され、ひいては日頃の業務遂行も円滑になると言えるでしょう。

3 この研修の目的は何だと言っていますか。

1 問題解決ので意識を向上させること
2 世代間の思考のギャップを減らすこと
3 自然に話し合うムードを演出すること
4 普段の業務では接したことない体験をすること

해석 스터디에서 남자가 어느 회사의 연수에 대해서 이야기하고 있습니다. 이 연수의 목적은 무엇이라고 말하고 있습니까?

M : 최근 어느 IT 기업이 사원 대상으로 재미있는 연수를 하고 있는 것 같습니다. 젊은 신입사원과 나이 차이가 나는 상사가 짝을 지어 함께 레크리에이션을 한다는 것입니다. 그 일례로 탈출 게임에 함께 도전을 하고 과제를 해결하는 것을 들 수 있습니다. 연령이 차이가 나더라도 게임을 통해서 자연스럽게 이야기하기 쉬운 분위기가 되는 것이 기대되고 있습니다. 대화를 거듭하는 것으로 서로에 대해서 알고 세대 간의 생각 차이를 줄이는 것이 목적입니다. 또, 이 회사에서는 평소의 데스크 워크만으로는 좀처럼 체험할 수 없는 프로그램의 기획에 힘을 쏟고 있습니다. 이 연수로 사원끼리의 커뮤니케이션이 깊어지고 팀워크도 강화되며 나아가서는 평소 업무 수행도 원활해진다고 말할 수 있을 것입니다.

이 연수의 목적은 무엇이라고 말하고 있습니까?

1 문제 해결 의식을 향상시키는 것
2 세대 간 사고의 갭을 줄이는 것
3 자연스럽게 서로 이야기하는 무드를 연출하는 것
4 평소 업무에서는 접한 적 없는 체험을 하는 것

해설 남자가 会話を重ねることで お互いの事を知り、世代間の考えの差を縮めるのが狙いです。(대화를 거듭하는 것으로 서로에 대해서 알고 세대 간의 생각 차이를 줄이는 것이 목적입니다.)라고 직접적으로 말했으므로 2번이 정답이다. 문제 해결 의식을 향상시키는 것은 직접적인 언급이 없었으므로 1번은 정답이 아니고, 자연스럽게 대화할 수 있는 분위기를 연출하는 것 자체가 목적이 아니기 때문에 3번도 정답이 아니다. 평소 업무에서는 접하지 않는 체험을 하는 것 자체도 연수의 직접적인 목적이 아니므로 4번도 정답이 아니다.

단어 研修(けんしゅう) 연수 | とある 어느, 어떤 | ~向(む)け(に) ~용, 대상(으로) | 若手(わかて) 젊은 사람 | 新入社員(しんにゅうしゃいん) 신입사원 | 年(とし)の離(はな)れた 나이 차이가 나는 | ペア 페어, 쌍, 짝 | レクレーション 레크리에이션 | 一例(いちれい) 일례, 하나의 예 | 脱出(だっしゅつ) 탈출 | 挑戦(ちょうせん) 도전 | 挙(あ)げる (예로) 들다, 거행하다 | 年齢(ねんれい) 연령 | ~を通(つう)じて ~을/를 통해서 | 縮(ちぢ)める 줄이다, 움츠리다 | 狙(ねら)い 겨냥, 표적, 목적 | デスクワーク 데스크 워크 | ~同士(どうし) ~끼리 | 強化(きょうか) 강화 | ひいては 나아가서는 | 日頃(ひごろ) 평소, 평상시 | 業務(ぎょうむ) 업무 | 遂行(すいこう) 수행 | 円滑(えんかつ)だ 원활하다 | 意識(いしき) 의식 | 向上(こうじょう) 향상 | 思考(しこう) 사고 | ギャップ 갭, 간격, 차이 | ムード 무드, 기분, 분위기 | 演出(えんしゅつ) 연출 | 接(せっ)する 접하다

🎧 포인트이해_실전연습문제_4번.mp3

あるレストランを経営する父親と一緒に働いている娘が話しています。娘は店についてどのように改善したほうがいいと言っていますか。

M : お帰り、飲食店経営の研修、お疲れ様。どうだった？
F : ただいま、結構勉強になったよ。経営には4つの要素があるらしいんだけどさ、時期・数量・価格・場所を意識すると良いんだって。
M : そっか、時期といえば旬の食材を使用するって事かな。
F : うん。うちも季節のメニューは常に取り揃えてるけど、研修ではクリスマスとかもっと細かく時期に合わせてメニューに反映する必要があるって言ってたよ。でもメニュー開発に時間かかるだろうし、余裕ができたら考えてみよう。
M : そうだな。次は？

F : 次に数量は、料理の材料を仕入れる程度のことだって。うちのレストラン、規模が小さいわりに大量に仕入れるせいか、食材の余りが多いじゃない。ちょっと見直すべきかもね。
M : ああ、そうか。食材ロスを減らすとコスト削減にもなるね。
F : そう、コストは価格と密接な関係があるからね。でも、うちの今の価格はお客さんの年齢層を見たらちょうど良いと思う。一応良い食材にこだわってるし、これ以上値下げしたら原価にも及ばなくなるよ。
M : 分かった。最後に場所ってことは地域性のことだよね。この辺、主婦のお客さんが多いから、客層に合わせてゆっくり過ごせるように工夫してるつもりだけど。
F : そうだね。おかげで落ち着くと好評だよね。

4 娘は店についてどのように改善したほうがいいと言っていますか。

1 時期に合った食材を使用したほうがいい
2 仕入れる食材の量を抑えたほうがいい
3 料理の価格を引き上げたほうがいい
4 ターゲットに適した空間づくりをしたほうがいい

해석 어느 레스토랑을 경영하는 아버지와 함께 일하고 있는 딸이 이야기하고 있습니다. 딸은 가게에 대해서 어떻게 개선을 하는 편이 좋다고 말하고 있습니까?

M : 어서 와, 음식점 경영 연수, 수고했어. 어땠어?
F : 다녀왔어. 꽤 공부가 되었어. 경영에는 네 가지 요소가 있다고 하는데 말이야, 시기·수량·가격·장소를 의식하면 좋대.
M : 그렇구나, 시기라고 하면 제철 식재료를 사용하는 거야?
F : 응, 우리도 계절 메뉴는 항상 갖추고 있지만, 연수에서는 크리스마스라든지 더 세세하게 시기에 맞춰서 메뉴에 반영할 필요가 있다고 말했어어. 하지만 메뉴 개발에 시간 걸릴 테고 여유가 생기면 생각해 보자.
M : 그렇네. 다음은?
F : 다음으로 수량은 요리 재료를 매입하는 정도를 말하는 거래. **우리 레스토랑, 규모가 작은 것에 비해서 대량으로 매입하는 탓인지 남는 식재료가 많잖아. 조금 재검토해야 할지도.**
M : 아, 그렇구나. 식재료 손실을 줄이면 비용 삭감도 되겠네.
F : 맞아, 비용은 가격과 밀접한 관계가 있으니까. 하지만 우리의 지금 가격은 손님 연령층을 보면 딱 좋다고 생각해. 일단 좋은 식재료에 집착하고 있고, 이 이상 가격 인하하면 원가에도 미치지 못하게 될 거야.
M : 알았어. 마지막으로 장소라는 건 지역성이지? 이 주변은 주부 손님이 많으니까 고객층에 맞춰서 여유롭게 보낼 수 있도록 궁리한 셈인데.
F : 그렇지. 덕분에 안정된다고 호평이지.

딸은 가게에 대해서 어떻게 개선을 하는 편이 좋다고 말하고 있습니까?

1 시기에 맞는 식재료를 사용하는 편이 좋다
2 매입하는 식재료의 양을 억제하는 편이 좋다
3 요리 가격을 인상하는 편이 좋다
4 타깃에 적합한 공간 만들기를 하는 편이 좋다

해설 여자가 うちのレストラン、規模が小さいにわりに大量に仕入れるせいか、食材の余りが多いじゃない。ちょっと見直すべきかもね。(우리 레스토랑, 규모가 작은 것에 비해서 대량으로 매입하는 탓인지 남는 식재료가 많잖아. 조금 재검토해야 할지도.)라고 말했으므로 2번이 정답이다. 이미 계절 식재료를 사용하고 있으므로 1번은 정답이 아니고, 가격에 대해서는 가격 인하에 관한 언급만 있으므로 3번도 정답이 아니다. 고객층에 맞춰서 천천히 시간을 보낼 수 있도록 장소를 궁리하고 있으며 이점은 이미 호평을 받고 있다고 했으므로 4번도 정답이 아니다.

단어 改善(かいぜん) 개선 | 飲食店(いんしょくてん) 음식점 | 研修(けんしゅう) 연수 | 要素(ようそ) 요소 | 時期(じき) 시기 | 意識(いしき) 의식 | 旬(しゅん) 제철 | 食材(しょくざい) 식재료 | 取(と)り揃(そろ)える 모두 갖추다 | 反映(はんえい) 반영 | 開発(かいはつ) 개발 | 余裕(よゆう) 여유 | 材料(ざいりょう) 재료 | 仕入(しい)れる 사들이다, 얻다 | 程度(ていど) 정도 | 規模(きぼ) 규모 | ～わりに(は) ~치고(는) | ロス 로스, 손실 | コスト 비용 | 削減(さくげん) 삭감 | 密接(みっせつ)だ 밀접하다 | 年齢層(ねんれいそう) 연령층 | 一応(いちおう) 우선, 일단 | こだわる 연연하다, 고집하다 | 値下(ねさ)げ 가격 인하 | 原価(げんか) 원가 | 及(およ)ぶ 미치다 | 地域性(ちいきせい) 지역성 | 客層(きゃくそう) 고객층 | 工夫(くふう) 궁리, 고안 | 好評(こうひょう) 호평 | 抑(おさ)える 억누르다, 억제하다 | 引(ひ)き上(あ)げる 끌어올리다 | ターゲット 타깃, 표적 | 適(てき)する 알맞다, 적당하다 | 空間(くうかん) 공간

🎧 포인트이해_실전연습문제_5번.mp3

テレビでアナウンサーの男の人がある美術館の館長にインタビューしています。館長はこの美術館にしかない特徴は何だと言っていますか。

M：今日は新しくオープンした美術館に来ています。館長の木村さんです。こちらの美術館、外観からしても個性が溢れていますね。

F：はい。この街の歴史を尊重し、木をモチーフにしたデザインとなっています。現代的なデザインと合わせて、温かい木製の雰囲気を取り入れたんです。これは森の中に建てられているある美術館を参考にしました。

M：そうなんですね。あと、受付のほうにたくさんの機械が並べられていますが、こちらは自動券売機でしょうか。

F：ええ、これからチケットの受付では、他の美術館でも導入されている無人システムを利用していただけます。これにより、待ち時間が短縮され、速やかに発券することができます。

M：いいですね。ところで、美術品の横にあるQRコードは何でしょうか。

F：**こちらをお手持ちのスマートフォンにて読み込んでいただくと、それぞれの作品の概要をご覧になることができます。当美術館が全国で初の試みとなります。**

M：面白いですね。スマホで読み込むということは館内での写真撮影が可能ということでしょうか。

F：はい。全ての作品は市内の他の美術館と同様、撮影が可能になっております。

5 館長はこの美術館にしかない特徴は何だと言っていますか。

1 温かみのあるデザイン
2 機械によるチケットの購入
3 デバイスを使用した鑑賞方法
4 館内の写真撮影ができる点

해설 텔레비전에서 아나운서 남자가 어느 미술관 관장님에게 인터뷰하고 있습니다. 관장님은 이 미술관에 밖에 없는 특징은 무엇이라고 말하고 있습니까?

M：오늘은 새로 오픈한 미술관에 와 있습니다. 관장님인 키무라 씨입니다. 여기 미술관, 외관부터도 개성이 넘치네요.

F：네. 이 거리의 역사를 존중해서 나무를 모티브로 한 디자인으로 되어 있습니다. 현대적인 디자인과 맞춰서 따뜻한 목제의 분위기를 도입한 것입니다. 이것은 숲속에 지어진 어느 미술관을 참고했습니다.

M：그렇군요. 그리고 접수처 쪽에 많은 기계가 늘어져 있습니다만, 이쪽은 자동 발권기일까요?

F：네, 앞으로 티켓 접수처에서는 다른 미술관에서도 도입되고 있는 무인 시스템을 이용할 수 있습니다. 이로 인해서 대기 시간이 단축되고 신속하게 발권할 수 있습니다.

M：좋네요. 그런데 미술품 옆에 있는 QR코드는 무엇인가요?

F：**이쪽을 소지하신 스마트폰으로 인식해 주시면 각각의 작품 개요를 보실 수 있습니다. 저희 미술관이 전국에서 최초의 시도가 됩니다.**

M：재미있네요. 스마트폰으로 인식한다는 것은 관내에서의 사진 촬영이 가능하다는 걸까요?

F：네. 모든 작품은 시내의 다른 미술관과 마찬가지로 촬영이 가능하게 되어 있습니다.

관장님은 이 미술관에 밖에 없는 특징은 무엇이라고 말하고 있습니까?

1 따뜻함이 있는 있는 디자인
2 기계에 의한 티켓의 구입
3 디바이스를 사용한 감상 방법

4 관내 사진 촬영이 가능한 점

해설 여자가 こちらをお手持ちのスマートフォンにて読み込んでいただくと、それぞれの作品の概要をご覧になることができます。当美術館が全国で初の試みとなります。(이쪽을 소지하신 스마트폰으로 인식해 주시면 각각의 작품 개요를 보실 수 있습니다. 저희 미술관이 전국에서 최초의 시도가 됩니다.)라고 말하며 스마트폰을 사용하여 전국 최초로 작품의 개요를 볼 수 있게 했다고 말했으므로 3번이 정답이다. 나무를 모티브로 한 디자인이며 숲속에 있는 어느 미술관을 참고했다고 했으므로 1번은 정답이 아니고, 다른 미술관을 참고해서 무인 시스템을 도입했다고 했으므로 2번도 정답이 아니다. 관내 사진 촬영은 다른 미술관과 마찬가지로 가능하다고 했으므로 4번도 정답이 아니다.

단어 特徴(とくちょう) 특징 | 外観(がいかん) 외관 | 尊重(そんちょう) 존중 | モチーフ 모티브 | 木製(もくせい) 목제 | 雰囲気(ふんいき) 분위기 | 取(と)り入(い)れる 도입하다, 받아들이다 | 参考(さんこう) 참고 | 受付(うけつけ) 접수(처) | 自動券売機(じどうけんばいき) 자동 발권기 | 導入(どうにゅう) 도입 | 無人(むじん) 무인 | 短縮(たんしゅく) 단축 | 速(すみ)やかに 조속히, 신속히 | 発券(はっけん) 발권 | QRコード QR코드 | お手持(ても)ち 가지고 있음, 수중 | 読(よ)み込(こ)む 읽어 들이다 | 概要(がいよう) 개요 | ご覧(らん)になる 보시다(존경어) | 試(こころ)み 시도 | 館内(かんない) 관내 | 撮影(さつえい) 촬영 | 同様(どうよう)だ 같은 모양이다, 같다 | 温(あたた)かみ 온기 | 購入(こうにゅう) 구입 | デバイス 디바이스 | 鑑賞(かんしょう) 감상

🎧 포인트이해_실전연습문제_6번.mp3

広告会社で女の人と課長がデザインサンプルについて話しています。課長はどんなアドバイスをしましたか。

F : 課長、新しい化粧品の広告サンプルを作ってみました。確認をお願いします。

M : うん、今回はどんなコンセプトで作ったの？

F : 大人の女性の美しさをテーマに、赤と黒を基調とした広告にしました。背景はキラキラと輝く肌を表現したものです。

M : テーマは明確でいいね。写真は少し大きめだけど、インパクトがあって、目を引くデザインだね。

F : 商品説明の部分はどうですか。もっとコンパクトにまとめた方がいいかなと思ったんですが。

M : 新商品の特徴や質感もしっかり記載されているし、これで言いたいことがしっかりと伝わるんじゃない？ただ見出しのデザインが少し平凡かもな。

F : 色もフォントも背景と一体感を持ったものにしたんですが、強調されるよう改めて手を加えてみます。

M : 色はコンセプトがあるから仕方ないとして、デザインはもっと工夫が必要だね。

F : はい、検討します。

6 課長はどんなアドバイスをしましたか。

1 もっと写真を大きくしたほうがいい
2 商品の特徴は簡潔にしたほうがいい
3 テーマの色を見直したほうがいい
4 見出しの部分を変えたほうがいい

해석 광고 회사에서 여자와 과장님이 디자인 샘플에 대해서 이야기하고 있습니다. 과장님은 어떤 조언을 했습니까?

F : 과장님, 새로운 화장품 광고 샘플을 만들어 봤습니다. 확인을 부탁드립니다.

M : 응, 이번에는 어떤 콘셉트로 만든 거야?

F : 성인 여성의 아름다움을 테마로 빨강과 검정을 기조로 한 광고로 했습니다. 배경은 반짝반짝 빛나는 피부를 표현한 것입니다.

M : 테마는 명확해서 좋네. 사진은 조금 큰데, 임팩트가 있어서 눈길을 끄는 디자인이네.

F : 상품 설명 부분은 어떤가요? 더 콤팩트하게 정리하는 편이 좋을까 생각했습니다만.

M : 신상품의 특징이나 질감도 확실히 기재되어 있고 이걸로 말하고 싶은 것이 제대로 전달되지 않을까? 다만 표제 디자인이 조금 평범할지도.

F : 색도 폰트도 배경과 일체감을 가진 것으로 했습니다만, 강조되도록 다시 한번 손을 대 보겠습니다.

M : 색은 콘셉트가 있으니까 어쩔 수 없다고 치고 디자인은 더 궁리가 필요하겠네.

F : 네, 검토하겠습니다.

과장님은 어떤 조언을 했습니까?

1 조금 더 사진을 크게 하는 편이 좋다
2 상품의 특징은 간결하게 하는 편이 좋다
3 테마의 색을 재검토하는 편이 좋다
4 표제 부분을 바꾸는 편이 좋다

해설 남자가 色はコンセプトがあるから仕方ないとして、デザインはもっと工夫が必要だね。(색은 콘셉트가 있으니까 어쩔 수 없다고 치고 디자인은 더 궁리가 필요하겠네.)라고 말하며 표제 디자인이 평범하기 때문에 궁리가 필요하다고 했으므로 4번이 정답이다. 사진이 조금 크지만 임팩트가 있고 눈길을 끄는 디자인이라고 했으므로 1번은 정답이 아니고, 상품 설명 부분은 하고 싶은 말을 충분히 전달한 것 같다고 했으므로 2번도 정답이 아니다. 색은 콘셉트가 있으니까 변경할 수 없다고 했으므로 3번도 정답이 아니다.

단어 サンプル 샘플 | 化粧品(けしょうひん) 화장품 | コンセプト 콘셉트 | 基調(きちょう) 기조, 바탕 | 背景(はいけい) 배경 | きらきら 반짝반짝 | 肌(はだ) 피부 | 明確(めいかく)だ 명확하다 | インパクト 임팩트, 영향, 충격 | 目(め)を引(ひ)く 눈길을 끌다 | コンパクト 콤팩트, 작지만 알찬 모양 | 特徴(とくちょう) 특징 | 質感(しつかん) 질감 | 記載(きさい) 기재 | 見出(みだ)し 표제, 표제어 | 平凡(へいぼん)だ 평범하다 | フォント 폰트 | 背景(はいけい)

배경 | 一体感(いったいかん) 일체감 | 強調(きょうちょう) 강조 | 改(あらた)めて 다시 한번, 새삼스럽게 | 加(くわ)える 가하다, 더하다 | 工夫(くふう) 궁리, 고안 | 検討(けんとう) 검토 | 簡潔(かんけつ) 간결

🎧 포인트이해_실전연습문제_7번.mp3

ボーカル教室で女の人と先生が話しています。先生はどうすればもっと上手に歌えるようになると言っていますか。

F：先生、今週の課題曲を録音してメールで送ったのですが、聞いていただけましたか。

M：ええ、難易度のある曲だったと思いますが、ちゃんとリズムが掴めていました。

F：ありがとうございます。確かに難しかったんですが、自分の周りがとても歌える環境ではなかったので結構苦戦しました。

M：集中して歌うためには、周りの環境を整えるのも大事ですよ。でも、しっかり声量も出ていました。ただ、一定したトーンで歌っているので単調に聞こえるかもしれませんね。

F：なるほど、音を外さないことに集中しすぎて、そこまで気にする余裕がありませんでした。

M：歌う時に曲の内容を意識し、その感情を歌で表現してみてはどうでしょう。例えば、悲しい内容であれば、少し落ち着いた雰囲気に、反対の場合は力強く歌うように心がければ、相手に響くと思います。

F：分かりました。ありがとうございます。

7 先生はどうすればもっと上手に歌えるようになると言っていますか。

1 リズム感を鍛える
2 もう少し声量を上げる
3 音程を安定させる
4 歌に感情を込める

해석 보컬 교실에서 여자와 선생님이 이야기하고 있습니다. 선생님은 어떻게 하면 더 능숙하게 노래할 수 있게 된다고 말하고 있습니까?

F：선생님, 이번 주 과제 곡을 녹음해서 메일로 보냈습니다만 들어 주셨나요?

M：네, 난이도가 있는 곡이었다고 생각합니다만, 제대로 리듬을 잡고 있었어요.

F：감사합니다. 확실히 어려웠습니다만, 제 주변이 도저히 노래할 수 있는 환경이 아니었기 때문에 상당히 고전했습니다.

M：집중해서 노래하기 위해서는 주위 환경을 정돈하는 것도 중요해요. 그래도 확실히 성량도 나오고 있었어요. 다만 일정한 톤으로 노래하고 있기 때문에 단조롭게 들릴지도 모르겠네요.

F：그렇군요. 음이탈을 내지 않는 것에 너무 집중해서 거기까지 신경 쓸 여유가 없었어요.

M：노래할 때에 곡의 내용을 의식하고 그 감정을 노래로 표현해 보면 어떨까요? 예를 들어 슬픈 내용이라면 조금 차분한 분위기로, 반대의 경우는 힘 있게 노래하도록 유의하면 상대방에게 울릴 거라고 생각해요.

F：알겠습니다. 감사합니다.

선생님은 어떻게 하면 더 능숙하게 노래할 수 있게 된다고 말하고 있습니까?

1 리듬감을 단련한다
2 조금 더 성량을 올린다
3 음정을 안정시킨다
4 노래에 감정을 담는다

해설 선생님이 歌う時に曲の内容を意識し、その感情を歌で表現してみてはどうでしょう。(노래할 때에 곡의 내용을 의식하고 그 감정을 노래로 표현해 보면 어떨까요?)라고 말했고 이에 대해서 여자가 알겠다고 했으므로 4번이 정답이다. 리듬은 제대로 잡고 있다고 했으므로 1번은 정답이 아니고, 확실하게 성량이 나오고 있다고 했으므로 2번도 정답이 아니다. 여자가 음을 벗어나지 않도록 집중했다고는 했지만 선생님이 조언한 내용은 아니므로 3번도 정답이 아닙니다.

단어 難易度(なんいど) 난이도 | リズム 리듬 | 掴(つか)む 잡다, 쥐다 | 苦戦(くせん) 고전 | 整(ととの)える 조정하다, 정돈하다 | 声量(せいりょう) 성량 | 一定(いってい) 일정 | トーン 톤 | 単調(たんちょう)だ 단조롭다 | 音(おと)を外(はず)す 음이탈을 내다 | 余裕(よゆう) 여유 | 意識(いしき) 의식 | 雰囲気(ふんいき) 분위기 | 力強(ちからづよ)い 힘차다 | 心掛(こころが)ける 항상 주의하다, 명심하다 | 響(ひび)く 울리다 | 鍛(きた)える 단련하다 | 音程(おんてい) 음정 | 安定(あんてい) 안정 | 込(こ)める 속에 담다

🎧 포인트이해_실전연습문제_8번.mp3

男の人と女の人が野球観戦について話しています。女の人がいつも楽しみにしていることは何ですか。

M：佐藤さんって確か野球見に行ってるよね。僕、行ったことないけど、先輩に誘われてさ。野球のルールもまったく分からないのに初心者でも楽しめるかな。

F：そう、よく行ってるよ。私も最初は知識もなく行ってみたけど、観戦しているうちに分かってきたからね。まあ専門用語は今も知らないんだけど。基本的なルールは参考になる動画があるから送るよ。

M：ありがとう。服装はどんな感じがいいの？

F：私は好きなチームのユニフォームを着ていくんだけど、

まだないはずだから動きやすい服がいいと思うよ。普通の服装で行くのとユニフォームで行くのは全然違うから応援したいチームを見つけるのもいいね。そうすると心から野球を楽しめるようになるから。

M：そうなんだ。あと応援する方法もそれぞれ違うって聞いたけど。

F：うん、それに選手ごとの応援歌もあるよ。みんなで大きな声で歌って応援すると嫌なことも忘れられるくらいストレスが解消される気分を味わえるんだ。

M：へえ。

F：それで毎回参戦してるんだけど、最近はスタジアム独特の雰囲気の中でビールを飲んだり、グルメを食べたりするのが好きで来てる人も多いみたいよ。

M：なるほど、わくわくしてきた。

8 女の人がいつも楽しみにしていることは何ですか。

1　野球の知識を得ること
2　好きなチームを応援すること
3　溜まったストレスを発散すること
4　様々な料理や飲み物が楽しめること

해석　남자와 여자가 야구 관전에 대해서 이야기하고 있습니다. 여자가 항상 기대하고 있는 것은 무엇입니까?

M : 사토 씨는 아마 야구 보러 가고 있지? 나, 가본 적 없지만 선배에게 권유받아서 말이야. 야구 규칙도 전혀 모르는데 초심자도 즐길 수 있을까?

F : 맞아, 자주 가고 있어. 나도 처음에는 지식도 없이 가봤는데, 관전하는 도중에 알게 되었으니까. 뭐 전문 용어는 지금도 모르지만, 기본적인 규칙은 참고가 되는 영상이 있으니까 보내줄게.

M : 고마워. 복장은 어떤 느낌이 좋아?

F : 나는 좋아하는 팀의 유니폼을 입고 가는데, 아직 없을 테니까 움직이기 편한 옷이 좋다고 생각해. 평범한 복장으로 가는 것과 유니폼으로 가는 것은 전혀 다르니까 응원하고 싶은 팀을 찾는 것도 좋을 거야. 그렇게 하면 진심으로 야구를 즐길 수 있게 되니까.

M : 그렇구나. 그리고 응원하는 방법도 각각 다르다고 들었는데?

F : 응, 게다가 선수마다 응원가도 있어. 다 같이 큰 소리로 노래하고 응원하면 싫은 것도 잊을 수 있을 정도로 스트레스가 해소되는 기분을 맛볼 수 있어.

M : 오.

F : 그래서 매번 참전하고 있는데, 최근에는 경기장의 독특한 분위기 속에서 맥주를 마시거나 맛있는 음식을 먹거나 하는 것을 좋아해서 오는 사람도 많은 것 같아.

M : 그렇구나, 설레기 시작했어.

여자가 항상 기대하고 있는 것은 무엇입니까?

1 야구의 지식을 얻는 것
2 좋아하는 팀을 응원하는 것
3 쌓인 스트레스를 발산하는 것
4 다양한 요리나 음료를 즐길 수 있는 것

해설　여자가 みんなで大きな声で歌って応援すると嫌なこともわすれられるくらいストレスが解消される気分を味わえるんだよね。(다 같이 큰 소리로 노래하고 응원하면 싫은 것도 잊을 수 있을 정도로 스트레스가 해소되는 기분을 맛볼 수 있어.)라고 말하며 매번 야구 경기를 관전한다고 했으므로 3번이 정답이다. 전문 용어는 지금도 기억하고 있지 않다고 했으므로 1번은 정답이 아니고, 여자가 야구를 즐길 수 있는 방법으로서 좋아하는 팀을 응원하면 좋다고 말했지만 이는 항상 기대하는 것은 아니므로 2번도 정답이 아니다. 요즘에 야구를 보러 오는 사람이 기대하는 것으로 이는 여자가 항상 기대하고 있는 것이 아니므로 4번도 정답이 아니다.

단어　観戦(かんせん) 관전 | 誘(さそ)う 꾀다, 권유하다 | ルール 룰, 규칙 | 初心者(しょしんしゃ) 초심자, 초보자 | 知識(ちしき) 지식 | 専門用語(せんもんようご) 전문용어 | 参考(さんこう) 참고 | 服装(ふくそう) 복장 | ユニフォーム 유니폼 | 応援(おうえん) 응원 | ～ごとに ~(할 때)마다 | 解消(かいしょう) 해소 | 参戦(さんせん) 참전 | スタジアム 스타디움, 경기장 | 独特(どくとく) 독특 | グルメ 맛있는 음식, 맛집 | わくわく 가슴이 설레는 모양, 두근두근 | 溜(た)まる (한 곳에) 모이다, 쌓이다 | 発散(はっさん) 발산 | 様々(さまざま)だ 다양하다

🎧 포인트이해_실전연습문제_9번.mp3

川原で女の学生と男の学生が話しています。この川が月見川と呼ばれているのはどうしてですか。

F：ねぇ、この川の名前は月見川っていうんだよ。特にお月見の名所でもないのにね。なぜか分かる？

M：そうだなあ、月の光が川に映るほど美しいからとか？

F：面白い発想だね！でも以前から川の水は濁ってみたい。

M：じゃあ、昔この川の近くに月見団子屋があったんじゃないかな。

F：ハズレ。正解は…、ほら、上から見ると三日月みたいでしょ。

M：そう？川原から見たらわかんないよ。さっきの僕の回答の方が納得いくんじゃない？

F：あそこの橋から見ればはっきり分かるよ。その橋の名前も月見橋。後で一緒に見に行こう。

9 この川が月見川と呼ばれているのはどうしてですか。

1　川に月光がきれいに差し込むから
2　川が月の形をしているから

3 昔月見団子の店が並んでいたから
4 橋の名前を由来にしたから

해석 강변에서 여자 학생과 남자 학생이 이야기하고 있습니다. 이 강이 츠키미 강이라고 불리고 있는 것은 왜입니까?

F : 있잖아, 이 강의 이름은 츠키미 강이라고 해. 딱히 달맞이 명소도 아닌데 말이지. 왠지 알아?
M : 그러게, 달빛이 강에 비칠 정도로 아름답다던가?
F : 재미있는 발상이네! 하지만 이전부터 강물은 탁했던 것 같아.
M : 그럼 옛날 이 강 처에 츠키미 경단 가게가 있지 않았을까?
F : 꽝. 정답은…, 봐봐, 위에서 보면 초승달 같지?
M : 그래? 강변에서 보면 모르겠어. 아까 내 대답 쪽이 납득이 가지 않아?
F : 저기 다리에서 보면 확실히 알 수 있어, 그 다리의 이름도 츠키미 다리. 나중에 같이 보러 가자.

이 강이 츠키미 강이라고 불리고 있는 것은 왜입니까?
1 강에 달빛이 예쁘게 비치기 때문에
2 강이 달 모양을 하고 있기 때문에
3 옛날 달맞이 경단 가게가 늘어서 있었기 때문에
4 다리의 이름을 유래로 했기 때문에

해설 여자가 上から見ると三日月みたいでしょ。(위에서 보면 초승달 같지?)라고 말하며 다리 위에서 보면 강 모양이 초승달 같아서 강 이름이 달맞이 강으로 불린다고 했으므로 2번이 정답이다. 남자의 추측이기 때문에 1, 3번은 정답이 아니고, 다리에서 강을 보면 초승달처럼 보이기 때문에 다리 이름도 달맞이 다리라는 이름이 붙여졌다고 했지 다리의 이름에 유래한 것은 아니므로 4번도 정답이 아니다.

단어 川原(かわら) 강변 | 月見(つきみ) 달맞이 | 名所(めいしょ) 명소 | 映(うつ)る 비치다, 나타나다 | 発想(はっそう) 발상 | 濁(にご)る 탁해지다 | 団子(だんご) 당고, 경단 | ハズレ 빗나감, 맞지 않음, 꽝 | 正解(せいかい) 정답 | 三日月(みかづき) 초승달 | 回答(かいとう) 회답 | 納得(なっとく) 납득 | 月光(げっこう) 월광, 달빛 | 差(さ)し込(こ)む (빛이) 들어오다, 비추다 | 由来(ゆらい) 유래

🎧 포인트이해_실전연습문제_10번.mp3

講演会で評論家が日本の時代劇制作について話しています。評論家は時代劇を制作する一番の利点は何だと言っていますか。

M : 最近は昔の歴史を時代劇として多く制作し、放映することが多くなりました。時代劇といえば、元の歴史の物語を再現するだけで簡単に制作できるという楽観的な見方もあります。しかし、実際は、特別な衣装やセットの用意が必要であり、かなりの費用と手間がかかります。この時代劇制作の一番の強みは誰しも楽しめるジャンルで、老若男女を問わず幅広い支持を集められることでしょう。特定の年齢層をターゲットとしてストーリーを作継続してシリーズが作れるのも強みの一つですね。

10 評論家は時代劇を制作する一番の利点は何だと言っていますか。
1 簡単に制作できる点
2 制作費が抑えられる点
3 世代を超えて人気が得られる点
4 シリーズ化ができる点

해석 강연회에서 평론가가 일본의 시대극 제작에 대해서 이야기하고 있습니다. 평론가는 시대극을 제작하는 가장 큰 이점은 뭐라고 말하고 있습니까?

M : 최근에는 옛날 역사를 시대극으로서 많이 제작하고 방영하는 일이 많아졌습니다. 시대극이라고 하면 본래의 역사 이야기를 재현하는 것만으로 간단하게 제작할 수 있다는 낙관적인 견해도 있습니다. 그러나 실제로는 특별한 의상이나 세트 준비가 필요하고 상당한 비용과 수고가 듭니다. 이 시대극 제작의 제일의 강점은 누구나 즐길 수 있는 장르이고 남녀노소를 불문하고 폭넓은 지지를 모을 수 있는 점이겠죠. 특정 연령층을 타깃으로 해서 스토리를 만들어내는 것은 어렵습니다만, 한번 팬을 획득하면 계속해서 시리즈를 만들 수 있는 것도 강점 중 하나겠네요.

평론가는 시대극을 제작하는 가장 큰 이점은 뭐라고 말하고 있습니까?
1 간단하게 제작할 수 있는 점
2 제작비를 억제할 수 있는 점
3 세대를 넘어서 인기를 얻을 수 있는 점
4 시리즈화를 할 수 있는 점

해설 평론가가 誰しも楽しめるジャンルで、老若男女を問わず幅広い支持を集められることでしょう。(누구나 즐길 수 있는 장르라서 남녀노소를 불문하고 폭넓은 지지를 모을 수 있는 점이겠죠.)라고 직접적으로 말했으므로 3번이 정답이다. 낙관적인 견해의 예시이기 때문에 1번은 정답이 아니고, 시대극은 의상과 세트 준비에 많은 비용과 수고가 든다고 했으므로 2번도 정답이 아니다. 한번 팬을 얻으면 계속 시리즈를 만들 수 있는 점이 강점 중 하나이지만 가장 큰 이점은 아니므로 4번도 정답이 아니다.

단어 講演会(こうえんかい) 강연회 | 評論家(ひょうろんか) 평론가 | 時代劇(じだいげき) 시대극 | 制作(せいさく) 제작 | 利点(りてん) 이점 | 放映(ほうえい) 방영 | 再現(さいげん) 재현 | 楽観的(らっかんてき) 낙관적 | 見方(みかた) 관점, 견해 | 衣装(いしょう) 의상 | 費用(ひよう) 비용 | 手間(てま) 수고, 시간 | 強(つよ)み 강점 | 誰(だれ)しも 누구나, 누구든지 | ジャンル 장르 | 老若男女(ろうにゃくなんにょ) 남녀노소 | ~を問(と)わず ~을/를 불문하고, ~에 상관없이 | 幅広(はばひろ)い 폭넓다 | 支持(しじ) 지지 | 特定(とくてい) 특정 | 年齢層(ねんれいそう) 연령층 | ターゲット 타깃, 표적 | 作(つく)り上(あ)げる 만들어 내다, 완성시키다 | 獲得(かくとく) 획득 | 継続(けいぞく) 계속 | シリーズ化(か) 시리즈화 | 抑(おさ)える 억누르다, 억제하다

会社の会議で男の人が開発中の商品について話しています。男の人は何を提案しましたか。

M: 新しい香水の試作品ですが、つい最近、50名のモニター参加者に実際に使用してもらい、意見をいただきました。匂いについては、強すぎずほのかに漂う良い香りだとほとんどの人が回答しました。ただ、匂いとボトルのデザインがマッチしないという意見もありました。宣伝のコンセプトにも影響するものなので関連部署との検討が必要です。また、価格帯は妥当だという人と、高いという人が半々でしたが、原価を考えるとこれ以上の値下げは厳しい状況です。

11 男の人は何を提案しましたか。
1 匂いの強さを抑えること
2 外観を考え直すこと
3 広告テーマを変えること
4 価格を下げること

해석 회사의 회의에서 남자가 개발 중인 상품에 대해서 이야기하고 있습니다. 남자는 무엇을 제안했습니까?

M: 새로운 향수의 시제품입니다만, 바로 최근에 50명의 모니터 참가자에게 실제로 사용해 받아서 의견을 받았습니다. 냄새에 대해서는 너무 강하지 않고 은은하게 풍기는 좋은 향기라고 대부분의 사람들이 대답했습니다. 다만 냄새와 보틀 디자인이 매치하지 않는다는 의견도 있었습니다. 선전 콘셉트에도 영향을 주는 것이기 때문에 관련 부서와의 검토가 필요합니다. 또한 가격대는 타당하다고 말하는 사람과 비싸다고 말하는 사람이 반반이었지만, 원가를 생각하면 이 이상의 가격 인하는 어려운 상황입니다.

남자는 무엇을 제안했습니까?
1 냄새의 강도를 억제하는 것
2 외관을 다시 생각하는 것
3 광고 테마를 바꾸는 것
4 가격을 내리는 것

해설 남자가 匂いとボトルのデザインがマッチしないという意見もありました。(냄새와 보틀 디자인이 매치하지 않는다는 의견도 있었습니다.)라고 말하면서 이 점은 선전 콘셉트에도 영향을 주는 것이라 관련 부서와 검토가 필요하다고 했으므로 2번이 정답이다. 대부분의 사람들이 냄새가 은은해서 좋다고 대답했다고 했으므로 1번은 정답이 아니고, 본문에서 언급한 내용이 아니므로 3번도 정답이 아니다. 원가를 생각하면 더 이상 가격 인하하는 것은 어렵다고 이야기하고 있으므로 4번도 정답이 아니다.

단어 開発(かいはつ) 개발 | 提案(ていあん) 제안 | 香水(こうすい) 향수 | 試作品(しさくひん) 시작품, 시제품 | つい 무심결에, 조금, 바로 | モニター 모니터 | ほのかだ 은은하다 | 漂(ただよ)う 떠돌다, 감돌다 | 回答(かいとう) 회답 | ボトル 보틀 | マッチ 매치, 일치 | コンセプト 콘셉트 | 影響(えいきょう) 영향 | 関連(かんれん) 관련 | 部署(ぶしょ) 부서 | 検討(けんとう) 검토 | 価格帯(かかくたい) 가격대 | 妥当(だとう) 타당 | 半々(はんはん) 반반, 반반씩 | 原価(げんか) 원가 | 値下(ねさ)げ 가격 인하 | 抑(おさ)える 억누르다, 억제하다 | 外観(がいかん) 외관

テレビでアナウンサーが社長にトースターについてインタビューしています。社長はどうしてこのトースターを開発したと言っていますか。

F: 今日は斬新なトースターを開発された川口製作所の川口社長にお話を伺います。今回開発されたトースターがマルイチ家電製品賞を受賞したようですね。

M: はい、そうなんです。ありがたい事に。正直、おもしろ半分で作った製品なんですが、受賞の話を聞いて本当にびっくりしました。

F: そうなんですね。開発されたトースターは普通のトースターと何が違うんでしょうか。

M: それは、手回しで発電して使うトースターということです。朝って、とても眠いじゃないですか。だから、最初はそんな時にこのトースターを使えば少しでも運動になって目が覚めるかなと思って作り始めたんです。でも、意外にこれが色んな方から好評を得たんですが、「手動で使うのが面白い」とか、「自分の子供が電気が発生する原理について学べる機会になった」と喜んでくれたお母さんたちが結構いたりしましたね。

F: そうですか。

M: ええ、まあ、その分時間はかかりますけどね。

12 社長はどうしてこのトースターを開発したと言っていますか。
1 賞を受賞したかったから
2 おもしろい製品を作りたかったから
3 朝の眠気を覚ましたかったから
4 発電の原理を理解してもらいたかったから

해석 텔레비전에서 아나운서가 사장에게 토스터에 대해서 인터뷰하고 있습니다. 사장은 왜 이 토스터를 개발했다고 말하고 있습니까?

F : 오늘은 참신한 토스터를 개발하신 카와구치 제작소의 카와구치 사장님께 이야기를 들어보겠습니다. 이번에 개발하신 토스터가 마루이치 가전 제품상을 수상한 것 같네요.

M : 네, 그렇습니다. 감사하게도. 솔직히 반은 재미로 만든 제품입니다만, 수상 이야기를 듣고 정말로 깜짝 놀랐습니다.

F : 그렇군요. 개발하신 토스터는 보통의 토스터와 무엇이 다를까요?

M : 그건 손으로 돌려 발전해서 사용하는 토스터라는 점입니다. 아침은 너무 졸리잖아요? 그래서 처음에는 그런 때에 이 토스터를 쓰면 조금이라도 운동이 돼서 눈을 뜰 거라고 생각해서 만들기 시작했어요. 그런데 의외로 이게 다양한 분들한테 호평을 얻었습니다만, "수동으로 사용하는 것이 재미있다"거나 "자신의 아이가 전기가 발생하는 원리에 대해서 배울 수 있는 기회가 되었다"라고 기뻐해 준 어머니들이 상당히 있거나 했네요.

F : 그래요?

M : 네, 뭐 그만큼 시간은 걸리지만요.

사장은 왜 이 토스터를 개발했다고 말하고 있습니까?

1 상을 수상하고 싶었기 때문에
2 재미있는 제품을 만들고 싶었기 때문에
3 아침의 졸음을 깨고 싶었으니까
4 발전의 원리를 이해해 받고 싶었기 때문에

해설 남자가 このトースターを使えば少しでも運動になって目が覚めるかなと思って作り始めたんです。(이 토스터를 쓰면 조금이라도 운동이 돼서 눈이 떠질거라고 생각해서 만들기 시작했어요.)라고 말하며 아침에 졸음을 깰 목적으로 손으로 돌려서 발전하여 사용하는 토스터를 개발했다고 했으므로 3번이 정답이다. 반장난으로 만들었다고 말하면서 상을 받았을 때는 놀랐다고 했으므로 1,2번은 정답이 아니고, 어머니들이 아이가 전기 발전의 원리를 배울 수 있게 되어서 좋다고 했으나 이는 개발 목적은 아니므로 4번도 정답이 아니니다.

단어 トースター 토스터 | 開発(かいはつ) 개발 | 斬新(ざんしん)だ 참신하다 | 製作(せいさく) 제작 | 伺(うかが)う 여쭙다, 찾아뵙다(겸양어) | 家電製品(かでんせいひん) 가전제품 | 受賞(じゅしょう) 수상 | おもしろ半分(はんぶん) 진반 농반, 반 장난 | ありがたい 감사하다, 고맙다 | 手回(てまわ)し 손으로 돌림 | 発電(はつでん) 발전 | 目(め)が覚(さ)める 눈뜨다, 잠이 깨다, 정신 차리다 | 好評(こうひょう) 호평 | 発生(はっせい) 발생 | 原理(げんり) 원리 | 眠気(ねむけ) 졸음

🎧 포인트이해_실전연습문제_13번.mp3

商店街で洋服屋の男の人と食料品店の女の人が話しています。女の人は男の人にどんなサービスを始めるといいと言っていますか。

M：岡田さん、岡田さんの食料品店、お年寄り向けに小分け販売を始めたみたいですね。

F：そうなんです。それが結構流行ってますよ。

M：うちもお年寄りのお客さんが多くて、新しいサービスを始めようと思ってるんですが、何か良い案ありませんか。今は一定の購入でポイントを付与するポイントカードの運用くらいはやってるんですが、最近はファストファッションのお店だとかオンラインモールだとかが増えてる時代ですし、今後これだけじゃ厳しいかと思って。

F：確かに。それはそうですね。

M：正直、オンライン化にもついていけないんですよ。

F：大変そうですね。うちは食料品だから、実際足を運んで頻繁に利用してくださるお客さんが多くて、オンライン化のことは悩まなくて済むと思うんですけど、洋服屋さんは違いますもんね。ちなみに電気屋さんは商品の無料配送をしているみたいですよ。

M：無料配送ですか。でも洋服はそんなに重くもないし、すぐ着たがる方が多いからあまり需要がないですよ。

F：そうですね。どうせサイズの確認で来店するお客さん多いですもんね。あっ、もしサイズ交換で来てるお客様が多いほうだったら1回だけは無料でしてあげるサービスとかはどうですか。

M：あ、なるほど。それは良さそうですね。これまで返品処理が少し面倒でもあったので。

F：そうなればお客さんも気に入って、また利用しようってなるんじゃないですか。

M：ちょっと検討してみますね。ありがとうございます。

13 女の人は男の人にどんなサービスを始めるといいと言っていますか。

1 ポイント付与サービス
2 オンラインによる販売
3 商品の無料配送サービス
4 サイズ変更の無料対応

해석 상점가에서 양복점 남자와 식료품점 여자가 이야기하고 있습니다. 여자는 남자에게 어떤 서비스를 시작하면 좋다고 말하고 있습니까?

M : 오카다 씨, 오카다 씨의 식료품점, 어르신을 대상으로 소분 판매를 시작한 것 같네요.

F : 그렇습니다. 그게 꽤 유행하고 있어요.

M : 저희도 어르신 손님이 많아서 새로운 서비스를 시작하려고 생각하고 있는데, 뭔가 좋은 안 없을까요? 지금은 일정한 구매로 포인트를 부여하는 포인트 카드 운용 정도는 하고 있습니다만, 최근에는 패스트패션 가게라든지 온라인 몰이라든지가 늘고 있는 시대이고 앞으로 이것만으로는 힘들지 않을까 생각해서요.

F : 확실히. 그건 그렇네요.

M : 솔직히 온라인화에도 따라갈 수 없거든요.

F : 힘들 것 같네요. 저희는 식료품이니까 실제로 방문해서 빈번하

게 이용해 주시는 손님이 많아서 온라인화의 일은 고민하지 않아도 괜찮을 것이라고 생각하지만, 양복점은 다르니까요. 참고로 전파사 가게는 상품의 무료 배송을 하고 있는 것 같아요.

M : 무료 배송인가요? 하지만 옷은 그렇게 무겁지도 않고 바로 입고 싶어 하는 분이 많기 때문에 그다지 수요가 없어요.

F : 그렇군요. 어차피 사이즈 확인으로 내점하는 손님이 많으니까요. 아, 만약 사이즈 교환으로 내점하는 손님이 많은 편이라면 1회만은 무료로 해 주는 서비스라든지는 어떤가요?

M : 아, 과연. 그건 좋을 것 같네요. 지금까지 반품 처리가 조금 번거롭기도 했거든요.

F : 그렇게 되면 손님도 마음에 들어서 또 이용하려고 하게 되지 않을까요?

M : 조금 검토해 볼게요. 감사합니다.

여자는 남자에게 어떤 서비스를 시작하면 좋다고 말하고 있습니까?

1 포인트 부여 서비스
2 온라인에 의한 판매
3 상품의 무료 배송 서비스
4 사이즈 변경의 무료 대응

해설　여자가 남자에게 あっ、もしサイズ交換で来てるお客様が多いほうだったら1回だけは無料でしてあげるサービスとかはどうですか。(아, 만약 사이즈 교환으로 내점하는 손님이 많은 편이라면 1회만은 무료로 해 주는 서비스라든지는 어떤가요?)라고 제안했고 이에 대해 남자가 あ、なるほど。それは良さそうですね。(아, 과연. 그건 좋을 것 같네요.)라고 긍정적인 반응을 보였으므로 4번이 정답이다. 포인트 서비스는 이미 실시하고 있기 때문에 1번은 정답이 아니고, 온라인화에 따라가지 못하고 있다고 남자가 이야기했으므로 2번도 정답이 아니다. 그리고 상품의 무료 배송을 하고 있는 것은 가전제품점에 대한 언급이며 그에 대해 남자가 수요가 없을 것 같다고 말했으므로 3번도 정답이 아니다.

단어　商店街(しょうてんがい) 상점가 | お年寄(としよ)り 어르신 | ~向(む)け(に) ~용, 대상(으로) | 小分(こわ)け 소분 | 流行(はや)る 유행하다 | 案(あん) 안, 계획 | 一定(いってい) 일정 | 購入(こうにゅう) 구입 | 付与(ふよ) 부여 | 運用(うんよう) 운용 | ファストファッション 패스트패션(최신 트렌드를 반영한 저렴한 상품을 제공하는 것) | オンラインモール 온라인몰 | 実際(じっさい) 실제 | 頻繁(ひんぱん)に 빈번하게 | 済(す)む 끝나다, 완료되다 | 配送(はいそう) 배송 | 需要(じゅよう) 수요 | 来店(らいてん) 내점 | 交換(こうかん) 교환 | 返品(へんぴん) 반품 | 処理(しょり) 처리 | 面倒(めんどう)だ 귀찮다 | 検討(けんとう) 검토 | 対応(たいおう) 대응

🎧 포인트이해_실전연습문제_14번.mp3

ラジオでレポーターと女の人がビーチの清掃活動について話しています。この活動における今の課題は何ですか。今の課題です。

M : 本日は、ビーチの清掃活動を行うサークルの代表である、吉田さんにお話を伺います。吉田さんの団体では、さくら浜を中心とした近隣のビーチで毎週末ゴミ拾い活動をされているとお聞きしました。近年は世界的にゴミの問題が注目されていますが、実際活動されていてどうでしょうか。

F : 当初の課題は、活動メンバーを増やすことでした。ゴミの量が圧倒的に多かったので、その時の人数では到底対応しきれなかったんです。ですが、オンラインにて活動報告を続けた結果、参加したいという方々が徐々に増え、今では毎週20人ほど集まるようになりました。

M : そうですか。インターネットをよく活用したというわけですね。

F : ええ、多くの人がこういった活動をしていてもゴミを捨てる人は依然としてたくさんいるんです。その中でも、特にポイ捨てが多く、それを未然に防ぐためにSNSにも問題の深刻さを発信していますが、やはりその場所に注意書きの看板設置が必要だと、最近は考えています。

M : まだまだ捨てる人はなくならないんですね。

F : ええ。幸いに、最近は自治体も呼びかけを行ってくれますし、清掃活動への支援をしていただく機会も増えたのでよかったと思っています。私たちサークルは今後も共に自然を守る活動をしていきますので、皆さんもたくさんの応援や参加をお願いします。

14 この活動における今の課題は何ですか。今の課題です。

1 メンバーが足りないこと
2 ゴミ捨てを事前に防ぐこと
3 看板の設置が難しいこと
4 自治体と協力すること

해석　라디오에서 리포터와 여자가 해변 청소 활동에 대해서 이야기하고 있습니다. 이 활동에서의 지금의 과제는 무엇입니까? 지금의 과제입니다.

M : 오늘은 해변 청소 활동을 실시하는 동아리 대표인 요시다 씨에게 이야기를 듣겠습니다. 요시다 씨의 단체에서는 사쿠라하마를 중심으로 한 근린 해변에서 주말마다 쓰레기 줍기 활동을 하시고 있다고 들었습니다. 근래는 세계적으로 쓰레기 문제가 주목되고 있습니다만, 실제로 활동하시면서 어떠신가요?

F : 당초의 과제는 활동 멤버를 늘리는 것이었습니다. 쓰레기의 양이 압도적으로 많았기 때문에 그때의 인원수로는 도저히 전부 대응할 수 없었습니다. 하지만 온라인으로 활동 보고를 계속한 결과, 참가하고 싶다는 분들이 서서히 늘어서 지금은 매주 20명 정도 모이게 되었습니다.

M : 그래요? 인터넷을 잘 활용했다는 말씀이시군요.

F : 네, 많은 사람이 이러한 활동을 하고 있어도 쓰레기를 버리는 사람은 여전히 많이 있습니다. 그중에서도 특히 무단투기가 많아서 그것을 미연에 방지하기 위해 SNS에도 문제의 심각성을 발신하고 있습니다만, 역시 그 장소에 주의 사항을 적은 간판 설치가 필요하다고 최근에는 생각하고 있습니다.

M : 아직도 버리는 사람은 없어지지 않는군요.

F : 네. 다행히 최근에는 지자체도 호소를 실시해 주고 있고 청소 활동에 대한 지원을 받는 기회도 늘었기 때문에 다행이라고 생각하고 있습니다. 저희 서클은 앞으로도 함께 자연을 지키는 활동을 해 나갈 것이기 때문에 여러분도 많은 응원과 참가를 부탁드립니다.

이 활동에서의 지금의 과제는 무엇입니까? 지금의 과제입니다.

1 멤버가 부족한 것
2 쓰레기 버리기를 사전에 막는 것
3 간판 설치가 어려운 것
4 지자체와 협력하는 것

해설 여자가 やはりその場所に注意書きの看板設置が必要だと、最近は考えています。(역시 그 장소에 주의 사항을 적은 간판 설치가 필요하다고 최근에는 생각하고 있습니다.)라고 해변 청소 활동을 해도 함부로 쓰레기를 버리는 사람은 여전히 많이 있다고 말하며 쓰레기 투기를 미연에 막을 수 있는 간판 설치가 필요하다고 했으므로 2번이 정답이다. 활동 멤버가 부족한 것은 과거의 일로 현재는 해결된 사항이므로 1번은 정답이 아니고, 간판 설치는 현재 생각만 하고 있고 아직 실제 설치할지 말지 얘기가 오가진 않았으므로 3번도 정답이 아니다. 지자체 측에서는 이미 함께 호소해 주고 있다고 말하며 협력이 필요한 상황임을 언급하지 않으므로 4번도 정답이 아니다.

단어 ビーチ 비치, 해변 | サークル 동아리, 동호회 | 伺(うかが)う 여쭙다, 찾아뵙다(겸양어) | 近隣(きんりん) 근린 | 圧倒的(あっとうてき)だ 압도적이다 | 到底(とうてい) 도저히 | 対応(たいおう) 대응 | ~きれない 다 ~할 수 없다 | 報告(ほうこく) 보고 | 徐々(じょじょ)に 서서히 | 依然(いぜん)として 여전히 | ポイ捨(す)て 무단투기 | 未然(みぜん) 미연 | 防(ふせ)ぐ 막다 | 深刻(しんこく)さ 심각성 | 発信(はっしん) 발신 | 注意書(ちゅういが)き 주의사항 | 看板(かんばん) 간판 | 設置(せっち) 설치 | 幸(さいわ)いに 다행히 | 自治体(じちたい) 지자체 | 呼(よ)びかけ 호소 | 支援(しえん) 지원 | 共(とも)に 함께, 같이 | 応援(おうえん) 응원 | ~における ~에서의, ~에 있어서의 | 協力(きょうりょく) 협력

🎧 포인트이해_실전연습문제_15번.mp3

設計会社で男の後輩と女の先輩が話しています。女の先輩はコンペのアイデアが出ないとき、どういう方法を取ると言っていますか。

M : あの、今度新しい商業ビルの設計コンペがあって、そろそろデザイン案を固めなきゃいけないんですが、全然アイデアが湧かないんです。仕事以外の友人と会ってしゃべりながら気分転換でもしようかなと思っても、そんな気分になれなくて…。どうしたらいいですかね。

F : まあ、そんな時もあるよ。焦らずに、散歩とかランニングをして頭を冷やしてみたらどう？ 私は美術館に行って作品を何も考えずにぼーっと見るのが好きなの。そうすると急にヒントが得られたり、いい発想が思い浮かぶ時もあるよ。

M : なるほど。芸術に触れるんですね。そういえば、課長は街を歩きながら、他の建物を参考にすることもあるって言ってました。

F : でも課長が参考にしてる建物はどれもおしゃれな建物だらけだよね。

M : そうなんですよ。僕はあんな素晴らしい建物作らなきゃと思うとプレッシャーになっちゃうので、その方法は合わないかなと思うんです。だから、先輩のやり方を参考にしてみます。ありがとうございます。

15 女の先輩はコンペのアイデアが出ないとき、どういう方法を取ると言っていますか。

1 友達と仕事と関係のない会話をする
2 簡単な運動で体を動かす
3 芸術作品を鑑賞する
4 参考になる建物を探す

해석 설계 회사에서 남자 후배와 여자 선배가 이야기하고 있습니다. 여자 선배는 공모전 아이디어가 나오지 않을 때, 어떠한 방법을 취한다고 말하고 있습니까?

M : 저, 이번에 새로운 상업 빌딩의 설계 공모전이 있어서 슬슬 디자인 안을 확고히 하지 않으면 안 되는데, 전혀 아이디어가 나오지 않아요. 일 이외의 친구와 만나 수다 떨면서 기분 전환이라도 할까 생각해도 그런 기분이 될 수 없어서…. 어떻게 하면 좋을까요?

F : 뭐, 그럴 때도 있지. 초조해하지 말고 산책이라든가 러닝을 해서 머리를 식혀보면 어때? 나는 미술관에 가서 작품을 아무 생각 없이 멍하니 보는 걸 좋아해. 그렇게 하면 갑자기 힌트를 얻을 수 있거나 좋은 발상이 떠오를 때도 있어.

M : 그렇군요. 예술을 접하는 것이군요. 그러고 보니 과장님은 거리를 걸으면서 다른 건물을 참고하는 일도 있다고 말하고 있었어요.

F : 하지만 과장님이 참고하고 있는 건물은 어느 것이나 세련된 건물 투성이지?

M : 맞아요. 저는 저런 멋진 건물을 만들지 않으면이라고 생각하면 압박이 되어 버리기 때문에 그 방법은 맞지 않다고 생각하는 것이에요. 그러니까 선배님의 방법을 참고해 볼게요. 감사합니다.

여자 선배는 공모전 아이디어가 나오지 않을 때, 어떠한 방법을 취한

다고 말하고 있습니까?

1 친구와 일과 관계가 없는 대화를 한다
2 간단한 운동으로 몸을 움직인다
3 예술 작품을 감상한다
4 참고가 될 건물을 찾는다

해설 여자가 私は美術館に行って作品を何も考えずにぼーっと見るのが好きなの。(나는 미술관에 가서 작품을 아무 생각 없이 멍하니 보는 걸 좋아해.)라고 말하며 아이디어가 나오지 않을 때 본인이 어떻게 하는지에 대해 남자에게 알려줬고 남자는 선배의 방법을 참고한다고 했으므로 3번이 정답이다. 남자가 이미 사용해 본 방법이기 때문에 1번은 정답이 아니고, 산책이나 달리기를 하면 좋다는 이야기는 여자가 남자에게 권장해 본 말뿐이며 실제로 한 행동이 아니므로 2번도 정답이 아니다. 거리를 걸으면서 다른 건물을 참고한 건 과장님의 이야기이므로 4번도 정답이 아니다.

단어 設計(せっけい) 설계 | アイデア 아이디어 | コンペ(ティション) 시합, 경기 대회, (설계의) 공모(전) | 商業(しょうぎょう) 상업 | 案(あん) 안, 계획 | 固(かた)める 굳히다, 단단히 하다, 확고히 하다 | 湧(わ)く 솟아나다, 생기다 | 気分転換(きぶんてんかん) 기분전환 | 焦(あせ)る 안달나다, 초조해하다 | ランニング 러닝, 달리기 | ぼーっと 멍하니, 멍하게 | 発想(はっそう) 발상 | 思(おも)い浮(う)かぶ 떠오르다, 생각나다 | 触(ふ)れる 접촉하다, 닿다, 접하다 | 参考(さんこう) 참고 | おしゃれだ 멋이 있다 | プレッシャー 압력, 압박 | 鑑賞(かんしょう) 감상

🎧 포인트이해_실전연습문제_16번.mp3

カメラ講座で先生が話しています。この講義の次回のテーマは何ですか。

F:では前回に引き続き、カメラの操作について説明していきますが、この前は各種ボタンの名称、様々なレンズの種類の説明まで終わりましたよね。今回は構図を簡単に説明した後、実際に外に出て撮影をしてみたいと思います。屋外撮影には露出補正による光の調整が必要となりますが、その方法に関する説明は次回になりますので、どんなアングルで撮影するかだけを意識してみてください。それでは説明に移ります。

16 この講義の次回のテーマは何ですか。

1 カメラの各部分の名前
2 レンズのいろんな種類
3 光の調整方法
4 撮影時のアングルの位置

해석 카메라 강좌에서 선생님이 이야기하고 있습니다. 이 강의의 다음번 테마는 무엇입니까?

F: 그럼 지난번에 이어서 카메라의 조작에 대해서 설명하겠습니다만, 이전에는 각종 버튼의 명칭, 다양한 렌즈의 종류 설명까지 끝났었죠? 이번에는 구도를 간단하게 설명한 후, 실제로 밖에 나가서 촬영을 해 보고 싶다고 생각합니다. 야외 촬영에는 노출 보정에 의한 빛의 조정이 필요하게 됩니다만, 그 방법에 관한 설명은 다음번이 되기 때문에 어떤 앵글로 촬영할지만을 의식해서 봐 주세요. 그러면 설명으로 넘어가겠습니다.

이 강의의 다음 번 테마는 무엇입니까?

1 카메라의 각 부분의 이름
2 렌즈의 여러 가지 종류
3 빛의 조정 방법
4 촬영 시 앵글 위치

해설 선생님이 屋外撮影には露出補正による光の調整が必要となりますが、その方法に関する説明は次回になりますので(야외 촬영에는 노출 보정에 의한 빛의 조정이 필요하게 됩니다만, 그 방법에 관한 설명은 다음번이 되기 때문에)라고 말했으므로 3번이 정답이다. 각종 버튼과 렌즈의 종류에 대한 설명은 이전 강의에서 끝났다고 이야기했으므로 1, 2번은 정답이 아니고, 이번 수업에서 어떤 앵글로 촬영할지 의식해 달라고 했으므로 4번도 정답이 아니다.

단어 講座(こうざ) 강좌, 강의 | 引(ひ)き続(つづ)く (그대로) 쭉 계속되다, 잇따르다 | 操作(そうさ) 조작 | 各種(かくしゅ) 각종 | 名称(めいしょう) 명칭 | 様々(さまざま)だ 다양하다 | 構図(こうず) 구도 | 実際(じっさい)に 실제로 | 撮影(さつえい) 촬영 | 屋外(おくがい) 옥외, 집의 바깥, 야외 | 露出(ろしゅつ) 노출 | 補正(ほせい) 보정 | 調整(ちょうせい) 조정 | アングル 앵글 | 意識(いしき) 의식

개요이해 실전 연습 문제 522p

1 ③	2 ①	3 ④	4 ③	5 ①
6 ③	7 ②	8 ③	9 ③	10 ①
11 ④	12 ③	13 ②	14 ③	15 ④

기본 버전 MP3 　　배속 버전 MP3

문제3 문제3에서는, 문제 용지에 아무것도 인쇄되어 있지 않습니다. 이 문제는, 전체로서 어떤 내용인지를 듣는 문제입니다. 이야기 전에 질문은 없습니다. 먼저 이야기를 들어주세요. 그리고, 질문과 선택지를 듣고, 1부터 4 중에서, 가장 알맞은 것을 하나 고르세요.

🎧 개요이해_실전연습문제_1번.mp3

ラジオで医師が話しています。

F：本日は、高齢者の睡眠についてお話したいと思います。高齢者の睡眠の主な特徴は、早寝早起きすることです。これは体内時計の変化による自然な現象です。我々の睡眠と覚醒を調節するのは、体温とメラトニンというホルモンです。夜になるとメラトニンが体温を低下させ、眠気を引き起こします。しかし、年齢を重ねるとともにメラトニンの分泌量が減るので体温の変動も小さくなり、眠りが浅くなったり、寝つきが悪くなるのです。その結果、高齢者は早い時間に目が覚めて体内時計が前倒しになっていくのです。これを改善するためには体内時計を遅らせる工夫が必要です。

1 医師は何について話していますか。

1　睡眠とメラトニンとの関係性
2　加齢による体温の変化
3　高齢者が早起きする原因
4　体内時計を調整する具体的な方法

해석　라디오에서 의사가 이야기하고 있습니다.

F : 오늘은 고령자의 수면에 대해서 이야기하고 싶다고 생각합니다. 고령자의 수면의 주된 특징은 일찍 자고 일찍 일어나는 것입니다. 이것은 체내 시계의 변화에 의한 자연스러운 현상입니다. 우리의 수면과 각성을 조절하는 것은 체온과 멜라토닌이라고 하는 호르몬입니다. 밤이 되면 멜라토닌이 체온을 저하시키고 졸음을 일으킵니다. 하지만 나이를 먹음과 동시에 멜라토닌의 분비량이 줄기 때문에 체온의 변동도 작아지고, 잠이 얕아지거나 잠을 잘 못 자게 되는 것입니다. 그 결과, 고령자는 이른 시간에 눈을 뜨고 체내 시계가 앞당겨져 가는 것입니다. 이를 개선하기 위해서는 체내 시계를 늦추게 하는 궁리가 필요합니다.

의사는 무엇에 대해서 이야기하고 있습니까?

1 수면과 멜라토닌과의 관계성
2 가령에 의한 체온의 변화
3 고령자가 일찍 일어나는 원인
4 체내 시계를 조절하는 구체적인 방법

해설　의사가 하지만, 年齢を重ねるとともにメラトニンの分泌量が減るので体温の変動も小さくなり、眠りが浅くなったり、寝つきが悪くなるのです。(하지만 나이를 먹음과 동시에 멜라토닌의 분비량이 줄어들기 때문에 체온의 변동도 작아지고, 잠이 얕아지거나 잠을 잘 못 자게 되는 것입니다.)라고 말하면서 고령자가 일찍 일어나는 원인에 대해서 이야기하고 있으므로 3번이 정답이다. 수면과 각성은 호르몬이 조절한다고 했지만 주된 내용은 아니므로 1번은 정답이 아니고, 가령에 의한 체온의 변화에 대해서는 언급하지 않았으므로 2번도 정답이 아니다. 체내 시계를 지연시키는 궁리가 필요하다고 했지만 구체적인 방법을 설명하는 말은 없으므로 4번도 정답이 아니다.

단어　高齢者(こうれいしゃ) 고령자 | 睡眠(すいみん) 수면 | 特徴(とくちょう) 특징 | 早寝(はやね) 일찍 잠 | 早起(はやお)き 일찍 일어남 | 体内(たいない) 체내 | 現象(げんしょう) 현상 | 覚醒(かくせい) 각성 | 調節(ちょうせつ) 조절 | メラトニン 멜라토닌 | ホルモン 호르몬 | 低下(ていか) 저하 | 眠気(ねむけ) 졸음 | 引(ひ)き起(お)こす 일으키다 | 年齢(ねんれい)を重(かさ)ねる 나이를 먹다 | ~とともに ~와/과 함께, ~함에 따라, ~임과/와 동시에 | 分泌量(ぶんぴつりょう) 분비량 | 変動(へんどう) 변동 | 眠(ねむ)りが浅(あさ)い 잠이 얕다, 잠을 깊게 자지 못하다 | 寝(ね)つき 잠듦 | 寝(ね)つきが悪(わる)い 잠을 잘 못 자다 | 前倒(まえだお)し 예정 시기를 앞당겨 실행하는 것 | 改善(かいぜん) 개선 | 工夫(くふう) 궁리, 고안 | 加齢(かれい) 가령, 나이를 한 살 더 먹음 | 調整(ちょうせい) 조정 | 具体的(ぐたいてき)だ 구체적이다

🎧 개요이해_실전연습문제_2번.mp3

講演会で警察官が話しています。

M：最近、SNSやインターネットの掲示板などで、短時間で高収入が得られるなどと言って犯罪の実行者を募集する投稿が増えています。特に、いい条件に見える求人情報には注意してください。そのような求人は、匿名性の高いアプリケーションで連絡するよう誘導する場合が多く、犯罪に関わる危険性が非常に高いです。また、応募するときに、顔写真付きの身分証明書や家族の写真など、個人情報を求められるケースもあります。そうなると、バイトを辞めたいと思っても、今から家に行って家族に危害を加えるなどと脅されることが多いです。そうなったときは、勇気を持って警察に相談しましょう。

2 警察官は掲示板やSNSの何について話していますか。

1　好条件に見える求人の危険性
2　悪質な犯罪の増加
3　個人情報保護の重要性
4　被害に遭った時の対処法

해석　강연회에서 경찰관이 이야기하고 있습니다.

M : 최근 SNS나 인터넷 게시판 등에서 단시간에 고수입을 얻을 수 있다는 등 말하며 범죄의 실행자를 모집하는 투고가 늘고 있습니다. 특히 좋은 조건으로 보이는 구인 정보에 주의해 주세요. 그러한 구인은 익명성이 높은 애플리케이션으로 연락하도록 유도하는 경우가 많아서 범죄와 관련될 위험성이 상당히 높습니

다. 또한 응모할 때에 얼굴 사진이 붙은 신분증이나 가족 사진 등, 개인 정보를 요구받는 경우도 있습니다. 그렇게 되면 아르바이트를 그만두고 싶다고 생각해도 지금부터 집에 가서 가족에게 위해를 가한다는 등 협박당하는 경우가 많습니다. 그렇게 되었을 때는 용기를 가지고 경찰에게 상담합시다.

경찰관은 게시판이나 SNS의 무엇에 대해서 이야기하고 있습니까?

1 좋은 조건으로 보이는 구인의 위험성
2 악질적인 범죄의 증가
3 개인정보 보호의 중요성
4 피해를 입었을 때의 대처법

해설 경찰관이 特에, 이이 조건에 보이는 求人情報에는 注意해주세요. (특히 좋은 조건으로 보이는 구인 정보에 주의해 주세요.)라고 말하면서 SNS나 인터넷 게시판에서 단시간에 고수입을 얻을 수 있다고 사람을 모집하는 글은 범죄와 연관된 가능성이 높다는 위험성에 대한 예시를 들고 있기 때문에 1번이 정답이다. 악질적인 범죄 증가에 대한 내용은 언급하고 있지 않으므로 2번은 정답이 아니고, 개인정보를 요구받는 경우는 있다고 했지만 이 글의 주된 내용이 아니므로 3번도 정답이 아니다. 그리고 피해를 입었을 때 대처법으로 경찰에게 상담하라고 하기는 했지만, 이 또한 주된 내용이 아니므로 4번도 정답이 아니다.

단어 講演会(こうえんかい) 강연회 | 掲示板(けいじばん) 게시판 | 収入(しゅうにゅう) 수입 | 犯罪(はんざい) 범죄 | 実行(じっこう) 실행 | 募集(ぼしゅう) 모집 | 投稿(とうこう) 투고 | 求人(きゅうじん) 구인 | 匿名性(とくめいせい) 익명성 | アプリケーション 애플리케이션 | 誘導(ゆうどう) 유도 | ～に関(かか)わる ~에 관련된 | 非常(ひじょう)に 매우, 상당히, 대단히 | 応募(おうぼ) 응모 | 身分証明書(みぶんしょうめいしょ) 신분증 | ケース 경우, 사례 | 危害(きがい) 위해 | 加(くわ)える 가하다, 더하다 | 脅(おど)す 위협하다 | 好条件(こうじょうけん) 호조건, 좋은 조건 | 悪質(あくしつ) 악질 | 保護(ほご) 보호 | 被害(ひがい) 피해 | 遭(あ)う (어떤 일을) 당하다, 겪다 | 対処法(たいしょほう) 대처법

🎧 개요이해_실전연습문제_3번.mp3

テレビで女の人が話しています。

F：「最近の若い者はレベルが低い、常識を知らない」などと上の世代から不満を言われたことは、皆さんもあると思います。しかし、このような若者への批判は古代エジプトの時代から言われ続けていることで、不満を言った人も同じようなことを言われていた可能性があります。もちろん、今年60歳になる私もそう言いたくなることもありますし、その人のためにアドバイスのつもりで言うこともあります。**ただ、時代と環境によって価値観や行動は変化していくものですから、何が正しいのか評価することは難しいです。なのでそう言われたからといって**

自分を責めたり、気にすることはないと思います。

3 女の人が若い人に伝えたいことはどのようなことですか。

1 基本的な常識を学ぶべきだ
2 上の世代のアドバイスをよく聞くべきではない
3 正しい基準で評価するべきだ
4 批判をされても気にするべきではない

해석 텔레비전에서 여자가 이야기하고 있습니다.
F : "최근의 젊은 사람은 레벨이 낮다, 상식을 모른다" 등 윗세대로부터 불만을 들었던 일은 여러분도 있다고 생각합니다. 그러나 이런 젊은이에 대한 비판은 고대 이집트 시대부터 계속해서 말해지고 있는 일로 불만을 말한 사람도 같은 말을 들었을 가능성이 있습니다. 물론 올해 60세가 되는 저도 그렇게 말하고 싶어지는 경우도 있고 그 사람을 위해서 조언할 생각으로 말하는 일도 있습니다. 다만 시대와 환경에 따라 가치관이나 행동은 변화해 나가는 것이기 때문에 무엇이 올바른지 평가하는 것은 어렵습니다. 때문에 그런 말을 들었다고 해서 자신을 나무라거나 신경 쓸 필요는 없다고 생각합니다.

여자가 젊은 사람에게 전하고 싶은 것은 어떠한 것입니까?

1 기본적인 상식을 배워야 한다
2 윗세대의 조언을 잘 들어서는 안 된다
3 올바른 기준으로 평가해야 한다
4 비판을 받더라도 신경 써서는 안 된다

해설 여자가 시대와 환경에 따라 가치관이나 행동은 변화해 나가는 것이므로 무엇이 올바른지 평가하는 것은 어렵다고 말한 뒤에 なのでそう言われたからといって自分を責めたり、気にすることはないと思います。(때문에 그렇게 들었다고 해서 자신을 나무라거나 신경 쓸 필요는 없다고 생각합니다.)라고 말하며 젊은이에 대한 비판을 들었을 때 자신을 나무라거나 신경 쓸 필요는 없다고 했으므로 4번이 정답이다. 상식을 모른다는 것은 단순한 예시이므로 1번은 정답이 아니고, 윗세대 입장에서는 젊은이에게 그 사람을 위해서 조언을 해주려는 생각으로 말한 것일 수도 있다고 한 것이지 조언 자체를 듣지 말아야 한다고 하고 있지는 않았으므로 2번도 정답이 아니다. 그리고 시대와 환경에 따라서 가치관과 행동은 변화하므로 무엇이 올바른지 평가하기 어렵다고 했으므로 4번도 정답이 아니다.

단어 常識(じょうしき) 상식 | ～べきではない ~해서는 안 된다 | 批判(ひはん) 비판 | 古代(こだい) 고대 | エジプト 이집트 | 可能性(かのうせい) 가능성 | アドバイス 어드바이스, 조언, 충고 | ～つもりで ~(한) 셈 치고, ~했다고 생각하고 | 評価(ひょうか) 평가 | ～からといって ~라고 해서 | 責(せ)める 비난하다, 나무라다

🎧 개요이해_실전연습문제_4번.mp3

テレビで女のアナウンサーがメロン農園の男の人にインタビューしています。

F：こちらの農園では水だけでメロンを育て、長年高い品質のメロンを栽培していると伺いました。水だけで育てる理由は何ですか。
M：はい、まず1株から採れる実の数が通常の栽培よりずっと多いからですね。それと、土に直接植えるわけではないので害虫の心配も少なくなります。
F：なるほど。1株から何個ぐらい採れるんですか。
M：通常の栽培方法だと1個から5個ぐらいなんですが、私のところでは独自の技術を使って30個ぐらい採れるようにしています。
F：へえ、それはすごいですね。
M：ええ、何より環境への負担が少ない点もいいところの一つですね。土で育てる従来の栽培に比べて水の使用量を大幅に削減できていますし、さらに化学肥料や農薬の使用を控えているので持続可能な農業を実現できます。

4 男の人は何について話していますか。
1 品質の高いメロンの秘訣
2 メロンを栽培する理由
3 水を用いたメロン栽培のメリット
4 持続可能な農業の実現方法

해석 　텔레비전에서 여자 아나운서가 멜론 농원의 남자에게 인터뷰하고 있습니다.
F：이쪽 농원에서는 물만으로 멜론을 키워서 오랜 세월 높은 품질의 멜론을 재배하고 있다고 들었습니다. 물만으로 키우는 이유는 무엇인가요?
M：네, 우선 한 그루에서 수확할 수 있는 열매의 수가 통상의 재배보다 훨씬 많기 때문이죠. 그리고 흙에 직접 심는 것이 아니기 때문에 해충 걱정도 적어집니다.
F：그렇군요. 한 그루에서 몇 개 정도 수확할 수 있나요?
M：통상의 재배 방법이라면 1개에서 5개 정도입니다만, 제가 있는 곳에서는 독자적인 기술을 사용해서 30개 정도 수확할 수 있도록 하고 있습니다.
F：와, 그건 굉장하네요.
M：네, 무엇보다 환경에 대한 부담이 적은 점도 좋은 점 중 하나입니다. 흙에서 키우는 종래의 재배에 비해서 물의 사용량을 큰 폭으로 삭감할 수 있고, 게다가 화학비료나 농약 사용을 삼가고 있기 때문에 지속 가능한 농업을 실현할 수 있습니다.

남자는 무엇에 대해서 이야기하고 있습니까?
1 품질이 높은 멜론의 비결
2 멜론을 재배하는 이유
3 물을 사용한 멜론 재배의 이점
4 지속 가능한 농업의 실현 방법

해설 　여자가 멜론을 물만으로 키우는 이유를 물어보자 남자는 はい、まず1株から採れる実の数が通常の栽培よりずっと多いからですね。(우선 한 그루에서 수확할 수 있는 열매의 수가 통상의 재배보다 훨씬 많기 때문이죠.)라고 하며 환경에 대한 부담이 적은 점, 토양에서 기르는 종래의 재배 대비 물 사용량을 줄일 수 있는 점, 화학비료나 농약 사용을 절제해도 되어 지속 가능한 농업 실현이 가능한 점을 언급하며 물만으로 멜론을 키우는 장점에 대해서 이야기하고 있으므로 3번이 정답이다. 품질이 높은 멜론을 기르는 비결에 대한 언급은 없으므로 1번은 정답이 아니고, 단순히 멜론 자체를 재배하는 이유를 말한 것은 아니므로 2번도 정답이 아니다. 물을 사용한 멜론 재배가 지속 가능한 농업을 실현시킬 수 있다고는 말했으나 실현 방법 그 자체에 대해서 이야기하고 있지는 않으므로 4번도 정답이 아니다.

단어 　農園(のうえん) 농원 | 長年(ながねん) 오랜 세월 | 品質(ひんしつ) 품질 | 栽培(さいばい) 재배 | 伺(うかが)う 여쭙다, 찾아뵙다 (겸양어) | ~株(かぶ) ~그루 | 採(と)る 뽑다, 수확하다 | 実(み) 열매 | 通常(つうじょう) 통상 | 害虫(がいちゅう) 해충 | 独自(どくじ) 독자(적), 자기 혼자 | 従来(じゅうらい) 종래(이전부터 지금까지) | 大幅(おおはば)に 대폭으로 | 削減(さくげん) 삭감 | 肥料(ひりょう) 비료 | 農薬(のうやく) 농약 | 控(ひか)える 삼가다, 기다리다, 앞두다 控(ひか)える 삼가다, 절제하다 | 持続(じぞく) 지속 | 農業(のうぎょう) 농업 | 実現(じつげん) 실현 | 秘訣(ひけつ) 비결 | 用(もち)いる 사용하다 | メリット 메리트, 이점

🎧 개요이해_실전연습문제_5번.mp3

会社で社長が話しています。

M：当社のメイン商品の自動車用ガラスクリーナーに関して、今まではテレビの広告に力を入れていましたが、来年度からはラジオに切り替えることにしました。広報部と調査と議論を重ねた結果、変更することによって広告効果はさほど変わらないという結果に至りました。ラジオの広告料はテレビの10分の1程度ですが、効果が10分の1になるわけではなく、今と変わらないと見込んでいます。その理由の一つは当社の商品は、トラックやタクシーなどに乗る方が主なターゲットだからです。そういった方はラジオを聞くことが多く、運転中だからこそたびたびガラスの清潔状態が気になり、ガラス磨きの必要性を感じるはずです。なお、ネットに流している広告の費用はこれまでと同様に維持します。

5 社長は主に何について話していますか。
1 広告媒体を変える理由
2 広告の必要性と効率
3 商品のターゲット層

4 広告費用の変動

해석 회사에서 사장님이 이야기하고 있습니다.

M : 당사의 메인 상품인 자동차용 유리 클리너에 관해서 지금까지는 텔레비전 광고에 힘을 쏟고 있었습니다만, 내년도부터는 라디오로 전환하기로 했습니다. 홍보부와 조사와 의논을 거듭한 결과, 변경하는 것으로 인해서 광고 효과는 그다지 변하지 않는다는 결과에 이르렀습니다. 라디오 광고료는 텔레비전의 10분의 1 정도입니다만, 효과가 10분의 1이 되는 것이 아니라 지금과 다르지 않을 것으로 내다보고 있습니다. 그 이유 중 하나는 당사의 상품은 트럭이나 택시 등을 타는 분이 주된 타깃이기 때문입니다. 그러한 분은 라디오를 듣는 일이 많고, 운전 중이기 때문에 번번이 유리의 청결 상태가 신경 쓰여서 유리 닦기의 필요성을 느낄 것입니다. 또한 인터넷에 내보내고 있는 광고의 비용은 지금까지와 동일하게 유지하겠습니다.

사장님은 주로 무엇에 대해서 이야기하고 있습니까?

1 광고 매체를 바꾸는 이유
2 광고의 필요성과 효율
3 상품의 타깃층
4 광고 비용의 변동

해설 사장님이 지금까지는 테레비의 광고에 힘을 쏟고 있었지만, 내년도부터는 라디오로 바꾸기로 했습니다. (지금까지는 텔레비전 광고에 힘을 쏟고 있었습니다만, 내년도부터는 라디오로 전환하기로 했습니다.)라고 말하면서 텔레비전에서 라디오로 전환하기로 한 이유에 대해서 설명하고 있으므로 1번이 정답이다. 광고로 인한 효과에 대한 언급은 하고 있지만 이는 텔레비전에서 라디오로 매체를 전환했을 시의 효과를 비교하는 것뿐이며 주된 내용이 아니므로 2번은 정답이 아니고, 메인 상품인 유리 클리너의 타깃층에 대한 이야기도 언급은 했지만 주된 내용은 아니므로 3번도 정답이 아니다. 텔레비전에서 라디오로 광고 매체를 전환하는 경우 광고료가 10분의 1 정도라는 언급은 있었지만 이 또한 주된 내용이 아니므로 4번도 정답이 아니다.

단어 クリーナー 클리너, 세정제 | 切(き)り替(か)える 새로 바꾸다, 전환하다 | 広報(こうほう) 홍보 | 議論(ぎろん) 의논, 논의 | さほど 그다지, 별로 | 至(いた)る 이르다, 도달하다 | 程度(ていど) 정도 | 見込(みこ)む 기대하다, 내다보다 | 当社(とうしゃ) 당사 | 主(おも)だ 주요하다, 주되다 | ターゲット 타깃, 표적 | ~からこそ ~이기 때문에 | たびたび 번번이, 여러 번 | 清潔(せいけつ) 청결 | ガラス磨(みが)き 유리 닦기 | なお 또한 | 同様(どうよう)だ 같은 모양이다, 같다 | 維持(いじ) 유지 | 媒体(ばいたい) 매체 | ~層(そう) ~층 | 効率(こうりつ) 효율 | 変動(へんどう) 변동

🎧 개요이해_실전연습문제_6번.mp3

ラジオで機械メーカーの人が話しています。

F : 今回当社が開発した製品は、草や雑草を切るために使われる、農業や建設業、公共事業では「刈払機」と呼ばれるものです。しかし、本製品は家庭で使用することを想定して、より一般的に使われている「草刈り機」という名称を使っています。この製品はガソリンやディーゼルを使用しない電気タイプなので従来の製品に比べて軽量化されて、あまり騒音が出ません。しかもコードレスの充電式なので、コンセントのない場所など、様々な作業環境に対応できます。

6 機械メーカーの人は何について話していますか。

1 草刈り機の名称の変化
2 草刈り機の使用法
3 草刈り機の特徴
4 コードレスの草刈り機の長所

해석 라디오에서 기계 제조 회사 사람이 이야기하고 있습니다.

F : 이번에 당사가 개발한 제품은 풀이나 잡초를 자르기 위해서 사용되는 농업이나 건설업, 공공사업에서는 '예불기'라고 불리는 것입니다. 그러나 본 제품은 가정에서 사용하는 것을 상정하여 보다 일반적으로 사용하고 있는 '예초기'라는 명칭을 사용하고 있습니다. 이 제품은 가솔린이나 디젤을 사용하지 않는 전기 타입이기 때문에 종래의 제품에 비해서 경량화되어 그다지 소음이 나지 않습니다. 게다가 무선 충전식이기 때문에 콘센트가 없는 장소 등 다양한 작업 환경에 대응할 수 있습니다.

기계 제조 회사 사람은 무엇에 대해서 이야기하고 있습니까?

1 예초기의 명칭 변화
2 예초기의 사용법
3 예초기의 특징
4 무선 예초기의 장점

해설 여자가 이 제품은 가솔린이나 디젤을 사용하지 않는 전기 타입이기 때문에 종래의 제품에 비해서 경량화되어 그다지 소음이 나지 않습니다. (이 제품은 가솔린이나 디젤을 사용하지 않는 전기 타입이기 때문에 종래의 제품에 비해서 경량화되어 그다지 소음이 나지 않습니다.)라고 말하면서 무선 충전식 예초기의 특징에 대해서 설명하고 있으므로 3번이 정답이다. 예초기가 농업이나 건설업, 공공사업에서는 '예불기'로 불리는 것에 대해 언급은 있었지만 예초기의 명칭이 변화에 대한 내용은 아니므로 1번은 정답이 아니고, 예초기의 사용법에 대한 언급 또한 없으므로 2번도 정답이 아니다. 해당 예초기가 무선 충전식이라 콘센트가 없는 장소에서 사용할 수 있다고는 했지만 장점이 주된 내용은 아니므로 4번도 정답이 아니다.

단어 メーカー 메이커, 제조 회사 | 当社(とうしゃ) 당사 | 開発(かいはつ) 개발 | 雑草(ざっそう) 잡초 | 農業(のうぎょう) 농업 | 公共(こうきょう) 공공 | 事業(じぎょう) 사업 | 刈払機(かりばらいき) 예불기 | 想定(そうてい) 상정 | 草刈(くさか)り機(き) 예초기, 제초기 | 名称(めいしょう) 명칭 | ガソリン 가솔린 | ディーゼル 디젤 | 従来(じゅうらい) 종래(이전부터 지금까지) | 軽量(けいり

ょう) 경량 | 騒音(そうおん) 소음 | コードレス 코드 리스, 무선 | 充電式(じゅうでんしき) 충전식 | コンセント 콘센트 | 対応(たいおう) 대응 | 特徴(とくちょう) 특징

🎧 개요이해_실전연습문제_7번.mp3

テレビで女の人が話しています。

F：「これだけ詳しく説明しているのになぜ伝わらないのだろうか」という思いをしたことはありませんか。その原因は先入観にあると言われます。先入観とは、初めて知ったことを基準に形成された固定的な概念のことで、人によって成長環境が違うので、当然人それぞれ異なる先入観を持っているわけです。話が通じないのも、自分と相手の先入観が異なるためであり、言いたいことをきちんと伝えるには、お互いが持っている根底の思い込みを把握し、理解しなければなりません。言い換えると、自分の常識と相手の常識に食い違いがないか確認する作業が必要なのです。

7 女の人は何について話していますか。

1 先入観が生まれる理由
2 相手に話が伝わらない原因
3 相手を理解する方法
4 常識の食い違いによる問題

해석　텔레비전에서 여자가 이야기하고 있습니다.

F："이만큼 자세하게 설명하고 있는데 왜 전달되지 않는 것일까?"라는 생각을 한 적은 없나요? 그 원인은 선입견에 있다고 말해집니다. 선입견이란 처음 알게 된 것을 기준으로 형성된 고정적인 개념으로 사람에 따라서 성장 환경이 다르기 때문에 당연히 사람마다 다른 선입견을 가지고 있을 것입니다. 이야기가 통하지 않는 것도 자신과 상대방의 선입견이 다르기 때문이며 말하고 싶은 것을 제대로 전하기 위해서는 서로가 가지고 있는 근본의 선입견을 파악하고 이해하지 않으면 안 됩니다. 바꿔 말하면 자신의 상식과 상대방의 상식에 엇갈리는 일이 없는지 확인하는 작업이 필요한 것입니다.

여자는 무엇에 대해서 이야기하고 있습니까?

1 선입견이 생기는 이유
2 상대방에게 이야기가 전해지지 않는 원인
3 상대방을 이해하는 방법
4 상식의 차이에 의한 문제

해설　여자는 자세하게 설명하는데 왜 전달이 안 되는 지에 대해서 그 원인은 先入観にあると言われます。(그 원인은 선입견에 있다고 말해집니다.)라고 언급하며 상대방에게 이야기가 전달되지 않는 원인에 대해 말하고 있으므로 2번이 정답이다. 선입견이 생기는 이유에 대해 언급은 하고 있지만 주된 내용이 아니기 때문에 1번은 정답이 아니다. 말하고 싶은 것을 제대로 전하기 위해 서로가 가지고 있는 선입견을 이해해야 한다고 했으나 방법을 이야기한 것은 아니므로 3번도 정답이 아니다. 자신의 상식과 상대방의 상식에 차이가 없는지 확인하는 작업이 필요하다는 언급은 있었지만 그로 인해 파생되는 문제에 대한 구체적 언급은 없으므로 4번이 정답이 아니다.

단어　先入観(せんにゅうかん) 선입견 | 基準(きじゅん) 기준 | 形成(けいせい) 형성 | 固定的(こていてき)だ 고정적이다 | 概念(がいねん) 개념 | 当然(とうぜん)だ 당연하다, 마땅하다 | 異(こと)なる 다르다, 같지 않다 | 通(つう)じる 통하다 | 根底(こんてい) 근저, 근본, 토대 | 思(おも)い込(こ)み 굳게 믿음, 확신함 | 把握(はあく) 파악 | 言(い)い換(か)える 바꿔 말하다 | 常識(じょうしき) 상식 | 食(く)い違(ちが)い 어긋나는 일, 엇갈리는 일

🎧 개요이해_실전연습문제_8번.mp3

ウォーキングイベントで男の人が話しています。

M：ウォーキングイベントは、散歩好きの人々にとってさほど特別な行事ではないかもしれません。しかし、実際参加してみると、地域についての色々なことが見えてきます。例えば、水路にかかる橋が200年も前にかけられたことを初めて知ったことや、大きな交差点で信号待ちしてたとき、青信号の時間が短くて渡りきれない人がいるということにも気づきました。ちなみに高齢者の方はほぼ全員感じられたようです。他にもいろいろと気づかされたところが多く、イベントに参加したことでその地域をよく知るきっかけになりました。

8 男の人が言いたいことは何ですか。

1 ウォーキングイベントは散歩とは異なる行為だ
2 高齢者のために交差点の信号は長くするべきだ
3 イベントを通じて地域への理解が深まった
4 地域に関わる歴史を学ぶのは楽しいことだ

해석　워킹 이벤트에서 남자가 이야기하고 있습니다.

M：워킹 이벤트는 산책을 좋아하는 사람들에게 있어서 그다지 특별한 행사 아닐지도 모릅니다. 하지만 실제로 참여해 보면 지역에 대한 여러 가지 것이 보이기 시작합니다. . 예를 들어 수로에 놓인 다리가 200년도 전에 놓여진 것을 처음 알게 된 것이나 큰 교차로에서 신호를 기다리고 있을 때 파란불의 시간이 짧아서 건너지 못하는 사람이 있다는 것도 깨달았습니다. 참고로 고령자분들은 대부분 모두 느끼셨던 것 같습니다. 그 밖에도 여러 가지 깨닫게 된 점이 많고 이벤트에 참가한 것으로 그 지역을 잘 아는 계기가 되었습니다.

남자가 하고 싶은 말은 무엇입니까?

1 워킹 이벤트는 산책과는 다른 행위다
2 고령자를 위해서 교차로 신호를 길게 해야 한다
3 이벤트를 통해서 지역에 대한 이해가 깊어졌다
4 지역에 관련된 역사를 배우는 것은 즐거운 일이다

해설 남자가 이벤트에 참가한 것으로 그 지역을 잘 아는 계기가 되었습니다. (이벤트에 참가한 것으로 그 지역을 잘 아는 계기가 되었습니다.)라고 말하며 워킹 이벤트에 참여해서 그 지역에 대한 여러 가지 일을 깨달았다고 했으므로 3번이 정답이다. 산책을 좋아하는 사람에게 워킹 이벤트는 특별한 행사가 아닐 수도 있다고는 했지만 산책과 다른 행위라는 언급은 없으므로 1번은 정답이 아니고, 큰 교차로에서 신호를 기다리고 있을 때 파란불의 시간이 짧아서 건너지 못하는 사람이 있고 특히 고령자들이 대부분 그렇게 느꼈다는 것을 깨달았다 언급은 있었지만 말하고 싶은 주된 내용은 아니므로 2번도 정답이 아니다. 워킹 이벤트를 통해 역사를 배웠다는 언급은 없으므로 4번도 정답이 아니다.

단어 ウォーキング 워킹 | さほど 그다지, 별로 | 実際(じっさい) 실제 | 地域(ちいき) 지역 | 水路(すいろ) 수로 | 交差点(こうさてん) 교차점, 교차로 | ～きれない 다 ~할 수 없다 | ちなみに 참고로, 덧붙여서 말하면 | きっかけ 계기 | 異(こと)なる 다르다, 같지 않다 | 行為(こうい) 행위 | ～に関(かか)わる ~에 관련된

🎧 개요이해_실전연습문제_9번.mp3

テレビでeスポーツ選手が話しています。

M：子供のころからゲームは好きだったんですが、本格的にeスポーツにはまったのは大学生のときからです。コロナのせいで大学がオンライン授業になって、外にあまり出なくなったので、家でゲームばっかりしてました。そうしたら、対戦相手から一緒にチームを組まないかって誘われたんです。それまでは自分にゲームの才能がないと思ったので、チームに誘われるとは夢にも思いませんでした。それで、大学卒業後チームに入ったんですが、初めは外国人もいたので、メンバーと思い通りに話せませんでした。しかし、今はスムーズにコミュニケーションできるようになって今年は世界チャンピオンリーグの優勝を目指して意気込んでいます。

9 eスポーツ選手は主に何について話していますか。

1 コロナによるeスポーツの復興
2 ゲームの才能に気づいたきっかけ
3 eスポーツチームに加わった経緯
4 今年のeスポーツ大会の目標

해석 텔레비전에서 e스포츠 선수가 이야기하고 있습니다.

M：어렸을 적부터 게임은 좋아했지만, 본격적으로 e스포츠에 빠진 것은 대학생 때부터입니다. 코로나 탓에 대학이 온라인 수업이 되어서 밖에 그다지 나가지 않게 되었기 때문에 집에서 게임만 하고 있었습니다. 그랬더니 대전 상대로부터 함께 팀을 짜지 않겠냐고 권유받은 것입니다. 그전까지는 자신에게 게임의 재능이 없다고 생각했기 때문에, 팀에 권유받을 것이라고는 꿈에도 생각하지 못했습니다. 그래서 대학 졸업 후 팀에 들어갔습니다만, 처음에는 외국인도 있었기 때문에 멤버와 생각대로 이야기할 수 없었습니다. 하지만 지금은 순조롭게 커뮤니케이션할 수 있게 되어서 올해는 세계 챔피언 리그 우승을 목표로 의욕에 불타고 있습니다.

e스포츠 선수는 주로 무엇에 대해서 이야기하고 있습니까?

1 코로나로 인한 e스포츠의 부흥
2 게임의 재능을 깨달은 계기
3 e스포츠 팀에 참여하게 된 경위
4 올해의 e스포츠 대회의 목표

해설 남자가 そうしたら、対戦相手から一緒にチームを組まないかって誘われたんです。それまでは自分にゲームの才能がないと思ったので、チームに誘われるとは夢にも思いませんでした。(그랬더니 대전 상대로부터 함께 팀을 짜지 않겠냐고 권유받은 것입니다. 그전까지는 자신에게 게임의 재능이 없다고 생각했기 때문에, 팀에 권유받을 것이라고는 꿈에도 생각하지 못했습니다.)라고 말하며 e스포츠 팀에 합류하게 된 경위에 대해 주로 말하고 있으므로 3번이 정답이다. 코로나 탓에 대학이 온라인 수업이 되어서 밖에 그다지 나가지 않았다는 언급은 있지만 코로나로 인해 e스포츠 자체의 부흥으로 연결되는 이야기는 아니므로 1번은 정답이 아니고, 본인이 게임의 재능이 있음을 깨달은 계기에 대해서도 언급하고 있지 않으므로 2번도 정답이 아니다. 올해의 e스포츠 대회의 목표가 우승이라고 이야기는 했지만 주된 내용은 아니므로 4번도 정답이 아니다.

단어 eスポーツ e스포츠(온라인 게임으로 경쟁하는 스포츠) | 本格的(ほんかくてき)に 본격적으로 | 嵌(は)まる 꼭 맞다, 빠져들다 | コロナ 코로나 | 対戦(たいせん) 대전 | 組(く)む 짜다, 꼬다, 끼다 | 誘(さそ)う 꾀다, 권유하다 | 才能(さいのう) 재능 | ～通(ど お)り ~대로 | スムーズに 순조롭게 | コミュニケーション 커뮤니케이션 | チャンピオン 챔피언 | リーグ 리그 | 優勝(ゆうしょう) 우승 | 目指(めざ)す 목표로 하다 | 意気込(いきご)む 벼르다, 의욕에 불타다 | 主(おも)に 주로 | 復興(ふっこう) 부흥 | きっかけ 계기 | 加(くわ)わる 가해지다, 더해지다, 참여하다 | 経緯(けいい) 경위

🎧 개요이해_실전연습문제_10번.mp3

テレビでアナウンサーが俳優にインタビューしています。

F：このたび、娘さんが女優デビューしましたが、父親としてはどんなお気持ちでしょうか。

M：一人の新人女優と認めた上で、冷静に演技を観察するようにはしてますけど、やっぱり娘ですからね。

F：そうでしょうね。今まで娘だと思っていたのに、いきな

りカメラの前に立って演技するわけですからね。
M：そうですね。客観的に見て先輩としてアドバイスもしたいですけどね。やっぱり難しいものですね。もう色んな感情が入り混じって複雑な気持ちになりました。こんなに成長したんだなあって。
F：お友達の松田さんは、この間親子でドラマに共演されたとお聞きしましたが、娘さんと共演について考えたことはございますか。
M：いや、僕にはあんなこと、とてもできませんよ。
F：あら、それはなぜですか。
M：いつまでも子どもだと思っていた娘のことなんで、何だか照れくさいというか、気まずいというか。まずはこれからの活躍を見守ってあげたいですね。

10 俳優は何について話していますか。
1 娘を客観的に見ることの難しさ
2 娘の成長を感じる瞬間
3 娘の演技に対する評価
4 親子共演に対する意見

해석　텔레비전에서 아나운서가 배우에게 인터뷰하고 있습니다.
F：이번에 따님이 여배우 데뷔했습니다만, 아버지로서는 어떤 기분이신가요?
M：한 명의 신인 여배우라고 인정한 후에 냉정하게 연기를 관찰하도록은 하고 있습니다만, 역시 딸이니까요.
F：그렇겠네요. 지금까지 딸이라고 생각하고 있는데 갑자기 카메라 앞에 서서 연기하는 것이니까요.
M：그렇죠. 객관적으로 보고 선배로서 조언도 하고 싶지만요. 역시 어려운 일이네요. 참 여러 감정이 뒤섞여서 복잡한 기분이 들었습니다. 이렇게 성장했구나 하고요.
F：친구분인 마츠다 씨는 얼마 전 부모와 자식으로 드라마에 공동 출연하셨다고 들었습니다만, 따님과 공동 출연에 대해서 생각한 적은 있으신가요?
M：아니요, 저는 그런 거 도저히 할 수 없어요.
F：어머, 그건 왜인가요?
M：언제까지나 아이라고 생각하고 있었던 딸이라서 왠지 쑥스럽다고 할까 어색하다고 할까. 우선은 앞으로의 활약을 지켜봐 주고 싶네요.

배우는 무엇에 대해서 이야기하고 있습니까?
1 딸을 객관적으로 보는 것의 어려움
2 딸의 성장을 느끼는 순간
3 딸의 연기에 대한 평가
4 부자 공동 출연에 대한 의견

해설　남자가 一人의 신인 여우라고 인정한 上에서, 冷静히 연기를 보도록은 하고 있습니다만, やっぱり 딸이기 때문에요. (한 명의 신인 여배우라고 인정한 후에 냉정하게 연기를 보도록은 하고 있습니다만, 역시 딸이니까요.)라고 말하며 客観的으로 보고 先輩로서 조언도 하고 싶지만요. 역시 어려운 일이네요. (객관적으로 보고 선배로서 조언도 하고 싶지만요. 역시 어려운 일이네요.)라고 하며 객관적으로 딸을 보는 것이 어렵다고 말하고 있으므로 1번이 정답이다. 딸의 성장을 느낀 순간에 대해서는 언급하고 있지 않으므로 2번은 정답이 아니고, 딸의 연기를 냉정하게 보려고는 하고 있다고 했지만 딸에 대한 연기 평가 자체는 어떻게 이루어졌는지 말하고 있지 않으므로 3번도 정답이 아니다. 부모와 자식이 공동 출연한 친구를 보고 본인이라면 할 수 없다고만 이야기했으므로 4번도 정답이 아니다.

단어　俳優(はいゆう) 배우 | 女優(じょゆう) 여배우 | デビュー 데뷔 | 新人(しんじん) 신인, 신참 | ～上(うえ)で ~하는 데 있어서, ~한 후에 | 演技(えんぎ) 연기 | 観察(かんさつ) 관찰 | 客観的(きゃっかんてき)に 객관적으로 | 入(い)り混(ま)じる 뒤섞이다 | 親子(おやこ) 부모와 자식 | 共演(きょうえん) 공연, 같이 연기함, 공동 출연 | 照(て)れ臭(くさ)い 멋쩍다, 쑥스럽다 | 気(き)まずい 서먹서먹하다, 어색하다 | 活躍(かつやく) 활약 | 見守(みまも)る 지켜보다 | 瞬間(しゅんかん) 순간 | 評価(ひょうか) 평가

🎧 개요이해_실전연습문제_11번.mp3

留守番電話に、マイクの修理会社の人からメッセージが入っています。

M：ジャパン電子機器の山本でございます。ご依頼になったマイクの件でお電話いたしました。機器を分解したところ、修理は可能ですが、水濡れの可能性があると考えられます。大変心苦しいのですが、水に濡れた場合は保証対象外となりまして、修理代金4千円をいただかなければなりません。誠に恐縮ではございますが、修理代をお支払いいただくか、このままご返品していただくかをお知らせいただけますでしょうか。よろしくお願いいたします。

11 このメッセージで言いたいことは何ですか。
1 マイクの修理が完了した
2 保証外の製品は修理できない
3 前もって修理代を振り込んでほしい
4 今後の対応について連絡してほしい

해석　부재중 전화에 마이크 수리 회사 사람으로부터 메시지가 들어와 있습니다.
F：재팬 전자기기의 야마모토입니다. 의뢰하셨던 마이크 건으로 전화드렸습니다. 기기를 분해한 결과, 수리는 가능합니다만, 물에 젖었을 가능성이 있다고 생각됩니다. 매우 마음이 불편합니다만, 물에 젖은 경우는 보증 대상 외가 되므로, 수리 대금 4천

엔을 받지 않으면 안 됩니다. 정말 송구스럽습니다만, 수리비를 지불할지 이대로 반품해 받을지를 알려 주실 수 있으실까요? 잘 부탁드립니다.

이 메시지에서 하고 싶은 말은 무엇입니까?

1 마이크 수리가 완료되었다
2 보증 외의 제품은 수리할 수 없다
3 미리 수리비를 입금해 주길 바란다
4 향후의 대응에 대해서 연락해 주길 바란다

해설 남자가 修理代をお支払いいただくか、このままご返品させていただくかをお知らせいただけますでしょうか(수리비를 지불할지 이대로 반품해 받을지를 알려 주실 수 있으실까요?)라며 의뢰받은 마이크가 물에 젖었을 가능성이 있다며 향후 어떻게 대응을 해주었으면 하는지 알려달라고 이야기하고 있으므로 4번이 정답이다. 마이크 수리가 가능하다고만 이야기했으며 수리가 완료되었다는 이야기가 아니었으므로 1번은 정답이 아니고, 보증 외 대상도 비용을 내면 수리가 가능하다고 했으므로 물에 마이크가 젖은 경우는 보증 대상 외가 되어 2번도 정답이 아니다. 보증 대상 외 수리 대금을 미리 입금해달라는 언급은 없었으므로 3번도 정답이 아니다.

단어 機器(きき) 기기 | 依頼(いらい) 의뢰 | 分解(ぶんかい) 분해 | 水濡(みずぬ)れ 물에 젖음 | 心苦(こころぐる)しい (미안해서) 마음이 불편하다, 속상하다 | 保証(ほしょう) 보증 | 対象(たいしょう) 대상 | 代金(だいきん) 대금 | 誠(まこと)に 참으로, 정말로 | 恐縮(きょうしゅく) 죄송스럽게 여김, 송구스러움 | 返品(へんぴん) 반품 | 完了(かんりょう) 완료 | 前(まえ)もって 미리, 앞서 | 振(ふ)り込(こ)む 입금하다 | 対応(たいおう) 대응

🎧 개요이해_실전연습문제_12번.mp3

米に関するセミナーで食品会社の社員が話しています。

F：お米は人類が長年食べ続けてきたものですが、以前まではそのまま食べていました。しかし、今は米を生産する際に栄養のある皮の部分を全て取ってしまうんです。この栄養分は何らかの形で米以外の食材から摂らなければなりません。皮と中身を残した玄米、これを毎日摂取した場合、どうなるか。こちらの表をご覧ください。糖尿病の改善、体重の増加抑制、血圧の安定、貧血予防、さらには便秘の解消にも効果があることが、一目でお分かりいただけると思います。玄米は少し硬いですが、白米と混ぜて炊くと食べやすくなるので、ぜひ栄養がたっぷり入ったご飯を食べてみてください。

12 社員は何について話していますか。

1 お米と人類史の関連性
2 お米中心の食事による栄養不足
3 玄米の摂取が身体に与える影響
4 玄米の豊富な栄養成分

해석 쌀에 관한 세미나에서 식품 회사 사원이 이야기하고 있습니다.
F：쌀은 인류가 오랜 세월 계속 먹어 온 것입니다만, 이전까지는 그대로 먹었습니다. 하지만 지금은 쌀을 생산할 때에 영양이 있는 껍질 부분을 모두 떼어 버립니다. 이 영양분은 어떠한 형태로 쌀 이외의 식재료에서 섭취하지 않으면 안 됩니다. 껍질과 알맹이를 남긴 현미, 이것을 매일 섭취한 경우 어떻게 될지. 이 표를 봐 주세요. 당뇨병 개선, 체중 증가 억제, 혈압 안정, 빈혈 예방, 게다가 변비 해소 효과가 있다는 것을 한눈에 이해하실 수 있을 거라고 생각합니다. 현미는 조금 딱딱합니다만, 백미와 섞어서 밥을 지으면 먹기 쉬워지므로 꼭 영양이 듬뿍 들어간 밥을 먹어 봐 주세요.

사원은 무엇에 대해서 이야기하고 있습니까?

1 쌀과 인류사의 관련성
2 쌀 중심의 식사에 의한 영양 부족
3 현미 섭취가 신체에 주는 영향
4 현미의 풍부한 영양 성분

해설 여자가 인류가 쌀을 오랜 세월 먹어왔지만 현대 사회에서 생산하는 쌀은 영양이 있는 부분을 제거하기 때문에 해당 영양분은 쌀 이외의 식재료에서 섭취하지 않으면 안 된다는 이야기를 하면서 皮と中身を残した玄米、これを毎日摂取した場合、どうなるか。この表をご覧ください(껍질과 알맹이를 남긴 현미, 이것을 매일 섭취한 경우 어떻게 될지. 이 표를 봐 주세요.)라고 하며 현미 섭취로 인한 효과에 대해 말하고 있으므로 3번이 정답이다. 쌀과 인류 역사의 관련성 자체에 대해 말하고 있지는 않으므로 1번은 정답이 아니고, 쌀 중심 식사로 인한 영양 부족에 대한 내용은 언급하고 있지 않으므로 2번도 정답이 아니다. 현미의 영양 성분 자체에 대해서도 언급하고 있지 않으므로 4번도 정답이 아니다.

단어 セミナー 세미나 | 人類(じんるい) 인류 | 長年(ながねん) 오랜 세월 | ~際(さい)(に) ~할 때(에), ~할 즈음(에) | 皮(かわ) 가죽, 껍질 | 食材(しょくざい) 식재료 | 摂(と)る 섭취하다 | 中身(なかみ) 속, 알맹이 | 玄米(げんまい) 현미 | 摂取(せっしゅ) 섭취 | 糖尿病(とうにょうびょう) 당뇨병 | 改善(かいぜん) 개선 | 体重(たいじゅう) 체중 | 増加(ぞうか) 증가 | 抑制(よくせい) 억제 | 血圧(けつあつ) 혈압 | 安定(あんてい) 안정 | 貧血(ひんけつ) 빈혈 | 予防(よぼう) 예방 | 便秘(べんぴ) 변비 | 解消(かいしょう) 해소 | 一目(ひとめ) 한 눈 | 白米(はくまい) 백미, 흰쌀 | 混(ま)ぜる 뒤섞다, 혼합하다 | 炊(た)く 밥을 짓다 | 関連性(かんれんせい) 관련성 | 影響(えいきょう) 영향 | 豊富(ほうふ)だ 풍부하다 | 成分(せいぶん) 성분

🎧 개요이해_실전연습문제_13번.mp3

家庭医学の講座で専門家が話しています。

M：本格的な冬がやってきました。当たり前ですが、冬は

風邪に注意しなければなりません。風邪の原因であるウイルスですが、実は周辺環境が乾燥すると大喜びするんです。湿度が低くなり空気が乾燥すると、空気中にウイルスが浮いている時間が長くなり、その分だけ動きも活発になります。さらに、口や鼻の粘膜は乾燥するとウイルスを防ぐ機能が低下してしまい、ウイルスが体内に入りやすくなるんです。冬が近づくと家電メーカーが加湿器のコマーシャルを一斉に始めますが、それにはちゃんとした理由があったんです。

13 専門家は主に何について話していますか。

1 ウイルスが進化する経緯
2 風邪と湿度の関係性
3 体内に細菌が侵入する時期
4 冬に加湿器が必要な理由

해석　가정의학의 강좌에서 전문가가 이야기하고 있습니다.

M：본격적인 겨울이 찾아왔습니다. 당연하지만 겨울은 감기에 주의하지 않으면 안 됩니다. 감기의 원인인 바이러스입니다만, 사실은 주변 환경이 건조해지면 매우 기뻐합니다. 습도가 낮아지고 공기가 건조하면 공기 중에 바이러스가 떠다니고 있는 시간이 길어지고 그만큼 움직임도 활발해집니다. 게다가 입이나 코의 점막은 건조하면 바이러스를 막는 기능이 저하해 버려서 바이러스가 체내에 들어오기 쉬워지게 됩니다. 겨울이 다가오면 가전 제조 회사가 가습기 커머셜을 일제히 시작합니다만, 거기에는 제대로 된 이유가 있었던 것입니다.

전문가는 주로 무엇에 대해서 이야기하고 있습니까?

1 바이러스가 진화하는 경위
3 감기와 습도의 관계성
3 체내에 세균이 침입하는 시기
4 겨울에 가습기가 필요한 이유

해설　남자가 바이러스에 대해서 実は周辺環境が乾燥すると大喜びするんです。(사실은 주변 환경이 건조해지면 매우 기뻐합니다.)라고 말하며 겨울에 감기에 걸리기 쉬운 원인은 습도와 관련이 있다고 이야기를 하고 있으므로 2번이 정답이다. 바이러스가 진화하는 경위에 대해서는 이야기하고 있지 않으므로 1번은 정답이 아니고, 체내에 세균이 침입하는 시기에 대한 언급은 없으므로 3번도 정답이 아니다. 가전 제조 회사가 가습기 커머셜을 일제히 시작하는 이유에 대한 언급은 있지만 가습기가 필요한 이유를 주로 이야기하는 것을 아니므로 4번도 정답이 아니다.

단어　本格的(ほんかくてき)だ 본격적이다 | 乾燥(かんそう) 건조 | 大喜(おおよろこ)び 매우 기뻐하는 것 | 湿度(しつど) 습도 | 浮(う)く 뜨다, 들뜨다 | 活発(かっぱつ)だ 활발하다 | 粘膜(ねんまく) 점막 | 防(ふせ)ぐ 막다 | 機能(きのう) 기능 | 低下(ていか) 저하 | 体内(たいない) 체내 | メーカー 메이커, 제조 회사 | 加湿器(かしつき) 가습기 | コマーシャル 커머셜, 상업상, 광고 | 一斉(いっせい)に 일제히 | 経緯(けいい) 경위 | 細菌(さいきん) 세균 | 侵入(しんにゅう) 침입

会社で女の人と部長が話しています。

F：今回出す商品の宣伝ポスターについてですが、キャラクターをモデルにしてみました。部長のご意見を伺いたいのですが。
M：このポスターのデザイン自体は面白いし、若者の心をつかめるだろうけど、商品のターゲットを考えると、若者に寄りすぎている気がするな。
F：そうですか。
M：売上目標を達成するためには、もう少し幅広い年齢層を意識したデザインが必要かもしれないね。
F：はい。
M：それに、商品の印象がキャラクターに引っ張られすぎてるんだよね。商品が目立つようにしないと。あと、修正するなら商品のラベルも見直して統一感を出すべきだと思うよ。
F：確かに、そうですね。そのように修正してみます。

14 部長はどのような意見ですか。

1 若者に受けるデザインにすべきだ
2 他のモデルを起用するべきだ
3 ターゲットを広げるべきだ
4 キャラクターを強調すべきだ

해석　회사에서 여자와 부장님이 이야기하고 있습니다.

F：이번에 내놓는 상품의 선전 포스터에 대해서입니다만, 캐릭터를 모델로 해 봤습니다. 부장님의 의견을 듣고 싶습니다만.
M：이 포스터의 디자인 자체는 재미있고 젊은 사람의 마음을 사로잡을 수 있겠지만, 상품의 타깃을 생각하면 젊은 사람에게 너무 치우치는 느낌이 드는걸.
F：그런가요?
M：매출 목표를 달성하기 위해서는 **조금 더 폭넓은 연령층을 의식한 디자인이 필요할지도 모르겠네.**
F：네.
M：게다가 상품의 인상이 캐릭터에 너무 끌려가고 있어. 상품이 눈에 띄도록 하지 않으면. 그리고 수정한다면 상품 라벨도 재검토해서 통일감을 내야 한다고 생각해.
F：확실히 그렇네요. 그렇게 수정해 보겠습니다.

부장님은 어떤 의견입니까?

1 젊은 사람에게 먹히는 디자인으로 해야 한다
2 다른 모델을 기용해야 한다

3 타깃을 넓혀야 한다
4 캐릭터를 강조해야 한다

해설 남자가 もう少し幅広い年齢層を意識したデザインが必要かもしれないね。(조금 더 폭넓은 연령층을 의식한 디자인이 필요할지도 모르겠네.)라고 말하며 상품 타깃을 넓혀야 한다고 이야기하고 있으므로 3번이 정답이다. 현재 포스터는 젊은이의 마음을 사로잡을 수 있을 것 같다고는 했지만 폭넓은 연령층을 의식해야 한다고 했기 때문에 1번은 정답이 아니고, 다른 모델을 기용해야 한다는 언급은 없으므로 2번도 정답이 아니다. 그리고 캐릭터보다 상품을 돋보이도록 해야 한다고 했으므로 4번도 정답이 아니다.

단어 キャラクター 캐릭터 | 伺(うかが)う 여쭙다, 찾아뵙다(겸양어) | 自体(じたい) 자체 | 心(こころ)を掴(つか)む 마음을 사로잡다 | ターゲット 타깃, 표적 | 寄(よ)る 접근하다, 다가가다, 치우치다 | 売上(うりあげ) 매출 | 達成(たっせい) 달성 | 幅広(はばひろ)い 폭넓다 | 年齢層(ねんれいそう) 연령층 | 意識(いしき) 의식 | 引(ひ)っ張(ぱ)る 잡아끌다, 끌어당기다 | 修正(しゅうせい) 수정 | ラベル 라벨 | 見直(みなお)す 다시 보다, 재검토하다 | 統一感(とういつかん) 통일감 | 起用(きよう) 기용 | 強調(きょうちょう) 강조

🔊 개요이해_실전연습문제_15번.mp3

ラジオで調理器具のメーカーの人が話しています。

F：料理するとき、食材を切るのに時間をかけすぎていませんか。そんな方には最近SNSで話題の「スパスパカッター」がお勧めです。大きな刃がパワフルに回転して、食材の準備を一瞬でやってしまう、主婦のお助けアイテムなんです。部品を交換することで、スライスやみじん切りなどの様々な切り方にすることもできます。また、ミキサー機能も付いていますので、子供用の料理もワンタッチ。これまで何度も挑戦したけど諦めてかけていたポタージュスープや、スムージーといった料理も楽しめます。

15 調理器具のメーカーの人は何について話していますか。
1 調理時間の短縮について
2 ミキサーの刃の交換方法について
3 食材の切り方について
4 調理器具の主な機能について

해석 라디오에서 조리 기구 제조 회사 사람이 이야기하고 있습니다.
F：요리할 때, 식재료를 자르는 데 시간을 너무 쓰고 있지 않나요? 그런 분에게는 최근 SNS에서 화제인 '싹둑싹둑 커터'를 추천합니다. 큰 칼날이 파워풀하게 회전해서 식재료의 준비를 순식간에 해 버리는 주부의 도우미 아이템입니다. 부품을 교환하는 것으로 슬라이스나 다지기 등 다양한 자르는 방법으로도 할 수 있습니다. 또한 믹서 기능도 붙어 있기 때문에 아이용 요리도 원터치. 지금까지 몇 번이나 도전했지만 포기할 뻔했던 포타주 수프나 스무디 같은 요리도 즐길 수 있습니다.

조리 기구 제조 회사 사람은 무엇에 대해서 이야기하고 있습니까?
1 조리 시간의 단축에 대해서
2 믹서 날의 교환 방법에 대해서
3 식재료의 자르는 방법에 대해서
4 조리 기구의 주된 기능에 대해서

해설 여자가 そんな方には最近SNSで話題の「スパスパカッター」がお勧めです。(그런 분에게는 최근 SNS에서 화제인 '싹둑싹둑 커터'를 추천합니다.)라고 이야기하면서 조리 기구의 주된 기능에 대해서 소개하고 있으므로 4번이 정답이다. 요리 시간의 단축에 대한 언급은 있지만 주된 내용은 아니므로 1번은 정답이 아니고, 부품을 교환하는 것으로 다양한 자르는 방법이 가능하다고 했지만 믹서 날의 교환 방법과 식재료를 자르는 방법에 대한 구체적인 설명은 없으므로 2, 3번도 정답이 아니다.

단어 調理器具(ちょうりきぐ) 조리기구 | メーカー 메이커, 제조 회사 | 食材(しょくざい) 식재료 | すぱすぱ 싹둑싹둑 | カッター 커터 | 刃(は) 칼날 | パワフルだ 파워풀하다 | 回転(かいてん) 회전 | 一瞬(いっしゅん) 한순간, 짧은 순간 | 交換(こうかん) 교환 | スライス 슬라이스 | みじん切(ぎ)り 잘게 써는 것, 다지는 것 | 様々(さまざま)だ 다양하다 | ミキサー 믹서 | 機能(きのう) 기능 | ワンタッチ 원터치 | 挑戦(ちょうせん) 도전 | ～かける ~하다 말다, ~할 뻔하다, ~하기 시작하다 | ポタージュスープ 포타주 수프 | スムージー 스무디 | 短縮(たんしゅく) 단축 | 主(おも)だ 주요하다, 주되다 | 機能(きのう) 기능

즉시응답 실전 연습 문제 531p

1 ①	2 ③	3 ①	4 ①	5 ①
6 ③	7 ①	8 ②	9 ①	10 ①
11 ③	12 ①	13 ①	14 ②	15 ②
16 ②	17 ①	18 ①	19 ③	20 ①
21 ①	22 ①	23 ②	24 ①	25 ①
26 ②	27 ①	28 ②	29 ①	30 ①
31 ①	32 ①	33 ①	34 ①	35 ②
36 ③	37 ①	38 ②	39 ①	40 ①
41 ③	42 ①	43 ①	44 ②	

기본 버전 MP3    배속 버전 MP3

문제4 문제4에서는, 문제 용지에 아무것도 인쇄되어 있지 않습니다. 먼저 문장을 들어 주세요. 그리고, 그것에 대한 대답을 듣고, 1부터 3 중에서, 가장 알맞은 것을 하나 고르세요.

🎧 즉시응답_실전연습문제_1번.mp3

1 田中さん、昨日のプレゼン、資料が大雑把すぎて理解しづらかったですよ。

1 すみません、次はもっと丁寧に作ります。
2 はい、ちょっと派手でしたよね。
3 ありがとうございます。会心のプレゼンなんです。

해석 다나카 씨, 어제 발표, 자료가 너무 조잡해서 이해하기 어려웠어요.
1 죄송합니다, 다음에는 더 정성스럽게 만들겠습니다.
2 네, 조금 화려했죠?
3 감사합니다. 회심의 발표이거든요.

해설 어제 진행한 발표 피드백에 대한 대답을 고르는 문제이다. 피드백을 수용하면서 다음에 더 열심히 하겠다고 한 1번이 정답이다. 2번은 상황에 맞지 않는 대답이므로 정답이 아니고, 3번은 발표에 대한 칭찬을 들었을 때 하는 대답이므로 정답이 아니다.

단어 大雑把(おおざっぱ)だ 조잡하다, 대략적이다 | 丁寧(ていねい)に 정성껏 | 派手(はで)だ 화려하다 | 会心(かいしん) 회심 | プレゼン 프레젠테이션, 발표(プレゼンテーション의 줄임말)

🎧 즉시응답_실전연습문제_2번.mp3

2 パソコン、新しくするって言ってたけど、高性能に越したことはないよ。

1 そうですね。その分安くなりますからね。
2 はい、やっぱり新品が一番ですよね。
3 そうですね。この予算で買えればいいですけど。

해석 컴퓨터, 새로 산다고 말했지만, 고성능보다 나은 것 없어.
1 그렇네요. 그만큼 저렴해지니까요.
2 네, 역시 신상품이 제일이죠.
3 그렇네요. 이 예산으로 살 수 있으면 좋겠지만요.

해설 컴퓨터를 새로 사려는 사람에게 성능이 제일 중요하다고 말한 상황에 대한 대답을 고르는 문제이다. 예산으로 살 수 있으면 좋겠다고 한 3번이 정답이다. 1번은 상황에 맞지 않는 대답이므로 정답이 아니고, 2번은 신상품에 대한 이야기를 했을 때 하는 대답이므로 정답이 아니다.

단어 高性能(こうせいのう) 고성능 | ~に越(こ)したことはない ~보다 나은 것은 없다, ~이/가 제일이다 | 新品(しんぴん) 신품, 신상품

🎧 즉시응답_실전연습문제_3번.mp3

3 木村君、来週のワークショップ、めどは立っていますか。

1 はい、なんとかなりそうです。
2 えっ、目は大丈夫なんですか。
3 すみません、ちょっと参加が難しそうです。

해석 키무라 군, 다음 주 워크숍, 전망은 서 있나요?
1 네, 어떻게든 될 것 같습니다.
2 어? 눈은 괜찮나요?
3 죄송합니다, 조금 참가가 어려울 것 같습니다.

해설 다음 주에 있을 워크숍에 대한 전망을 묻는 질문이다. 어떻게든 될 것 같다고 한 1번이 정답이다. 2번은 눈이 괜찮은지를 재차 되묻고 있어 상황에 맞는 대답이 아니고, 3번은 상황에 맞는 대답이 아니므로 정답이 아니다.

단어 ワークショップ 워크숍 | めどが立(た)つ 전망이 서다, 목표가 서다

🎧 즉시응답_실전연습문제_4번.mp3

4 明日、大雨降っても通常通りに運行するのかな？

1 台風が来ない限り、飛行するんじゃないかな。
2 えっ、飛行機って大雨でも飛べるの？
3 そうだね、大雨になればいいんだけど。

해석 내일, 큰 비가 내려도 평소대로 운행하는 걸까?
1 태풍이 오지 않는 한 비행하지 않을까?
2 어? 비행기는 비가 많이 내려도 날 수 있는 거야?
3 그러네, 비가 많이 내리면 좋겠지만.

해설 큰 비가 내릴 경우에 비행기가 운행을 할지 묻는 질문에 대한 대답을 고르는 문제이다. 태풍이 아니면 정상적으로 운행한다고 한 1번이 정답이다. 2번은 질문에 질문으로 대답을 했으므로 정답이 아니고, 3번은 비가 오기를 바라는 경우에 하는 대답이므로 정답이 아니다.

단어 通常(つうじょう) 통상, 평소 | ~通(どお)り ~대로 | 運行(うんこう) 운행 | ~ない限(かぎ)り ~하지 않는 한

🎧 즉시응답_실전연습문제_5번.mp3

5 契約したばかりですが、やむを得ない理由で契約を破棄させていただきたいです。

1 途中解約になりますので、違約金が発生します。
2 契約締結ですね。これからもよろしくお願いします。
3 契約ばかりするのは大変ですね。

해석 계약한 지 얼마 안 됐는데 부득이한 이유로 계약을 파기하고 싶습니

144

다.
1 途中解除になるので違約金が発生します。
2 契約締結ですね。これからもよろしくお願いします。
3 契約だけするのは大変ですね。

해설 어쩔 수 없는 이유로 계약을 파기하겠다는 상황에 맞는 대답을 고르는 문제이다. 계약한 지 얼마 되지 않았지만 도중 해지이기 때문에 위약금이 발생한다는 1번이 정답이다. 2번은 계약 체결에 관련된 답변에 대한 대답이므로 정답이 아니고, 3번은 계약을 많이 하는 상황일 때 적합한 대답이므로 정답이 아니다.

단어 やむを得(え)ない 어쩔 수 없다, 부득이하다 | 破棄(はき) 파기 | ~させていただく ~하게 해 받다, ~하겠다(겸양어) | 途中(とちゅう) 도중 | 違約(いやく) 위약 | 締結(ていけつ) 체결

🎧 즉시응답_실전연습문제_6번.mp3

6 君、約束の時間に連絡もなしに遅れるのは、マナーがないにもほどがあるよ。
1 遅れずに連絡が取れてよかったよ。
2 本当、マナーほど大切なものはないよね。
3 ごめん、次は気を付けるよ。

해석 너, 약속 시간에 연락도 없이 늦는 것은 매너가 없는 것도 정도가 있어.
1 늦지 않고 연락이 돼서 다행이야.
2 정말, 매너만큼 중요한 건 없지.
3 미안, 다음에는 조심할게.

해설 약속 시간에 연락도 없이 늦어버린 상황에 맞는 대답을 고르는 문제이다. 다음은 늦지 않게 조심한다고 대답한 3번이 정답이다. 1번은 늦지 않게 연락이 돼서 다행이라고 상황에 맞지 않은 대답을 하고 있어 정답이 아니고, 2번은 매너에 대한 의견을 나누는 상황에 적합한 대답이므로 정답이 아니다.

단어 マナー 매너 | ~にもほどがある ~에도 정도가 있다

🎧 즉시응답_실전연습문제_7번.mp3

7 火曜日に出てるアナウンサーの人、結婚を機に引退するらしいよ。
1 えっ、毎週楽しみにしてたのに、残念。
2 次のアナウンサーはこの人なんだね。
3 今後の活躍、期待しているよ。

해석 화요일에 나오는 아나운서, 결혼을 계기로 은퇴하는 것 같아.
1 어, 매주 기대하고 있었는데 아쉽다.
2 다음 아나운서는 이 사람이구나.
3 앞으로의 활약, 기대하고 있을게.

해설 아나운서가 결혼을 계기로 은퇴한다는 소식을 들은 상황에 대한 대답을 고르는 문제이다. 이 소식을 듣고 아쉬운 마음을 드러내며 알맞게 대답한 1번이 정답이다. 2번은 차기 아나운서를 보았을 때의 대답이므로 정답이 아니고, 3번은 새로운 아나운서의 동료에 대한 기대감을 나타내는 대답이므로 정답이 아니다.

단어 ~を機(き)に ~을(를) 계기로, ~을/를 계기로 하여 | 引退(いんたい) 은퇴 | 活躍(かつやく) 활약

🎧 즉시응답_실전연습문제_8번.mp3

8 最近、彼氏とちょっとぎくしゃくしちゃってるの。
1 最近仲いいみたいでよかったね。
2 まずは話し合ったほうがいいよ。
3 ちゃんと仲直りしたんだね。

해석 최근 남자 친구와 조금 사이가 서먹해져 버렸어.
1 최근 사이가 좋은 것 같아서 다행이네.
2 우선은 서로 이야기하는 편이 좋아.
3 제대로 화해했구나.

해설 남자 친구와 사이가 서먹해졌다는 고민에 대한 대답을 고르는 문제이다. 고민에 대한 조언을 해 준 2번이 정답이다. 1번은 남자 친구와 사이가 좋을 경우에 하는 대답이므로 정답이 아니고, 3번은 남자 친구와 화해했다는 이야기를 들었을 때 하는 대답이므로 정답이 아니다.

단어 ぎくしゃくする 서먹서먹하다, 어색하다 | 話(はな)し合(あ)う 서로 이야기하다

🎧 즉시응답_실전연습문제_9번.mp3

9 来年から見積書の作成は、経費削減のこともあって電子化しようと思ってるんだ。
1 印刷する手間も省けますね。
2 やはり手書きの方がいいですよね。
3 プリンターの修理は任せてください。

해석 내년부터 견적서 작성은 경비 삭감 문제도 있어서 전자화하려고 생각하고 있어.
1 인쇄하는 수고도 줄일 수 있겠네요.
2 역시 손글씨 쪽이 좋죠.
3 프린터 수리는 맡겨주세요.

해설 경비 삭감도 생각해서 견적서 작성을 전자화하자는 의견에 대한 대답을 고르는 문제이다. 수고도 줄일 수 있다는 긍정적인 반응을 보인 1번이 정답이다. 2번은 상황과 반대된 대답이므로 정답이 아니고, 3번은 프린터를 수리해 달라는 말에 대한 대답이므로 정답이 아니다.

단어 見積書(みつもりしょ) 견적서 | 経費(けいひ) 경비 | 削減(さくげん) 삭감 | ~こともあって ~이기도 해서 | 電子化(でんしか) 전자화 | 印刷(いんさつ) 인쇄 | 手間(てま) 수고, 시간 | 省(はぶ)く 생략하다, 줄이다, 덜다 | 手書(てが)き 손글씨 | プリンター 프린터 | 修理(しゅうり) 수리

🎧 즉시응답_실전연습문제_10번.mp3

10 ここのホテル、やっぱり5つ星だけのことはあるね。

1 うん、もてなしも最高だしね。
2 そう？僕は気に入ってるけど。
3 確かに、期待外れだったよね。

해석 여기 호텔, 역시 5성급인 만큼의 가치는 있네.
　　1 응, 대접도 최고이고 말이지.
　　2 그래? 나는 마음에 드는데.
　　3 확실히, 기대에 어긋났지.

해설 호텔이 별점 5개를 받을 만하다는 이야기에 대한 대답을 고르는 문제이다. 이에 알맞게 대답한 1번이 정답이다. 2번은 부정적인 의견에 대해서 반박할 때의 대답이므로 정답이 아니고, 3번은 호텔의 숙박 경험이 좋지 않았을 때의 대답이므로 정답이 아니다.

단어 ~だけのことはある ~인 만큼의 가치는 있다 | 持(も)て成(な)す 대접하다 | 期待外(きたいはず)れ 기대에 어긋남

🎧 즉시응답_실전연습문제_11번.mp3

11 ああ、来週のライブが待ち遠しい。3年ぶりに行くんだよ。

1 ええ、もうちょっと待とうよ。
2 行きたかったのに、残念だね。
3 人一倍楽しみにしてたもんね。

해석 아, 다음 주 라이브가 몹시 기다려져. 3년 만에 가거든.
　　1 그래, 조금만 더 기다리자.
　　2 가고 싶었는데 아쉽네.
　　3 남보다 갑절로 기대하고 있었잖아.

해설 3년 만에 가는 라이브를 기대하고 있다는 이야기에 대한 대답을 고르는 문제이다. 이에 알맞게 대답한 3번이 정답이다. 1번은 상황에 맞는 대답이 아니므로 정답이 아니고, 2번은 라이브를 가기로 했는데 어떠한 이유로 가지 못할 경우에 하는 대답이므로 정답이 아니다.

단어 ライブ 라이브 | 待(ま)ち遠(どお)しい 몹시 기다려지다 | 人一倍(ひといちばい) 남보다 갑절(로)

🎧 즉시응답_실전연습문제_12번.mp3

12 昨日先生が教えてくれたおかげで、国語のテストは満点でした。

1 100点じゃなかったんだ。惜しかったね。
2 緊張しすぎないように頑張ってね。
3 頑張って勉強したかいがあったね。

해석 어제 선생님이 가르쳐 준 덕분에 국어 시험은 만점이었어요.
　　1 100점이 아니었구나. 아쉽네.
　　2 너무 긴장하지 않도록 열심히 해.
　　3 열심히 공부한 보람이 있었네.

해설 선생님 덕분에 국어 시험을 만점 받았다는 이야기에 대한 대답을 고르는 문제이다. 이에 알맞게 대답한 3번이 정답이다. 1번은 만점이 아닐 경우에 하는 대답이므로 정답이 아니고, 2번은 상대방이 긴장한 상황에 하는 대답이므로 정답이 아니다.

단어 国語(こくご) 국어 | 満点(まんてん) 만점 | 惜(お)しい 아깝다, 아쉽다 | 緊張(きんちょう) 긴장 | ~かいがある ~한 보람이 있다

🎧 즉시응답_실전연습문제_13번.mp3

13 お忙しいところ恐れ入りますが、10分だけインタビューのお時間頂戴できますでしょうか。

1 ああ、今なら構いませんよ。
2 こちらから伺うのはちょっと難しいですが。
3 わざわざいらっしゃらなくても結構ですよ。

해석 바쁘신 와중에 죄송합니다만, 10분만 인터뷰 시간을 받을 수 있을까요?
　　1 아, 지금이라면 상관없어요.
　　2 이쪽에서 묻는 것은 조금 어렵습니다만.
　　3 일부러 오시지 않아도 괜찮습니다.

해설 인터뷰를 요청받는 상황에 맞는 대답을 고르는 문제이다. 이에 알맞게 대답한 1번이 정답이다. 2번은 상황에 맞는 대답이 아니므로 정답이 아니며 3번은 상대방을 배려할 때 하는 대답이므로 정답이 아니다.

단어 恐(おそ)れ入(い)る 황송해하다, 죄송해하다 | 頂戴(ちょうだい)する 받다(겸양어) | 構(かま)う 상관하다 | 伺(うかが)う 여쭙다, 찾아뵙다(겸양어) | いらっしゃる 가시다, 오시다, 계시다(존경어)

🎧 즉시응답_실전연습문제_14번.mp3

14 取引先に新商品を提案したけどダメだったよ。また案を練らないとね。

1 えっ、案が通ったんですか？
2 はい、新たに企画を考えてみます。
3 あのう、今回提案したものはどうなりましたか。

해석 거래처에 신상품을 제안했지만 소용없었어. 또 안을 짜지 않으면 안 되겠어.
　　1 어? 안이 통과됐나요?
　　2 네, 새롭게 기획을 생각해 보겠습니다.
　　3 저기, 이번에 제안한 것은 어떻게 되었나요?

해설 거래처에 신상품을 제안했지만 결과가 좋지 않았다는 상황에 대한 대답을 고르는 문제이다. 이에 알맞게 대답한 2번이 정답이다. 1번은 제안이 통과했을 때 하는 대답이므로 정답이 아니고, 3번은 제안한

것에 대한 결과를 물어보는 말로 상황에 맞는 대답이 아니므로 정답이 아니다.

단어 取引先(とりひきさき) 거래처 | 提案(ていあん) 제안 | 案(あん)を練(ね)る 계획을 짜다 | 通(とお)る 통(과)하다 | 新(あら)ただ 새롭다 | 企画(きかく) 기획

🎧 즉시응답_실전연습문제_15번.mp3

15 会社の前に看板からして良さそうなカフェを見つけたんだけど、行ってみる？

1 うん、うちの会社の看板いいよね。
2 いいね。どんなところか楽しみだよ。
3 この前行ったところ、すごくよかったね。

해석 회사 앞에 간판부터 좋아 보이는 카페를 찾았는데 가 볼래?
1 응, 우리 회사 간판 좋지?
2 좋아. 어떤 곳일지 기대돼.
3 이전에 간 곳, 엄청 좋았지.

해설 좋아 보이는 카페에 같이 가자고 권유받는 상황에 맞는 대답을 고르는 문제이다. 이에 알맞게 대답한 2번이 정답이다. 1번은 상황에 맞는 대답이 아니므로 정답이 아니고, 3번은 이미 카페에 간 적이 있는 경우에 할 수 있는 대답이므로 정답이 아니다.

단어 看板(かんばん) 간판 | ~からして ~부터(가), ~(으)로 보아

🎧 즉시응답_실전연습문제_16번.mp3

16 あそこの棚、通路の妨げになるから他のとこに置いといてくれる？

1 ごめん、明日、畳んでおくよ。
2 うん、後で運んでおくよ。
3 たしかにこの棚重すぎるね。

해석 저기 있는 선반, 통로 방해가 되니까 다른 곳에 놔 둬 줄래?
1 미안, 내일, 접어 둘게.
2 응, 나중에 옮겨 둘게.
3 확실히 이 선반 너무 무겁네.

해설 통로에 방해가 되는 선반을 옮겨달라고 부탁하는 말에 대한 대답을 고르는 문제이다. 이에 알맞게 대답한 2번이 정답이다. 1번은 선반을 접어서 정리해 달라고 할 경우에 하는 대답이므로 정답이 아니고, 3번은 선반이 무겁다는 말에 동의하는 대답이므로 정답이 아니다.

단어 通路(つうろ) 통로 | 妨(さまた)げる 방해하다 | 畳(たた)む 개다, 접다

🎧 즉시응답_실전연습문제_17번.mp3

17 山口さん、今回のプロジェクトは山口さんの活躍によるものだと言っても過言じゃないよ。

1 お褒めいただき恐縮です。
2 大変申し訳ございません。
3 みんなで頑張ったんですが、残念ですね。

해석 야마구치 씨, 이번 프로젝트는 야마구치 씨의 활약에 의한 것이라고 해도 과언이 아니야.
1 칭찬해 주셔서 감사합니다.
2 대단히 죄송합니다.
3 모두가 열심히 했는데 안타깝네요.

해설 야마구치 씨의 활약을 칭찬하는 상황에 맞는 대답을 고르는 질문이다. 이에 알맞게 대답한 1번이 정답이다. 2번은 활약이 저조할 때 하는 대답이므로 정답이 아니고, 3번은 상황에 맞는 대답이 아니므로 정답이 아니다.

단어 活躍(かつやく) 활약 | ~と言(い)っても過言(かごん)ではない ~라고 해도 과언이 아니다 | お(ご)+동사 ます형/명사+いただく ~해 받다, ~해주시다(겸양어) | 恐縮(きょうしゅく) 죄송스럽게 여김, 황송

🎧 즉시응답_실전연습문제_18번.mp3

18 今年こそ、絶対に生徒会長選挙に当選してみせるよ。

1 うん、選挙活動も頑張ったし、今年は選ばれると思うよ。
2 いやあ、当たらないかと思ってハラハラしたよ。
3 えっ、引き受けたら良かったのに。

해석 올해야말로 반드시 학생회장 선거에 당선되어 보이겠어.
1 응, 선거 활동도 열심히 했고 올해는 선택될 거라고 생각해.
2 정말이지, 당첨되지 않을까 봐 조마조마했어.
3 어? 맡았으면 좋았을 텐데.

해설 올해에는 반드시 학생회장 선거에 당선될 거라는 말에 대한 대답을 고르는 문제이다. 이에 알맞게 대답한 1번이 정답이다. 2번은 추첨이나 복권에 당첨된 상황에서 하는 대답이므로 정답이 아니고, 3번은 상황에 맞는 대답이 아니므로 정답이 아니다.

단어 生徒会長(せいとかいちょう) 학생회장 | 当選(とうせん) 당선 | 当(あ)たる 맞다, 당첨되다 | ハラハラ 조마조마 | 引(ひ)き受(う)ける (떠)맡다

🎧 즉시응답_실전연습문제_19번.mp3

19 人気アイドルがモデルの化粧品、注文がひっきりなしだって。

> 1 えっ、いつから売り始めるの？
> 2 じゃあ、余裕で化粧品買えるね。
> 3 事前にネットで予約しといてよかった。

해석 인기 아이돌이 모델의 화장품, 주문이 끊임없대.
> 1 어, 언제부터 팔기 시작해?
> 2 그럼, 여유롭게 화장품 살 수 있겠네.
> **3 사전에 인터넷으로 예약해 두 길 잘했다.**

해설 인기 아이돌이 모델인 화장품이 잘 팔린다는 말에 대한 대답을 고르는 문제이다. 이에 알맞게 대답한 3번이 정답이다. 1번은 아직 팔기 전에 이야기를 들은 상황에 대한 대답이므로 정답이 아니고, 2번은 상황과 맞지 않은 대답이므로 정답이 아니다.

단어 アイドル 아이돌, 우상 ｜ ひっきりなし 끊임없음, 계속적임 ｜ 余裕(よゆう) 여유

🎧 즉시응답_실전연습문제_20번.mp3

20 明日のプレゼンと来週の企画書の準備で、最近切羽詰まってるよ。

> **1 私にできることがあったら言ってね。**
> 2 順調に進んでるみたいでよかった。
> 3 えっ、もう資料の準備終わったの？

해석 내일 발표와 다음 주 기획서 준비로 최근 궁지에 몰리고 있어.
> **1 내가 할 수 있는 일이 있다면 말해줘.**
> 2 순조롭게 진행되고 있는 것 같아서 다행이야.
> 3 어? 벌써 자료 준비 끝났어?

해설 발표와 기획서 준비로 바쁘다는 말에 대한 대답을 고르는 문제이다. 도움이 필요하다면 말해달라고 하는 1번이 정답이다. 2번은 일이 순조롭게 진행되고 있다는 말에 대한 대답이므로 정답이 아니고, 3번은 자료 준비가 이미 끝났다는 말에 놀라면서 하는 대답이므로 정답이 아니다.

단어 プレゼン 프레젠테이션, 발표(プレゼンテーション의 줄임말) ｜ 企画書(きかくしょ) 기획서 ｜ 切羽詰(せっぱつ)まる 궁지에 몰리다, 막다르다 ｜ 順調(じゅんちょう)に 순조롭게

🎧 즉시응답_실전연습문제_21번.mp3

21 昨日のレストランで頼んだステーキ、食べられたもんじゃなかったね。

> **1 そうだね。ちゃんと火が通ってなかったのかな？**
> 2 うん。だからもっと食べておくべきだったよ。
> 3 やっぱり人気のあるお店だけのことあるよね。

해석 어제 레스토랑에서 주문한 스테이크, 먹을 수 있었던 게 아니었지?
> **1 맞아. 제대로 열을 가하지 않았던 걸까?**
> 2 응, 그래서 더 먹어두었어야 했어.
> 3 역시 인기 있는 가게인 만큼의 가치가 있지?

해설 어제 먹은 스테이크가 너무나도 맛이 없었다는 말에 대한 대답을 고르는 문제이다. 맛이 없었던 원인을 말하는 1번이 정답이다. 2번은 음식이 너무 맛있어서 더 먹고 싶다는 말에 대한 대답이므로 정답이 아니고, 3번은 음식이 맛있을 경우에 하는 대답이므로 정답이 아니다.

단어 ~もんじゃない ~하는 것이 아니다 ｜ 火(ひ)を通(とお)す 열을 가하다 ｜ ~だけのことはある ~인 만큼의 가치가 있다

🎧 즉시응답_실전연습문제_22번.mp3

22 人事課の鈴木さんが社員証用に一枚撮影してくれたんですけど、プロ顔負けでしたよ。

> **1 それは是非私のも今度お願いしたいですね。**
> 2 へえ。プロを目指して頑張ってるんですね。
> 3 えっ、人事課から社員証もらってないんですか。

해석 인사과의 스즈키 씨가 사원증용으로 한 장 촬영해 주었는데요, 프로에 버금가는 정도였어요.
> **1 그건 꼭 제 것도 다음에 부탁하고 싶네요.**
> 2 와, 프로를 목표로 열심히 하고 있군요.
> 3 어? 인사과로부터 사원증 안 받았어요?

해설 스즈키 씨가 찍어준 사진이 엄청나게 잘 나왔다는 말에 대한 대답을 고르는 문제이다. 이에 알맞게 대답한 1번이 정답이다. 2번은 프로 사진가가 되기 위해 열심히 하고 있다는 말에 대한 대답이기 때문에 정답이 아니고, 3번은 사원증을 아직 못 받았다는 말에 대한 대답이므로 정답이 아니다.

단어 人事課(じんじか) 인사과 ｜ 撮影(さつえい) 촬영 ｜ プロ顔負(かおま)けだ 프로에 버금가다

🎧 즉시응답_실전연습문제_23번.mp3

23 今回のプロジェクト、一人で作ったの？やるじゃないか。

> 1 やっぱりまずかったですかね。
> 2 何かやるんですか。
> **3 そんなに褒められると照れますよ。**

해석 이번 프로젝트, 혼자서 만들었어? 꽤 하잖아?
> 1 역시 좋지 않았을까요?
> 2 무언가 하나요?
> **3 그렇게 칭찬받으면 부끄러워요.**

해설 혼자서 만든 프로젝트를 잘 만들었다고 칭찬하는 말에 대한 대답을 고르는 문제이다. 칭찬받아서 부끄럽다고 하는 3번이 정답이다. 1번은 안 좋은 소리를 들었을 때 하는 대답이므로 정답이 아니고, 2번은 상황에 맞지 않은 대답이므로 정답이 아니다.

단어 プロジェクト 프로젝트 | 照(て)れる 부끄러워하다, 수줍어하다

🎧 즉시응답_실전연습문제_24번.mp3

24 今回見せた態度はチームのリーダーとしてあるまじき態度ですよ。

1 すみません、今回は遠慮させていただきます。
2 **つい、興奮してしまって。申し訳ございません。**
3 お役に立てたのであれば、光栄でございます。

해석 이번에 보여준 태도는 팀의 리더로서 있을 수 없는 태도예요.
1 죄송합니다, 이번에는 사양하겠습니다.
2 그만 흥분해 버려서. 죄송합니다.
3 도움이 되었다면 영광입니다.

해설 리더로서 해서는 안 되는 행동을 한 상황에 맞는 대답을 고르는 질문이다. 무심결에 흥분한 점을 사과하는 2번이 정답이다. 1번은 사양할 때 하는 대답이므로 정답이 아니며 3번은 칭찬을 받았을 때 하는 대답이므로 정답이 아니다.

단어 態度(たいど) 태도 | ~まじき ~해서는 안 되는 | 遠慮(えんりょ) 사양, 삼가 | ~させていただく ~하게 해 받다, ~하겠다(겸양어) | つい 무심결에, 그만 | 興奮(こうふん) 흥분 | 光栄(こうえい) 영광

🎧 즉시응답_실전연습문제_25번.mp3

25 志望動機は、ありきたりの言葉じゃ伝わらないよ。もっと情熱を込めて書かないと。

1 **わかった。もう一度書き直すよ。**
2 いや、適当に志望したわけじゃないよ。
3 確かに、言葉だけじゃ伝わりにくいよね。

해석 지망 동기는 흔한 말로는 전해지지 않아. 더 열정을 담아서 쓰지 않으면 안 돼.
1 알았어. 다시 한번 고쳐 쓸게.
2 아니, 대충 지원한 건 아니야.
3 확실히, 말만으로는 전해지기 어렵지.

해설 지망 동기에 대한 조언을 해 주는 상황에 맞는 대답을 고르는 문제이다. 이에 알맞게 대답한 1번이 정답이다. 2번은 대충 지원을 했는지 묻는 질문에 대한 대답이므로 정답이 아니며 3번은 상황과 맞지 않은 대답이므로 정답이 아니다.

단어 志望(しぼう) 지망 | 動機(どうき) 동기 | ありきたりだ 세상에 얼마든지 있다, 흔하게 있다 | 情熱(じょうねつ) 정열 | 適当(てきとう) 적당, 대충

🎧 즉시응답_실전연습문제_26번.mp3

26 申し訳ございません。レシートがなければ、商品のご返品はできかねます。

1 レシートと引き換えに商品がもらえるんですね。
2 **返品するためには、レシートが必要なんですね。**
3 よかった。レシートはなくてもいいんですね。

해석 죄송합니다. 영수증이 없으면 상품의 반품은 어렵습니다.
1 영수증과 교환해서 상품을 받을 수 있군요.
2 반품하기 위해서는 영수증이 필요하군요.
3 다행이다. 영수증은 없어도 괜찮군요.

해설 영수증이 없으면 반품이 어렵다는 안내에 대한 대답을 고르는 문제이다. 몰랐던 사실을 알았다는 2번이 정답이다. 1번은 영수증으로 상품을 교환할 수 있다는 안내에 대한 대답이므로 정답이 아니고, 3번은 영수증이 없어도 반품이 가능한 상황에서 하는 대답이므로 정답이 아니다.

단어 レシート 리시트, 영수증 | 返品(へんぴん) 반품 | ~かねる ~하기 어렵다, ~할 수 없다 | 引(ひ)き換(か)える (상태나 모습을) 바꾸다, 교환하다

🎧 즉시응답_실전연습문제_27번.mp3

27 危機は考えようによってはチャンスにもなるから、あまり落ち込まなくてもいいよ。

1 ああ、仕方ないね。今度にしよう。
2 **うん、気持ちを切り替えて頑張るよ。**
3 まあ、そういうこともあるよ。

해석 위기는 생각하기에 따라서는 찬스도 되니까 너무 침울해하지 않아도 돼.
1 아, 어쩔 수 없네. 다음번에 하자.
2 응, 기분을 새로 바꿔서 열심히 할게.
3 뭐, 그런 일도 있어.

해설 너무 침울해하지 말라고 위로받은 상황에 맞는 대답을 고르는 문제이다. 기분을 새롭게 해서 분발하겠다고 대답한 2번이 정답이다. 1번은 서로 시간이 안 맞을 때 하는 대답이므로 정답이 아니며 3번은 상황에 맞는 대답이 아니므로 정답이 아니다.

단어 危機(きき) 위기 | チャンス 찬스 | 落(お)ち込(こ)む 침울해지다 | 切(き)り替(か)える 달리 바꾸다, 전환하다

🎧 즉시응답_실전연습문제_28번.mp3

28 ねえ、ここの和菓子屋さんは機械を一切使ってないらしいよ。

1 ああ、機械がないと大変だもんね。
2 えっ、全部手作りってこと？
3 本当に？そんなに使ってるんだ。

해석 있잖아, 여기 화과자 가게는 기계를 일절 사용하지 않는대.
1 아, 기계가 없으면 큰일이지.
2 어? 다 손수 만든 거라는 거야?
3 정말? 그렇게나 쓰고 있구나.

해설 화과자를 기계를 전혀 쓰지 않고 만든다는 말에 대한 대답을 고르는 문제이다. 이에 알맞게 대답한 2번이 정답이다. 1번은 기계가 고장 난 상황에 대한 대답이므로 정답이 아니며 3번은 상황에 맞는 대답이 아니므로 정답이 아니다.

단어 和菓子(わがし) 화과자 | 一切(いっさい)〜ない 일절 〜않다 | 手作(てづく)り 손수 만듦, 수제

🎧 즉시응답_실전연습문제_29번.mp3

29 さっきのプレゼン、どうしたんだよ。まったく、新人でもあるまいし。
1 ありがとうございます。先輩に手伝っていただいたおかげです。
2 はい。私も手ごたえを感じています。
3 すみません。次回はきちんと準備して練習します。

해석 아까 발표, 어떻게 된 거야. 정말 신입도 아니고.
1 감사합니다. 선배님이 도와주신 덕분입니다.
2 네. 저도 보람을 느끼고 있습니다.
3 죄송합니다. 다음번에는 제대로 준비하고 연습하겠습니다.

해설 발표를 하면서 초보적인 실수를 한 상황에 맞는 대답을 고르는 문제이다. 다음에는 제대로 준비하고 연습하겠다고 말한 3번이 정답이다. 1번은 선배가 프레젠테이션을 도와주었을 때 하는 대답이므로 정답이 아니며 2번은 상황에 맞는 대답이 아니므로 정답이 아니다.

단어 プレゼン 프레젠테이션, 발표(プレゼンテーション의 줄임말) | 新人(しんじん) 신인, 신참 | 〜ではあるまいし 〜도 아니고, 〜도 아닐 테고 | 手応(てごた)え 반응, 보람

🎧 즉시응답_실전연습문제_30번.mp3

30 お母さんの還暦祝い、花束だけじゃちょっと味気ないかな？
1 じゃあ、手紙を書くのはどうかな？
2 誕生日に花束をもらったの？
3 心配してたより喜んでくれてよかったね。

해석 어머니의 환갑 잔치, 꽃다발만 있으면 조금 시시할까?
1 그럼 편지를 쓰는 건 어때?
2 생일에 꽃다발을 받은 거야?
3 걱정했던 것보다 기뻐해 줘서 다행이네.

해설 어머니의 환갑 축하 선물을 고민하는 상황에 대한 대답을 고르는 문제이다. 의견으로서 편지를 써 보라는 1번이 정답이다. 2번은 받은 선물을 자랑했을 때에 대한 반응이므로 정답이 아니고, 3번은 생일 선물을 받은 어머니의 반응을 보고 한 대답이므로 정답이 아니다.

단어 還暦祝(かんれきいわ)い 환갑 잔치 | 花束(はなたば) 꽃다발 | 味気(あじけ・あじき)ない 따분하다, 시시하다

🎧 즉시응답_실전연습문제_31번.mp3

31 田中さんは甘いもの好きだから、これをお土産にあげたらきっと喜ぶはずだよ。
1 田中さんって、甘いものは苦手なんだね。
2 じゃあ、こっちのクッキーをもう一箱買おうかな。
3 確かに、これじゃ買えるわけないよね。

해석 다나카 씨는 단 거 좋아하니까, 이걸 선물로 주면 분명 기뻐할 거야.
1 다나카 씨는 단것은 잘 못 먹는구나.
2 그럼 여기 쿠키를 한 박스 더 살까?
3 확실히 이건 살 수 없겠네.

해설 단 음식을 선물로 주면 좋아할 거라는 말에 대한 대답을 고르는 문제이다. 쿠키 한 박스 더 살지 묻는 2번이 정답이다. 1번은 다나카 씨가 단것을 잘 못 먹는다는 말에 대한 대답이므로 정답이 아니고, 3번은 상황에 맞는 대답이 아니므로 정답이 아니다.

단어 お土産(みやげ) 선물, 기념품 | クッキー 쿠키 | 一箱(ひとはこ) 한 상자, 한 박스

🎧 즉시응답_실전연습문제_32번.mp3

32 立候補者がいないから、くじ引きで結局僕がリーダーをすることになったんだ。
1 自分から立候補するなんてすごいじゃん。
2 負担になるかもしれないけど、頑張ってね。
3 あまりいい気にならないように、気を付けないとね。

해석 입후보자가 없으니까 제비 뽑기로 결국 내가 리더를 하게 된 거야.
1 스스로 입후보하다니 대단한데?
2 부담이 될지도 모르겠지만 열심히 해.
3 너무 우쭐대지 않도록 조심하지 않으면 안 되겠네.

해설 입후보자가 없어서 제비 뽑기로 리더가 되었다는 말에 대한 대답을 고르는 문제이다. 부담은 있을 수 있지만 응원하는 대답인 2번이 정답이다. 1번은 스스로 입후보했을 때의 대답이므로 정답이 아니고, 3번은 상황에 맞는 대답이 아니므로 정답이 아니다.

단어 立候補(りっこうほ) 입후보 | くじ引(び)き 제비 뽑기 | 負担(ふたん) 부담 | いい気(き)になる 우쭐대다

🎧 즉시응답_실전연습문제_33번.mp3

33 山田部長、今後の若手社員に対する教育方針について
ご意見をいただけませんか。

1 ええ、私でよければ。
2 ええ、頼りにしてますよ。
3 いや、私じゃないですよ。

해석 야마다 부장님, 앞으로의 젊은 사원에 대한 교육 방침에 대해서 의견을 받을 수 없을까요?

　　1 네, 저라도 괜찮다면.
　　2 네, 의지하고 있어요.
　　3 아니, 제가 아니에요.

해설 상사에게 의견을 묻는 상황에 대한 대답을 고르는 문제이다. 이에 알맞게 대답한 1번이 정답이다. 2번은 부하에게 일을 맡길 때 하는 대답이므로 정답이 아니고, 3번은 상황에 맞는 대답이 아니므로 정답이 아니다.

단어 若手(わかて) 젊은 사람 | 方針(ほうしん) 방침 | 頼(たよ)る 의지하다, 믿다

🎧 즉시응답_실전연습문제_34번.mp3

34 進学するにせよ就職するにせよ、ご両親とはきちんと話し合ってください。

1 進学先は都内にある大学にしようと思います。
2 今週中に真剣に相談してみます。
3 就職するのがおすすめということでしょうか。

해석 진학을 하든 취직을 하든 부모님과는 제대로 서로 이야기해 주세요.

　　1 진학처는 도내에 있는 대학으로 하려고 생각합니다.
　　2 이번 주 내로 진지하게 상담해 보겠습니다.
　　3 취업하는 것을 추천한다는 걸까요?

해설 부모님과 진지하게 의논을 해 보라고 조언해 주는 상황에 대한 대답을 고르는 문제이다. 이에 알맞은 대답은 2번이다. 1번은 진학에 대한 고민을 상담하는 상황에 대한 대답이므로 정답이 아니고, 3번은 진로에 대한 조언을 받았을 때 하는 대답이므로 정답이 아니다.

단어 ~にせよ ~라고 해도, ~라고 한들 | 就職(しゅうしょく) 취직 | 都内(とない) 도내 | 真剣(しんけん)に 진지하게

🎧 즉시응답_실전연습문제_35번.mp3

35 今回の契約、鈴木さんの営業企画書なくしては絶対に成立しなかったよ。

1 えっ、成り立たなかったの？
2 困ったときはお互いさまだから。
3 企画書、紛失しちゃったの？

해석 이번 계약, 스즈키 씨의 영업 기획서 없이는 절대로 성립되지 않았어.

　　1 어? 성립하지 않았어?
　　2 곤란한 때는 피차일반이니까.
　　3 기획서, 분실해 버렸어?

해설 스즈키 씨의 영업 기획서를 칭찬하는 상황에 대한 대답을 고르는 문제이다. 이에 알맞게 대답한 2번이 정답이다. 1번은 상황에 맞는 대답이 아니므로 정답이 아니고, 3번은 기획서를 어디 두었는지 모르겠다는 말에 대한 대답이므로 정답이 아니다.

단어 契約(けいやく) 계약 | 営業(えいぎょう) 영업 | 企画書(きかくしょ) 기획서 | ~なくして(は) ~없이(는) | 成(な)り立(た)つ 성립하다 | お互(たが)い様(さま) 피차일반 | 紛失(ふんしつ) 분실

🎧 즉시응답_실전연습문제_36번.mp3

36 吉田くん、げっそりしてるけど、何かあったのかな？

1 成績が上がって、上機嫌みたい。
2 確かに、少し太った気がするよね。
3 納品に間に合わせるために、徹夜したらしいよ。

해석 요시다 군, 홀쭉한데 무슨 일이 있었나?

　　1 성적이 올라서 기분이 좋은 모양이야.
　　2 확실히 조금 살이 찐 느낌이 들어.
　　3 납품에 맞추기 위해서 밤새운 것 같아.

해설 요시다 군의 상태가 좋지 않은 걸 묻는 질문에 대한 대답을 고르는 문제이다. 이에 알맞게 대답한 3번이 정답이다. 1번은 기분이 좋아 보이는 상황에 하는 대답이므로 정답이 아니고, 2번은 다이어트에 관련된 상황에서 하는 대답이므로 정답이 아니다.

단어 げっそり 갑자기 여윈 모양, 홀쭉 | 上機嫌(じょうきげん) 기분이 매우 좋은 상태 | 納品(のうひん) 납품 | 徹夜(てつや) 철야

🎧 즉시응답_실전연습문제_37번.mp3

37 大雪で車が足止めされちゃってさ、途方に暮れているよ。

1 え、車が故障したの？アフターサービスは？
2 それは大変だったね。あとどれくらいかかりそう？
3 大雪の中だから歩き疲れたでしょう。

해석 대설로 차가 발이 묶여 버려서 말이야, 어찌할 바를 모르겠어.

　　1 응? 차가 고장 났어? 애프터서비스는?
　　2 그건 큰일이었네. 앞으로 얼마나 걸릴 것 같아?
　　3 대설 속이니까 걷는 게 피곤했죠?

해설 대설로 인해서 움직일 수 없다는 말에 대한 대답을 고르는 문제이다. 이에 알맞게 대답한 2번이 정답이다. 1번은 자동차가 고장 났다고 했을 때의 대답이므로 정답이 아니고, 3번은 눈을 맞으면서 걸어왔다는 말에 대한 대답이므로 정답이 아니다.

단어 大雪(おおゆき) 대설 | 足止(あしど)め 못 가게 말림, 붙잡음 | 途方(とほう)に暮(く)れる 어찌할 바를 모르다 | アフターサービス 애프터서비스

🎧 즉시응답_실전연습문제_38번.mp3

38 イベントで芸能人(げいのうじん)に会えただけでも、遠(とお)くまで来(き)た甲斐(かい)があったね。

1　もっと遠(とお)いほうがよかったかもね。
2　まさか会(あ)えるとは思(おも)ってなかったよ。
3　確(たし)かに。なかなか派手(はで)なイベントだったよね。

해석 행사에서 연예인을 만난 것만으로도 멀리까지 온 보람이 있었네.
　　 1 더 먼 쪽이 좋았을지도.
　　 2 설마 만날 수 있을 거라고는 생각하지 못했어.
　　 3 확실히. 상당히 화려한 행사였지.

해설 행사에서 연예인을 만나서 기뻤다는 말에 대한 대답을 고르는 문제이다. 설마 만날 수 있을 거라곤 생각도 못 했다는 2번이 정답이다. 1번은 상황과 맞지 않은 대답이므로 정답이 아니고, 3번은 행사가 화려했을 때의 대답이므로 정답이 아니다.

단어 イベント 이벤트, 행사 | 芸能人(げいのうじん) 연예인 | 甲斐(かい)がある 보람이 있다

🎧 즉시응답_실전연습문제_39번.mp3

39 ここのレストランは味(あじ)もさることながら、サービスも言(い)うことなしですね。

1　そんなにお口(くち)に合(あ)いませんでしたか。
2　やはり5つ星(ぼし)のお店(みせ)ですから。
3　そうですね。サービスはイマイチですよね。

해석 여기 레스토랑은 맛도 물론이거니와 서비스도 말할 필요가 없네요.
　　 1 그렇게 입에 맞지 않았나요?
　　 2 역시 별 5개 가게니까요.
　　 3 그렇네요. 서비스는 조금 모자랐죠?

해설 레스토랑의 맛과 서비스가 매우 훌륭했다는 말에 대한 대답을 고르는 문제이다. 이에 알맞게 대답한 2번이 정답이다. 1번은 불만이라는 말에 대한 대답이므로 정답이 아니고, 3번은 서비스가 별로라는 말에 대한 대답이므로 정답이 아니다.

단어 ~もさることながら ~도 물론이거니와, ~도 그러하지만 | いまいち 조금 모자르는 모양

🎧 즉시응답_실전연습문제_40번.mp3

40 プロジェクトの延期(えんき)に伴(ともな)い、打(う)ち合(あ)わせの日程(にってい)を変更(へんこう)していただきたく存(ぞん)じます。

1　かしこまりました。よろしくお願(ねが)いします。
2　困(こま)りましたね。打(う)ち合(あ)わせはもう終了(しゅうりょう)しました。
3　では、日(ひ)を改(あらた)めさせていただきます。

해석 프로젝트 연기에 따라 미팅 일정을 변경해 주셨으면 합니다.
　　 1 알겠습니다. 잘 부탁드립니다.
　　 2 곤란하네요. 미팅은 이미 종료했습니다.
　　 3 그럼 다시 날짜를 잡겠습니다.

해설 프로젝트가 연기되어서 미팅 일정도 변경해 달라는 요청에 대한 대답을 고르는 문제이다. 새로운 날로 잡겠다고 대답한 3번이 정답이다. 1번은 상황에 맞는 대답이 아니므로 정답이 아니고, 2번은 미팅이 끝날 때의 대답이므로 정답이 아니다.

단어 延期(えんき) 연기 | ~に伴(ともな)い ~에 따라서, ~와/과 함께 | 打(う)ち合(あ)わせ (사전) 협의, 미팅 | 日程(にってい) 일정 | 存(ぞん)じる 생각하다, 알다(겸양어) | 日(ひ)を改(あらた)める 다른 날로 하다, 다시 날짜를 잡다 | ~させていただく ~하게 해 받다, ~하겠다(겸양어)

🎧 즉시응답_실전연습문제_41번.mp3

41 結婚式(けっこんしき)の司会(しかい)を頼(たの)まれたんだけど、長(なが)い付(つ)き合(あ)いだから断(ことわ)るに断(ことわ)れなかったよ。

1　そうそう。付(つ)き合(あ)いがいい人(ひと)だよ。
2　断(ことわ)って正解(せいかい)だったよ。
3　それは断(ことわ)りづらいね。

해석 결혼식 사회를 부탁받았는데, 오랫동안 알고 지냈기 때문에 거절하려고 해도 거절할 수 없었어.
　　 1 맞아 맞아. 사귀기 쉬운 사람이야.
　　 2 거절하는 게 정답이었어.
　　 3 그건 거절하기 힘들겠네.

해설 결혼식 사회를 거절할 수 없었다는 말에 대한 대답을 고르는 문제이다. 이에 알맞게 대답한 3번이 정답이다. 1번은 상황에 맞는 대답이 아니므로 정답이 아니고, 2번은 결혼식 사회에서 나중에 문제가 생겼다는 소식을 들었을 때의 대답이므로 2번은 정답이 아니다.

단어 ~に~ない ~하려고 해도 ~할 수 없다 | 正解(せいかい) 정답

🎧 즉시응답_실전연습문제_42번.mp3

42 山田(やまだ)さんが大会(たいかい)で1位(い)という結果(けっか)を残(のこ)せたのは、粘(ねば)り強(つよ)く努力(どりょく)し続(つづ)けたおかげだよ。

1 今後も一生懸命頑張ります！
2 全力を尽くしたとは思いますが。残念ですね。
3 練習が足りなかったのかもしれませんね。

해석 야마다 씨가 대회에서 1위라는 결과를 남길 수 있었던 것은 끈기 있게 계속 노력한 덕분이야.

1 앞으로도 열심히 하겠습니다!
2 전력을 다했다고는 생각합니다만. 아쉽네요.
3 연습이 부족했을지도 모르겠네요.

해설 야마다 씨가 1등 한 이유를 이야기하고 있고 이에 대한 대답을 고르는 문제이다. 앞으로도 더욱 열심히 노력하겠다는 대답인 1번이 정답이다. 2번은 상황에 맞는 대답이 아니므로 정답이 아니고, 3번은 대회에서 아쉬운 성적을 냈을 때의 대답이므로 정답이 아니다.

단어 粘(ねば)り強(づよ)い 끈기 있다 | 全力(ぜんりょく)を尽(つ)くす 전력을 다하다

🎧 즉시응답_실전연습문제_43번.mp3

43 うちの会社の広告に派手な色は、釣り合わない気がします。

1 では、シンプルなものを採用しましょう。
2 確かに、会社のイメージにぴったりですね。
3 広告は派手なほうが目を引きますからね。

해석 우리 회사 광고에 화려한 색상은 어울리지 않는 것 같아요.

1 그럼 심플한 것을 채용하죠.
2 확실히 회사 이미지에 딱이네요.
3 광고는 화려한 편이 눈길을 끌거든요.

해설 회사 광고에 화려한 색상이 맞지 않는다는 의견에 대한 대답을 고르는 문제이다. 심플한 색상을 채용한다는 1번이 정답이다. 2번은 색상이 회사 광고에 딱 어울릴 때의 대답이므로 정답이 아니고, 화려한 색상은 맞지 않는다고 했으므로 3번도 정답이 아니다.

단어 釣(つ)り合(あ)う 균형이 잡히다, 어울리다 | シンプル 심플 | 採用(さいよう) 채용 | 目(め)を引(ひ)く 눈길을 끌다

🎧 즉시응답_실전연습문제_44번.mp3

44 今、代表取締役を解任するか否かで、株主たちが揉めてるらしいよ。

1 よかった。皆で議論してやっと決まったんだね。
2 ああ、だから騒がしかったんだ。
3 うん、昨日決まったらしいね。

해석 지금 대표이사를 해임할지 말지로 주주들이 옥신각신하는 것 같아.

1 다행이다. 모두가 의논해서 겨우 결정됐구나.
2 아, 그래서 시끄러웠구나.
3 응, 어제 결정되었대.

해설 주주들이 옥신각신해 하는 이유를 들은 상황에 대한 대답을 고르는 문제이다. 이에 알맞게 대답한 2번이 정답이다. 1번은 대표이사 해임 문제에 대해서 이미 결정이 났을 때 하는 대답이므로 정답이 아니고, 3번도 결정이 났을 때의 대답이므로 정답이 아니다.

단어 代表取締役(だいひょうとりしまりやく) 대표이사 | 解任(かいにん) 해임 | ~か否(いな)か ~인지 아닌지 | 株主(かぶぬし) 주주 | 揉(も)める 분쟁이 일어나다, 옥신각신하다 | 議論(ぎろん) 의논 | 騒(さわ)がしい 시끄럽다, 소란스럽다

통합이해 실전 연습 문제 546p

1 ④	2 질문1 ④, 질문2 ②
3 ②	4 질문1 ③, 질문2 ④
5 ②	6 질문1 ③, 질문2 ②

기본 버전 MP3    배속 버전 MP3

문제5 문제5에서는, 긴 이야기를 듣습니다. 이 문제에는 연습은 없습니다. 문제 용지에 메모를 해도 상관없습니다.

1번, 2번 문제 용지에 아무것도 인쇄되어 있지 않습니다. 먼저 이야기를 들어 주세요. 그리고, 질문과 선택지를 듣고, 1부터 4 중에서, 가장 알맞은 것을 하나 고르세요.

🎧 통합이해_실전연습문제_1번.mp3

美術館で館長と職員二人が話しています。

M1：最近、高齢者のお客さんが減ってるんだよね。年配の方々にも興味を持ってもらえるような工夫をしたいんだけど、何かアイデアないかな。
F：そうですね。先月までは若者向けの展示が多かったので、今月からは展示テーマを懐かしい時代の背景が感じられるものにするのはどうでしょうか。
M1：それもいいね。
F：もしくは、展示物の近くに椅子を設置して休憩できるようにしておくのはどうでしょうか。年配の方じゃない方も利用できますし、テーマに合わせたものにするとインテリアにもなると思います。

M1：なるほどね。昔使われていた椅子って今でも手に入るかな。
M2：あのう、年配の方のために、作品解説の音声機器を導入するのはどうですか。先日、作品の説明が読みづらいっていう意見もありましたよ。
M1：そうか、文字も小さいしね。
M2：これはどうですか。僕らの仕事は少し増えますが、職員が専門ガイドになって館内の展示ツアーを開催するんです。
M1：読みづらいという問題も解決できるし、直接説明を聞きながら気になるところはその場すぐ質問すれば、より深く理解できて鑑賞が楽しくなるに違いないね。迷うけど、テーマの変更はリスクが高いし、椅子の設置は配達と配置が厄介な気もしなくないからな。
F：そうですね、音声機器もかなり初期費用がかかると思います。
M1：そうだね、仕事は増えるけど、そのアイデアにしよう。

1 この美術館では、高齢者向けにどんな工夫をすることにしましたか。

1 展示テーマを変更する
2 座れる場所を設ける
3 音声機器を導入する
4 展示のツアーを開催する

해석　미술관에서 관장님과 직원 두 명이 이야기하고 있습니다.
M1 : 최근 고령자 손님이 줄고 있네. 어르신분들에게도 관심을 받을 수 있도록 궁리를 하고 싶은데 뭔가 아이디어 없을까?
F : 그렇네요. 지난달까지는 젊은이 대상의 전시가 많았기 때문에 이번 달부터는 전시 테마를 그리운 시대 배경을 느낄 수 있는 것으로 하는 것은 어떨까요?
M1 : 그것도 좋네.
F : 혹은 전시물 근처에 의자를 설치해서 휴식할 수 있도록 해 두는 것은 어떨까요? 어르신이 아닌 분도 이용할 수 있고 테마에 맞춘 것으로 하면 인테리어도 될 거라고 생각해요.
M1 : 그렇구나. 옛날에 사용되었던 의자가 지금도 손에 들어오려나?
M2 : 저기, 어르신을 위해서 작품 해설의 음성 기기를 도입하는 것은 어떨까요? 저번에 작품 설명이 읽기 어렵다는 의견도 있었어요.
M1 : 그렇군, 글자도 작기도 하고.
M2 : 이건 어때요? 저희 일은 조금 늘어나겠지만, 직원이 전문 가이드가 돼서 관내 전시 투어를 개최하는 거예요.
M1 : 읽기 어렵다는 문제도 해결할 수 있고, 직접 설명을 들으면서 신경이 쓰이는 부분은 그 자리에서 바로 질문하면 보다 깊게 이해할 수 있어서 감상이 즐거워질 게 틀림없겠네. 망설여지지

만 테마 변경은 리스크가 높고, 의자 설치는 배달과 배치가 거로울 것 같은 기분도 들어서 말이지.
F : 맞아요. 음성 기기도 꽤 초기 비용이 들 거라고 생각해요.
M1 : 그래, 일은 늘어나겠지만 그 아이디어로 하자.

이 미술관에서는 고령자 대상으로 어떤 궁리를 하기로 했습니까?
1 전시 테마를 변경한다
2 앉을 수 있는 장소를 마련한다
3 음성 기기를 도입한다
4 전시 투어를 개최한다

해설　어떻게 하면 미술관에 어르신들이 많이 올지 묻는 문제이다. 남자 2가 직원이 전문가이드가 되어서, 관내의 전시 투어를 개최하는 것입니다.(직원이 전문 가이드가 되어 관내 전시 투어를 개최하는 거예요.)라며 일은 늘어나지만 직원들을 전문 가이드로 사용해서 관내 전시 투어를 개최하자고 했으므로 4번이 정답이다. 전시 테마를 바꾸는 것은 리스크가 크다고 했으므로 1번은 정답이 아니고, 앉을 수 있는 장소를 두는 것도 번거롭다고 했으므로 2번도 정답이 아니다. 음성 기기는 초기 비용이 들 것 같다고 했으므로 3번도 정답이 아니다.

단어　館長(かんちょう) 관장 | 職員(しょくいん) 직원 | 年配(ねんぱい) 연배 | 工夫(くふう) 궁리, 고안 | ~向(む)けに ~용, 대상(으로) | 展示(てんじ) 전시 | 懐(なつ)かしい 그립다 | 設置(せっち) 설치 | 休憩(きゅうけい) 휴식 | インテリア 인테리어 | 解説(かいせつ) 해설 | 機器(きき) 기기 | 導入(どうにゅう) 도입 | 開催(かいさい) 개최 | 館内(かんない) 관내 | 鑑賞(かんしょう) 감상 | ~に違(ちが)いない ~임에 틀림없다 | リスク 리스크 | 厄介(やっかい)だ 번거롭다 | 初期(しょき) 초기 | 設(もう)ける 설치하다, 마련하다

🎧 통합이해_실전연습문제_2번.mp3

テレビで古着屋の紹介を聞いて、男の学生と女の学生が話しています。

F1：本日は「古着の町」として有名な緑町をご紹介します。緑町には50以上の古着屋が立ち並んでいますが、その中から人気の4店舗をピックアップしました。まず、西側の古着屋は80年代のファッションを中心に取り扱っており、珍しいアイテムも多数あるそうです。東側の古着屋は、和服を中心に取り扱うお店です。日本の伝統的な和服から現代風の小物まで揃っています。そして、南側の古着屋はデニムの専門店です。クラシックなジーンズを多く扱っており、様々な商品の中から、自分に合う一本をお探しいただけます。最後に紹介する北側の古着屋は、アウトドアに特化した店舗で、普段使いの服から山登りやキャンプまで幅広く使えるアイテムが充実しています。

M：緑町、最近よく聞くけど、いろんな古着屋があるんだね。欲しいものがあったんだけど、今紹介されてた店に行けば見つかるかも。今度の週末、一緒に行かない？

F2：いいよ、佐藤さんが欲しいものって、ジーンズ？

M：いや、今欲しいのはレインコートなんだ。実は最近、アウトドアにハマっていてね。機能も重要だけど、ユニークなデザインはないかなと思って。

F2：そうなんだ。私は行きたい店があるんだ。つい最近、昭和の服を見に緑町に行ったんだけど、その時は和服を取り扱う店もあるなんて知らなかったよ。さっきの紹介聞いて、そっちも行けば良かったって思ったんだ。

M：じゃあ、一緒に行こうよ。

2

質問1 男の学生はどの店に行きたいと言っていますか。

1 西側の古着屋
2 東側の古着屋
3 南側の古着屋
4 北側の古着屋

質問2 女の学生はどの店に行きたいと言っていますか。

1 西側の古着屋
2 東側の古着屋
3 南側の古着屋
4 北側の古着屋

해석 텔레비전에서 헌 옷 가게의 소개를 듣고 남자 학생과 여자 학생이 이야기하고 있습니다.

F1 : 오늘은 '헌 옷 마을'로 유명한 미도리쵸를 소개하겠습니다. 미도리쵸에는 50곳 이상의 헌 옷 가게가 줄지어 있습니다만, 그 중에서 인기인 4점포를 픽업했습니다. 우선 서쪽 헌 옷 가게는 80년대 패션을 중심으로 취급하고 있으며 진귀한 아이템도 다수 있다고 합니다. 동쪽 헌 옷 가게는 일본 옷을 중심으로 취급하는 가게입니다. 일본의 전통적인 일본 옷부터 현대풍 소품까지 갖추어져 있습니다. 그리고 남쪽 헌 옷 가게는 데님 전문점입니다. 클래식한 청바지를 많이 취급하고 있으며 다양한 제품 중에서 자신에게 맞는 한 벌을 찾으실 수 있습니다. 마지막으로 소개할 북쪽 헌 옷 가게는 아웃도어에 특화된 점포로 평소 입는 옷부터 등산이나 캠핑까지 폭넓게 사용할 수 있는 아이템이 갖추어져 있습니다.

M : 미도리쵸, 최근 자주 듣는데 여러 가지 헌 옷 가게가 있네. 갖고 싶은 게 있었는데 지금 소개되고 있던가게에 가면 찾을 수 있을지도. 이번 주말에 같이 가지 않을래?

F2 : 좋아, 사토 씨가 갖고 싶은 건 청바지?

M : 아니, 지금 갖고 싶은 것은 레인코트야. 사실은 최근 아웃도어에 빠져 있어서 말이야. 기능성도 중요하지만 유니크한 디자인은 없을까라고 생각해서.

F2 : 그렇구나. 나는 가고 싶은 가게가 있어. 바로 최근에 쇼와 시대 옷을 보러 미도리쵸에 갔었는데, 그때는 일본 옷을 취급하는 가게도 있는지 몰랐어. 아까 소개 듣고 그쪽도 가면 좋았겠다고 생각했거든.

M : 그럼 같이 가자.

질문1 남자 학생은 어느 가게에 가고 싶다고 말하고 있습니까?

1 서쪽 헌 옷 가게
2 동쪽 헌 옷 가게
3 남쪽 헌 옷 가게
4 북쪽 헌 옷 가게

해설 남자는 今欲しいのはレインコートなんだ。実は最近、アウトドアにハマっていてね。(지금 갖고 싶은 것은 레인코트야. 실은 최근 아웃도어에 빠져 있어서 말이야.)라고 말하며 최근 아웃도어에 빠져 있어서 레인코트를 사고 싶다고 했고, 등산이나 캠핑 등 아웃도어에 특화된 곳은 북쪽 헌 옷 가게라는 소개가 있었으므로 4번이 정답이다.

질문 2 여자 학생은 어느 가게에 가고 싶다고 말하고 있습니까?

1 서쪽 헌 옷 가게
2 동쪽 헌 옷 가게
3 남쪽 헌 옷 가게
4 북쪽 헌 옷 가게

해설 여자는 昭和の服を見に緑町に行ったんだけど、その時は和服を取り扱う店もあるなんて知らなかったよ。(쇼와 시대 옷을 보러 미도리쵸에 갔었는데, 그때는 일본 옷을 취급하는 가게도 있는지 몰랐어.)라고 하며 일본의 전통 옷부터 현대식 소품까지 취급하고 있는 동쪽 헌 옷 가게를 가고 싶다는 마음을 내비쳤음을 알 수 있으므로 2번이 정답이다.

단어 古着(ふるぎ) 헌옷, 구제 | 立(た)ち並(なら)ぶ 줄지어 서다, 견주다 | 店舗(てんぽ) 점포 | ピックアップ 픽업 | 取(と)り扱(あつか)う 다루다, 취급하다 | 和服(わふく) 일본 옷 | 伝統的(でんとうてき)だ 전통적이다 | 小物(こもの) 소품 | デニム 데님 | クラシック 클래식 | ジーンズ 청바지 | アウトドア 아웃도어 | 特化(とっか) 특화 | 幅広(はばひろ)い 폭넓다 | 充実(じゅうじつ) 충실 | レインコート 레인코트 | 嵌(は)まる 꼭 맞다, 빠져들다 | 機能性(きのうせい) 기능성 | ユニーク 유니크, 독특 | 昭和(しょうわ) 쇼와(1926부터 1989년까지의 일본 연호)

🎧 통합이해_실전연습문제_3번.mp3

総合病院で院長とスタッフ二人が話しています。

F1：病院を都会に移して以来、入院患者が増えたけど、その分、トラブルも絶えないでしょう。特に病室について不満げな人が多いようだけど、どう？

M: そうですね。例の大部屋なんですけど、隣の患者さんとの仕切りが低くて、苦情が寄せられているらしいです。もう少し高めのものを購入しませんか。

F2: プライバシーも大切ですけど、それじゃ緊急の時に患者さんを見つけるのが大変になるんじゃないですかね。そういえば、この前、他の病院に視察に行ったら、入院患者さん用のカフェがあったんですが、どうでしょうか？

F1: 今ある給湯室じゃだめかな？

F2: もっとゆっくりリラックスできるような空間だったんです。おいしいコーヒーが飲めるところというよりは、患者さん同士が交流できて、孤独感を減らせるというのがポイントなんです。

M: なるほど。それもいいですね。あ、この前テレビで見たんですが、最新の入院ベッドに立ち上がりの補助機能やセンサーが搭載されてすごいなと思いました。

F1: それは予算的に夢のまた夢だね。

F2: あの、最近は食事も充実してる病院が多いですよね。

M: そうそう、食事のタイミングや提供方法を個別で対応したり、いろんなメニューから選べるところもあるみたいですよね。

F2: うちの調理スタッフの人数だと入院食までは到底無理なんじゃないでしょうかね。

F1: 色々考える余地はあるけど、とりあえず2階に部屋が一つ空いてるから、コーヒーを買って、患者さんたちを集めてみるか。

3 病院ではまずどうすることにしましたか。

1 プライバシーを強化する
2 交流空間を設ける
3 最新の入院ベッドを導入する
4 入院食を改善する

해석 종합병원에서 원장과 직원 두 명이 이야기하고 있습니다.

F1: 병원을 도시로 옮긴 이래로 입원 환자가 늘었는데 그만큼 트러블도 끊이지 않지? 특히 병실에 대해서 불만이 있는 사람이 많은 것 같은데 어때?

M: 그렇네요. 예의 큰 방 말인데요, 옆 환자와의 칸막이가 낮아서 불평이 접수되고 있는 것 같습니다. 조금 더 높은 것을 구매하지 않으시겠습니까?

F2: 프라이버시도 중요하지만 그러면 긴급시에 환자를 찾는 것이 힘들어지지 않을까요? 그러고 보니 이전에 다른 병원에 시찰하러 갔더니 입원 환자용 카페가 있었는데 어떨까요?

F1: 지금 있는 탕비실로는 안 될까?

F2: 좀 더 느긋하게 릴랙스할 수 있을 것 같은 공간이었어요. 맛있는 커피를 마실 수 있는 곳이라기보다는 환자분끼리 교류할 있어서 고독감을 줄일 수 있다는 것이 포인트예요.

M: 과연, 그것도 좋네. 아, 얼마 전 텔레비전에서 봤는데 최신 입원 침대에 일어설 때의 보조 기능이나 센서가 탑재되어서 대단다고 생각했어요.

F1: 그건 예산적으로 꿈속의 꿈이네.

F2: 저기, 최근에는 식사도 충실한 병원이 많이 있잖아요?

M: 맞아 맞아, 식사 타이밍이나 제공 방법을 개별로 대응하거나 러 가지 메뉴에서 선택할 수 있는 곳도 있는 것 같아요.

F2: 저희 조리 스태프 인원수라면 입원식까지는 도저히 무리가 닐까요?

F1: 여러 가지 생각할 여지는 있지만 일단 2층에 방이 하나 비어 있으니까 커피를 사서 환자들을 모아볼까?

병원에서는 먼저 어떻게 하기로 했습니까?

1 프라이버시를 강화한다
2 교류 공간을 마련한다
3 최신 입원 침대를 도입한다
4 입원식을 개선한다

해설 병원에 입원한 환자들을 위한 아이디어를 묻는 문제이다. 여자1은 리우선 2층에 방이 하나 비어 있으니까, 커피를 사서, 환자분들을 모아볼까. (일단 2층에 방이 하나 비어 있으니까 커피를 사서 환자들을 모아볼까?)라고 말하며 2층에 비어 있는 방을 입원 환자용 카페 공간을 만든다고 했으므로 2번이 정답이다. 칸막이를 강화하면 긴급 상황이 발생했을 때 눈치채기 어렵다고 했으므로 1번은 정답이 아니고, 예산 문제로 최신 입원 침대를 도입하는 것은 어렵다고 했으므로 3번도 정답이 아니다. 현재 있는 조리 스태프 인원수로는 입원식까지는 무리라고 했으므로 4번도 정답이 아니다.

단어 総合(そうごう) 종합 | ～て以来(いらい) ~한 이래(로 계속) | 患者(かんじゃ) 환자 | トラブル 트러블, 말썽 | 絶(た)えない 끊임없다 | 仕切(しき)り 칸막이 | 苦情(くじょう)が寄(よ)せられる 불평(불만, 민원)이 들어오다 | プライバシー 프라이버시 | 緊急(きんきゅう) 긴급 | 事態(じたい) 사태 | 視察(しさつ) 시찰 | 給湯室(きゅうとうしつ) 급탕실, 탕비실 | リラックス 릴랙스 | 空間(くうかん) 공간 | ～同士(どうし) ~끼리 | 交流(こうりゅう) 교류 | 孤独感(こどくかん) 고독감 | 最新(さいしん) 최신 | 立(た)ち上(あ)がる 일어서다 | 補助(ほじょ) 보조 | 機能(きのう) 기능 | センサー 센서 | 搭載(とうさい) 탑재 | 充実(じゅうじつ) 충실 | 提供(ていきょう) 제공 | 対応(たいおう) 대응 | 調理(ちょうり) 조리 | スタッフ 스태프 | 到底(とうてい) 도저히 | 余地(よち) 여지 | 設(もう)ける 설치하다, 마련하다 | 導入(どうにゅう) 도입 | 改善(かいぜん) 개선

🎧 통합이해_실전연습문제_4번.mp3

ラジオでアナウンサーが天気を楽しむ講座について話しています。

F1: 北川市にある科学館では、来月、天気を楽しむための4

つの講座を開催するとのことです。1番目の講座は、雲の実験。ガラス瓶で水蒸気を冷やして凝縮することで、雨雲が作られる過程を学びます。2番目の風の測定をする講座では、機械を用いて風の向きや強さを測定しながら風が天気に与える影響について学びます。3番目の講座は、衛星画像の解析です。気象衛星から送られてくる画像を見て天気を判断できるようになれば気象現象について深く理解できると思います。最後の4番目の講座は、気象予報士の体験です。データを元に自分の予想を専門家の前で発表してもらいますが、滅多に経験できない貴重な機会です。

M：全部面白そうだけど、何か参加したいのある？

F2：うーん、最初は衛星の講座に参加しようと思ったけど、難しくて諦めたことがあるんだよね。

M：そうなんだ、珍しいね。でも、予報士体験はさすがに経験したことないんじゃない？

F2：そうそう。実はそれも前からやってみたかったから、これを機に参加してみるよ。

M：そっか、うーん、でも専門家の前で発表するのはさすがに緊張するなあ。

F2：でも、滅多にできない体験をした方が面白そうだから、これにしよう！

M：うん。じゃあ、私たちはこれで決まりだね。

4

質問1 女の人が最初に参加してみたいと思ったのはどの講座ですか。

1 1番目の講座
2 2番目の講座
3 **3番目の講座**
4 4番目の講座

質問2 二人はどの講座に参加することにしましたか。

1 1番目の講座
2 2番目の講座
3 3番目の講座
4 **4番目の講座**

해설 라디오에서 아나운서가 날씨를 즐기는 강좌에 대해서 이야기하고 있습니다.

F1：키타가와시에 있는 과학관에서는 다음 달 날씨를 즐기기 위한 4개의 강좌를 개최한다고 합니다. 첫 번째 강좌는 구름 실험. 유리병으로 수증기를 식히고 응축함으로써 비구름이 만들어지는 과정을 배웁니다. 두 번째 바람 측정을 하는 강좌에서는 기계를 사용해서 바람의 방향이나 세기를 측정하면서 바람이 날씨에 주는 영향에 대해서 배웁니다. 세 번째 강좌는 위성 사진 해석입니다. 기상 위성에서 보내져 오는 사진을 보고 날씨를 판단할 수 있게 되면 기상 현상에 대해서 깊게 이해할 수 있다고 생각합니다. 마지막 네 번째 강좌는 기상 예보사 체험입니다. 데이터를 바탕으로 자신의 예상을 전문가 앞에서 발표해 받습니다만, 좀처럼 경험할 수 없는 귀중한 기회입니다.

M：전부 재미있을 것 같은데, 뭔가 참가하고 싶은 거 있어?

F2：어…, 처음에는 위성 강좌에 참가하려고 생각했는데 어려워서 포기한 적이 있어.

M：그렇구나, 신기하네. 그래도 예보사 체험은 역시 경험해 본 적 없지 않아?

F2：맞아 맞아. 사실은 그것도 전부터 해보고 싶었으니까 이걸 계기로 참가해 볼게.

M：그렇구나, 으음, 하지만 전문가 앞에서 발표하는 것은 역시 긴장되는데.

F2：하지만 좀처럼 할 수 없는 체험을 하는 편이 재미있을 것 같으니까 이걸로 하자!

M：응, 그럼 우리는 이걸로 결정이네.

질문1 여자가 처음에 참가해 보고 싶다고 생각한 것은 어느 강좌입니까?

1 첫 번째 강좌
2 두 번째 강좌
3 세 번째 강좌
4 네 번째 강좌

해설 여자는 最初は衛星の講座に参加しようと思ったけど、難しくて諦めたことがあるんだよね。(처음에는 위성 강좌에 참가하려고 생각했는데 어려워서 포기한 적이 있어.)라고 위성 강좌를 참가하려고 했으므로 3번이 정답이다.

질문2 두 사람은 어느 강좌에 참가하기로 했습니까?

1 첫 번째 강좌
2 두 번째 강좌
3 세 번째 강좌
4 네 번째 강좌

해설 남자는 전문가 앞에서 발표하는 것이 긴장된다고 했지만 여자가 滅多にできない体験をした方が面白そうだから、これにしよう！(좀처럼 할 수 없는 체험을 하는 편이 재미있을 것 같으니까 이걸로 하자!)라고 말하며 체험해 보지 못 한 기상 예보사 체험을 하기로 했으므로 4번이 정답이다.

단어 開催(かいさい) 개최 | 実験(じっけん) 실험 | ガラス瓶(びん) 유리병 | 水蒸気(すいじょうき) 수증기 | 凝縮(ぎょうしゅく) 응축 | 雨雲(あまぐも) 비구름 | 過程(かてい) 과정 | 測定(そくてい) 측정 | 用(もち)いる 사용하다 | 影響(えいきょう) 영향 | 衛星(えいせい) 위성 | 画像(がぞう) 화상, 사진 | 解析(かいせき) 해석 | 気象(きしょう) 기상 | 現象(げんしょう) 현상 | 気象予報士(きしょうよほうし) 기상 예보사 | 滅多(めった)に 좀처럼 | 貴重(きちょう)だ 귀중하다 | 〜を機(き)に 〜을/를 계기로, 〜을/를 계기로 하여

🎧 통합이해_실전연습문제_5번.mp3

会社で上司と社員二人が話しています。

M1：今後社員のメンタルヘルス向上のために、社内で対策に取り組むことになってね。現場の声を聞きたいんだけど、何かいい案ないかな？
F：そうですね、出社の時間を自由にするのはどうですか。
M1：私たちは直接顧客の相手をする仕事だから、それは検討が必要だね。
M2：最近読んだ本に、15分でも昼寝をすると気分転換になるという内容が載っていました。昼休み以外にも休憩時間を設けるのはどうですか。これならすぐにでも取り入れられるはずです。
M1：そうだね。そう言えば、海外では昼寝の時間を積極的に取り込んでいる会社も多いらしいからね。
M2：あと、ある企業では、社員に「感情カード」を配布して自分の気持ちを書いてみるということをしているらしいですよ。何も客観的に自分の状態を診断することに役立つんだとか。
M1：うーん、紙に書いたところで解消されるかね。とても根本的な解決とは言えない気がするけど。
F：あのう、悩みなどを一人で抱え込んでしまわないように、専門家を雇って、相談窓口を設置するのはどうでしょうか。
M1：いいアイデアだけど、資金的には厳しいからね。さっき言っていた今すぐに実行できる案を来週の会議で提案してみることにするよ。

5 上司は来週の会議でどんな提案をすることにしましたか。

1 出社の時間を社員に任せる
2 休憩時間を取り入れる
3 自分の感情を紙に書く
4 専門家を雇う

해석　회사에서 상사와 직원 두 명이 이야기하고 있습니다.

M1：향후 사원의 멘탈 헬스 향상을 위해서 사내에서 대책에 힘을 쏟게 되었어. 현장의 목소리를 듣고 싶은데 뭔가 좋은 안이 없을까?
F：그렇네요. 출사 시간을 자유롭게 하는 것은 어떨까요?
M1：우리는 직접 고객 상대를 하는 일이니까 그건 검토가 필요하겠네.
M2：최근 읽은 책에 15분이라도 낮잠을 자면 기분 전환이 된다는 내용이 실려 있었어요. 점심시간 이외에도 휴식 시간을 마련하는 것은 어떨까요? 이거라면 금방이라도 도입할 수 있을 거예요.
M1：그렇네, 그러고 보니 해외에서는 낮잠 시간을 적극적으로 받아들이고 있는 회사도 많은 것 같으니까.
M2：그리고 어느 기업에서는 사원에게 '감정 카드'를 배포해서 자신의 기분을 적어 보는 것을 하고 있는 것 같아요. 특히 객관적으로 자신의 상태를 진단하는 것에 도움이 된다던가 어떤가.
M1：음, 종이에 적는다고 해소될까? 아주 근본적인 해결이라고는 말할 수 없을 것 같은 생각이 드는데.
F：저기, 고민 등을 혼자서 떠안아 버리지 않도록 전문가를 고용해서 상담 창구를 설치하는 것은 어떨까요?
M1：좋은 아이디어지만 자금적으로는 어려워서 말이지. 아까 말했었던 지금 당장 실행할 수 있는 안을 다음 주 회의에서 제안해 보기로 할게.

상사는 다음 주 회의에서 어떤 제안을 하기로 했습니까?

1 출사의 시간을 사원에게 맡긴다
2 휴식 시간을 도입한다
3 자신의 감정을 카드를 적는다
4 전문가를 고용한다

해설　사원의 정신 건강에 대한 대책을 묻는 질문이다. 남자2는 昼休み以外に休憩時間を設けるのはどうですか。(점심시간 이외에 휴식 시간을 마련하는 것은 어떨까요?)라고 말하였고 남자 1도 지금 당장 도입할 수 있는 점심시간 이외의 휴식 시간 도입을 다음 주 회의에서 제안해 본다고 했으므로 2번이 정답이다. 고객을 상대하는 업무라서 출근 시간을 자유롭게 하는 것은 어렵다고 했으므로 1번은 정답이 아니고, 감정 카드를 쓴다고 해도 근본적인 해결로 이어지지 않는다고 했으므로 3번도 정답이 아니다. 전문가를 고용해서 상담 창구를 설치하는 것은 자금적으로 어렵다고 했으므로 4번도 정답이 아니다.

단어　メンタル 멘탈, 정신｜ヘルス 헬스, 건강｜向上(こうじょう) 향상｜対策(たいさく) 대책｜取(と)り組(く)む 임하다, 맞붙다, 힘을 쏟다｜現場(げんば) 현장｜出社(しゅっしゃ) 출사, 회사에 출근함｜顧客(こきゃく) 고객｜気分転換(きぶんてんかん) 기분전환｜休憩(きゅうけい) 휴식｜設(もう)ける 설치하다, 마련하다｜取(と)り入(い)れる 도입하다, 받아들이다｜積極的(せっきょくてき)だ 적극적이다｜取(と)り込(こ)む 거두어들이다, 받아들이다｜配布(はいふ) 배포｜客観的(きゃっかんてき)だ 객관적이다｜診断(しんだん) 진단｜解消(かいしょう) 해소｜根本的(こんぽんてき)だ 근본적이다｜解決(かいけつ) 해결｜抱(かか)え込(こ)む (양팔로) 껴안다, (많은 것을) 떠맡다｜雇(やと)う 고용하다｜窓口(まどぐち) 창구｜設置(せっち) 설치｜資金(しきん) 자금｜提案(ていあん) 제안

🎧 통합이해_실전연습문제_6번.mp3

テレビのニュースを聞いて、男の人と女の人が話しています。

M1：おおぞら市では、来月14日に市長選挙を予定しています。市長の立候補者は全員で4名です。まずは現職の伊藤さん。引き続き持続可能な町づくりを目指し、環境対

策に取り組むとのことです。次に田中さん。保育サービスを充実させ、子育て支援により、女性の活発な社会進出を応援し、支えていく方針です。続いて宮崎さんは、地元の特産品や文化財を活用して、観光産業の振興に力を入れるとのことです。最後に高橋さんは、警察と連携し、治安維持活動や防災プログラムを強化して安全な町づくりを目指すという意思を示しました。

M2：選挙活動盛り上がってるよね。昨日駅前で演説聞いてきたんだけど、あの観光の事業を進めるっていう人、熱意があってすっかり説得されちゃったよ。地元野菜のブランド化とか、伝統工芸を使ったイベントの話とか。

F：へえ、地元の復興に力を入れたがる候補なんだね。

M2：そうそう。他にも町の治安問題についてを政策を掲げている候補者の話も聞いてみようかと思う。

F：そうなんだ。私は今の市長も好きだけど、やっぱりまだ女性の社会的立場が弱いって思う部分があるんだよね。だからその対策に取り組む人を支持したいな。

M2：なるほど。

6

質問1 男の人は昨日どの候補者の演説を聞いたと言っていますか。

1 伊藤さん
2 田中さん
3 宮崎さん
4 高橋さん

質問2 女の人はどの候補者の政策に期待していると言っていますか。

1 伊藤さん
2 田中さん
3 宮崎さん
4 高橋さん

해석 텔레비전 뉴스를 듣고 남자와 여자가 이야기하고 있습니다.

M1: 오오조라시에서는 다음 달 14일에 시장 선거를 예정하고 있습니다. 시장 입후보자는 전원 4명입니다. 우선은 현직인 이토 씨. 계속해서 지속 가능한 마을 만들기를 목표로 하여 환경 대책에 힘을 쏟는다고 합니다. 다음으로 다나카 씨. 보육 서비스를 충실하게 하고, 육아 지원으로 여성의 활발한 사회 진출을 응원하고 지지해 갈 방침입니다. 이어서 미야자키 씨는 지역 특산품이나 문화재를 활용해서 관광산업 진흥에 힘을 쏟겠다고 합니다. 마지막으로 타카하시 씨는 경찰과 연계해서 치안 유지 활동이나 방재 프로그램을 강화하고 안전한 마을 만들기를 목표로 한다고 하는 의지를 나타냈습니다.

M2: 선거활동 고조되고 있네. 어제 역 앞에서 연설 듣고 왔는데 저 관광 사업을 진행하겠다는 사람, 열의가 있어서 완전히 설득되어버렸어. 지역 채소의 브랜드화라든지, 전통 공예를 사용한 이벤트 이야기라든지.

F: 와, 지역 부흥에 힘을 쏟고 싶어 하는 후보구나.

M2: 맞아 맞아. 그 밖에도 마을 치안 문제에 대해 정책을 내걸고 있는 후보자의 이야기도 들어볼까 생각해.

F: 그렇구나. 나는 지금 시장도 좋아하지만 역시 아직 여성의 사회적 입장이 약하다고 생각하는 부분이 있거든. 그래서 그 대책에 임하는 사람을 지지하고 싶어.

M2: 그렇구나.

질문1 남자는 어제 어느 후보자의 연설을 들었다고 말하고 있습니까?

1 이토 씨
2 다나카 씨
3 미야자키 씨
4 타카하시 씨

해설 남자는 昨日駅前で演説聞いてきたんだけど、あの観光の事業を進めるっていう人、熱意があってすっかり説得されちゃったよ。(어제 역 앞에서 연설 듣고 왔는데 저 관광 사업을 진행하겠다는 사람. 열의가 있어서 완전히 설득되어버렸어.)라고 말했고 이는 현지 채소의 브랜드화와 전통 공예를 사용한 이벤트 이야기를 열의 있게 이야기하던 미야자키 후보이므로 3번이 정답이다.

질문2 여자는 어느 후보자의 정책에 기대하고 있다고 말하고 있습니까?

1 이토 씨
2 다나카 씨
3 미야자키 씨
4 타카하시 씨

해설 여자는 やっぱりまだ女性の社会的立場が弱いって思う部分があるんだよね。だからその対策に取り組む人を支持したいな。(역시 아직 여성의 사회적 입장이 약하다고 생각하는 부분이 있거든. 그래서 그 대책에 임하는 사람을 지지하고 싶어.)라고 말하고 있다. 다나카 씨가 보육 서비스의 충실과 육아 지원을 통한 여성의 사회 진출의 뒷받침을 도모하겠다고 했으므로 2번이 정답이다.

단어 立候補者(りっこうほしゃ) 입후보자 | 現職(げんしょく) 현직 | 引(ひ)き続(つづ)き 계속해서, 잇달아 | 持続(じぞく) 지속 | 町(まち)づくり 마을 만들기 | 対策(たいさく) 대책 | 取(と)り組(く)む 임하다, 맞붙다, 힘을 쏟다 | 保育(ほいく) 보육 | 充実(じゅうじつ) 충실 | 支援(しえん) 지원 | 活発(かっぱつ)だ 활발하다 | 進出(しんしゅつ) 진출 | 応援(おうえん) 응원 | 支(ささ)える 지탱하다, 지지하다 | 方針(ほうしん) 방침 | 地元(じもと) 생활 근거지, 고장, 동네, 자기가 살고 있는 지역 | 特産品(とくさんひん) 특산품 | 文化財(ぶんかざい) 문화재 | 産業(さんぎょう) 산업 | 振興(しんこう) 진흥 | 連携(れんけい) 연계 | 治安(ちあん) 치안 | 維持(いじ) 유지 | 防災(ぼうさい) 방재 | 強化(きょうか) 강화 | 盛(も)り上(あ)がる 고조되다, 높아지다 | 演説(えんぜつ) 연설 | 事業(じぎょう) 사업 | 熱意(ねつい) 열의 | 伝統工芸(でんとうこうげい) 전통공예 | 復興(ふっこう) 부흥 | 政策(せいさく) 정책 | 掲(かか)げる 내걸다 | 支持(しじ) 지지

유하다요

한 권 스피드 합격

실전모의고사 2회분

- 실전모의고사1   3
- 실전모의고사2   57
- 정답과 해설   111

유하다요

JLPT 합격 노하우 **yuhadayo.com**

실전모의고사 1

N1 言語知識（文字・語彙・文法）・読解

실전모의고사 1

N1 聴解

受験番号
(Examinee Registration Number)

2	2	A	1	1	0	1	1	2	3	-	4	5	6	7	8
⓪	⓪	●	⓪	⓪	●	⓪	⓪	⓪	⓪		⓪	⓪	⓪	⓪	⓪
①	①	Ⓑ	●	●	①	●	●	①	①		①	①	①	①	①
●	●		②	②	②	②	②	●	②		②	②	②	②	②
③	③		③	③	③	③	③	③	●		③	③	③	③	③
④	④		④	④	④	④	④	④	④		●	④	④	④	④
⑤	⑤		⑤	⑤	⑤	⑤	⑤	⑤	⑤		⑤	●	⑤	⑤	⑤
⑥	⑥		⑥	⑥	⑥	⑥	⑥	⑥	⑥		⑥	⑥	●	⑥	⑥
⑦	⑦		⑦	⑦	⑦	⑦	⑦	⑦	⑦		⑦	⑦	⑦	●	⑦
⑧	⑧		⑧	⑧	⑧	⑧	⑧	⑧	⑧		⑧	⑧	⑧	⑧	●
⑨	⑨		⑨	⑨	⑨	⑨	⑨	⑨	⑨		⑨	⑨	⑨	⑨	⑨

<ちゅうい　notes>
1. くろいえんぴつ(HB,　No.2)でかいてください。
   Use a black medium soft (HB or No.2) pencil.
   (ぺんやボールペンではかかないでください。)
   (Do not use any kind df pen.)
2. かきなおすときは、けしゴムできれいにけしてください。
   Erase any unintended marks completely.
3. きたなくしたり、おったりしないでください。
   Do not soil or bend this sheet.
4. マークれい　Marking Examples.

よいれい Correct Example	わるいれい Incorrect Examples
●	⊖ ◯ ◯ ◎ ⊜ ⦶ ●

名前 Name

問題 1

例	①	●	③	④
1	①	②	③	④
2	①	②	③	④
3	①	②	③	④
4	①	②	③	④
5	①	②	③	④

問題 2

例	①	②	●	④
1	①	②	③	④
2	①	②	③	④
3	①	②	③	④
4	①	②	③	④
5	①	②	③	④
6	①	②	③	④

問題 3

例	①	②	③	●
1	①	②	③	④
2	①	②	③	④
3	①	②	③	④
4	①	②	③	④
5	①	②	③	④

問題 4

例	①	②	●
1	①	②	③
2	①	②	③
3	①	②	③
4	①	②	③
5	①	②	③
6	①	②	③
7	①	②	③
8	①	②	③
9	①	②	③
10	①	②	③
11	①	②	③

問題 5

1		①	②	③	④
2	(1)	①	②	③	④
	(2)	①	②	③	④

Language Knowledge (Vocabulary/Grammar) • Reading

問題用紙

N1

言語知識（文字・語彙・文法）・読解
（110分）

注　意
Notes

1. 試験が始まるまで、この問題用紙を開けないでください。
   Do not open this question booklet until the test begins.

2. この問題用紙を持って帰ることはできません。
   Do not take this question booklet with you after the test.

3. 受験番号と名前を下の欄に、受験票と同じように書いてください。
   Write your examinee registration number and name clearly in each box below as written on your test voucher.

4. この問題用紙は、全部で33ページあります。
   This question booklet has 33 pages.

5. 問題には解答番号の 1 、 2 、 3 …が付いています。解答は、解答用紙にある同じ番号のところにマークしてください。
   One of the row numbers 1 , 2 , 3 … is given for each question. Mark your answer in the same row of the answer sheet.

受験番号 Examinee Registration Number	
名前 Name	

問題1 ＿＿＿の言葉の読み方として最もよいものを、1・2・3・4から一つ選びなさい。

1 秘密漏れを防ぐために組織員は全員誓約書を作成した。
　　1　けいやくしょ　　2　けんやくしょ　　3　せいやくしょ　　4　せんやくしょ

2 彼は一人暮らしを始めてから偏った食生活をずっと維持している。
　　1　あらそった　　2　ほうむった　　3　ただよった　　4　かたよった

3 商品の価格は供給と需要によって決まる。
　　1　しゅよう　　2　しゅうよう　　3　じゅよう　　4　じゅうよう

4 ある社員の発言によって会社の不正行為が暴露された。
　　1　ばくろ　　2　ばくろう　　3　ぼうろ　　4　ぼうろう

5 最近は、ペットに関する市場の成長が著しい。
　　1　うとましい　　2　いちじるしい　　3　ずうずうしい　　4　ふさわしい

6 物騒な世の中でも社会の秩序を守りながら生きていかなければならない。
　　1　しつしょ　　2　しつじょ　　3　ちつしょ　　4　ちつじょ

問題2　(　　　)に入れるのに最もよいものを、1・2・3・4から一つ選びなさい。

[7] 昨夜、近所で殺人事件があったが、大雨の影響で捜査は（　　　）しているようだ。
　　1　強制　　　　2　難航　　　　3　支障　　　　4　逸脱

[8] 彼女は約5年前から高橋さんのことを陰ながら（　　　）いたという。
　　1　したって　　2　になって　　3　うるおって　　4　すくって

[9] チームの中で自分だけ経験が乏しく、みんなの（　　　）にならないか不安だ。
　　1　見返り　　　2　骨折り　　　3　月並み　　　4　足手まとい

[10] 環境問題をテーマにした（　　　）スピーチコンテストが開催された。
　　1　マルチタスク　　　　　2　インターナショナル
　　3　モチベーション　　　　4　カスタマイズ

[11] 体力あるときに海外の観光地を全部回っておくべきだったと（　　　）思う。
　　1　めきめき　　2　つくづく　　3　こうこう　　4　すくすく

[12] 友達のお父さんはもう65歳だが、それでもまだ（　　　）に働いている。
　　1　精力的　　　2　一方的　　　3　根本的　　　4　端的

[13] 二人の名前はとても似ているので、（　　　）です。
　　1　もどかしい　　2　なやましい　　3　まぎらわしい　　4　すさまじい

問題3 ＿＿＿＿の言葉に意味が最も近いものを、1・2・3・4から一つ選びなさい。

14 来週の会議で使う報告書の資料を丹念に調べました。
　　1　ぎっしりと　　2　こっそりと　　3　じっくりと　　4　たっぷりと

15 彼女はため息をつきながら、「どうしてこんなことになったんだろう」と呟いた。
　　1　小さな声で何か言った　　　　2　涙を流した
　　3　びっくりした　　　　　　　　4　激しく怒った

16 業務の効率化を図るため、何店舗かは他の会社に委託することにした。
　　1　売る　　　　2　任せる　　　　3　変える　　　　4　譲る

17 取引先と連絡し、アポを事前に取ってください。
　　1　場所　　　　2　約束　　　　3　商品　　　　4　契約

18 目標金額を達成するまではあらゆる手立てを使うつもりです。
　　1　工夫　　　　2　努力　　　　3　手段　　　　4　意志

19 とりあえず、この計画は見合わせることにしました。
　　1　継続する　　2　許可する　　3　実行する　　4　中止する

問題4 次の言葉の使い方として最もよいものを、1・2・3・4から一つ選びなさい。

20 兆し
1 面接では、小さなことでも誠実に且つ正直に話すという兆しで臨んだ。
2 あなたは今やっている仕事に兆しを感じていますか。
3 少しずつではあるが、景気回復の兆しが見え始めた。
4 玄関から何か音がしたので確認してみたら兆しのない郵便物が届いていた。

21 デマ
1 2年間のデマがあったにもかかわらず、彼の英語の実力はまだ衰えていなかった。
2 それは何の根拠もないただのデマにすぎない。
3 年を取ってデマをしたら田舎でのんびり過ごしたいと思う。
4 来月から日本全国でゴルフデマが行われ、1位は1千万円の賞金がもらえるそうだ。

22 庇う
1 二人は言葉を庇いながら何かを真剣に考えていた。
2 壁に貼っておいた劇団のポスターを庇い、他のポスターに替えた。
3 まだ子どもだからといって、間違った行動まで庇う子育てには問題がある。
4 国家の成長を庇うためには、国民全体が協力して取り組む必要がある。

23 しぶとい
1 先方をしぶとく説得した結果、取引を成立させた。
2 最後まで最善を尽くしたのだから、しぶとく結果を認めるしかなかった。
3 彼女の本業はアイドルだが、最近は俳優としてもしぶとく活躍している。
4 「ママ、今日もお仕事頑張ってね！」といった娘からのメッセージをしぶとく見た。

24 ずばり
1 暴力はいかなる場合でも、いかなる理由でも、すばり許しません。
2 気になる点はいくつかあるものの、ずばり満足度は高い。
3 それはずばり何年も過ぎた話なので、よく覚えていない。
4 ずばり言って駅前に新しくできたレストランの料理はまずすぎて行きたくない。

25 合致
1 全国合致大会が開催され、熱い応援で会場内は大いに盛り上がりました。
2 いつも喧嘩ばかりしていた二人だが、今日はなぜか意見が合致したようだった。
3 様々な噂や話があったが、結局、両社は合致することになった。
4 公共の場での禁煙がようやく合致化されたそうだ。

問題5 次の文の（　　　）に入れるのに最もよいものを、1・2・3・4から一つ選びなさい。

26 待ち遠しかった遠足の日に私服を着てきたのは、不思議にもクラスの中で私一人（　　　）でした。
　　1　しか　　　　　2　さえ　　　　　3　すら　　　　　4　のみ

27 息子は学校から帰ってきてから、ずっと落ち込んだままだ。（　　　）学校で友達とけんかしたらしい。
　　1　どうやら　　　2　いずれ　　　　3　いつか　　　　4　かえって

28 4月から社会人になり実家から独立を（　　　）、栄養バランスの偏った食事ばかりをとっていて、免疫力が低下した。
　　1　始めようとしてから　　　　　　2　始めるからといって
　　3　始めるならともかく　　　　　　4　始めてからというもの

29 高校時代のアルバムを（　　　）、友達と遊んだときの懐かしい記憶がよみがえってくる。
　　1　見るばかりに　　　　　　　　　2　見るべく
　　3　見るかのごとく　　　　　　　　4　見るにつけ

30 以上（　　　）、本日の会議を終了させていただきます。
　　1　につき　　　　　　　　　　　　2　をもって
　　3　はどうあれ　　　　　　　　　　4　をよそに

31 (取引先へのメールで)
変わらずお元気にご活躍のことと（　　　）。さて、この度弊社ではかねてより開発を重ねてまいりました新商品の製造を開始しました。
　　1　存じます　　　　　　　　　　　2　申し上げます
　　3　なさいます　　　　　　　　　　4　ご覧になりました

32 社会人（　　　　　）、学生の頃のように自由気ままに旅に出かけたりすることはできないだろう。

1　たるもの　　　2　あっての　　　3　まみれ　　　4　ともなれば

33 多くの人を動かすためには、仕事の能力（　　　　　）、自らの意思で行動を起こさせるように働きかけることも重要です。

1　いかんでは　　　2　ときたら　　　3　もさることながら　　　4　とあって

34 亡くなった祖父からもらった大事な腕時計が壊れてしまったが、ただ直せばいい（　　　　　）。

1　にすぎない　　　　　　　　2　に越したことはない
3　ものがある　　　　　　　　4　だけのことだ

35 （家で）
妻「うーん、何か頭がふらふらする。熱があるかも。」
夫「うわ、すごい熱！これじゃあ旅行（　　　　　）なあ。」

1　というものではない　　　　2　どころじゃない
3　でしかない　　　　　　　　4　といったところだ

問題6 次の文の ★ に入る最もよいものを、1·2·3·4から一つ選びなさい。

（問題例）

あそこで ＿＿＿ ＿＿＿ ★ ＿＿＿ は山田さんです。

1 テレビ　　2 見ている　　3 を　　4 人

（解答のしかた）

1．正しい答えはこうなります。

　　あそこで ＿＿＿ ＿＿＿ ★ ＿＿＿ は山田さんです。
　　　　　　　1 テレビ　3 を　2 見ている　4 人

2． ★ に入る番号を解答用紙にマークします。

(解答用紙)　　(例)　①　●　③　④

36 最初から失敗する可能性が高いと知っていたら、＿＿＿ ★ ＿＿＿ ＿＿＿、いまさら後悔しても取り返しがつかない。

1 実験なんて　　　　　　2 参加しなかった
3 ものを　　　　　　　　4 こんな

37 駅前の喫茶店の常連客は ＿＿＿ ＿＿＿ ★ ＿＿＿ にぎわっていた。

1 中心かと　　　　　　　2 思いきや
3 年配の人が　　　　　　4 若い学生たちで

[38] 育休明けになって仕事に復帰したが、毎日の疲労と＿＿＿ ＿＿＿ ★ ＿＿＿しまった。

1　相まって　　　2　崩して　　　3　体調を　　　4　業務のストレスが

[39] 彼女は人前に立つ仕事をしている＿＿＿ ＿＿＿ ★ ＿＿＿私たちとは違った。

1　普段から美しい振る舞いを　　　2　意識しているとのことで
3　だけあって　　　　　　　　　　4　雰囲気からして

[40] プロジェクトの進行状況を考えると、＿＿＿ ＿＿＿ ★ ＿＿＿タイミングを逃してしまった。

1　途中で仕事を　　　　　　2　辞めるわけにはいかず
3　現段階では　　　　　　　4　転職を決意する

問題7 次の文章を読んで、文章全体の趣旨を踏まえて、 41 から 44 の中に入る最もよいものを、1・2・3・4から一つ選びなさい。

以下は、ある人が書いたエッセイである。

「真」の家族

　私の家族はずいぶん変わっているほうだと思う。何が変わっているかと言うと、とにかく楽器がないと文句を 41 。

　私の実家は叔父の家族とも家が近く、月に何度も夕食を共にするほど仲良しである。その集まりに楽器を持たずに行くと、「なんだよ、今日持ってこなかったの？つまんないな」といった口調で文句が飛び交う。そんな私たちは誰かの誕生日になると必ず集まり、誕生日会をするのだが、その誕生日会には必ず楽器を持参の上 42 という暗黙の了解が存在する。なぜなら、ハッピーバースデーの歌を生演奏するからだ。ケーキよりも先に皆が楽器のポジションにつき、音合わせを始める。それからケーキの準備に入る。そしてそのハッピーバースデーの演奏はオリジナルの演奏だけでなく、ロックンロールバージョン、レゲエバージョン、カントリーバージョン、しまいには思い付きで(注)違うバージョンまで演奏し、いつ終わるかわからないバースデーソングを演奏し続けるのである。これについて私は、「楽器演奏なんかより、立派なケーキが 43 の誕生日会なのに」とあくまでも子どもらしく単純に思っていた。

　しかし、こんな私の考えが変わったきっかけがあった。ある日、偶然親戚の誕生日会に来てくれた私の友達が「すごい、家族でバンドが組めるんだね」と言い出したのである。そして数ヶ月後、私の家族はついに地元で開かれたクリスマスコンサートに家族バンドとして出演することになった。

　それまでの私は、正直、家族 44 何かちゃんと考えたことがなかった。しかし、スポットライトを浴び、家族全員が音楽で一つに繋がった瞬間、「家族とはこういうものなんだな」と初めて感じた。今では自分の家族を誇りに思うようになった。

（注）思い付きで：思いついたままに、即興で

41 1 言い出してほしい　　　　2 言い出す
　　　3 言い出すのはいい　　　　4 言い出すという

42 1 参加したいわけではない　2 参加するところだ
　　　3 参加しなければならない　4 参加してはならない

43 1 あったくらい　2 あっただけ　3 あってこそ　4 あってまで

44 1 をも　　2 なら　　3 といっても　4 とは

問題8　次の(1)から(4)の文章を読んで、後の問いに対する答えとして最もよいものを、1・2・3・4から一つ選びなさい。

(1)

以下は、チケット販売会社から送られてきたメールの内容である。

宛先：machida@mail.co.jp
件名：ABC LIVEの予約について
送信日：9月30日

町田様

この度は、ABC LIVEのチケット販売にご応募いただき誠にありがとうございます。抽選の結果、ご当選されましたのでお知らせいたします。チケットを購入するためには購入手続きが必要となりますので、下記にございますQRコードから手続きをお願いいたします。ご入金が確認でき次第、発券が可能となります。なお、購入期限日が過ぎますと自動的にキャンセルとなりますので、ご注意ください。

株式会社ABCライブ　予約担当　山田

---

[45] このメールで最も伝えたいことは何か。

1　チケットの発券が可能になったこと
2　チケットの購入手続きを行ってほしいこと
3　チケットの入金が確認されたこと
4　チケットの購入期限が過ぎたこと

(2)

　最近都会から地方へ移住する若者が増加しているという。都会の喧騒(注1)から離れ、自然と触れ合いながら身の丈に合った(注2)生活をしていくのがストレスを受けずに済んで良いそうだ。しかし、地方出身の私からすれば、電車でどこにでも行けて、独創的な人々やアイデアなどに出会えるチャンスの多い都会はとても魅力溢れる場所である。そんな都会に住んでいると視野も広くなり、自分が成長していることを実感できる。もちろん、人混みで疲れるし、気を使うことが多いが、体力のある若いうちにこそ経験しておくべきだ。

（注1）喧騒(けんそう)：賑やかに騒がしいこと
（注2）身の丈に合った：自分に合った

46　筆者の考えに合うものはどれか。

1　地方はストレスが少ないため、若いうちに行くべきだ。
2　最近の若者はいろんな機会に出会うために、自然豊かな地方で生活する。
3　都会はストレスを受けることなく、創造的なものに出会える。
4　都会は体力が必要だが、若いうちに住んだほうがいい。

(3)

　何百年もの古い樹木を見たことがあるだろうか。長年その土地を見守ってきたため、貫禄があり、そのどっしり構えた姿に、こちらが勇気と元気をもらえるほどだ。
　木はただそこに立っているわけではない。その一年の気候変動や天気をはっきりと覚えている。木は、幹を切ると何層も重なった年輪がある。年輪(注)は、雷に打たれた時や嵐が訪れた時、気温が低かった時などは、線がにじんだり、波打ったりする。木は言葉こそ話さないが、何百年にわたる時と痛みをその身に刻み、立派な年輪で長年の歴史を語っているのである。

（注）年輪：木を切ったときに見られる輪

[47] 筆者が言いたいことは何か。

1　常に元気でいられる木を見て、人々は力をもらっているということ
2　木は気温の変化に敏感に反応しているということ
3　木は何百年の時間をその身で覚え、年輪を作っているということ
4　年輪は単なる線ではなく、木の貫禄を表しているということ

(4)

「効率よく仕事しろ」は、会社で働くとしばしば言われる言葉である。「こっちのほうが効率よくできるから」と言いながら、上司がやり方を押し付けてくることすらある。果たして本当に効率がいいのだろうか。十人十色ということわざがあるように、個人によってペースや視点が異なるため、他人のやり方が合わず、むしろ効率悪く動いてしまっていることもありうるのだ。新人が入ってくると、ついつい口出しをしてしまいがちな先輩社員もいるかもしれないが、大まかな作業方法だけを教え、その人が自分のスタイルを見つけるまで見守ってあげることも先輩の役目ではないだろうか。

[48] 効率よく仕事することについて、この文章ではどのように述べているか。

1 新人が大体の作業を覚えるまでは、先輩が一つ一つ指示する必要がある。
2 新人が独自のやり方を発見するまで、細かく指示せずに待ってあげるべきだ。
3 新人には効率の重要性よりも、多様な作業のスタイルについてだけを教えるべきだ。
4 新人にはどの先輩のやり方が合うか試させて、口出しをしないことだ。

問題9　次の(1)から(4)の文章を読んで、後の問いに対する答えとして最もよいものを、1・2・3・4から一つ選びなさい。

(1)

　オーバーツーリズムとは、観光地に大勢の観光客が押し寄せることで、現地の生活や自然環境などに悪影響が出る現象のことだ。その地域に観光客が殺到すること自体が問題ではなく、観光客の増加により、現地住民が日常生活に不便を感じてしまうことが問題である。

　例えば、京都ではコロナ禍後、「観光客の増加により生活が変わったか」というアンケートが行われた。その結果、現地住民の8割以上が「交通の便が混雑になってしまい、不便を感じたことがある」と回答した。この問題を解決するべく、京都市では地下鉄とバスに使える1日券を発売し、バスだけではなく地下鉄の利用を促し、観光客の交通手段を分散させようと試みた。

　しかし、現状は路線数が少ないこともあって、混雑を解消できるほどの実用性があるかどうかはまだ確認されていない。さらに、京都では文化財を保存し維持することが優先されているため、他の地域に比べて大規模なインフラの整備にはその分費用がかかり、地下鉄の料金を安く設定することも容易ではない。

　今後、このような問題を解決していくためには、主要観光地から離れた新しい観光スポットを開拓し、観光客の増加が見込まれるシーズンに行事を増やすなどして、観光客の混雑を防ぐ必要があるのではないかと考える。

　当然のことだが、観光客が増加することは悪いことではない。観光客の増加によりその地域が受ける経済効果は計り知れないからだ。観光客を呼び込むだけの取り組みにとどまらず、地域住民の声に耳を傾け、住民の生活にも配慮しながら、観光事業と住民の生活の両立を図ることが重要である。

[49] このような問題とは、何か。

1 特定の地域に物理的に観光客が集中したことで、交通機関が混雑すること
2 特定の地域に押し寄せる観光客により、地域住民の生活に不便が生じること
3 観光地の交通インフラの構築は、未だなにも解決されていないこと
4 観光地の交通インフラの構築に時間と費用がかかってしまうこと

[50] 筆者の考えに合うのはどれか。

1 交通インフラを構築し、地域住民の交通手段を増やすべきだ。
2 観光客の移動を分散させるために、路線数を増やすべきだ。
3 地域特有の外観を維持しつつ、観光客の利便性を図るべきだ。
4 地域住民の暮らしと観光客の受け入れの両立を図るべきだ。

(2)

　日本では、高校や大学を卒業した後、企業に就職し定年まで働くといった終身雇用制(注1)や年功序列(注2)というような伝統的な制度が存在し、それが長い間、当たり前のように受け入れられてきた。

　しかし、その伝統的な制度は時代の変化により崩壊し始めた。自分のアイデアで所得を生み出し、経済的自由を得ようとする動きが活発になっている。また、個人がSNSを活用して自分をブランディングし、ビジネスに繋げることで、成功を収める事例も多くなった。周りの人が成功しているという話が多くなったからというよりは、金銭的な面でも自己成長の面でも成功した一般人のストーリーが魅力的だったのだろう。このような英雄の物語はやがて起業に対する若者たちの関心を高め、起業ブームにまでつながった。

　契機はどうであれ、起業ブーム自体は望ましいものだ。特に若者は、たとえ事業が上手くいかなくても、新しい知識を得てスキルを身につければ、何度でも立ち直り、失敗を取り返せるチャンスがある。失敗を恐れず色んなことにチャレンジできるのは、若者の強みであり、リスクを背負ってでも起業から得た経験は自分自身の強みになるだろう。

　しかし、起業は容易な道ではない。例えば、初期段階では、資金不足や人手不足などの限界があり、それを安定化させ、軌道に乗るまでは長い道のりになるだろう。そのため、安易な気持ちで試みてはならないが、何よりも始めたからには諦めずにチャレンジする心構えが重要である。

（注1）終身雇用制：定年まで雇用され続けること
（注2）年功序列：年齢や勤続年数などに応じて、役職や賃金が上がっていく仕組み

51 起業ブームにまでつながったのは、なぜか。

1 平凡な人の成功ストーリーが、若者たちを動かすきっかけになったから
2 時代を経て、日本伝統の雇用制度が変わってきたから
3 成功している人たちが多くなって、興味が湧いたから
4 学校卒業後、定年退職まで働くという話は魅力的ではなくなったから

52 起業について、筆者はどのように考えているか。

1 多少のリスクを背負ってでも、楽観的な気持ちで起業に挑むことが大切だ。
2 起業を成功するためには、資金と人手が一番大切だ。
3 起業から得た知識は無駄ではないため、失敗を恐れずに挑戦することが大切だ。
4 豊かな生活を送るためには、若い時から起業して経験を積むことが大切だ。

(3)

　歴史を理解する上で史料は欠かせない。史料は、過去にあった出来事を順番に叙述(注1)したものであり、一次史料と二次史料に分けられる。

　一次史料は時期・場所・書いた人が明確に記載されている日記やメモ、新聞、インタビュー、手紙などの文書である。一次史料は信憑性(注2)が非常に高く、歴史の重要な手がかりとなる。過去に生きていた人々の思想や心情を感じることができ、また、当時の出来事について知ることができる。

　二次史料は、後世に作られたものであり、一次資料を解釈または分析し、学者の意見が反映されたものである。書籍や論文、自伝、歴史の教科書などがあり、これらを通して、多少思考の偏りはあるが、その偏りがあるからこそ、別の観点からの意見に接することができる。
(中略)

　史料を勉強することは、過去と現代を理解するだけでなく、物事の考え方や判断にも役立つ。自分と異なる考え方に気づき、多様な情報を分析して状況を理解する方法も身につく。そうすることで、現状と歴史の出来事を照らし合わせて、過去の過ちを繰り返さない選択ができるようになる。

（注1）叙述：述べること。また、述べたもの
（注2）信憑性：ある情報がどのくらい信じられるかという度合い

53 一次史料とは何か。

1　後世に制作され、最も信頼性の高いもの

2　現代人が歴史を学ぶにあたり、最も役に立つもの

3　その時代に書かれた噂話や書籍などをまとめて分析したもの

4　一定の情報が正確に明記されているもの

54 史料について、筆者はどのように考えているか。

1　史料の勉強は思考や判断にまでは及ばないが、分析には役立つ。

2　個人の意見が付け足された史料は、偏見があるため参考にならない。

3　二次史料は、後世に記録されたものなので信憑性に欠ける。

4　思考の幅が広がり、過去の間違った選択とは違う選択をすることができる。

(4)

　インタビューを成功に導くために心がけるべきことがいくつかある。まず、インタビューは8割が準備だと言われるほど、下調べが最も重要である。事前に構成や流れを考え、いろんな情報を把握しておくことで、当日の予想外の展開にも動揺せず、スムーズに進めることができるのである。

　次に、相手の緊張を和らげられる「アイスブレイク」が必要となる。この方法は、直訳すると「氷を溶かす」という意味で、初対面の人同士が話す前に緊張やその場の雰囲気を和ませて、コミュニケーションをスムーズにする手法である。主に自己紹介やセミナー、会議、研修会などのビジネスシーンで活用されることが多い。その目的は、相手の緊張をほぐすだけでなく、会話のきっかけを与え、円滑なコミュニケーションを図るのである。インタビューにおいても、相手の緊張をほぐし、相手の魅力を十分に引き出すことが良いインタビューになる一つの要素だと言われているほどだ。

　しかし、最悪の場合は準備したものが全て使えなくなる場合もある。なので、結局は話をよく聞くに越したことはないのだ。初めて聞く情報でも流れをつかんでわかりやすく読者や聴者に伝えるためにも聞く姿勢が大事だ。小さなことでも聞き逃さず、ちゃんとリアクションをし、話の流れを途切れさせず、相手が気持ちよく話せるように心地よい雰囲気を作ることを意識すべきだろう。

55 この方法とあるが、どのようなものか。

1　予定されなかった場面でも何気なく対応できるようにする方法
2　初対面同士でも話しやすくなり、仲良くなれる方法
3　その場の雰囲気を和ませ、相手の魅力をあげられる方法
4　初めて会った人と緊張をほぐし、円滑に会話できる方法

56 筆者によると、成功したインタビューとは、どのようなものか。

1　相手がどんな小さいことでも話せるように、快適な雰囲気の中で行われるもの
2　相手とできる限り親しくなり、信頼関係を築いて魅力を引き出すもの
3　事前準備を徹底的にし、相手を知ろうとする姿勢で接待をするもの
4　話の流れを捉え、相手の言葉をより理解しやすく伝えるもの

問題10 次の文章を読んで、後の問いに対する答えとして最もよいものを、1・2・3・4から一つ選びなさい。

　以下は、脳科学者が書いた文章である。

　人は誰もが自分の感情を言葉にすることで、自己理解を深め、他者とのつながりを築き、その影響力を発揮していく。古代より日本では、言葉には神秘的な霊力が宿っていると信じられたほどだ。ところが、近年に至って私たちはこの言葉の力をやや軽視してはいないだろうか。

　先日、某大学で言葉の持つ力に関して興味深い実験が行われた。同じ種類の植物を二つのグループに分け、一方には毎日「よく頑張っているね」や「とても美しい」といった肯定的な言葉を、もう一方には「だめだ」、「成長が遅い」といった否定的な言葉をかけながら育てた。言葉以外は全く同じ環境だった。すると、褒められ続けた植物は、葉が濃い緑色で茎も太く丈夫に育ったのに対し、否定的な言葉をかけられた植物は、元気がなく、成長も著しく鈍化して枯れてしまいそうになったことが観察されたそうだ。言葉の意味もわからない植物でさえその影響を受けるとは、やはり言葉には感情がこもっているに違いない。まして、言葉の意味がわかる人に、言葉はどれだけ影響を与えているだろう。人が自分の感情に耳を傾ける必要があるというのは言うまでもないことだ。

　私たちは日常生活で自分の感情をきちんと認識できず、なかなかその感情をコントロールしきれないときがある。中には、感情コントロールが上手くいかず、人間関係や社会生活で苦しんでいる人も多い。これはそもそも感情というものがそう簡単に人間の力でコントロールできるものではないためだ。だが、感情のコントロールをあきらめるにはまだ早い。感情をコントロールすることは容易くないかもしれないが、言葉で脳をコントロールすることは可能だからだ。言葉は感情に影響を与える。よって、私たち我々がポジティブな言葉を発すれば、感情もポジティブな方向へ導かれる。いい感情を保つことができずに悩みを抱いているのなら、言葉を変えってみるのはどうだろう。言葉という媒介を通し、自らの感情を整えることで、心のイライラを止めて、より前向きな気分になるのだ。例えば、「ありがとう」という言葉を一度発するだけでも、温かい感情になれる。

　一方、自分が発する言葉や感情も大切だが、逆に他人から言われる言葉にも気をつける必要

がある。そのためにも、ネガティブな表現をする人を避け、ポジティブな表現をする人を寄せて環境を作ることも怠ってはならない。

[57] 言葉の力について、筆者の考えに合うの会うのはどれか。

1 感情を持った言葉は霊力があるにも関わらず、誰も気づいていない。
2 他人とかかわりを持つうえで一番影響力を発揮するのは自己理解だ。
3 言葉には神秘的な力が秘められているが、我々はほとんど注意していない。
4 最近になって、言葉の影響力がどんどん信頼されてきている。

[58] 自分の感情に耳を傾ける必要があると筆者が考えるのはなぜか。

1 ポジティブな感情状態だと、ネガティブな感情の言葉をかけられても平気だから
2 人間には影響があっても、植物には影響が少ないから
3 言葉の意味はわかっていても、どんな感情なのかわからないと影響が半減するから
4 言葉がわからなくても、そこに込められた感情通りに影響を与えてしまうから

[58] 感情コントロールについて、筆者はどのように考えているか。

1 感情をコントロールする方法を習得すると、言葉の感情も操れる。
2 感情をコントロールできないときは、言葉を通して感情に変化をもたらすことができる。
3 感情をコントロールできないときは、周りの人の環境を変えてみる必要がある。
4 感情のコントロールは、諦めさえしなければ努力次第でできるようになる。

問題11 次のAとBの文章を読んで、後の問いに対する答えとして最もよいものを、
1・2・3・4から一つ選びなさい。

A

　何年も料理をしていると、味付けの重要性が分かってくる。塩や砂糖などの調味料を適当に入れるのではなく、食材の特性に合わせて味をつけることで、食材のポテンシャルを最大限まで引き出し、食べる側に良い思い出を与えられる料理を作ることができるからだ。例えば、魚料理をする時、子供が食べるから生臭い魚は使わなかったり、お母さんは味が濃いのは食べないから味付けを薄めにしたりするなど、ちょっとした工夫をすることによって食べる人により良い時間を過ごせる環境が提供できる。料理を食べている場が楽しければもっと盛り上がり、場の雰囲気が落ち込んでいたりしても料理がおいしく、自分の口に合った料理を食べれば多少の気分転換にもなるだろう。料理において、味付けは非常に重要な行為であるが、食べてくれる人を思って、愛情や配慮を込めて作ることを忘れてはならないと思う。

B

　あるバレンタインデーの前日、娘たちはそれぞれいっぱい準備した材料でチョコ作りに挑戦していた。チョコを初めて作る娘たちに、料理は計量が最も重要だということを教えてあげたことがある。正確な計量が味に与える影響は大きく、特にチョコレートやベーキングなどのデリケートな料理の場合、砂糖1さじの違いで料理の完成度が左右されるからである。そのため、美味しい料理のためには、正確な計量は基本であり、ひいては料理という行為は正確な計量から始まると言っても過言ではないと私は思っている。もちろん、計量だけにこだわっては、料理の腕は上達できない。少なくとも初心者の時には計量を重視し、繰り返し料理することで好みの味を見つけたり、よりバランスの良い味を見つけたりすることをお勧めしたい。なによりも相手に美味しいものを食べさせたいという思いを込めて、相手に配慮した工夫をするように、娘たちに強調した。

（注）適当に：ここでは、雑に

60 料理について、AとBの認識で共通していることは何か。

1 料理を食べてくれる人のことを考え、丁寧に作るべきだ。
2 食材の味を最大限まで引き出せるためには、工夫するべきだ。
3 料理する側の好みではなく、食べる側の好みを考慮するべきだ。
4 計量にこだわらず、好みの味を見つけなければならない。

61 料理を作ることについて、AとBはどのように述べているか。

1 Aは味付けをして相手に良い思い出を与えることが重要だと述べ、Bはバランスの良い味を出すことが重要だと述べている。
2 Aは味付けをして素材の持ち味を引き出すことが重要だと述べ、Bは正確な計量はもちろん自分なりに味を見つけることが重要だと述べている。
3 AもBも美味しい料理を作るためには、誤差のない計量が重要だと述べている。
4 AもBも自分の舌を信じて、独創的な料理を作ることが重要だと述べている。

問題12　次の文章を読んで、後の問いに対する答えとして最もよいものを、1・2・3・4から一つ選びなさい。

　育児の姿は数十年の間、すっかり変った。昔は日本でも子供がたくさんいることが普通だった。農家などでは母親も働き手の一人だったので、姉が母親代わりになり、ご飯を作ったり後片付けをしたり、火の番をしながら宿題をした。小さい子供たちは子犬のように遊んだり喧嘩したりしながら、夜になれば、何となく布団に入って寝たものである。母親は夜なべで靴下の穴を縫い、弁当のおかずも作る。子守歌を歌ってあげたり本を読んであげたりする暇は全くない。それでも子供は立派に育った。子供は同じ地域に住む同世代の友達と遊ぶことが多く、おのずと人間関係を学んでいった。

　しかし、現代は生まれる子供の数が減りつつある。兄弟姉妹が二人いれば多いほうで、一人っ子が普通になった。遊び方も変わってきて、外で野球やサッカーをして暗くなるまで遊ぶ光景もめっきり見えなくなった。それは、ゲームが子供の頭の中を占めたからである。一人でいても少しも寂しいと思わないし、むしろ一人のほうが誰にも邪魔されずにゲームに没頭できて最高だなどと思っているかもしれない。ゲームをやらせておけば子供の手離れが早くなるため、パートタイムや正社員として働く時間が確保でき、結果的に家計が豊かになるから、これは親にとっても悪くない話なのである。(中略)

　一方で、人のぬくもりが希薄になっていると思う。子供たちはインターネット社会の中で、教えられなくてもいろいろなことを学んでいくので、「お父さん、この問題教えて」なんていう言葉はほとんど聞かれなくなり、父親も部屋で好きな動画を見ていることが珍しい光景ではなくなった。そのうち子育てはロボットに任せる時代が到来しかねない。これから生まれる世代はそれが当たり前になっているので、寂しさすら感じないかもしれない。

　技術の進歩は人々の暮らしを快適にし、子育ても昔と比べて楽になったであろうと考える。そのため、子育てにかかる負担が減った分、子供の数は増えていくだろうと考えるのが自然だ。だが実際には、社会が豊かになるにつれて少子化が進行している。子育てをする時間があるくらいなら、他のことに時間を割り当てたがるのである。結婚しない若者の一部は子育て、さらには子供自体が嫌だという人もいる。これらの状況に対する意見は人それぞれであるが、間違いなく言えることが一つある。それは、社会像の変貌や少子化は誰にも止め

られないということだ。この現実を受け止め、少子化に適応した新たな文化と社会制度を整える必要があると私は考えている。

（注1）火の番：火が消えないように見守ること
（注2）夜なべ：夜まで仕事をすること
（注3）一人っ子：兄弟姉妹の無い子ども

62 これは親にとっても悪くない話なのであるとあるが、どのようなことか。

1 子供の親離れが早くなり、その分だけ親の自由時間が増えるから
2 子供の親離れが早くなり、会社で昇進する可能性が高くなるから
3 親が教えなくても子ども一人で勉強できるから
4 子供一人で寂しい思いをせずに済むから

63 筆者によると、社会が豊かになるにつれて少子化が進行しているのはなぜか。

1 育児の負担の減少により、かえって子育てが面倒に感じられるから
2 時間的余裕ができた人は子育てより自分の時間を大切にしたいから
3 社会が豊かになったことで人々が結婚しなくなり、子育ての意識が薄れたから
4 育児にかける時間やエネルギーの減少により、子供を持たないという選択が増えたから

63 筆者が最も言いたいことは何か。

1 少子化に向けた文化や社会的な仕組みを構築しなければならない。
2 少子化に向けたさらなる技術発展が必要だ。
3 少子化を乗り越えるためには、拡大家族を復活させるべきだ。
4 出生率をあげなければ、社会発展は到底叶えないはずだ。

問題13 右のページは、あるサンゴ染め体験の利用案内である。下の問いに対する答えとして最もよいものを、1・2・3・4から一つ選びなさい。

[65] キムさんは来月以降に子供4人を連れてサンゴ染め体験Bに行きたいと考えている。体験は子供4人だけ参加し、キムさんは付き添うだけである。予約に関して、注意しなければならないことは何か。

1 予約の際、備考欄に体験予約人数以外の同伴者を記入する。
2 事前説明会なしで行うため、体験時間に合わせて集合場所に到着する。
3 駐車できないため、最寄りの駅まで地下鉄を利用する。
4 インターネットの予約は受け付けていないため、電話で予約する。

[66] マルコさんは友達4人とサンゴ染め体験に行きたいと考えている。4人の空いている日にちをメモにまとめたが、予約が入れられる日時はいつか。また、当日の体験についての注意事項として合っているのはどれか。

マルコさんのメモ	
・ハルカさん	火曜日の午前のみ、金曜日の午後のみ
・デイビッドさん	金曜日の午後のみ
・キムラさん	水曜日の午後のみ、金曜日の午後のみ
・マルコさん	火曜日の午後のみ、金曜日の午後のみ

1 火曜日の13時と16時、火曜日はサンゴ染めBしか運営していない。
2 金曜日の13時、金曜日はサンゴ染めAしか運営していない。
3 金曜日の13時と16時、金曜日はサンゴ染めBしか運営していない。
4 水曜日の9時半、水曜日はサンゴ染めAしか運営していない。

【サンゴ染め体験のご案内】

貴重な「サンゴ染め」の染色体験。お子様からご年配の方まで、どなたでも手軽に楽しめる染色体験です。

【サンゴ染め体験の詳細】

開催日	月曜日〜金曜日(土日休み)
開始時間	9:30 / 13:00 / 16:00
所要時間	サンゴ染めA：約60分程度 サンゴ染めB：約30分程度
料金	大人：3,500円(材料費込) 子供：3,000円(材料費込)
定員*	1名様〜最大5名様
予約方法	【要予約】WEBで随時受付しております。
支払方法	クレジットカードのほか、現金払いがご利用可能です。 現金払いの場合は、体験当日に店頭にてお支払いください。
備考	作品はその場でお持ち帰り頂けます。 ご自宅で行う色止めに関しては、作業説明書をお渡し致します。
その他	1. 事前説明会を行いますので、体験開始15分前にはお越しください。 2. ご予約時間にご来店できなかった場合、別の時間への変更をお願い致します。 3. 駐車場は5台収容のため、満車の場合は近隣の有料パーキングをご利用ください。

※ご予約1名様につき1席のご用意となります。
※小さなお子様からは目を離さないようにお願い致します。
※付き添いに関しまして、染め体験をされるお客様以外の方は体験予約人数に含まず、備考欄にて付き添い人数をご記入お願い致します。
※お客様のご都合によりキャンセルされる場合、下記のキャンセル料を頂戴致します。
　無断キャンセル：ご予約料金の100%
※金曜日はサンゴ染めAを運営しておりませんので、予めご了承ください。
※お問い合わせ：体験サポートセンター

Listening

問題用紙

N1

聴解

(55分)

注　意
Notes

1. 試験が始まるまで、この問題用紙を開けないでください。
   Do not open this question booklet until the test begins.

2. この問題用紙を持って帰ることはできません。
   Do not take this question booklet with you after the test.

3. 受験番号と名前を下の欄に、受験票と同じように書いてください。
   Write your examinee registration number and name clearly in each box below as written on your test voucher.

4. この問題用紙は、全部で15ページあります。
   This question booklet has 15 pages.

5. この問題用紙にメモをとってもかまいません。
   You may make notes in this question booklet.

受験番号 Examinee Registration Number

名前 Name

무료 MP3 다운받기

기본 버전

배속 버전

시험장 버전

問題1

問題1では、まず質問を聞いてください。それから話を聞いて、問題用紙の1から4の中から、最もよいものを一つ選んでください。

例

1　社内アンケートを取る
2　パソコンの技能テストを行う
3　パソコン研修内容を企画する
4　講師を派遣する

1番

1　質問の内容を見直す
2　回答形式を変更する
3　協力者のサインをもらう
4　プレゼントの準備をする

2番

1　最新のデータを更新する
2　調査結果をデータにする
3　データをまとめて送る
4　発表用の資料を作る

3番

1 商品の配送先を変更する
2 届け先の電話番号を追加する
3 山田電気に電話する
4 税関の書類を準備する

4番

1 上半身をまっすぐにのばす
2 目線を正面に向ける
3 腕を前後に振る
4 肘を後ろに下げる

5番

1 本の貸出
2 新刊の登録
3 ラベル貼り
4 本の整理

もんだい
問題2

問題2では、まず質問を聞いてください。そのあと、問題用紙のせんたくしを読んでください。読む時間があります。それから話を聞いて、問題用紙の1から4の中から、最もよいものを一つ選んでください。

れい
例

1　会議室が人数に比べて小さかったこと
2　資料の内容が見づらかったこと
3　進行がスムーズにできなかったこと
4　結論が簡潔にまとまってなかったこと

1番

1 学業を諦める人が多くなったから
2 受験の難易度が低くなったから
3 学校のサポートに頼っているから
4 教育費が負担に感じるから

2番

1 バッテリーの持続時間が短いこと
2 飛行距離が短いこと
3 重量のある荷物が持ち運べないこと
4 悪天候に弱いこと

3番

1 学習の場を提供すること
2 勉強の退屈さを感じさせないこと
3 学びと遊びを両立させること
4 学ぶ楽しさを伝えること

4番

1 社長が直接研修の教育をする。
2 ビジネスマナーについてクイズをする
3 電話対応のロールプレイをする
4 先輩チームと新人チームでサッカーの試合をする

5番

1 新しい監督が就任したから
2 新しい選手が加わったから
3 若手選手の実力が上昇したから
4 監督と選手の息が合ってきたから

6番

1 食生活を徹底的に管理すること
2 プロの食事管理を真似すること
3 偏った食事を取らないこと
4 自分なりの方法を発見すること

問題3

問題3では、問題用紙に何もいんさつされていません。この問題は、全体としてどんな内容か聞く問題です。話の前に質問はありません。まず話を聞いてください。それから、質問とせんたくしを聞いて、1から4の中から、最もよいものを一つ選んでください。

ーメモー

問題4

問題4では、問題用紙に何もいんさつされていません。まず文を聞いてください。それから、それに対する返事を聞いて、1から3の中から、最もよいものを一つ選んでください。

―メモ―

問題5

問題5では、長めの話を聞きます。この問題には練習はありません。
問題用紙にメモをとってもかまいません。

1番

問題用紙に何もいんさつされていません。まず話を聞いてください。それから、質問とせんたくしを聞いて、1から4の中から、最もよいものを一つ選んでください。

ーメモー

2番

まず話を聞いてください。それから、二つの質問を聞いて、それぞれ問題用紙の1から4の中から、最もよいものを一つ選んでください。

質問1

1 君も一緒に
2 未来への旅
3 星の子アイ
4 ミステリアス

質問2

1 君も一緒に
2 未来への旅
3 星の子アイ
4 ミステリアス

JLPT 합격 노하우 **yuhadayo.com**

실전모의고사 2

N1 言語知識 (文字・語彙・文法)・読解

受験番号 (Examinee Registration Number)

名前 Name

問題 1
	1	2	3	4
1	①	②	③	④
2	①	②	③	④
3	①	②	③	④
4	①	②	③	④
5	①	②	③	④
6	①	②	③	④

問題 2
	1	2	3	4
7	①	②	③	④
8	①	②	③	④
9	①	②	③	④
10	①	②	③	④
11	①	②	③	④
12	①	②	③	④
13	①	②	③	④

問題 3
	1	2	3	4
14	①	②	③	④
15	①	②	③	④
16	①	②	③	④
17	①	②	③	④
18	①	②	③	④
19	①	②	③	④

問題 4
	1	2	3	4
20	①	②	③	④
21	①	②	③	④
22	①	②	③	④
23	①	②	③	④
24	①	②	③	④
25	①	②	③	④

問題 5
	1	2	3	4
26	①	②	③	④
27	①	②	③	④
28	①	②	③	④
29	①	②	③	④
30	①	②	③	④
31	①	②	③	④
32	①	②	③	④
33	①	②	③	④
34	①	②	③	④
35	①	②	③	④

問題 6
	1	2	3	4
36	①	②	③	④
37	①	②	③	④
38	①	②	③	④
39	①	②	③	④
40	①	②	③	④

問題 7
	1	2	3	4
41	①	②	③	④
42	①	②	③	④
43	①	②	③	④
44	①	②	③	④

問題 8
	1	2	3	4
45	①	②	③	④
46	①	②	③	④
47	①	②	③	④
48	①	②	③	④

問題 9
	1	2	3	4
49	①	②	③	④
50	①	②	③	④
51	①	②	③	④
52	①	②	③	④
53	①	②	③	④
54	①	②	③	④
55	①	②	③	④
56	①	②	③	④

問題 10
	1	2	3	4
57	①	②	③	④
58	①	②	③	④
59	①	②	③	④

問題 11
	1	2	3	4
60	①	②	③	④
61	①	②	③	④

問題 12
	1	2	3	4
62	①	②	③	④
63	①	②	③	④
64	①	②	③	④

問題 13
	1	2	3	4
65	①	②	③	④
66	①	②	③	④

<ちゅうい notes>
1. くろいえんぴつ(HB、No.2)でかいてください。
   Use a black medium soft (HB or No.2) pencil.
   (ペンやボールペンではかかないでください。)
   (Do not use any kind df pen.)
2. かきなおすときは、けしゴムできれいにけしてください。
   Erase any unintended marks completely.
3. きたなくしたり、おったりしないでください。
   Do not soil or bend this sheet.
4. マークれい Marking Examples.

よいれい Correct Example	わるいれい Incorrect Examples
●	○ ⊘ ⊙ ⊖ ◐

실전모의고사 2

N1 聴解

Language Knowledge (Vocabulary/Grammar) • Reading

問題用紙

N1

言語知識（文字・語彙・文法）・読解

（110分）

注　意
Notes

1. 試験が始まるまで、この問題用紙を開けないでください。
   Do not open this question booklet until the test begins.

2. この問題用紙を持って帰ることはできません。
   Do not take this question booklet with you after the test.

3. 受験番号と名前を下の欄に、受験票と同じように書いてください。
   Write your examinee registration number and name clearly in each box below as written on your test voucher.

4. この問題用紙は、全部で33ページあります。
   This question booklet has 33 pages.

5. 問題には解答番号の 1 、 2 、 3 …が付いています。解答は、解答用紙にある同じ番号のところにマークしてください。
   One of the row numbers 1 , 2 , 3 … is given for each question. Mark your answer in the same row of the answer sheet.

受験番号 Examinee Registration Number	
名前 Name	

問題1 ＿＿＿＿＿の言葉の読み方として最もよいものを、1・2・3・4から一つ選びなさい。

1　全ての情報は誇張されている可能性があるため、真実の見極めが必要だ。
　　1　こちょ　　　　2　こちょう　　　　3　こうちょ　　　　4　こうちょう

2　問題を解決するために、対策委員会が発足した。
　　1　はっさ　　　　2　はつそく　　　　3　ほっそく　　　　4　ほつぞく

3　3か月間水道料金を支払っていなくて、督促状が家に送られてきた。
　　1　とくそくじょう　　　　　　2　どくそくじょう
　　3　とくぞくじょう　　　　　　4　どくぞくじょう

4　嘘ばかりつく息子の態度に憤りを禁じ得なかった。
　　1　いつわり　　　2　こだわり　　　3　いきどおり　　　4　かたより

5　難問を手際よく片付ける彼を見て、平凡な人ではないと思いました。
　　1　しゅさい　　　2　しゅざい　　　3　てきわ　　　4　てぎわ

6　幸せに生きるには、地位や名誉に執着しないことだ。
　　1　しゅちゃく　　2　しゅうちゃく　　3　しっちゃく　　4　しつちゃく

63

問題2 (　　　) に入れるのに最もよいものを、1・2・3・4から一つ選びなさい。

7 彼の理念に (　　　) する人は多い。
　1　共存　　　2　依存　　　3　共鳴　　　4　存在

8 各施設に消火器を (　　　) のは国から定められた義務です。
　1　取り次ぐ　2　掛け合う　3　打ち切る　4　備え付ける

9 理由もなく (　　　) 泣きたくなる日がたまにあります。
　1　とりわけ　2　もっぱら　3　むしょうに　4　とっさに

10 倉庫には機械を作るための資材や部品などがたくさん (　　　) されています。
　1　ストック　2　キャリア　3　サイクル　4　クレーム

11 知り合いだと思って前に歩いている人を呼んだのに、全然違う人だったので (　　　) 。
　1　慌ただしかった　　　　2　決まり悪かった
　3　凄まじかった　　　　　4　幅広かった

12 3日間徹夜して作った事業計画書が (　　　) されたときの気持ちは、なんとも言葉にできない。
　1　撤去　　　2　暗黙　　　3　回避　　　4　却下

13 部長が地方に転勤されるという話は私も (　　　) 聞きました。
　1　ちらりと　2　ずっしりと　3　がらりと　4　てきぱきと

問題3　＿＿＿の言葉に意味が最も近いものを、1・2・3・4から一つ選びなさい。

14　先代が昔から伝えてきたしきたりを、私たちも守らなければならない。
　　1　慣習　　　　2　法律　　　　3　歴史　　　　4　気候

15　最近、どんよりとした天気が続いている。
　　1　晴れていて明るかった　　　　2　気温が高くて蒸し暑かった
　　3　曇っていて暗かった　　　　　4　強い風が吹いて寒かった

16　久しぶりに連絡が届いた友達から、朗報を聞きました。
　　1　面白い知らせ　　　　　　　　2　腹が立つ知らせ
　　3　嬉しい知らせ　　　　　　　　4　悲しい知らせ

17　何か他のすべはありませんか。
　　1　質問　　　　2　方法　　　　3　意見　　　　4　理由

18　これからの計画を説明したら彼はとてもおっくうな表情をした。
　　1　面倒な　　　　　　　　　　　2　自信がありそうな
　　3　愉快な　　　　　　　　　　　4　退屈な

19　当時の話を詳しく聞いて仰天した。
　　1　少し怪しかった　　　　　　　2　深く感動した
　　3　ちょっと意外だった　　　　　4　とても驚いた

問題4 次の言葉の使い方として最もよいものを、1・2・3・4から一つ選びなさい。

[20] もたらす
1 今回のことは誰にも言わずに、心にもたらしておくことにした。
2 暗闇の中で、赤みをもたらしているものが見えた。
3 清水(しみず)さんは体力をもたらすために毎朝ジョギングをしているそうだ。
4 高齢化が社会にもたらす問題は何があるだろうか。

[21] 還元
1 寝る前に半身浴をすると、血液の還元がよくなる。
2 学生の頃は運動の還元として月に一回はスキー場に遊びに行った。
3 来月、父が還元を迎えるので、特別なプレゼントをしたいと思っている。
4 A社は毎月営業利益の一部を社会に還元しています。

[22] 手痛い
1 自分なりには客観性をもって話したことなのに、手痛い批判をたくさん浴びた。
2 あのお店はいつも料理を手痛く出してくれるし、おいしいから大人気だ。
3 普段から手痛い生活習慣を身に付けることは大事だ。
4 伊藤(いとう)さんは身なりが堂々としていて手痛い人だ。

[23] 絶大
1 相手の心をとらえるために心理学を勉強し、絶大なコミュニケーションを図った。
2 久しぶりに会った彼女は絶大な服装をして、私を見ながら微笑んでいた。
3 国会議員候補であるA氏は年寄りから絶大な支持を得ている。
4 気が付いたら、目の前には絶大な規模の野原が広がっていた。

[24] ひたむき
1 オーディションがもうすぐなので、ひたむきに練習に打ち込もうと思う。
2 彼氏からの連絡がひたむきに来ないので、心配になってきた。
3 ひたむきにでもいいから、とりあえず何が起きたのか教えてください。
4 ひたむきに遠い昔から人類は火を使って食べ物を調理したり伝達信号を送ったりしていた。

25 気配
1 帳簿に記録が残っていない費用の気配を明らかにしなければならない。
2 椅子を壊し、壁に落書きをしたのは、普段、いたずらがひどい親戚の気配に違いない。
3 駅の近くにあるあのアパートは3年前から再建築の話が出ているが、未だに気配はない。
4 気配のある生活を送りたいが、仕事と家事だけでも精一杯でなかなかそうならない。

問題5 次の文の（　　）に入れるのに最もよいものを、1・2・3・4から一つ選びなさい。

[26] 飼っている猫が動物病院に入院することになり、それを見ていた姪っ子は（　　　）ならない顔をしていた。
1　憂鬱に　　　　2　憂鬱で　　　　3　憂鬱な　　　　4　憂鬱の

[27] この企画の独自性について、チーム内で（　　　　）議論することにしました。
1　改めて　　　　2　おそらく　　　3　仮に　　　　　4　いとも

[28] 日本での公開（　　　　）、世界200以上の国と地域の映画館にて順次上映いたします。
1　をものともせずに　　　　　　2　を皮切りに
3　にひきかえ　　　　　　　　　4　に備えて

[29] 問題用紙が配られる（　　　　）、受験生たちはすぐに問題を解き始めた。
1　か否か　　　2　にも関わらず　　3　が早いか　　　4　ならまだしも

[30] 「初めて（　　　　）、そんなに心配しなくても大丈夫ですよ。」
1　行ったも同然だし　　　　　　2　行ったわけだから
3　行く手前　　　　　　　　　　4　行くところじゃあるまいし

[31] 今まで応援ありがとうございました。今回のイベント（　　　　）、私たちは解散します。
1　を限りに　　　2　に至るまで　　3　を踏まえて　　4　に先立って

[32] 先日のお打ち合わせでは、お忙しいところお時間を割いて（　　　　）、ありがとうございました。
1　おり　　　　　　　　　　　　2　差し上げ
3　まいり　　　　　　　　　　　4　いただき

33

国際的な問題解決においてはお互い信頼のもとに、（　　　）の協力関係が求められる。

1　持ちつ持たれつ　　　　　　　　2　持とうが持つまいが
3　持つとも持たないとも　　　　　4　持つというか持たないというか

34

このグラフを見るとわかるように、物価高騰（　　　）商品の価格を簡単に比較できるインターネットでの買い物が近年増えました。

1　を最後に　　　2　にわたって　　　3　を受けて　　　4　にかかわる

35

彼は仕事の関係で30年以上アメリカに（　　　）、ネイティブのように英語を話す。

1　住んでいたというものの　　　　2　住んでいたところで
3　住んでいたくせに　　　　　　　4　住んでいただけに

問題6　次の文の　★　に入る最もよいものを、1・2・3・4から一つ選びなさい。

(問題例)

　　あそこで　＿＿＿　＿＿＿　★　＿＿＿　は山田さんです。

　　1　テレビ　　2　見ている　　3　を　　4　人

(解答のしかた)

1. 正しい答えはこうなります。

　　あそこで　＿＿＿　＿＿＿　★　＿＿＿　は山田さんです。

　　1　テレビ　　3　を　　2　見ている　　4　人

2. ★に入る番号を解答用紙にマークします。

(解答用紙)　(例)　①　●　③　④

36　一緒に登った仲間の応援のおかげで、なんとか山頂まで登ることができた。いつも途中で諦めてしまう私が見たその＿＿＿　★　＿＿＿　＿＿＿。

　　1　美しかった　　2　なんと　　3　ことか　　4　景色は

37　締め切りに何とか＿＿＿　＿＿＿　★　＿＿＿。

　　1　嬉しさ　　2　ときの　　3　間に合わせた　　4　といったらない

[38] 教育方針について、行き過ぎだとか多少暴力的だとか ___ ___ ★ ___ 思えばこそ私たちは厳しく指導するのです。

1 言われようとも　　　　　2 子どもたちの
3 何と　　　　　　　　　　4 将来を

[39] ネット上では ___ ___ ★ ___ 、わざと誹謗中傷を書き込む人もいるが、顔が見えないからこそ悩みを相談しやすいという人もいる。

1 いいことに　　2 顔が　　　　3 見えない　　　4 のを

[40] 未だに ___ ___ ★ ___ ので、だいぶ高い値段で取引されているらしい。

1 独特な雰囲気がある　　　　2 マニア層で人気のある
3 中古ならではの　　　　　　4 この車は

問題7 次の文章を読んで、文章全体の趣旨を踏まえて、 41 から 44 の中に入る最もよいものを、1・2・3・4から一つ選びなさい。

以下は、作家が書いたエッセイである。

「ことわざ」と私たちの日常

「親しき仲にも礼儀あり」という言葉がある。日本人なら誰もが知っていることわざだが、この言葉の意味を本当に理解している人は果たしてどれほど 41 。

18歳の時、私は進学のために故郷を離れて上京した。新しい環境にも少し慣れてきた頃、同じ故郷から同じく進学で上京してきた友達と東京で会うことにした。その友達は多感な高校時代を共に乗り越えた大切な友達だ。しかし当日、彼女から「ごめん、今日どうしても外せない予定ができてしまって…また日を改めてもいい？」とメッセージが来た。「私との約束のほうが先だったはずなのに」という気持ちがあったことは 42 、新しい学校でのサークル活動やどうしても断れない何かがあったのだろうと理解し、別の日に約束し直した。しかし、その友達は次の約束も、その次の約束も似たような理由で約束を破った。私は呆れ返ってとっさに「こんなに後回しにされるほど私の優先順位って低いの？会いたくないなら約束なんてしないでよ。」とメッセージを 43 。

この出来事について大学の友達に愚痴を言ったとき、「親しき仲にも礼儀ありだよね！」と自分のことのように怒ってくれたのだが、誰もが知っているであろう 44 が、今私が感じている気持ちを完璧に表現してくれるなんて思ってもみなかった。ことわざ自体は知っているのに、それについて日常と深く結びつけて考えたことがなかったからだ。こんなにもことわざの教訓を納得したのは初めだった。以降このことわざは私の座右の銘となった。

(注1) 多感な：感情や感受性が豊かな
(注2) 呆れ返る：非常に驚いて何も言えないくらいになる
(注3) 座右の銘：いつも自分のそばに置いて、繰り返し確認したくなる言葉

| 41 | 1 いるだろうか | 2 いると思わせたい |
| | 3 いるからだという | 4 いないようだ |

| 42 | 1 否定されるかもしれないが | 2 否定したくてたまらないが |
| | 3 否定してもしょうがないが | 4 否定できないが |

| 43 | 1 送ってしまった | 2 送ったほうがよかった |
| | 3 送ったということだ | 4 送るはずがない |

| 44 | 1 こっちのことわざ | 2 ああいうことわざ |
| | 3 このことわざ | 4 あることわざ |

問題 8　次の(1)から(4)の文章を読んで、後の問いに対する答えとして最もよいものを、1・2・3・4から一つ選びなさい。

(1)

　最近オーストラリアでは、16歳未満の子どもたちのソーシャルメディアの使用を禁止するという法律ができたという。ソーシャルメディアは、一瞬で世界中の人と繋がることができ、有益な情報やおもしろい動画などを無限に視聴することができる。

　しかし、その大量の情報の中には、特定の国籍に対する差別的な投稿や過激な暴力シーンを含む動画など刺激的なコンテンツも存在する。このようなコンテンツは感受性豊かな10代のアイデンティティの確立や自己肯定感の成長にも悪影響を及ぼしかねない。完全に禁止とは言わないが、ソーシャルメディアに関する法律は整えなければならないと考える。

（注）自己肯定感：ありのままの自分を肯定する感覚

45 筆者の考えに合うのはどれか。

1　世界中でソーシャルメディアの使用を禁止するべきだ。
2　よりおもしろい動画を投稿し、10代の感受性を刺激するべきだ。
3　10代の成長に影響を及ぼすため、関連法律の調整が必要だ。
4　10代の成長を促すためにも、世界中の人と交流するべきだ。

(2)

以下は、あるマンションの掲示板に掲載されたお知らせである。

みずもとマンション居住者各位　　　　　　　　　　　　　　2025年8月25日

　　　　　　　　　　　　　　　　　　　　　　　　　みずもとマンション管理組合

　　　　　　　　　　　　　　　お知らせ

日頃よりマンション管理にご協力いただき、誠にありがとうございます。

さて、1階に設置されている衣類乾燥機ですが、2台のうち1台が故障していることが判明いたしました。つきましては、修理が完了するまでの間、1台のみでの稼働とさせていただきます。

現在、梅雨入りに伴い、多くの居住者様にご利用いただくことが予想されます。皆様には大変ご不便をおかけしますが、ご利用後は速やかに乾燥機から衣服を取り出し、次にご利用される方へお譲りくださいますようお願いいたします。

なお、新しい乾燥機の導入につきましては管理組合で協議中でございます。

皆様にはご迷惑をおかけいたしますが、ご理解ご協力のほど、よろしくお願い申し上げます。

　　　　　　　　　　　　　　　　　　　　　　　　　　【お問い合わせ先】

　　　　　　　　　　　　　　　　　　　　　　　　　みずもとマンション管理室

　　　　　　　　　　　　　　　　　　　　　TEL：03-123-4567 (10:00~18:00)

---

46 このお知らせで伝えたいことは何か。

1　乾燥機が2つとも故障しているため、速やかな修理を行うということ

2　乾燥機が1つしか稼働できず、ご理解をお願いするということ

3　梅雨のせいで乾燥機の利用が増えるため、利用方法を守ってほしいということ

4　新品の乾燥機が設置されるまで、時間がかかるということ

(3)

　趣味の時間は、瞑想(注1)と同じ効果があると思う。これといった趣味もなく、毎日同じような日々を繰り返していた私は、ストレスにどんどん耐えられなくなっていた。
　ところがある日、友達に勧められて、昔から興味があった刺繍(注2)を始めてみることにした。すると、仕事で嫌なことがあっても、帰宅して刺繍ができると思うと、他のことはどうでもよくなるほど、刺繍に夢中になっていった。趣味はすべてのことを忘れ、何か好きなことに無心で没頭することで、一日のストレスがリセットできる。この経験から趣味はある意味、瞑想の一種かもしれないと思うようになった。

（注1）瞑想：目を閉じて静かに考えること
（注2）刺繍：種々の糸を用いて、布地の表面に絵や模様を縫い表すこと

[47] 趣味について、筆者はどのように考えているか。

1　毎日繰り返される仕事がどうでも良く思えること
2　瞑想と同様の効果があるため、多くの人々が行っていること
3　何かに夢中になることで、ストレスを発散できること
4　瞑想と同様の効果があるため、すべてのことを忘れられること

(3)

プラスチックは非常に便利な素材である。汚れたらすぐに洗って再利用できる上、軽量で持ち運びもしやすく、強度に優れているため、様々な分野で活用されている。しかし、近年、プラスチックの使用について、海洋プラスチックやマイクロプラスチックなどが大きな環境問題となり、世界中で議論されている。プラスチックは木材や革製品とは違い、微生物による分解が困難な性質を持っているため、適切な方法で処理をしなければ、地球上に半永久的に残り続け、環境汚染の原因になってしまうのである。そこで、生活の利便性ばかりを求めず、使用済みプラスチックの処理やリサイクル方法にも注目し、持続可能な環境づくりをともに目指すべきである。

48 筆者が言いたいことは何か。

1 プラスチックは世界中で注目されている素材であるということ
2 プラスチックは永遠に腐敗しないということ
3 プラスチックは環境問題を引き起こすということ
4 プラスチックの後処理や再使用にも気を配るべきだということ

問題9 次の(1)から(4)の文章を読んで、後の問いに対する答えとして最もよいものを、1・2・3・4から一つ選びなさい。

(1)

　家族は、自分にとって居心地のよいものであり、無条件に愛情を注いでくれる存在として、理想化されることがしばしばある。しかし、時代の流れと共に、家族の在り方は徐々に変化しており、必ずしも理想と一致するものではなくなってきている。

　現在では、様々な家族のカタチが存在し、これが普通の家族だと一概に定義するのは難しくなりつつある。また、それぞれの家族が異なる価値観を持ち、解決しなければならない課題を抱えていると思う。

　では、理想の家族像とはどのようなものだろうか。昔は家族内で父親の地位が高い「家父長制家族」が一般的な家族の形だった。厳しい父親と心優しい母親の間で、子どもはすくすくと育つというのが理想のカタチとされてきたのである。

　しかし、現代の家族は、過去の家族像とはずいぶんとかけ離れたものになりつつある。その例として、女性の社会進出による夫婦共働き、離婚率の上昇によるシングルペアレント(注)、国際結婚による多文化家族などがある。時代の変化に伴い、家族はこうあるべきだという固定概念が薄れ、家族や結婚、そして育児に対する個人の価値観と選択肢は多様化してきたのである。

　今後、社会全体が時代の変化と多様化する家族のカタチの中で、自分が望む理想の家族を見つけ、作っていくことで、さらに生きやすい世の中に変わっていくのではないかと思う。

（注）シングルペアレント：ひとり親

49 筆者によると、過去の家族像とは何か。

1 離婚率の上昇によるひとり親の家族
2 夫婦共働きによる祖父母と共に暮らす拡大家族
3 父親を中心に構成されている家族
4 外国人と結婚した多文化家族

50 この文章で筆者が最も言いたいことは何か。

1 時代が多様化しているため、家族の在り方に偏見を持たないでほしい。
2 多様化する社会の中で、自分に合う家族像を見つけてほしい。
3 理想の家族像と現実とのギャップを受け入れてほしい。
4 多様な家族像の中で、古き良き家族のカタチを守ってほしい。

(2)

　ジャーナリズムとは、新聞や雑誌、テレビ、ラジオなどを通して、時事的な問題の報道と解説、批判などを伝達する活動を指す言葉である。

　ジャーナリズムは、社会で起きたあらゆる問題を可視化でき、弱い立場の意見を外に伝えられる力を持っているため、正確かつ客観的な事実を伝えることが前提とされがちだが、インターネットの登場により、その在り方は変革を余儀なくされている。

　メディアの環境が変化することによって、情報を扱う主導権がユーザーに移行し、現在ではインターネットを通じてあらゆる人々が情報を発信できるようになった。そして、その情報の速さと拡散力は、テレビや新聞が主流であった時代よりも、社会的に重要なものとして認識されている。

　しかし、正確さや速報性だけが、ジャーナリズムの全てではない。ジャーナリズムには<u>継続性</u>も求められる。例えば地震や津波、台風などの大規模災害が発生したと仮定してみよう。リアルタイムで状況を伝えることも大事ではあるが、時間が経つにつれて、当事者以外の人たちは、次第にその関心が薄れてしまう。従って、災害後も現地の様子を継続的に報じるために、地道な取材や被災者の声に耳を傾けることが<u>重要</u>であろう。

　地道に取材し伝え続けることで、人々は過去の出来事を忘れず、自分たちの改善するべき課題を見出し、解決に取り組むようになるだろう。これは時代が変わろうとも、決して変わることのないジャーナリズムの役目だと思う。

51 継続性とあるが、どのようなことか。

1 災害の現状をインターネットで発信し、人々に伝えること
2 災害が起きた後も現状をまとめ、人々に知らせること
3 災難が起きた後も現地に足を運び、避難民を助けること
4 災難が起きた後も課題を見出し、対策を講じること

52 ジャーナリズムについて、筆者はどのように述べているか。

1 情報を発信し続けることで、問題の解決へ導くべきだ。
2 客観的かつ正確さよりも、速報性を最優先するべきだ。
3 時代の変化に対応すべく、インターネット活用を推進するべきだ。
4 時代の変化に適応すべく、情報の主導権を確保するべきだ。

(3)

　現在、日本では睡眠時間が短くなってきていることが問題視されている。2018年の調査では、睡眠時間が最も短い国となった。日本人の五人のうち一人は、睡眠の満足度が低いという調査結果すらある。電子機器の視聴による夜更かしや、残業などによる慢性的な寝不足はあらゆる生活習慣病やうつ病、認知症、ストレスの増加、集中力・判断力の低下、免疫力の低下の原因になり得るのだ。

　しかし、多忙な日々の中で、十分な睡眠時間を確保することは容易ではないため、専門家は睡眠の質を上げるしかないと主張している。実際、長時間の睡眠より、短時間の熟眠のほうが疲労回復やストレス解消にの効果が高いという研究結果もある。質の高い睡眠をとるためには、毎日同じ時間に起きて、朝と夜にメリハリをつけることが必要である。また、健康的な食事と適度な運動を心掛け、就寝前に電子機器を触らないことも重要である。

　それに、睡眠環境を整えることも重要である。自分に合った枕や寝心地のよいベッドを用意することもスムーズな入眠の助けになる。ここで、良質な睡眠とは、長時間寝ることではなく、ベッドに入って眠りについてからどれだけ深い眠りにつけたかということである。目覚めたときに、スッキリした感覚があり、起床してからすぐに動けることがその証拠となる。良質な睡眠をとれば、肉体的な健康だけでなく、精神的な健康も維持できるようになり、生活習慣病や認知症などの予防にも繋がる。

　現代社会では睡眠を軽視してしまいがちだが、今一度自分の生活や食事を見つめ直して、心身ともに健康な生活を送ってほしい。

（注）メリハリをつける：物事の強弱をはっきりさせる

53 睡眠の質を上げるしかないとあるが、なぜか。

1 慢性的な睡眠障害の増加により、睡眠時間が確保できないから
2 短時間睡眠を余儀なくされるため、睡眠時間の確保が困難な状況だから
3 睡眠不足により、生活習慣病や免疫力低下のリスクが上がってしまうから
4 睡眠障害を予防するためには、生活パターンや睡眠環境を変えるしかないから

54 その証拠とは何か。

1 どんな睡眠環境でも、ベッドに入ったらすぐ寝られること
2 どんな睡眠環境でも、長時間寝られること
3 熟睡することができ、目覚めてからすんなり動き出せること
4 熟睡することができ、朝までぐっすり寝られること

(4)

　中学生の頃「職業体験」で、初めて社会に出て働くということを学んだ。当時、まだ中学生なのにどうして職業体験をしなければならないのか疑問に思っていたが、今振り返ってみるとそのときだからこそ、意義を見いだせるものがあるということがわかった。

　学生に職業体験を実施する背景には、社会性の不足、人間関係や連帯感の希薄化などがある。また、進路意識や目的意識の低下、職業観の未発達が大きな課題となっていて、それらを解決できる手段として位置づけられているわけだ。

　実際の職業体験では、将来の進路または職業選択に向けて必要なスキルを身に付けることを目標とし、職場での仕事の取り組み方や人間関係を学び、自身の興味と適性を見つける機会を設けている。また、体験を通じて自己理解を深め、自身の職業観と向き合うことで、将来の夢や目標がなくとも自分の進路について前向きに考える機会を得ることができる。そして、自分は社会で役に立つ存在なのだと実感し、自己の新たな可能性も見いだせるに違いない。

　職業体験は学生だけでなく、学校・企業・保護者にとってもメリットがある。学校は、教育方針を見直すことができ、学生を多角的に理解する機会になる。

　企業にとって学生が職業体験に参加することは自社の業界を紹介し、次世代を担う人材育成へつなげる絶好のチャンスとなる。そして、保護者は子どもが持つ将来像を理解し、共に進路について考えることができるのだ。職業体験は、学生だけでなく社会全体が一体となれる、有意義で必要不可欠な取り組みだと言っても過言ではないだろう。

55 筆者によると、学生に職業体験を実施する背景とは何か。

1 自分が社会で役に立つ存在であることに気づいていないこと
2 職業体験実施の重要性と自己の可能性を見いだす必要があること
3 人間関係の認識や社会性の欠如、職業観の未発達などの問題があること
4 幼い頃から仕事に必要なスキルを身につける必要があること

56 職業体験について、筆者はどのように考えているか。

1 学生にとってメリットは少なく、時間の無駄に過ぎない。
2 学生だけでなく、地域活性化に役に立つ活動だ。
3 学生にとって社会を深く理解するための重要なプログラムだ。
4 学生だけでなく、学校や会社、家庭にも有意義な影響を与える活動だ。

問題10 次の文章を読んで、後の問いに対する答えとして最もよいものを、1・2・3・4から一つ選びなさい。

以下は、社会学者が書いた文章である。

日本社会は今、最大の危機を迎えていると言っても過言ではない。この状態が続いてゆけば、将来の日本社会は社会性の足りない子どもを抱え込むことになるだろう。それは彼ら自身にとっても不幸なことであるが、彼らを支援するために莫大な社会的コストを負担する国民全体にとっても不幸なことである。一部では弱肉強食は市場原理でもあるから、彼らが不幸になることはやむを得ないと主張しているリアリスト(注)たちもいるかもしれないが、もう少し長期的な目線で考えてみる必要があると思う。

前述のように、社会性の足りない子どもを支援するために日本社会は莫大な社会的コストを負担せざるを得なくなる。それが長期間続くと国家の競争力だけでなく、雇用率の低下や貧困問題、犯罪率の上昇など社会的問題の増加にも繋がり、ひいては国家の存亡を脅かす重大な問題にもなり得る。

国家全体が不幸になるということは、個人や家庭などにも悪影響を及ぼしかねず、その原因と解決策は、家庭内で行われる家庭教育にあると私は考えている。(中略)

教育は、受験などのテストの成績を上げるためのものではない。個々人の成長や発達を促しサポートすることで、子どもに社会構成員としての意識を共有し、持続可能な社会へ貢献できる一員に成長させるものである。同時に、個々人が描く未来や希望を実現する手助けをし、国全体の幸福感を向上させることにも繋がる。結果として社会の一員である彼らを幸せにしてくれると言ってもおおむね間違いではないと思う。

また、教育は学校における公教育だけではない。家庭内で行われる家庭教育も立派な教育であり、むしろ公教育は家庭内で教える基本的な生活教育や人格教育などに基づいて行われているため、学校での教育は家庭教育の延長線に過ぎず、深化教育であると言える。

そこで子どもの成長と問題解決の鍵はその教育にかかっていると言えなくもない。今、日本には知識偏重の教育ではなく、人格形成に必要な家庭教育が必要だと考えている。なぜなら、その教育なくしては公教育は成立できず、受験中心の教育になってしまうからだ。

最近になっては人格教育の重要性が高まり、知識偏重の教育から抜け出し、家庭内で行われ

る基本的な教育に重点を置く傾向が強まりつつある。

　今の日本が抱えている課題を解決するためには、公教育ばかりに頼らず、その公教育に多大な影響を与える教育を重視する必要があると考えられる。

（注）リアリスト：現実主義者

57　筆者によると、リアリストの主張とは何か。

1　社会性の足りない子どもが不幸になるのは当然だ。
2　社会性の足りない子どもを国が抱えるのは当然だ。
3　莫大な社会的費用を子どもに使用するのは現実的ではない。
4　弱肉強食の社会だからと言って、子どもが不幸になるわけではない。

58　それとは何か。

1　社会性を欠いた子どもに多額の費用をかけて保護すること
2　社会性を欠いた子どもが成長し、雇用率が低下すること
3　国家全体が不幸になり、個人や家庭がその影響を受けること
4　国家の競争力が低下し、あらゆる社会問題が増加すること

59　教育について、筆者はどのように述べているか。

1　教育などを気にせず、個々人と家庭の幸福を重視するべきだ。
2　知識偏重の教育から抜け出し、多様な教育方法を検討するべきだ。
3　公教育は家庭教育に基づくため、家庭教育により力を入れるべきだ。
4　人格形成は家庭教育だけでは限界があるため、公教育に頼るべきだ。

問題11 次のAとBの文章を読んで、後の問いに対する答えとして最もよいものを、1・2・3・4から一つ選びなさい。

A

　日本人は昔から漢字に不便さを感じてきた。漢字を何とかしたいと考える人物の中には国語学者や政治家なども多数含まれている。

　漢字を廃止、または制限すべき理由として彼らが主張したのは、書記や印刷に手間がかかる、漢字語には同音異義語が多い、習得に膨大な時間がかかるなどである。

　しかし、漢字がもたらすメリットも少なくないため、廃止してはいけないと考えている。まず、漢字は1文字あたりの情報が多いため、発信可能な文字数が制限されている場合でも多くの情報を送れたり、同じ内容でも文字数を減らすことができる。また、病名や専門的な英単語は分からなくても漢字で書かれているなら、なんとなく理解できるという利便性も無視できないと思う。

　漢字を身につけるには長い時間が必要になるが、漢字のデメリットではなく、メリットに目を向ければ、学習に対する意識が変わるかもしれない。

B

　漢字は同音異義語が多いため、習得が難しいという意見があるが、それは漢字の問題ではなく、語彙の問題である。昔の日本人は外国からの新しい概念を漢字で訳したが、現代人は音訳してカタカナで表しているため、言葉自体が難しくなっただけで、漢字自体が難しいわけではない。むしろ、漢字は文字だけで意味を推測できるのに対し、カタカナ語では不可能である。

　初めて見る語彙の意味を推測しうるという利便性は、漢字ならではのものである。漢字教育を廃止し、カタカナ表記を徹底した場合、知識層は依然として漢字の知識を保つ一方、非知識層はそうではなくなる。また、子供たちは過去の文献などを

読めなくなってしまい、知識を受け継ぐことができず、文化の断絶を招きかねないため、漢字を廃止するのはデメリットのほうが大きいと言えよう。

確かに漢字の習得には時間がかかるが、新しい知識を取得する上に必要不可欠な訓練と考えれば、その過程も少しは楽めるようになるのではないだろうか。

60 AとBの認識で共通していることは何か。

1 漢字の廃止は短所が多いため、廃止してはならない。
2 漢字は利便性が高いため、さらなる研究が必要である。
3 漢字の習得に時間がかかるため、学習方法を工夫するべきだ。
4 グローバル化に向けて、漢字よりカタカナ語を教えるべきだ。

61 漢字の習得について、AとBはどのように述べているか。

1 Aは漢字の長所に注目するべきだと述べ、Bは知識を取得する過程だと述べている。
2 Aは漢字の短所は少ないと述べ、Bは漢字を楽しく勉強することが重要だと述べている。
3 AもBも漢字は同音異義語が多いため、略字で勉強したほうがいいと述べている。
4 AもBも漢字廃止の前に、漢字を習得するべきだと述べている。

問題12　次の文章を読んで、後の問いに対する答えとして最もよいものを、1・2・3・4から一つ選びなさい。

　このたび家を建てることになった。購入する土地もハウスメーカーも決まり、今は家のデザインを検討する段階だ。妻は毎日のようにリビング雑誌や家づくりのウェブサイトを眺め、食事中の会話はもっぱら新居の話だ。

　そんなある日、家を買うことについて考えた。家は当然ながら安い買い物ではない。私も30年ローンを組む予定で、退職金を前提にしているから、ローンを返済するのは30年後になるわけだ。そう考えると、何だか遠い話のように感じられた。また、どうして一生賃貸ではいけないだろうという疑問も生まれた。それは、農村はともかく、都市で自分の家を所有するようになったのが、歴史的に見ればごく最近の出来事であることがわかったからだ。

　調べてみると、昔は借家住まいが一般的だったようだ。例えば、1941年の大阪における住宅調査では借家率が9割近くに達していた。大阪と並んで三都と言われる京都や東京でもこの傾向は大きく変わらなかった。また、昔書かれた随筆などを読んでみると、年に何回も引っ越したとかいう話や街中のあちこちに貸家の貼り紙が貼られている様子が当時の日常風景として描かれている。ただし、それは戦争によって家が破壊されたことにより、借家住まいを余儀なくされたためだと考えられる。そのため、戦後には「自分の家を持ちたい」という欲求が強まったのではないだろうか。

　しかし、現代社会では、それぞれの事情で家を買わない人が増えている。住宅ローンを抱えたくない、固定資産税を支払いたくないなど、その理由も様々だが、持ち家のメリットも決して無視できないと思う。

　一番のメリットは安定感である。持ち家は住居の安定だけでなく、精神的な安心感をもたらす。また、安定的な収入が得られなくなる退職後も、住まいの心配がないため、心に余裕ができ、新しい仕事を見つけることに集中することができる。さらに、家の中を自分好みにデザインし、理想の家を実現できる利点もある。

　持ち家のメリットを考え直してみたら、住宅ローンの返済期間もそれほど遠い話ではなくなった。むしろ30年後の未来が待ち遠しくなったのだ。賃貸住宅では得られない、安定感と満足感があるからにほかならない。人々が持ち家を求め続けるのは、そのためではないだろう

か。

(注) 借家（しゃくや）：家を借りること、またはその家

62 遠い話とは何か

1 自分の家を購入するまでかかる時間のこと
2 家のデザインの検討が終わるまでかかる時間のこと
3 家を建てるまでかかる建設時間のこと
4 家を建てるために借りたローンを返す時間のこと

63 筆者によると、家を買わない人が増えているのはなぜか

1 お金を借りる必要がある上、定期的に税金を納める必要があるから
2 現代の人々は引っ越しする機会が多いから
3 昔と同じく、賃貸住宅の生活が一般的だから
4 安定した収入がなく、住宅ローンを組めないから

64 持ち家の購入について、筆者はどのように考えているか。

1 家賃が上昇しているため、持ち家を購入したほうがいい。
2 生活に安定感が増し精神的な余裕が生まれるため持ち家を購入する。
3 持ち家の購入は老後の心配がなくなるため、前向きに考えるべきだ。
4 持ち家の購入は生活に安定感をもたらすが、購入する際は慎重であるべきだ。

問題13 右のページは、あるマンションのお知らせである。下の問いに対する答えとして最もよいものを、1・2・3・4から一つ選びなさい。

65 次の4人はこのマンションの住民で、以下の時間帯に水道を使いたいを思っている。水道を利用できるのは誰か。

名前	マンションの棟	使用日	使用時間帯
吉田さん	B棟の11F	11月21日	15：30
ダリアさん	D棟の3F	11月22日	12：00
ラワンさん	A棟の5F	11月21日	10：30
山本さん	C棟の6F	11月22日	16：00

1　吉田さん
2　ダリアさん
3　ラワンさん
4　山本さん

66 田中さんは11月21日の午前中に出かけたいと考えている。田中さんはB棟の7Fの入居者で、午後1時から午後3時までの外出予定である。田中さんは出かける際にどのようにしなければならないか。

1　給水に備え、トイレや洗濯機、給湯器の蛇口を閉めておく。
2　断水前に水を備蓄し、濁った水が出ていないか確認する。
3　給水の際に水の濁りが出ないように、全ての蛇口を閉めておく。
4　排水管の作業も同時に行うため、トイレの水を流しておく。

【断水のお知らせ】

平素よりお世話になっております。

このたび水道設備清掃作業を行います。作業中は水道をご使用いただけず、

入居者の皆様にはご不便をおかけしますが、何とぞご理解のほどお願いいたします。

・断水日時：11月21日(木)～11月22日(金)
・断水時間：9時00分ごろから17時00分ごろまで
・断水順序：下表のとおり

		日付	時間
A棟	1～8F	11月21日	9:00～11:00
	9～16F	11月21日	11:00～13:00
B棟	1～7F	11月21日	13:00～14:30
	8～14F	11月21日	14:30～16:00
C棟	1F~8F	11月21日	16:00～17:00
	9F~15F	11月22日	9:00～11:00
	16F~19F	11月22日	14:00～16:00
D棟	全世帯	11月22日	11:00～14:00

・外出時など水道をご使用にならないときは、トイレや給湯器、洗濯機の水栓を必ず閉栓してください。水栓が開いていると、給水を開始したときに水があふれ、階下に漏れることがあります。
・通水直後は多少濁った水が出ますが、しばらくの間通水すればきれいな水になり、問題なくご使用いただけます。
・排水管の作業はありませんので、断水前にためた水やお湯の排水は可能です。
・トイレ・給湯器・洗濯機以外の水栓で水の濁りがないか確認してから使用してください。
・断水中は、特に火の元にお気をつけください。

清掃業者　都市機構設備株式会社　TEL 012-765-4322

Listening

問題用紙

N1

聴解

(55分)

注　意
Notes

1. 試験が始まるまで、この問題用紙を開けないでください。
   Do not open this question booklet until the test begins.

2. この問題用紙を持って帰ることはできません。
   Do not take this question booklet with you after the test.

3. 受験番号と名前を下の欄に、受験票と同じように書いてください。
   Write your examinee registration number and name clearly in each box below as written on your test voucher.

4. この問題用紙は、全部で15ページあります。
   This question booklet has 15 pages.

5. この問題用紙にメモをとってもかまいません。
   You may make notes in this question booklet.

受験番号 Examinee Registration Number

名前 Name

무료 MP3 다운받기

기본 버전

배속 버전

시험장 버전

問題1

問題1では、まず質問を聞いてください。それから話を聞いて、問題用紙の1から4の中から、最もよいものを一つ選んでください。

例

1　社内アンケートを取る
2　パソコンの技能テストを行う
3　パソコン研修内容を企画する
4　講師を派遣する

1番

1 小さなミスを減らす
2 締切日を机に貼る
3 仕事の優先順位をつける
4 書類作成にかかる時間を計る

2番

1 品物を種類別に仕分ける
2 品物をお客様に販売する
3 品物に値段のシールを貼る
4 品物を販売する場所に運ぶ

3番

1 日曜日の出勤を検討する
2 友達との約束時間を調整する
3 新しいバイトの人を探す
4 バイトの人数を増やす

4番

1 きれいな花を購入する
2 花に液体の肥料を与える
3 鉢を植え替える
4 花に水をやる

5番

1 グループを分ける
2 参加人数を把握する
3 参加者のリストを書く
4 クイズの問題を作成する

もんだい
問題2

問題2では、まず質問を聞いてください。そのあと、問題用紙のせんたくしを読んでください。読む時間があります。それから話を聞いて、問題用紙の1から4の中から、最もよいものを一つ選んでください。

れい
例

1　会議室が人数に比べて小さかったこと
2　資料の内容が見づらかったこと
3　進行がスムーズにできなかったこと
4　結論が簡潔にまとまってなかったこと

1番

1 会社が禁止しているから
2 自分にできることが見つからないから
3 父に叱られたから
4 本業に集中するタイミングだから

2番

1 高齢者同士の交流を深めること
2 一人暮らしの高齢者を手伝うこと
3 高齢者と若者が交流すること
4 高齢者の孤立を防ぐこと

3番

1　食物のために進化した動物
2　繁殖のために進化した動物
3　自己防衛のために進化した動物
4　社会的行動のために進化した動物

4番

1　トマトの酸味を改善する
2　トマトの加工食品を販売する
3　栽培規模を広げる
4　新しいビニールハウスを設置する

5番

1　足の形にぴったり合わせてくれること
2　ケガのリスクを減らしてくれること
3　内部の通気性が良いこと
4　自動的に清潔を保ってくれること

6番

1　スライドをテキストにするべきだった
2　時間をかけて内容の構成を考えるべきだった
3　内容を整理するべきだった
4　スピーチ練習をするべきだった

問題3

問題3では、問題用紙に何もいんさつされていません。この問題は、全体としてどんな内容か聞く問題です。話の前に質問はありません。まず話を聞いてください。それから、質問とせんたくしを聞いて、1から4の中から、最もよいものを一つ選んでください。

―メモ―

/ もんだい
問題4

問題4では、問題用紙に何もいんさつされていません。まず文を聞いてください。それから、それに対する返事を聞いて、1から3の中から、最もよいものを一つ選んでください。

ーメモー

問題5

問題5では、長めの話を聞きます。この問題には練習はありません。
問題用紙にメモをとってもかまいません。

1番

問題用紙に何もいんさつされていません。まず話を聞いてください。それから、質問とせんたくしを聞いて、1から4の中から、最もよいものを一つ選んでください。

―メモ―

2番

まず話を聞いてください。それから、二つの質問を聞いて、それぞれ問題用紙の1から4の中から、最もよいものを一つ選んでください。

質問1

1 印象派の絵画展
2 現代アート展
3 世界の食べ物展
4 古代エジプト展

質問2

1 印象派の絵画展
2 現代アート展
3 世界の食べ物展
4 古代エジプト展

정답과 해설

실전모의고사1 113

실전모의고사2 151

모의고사 1회

언어지식(문자・어휘)

문제1	1 ③	2 ④	3 ③	4 ①	5 ②	6 ④					
문제2	7 ②	8 ①	9 ④	10 ②	11 ②	12 ①	13 ③				
문제3	14 ③	15 ①	16 ②	17 ②	18 ③	19 ④					
문제4	20 ③	21 ②	22 ③	23 ①	24 ④	25 ②					

언어지식(문법)

문제5	26 ④	27 ①	28 ④	29 ④	30 ②					
	31 ①	32 ④	33 ③	34 ④	35 ②					
문제6	36 ①	37 ②	38 ③	39 ②	40 ②					
문제7	41 ②	42 ③	43 ③	44 ④						

독해

문제8	45 ②	46 ④	47 ③	48 ②						
문제9	49 ②	50 ④	51 ①	52 ③	53 ④	54 ④	55 ④	56 ①		
문제10	57 ③	58 ④	59 ②							
문제11	60 ①	61 ②								
문제12	62 ①	63 ②	64 ①							
문제13	65 ①	66 ③								

청해

문제1	1 ②	2 ①	3 ③	4 ①	5 ③					
문제2	1 ①	2 ④	3 ①	4 ②	5 ②	6 ④				
문제3	1 ④	2 ④	3 ①	4 ②	5 ③					
문제4	1 ③	2 ②	3 ①	4 ②	5 ③	6 ①	7 ②	8 ①	9 ②	
	10 ②	11 ③								
문제5	1 ③	2 질문1 ② 질문2 ④								

모의고사1

언어지식(문자・어휘) 9p

문제1
1 ③　2 ④　3 ③　4 ①　5 ②
6 ④

문제2
7 ②　8 ①　9 ④　10 ②　11 ②
12 ①　13 ①

문제3
14 ③　15 ①　16 ②　17 ②　18 ③
19 ④

문제4
20 ③　21 ②　22 ③　23 ①　24 ④
25 ②

문제1 _____의 말의 읽는 법으로서 가장 알맞은 것을, 1・2・3・4에서 하나 고르세요.

1 비밀 누설을 방지하기 위해서 조직원은 전원 서약서를 작성했다.

해설　誓約書는 **3 せいやくしょ**라고 음독으로 읽는다.
단어　秘密漏(ひみつも)れ 비밀 누설 | 防(ふせ)ぐ 막다, 방지하다 | 組織員(そしきいん) 조직원 | 誓約書(せいやくしょ) 서약서 | 契約書(けいやくしょ) 계약서

2 그는 자취를 시작하고 나서부터 치우친 식생활을 계속 유지하고 있다.

해설　偏る는 **4 かたよる**라고 훈독으로 읽는다.
단어　一人暮(ひとりぐ)らし 혼자 삶, 자취 | 偏(かたよ)る (한쪽으로) 치우치다, 기울다 | 食生活(しょくせいかつ) 식생활 | 維持(いじ) 유지 | 争(あらそ)う 다투다 | 葬(ほうむ)る 매장하다 | 漂(ただよ)う 떠돌다, 감돌다

3 상품의 가격은 공급과 수요에 의해서 결정된다.

해설　需要는 **3 じゅよう**라고 음독으로 읽는다.
단어　供給(きょうきゅう) 공급 | 需要(じゅよう) 수요 | 主要(しゅよう) 주요 | 収容(しゅうよう) 수용 | 重要(じゅうよう) 중요

4 어느 사원의 발언에 의해서 회사의 부정행위가 폭로되었다.

해설　暴露는 **1 ばくろ**라고 음독으로 읽는다. 暴는 ぼう라는 음독, 露는 ろう라는 음독도 있지만, 暴露는 ばくろ로 읽어야 한다.
단어　或(あ)る 어느, 어떤 | 社員(しゃいん) 사원 | 発言(はつげん) 발언 | 不正行為(ふせいこうい) 부정행위 | 暴露(ばくろ) 폭로 | 望楼(ぼうろう) 망루, 적이나 주위의 동정을 살피기 위하여 높이 세운 곳

5 최근은 펫에 관한 시장의 성장이 두드러진다.

해설　著しい는 **2 いちじるしい**라고 훈독으로 읽는다.
단어　市場(しじょう) 시장 | 成長(せいちょう) 성장 | 著(いちじる)しい 현저하다, 두드러지다 | 疎(うと)ましい 지겹다, 역겹다 | 図々(ずうずう)しい 뻔뻔하다 | 相応(ふさわ)しい 어울리다, 걸맞다

6 흉흉한 세상이어도 사회의 질서를 지키면서 살아가지 않으면 안 된다.

해설　秩序는 **4 ちつじょ**라고 음독으로 읽는다.
단어　物騒(ぶっそう)だ 뒤숭숭하다, 흉흉하다 | 秩序(ちつじょ) 질서

문제2 (　)에 넣기에 가장 알맞은 것을, 1・2・3・4에서 하나 고르세요.

7 어젯밤, 근처에서 살인 사건이 있었지만, 호우의 영향으로 수사는 (난항)하고 있는 것 같다.

1 강제　　　　　　　　2 난항
3 지장　　　　　　　　4 일탈

해설　선택지는 모두 명사이다. 가장 자연스러운 것은 **2 難航**이다. 1, 3, 4번은 문맥상 어색하다.
단어　殺人(さつじん) 살인 | 影響(えいきょう) 영향 | 捜査(そうさ) 수사 | 難航(なんこう)する 난항 | 強制(きょうせい) 강제 | 支障(ししょう) 지장 | 逸脱(いつだつ) 일탈

8 그녀는 약 5년 전부터 타카하시 씨를 남몰래 (사모하고) 있었다고 한다.

1 사모하고　　　　　2 짊어지고
3 축축해지고　　　　　4 건져올리고

해설　선택지는 모두 동사 て형이다. 가장 자연스러운 것은 **1 慕って**이다.

2, 3, 4번은 문맥상 어색하다.

단어　陰(かげ) 그늘 | 陰(かげ)ながら 남몰래, 멀리서(나마) | 慕(した)う 사모하다 | 担(にな)う 짊어지다, 떠맡다 | 潤(うるお)う 축축해지다, 윤택해지다 | 掬(すく)う 건져 올리다, 떠내다

9 팀 내에서 자신만 경험이 부족하여 모두의 (짐) 이 되지 않을까 불안하다.

1 보답　　　　　　　2 노력
3 평범함　　　　　　**4 짐**

해설　선택지는 모두 명사이다. 가장 자연스러운 것은 **4 足手まとい**이다. 1, 2, 3번은 문맥상 어색하다.

단어　乏(とぼ)しい 모자라다, 부족하다 | 足手(あして)まとい 거치적거림, 부담, 짐 | 見返(みかえ)り 보답, 보상 | 骨折(ほねお)り 노력, 수고 | 月並(つきな)み 평범함, 진부함

10 환경 문제를 테마로 한 (인터내셔널) 스피치 콘테스트가 개최되었다.

1 멀티태스킹　　　　**2 인터내셔널**
3 모티베이션　　　　4 커스터마이즈

해설　선택지는 모두 카타카나어이다. 문맥상 가장 자연스러운 것은 **2 インターナショナル**이다. 2, 3, 4번은 문맥상 어색하다.

단어　インターナショナル 인터내셔널, 국제적 | スピーチ 스피치 | コンテスト 콘테스트 | 開催(かいさい) 개최 | マルチタスク 멀티태스킹, 다중 작업 | モチベーション 모티베이션, 동기를 부여 | カスタマイズ 커스터마이즈, 맞춤식 변경

11 체력 있을 때에 해외의 관광지를 전부 돌아 두어야 했다고 (절실히) 생각한다.

1 두드러지게　　　　**2 절실히**
3 휘황찬란하게　　　4 쑥쑥

해설　선택지는 모두 부사이다. 문맥상 가장 자연스러운 것은 **2 つくづく**이다. 1, 3, 4번은 문맥상 어색하다.

단어　つくづく 곰곰이, 절실히 | めきめき 두드러지게 | こうこうと 휘황찬란하게 | すくすく 잘 자라는 모양, 쑥쑥

12 친구의 아버지는 벌써 65세이지만 그래도 아직 (정력적) 으로 일하고 있다.

1 정력적　　　　　2 일방적
3 근본적　　　　　　4 단적

해설　선택지는 모두 부사이다. 문맥상 가장 자연스러운 것은 **1 精力的**이다. 2, 3, 4번은 문맥상 어색하다.

단어　精力的(せいりょくてき)に 정력적으로 | 一方的(いっぽうてき)に 일방적으로 | 根本的(こんぽんてき)に 근본적으로 | 端的(たんてき)に 단적으로, 간단하고 분명하게

13 두 사람의 이름은 매우 닮아 있기 때문에 (헷갈리기 쉽) 습니다.

1 안타깝다　　　　　2 괴롭다
3 헷갈리기 쉽다　　4 무시무시하다

해설　선택지는 모두 い형용사이다. 문맥상 가장 자연스러운 것은 **3 紛らわしい**이다. 1, 2, 4번은 문맥상 어색하다.

단어　紛(まぎ)らわしい 헷갈리기 쉽다 | もどかしい 안타깝다, 답답하다 | 悩(なや)ましい 괴롭다 | 凄(すさ)まじい 무시무시하다, 굉장하다

문제3 ＿＿＿＿＿ 의 말에 의미가 가장 가까운 것을, 1·2·3·4에서 하나 고르세요.

14 다음 주 회의에서 쓸 보고서 자료를 세밀히 조사했습니다.

1 잔뜩　　　　　　　2 몰래
3 차분히　　　　　　4 듬뿍

해설　丹念に(정성껏)은 **3 じっくりと(차분히)**와 의미가 가장 가깝다.

단어　丹念(たんねん)に 정성껏, 세밀히 | ぎっしり(と) 잔뜩, 가득 | こっそり(と) 몰래, 살짝 | じっくり(と) 차분히, 곰곰이 | たっぷり(と) 듬뿍

15 그녀는 한숨을 쉬면서 "어째서 이런 일이 된 거지"라고 중얼거렸다.

1 작은 목소리로 무언가 말했다　2 눈물을 흘렸다
3 깜짝 놀랐다　　　　　　　　　4 격하게 화냈다

해설　呟く(중얼거리다)는 **1 小さな声で何か言った(작은 목소리로 무언가 말했다)**와 의미가 가장 가깝다.

단어　ため息(いき)をつく 한숨을 쉬다 | 呟(つぶや)く 중얼거리다 | 小(ちい)さな声(こえ)で何(なに)か言(い)う 작은 목소리로 무언가 말하다 | 涙(なみだ)を流(なが)す 눈물을 흘리다 | びっくりする 놀라다 | 激(はげ)しく怒(おこ)る 격하게 화내다, 심하게 화내다

16 업무의 효율화를 도모하기 위해 몇 점포인가는 다른 회사에 위탁하기로 했다.

1 팔다　　　　　　　**2 맡기다**
3 바꾸다　　　　　　4 양보하다

해설　委託する(위탁하다)는 **2 任せる(맡기다)**와 의미가 가장 가깝다.

단어　業務(ぎょうむ) 업무 | 効率化(こうりつか) 효율화 | 図(はか)る 도모하다 | 何(なん)~ 몇~ | 店舗(てんぽ) 점포 | 委託(いたく)する 위탁하다 | 売(う)る 팔다 | 任(まか)せる 맡기다 | 変(か)える 바꾸다 | 譲(ゆず)る 양보하다

17	거래처와 연락해서 <u>약속</u>을 사전에 잡아 주세요.
1 장소	**2 약속**
3 상품	4 계약

해설 アポ(어포인트먼트, 약속)은 **2 約束(약속)**과 의미가 가장 가깝다.

단어 取引先(とりひきさき) 거래처 | アポ(イントメント) 어포인트먼트, 약속 | アポを取(と)る 약속을 잡다 | 場所(ばしょ) 장소 | 約束(やくそく) 약속 | 商品(しょうひん) 상품 | 契約(けいやく) 계약

18	목표금액을 달성하기까지는 모든 <u>수단</u>을 쓸 생각입니다.
1 궁리	2 노력
3 수단	4 의지

해설 手立て(방법, 수단)은 **3 手段(수단)**과 의미가 가장 가깝다.

단어 金額(きんがく) 금액 | 達成(たっせい) 달성 | あらゆる 온갖, 모든 | 手立(てだ)て (목적 달성을 위한) 방법, 수단 | 工夫(くふう) 궁리, 고안 | 努力(どりょく) 노력 | 手段(しゅだん) 수단 | 意志(いし) 의지

19	우선 이 계획은 <u>보류하기</u>로 했습니다.
1 계속하다	2 허가하다
3 실행하다	**4 중지하다**

해설 見合わせる(보류하다, 서로 마주 보다)는 **4 中止する(중지하다)**와 의미가 가장 가깝다.

단어 とりあえず 우선, 일단 | 計画(けいかく) 계획 | 見合(みあ)わせる 보류하다, 서로 마주 보다 | 継続(けいぞく)する 계속하다 | 許可(きょか)する 허가하다 | 実行(じっこう)する 실행하다 | 中止(ちゅうし)する 중지하다

문제4 다음 말의 사용법으로서 가장 알맞은 것을, 1・2・3・4에서 하나 고르세요.

20 조짐

1 면접에서는 작은 일이어도 성실하게 또한 정직하게 이야기한다는 <u>조짐</u>으로 임했다.
2 당신은 지금 하고 있는 일에 <u>조짐</u>을 느끼고 있습니까?
3 조금씩이긴 하지만 경기 회복의 <u>조짐</u>이 보이기 시작했다.
4 현관에서 무언가 소리가 나기 때문에 확인해 봤더니 <u>조짐</u>이 없는 우편물이 와 있었다.

해설 兆し(조짐)를 가장 올바르게 사용한 것은 **3번**이다. 1번은 心構え(마음의 준비, 각오), 2번은 手応え(반응, 보람), 4번은 心当たり(짐작, 짚이는 데)를 사용하는 것이 알맞다.

단어 兆(きざ)し 조짐 | 誠実(せいじつ) 성실하게 | 且(か)つ 동시에, 또한 | 臨(のぞ)む 임하다 | 景気回復(けいきかいふく) 경기 회복 | 心構(こころがま)え 마음의 준비, 각오 | 手応(てごた)え 반응, 보람 | 心当(こころあ)たり 짐작, 짚이는 데

21 유언비어

1 2년간의 <u>유언비어</u>가 있었음에도 불구하고 그의 영어 실력은 아직 녹슬지 않았다.
2 그것은 아무런 근거도 없는 그저 <u>유언비어</u>에 불과하다.
3 나이를 먹고 <u>유언비어</u>를 하면 시골에서 한가롭게 지내고 싶다고 생각한다.
4 다음 달부터 일본 전국에서 골프 <u>유언비어</u>가 행해져 1위는 1천만엔의 상금을 받을 수 있다고 한다.

해설 デマ(유언비어, 헛소문)을 가장 올바르게 사용한 것은 **2번**이다. 1번은 ブランク(블랭크, 공백), 3번은 リタイア(리타이어, 기권, 은퇴) 4번은 コンペ(시합, 경기 대회)를 사용하는 것이 알맞다.

단어 デマ 유언비어, 헛소문 | 衰(おとろ)える 쇠약해지다, 쇠퇴하다 | 実力(じつりょく)が衰(おとろ)える 실력이 녹슬다 | 根拠(こんきょ) 근거 | ~にすぎない ~에 지나지 않는다, ~에 불과하다 | ブランク 블랭크, 공백 | リタイア 리타이어, 기권, 은퇴 | コンペ 시합, 경기 대회 | 賞金(しょうきん) 상금

22 감싸다

1 두 사람은 말을 감싸면서 무언가를 진지하게 생각하고 있었다.
2 벽에 붙여 둔 극단의 포스터를 감싸고 다른 포스터로 바꿨다.
3 아직 아이라고 해서 잘못된 행동까지 감싸는 육아에는 문제가 있다.
4 국가의 성장을 감싸기 위해서는 국민 전체가 협력해서 임할 필요가 있다.

해설 庇う(감싸다)를 가장 올바르게 사용한 것은 **3번**이다. 1번은 交(か)わす(주고받다, 교환하다), 2번은 剥がす(벗기다, 떼다), 4번은 遂げる(이루다)를 사용하는 것이 알맞다.

단어 庇(かば)う 감싸다 | 真剣(しんけん)に 진지하게 | 壁(かべ) 벽 | 劇団(げきだん) 극단 | ポスター 포스터 | 貼(は)る 붙이다 | 替(か)える 바꾸다, 교체하다 | ~からといって ~라고 해서 | 国家(こっか) 국가 | 成長(せいちょう) 성장 | 協力(きょうりょく) 협력 | 取(と)り組(く)む 임하다, 맞붙다 | 交(か)わす 주고받다, 교환하다 | 剥(は)がす 벗기다, 떼다 | 遂(と)げる 이루다

23 끈질기다

1 상대방을 끈질기게 설득한 결과 거래를 성립시켰다.
2 끝까지 최선을 다한 것이니까, 끈질기게 결과를 인정할 수밖에 없었다.
3 그녀의 본업은 아이돌이지만 최근에는 배우로서도 끈질기게 활약하고 있다.
4 '엄마, 오늘도 일 힘내!'라는 딸로부터의 메시지를 끈질기게 봤다.

해설 しぶとい(고집이 세다, 끈질기다)를 가장 올바르게 사용한 것은 **1번**이다. 2번은 潔い(미련 없이 깨끗하다, 떳떳하다), 3번은 目覚ましい(눈부시다), 4번은 ほほえましい(흐뭇하다)를 사용하는 것이 알

맞다.
しぶとい 고집이 세다, 끈질기다 | 先方(せんぽう) 상대편, 상대방 | 説得(せっとく) 설득 | 成立(せいりつ) 성립 | 最善(さいぜん)を尽(つ)くす 최선을 다하다 | 認(みと)める 인정하다 | 本業(ほんぎょう) 본업 | 俳優(はいゆう) 배우 | 活躍(かつやく) 활약 | 潔(いさぎよ)い 미련 없이 깨끗하다, 떳떳하다 | 目覚(めざ)ましい 눈부시다 | ほほえましい 흐뭇하다

24 거침없이

1 폭력은 어떤 경우라도 어떤 이유라도 <u>거침없이</u> 용서하지 않겠습니다.
2 신경 쓰이는 점은 몇 가지인가 있기는 하지만 <u>거침없이</u> 만족도는 높다.
3 그것은 <u>거침없이</u> 몇 년이나 지난 이야기이기 때문에 잘 기억하고 있지 않다.
4 <u>거침없이</u> 말해서 역 앞에 새로 생긴 레스토랑의 요리는 너무 맛이 없어서 가고 싶지 않다.

해설 ずばり(싹둑 잘라 내는 모양, 거침없이)를 가장 올바르게 사용한 것은 **4번**이다. 1번은 断じて(결단코), 2번은 総じて(대체로), 3번은 もはや(이미,이제는)를 사용하는 것이 알맞다.

단어 ずばり 싹둑 잘라 내는 모양, 거침없이 | 〜ものの 〜기는 하지만 | 満足度(まんぞくど) 만족도 | 断(だん)じて 결단코 | 総(そう)じて 대체로 | もはや 이미,이제는

25 합치, 일치

1 전국 <u>합치</u> 대회가 개최되어 열띤 응원으로 회장내는 매우 고조되었습니다.
2 항상 싸움만 하고 있던 두 사람이지만 오늘은 왠지 의견이 <u>합치</u>한 것 같았다.
3 여러가지 소문이나 이야기가 있었지만 결국 두 회사는 <u>합치</u>하게 되었다.
4 공공장소에서의 금연이 가까스로 <u>합치</u>화되었다고 한다.

해설 合致(합치, 일치)를 가장 올바르게 사용한 것은 2번이다. 1번은 合唱(합창), 3번은 合併(합병), 4번은 合法(합법)을 사용하는 것이 알맞다.

단어 合致(がっち) 합치, 일치 | 開催(かいさい) 개최 | 応援(おうえん) 응원 | 盛(も)り上(あ)がる 솟아오르다, 고조되다 | 様々(さまざま)だ 다양하다 | 同業(どうぎょう) 동업, 같은 업종 | 両社(りょうしゃ) 양사, 두 회사 | 公共(こうきょう)の場(ば) 공공장소 | 禁煙(きんえん) 금연 | 合唱(がっしょう) 합창 | 合併(がっぺい) 합병 | 合法(ごうほう) 합법

언어지식(문법) 14p

문제5
| 26 ④ | 27 ① | 28 ④ | 29 ④ | 30 ② |
| 31 ① | 32 ④ | 33 ③ | 34 ③ | 35 ② |

문제6
| 36 ① | 37 ② | 38 ③ | 39 ② | 40 ② |

문제7
| 41 ② | 42 ③ | 43 ③ | 44 ④ |

문제5 다음 글의 (　　)에 넣기에 가장 알맞은 것을, 1・2・3・4 에서 하나 고르세요.

26 몹시 기다려졌던 소풍 날에 사복을 입고 온 것은 신기하게도 반 안에서 저 혼자 (뿐)이었습니다.

1 밖에　　　　　2 조차
3 조차　　　　　**4 뿐**

해설 문맥상 알맞은 표현은 **4 のみ**이다. 학수고대했던 소풍 날에 사복을 입고 온 것은 신기하게도 반 안에서 저 혼자였다라는 문장에 가장 적합한 조사는 〜のみ(〜만, 〜뿐)이다. 1번 〜しか(〜밖에)는 뒤에 부정형인 ない(없다)를 수반하는 표현이므로 정답이 아니다. 2번 〜(で)さえ(も)(〜조차(도)), 3번 〜すら(〜조차)는 문맥상 어울리지 않으므로 정답이 아니다.

단어 待(ま)ち遠(どお)しい 몹시 기다려지다 | 私服(しふく) 사복 | 〜のみ 〜만, 〜뿐 | 〜しか 〜밖에 | 〜(で)さえ(も) 〜조차(도) | 〜すら 〜조차

27 아들은 학교에서 돌아오고 나서 계속 침울한 상태이다. (아무래도) 학교에서 친구와 싸웠던 것 같다.

1 아무래도　　　2 결국
3 언젠가　　　　4 오히려

해설 문맥상 알맞은 표현은 **1 どうやら**이다. 아들이 학교에서 돌아오고 나서 계속 침울해진 상태이고 학교에서 친구와 싸운 것 같다고 추측하고 있기 때문에 앞뒤 문장과 자연스럽게 연결되기 위해서는 どうやら(아무래도)라는 부사가 적합하다.

단어 落(お)ち込(こ)む 빠지다, 침울해지다, 낙담하다 | どうやら 아무래도 | いずれ 결국, 얼마 안 있어 | いつか 언젠가 | かえって 도리어, 오히려

28 4월부터 사회인이 되어 본가에서 독립을 (시작하고 나서 계속) 영양 밸런스가 치우친 식사만 먹고 있어서 면역력이 저하

117

되었다.

1 시작하려고 하고 나서　　2 시작한다고 해서
3 시작한다면 어찌 됐든　　**4 시작하고 나서 계속**

해설　문맥상 알맞은 표현은 **4 始めてからというもの**이다. 앞뒤 문장과 자연스럽게 연결되기 위해서는 ～てからというもの(～하고 나서 계속)이라는 문법이 가장 적합하다.

단어　実家(じっか) 본가, 본집 ｜ ～てからというもの ～하고 나서 계속 ｜ 栄養(えいよう) 영양 ｜ バランス 밸런스, 균형 ｜ 偏(かたよ)る 치우치다, 기울다 ｜ 免疫力(めんえきりょく) 면역력 ｜ ～(よ)うとする ～하려고 하다 ｜ ～てから ～하고 나서 ｜ ～からといって ～라고 해서 ｜ ～ならともかく ～라면 어찌 됐든, ～라면 그렇다 치고

29 고등학교 시절 앨범을 (볼 때마다) 친구와 놀았던 때의 그리운 기억이 되살아난다.

1 보는 바람에　　2 보기 위하여
3 보는 것 같이　　**4 볼 때마다**

해설　문맥상 알맞은 표현은 **4 見るにつけ**이다. 앞뒤 문장과 자연스럽게 연결되기 위해서는 ～につけ(～때마다)라는 문법이 가장 적합하다.

단어　につけ(て) ～할 때마다 ｜ 懐(なつ)かしい 그립다 ｜ 記憶(きおく) 기억 ｜ 蘇(よみがえ)る 되살아나다 ｜ ～ばかりに ～하는 바람에, ～탓에 ｜ ～べく ～하기 위하여 ｜ ～かのごとく ～인 것 같이

30 이상 (으로) 금일 회의를 종료하겠습니다.

1 이므로　　**2 으로**
3 은 어찌됐든　　4 을 아랑곳하지 않고

해설　문맥상 알맞은 표현은 **2 をもって**이다. 모두 명사와 접속이 되는 문법이지만, 앞뒤 문장과 자연스럽게 연결되기 위해서는 ～をもって(～으로, ～로써)라는 문법이 가장 적합하다.

단어　～をもって ～으로, ～로써 ｜ 終了(しゅうりょう) 종료 ｜ ～させていただく ～하게 해 받다, ～하겠다(겸양어) ｜ ～につき ～당, ～이므로(원인, 이유) ｜ ～はどうあれ ～은/는 어찌됐든 ｜ ～をよそに ～을/를 아랑곳하지 않고, ～을/를 개의치 않고

31 (거래처로의 메일에서)
여전히 건강하게 활약하고 있으실 거라고 (생각합니다). 그런데, 이번에 저희 회사에서는 전부터 개발을 거듭해 온 신상품의 제조를 개시했습니다.

1 생각합니다(겸양어)　　2 말씀드립니다(겸양어)
3 하십니다(존경어)　　4 보십니다(존경어)

해설　문맥상 알맞은 표현은 **1 存じます**이다. 화자 본인이 상대방에게 정중히 안부를 건네는 상황이므로, 대화 흐름 상 자연스럽게 연결되기 위해서는 思う(생각하다)의 겸양어인 存じます(생각합니다)라는 문법이 가장 적합하다.

단어　変(か)わらず 변함없이, 여전히 ｜ 活躍(かつやく) 활약 ｜ 存(ぞん)じる 생각하다(겸양어) ｜ さて 자, 그런데 ｜ 弊社(へいしゃ) 저희 사 (겸양어) ｜ かねてより 미리부터, 전부터 ｜ 開発(かいはつ) 개발 ｜ 参(まい)る 가다, 오다(겸양어) ｜ 製造(せいぞう) 제조 ｜ 開始(かいし) 개시 ｜ 申(もう)し上(あ)げる 말씀드리다(겸양어) ｜ なさる ～하시다(존경어) ｜ ご覧(らん)になる 보시다(존경어)

32 사회인 (쯤 되면) 학생 시절처럼 자유롭게 여행을 떠나거나 하는 일은 할 수 없을 것이다.

1 인 자　　2 이 있어야
3 투성이　　**4 쯤 되면**

해설　문맥상 알맞은 표현은 **4 ともなれば**이다. 모두 명사와 접속이 되는 문법이지만, 앞뒤 문장과 자연스럽게 연결되기 위해서는 ～ともなれば(～하게 되면, ～이라도 되면, ～쯤 되면)이라는 문법이 가장 적합하다.

단어　～ともなれば ～하게 되면, ～이라도 되면, ～쯤 되면 ｜ 自由気(じゆうき)ままに 자유롭게, 자유분방하게 ｜ ～たるもの ～된 자, ～인 자 ｜ ～あっての ～이/가 있어야 (성립하는) ｜ ～まみれ ～투성이, ～범벅

33 많은 사람을 움직이게 하기 위해서는 일의 능력 (도 물론이거니와) 스스로의 의사로 행동을 일으키게 하도록 손을 쓰는 것도 중요합니다.

1 여하로는　　2 도 말할 것 같으면
3 도 물론이거니와　　4 이라고 해서

해설　문맥상 알맞은 표현은 **3 もさることながら**이다. 모두 명사와 접속이 되는 문법이지만, 앞뒤 문장과 자연스럽게 연결되기 위해서는 ～もさることながら(～도 물론이거니와, ～도 그러하지만)이라는 문법이 가장 적합하다.

단어　～もさることながら ～도 물론이거니와, ～도 그러하지만 ｜ 自(みずか)ら 스스로 ｜ 意思(いし) 의사 ｜ 働(はたら)きかける 작용하다, 손을 쓰다 ｜ ～いかんで(は) ～여하로(는) ｜ ～ときたら ～로 말할 것 같으면, ～은/는 ｜ ～とあって ～라고 해서, ～라서

34 돌아가신 할아버지에게 받은 소중한 손목 시계가 고장나 버렸지만, 단지 고치면 될 (뿐이다).

1 에 지나지 않는다　　2 보다 나은 것은 없다
3 하는 데가 있다　　**4 뿐이다**

해설　문맥상 알맞은 표현은 **4 だけのことだ**이다. 「～だけのことだ(～(될) 뿐이다)」의 경우, 「동사 가정형(ば)+いいだけのことだ(～하면 ～될 뿐이다)」의 형태로 접속이 가능하다는 점에 유의하도록 하자. 1, 2, 3번은 모두 い형용사와 접속이 가능한 문법인데, 앞뒤 문장과 자연스럽게 연결되기 위해서는 ～ばいいだけのことだ(～하면 될 뿐이다)라는 문법이 가장 적합하다.

단어　～だけのことだ ～(될) 뿐이다 ｜ ～にすぎない ～에 지나지 않는다, ～에 불과하다 ｜ ～に越(こ)したことはない ～보다 나은 것은 없다,

~이/가 제일이다 | ~ものがある ~하는 데가 있다, ~하는 점이 있다

35 (집에서)
아내 "음, 왠지 머리가 빙빙 돌아. 열이 있을지도."
남편 "와, 엄청난 열! 이래서는 여행 (할 상황이 아니)겠는데."

1 이라는 것은 아니다　　　**2 할 상황이 아니다**
3 일 뿐이다　　　4 (기껏해야) ~정도다

해설　문맥상 알맞은 표현은 **2 どころじゃない**이다. 모두 명사와 접속이 되는 문법이지만, 앞뒤 문장과 자연스럽게 연결되기 위해서는 ~どころじゃない(~할 수 있는 상황이 아니다)라는 문법이 가장 적합하다.

단어　ふらふらする (머리가) 빙빙 돌다 | ~どころじゃない ~할 상황이 아니다 | ~というものではない (반드시) ~라는 것은 아니다 | ~といったところだ (기껏해야) ~정도다 | ~でしかない ~에 불과하다, ~일 뿐이다

문제6 다음 글의 ＿＿★＿＿ 에 들어갈 가장 알맞은 것을, 1・2・3・4에서 하나 고르세요.

36 처음부터 실패할 가능성이 높다고 알고 있었다면 이런 ★실험 따위 참가하지 않았을 텐데 이제와서 후회해도 돌이킬 수 없다.

1 실험 따위　　　2 참가하지 않았다
3 일 텐데　　　4 이런

해설　4 こんな 뒤에는 명사가 와야되는데 문맥상 こんな実験なんて(이런 실험따위)로 이어지는 것이 자연스럽기 때문에 4-1로 연결된다. 그리고 3 ものを 앞에는 동사 보통형이 접속 가능하기 때문에 문맥상 参加しなかった(참가하지 않았다)가 앞에 와서 参加しなかったものを(참가하지 않았을 텐데)로 이어지는 것이 자연스럽기 때문에 2-3번으로 연결된다. 따라서 4-1-2-3으로 문장을 만들면 **1 実験なんて**가 정답이다.

단어　実験(じっけん) 실험 | ~ものを ~일 텐데, ~일 것을 | 今更(いまさら) 이제 와서, 새삼스럽게 | 後悔(こうかい) 후회 | 取(と)り返(かえ)しがつかない 돌이킬 수 없다

37 역 앞의 커피숍 단골 손님은 중년인 손님이 중심인가라고 ★생각했더니 젊은 학생들로 붐비고 있었다.

1 중심인가라고　　　**2 생각했더니**
3 중년인 사람이　　　4 젊은 학생들로

해설　앞 부분 常連客는(단골 손님은) 뒤에는 문맥상 年配の人が(중년인 사람이)로 연결되는 것이 자연스럽기 때문에 3번이 제일 먼저 나온다. 그리고 뒤에는 3 中心かと가 오는 것이 자연스럽고 ~かと思いきや(~라고 생각했더니)의 형태로 연결시켜야 하므로 3-1-2가 된다. 마지막으로 4 若い学生たちで는 문맥상 2 思いきや 뒤에 오는 것이 자연스럽기 때문에, 3-1-2-4로 문장을 만들면 **2 思いきや**가 정답이다.

단어　常連客(じょうれんきゃく) 단골 손님 | 年配(ねんぱい) 중년, 연배 | ~かと思(おも)いきや ~인가라고 생각했더니 | 賑(にぎ)わう 번성하다, 붐비다

38 육아 휴직이 끝나서 업무에 복귀했지만 매일 피로와 업무 스트레스가 맞물려 ★컨디션을 해쳐 버렸다.

1 맞물려서　　　2 해쳐
3 컨디션을　　　4 업무 스트레스가

해설　앞부분 毎日の疲労と(매일 피로와) 뒤에는 仕事のストレスが(업무 스트레스가)가 먼저 나오는 것이 문맥상 자연스럽기 때문에 4번이 제일 먼저 온다. 그리고 뒤에는 ~が相まって(~이/가 어우러져, ~이/가 맞물려)가 되어야 하기 때문에 4-1번으로 연결된다. しまった 앞에는 동사 て형이 와야하고 体調を崩して(컨디션을 해쳐)로 이어지는 것이 자연스럽기 때문에 3-2번으로 연결된다. 따라서 4-1-3-2로 문장을 만들면 **3 体調を**가 정답이다.

단어　育休(いくきゅう) 육아 휴직 | ~明(あ)け 기간이 끝남, 끝난 직후 | 復帰(ふっき) 복귀 | 疲労(ひろう) 피로 | ~が相(あい)まって ~이/가 어우러져, ~이/가 맞물려 | 体調(たいちょう)を崩(くず)す 컨디션을 해치다

39 그녀는 사람들 앞에 서는 일을 하고 있는 만큼 평소부터 아름다운 행동거지를 ★의식하고 있다고 해서 분위기부터 우리들과는 달랐다.

1 평소에 아름다운 행동거지를　　　**2 의식하고 있다고 해서**
3 만큼　　　4 분위기부터

해설　~だけあって(~인 만큼) 앞에는 동사 보통형이 어울리기 때문에 3번이 제일 먼저 나온다. 그리고 문맥상 普段から美しい振る舞いを意識しているとのことで(평소부터 아름다운 행동거지를 의식하고 있다고 해서)로 이어지는 것이 자연스럽기 때문에 1-2번으로 연결된다. 4 雰囲気からして 뒤에는 뒤 문장인 私たちとは違った(우리들과는 달랐다)로 이어지는 것이 자연스럽기 때문에 4번이 제일 마지막에 온다. 따라서 3-1-2-4로 문장을 만들면 **2 意識しているとのことで**가 정답이다.

단어　~だけあって ~인 만큼 | 振(ふ)る舞(ま)い 행동거지 | 意識(いしき) 의식 | ~とのことだ ~라고 한다 | ~からして ~부터(가), ~(으)로 보아

40 프로젝트의 진행 상황을 생각하면 현 단계에서는 도중에 일을 ★그만둘 수는 없어서 이직을 결의할 타이밍을 놓치고 말았다.

1 도중에 일을　　　**2 그만둘 수는 없어서**
3 현 단계에서는　　　4 이직을 결의하다

해설　途中で仕事を(도중에 일을) 뒤에는 2 辞めるわけにはいかず가 와서 途中で仕事を辞めるわけにはいかず(도중에 일을 그만둘 수는 없어서)로 이어지는 게 자연스럽기 때문에 1-2번으로 연결된다. 그리고 문맥상 그만 둘 수 없는 시점을 말하는 2 現段階では가 가장 앞에 오는 것이 자연스럽기 때문에 3-1-2번으로 연결된다. 그리고 뒷

부분 タイミングを逃してしまった(타이밍을 놓치고 말았다) 앞에는 4 転職を決意する가 오는게 자연스럽다. 따라서 3-1-2-4로 문장을 만들면 2 辞めるわけにはいかず가 정답이다.

단어 進行(しんこう) 진행 | 状況(じょうきょう) 상황 | 現段階(げんだんかい) 현 단계 | ~わけにはいかない ~할 수는 없다 | 転職(てんしょく) 전직, 이직 | 決意(けつい)する 결의하다 | タイミング 타이밍 | 逃(のが)す 놓치다

문제7 다음 문장을 읽고, 문장 전체의 취지를 토대로, 41 부터 44 안에 들어갈 가장 알맞은 것을, 1·2·3·4에서 하나 고르세요.

이하는, 어느 사람이 쓴 에세이다.

> '진정한' 가족
> 나의 가족은 몹시 별난 편이라고 생각한다. 무엇이 별나냐고 하면, 하여간 악기가 없으면 불평을 41 .
> 나의 본가는 삼촌 가족과도 집이 가까워 한 달에 몇 번이나 저녁 식사를 함께 할 만큼 사이가 좋다. 그 모임에 악기를 들고 가지 않으면 "뭐야, 오늘 안 가져온거야? 재미없네"라는 어조로 불평이 난무한다. 그런 우리는 누군가의 생일이 되면 반드시 모여 생일 파티를 하는 것인데, 그 생일 파티에는 반드시 악기를 지참한 후 42 라고 하는 암묵적인 양해가 존재한다. 왜냐하면, 생일 축하 노래를 라이브로 연주하기 때문이다. 케이크보다도 먼저 모두가 악기 포지션에 자리잡고 음 조율을 시작한다. 그 다음에 케이크 준비에 들어간다. 그리고 그 생일 축하 연주는 오리지널 연주뿐만 아니라, 로큰롤 버전, 레게 버전, 컨트리 버전, 마지막에는 즉흥적인 생각으로 다른 버전까지 연주하고 언제 끝날지 모르는 생일 축하 노래를 계속 연주하는 것이다. 이것에 대해서 나는 '악기 연주 따위 보다, 멋진 케이크가 43 의 생일 파티인데'라고 어디까지나 아이답게 단순하게 생각하고 있었다.
> 하지만 이런 나의 생각이 바뀐 계기가 있었다. 어느 날, 우연히 친척 생일 파티에 와 준 내 친구가 "굉장하다! 가족끼리 밴드를 결성할 수 있구나"라고 말을 꺼낸 것이다. 그리고 수개월 후, 나의 가족은 마침내 동네에서 열린 크리스마스 콘서트에 가족 밴드로서 출연하게 되었다.
> 그때까지의 나는 솔직히 가족 44 무엇인가 제대로 생각해 본 적이 없었다. 하지만, 스포트라이트를 받고 가족 전원이 음악으로 하나로
> 연결된 순간, '가족이란 이러한 것이구나'라고 처음으로 느꼈다. 지금은 나의 가족을 자랑스럽게 생각하게 되었다.
> (주석) 즉흥적인 생각으로 : 생각이 떠오른 채로, 즉흥으로

41 1 말하기 시작해 주었으면 좋겠다
2 말하기 시작한다
3 말하기 시작하는 것은 좋다
4 말하기 시작한다고 한다

해설 문맥에 맞는 문법 표현을 고르는 문제이다. 빈칸 앞부분에서 화자 본인의 상당히 특이한 가족에 대해 언급하고 있는데, 하여간 악기가 없으면 불평을 한다는 가족이 지닌 습관에 대해서 사실을 말하고 있다.

따라서 2 言い出す가 정답이다.

표현 言(い)い出(だ)す 말하기 시작하다, 말을 꺼내다 | ~てほしい ~주었으면 좋겠다 | ~のはいい ~하는 것은 좋다 | ~という ~라고 한다

42 1 참가하고 싶은 것은 아니다
2 막 참가하려는 참이다
3 참가하지 않으면 안 된다
4 참가해서는 안 된다

해설 문맥에 맞는 문법 표현을 고르는 문제이다. 빈칸 앞부분에서 화자의 가족들은 누군가의 생일이 되면 반드시 모여서 생일 파티를 하며, 그 때에는 반드시 악기를 지참한 후 참가해야 하는 의무를 나타내고 있다. 따라서 3 参加しなければならない가 정답이다. 이 때, 必ず~なければならない(반드시 ~하지 않으면 안 된다)를 세트로 암기해 두도록 하자.

표현 参加(さんか)する 참가하다 | ~わけではない (반드시) ~인 것은 아니다 | ~ところだ 막 ~하려는 참이다 | ~なければならない ~하지 않으면 안 된다 | ~てはならない ~해서는 안 된다

43 1 있던 정도　　　2 있었을 뿐
3 있고 나서야 비로소　　4 있어서 까지

해설 문맥에 맞는 문법 표현을 고르는 문제이다. 빈칸 앞부분에서 화자는 '누군가의 생일 파티에서 노래나 악기 연주 따위 보다 멋진 케이크'라고 언급했기 때문에 '멋진 케이크'가 존재해야 생일 파티에 정말로 필요한 조건이 충족된다고 생각하고 있음을 알 수 있다. 따라서 3 あってこそ가 정답이다.

표현 ~くらい ~정도, ~만큼 | ~だけ ~만, ~뿐, ~만큼 | ~てこそ ~하고서야 (비로소) | ~てまで ~해서 까지

44 1 도　　　2 이라면
3 이라고 해도　　4 이란

해설 문맥에 맞는 문법 표현을 고르는 문제이다. 빈칸 앞부분에서 화자는 지금까지 생일 파티에서 가족들과 있던 일들, 그리고 동네에서 열린 크리스마스 콘서트에 가족 밴드로서 출연하게 된 일까지 언급하며, 그 때까지 본인은 솔직히 가족에 대해 제대로 생각한 적이 없다고 말했다. 즉, '동네에서의 가족 밴드로서의 출연이 화자에게 가족이 무엇인지 제대로 생각할 계기를 주었다'고 생각하는 것이 문맥상 자연스럽다. 따라서 4 とは가 정답이다.

표현 ~をも ~도 , ~까지도 | ~なら ~라면 | ~といっても ~라고 해도 | ~とは ~라는 것은, ~란

단어 真(しん)の 진정한, 참다운 | とにかく 하여간, 어쨌든 | 楽器(がっき) 악기 | 実家(じっか) 본가, 본집 | 共(とも)に 함께, 같이 | 口調(くちょう) 어조, 말투 | 飛(と)び交(か)う 어지럽게 날다, 난무하다 | 誕生日会(たんじょうびかい) 생일 파티 | 持参(じさん) 지참 | ~の上(うえ) ~한 후에 | 暗黙(あんもく)の了解(りょうかい) 암묵적 양해 | 存在(そんざい) 존재 | 生演奏(なまえんそう) 라이브로 연주함 | ポジション 포지션, 위치 | ポジションにつく 위치에 자리하다 | 音合(おんあ)わせ 음을 맞춤, 음 조율 | ロックンロ

―ルバージョン 로큰롤 버전 | レゲエ 레게 | カントリー 컨트리 | 仕舞(しま)い 끝, 최후, 마지막 | 思(おも)い付(つ)き 문득 생각이 남, 즉흥적인 생각 | 〜なんか 〜따위, 〜같은 것 | あくまでも 어디까지나 | 単純(たんじゅん)に 단순하게 | きっかけ 계기 | 偶然(ぐうぜん) 우연히 | バンド 밴드 | 組(く)む 짜다, 꼬다, 끼다, 조직하다 | バンドを組(く)む 밴드를 짜다, 밴드를 결성하다 | 言(い)い出(だ)す 말하기 시작하다 | 数ヶ月(すうかげつ) 수개월(대개 4~6개월 전후를 말함) | 地元(じもと) 생활근거지, 고장, 동네, 자기가 살고 있는 지역 | 出演(しゅつえん) 출연 | スポットライト 스포트라이트 | 繋(つな)がる 이어지다, 연결되다 | 瞬間(しゅんかん) 순간 | 誇(ほこ)り 자랑, 긍지 | 思(おも)いつく (문득) 생각이 떠오르다 | 即興(そっこう)だ 즉흥(적)이다

독해   20p

문제8
| 45 ② | 46 ④ | 47 ③ | 48 ② |

문제9
| 49 ② | 50 ④ | 51 ① | 52 ③ | 53 ④ |
| 54 ④ | 55 ② | 56 ① |

문제10
| 57 ③ | 58 ④ | 59 ② |

문제11
| 60 ① | 61 ② |

문제12
| 62 ① | 63 ② | 64 ① |

문제13
| 65 ① | 66 ③ |

문제8 다음 (1)부터 (4)의 문장을 읽고, 뒤의 물음에 대한 답으로서 가장 알맞은 것을, 1·2·3·4에서 하나 고르세요.

(1)

이하는 티켓 판매 회사에서 보내져 온 메일 내용이다.

수신인 : machida@mail.co.jp
건명 : ABC LIVE 예약에 대해서
송신일 : 9월 30일

마치다 님

이번에 ABC LIVE 티켓 판매에 응모해 주셔서 대단히 감사합니다.
추첨 결과, 당첨되셨으므로 알려드립니다. 티켓을 구입하기 위해서는 구입 절차가 필요하므로 아래에 있는 QR코드를 통해서 진행해 주시길 부탁드립니다. 입금이 확인되는 대로 발권이 가능합니다. 또한 구입 기한일이 지나면 자동적으로 취소가 되므로 주의해 주세요.

주식회사 ABC라이브   예약 담당   야마다

45 이 메일에서 가장 전하고 싶은 것은 무엇인가?

1 티켓 발권이 가능해진 것
2 티켓 구입 절차를 실시해 주었으면 하는 것
3 티켓 입금이 확인된 것
4 티켓 구입 기한이 지난 것

해설 본문에서 ABC LIVE 티켓 발매에 예약 담당 야마다가 본 메일의 수신인인 마치다에게 당선 소식을 알리며 チケットを購入のためには購入手続きが必要となりますので、下記にございますQRコードから手続きをお願いいたします。(티켓을 구입하기 위해서는 구입 절차가 필요해지기 때문에 하기에 있는 QR코드에서 수속을 부탁드립니다.)라고 말하고 있으므로 2번이 정답이다. 입금이 확인되어야 티켓 발권이 가능해진다고 했으므로 1, 3번은 정답이 아니고, 구입 기간이 지나면 자동으로 취소된다고 했으므로 4번도 정답이 아니다.

단어 応募(おうぼ) 응모 | 抽選(ちゅうせん) 추첨 | 当選(とうせん) 당선 | 購入(こうにゅう) 구입 | 手続(てつづ)き 수속, 절차 | 下記(かき) 하기 | QRコード QR코드 | 入金(にゅうきん) 입금 | 〜次第(し/だい) 〜하는 대로 | 期限日(きげんび) 기한 일 | 発券(はっけん) 발권

(2)

최근 도시에서 지방으로 이주하는 젊은이가 증가하고 있다고 한다. 도시의 번잡함에서 멀어져 자연과 접하면서 분수에 맞는 생활을 해 나가는 것이 스트레스를 받지 않고 끝나서 좋다고 한다. 그러나 지방 출신인 내 입장에서 보면 전철로 어디든지 갈 수 있고 독창적인 사람이나 아이디어 등을 만날 수 있는 찬스가 많은 도시는 매우 매력 넘치는 장소이다. 그런 도시에 살고 있으면 시야도 넓어지고 자신이 성장하고 있는 것을 실감할 수 있다. 물론, 인파로 피곤하고 신경을 쓸 일이 많지만 체력이 있는 젊을 때야말로 경험해 둬야 한다.

(주석1) 번잡함 : 번화하며 떠들썩한 것
(주석2) 분수에 맞는 : 자신에게 맞는

46 필자의 생각에 맞는 것은 어느 것인가?

1 지방은 스트레스가 적기 때문에 젊을 때 가야 한다.
2 최근 젊은이는 여러 가지 기회를 만나기 위해서 자연이 풍부한 지방에서 생활한다.
3 도시는 스트레스를 받을 일이 없고 창조적인 것을 만날 수 있다.
4 도시는 체력이 필요하지만 젊을 때 사는 편이 좋다.

해설 필자는 もちろん、人混みで疲れるし気を使うことが多いが、

体力のある若いうちにこそ経験しておくべきだと思う。(물론, 인파로 피곤하고 신경을 쓸 일이 많지만 체력이 있는 젊을 때야말로 경험해 둬야 한다.)라고 말하며 도시는 체력이 필요하지만 젊을 때 사는 편이 좋다고 했으므로 4번이 정답이다. 지방은 스트레스가 적어서 좋다고 이야기했지만 젊을 때 가야 한다고 이야기한 것은 아니므로 1번은 정답이 아니고, 여러 가지 기회를 만나기 위해서는 도시가 좋다고 했으므로 2번도 정답이 아니다. 독창적인 사람들과 만날 수 있다고 하였지만 스트레스를 받을 일이 없다고는 하지 않았으므로 3번도 정답이 아니다.

단어 都会(とかい) 도시 | 移住(いじゅう) 이주 | 喧騒(けんそう) 떠들썩함, 번잡함 | 離(はな)れる 떨어지다, 멀어지다 | 触(ふ)れ合(あ)う 맞닿다, (서로) 스치다 | 身(み)の丈(たけ)に合(あ)う 분수에 맞다 | ~ずに済(す)む ~하지 않고 끝나다 | 独創的(どくそうてき) 독창적 | 魅力(みりょく) 매력 | 溢(あふ)れる 넘치다 | 視野(しや) 시야 | 実感(じっかん) 실감 | 人混(ひとご)み 사람들로 붐빔, 인파 | 賑(にぎ)やかだ 활기차다, 변화하다 | 騒(さわ)がしい 소란스럽다, 떠들썩하다 | 豊(ゆた)かだ 풍족하다, 풍부하다 | 創造的(そうぞうてき)だ 창조적이다

(3)

> 수백 년 된 오래된 수목을 본 적이 있는가. 오랜 세월 그 땅을 계속 지켜봐 왔기 때문에 관록이 있고, 그 듬직하게 자세를 취한 모습에 이쪽이 용기와 에너지를 받을 수 있을 정도다.
> 나무는 그저 그 자리에 서 있는 것이 아니다. 그 한 해의 기후 변동이나 날씨를 똑똑히 기억하고 있다. 나무는 줄기를 자르면 몇 겹이나 겹친 나이테가 있다. 나이테는 벼락을 맞았을 때나 폭풍우가 왔을 때, 기온이 낮았을 때 등은 선이 번지거나 물결치거나 한다. ^(주석) 나무는 말은 하지 않지만 몇백 년에 걸친 시간과 아픔을 그 몸에 새겨서 멋진 나이테로 오랜 역사를 이야기하고 있는 것이다.
>
> (주석) 나이테 : 나무를 베었을 때에 볼 수 있는 원

> **47** 필자가 하고 싶은 말은 무엇인가?
>
> 1 항상 건강하게 있을 수 있는 나무를 보고 사람들은 힘을 받고 있다는 것
> 2 나무가 기온 변화에 민감하게 반응하고 있다는 것
> **3 나무는 몇백 년의 시간을 그 몸으로 기억해서 나이테를 만들고 있다는 것**
> 4 나이테는 단순한 선이 아니라 나무의 관록을 나타내고 있다는 것

해설 필자는 木は言葉こそ話さないが、何百年にわたる時と痛みをその身に刻み、立派な年輪で長年の歴史を語っているのである(나무는 말은 하지 않지만 몇백 년에 걸친 시간과 아픔을 그 몸에 새겨서 멋진 나이테로 오랜 역사를 이야기하고 있는 것이다.)라고 했으므로 3번이 정답이다. 항상 건강하게 있는 나무를 보고 용기와 에너지를 받는다고 하는 것은 예시이기 때문에 정답이 아니고, 기후 변화와 날씨로 인해 나이테가 영향을 받는다고 이야기하고 있으므로 2번도 정답이 아니다. 수백 년간 땅을 계속 지켜본 나무에는 관록이 있다고 이야기했으므로 4번도 정답이 아니다.

단어 樹木(じゅもく) 수목 | 長年(ながねん) 긴 세월, 오랜 세월 | 見守(みまも)る 지켜보다 | 貫禄(かんろく) 관록 | どっしり 묵직히 듬직히 | 構(かま)える 자세를 취하다 | 姿(すがた) 모습, 모양 | 気候変動(きこうへんどう) 기후 변동 | 幹(みき) (나무의) 줄기, 근기 | 年輪(ねんりん) 나이테 | 雷(かみなり) 천둥, 벼락 | 嵐(あらし) 폭풍(우) | 滲(にじ)む 번지다, 스미다 | 波打(なみう)つ 물결치다 | ~こそ~が・~こそ~けれど ~야말로 ~지만, ~만은 ~지만 | 刻(きざ)む 새기다 | 語(かた)る 이야기하다 | 敏感(びんかん)に 민감하게 | 反応(はんのう) 반응 | 単(たん)なる 단순한 | 表(あらわ)す 나타내다

(4)

> "효율 좋게 일해"는 회사에서 일하면 자주 듣는 말이다. "이쪽이 효율 좋게 할 수 있으니까"라고 말하면서 상사가 방식을 강요해 오는 일조차 있다. 과연 정말로 효율이 좋은 것일까? 십인십색이라는 속담이 있듯이 개인에 따라서 페이스나 시점이 다르기 때문에 다른 사람의 방식이 맞지 않고 오히려 효율 나쁘게 움직여 버리는 일도 있는 것이다. 신입이 들어오면 무의식중에 참견을 해버리는 경향이 있는 선배 사원도 있을지도 모르지만, 대략적인 작업 방법만을 가르치고 그 사람이 자신의 스타일을 찾을 때까지 지켜봐 주는 것도 선배의 역할이지 않을까.

> **48** 필자의 생각에 맞는 것은 어느 것인가?
>
> 1 신입이 대부분의 작업을 외울 때까지는, 선배가 하나하나 지시할 필요가 있다.
> **2 신입이 독자의 방식을 발견할 때 까지, 세세하게 지시하지 않고 기다려 줘야 한다.**
> 3 신입에게는 효율의 중요성보다도, 다양한 작업 스타일에 대해서만 가르쳐야 한다.
> 4 신입에게는 어느 선배의 방식이 맞을지 시험해 보게 하고, 말참견을 하지 않아야 한다.

해설 필자는 大まかな作業方法だけを教え、その人が自分のスタイルを見つけるまで見守ってあげることも先輩の役目ではないだろうか。(대략적인 작업 방법만을 가르치고 그 사람이 자신의 스타일을 찾을 때까지 지켜봐 주는 것도 선배의 역할이지 않을까.)라고 했으므로 2번이 정답이다. 선배가 하나하나 지시해야 한다고 하지 않았으므로 1번은 정답이 아니고, 효율 때문에 작업 스타일을 찾기까지 기다리자는 말을 하고 있기 때문에 3번도 정답이 아니다. 어느 사람의 작업 방식을 따를지에 대해서는 말하지 않았으므로 4번도 정답이 아니다.

단어 効率(こうりつ) 효율 | しばしば 자주, 여러 번 | 押(お)し付(つ)ける 억누르다, 강요하다 | 果(は)たして 과연 | 十人十色(じゅうにんといろ) 십인십색, 각인각색 | ことわざ 속담 | ペース 보조, 속도 | 視点(してん) 시점 | 新人(しんじん) 신입 | ついつい 무의식 중에 | 口出(くちだ)し 말참견 | ~がちだ 자주 ~하다, ~하는 경향이 있다 | 大(おお)まかだ 대략적이다, 대범하다 | 役目(やくめ) 임무, 책임, 역할 | ~ことだ ~해야 한다, ~하는 것이 좋다

문제9 다음 (1)부터 (4)의 문장을 읽고, 뒤의 물음에 대한 답으로서 가장 알맞은 것을, 1·2·3·4에서 하나 고르세요.

1)

　　오버 투어리즘이란 관광지에 많은 관광객이 몰려드는 것으로 현지 생활이나 자연환경 등에 악영향이 나오는 현상이다. 그 지역에 관광객이 쇄도하는 것 자체가 문제가 아니라, 관광객의 증가로 인해 현지 주민이 일상생활에 불편을 느껴 버리는 것이 문제이다.

　　예를 들어 교토에서는 코로나 재앙 후, "관광객 증가로 인해 생활이 바뀌었는가?"라는 설문조사가 실시되었다. 그 결과, 현지 주민의 80% 이상이 "교통편이 혼잡해져 버려 불편을 느낀 적이 있다"라고 회답했다. 이 문제를 해결하기 위해 교토시에서는 지하철과 버스에 사용할 수 있는 1일권을 발매해서 버스뿐만 아니라 지하철 이용을 촉진하여 관광객의 교통수단을 분산시키려고 시도했다.

　　그러나 현재 상황은 노선 수가 적은 것도 있어서 혼잡을 해소할 수 있을 정도의 실용성이 있는지 어떤지는 아직 확인되어 있지 않다. 게다가 교토에서는 문화재를 보존하여 유지하는 것이 우선되고 있기 때문에 다른 지역에 비해서 대규모 인프라 정비에는 그만큼 비용이 많이 들어 지하철 요금을 저렴하게 설정하는 것도 쉽지 않다.

　　앞으로 이러한 문제를 해결해 가기 위해서는 주요 관광지에서 떨어진 새로운 관광 명소를 개척하여 관광객의 증가가 예상되는 시즌에 행사를 늘리는 등해서 관광객의 혼잡을 막을 필요가 있는 것이 아닐까하고 생각한다.

　　당연한 일이지만 관광객이 증가하는 것은 나쁜 일이 아니다. 관광객의 증가로 인해 그 지역이 받는 경제효과는 헤아릴 수 없기 때문이다. 관광객을 불러들이는 것만의 대책에 그치지 않고 지역 주민의 목소리에 귀를 기울여 주민의 생활에도 배려하면서 관광사업과 주민의 생활의 양립을 도모하는 것이 중요하다.

49 이러한 문제란 무엇인가?

1 특정 지역에 물리적으로 관광객이 집중한 일로되어 교통 기관이 혼잡한 것해지는 것
2 **특정 지역에 몰려드는 관광객으로 인해 지역 주민의 생활에 불편이 생기는 것**
3 관광지의 교통 인프라 구축은 아직 아무것도 해결되어 있지 않은 것
4 관광지의 교통 인프라 구축에 시간과 비용이 들어 버리는 것

해설　필자는 그 지역에 観光客이 殺到하는 것 自体가 문제가 아니라, 観光客의 増加에 의해, 現地住民이 日常生活에 不便을 느껴버리는 것이 문제이다. (그 지역에 관광객이 쇄도하는 것 자체가 문제가 아니라, 관광객의 증가로 인해 현지 주민이 일상생활에 불편을 느껴 버리는 것이 문제이다.)라고 했다. 따라서 이러한 문제란 지역 주민의 생활과 관련된 문제를 가리키고 있으므로 2번이 정답이다.

50 필자의 생각에 맞는 것은 어떤 것인가?

1 교통 인프라를 구축하여 지역 주민의 교통수단을 늘려야 한다.
2 관광객의 이동을 분산시키기 위해서 노선 수를 늘려야 한다.
3 지역 특유의 외관을 유지하면서 관광객의 편의성을 도모해야 한다.
4 **지역 주민의 생활과 관광객 수용의 양립을 도모해야 한다.**

해설　마지막 부분에서 観光客을 불러들이는 取り組み에 とどまら

ず、地域住民의 소리에 귀를 기울이고, 住民의 생활에도 배려하면서, 観光事業과 住民의 生活의 両立을 도모하는 것이 重要である。(관광객을 불러들이는 것 만의 대책에 그치지 않고 지역 주민의 목소리에 귀를 기울여 주민의 생활에도 배려하면서 관광사업과 주민의 생활의 양립을 도모하는 것이 중요하다.)라고 했으므로 4번이 정답이다. 인프라 정비에는 비용이 많이 들어간다고 했으므로 1번은 정답이 아니고, 1일권을 발매해서 관광객의 교통수단을 분산시키려고 시도했다고 했으므로 2번도 정답이 아니다. 외관을 유지해야 한다는 언급은 없으므로 3번도 정답이 아니다.

단어　押(お)し寄(よ)せる 몰려들다, 밀어닥치다 | 悪影響(あくえいきょう) 악영향 | 地域(ちいき) 지역 | 殺到(さっとう) 쇄도 | 自体(じたい) 자체 | 増加(ぞうか) 증가 | 現地(げんち) 현지 | コロナ禍(か) 코로나 재앙 | 混雑(こんざつ) 혼잡 | 回答(かいとう) 회답 | ～べく ～하기 위하여 | 促(うなが)す 재촉하다, 독촉하다, 촉진하다 | 分散(ぶんさん) 분산 | 現状(げんじょう) 현상, 현재 상황 | 路線数(ろせんすう) 노선 수 | 解消(かいしょう) 해소 | 実用性(じつようせい) 실용성 | 文化財(ぶんかざい) 문화재 | 維持(いじ) 유지 | 優先(ゆうせん) 우선 | 大規模(だいきぼ) 대규모 | インフラ 인프라 | 整備(せいび) 정비 | 設定(せってい) 설정 | 容易(ようい) 용이(함), (손)쉬움 | 主要(しゅよう) 주요 | 離(はな)れる 떨어지다, 멀어지다 | スポット 스폿, 장소, 지점 | 開拓(かいたく) 개척 | 見込(みこ)む 기대하다, 내다보다, 예상하다 | シーズン 시즌 | 防(ふせ)ぐ 막다, 방어하다 | 当然(とうぜん) 당연히 | 計(はか)り知(し)れない 헤아릴 수 없다 | 呼(よ)び込(こ)む 불러들이다, 끌어들이다 | 取(と)り組(く)み 대처 | ～にとどまらず ~에 그치지 않고 | 耳(みみ)を傾(かたむ)ける 귀를 기울이다 | 配慮(はいりょ) 배려 | 事業(じぎょう) 사업 | 両立(りょうりつ) 양립 | 図(はか)る 도모하다, 계획하다 | 構築(こうちく) 구축 | 移動(いどう) 이동 | 外観(がいかん) 외관 | ～つつ(も) ~하면서(도) | 利便性(りべんせい) 편의성 | 受(う)け入(い)れ 받아들임, 승낙, 수용

(2)

　　일본에서는 고등학교나 대학교를 졸업한 후, 기업에 취직해서 정년까지 일한다고 하는하는 종신고용제나 연공서열과 같은 전통적인 제도가 존재하고 그것이 오랫동안 당연한 것처럼 받아들여져 왔다.

　　하지만 그 전통적인 제도는 시대의 변화로 인해 붕괴되기 시작했다. 자신의 아이디어로 소득을 만들어내어 경제적 자유를 얻으려고 하는 움직임이 활발해지고 있다. 또 개인이 SNS를 활용해서 자신을 브랜딩하고 비즈니스에 연결하는 것으로 성공을 거두는 사례도 많아졌다. 주변 사람이 성공하고 있다는 이야기가 많아졌기 때문이라고 하기보다는 금전적인 면에서도 자기성장의 면에서도 성공한 일반인의 스토리가 매력적이었을 것이다. 이러한 영웅의 이야기는 곧 창업에 대한 젊은 사람들의 관심을 높여 창업 붐으로까지 이어졌다.

　　계기는 어찌 됐든 창업 붐 자체는 바람직한 것이다. 특히 젊은 사람은 설령 사업이 잘 안되더라도 새로운 지식을 얻고 기술을 익히면 몇 번이라도 다시 일어서서 실패를 되돌릴 수 있는 찬스가 있다. 실패를 두려워하지 않고 여러 가지 일에 도전할 수 있는 것은 젊은 사람의 강점이며 리스크를 짊어지면서까지 창업에서 얻은 경험은 자기 자신의 강점이 될 것이다.

　　하지만 창업은 쉬운 길이 아니다. 예를 들어 초기 단계에서는 자금 부족이나 일손 부족 등의 한계가 있으며 그것을 안정화시키고 궤도에 오르기 까지는 긴 여정이 될 것이다. 그렇기 때문에 안이한 마음으로 시

도해서는 안 되지만 무엇보다도 시작한 이상에는 포기하지 않고 도전하는 마음가짐이 중요하다.

(주석1) 종신고용제 : 정년까지 계속 고용되는 것
(주석2) 연공서열 : 연령이나 근속연수 등에 따라 직급이나 임금이 올라가는 구조

51 창업 붐으로까지 이어진 것은 왜인가?

1 평범한 사람의 성공 스토리가 젊은 사람들을 움직이게 하는 계기가 되었기 때문에
2 시대를 거쳐 일본 전통의 고용 제도가 변해 왔기 때문에
3 성공하고 있는 사람들이 많아져서 흥미가 솟았기 때문에
4 학교 졸업 후 정년퇴직까지 일한다는 이야기는 매력적이지 않게 되었기 때문에

해설 필자는 금전적인 면으로나 자기 성장의 면으로나 일반인의 성공한 스토리가 매력적이었을 것이라고 하며, 이러한 英雄の物語는 やがて 起業에 대한 若者たち의 관심을 높여, 起業ブーム에까지 이어졌다. (이러한 영웅의 이야기가 곧 창업에 대한 젊은 사람들의 관심을 높여 창업 붐으로까지 이어졌다)라고 했으므로 1번이 정답이다. 2번은 일본 전통의 고용 제도의 변화가 창업 붐의 주된 이유는 아니므로 정답이 아니고, 3번은 주변 사람이 성공하고 있다는 이야기가 많아졌기 때문이라고 하기보다는 다른 이유를 언급했으므로 정답이 아니다. 4번은 정년퇴직까지 일하는 것의 매력에 대한 이야기는 없었으므로 정답이 아니다.

52 창업에 대해서 필자는 어떻게 생각하고 있는가?

1 다소 리스크를 짊어지고서라도 낙관적인 생각으로 창업에 도전하는 것이 중요하다.
2 창업을 성공하기 위해서는 자금과 일손이 가장 중요하다.
3 창업에서 얻은 지식은 헛되지 않기 때문에 실패를 두려워하지 말고 도전하는 것이 중요하다.
4 풍족한 생활을 하기 위해서는 젊을 때부터 창업하여 경험을 쌓는 것이 중요하다.

해설 필자는 リスクを背負ってでも起業から得た経験は自分自身の強みになるだろう。(리스크를 짊어지면서까지 창업에서 얻은 경험은 자기 자신의 강점이 될 것이다.)라고 하며 실패를 두려워하지 말고 도전하는 것이 중요하다고 했다. 따라서 3번이 정답이다. 창업을 할 때, 안이한 마음으로 도전해서는 안 된다고 했으므로 1번이 정답이 아니고, 창업 초기에는 자금과 일손이 부족하다고만 언급했으므로 2번도 정답이 아니다. 젊을 때 창업을 하면 다시 되돌릴 수 있는 찬스가 있다고만 언급했으므로 4번도 정답이 아니다.

단어 起業(きぎょう) 기업, 창업 | ブーム 붐 | 定年(ていねん) 정년 | 終身雇用制(しゅうしんこようせい) 종신고용제 | 年功序列(ねんこうじょれつ) 연공서열 | 受(う)け入(い)れる 받아들이다 | 崩壊(ほうかい) 붕괴 | 所得(しょとく) 소득 | 生(う)み出(だ)す 새로 만들어 내다 | 活発(かっぱつ) 활발 | ブランディング 브랜딩 | 成功(せいこう)を収(おさ)める 성공을 거두다 | 事例(じれい) 사례 | 金銭的(きんせんてき) 금전적 | 魅力的(みりょくてき) 매력적 | 英雄(えいゆう) 영웅 | 物語(ものがたり) 이야기 | やがて 곧, 이윽고 | 契機(けいき) 계기 | ~はどう(で)あれ ~은/는 어찌 됐든 | 身(み)に付(つ)ける 익히다, 습득하다 | 立(た)て直(なお)す 만회하다 | 取(と)り返(かえ)し 만회, 돌이킴 | チャレンジ 챌린지, 도전 | 背負(せお)う 짊어지다, 떠맡다 | 資金(しきん) 자금 | 人手(ひとで) 일손 | 軌道(きどう) 궤도 | 道(みち)のり 여정 | 安易(あんい)だ 쉽다, 안이하다 | ~からには ~하는(한) 이상에는 | 心構(こころがま)え 마음가짐

(3)

역사를 이해하는 데 있어서 사료는 빠뜨릴 수 없다. 사료는 과거에 있었던 일을 순서대로 서술한 것으로 1차 사료와 2차 사료로 나뉜다. (주석1)
1차 사료는 시기·장소·쓴 사람이 명확하게 기재되어 있는 일기나 메모, 신문, 인터뷰, 편지 등의 문서이다. 1차 사료는 신빙성이 매우 높아 (주석2) 서 역사의 중요한 단서가 된다. 과거에 살았던 사람들의 사상이나 심정을 느낄 수 있고 또 당시의 일에 대해서 알 수 있다.

2차 사료는 후세에 만들어진 것으로 1차 사료를 해석 또는 분석하여 학자의 의견이 반영된 것이다. 서적이나 논문, 자서전, 역사 교과서 등의 문서가 있으며 이것들을 통해서 다소 사고의 편중은 있지만, 그 편중이 있기 때문에 다른 관점으로의 의견에 접할 수 있다. (중략)

사료를 공부하는 것은 과거와 현대를 이해할 뿐만 아니라 모든 일의 사고방식이나 판단에도 도움 된다. 자신과 다른 사고방식을 깨달아 다양한 정보를 분석하고 상황을 이해하는 방법도 몸에 밴다. 그렇게 하면, 현 상황과 역사의 일을 대조하여 과거의 잘못을 반복하지 않는 선택을 할 수 있게 된다.

(주석1) 서술 : 기술하는 것. 또는 기술한 내용
(주석2) 신빙성 : 어느 정보가 어느 정도 믿을 수 있는지 정도

53 1차 사료란 무엇인가?

1 후세에 제작되어 가장 신뢰성이 높은 것
2 현대인이 역사를 배울 때 가장 도움이 되는 것
3 그 시대에 쓰인 소문이나 서적 등을 정리해서 분석한 것
4 정보원이 명확하고 일정한 조건을 충족하고 있는 것

해설 필자는 一次史料は時期・場所・書いた人が明確に記載されている日記やメモ、新聞、インタビュー、手紙などの文書である。(1차 사료는 시기·장소·쓴 사람이 명확하게 기재되어 있는 일기나 메모, 신문, 인터뷰, 편지 등의 문서이다.)라고 했으므로 일정한 정보가 정확하게 명기된 것을 말하는 것을 알 수 있다. 따라서 4번이 정답이다.

54 사료에 대해서 필자는 어떻게 생각하고 있는가?

1 사료 공부는 사고나 판단으로 까지는 미치지 않지만, 분석에는 도움 된다.
2 개인의 의견이 덧붙여진 사료는 편견이 있기 때문에 참고가 되지 않는다.

3 2차 사료는 후세에 기록된 것이기 때문에 신빙성이 결여된다.
4 **사고의 폭이 넓어져 과거의 잘못된 선택과는 다른 선택을 할 수 있다.**

해설 마지막에 現状と歴史の出来事を照らし合わせて、過去の過ちを繰り返さない選択ができるようになる。(현 상황과 역사의 사건을 대조하여 과거의 실수를 반복하지 않는 선택을 할 수 있게 된다.)라고 했으므로 4번이 정답이다. 사료를 공부하는 것은 과거와 현재를 이해하는 것뿐만 아니라 모든 일의 사고방식이나 판단에도 도움이 된다고 했으므로 1번은 정답이 아니고, 편견이 있기 때문에 다른 관점에서의 의견도 접할 수 있다고 했으므로 2번도 정답이 아니다. 후세의 기록이기 때문에 신빙성이 없다는 내용은 언급하지 않았으므로 3번도 정답이 아니다.

단어 ~上(うえ)で ~하는 데 있어서 | 史料(しりょう) 사료, 역사 연구의 자료 | 欠(か)かす 빠뜨리다, 빼다 | 順番(じゅんばん)に 순서대로, 차례대로 | 叙述(じょじゅつ) 서술 | 明確(めいかく)だ 명확하다 | 記載(きさい) 기재 | 信憑性(しんぴょうせい) 신빙성 | 手(て)がかり 단서, 실마리 | 思想(しそう) 사상 | 心情(しんじょう) 심정 | 後世(こうせい) 후세 | 解釈(かいしゃく) 해석 | 分析(ぶんせき) 분석 | 書籍(しょせき) 서적 | 偏(かたよ)り 치우침, 편중 | ~からこそ ~이기 때문에 | 接(せっ)する 접하다 | 身(み)に付(つ)く 몸에 배다 | 照(て)らし合(あ)わせる 대조하다, 비교해 보다 | 過(あやま)ち 잘못, 실수, 과오 | 噂話(うわさばなし) 소문(에 오른 이야기) | 及(およ)ぶ 미치다, 이르다 | 偏見(へんけん) 편견 | ~に欠(か)ける ~이 결여되다 | 幅(はば) 폭, 너비

(4)

인터뷰를 성공으로 이끌기 위해서 마음에 새겨야 하는 것이 몇 가지 있다. 먼저, 인터뷰는 8할이 준비라고 불릴 만큼 사전 조사가 가장 중요하다. 사전에 구성이나 흐름을 생각하고 여러 가지 정보를 파악해 두는 것으로 당일의 예상 밖의 전개에도 동요하지 않고 원활하게 진행할 수 있는 것이다.

다음으로 상대방의 긴장을 누그러뜨릴 수 있는 '아이스 브레이크'가 필요하다. <u>이 방법</u>은 직역하면 '얼음을 녹인다'는 의미로 **초면인 사람끼리 이야기하기 전에 긴장이나 그 자리의 분위기를 누그러뜨려서 커뮤니케이션을 원활하게 하는 수법이다**. 주로 자기소개나 세미나, 회의, 연구회 등 비즈니스 상황에서 활용되는 경우가 많다. 그 목적은 상대방의 긴장을 푸는 것뿐만 아니라 대화의 계기를 주어서 원활한 커뮤니케이션을 도모하는 것이다. 인터뷰에 있어서도 상대방의 긴장을 풀고 상대방의 매력을 충분히 끌어내는 것이 좋은 인터뷰가 될 수 있는 하나의 요소라고 불린다.

하지만 최악의 경우에는 준비한 것이 전부 사용할 수 없게 되는 경우도 있다. 그러므로 결국에는 이야기를 잘 듣는 것보다 나은 것은 없는 것이다. 처음 듣는 정보라도 흐름을 파악하여 알기 쉽게 전달하기 위해서도 듣는 자세가 중요하다. 작은 것이라도 빠뜨려서 못 듣지 않고 제대로 리액션을 하고 이야기의 흐름을 도중에 끊기게 하지 않고 **상대방이 기분 좋게 이야기할 수 있도록 즐거운 분위기를 만드는 것을 의식해야 할 것이다.**

55 이 방법이라고 있는데 어떠한 것인가?

1 예정되지 않았던 장면에서도 아무렇지도 않게 대응할 수 있도록 하는 방법
2 처음 만나는 사람끼리도 이야기하기 쉽고 사이가 좋아질 수 있는 방법
3 그 자리의 분위기를 누그러뜨려서 상대방의 매력을 올릴 수 있는 방법
4 **처음 만난 사람과 긴장을 풀고, 원활하게 대화할 수 있는 방법**

해설 필자는 初対面の人同士が話す前に緊張やその場の雰囲気を和ませて、コミュニケーションをスムーズにする手法である。(초면인 사람끼리 이야기하기 전에 긴장이나 그 자리의 분위기를 누그러뜨려서 커뮤니케이션을 원활하게 하는 수법이다.)라고 했으므로 처음 만난 사람과 긴장을 풀고 원활하게 대화하는 방법이라는 것을 알 수 있다. 따라서 4번이 정답이다.

56 필자에 의하면 성공한 인터뷰란 어떠한 것인가?

1 **상대방이 어떤 작은 일이라도 이야기 할 수 있도록 쾌적한 분위기 속에서 행해지는 것**
2 상대방과 최대한 친해져서 신뢰 관계를 쌓아서 매력을 끌어내는 것
3 사전준비를 철저히 하고 상대방을 알고자 하는 자세로 접대를 하는 것
4 이야기의 흐름을 파악하고 상대방의 말을 보다 이해하기 쉽게 전달하는 것

해설 필자는 마지막 부분에서 相手が気持ちよく話せるように心地よい雰囲気を作ることを意識すべきだろう。(상대방이 기분 좋게 이야기할 수 있도록 즐거운 분위기를 만드는 것을 의식해야 할 것이다.)라고 했다. 따라서 1번이 정답이다.

단어 導(みちび)く 인도하다, 이끌다 | 心掛(こころが)ける 마음에 새기다, 항상 유의하다 | 下調(したしら)べ 사전 조사 | 構成(こうせい) 구성 | 把握(はあく) 파악 | 予想外(よそうがい) 예상 밖, 예상 외 | 展開(てんかい) 전개 | 動揺(どうよう) 동요 | スムーズに 원활하게, 부드럽게 | 和(やわ)らげる 누그러뜨리다, 완화하다 | アイスブレイク 아이스 브레이크 | 直訳(ちょくやく) 직역 | 溶(と)かす 녹이다 | 初対面(しょたいめん) 초대면, 초면 | 和(なご)む 누그러지다 | 手法(しゅほう) 수법, 기교 | 主(おも)に 주로, 대부분 | ほぐす 풀다 | 主(おも)に 주로, 대부분 | 図(はか)る 꾀하다, 도모하다 | 魅力(みりょく) 매력 | 要素(ようそ) 요소 | ~に越(こ)したことはない ~보다 나은 것은 없다, ~이/가 제일이다 | 流(なが)れをつかむ 흐름을 파악하다 | 読者(どくしゃ) 독자 | 聴者(ちょうしゃ) 청자, 듣는 사람 | 聞(き)き逃(のが)す 빠뜨리고 못 듣다 | リアクション 리액션, 반응 | 途切(とぎ)れる 도중에 끊어지다, 중단되다 | 心地(ここち)よい 기분이 좋다 | 何気(なにげ)ない 무심하다, 아무렇지도 않다 | 快適(かいてき)だ 쾌적하다 | 信頼(しんらい) 신뢰 | 徹底的(てっていてき)に 철저히 | 接待(せったい) 접대

문제11 다음 글을 읽고, 뒤의 물음에 대한 답으로서 가장 알맞은 것을, 1·2·3·4에서 하나 고르세요.

이하는 뇌과학자가 쓴 글이다.

사람은 누구나 자신의 감정을 말로 하는 것으로, 자기 이해를 심화시키고, 다른 사람과의 유대를 쌓아, 영향력을 발휘해 간다. 고대부터 일본에서는, 말에는 신비스러운 영역이 깃들어 있다고 믿어진 정도다. 그런데, 근래에 이르러 우리들은 이 말의 힘을 조금 경시하고는 있지 않는가.

요전번 모 대학에서 말이 가진 힘에 관해서 매우 흥미로운 실험이 행해졌다. 같은 종류의 식물을 두 개의 그룹으로 나눠, 한쪽에는 매일 "열심히 하고 있네"나 "매우 아름다워"와 같은 긍정적인 말을, 또 한편에는 "안 되겠다", "성장이 늦어"와 같은 부정적인 말을 걸면서 키웠다. 말 이외에는 완전히 같은 환경이었다. 그러자, 계속 칭찬받은 식물은, 잎이 진한 녹색으로 줄기도 두껍고 단단하게 자란 것에 비해, 부정적인 말을 건 식물은, 기운이 없고, 성장도 현저하게 둔화해서 시들어져 버릴 것 같았다는 것이 관찰되었다고 한다. 말의 의미도 모르는 식물조차 그 영향을 받다니, 역시 말에는 감정이 담겨 있음에 틀림없다. 하물며, 말의 의미를 아는 사람에게, 말은 얼마나 영향을 주고 있을까. 사람이 자신의 감정에 귀를 기울일 필요가 있다는 것은 말할 필요도 없는 것이다.

우리들은 일상생활에서 자신의 감정을 제대로 인식하지 못하고, 좀처럼 그 감정을 다 컨트롤 못 할 때가 있다. 그중에는, 감정 컨트롤이 잘되지 않아서, 인간관계나 사회생활에서 괴로워하고 있는 사람도 많다. 이것은 애초에 감정이라고 하는 것이 그렇게 간단히 인간의 힘으로 컨트롤할 수 있는 것이 아니기 때문이다. 하지만, 감정 컨트롤을 포기하기에는 아직 이르다. 감정을 컨트롤하는 것은 쉽지 않을 지도 모르지만, 말로 뇌를 컨트롤하는 것은 가능하기 때문이다. 말은 감정에 영향을 준다. 따라서, 우리들이 포지티브 한 말을 꺼내면, 감정도 포지티브 한 방향으로 이끌린다. 좋은 감정을 유지할 수 없어서 고민을 안고 있는 것이라면, 말을 바꿔 보는 것은 어떨까. 말이라고 하는 매개를 통해서, 스스로의 감정을 정돈하는 것으로, 마음의 짜증을 멈추고, 보다 긍정적인 기분이 되는 것이다. 예를 들면, "고마워"라고 하는 말을 한번 꺼내기만 해도, 따뜻한 감정이 될 수 있다.

한편, 자신이 꺼내는 말이나 감정도 중요하지만, 반대로 타인에게서 듣는 말에도 조심할 필요가 있다. 그러기 위해서도, 네거티브한 표현을 하는 사람을 피하고, 포지티브 한 표현을 하는 사람을 가까이하여 환경을 만드는 것도 소홀히 해서는 안 된다.

57 말의 힘에 대해서 필자의 생각에 맞는 것은 어느 것인가?

1 감정을 가진 말은 영력이 있음에도 불구하고, 아무도 알아채지 못한다.
2 타인과 관계를 가지는 데 있어서 가장 영향력을 발휘하는 것은 자기 이해이다.
3 말에는 신비로운 힘이 숨겨져 있지만, 우리들은 대부분 주의하고 있지 않다.
4 요즘 들어서, 말의 영향력이 점점 신뢰받고 있다.

해설 필자는 일본에서는 말에는 신비스러운 영역이 깃들어 있다고 믿어진 정도인데 近年に至って私たちはこの言葉の力をやや軽視してはいないだろうか。(근래에 이르러 우리들은 이 말의 힘을 조금 경시하고는 있지 않는가.)라고 했기 때문에 3번이 정답이다. 말의 영력을 알아채지 못한다는 말은 없었으므로 1번은 정답이 아니고, 자기 이해와 더불어 타인과의 관계에 영향력을 미치는 것은 감정을 로 했을 때이기 때문에 2번도 정답이 아니다. 최근의 말의 영향력에 대해서는 언급이 없으므로 4번도 정답이 아니다.

58 자신의 감정에 귀를 기울일 필요가 있다고 필자가 생각하는 것은 왜인가?

1 포지티브 한 상태라면, 네거티브한 감정의 말을 들어도 아무렇지도 않으니까
2 인간에게는 영향이 있더라도, 식물에게는 영향이 적으니까
3 말의 의미는 알고 있어도, 어떤 감정인지 모르면 영향이 반감되니까
4 말을 몰라도, 거기에 담긴 감정대로 영향을 줘 버리니까

해설 필자는 말도 알지 못하는 식물에게도 영향이 있다며, やはり言葉には感情がこもっているに違いない。まして、言葉の意味がわかる人に、言葉はどれだけ影響を与えているだろう。(역시 말에는 감정이 담겨 있음에 틀림없다. 하물며, 말의 의미를 아는 사람에게, 말은 얼마나 영향을 주고 있을까.)라고 하며 자신의 감정 상태를 잘 알아둘 필요성을 언급하고 있으므로 4번이 정답이다.

59 감정 컨트롤에 대해서, 필자는 어떻게 생각하고 있는가?

1 감정을 컨트롤하는 방법을 습득하면, 말의 감정도 다룰 수 있다.
2 감정을 컨트롤할 수 없을 때에는, 말을 통해서 감정에 변화를 야기할 수 있다.
3 감정을 컨트롤할 수 없을 때에는, 주위 사람의 환경을 바꿔 볼 필요가 있다.
4 감정 컨트롤은 포기만 하지 않으면 노력하는 대로 할 수 있게 된다.

해설 필자는 감정은 사람의 힘으로 컨트롤할 수 있는 것이 아니기 때문에 感情をコントロールすることは容易くないかもしれないが、言葉で脳をコントロールすることは可能だからだ。(감정을 컨트롤하는 것은 쉽지 않을 지도 모르지만, 말로 뇌를 컨트롤 하는 것은 가능하기 때문이다.)라고 했으므로 2번이 정답이다. 감정은 컨트롤 할 수 있는 것이 아니라고 했기 때문에 1, 4번은 정답이 아니고, 주위 사람들이 하는 말에도 힘이 있어서 영향을 받기 때문에 긍정적인 환경 조성을 위해 노력해야 한다고 했으므로 3번도 정답이 아니다.

단어 脳(のう) 뇌 | 築(きず)く 쌓다, 구축하다 | 発揮(はっき) 발휘 | 古代(こだい) 고대 | 神秘的(しんぴてき)だ 신비적이다, 신비롭다 | 霊力(れいりょく) 영력, 신비스러운 힘 | 宿(やど)る 머무르다, 깃들다 | ところが 그런데, 그러나 | ~に至(いた)る ~에 이르다 | やや 약간, 조금 | 軽視(けいし)する 경시하다 | 某(ぼう) 모, 아무개 | 興味深(きょうみぶか)い 매우 흥미롭다 | 肯定的(こうていてき)だ 긍정적이다 | 否定的(ひていてき)だ 부정적이다 | 葉(は) 잎, 잎사귀 | 茎(くき) 줄기 | ~に対(たい)して ~에 대해서, ~에 비해서 | 著(いちじる)しい 현저하다, 두드러지다 | 鈍化(どんか) 둔화 | 観察(かんさつ) 관찰 | ~でさえ ~조차(도) | 籠(こも)る 틀어박히다, (감정 등이) 담기다 | ~に違(ちが)いない ~(임)에 틀림없다, 틀림없이 ~일 것이다 | 傾(かたむ)ける 기울이다 | ~までもない ~할 필요도 없다, ~까지도 없다 | そもそも 애초에, 애당초부터 | 容易(たやす)い 쉽다, 용이하다 | 媒介(ばいかい) 매개 | 言葉(ことば)を発(はっ)する 말을 꺼내다, 말을 발하다 | 前向(まえむ)く

きだ 긍정적이다 | 寄(よ)せる 밀려오다, 바싹 옆으로 대다, 가까이 하다 | 怠(おこた)る 게으름을 피우다, 소홀히 하다 | 秘(ひ)める 숨기다, 간직하다 | 信頼(しんらい) 신뢰 | 半減(はんげん)する 반감하다, 반감되다 | 操(あやつ)る 조종하다, 다루다 | もたらす 초래하다, 야기하다 | ~次第(しだい)だ ~에 달려 있다, ~나름이다

문제11 다음 A와 B의 문장을 읽고, 뒤의 물음에 대한 답으로서 가장 알맞은 것을, 1·2·3·4에서 하나 고르세요.

A

몇 년이나 요리를 하다 보면 맛을 내는 것의 중요성을 알게 된다. 소금이나 설탕 등의 조미료를 적당히(주석) 넣는 것이 아니라 식재료의 특성에 맞춰서 맛을 내는 것으로 식재료의 잠재력을 최대한까지 끌어내어 먹는 쪽에게 좋은 추억을 줄 수 있는 요리를 만들 수 있기 때문이다. 예를 들어 생선 요리를 할 때, 아이들이 먹기 때문에 비린내 나는 생선은 쓰지 않는다거나 엄마는 맛이 진한 건 먹지 않으니까 간을 싱겁게 하거나 하는 등 약간의 궁리를 하는 것으로 인해 먹는 사람에게 보다 좋은 시간을 보낼 수 있는 환경을 제공할 수 있다. 요리를 먹는 장소가 즐거우면 더욱 분위기가 고조되고 장소의 분위기가 좋지 않게 되더라도 요리가 맛있고 자신의 입에 맞는 요리를 먹으면 다소 기분전환이 될 것이다. 요리에 있어서 맛을 내는 것은 매우 중요한 행위이지만, 먹어 주는 사람을 생각해서 애정이나 배려를 담아 만드는 것을 잊지 말아야 한다고 생각한다.

B

어느 밸런타인데이 전날, 딸들은 저마다 잔뜩 준비한 재료로 초콜릿 만들기에 도전하고 있었다. 초콜릿을 처음 만드는 딸들에게 요리는 계량이 가장 중요하다는 것을 알려준 적이 있다. 정확한 계량이 맛에 주는 영향은 크며, 특히 초콜릿이나 베이킹 등 섬세한 요리의 경우, 설탕 한 스푼 차이로 요리의 완성도가 좌우되기 때문이다. 그렇기 때문에 맛있는 요리를 위해서는 정확한 계량은 기본이며 나아가서는 요리라는 행위는 정확한 계량에서 시작된다고 해도 과언이 아니라고 나는 생각하고 있다. 물론 계량에만 고집해서는 요리 실력은 늘 수 없다. 적어도 초심자 때에는 계량을 중시하고 반복해서 요리하는 것으로 취향의 맛을 찾거나 보다 균형 좋은 맛을 발견하는 것을 추천하고 싶다. 무엇보다도 상대방에게 맛있는 음식을 먹이고 싶다는 마음을 담아서 상대방을 배려한 궁리를 하도록 딸들에게 강조했다.

(주석) 적당히 : 여기에서는 조잡하게

60 요리에 대해서 A와 B의 인식으로 공통되는 것은 무엇인가?

1 요리를 먹어주는 사람을 생각해서 정성껏 만들어야 한다.
2 식재료의 맛을 최대한까지 끌어내기 위해서는 궁리해야 한다.
3 요리하는 쪽의 취향이 아니라 먹는 쪽의 취향을 고려해야 한다.
4 계량에 고집하지 말고 취향의 맛을 찾지 않으면 안 된다.

해설 A는 요리에서 양념은 매우 중요하지만 먹는 사람에 대한 애정과 배려를 담아서 만드는 것을 잊으면 안 된다고 서술하고 있으며, B는 계량도 요리 기술도 아닌 상대방에게 맛있는 음식을 먹이고 싶은 마음을 담아서 만드는 것이 중요하다고 했다. 결국 A와 B 모두 먹어주는 사람을 위해 정성껏 만들어야 한다고 하고 있으므로 1번이 정답이다.

61 요리를 만드는 것에 대해서 A와 B는 어떻게 서술하고 있는가?

1 A는 맛을 내서 상대방에게 좋은 추억을 주는 것이 중요하다고 서술하고, B는 균형 좋은 맛을 내는 것이 중요하다고 서술하고 있다.
2 A는 맛을 내서 소재의 본연의 맛을 이끌어내는 것이 중요하다고 서술하고, B는 정확한 계량은 물론 자기 나름의 맛을 찾는 것이 중요하다고 서술하고 있다.
3 A와 B 모두 맛있는 음식을 만들기 위해서는 오차가 없는 계량이 중요하다고 서술하고 있다.
4 A와 B 모두 자신의 혀를 믿고 독창적인 요리를 만드는 것이 중요하다고 서술하고 있다.

해설 A는 식재료의 특성에 맞춰서 맛을 내어 식재료가 가진 잠재력을 최대한 끌어내는 것이 중요하다고 이야기하고 있으며 B는 요리는 정확한 계량이 중요하지만 계량에만 구애되지 말고 자신만의 맛을 찾는 것이 중요하다고 이야기하고 있다. 따라서 2번이 정답이다.

단어 味付(あじつ)け 양념으로 맛을 냄 | 食材(しょくざい) 식재료 | 特性(とくせい) 특성 | ポテンシャル 퍼텐셜, 잠재력 | 生臭(なまぐさ)い 비린내가 나다 | ちょっとした 약간의, 별것 아닌 | 工夫(くふう) 궁리, 고안 | 提供(ていきょう) 제공 | 盛(も)り上(あ)がる 솟아오르다, 고조되다 | 落(お)ち込(こ)む 침울해지다, 좋지 않게 되다 | 気分転換(きぶんてんかん) 기분전환 | 非常(ひじょう)に 매우, 상당히 | 行為(こうい) 행위 | 愛情(あいじょう) 애정 | 配慮(はいりょ) 배려 | ~を込(こ)めて ~을/를 담아(서) | バレンタインデー 밸런타인데이 | 計量(けいりょう) 계량 | 影響(えいきょう) 영향 | ベーキング 베이킹 | デリケート 델리킷, 섬세함 | ~さじ ~스푼, ~숟가락 | 左右(さゆう) 좌우 | ひいては 나아가서는 | ~と言(い)っても過言(かごん)ではない ~라고 해도 과언이 아니다 | 拘(こだわ)る 구애되다, 집착하다, 고집하다 | 上達(じょうたつ)する 솜씨가 늘다, 숙달되다 | 考慮(こうりょ) 고려 | 持(も)ち味(あじ) 본연의 맛 | 誤差(ごさ) 오차 | 独創的(どくそうてき)だ 독창적이다

문제12 다음 글을 읽고 뒤의 물음에 대한 답으로서 가장 알맞은 것을, 1·2·3·4에서 하나 고르세요.

육아의 모습은 수십 년 사이에 완전히 달라졌다. 옛날에는 일본에서도 아이가 많이 있는 것이 보통이었다. 농가 등에서는 어머니도 일꾼의 한 사람이었기 때문에 누나가 어머니를 대신하여 밥을 만들거나 뒷정리를 하거나 불 당번을 하면서 숙제를 하였다. 어린아이들은 강아지처럼 놀거나(주석1) 싸우면서 밤이 되면 아무렇지도 않게 이불에 들어가 잠을 자곤 했다. 어머니는 밤일로 양말 구멍을 꿰매고 도시락 반찬도 만든다. 자장가를 불러주거나(주석2) 책을 읽어주거나 하는 틈은 전혀 없다. 그래도 아이는 훌륭하게 자랐다. 아이는 같은 지역에 동세대의 친구와 노는 일이 많고 저절로 인간 관계를 배워 갔다.

그러나 현대는 태어나는 아이의 수가 줄고 있다. 형제자매가 둘이면 많은 편이고 외동이 보통이 되었다. 노는 방법도 바뀌기 시작해서 밖에서 야구나 축구를 하고(주석3) 어두워질 때까지 노는 광경은 현저히 보이지 않게 되었다. 그건 게임이 아이의 머릿속을 차지했기 때문이다. 혼자 있어도 조금도 외롭다고 생각하지 않으며 오히려 혼자인 편이 누구에게도 방해받지 않고 게임에 몰두할 수 있어서 최고라고 생각하고 있을지도 모른다. 게임을 하게 두면 아이의 자립이 빨라지기 때문에 파트타임

이나 정사원으로서 일하는 시간을 확보할 수 있고 결과적으로 가계가 풍족해지기 때문에 이것은 부모에게 있어서도 나쁘지 않은 이야기이다.(중략)

한편, 사람의 온기가 희박해지고 있다고 생각한다. 아이들은 인터넷 사회 속에서 가르치지 않아도 여러 가지를 배워나가기 때문에 "아빠, 이 문제 가르쳐 줘"라는 말은 거의 들을 수 없게 되었고, 아버지도 방에서 좋아하는 동영상을 보는 것이 드문 광경이 아니게 되었다. 조만간 육아는 로봇에게 맡기는 시대가 도래할지도 모른다. 앞으로 태어날 세대는 그것이 당연한 것으로 되어 있기 때문에 외로움조차 느끼지 않을지도 모른다.

기술의 진보는 사람들의 생활을 쾌적하게 하고 육아도 옛날에 비해서 편해졌다고 생각한다. 그렇기 때문에 육아에 드는 부담이 적어진 만큼 아이의 수는 늘어날 것이라고 생각하는 것이 자연스럽다. 하지만 실제로는 사회가 풍족해짐에 따라 저출산이 진행되고 있다. **육아를 하는 시간이 있을 정도라면 다른 일에 시간을 분배하고 싶어 하는 것이다.** 결혼하지 않는 젊은이의 일부는 육아, 더욱이 아이 자체를 싫어하는 사람도 있다. 이것들의 상황에 대한 의견은 사람마다 다르겠지만, 확실하게 말할 수 있는 것이 하나 있다. 그것은 사회상의 변모나 저출산화는 누구도 막을 수 없다는 것이다. 이 현실을 받아들이고 저출산에 적응한 새로운 문화와 사회 제도를 정돈할 필요가 있다고 나는 생각한다.

(주석1) 불당번 : 불이 꺼지지 않도록 지켜보는 일
(주석2) 밤일 : 밤까지 일을 하는 것
(주석3) 외동 : 형제자매가 없는 아이

62 이것은 부모에게 있어서도 나쁘지 않은 이야기이다라고 있는데 어떠한 것인가?

1 아이의 자립이 빨라지고 그만큼 부모의 자유시간이 늘어나기 때문에
2 아이의 자립이 빨라져서 회사에서 승진할 가능성이 높아지기 때문에
3 부모가 가르치지 않아도 아이 혼자 공부할 수 있기 때문에
4 아이 혼자서 외롭지 않아도 되기 때문에

해설 필자는 ゲームをやらせておけば子供の手離れが早くなるため、パートタイムや正社員として働く時間が確保でき、結果的に家計が豊かになるから(게임을 하게 두면 아이의 자립이 빨라지기 때문에 파트타임이나 정사원으로서 일하는 시간을 확보할 수 있고 결과적으로 가계가 풍족해지기 때문에)라고 했으므로 아이의 자립이 빨라진 만큼 부모의 자유시간도 늘어난다고 주장하는 것을 알 수 있다. 따라서 1번이 정답이다.

63 필자에 의하면 사회가 풍족함에 따라 저출산이 진행되고 있는 것은 왜인가?

1 육아의 부담 감소에 의해 오히려 육아가 귀찮게 느껴지기 때문에
2 시간적 여유가 생긴 사람은 육아보다 자신의 시간을 소중히 하고 싶기 때문에
3 사회가 풍족해진 것으로 사람들이 결혼하지 않게 되고 육아의 의식이 옅어졌기 때문에
4 육아에 드는 시간이나 에너지 감소에 의해 아이를 가지지 않는 선택이 늘었기 때문에

해설 필자는 昔に比べて一人の子供に使うエネルギーが減ったため、普通、子どもの数は増えていくだろうと思うはずだ。(옛날에 비해서 한 명의 아이에게 사용한 에너지가 줄었기 때문에 보통 아이의 수는 늘어갈 것이라고 생각할 것이다.)라고 말한 후에 子育てをする時間があるくらいなら、ほかのことに時間を割り当てたがるのである。(육아를 하는 시간이 있을 정도라면 다른 일에 시간을 할애하고 싶다고 생각하는 것이다.)라고 했으므로 2번이 정답이다. 아이의 생존율에 관한 이야기는 언급하고 있지 않으므로 1번은 정답이 아니고, 조만간 육아를 로봇에게 맡기면 된다고만 이야기했으므로 3번도 정답이 아니다. 육체적인 부담과 건강 관리에 대해서는 언급하고 있지 않으므로 4번도 정답이 아니다.

64 필자가 가장 하고 싶은 말은 무엇인가?

1 저출산을 위한 문화와 사회적인 구조를 구축하지 않으면 안 된다.
2 저출산을 위한 더욱 더 새로운 기술 발전이 필요하다.
3 저출산을 뛰어넘기 위해서는 확대가족을 부활시켜야 한다.
4 출생률을 올리지 않으면 사회발전은 도저히 이룰 수 없을 것이다.

해설 필자는 육아에 대한 부담이 적어졌고 그만큼 아이도 늘 거라고 생각하겠지만 子育てをする時間があるくらいなら、他のことに時間を割り当てたがるのである。(육아를 하는 시간이 있을 정도라면 다른 일에 시간을 분배하고 싶다고 생각하는 것이다.)라고 생각하는 사람들이 있어 저출산이 진행된다고 했으므로 2번이 정답이다. 1, 3, 4번은 언급하지 않은 내용이므로 정답이 아니다.

단어 後片付(あとかたづ)け 뒷정리 | 火(ひ)の番(ばん) 불당번 | 何(なん)となく 왠지 모르게, 어쩐지 | 夜(よ)なべ 밤일 | 縫(ぬ)う 바느질하다, 꿰메다 | 子守歌(こもりうた) 자장가 | 地域(ちいき) 지역 | 同世代(どうせだい) 동세대, 같은 세대 | おのずと 저절로, 자연히 | ～つつある ~하고 있다(진행) | 一人(ひとり)っ子(こ) 외동 | めっきり 뚜렷이, 현저히 | 占(し)める 차지하다, 점유하다 | 邪魔(じゃま) 방해 | 没頭(ぼっとう)する 몰두하다 | 手離(てばな)れ 부모님 곁을 떨어질 만큼 성장함 | 確保(かくほ) 확보 | 豊(ゆた)かだ 풍족하다, 풍부하다 | ぬくもり 온기 | 希薄(きはく)だ 희박하다 | 到来(とうらい) 도래 | ～かねない ~할지도 모른다 | 快適(かいてき)だ 쾌적하다 | 子育(こそだ)て 육아 | 負担(ふたん) 부담 | ～につれ(て) ~(함)에 따라(서) | 少子化(しょうしか) 소자화, 저출산 | 割(わ)り当(あ)てる 분배하다 | 社会像(しゃかいぞう) 사회상 | 変貌(へんぼう) 변모 | 受(う)け止(と)める 막아 내다, 받아들이다 | 適応(てきおう) 적응 | 整(ととの)える 조정하다, 정돈하다 | 見守(みまも)る 지켜보다 | 親離(おやばな)れ 아이가 자립함 | 昇進(しょうしん) 승진 | 減少(げんしょう) 감소 | かえって 도리어, 오히려 | 面倒(めんどう)だ 성가시다, 귀찮다 | 余裕(よゆう) 여유 | 意識(いしき) 의식 | 薄(うす)れる 엷어지다, 희미해지다 | ～に向(む)けて ~을/를 향해서 | 仕組(しく)み 짜임새, 구조 | 構築(こうちく) 구축 | 乗(の)り越(こ)える 타고 넘다, 극복하다 | 拡大家族(かくだいかぞく) 확대가족 | 復活(ふっかつ) 부활 | 到底(とうてい) 도저히 | 叶(かな)う 이루어지다

문제03 오른쪽의 페이지는, 어느 산호 염색 체험의 이용 안내다. 아래의 물음에 대한 답으로서 가장 알맞은 것을, 1·2·3·4에서 하나 고르세요.

65 김 씨는 다음 달 이후에 아이 4명을 데리고 산호 염색 체험 B에 가고 싶다고 생각하고 있다. 체험은 아이 4명만 참가하고 김 씨는 동반할 뿐이다. 예약에 관해서 주의하지 않으면 안 되는 것은 무엇인가?

1 예약 시 비고란에 체험 예약 인원 이외의 동반자를 기입한다.
2 사전 설명회 없이 실시하기 때문에 체험 시간에 맞춰서 집합 장소에 도착한다.
3 주차할 수 없기 때문에 가까운 역까지 지하철을 이용한다.
4 인터넷 예약은 받고 있지 않기 때문에 전화로 예약한다.

해설 체험 인원에는 동반자가 포함되지 않기 때문에 비고란에 동반자 인원도 기입해야하므로 1번이 정답이다. 사전 설명회는 체험 시작 15분 전에 시작되므로 2번은 정답이 아니고, 자동차를 5대 수용할 수 있다고 했으므로 3번도 정답이 아니다. 예약은 인터넷으로 받고 있기 때문에 4번도 정답이 아니다.

66 마르코 씨는 친구 4명과 산호 염색 체험에 가고 싶다고 생각하고 있다. 4명의 비어 있는 날짜를 메모로 정리했는데 예약이 가능한 날짜는 언제인가? 또 당일 체험에 대한 주의 사항으로서 맞는 것은 어느 것인가?

【마르코 씨의 메모】
- 하루카 씨 화요일 오전에만, 금요일 오후에만
- 데이비드 씨 금요일 오후에만
- 키무라 씨 수요일 오후만, 금요일 오후만
- 마르코 씨 화요일 오전에만, 금요일 오후만

1 화요일 13시와 16시, 화요일은 산호 염색 B밖에 운영하지 않는다.
2 금요일 13시, 금요일은 산호 염색 A밖에 운영하지 않는다.
3 금요일 13시와 16시, 금요일은 산호 염색 B밖에 운영하지 않는다.
4 수요일 9시 반, 수요일은 산호 염색 A밖에 운영하지 않는다.

해설 친구 4명은 공통적으로 금요일 오후에만 시간이 비어 있기 때문에 이 조건에 맞는 요일과 시간대는 금요일 13시와 16시이다. 또한 금요일은 산호 염색 B밖에 운영하지 않는다. 따라서 3번이 정답이다.

【산호염색 체험 안내】
귀중한 산호염색 체험. 아이부터 어르신까지 누구든지 손쉽게 즐길 수 있는 염색 체험입니다.

【산호 염색 체험의 상세】

개최일	월요일~금요일(토일 휴무)
개시 시간	9:30 / 13:00 / 16:00
소요 시간	산호 염색 A : 약 60분 정도 산호 염색 B : 약 30분 정도
요금	성인 : 3,500엔(재료비 포함) 어린이 : 3,000엔(재료비 포함)
정원*	1명~최대 5명

예약방법	【예약 필요】WEB에서 수시로 접수를 받고 있습니다.
지불 방법	신용카드 외에 현금 결제가 이용 가능합니다. 현금결제의 경우, 체험 당일에 점포 앞에서 지불해 주십시오.
비고	작품은 그 자리에서 가져가실 수 있습니다. 집에서 실시하는 색 고정에 관해서는 작업 설명서를 드리겠습니다.
기타	1. 사전 설명회를 실시하기 때문에 체험 시작 15분 전에는 방문해 주시기 바랍니다. 2. 예약 시간에 내점하지 못하신 경우, 다른 시간으로의 변경을 부탁드립니다. 3. 주차장은 5대 수용이기 때문에 만차일 경우, 인근 유료 주차장을 이용해 주세요.

※ 예약 1명당 1석이 준비됩니다.
※ 어린 자녀로부터는 눈을 떼지 않도록 부탁드립니다.
※ **동반인이 관해서는 염색 체험을 하시는 손님 이외의 분은 체험 예약 인원에 포함되지 않고 비고란에 동반자 인원수를 기입 부탁드립니다.**
※ 손님의 사정으로 취소하시는 경우, 하기의 취소 수수료를 받습니다.
　무단 취소 : 예약 금액의 100%
※ **금요일은 산호 염색 A를 운영하지 않으니 미리 양해 부탁드립니다.**
※ 문의: 체험 지원 센터

단어 サンゴ 산호 | 染(そ)める 물들이다, 염색하다 | 付(つ)き添(そ)う 곁에서 따르다 | 備考欄(びこうらん) 비고란 | 同伴者(どうはんしゃ) 동반자 | 記入(きにゅう) 기입 | 集合(しゅうごう) 집합 | 最寄(もよ)り 가장 가까움, 근처 | 受(う)け付(つ)ける 접수하다 | 事項(じこう) 사항, 항목 | 運営(うんえい) 운영 | 貴重(きちょう) 귀중 | 年配(ねんぱい) 연배, 어르신 | 手軽(てがる)だ 손쉽다, 간편하다 | 詳細(しょうさい) 상세, 자세한 내용 | 随時(ずいじ) 수시 | 店頭(てんとう) 점두, 점포 앞 | 持(も)ち帰(かえ)る 가지고 돌아가다 | 色止(いろど)め 색 고정 | 来店(らいてん) 내점 | 収容(しゅうよう) 수용 | 満車(まんしゃ) 만차 | 近隣(きんりん) 근린, 가까운 이웃 | パーキング 주차장 | 含(ふく)む 포함하다 | 頂戴(ちょうだい)する 받다(겸양어) | 無断(むだん) 무단 | 予(あらかじ)め 미리, 사전에 | 了承(りょうしょう) 승락, 납득

청해

43p

문제1
1 ② 2 ① 3 ③ 4 ② 5 ③

문제2
1 ① 2 ④ 3 ① 4 ② 5 ②
6 ④

문제3
1 ④ 2 ④ 3 ① 4 ② 5 ④

문제4
1 ③ 2 ② 3 ① 4 ③ 5 ③
6 ① 7 ② 8 ① 9 ② 10 ②
11 ③

문제5
1 ③ 2 질문1 ② 질문2 ④

기본 버전MP3 배속 버전MP3 시험장 버전MP3

문제1 문제1에서는, 먼저 질문을 들어주세요. 그리고 이야기를 듣고, 문제 용지의 1부터 4 중에서, 가장 알맞은 것을 하나 고르세요.

🎧 모의고사1_문제1_예시.mp3

会社で女の人と男の人が話しています。男の人はこれからまず何をしなければなりませんか。

F：そろそろ来年の新入社員研修の準備が必要だね。田中くん、研修内容は決めてるかな？

M：はい。いつものビジネスマナーやプロジェクト管理に加えてパソコンスキルを習得できるプログラムを設けたいと思ってます。

F：いいね。最近は携帯でなんでもできるからパソコンの基本操作すらできない人も増えているらしいからね。

M：ええ。去年、研修で行った社内アンケートでは、パソコンに慣れていないと答えた人が結構ました。ただ、慣れている人も多かったのでどんなカリキュラムで進めるべきか悩んでいます。

F：そうだね。どんな新入社員が入ってくるかわからないし、研修前にパソコンの技能テストを受けてもらってスキルを測定するのはどうかな？

M：いいと思います。

F：うん、結果を見てから、それに合わせて研修内容を考えてほしいんだ。

M：はい、分かりました。全くスキルがない新入社員の場合は、講師を派遣してスキルを磨いてもらうことも考えておこうと思います。

예시 男の人はこれからまず何をしなければなりませんか。

1 社内アンケートを取る
2 パソコンの技能テストを行う
3 パソコン研修内容を企画する
4 講師を派遣する

해석 회사에서 여자와 남자가 이야기하고 있습니다. 남자는 이제부터 먼저 무엇을 하지 않으면 안 됩니까?

F：슬슬 내년 신입사원 연수 준비가 필요하겠어. 다나카 군, 연수 내용은 정했어?

M：네. 항상 하는 비즈니스 매너나 프로젝트 관리에 더해서 컴퓨터 스킬을 습득할 수 있는 프로그램을 마련하고 싶다고 생각하고 있습니다.

F：좋네. 최근에는 휴대폰으로 뭐든지 할 수 있으니까 컴퓨터의 기본 조작조차 할 수 없는 사람도 늘고 있는 것 같으니까.

M：네. 작년 연수에서 실시했던 사내 앙케트에서는 컴퓨터에 익숙하지 않다고 대답한 사람이 상당히 있었습니다. 다만 익숙한 사람도 많았기 때문에 어떤 커리큘럼으로 진행해야 할지 고민하고 있습니다.

F：그렇겠네. 어떤 신입 사원이 들어올지 모르고 연수 전에 컴퓨터 기능 테스트를 해 받아서 스킬을 측정하는 것은 어떨까?

M：좋다고 생각합니다.

F：응, 결과를 보고 나서 그거에 맞춰서 연수 내용을 생각해 주었으면 해.

M：네, 알겠습니다. 전혀 스킬이 없는 신입사원의 경우는 강사를 파견해서 스킬을 연마해 받는 것도 생각해 두려고 합니다.

남자는 이제부터 먼저 무엇을 하지 않으면 안 됩니까?

1 사내 앙케트를 한다
2 컴퓨터 기능 테스트를 실시한다
3 컴퓨터 연수 내용을 기획한다
4 강사를 파견한다

해설 여자가 研修前にパソコンの技能テストを受けてもらってスキルを測定するのはどうかな？(연수 전에 컴퓨터 기능 테스트를 해 받아서 스킬을 측정하는 것은 어떨까?)라고 말하며 컴퓨터 기능 테

스트로 스킬을 측정한다고 했으므로 2번이 정답이다. 사내 앙케트는 이미 진행했으므로 1번은 정답이 아니고, 테스트를 실시하고 나서 연수 내용을 생각한다고 했으므로 3번도 정답이 아니다. 신입 사원들의 스킬을 측정한 다음에 그에 맞춰서 강사를 파견한다고 했으므로 4번도 정답이 아니다.

단어 研修(けんしゅう) 연수 | マナー 매너 | プロジェクト 프로젝트 | 管理(かんり) 관리 | ~に加(くわ)えて ~에 더해서 | スキル 스킬, 기술 | 習得(しゅうとく) 습득 | 設(もう)ける 설치하다, 마련하다 | 操作(そうさ) 조작 | カリキュラム 커리큘럼, 교육과정 | 技能(ぎのう) 기능 | 測定(そくてい) 측정 | 講師(こうし) 강사 | 派遣(はけん) 파견 | 企画(きかく) 기획

🎧 모의고사1_문제1_1번.mp3

大学で女の学生と先生が話しています。女の学生はこのあと何をしなければなりませんか。

F：先生、卒論のアンケートのことで相談したいことがありますが、お時間よろしいでしょうか。
M：うん、大丈夫だよ。具体的に何が悩みなの？
F：はい、今留学生向けにアンケートを取っているんですが、内容が難しくて回答するのに時間がかかるという意見がありました。どんな部分を直せばいいかアドバイスしていただきたいです。
M：うん、確かに、留学生にとっては難しいかもしれないね。単語をやさしい日本語に変えたり説明を足したりするのはどうかな。
F：そうですね。
M：でも逆に質問が長くなっちゃうと一層時間がかかりそうな気もするな。あ、この自由記述を減らしてみたらどうかな。選択肢にすることで答える時間を省いてくれると思うよ。
F：なるほど、いいですね。
M：うん。それから、アンケートの協力者にはプレゼントを送ることになっているよね。アンケート後に承諾のサインと住所をもらっておくこと、忘れるなよ。
F：はい、わかりました。

1 女の学生はこのあと何をしなければなりませんか。
1 質問の内容を見直す
2 回答形式を変更する
3 協力者のサインをもらう
4 プレゼントの準備をする

해석 대학에서 여자 학생과 선생님이 이야기하고 있습니다. 여자 학생은 이후 무엇을 하지 않으면 안 됩니까?

F：선생님, 졸업 논문 앙케트의 일로 상담하고 싶은 일이 있습니다만, 시간 괜찮으실까요?
M：응, 괜찮아. 구체적으로 뭐가 고민이야?
F：네, 지금 유학생을 대상으로 앙케트를 실시하고 있습니다만, 내용이 어려워서 답변하는 데 시간이 걸린다는 의견이 있었습니다. 어떤 부분을 고치면 좋을지 조언해 받고 싶습니다.
M：응, 확실히 유학생에게 있어서는 어려울지도 모르겠네. 단어를 쉬운 일본어로 바꾸거나 설명을 더하거나 하는 것은 어떨까?
F：그렇네요.
M：하지만 반대로 질문이 길어져 버리면 한층 더 시간이 걸릴 것 같은 생각도 드네. 아, 이 자유 기술을 줄여 보면 어떨까? 선택지로 하는 것으로 대답하는 시간을 줄여줄 거라고 생각해.
F：과연, 좋네요.
M：응. 그러고 나서 앙케트 협력자에게는 선물을 보내기로 되어 있지? 앙케트 후에 승낙 사인과 주소를 받아두는 것, 잊지 마.
F：네, 알겠습니다.

여자 학생은 이후 무엇을 하지 않으면 안 됩니까?
1 질문의 내용을 재검토한다
2 대답 형식을 변경한다
3 협력자의 사인을 받는다
4 선물 준비를 한다

해설 선생님은 여자 학생에게 あ、この自由記述を減らしてみたらどうかな。選択肢にすることで答える時間を省いてくれると思うよ。(아, 이 자유 기술을 줄여 보면 어떨까? 선택지로 하는 것으로 대답하는 시간을 줄여줄 거라고 생각해.)라고 말하며 자유 기술 부분을 줄이는 대신에 선택지로 하면 어떨지 조언을 받았으므로 2번이 정답이다. 내용 자체를 재검토하라는 언급은 없으므로 1번은 정답이 아니고, 앙케트 이후에 사인과 선물을 준비해야 하므로 3, 4번도 정답이 아니다.

단어 卒論(そつろん) 졸업 논문 | ~向(む)けに ~용, ~대상으로 | アンケートを取(と)る 앙케트를 실시하다 | 回答(かいとう) 회답, 대답 | アドバイス 어드바이스, 조언 | 一層(いっそう) 한층 더, 더욱더 | 記述(きじゅつ) 기술 | 省(はぶ)く 생략하다, 줄이다 | 承諾(しょうだく) 승낙 | 見直(みなお)す 다시 보다, 재검토하다 | 形式(けいしき) 형식

🎧 모의고사1_문제1_2번.mp3

電話で男の学生と女の学生が話しています。女の学生はまず何をしなければなりませんか。

M：もしもし、急にごめんね。今回のグループ課題についてなんだけど、プレゼン用のスライドを担当した子が体調を崩しちゃって作業できないと連絡があってさ…。代わりにやってもらえないかな。
F：ああ、それは大変だね。何からやればいいの？

M：ありがとう。これまでの調査結果をもとにスライドを作成するんだけど、調査で得たデータを整理して送るから視覚的にわかりやすくしてほしいんだよね。
F：分かった。他は？
M：実は、他のメンバーが調査した内容にいくつか不備があって、今修正してるんだけど、一人じゃ間に合いそうにないから、手伝ってもらえる？
F：うん、それってプレゼン資料に入るデータだよね？
M：そう、だからこれが終わらないと次のことに取り掛かれないんだ。早速だけど、5ページのデータの一部に古い情報が含まれているから、最新の情報を調べ直してほしい。それから、データの引用元も忘れずに書いてもらえると助かるよ。
F：了解。
M：これで発表の準備をする時間が確保できるかも。本当に助かるよ。

2 女の学生はまず何をしなければなりませんか。

1 最新のデータを更新する
2 調査結果をデータにする
3 データをまとめて送る
4 発表用の資料を作る

해석　전화로 남자 학생과 여자 학생이 이야기하고 있습니다. 여자 학생은 먼저 무엇을 하지 않으면 안 됩니까?

M：여보세요? 갑자기 미안해. 이번 그룹 과제에 대해서 말인데, 발표용 슬라이드를 담당했던 애가 몸 상태가 나빠져 버려서 작업할 수 없다고 연락이 있어서 말이야…. 대신해 줄 수 없을까?
F：아, 그건 큰일이네. 무엇부터 하면 돼?
M：고마워. 지금까지의 조사 결과를 바탕으로 슬라이드를 작성하는데, 조사로 얻었던 데이터를 정리해서 보낼 테니까 시각적으로 알기 쉽게 해 주었으면 좋겠어.
F：알았어. 다른 건?
M：실은 다른 멤버가 조사했던 내용에 몇 가지 충분히 갖추지 않은 것이 있어서 지금 수정하고 있는데, 혼자서는 시간에 맞출 수 없을 것 같으니까, 도와줄 수 있을까?
F：응, 그건 발표 자료에 들어가는 데이터지?
M：맞아, 그러니까 이게 끝나지 않으면 다음 일에 착수할 수 없어. 갑작스럽지만, 5페이지의 데이터 일부에 오래된 정보가 포함되어 있으니까 최신 정보를 다시 조사해 주었으면 좋겠어. 그러고 나서 데이터 인용원도 잊지 않고 적어주면 도움이 될 거야.
F：알았어.
M：이걸로 발표 준비를 하는 시간이 확보될 수 있을지도. 정말 도움이 되었어.

여자 학생은 먼저 무엇을 하지 않으면 안 됩니까?

---

1 최신 데이터를 갱신한다
2 조사 결과를 데이터로 한다
3 데이터를 정리해서 보낸다
4 발표용 자료를 만든다

해설　남자는 여자에게 5페이지의 데이터의 일부에 오래된 정보가 포함되어 있기 때문에, 최신 정보를 조사해 주었으면 한다.(5페이지의 데이터 일부에 오래된 정보가 포함되어 있으니까 최신 정보를 다시 조사해 주었으면 좋겠어.)라고 말했으므로 1번이 정답이다. 조사 결과를 시각적으로 알기 쉽게 만들어 달라고 했지만 우선순위가 아니므로 2번은 정답이 아니고, 데이터를 정리해서 보내는 것은 남자가 해야 하는 일이므로 3번도 정답이 아니다. 발표용 자료 작성은 조사 내용을 재정비하고 하는 작업이므로 4번도 정답이 아니다.

단어　プレゼン 프레젠테이션(프레젠테이션의 줄임말), 발표 | スライド 슬라이드 | 体調(たいちょう)を崩(くず)す 컨디션을 해치다 | 作業(さぎょう) 작업 | 視覚(しかく) 시각 | 不備(ふび) 충분히 갖추지 않음 | 修正(しゅうせい) 수정 | 取(と)り掛(か)かる (일, 사업 등에) 착수하다 | 早速(さっそく) 즉시 | 引用元(いんようもと) 인용원, 출처 | 了解(りょうかい) 양해, 잘 이해함 | 確保(かくほ) 확보 | 更新(こうしん) 갱신

🎧 모의고사1_문제1_3번.mp3

会社で男の人と女の人が話しています。女の人はこのあとまず何をしなければなりませんか。

M：後藤さん、先日追加発注した携帯ケースはどうなってる？海外から発送されたってメールは来てるけど、まだ届いていないみたいだね。
F：すぐ確認してみます。ええと、到着予定日は来週だそうです。
M：困ったな。来週なら山田電気の納期に間に合わないんじゃない？かなり厳しいね。
F：では、山田電気に直接送ってもらうように手配しておくのはどうでしょうか。
M：それはいい案だね。納期に間に合わないと大変だし。すぐに手配してくれる？
F：わかりました。配達業者に発送先の変更を依頼しておきます。連絡先も山田電気にした方がいいですよね。
M：うん、でも先方にまず事情を説明するのが先じゃないかな？状況を理解してもらう必要があると思うよ。
F：そうですね。
M：あと、やっぱり連絡先は税関で問題になる可能性もあるから両方書いたほうがいいな。問題が起きないように書類に不備がないか再確認しておいて。
F：はい、わかりました。

132

3 女の人はこのあとまず何をしなければなりませんか。

1　商品の配送先を変更する
2　届け先の電話番号を追加する
3　山田電気に電話する
4　税関の書類を準備する

해석 회사에서 남자와 여자가 이야기하고 있습니다. 여자는 이후 먼저 무엇을 하지 않으면 안 됩니까?

M : 고토 씨, 요전에 추가 발주했던 휴대 케이스는 어떻게 되어 있어? 해외에서 발송되었다고 메일은 왔는데 아직 도착하지 않은 것 같네.
F : 바로 확인해 보겠습니다. 음, 도착 예정일은 다음 주라고 합니다.
M : 곤란하네. 다음 주라면 야마다 전기의 납기에 맞추지 못하지 않을까? 상당히 촉박하네.
F : 그럼, 야마다 전기에 직접 보내 받도록 수배해 두는 것은 어떨까요?
M : 그건 좋은 안이네. 납기에 맞추지 못하면 큰일이고. 바로 수배해 줄래?
F : 알겠습니다. 배송업자에게 발송처 변경을 의뢰해 두겠습니다. 연락처도 야마다 전기로 하는 편이 좋겠죠?
M : 응, 하지만 상대편에게 먼저 사정을 설명하는 게 우선 아닐까? 상황을 이해해 받을 필요가 있다고 생각해.
F : 그렇네요.
M : 그리고, 역시 연락처는 세관에서 문제가 될 가능성도 있으니까 둘 다 쓰는 편이 좋겠어. 문제가 일어나지 않도록 서류에 미비한 점이 없는지 재확인해 둬.
F : 네, 알겠습니다.

여자는 이후 먼저 무엇을 하지 않으면 안 됩니까?

1 상품의 배송지를 변경한다
2 발송처의 전화번호를 추가한다
3 야마다 전기에 전화한다
4 세관의 서류를 준비한다

해설 남자는 うん、でも先方にまず事情を説明するのが先じゃないかな？(응, 하지만 상대편에게 먼저 사정 설명하는 게 우선 아닐까?)라고 말하며 추가 발주한 휴대폰 케이스의 발송이 늦어지고 있어서 야마다 전기에 직접 보내기로 했으나 우선 야마다 전기에 사정을 설명하라고 이야기했으므로 3번이 정답이다. 상품의 배송지를 변경하는 것은 야마다 전기에 전화를 하고 나서 하는 것이므로 1번은 정답이 아니고, 야마다 전기에 연락을 한 이후에 전화번호를 추가하는 것이므로 2번도 정답이 아니다. 세관 서류는 주의하라고만 했으므로 3번도 정답이 아니다.

단어 発注(はっちゅう) 발주 | 発送(はっそう) 발송 | 納期(のうき) 납기 | 手配(てはい) 수배, 준비 | 案(あん) 안, 생각 | 依頼(いらい) 의뢰 | 先方(せんぽう) 상대편, 앞쪽 | 税関(ぜいかん) 세관 | 不備(ふび) 충분히 갖추지 않음, 미비 | 届(とど)け先(さき) 보낼 곳, 송달처

🎧 모의고사1_문제1_4번.mp3

スポーツジムで、男の人とインストラクターの女の人が走る姿勢について話しています。男の人はこれから走るときの姿勢をどのように変えなければなりませんか。

M : 先生、僕の走り方、見てもらえましたか。
F : 山田さんの姿勢は、少しねじれていますね。普段姿勢を意識して走っていますか。
M : そうですね。意識はしていますが、具体的にどの部分を直せばいいかわからなくて…。
F : 基本的には、下半身とのバランスを考慮し、上半身をもう少しまっすぐに保って走るといいですよ。 体が丸くなっていないか意識するだけでも重心がぶれず、左右のバランスをうまく取って走ることができます。
M : なるほど。
F : 目線も非常に重要です。目線を前に向けて走ることで、正しい姿勢を維持することができますが、これはよくできていますね。次に腕の振り方ですが、しっかりと振れているので足運びもスムーズですね。今のように肘を引き下げることを常に意識するようにしてください。
M : はい、わかりました。
F : ただし、腕の開きすぎはかえって疲労の原因になるので注意してくださいね。
M : はい、貴重なアドバイスをいただき、ありがとうございました。

4 男の人は、これから走るときの姿勢をどのように変えなければなりませんか。

1　上半身をまっすぐにのばす
2　目線を正面に向ける
3　腕を前後に振る
4　肘を後ろに下げる

해석 스포츠 헬스장에서 남자와 인스트럭터인 여자가 달리는 자세에 대해 이야기하고 있습니다. 남자는 이제부터 달릴 때의 자세를 어떻게 바꾸지 않으면 안 됩니까?

M : 선생님, 저의 달리는 방법 봐주셨나요?
F : 야마다 씨의 자세는 조금 뒤틀려 있네요. 평소 자세를 의식해서 달리고 있나요?
M : 그렇네요. 의식은 하고 있습니다만 구체적으로 어떤 부분을 고치면 좋을지 몰라서…
F : 기본적으로는 하반신과의 균형을 고려하고 상반신을 조금 더

곧게 유지해서 달리면 좋아요. 몸이 둥글게 되어 있지 않은지 의식하는 것만으로도 중심이 흔들리지 않고 좌우의 균형을 잘 잡으며 달릴 수 있어요.

M : 그렇군요.
F : 시선도 매우 중요합니다. 시선을 앞으로 향해서 달리는 것으로 올바른 자세를 유지할 수 있는데, 이건 잘 되어 있네요. 다음에 팔 흔드는 방법입니다만, 제대로 흔들리고 있기 때문에 발 놀림도 순조롭네요. 지금처럼 팔꿈치를 내리는 것을 항상 의식하도록 해 주세요.
M : 네, 알겠습니다.
F : 다만, 팔이 너무 벌어지면 오히려 피로의 원인이 되므로 주의해 주세요.
M : 네, 귀중한 조언을 주셔서 감사합니다.

남자는 이제부터 달릴 때의 자세를 어떻게 바꾸지 않으면 안 됩니까?

1 상반신을 곧게 편다
2 시선을 정면으로 향한다
3 팔을 앞뒤로 흔든다
4 팔꿈치를 뒤로 내린다

해설　여자는 基本的には、下半身とのバランスを考慮し、上半身をもう少しまっすぐに保って走るといいですよ。(기본적으로는 하반신과의 균형을 고려하고 상반신을 조금 더 곧게 유지해서 달리면 좋아요.)라고 말하며 남자의 달리기 방법을 보고 상반신을 곧게 유지하면서 달리라고 조언하였으므로 1번이 정답이다. 시선을 앞으로 향하는 것은 문제가 없다고 했으므로 2번은 정답이 아니고, 팔도 제대로 흔들리고 있다고 했으므로 3번도 정답이 아니다. 지금처럼 팔꿈치를 내리는 것을 의식하라고 했으므로 4번도 정답이 아니다.

단어　インストラクター 인스트럭터, 훈련 담당자 | 姿勢(しせい) 자세 | 捻(ねじ)れる 비틀어지다, 뒤틀리다 | 意識(いしき) 의식 | 下半身(かはんしん) 하반신 | バランス 밸런스, 균형 | 考慮(こうりょ) 고려 | 上半身(じょうはんしん) 상반신 | 保(たも)つ 지키다, 유지하다 | 重心(じゅうしん) 중심 | ぶれる 정상적인 위치에서 벗어나다 | 目線(めせん) 눈길, 시선 | 非常(ひじょう)に 매우, 상당히 | 維持(いじ) 유지 | 腕(うで) 팔 | 足運(あしはこ)び 발 놀림, 발의 움직임 | スムーズだ 순조롭다 | 肘(ひじ) 팔꿈치 | 引(ひ)き下(さ)げる 끌어내리다, 인하하다 | 常(つね)に 늘, 항상, 언제나 | かえって 도리어, 오히려 | 疲労(ひろう) 피로 | 貴重(きちょう)だ 귀중하다 | アドバイス 어드바이스, 조언 | 前後(ぜんご) 전후, 앞뒤

🎧 모의고사1_문제1_5번.mp3

図書館で、職員が職場体験の参加者に話しています。参加者はまず何をしますか。

F : 皆さん、今日は図書館の職場体験に参加していただき、ありがとうございます。今日の予定について説明します。まず、来館された方への対応や本の貸出業務はホームページでもご案内しましたように、午後に体験していただきます。午前中には新しく届いた本の情報をスキャナーで登録する作業と分類、ラベルを貼る作業が予定されていました。しかし、バーコードスキャナーは今、他のチームでも使っているので、順番を変更させていただきます。2時間後には使用可能になります。貸出し作業まで終わりましたら、ラベルを貼った本を適切な棚に並べていただきます。では、よろしくお願いいたします。

5 参加者はまず何をしますか。
1　本の貸出
2　新刊の登録
3　ラベル貼り
4　本の整理

해석　도서관에서 직원이 직장 체험 참가자에게 이야기하고 있습니다. 참가자는 먼저 무엇을 합니까?

F : 여러분, 오늘은 도서관 직장 체험에 참가해 주셔서 감사합니다. 오늘의 예정에 대해서 설명하겠습니다. 우선 내관하신 분에 대한 대응이나 책의 대출 업무는 홈페이지에서도 안내해 드렸듯이 오후에 체험해 받겠습니다. 오전 중에는 새로 도착한 책의 정보를 스캐너로 등록하는 작업과 분류, 라벨을 붙이는 작업이 예정되어 있었습니다. 하지만 바코드 스캐너는 지금 다른 팀에서도 사용하고 있기 때문에 순서를 변경하겠습니다. 2시간 후에는 사용 가능하게 됩니다. 대출 작업까지 끝나면 라벨을 붙였던 책을 적절한 선반에 진열해 받겠습니다. 그럼 잘 부탁드립니다.

참가자는 먼저 무엇을 합니까?

1 책의 대출
2 신간 등록
3 라벨 부착
4 책 정리

해설　직원은 バーコードスキャナーは今、他のチームでも使っているので、順番を変更させていただきました。(바코드 스캐너는 지금 다른 팀에서도 사용하고 있기 때문에 순서를 변경하겠습니다.)라고 말하며 바코드 스캐너를 다른 팀이 사용 중이라 현재는 사용할 수 없어 순서를 변경하겠다고 말했으므로 3번이 정답이다. 책 대출은 오후에 할 예정이므로 1번은 정답이 아니고, 스캐너로 신간을 등록하는 것은 2시간 뒤에 가능하다고 했으므로 2번도 정답이 아니다. 라벨을 붙인 뒤에 선반에 진열해 달라고 했으므로 4번도 정답이 아니다.

단어　職場(しょくば) 직장 | 来館(らいかん) 내관 | 対応(たいおう) 대응 | 貸出(かしだし) 대출 | 業務(ぎょうむ) 업무 | バーコード 바코드 | スキャナー 스캐너 | 作業(さぎょう) 작업 | 分類(ぶんるい) 분류 | ラベル 라벨 | 適切(てきせつ)だ 적절하다 | 新刊(しんかん) 신간

문제2　문제2에서는, 먼저 질문을 들어주세요. 그 후, 문제 용지의 선택지를 읽으세요. 읽을 시간이 있습니다. 그리고 이야기를 듣고, 문제 용지의 1부터 4 중에서, 가장 알맞은 것을 하나 고르세요.

🎧 모의고사1_문제2_예시.mp3

会社で男の人と女の人が話しています。女の人は何が良くなかったと言っていますか。

M：お疲れ様です。今日の会議、どうでしたか。
F：そうだね。会議室の規模も人数を考えるとピッタリだったし、とりあえず問題なく終了してよかったよ。ただ資料説明についてなんだけど…。
M：やっぱりちょっとグラフが見づらかったですかね。
F：そこは気にならなかったけど、パワーポイントを開くまで時間がかかったでしょ。時間あったなら、前もって本番を見据えてすぐ始められるようにしとかなきゃ。そうしないから途中で流れが途切れちゃったじゃない。取引先の人たちも心配してたよ。
M：すみません。そこまで気を配れませんでした。あと、会議の最後も今考えると時間に迫られていたせいで結論があまりにも短くなってしまった気がします。
F：そうだね。でも、ひとつひとつ言っていたら長引いていただろうし、逆に簡潔にまとまって良かったと思うよ。

예시 女の人は何が良くなかったと言っていますか。

1 会議室が人数に比べて小さかったこと
2 資料の内容が見づらかったこと
3 **進行がスムーズにできなかったこと**
4 結論が簡潔にまとまってなかったこと

해석 회사에서 남자와 여자가 이야기하고 있습니다. 여자는 무엇이 좋지 않았다고 말하고 있습니까?

M：수고하셨습니다. 오늘 회의 어땠습니까?
F：그렇네. 회의실의 규모도 인원수를 생각하면 딱 맞았고, 우선 문제없이 종료해서 다행이야. 단지 자료 설명에 대해서 말인데….
M：역시 조금 그래프가 보기 힘들었나요?
F：그건 신경이 쓰이지 않았지만, 파워포인트를 열 때까지 시간이 걸렸잖아. 시간 있었다면 미리 본방을 눈여겨보고 바로 시작할 수 있도록 하지 않으면 안 돼. 그렇게 하지 않으니까 도중에 흐름이 끊어져 버렸잖아. 거래처 사람들도 걱정하고 있었어.
M：죄송합니다. 거기까지 신경 쓸 수 없었어요. 그리고 회의 마지막도 지금 생각하면 시간에 쫓기고 있었던 탓에 결론이 너무나도 짧게 되어 버린 느낌이 듭니다.
F：그렇긴 해. 하지만 하나하나 말하고 있었다면 지연되었을 거고 반대로 간결하게 정리돼서 좋았다고 생각해. 느낌이 듭니다.

여자는 무엇이 좋지 않았다고 말하고 있습니까?

1 회의실이 인원수에 비해서 작았던 것
2 자료의 내용이 보기 어려웠던 것
3 **진행이 순조롭게 되지 못했던 것**
4 결론이 간결하게 정리되어 있지 않았던 것

해설 여자는 회의실 규모도 적당했고 큰 문제 없이 회의가 끝났지만 그는 기에 신경 쓰이지 않았지만, 파워포인트를 열 때까지 시간이 걸렸잖아.(그건 신경이 쓰이지 않았지만, 파워포인트를 열 때까지 시간이 걸렸잖아.)라고 말하며 회의 진행이 원활하게 되지 않은 점을 거론하였으므로 3번이 정답이다. 회의실 넓이는 딱 좋았다고 했으므로 1번은 정답이 아니고, 자료의 내용이 보기 어렵다고 했던 것은 남자의 생각이므로 2번도 정답이 아니다. 결론이 간결하게 정리되어서 좋았다고 했으므로 4번도 정답이 아니다.

단어 規模(きぼ) 규모｜ぴったり 딱, 꼭 들어맞는 모양｜終了(しゅうりょう) 종료｜グラフ 그래프, 도표｜パワーポイント 파워포인트｜前(まえ)もって 미리, 앞서｜本番(ほんばん) 실전, 본방, 본 경기｜見据(みす)える 눈여겨보다｜途切(とぎ)れる 끊기다, 중단되다｜取引先(とりひきさき) 거래처｜迫(せま)る 다가오다, 육박하다｜結論(けつろん) 결론｜長引(ながび)く 오래 끌다, 지연되다｜簡潔(かんけつ)に 간결하게｜進行(しんこう) 진행｜スムーズに 순조롭게

🎧 모의고사1_문제2_1번.mp3

大学で男の学生と女の学生が進学について話しています。男の学生は、進学率が去年より下がったのはどうしてだと言っていますか。

M：おはよう。同じ授業を取ってたんだね。
F：そうだね、知り合いがいてほっとしたよ。
M：そういえば、うちの学部の進学率、去年より下がったんだって。
F：え、そうなの？別に学業を放棄してる人が多くなったわけではないと思うんだけど。
M：いや、思ったより多いらしいよ。入学試験も簡単じゃないしね。この前も全く敵わなかった生徒が続出してるってニュースで聞いたことあるよ。それで受験を辞めてるのかも。
F：学校側のサポートとかはないの？
M：学校側も急に受験が難しくなったから、まだ対応ができてないみたい。また勉強させるのは金銭的に親たちにも負担になるからね。
F：せっかく頑張ってきたのにかわいそうだね。
M：そうだね。

1 男の学生は、進学率が去年より下がったのはどうしてだと言っていますか。

1 学業を諦める人が多くなったから

135

2 受験の難易度が低くなったから
3 学校のサポートに頼っているから
4 教育費が負担に感じるから

해석 대학에서 남자 학생과 여자 학생이 진학에 대해서 이야기하고 있습니다. 남자 학생은 진학률이 작년보다 떨어진 것은 어째서라고 이야기하고 있습니까?

M : 안녕, 같은 수업을 듣는구나?
F : 그렇네, 아는 사람 있어서 안심했어.
M : 그러고 보니 우리 학부의 진학률, 작년보다 내렸다던데?
F : 어 그래? 딱히 학업을 포기하고 있는 사람이 많아진 것은 아니라고 생각하는데.
M : 아니, 생각보다 많은 것 같아. 입학시험도 간단하지 않고 말이야. 이전에도 전혀 당해내지 못했던 학생이 속출하고 있다고 뉴스에서 들었던 적이 있어. 그래서 수험을 그만두고 있는 걸지도.
F : 학교 측의 서포트라든지는 없어?
M : 학교 측도 갑자기 수험이 어려워졌으니까 아직 대응이 안 되고 있는 것 같아. 또 공부시키는 것은 금전적으로 부모님들에게도 부담이 되니까.
F : 모처럼 열심히 해 왔는데 불쌍하네.
M : 그렇네.

남자 학생은 진학률이 작년보다 떨어진 것은 어째서라고 이야기하고 있습니까?

1 학업을 포기하는 사람이 많아졌기 때문에
2 수험의 난이도가 낮아졌기 때문에
3 학교의 서포트에 의지하고 있기 때문에
4 교육비가 부담으로 느끼기 때문에

해설 남자는 いや、思ったより多いらしいよ。入学の試験も簡単じゃないしね。この前も全く敵わなかった生徒が続出してるってニュースで聞いたことあるよ。それで受験を辞めてるのかも。(아니, 생각보다 많은 것 같아. 입학시험도 간단하지 않고 말이야. 이전도 전혀 당해내지 못했던 학생이 속출하고 있다고 뉴스에서 들었던 적이 있어. 그래서 수험을 그만두고 있는 걸지도.)라고 말하며 생각보다 학업을 포기하는 사람이 많아졌기 때문에 진학률이 낮아지고 있다고 했으므로 1번이 정답이다. 입시 시험이 간단하지 않다고 했으므로 2번은 정답이 아니고, 학교 서포트에 의지하고 있다고 언급하고 있지 않으므로 3번도 정답이 아니다. 부모님에게 교육비가 부담이 될 거라고는 했지만 진학률이 떨어진 주된 이유는 아니므로 4번도 정답이 아니다.

단어 ほっとする 안도하다, 안심하다 | 学業(がくぎょう) 학업 | 放棄(ほうき) 포기 | 敵(かな)わない 필적할 수 없다, 당해 내지 못하다 | 続出(ぞくしゅつ) 속출 | 受験(じゅけん) 수험 | サポート 서포트, 지지, 후원 | 対応(たいおう) 대응 | 金銭的(きんせんてき) 금전적 | せっかく 모처럼 | 難易度(なんいど) 난이도

🎧 모의고사1_문제2_2번.mp3

男の人と女の人が新しいタイプのドローンについて話しています。男の人はこのドローンのどんな点が問題だと言っていますか。

M : 最近開発中のドローン、性能が上がってきてるみたいだよ。これまでは趣味や撮影で使う人がほとんどだったでしょ？でも、近い将来には荷物の配送にも利用されるようになるんだって。
F : それテレビで聞いた気がする。玄関の前まで機械が配達してくれるっていうことでしょ？空を経由すれば渋滞にもならないしね。
M : そうそう。バッテリーの持続時間も伸びてるから、かなりの長距離にも対応できるみたい。もちろん限界はあるけどね。
F : って言っても、実用化はまだ難しいんじゃない？
M : そうだね。以前は荷物の重量に耐えられるかが課題で延期になったし、今ではずいぶん重いものも運べるようになったけど、風や雨の影響を受けやすいみたい。
F : そっか。急に落ちてきたら危ないもんね。
M : うん、それが解決できたら、実用化への道も開けるんじゃないかな。

2 男の人はこのドローンのどんな点が問題だと言っていますか。

1 バッテリーの持続時間が短いこと
2 飛行距離が短いこと
3 重量のある荷物が持ち運べないこと
4 悪天候に弱いこと

해석 남자와 여자가 새로운 유형의 드론에 대해서 이야기하고 있습니다. 남자는 이 드론의 어떤 점이 문제라고 말하고 있습니까?

M : 최근 개발 중인 드론, 성능이 오르기 시작한 것 같아. 지금까지는 취미나 촬영으로 사용하는 사람이 대부분이었지? 하지만 가까운 미래에는 짐의 배송에도 이용되게 된다고 해.
F : 그거 텔레비전에서 들었던 느낌이 들어. 현관 앞까지 기계가 배달해 준다는 거지? 하늘을 경유하면 정체도 되지 않고.
M : 맞아 맞아. 배터리의 지속 시간도 늘고 있으니까 상당한 장거리에도 대응할 수 있을 것 같아. 물론 한계는 있지만.
F : 그렇다고 해도 실용화는 아직 어렵지 않아?
M : 맞아. 이전에는 짐의 중량에 견딜 수 있는지가 과제로 연기가 되었고 지금에서는 상당히 무거운 것도 옮길 수 있게 되었지만, 바람이나 비의 영향을 받기 쉬운 것 같아.

F : 그렇구나. 갑자기 떨어지면 위험하지.
M : 응, 그게 해결되면 실용화로의 길도 열리지 않을까?

남자는 이 드론의 어떤 점이 문제라고 말하고 있습니까?

1 배터리의 지속 시간이 짧은 것
2 비행거리가 짧은 것
3 중량이 있는 짐을 옮길 수 없는 것
4 악천후에 약한 것

해설 남자는 드론의 장점에 대해서 이야기를 하면서 風や雨の影響を受けやすいみたい。(바람이나 비의 영향을 받기 쉬운 것 같다.)라고 이야기하고 있으므로 4번이 정답이다. 배터리의 지속 시간이 증가하고 있다고 했으므로 1번은 정답이 아니고, 상당한 장거리에도 대응할 수 있다고 했으므로 2번도 정답이 아니다. 현재는 상당히 무거운 것도 옮길 수 있다고 했으므로 3번도 정답이 아니다.

단어 ドローン 드론 | 性能(せいのう) 성능 | 撮影(さつえい) 촬영 | 経由(けいゆ) 경유 | 渋滞(じゅうたい) (교통) 정체 | バッテリー 배터리 | 持続(じぞく) 지속 | 長距離(ちょうきょり) 장거리 | 対応(たいおう) 대응 | 限界(げんかい) 한계 | 実用化(じつようか) 실용화 | 重量(じゅうりょう) 중량 | 耐(た)える 견디다, 참다 | 延期(えんき) (일정의) 연기 | 影響(えいきょう) 영향 | 持(も)ち運(はこ)ぶ 들어 나르다, 운반하다 | 悪天候(あくてんこう) 악천후

🎧 모의고사1_문제2_3번.mp3

ラジオでアナウンサーがボランティアグループの男の人にインタビューしています。男の人はグループの活動の目的は何だと言っていますか。

F : 鈴木さんは、「放課後ワールド」というボランティアグループを設立されたとお聞きしましたが、どんな活動をしているんですか。
M : はい、私たちのグループは地方の学校で週に2回活動しています。放課後の子供たちを対象にした学習サポートを行っています。
F : 具体的にどんなプログラムがあるんですか。
M : 主に学校の宿題を手伝ったり、一緒に本を読んだりしています。最近は基本的なパソコン操作も教えています。家庭で十分な学習環境が整っていない子供たちにとって、少しでも支えになればと思っています。
F : そうなんですね。
M : はい、今後も周りの子と差がつかないように学習の穴を埋めていきたいです。
F : きっと子供たちにもその温かい気持ちが伝わっていると思います。でも、やっぱり勉強だけさせると退屈に感じる子供も出てくると思いますが、どうでしょうか。

3 男の人はグループの活動の目的は何だと言っていますか。

1 学習の場を提供すること
2 勉強の退屈さを感じさせないこと
3 学びと遊びを両立させること
4 学ぶ楽しさを伝えること

해석 라디오에서 아나운서가 자원봉사 그룹의 남자에게 인터뷰하고 있습니다. 남자는 그룹의 활동 목적이 무엇이라고 말하고 있습니까?

F : 스즈키 씨는 '방과 후 월드'라고 하는 자원봉사 그룹을 설립하셨다고 들었습니다만, 어떤 활동을 하고 있나요?
M : 네, 저희 그룹은 지방의 학교에서 주 2회 활동하고 있습니다. 방과 후의 아이들을 대상으로 한 학습 서포트를 실시하고 있습니다.
F : 구체적으로 어떤 프로그램이 있나요?
M : 주로 학교 숙제를 돕거나 함께 책을 읽거나 하고 있습니다. 최근에는 기본적인 컴퓨터 조작도 가르치고 있습니다. 가정에서 충분한 학습 환경이 갖추어지지 않은 아이들에게 있어서 조금이라도 버팀목이 된다면 하고 생각하고 있습니다.
F : 그렇군요.
M : 네, 앞으로도 주변 아이와 차이가 나지 않도록 학습의 구멍을 메워 가고 싶습니다.
F : 분명히 아이들에게도 그 따뜻한 마음이 전해지고 있을 거라고 생각합니다. 하지만 역시 공부만 시키면 지루하게 느끼는 아이도 나올 거라고 생각합니다만, 어떤가요?
M : 그렇네요. 가끔 밖에서 놀거나 함께 수제 공작을 하는 경우도 있습니다. 다만 학습 부분을 손놓지 않도록 놀이와 공부를 잘 조합해서 즐겁게 배울 수 있도록 주의하고 있습니다.
F : 노는 것도 중요한 시기니까요.
M : 네, 무언가 사소한 것 하나라도 배워서 돌아가 주었으면 좋겠네요.

남자는 그룹의 활동 목적이 무엇이라고 말하고 있습니까?

1 학습의 장을 제공하는 것
2 공부의 지루함을 느끼게 하지 않는 것
3 배움과 놀이를 양립시키는 것
4 배우는 즐거움을 전하는 것

해설 남자는 家庭で十分な学習環境が整っていない子供たちにとって、少しでも支えになればと思っています。(가정에서 충분한 학습 환경이 갖추어지지 않은 아이들에게 있어서 조금이라도 버팀목이 된다면 하고 생각하고 있습니다.)라고 말했으므로 1번이 정답이다. 공부만으로는 지루하지 않도록 밖에서 놀거나 수제 공작을 하는 경우도 있다고 했지만 주된 목적이 아니므로 2번은 정답이 아니고, 배움과 놀이를 조합하고 있지만 주된 목적은 아니므로 3, 4번도 정답이 아니다.

단어 ボランティア 자원봉사 | 放課後(ほうかご) 방과 후 | 設立(せつりつ) 설립 | サポート 서포트, 지지, 후원 | 対象(たいしょう) 대상 | プログラム 프로그램 | 操作(そうさ) 조작 | 整(ととの)う 정돈되다, 갖추어지다 | 支(ささ)え 버팀목 | 差(さ)がつく 차이가 나

다 | 穴(あな) 구멍 | 埋(う)める 묻다, 메우다 | 退屈(たいくつ)だ 지루하다 | 手作(てづく)り 손수 만듦, 수제 | 工作(こうさく) 공작 | 手放(てばな)す 손을 놓다, 손을 떼다 | 組(く)み合(あ)わせる 짜 맞추다, 조합하다 | 心掛(こころが)ける 항상 주의하다, 명심하다 | 提供(ていきょう) 제공 | 両立(りょうりつ) 양립

🎧 모의고사1_문제2_4번.mp3

会社で女の人と男の人が新人社員研修について話しています。女の人はどんな企画を提案することにしましたか。

F：川原さん、わたし、今年の新人社員研修を担当することになったんだけど、何か新しい企画を盛り込みたいと思って。川原さん、確か去年の研修受けたでしょう。どうだった？

M：あ、はい。去年は社長自ら経営理念や接客の教育担当をされていたのですごく驚きました。

F：社長も新人たちの顔を見てみたいっておっしゃってたからスペシャルゲストで登場していただいたのよ。

M：そうなんですか。面白い方だったのですごく盛り上がりましたよ。でも一番好評だったのはクイズですね。賞品があったので他の研修の時間には感じたことのない熱気を感じました。ただ経営理念に関するクイズだったので、ビジネスマナーとかの実用的な内容にしたらどうかなと。

F：そうだね。それは新人たちにも役立つだろうしね。

M：あと記憶に残るのは電話対応のロールプレイですね。何も知らない新人たちが業務内容でロールプレイするには限界があって多少単調になってしまいましたけど、大体の業務の流れが掴めたので良かったと思います。

F：なるほど。

M：最後に斬新だったのは先輩チームと新人チームでサッカーの試合をしたことです。おかげですぐ仲良くなれたし、団結力が生まれたので、そのきっかけを作ってもらったのはすごくうれしかったです。

F：そうだね。サッカーは研修の時を含めて年に二、三回やってるから今回ばかりは抜こうとしてるんだ。さっき言ってた一番評判が良かったのをもっと実践で使えるようにしてみるよ。参考になったよ。ありがとう。

4 女の人はどんな企画を提案することにしましたか。

1 社長が直接研修の教育をする

2 ビジネスマナーについてクイズをする
3 電話対応のロールプレイをする
4 先輩チームと新人チームでサッカーの試合をする

해석 회사에서 여자와 남자가 신입 사원 연수에 대해서 이야기하고 있습니다. 여자는 어떤 기획을 제안하기로 했습니까?

F：카와하라 씨, 나, 올해 신입 사원 연수를 담당하게 되었는데 뭔가 새로운 기획을 담고 싶다고 생각해서. 카와하라 씨, 분명 작년 연수 받았었지? 어땠어?

M：아, 네. 작년은 사장님 스스로 경영 이념이나 접객 교육 담당을 하셨기 때문에 매우 놀랐어요.

F：사장님도 신인들의 얼굴을 보고 싶다고 말씀하셨으니까 스페셜 게스트로 등장해 받은 거야.

M：그랬군요. 재미있는 분이었기 때문에 엄청 고조되었어요. 하지만 가장 호평이었던 것은 퀴즈네요. 상품이 있었기 때문에 다른 연수 시간에는 느낀 적이 없는 열기를 느꼈어요. 다만 경영 이념에 관한 퀴즈였기 때문에 비즈니스 매너라든가 실용적인 내용으로 하면 어떨까 해요.

F：그렇네. 그건 신인들에게도 도움이 될 거고.

M：그리고 기억에 남는 것은 전화 대응 롤플레이네요. 아무것도 모르는 신인들이 업무 내용으로 롤플레이하기에는 한계가 있어서 다소 단조롭게 되어 버렸지만, 대부분의 업무 흐름을 파악할 수 있었기 때문에 좋았다고 생각해요.

F：그렇구나.

M：마지막으로 참신했던 것은 선배 팀과 신인 팀으로 축구 시합을 했던 거예요. 덕분에 금방 사이좋게 될 수 있었고 단결력이 생겼기 때문에 그 계기를 만들어 받은 것은 굉장히 기뻤어요.

F：그렇네. 축구는 연수 때를 포함해서 1년에 2, 3번 하고 있으니까 이번만은 빼려고 하고 있어. 아까 말했던 가장 평판이 좋았던 것을 더 실전에서 쓸 수 있도록 해 볼게. 참고가 됐어. 고마워.

여자는 어떤 기획을 제안하기로 했습니까?

1 사장님이 직접 연수 교육을 한다
2 비즈니스 매너에 대해서 퀴즈를 한다
3 전화 대응 롤 플레이를 한다
4 선배팀과 신입팀으로 축구 시합을 한다

해설 남자는 でも一番好評だったのはクイズですね。(하지만 가장 호평이었던 것은 퀴즈네요.)라고 하면서 비즈니스 매너와 같은 실용적인 내용이 좋다고 했고 여자가 마지막에 평판이 좋았던 것을 더 실전에서 쓸 수 있도록 해 본다고 이야기했으므로 2번이 정답이다. 1, 3, 4번은 이미 실시한 내용이기 때문에 정답이 아니다.

단어 新人(しんじん) 신인, 신참 | 研修(けんしゅう) 연수 | 企画(きかく) 기획 | 提案(ていあん) 제안 | 盛(も)り込(こ)む 포함시키다, 담다 | 自(みずか)ら 스스로 | 理念(りねん) 이념 | 接客(せっきゃく) 접객, 서빙 | スペシャルゲスト 스페셜 게스트 | 盛(も)り上(あ)がる 솟아오르다, 고조되다 | 好評(こうひょう) 호평 | 賞品(しょうひん) 상품 | マナー 매너 | 実用的(じつようてき)だ 실용적이다 | 対応(たいおう) 대응 | ロールプレイ 롤플레이 | 業務(ぎょうむ) 업무 | 限界(げんかい) 한계 | 単調(たんちょう)だ 단

조롭다 | 掴(つか)む 잡다, 쥐다, 파악하다 | 斬新(ざんしん)だ 참신하다 | 団結力(だんけつりょく) 단결력 | 評判(ひょうばん) 평판 | 実践(じっせん) 실전 | 参考(さんこう) 참고 | 直接(ちょくせつ) 직접

🎧 모의고사1_문제2_5번.mp3

テレビでアナウンサーと男の人がある野球チームについて話しています。男の人はどうしてこのチームに注目していますか。

F：今日は野球解説者の小林さんに今年の優勝チームを予想していただききたいと思います。早速なんですが、注目すべきチームはどちらでしょうか。
M：はい、皆さん、驚かれるかもしれませんが、私は大阪エンゼルスに注目しています。
F：確か、昨年はリーグ最下位でしたよね。
M：おっしゃる通りです。昨年は監督が就任したばかりだったので選手との息が合わなかったり、怪我人も続出したりして残念な結果を迎えました。
F：はい。
M：ところがですね。今年からトップクラスの外国人選手が3人も加入することになったので期待できそうです。
F：そうなんですか。
M：ええ、ですからそんな選手たちが若手メンバーの刺激になって、チーム全体の戦力をあげることができれば、今年は優勝も夢ではないと思います。
F：なるほど、今後の試合が楽しみですね。

5 男の人はどうしてこのチームに注目していますか。

1 新しい監督が就任したから
2 新しい選手が加わったから
3 若手選手の実力が上昇したから
4 監督と選手の息が合ってきたから

해석 텔레비전에서 아나운서와 남자가 어떤 야구팀에 대해 이야기하고 있습니다. 남자는 어째서 이 팀에 주목하고 있습니까?

F：오늘은 야구 해설자인 고바야시 씨에게 올해의 우승 팀을 예상해 받고 싶다고 생각합니다. 갑작스럽겠지만, 주목해야 할 팀은 어느 쪽입니까?
M：네, 여러분 놀라실지도 모릅니다만, 저는 오사카 엔젤스에 주목하고 있습니다.
F：분명 작년은 리그 최하위였죠?
M：말씀하신 대로입니다. 작년은 감독이 취임한 얼마 되지 않았기 때문에 선수와의 호흡이 맞지 않거나 부상자도 속출하거나 해서 안타까운 결과를 맞이했습니다.
F：네.
M：그런데 말이죠. 올해부터 톱클래스 외국인 선수가 3명이나 가입하게 되었기 때문에 기대할 수 있을 것 같습니다.
F：그래요?
M：네, 그러니까 그런 선수들이 젊은 멤버들의 자극이 되어서 팀 전체의 전력을 올릴 수 있다면 올해는 우승도 꿈이 아니라고 생각합니다.
F：과연, 앞으로의 시합이 기대되네요.

남자는 어째서 이 팀에 주목하고 있습니까?

1 새로운 감독이 취임했기 때문에
2 새로운 선수가 더해졌기 때문에
3 젊은 선수의 실력이 상승했기 때문에
4 감독과 선수의 호흡이 맞기 시작했기 때문에

해설 남자는 ところがですね。今年からトップクラスの外国人選手が3人も加入することになったので期待できそうです。(그런데 말이죠. 올해부터 톱클래스 외국인 선수가 3명이나 가입하게 되었기 때문에 기대할 수 있을 것 같습니다.)라고 말하며 외국인 선수 3명의 가입에 따라 팀 전원의 전력이 올라갈 것이라고 예상하고 있으므로 2번이 정답이다. 새로운 감독이 취임하면서 호흡이 맞지 않았다고 했으므로 1번은 정답이 아니고, 젊은 선수의 실력이 아직 상승한 것이 아니므로 3번도 정답이 아니다. 감독과 선수의 호흡이 맞기 시작했다는 언급은 하지 않고 있으므로 4번도 정답이 아니다.

단어 解説(かいせつ) 해설 | 優勝(ゆうしょう) 우승 | 早速(さっそく) 즉시 | リーグ 리그 | 最下位(さいかい) 최하위 | 監督(かんとく) 감독 | 就任(しゅうにん) 취임 | 息(いき)が合(あ)わない 호흡이 맞지 않다 | 怪我人(けがにん) 부상자, 다친 사람 | 続出(ぞくしゅつ) 속출 | 若手(わかて) 젊은 사람 | 刺激(しげき) 자극 | 戦力(せんりょく) 전력 | 上昇(じょうしょう) 상승

🎧 모의고사1_문제2_6번.mp3

講演会でスポーツ指導の専門家が話しています。専門家はスポーツに伴う食事管理で大切なことは何だと言っていますか。

F：プロのスポーツ選手というと、運動だけでなく食事管理を徹底的にやっているイメージがありますよね。SNSで有名選手の食事が話題になっていたりします。そして、そんな彼らに憧れて全く同じように食生活を真似する人々も多いようです。ですが、極端な成功例を参考にした無理な減量や偏った食事で、病院生活を余儀なくされる人も多いんです。健康状態や体脂肪率、運動量は人それぞれ異なるので自分の体質をしっかりと見極めたうえで、適切な食事管理プランを練らないといけません。もちろん、参考にする程度なら構いませんが、無理に真似することだけは避けてもらいたいです。

6 専門家はスポーツに伴う食事管理で大切なことは何だと言っていますか。

1 食生活を徹底的に管理すること
2 プロの食事管理を真似すること
3 偏った食事を取らないこと
4 自分なりの方法を発見すること

해석 강연회에서 스포츠 지도 전문가가 이야기하고 있습니다. 전문가는 스포츠에 따른 식사 관리에서 중요한 것은 무엇이라고 말하고 있습니까?

F : 프로 스포츠 선수라고 하면 운동뿐만이 아니라 식사 관리를 철저하게 하고 있는 이미지가 있죠? SNS에서 유명 선수의 식사가 화제가 되고 있거나 합니다. 그리고 그런 그들을 동경해서 완전 똑같이 식생활을 흉내 내는 사람들도 많은 것 같습니다. 하지만 극단적인 성공 사례를 참고로 한 무리한 체중 감량이나 치우친 식사로 어쩔 수 없이 병원 생활을 하게 되는 사람도 많습니다. 건강 상태나 체지방률, 운동량은 사람마다 다르기 때문에 자신의 체질을 확실히 확인하고 나서 적절한 식사 관리 플랜을 짜지 않으면 안 됩니다. 물론 참고로 하는 정도라면 상관없습니다만, 무리하게 흉내 내는 것만은 피해 주었으면 합니다.

전문가는 스포츠에 따른 식사 관리에서 중요한 것은 무엇이라고 말하고 있습니까?

1 식생활을 철저하게 관리하는 것
2 프로의 식단 관리를 흉내 내는 것
3 치우친 식사를 하지 않는 것
4 자기 나름의 방법을 발견하는 것

해설 전문가는 건강상태나 체지방률, 운동량은 사람마다 다르므로 자신의 체질을 잘 파악한 후에, 적절한 식사관리 플랜을 짜내지 않으면 안 됩니다. (건강 상태나 체지방률, 운동량은 사람마다 다르기 때문에 자신의 체질을 확실히 확인하고 나서 적절한 식사 관리 플랜을 짜지 않으면 안 됩니다.)라고 했으므로 4번이 정답이다. 프로 운동선수가 식단을 철저히 하는 이미지가 있다고만 했으므로 1번은 정답이 아니고, 프로를 동경해서 식단을 흉내 내면 병원 생활을 할 수도 있다고 했으므로 2, 3번도 정답이 아니다.

단어 〜に伴(ともな)う+명사 〜에 따른 | 徹底的(てっていてき)에 철저하게 | 憧(あこが)れる 동경하다 | 極端(きょくたん)だ 극단적이다 | 参考(さんこう) 참고 | 減量(げんりょう) 감량 | 偏(かたよ)る (한쪽으로) 치우치다, 기울다 | 〜を余儀(よぎ)なくされる 어쩔 수 없이 〜하게 되다 | 状態(じょうたい) 상태 | 体脂肪率(たいしぼうりつ) 체지방률 | 体質(たいしつ) 체질 | 見極(みきわ)める 끝까지 지켜보다, 확인하다 | 適切(てきせつ)だ 적절하다 | プラン 플랜, 계획 | 練(ね)る 반죽하다, (계획을) 짜다 | 程度(ていど) 정도 | 避(さ)ける 피하다

문제3 문제3에서는, 문제 용지에 아무것도 인쇄되어 있지 않습니다. 이 문제는, 전체로서 어떤 내용인지를 듣는 문제입니다. 이야기 전에 질문은 없습니다. 먼저 이야기를 들어주세요. 그리고, 질문과 선택지를 듣고, 1부터 4 중에서, 가장 알맞은 것을 하나 고르세요.

🎧 모의고사1_문제3_예시.mp3

テレビで映画監督が話しています。

M : 今回の作品は、私にとって初めてのミュージカル映画です。大きな挑戦でしたが、原作となったミュージカル舞台は私が一番好きな作品だったので、原作に忠実にしつつも自分が見て思ったことを予算の限り、最大限に表現しようと思いました。例えば、舞台であれば、使える演出技術が限られているので消極的に感情を表現せざるを得ない部分があったのですが、映画では悲しいシーンで雨を降らせたり、俳優の表情をもっと近くで映したりして悲しさを様々な方法で表現してみました。逆に嬉しい感情のシーンはただ笑っているところを映すだけでなく、空から花びらをまいたり、しまいには花火を打ち上げたりもしました。こうすることで映画を見る観客たちにも感情がより強く伝わると思ったんです。

예시 映画監督は何について話していますか。

1 初めて見たミュージカル
2 ミュージカル映画の楽しみ方
3 ミュージカル映画制作にかかる予算
4 映画で最も気を使ったところ

해석 텔레비전에서 영화감독이 이야기하고 있습니다.

M : 이번 작품은 저에게 있어서 첫 뮤지컬 영화입니다. 큰 도전이었습니다만, 원작이 된 뮤지컬 무대는 제가 가장 좋아하는 작품이었기 때문에 원작에 충실하면서도 자신이 보고 생각한 것을 예산의 한도에서 최대한으로 표현하려고 생각했습니다. 예를 들어 무대라면 사용할 수 있는 연출 기술이 한정되어 있기 때문에 소극적으로 감정을 표현하지 않을 수밖에 없는 부분이 있었지만, 영화에서는 슬픈 장면에서 비를 내리게 하거나 배우의 표정을 조금 더 가깝게 비추거나 해서 슬픔을 다양한 방법으로 표현해 봤습니다. 반대로 기쁜 감정의 장면은 단지 웃고 있는 부분을 비출 뿐만 아니라 하늘에서 꽃잎을 뿌리거나 마지막에는 불꽃을 쏘아 올리거나도 했습니다. 이렇게 하는 것으로 영화를 보는 관객들에게도 감정이 보다 강하게 전해질 거라고 생각한 것입니다.

영화감독은 무엇에 대해 이야기하고 있습니까?

1 처음 본 뮤지컬
2 뮤지컬 영화의 즐기는 방법
3 뮤지컬 영화 제작에 드는 예산
4 영화에서 가장 신경을 쓴 부분

해설 영화감독은 원작에 충실하면서도 자신이 보고 생각한 것을 예산의 한도에서, 최대한으로 표현하려고 생각했습니다. (원작에 충실하면

서도 자신이 보고 생각한 것을 예산의 한도에서 최대한으로 표현하려고 생각했습니다.)라고 말한 뒤에 영화에서 가장 신경을 쓴 부분에 대해서 계속 설명하고 있으므로 4번이 정답이다. 처음 보았던 뮤지컬을 영화로 만들었다고 했지만 주된 내용은 아니므로 1번은 정답이 아니고, 뮤지컬 영화를 즐기는 방법에 대해서는 언급하고 있지 않으므로 2번도 정답이 아니다. 예산 한도 내에서 다양한 연출을 했다고는 언급했지만 주된 내용은 아니므로 정답이 아니다.

단어 監督(かんとく) 감독 | ミュージカル 뮤지컬 | 原作(げんさく) 원작 | 舞台(ぶたい) 무대 | 忠実(ちゅうじつ) 충실 | ～つつ(も) ~하면서(도) | 演出(えんしゅつ) 연출 | 技術(ぎじゅつ) 기술 | ～ざるを得(え)ない ~하지 않을 수 없다, ~하지 않으면 안 된다 | 俳優(はいゆう) 배우 | 花(はな)びら 꽃잎 | まく (씨를) 뿌리다, 파종하다 | しまい 끝, 마지막 | 打(う)ち上(あ)げる 쳐올리다, 쏘아 올리다 | 観客(かんきゃく) 관객 | 制作(せいさく) 제작

🎧 모의고사1_문제3_1번.mp3

テレビで西田市の市長が話しています。

M：西田市立公園は、毎年多くの人が訪れる人気の観光スポットで、季節ごとに多彩なアクティビティが楽しめます。その中でも断然一位は夏の川遊びでした。しかし、先週の大雨の影響で川の流れが非常に速くなったため、気象庁からの警告も受けています。ですので、皆様の安全のために川付近への接近をしばらくの間禁止させていただくことになりました。川遊びやバーベキューを楽しみにしてくださっていた皆様には大変申し訳ありませんが、どうかご理解とご協力をお願い致します。8月3日には開放する予定ですが、またこの1週間で降水量が減らなければ延期となります。詳しい予定はホームページにてお知らせいたしますのでご確認ください。

1 市長は何について話していますか。
1 西田市立公園の魅力
2 川遊びの危険性
3 アクティビティの人気ランキング
4 川への立ち入り禁止のお知らせ

해석 텔레비전에서 니시다 시의 시장이 이야기하고 있습니다.
M：니시다 시립 공원은 매년 많은 사람이 방문하는 인기 관광 스폿으로 계절마다 다채로운 액티비티를 즐길 수 있습니다. 그중에서도 단연 1위는 여름 물놀이었습니다. 하지만 지난주의 큰 비의 영향으로 강의 흐름이 매우 빨라졌기 때문에 기상청으로부터의 경고도 받고 있습니다. 그러므로 여러분의 안전을 위해서 강 부근으로의 접근을 당분간 금지하기로 했습니다. 물놀이나 바비큐를 기대해 주시고 있었던 여러분에게는 대단히 죄송합니다만, 부디 이해와 협력을 부탁드립니다. 8월 3일에는 개방할 예정입니다만, 또 이 일주일 사이에 강수량이 줄지 않으면 연기가 됩니다. 자세한 예정은 홈페이지에서 알려드릴 테니 확인해 주세요.

시장은 무엇에 대해 이야기하고 있습니까?
1 니시다 시립공원의 매력
2 물놀이의 위험성
3 액티비티의 인기 랭킹
4 강 출입 금지의 알림

해설 시장은 니시다 시립 공원이 지난주 폭우의 영향으로 강의 흐름이 빠른 상태이고 기상청의 경고도 받아서 당분간 강 부근의 접근을 금지하겠다고 하면서 ですので、皆様の安全のために川付近への接近をしばらくの間禁止させていただくことになりました。(그러므로 여러분의 안전을 위해서 강 부근으로의 접근을 당분간 금지하기로 했습니다.)라고 했으므로 4번이 정답이다. 니시다 시립 공원의 매력에 대해서 언급하고 있지만 주된 내용은 아니므로 1번은 정답이 아니고, 물놀이의 위험성에 대해서는 언급하고 있지 않으므로 2번도 정답이 아니다. 액티비티의 인기 랭킹에 대해서도 언급하고 있지 않으므로 3번도 정답이 아니다.

단어 訪(おとず)れる 방문하다, 찾아오다 | スポット 스폿, 장소, 지점 | 多彩(たさい)だ 다채롭다 | アクティビティ 액티비티 | 断然(だんぜん) 단연 | 影響(えいきょう) 영향 | 非常(ひじょう)に 매우, 상당히 | 気象庁(きしょうちょう) 기상청 | 警告(けいこく) 경고 | 付近(ふきん) 부근 | 接近(せっきん) 접근 | バーベキュー 바비큐 | 降水量(こうすいりょう) 강수량 | 延期(えんき) 연기 | 詳(くわ)しい 상세하다, 잘 알다 | 魅力(みりょく) 매력 | ランキング 랭킹, 순위, 등급 | 立(た)ち入(い)り 출입

🎧 모의고사1_문제3_2번.mp3

テレビで植物の専門家が竹について話しています。

M：えーと、竹は成長の速さが特徴でピークのときは一日に1メートルも成長します。その分、二酸化炭素を吸収して酸素を出すリサイクルが早くなるので地球温暖化防止に効果的だと言われています。しかし、成長が速いことが必ずしもいいことばかりではありません。竹は急速に広がるので適切に管理しないと他の植物や周囲の環境に影響を与えることがあります。既に植えられている植物の上に竹が生えてきて小さな花や草などがそのまま潰れて死んでしまうこともあります。それから他の樹木に比べて根を浅く張るので、土が支えきれずに崩れて、土砂崩れを引き起こす原因にもなります。特に急斜面で竹が集中していると、地面が不安定になりやすいです。もちろん、いいところもありますが、育てるには持続的な管理と注意が必要なのです。

2 専門家は何について話していますか。

1 竹の成長速度
2 竹の良いところ
3 竹を管理する方法
4 **竹で起こる問題**

해석 텔레비전에서 식물 전문가가 대나무에 대해서 이야기하고 있습니다.

M：음, 대나무는 성장 속도의 빠름이 특징이며 피크일 때는 하루에 1미터나 성장합니다. 그만큼 이산화탄소를 흡수해서 산소를 내뿜는 리사이클이 빨라지기 때문에 지구 온난화 방지에 효과적이라고 말해지고 있습니다. 하지만 성장이 빠르다는 것이 반드시 좋은 것만은 아닙니다. 대나무는 급속히 퍼지기 때문에 적절하게 관리하지 않으면 다른 식물이나 주위 환경에 영향을 주는 경우가 있습니다. 이미 심어져 있는 식물 위에 대나무가 자라기 시작해서 작은 꽃이나 풀 등이 그대로 찌부러져서 죽어 버리는 경우도 있습니다. 그리고 다른 수목에 비해서 뿌리를 얕게 내리기 때문에 흙이 전부 지탱하지 못하고 무너져서 토사 붕괴를 일으키는 원인도 됩니다. 특히 급경사면에 대나무가 집중되어 있으면 지면이 불안정해지기 쉽습니다. 물론 좋은 점도 있습니다만, 키우기 위해서는 지속적인 관리와 주의가 필요한 것입니다.

전문가는 무엇에 대해 이야기하고 있습니까?

1 대나무의 성장 속도
2 대나무의 좋은 점
3 대나무를 관리하는 방법
4 대나무로 일어나는 문제

해설 전문가는 しかし、成長が速いことが必ずしもいいことばかりではありません。(하지만 성장이 빠르다는 것이 반드시 좋은 것만은 아닙니다.)라고 말하면서 대나무의 성장이 빨라서 생기는 문제에 대해서 이야기하고 있으므로 4번이 정답이다. 대나무의 성장 속도에 대해서 언급하고 있지만 주된 내용은 아니므로 1번은 정답이 아니고, 대나무가 지구 온난화 방지에 좋다고 이야기하고 있지만 주된 내용은 아니므로 2번도 정답이 아니다. 대나무의 관리 방법은 언급하고 있지 않으므로 4번도 정답이 아니다.

단어 特徴(とくちょう) 특징 | ピーク 피크, 최고조, 절정 | 二酸化炭素(にさんかたんそ) 이산화탄소 | 酸素(さんそ) 산소 | 温暖化(おんだんか) 온난화 | 防止(ぼうし) 방지 | 必(かなら)ずしも～ない 반드시 ~것은 아니다 | 急速(きゅうそく)に 급속히 | 適切(てきせつ)に 적절하게 | 周囲(しゅうい) 주위 | 影響(えいきょう) 영향 | 既(すで)に 이미, 벌써 | 生(は)える 나다, 자라나다 | 潰(つぶ)れる 찌부러지다, 망하다 | 樹木(じゅもく) 수목 | 根(ね) 뿌리 | 支(ささ)える 지탱하다 | ～きれない 다 ~할 수 없다 | 崩(くず)れる 무너지다 | 土砂崩(どしゃくず)れ 토사 붕괴 | 引(ひ)き起(お)こす 일으키다 | 急斜面(きゅうしゃめん) 급사면, 급경사면 | 持続的(じぞくてき)だ 지속적이다

🎧 모의고사1_문제3_3번.mp3

ビジネスセミナーで社長が話しています。

F：皆さんは、選択を前にして何を選ぶべきか悩んだり、迷ったりしたことはありませんか。時には、悩みに悩んで選択したことの結果と何も考えずにぱっと選んだことの結果には大差がなかったりします。私も新人の頃、失敗を恐れて優柔不断になってしまうことが多々ありました。そんな時に私の恩師が「自分が選んだことだから、あとはそれを信じて精一杯やるだけだ」と一声かけてくれたのがとても心に響いたんです。人は人生の中で何かを選択しなければならない場面にたくさん遭遇します。その選択には実は正解は無く、選んだその選択肢を「これで良かった」と思えるように行動に移して、やり抜けるかどうかが鍵なのです。

3 社長は何について話していますか。

1 **行動することの大切さ**
2 選択することを恐れる理由
3 人生で選択しなければいけないこと
4 物事の成敗を決める選択方法

해석 비즈니스 세미나에서 사장이 이야기하고 있습니다.

F：여러분은 선택을 앞에 두고 무엇을 선택해야 할지 고민하거나 망설이거나 했던 적은 없습니까? 때로는 고민하고 고민해서 선택한 것의 결과와 아무것도 생각하지 않고 확 선택한 것의 결과에는 큰 차이가 없거나 합니다. 저도 신인 시절, 실패를 두려워해서 우유부단해져버리는 경우가 많이 있었습니다. 그럴 때에 저의 은사님이 "자신이 선택한 일이니까 나머지는 그것을 믿고 힘껏 할 뿐이다"라고 한마디해 주신 것이 매우 마음에 울렸습니다. 사람은 인생 속에서 무언가를 선택하지 않으면 안 되는 장면에 많이 조우합니다. 그 선택에는 사실은 정답은 없고 선택했던 그 선택지를 "이걸로 됐어"라고 생각할 수 있도록 행동으로 옮겨서 끝까지 해낼 수 있을지 어떨지가 관건인 것입니다.

사장은 무엇에 대해서 이야기하고 있습니까?

1 행동하는 것의 중요함
2 선택하는 것을 두려워하는 이유
3 인생에서 선택하지 않으면 안 되는 것
4 모든 일의 성패를 결정하는 선택 방법

해설 사장은 選んだその選択肢を「これで良かった」と思えるように行動に移して、やり抜けるかどうかが鍵なのです。(선택했던 그 선택지를 "이걸로 됐어"라고 생각할 수 있도록 행동으로 옮겨서 끝까지 해낼 수 있을지 어떨지가 관건인 것입니다.)라고 말하고 있으므로 1번이 정답이다. 선택하는 것을 두려워하는 이유에 대해서

는 언급하고 있지 않으므로 2번은 정답이 아니고, 사람은 인생에서 무언가 선택하지 않으면 안 되는 장면에 많이 조우한다고만 이야기 했으므로 3번도 정답이 아니다. 모든 일의 성패를 결정하는 선택 방법에 대해서 언급하고 있지 않으므로 4번도 정답이 아니다.

단어 大差(たいさ) 큰 차이 | 恐(おそ)れる 두려워하다, 겁내다 | 優柔不断(ゆうじゅうふだん) 우유부단 | 恩師(おんし) 은사 | 精一杯(せいいっぱい) 최대한, 힘껏 | 一声(ひとこえ) 한 소리, 한마디 | 響(ひび)く 울리다 | 遭遇(そうぐう) 조우, 우연히 만남 | 正解(せいかい) 정답 | やり抜(ぬ)ける 끝까지 해내다, 완수하다 | 物事(ものごと) 세상만사의 일, 모든 일 | 成敗(せいはい) 성패

🎧 모의고사1_문제3_4번.mp3

大学で先生が話しています。

M：温暖な地域では鮮やかな色や模様をした昆虫が多く見られます。派手なので天敵から見つかりやすく生存が大変そうにも思えますが、実はそうではないんです。なぜなら天敵を威嚇する役割を果たすからです。「自身に手を出すと危険が及ぶぞ」と警告を発し、身の安全を確保しようとするのです。また、派手な色で毒があるように見せかけることで、生存率を上げる昆虫もいます。こういった昆虫の中には、実際に毒を持っている昆虫も持ってない昆虫もいますが、毒のない昆虫がこの特徴を活かして敵から身を守ったり戦ったりするのです。

4 先生の話のテーマは何ですか。
1 暖かい地域の昆虫の特徴
2 派手な昆虫の特徴と生存率の関連性
3 毒のない昆虫の生存方法
4 派手な昆虫の模様と昆虫の天敵

해석 대학에서 선생님이 이야기하고 있습니다.

M：온난한 지역에서는 선명한 색이나 무늬를 한 곤충이 많이 보입니다. 화려하기 때문에 천적으로부터 발견되기 쉬워서 생존이 힘들어 보이지만 실은 그렇지 않습니다. 왜냐하면 천적을 위협하는 역할을 다하기 때문입니다. "나에게 손을 대면 위험이 미칠 거야"라고 경고를 발하며 몸의 안전을 확보하려고 하는 것입니다. 또한 화려한 색으로 독이 있는 것처럼 보이게 하는 것으로 생존율을 올리는 곤충도 있습니다. 이러한 곤충 중에는 실제로 독을 가지고 있는 곤충도 가지고 있지 않은 곤충도 있습니다만, 독이 없는 곤충이 이 특징을 살려서 적으로부터 몸을 지키거나 싸우거나 하는 것입니다.

선생님의 이야기의 테마는 무엇입니까?
1 따뜻한 지역의 곤충의 특징
2 화려한 곤충의 특징과 생존율의 관련성
3 독이 없는 곤충의 생존 방법
4 화려한 곤충의 무늬와 곤충의 천적

해설 선생님은 派手なので天敵から見つかりやすく生存が大変そうにも思えますが、実はそうではないんです。なぜなら天敵を威嚇する役割を果たすからです。(화려하기 때문에 천적으로부터 발견되기 쉬워서 생존이 힘들어 보이지만 실은 그렇지 않습니다. 왜냐하면 천적을 위협하는 역할을 다하기 때문입니다.)라고 말하며 화려한 곤충의 특징과 생존율의 관련성에 대해서 이야기를 하고 있으므로 2번이 정답이다. 따뜻한 지역의 곤충의 특징이 테마가 아니므로 1번은 정답이 아니고, 독이 없는 곤충은 예시로만 등장을 했으므로 3번도 정답이 아니다. 곤충의 천적에 대해서 언급하고 있지 않으므로 4번도 정답이 아니다.

단어 温暖(おんだん)だ 온난하다 | 鮮(あざ)やかだ 선명하다 | 模様(もよう) 무늬, 모양 | 昆虫(こんちゅう) 곤충 | 派手(はで)だ 화려하다 | 天敵(てんてき) 천적 | 生存(せいぞん) 생존 | 威嚇(いかく) 위협 | 役割(やくわり) 역할 | 果(は)たす 완수하다, 다하다 | 警告(けいこく) 경고 | 発(はっ)する 발하다 | 確保(かくほ) 확보 | 見(み)せかける 겉으로만 그럴싸하게 보이게 하다, 겉을 꾸미다 | 特徴(とくちょう) 특징 | 戦(たたか)う 싸우다, 전쟁하다

🎧 모의고사1_문제3_5번.mp3

講演会で宇宙科学の専門家が話しています。

F：夜空を見上げると、たくさんの星が光っていてとても綺麗ですよね。実は今私たちが見ている星は、何年も前の姿なのかもしれません。我々は光が反射されたものを目で捉えて、脳で認識しています。光は、1秒間に地球を7周半回る速さで私たちの目に届いています。そのおかげで、日常生活においては支障なく、その時起こっている現象をすぐ認識することができるのです。しかし、地球とその星の間には想像を超えるくらい長い距離があり、私たちに届くまでに何年もかかっているのです。もしかすると、今見えている星は、過去のものである可能性だってあるのです。

5 専門家は何について話していますか。
1 何年前からの星の歴史
2 星が光っている原理
3 現在見ている星の状態
4 私たちの目に星が見える理由

해석 강연회에서 우주 과학 전문가가 이야기하고 있습니다.

F：밤하늘을 올려다보면 많은 별이 빛나고 있어서 매우 아름답죠? 실은 지금 우리가 보고 있는 별은 몇 년이나 전의 모습일지도 모

릅니다. 우리는 빛이 반사되었던 것을 눈으로 포착해서 뇌로 인식하고 있습니다. 빛은 1초 사이에 지구를 7바퀴 반을 도는 속도로 우리의 눈에 도달하고 있습니다. 그 덕분에 일상생활에 있어서는 지장 없이 그때 일어나고 있는 현상을 바로 인식할 수 있습니다. 그러나 지구와 그 별 사이에는 상상을 넘을 정도로 긴 거리가 있고 우리에게 닿기까지 몇 년이나 걸리고 있습니다. 어쩌면 지금 보고 있는 별은 과거의 것일 가능성도 있는 것입니다.

전문가는 무엇에 대해 이야기하고 있습니까?

1 몇 년 전부터의 별의 역사
2 별이 빛나고 있는 원리
3 현재 보고 있는 별의 상태
4 우리들의 눈에 별이 보이는 이유

해설 전문가는 もしかすると、今見えている星は、過去のものである可能性だってあるのです。(어쩌면 지금 보고 있는 별은 과거의 것일 가능성도 있는 것입니다.)라고 말하면서 지금 보고 있는 별의 모습은 과거의 모습이며 실제로는 더 이상 빛나지 않을 가능성도 있다고 이야기하고 있으므로 3번이 정답이다. 별의 역사에 대해서는 이야기하고 있지 않으므로 1번은 정답이 아니고, 별이 빛나는 원리 또한 언급하고 있지 않으므로 2번도 정답이 아니다. 별이 보이는 이유에 대해서 언급하고 있지만 주된 내용은 아니므로 4번도 정답이 아니다.

단어 夜空(よぞら) 밤하늘 | 見上(みあ)げる 우러러보다, 올려다보다 | 反射(はんしゃ) 반사 | 捉(とら)える 잡다, 파악하다, 포착하다 | 脳(のう) 뇌 | 認識(にんしき) 인식 | 支障(ししょう) 지장 | 現象(げんしょう) 현상 | 想像(そうぞう) 상상 | 超(こ)える (수량, 기준 등을) 넘다 | 距離(きょり) 거리 | 原理(げんり) 원리 | 状態(じょうたい) 상태

문제4 문제4에서는, 문제 용지에 아무것도 인쇄되어 있지 않습니다. 먼저 문장을 들어 주세요. 그리고, 그것에 대한 대답을 듣고, 1부터 3 중에서, 가장 알맞은 것을 하나 고르세요.

🎧 모의고사1_문제4_예시.mp3

예시 山田さん、資料の件だけど、新しいデータに書き換えてくれた？

1 はい。古いデータに変えました。
2 書き換えてくださったんですね。
3 はい、もちろんばっちりです。

해석 야마다 씨, 자료 건 말인데 새로운 데이터로 고쳐 써 주었어?

1 네. 오래된 데이터로 바꿨습니다.
2 고쳐 써 주셨군요.
3 네, 물론 완벽합니다.

해설 새로운 데이터로 고쳐 썼는지에 대한 대답을 고르는 문제이다. 이에 알맞은 대답은 완벽하게 했다고 대답한 3번이 정답이다. 1번은 반대된 행동을 한 것이므로 정답이 아니고, 2번은 상대방이 해 주었을 때 하는 말이므로 정답이 아니다.

단어 書(か)き換(か)える 고쳐 쓰다, 다시 쓰다 | ばっちり 결과가 잘 되어 가는 모양

🎧 모의고사1_문제4_1번.mp3

1 今日出された課題、今週の金曜日までに間に合いそうもないよ。

1 そうだね。本当よかったよ。
2 まだ全然余裕あるね。
3 うん。でも頑張るしかないよ。

해석 오늘 나온 과제, 이번 주 금요일까지 시간에 못 맞출 것 같아.

1 그렇네. 정말 다행이야.
2 아직 완전 여유 있네.
3 응. 하지만 열심히 하는 수밖에 없어.

해설 과제를 금요일까지 제출하지 못할 거 같다는 말에 대한 대답을 고르는 문제이다. 일정이 촉박하지만 열심히 할 수밖에 없다고 이야기한 3번이 정답이다. 1번은 금요일까지 시간에 맞출 수 있는 상황에서 하는 대답이므로 정답이 아니고, 2번은 과제 제출일까지 일정에 여유가 있을 때 하는 대답이므로 정답이 아니다.

단어 課題(かだい) 과제 | 余裕(よゆう) 여유

🎧 모의고사1_문제4_2번.mp3

2 書類選考に落ちて、むしゃくしゃしています。

1 え？何を食べたんですか。
2 それは不機嫌になりますね。
3 合格したんですね。おめでとうございます。

해석 서류 전형에 떨어져서 기분이 언짢아요.

1 네? 무엇을 먹었나요?
2 그건 기분이 좋지 않겠네요.
3 합격했군요. 축하합니다.

해설 전형에서 떨어져서 기분이 좋지 않은 상황에 대한 대답을 고르는 문제이다. 기분이 좋지 않겠다고 대답한 2번이 정답이다. 1번은 상황에 맞지 않는 대답이므로 정답이 아니고, 3번은 상대방이 전형에 붙었을 때의 대답이므로 정답이 아니다.

단어 選考(せんこう) 선고, 전형 | むしゃくしゃ 화가 나서 마음이 개운치 않음, 기분이 언짢음 | 不機嫌(ふきげん)だ 언짢다, 기분이 좋지 않다

🎧 모의고사1_문제4_3번.mp3

3 明日の企業説明会の資料、先に目を通しておいてね。

1 ええ、もう一度確認しておきます。

2 ええ、やっていることが裏目に出たんです。
3 ええ、明日まで資料をまとめておきます。

해석 내일 기업설명회 자료, 먼저 눈으로 훑어봐 둬.

1 네 한 번 더 확인하겠습니다.
2 네 하고 있는 일이 예상이 틀어졌습니다.
3 네, 내일까지 자료를 정리해 두겠습니다.

해설 기업 설명회 자료를 미리 확인해 보라는 말에 대한 대답을 고르는 문제이다. 이에 알맞은 대답은 한 번 더 확인하겠다고 한 1번이 정답이다. 2번은 상황에 맞는 대답이 아니므로 정답이 아니고, 3번은 자료를 정리해 두라는 말에 대한 대답이므로 정답이 아니다.

단어 企業(きぎょう) 기업 | 目(め)を通(とお)す 대강 훑어보다 | 裏目(うらめ)に出(で)る 예상이 틀어지다 | まとめる 하나로 모으다, 정리하다

🎧 모의고사1_문제4_4번.mp3

4 新しいヘアサロンに行ってきたけど、もう二度と訪問するもんかって思った。

1 もう二度も行ったの？
2 へえ、そんなにポイントが貯まったの？
3 え、どこが気に入らなかったの？

해석 새로운 헤어 살롱에 다녀왔는데, 이제 두 번 다시는 방문할까보냐고 생각했어.

1 벌써 두 번이나 갔어?
2 와, 그렇게 포인트가 쌓였어?
3 어? 어디가 마음에 안 들었어?

해설 새로운 헤어 살롱이 마음에 들지 않았다는 말에 대한 대답을 고르는 질문이다. 어디가 마음에 들지 않냐고 물어보는 3번이 정답이다. 1번은 헤어 살롱이 마음에 들었다는 말을 들었을 때의 대답이므로 정답이 아니고, 2번은 포인트가 많이 쌓였다는 말에 대한 반응이므로 정답이 아니다.

단어 ヘアサロン 헤어 살롱 | 訪問(ほうもん) 방문 | ~もんか ~할까보냐 | ポイント 포인트 | 貯(た)まる 모이다

🎧 모의고사1_문제4_5번.mp3

5 恐れ入ります。館内での携帯電話の使用はお控えいただけますか。

1 すみません。折り返し連絡いたします。
2 ええ、どうぞ。遠慮しないでください。
3 はい、大変申し訳ありません。

해석 죄송합니다. 관내에서의 휴대전화 사용은 삼가 주시겠습니까?

1 죄송합니다. 바로 연락하겠습니다.
2 네, 부디. 사양하지 말아주세요.
3 네, 대단히 죄송합니다.

해설 관내에서 휴대전화 사용을 자제해 달라는 상황에 맞는 대답을 고르는 문제이다. 휴대전화 사용에 대해서 사과를 하는 3번이 정답이다. 1번은 지금 전화를 받을 수 없는 상황에서 하는 대답이므로 정답이 아니고, 2번은 상황에 맞는 대답이 아니므로 정답이 아니다.

단어 恐(お)れ入(い)る 황송하다, 송구스러워하다 | 館内(かんない) 관내 | 控(ひか)える 삼가다, 기다리다 | 折(お)り返(かえ)す 되짚어 오다, 답장을 바로 하다

🎧 모의고사1_문제4_6번.mp3

6 生徒に暴力を振るうなんて教師としてあるまじき行為だよね。

1 本当、大人げない行動だよ。
2 へえ、腕はいいんですね。
3 ええ。教師として当たり前のことです。

해석 학생에게 폭력을 휘두르다니 교사로서 있을 수 없는 행위야.

1 정말 어른답지 못한 행동이야.
2 와, 실력은 좋군요.
3 네, 교사로서 당연한 일입니다.

해설 학생에게 폭력을 휘두른 행위를 용서할 수 없다는 의견에 대한 대답을 고르는 질문이다. 이 말에 동의하는 1번이 정답이다. 2, 3번은 상황에 맞는 대답이 아니므로 정답이 아니다.

단어 暴力(ぼうりょく) 폭력 | 振(ふ)るう 휘두르다 | ~まじき 해서는 안 되는 | 行為(こうい) 행위 | 大人(おとな)げない 어른답지 못하다, 점잖지 않다 | 腕(うで) 팔, 솜씨, 실력

🎧 모의고사1_문제4_7번.mp3

7 山田くん、成績クラス一位取ったんだって？やるじゃない？

1 全然やる気になれないよ。
2 ありがとう。次も頑張らないと。
3 へえ、また一位なんてすごいね。

해석 야마다 군, 성적 클래스 1위 차지했다면서? 제법 하잖아?

1 전혀 할 기분이 나지 않아.
2 고마워. 다음도 열심히 하지 않으면.
3 와, 또 1위라니 대단한데.

해설 성적 1위를 차지한 상황에 맞는 대답을 고르는 문제이다. 다음에도 열심히 해야겠다고 대답한 2번이 정답이다. 1번은 상황에 맞는 대답이 아니므로 정답이 아니고, 3번은 1위를 차지했다는 이야기를 들었을 때 하는 대답이므로 정답이 아니다.

단어 やる気(き) 할 의욕, 할 마음 | 一位(いちい)を取(と)る 1등을 차지하다

🎧 모의고사1_문제4_8번.mp3

8 頼んでいたパソコン端末の導入、おそらく2ヶ月は納期がずれ込むようです。

1　そんなに遅くなるのは困ります。
2　やっぱり導入するしかないんですかね。
3　予定通り順調に進んでいますね。

해석　부탁했던 컴퓨터 단말기 도입, 아마 2개월은 납기가 늦춰질 것 같습니다.
　　　1 그렇게 늦어지는 것은 곤란합니다.
　　　2 역시 도입하는 수밖에 없는 건가요?
　　　3 예정대로 순조롭게 진행되고 있네요.

해설　컴퓨터 단말기의 도입이 늦어지고 있는 상황에 대한 대답을 고르는 문제이다. 이에 알맞은 대답은 늦어지면 곤란하다고 대답한 1번이 정답이다. 2번은 도입을 결정해야 하는 상황에 맞는 대답이므로 정답이 아니고, 3번은 도입이 순조롭게 진행될 경우의 대답이므로 정답이 아니다.

단어　端末(たんまつ) 단말 | 導入(どうにゅう) 도입 | おそらく 아마, 어쩌면 | 納期(のうき) 납기 | ずれ込(こ)む 다음 기한으로 넘어가다, 늦춰지다 | 順調(じゅんちょう)に 순조롭게

🎧 모의고사1_문제4_9번.mp3

9 今年度の営業目標、達成したよ。これは山本さんのチームのおかげだと言っても過言じゃないね。

1　すみません、みんなで頑張ったのですが。
2　そのようにお褒め頂き、誠に恐縮です。
3　気を落とさないでください。

해석　이번 연도 영업 목표, 달성했어. 이건 야마모토 씨의 팀 덕분이라고 해도 과언이 아니야.
　　　1 죄송합니다, 다 같이 열심히 했습니다만.
　　　2 그렇게 칭찬해 주셔서 정말로 황송합니다.
　　　3 낙심하지 말아 주세요.

해설　영업 목표를 달성한 것을 칭찬받는 상황에 대한 대답을 고르는 문제이다. 이에 알맞은 대답인 2번이 정답이다. 1번은 영업 목표를 달성하지 못했을 때의 대답이므로 정답이 아니고, 3번은 영업 목표를 달성하지 못해서 낙심하고 있는 사람에게 건네는 대답이므로 정답이 아니다.

단어　営業(えいぎょう) 영업 | 目標(もくひょう) 목표 | 達成(たっせい) 달성 | ~と言(い)っても過言(かごん)ではない ~라고 해도 과언이 아니다 | 恐縮(きょうしゅく) 공축, 죄송스럽게 여김, 황송 | 気(き)を落(お)とす 낙심하다, 실망하다

🎧 모의고사1_문제4_10번.mp3

10 昨日の野球の試合、うちの学校のチームが負けるんじゃないかと思って緊張したよ。

1　惜しく負けちゃって残念だったね。
2　そうそう、今も興奮が収まらないよ。
3　ああ、安心して見てられたよね。

해석　어제 야구 경기, 우리 학교 팀이 지지 않을까 생각해서 긴장했어.
　　　1 아쉽게 져 버려서 안타까웠지.
　　　2 맞아 맞아, 지금도 흥분이 가라앉지 않아.
　　　3 아, 안심하고 볼 수 있었지?

해설　학교 팀이 질까 봐 긴장했다는 말에 대한 대답을 고르는 문제이다. 지금도 흥분이 가라앉지 않는다고 대답한 2번이 정답이다. 1번은 학교 팀이 아쉽게 패배한 상황에 맞는 대답이므로 정답이 아니고, 3번은 상황에 맞는 대답이 아니므로 정답이 아니다.

단어　緊張(きんちょう) 긴장 | 惜(お)しい 아깝다, 아쉽다 | 興奮(こうふん) 흥분 | 収(おさ)まる 수습되다, 해결되다

🎧 모의고사1_문제4_11번.mp3

11 ちょっと休憩しよう。リフレッシュも業務の一環だよ。

1　申し訳ありません。今後気をつけます。
2　入社したばかりで、まだミスだらけです。
3　そうですね。肝に銘じます。

해석　잠시 휴식하자. 리프레시도 업무의 일환이야.
　　　1 죄송합니다. 앞으로 조심하겠습니다.
　　　2 네, 입사한 지 얼마 안 돼서 아직 실수투성입니다.
　　　3 그렇네요. 명심하겠습니다.

해설　잠시 휴식하자는 의견을 들었을 때 하는 대답을 고르는 문제이다. 이에 동의하면서 명심하겠다고 대답한 3번이 정답이다. 1번은 실수를 저지른 뒤에 사과와 반성을 하는 표현이므로 정답이 아니고, 2번은 입사하고 나서 어떻냐는 질문에 대한 대답이기 때문에 정답이 아니다.

단어　休憩(きゅうけい) 휴게, 휴식 | リフレッシュ 리프레시 | 業務(ぎょうむ) 업무 | 一環(いっかん) 일환 | 肝(きも)に銘(めい)じる 마음에 깊이 새기다, 명심하다

문제5　문제5에서는, 긴 이야기를 듣습니다. 이 문제에는 연습은 없습니다. 문제 용지에 메모를 해도 상관없습니다.

1번, 2번　문제 용지에 아무것도 인쇄되어 있지 않습니다. 먼저 이야기를 들어 주세요. 그리고, 질문과 선택지를 듣고, 1부터 4 중에서, 가장 알맞은 것을 하나 고르세요.

🎧 모의고사1_문제5_1번.mp3

ホテルの宿泊施設で職員三人が話しています。

F1：ここ数年、宿泊施設の人材不足に直面していて、何か手を打たないとこのままじゃうちのホテルも成り立たなくなってしまうね。何か対策ない？

M：いくつかの原因があると思いますが、一番の問題は賃金だと思います。賃金をもう少し上げてはどうでしょうか。

F1：確かにね。賃金を上げることが問題解決への近道だけど、経営側として利益の問題もあって、簡単に上げられないよ。

F2：従業員に聞いた話では、不規則な労働時間に不満を持っている人が多いようです。

M：では、定期的に働いている人と面談をして希望スケジュールを聞くのはどうでしょうか。

F1：でも、従業員全員と、それも定期的に面談するのは時間がかかりそうだな。それに勤務時間が昼間に偏ってしまうと思うのよね。夜に勤務するスタッフも一定数必要だし。

F2：そうですよね。では、外国人の従業員を雇うというのはどうでしょうか。日本語の実力が一番の課題だと思いますが、研修を行ったら接客も問題ないと思います。

M：いいですね。外国人の観光客数もこれから増えていくでしょうし、人材確保の面で重要な役割を果たすと思います。加えて、フロント業務に関してはロボットを活用するのもいい方法だと思いますが。

F1：ロボットはまだ活用しない方針でね。観光客のためにもさっきの案が実現できるよう準備をしてみるよ。

1 問題を改善するために今回はどうすることにしましたか。

1 従業員の賃金を上げる
2 従業員と定期的に面談をする
3 外国人労働者を雇う
4 フロントにロボットを導入する

해석　호텔 숙박시설에서 직원 3명이 이야기하고 있습니다.

F1：최근 몇 년, 숙박시설의 인력 부족에 직면해 있어서 뭔가 손을 쓰지 않으면 이대로라면 우리 호텔도 성립할 수 없게 되어 버릴 거야. 무슨 대책 없어?

M：몇 가지 원인이 있다고 생각합니다만 가장 큰 문제는 임금이라고 생각합니다. 임금을 조금 더 올리면 어떨까요?

F1：확실히. 임금을 올리는 것이 문제 해결로의 지름길이지만, 경영 측으로서 이익의 문제도 있어서 간단히 올릴 수 없어.

F2：종업원에게 들었던 이야기로는 불규칙한 노동 시간에 불만을 가지고 있는 사람이 많은 것 같아요.

M：그럼 정기적으로 일하고 있는 사람과 면담을 해서 희망 스케줄을 묻는 건 어떨까요?

F1：하지만 종업원 전원과 그것도 정기적으로 면담하는 건 시간이 걸릴 것 같아. 게다가 근무시간이 낮에 치우쳐 버릴 거라고 생각하거든. 밤에 근무하는 스태프는 일정 수 필요하고.

F2：그렇네요. 그럼 외국인 종업원을 고용하는 것은 어떨까요? 일본어 실력이 가장 큰 과제라고 생각합니다만, 연수를 실시하면 접객도 문제없다고 생각해요.

M：좋네요. 외국인 관광객 수도 앞으로 늘어갈 것이고 인재 확보의 면에서 중요한 역할을 한다고 생각합니다. 더해서 프런트 업무에 관해서는 로봇을 활용하는 것도 좋은 방법이라고 생각하는데요.

F1：로봇은 아직 활용하지 않을 방침이야. 관광객을 위해서도 조금 전 안을 실행할 수 있도록 준비를 해 볼게.

문제를 개선하기 위해서 이번에는 어떻게 하기로 했습니까??

1 종업원의 임금을 올린다
2 종업원과 정기적으로 면담을 한다
3 외국인 노동자를 고용한다
4 프런트에 로봇을 도입한다

해설　여자2는 そうですよね。では、外国人の従業員を雇うというのはどうでしょうか。日本語の実力が一番の課題だと思いますが、研修を行ったら接客も問題ないと思います。(그렇네요. 그럼 외국인 종업원을 고용하는 것은 어떨까요? 일본어 실력이 가장 큰 과제라고 생각합니다만, 연수를 실시하면 접객도 문제없다고 생각해요.)라고 말했고 여자1이 실현할 수 있도록 준비해 보겠다고 했으므로 3번이 정답이다. 직원의 임금을 올리는 것은 이익 문제도 있어서 어렵다고 했으므로 1번은 정답이 아니고, 직원 모두와 면담하는 것은 어렵고 근무 시간이 낮에 치우칠 우려가 있다고 했으므로 2번도 정답이 아니다. 아직은 로봇을 활용하지 않을 방침이라고 했으므로 4번도 정답이 아니다.

단어　施設(しせつ) 시설 | 人材(じんざい) 인재, 인력 | 直面(ちょくめん) 직면 | 手(て)を打(う)つ 손을 쓰다, 대책을 강구하다 | 成(な)り立(た)つ 성립하다 | 対策(たいさく) 대책 | 賃金(ちんぎん) 임금 | 従業員(じゅうぎょういん) 종업원 | 不規則(ふきそく)だ 불규칙하다 | 労働(ろうどう) 노동 | 定期的(ていきてき)に 정기적으로 | 面談(めんだん) 면담 | 希望(きぼう) 희망 | スケジュール 스케줄 | 勤務(きんむ) 근무 | 偏(かたよ)る 치우치다, 기울다 | スタッフ 스태프 | 雇(やと)う 고용하다 | 研修(けんしゅう) 연수 | 接客(せっきゃく) 접객 | 確保(かくほ) 확보 | 役割(やくわり) 역할 | 果(は)たす 완수하다, 다하다 | フロント 프런트, 호텔 등의 접수처 | 活用(かつよう) 활용 | 方針(ほうしん) 방침 | 案(あん) 안, 생각 | 実現(じつげん) 실현 | 改善(かいぜん) 개선 | 導入(どうにゅう) 도입

テレビでアナウンサーが演劇について話しています。

M1：本日ご紹介するのは、4つの演劇です。まず一つ目は『君も一緒に』という演劇です。観客がストーリーに参加でき、演劇の途中でどの展開になってほしいのかをアンケートで答えてもらったら結果をその場で反映します。二つ目は『未来への旅』という迫力のあるバーチャルシアターでの演劇で、特殊な眼鏡をかけて未来の世界を体験することができます。三つ目は『星の子アイ』というAIが作成した演劇です。AIが作る演劇はどのように演出されているのか楽しみですね。そして四つ目は、『ミステリアス』という演劇です。ミステリー事件の犯人は観客の中にいるという設定です。実際に観客の中から一人選び、選ばれた観客には犯人の役を演じてもらいます。この4つの演劇は、それぞれ今までなかった新しいスタイルを導入したものです。皆さん、ぜひ、お楽しみにしてくださいね。

M2：どれも面白そうだな。どれを見に行きたい？僕は特殊な装備で、全く違う世界観を体験できる演劇が見たいな。

F：それも斬新で面白そうだね。私はAIで作った演劇が気になるかも。最近AIでなんでも作れるって話だけど、クオリティーも相当なものらしいよ。どんなものか気になるね。

M2：でもAIはまだストーリーがあまり面白くないって言う人もいるよ。最後のものはどう？参加型演劇ってめったにないと思うよ。

F：ミステリーのものだよね。犯人役に選ばれたらどうしよう。おどおどして何もできない気がするな。

M2：きっとそれが演劇のポイントなんだよ。応援してあげるから一緒に行こう。

F：そうかもね。思い出にもなるだろうし、挑戦しに行ってみるか。

2

質問1 男の人はどの演劇に行きたいと言っていましたか。

1 君も一緒に
2 未来への旅
3 星の子アイ
4 ミステリアス

質問2 二人は週末にどの演劇を見に行くことにしましたか。

1 君も一緒に
2 未来への旅
3 星の子アイ
4 ミステリアス

해석 텔레비전에서 아나운서가 연극에 대해서 이야기하고 있습니다.

M1 : 오늘 소개할 것은 네 개의 연극입니다. 우선 첫 번째는 '너도 함께'라는 연극입니다. 관객이 스토리에 참여할 수 있고 연극 도중에 어떤 전개가 되었으면 좋겠는지 앙케트로 대답해 주면 결과를 그 자리에서 반영합니다. 두 번째는 '미래로의 여행'이라는 박력 있는 버추얼 시어터에서의 연극으로 특수한 안경을 쓰고 미래의 세계를 체험할 수 있습니다. 세 번째는 '별의 자식 아이'라는 AI가 작성한 연극입니다. AI가 만드는 연극은 어떻게 연출되어 있을지 기대되네요. 그리고 네 번째는 '미스테리어스'라는 연극입니다. 미스테리 사건의 범인은 관객 안에 있다는 설정입니다. 실제로 관객 중에서 한 명 선택해서 선택된 관객에게는 범인 역을 연기해 받습니다. 이 네 개의 연극은 각각 지금까지 없었던 새로운 스타일을 도입한 것입니다. 여러분 부디 기대해 주세요.

M2 : 어느 것도 재미있을 것 같아. 어떤 걸 보러 가고 싶어? 나는 특수한 장비로 전혀 다른 세계관을 체험할 수 있는 연극을 보고 싶어.

F : 그것도 참신하고 재밌을 것 같네. 나는 AI로 만든 연극이 궁금할지도. 최근 AI로 뭐든 만들 수 있다고 이야기하던데 퀄리티도 상당한 것 같아. 어떤 것일지 궁금해.

M2 : 하지만 AI는 아직 스토리가 그다지 재미있지 않다고 말하는 사람도 있었어. 마지막 것은 어때? 참가형 연극은 좀처럼 없다고 생각해.

F : 미스테리 물이지? 범인 역에 선택되면 어떡하지? 주뼛주뼛해서 아무것도 할 수 없을 것 같은 느낌이 들어.

M2 : 분명 그게 연극의 포인트야. 응원해 줄 테니까 함께 가자.

F : 그럴지도. 추억도 될 것 같고 도전하러 가 볼까?

질문1 남자는 어느 연극에 가고 싶다고 말했습니까?

1 너도 함께
2 미래로의 여행
3 별의 자식 아이
4 미스테리어스

해설 남자는 僕は特殊な装備で、全く違う世界観を体験できる演劇が見たいな。(나는 특수한 장비로 전혀 다른 세계관을 체험할 수 있는 연극을 보고 싶어.)라고 말하면서 다른 세계관을 체험할 수 있는 연극을 보고 싶다고 했으므로 특수한 안경을 쓰고 미래의 세계를 체험할 수 있는 미래로의 여행이라는 것을 알 수 있다. 따라서 2번이 정답이다.

문2 두 사람은 주말에 어느 연극을 보러 가기로 했나요?

1 너도 함께
2 미래로의 여행
3 별의 자식 아이
4 미스테리어스

해설 남자가 最後のものはどう？参加型演劇ってめったにないと思うよ. (마지막 것은 어때? 참가형 연극은 좀처럼 없다고 생각해.)라고 말하였고 여자도 걱정이 되지만 추억도 될 것 같아서 도전하러 가 보겠다고 했으므로 선택된 관객이 범인 역할을 해야 하는 미스테리어스인 것을 알 수 있다. 따라서 4번이 정답이다.

단어 演劇(えんげき) 연극 | 観客(かんきゃく) 관객 | 展開(てんかい) 전개 | 反映(はんえい) 반영 | 迫力(はくりょく) 박력 | バーチャル 버추얼 | シアター 시어터 | 特殊(とくしゅ)だ 특수하다 | 体験(たいけん) 체험 | 作成(さくせい) 작성 | 演出(えんしゅつ) 연출 | 設定(せってい) 설정 | 演(えん)じる 연기하다 | 導入(どうにゅう) 도입 | 装備(そうび) 장비 | 世界観(せかいかん) 세계관 | 斬新(ざんしん)だ 참신하다 | クオリティー 퀄리티, 품질 | 相当(そうとう)だ 상당하다 | 参加型(さんかがた) 참가형 | めったに~ない 거의, 좀처럼 ~않다 | おどおど 벌벌, 주뼛주뼛 | 応援(おうえん) 응원

모의고사 2회

언어지식(문자·어휘)

문제1	1 ②	2 ③	3 ①	4 ③	5 ④	6 ②
문제2	7 ③	8 ④	9 ③	10 ①	11 ②	12 ④	13 ①
문제3	14 ①	15 ③	16 ③	17 ②	18 ①	19 ④
문제4	20 ④	21 ④	22 ①	23 ③	24 ①	25 ③

언어지식(문법)

문제5	26 ②	27 ①	28 ②	29 ③	30 ④	31 ①	32 ④	33 ①	34 ③
	35 ④								
문제6	36 ②	37 ①	38 ②	39 ④	40 ③
문제7	41 ①	42 ④	43 ①	44 ③

독해

문제8	45 ③	46 ②	47 ④	48 ③
문제9	49 ③	50 ②	51 ②	52 ①	53 ②	54 ③	55 ③	56 ④
문제10	57 ①	58 ①	59 ③
문제11	60 ①	61 ①
문제12	62 ④	63 ①	64 ②
문제13	65 ④	66 ①

청해

문제1	1 ③	2 ①	3 ②	4 ②	5 ④
문제2	1 ④	2 ④	3 ③	4 ②	5 ①	6 ③
문제3	1 ③	2 ①	3 ①	4 ②	5 ④
문제4	1 ②	2 ②	3 ②	4 ②	5 ②	6 ③	7 ①	8 ③	9 ③
	10 ②	11 ②
문제5	1 ④	2 질문1 ① 질문2 ④

모의고사2

언어지식(문자·어휘) 63p

문제1
1 ②   2 ③   3 ①   4 ③   5 ④
6 ②

문제2
7 ③   8 ④   9 ③   10 ①   11 ②
12 ④   13 ①

문제3
14 ①   15 ③   16 ④   17 ②   18 ①
19 ④

문제4
20 ④   21 ④   22 ①   23 ③   24 ①
25 ③

문제1 _____의 말의 읽는 법으로서 가장 알맞은 것을, 1·2·3·4에서 하나 고르세요.

1 모든 정보는 <u>과장</u>되어 있을 가능성이 있으므로 진실의 판별이 필요하다.

해설 誇張는 **2 こちょう**라고 음독으로 읽는다.

단어 情報(じょうほう) 정보 | 誇張(こちょう) 과장 | 可能性(かのうせい) 가능성 | 真実(しんじつ) 진실 | 見極(みきわ)め 끝까지 지켜봄, 확인함, 판단, 판별 | 高著(こうちょ) 고저, 남의 저서의 높임말 | 好調(こうちょう) 호조 | 校長(こうちょう) 교장

2 문제를 해결하기 위해서 대책 위원회가 <u>발족</u>했다.

해설 発足는 **3 ほっそく**라고 음독으로 읽는다. 発는 はつ라는 음독도 있지만, 発足는 ほっそく로 읽어야 한다.

단어 問題(もんだい) 문제 | 解決(かいけつ) 해결 | 対策委員会(たいさくいいんかい) 대책 위원회 | 発足(ほっそく) 발족

3 3개월간 수도요금을 지불하지 않아서 <u>독촉장</u>이 집에 보내져 왔다.

해설 督促状는 **1 とくそくじょう**라고 음독으로 읽는다.

단어 水道(すいどう) 수도 | 料金(りょうきん) 요금 | 支払(しはら)う 지불하다 | 督促(とくそく) 독촉 | ~状(じょう) ~장

4 거짓말만 하는 아들의 태도에 <u>분노</u>를 금할 수 없었다.

해설 憤리는 **3 いきどおり**라고 훈독으로 읽는다.

단어 息子(むすこ) 아들 | 態度(たいど) 태도 | 憤(いきどお)り 분개, 분노 | ~を禁(きん)じ得(え)ない ~을/를 금할 수 없다 | 偽(いつわ)り 거짓, 허구 | 拘(こだわ)り 고집 | 偏(かたよ)り 치우침

5 어려운 문제를 <u>솜씨</u> 좋게 해결 짓는 그를 보고 평범한 사람은 아니라고 생각했습니다.

해설 手際는 **4 てぎわ**라고 훈독으로 읽는다. 手는 しゅ라는 음독과 た라는 훈독도 있지만, 手際에서는 て로 읽어야 한다. 또한 際는 さい라는 음독과 きわ라는 훈독을 갖지만, 手際에서는 ぎわ라는 반탁음이 된다.

단어 難問(なんもん) 난문, 어려운 문제 | 手際(てぎわ) 솜씨, 수완 | 片(かた)づける 치우다, 해결을 짓다 | 平凡(へいぼん)だ 평범하다 | 主催(しゅさい) 주최 | 取材(しゅざい) 취재

6 행복하게 살기 위해서는 지위나 명예에 <u>집착</u>하지 않는 것이다.

해설 執着는 **2 しゅうちゃく**라고 음독으로 읽는다. 執는 しつ라는 음독, 着는 じゃく라는 음독도 있지만, 執着는 しゅうちゃく로 읽어야 한다. 또한, 「しゅうじゃく」로 읽히는 경우도 있지만 이는 불교 용어이며, 일상적으로 쓰는 '집착'은 「しゅうちゃく」라고 읽는다.

단어 地位(ちい) 지위 | 名誉(めいよ) 명예 | 執着(しゅうちゃく) 집착 | ~ことだ ~하는 것이다, ~하는 것이 상책이다 | 失着(しっちゃく) 실착

문제2 ( )에 넣기에 가장 알맞은 것을, 1·2·3·4에서 하나 고르세요.

7 그의 이념에 (공명) 하는 사람은 많다.

1 공존   2 의존
3 공명   4 존재

해설 선택지는 모두 명사이다. 가장 자연스러운 것은 **3 共鳴**이다. 1, 2, 4번은 문맥상 어색하다.

단어 理念(りねん) 이념 | 共鳴(きょうめい) 공명 | 共存(きょうぞん·きょうそん) 공존 | 依存(いぞん·いそん) 의존 | 存在(そんざい) 존재

8 각 시설에 소화기를 (비치하는) 것은 나라에서 정해진 의무입니다.

1 전하다 2 교섭하다
3 중단하다 **4 비치하다**

해설 선택지는 모두 동사이다. 가장 자연스러운 것은 **4 備え付ける**이다. 1, 2, 3번은 문맥상 어색하다.

단어 各(かく)〜 각~ | 施設(しせつ) 시설 | 消火器(しょうかき) 소화기 | 備(そな)え付(つ)ける 비치하다 | 定(さだ)める 정하다 | 義務(ぎむ) 의무 | 取(と)り次(つ)ぐ (용건, 의사 등을) 전하다 | 掛(か)け合(あ)う 교섭하다 | 打(う)ち切(き)る 중단하다

9 이유도 없이 (까닭 없이) 울고 싶어 지는 날이 가끔 있습니다.

1 유난히 2 오로지
3 까닭 없이 4 순간적으로

해설 선택지는 모두 부사이다. 가장 자연스러운 것은 **3 むしょうに**이다. 1, 2, 4번은 문맥상 어색하다.

단어 むしょうに 공연히, 까닭 없이 | とりわけ 유난히, 그 중에서도 | 専(もっぱ)ら 오로지 | とっさに 순간적으로, 즉시, 바로

10 창고에는 기계를 만들기 위한 자재나 부품 등이 많이 (비축) 되어 있습니다.

1 비축 2 경력
3 순환 4 불만

해설 선택지는 모두 카타카나어이다. 문맥상 가장 자연스러운 것은 **1 ストック**이다. 2, 3, 4번은 문맥상 어색하다.

단어 倉庫(そうこ) 창고 | 資材(しざい) 자재 | ストック 스톡, 비축, 재고품 | キャリア 커리어, 경력 | サイクル 사이클, 순환 | クレーム 클레임, 불만

11 지인이라고 생각해서 앞에 걷고 있는 사람을 불렀는데, 전혀 다른 사람이었기 때문에 (민망했다).

1 분주했다 **2 민망했다**
3 무시무시했다 4 폭넓었다

해설 선택지는 모두 い형용사이다. 문맥상 가장 자연스러운 것은 **2 決まり悪かった**이다. 1, 3, 4번은 문맥상 어색하다.

단어 知(し)り合(あ)い 지인 | 決(き)まり悪(わる)い 민망하다 | 慌(あわ)ただしい 분주하다, 어수선하다 | 凄(すさ)まじい 무시무시하다, 굉장하다 | 幅広(はばひろ)い 폭넓다

12 3일간 밤을 새워 만든 사업계획서가 (각하)되었을 때의 기분은 뭐라고 말로 표현할 수 없다.

1 철거 2 암묵
3 회피 **4 각하**

해설 선택지는 모두 명사이다. 문맥상 가장 자연스러운 것은 **4 却下**이다. 1, 2, 3번은 문맥상 어색하다.

단어 徹夜(てつや) 철야, 밤을 새움 | 事業計画書(じぎょうけいかくしょ) 사업계획서 | 却下(きゃっか) 각하, 기각 | 言葉(ことば)にできない 말로 표현할 수 없다 | 撤去(てっきょ) 철거 | 暗黙(あんもく) 암묵 | 回避(かいひ) 회피

13 부장님이 지방에 전근하신다고 하는 이야기는 저도 (언뜻) 들었습니다.

1 언뜻 2 묵직하게
3 싹 4 척척

해설 선택지는 모두 부사이다. 가장 자연스러운 것은 **1 ちらりと**이다. 2, 3, 4번은 문맥상 어색하다.

단어 転勤(てんきん)する 전근하다, 전근가다 | ちらりと 흘끗, 언뜻 | ずっしりと 묵직하게 | がらりと 싹, 갑자기 변하는 모양 | てきぱきと 일을 잘 해내는 모양, 척척

문제3 _____ 의 말에 의미가 가장 가까운 것을, 1・2・3・4에서 하나 고르세요.

14 선대가 옛날부터 전해 온 관습을 우리들도 지키지 않으면 안 된다.

1 관습 2 법률
3 역사 4 기후

해설 しきたり(관습)은 **1 慣習(관습)**과 의미가 가장 가깝다.

단어 先代(せんだい) 선대 | しきたり 관습 | 慣習(かんしゅう) 관습 | 法律(ほうりつ) 법률 | 歴史(れきし) 역사 | 気候(きこう) 기후

15 최근 우중충한 날씨가 계속되고 있다.

1 맑고 밝았다 2 기온이 높고 무더웠다
3 흐리고 어두웠다 4 강한 바람이 불어서 추웠다

해설 どんよりした(우중충했다)는 **3 曇っていて暗かった(흐리고 어두웠다)**와 의미가 가장 가깝다.

단어 どんよりした天気(てんき)だ 흐린 날씨다, 우중충한 날씨다 | 晴(は)れる 맑다 | 気温(きおん)が高(たか)い 기온이 높다 | 蒸(む)し暑(あつ)い 무덥다 | 曇(くも)る 흐리다 | 曇(くも)っていて暗(くら)い (구름이나 안개가 껴서)흐리고 어둡다 | 強(つよ)い風(かぜ)が吹(ふ)く 강한 바람이 불다

16 오랜만에 연락이 닿은 친구로부터 기쁜 소식을 들었습니다.

1 재미있는 소식 2 화가 나는 소식
3 기쁜 소식 4 슬픈 소식

해설 朗報(낭보, 기쁜 소식)은 **3 嬉しい知らせ(기쁜 소식)**과 의미가 가장 가깝다.

단어 朗報(ろうほう) 낭보, 기쁜 소식 | 面白(おもしろ)い知(し)らせ 재미있는 소식 | 腹(はら)が立(た)つ知(し)らせ 화가 나는 소식 | 嬉(うれ)しい知(し)らせ 기쁜 소식 | 悲(かな)しい知(し)らせ 슬픈 소식

---

17 뭔가 다른 방법은 없습니까?

1 질문 **2 방법**
3 의견 4 이유

해설 すべ(방법, 수단)은 **2 方法(방법)**과 의미가 가장 가깝다.

단어 すべ 방법, 수단 | 質問(しつもん) 질문 | 方法(ほうほう) 방법 | 意見(いけん) 의견 | 理由(りゆう) 이유

---

18 앞으로의 계획을 설명했더니 그는 매우 귀찮은 표정을 지었다.

1 귀찮은 2 자신이 있는 것 같은
3 유쾌한 4 지루한

해설 おっくうな(귀찮은, 마음이 내키지 않는)은 **1 面倒な(귀찮은)**과 의미가 가장 가깝다.

단어 おっくうだ 귀찮다, 마음이 내키지 않다 | 表情(ひょうじょう) 표정 | 表情(ひょうじょう)をする 표정을 하다, 표정을 짓다 | 面倒(めんどう)だ 귀찮다 | 自信(じしん)がある 자신이 있다 | 愉快(ゆかい)だ 유쾌하다 | 退屈(たいくつ)だ 지루하다, 따분하다

---

19 당시의 이야기를 듣고 몹시 놀랐다.

1 약간 수상했다 2 깊이 감동했다
3 조금 의외였다 **4 매우 놀랐다**

해설 仰天した(몹시 놀랐다)는 **4 とても驚いた(매우 놀랐다)**와 의미가 가장 가깝다.

단어 時(とうじ) 당시 | 天(ぎょうてん)する 몹시 놀라다 | とても驚(おどろ)く 매우 놀라다 | 深(ふか)く感動(かんどう)する 깊이 감동하다 | ちょっと意外(いがい)だ 조금 의외다 | 少(すこ)し怪(あや)しい 약간 수상하다

문제4 다음 말의 사용법으로서 가장 알맞은 것을, 1·2·3·4에서 하나 고르세요.

---

20 초래하다

1 이번 일은 아무에게도 말하지 않고 마음에 초래해 두기로 했다.
2 어둠 속에서 붉은 빛을 초래하고 있는 것이 보였다.
3 시미즈 씨는 체력을 초래하기 위해서 매일 아침 조깅을 하고 있다고 한다.
4 고령화가 사회에 초래할 문제는 무엇이 있을까?

해설 もたらす(가져오다, 초래하다)를 가장 올바르게 사용한 것은 **4번**이다. 1번은 秘める(숨기다, 간직하다), 2번은 帯びる((성질 등을) 띠다), 3번은 (体力を)つける((체력을) 기르다)를 사용하는 것이 알맞다.

단어 もたらす 가져오다, 초래하다 | 暗闇(くらやみ) 어둠 | 赤(あか)み 붉은 기, 붉은 빛 | ジョギング 조깅 | 高齢化(こうれいか) 고령화 | 秘(ひ)める 숨기다, 간직하다 | 帯(お)びる (성질 등을) 띠다 | 体力(たいりょく)をつける 체력을 기르다

---

21 환원

1 자기 전에 반신욕을 하면 혈액 환원이 잘 된다.
2 학생 시절은 운동의 환원으로서 한 달에 한 번씩은 스키장에 놀러 갔다.
3 다음 달 아버지가 환원을 맞이하기 때문에 특별한 선물을 하고 싶다고 생각하고 있다.
4 A사는 매월 영업 이익의 일부를 사회에 환원하고 있습니다.

해설 還元(환원)을 가장 올바르게 사용한 것은 **4번**이다. 1번은 循環(순환), 2번은 一環(일환), 3번은 還暦(환갑)을 사용하는 것이 알맞다.

단어 還元(かんげん) 환원 | 半身浴(はんしんよく) 반신욕 | 血液(けつえき) 혈액 | スキー場(じょう) 스키장 | 営業利益(えいぎょうりえき) 영업이익 | 循環(じゅんかん) 순환 | 一環(いっかん) 일환 | 還暦(かんれき) 환갑

---

22 뼈아프다

1 제 나름대로는 객관성을 가지고 이야기 한 건데 뼈아픈 비판을 많이 받았다.
2 저 가게는 항상 요리를 뼈아프게 내어 주고 맛있기 때문에 대인기이다.
3 평소부터 뼈아픈 생활 습관을 지니는 것은 중요하다.
4 이토 씨는 몸가짐이 당당하고 뼈아픈 사람이다.

해설 手痛い(심하다, 뼈아프다)를 가장 올바르게 사용한 것은 **1번**이다. 2번은 素早い(재빠르다), 3번은 望ましい(바람직하다), 4번은 逞しい(우람하다, 늠름하다)를 사용하는 것이 알맞다.

단어 手痛(ていた)い 심하다, 뼈아프다 | ~なりに ~나름대로 | 客観性(きゃっかんせい) 객관성 | 批判(ひはん) 비판 | 批判(ひはん)を浴(あ)びる 비판을 받다 | 生活習慣(せいかつしゅうかん) 생활습관 | 身(み)なり 옷차림, 복장, 체격, 몸집, 덩치 | 身(み)なりが堂々(どうどう)としている 몸가짐이 당당하다 | 素早(すばや)い 재빠르다 | 望(のぞ)ましい 바람직하다 | 逞(たくま)しい 우람하다, 늠름하다

---

23 절대(적)임, 아주 큼

1 상대방의 마음을 사로잡기 위해서 심리학을 공부하고 절대적인 커뮤니케이션을 도모했다.

2 오랜만에 만난 그녀는 절대적인 복장을 하고 나를 보면서 미소짓고 있었다.
3 국회의원 후보인 A씨는 노인들로부터 절대적인 지지를 얻고 있다.
4 정신을 차리고 보니, 눈 앞에는 절대적인 규모의 들판이 펼쳐져 있다.

해설 絶大(절대(적)임, 아주 큼)을 가장 올바르게 사용한 것은 **3번**이다. 1번은 円滑(원활함), 2번은 質素(검소함), 4번은 広大(광대함)을 사용하는 것이 알맞다.

단어 絶大(ぜつだい)だ 절대적이다, 아주 크다 | 心(こころ)をとらえる 마음을 사로잡다 | 心理学(しんりがく) 심리학 | 図(はか)る 도모하다 | 服装(ふくそう) 복장 | 国会議員(こっかぎいん) 국회의원 | 候補(こうほ) 후보 | 支持(しじ) 지지 | 規模(きぼ) 규모 | 野原(のはら) 들판 | 円滑(えんかつ)だ 원활하다 | 質素(しっそ)だ 검소하다 | 広大(こうだい)だ 광대하다

24 한결같음

1 오디션이 이제 곧이기 때문에 한결같이 연습에 몰두하려고 생각한다.
2 남자친구로부터 연락이 한결같이 오지 않아서 걱정이 되기 시작했다.
3 한결같이라도 좋으니 우선 뭐가 일어난 건지 가르쳐 주세요.
4 한결같이 먼 옛날부터 인류는 불을 사용하여 음식을 조리하거나 전달 신호를 보내거나 하고 있었다.

해설 ひたむき(한결같음)을 가장 올바르게 사용한 것은 **1번**이다. 2번은 一向に(전혀, 조금도), 3번은 大ざっぱに(어림잡아, 대충), 4번은 遥かに(아득히, 훨씬)을 사용하는 것이 알맞다.

단어 直向(ひた한)き 한결같음 | ひたむきに 한결같이, 일편단심으로 | 打(う)ち込(こ)む 열중하다, 몰두하다 | とりあえず 우선, 일단 | 人類(じんるい) 인류 | 調理(ちょうり) 조리 | 伝達信号(でんたつしんごう) 전달 신호 | 一向(いっこう)に~ない 전혀, 조금도 ~않다 | 大(おお)ざっぱに 어림잡아, 대충 | 遥(はる)かに 아득히, 훨씬

25 낌새

1 장부에 기록이 남지 않은 비용의 낌새를 명백하게 하지 않으면 안 된다.
2 의자를 부수고 벽에 낙서를 한 것은 평소 장난이 심한 친척의 낌새임에 틀림없다.
3 역 근처에 있는 저 아파트는 3년 전부터 재건축 이야기가 나오고 있지만 아직도 낌새는 없다.
4 낌새있는 생활을 보내고 싶지만, 일과 집안일만으로도 벅차서 좀처럼 그렇게 되지 않는다.

해설 気配(기색, 낌새)를 가장 올바르게 사용한 것은 **3번**이다. 1번은 内訳(내역, 명세), 2번은 仕業(소행, 짓), 4번은 2번은 ゆとり(여유)를 사용하는 것이 알맞다.

단어 気配(けはい) 기색, 낌새 | 帳簿(ちょうぼ) 장부 | 落書(らくが)き 낙서 | いたずらがひどい 장난이 심하다 | ~に違(ちが)いない ~임에 틀림없다 | 再建築(さいけんちく) 재건축 | 未(いま)だに 아직도 | 精一杯(せいいっぱい) 힘껏, 최대한으로 | 内訳(うちわけ) 내역, 명세 | 仕業(しわざ) 소행, 짓 | ゆとり 여유

언어지식(문법) 68p

문제5
26 ② 27 ① 28 ② 29 ③ 30 ④
31 ① 32 ④ 33 ① 34 ③ 35 ④

문제6
36 ② 37 ① 38 ② 39 ④ 40 ③

문제7
41 ① 42 ④ 43 ① 44 ③

문제5 다음 글의 ( )에 넣기에 가장 알맞은 것을, 1·2·3·4에서 하나 고르세요.

26 기르고 있는 고양이가 동물병원에 입원하게 되어 그것을 보고 있었던 조카는 (우울해서) 견딜 수 없는 얼굴을 하고 있었다.

1 우울하게　　　　　　**2 우울해서**
3 우울한　　　　　　　4 우울의

해설 ~てならない(~해서 견딜 수 없다)의 앞부분의 접속 형태를 묻는 문제로 な형용사의 て형에 접속한 선택지를 고르면 된다. 따라서 자연스럽게 연결되기 위해서는 **2 憂鬱で**의 접속 형태가 가장 적합하다. 1, 3, 4번은 접속 형태가 맞지 않는다.

단어 姪(めい)っ子(こ) (여자) 조카 | 憂鬱(ゆううつ)だ 우울하다 | ~てならない ~해서 견딜 수 없다, 너무 ~하다

27 이 기획의 독자성에 대해서 팀 내에서 (다시 한번) 논의하기로 했습니다.

1 다시 한번　　　　　2 아마
3 가령　　　　　　　　4 매우

해설 문맥상 알맞은 표현은 **1 改めて**이다. 기획의 독자성에 대해서 팀 내에서 재차 논의하기로 했다고 보는 게 가장 자연스러우며 문장에 가장 적합한 부사는 改めて(다시 한 번)이다.

단어 企画(きかく) 기획 | 独自性(どくじせい) 독자성 | ~について ~에 대해서 | 改(あらた)めて 다시 한번, 새삼스럽게 | 議論(ぎろん) 의론, 논의 | おそらく 아마, 어쩌면 | 仮(かり)に 가령, 만일 | いとも 매우, 아주

28 일본에서의 공개 (를 시작으로) 세계 200이상의 나라와 지역 영화관에서 순차 상영하겠습니다.

1 를 개의치 않고　　　　**2 를 시작으로**
3 와는 달리　　　　　　4 에 대비하여

해설　문맥상 알맞은 표현은 **2 を皮切りに**이다. 모두 명사와 접속이 되는 문법이지만, 앞뒤 문장과 자연스럽게 연결되기 위해서는 〜を皮切りに(〜을/를 시작으로)라는 문법이 가장 적합하다.

단어　〜を皮切(かわき)りに ~을/를 시작으로 | 地域(ちいき) 지역 | 順次(じゅんじ) 순차 | 上映(じょうえい) 상영 | 〜をものともせず(に) ~을/를 문제로도 삼지 않고, ~을/를 개의치 않고 | 〜にひきかえ ~와/과는 달리, ~와/과는 대조적으로 | 〜に備(そな)えて ~에 대비하여

29 문제 용지가 배포되 (자마자) 수험생들은 바로 문제를 풀기 시작했다.

1 인지 아닌지　　　　　2 (임)에도 불구하고
3 자마자　　　　　　　4 면 몰라도

해설　문맥상 알맞은 표현은 **3 が早いか**이다. 모두 동사와 접속이 되는 문법이지만, 앞뒤 문장과 자연스럽게 연결되기 위해서는 〜が早いか(〜하자마자)라는 문법이 가장 적합하다.

단어　〜が早(はや)いか ~하자마자 | 〜か否(いな)か ~인지 아닌지 | 〜にも関(かか)わらず ~(임)에도 불구하고 | 〜ならまだしも ~라면 몰라도

30 "처음으로 (가는 곳도 아니고) 그렇게 걱정하지 않아도 괜찮아요."

1 간 것이나 마찬가지이고　　2 갈 만도 하니까
3 가는 상황이니까　　　　　**4 가는 곳도 아니고**

해설　문맥상 알맞은 표현은 **4 行くところじゃあるまいし**이다. 앞뒤 문장과 자연스럽게 연결되기 위해서는 〜じゃあるまいし(~도 아니고)라는 문법이 가장 적합하다.

단어　〜じゃあるまいし ~도 아니고, ~도 아닌데 | 〜も同然(どうぜん)だ ~한 것이나 마찬가지다, ~나 다름없다 | 〜わけだ ~할 만도 하다, (당연히) ~인 것이다 | 〜手前(てまえ) ~한 입장, 상황이니까

31 지금까지 응원 감사했습니다. 이번 이벤트 (를 끝으로) 저희는 해산합니다.

1 를 끝으로　　　　　　2 에 이르기까지
3 를 토대로　　　　　　　4 에 앞서(서)

해설　문맥상 알맞은 표현은 **1 を限りに**이다. 모두 명사와 접속이 되는 문법이지만, 앞뒤 문장과 자연스럽게 연결되기 위해서는 〜を限りに(~을/를 끝으로)라는 문법이 가장 적합하다.

단어　応援(おうえん) 응원 | 〜を限(かぎ)りに ~을/를 끝으로 | 解散(かいさん) 해산 | 〜に至(いた)るまで ~에 이르기까지 | 〜を踏(ふ)まえて ~을/를 토대로, ~에 입각하여 | 〜に先立(さきだ)って ~에 앞서(서)

32 얼마 전의 사전 미팅에서는 바쁘신 와중 시간을 할애해 (주셔서) 감사합니다.

1 있어서(겸양어)　　　　　2 드려서(겸양어)
3 가서, 와서(겸양어)　　　**4 주셔서(겸양어)**

해설　문맥상 알맞은 표현은 **4 いただき**이다. 모두 겸양어이지만, 상대방이 바쁜 와중 시간을 할애해 준 행위에 대해서 자신을 낮춰 감사함을 표시해야 되는 상황이므로 〜ていただく(~해 받다, ~해 주시다)라는 뜻의 문법이 가장 적합하다. 1번은 いる의 겸양어 おる(있다)이며, 2번은 あげる의 겸양어 差し上げる(드리다)라는 뜻으로 정답이 아니다. 3번은 行く와 来る의 겸양어 参る(오다, 가다)라는 뜻이므로 마찬가지로 정답이 아니다. 4번은 食べる, 飲む, もらう의 겸양어인 いただく(먹다, 마시다, 받다)를 활용하여 〜ていただく(해 받다, 해 주시다)로 활용한 표현으로, 따라서 정답은 4번이다.

단어　打(う)ち合(あ)わせ 사전 미팅 | 時間(じかん)を割(さ)く 시간을 할애하다 | 〜ていただく ~해 받다, ~해 주시다(겸양어) | 〜ておる ~하고 있다(겸양어) | 〜て差(さ)し上(あ)げる ~해 드리다(겸양어) | 〜てまいる ~해 가다, ~해 오다(겸양어)

33 국제적인 문제해결에 있어서는 서로 신뢰 하에 (서로 도움)의 협력 관계가 요구된다.

1 들거나 들리거나(서로 도움)　2 들든 들지 않든
3 든다고도 안 든다고도　　　　4 든다고 할까 안 든다고 할까

해설　문맥상 알맞은 표현은 **1 持ちつ持たれつ**이다. 앞뒤 문장과 자연스럽게 연결되기 위해서는 〜つ〜つ(~하거나 ~하거나)라는 문법이 가장 적합하다.

단어　〜において ~에서, ~에 있어서 | お互(たが)い 서로 | 信頼(しんらい) 신뢰 | 〜のもとに ~하에 | 〜つ〜つ ~하거나 ~하거나 | 持(も)ちつ持(も)たれつ 서로 도움(=상부상조) | 求(もと)める 구하다, 바라다, 요구하다 | 〜(よ)うが〜まいが ~하든 ~하지 않든 | 〜とも〜とも ~라고도 ~라고도 | 〜というか〜というか ~라고 할까 ~라고 할까

34 이 그래프를 보면 알 수 있듯이 물가 급등 (의 영향을 받아서) 상품의 가격을 간단히 비교할 수 있는 인터넷에서의 쇼핑이 근래 늘었습니다.

1 을 마지막으로　　　　　2 에 걸쳐서
3 의 영향을 받아서　　　4 에 관련된

해설　문맥상 알맞은 표현은 **3 を受けて**이다. 모두 명사와 접속이 되는 문법이지만, 앞뒤 문장과 자연스럽게 연결되기 위해서는 〜を受けて(~을/를 받아서, ~의 영향을 받아서)라는 문법이 가장 적합하다.

단어　回答者(かいとうしゃ) 회답자, 응답자 | 高騰(こうとう) 고등, 급

단어 등 | ~を受(う)けて ~을/를 받아서, ~의 영향을 받아서 | 比較(ひかく) 비교 | 購入(こうにゅう) 구입 | 近年(きんねん) 근년, 근래 | ~を最後(さいご)に ~을/를 끝으로, ~을/를 마지막으로 | ~にわたって ~에 걸쳐서 | ~にかかわる ~에 관련된

35 그는 일 관계로 30년 이상 미국에 (살고 있었던 만큼) 네이티브처럼 영어를 이야기한다.

1 살고 있었다고는 하지만 2 살고 있어 봤자
3 살고 있었던 주제에 **4 살고 있었던 만큼**

해설 문맥상 알맞은 표현은 **4 住んでいただけに**이다. 앞뒤 문장과 자연스럽게 연결되기 위해서는 ~だけに(~한 만큼, ~인 만큼, ~이기 때문에 (더욱))라는 문법이 가장 적합하다.

단어 ~だけに ~한 만큼, ~인 만큼, ~이기 때문에 (더욱) | ネイティブ 네이티브, 원어민 | ~ものの ~기는 하지만(역접) | ~たところで ~해 봤자, ~한들 | ~くせに ~(인) 주제에, ~(이)면서도

문제6 다음 글의 ★ 에 들어갈 가장 알맞은 것을, 1・2・3・4에서 하나 고르세요.

36 함께 오른 동료의 응원 덕분에 어떻게든 산꼭대기까지 오를 수가 있었다. 항상 도중에 포기해 버리는 내가 본 그 경치는 ★얼마나 아름다웠 던가.

1 아름다웠다 **2 얼마나**
3 던가 4 경치는

해설 문맥상 앞부분의 その의 뒤에는 景色は(경치는)로 이어지는 것이 자연스럽기 때문에 4번이 온다. 그리고 なんと~ことか(얼마나 ~던가)의 형태로 자주 쓰는 표현이기 때문에 2번 뒤에 3번으로 이어진다. ことか의 바로 앞에는 い형용사의 보통형인 美しかった(아름다웠다)가 오는 것이 자연스럽기 때문에 2-1-3으로 연결된다. 따라서 4-2-1-3으로 문장을 만들면 **2 なんと**가 정답이다.

단어 登(のぼ)る 오르다 | 仲間(なかま) 한패, 한 무리, 동료 | 応援(おうえん) 응원 | ~おかげで ~덕분에 | なんとか 어떻게든, 간신히 | 山頂(さんちょう) 산꼭대기, 정상 | 途中(とちゅう)で 도중에 | 諦(あきら)める 포기하다 | 景色(けしき) 경치 | なんと 얼마나, 어찌나 | ~ことか ~한가, ~던지, ~말인가

37 마감에 어떻게든 제 시간에 맞췄을 때는 ★(정말이지) 기쁘다.

1 기쁨 2 때의
3 제 시간에 맞췄다 4 정말이지 ~하다

해설 문맥상 3 間に合わせた가 먼저 나오는 것이 자연스럽기 때문에 3번이 제일 먼저 온다. 그리고 그 뒤에는 2 ときの로 이어지는 것이 자연스럽기 때문에 3-2번으로 연결된다. 그리고 ~といったらない의 앞에는 감정이나 상태의 정도를 나타내는 말이 와야하기 때문에 4-1번이 된다. 따라서 3-2-1-4로 문장을 만들면 **1 嬉しさ**가 정답이다.

단어 締(し)め切(き)り 마감 | 何(なん)とか 어떻게든, 그럭저럭, 간신히 | ~といったらない 정말이지 ~하다, ~하기 짝이 없다

38 교육방침에 대해서 도를 넘는다든가 다소 폭력적이라든가 뭐라고 말해지더라도 ★아이들의 장래를 생각하기 때문에 우리들은 엄격하게 지도하는 것입니다.

1 말해지더라도 **2 아이들의**
3 뭐라고 4 장래를

해설 문맥상 앞에는 何と言われようとも(뭐라고 말해지더라도)로 이어지는 것이 자연스럽기 때문에 3-1번으로 연결된다. 그리고 뒤에 오는 思えばこそ(생각하기 때문에)의 앞에는 子どもたちの将来を(아이들의 장래를)로 이어지는 것이 자연스럽기 때문에 2-4번으로 연결된다. 따라서 3-1-2-4로 문장을 만들면 **2 子どもたちの**가 정답이다.

단어 教育方針(きょういくほうしん) 교육방침 | 行(い)き過(す)ぎだ 도를 넘다, 목적지를 지나치다 | 暴力的(ぼうりょくてき)だ 폭력적이다 | 何(なん)と 뭐라고 | ~(よ)うと(も) ~하더라도, ~해도 | 将来(しょうらい) 장래 | ~ばこそ ~이기 때문에, ~이기에 | 指導(しどう) 지도

39 인터넷 상에서는 얼굴이 보이지 않는 ★것을 기회삼아 일부러 악성 댓글을 써 넣는 사람도 있지만 얼굴이 보이지 않기 때문에 고민을 상담하기 쉽다고 하는 사람도 있다.

1 구실로 2 얼굴이
3 보이지 않는다 **4 것을**

해설 문맥상 顔が見えない(얼굴이 보이지 않는다)가 가장 먼저 나와서로 이어지는 것이 자연스럽기 때문에 2-3번이 제일 먼저 온다. 그리고 ~をいいことに(~한 것을 기회삼아) 문법은 앞에 동사 보통형+の와 접속되기때문에 4-1번으로 연결된다. 따라서 2-3-4-1로 문장을 만들면 **4 のを**가 정답이다.

단어 ネット 인터넷, インターネット의 준말 | ~をいいことに ~을/를 기회 삼아, ~을/를 구실로 | わざと 고의로, 일부러 | 誹謗中傷(ひぼうちゅうしょう) 비방중상, 악성 댓글 | 書(か)き込(こ)む 써넣다, 기입하다 | ~からこそ ~이기 때문에 | 悩(なや)み 고민 | 相談(そうだん) 상담

40 아직도 매니아 층에서 인기가 있는 이 자동차는 ★중고 특유의 독특한 분위기가 있기 때문에 상당히 높은 가격으로 거래되고 있는 것 같다.

1 독특한 분위기가 있다 2 매니아 층에서 있기가 있다
3 중고 특유의 4 이 자동차는

해설 문맥상 マニア層で人気のあるこの車は中古ならではの(매니아 층에서 있기가 있는 이 자동차는 중고 특유로)로 이어지는 것이 자연스럽기 때문에 2-4-3번으로 연결된다. 그리고 1 独特な雰囲気がある는 문맥상 제일 끝에 이어지는 것이 자연스럽다. 따라서 2-4-3-1로 문장을 만들면 **3 中古ならではの**가 정답이다.

단어 未(いま)だに 아직(까지)도, 아직껏 | マニア層(そう) 매니아 층 | ～ならではの ~만의, ~특유의, ~이/가 아니고서는 안 되는 | 独特(どくとく)だ 독특하다 | だいぶ 상당히 | 取引(とりひき) 거래

문제7 다음 문장을 읽고, 문장 전체의 취지를 토대로, 41 부터 44 안에 들어갈 가장 알맞은 것을, 1·2·3·4에서 하나 고르세요.

이하는, 작가가 쓴 에세이다.

'속담'과 우리들의 일상

'친한 사이에도 예의는 있다'라고 하는 말이 있다. 일본인이라면 누구라도 알고 있는 속담이지만, 이 말의 의미를 정말로 이해하고 있는 사람은 과연 얼마나 41 .
18살 때, 나는 진학을 위해서 고향을 떠나서 상경했다. 새로운 환경에도 조금 익숙해졌을 무렵, 같은 고향에서 진학을 위해 상경한 친구와 도쿄에서 만나기로 했다. 그 친구는 다감한(주석1) 고등학교 시절을 함께 극복한 소중한 친구이다. 하지만 당일 그녀로부터 '미안, 오늘 도저히 뺄 수 없는 예정이 생겨 버려서… 다시 날짜를 잡아도 될까?'라고 메시지가 왔다. '나와의 약속이 먼저였을텐데'라는 마음이 있었던 것은 42 , 새로운 학교에서의 동아리 활동이나 도저히 거절할 수 없는 무언가가 있었던 것이겠지라고 이해하고 다른 날로 약속을 다시했다. 하지만 그 친구는 다음 약속도 그 다음 약속도 비슷한 이유로 약속을 깼다. 나는 기가 막혀서(주석2) 순간적으로 '이렇게 뒤로 미뤄질 만큼 내 우선순위는 낮은거야? 만나고 싶지 않다면 약속 같은 건 하지 마.'라고 메시지를 43 .
이 일에 대해서 대학 친구에게 푸념을 했을 때, "친한 사이에도 예의는 있는거지!"라며 자신의 일처럼 화내 주었지만, 누구라도 알고 있을 44 이, 지금 내가 느끼고 있는 기분을 완벽하게 표현해 줄 거라고는 생각도 해 보지 못했다. 속담 자체는 알고 있는데 그것에 대해서 일상과 깊이 연결시켜서 생각한 적이 없었기 때문이다. 이렇게나 속담의 교훈을 납득한 것은 처음이었다. 이후 이 속담은 나의 좌우명(주석3)이 되었다.

(주석1) 다감한 : 감정이나 감수성이 풍부한
(주석2) 기가 막히다 : 매우 놀라서 아무것도 말할 수 없을 정도가 되다
(주석3) 좌우명 : 항상 자신의 곁에 두고 반복하여 확인하고 싶어지는 말

---

41 **1 있는 것일까**
2 있다고 생각하게 하고 싶다
3 있기 때문이라고 한다
4 없는 것 같다

해설 문맥에 맞는 문법 표현을 고르는 문제이다. 빈칸 앞부분에서 일본인이라면 누구나 알고 있는 속담을 언급하며, 과연 얼마나 해당 속담의 진짜 의미를 이해하는 사람이 있는 것인지, 그에 대한 의문을 나타내고 있는 상황이다. 따라서 **1 いるのだろうか**가 정답이다.

표현 ～だろうか ~인 것일까 | ～ではないか ~은 아닐까 | ～と思(おも)う ~라고 생각하다 | ～から ~때문에 | ～ようだ ~인 것 같다

42 1 부정당할지도 모르겠지만
2 부정하고 싶어서 견딜 수 없지만
3 부정해도 어쩔 수 없지만
4 부정할 수 없지만

해설 미리 약속한 화자 본인과의 약속 당일 날, 화자의 고향 친구가 갑자기 약속 날짜를 변경해 달라는 연락이 왔고 이에 대해 화자는 '나와의 약속이 먼저였을텐데'라고 생각이 든 본인의 마음에 대해서는 부정하기 힘들었다고 하는 것이 문맥상 자연스럽다. 따라서 **4 否定できないが**가 정답이다.

표현 否定(ひてい)する 부정하다 | ～できないが ~할 수 없지만 | ～かもしれない ~일지도 모른다 | ～てたまらない ~해서 견딜 수 없다, 너무 ~하다 | ～てもしょうがない ~해도 어쩔 수 없다, ~해도 소용없다

43 **1 보내 버렸다**
2 보내는 편이 좋았다
3 보냈다고 한다
4 보낼 리가 없다

해설 고향 친구의 당일 약속이 처음 취소되었을 때는 이해하려고 했던 화자였지만, 같은 일이 이후에도 몇 차례 반복된 상황이다. 이에 기가 막혔던 화자가 '만나고 싶지 않으면 약속 같은 건 하지 마'라고 메시지를 송신해 버렸다고 하는 것이 문맥상 자연스럽다. 따라서 **1 送信してしまった**가 정답이다.

표현 送信(そうしん)する 송신하다 | ～てしまう ~해 버리다 | ～たほうがいい ~하는 편이 좋다 | ～ということだ ~라고 한다, ~라는 것이다 | ～はずがない ~일 리가 없다

44 1 이쪽의 속담　　2 저런 속담
3 이 속담　　4 어느 속담

해설 '친한 사이에도 예의가 있다'는 속담 자체의 말, 의미 자체는 누구나 알고 있을 것이라고 생각하고 있었지만 해당 속담이 현재 자신의 기분을 완벽하게 표현해 줄 거라고는 생각도 해 보지 못했다고 화자가 말하고 있는 상황이다. 따라서 **3 このことわざ**가 정답이다.

표현 こっち 이 쪽 | ことわざ 속담 | ああいう 저런 | この 이 | ある어느, 어떤

단어 ことわざ 속담 | 日常(にちじょう) 일상 | 親(した)しき仲(なか)にも礼儀(れいぎ)あり 친한 사이에도 예의는 있다 | 果(は)たして 과연 | 離(はな)れる 떠나다 | 上京(じょうきょう) 상경 | 多感(たかん)だ 다감하다 | 共(とも)に 함께, 같이 | 乗(の)り越(こ)える 극복하다 | 改(あらた)める 고치다, 변경하다, 개선하다 | 日(ひ)を改(あらた)める 다른 날로 하다, 다시 날짜를 잡다 | サークル 동아리, 동호회 | 呆(あき)れ返(かえ)る 기가 막히다, 어이없다 | とっさに 순간적으로, 즉시, 바로 | 後回(あとまわ)し 뒤로 미룸, 뒤로 돌림, 뒷전 | 優先順位(ゆうせんじゅんい) 우선순위 | 愚痴(ぐち)を言(い)う 푸념을 하다 | 完璧(かんぺき)に 완벽하게 | 自体(じたい) 자체 | 結(むす)びつける 연결시키다, 결합시키다 | 教訓(きょうくん) 교훈 | 納得(なっとく) 납득 | 以降(いこう) 이후 | 座右(ざゆう)の銘(めい) 좌우명 | 感受性(かんじゅせい) 감수성 | 豊(ゆた)かだ 풍부하다, 풍요롭다

독해   74p

문제8
45 ③   46 ②   47 ④   48 ③

문제9
49 ③   50 ②   51 ③   52 ①   53 ②
54 ③   55 ③   56 ④

문제10
57 ①   58 ①   59 ③

문제11
60 ①   61 ②

문제12
62 ④   63 ②   64 ②

문제13
65 ④   66 ①

문제8 다음 (1)부터 (4)의 문장을 읽고, 뒤의 물음에 대한 답으로서 가장 알맞은 것을, 1・2・3・4에서 하나 고르세요.

(1)

최근 호주에서는 16세 미만 아이들의 소셜미디어 사용을 금지한다는 법률이 생겼다고 한다. 소셜미디어는 순식간에 전 세계 사람들과 연결될 수 있어 유익한 정보나 재미있는 동영상 등을 무한으로 시청할 수 있다.

그러나 그 대량의 정보 속에는 특정의 국적에 대한 차별적인 투고나 과격한 폭력 신을 포함한 동영상 등 자극적인 콘텐츠도 존재한다. 이러한 콘텐츠는 감수성이 풍부한 10대의 정체성 확립이나 자기 긍정감(주석1)의 성장에도 악영향을 미칠지도 모른다. 완전히 금지라고는 말하지 않겠지만 소셜미디어에 관한 법률은 정돈하지 않으면 안 된다고 생각한다.

(주석) 자기 긍정감 : 있는 그대로의 자신을 긍정하는 감각

45 필자의 생각에 맞는 것은 어느 것인가?
1 전 세계에서 소셜 미디어의 사용을 금지해야 한다.
2 보다 재미있는 동영상을 투고하고 10대의 감수성을 자극해야 한다.
3 성장기인 10대에게 몹시 큰 영향을 미치기 때문에 관련 법률의 시정이 필요하다.
4 10대의 성장을 촉구하기 위해서라도 전 세계 사람과 교류해야 한다.

해설 필자는 자극적인 콘텐츠가 10대의 정체성 확립과 자기 긍정감 성장에 악영향을 미칠지 모른다고 하면서 完全に禁止とは言わないが, ソーシャルメディアに関する法律は整えなければならない いと考える。(완전히 금지라고는 말하지 않겠지만 소셜미디어에 관한 법률은 정돈하지 않으면 안 된다고 생각한다.)라고 이야기하면서 이와 관련된 법률을 정돈할 필요가 있다고 했다. 따라서 3번이 정답이다.

단어 未満(み/まん) 미만 | ソーシャルメディア 소셜 미디어 | 一瞬(いっしゅん) 한순간, 짧은 순간 | 繋(つな)がる 이어지다, 연결되다 | 有益(ゆうえき)だ 유익하다 | 無限(むげん)だ 무한하다 | 視聴(しちょう) 시청 | 特定(とくてい) 특정 | 国籍(こくせき) 국적 | 差別的(さべつてき)だ 차별적이다 | 投稿(とうこう) 투고 | 過激(かげき)だ 과격하다 | 暴力(ぼうりょく) 폭력 | 刺激的(しげきてき)だ 자극적이다 | コンテンツ 콘텐츠 | 存在(そんざい) 존재 | 感受性(かんじゅせい) 감수성 | 豊(ゆた)かだ 풍족하다, 풍부하다 | アイデンティティ 정체성 | 確立(かくりつ) 확립 | 自己肯定感(じここうていかん) 자기 긍정감 | 悪影響(あくえいきょう) 악영향 | 及(およ)ぼす 미치게 하다, 끼치다 | ～かねない ~할지도 모른다 | 整(ととの)える 조정하다, 정돈하다 | 投稿(とうこう) 투고 | 関連(かんれん) 관련 | 調整(ちょうせい) 조정 | 促(うなが)す 재촉하다, 독촉하다, 촉구하다

(2)

이하는, 어느 아파트 게시판에 올라온 공지사항이다.

> 미즈모토 맨션 거주자 각위   2025년 8월 25일
> 미즈모토 맨션 관리 조합
>
> 공지사항
>
> 평소부터 맨션 관리에 협력해 주셔서 대단히 감사합니다.
> 그런데 1층에 설치되어 있는 의류건조기입니다만, 2대 중 1대가 고장 나 있는 것이 판명되었습니다. 따라서 수리가 완료할 때까지 동안은 1대만으로 가동하도록 하겠습니다.
> 현재 장마철에 들어감에 따라 많은 거주자 분들이 이용하실 것으로 예상됩니다. 여러분들에게는 대단히 불편을 끼칩니다만, 이용 후에는 신속히 건조기에서 의류를 꺼내고 다음에 이용할 분에게 양보해 주시기를 부탁 드립니다.
> 또한 새로운 건조기의 도입에 대해서는 관리 조합에서 협의 중입니다. 여러분들에게는 민폐를 끼칩니다만, 이해와 협력을 잘 부탁드립니다.
>
> 【문의처】
> 미즈모토 맨션 관리실
> TEL : 03-123-4567 (10:00~18:00)

46 이 공지사항에서 전하고 싶은 것은 무엇인가?
1 건조기 2개 모두 고장 났기 때문에 신속한 수리를 실시한다는 것
2 건조기를 1개밖에 가동할 수 없어 이해를 부탁한다는 것
3 장마 탓으로 건조기 이용이 늘기 때문에 이용방법을 지켜주었으면 한다는 것
4 신품의 건조기가 설치될 때까지 시간이 걸린다는 것

해설 본문에서 건조기가 고장 나, 수리가 완료할 때까지의 간, 1台のみでの稼働とさせていただきます。(수리가 완료할 때까지 동안은

1대만으로 가동하도록 하겠습니다.)라고 말한 뒤에 건조기 사용에 대한 이해와 협력을 구하고 있으므로 2번이 정답이다. 건조기가 1대만 고장 났다고 했으므로 1번은 정답이 아니고, 1대의 건조기와 장마로 인해 사용이 늘어날 것으로 예상된다고만 했으므로 3번도 정답이 아니다. 새로운 건조기 도입에 대해서는 아직 협의 중이라고 하였으므로 4번도 정답이 아니다.

단어 掲示板(けいじばん) 게시판 | 掲載(けいさい) 게재 | 居住者(きょじゅうしゃ) 거주자 | 各位(かくい) 각위, 여러분 | 組合(くみ/あい) (노동) 조합 | 日頃(ひごろ) 평소, 평상시 | さて 자, 그런데 | 設置(せっち) 설치 | 衣類(いるい) 의류 | 乾燥機(かんそうき) 건조기 | 判明(はんめい) 판명 | 完了(かんりょう) 완료 | 稼働(かどう) 가동 | 梅雨入(つゆい)り 장마철에 들어감, 장마철이 됨 | 〜に伴(ともな)い 〜에 따라 | 速(すみ)やかに 조속히, 신속히 | 衣服(いふく) 의복, 옷 | 取(と)り出(だ)す 꺼내다, 빼내다 | 譲(ゆず)る 양도하다, 물려주다 | 導入(どうにゅう) 도입 | 協議(きょうぎ) 협의 | 論(ぎろん) 의논, 논의 | 微生物(びせいぶつ) 미생물 | 分解(ぶんかい) 분해 | 困難(こんなん)だ 곤란하다 | 性質(せいしつ) 성질 | 適切(てきせつ)だ 적절하다 | 処理(しょり) 처리 | 半永久的(はんえいきゅうてき)だ 반영구적이다 | 汚染(おせん) 오염 | 利便性(りべんせい) 편의성 | 求(もと)める 구하다, 바라다, 추구하다 | 済(ず)み (이미) ~완료, 끝남 | リサイクル 리사이클 | 注目(ちゅうもく)する 주목하다 | 持続(じぞく) 지속 | 腐敗(ふはい) 부패 | 起(ひ)き起(お)こす 일으키다 | 後処理(あとしょり) 후처리, 사후처리 | 気(き)を配(くば)る 마음을 쓰다, 배려하다, 신경 쓰다

(3)

플라스틱은 매우 유용한 소재이다. 더러워지면 바로 씻어서 재사용할 수 있는 데다 가볍고 휴대하기도 편하고 강도가 뛰어나기 때문에 다양한 분야에서 활용되고 있다. 그러나 최근에 플라스틱 사용에 대해서 해양 플라스틱과 미세 플라스틱 등이 큰 환경 문제가 되어 전 세계에서 논의되고 있다. 플라스틱은 목재나 가죽 제품과 달리 미생물이 분해하지 못하는 성질을 가지고 있기 때문에 올바른 방법으로 처리하지 않으면 지구상에서 영원히 없어지지 않고 환경오염 등의 원인이 되어 버린다.
그래서 생활의 편의성만을 바라지 말고, 사용이 끝난 플라스틱의 처리나 리사이클 방법에도 주목하고 지속 가능한 환경 만들기를 함께 목표로 해야 한다.

47 필자가 하고 싶은 말은 무엇인가?
1 플라스틱은 전 세계적으로 주목받고 있는 소재라는 것
2 플라스틱은 영원히 부패하지 않는다는 것
3 플라스틱은 환경 문제를 일으킨다는 것
4 플라스틱의 후처리나 재사용에도 신경을 써야 한다는 것

해설 필자는 마지막 부분에서 そこで、生活の利便性ばかりを求めず、使用済みプラスチックの処理やリサイクル方法にも注目し、持続可能な環境づくりをともに目指すべきである。(그래서 생활의 편의성만을 바라지 말고, 사용이 끝난 플라스틱의 처리나 리사이클 방법에도 주목하고 지속 가능한 환경 만들기를 함께 목표로 해야 한다.)라고 말했으므로 4번이 정답이다. 플라스틱으로 인한 환경 문제가 전 세계적으로 논의되고 있다고 했으므로 1번은 정답이 아니고, 플라스틱의 부패와 환경 문제에 대한 언급은 있지만, 필자가 하고 싶은 말이 아니므로 2,3번도 정답이 아니다.

단어 非常(ひじょう)に 매우, 상당히, 몹시, 대단히 | 素材(そざい) 소재 | 軽量(けいりょう) 경량 | 持(も)ち運(はこ)び 들어 나름, 운반함, 가지고 다님 | 強度(きょうど) 강도 | 優(すぐ)れる 뛰어나다, 우수하다 | 様々(さまざま)だ 다양하다 | 分野(ぶんや) 분야 | 活用(かつよう) 활용 | 近年(きんねん) 근년, 근래 | 海洋(かいよう) 해양 | マイクロプラスチック 마이크로 플라스틱, 미세 플라스틱 | 議

(4)

취미 시간은 명상과 같은 효과가 있다고 생각한다. 이렇다 할 취미(주석1)도 없이 매일 똑같은 나날을 반복하고 있었던 나는 스트레스에 점점 견딜 수 없게 되고 있었다.
그런데 어느 날, 친구들에게 권유받아서 옛날부터 관심이 있었던 자수(주석2)를 시작해 보기로 했다. 그러자 일 때문에 싫은 일이 있어도 귀가해서 자수를 할 수 있다고 생각하니 다른 것은 어떻든 상관없어질 정도로 자수에 열중하게 되었다. 취미는 모든 것을 잊고 무언가 좋아하는 일에 아무 생각 없이 몰두하는 것으로 하루의 스트레스를 리셋할 수 있다. 이 경험으로 부터, 취미는 어떤 의미에서 명상의 일종일지도 모른다고 생각하게 되었다.

(주석1) 명상 : 눈을 감고 조용히 사물을 생각하는 것
(주석2) 자수 : 각종 실을 사용해서 천의 표면에 그림이나 무늬를 꿰매서 표현하는 것

48 취미에 대해서 필자는 어떻게 생각하고 있는가?
1 매일 반복되는 일이 어떻든 상관없다고 생각할 수 있는 것
2 명상과 같은 효과가 있기 때문에 많은 사람들이 실시하고 있는 것
3 무언가에 열중하는 것으로 스트레스를 발산할 수 있는 것
4 명상과 같은 효과가 있기 때문에 모든 일을 잊을 수 있는 것

해설 필자는 趣味はすべてのことを忘れ、何か好きなことに無心で没頭することで、一日のストレスがリセットできる。(취미는 모든 것을 잊고 무언가 좋아하는 일에 아무 생각 없이 몰두하는 것으로 하루의 스트레스를 리셋할 수 있다.)라고 했으므로 3번이 정답이다. 싫은 일이 있어도 자수를 하면 다른 것은 어떻든 상관 없어질 정도로 자수에 열중하게 되었다고 했으므로 1번은 정답이 아니고, 많은 사람들이 실시하고 있다고는 언급하지 않았으므로 2번도 정답이 아니다. 모든 일을 잊을 수 있다고는 했지만 주된 내용은 아니므로 4번도 정답이 아니다.

단어 瞑想(めいそう) 명상 | これといった 이렇다 할 | 繰(く)り返(かえ)す 반복하다 | 耐(た)える 견디다, 참다 | 刺繍(ししゅう) 자수 | どうでもいい 어떻든 상관없다, 아무래도 좋다 | 夢中(むちゅう)になる 열중하다 | 無心(むしん)だ 무심하다, 아무 생각이 없다 | 没頭(ぼっとう) 몰두 | リセット 리셋 | 布地(ぬのじ) 천 | 模様(もよう) 무늬, 모양 | 縫(ぬ)い表(あらわ)す 꿰매서 표현하다 | 発散(はっさん) 발산

문제8 다음 (1)부터 (4)의 문장을 읽고, 뒤의 물음에 대한 답으로서 가장 알맞은 것을, 1·2·3·4에서 하나 고르세요.

1)

　가족은 자신에게 있어 마음이 편안한 것이고 무조건으로 애정을 쏟아주는 존재로서 이상화되는 경우가 종종 있다. 그러나 시대의 흐름과 함께 가족의 본연의 모습은 서서히 변화하고 있어 반드시 이상과 일치하는 것은 아니게 되기 시작하고 있다.
　현재로서는 다양한 가족 형태가 존재하며 이것이 보통 가족이라고 일률적으로 정의하는 게 어려워지고 있다. 또한 각각의 가족이 다른 가치관을 갖고 해결하지 않으면 안 되는 과제를 안고 있다고 생각한다.
　그럼 이상적인 가족상이란 어떠한 것일까? 옛날에는 가족 내에서 아버지의 지위가 높은 '가부장제 가족'이 일반적인 가족의 형태였다. 엄한 아버지와 상냥한 어머니 사이에서 아이는 무럭무럭 자라는 것이 이상적인 형태로 여겨져 온 것이다.
　그러나 현대의 가족은 과거의 가족상과는 상당히 동떨어진 것이 되어 가고 있다. 그 예로 여성의 사회 진출에 의한 부부 맞벌이, 이혼율 상승에 의한 싱글 페어런트, 국제결혼에 의한 다문화 가족 등이 있다. 시대의 변화와 함께 가족은 이래야 한다는 고정 개념이 희미해지고 가족이나 결혼, 그리고 육아에 대한 개인의 가치관과 선택지는 다양화해 온 것이다.
　앞으로 사회 전체가 시대의 변화와 다양화하는 가족의 형태 속에서 자신이 바라는 이상적인 가족을 찾아서 만들어 가는 것으로 더욱 살기 좋은 세상으로 변화해 가는 것은 않을까 생각한다.

(주석) 싱글 페어런트 : 한 부모

49 필자에 따르면 과거의 가족상이란 무엇인가?
1 이혼율 상승에 의한 한 부모 가족
2 부부 맞벌이에 의한 조부모와 함께 사는 확대 가족
3 아버지를 중심으로 구성되어 있는 가족
4 외국인과 결혼한 다문화 가족

해설 필자는 昔は家族内で父親の地位が高い「家父長制家族」が一般的な家族の形だった。厳しい父親と心優しい母親の間で、子どもはすくすくと育つというのが理想のカタチとされてきたのである。(옛날에는 가족 내에서 아버지의 지위가 높은 '가부장제 가족'이 일반적인 가족의 형태였다. 엄한 아버지와 상냥한 어머니 사이에서 아이는 무럭무럭 자라는 것이 이상적인 형태로 여겨져 온 것이다.)라고 했으므로 아버지를 중심으로 구성된 가족을 말하는 것을 알 수 있다. 따라서 3번이 정답이다.

50 이 문장에서 필자가 가장 하고 싶은 말은 무엇인가?
1 시대가 다양화하고 있기 때문에 가족의 본연의 모습에 편견을 가지지 않았으면 한다.
2 다양화하는 사회 속에서 자신에게 맞는 가족상을 발견했으면 한다.
3 이상적인 가족상과 현실과의 갭을 받아들였으면 한다.
4 다양한 가족상 속에서 옛날의 좋은 가족의 형태를 지켰으면 한다.

해설 필자는 今後、社会全体が時代の変化と多様化する家族のカタチの中で、自分が望む理想の家族を見つけ、作っていくことで、さらに生きやすい世の中に変わっていくのではないかと思う。(앞으로 사회 전체가 시대의 변화와 다양화하는 가족의 형태 속에서 자신이 바라는 이상적인 가족을 찾아서 만들어 가는 것으로 더욱 살기 좋은 세상으로 변화해 가는 것은 않을까 생각한다.)라고 했으므로 다양화하는 사회 속에서 자신에게 맞는 가족을 발견했으면 좋겠다고 주장하는 것을 알 수 있다. 따라서 2번이 정답이다. 가족 본연의 모습에 편견을 가지지 말라고는 이야기하고 있지 않으므로 1번은 정답이 아니고, 현실과의 갭에 대해서는 언급하고 있지 않으므로 3번도 정답이 아니다. 자신의 이상을 구체화하라고 이야기하고 있지 않으므로 4번도 정답이 아니다.

단어 居心地(いごこち) 어떤 자리, 집에서 느끼는 기분 | 無条件(むじょうけん) 무조건 | 愛情(あいじょう) 애정 | 存在(そんざい) 존재 | 理想(りそう) 이상 | しばしば 자주, 여러 번 | ～と共(とも)に ~와/과 함께, ~함에 따라 , ~임과/와 동시에 | 在(あ)り方(かた) 본연의 자세 | 徐々(じょじょ)に 서서히 | 必(かなら)ずしも～ない 반드시 ~것은 아니다 | 一致(いっち) 일치 | 一概(いちがい)に 일률적으로, 싸잡아 | 定義(ていぎ) 정의 | ～つつある ~하고 있다 | 価値観(かちかん) 가치관 | 地位(ちい) 지위 | 家父長制(かふちょうせい) 가부장제 | すくすく 잘 자라는 모양, 쑥쑥 | かけ離(はな)れる 동떨어지다 | 共働(ともばたら)き 맞벌이 | シングルペアレント 싱글 페어런트 | ～に伴(ともな)い ~에 따라서, ~와/과 함께 | 固定概念(こていがいねん) 고정관념 | 薄(うす)れる 옅어지다, 약해지다 | 育児(いくじ) 육아 | 多様化(たようか) 다양화 | 拡大(かくだい) 확대 | 構成(こうせい) 구성 | 偏見(へんけん) 편견 | ギャップ 갭, 간격, 차이 | 受(う)け入(い)れる 받아들이다 | 古(ふる)き良(よ)き 옛날의 좋은 것

(2)

　저널리즘이란 신문이나 잡지, 텔레비전, 라디오 등을 통해서 시사적인 문제의 보도와 해설, 비판 등을 전달하는 활동을 가리키는 말이다.
　저널리즘은 사회에서 일어난 모든 문제를 가시화할 수 있고 약한 입장의 의견을 밖으로 전달할 수 있는 힘을 가지고 있기 때문에 정확 또한 객관적인 사실을 전달하는 것이 전제되기 쉽지만, 인터넷의 등장으로 인해 그 본연의 모습은 어쩔 수 없이 변혁을 하게 되고 있다.
　미디어의 환경이 변화함에 의한 정보를 취급하는 주도권이 유저에게 이행되어 현재는 인터넷을 통해서 모든 사람들이 정보를 발신할 수 있게 되었다. 그리고 그 정보의 속도와 확산력은 텔레비전이나 신문이 주류였던 시대보다도 사회적으로 중요한 것으로 인식되고 있다.
　그러나 정확함이나 속보성만이 저널리즘인의 모든 것은 아니다. 저널리즘에는 계속성도 요구된다. 예를 들어 지진이나 해일, 태풍 등의 대규모 재해가 발생했다고 가정해 보자. 실시간으로 상황을 전달하는 것도 중요하지만, 시간이 흐름에 따라 당사자 이외의 사람들은 점차 그 관심이 옅어져 버린다. **따라서 재해 후에도 현지의 모습을 계속적으로 보도하기 위해서 착실한 취재나 피해자의 목소리에 귀를 기울이는 것이 중요할 것이다.**
　착실하게 취재하고 계속해서 전달하는 것으로 사람들은 과거의 일을 잊지 않고 자신들이 개선해야 할 과제를 찾아서 해결에 임하게 될 것이다. 이것은 시대가 변해도 결코 변하지 않는 저널리즘의 역할이라고 생각한다.

51 계속성이라고 하는데, 어떠한 것인가?
1 재해의 현재 상황을 인터넷으로 발신하여 사람들에게 전달하는 것
2 재해가 일어난 후에도 현지 상황을 정리해서 사람들에게 알리는 것
3 재난이 일어난 후에도 현지에 가서 피난민을 도와주는 것
4 재난이 일어난 후에도 과제를 찾아서 대책을 강구하는 것

해설 필자는 災害後も現地の様子を継続的に報じるために、地道な取材や被災者の声に耳を傾けることが重要であろう.(재해 후에도 현지의 모습을 계속적으로 보도하기 위해서 꾸준한 취재나 피해자의 목소리에 귀를 기울이는 것이 중요할 것이다.)라고 했으므로 재해 이후에도 현지 상황을 계속 알리는 것이 중요하다고 주장하는 것을 알 수 있다. 따라서 정답은 2번이다.

52 저널리즘에 대해 필자는 어떻게 서술하고 있는가?
1 정보를 계속해서 발신하는 것으로 문제 해결로 인도해야 한다.
2 객관적 또는 정확함보다도 속보성을 최우선으로 해야 한다.
3 시대 변화에 대응하기 위해 인터넷 활용을 추진해야 한다.
4 시대 변화에 적응하기 위해 정보의 주도권을 확보해야 한다.

해설 필자는 地道に取材し伝え続けることで、人々は過去の出来事を忘れず、自分たちの改善するべき課題を見出し、解決に取り組むようになるだろう.(착실하게 취재하고 계속해서 전달하는 것으로 사람들은 과거의 일을 잊지 않고 자신들이 개선해야 할 과제를 찾아내서 해결에 임하게 될 것이다.)라고 말한 뒤에 시대가 변해도 결코 변하지 않는 저널리즘의 역할이라고 했으므로 정보를 계속 발신하여 문제 해결로 이끌어야 한다고 주장하는 것을 알 수 있다. 따라서 1번이 정답이다.

단어 ジャーナリズム 저널리즘 | 時事的(じじてき)だ 시사적이다 | 報道(ほうどう) 보도 | 解説(かいせつ) 해설 | 批判(ひはん) 비판 | 伝達(でんたつ) 전달 | 可視化(かしか) 가시화 | 且(か)つ 또한, 한편 | 客観的(きゃっかんてき) 객관적 | 前提(ぜんてい) 전제 | 在(あ)り方(かた) 본연의 자세 | 変革(へんかく) 변혁 | ~を余儀(よぎ)なくされる 어쩔 수 없이 ~하게 되다 | 主導権(しゅどうけん) 주도권 | ユーザー 유저 | 移行(いこう) 이행 | 拡散力(かくさんりょく) 확산력 | 主流(しゅりゅう) 주류 | 認識(にんしき) 인식 | 速報性(そくほうせい) 속보성 | 継続性(けいぞくせい) 계속성 | 求(もと)める 구하다, 바라다, 요구하다 | 津波(つなみ) 해일 | 大規模(だいきぼ) 대규모 | 災害(さいがい) 재해 | 仮定(かてい) 가정 | リアルタイム 실시간 | 経(た)つ 지나다, 경과하다 | ~につれ(て) ~(함)에 따라(서) | 当事者(とうじしゃ) 당사자 | 次第(しだい)に 차츰, 차차 | 薄(うす)れる 엷어지다, 약해지다 | 報(ほう)じる 보도하다 | 地道(じみち)だ 착실하다 | 取材(しゅざい) 취재 | 被災者(ひさいしゃ) 재해자, 피해자 | 傾(かたむ)ける 기울이다, 비스듬히 하다 | 改善(かいぜん) 개선 | 見出(みいだ)す 찾아내다, 발견하다 | 取(と)り組(く)む 임하다, 맞붙다 | 決(けっ)して~ない 결코 ~않다 | 役目(やくめ) 임무, 책임, 역할 | 現状(げんじょう) 현상, 현재 상태 | 災難(さいなん) 재난 | 避難民(ひなんみん) 피난민 | 対策(たいさく) 대책 | 講(こう)じる 강구하다 | 導(みち)びく 인도하다, 안내하다 | 最優先(さいゆうせん) 최우선 | 対応(たいおう) 대응 | ~べく ~하기 위하여 | 確保(かくほ) 확보

(3)

현재 일본에서는 수면 시간이 짧아져 오고 있는 것이 문제시되고 있다. 2018년 조사에서는 수면시간이 가장 짧은 나라가 되었다. 일본인 다섯 명 중 한 명은 수면 만족도가 낮다는 조사 결과조차 있다. 전자기기 시청에 의한 밤샘이나 잔업 등에 의한 만성적인 수면 부족은 각종 생활습관병이나 우울증, 치매, 스트레스 증가, 집중력·판단력 저하, 면역력 저하의 원인이 될 수 있는 것이다.

하지만 매우 바쁜 나날 속에서 충분한 수면 시간을 확보하는 것은 쉽지 않기 때문에 전문가는 수면의 질을 올릴 수밖에 없다고 주장하고 있다. 실제로 장시간 수면보다 단시간의 숙면 쪽이 피로 회복이나 스트레스 해소에 효과가 높다는 연구 결과도 있다. 질 높은 수면을 취하기 위해서는 매일 같은 시간에 일어나서 아침과 밤에 강약을 주는 것이 필요하다. 또한 건강한 식사와 적당한 운동을 신경 쓰고 취침 전에 전자기기를 만지지 않는 것도 중요하다.

거기다 수면 환경을 정돈하는 것도 중요하다. 자신에게 맞는 베개나 잠자리가 편안한 침대를 준비하는 것도 원활한 입면에 도움이 된다. 여기서 양질의 수면이란 장시간 자는 것이 아니라 침대에 들어가 잠이 들고 나서 얼마나 깊은 잠에 들었는가이다. 눈을 떴을 때 상쾌한 감각이 있고 기상하고 나서 바로 움직일 수 있는 것이 그 증거가 된다. 양질의 수면을 취하면 육체적인 건강뿐 아니라 정신적인 건강도 유지할 수 있게 되어 생활습관병이나 치매 등의 예방으로도 이어진다.

현대 사회에서는 수면을 경시해 버리기 쉽지만, 다시 한번 자신의 생활이나 식사를 재검토하고 몸과 마음 모두 건강한 생활을 보냈으면 한다.

(주석) 강약을 주다 : 사물의 강약을 분명하게 하다

53 수면의 질을 올릴 수밖에 없다고 되어 있는데 왜인가?
1 만성적인 수면장애의 증가로 인해서 수면시간을 확보할 수 없기 때문에
2 어쩔 수 없이 단시간 수면을 하게 되어 수면 시간 확보가 곤란한 상황이기 때문에
3 수면 부족으로 생활습관병이나 면역력 저하의 위험이 올라가 버리기 때문에
4 수면 장애를 예방하기 위해서는 생활 패턴이나 수면 환경을 바꿀 수밖에 없기 때문에

해설 필자는 しかし、多忙な日々の中で、十分な睡眠時間を確保することは容易ではないため(하지만 바쁜 나날 속에서 충분한 수면 시간을 확보하는 것은 쉽지 않기 때문에)라고 했으므로 2번이 정답이다. 1번은 수면 시간을 확보할 수 없는 것은 맞지만 만성적인 수면 장애 증가로 인한 것은 아니므로 정답이 아니고, 3번은 수면 부족으로 다양한 문제가 일어나는 것은 맞지만 수면의 질을 올려야 하는 이유인 것은 아니므로 정답이 아니다. 4번은 생활 패턴에 대해서는 언급하고 있지 않으므로 정답이 아니다.

54 그 증거란 무엇인가?
1 어떤 수면 환경에서도 침대에 들어가면 바로 잘 수 있는 것
2 어떤 수면 환경에서도 장시간 잘 수 있는 것

3 숙면할 수 있으며 눈을 뜨고 나서 순조롭게 움직일 수 있는 것
4 숙면할 수 있으며 아침까지 푹 잘 수 있는 것

해설 　필자는 目覚めたときに、スッキリした感覚があり、起床してからすぐに動けることがその証拠となる。(눈을 떴을 때 상쾌한 감각이 있고 기상하고 나서 바로 움직일 수 있는 것이 그 증거가 된다.)라고 말했으므로 기상 후에 바로 활동할 수 있는 것이 양질의 수면을 취한 증거라고 주장하는 것을 알 수 있다. 따라서 3번이 정답이다.

단어 　視聴(しちょう) 시청 | 夜更(よふ)かし 밤늦게까지 자지 않음, 밤샘 | 慢性的(まんせいてき) 만성적 | 寝不足(ねぶそく) 수면 부족 | うつ病(びょう) 우울증 | 認知症(にんちしょう) 치매 | 増加(ぞうか) 증가 | 判断力(はんだんりょく) 판단력 | 低下(ていか) 저하 | 免疫力(めんえきりょく) 면역력 | 多忙(たぼう)だ 다망하다, 매우 바쁘다 | 確保(かくほ) 확보 | 容易(ようい)だ 용이하다, 손쉽다 | 熟眠(じゅくみん) 숙면 | メリハリをつける 강약을 주다, 완급을 주다 | 適度(てきど)だ 적당하다, 알맞다 | 就寝(しゅうしん) 취침 | 触(さわ)る 만지다 | 整(ととの)える 조정하다, 정돈하다 | 枕(まくら) 베개 | 寝心地(ねごこち) 잠자리 기분 | スムーズだ 순조롭다, 원활하다 | 入眠(にゅうみん) 입면, 잠드는 일 | 良質(りょうしつ)だ 양질이다 | 眠(ねむ)りにつく 잠자다, 잠들다 | 目覚(めざ)める 눈뜨다, 깨어나다 | すっきりする 시원하다, 후련하다, 상쾌하다 | 起床(きしょう) 기상 | 証拠(しょうこ) 증거 | 肉体的(にくたいてき)だ 육체적이다 | 精神的(せいしんてき)だ 정신적이다 | 維持(いじ) 유지 | 予防(よぼう) 예방 | 繋(つな)がる 이어지다, 연결되다 | 良質(りょうしつ) 양질 | 軽視(けいし) 경시 | 見(み)つめ直(なお)す 다시 응시하다, 재검토하다 | 心身(しんしん) 심신, 마음과 몸 | 強弱(きょうじゃく) 강약 | 障害(しょうがい) 장애 | ~を余儀(よぎ)なくされる 어쩔 수 없이 ~하게 되다 | 困難(こんなん)だ 곤란하다 | リスク 리스크, 위험 | 熟睡(じゅくすい) 숙수, 숙면 | すんなり 매끈하게, 순조롭게, 쉽게 | ぐっすり 깊이 잠든 모양, 푹

(4)

중학교 때 '직업 체험'으로 처음 사회에 나와서 일한다는 것을 배웠다. 당시 아직 중학생인데 어째서 직업 체험을 하지 않으면 안 되는지 의문이 들었지만, 지금 돌이켜보면 그때이기 때문에 의의를 찾을 수 있는 것이 있다는 것을 알았다.

학생에게 직업 체험을 실시하는 배경에는 사회성 부족, 인간 관계나 연대감의 희박화 등이 있다. 또 진로 의식이나 목적의식 저하, 직업관의 미발달이 큰 과제가 되고 있어 그러한 것을 해결할 수 있는 수단으로서 자리매김하고 있는 것이다.

실제 직업 체험에서는 장래의 진로 또는 직업 선택을 향해서 필요한 스킬을 몸에 익히는 것을 목표로 하고, 직장에서의 일하는 방식이나 인간관계를 배워서 자신의 흥미와 적성을 발견하는 기회를 마련하고 있다. 또한 체험을 통해 자기 이해를 깊게 하고 자신의 직업관과 마주함으로써 장래의 꿈이나 목표가 없어도 자신의 진로에 대해서 긍정적으로 생각할 기회를 얻을 수 있다. 그리고 자신은 사회에서 도움이 되는 존재라고 실감하여 자기의 새로운 가능성도 찾아낼 수 있을 것이 틀림없다.

직업 체험은 학생뿐만 아니라 학교, 기업, 보호자에게 있어서도 이점이 있다. 학교는 교육 방침을 재검토할 수 있고 학생을 다각적으로 이해하는 기회가 된다.

기업에게 있어서 학생이 직업 체험에 참가하는 것은 자사의 업계를 소개하고 차세대를 책임질 인재 육성으로 연결할 절호의 찬스가 된다. 그리고 보호자는 아이가 가진 미래상을 이해하고 함께 진로에 대해 생각할 수 있는 것이다. 직업 체험은 학생뿐만 아니라 사회 전체가 하나가 될 수 있는, 의미 있고 필수 불가결한 대책이라고 해도 과언이 아닐 것이다.

55 필자에 의하면 학생에게 직업 체험을 실시하는 배경이란 무엇인가?

1 자신이 사회에서 도움이 되는 존재라는 것을 깨닫지 못하는 것
2 직업 체험 실시의 중요성과 자기의 가능성을 찾을 필요가 있는 것
3 인간관계의 인식이나 사회성 결여, 직업관의 미발달 등의 문제가 있는 것
4 어릴 때부터 일에 필요한 스킬을 몸에 익힐 필요가 있는 것

해설 　学生に職業体験を実施する背景には、社会性の不足、人間関係や連帯感の希薄化などがある。また、進路意識や目的意識の低下、職業観の未発達が大きな課題となっていて、それらを解決できる手段として位置づけられているわけだ。(학생에게 직업 체험을 실시하는 배경에는 사회성 부족, 인간관계나 연대감의 희박화 등이 있다. 또 진로 의식이나 목적의식 저하, 직업관의 미발달이 큰 과제가 되고 있어 그러한 것을 해결할 수 있는 수단으로서 자리매김하고 있는 것이다.)라고 했으므로 3번이 정답이다.

56 직업 체험에 대해서 필자는 어떻게 생각하고 있는가?

1 학생에게 있어서 메리트는 적고 시간 낭비에 지나지 않는다.
2 학생뿐만 아니라 지역 활성화에 도움이 되는 활동이다.
3 학생에게 있어서 사회를 깊이 이해하기 위한 중요한 프로그램이다.
4 학생뿐만 아니라 학교와 회사, 가정에도 유의미한 영향을 주는 활동이다.

해설 　필자는 職業体験は、学生だけでなく社会全体が一体となれる、有意義で必要不可欠な取り組みだと言っても過言ではないだろう。(직업 체험은 학생뿐만 아니라 사회 전체가 하나가 될 수 있는, 의미 있고 필수 불가결한 대책이라고 해도 과언이 아닐 것이다.)라고 했으므로 학생, 학교, 회사, 가정 모두에게 직업 체험은 유의미한 영향을 미친다고 주장하는 것을 알 수 있다. 따라서 4번이 정답이다. 1, 2, 3번은 언급하지 않는 내용이므로 정답이 아니다.

단어 　疑問(ぎもん) 의문 | 振(ふ)り返(かえ)る 돌아보다, 회고하다 | 意義(いぎ) 의의 | 見出(みいだ)す 찾아내다 | 実施(じっし) 실시 | 背景(はいけい) 배경 | 連帯感(れんたいかん) 연대감 | 希薄化(きはくか) 희박화 | 進路(しんろ) 진로 | 意識(いしき) 의식 | 未発達(みはったつ) 미발달 | 位置(いち)づける 자리매김하다 | ~に向(む)けて ~을/를 향해서 | 取(と)り組(く)む 임하다, 맞붙다 | 適性(てきせい) 적성 | 設(もう)ける 설치하다, 마련하다 | 向(む)き合(あ)う 마주 보다, 마주 대하다 | 前向(まえむ)きだ 긍정적이다 | 実感(じっかん) 실감 | 新(あら)ただ 새롭다 | 保護者(ほごしゃ) 보호자 | メリット 메리트, 이점 | 見直(みなお)す 다시 보다, 재검토하다 | 多角的(たかくてき)だ 다각적이다 | 業界(ぎょうかい) 업계 | 次世代(じせだい) 차세대, 다음 세대 | 担(にな)う 짊어지다, 떠맡다 | 人材(じんざい) 인재 | 育成(いくせい) 육성 | 絶

好(ぜっこう)의 절호의 | 有意義(ゆうぎ) 유의미 | 不可欠(ふかけつ) 불가결 | 取(と)り組(く)み 대처, 대책 | ~と言(い)っても過言(かごん)ではない ~라고 해도 과언이 아니다 | 欠如(けつじょ) 결여 | スキル 스킬, 기술 | 無駄(むだ)だ 소용없다 | 活性化(かっせいか) 활성화

문제10 다음 글을 읽고, 뒤의 물음에 대한 답으로서 가장 알맞은 것을, 1·2·3·4에서 하나 고르세요.

이하는, 사회학자가 쓴 글이다.

일본 사회는 지금 최대의 위기를 맞고 있다고 해도 과언이 아니다. 이 상태가 계속되어 간다면 장래의 일본 사회는 사회성이 부족한 아이를 떠맡게 될 것이다. 그것은 그들 자신에게 있어서도 불행한 일이지만 그들을 지원하기 위해 막대한 사회적 비용을 부담하는 국민 전체에게 있어서도 불행한 일이다. 일부에서는 약육강식은 시장원리이기도 하니까 그들이 불행해지는 것은 어쩔 수 없다고 주장하는 리얼리스트들도 있을지도 모르겠지만, 조금 더 장기적인 시점에서 생각해 볼 필요가 있다고 생각한다.

전술한 것처럼 사회성이 부족한 아이를 지원하기 위해서 일본 사회는 막대한 사회적 비용을 부담하지 않을 수 없게 된다. 그것이 장기간 계속되면 국가의 경쟁력뿐만 아니라 고용률 저하나 빈곤 문제, 범죄율 상승 등 사회적 문제 증가로도 이어지며 나아가 국가의 존망을 위협하는 중대한 문제도 될 수 있다.

국가 전체가 불행해지는 것은 개인이나 가정 등에도 악영향을 미칠지도 모르고 그 원인과 해결책은 가정 내에서 이루어지는 가정교육에 있다고 나는 생각한다. (중략)

교육은 수험 등 시험 성적을 올리기 위한 것이 아니다. 개개인의 성장이나 발달을 촉진하고 지원하는 것으로 아이에게 사회 구성원으로서의 의식을 공유하고 지속 가능한 사회에 공헌할 수 있는 일원으로 성장시키는 것이다. 동시에 개개인이 그리는 미래나 희망을 실현하는 것을 돕고 나라 전체의 행복감을 향상하는 것으로도 연결된다. 결과적으로 사회의 일원인 그들을 행복하게 해준다고 해도 대개 틀린 말은 아니라고 생각한다.

또 교육은 학교에서의 공교육만이 아니다. 가정 내에서 실시되는 가정 교육도 훌륭한 교육이며 오히려 공교육은 가정 내에서 가르치는 기본적인 생활교육이나 인성교육 등에 의거하여 실시되기 때문에 학교에서의 교육은 가정교육의 연장선에 지나지 않으며 심화교육이라고 말할 수 있다.

그래서 아이의 성장과 문제 해결의 열쇠는 그 교육에 달려 있다고 말할 수 없는 것도 아니다. 지금 일본에는 지식 편중의 교육이 아니라 인격 형성에 필요한 가정교육이 필요하다고 생각하고 있다. 왜냐하면 그 교육 없이는 공교육이 성립할 수 없고 수험 위주의 교육이 되어 버리기 때문이다.

최근 들어 인성교육의 중요성이 높아져 지식 편중의 교육에서 벗어나 가정 내에서 실시되는 기본적인 교육에 중점을 두는 경향이 강해지고 있다.

지금 일본이 떠안고 있는 과제를 해결하기 위해서는 공교육에만 의존하지 말고 그 공교육에 다대한 영향을 주는 교육을 중시할 필요가 있다고 생각된다.

(주석) 리얼리스트 : 현실주의자

---

57 필자에 의하면 리얼리스트의 주장이란 무엇인가?

1 사회성이 부족한 아이가 불행해지는 것은 당연하다.
2 사회성이 부족한 아이를 나라가 끌어안는 것은 당연하다.
3 막대한 사회적 비용을 아이에게 쓰는 것은 현실적이지 않다.
4 약육강식 사회라고 해서 아이가 불행해지는 것은 아니다.

해설 필자는 一部では弱肉強食は市場原理でもあるから、彼らが不幸になることはやむを得ないと主張しているリアリストたちもいるかもしれないが、(일부에서는 약육강식은 시장원리이기도 하니까 그들이 불행해지는 것은 어쩔 수 없다고 주장하는 리얼리스트들도 있을지도 모르겠지만)이라고 했으므로 그들의 주장이 사회성이 부족한 아이가 불행해지는 것은 당연하다고 이야기하는 것을 알 수 있다. 따라서 1번이 정답이다.

58 그것이란 무엇인가?

1 사회성이 결여된 아이에게 다액의 비용을 들여서 보호하는 것
2 사회성이 결여된 아이가 성장하여 고용률이 저하되는 것
3 국가 전체가 불행해지고 개인이나 가정이 그 영향을 받는 것
4 국가의 경쟁력이 저하되고 모든 사회문제가 증가하는 것

해설 필자는 社会性の足りない子どもを支援するために日本社会は莫大な社会的コストを負担せざるを得なくなる。(사회성이 부족한 아이를 지원하기 위해서 일본 사회는 막대한 사회적 비용을 부담하지 않을 수 없게 된다.)라고 했으므로 사회성이 결여된 아이에게 큰 비용을 들여서 보호하는 것임을 알 수 있다. 따라서 1번이 정답이다.

59 교육에 대해서 필자는 어떻게 서술하고 있는가?

1 교육 등에 신경 쓰지 말고 개개인과 가정의 행복을 중시해야 한다.
2 지식 편중의 교육에서 벗어나 다양한 교육 방법을 검토해야 한다.
3 공교육은 가정 교육에 의거하기 때문에 가정 교육에 보다 힘을 써야 한다.
4 인격 형성은 가정 교육만으로는 한계가 있기 때문에 공교육에 의지해야 한다.

해설 필자는 공교육은 가정 교육에 의거해서 실시되는 것이라고 하면서 公教育ばかりに頼らず、その公教育に多大な影響を与える教育を重視する必要があると考えられる。(공교육에만 의존하지 말고 그 공교육에 다대한 영향을 주는 교육을 중시할 필요가 있다고 생각된다.)라고 했다. 가정 교육에 의거한 공교육보다 가정 교육에 더 힘을 써야 한다고 했으므로 3번이 정답이다. 1, 2, 4번은 언급한 내용이 아니므로 정답이 아니다.

단어 危機(きき) 위기 | ~と言(い)っても過言(かごん)ではない ~라고 해도 과언이 아니다 | 状態(じょうたい) 상태 | 抱(かか)え込(こ)む (양팔로) 껴안다, (많은 것을) 떠맡다 | 支援(しえん) 지원 | 莫大(ばくだい)だ 막대하다 | コスト 코스트, 비용 | 負担(ふたん) 부담 | 弱肉強食(じゃくにくきょうしょく) 약육강식 | 原理(げんり) 원리 | リアリスト 리얼리스트 | 目線(めせん) 시선 | 前述(ぜんじゅつ) 전술 | 雇用率(こようりつ) 고용률 | 貧困(ひんこん) 빈곤 | 犯罪率(はんざいりつ) 범죄율 | 増加(ぞうか) 증가

繋(つな)がる 이어지다, 연결되다 | ひいては 나아가서는 | 存亡(そんぼう) 존망 | 脅(おびや)かす 위협하다 | 重大(じゅうだい)だ 중대하다 | 悪影響(あくえいきょう) 악영향 | 及(およ)ぼす 미치게 하다, 끼치다 | ～かねない ~할지도 모른다 | 受験(じゅけん) 수험 | 個々人(ここじん) 개개인 | 発達(はったつ) 발달 | 促(うなが)す 재촉하다, 독촉하다, 촉진하다 | サポート 서포트, 지지, 후원 | 構成員(こうせいいん) 구성원 | 意識(いしき) 의식 | 共有(きょうゆう) 공유 | 持続(じぞく) 지속 | 貢献(こうけん) 공헌 | 実現(じつげん) 실현 | 手助(てだす)け 도움 | 向上(こうじょう) 향상 | おおむね 대개, 대강 | ～における+명사 ~에서의 | 公教育(こうきょういく) 공교육 | むしろ 오히려 | 人格(じんかく) 인격 | ～に基(もと)づいて ~에 의거하여, ~에 기반하여 | 延長線(えんちょうせん) 연장선 | ～なくもない ~하지 않는 것도 아니다 | 偏重(へんちょう) 편중 | 形成(けいせい) 형성 | ～なくして(は) ~없이(는) | 成立(せいりつ) 성립 | 抜(ぬ)け出(だ)す 빠져나가다, 벗어나다 | 重点(じゅうてん) 중점 | 傾向(けいこう) 경향 | ～つつある ~하고 있다 | 抱(かか)える 껴안다, 떠안다 | 多大(ただい)だ 다대하다, 많고도 크다 | 重視(じゅうし) 중시 | 主義(しゅぎ) 주의 | 当然(とうぜん)だ 당연하다, 마땅하다 | ～からといって ~라고 해서 | 欠(か)く 결여되다 | 費用(ひよう) 비용 | 保護(ほご) 보호 | 検討(けんとう) 검토

문제11 다음 A와 B의 문장을 읽고, 뒤의 물음에 대한 답으로서 가장 알맞은 것을, 1·2·3·4에서 하나 고르세요.

A

일본인은 옛날부터 한자에 불편함을 느껴왔다. 한자를 어떻게든 하고 싶다고 생각하는 인물 중에는 국어학자나 정치인 등도 다수 포함되어 있다.

한자를 폐지 또는 제한해야 할 이유로서 그들이 주장한 것은 서기나 인쇄에 시간이 든다, 한자어에는 동음이의어가 많다, 습득에 방대한 시간이 걸린다 등이다.

그러나 한자가 가져다주는 장점도 적지 않기 때문에 폐지해서는 안 된다고 생각하고 있다. 우선 한자는 한 글자당 정보가 많기 때문에 발신 가능한 문자 수가 제한되어 있는 경우에도 많은 정보를 보낼 수 있거나 같은 내용이라도 문자 수를 줄일 수 있다. 또한 병명이나 전문적인 영어 단어는 몰라도 한자로 쓰여 있다면 어느 정도 이해할 수 있다는 편의성도 무시할 수 없다고 생각한다.

한자를 익히기 위해서는 오랜 시간이 필요하지만, 한자의 단점이 아니라 장점에 눈을 돌리면 학습에 대한 의식이 바뀔지도 모른다.

B

한자는 동음이의어가 많기 때문에 습득이 어렵다는 의견이 있지만, 그것은 한자의 문제가 아니라 어휘의 문제이다. 옛날 일본인은 외국으로부터의 새로운 개념을 한자로 번역했지만 현대인은 음역하여 카타카나로 나타내고 있기 때문에 단어 자체가 어려워졌을 뿐 한자 자체가 어려운 것은 아니다. 오히려 한자는 문자만으로 의미를 추측할 수 있는 반면, 카타카나어로는 불가능하다.

처음 보는 어휘의 의미를 추측할 수 있는 편의성은 한자만의 것이다. 한자 교육을 폐지하고 카타카나 표기를 철저히 할 경우, 지식층은 여전히 한자 지식을 유지하는 한편, 비지식층은 그렇지 않게 된다. 또한 아이들은 과거의 문헌 등을 읽을 수 없게 되어 버리고 지식을 계승하지 못해서 문화의 단절을 초래할지도 모르기 때문에 한자를 폐지하는 것은 단점이 더 크다고 할 수 있다.

확실히 한자 습득에는 시간이 걸리지만 새로운 지식을 취득하는 데에 필요 불가결한 훈련이라고 생각하면 그 과정도 조금은 즐길 수 있게 되는 것은 아닐까?

60 A와 B의 인식으로 공통되는 것은 무엇인가?

1 한자의 폐지는 단점이 많기 때문에 폐지해서는 안 된다.
2 한자는 편의성이 높기 때문에 한층 더 연구가 필요하다.
3 한자의 습득에 시간이 걸리기 때문에 학습 방법을 궁리해야 한다.
4 글로벌화를 향해서 한자보다 카타카나어를 가르쳐야 한다.

해설 A는 한자가 가져다주는 장점도 적지 않기 때문에 폐지해서는 안 된다고 했으며 B는 한자를 폐지하는 것은 오히려 단점이 더 크다고 이야기하고 있다. 따라서 정답이다.

61 한자의 습득에 대해서 A와 B는 어떻게 서술하고 있는가?

1 A는 한자의 장점에 주목해야 한다고 서술하고, B는 지식을 취득하는 과정이라고 서술하고 있다.
2 A는 한자의 단점은 적다고 서술하고, B는 한자를 즐겁게 공부하는 것이 중요하다고 서술하고 있다.
3 A도 B도 한자는 동음이의어가 많기 때문에 약자로 공부하는 것이 좋다고 서술하고 있다.
4 A도 B도 한자 폐지 전에 한자를 습득해야 한다고 서술하고 있다.

해설 A는 한자의 장점에 주목하면 학습에 대한 의식이 바뀔지도 모른다고 서술하고 있고 B는 한자 습득을 새로운 지식을 취득하는 훈련 과정이라고 생각하면 습득하는 과정을 즐길 수 있을지도 모른다고 주장하고 있다. 따라서 1번이 정답이다.

단어 含(ふく)む 포함하다 | 廃止(はいし) 폐지 | 制限(せいげん) 제한 | 書記(しょき) 서기 | 印刷(いんさつ) 인쇄 | 手間(てま) 수고, 시간 | 同音異義語(どうおんいぎご) 동음이의어 | 膨大(ぼう/だい)だ 방대하다 | もたらす 가져오다, 초래하다 | メリット 메리트, 이점 | 病名(びょうめい) 병명 | 利便性(りべんせい) 편의성 | 無視(むし) 무시 | デメリット 디메리트, 결점, 단점 | 意識(いしき) 의식 | 語彙(ごい) 어휘 | 概念(がいねん) 개념 | 訳(やく)す 번역하다 | 音訳(おんやく) 음역 | 自体(じたい) 자체 | むしろ 오히려 | 推測(すいそく) 추측 | ～ならではの ~만의, ~특유의, ~이/가 아니고서는 안 되는 | 徹底(てってい) 철저 | 知識(ちしき) 지식 | ～層(そう) ~층 | 依然(いぜん)として 여전히 | 保(たも)つ 지키다, 유지하다 | ～一方(いっぽう)(で) ~한편(으로) | 非(ひ)~ 비~ | 文献(ぶんけん) 문헌 | 受(う)け継(つ)ぐ 계승하다, 이어받다 | 断絶(だんぜつ) 단절 | 招(まね)く 초대하다, 초래하다 | ～かねない ~할지도 모른다 | 取得(しゅとく) 취득 | 不可欠(ふかけつ)だ 불가결하다 | 訓練(くんれん) 훈련 | 過程(かてい) 과정 | 更(さら)なる 한층 더, 더한 | 工夫(くふう) 여러 가지로 궁리함, 고안함 | ～に向(む)けて ~을/를 향해서 | 略字(りゃくじ) 약자

문제12 다음 글을 읽고, 뒤의 물음에 대한 답으로서 가장 알맞은 것을, 1·2·3·4에서 하나 고르세요.

이번에 집을 짓게 되었다. 구입할 토지도 하우스 제조 회사도 정해지고 지금은 집의 디자인을 검토하는 단계. 아내는 매일 같이 리빙 잡지나 집짓기 웹사이트를 보고 식사 중의 대화는 오로지 새집 이야기다.

그러던 어느 날, 집을 사는 것에 대해서 생각했다. 집은 당연하지만 값싼 물건이 아니다. 나도 30년 대출을 받을 예정이고 퇴직금을 전제로 하고 있기 때문에 대출금을 상환하는 것은 30년 후가 되는 것이다. 그렇게 생각하니 왠지 먼 이야기처럼 느껴졌다. 또한 어째서 평생 임대로는 안 되는 걸까 하는 의문도 생겼다. 그것은 농촌은 그렇다 치고 도시에서 자신의 집을 소유하게 된 것이 역사적으로 보면 극히 최근 일이라는 것을 알았기 때문이다.

조사해 보니 옛날에는 셋집 살이가 일반적이었던 것 같다. 예를 들어 1941년 오사카에서의 주택 조사에서는 셋집 비율이 90% 가까이 달했다. 오사카와 함께 세 도시라고 불리는 교토나 도쿄에서도 이 경향은 크게 변하지 않았다. 또한 옛날에 쓰인 수필 등을 읽어 보면 1년에 몇 번이나 이사를 갔다는 이야기나 길거리 곳곳에 셋집의 벽보가 붙어 있는 모습이 당시의 일상 풍경으로써 그려져 있었다. 다만 그것은 전쟁으로 인해서 집이 파괴됨에 따라 어쩔 수 없이 세를 들어 살 수밖에 없었기 때문이라고 생각된다. 그래서 전쟁 후에는 '자기 집을 가고 싶다'라는 욕구가 강해진 것은 아닐까?

하지만 현대 사회에서는 각각의 사정으로 집을 사지 않는 사람들도 늘어나고 있다. 주택 대출을 안고 싶지 않다, 고정자산세를 내고 싶지 않다 등, 그 이유도 다양하지만 자기 집의 메리트도 결코 무시할 수 없다고 생각한다.

가장 큰 장점은 안정감이다. 자기 집은 주거의 안정뿐만 아니라 정신적인 안심을 가져온다. 또 안정적인 수입을 얻을 수 없게 되는 퇴직 후, 주거 걱정이 없기 때문에 마음에 여유가 생겨 새로운 일을 찾는 데 집중할 수 있다. 게다가 집안을 내 취향으로 디자인하여 이상적인 집을 실현할 수 있는 이점도 있다.

자기 집의 장점을 다시 생각해 보니 주택 대출의 상환기간도 그리 먼 이야기가 아니게 되었다. 오히려 30년 후의 미래가 기다려지게 된 것이다. 바로 임대 주택에서는 얻을 수 없는 안정감과 만족감이 있기 때문이다. 사람들이 계속 자기 집을 추구하는 것은 이 때문이 아닐까?

(주석) 셋집 : 집을 빌리는 것. 또는 그 집

62 먼 이야기란 무엇인가?

1 자신의 집을 구입하기까지 걸리는 시간
2 집 디자인 검토가 끝날 때까지 걸리는 시간
3 집을 지을 때까지 걸리는 건설 시간
4 **집을 짓기 위해 빌린 대출금을 갚는 시간**

해설 필자는 私も30年ローンを組む予定で、退職金を前提にしているから、ローンを返済するのは30年後になるわけだ。(나도 30년 대출을 받을 예정이고 퇴직금을 전제로 하고 있기 때문에 대출금을 상환하는 것은 30년 후가 되는 것이다.)라고 했으므로 집을 짓기 위해 빌린 대출금을 갚은 시간을 말하는 것을 알 수 있다. 따라서 4번이 정답이다.

63 필자에 의하면 집을 사진 않은 사람이 늘고 있는 것은 왜인가?

1 **돈을 빌릴 필요가 있고 정기적으로 세금을 납입할 필요가 있기 때문에**
2 현대인들은 이사할 기회가 많기 때문에
3 옛날과 동일하게 임대주택 생활이 일반적이기 때문에
4 안정된 수입이 없어 주택 대출을 받지 못하기 때문에

해설 필자는 しかし、現代社会では、それぞれの事情で家を買わない人が増えている。住宅ローンを抱えたくない、固定資産税を支払いたくないなど、その理由も様々だが(하지만 현대 사회에서는 각각의 사정으로 집을 사지 않는 사람들도 늘어나고 있다. 주택 대출을 안고 싶지 않다, 고정 자산세를 내고 싶지 않다 등, 그 이유도 다양하지만)라고 말하면서 일부 사람들이 대출을 하거나 세금을 더 내고 싶지 않아서 집을 사지 않는다고 했으므로 정답은 1번이다.

64 자기 집 구입에 대해서 필자는 어떻게 생각하고 있는가?

1 집세가 상승하고 있기 때문에 자기 집을 구입하는 편이 좋다.
2 **생활에 안정감이 늘고 정신적인 여유가 생기기 때문에 자기 집을 구매한다.**
3 자기 집의 구입은 노후의 걱정이 없어지기 때문에 긍정적으로 생각해야 한다.
4 자기 집의 구입은 생활에 안정감을 가져오지만 구입할 때는 신중해야 한다.

해설 필자는 賃貸住宅では得られない、安定感と満足感があるからにほかならない。人々が持ち家を求め続けるのは、そのためではないだろうか。(바로 임대 주택에서는 얻을 수 없는 안정감과 만족감이 있기 때문이다. 사람들이 계속 자기 집을 추구하는 것은 이 때문이 아닐까?)라고 했으므로 사람들은 안정감과 만족감을 추구해서 자기 집을 사려고 하는 것이 아닐까라고 주장하고 있으므로 정답은 2번이다.

단어 購入(こうにゅう) 구입 | メーカー 메이커, 제조 회사 | 検討(けんとう) 검토 | 段階(だんかい) 단계 | リビング 리빙 | 眺(なが)める 바라보다, 조망하다 | 専(もっぱ)ら 오로지, 한결같이 | 新居(しんきょ) 새집 | ローン 론, 대출 | 退職金(たいしょくきん) 퇴직금 | 前提(ぜんてい) 전제 | 返済(へんさい) 반제, 변제 | 賃貸(ちんたい) 임대 | 疑問(ぎもん) 의문 | ~はともかく(として) ~은/는 어찌 됐든, ~은/는 그렇다 치고 | 所有(しょゆう)する 소유하다 | 極(ごく) 극히, 대단히 | 借家(しゃっか) 셋집 | ~における+명사 ~에서의 | 達(たっ)する 달하다, 도달하다 | 傾向(けいこう) 경향 | 随筆(ずいひつ) 수필 | 街中(まちじゅう) 거리 | 貸家(かしや) 셋방 | 貼(は)り紙(がみ) 벽보 | 破壊(はかい) 파괴 | ~を余儀(よぎ)なくされる 어쩔 수 없이 ~하게 되다 | 戦後(せんご) 전쟁 후 | 欲求(よっきゅう) 욕구 | 抱(かか)える (껴)안다, 떠안다 | 持(も)ち家(いえ) 자기 집 | メリット 메리트, 이점 | 決(けっ)して~ない 결코 ~않다 | 無視(むし) 무시 | 住居(じゅうきょ) 주거 | 精神的(せいしんてき)だ 정신적이다 | もたらす 가져오다, 초래하다 | 収入(しゅうにゅう) 수입 | 余裕(よゆう) 여유 | 実現(じつげん) 실현 | 利点(りてん) 이점 | 待(ま)ち遠(どお)しい 몹시 기다려지다 | ~にほかならない 다름 아닌 ~이다, 바로 ~이다 | 求(もと)める 구하다, 바라다, 추구하다 | 納(おさ)める 납입하다, 납품하다

| 増(ま)す 늘다, 많아지다 | 前向(まえむ)きだ 긍정적이다 | 慎重(しんちょう)だ 신중하다

문제13 오른쪽 페이지는 어느 맨션의 공지사항이다. 아래의 물음에 대한 답으로서 가장 알맞은 것을, 1·2·3·4에서 하나 고르세요.

65 다음의 4명은 이 맨션의 주민으로, 이하의 시간대에 수도를 사용하고 싶다고 생각하고 있다. 수도를 이용할 수 있는 사람은 누구인가?

이름	맨션의 동	사용일	사용 시간대
요시다 씨	B동의 11F	11월 21일	15：30
달리아 씨	D동의 3F	11월 22일	12：00
라완 씨	A동의 5F	11월 21일	10：30
야마모토 씨	C동의 6F	11월 22일	17：30

1 요시다 씨
2 달리아 씨
3 라완 씨
4 야마모토 씨

해설 4명의 주민 중에서 C동 6층은 단수가 16:00~17:00까지에 진행되기 때문에 야마모토 씨만 수도를 이용할 수 있으므로 4번이 정답이다. B동 11F는 21일 14:30~16:00까지 단수이므로 1번은 정답이 아니고, D동 3F는 22일 11:00~14:00까지 단수이므로 2번도 정답이 아니다. A동 5F는 21일 9:00~11:00까지 단수이므로 3번도 정답이 아니다.

66 다나카 씨는 11월 21일 오전에 나가고 싶다고 생각하고 있다. 다나카 씨는 B동의 7F의 입주자로 오후 1시부터 오후 3시까지 외출 예정이다. 다나카 씨는 외출할 시에 어떻게 하지 않으면 안 되는가?

1 급수에 대비하여 화장실이나 세탁기, 급탕기의 수도꼭지를 잠가 둔다.
2 단수 전에 물을 비축하고 탁한 물이 나오지 않는지 확인한다.
3 급수 시에 탁한 물이 나오지 않도록 모든 수도꼭지를 잠가 둔다.
4 배수관 작업도 동시에 실시하기 때문에 화장실 물을 흘려둔다.

해설 다나카 씨가 사는 B동 7F는 11월 21일 13:00~14:30까지 단수를 진행하므로 다나카 씨는 외출하기 전에 단수가 끝나서 물이 나올 것을 대비하여 화장실, 급탕기, 세탁기의 수도꼭지를 잠가야 하므로 1번이 정답이다. 단수가 끝나고 통수 직후에 탁한 물을 확인하라고 했으므로 2번은 정답이 아니고, 모든 수도꼭지를 잠가두는 이유는 급수를 대비한 것이므로 3번도 정답이 아니다. 배수관 작업은 실시하지 않으므로 4번도 정답이 아니다.

【단수 공지】

평소에 신세를 지고 있습니다.

이번에 수도 설비 청소 작업을 실시합니다. 작업 중에는 수도를 사용하실 수 없어 입주민 여러분께 불편을 끼쳐드립니다만, 부디 이해해 주시기 바랍니다.

【단수 공지】

평소에 신세를 지고 있습니다.

이번에 수도 설비 청소 작업을 실시합니다. 작업 중에는 수도를 사용하실 수 없어 입주민 여러분께 불편을 끼쳐드립니다만, 부디 이해해 주시기 바랍니다.

· 단수 일시 : 11월21일(목)~11월22일(금)
· 단수 시간 : 9시 00분경부터 17시 00분경까지
· 단수 순서 : 아래 표와 같음

		날짜	시간
A동	1~8F	11월 21일	9:00~11:00
	9~16F	11월 21일	11:00~13:00
B동	1~7F	11월 21일	13:00~14:30
	8~14F	11월 21일	14:30~16:00
C동	1F~8F	11월 21일	16:00~17:00
	9F~15F	11월 22일	9:00~11:00
	16F~19F	11월 22일	14:00~16:00
D동	전 세대	11월 22일	11:00~14:00

· 외출 시 등 수도를 사용하지 않을 때는 화장실, 급탕기, 세탁기의 수도꼭지를 반드시 닫아 주십시오. 수도꼭지가 열려 있으면 급수를 시작했을 때 물이 넘쳐서 아래층으로 새는 경우가 있습니다.
· 통수 직후에는 다소 탁한 물이 나옵니다만, 잠시 통수하면 깨끗한 물이 되어 문제없이 사용하실 수 있습니다.
· 배수관 작업은 없기 때문에 단수 전에 모아둔 물이나 뜨거운 물의 배수는 가능합니다.
· 화장실, 급탕기, 세탁기 이외의 수도꼭지에서 탁한 물이 나오지 않는지 확인하고 나서 사용해 주세요.
· 단수 중에는 특히 불기가 있는 곳에 주의해 주세요.

청소업체 도시 기공 설비 주식회사 TEL 012-765-4322

단어 入居者(にゅうきょしゃ) 입주자 | 給水(きゅうすい) 급수 | ~に備(そな)えて ~에 대비하여 | 給湯器(きゅうとうき) 급탕기 | 蛇口(じゃぐち) 수도꼭지 | 断水(だんすい) 단수 | 備蓄(びちく) 비축 | 濁(にご)る 탁해지다 | 排水管(はいすいかん) 배수관 | 断水(だんすい) 단수 | 平素(へいそ) 평소 | 設備(せつび) 설비 | 清掃(せいそう) 청소 | 順序(じゅんじょ) 순서 | 水栓(すいせん) 수도꼭지 | 閉栓(へいせん) 폐전, (가스나 수도꼭지를) 잠금 | 開始(かいし) 개시 | 溢(あふ)れる 넘치다 | 階下(かいか) 아래층 | 漏(も)れる (물·빛·가스 등이) 새다, 누설되다 | 通水(つうすい) 통수, 수도관에 물을 흐르게 함 | 火(ひ)の元(もと) 화기, 불기가 있는 곳

청해 97p

문제1
1 ③   2 ①   3 ②   4 ②   5 ④

문제2
1 ④   2 ④   3 ③   4 ②   5 ①
6 ③

문제3
1 ③   2 ①   3 ①   4 ②   5 ④

문제4
1 ②   2 ①   3 ②   4 ②   5 ②
6 ③   7 ①   8 ③   9 ③   10 ②
11 ②

문제5
1 ④   2 질문1 ①   질문2 ④

기본 버전MP3   배속 버전MP3   시험장 버전MP3

문제1 문제1에서는, 먼저 질문을 들어주세요. 그리고 이야기를 듣고, 문제 용지의 1부터 4 중에서, 가장 알맞은 것을 하나 고르세요.

🎧 모의고사2_문제1_예시.mp3

会社で女の人と男の人が話しています。男の人はこれからまず何をしなければなりませんか。

F：そろそろ来年の新入社員研修の準備が必要だね。田中くん、研修内容は決めてるかな？

M：はい。いつものビジネスマナーやプロジェクト管理に加えてパソコンスキルを習得できるプログラムを設けたいと思ってます。

F：いいね。最近は携帯でなんでもできるからパソコンの基本操作すらできない人も増えているらしいからね。

M：ええ。去年、研修で行った社内アンケートでは、パソコンに慣れていないと答えた人が結構いました。ただ、慣れている人も多かったのでどんなカリキュラムで進めるべきか悩んでいます。

F：そうだね。どんな新入社員が入ってくるかわからないし、研修前にパソコンの技能テストを受けてもらってスキルを測定するのはどうかな？

M：いいと思います。

F：うん、結果を見てから、それに合わせて研修内容を考えてほしいんだ。

M：はい、分かりました。全くスキルがない新入社員の場合は、講師を派遣してスキルを磨いてもらうことも考えておこうと思います。

예시 男の人はこれからまず何をしなければなりませんか。

1 社内アンケートを取る
2 パソコンの技能テストを行う
3 パソコン研修内容を企画する
4 講師を派遣する

해석 회사에서 여자와 남자가 이야기하고 있습니다. 남자는 이제부터 먼저 무엇을 하지 않으면 안 됩니까?

F : 슬슬 내년의 신입사원 연수의 준비가 필요하겠네. 다나카 군, 연수 내용은 정하고 있어?

M : 네. 항상 하는 비즈니스 매너나 프로젝트 관리에 더해서 컴퓨터 스킬을 습득할 수 있는 프로그램을 마련하고 싶다고 생각하고 있습니다.

F : 좋네. 요즘에는 휴대폰으로 뭐든지 할 수 있으니까 컴퓨터의 기본 조작조차 할 수 없는 사람도 늘고 있다고 하는 것 같으니까.

M : 네. 작년 연수에서 실시했던 사내 앙케트에서는 컴퓨터에 익숙하지 않다고 대답했던 사람이 상당히 있었습니다. 다만 익숙한 사람도 많았으므로 어떤 커리큘럼으로 진행해야 할지 고민하고 있습니다.

F : 그렇네. 어떤 신입 사원이 들어올지 모르고 연수 전에 컴퓨터 기능 테스트를 해 받아서 스킬을 측정하는 것은 어떨까?

M : 좋다고 생각합니다.

F : 응, 결과를 보고 나서 그거에 맞춰서 연수 내용을 생각해 주었으면 해.

M : 네, 알겠습니다. 전혀 스킬이 없는 신입사원의 경우는 강사를 파견해서 스킬을 연마해 받는 것도 생각해 두려고 합니다.

남자는 이제부터 먼저 무엇을 하지 않으면 안 됩니까?

1 사내 앙케트를 한다
2 컴퓨터 기능 테스트를 실시한다
3 컴퓨터 연수 내용을 기획한다
4 강사를 파견한다

해설 여자가 研修前にパソコンの技能テストを受けてもらってスキルを測定するのはどうかな？(연수 전에 컴퓨터 기능 테스트를 해 받아서 스킬을 측정하는 것은 어떨까?)라고 말하며 컴퓨터 기능 테스트로 스킬을 측정한다고 했으므로 2번이 정답이다. 사내 앙케트는 이미 진행했으므로 1번은 정답이 아니고, 테스트를 실시하고 나서

연수 내용을 생각한다고 했으므로 3번은 정답이 아니다. 그리고 4번은 신입 사원들의 스킬을 측정한 다음에 그에 맞춰서 강사를 파견한다고 했으므로 정답이 아니다.

단어 研修(けんしゅう) 연수 | マナー 매너 | プロジェクト 프로젝트 | 管理(かんり) 관리 | 〜に加(くわ)えて ~에 더해서 | スキル 스킬, 기술 | 習得(しゅうとく) 습득 | 設(もう)ける 설치하다, 마련하다 | 操作(そうさ) 조작 | カリキュラム 커리큘럼, 교육과정 | 技能(ぎのう) 기능 | 測定(そくてい) 측정 | 講師(こうし) 강사 | 派遣(はけん) 파견 | 企画(きかく) 기획

🎧 모의고사2_문제1_1번.mp3

会社で男の人と女の人が話しています。女の人はこのあとまず何をしますか。

M : 佐藤さん、もうすぐ入社して1年目になるよね。
F : はい。時間って本当早いですね。
M : 1年間の成果を評価しないといけないから仕事で気になった点をいくつか伝えるね。まずは、小さなミスが目立ってること。あとは時々書類の締切に間に合わないこと。
F : はい。本当に申し訳ありません。これから小さなミスを減らせるように努力します。締切日はいつも把握しているのですが、なかなか効率よく仕事が進まなくて…。
M : 今すぐ完璧に仕事しろなんて言わないよ。ただ、締切日は目に付くところにメモを貼るのはどう? その日にちを基準に優先順位をつけて一つずつ終わらせるといいよ。
F : いつもやるべきことはメモを書いて貼っていたのですが、順番は特に決めていませんでした。今日から早速試してみます。
M : あと、書類を作成する際にどれくらい時間がかかるか把握してる?
F : 時間を気にしたことはないので、正直に言うと全く把握できていません。
M : そっか。自分の作業時間を正確に把握しておくのも重要だからね。計画を立てるのに役立つから今度時間があったら計ってみて。
F : 分かりました。今週中に時間が空いたらやってみます。
M : うん。それ以外は今のところ優秀だよ。今後の活躍に期待してるからね。
F : はい。ご指導ありがとうございます。

1 女の人はこのあとまず何をしますか。

1 小さなミスを減らす
2 締切日を机に貼る
3 **仕事の優先順位をつける**
4 書類作成にかかる時間を計る

해석 회사에서 남자와 여자가 이야기하고 있습니다. 여자는 이후 먼저 무엇을 합니까?

M : 사토 씨, 이제 곧 입사한 지 1년째가 되네.
F : 네. 시간이 정말 빠르네요.
M : 1년간의 성과를 평가하지 않으면 안 되니까 일에서 신경 쓰였던 점을 몇 가지 전달할게. 먼저 작은 실수가 눈에 띄는 것. 그리고 때때로 서류 마감을 맞추지 못하는 것.
F : 네 정말 죄송합니다. 앞으로 작은 실수를 줄일 수 있도록 노력하겠습니다. 마감일은 항상 파악하고 있습니다만 좀처럼 효율 좋게 일이 진행되지 않아서….
M : 지금 바로 완벽하게 일하라고는 말하지 않아. 다만 마감일은 눈에 띄는 곳에 메모를 붙이는 것은 어때? 그날을 기준으로 우선순위를 매겨서 하나씩 끝내는 게 좋아.
F : 항상 해야 하는 것은 메모를 써서 붙이고 있었습니다만, 순서는 특별히 결정하고 있지 않았습니다. 오늘부터 바로 시도해 보겠습니다.
M : 그리고 서류를 작성할 때에 어느 정도 시간이 걸리는지 파악하고 있어?
F : 시간을 신경 쓴 적이 없기 때문에 솔직히 말하자면 전혀 파악하고 있지 않습니다.
M : 그렇구나. 자신의 작업 시간을 정확하게 파악해 두는 것도 중요하니까. 계획을 세우는 데 도움이 되니까 다음에 시간이 있으면 재 봐.
F : 알겠습니다. 이번 주에 시간이 비면 해 보겠습니다.
M : 응 그것 이외는 지금으로서는 우수해. 이후의 활약을 기대하고 있으니까.
F : 네. 지도 감사합니다.

여자는 이후 우선 무엇을 합니까?

1 작은 실수를 줄인다
2 마감일을 책상에 붙인다
3 **일의 우선순위를 매긴다**
4 서류 작성에 걸리는 시간을 잰다

해설 남자는 여자에게 その日にちを基準に優先順位をつけて一つずつ終わらせるといいよ。(그날을 기준으로 우선순위를 매겨서 하나씩 끝내는 게 좋아.)라고 말하며 일의 우선순위를 매겨서 작업하라고 했으므로 3번이 정답이다. 작은 실수를 줄여야하지만 우선순위는 아니므로 1번은 정답이 아니고, 마감일을 책상에 붙이고 있다고 했으므로 2번도 정답이 아니다. 서류 작성에 걸리는 시간은 이번 주에 시간이 비면 해 보겠다고 했으므로 4번도 정답이 아니다.

단어 成果(せいか) 성과 | 評価(ひょうか) 평가 | ミス 실수 | 締切(しめきり) 마감 | 把握(はあく) 파악 | 効率(こうりつ) 효율 | 目(め)に付(つ)く 눈에 띄다 | 優先(ゆうせん) 우선 | 順位(じゅんい) 순위 | 早速(さっそく) 즉시 | 試(ため)す 시험하다, 시도하다 | 際(さい)(に) ~할 때(에), ~할 즈음(에) | 作成(さくせい) 작성 | 計(はか)る 재다 | 優秀(ゆうしゅう) 우수 | 活躍(かつやく) 활약 | 指導(しどう) 지도

🎧 모의고사2_문제1_2번.mp3

バザー会場で男の人が話しています。ボランティアの人たちはこれからまず何をしなければなりませんか。

M：本日はバザー会場にお越しいただき、ありがとうございます。これからバザーボランティア業務についてお話しします。主な仕事は、品物を新品と中古品に分け、それぞれに値段のシールを貼っていく作業です。寄付された衣類や雑貨を種類別に仕分けしておくと効率よく作業が進められるので先にそれをお願いします。これで、お客様にも分かりやすくスムーズにお買い求めいただけると思います。それが済んだら品物を運んでいただきます。ぜひ地域の皆さんに喜んでいただけるイベントにしたいと思いますのでよろしくお願いします。

2 ボランティアの人たちはこれからまず何をしなければなりませんか。

1 品物を種類別に仕分ける
2 品物をお客様に販売する
3 品物に値段のシールを貼る
4 品物を販売する場所に運ぶ

해석　바자 회장에서 남자가 이야기하고 있습니다. 자원봉사자들은 이제부터 먼저 무엇을 하지 않으면 안 됩니까?

M : 오늘 바자 회장에 와 주셔서 감사합니다. 지금부터 바자 자원봉사 업무에 대해서 이야기하겠습니다. 주된 일은 물건을 새 제품과 중고품으로 나누어 각각 가격 스티커를 붙여 가는 작업입니다. 기부받은 의류나 잡화를 종류별로 구분해 두면 효율 좋게 작업을 진행할 수 있기 때문에 먼저 그것을 부탁드립니다. 이걸로 손님에게도 알기 쉽고 순조롭게 구입하실 수 있다고 생각합니다. 그것이 끝나면 물건을 옮겨 받겠습니다. 부디 지역 여러분에게 기뻐해 받을 수 있는 이벤트로 하고 싶다고 생각하고 있기 때문에 잘 부탁드립니다.

자원봉사자들은 이제부터 먼저 무엇을 하지 않으면 안 됩니까?

1 물건을 종류별로 분류한다
2 물건을 손님에게 판매한다
3 물건에 가격 스티커를 붙인다
4 물건을 판매하는 장소에 운반한다

해설　남자는 寄付された衣類や雑貨を種類別に仕分けしておくと効率よく作業が進められるので先にそれをお願いします。(기부받은 의류나 잡화를 종류별로 구분해 두면 효율 좋게 작업을 진행할 수 있기 때문에 먼저 그것을 부탁드립니다.)라고 했으므로 물건을 종류별로 분류하는 것이 우선인 것을 알 수 있다. 따라서 1번이 정답이다. 물건을 손님에게 파는 것은 나중의 일이므로 2번은 정답이 아니고, 가격 스티커는 분류한 이후에 붙이므로 3번도 정답이 아니다. 건을 운반하는 것은 마지막 작업이므로 4번도 정답이 아니다.

단어　バザー 바자 | お越(こ)しいただく 오시다(존경어) | ボランティア 봉사활동 | 業務(ぎょうむ) 업무 | シール 씰, 스티커 | 寄付(きふ) 기부 | 衣類(いるい) 의류 | 雑貨(ざっか) 잡화 | 仕分(しわ)け 구별, 분류 | 効率(こうりつ) 효율 | スムーズに 순조롭게 | 買(か)い求(もと)める 구입하다 | 地域(ちいき) 지역 | イベント 이벤트

🎧 모의고사2_문제1_3번.mp3

喫茶店で店長とアルバイトの男の人が話しています。男の人はこのあと何をしなければなりませんか。

F：ちょっと今いいかな？次のアルバイトのシフトについて話したいんだけど、人手が足りない日があって、その穴を埋めなきゃいけないの。

M：そうなんですか。具体的にいつ人が足りないんですか。

F：今週の土曜日と日曜日なんだけど、今週の日曜日ってクリスマスでしょ。その上に、週末は平日よりお客様が多いから、今の人数では絶対に対応できないと思うんだよね。それでお願いなんだけど、土曜日と日曜日に入ってもらえないかな。

M：分かりました。スケジュールを調整してみますね。あっ、でも日曜日は試験があって、勤務できなさそうです。

F：そっか。それはしょうがないね。クリスマスの方が忙しそうだからその日だけでもお願いできる？

M：その日は友達と約束があるので時間を後ろにずらせるか確認してみます。私が出れない日に代わりに働ける人も探しましょうか。

F：本当？助かる！もう少し人数が増えれば、なんとか対応できると思うんだ。先月から新しいバイトの子も探しているところなんだけど、なかなか応募が来ないんだよね。

M：わかりました。とりあえず、友達に電話してみます。

F：本当にありがとう。頼りになるわ。

3 男の人はこのあと何をしなければなりませんか。

1 日曜日の出勤を検討する
2 友達との約束時間を調整する
3 新しいバイトの人を探す
4 バイトの人数を増やす

해석　찻집에서 점장과 아르바이트 남자가 이야기하고 있습니다. 남자는

이후 무엇을 하지 않으면 안 됩니까?

F : 잠깐 지금 괜찮아? 다음 아르바이트의 시프트에 대해서 이야기하고 싶은데, 일손이 부족한 날이 있어서 그 구멍을 메우지 않으면 안 돼.

M : 그래요? 구체적으로 언제 사람이 부족한가요?

F : 이번 주 토요일과 일요일인데 이번 주 토요일은 크리스마스잖아. 게다가 주말은 평일보다 손님이 많으니까 지금 인원수로는 절대로 대응할 수 없다고 생각해. 그래서 부탁인데 토요일과 일요일에 들어와 줄 수 없을까?

M : 알겠습니다. 스케줄을 조정해 볼게요. 아, 하지만 일요일은 시험이 있어서 근무할 수 없을 것 같아요.

F : 그래? 그건 어쩔 수 없네. 크리스마스 쪽이 바쁠 것 같으니까 이 날만 부탁할 수 있을까?

M : **그날은 친구와 약속이 있기 때문에 시간을 뒤로 미룰 수 있는지 확인해 볼게요.** 제가 나올 수 없는 날에 대신해서 일할 수 있는 사람도 찾아볼까요?

F : 정말? 도움이 될 거야! 조금 더 인원수가 늘어나면 어떻게든 대응할 수 있다고 생각해. 지난달부터 새로운 아르바이트 애도 찾고 있는 중이지만 좀처럼 응모가 오지 않네.

M : 알겠습니다. **우선 친구에게 전화해 볼게요.**

F : 정말 고마워. 의지가 돼.

남자는 이후 무엇을 하지 않으면 안 됩니까?

1 일요일의 출근을 준비한다.
2 친구와의 약속시간을 조정한다.
3 새로운 아르바이트를 찾는다.
4 아르바이트의 인원수를 늘린다.

해설　남자는 여자에게 그 날은 친구와 약속이 있으므로 시간을 후로 미룰 수 있는지 확인해 봅니다. (그날은 친구와 약속이 있기 때문에 시간을 뒤로 미룰 수 있는지 확인해 볼게요.)라고 말했으므로 2번이 정답이다. 일요일에 시험이 있어서 근무를 할 수 없다고 했으므로 1번은 정답이 아니고, 새로운 아르바이트는 구하는 중이므로 3번도 정답이 아니다. 아르바이트의 인원수에 대해서는 언급만 하고 있으므로 4번도 정답이 아니다.

단어　シフト 시프트 ｜ 人手(ひとで) 일손, 남의 도움 ｜ 穴(あな) 구멍 ｜ 具体的(ぐたいてき)だ 구체적이다 ｜ 対応(たいおう) 대응 ｜ 調整(ちょうせい) 조정 ｜ 勤務(きんむ) 근무 ｜ ずらす (겹치지 않게) 비켜 놓다, 미루다 ｜ 応募(おうぼ) 응모 ｜ 頼(たよ)る 의지하다 ｜ 検討(けんとう) 검토

🎧 모의고사2_문제1_4번.mp3

花屋で店員と男の人が話しています。男の人は家に帰ったあとまず何をしますか。

F : こんにちは。今日はどんなお花をお探しですか。
M : 華やかな色の花を探しているんですが、今の季節だとどんな花が人気ですか。
F : 今の季節にはハイビスカスが人気ですよ。色んな色の花が咲きますし。
M : 色が鮮やかで綺麗ですね。できれば長持ちさせたいんですが、液体の肥料は必要ですか。
F : ええ。花が咲く植物に液体の肥料を与えると、より元気に育ちますし、花の美しさを長く保てますよ。
M : いいですね。**液体の肥料は家に余ってるものがあるので、帰ったら使ってみます。** あと、家の鉢は小さい気がするので、新しいのを購入したいんですよね。
F : そうですか。ハイビスカスでしたらこのサイズの鉢をお勧めします。花は成長とともに大きいものに植え替えたほうが根もよく育ちますので、成長具合に合わせて替えることをお勧めします。
M : 分かりました。あ、水は一日何回くらいやればいいですか。
F : 朝と夕方2回で大丈夫ですよ。でも今日は十分水を与えたので、やらなくてもいいと思います。
M : そうなんですね。じゃあ、ハイビスカスと鉢をお願いします。

4 男の人は家に帰ったあとまず何をしますか。

1 きれいな花を購入する
2 花に液体の肥料を与える
3 鉢を植え替える
4 花に水をやる

해석　꽃집에서 점원과 남자가 이야기하고 있습니다. 남자는 집에 돌아간 후 먼저 무엇을 합니까?

F : 안녕하세요. 오늘은 어떤 꽃을 찾고 계시나요?
M : 화려한 색의 꽃을 찾고 있습니다만, 지금 계절이라면 어떤 꽃이 인기인가요?
F : 지금 계절에는 히비스커스가 인기예요. 다양한 색의 꽃이 피기도 하고요.
M : 색이 선명해서 예쁘네요. 가능하면 오래 유지시키고 싶은데 액체 비료는 필요하나요?
F : 네. 꽃이 피는 식물에 액체 비료를 주면 보다 건강하게 자라고 꽃의 아름다움을 길게 유지할 수 있습니다.
M : 좋네요. **액체 비료는 집에 남은 것이 있기 때문에 돌아가면 사용해 보겠습니다.** 그리고 집의 화분은 작은 기분이 들기 때문에 새로운 것을 구입하고 싶네요.
F : 그러신가요? 히비스커스라면 이 사이즈의 화분을 추천드립니다. 꽃은 성장과 함께 큰 화분에 옮겨 심는 편이 뿌리도 잘 자라기 때문에 성장 상태에 맞춰서 바꾸는 것을 추천드립니다.
M : 알겠습니다. 아, 물은 하루 몇 번 정도 주면 좋을까요?
F : 아침과 저녁 두 번으로 괜찮습니다. 하지만 오늘은 충분히 물을 주었기 때문에 주지 않아도 된다고 생각합니다.
M : 그렇군요. 그럼 히비스커스와 화분을 부탁드립니다.

171

남자는 집에 돌아간 후 먼저 무엇을 합니까?

1 예쁜 꽃을 구입한다
2 꽃에 액체 비료를 준다
3 화분을 옮겨 심는다
4 꽃에 물을 준다

해설 남자는 液体の肥料は家に余ってるものがあるので、帰ったら使ってみます。(액체 비료는 집에 남은 것이 있기 때문에 돌아가면 사용해 보겠습니다.)라고 하며 집에 돌아가서 여분의 액체 비료를 사용한다고 했으므로 2번이 정답이다. 예쁜 꽃으로 히비스커스를 이미 구입했으므로 1번은 정답이 아니고, 새 화분을 샀지만 집에 가서 먼저 옮겨 심는다는 말은 하지 않고 있으므로 3번도 정답이 아니다. 여자가 오늘은 충분히 물을 주었기 때문에 주지 않아도 된다고 했으므로 4번도 정답이 아니다.

단어 花屋(はなや) 꽃집 | 華(はな)やかだ 화려하다 | ハイビスカス 히비스커스 | 鮮(あざ)やかだ 선명하다 | 長持(ながも)ちする 오래 가다 | 液体(えきたい) 액체 | 肥料(ひりょう) 비료 | 保(たも)つ 지키다, 유지하다 | 余(あま)る 남다 | 鉢(はち) 화분 | 購入(こうにゅう) 구입 | ~とともに ~와/과 함께, ~함에 따라, ~임과/와 동시에 | 植(う)え替(か)える 옮겨 심다 | 根(ね) 뿌리

🎧 모의고사2_문제1_5번.mp3

大学で国際交流サークルの男の学生と女の学生が話しています。女の学生はこれから何をしなければなりませんか。

M：中野さん、今度の留学生の交流会について意見を聞きたいんだけど、どうやって進めたらいいと思う？

F：そうですね。まずはグループ分けをしたほうがいいと思います。でも、グループ分けをするには、あらかじめ人数を把握しておいたほうがいいですね。

M：人数はもう把握済みで、100人の学生が参加する予定なんだ。あと、参加者のリストは山田さんが作成してくれることになったから明日中にはもらえると思うよ。問題は、どうやってグループを分けるかだよね。

F：そうですね。そうしたら、同じ学部ごとに5人ずつグループを作ったらどうでしょう。同じ専攻の人同士だと話しやすいはずですし、学校生活にも役立つネットワークが築けるかもしれません。

M：それいいね。リストもらったらこっちで分けておくよ。

F：はい、ありがとうございます。当日はみんながリラックスして話せるように自己紹介の時間も必要ですね。その後、グループ同士でクイズ大会をしても面白いと思います。

M：いいね、自己紹介とクイズをすればやんわりとした雰囲気になるかも。クイズはどんなものがいいか探さないとな。中野さん、ちょっと手伝ってくれる？

F：はい、私も探して作っておきます。作り終えたらメールしますね。

M：うん、助かるよ。ありがとう。

5 女の学生はこれから何をしなければなりませんか。

1 グループを分ける
2 参加人数を把握する
3 参加者のリストを書く
4 クイズの問題を作成する

해석 대학에서 국제 교류 동아리의 남자 학생과 여자 학생이 이야기하고 있습니다. 여자 학생은 이제부터 무엇을 하지 않으면 안 됩니까?

M：나카노 씨, 이번 유학생 교류회에 대해서 의견을 듣고 싶은데 어떻게 진행하면 좋다고 생각해?

F：그렇네요. 그룹 나누기를 하는 편이 좋다고 생각해요. 하지만 그룹 나누기를 하기 위해서는 미리 인원수를 파악해 두는 편이 좋겠네요.

M：인원수는 이미 파악 완료이고 100명의 학생이 참가할 예정이야. 그리고 참가자 리스트는 야마다 씨가 작성해 주기로 되었으니까 내일 중으로는 받을 수 있을 거라고 생각해. 문제는 어떻게 그룹을 나눌지 야.

F：그렇네요. 그렇다면 같은 학부마다 5명씩 그룹을 만들면 어떨까요? 같은 전공의 사람끼리라면 이야기하기도 쉬울 테고 학교생활에도 도움이 되는 네트워크를 구축할 수 있을지도 몰라요.

M：그거 좋네. 리스트 받으면 이쪽에서 나누어 둘게.

F：네, 감사합니다. 당일은 모두가 릴랙스해서 이야기할 수 있도록 자기소개 시간도 필요하겠네요. 그 후 그룹끼리로 퀴즈 대회를 해도 재미있을 거라고 생각합니다.

M：좋네, 자기소개와 퀴즈를 하면 부드러운 분위기가 될지도. 퀴즈는 어떤 것이 좋은지 찾지 않으면 안 되겠네. 나카노 씨, 잠깐 도와줄래?

F：네, 저도 찾아서 만들어 두겠습니다. 만드는 게 끝나면 메일할게요.

M：응, 도움이 돼. 고마워.

여자 학생은 이제부터 무엇을 하지 않으면 안 됩니까?

1 그룹을 나눈다
2 참가 인원을 파악한다
3 참가자의 리스트를 쓴다
4 퀴즈 문제를 작성한다

해설 남자는 여자에게 クイズはどんなものがいいか探さないとな。中野さん、ちょっと手伝ってくれる？(퀴즈는 어떤 것이 좋은지 찾지 않으면 안 되겠네. 나카노 씨, 잠깐 도와줄래?)라고 요청하였고 여자가 찾아서 만들어 두겠다고 하였으므로 4번이 정답이다. 남자가 그룹을 나눠두겠다고 했으므로 1번은 정답이 아니고, 참가 인원은 이미 파악한 상태이므로 2번도 정답이 아니다. 참가자 리스트를 야마다 씨가 작성해 준다고 했으므로 3번도 정답이 아니다.

단어 予(あらかじ)め 미리, 사전에 | 把握(はあく) 파악 | ~済(ず)み

(이미) ~완료, 끝남 | 専攻(せんこう) 전공 | ネットワーク 네트워크 | 築(きず)く 쌓다, 구축하다 | リラックス 릴랙스 | やんわり 부드럽게, 온화하게 | 雰囲気(ふんいき) 분위기 | 作成(さくせい) 작성

문제2 문제2에서는, 먼저 질문을 들어주세요. 그 후, 문제 용지의 선택지를 읽으세요. 읽을 시간이 있습니다. 그리고 이야기를 듣고, 문제 용지의 1부터 4 중에서, 가장 알맞은 것을 하나 고르세요.

🎧 모의고사2_문제2_예시.mp3

会社で男の人と女の人が話しています。女の人は何が良くなかったと言っていますか。

M：お疲れ様です。今日の会議、どうでしたか。
F：そうだね。会議室の規模も人数を考えるとピッタリだったし、とりあえず問題なく終了してよかったよ。ただ資料説明についてなんだけど…。
M：やっぱりちょっとグラフが見づらかったですかね。
F：そこは気にならなかったけど、パワーポイントを開くまで時間がかかったでしょ。時間あったなら、前もって本番を見据えてすぐ始められるようにしとかなきゃ。そうしないから途中で流れが途切れちゃったじゃない。取引先の人たちも心配してたよ。
M：すみません。そこまで気を配れませんでした。あと、会議の最後も今考えると時間に迫られていたせいで結論があまりにも短くなってしまった気がします。
F：そうだね。でも、ひとつひとつ言っていたら長引いていただろうし、逆に簡潔にまとまって良かったと思うよ。

예시 女の人は何が良くなかったと言っていますか。
1 会議室が人数に比べて小さかったこと
2 資料の内容が見づらかったこと
3 **進行がスムーズにできなかったこと**
4 結論が簡潔にまとまってなかったこと

해석 회사에서 남자와 여자가 이야기하고 있습니다. 여자는 무엇이 좋지 않았다고 말하고 있습니까?
M：수고하셨습니다. 오늘 회의 어땠습니까?
F：그렇네. 회의실의 규모도 인원수를 생각하면 딱 맞았고, 우선 문제없이 종료해서 다행이야. 단지 자료 설명에 대해서 말인데….
M：역시 조금 그래프가 보기 힘들었나요?
F：그건 신경이 쓰이지 않았지만, 파워포인트를 열 때까지 시간이 걸렸잖아. 시간 있었다면 미리 본방을 눈여겨보고 바로 시작할 수 있도록 하지 않으면 안 돼. 그렇게 하지 않으니까 도중에 흐름이 끊어져 버렸잖아. 거래처 사람들도 걱정하고 있었어.
M：죄송합니다. 거기까지 신경 쓸 수 없었어요. 그리고 회의 마지막도 지금 생각하면 시간에 쫓기고 있었던 탓에 결론이 너무나도 짧게 되어 버린 느낌이 듭니다.
F：그렇긴 해. 하지만 하나하나 말하고 있었다면 지연되었을 거고 반대로 간결하게 정리돼서 좋았다고 생각해.

여자는 무엇이 좋지 않았다고 말하고 있습니까?
1 회의실이 인원수에 비해서 작았던 것
2 자료의 내용이 보기 어려웠던 것
3 **진행이 순조롭게 되지 못했던 것**
4 결론이 간결하게 정리되어 있지 않았던 것

해설 여자는 회의실 규모도 적당했고 큰 문제 없이 회의가 끝났지만 そこは気にならなかったけど、パワーポイントを開くまで時間がかかったでしょ。(그건 신경이 쓰이지 않았지만, 파워포인트를 열 때까지 시간이 걸렸잖아.)라고 말하며 회의 진행이 원활하게 되지 않은 점을 거론하였으므로 3번이 정답이다. 회의실 넓이는 딱 좋았다고 했으므로 1번은 정답이 아니고, 자료의 내용이 보기 어렵다고 했던 것은 남자의 생각이므로 2번도 정답이 아니다. 결론이 간결하게 정리되어서 좋았다고 했으므로 4번도 정답이 아니다.

단어 規模(きぼ) 규모 | ぴったり 딱, 꼭 들어맞는 모양 | 終了(しゅうりょう) 종료 | グラフ 그래프, 도표 | パワーポイント 파워포인트 | 前(まえ)もって 미리, 앞서 | 本番(ほんばん) 실전, 본방, 본 경기 | 見据(みす)える 눈여겨보다 | 途切(とぎ)れる 끊기다, 중단되다 | 取引先(とりひきさき) 거래처 | 迫(せま)る 다가오다, 육박하다 | 結論(けつろん) 결론 | 長引(ながび)く 오래 끌다, 지연되다 | 簡潔(かんけつ)に 간결하게 | 進行(しんこう) 진행 | スムーズに 순조롭게

🎧 모의고사2_문제2_1번.mp3

会社で女の人と男の人が話しています。男の人はどうして今副業をしていませんか。男の人です。

F：そういえば、副業を始めるつもりだってこの前に言ってなかったっけ？
M：そうだよ。最近は企業側からも副業を勧めてるみたいだし、いいなって思って自分なりにプランまで練ったんだけど、すぐには厳しいかも。
F：そっか、昔は副業禁止が当たり前だったんだけどね。私も始めてみたい気持ちはあるけど、自分に何ができるのかよくわからないし、本業も忙しいんだよね。
M：時間が空いたら探して始めても遅くないと思う。そういえば、この前、父親に相談したら「本業ろくに務まらないのにそんな暇あるのか」って怒られちゃって。
F：そりゃ両親からしたら心配だよ。
M：まあ、確かに父親の言うことにも一理あるんだ。おかげ

で今は本業に専念する時期だってことに気づいたよ。だから副業のことはさておき、当分の間は今の仕事に集中しようと思っているんだ。

F：なるほどね。

1 男の人はどうして今副業をしていませんか。男の人です。

1　会社が禁止しているから
2　自分にできることが見つからないから
3　父に叱られたから
4　**本業に集中するタイミングだから**

해석　회사에서 여자와 남자가 이야기하고 있습니다. 남자는 왜 지금 부업을 하고 있지 않습니까? 남자입니다.

F：그러고 보니 부업을 시작할 생각이라고 이전에 말하지 않았어?
M：맞아. 요즘은 기업 측에서도 부업을 추천하는 것 같고 좋다고 생각해서 내 나름대로 플랜까지 짰는데 금방은 힘들지도.
F：그렇구나, 옛날엔 부업 금지가 당연했는데. 나도 시작해 보고 싶은 마음은 있는데 자신이 무엇을 할 수 있는지 잘 모르겠고 본업도 바빠서 말이야.
M：시간이 비면 찾아서 시작해도 늦지 않다고 생각해. 그러고 보니 이전에 아버지에게 상담했더니 "본업도 제대로 수행해 내지 못하는데 그럴 여유가 있니"라고 혼나 버려서.
F：그건 부모님 입장에서는 걱정 일 거야.
M：뭐 확실히 아버지가 말한 것에도 일리가 있어. 덕분에 지금은 본업에 전념할 시기인 걸 깨달았어. 그래서 부업은 제쳐두고 당분간은 지금 일에 집중하려고 생각하고 있어.
F：그렇구나.

남자는 왜 지금 부업을 하고 있지 않습니까? 남자입니다.

1 회사가 금지하고 있기 때문에
2 자신이 할 수 있는 것이 발견되지 않았기 때문에
3 아버지에게 혼이 났기 때문에
4 본업에 집중하는 타이밍이기 때문에

해설　남자는 確かにお父親の言うことにも一理あるんだ。おかげで今は本業に専念する時期だってことに気づいたよ。(확실히 아버지가 말한 것에도 일리가 있어. 덕분에 지금은 본업에 전념할 시기라는 걸 깨달았어.)라고 말하며 아버지에게 혼이 난 것을 계기로 본업에 전념해야 할 시기라는 생각이 들었다고 했으므로 4번이 정답입니다. 최근에는 회사가 부업을 권장하고 있다고 이야기하고 있으므로 1번은 정답이 아니고, 자신이 무엇을 할 수 있는지 잘 모르겠다고 여자가 이야기했으므로 2번도 정답이 아니다. 아버지에게 혼이 난 것은 맞지만 주된 이유는 아니므로 3번도 정답이 아니다.

단어　副業(ふくぎょう) 부업 | 企業(きぎょう) 기업 | ～なり(に) ~나름대로 | プラン 플랜 | 練(ね)る 반죽하다, 짜다 | 禁止(きんし) 금지 | 本業(ほんぎょう) 본업 | ろくに～ない 제대로 ~하지 않다 | 務(つと)まる 잘 수행해 내다 | 一理(いちり) 일리 | 専念(せんねん) 전념 | 時期(じき) 시기 | ～はさておき ~은/는 제쳐두고 | タイミング 타이밍

🎧 모의고사2_문제2_2번.mp3

ラジオでアナウンサーがボランティアグループの女の人にインタビューしています。女の人はグループの活動の目的は何だと言っていますか。

M：田中さんが主催している「笑顔の集い」というボランティアグループでは、どのような活動をされているのでしょうか。
F：はい、我々は近くの学校の体育館を借りて月一回高齢者向けの交流イベントを開催しています。
M：そのイベントではどんなことができるんですか。
F：高齢者の方たちが集まって、軽い体操をしたり、簡単なゲームをしたりすることができます。それから一人暮らしの方々が多いのでそういった点を考慮してボランティアの方とおしゃべりする場も設けています。
M：それはどういった効果があるのでしょうか。
F：ええ。日常のちょっとした会話が、心の支えになることもありますし、実際に高齢者の皆さんもとても喜んでくれてるんです。最近は若いボランティアの方もたくさん参加してくれてるのでとても助かっています。
M：いいですね。でもこんなに多くの人が集まると来るのをためらう人もいそうですが。
F：初めての方でも緊張せずに参加できるように、和やかな雰囲気を大事にしています。また、初回の方にはちょっとしたプレゼントも渡しているんですよ。
M：そうですか。それは参加したくなりますね。
F：ええ、最近、高齢者の孤立が社会問題になっていますよね。それを少しでも解消したいと思い、この活動を始めました。この交流を通して少しでも元気を取り戻してもらえたらいいなと思っています。

2 女の人はグループの活動の目的は何だと言っていますか。

1　高齢者同士の交流を深めること
2　一人暮らしの高齢者を手伝うこと
3　高齢者と若者が交流すること
4　**高齢者の孤立を防ぐこと**

해석　라디오에서 아나운서가 자원봉사 그룹의 여자에게 인터뷰하고 있습니다. 여자는 그룹의 활동 목적은 무엇이라고 말하고 있습니까?

M：다나카 씨가 주최하고 있는 '웃는 얼굴 모임'이라는 자원봉사 그

룹에서는 어떤 활동을 하고 계시나요?

F : 네, 저희는 근처의 학교 체육관을 빌려서 달에 한 번 고령자 대상의 교류 이벤트를 개최하고 있습니다.

M : 그 이벤트에서 어떤 것을 할 수 있나요?

F : 고령자분들이 모여서 가벼운 체조를 하거나 간단한 게임을 하거나 할 수 있습니다. 그리고 혼자 사시는 분들이 많기 때문에 그러한 점을 고려해서 자원봉사자 분과 수다를 나누는 자리도 마련하고 있습니다.

M : 그건 어떠한 효과가 있나요?

F : 네. 일상의 약간의 대화가 마음의 버팀목이 되기도 하고 실제로 고령자 여러분도 매우 기뻐해 주고 있어요. 최근에는 젊은 자원봉사자 분도 많이 참가해 주고 있기 때문에 매우 도움이 되고 있습니다.

M : 좋네요. 하지만 이렇게 많은 사람이 모이면 오는 것을 주저하는 사람도 있을 것 같습니다만.

F : 처음 오시는 분도 긴장하지 않고 참가할 수 있도록 부드러운 분위기를 소중히 하고 있습니다. 또, 처음 오시는 분에게는 약간의 선물도 건네고 있어요.

M : 그런가요? 그건 참여하고 싶어지네요.

F : 네, 최근 고령자의 고립이 사회 문제가 되고 있죠? 그것을 조금이라도 해소하고 싶다고 생각하여 이 활동을 시작했습니다. 이 교류를 통해서 조금이라도 기운을 되찾았으면 좋겠다고 생각하고 있습니다.

여자는 그룹의 활동 목적은 무엇이라고 말하고 있습니까?

1 고령자끼리의 교류를 깊게 하는 것
2 혼자 사는 고령자를 돕는 것
3 고령자와 젊은이가 교류하는 것
4 고령자의 고립을 막는 것

해설 여자는 最近、高齢者の孤立が社会問題となっていますよね。それを少しでも解消したいと思い、この活動を始めました。(최근 고령자의 고립이 사회 문제가 되고 있죠? 그것을 조금이라도 해소하고 싶다고 생각하여 이 활동을 시작했습니다.)라고 말하였으므로 4번이 정답이다. 고령자끼리 교류를 하지만 주된 목적은 아니므로 1번은 정답이 아니고, 혼자 사는 고령자를 돕는다는 이야기는 하고 있지 않으므로 2번도 정답이 아니다. 최근에는 젊은이들도 이벤트에 참가하고 있다고는 하였으나 교류하는 것이 목적이라고 하진 않았으므로 3번도 정답이 아니다.

단어 ボランティア 자원봉사(자) | 活動(かつどう) 활동 | 主催(しゅさい) 주최 | 集(つど)い 모임, 회합 | 高齢者(こうれいしゃ) 고령자 | ～向(む)け ~용, 대상 | イベント 이벤트, 행사 | 体操(たいそう) 체조 | 一人暮(ひとりぐ)らし 혼자 삶, 자취 | 考慮(こうりょ) 고려 | 設(もう)ける 설치하다, 마련하다 | ちょっとした 약간의, 별것 아닌 | 緊張(きんちょう) 긴장 | 和(なご)やかだ 온화하다, 화목하다 | 雰囲気(ふんいき) 분위기 | 孤立(こりつ) 고립 | 解消(かいしょう) 해소 | 取(と)り戻(もど)す 되찾다, 회복하다 | 防(ふせ)ぐ 막다, 방어하다

🎧 모의고사2_문제2_3번.mp3

女の学生と男の学生が動物の生存方法について話しています。男の学生は何についてレポートを書くと言っていますか。男の学生です。

F : 今回の生物学のレポート、動物が進化した目的を一つ選んでまとめなさいって言ってたけど、何にする?

M : そうだな。そういえば子供の頃、生物図鑑で高いところにある葉を食べるために首が長くなった動物もいれば、食べ物を探すために翼を持つようになった動物もいることを知って不思議だなと思ったんだよね。そういうのをテーマにしてみようかなと思ってるよ。

F : 食物確保のために身体機能が最適化されたんだね。

M : そうそう。他にも繁殖を目的に華やかになった動物もいるし、自分を守るために毒を持つようになった動物に関する内容も面白そうだね。

F : うん、面白いね。私は繁殖のために進化した動物について書いてみようかな。

M : 僕はどうしようかな。やっぱり様々な方法で身を守る内容が面白そうだからそれにするよ。集団で行動できるようになった動物のケースもあるけど、事例が少ないからやめとくか。

F : 決まりだね。

3 男の学生は何についてレポートを書くと言っていますか。男の学生です。

1 食物のために進化した動物
2 繁殖のために進化した動物
3 自己防衛のために進化した動物
4 社会的行動のために進化した動物

해설 여자 학생과 남자 학생이 동물의 생존 방법에 대해 이야기하고 있습니다. 남자 학생은 무엇에 대해서 리포트를 쓴다고 말하고 있습니까? 남자 학생입니다.

F : 이번 생물학 리포트, 동물이 진화한 목적을 하나 선택해서 정리하라고 말했는데 무엇으로 할 거야?

M : 그러게. 그러고 보니 어릴 적 생물도감에서 높은 곳에 있는 잎을 먹기 위해서 목이 길어진 동물도 있고 음식을 찾기 위해서 날개를 가지게 된 동물도 있다는 것을 알고 신기하다고 생각했어. 그러한 것을 테마로 해볼까 하고 생각하고 있어.

F : 음식 확보를 위해 신체 기능이 최적화된 거네.

M : 맞아 맞아. 그 밖에도 번식을 목적으로 화려하게 된 동물도 있고 자신을 지키기 위해 독을 가지게 된 동물에 관한 내용도 재미있

175

을 것 같아.
F : 응, 재밌겠네. 나는 번식을 위해 진화한 동물에 대해 써볼까.
M : 난 어떻게 하지. 역시 다양한 방법으로 몸을 지키는 내용이 재미있으니까 그걸로 할래. 집단으로 행동할 수 있게 된 동물의 케이스도 있지만, 사례가 적으니깐 그만둘까?
F : 결정됐네.

남자 학생은 무엇에 대해 리포트를 쓴다고 말하고 있습니까? 남자 학생입니다.

1 음식을 위해 진화한 동물
2 번식을 위해 진화한 동물
3 자기방어를 위해 진화한 동물
4 사회적 행동을 위해 진화한 동물

해설 남자는 やっぱり様々な方法で身を守る内容が面白そうだからそれにするよ. (역시 다양한 방법으로 몸을 지키는 내용이 재미있을 것 같으니까 그걸로 할래.)라고 하면서 자기방어를 하기 위해 진화한 동물에 대해서 리포트를 쓴다고 했으므로 3번이 정답이다. 음식을 얻기 위해 진화한 동물은 예시이므로 1번은 정답이 아니고, 번식을 위해 진화한 동물은 여자가 리포트로 쓴다고 했으므로 2번도 정답이 아니다. 집단으로 행동하게 된 동물은 케이스가 적어 그만둔다고 4번도 정답이 아니다.

단어 生存(せいぞん) 생존 | 進化(しんか) 진화 | まとめる 하나로 모으다, 정리하다 | 図鑑(ずかん) 도감 | 翼(つばさ) 날개 | 不思議(ふしぎ)だ 이상하다, 신기하다 | テーマ 테마, 주제 | 確保(かくほ) 확보 | 機能(きのう) 기능 | 最適化(さいてきか) 최적화 | 繁殖(はんしょく) 번식 | 華(はな)やかだ 화려하다 | 様々(さまざま)だ 다양하다 | 集団(しゅうだん) 집단 | 自己防衛(じこぼうえい) 자기방어

🎧 모의고사2_문제2_4번.mp3

ラジオでアナウンサーが農学部の教授にインタビューをしています。教授がこれから取り組もうとしていることは何ですか。

F : 本日は、トマトの新しい品種であるヒナタの品種改良に成功した加藤教授にお話を伺います。加藤さん、品種改良の経緯について、具体的に説明していただけないでしょうか。
M : はい、最初は県内のある食品会社と提携し、私の研究室で新しい品種の開発に乗り出しました。当初は遺伝子の研究に着目しすぎたあまり、栽培方法が疎かになってしまいました。結果として、どれも酸っぱくて食べられないようなトマトばかりでした。
F : そうなんですか。
M : ええ、その後、水分量によって差が出ることが判明し、調節を重ねた結果、この甘味の強いおいしいトマト、ヒナタが出来たんです。これから先はヒナタを加工した多様な商品を生産して親しみのあるブランドに育てていきたいと思っています。
F : そうですか。ご説明、ありがとうございました。そういえば、最近栽培規模も拡大したとお聞きしましたが。
M : はい、徐々に栽培量を増やしていますし、新しいビニールハウスを設置したので四季を通しておいしいヒナタを味わえますよ。
F : すごいですね。規模が大きくなる分、大変なこともあると思いますが、これからも頑張ってください。

4 教授がこれから取り組もうとしていることは何ですか。

1 トマトの酸味を改善する
2 トマトの加工食品を販売する
3 栽培規模を広げる
4 新しいビニールハウスを設置する

해석 라디오에서 아나운서가 농학부 교수에게 인터뷰를 하고 있습니다. 교수가 이제부터 임하려고 하는 것은 무엇입니까?

F : 오늘은 토마토의 새로운 품종인 히나타의 품종 개량에 성공한 카토 교수님께 이야기를 듣겠습니다. 카토 씨, 품종 개량의 경위에 대해서 구체적으로 설명해 주실 수 있을까요?
M : 네, 처음에는 현내의 어느 식품 회사와 제휴하여 제 연구실에서 신종 개발에 착수했습니다. 당초에는 유전자 연구에 너무 착목한 나머지, 재배 방법이 소홀해져 버렸습니다. 결과적으로 어느 것도 시어서 먹을 수 없는 토마토뿐이었습니다.
F : 그렇군요.
M : 네, 그 후에 수분량에 의해서 차이가 나는 것이 판명되어 조절을 거듭한 결과, 이 단맛이 강한 맛있는 토마토, 히나타가 완성된 겁니다. 앞으로는 히나타를 가공한 다양한 상품을 생산하여 친근함이 있는 브랜드로 키워가고 싶다고 생각하고 있습니다.
F : 그렇군요 설명 감사합니다. 그러고 보니 최근 재배 규모도 확대했다고 들었는데요.
M : 네, 서서히 재배량을 늘리고 있고 새로운 비닐하우스를 설치했기 때문에 사계절을 통해서 맛있는 토마토를 맛볼 수 있습니다.
F : 대단하네요. 규모가 커지는 만큼 힘든 일도 있을 거라고 생각하지만 앞으로도 열심히 해 주세요.

교수가 이제부터 임하려고 하는 것은 무엇입니까?

1 토마토의 산미를 개선한다
2 토마토의 가공식품을 판매한다
3 재배 규모를 넓힌다
4 새로운 비닐하우스를 설치한다

해설 남자는 これから先はヒナタを加工した多様な商品を生産して親しみのあるブランドに育てていきたいと思っています. (앞으로는 히나타를 가공한 다양한 상품을 생산하여 친근함이 있는 브랜드로 키워가고 싶다고 생각하고 있습니다.)라고 말하며 히나타를 가공한 상품을 만들 예정이라고 했으므로 3번이 정답이다. 처음에

토마토의 산미가 너무 강해서 먹을 수 없었지만 지금은 개선했으므로 1번은 정답이 아니고, 재배 규모는 이미 넓었으므로 3번도 정답이 아니다. 비닐하우스를 이미 새롭게 설치했으므로 4번도 정답이 아니다.

어 取(と)り組(く)む 임하다, 맞붙다 | 品種(ひんしゅ) 품종 | 改良(かいりょう) 개량 | 経緯(けいい) 경위 | 具体的(ぐたいてき)だ 구체적이다 | 県内(けんない) 현내 | 提携(ていけい) 제휴 | 乗(の)り出(だ)す 타고 나아가다, (어떤 일에) 착수하다 | 遺伝子(いでんし) 유전자 | 着目(ちゃくもく) 착목 | 栽培(さいばい) 재배 | 疎(おろそ)かだ 소홀하다 | 酸(す)っぱい 시다, 시큼하다 | 判明(はんめい) 판명 | 調節(ちょうせつ) 조절 | 加工(かこう) 가공 | 身近(みぢか)だ 가깝다, 친근하다 | 規模(きぼ) 규모 | 拡大(かくだい) 확대 | 徐々(じょじょ)に 서서히 | 設置(せっち) 설치 | 酸味(さんみ) 산미 | 改善(かいぜん) 개선 | ビニールハウス 비닐하우스

🎧 모의고사2_문제2_5번.mp3

テレビでレポーターが話しています。レポーターは先月発売されたランニングシューズのどのような点が新しいと言っていますか。

M：今日は先月発売されたコイケ社のランニングシューズについて紹介しようと思います。なんと、足の形に応じてフィットする機能が搭載されているんです。コイケはこれまでも、走行中のケガのリスクを軽減する衝撃吸収機能や、靴の中に熱気がこもらないようにする空気循環機能を開発し、注目を集めました。今回はセンサーが足を感知し、個々に最適な履き心地を提供します。ランナーの方には朗報ですね。また、最新の科学技術を活用し、汚れや汗の臭いを自動で除去してくれるクリーニング機能の開発にも取り組んでいるようです。

5 レポーターは先月発売されたランニングシューズのどのような点が新しいと言っていますか。

1 足の形にぴったり合わせてくれること
2 ケガのリスクを減らしてくれること
3 内部の通気性が良いこと
4 自動的に清潔を保ってくれること

해석 텔레비전에서 리포터가 이야기하고 있습니다. 리포터는 지난달 발매된 러닝화의 어떤 점이 새롭다고 말하고 있습니까?

M：오늘은 지난달 발매된 고이케사의 러닝화에 대해서 소개하려고 생각합니다. 무려 발 모양에 따라서 피트하는 기능이 탑재되어 있습니다. 고이케는 지금까지도 주행 중의 부상 리스크를 경감하는 충격 흡수 기능이나 신발 속에 열기가 차지 않도록 하는 공기 순환 기능을 개발해 주목을 모았습니다. 이번에는 센서가 발을 감지하고 개개인에게 최적인 착용감을 제공합니다. 러너 분에게는 좋은 소식이겠네요. 또한 최신 과학 기술을 활용해서 오염이나 땀 냄새를 자동으로 제거해 주는 클리닝 기능의 개발에도 임하고 있는 것 같습니다.

리포터는 지난달 발매된 러닝화의 어떤 점이 새롭다고 말하고 있습니까?

1 발 모양에 딱 맞춰 주는 것
2 부상 리스크를 줄여주는 것
3 내부의 통기성이 좋은 것
4 자동적으로 청결을 유지해 주는 것

해설 리포터는 なんと、足の形に応じてフィットする機能が搭載されています。(무려 발 모양에 따라서 피트하는 기능이 탑재되어 있습니다.)라고 말하였으므로 1번이 정답이다. 부상을 줄여주는 기능은 이미 있으므로 2번은 정답이 아니고, 내부 통기성을 좋게 하는 공기 순환 기능도 이미 개발했으므로 3번도 정답이 아니다. 자동적으로 오염이나 땀 냄새를 제거해 주는 클리닝 기능을 개발 중이라고 했으므로 4번도 정답이 아니다.

단어 ランニングシューズ 러닝화 | ～に応(おう)じて ~에 따라서, ~에 맞춰서 | フィット 피트, 꼭 맞음 | 機能(きのう) 기능 | 搭載(とうさい) 탑재 | 軽減(けいげん) 경감 | 衝撃(しょうげき) 충격 | 吸収(きゅうしゅう) 흡수 | 籠(こも)る 틀어박히다, 가득 차다 | 循環(じゅんかん) 순환 | センサー 센서 | 感知(かんち) 감지 | 最適(さいてき)だ 최적이다 | 履(は)き心地(ごこち) 신었을 때의 느낌 | 提供(ていきょう) 제공 | ランナー 러너 | 朗報(ろうほう) 낭보, 좋은 소식 | 除去(じょきょ) 제거 | クリーニング 클리닝 | 取(と)り組(く)む 임하다, 맞붙다 | ぴったり 딱, 꼭 들어맞는 모양 | 通気性(つうきせい) 통기성 | 清潔(せいけつ) 청결 | 保(たも)つ 지키다, 유지하다

🎧 모의고사2_문제2_6번.mp3

大学で女の学生と男の学生が話しています。男の学生は何をするべきだったと言っていますか。

F：やっとゼミの発表が終わったね。お疲れさま。
M：ありがとう。終わったことだけど、納得できる結果じゃなかったよ。スライドの説明をテキストじゃなくてグラフや図表で表せば良かったなって。
F：でも、言いたいことは伝わったんじゃない？
M：まあ、最後に言いたいことはちゃんと言えたと思う。
F：それならよかったじゃない。今回の発表って、結構時間費やしたでしょ？
M：うん。その分、背景の説明から結論までの構成はしっかりしてるよ。ただ内容を詰め込みすぎたんじゃないかなと思って。やっぱりもう少し内容をまとめるべきだった

よ。
F：まあね。詰め込み過ぎると、逆に伝わりにくいからね。話し方はどうだった？緊張して声が震えたりしなかった？
M：人前で発表するのは得意じゃなかったけど、今回は準備期間中に発表の練習もしてたから平気だったよ。

6 男の学生は何をするべきだったと言っていますか。

1 スライドをテキストにするべきだった
2 時間をかけて内容の構成を考えるべきだった
3 内容を整理するべきだった
4 スピーチ練習をするべきだった

해석 대학에서 여자 학생과 남자 학생이 이야기하고 있습니다. 남자 학생은 무엇을 해야 했다고 말하고 있습니까?

F : 드디어 세미나 발표가 끝났네, 수고했어.
M : 고마워. 끝난 일이지만 납득할 수 있는 결과가 아니었어. 슬라이드의 설명을 텍스트가 아니라 그래프나 도표로 나타내면 좋았을 텐데라고.
F : 그래도 하고 싶은 말은 전해지지 않았어?
M : 뭐, 마지막에 하고 싶은 말은 제대로 말할 수 있었다고 생각해.
F : 그럼 다행이잖아? 이번 발표는 꽤 시간을 썼었지?
M : 응. 그만큼 배경의 설명부터 결론까지의 구성은 제대로 되어 있어. 다만 내용을 너무 많이 담았던 게 아닐까 생각해서. 역시 조금 더 내용을 정리해야 했어.
F : 뭐, 너무 많이 담으면 반대로 전달되기 어려우니까. 말투는 어땠어? 긴장해서 목소리가 떨리거나 하지 않았어?
M : 사람 앞에서 발표하는 것은 잘하지 못했지만, 이번에는 준비 기간 중에 발표 연습도 하고 있었으니까 아무렇지도 않았어.

남자 학생은 무엇을 해야 했다고 말하고 있습니까?

1 슬라이드를 텍스트로 해야 했다
2 시간을 들여서 내용의 구성을 생각해야 했다
3 내용을 정리해야 했다
4 스피치 연습을 해야 했다

해설 남자는 ただ内容を詰め込みすぎたんじゃないかなと思って。やっぱりもう少し内容をまとめるべきだったよ。(다만 내용을 너무 많이 담았던 게 아닐까 생각해서. 역시 조금 더 내용을 정리해야 했어.)라고 말했으므로 3번이 정답이다. 슬라이드를 텍스트가 아닌 그래프와 같은 도표로 만들었어야 했다고 이야기했으므로 1번은 정답이 아니고, 내용 구성은 제대로 생각할 수 있었다고 했으므로 2번도 정답이 아니다. 준비 기간 중에 발표 연습도 해서 문제가 없었다고 했으므로 4번도 정답이 아니다.

단어 ゼミ 세미나｜納得(なっとく) 납득｜スライド 슬라이드｜テキスト 텍스트｜グラフ 그래프｜図表(ずひょう) 도표｜費(つい)やす 다 소비하다, 써 없애다｜背景(はいけい) 배경｜結論(けつろん) 결론｜構成(こうせい) 구성｜詰(つ)め込(こ)む 채우다, 처넣다｜まとめる 하나로 모으다, 정리하다｜緊張(きんちょう) 긴장

｜震(ふる)える 흔들리다, 떨리다｜整理(せいり) 정리｜スピーチ 스피치, 연설

문제3 문제3에서는, 문제 용지에 아무것도 인쇄되어 있지 않습니다. 문제는, 전체로서 어떤 내용인지를 듣는 문제입니다. 이야기 전에 질문은 없습니다. 먼저 이야기를 들어주세요. 그리고, 질문과 선택지를 듣고, 1부터 중에서, 가장 알맞은 것을 하나 고르세요.

🎧 모의고사2_문제3_예시.mp3

テレビで映画監督が話しています。

M：今回の作品は、私にとって初めてのミュージカル映画です。大きな挑戦でしたが、原作となったミュージカル舞台は私が一番好きな作品だったので、原作に忠実にしつつも自分が見て思ったことを予算の限り、最大限に表現しようと思いました。例えば、舞台であれば、使える範囲が限られているので消極的に感情を表現した部分があったのですが、個人的にはここが一番悲しいシーンだと思い、雨を降らせたり、俳優の表情をもっと近くで映したりして悲しさを最大限に表現しました。逆にう嬉しい感情のシーンはただ笑っているところを映すだけでなく、空から花びらをまいたり、しまいには花火を打ち上げたりもしました。こうすることで映画を見る観客たちにも感情が最大限に伝わると思ったんです。

예시 映画監督は何について話していますか。

1 初めて見たミュージカル
2 ミュージカル映画の楽しみ方
3 ミュージカル映画制作にかかる予算
4 映画で最も気を使ったところ

해석 텔레비전에서 영화감독이 이야기하고 있습니다.

M : 이번 작품은 저에게 있어서 첫 뮤지컬 영화입니다. 큰 도전이었습니다만, 원작이 된 뮤지컬 무대는 제가 가장 좋아하는 작품이었기 때문에 원작에 충실하면서도 자신이 보고 생각한 것을 예산의 한도에서 최대한으로 표현하려고 생각했습니다. 예를 들어 무대라면 사용할 수 있는 연출 기술이 한정되어 있기 때문에 소극적으로 감정을 표현하지 않을 수밖에 없는 부분이 있었지만, 영화에서는 슬픈 장면에서 비를 내리게 하거나 배우의 표정을 조금 더 가깝게 비추거나 해서 슬픔을 다양한 방법으로 표현해 봤습니다. 반대로 기쁜 감정의 장면은 단지 웃고 있는 부분을 비출 뿐만 아니라 하늘에서 꽃잎을 뿌리거나 마지막에는 불꽃을 쏘아 올리거나도 했습니다. 이렇게 하는 것으로 영화를 보는 관객들에게도 감정이 보다 강하게 전해질 거라고 생각한 것입니다.

영화감독은 무엇에 대해 이야기하고 있습니까?

1 처음 본 뮤지컬
2 뮤지컬 영화의 즐기는 방법
3 뮤지컬 영화 제작에 드는 예산
4 영화에서 가장 신경을 쓴 부분

해설 영화감독은 原作に忠実しつつも自分が見て思ったことを予算の限り、最大限に表現しようと思いました。(원작에 충실하면서도 자신이 보고 생각한 것을 예산의 한도에서 최대한으로 표현하려고 생각했습니다.)라고 말한 뒤에 영화에서 가장 신경을 쓴 부분에 대해서 계속 설명하고 있으므로 4번이 정답이다. 처음 보았던 뮤지컬을 영화로 만들었다고 했지만 주된 내용은 아니므로 1번은 정답이 아니고, 뮤지컬 영화를 즐기는 방법에 대해서는 언급하고 있지 않으므로 2번도 정답이 아니다. 예산 한도 내에서 다양한 연출을 했다고는 언급했지만 주된 내용은 아니므로 정답이 아니다.

단어 監督(かんとく) 감독 | ミュージカル 뮤지컬 | 原作(げんさく) 원작 | 舞台(ぶたい) 무대 | 忠実(ちゅうじつ) 충실 | ～つつ(も) ~하면서(도) | 演出(えんしゅつ) 연출 | 技術(ぎじゅつ) 기술 | ～ざるを得(え)ない ~하지 않을 수 없다, ~하지 않으면 안 된다 | 俳優(はいゆう) 배우 | 花(はな)びら 꽃잎 | まく (씨를) 뿌리다, 파종하다 | しまい 끝, 마지막 | 打(う)ち上(あ)げる 쳐올리다, 쏘아 올리다 | 観客(かんきゃく) 관객 | 制作(せいさく) 제작

🎧 모의고사2_문제3_1번.mp3

会社で男の人と女の人が話しています。

M：今日は珍しくお弁当だね。おいしそう。
F：ありがとう。そろそろ料理を頑張らないといけないかなと思ってね。
M：そっか。でも急にどうした？
F：コンビニでお弁当を買って食べたほうが洗い物をせずに済むけど、毎日コンビニのご飯食べてたら味付けが濃くて飽きちゃったよ。
M：確かに、コンビニの弁当って味濃いよな。
F：あと、一度におかずをいっぱい作っておくとお金も節約できるし、コンビニのお弁当よりずっと体にいいからね。自分の体は自分で管理しないとね。

1 女の人が言いたいことは何ですか。

1 コンビニのお弁当は味がまずい
2 買って食べたほうがもっと楽だ
3 自分で作ったほうが利点が多い
4 弁当を作るときに味を薄くするべきだ

해석 회사에서 남자와 여자가 이야기하고 있습니다.

M：오늘은 드물게 도시락이네. 맛있을 것 같아.
F：고마워. 슬슬 요리를 열심히 하지 않으면 안 되겠다고 생각해서.
M：그렇구나. 그런데 갑자기 무슨 일이야?
F：편의점에서 도시락을 사서 먹는 편이 설거지를 하지 않고 끝나지만, 매일 편의점 밥을 먹으니 맛이 진해서 질려버렸어.
M：확실히 편의점 도시락은 맛이 진하지.
F：그리고 한 번에 반찬을 잔뜩 만들어 두면 돈도 절약할 수 있고 편의점 도시락보다 훨씬 몸에 좋으니까. 자기 몸은 자기가 관리하지 않으면 안 되잖아.

여자가 말하고 싶은 것은 무엇입니까?

1 편의점 도시락은 맛이 맛없다
2 사서 먹는 편이 더 편하다
3 스스로 만드는 편이 이점이 많다
4 도시락을 만들 때에 맛을 연하게 해야 한다

해설 여자는 あと、一度におかずをいっぱい作っておくとお金も節約できるし、コンビニのお弁当よりずっと体にいいからね。自分の体は自分で管理しないとね。(그리고 한 번에 반찬을 잔뜩 만들어 두면 돈도 절약할 수 있고 편의점 도시락보다 훨씬 몸에 좋으니까. 자기 몸은 자기가 관리하지 않으면 안 되잖아.)라고 말하며 스스로 만드는 것에 대한 이점을 이야기하고 있으므로 3번이 정답이다. 편의점 도시락이 맛이 없다고는 언급하고 있지 않으므로 1번은 정답이 아니고, 사서 먹는 편이 편하다고 했지만 주된 내용은 아니므로 2번도 정답이 아니다. 편의점 도시락은 맛이 세다고만 했으므로 4번도 정답이 아니다.

단어 ～ずに済(す)む ~하지 않고 끝나다 | 味付(あじつ)け 맛을 냄 | 濃(こ)い 짙다, 진하다 | おかず 반찬 | 管理(かんり) 관리 | 利点(りてん) 이점

🎧 모의고사2_문제3_2번.mp3

講演会で医者が話しています。

F：健康を維持するには、食事・運動・睡眠が大切ということは、皆さんご存知ですよね。しかし、この3つに気をつけながら生活している人はどれほどいるでしょう。分かってはいても、なかなか行動に移していない人が多いと思います。特に、若いときはこのうち何か欠けていても、体の変化はさほど感じない傾向がありますからね。しかし、その小さな積み重ねが、大きな病気の種になってしまうのです。今日摂った食事に偏りがないか、一日中座りっぱなしではなかったか、夜更かしが続いていないか、日常生活を振り返りながら少し考えてみてはどうでしょうか。

2 医者は何について話していますか。

1 普段の生活習慣を見直すことの重要性
2 健康管理を怠ける理由
3 若いときに起こりうる体の変化

4 毎日続けられる健康習慣

해석 강연회에서 의사가 이야기하고 있습니다.

F : 건강을 유지하기 위해서는 식사, 운동, 수면이 중요하다는 것은 여러분 아실 겁니다. 하지만 이 세 가지를 조심하면서 생활하고 있는 사람이 얼마나 있을까요? 알고는 있어도 좀처럼 행동으로 옮기지 못하는 사람이 많다고 생각합니다. 특히 젊을 때는 이 중에 뭔가가 결여되어 있어도 몸의 변화는 그다지 느끼지 못하는 경향이 있으니까요. **하지만 그 작은 축적이 커다란 병의 씨앗이 되어 버리는 겁니다.** 오늘 섭취한 식사에 치우침이 없었는지 하루 종일 계속 앉아있지 않았는지 밤샘이 계속되고 있지는 않은지 **일상생활을 되돌아보면서 조금 생각해 보는 것은 어떨까요?**

의사는 무엇에 대해 이야기하고 있습니까?

1 평소의 생활 습관을 재검토하는 것의 중요성
2 건강 관리를 게을리하는 이유
3 젊을 때에 일어날 수 있는 몸의 변화
4 매일 계속할 수 있는 건강 습관

해설 의사는 しかし、その小さな積み重ねが、大きな病気の種になってしまうのです。(하지만 그 작은 축적이 커다란 병의 씨앗이 되어 버리는 겁니다.)라고 말하며 평소의 생활 습관을 돌아볼 필요가 있다고 이야기하고 있으므로 1번이 정답이다. 건강 관리를 게을리하는 이유가 주된 내용은 아니므로 2번은 정답이 아니고, 젊을 때는 몸의 변화를 그다지 느끼지 못한다고 했으므로 3번도 정답이 아니다. 계속할 수 있는 건강 습관에 대해서 언급하고 있지 않으므로 4번도 정답이 아니다.

단어 維持(いじ) 유지 | ご存知(ぞんじ)だ 아시다(존경어) | 欠(か)ける 결여되다, 빠지다 | さほど 그다지, 별로 | 傾向(けいこう) 경향 | 積(つ)み重(かさ)ね 겹겹이 쌓음, 축적 | 摂(と)る 섭취하다 | 偏(かたよ)り 치우침 | 夜更(よふ)かし 밤늦게까지 자지 않음, 밤샘 | 振(ふ)り返(かえ)る 돌아보다, 회고하다 | 怠(なま)ける 게으름 피우다, 게을리하다

🎧 모의고사2_문제3_3번.mp3

ラジオでアナウンサーが話しています。

F : 数々の映画やドラマに出演し、若者たちに大人気の俳優、桜田さんが日本人初の世界俳優賞を受賞しました。桜田さんは28歳でデビューし、年齢や国籍を超えて多くの人を演技で魅了してきました。またプライベートの時にファンからサインを求められることがあっても、嫌な顔一つせず笑顔で対応するなど、その人柄の良さも魅力の一つだと言われています。デビューからたった2年でここまでたどり着いた桜田さん。これからも様々な分野での活躍を期待しています。

3 何についてのニュースですか。

1 賞を受けた俳優の紹介や活躍
2 年齢を問わず人気を集める俳優になる秘訣
3 人々を魅了させる演技の仕方
4 人柄が周囲に与える影響

해석 라디오에서 아나운서가 이야기하고 있습니다.

F : 수많은 영화나 드라마에 출연해서 젊은 사람들에게 대인기인 배우, 사쿠라다 씨가 일본인 최초의 세계 배우상을 수상했습니다. 사쿠라다 씨는 28세에 데뷔해서 연령이나 국적을 넘어서 많은 사람을 연기로 매료해 왔습니다. 또 사적인 시간에 팬으로부터 사인을 요구받는 일이 있어도 싫은 얼굴 하나 하지 않고 웃는 얼굴로 대응하는 등 그 인품의 좋음도 매력의 하나라고 말해지고 있습니다. **데뷔하고 나서 겨우 2년 만에 여기까지 도달한 사쿠라다 씨. 앞으로도 다양한 분야에서의 활약을 기대하고 있습니다.**

무엇에 대한 뉴스입니까?

1 상을 받은 배우의 소개와 활약
2 연령을 불문하고 인기를 모으는 배우가 되는 비결
3 사람들을 매료시키는 연기 방법
4 인품이 주위에 주는 영향

해설 아나운서는 デビューからたった2年でここまでたどり着いた桜田さん。これからも様々な分野での活躍を期待しています。(데뷔하고 나서 겨우 2년 만에 여기까지 도달한 사쿠라다 씨. 앞으로도 다양한 분야에서의 활약을 기대하고 있습니다.)라고 말하며 상을 받은 배우의 소개와 활약을 이야기하고 있으므로 1번이 정답이다. 인기를 모으는 비결은 이야기하고 있지 않으므로 2번은 정답이 아니고, 사람들을 매료시키는 연기 방법에 대해서는 언급하고 있지 않으므로 3번도 정답이 아니다. 사쿠라다 씨의 인품에 대해서만 언급하고 있으므로 4번도 정답이 아니다.

단어 数々(かずかず) 수많은 | 出演(しゅつえん) 출연 | 俳優(はいゆう) 배우 | 受賞(じゅしょう) 수상 | デビュー 데뷔 | 年齢(ねんれい) 연령 | 国籍(こくせき) 국적 | 超(こ)える (수량, 기준 등을) 넘다 | 演技(えんぎ) 연기 | 魅了(みりょう) 매료 | プライベート 프라이빗, 개인적 | 求(もと)める 구하다, 바라다, 욕구하다 | 対応(たいおう) 대응 | 人柄(ひとがら) 인품 | 魅力(みりょく) 매력 | 辿(たど)り着(つ)く 겨우 목적지에 다다르다, 도달하다 | 様々(さまざま)だ 다양하다 | 分野(ぶんや) 분야 | 活躍(かつやく) 활약 | ~を問(と)わず ~을/를 불문하고, ~에 상관없이 | 秘訣(ひけつ) 비결 | 周囲(しゅうい) 주위 | 影響(えいきょう) 영향

🎧 모의고사2_문제3_4번.mp3

市民講座で講師が話しています。

F : 石油はペットボトルやビニール袋、化学繊維など、様々

な製品に使用されています。石油を使用した製品は便利ですが、廃棄しても分解されず、環境に深刻な影響を与えるという問題点があります。そのため、製造メーカーでは再生可能な素材を使用した新しい製品の開発に取り組んでいます。また、カフェやレストランでは使い捨て製品を減らしたり、コンビニやスーパーではビニール袋を有料化するなど環境負荷を減らそうとしています。これらの取り組みは、消費者の意識を変えるきっかけとなり、持続可能な社会に向けた一歩となるでしょう。

4 講師は何について話していますか。
1 石油製品による環境汚染の深刻さ
2 環境保護のための企業の努力
3 石油製品の代替素材の開発
4 消費者の環境意識の重要性

해석 시민 강좌에서 강사가 이야기하고 있습니다.

F: 석유는 페트병이나 비닐봉지, 화학 섬유 등 다양한 제품에 사용되고 있습니다. 석유를 사용한 제품은 편리하지만, 폐기해도 분해되지 않고 환경에 심각한 영향을 준다는 문제점이 있습니다. 그 때문에 제조 회사에서는 재생 가능한 소재를 사용한 새로운 제품의 개발에 임하고 있습니다. 또한 카페나 레스토랑에서는 일회용 제품을 줄이거나 편의점이나 슈퍼에서는 비닐봉지를 유료화하는 등 환경 부하를 줄이려고 하고 있습니다. 이러한 대처는 소비자의 의식을 바꾸는 계기가 되어 지속 가능한 사회를 향한 한 걸음이 될 것입니다.

강사는 무엇에 대해 이야기하고 있습니까?
1 석유 제품에 의한 환경 오염의 심각성
2 환경 보호를 위한 기업의 노력
3 석유 제품의 대체 소재 개발
4 소비자의 환경 의식의 중요성

해설 강사는 製造メーカーでは再生可能な素材を使用した新しい製品の開発に取り組んでいます。(제조 회사에서는 재생 가능한 소재를 사용한 새로운 제품의 개발에 임하고 있습니다.)라고 말하며 환경 보호를 위한 기업들의 노력에 대해서 이야기하고 있으므로 2번이 정답이다. 석유 제품으로 인한 환경 오염은 언급하고 있지만 주된 내용은 아니므로 1번은 정답이 아니고, 대체 소재를 개발하고 있지만 주된 내용이 아니므로 3번도 정답이 아니다. 소비자의 환경 의식에 대해서는 언급하고 있지 않으므로 4번도 정답이 아니다.

단어 講座(こうざ) 강좌 | 講師(こうし) 강사 | ペットボトル 페트병 | 繊維(せんい) 섬유 | 様々(さまざま)だ 다양하다 | 製品(せいひん) 제품 | 廃棄(はいき) 폐기 | 分解(ぶんかい) 분해 | 深刻(しんこく)だ 심각하다 | 影響(えいきょう) 영향 | 製造(せいぞう) 제조 | メーカー 메이커, 제조 회사 | 素材(そざい) 소재 | 開発(かいはつ) 개발 | 取(と)り組(く)む 임하다, 맞붙다 | 使(つか)い捨(す)て 일회용 | 負荷(ふか) 부하 | 取(と)り組(く)み 대처 | 意識(いしき) 의식 | 持続(じぞく) 지속 | 汚染(おせん) 오염 | 保護(ほご) 보

호 | 代替(だいたい) 대체

🎧 모의고사2_문제3_5번.mp3

テレビで美術館の人が話しています。

F: いよいよオープンが来週に迫り、ワクワクしながらも少し緊張もしています。この地域の近辺には美術館がないのでとても楽しみだという期待の声も上がる一方、実際はそんなに需要がないので今までなかったのではないかという声もあります。このような懸念の声に応え、皆様に楽しんでいただけるよう、様々なアーティストに掛け合い、作品にたっぷりと浸れる空間を提供したいと思っています。まずは、世界的に有名な絵画と、現在日本で活躍している3人のインテリアデザイナーの作品を紹介する予定です。

5 美術館の人は何について話していますか。
1 美術館の設立に対する人たちの不満
2 美術館を開館した目的
3 注目すべきアーティストの紹介
4 新しい美術館への意気込み

해석 텔레비전에서 미술관 사람이 이야기하고 있습니다.

F: 드디어 오픈이 다음 주로 다가와서 설레면서도 조금 긴장도 하고 있습니다. 이 지역 부근에는 미술관이 없기 때문에 매우 기대된다는 기대의 목소리도 높아지는 한편, 실제는 그렇게 수요가 없기 때문에 지금까지 없었던 것이 아니냐는 목소리도 있습니다. 이러한 우려의 목소리에 부응해서 여러분이 즐길 수 있도록 다양한 아티스트들과 교섭하여 작품에 듬뿍 빠질 수 있는 공간을 제공하고 싶다고 생각하고 있습니다. 우선은 세계적으로 유명한 회화와 현재 일본에서 활약하고 있는 3명의 인테리어 디자이너의 작품을 소개할 예정입니다.

미술관 사람은 무엇에 대해 이야기하고 있습니까?
1 미술관의 설립에 대한 사람들의 불만
2 미술관을 개관한 목적
3 주목해야 하는 아티스트의 소개
4 새 미술관에 대한 마음가짐

해설 미술관 사람은 このような懸念の声に応え、皆様に楽しんでいただけるよう、様々なアーティストに掛け合い、作品にたっぷりと浸れる空間を提供したいと思っています。(이러한 우려의 목소리에 부응해서 여러분이 즐길 수 있도록 다양한 아티스트들과 교섭하여 작품에 듬뿍 빠질 수 있는 공간을 제공하고 싶다고 생각합니다.)라고 말하며 새로 오픈하는 미술관에 대한 마음가짐에 대해서 이야기하고 있는 것을 알 수 있다. 따라서 4번이 정답이다. 미술관

설립에 대한 반대 의견은 있지만 주된 이야기는 아니므로 1번은 정답이 아니고, 미술관을 개관하는 목적에 대해서 언급하고 있지 않으므로 2번도 정답이 아니다. 인테리어 디자이너에 대한 언급은 있지만 소개하고 있지는 않으므로 3번도 정답이 아니다.

단어 オープン 오픈｜迫(せま)る 다가오다, 육박하다｜わくわくする 두근두근하다, 설레다｜緊張(きんちょう) 긴장｜近辺(きんぺん) 근변, 부근｜需要(じゅよう) 수요｜懸念(けねん) 괘념, 근심, 우려｜~に応(こた)えて ~에 부응해서, ~에 힘입어｜アーティスト 아티스트｜掛(か)け合(あ)う 교섭하다｜浸(ひた)る 잠기다, 빠지다｜空間(くうかん) 공간｜提供(ていきょう) 제공｜活躍(かつやく) 활약｜インテリア 인테리어, 실내 장식｜設立(せつりつ) 설립｜開館(かいかん) 개관｜意気込(いきご)み 마음가짐, 기세, 의욕

문제4 문제4에서는, 문제 용지에 아무것도 인쇄되어 있지 않습니다. 먼저 문장을 들어 주세요. 그리고, 그것에 대한 대답을 듣고, 1부터 3 중에서, 가장 알맞은 것을 하나 고르세요.

🎧 모의고사2_문제4_예시.mp3

예시 山田さん、資料の件だけど、新しいデータに書き換えてくれた？

1 はい。古いデータに変えました。
2 書き換えてくださったんですね。
3 はい、もちろんばっちりです。

해석 야마다 씨, 자료 건 말인데 새로운 데이터로 고쳐 써 주었어?
1 네. 오래된 데이터로 바꿨습니다.
2 고쳐 써 주셨군요.
3 네, 물론 완벽합니다.

해설 새로운 데이터로 고쳐 썼는지에 대한 대답을 고르는 문제이다. 이에 알맞은 대답은 완벽하게 했다고 대답한 3번이 정답이다. 1번은 반대된 행동을 한 것이므로 정답이 아니고, 2번은 상대방이 해 주었을 때 하는 말이므로 정답이 아니다.

단어 書(か)き換(か)える 고쳐 쓰다, 다시 쓰다｜ばっちり 결과가 잘 되어 가는 모양

🎧 모의고사2_문제4_1번.mp3

1 子供を相手に躍起になるなんて、大人げないにもほどがあるよ。

1 え？大人じゃなかったの？
2 うん。本当に情けないよね。
3 子供は意地を張るものだよ。

해석 아이를 상대로 기를 쓰다니 어른스럽지 않은 것도 정도가 있어.
1 어? 어른이 아니야?
2 응, 정말 한심하네.
3 아이는 고집을 피우는 법이야.

해설 어른이 아이 앞에서 어른스럽지 못한 행동을 한 상황에 맞는 대답을 고르는 문제이다. 이에 맞는 대답인 2번이 정답이다. 1번은 조숙한 아이를 보고 하는 대답이므로 정답이 아니고 3번은 고집을 부리는 아이를 보고 하는 대답이므로 정답이 아니다.

단어 躍起(やっき)になる 기를 쓰다｜大人(おとな)げない 어른답지 못하다, 점잖지 않다｜~にもほどがある ~에도 정도가 있다｜情(なさ)けない 한심하다｜~ものだ ~하는 법이다.

🎧 모의고사2_문제4_2번.mp3

2 田中さん、発表予定の新商品のスケジュールがかなりずれ込んでいるって聞いたぞ。

1 はい、あともう少しで完成します。
2 それが、テスト中に不具合が発生したそうです。
3 おかげさまで順調に発表できました。

해석 다나카 씨, 발표 예정인 신상품의 스케줄이 상당히 지연되고 있다고 들었어.
1 네, 조금 있으면 완성됩니다.
2 그게 테스트 중에 결함이 발생했다고 합니다.
3 덕분에 순조롭게 발표할 수 있었습니다.

해설 신상품의 스케줄이 지연되고 있는 상황에 맞는 대답을 고르는 문제이다. 테스트 중에 문제가 발생했다고 대답한 2번이 정답이다. 1번은 신상품의 제작 단계를 묻는 상황에 맞는 대답이므로 정답이 아니고 3번은 신상품의 발표가 끝난 뒤에 하는 대답이므로 정답이 아니다.

단어 スケジュール 스케줄｜ずれ込(こ)む 다음 기한으로 넘어가다, 지연되다｜不具合(ふぐあい) 잘 작동하지 않음, 결함

🎧 모의고사2_문제4_3번.mp3

3 吉田さんが不在中に、クライアントからの電話が入ってましたよ。

1 え？電話はかけていませんよ。
2 はい、すぐに折り返します。
3 ええ。席はまだ空いてますね。

해석 요시다 씨가 부재중에 클라이언트로부터 전화가 들어왔습니다.
1 네? 전화는 걸지 않았습니다.
2 네 바로 다시 연락하겠습니다.
3 네, 자리는 아직 비어있습니다.

해설 부재중에 걸려온 거래처의 전화를 전해주는 상황에 맞는 대답을 고르는 문제이다. 이에 알맞은 대답은 바로 다시 연락하겠다고 대답한 2번이 정답이다. 1번은 전화를 걸었는지에 대한 질문을 들었을 때 하는 대답이므로 정답이 아니고, 3번은 상황에 맞는 대답이 아니므로 정답이 아니다.

어　不在(ふざい) 부재 | クライアント 클라이언트 | 折(お)り返(かえ)す 되짚어 오다, 답장을 바로 하다

🎧 모의고사2_문제4_4번.mp3

4　実は最近、妻とひどく揉めていて、そのうち離婚するかもしれない。

1　いや、揉めてないよ。
2　真剣に話し合ってみたらどう？
3　そうか、もう離婚したんだ。

해석　사실은 최근 아내와 심하게 옥신각신하고 있어서 조만간 이혼할지도 몰라.

1 아니, 옥신각신하지 않았어.
2 진지하게 서로 이야기해 보는 건 어때?
3 그렇구나 이혼해 버렸구나.

해설　아내와 이혼할지도 모른다는 말을 들은 상황에 맞는 대답을 고르는 문제이다. 이에 알맞은 대답은 진지하게 서로 이야기해 보라고 조언해 주는 2번이 정답이다. 1번은 아내와 다투었는지 묻는 질문에 대한 대답이므로 정답이 아니고, 3번은 이미 이혼을 했다는 소식을 듣고 나서 하는 대답이므로 정답이 아니다.

단어　揉(も)める 분쟁이 일어나다, 옥신각신하다 | 離婚(りこん) 이혼 | 真剣(しんけん)に 진지하게

🎧 모의고사2_문제4_5번.mp3

5　新しくオープンしたレストラン、前日に予約しない限り、入店できないんだって。

1　へえ、当日でも大丈夫なんだね。
2　そうなんだ、今度予約して行ってみよう。
3　よかった、予約しなくても入れるんだね。

해석　새로 오픈한 레스토랑, 전날에 예약하지 않는 한 입점할 수 없대.

1 어, 당일이라도 괜찮구나.
2 그렇구나, 다음에 예약해서 가 보자.
3 다행이다, 예약 안 해도 들어갈 수 있구나.

해설　새로 오픈한 레스토랑이 예약하지 않으면 들어갈 수 없다는 이야기를 들었을 때의 대답을 고르는 문제이다. 다음에 예약해서 가보자고 대답한 2번이 정답이다. 1번은 당일 예약도 가능하다는 이야기를 듣고 하는 대답이므로 정답이 아니고, 3번은 예약을 하지 않아도 들어갈 수 있는 경우에 하는 대답이므로 정답이 아니다.

단어　オープン 오픈 | ~限(かぎ)り ~하는 한, ~하지 않는 한 | 当日(とうじつ) 당일

🎧 모의고사2_문제4_6번.mp3

6　決算書の金額が合っていないけど、再度確認してくれる？

1　間違ってなくて良かったです。
2　なるほど、金額は合ってるんですね。
3　すみません、すぐ対照してみます。

해석　결산서의 금액이 맞지 않은데 다시 확인해 주지 않을래?

1 틀리지 않아서 다행입니다.
2 과연, 금액은 맞군요.
3 죄송합니다, 바로 대조해 보겠습니다.

해설　결산서를 재확인해야 하는 상황에 맞는 대답을 고르는 문제이다. 바로 대조해 보겠다고 대답한 3번이 정답이다. 1번은 결산서가 완벽하다는 이야기를 듣고 하는 대답이므로 정답이 아니고, 2번은 금액이 맞다는 이야기를 듣고 하는 대답이므로 정답이 아니다.

단어　決算(けっさん) 결산 | 金額(きんがく) 금액 | 再度(さいど) 재차 | 対照(たいしょう) 대조

🎧 모의고사2_문제4_7번.mp3

7　この前の食堂、ネットの評判は良かったんだけど、実際行ってみたら、サービスも悪くて料理の量も物足りなかったよ。

1　そっか、ネットは信じるもんじゃないね。
2　へえ、量が多くて良かったね。
3　どうしてネットを見て決めなかったの？

해석　요전의 식당, 인터넷의 평판은 좋았는데 실제로 가 보니 서비스도 나쁘고 음식량도 부족했어.

1 그렇구나, 인터넷은 믿을 만한 게 못되네.
2 와, 양이 많아서 다행이었네.
3 어째서 인터넷을 보고 결정하지 않았어?

해설　인터넷의 평판 비해서 서비스와 음식량이 좋지 않았다는 의견을 들은 상황에 맞는 대답을 고르는 문제이다. 인터넷은 믿을 수 없다고 대답한 1번이 정답이다. 2번은 음식량이 많았을 때 하는 대답이므로 정답이 아니고, 3번은 상황에 맞는 대답이 아니므로 정답이 아니다.

단어　評判(ひょうばん) 평판 | 物足(ものた)りない 어딘가 부족하다

🎧 모의고사2_문제4_8번.mp3

8　木村先輩って、学業の傍ら会社を経営してるんですって。

1　へえ、学業を辞めて会社に勤めてるの？
2　一つは諦めちゃったんだね。残念。

183

3 そうなんだ。両立できるなんてすごいよね。

해석 키무라 선배는 학업을 하는 한편 회사를 경영하고 있다고 하더라고요.
1 와, 학업을 그만두고 회사에 근무하고 있어?
2 하나는 그만두어 버렸구나. 안타깝다.
3 그렇구나. 양립할 수 있다니 대단하네.

해설 선배가 학업과 회사 운영을 동시에 한다는 소식을 들은 상황에 맞는 대답을 고르는 문제이다. 이에 알맞은 대답인 3번이 정답이다. 1번은 학업을 그만두고 회사에서 일하고 있다는 이야기를 들었을 때 하는 대답이므로 정답이 아니고, 2번은 학업과 회사 경영 중에 하나를 그만두었다는 소식을 듣고 하는 대답이므로 정답이 아니다.

단어 学業(がくぎょう) 학업 | ~傍(かたわ)ら ~(을/를) 하는 한편 | 両立(りょうりつ) 양립

🎧 모의고사2_문제4_9번.mp3

9 家計が厳しくなったから就職することを余儀なくされてしまったんだ。
1 それで、どこの大学に行くの?
2 え?まだ就職してないんだ。
3 だからといって勉強を諦めないでね。

해석 가계가 어려워져서 어쩔 수 없어 취직하게 되어버렸어.
1 그래서 어느 대학에 가?
2 어? 아직 취직하지 않았구나.
3 그렇다고 해서 공부를 포기하지는 마.

해설 가계가 어려워져서 취직을 하게 되었다는 이야기를 들은 상황에 맞는 대답을 고르는 문제이다. 공부를 포기하지 말라고 대답한 3번이 정답이다. 1번은 어느 대학을 갈 건지 묻는 대답이므로 정답이 아니고, 2번은 아직 취직을 하지 않았다는 이야기에 대한 대답이므로 정답이 아니다.

단어 家計(かけい) 가계, 생계 | 厳(きび)しい 엄격하다, 혹독하다 | ~を余儀(よぎ)なくされる 어쩔 수 없이 ~하게 되다 | だからといって 그렇다고 해서

🎧 모의고사2_문제4_10번.mp3

10 この前に貸してくれた本、ラストシーンは意表をつかれたよ。
1 平凡な話だったでしょう?
2 予想外の展開だったでしょう?
3 ありきたりな話だったでしょう?

해석 이전 책에 빌려주었던 책, 마지막 장면은 의표를 찔렀어.
1 평범한 이야기였지?
2 예상외의 전개였지?
3 뻔한 이야기였지?

해설 빌린 책의 내용이 생각과 다른 전개라서 놀란 상황에 맞는 대답을 고르는 문제이다. 예상외의 전개라고 대답한 2번이 정답이다. 1번은 평범한 내용일 경우에 하는 대답이므로 정답이 아니고, 3번은 뻔한 전개일 경우에 하는 대답이므로 정답이 아니다.

단어 ラストシーン 라스트 신 | 意表(いひょう)を突(つ)く 의표를 찌르다 | 平凡(へいぼん)だ 평범하다 | 展開(てんかい) 전개 | ありきたりだ 세상에 얼마든지 있음, 흔하게 있음

🎧 모의고사2_문제4_11번.mp3

11 やっぱり、バスケットボールは吉田さんにかなう人はいないよ。
1 吉田さんって、バスケットボール苦手なんだね。
2 そうそう。プロ並みの腕前だよね。
3 そうだね。願いは叶わないよ。

해석 역시 농구는 요시다 씨에게 당해낼 사람은 없어.
1 요시다 씨는 농구 서투르구나.
2 맞아 맞아. 프로급 실력이지?
3 그래. 소원은 이루어지지 않아.

해설 요시다 씨의 농구 실력을 칭찬하는 상황에 맞는 대답을 고르는 문제이다. 프로급 실력이라고 칭찬한 2번이 정답이다. 1번은 요시다 씨의 농구 실력이 좋지 않을 때 하는 대답이므로 정답이 아니고, 3번은 상황에 맞는 대답이 아니므로 정답이 아니다.

단어 バスケットボール 농구 | 敵(かな)う 대적하다, 필적하다 | 腕前(うでまえ) 솜씨, 역량 | 叶(かな)う 이루어지다

문제5 문제5에서는, 긴 이야기를 듣습니다. 이 문제에는 연습은 없습니다. 문제 용지에 메모를 해도 상관없습니다.

1번, 2번 문제 용지에 아무것도 인쇄되어 있지 않습니다. 먼저 이야기를 들어 주세요. 그리고, 질문과 선택지를 듣고, 1부터 4 중에서, 가장 알맞은 것을 하나 고르세요.

🎧 모의고사2_문제5_1번.mp3

家電の売り場で店長と店員二人が話しています。

M1：新発売のタブレット端末の件だけど、売上が伸びなくて在庫が増えていく一方でね。値段もそんなに安くはないからそう一気に売れるものでもないのは分かっているけど、何かいい案ないかな?

F：そうですね。新発売のタブレットを体験できるイベントをするのはいかがでしょうか。実際に体験することでタ

ブレットの良さを分かってもらえると思います。

M1: うーん、確かにそれで商品の魅力をアピールできるかもしれないけど、購入に直結するのは期待できないんじゃないかな。しかも、似たようなイベントをやってるところも既に多いしね。

M2: では、購入者にオシャレなタブレットケースをプレゼントするのはいかがでしょうか。タブレットを購入したらほとんどの方がケースも買うので得した気分になれると思います。

M1: うーん。でも、ケースを目当てに商品を購入する人は少ないと思うからなあ。

F: 1日貸出サービスを行うという案もあります。1日使ってもらえば、お客様にタブレットの魅力をアピールできるし、購入につながる可能性も高くなると思います。

M2: でも、お客様に壊されたりそのまま返却されなかったりしたら困りますよ。**それより有名人とコラボレーションして、それを広告戦略に取り入れるのもいいと思います。SNSを利用して拡散させれば良い宣伝効果になるはずです。**

M1: 確かに、それは破損やトラブルの心配もないね。じゃあ、その案にしよう。

1 売上を伸ばすために何をすることにしましたか。

1 タブレットの体験イベントを行う
2 オシャレなケースをプレゼントする
3 タブレットを1日貸し出す
4 SNS上に広告を出す

해석　가전 매장에서 점장님과 점원 두 명이 이야기하고 있습니다.

M1: 신발매의 태블릿 단말기의 건 말인데, 매상이 늘지 않아서 재고가 계속 증가하기만 하고 있어. 가격도 그리 싸지는 않으니까 그렇게 단숨에 팔릴 수 있는 것도 아닌 것은 알고 있지만 뭔가 좋은 안 없을까?

F: 그렇네요. 신발매의 태블릿을 체험할 수 있는 이벤트를 개최하는 것은 어떨까요? 실제로 체험하는 것으로 태블릿의 좋은 점을 알아 받을 수 있다고 생각합니다.

M1: 음 확실히 그걸로 상품의 매력을 어필할 수 있을지도 모르지만, 구입에 직결하는 것은 기대할 수 없지 않을까? 게다가 비슷한 이벤트를 하고 있는 곳이 이미 많고 말이야.

M2: 그럼 구매자에게 세련된 태블릿 케이스를 선물하는 것은 어떨까요? 태블릿을 구입하면 대부분의 분들이 케이스도 사기 때문에 이득인 기분이 될 수 있을 거라고 생각합니다.

M1: 음. 하지만 케이스를 목적으로 상품을 구입하는 사람은 적다고 생각하니깐.

F: 1일 대여 서비스를 실시한다는 안도 있습니다. 하루 사용해 받으면 손님에게 태블릿의 매력을 어필할 수 있고 구입으로 이어질 가능성도 높아질 거라고 생각합니다.

M2: 하지만 손님이 고장 내거나 그대로 반환이 되지 않거나 하면 곤란해요. 그보다 유명인과 콜라보레이션해서 그것을 광고 전략에 도입하는 것도 좋다고 생각합니다. SNS를 이용해서 확산시키면 좋은 홍보 효과가 될 겁니다.

M1: 확실히, 그건 파손이나 트러블의 걱정도 없지. 그럼 그 안으로 하자.

매상을 늘리기 위해 무엇을 하기로 했습니까?

1 태블릿 체험 이벤트를 실시한다
2 세련된 케이스를 선물한다
3 태블릿을 1일 대여한다
4 SNS상에 광고를 낸다

해설　남자2는 それより有名人とコラボレーションして、それを広告戦略に取り入れるのもいいと思います。SNSを利用して拡散させれば良い宣伝効果になるはずです。(그보다 유명인과 콜라보레이션해서 그것을 광고 전략에 도입하는 것도 좋다고 생각합니다. SNS를 이용해서 확산시키면 좋은 홍보 효과가 될 겁니다.)라고 말하였고 남자1이 그 안으로 하자고 했으므로 4번이 정답이다. 태블릿 체험 이벤트가 매상에 직접적인 영향을 줄 것 같지는 않다고 했으므로 1번은 정답이 아니고, 케이스를 목적으로 태블릿을 구매할 것 같지는 않다고 했으므로 2번도 정답이 아니다. 1일 태블릿 대출이 파손 위험이 높다고 했으므로 3번도 정답이 아니다.

단어　タブレット 태블릿 | 端末(たんまつ) 단말 | 売上(うりあげ) 매상 | 在庫(ざいこ) 재고 | ~一方(いっぽう)だ ~하기만 하다, ~할 뿐이다 | 一気(いっき)に 단숨에 | 案(あん) 안, 생각 | 体験(たいけん) 체험 | イベント 이벤트, 행사 | 魅力(みりょく) 매력 | アピール 어필 | 購入(こうにゅう) 구입 | 直結(ちょっけつ) 직결 | 既(すで)に 이미, 벌써 | 目当(めあ)て 목표, 목적 | 貸出(かしだし) 대출, 대여 | 返却(へんきゃく) 반환, 반납 | コラボレーション 콜라보레이션 | 戦略(せんりゃく) 전략 | 取(と)り入(い)れる 도입하다, 받아들이다 | 拡散(かくさん) 확산 | 破損(はそん) 파손 | トラブル 트러블 | 貸(か)し出(だ)す 대출하다, 대여하다

🎧 모의고사2_문제5_2번.mp3

ラジオでアナウンサーが美術展について話しています。

F1: 本日は、現在開催中の4つの美術展をご紹介します。まず一つ目は、『印象派の絵画展』です。世界的に著名な印象派画家の作品を楽しめます。次は『現代アート展』です。新人アーティストたちの従来の普遍的な形態や方法に囚われず独創的な作品を楽しめる展覧会です。それから『世界の食べ物展』では、世界各国で人気のある食べ物を作品にして展示しています。実際に世界の料理を召し上がっていただける機会もありますので一番注目されている展示コーナーです。そして最後は、『古代エジ

プト展』です。ミイラの秘密やピラミッドに関する貴重な遺物が見どころです。

M：有名画家の作品、すごく興味あるんだ。見るたびに感動させられるよ。

F2：でも、この前も一緒に有名な画家の作品を見に行ったでしょ。私はもううんざりだよ。

M：ごめん。僕は何度見ても飽きないから配慮が足りなかったね。有名画家の作品は後で一人で行ってもいいから、今週末は一緒に見たい美術展に行こう。

F2：私は食べることが好きだから、世界中の人々は何を食べているか詳しく知りたいな。でもやっぱり、古代のミステリーや歴史について学べる展示会の方がいいかもしれない。

M：せっかく美術展に行くのだから、食べ物の展示よりも知識を学べる方がいいと思うよ。僕もミステリーや昔の王様の展示品が気になるからそっちにしよう。

2

質問1 男の人は一人でどの美術展に行きますか。

1 **印象派の絵画展**
2 現代アート展
3 世界の食べ物展
4 古代エジプト展

質問2 二人は週末どの美術展に行きますか。

1 印象派の絵画展
2 現代アート展
3 世界の食べ物展
4 **古代エジプト展**

해석 라디오에서 아나운서가 미술전에 대해서 이야기하고 있습니다.

F1：오늘은 현재 개최 중인 4개의 미술전을 소개합니다. 우선 첫 번째는 '인상파의 회화전'입니다. 세계적으로 저명한 인상파 화가의 작품을 즐길 수 있습니다. 다음은 '현대아트전'입니다. 신인 아티스트들의 종래의 보편적인 형태나 방법에 구애받지 않는 독창적인 작품을 즐길 수 있는 전람회입니다. 그리고 '세계의 음식전'에서는 세계 각국에서 인기 있는 음식을 작품으로 해서 전시하고 있습니다. 실제로 세계 음식을 드실 수 있는 기회도 있으므로 가장 주목받고 있는 전시 코너입니다. 그리고 마지막은 '고대 이집트전'입니다. 미라의 비밀이나 피라미드에 관한 귀중한 유물이 볼거리입니다.

M：유명 화가의 작품, 굉장히 흥미 있어. 볼 때마다 감동하게 돼..

F2：하지만 이전에도 함께 유명한 화가의 작품을 보러 갔었잖아? 나는 이제 지긋지긋해.

M：미안해. 나는 몇 번을 봐도 질리지 않으니까 배려가 부족했어. 유명 화가의 작품은 나중에 혼자서 가도 되니까 이번 주말에는 함께 보고 싶은 미술전에 가자.

F2：나는 먹는 걸 좋아하니까 전 세계 사람들은 무엇을 먹고 있는지 자세히 알고 싶어. 하지만 역시 고대의 미스터리나 역사에 대해서 배울 수 있는 전시회 쪽이 좋을지도 모르겠네.

M：모처럼 미술전에 가는 거니까 음식 전시보다 지식을 배울 수 있는 쪽이 좋다고 생각해. 나도 미스터리나 옛날 왕의 전시품이 궁금하니까 그쪽으로 하자.

질문1 남자는 혼자서 어느 미술전에 갑니까?

1 인상파의 회화전
2 현대아트전
3 세계의 음식전
4 고대 이집트전

해설 남자는 有名画家の作品は後で一人で行ってもいいから、今週末は一緒に見たい美術展に行こう。(유명 화가의 작품은 나중에 혼자서 가도 되니까 이번 주말에는 함께 보고 싶은 미술전에 가자.) 라고 하며 유명 화가의 작품은 여자가 질려 해서 나중에 혼자서 보러 간다고 했다. 따라서 1번이 정답이다.

질문2 두 사람은 주말에 어느 미술전에 갑니까?

1 인상파의 회화전
2 현대아트전
3 세계의 음식전
4 고대 이집트전

해설 여자는 처음에 세계음식전에 관심이 많았으나 고대의 미스터리나 역사에 대해서 배우는 게 좋을지도 모르겠다고 이야기하자 남자가 せっかく美術館に行くのだから、食べ物の展示よりも知識を学べる方がいいと思うよ。僕もミステリーや昔の王様の展示品が気になるからそっちにしよう。(모처럼 미술관에 가는 거니까 음식 전시보다 지식을 배울 수 있는 쪽이 좋다고 생각해. 나도 미스터리나 옛날 왕의 전시품이 궁금하니까 그쪽으로 하자.)라고 두 사람은 주말에 고대 이집트전에 가는 것을 알 수 있다. 따라서 4번이 정답이다.

단어 開催(かいさい) 개최 | 印象派(いんしょうは) 인상파 | 著名(ちょめい)だ 저명하다 | 画家(がか) 화가 | アーティスト 아티스트, 예술가 | 従来(じゅうらい) 종래 | 普遍(ふへんてき)だ 보편적이다 | 形態(けいたい) 형태 | 囚(とら)われる 얽매이다, 구애되다 | 独創的(どくそうてき)だ 독창적이다 | 展覧会(てんらんかい) 전람회 | 展示(てんじ) 전시 | 召(め)し上(あ)がる 드시다(존경어) | 古代(こだい) 고대 | エジプト 이집트 | ミイラ 미라 | 秘密(ひみつ) 비밀 | ピラミッド 피라미드 | 貴重(きちょう)だ 귀중하다 | 遺物(いぶつ) 유물 | 見(み)どころ 볼 만한 곳, 볼거리 | うんざり 진절머리가 남 | 配慮(はいりょ) 배려 | ミステリー 미스터리 | 知識(ちしき) 지식

유하다요

JLPT N1

일본어능력시험

한 권 스피드 합격

출제 예상 단어 확인하기

D-30일 출제 예상 단어 확인하기

あ행

단어	품사	뜻
アーティスト	명	아티스트, 예술가
愛顧 あいこ	명	애고, 사랑하여 돌보아 줌
愛好 あいこう	명	애호
愛想 あいそう	명	붙임성, 정나미 *あいそ라고도 함
間柄 あいだがら *기출	명	사람 간의 사이, 관계
愛着 あいちゃく *기출	명	애착
アイドル	명	아이돌, 우상
相半ばする あいなか	동	상반하다, 서로 반반이다
あいまいに	부	애매하게
アウトライン	명	아웃라인, 윤곽, 개요
敢えて あ	부	굳이, 억지로
青臭い あおくさ	형	풋내 나다, 미숙하다
仰ぐ あお	동	우러러보다
仰向け あおむ	명	뒤로 젖혀 위를 봄
垢 あか	명	(피부 등의) 때
証 あかし	명	증거
明かす あ	동	밝히다
諦める あきら	동	포기하다
呆れ果てる あき は	동	기가 막히다, 어이없다
悪感情 あくかんじょう	명	악감정
悪臭 あくしゅう	명	악취
アクション物 もの	명	액션물
悪循環 あくじゅんかん	명	악순환
悪条件 あくじょうけん	명	악조건
アクセス	명	액세스, 접근
アクセル	명	액셀, 가속 장치
あくどい	형	칙칙하다, 악랄하다
浅はかだ あさ	형	천박하다
浅ましい あさ	형	한심스럽다
痣 あざ	명	피부의 반점, 멍
欺く あざむ	동	속이다, 기만하다
鮮やかだ あざ	형	선명하다
アシスタント	명	어시스턴트, 조수
足手まとい あして *기출	명	거치적거림, 부담, 짐
足止め あしど *기출	명	못 가게 말림, 발 묶임
味気ない あじけ	형	따분하다, 시시하다 *あじきない라고도 함
値 あたい	명	값어치
値する あたい *기출	동	~할 가치가 있다, ~할 만하다
頭打ち あたまう	명	시세가 막힌 상태, 진전할 가망이 없는 상태
圧巻 あっかん	명	압권
あっけない *기출	형	싱겁다, 어이없다
呆気にとられる あっけ	관	어안이 벙벙하다, 어이없다
あっさり	부	담백하게, 깨끗이
斡旋 あっせん	명	알선
圧迫 あっぱく	명	압박
アップ	명	업, 상승
当てはめる あ *기출	동	꼭 들어맞추다, 적용시키다
跡地 あとち *기출	명	(건물 등을) 철거하고 난 땅, 철거 부지
後回し あとまわ	명	뒤로 미룸

あどけない *기출	형	천진난만하다	併せる	동	합치다, 병합하다
侮る *기출	동	깔보다, 업신여기다	慌ただしい	형	분주하다, 어수선하다
アピールポイント	명	어필 포인트	慌てる	동	당황하다, 허둥대다
油絵	명	유화	安価	명	싼값
アプローチ	명	어프로치, 접근(방법)	アングル	명	앵글, 각도
アポ(イントメント)	명	어포인트먼트, 약속	暗殺	명	암살
雨具	명	우비	暗算	명	암산
網	명	그물, 망	暗礁	명	암초
あやす	동	어린아이를 어르다, 달래다	暗示	명	암시
操る	동	조종하다, 다루다	案じる	동	걱정하다
危ぶむ *기출	동	위태로워하다	安静 *기출	명	안정
歩み寄る	동	걸어서 다가가다, 서로 양보하다	安泰だ	형	평안하고 무사하다
歩む	동	걷다	安堵する *기출	동	안도하다
粗い *기출	형	거칠다	案の定 *기출	부	생각한 대로, 아니나 다를까
予め *기출	부	미리, 사전에	安否	명	안부
荒らす	동	황폐케 하다	暗黙	명	암묵
荒っぽい	형	난폭하다, 거칠다	言い放つ	동	단언하다, 함부로 말하다
有り余る	동	남아돌다	言い張る *기출	동	우겨 대다
ありありと *기출	부	생생하게	言い渡す	동	선고하다
ありきたりだ *기출	형	세상에 얼마든지 있다, 흔하게 있다	家出	명	가출
有様	명	모양, 상태	威嚇	명	위협
ありのまま	명	있는 그대로	活かす	동	살리다
ありふれる *기출	동	어디에나 있다, 흔해 빠지다	如何に	부	어떻게, 얼마나
アルミニウム	명	알루미늄	如何にも	부	어떻게든
淡い *기출	형	엷다, 희미하다	遺憾だ *기출	형	유감스럽다

D-29일 출제 예상 단어 확인하기

단어	품사	뜻
生き甲斐(いきがい)	명	사는 보람
意気込み(いきごみ) *기출	명	패기
意気込む(いきごむ)	동	벼르다, 의욕에 불타다
憤り(いきどおり) *기출	명	분개, 분노
憤る(いきどおる) *기출	동	분개하다, 성내다
行き届く(いきとどく) *기출	동	구석구석까지 미치다
生き延びる(いきのびる)	동	오래 살다, 살아남다
異議(いぎ)	명	이의
偉業(いぎょう)	명	위업
意気地(いくじ)	명	기개, 패기
幾多(いくた)	부	수많이
幾分(いくぶん)	부	어느 정도, 약간
異見(いけん)	명	이견, 다른 의견
憩い(いこい) *기출	명	휴식
意向(いこう)	명	의향
憩う(いこう)	동	휴식하다
潔い(いさぎよい) *기출	형	미련 없이 깨끗하다, 떳떳하다
いささか	부	조금(도)
石垣(いしがき)	명	돌담
委縮(いしゅく)	명	위축
異色(いしょく) *기출	명	이색
意地(いじ) *기출	명	고집
弄る(いじる)	동	만지작거리다 *まさぐる라고도 함
異性(いせい)	명	이성
遺跡(いせき)	명	유적
急がす(いそがす)	동	재촉하다
急がせる(いそがせる)	동	서두르게 하다(=急がす)
依存(いぞん)	명	의존 *いそん이라고도 함
委託する(いたくする) *기출	동	위탁하다
至って(いたって) *기출	부	극히, 매우
痛手(いたで)	명	깊은 상처, 심한 타격
痛める(いためる)	동	(육체적으로) 다치(게 하)다
傷める(いためる)	동	(물건 등을) 상하게 하다
労わる(いたわる)	동	친절하게 돌보다, 위로하다
一概に(いちがいに)	부	일률적으로, 싸잡아
一丸となる(いちがんとなる)	관	(힘을 합쳐서) 똘똘 뭉치다
著しい(いちじるしい)	관	현저하다, 두드러지다
一途に(いちずに)	부	오로지
一任する(いちにんする) *기출	동	일임하다, 모두 맡기다
一律に(いちりつに) *기출	부	일률적으로
逸材(いつざい) *기출	명	일재, 뛰어난 인재
逸脱(いつだつ) *기출	명	일탈
偽り(いつわり) *기출	명	거짓, 허구
偽る(いつわる)	동	거짓말하다, 속이다
一環(いっかん) *기출	명	일환
いっきょに	부	일거에, 단번에
一見(いっけん)	부	언뜻 보기에
一向に(いっこうに)	부	전혀, 조금도
一刻(いっこく)	명	일각, 짧은 시간
一切(いっさい)	부	일체, 일절

☐	一矢(いっし)	명	화살 한 개	☐	癒す(いやす)	동	치유하다
☐	いっそ	부	도리어, 차라리	☐	いやに	부	묘하게, 상당히
☐	一掃する(いっそうする) *기출	동	일소하다(한꺼번에 싹 제거하다)	☐	いやみ *기출	명	비꼼, 비아냥
☐	一致点(いっちてん)	명	일치점	☐	嫌らしい(いやらしい)	형	불쾌한 느낌이 들다
☐	一変(いっぺん)	명	일변, 완전히 달라짐	☐	意欲(いよく)	명	의욕
☐	移転(いてん)	명	이전	☐	威力(いりょく)	명	위력
☐	糸口(いとぐち) *기출	명	실마리, 단서	☐	衣類(いるい)	명	의류
☐	営む(いとなむ)	동	경영하다, 영위하다	☐	異例だ(いれいだ)	형	이례적이다
☐	いとも簡単に(いともかんたんに) *기출	부	아주 간단히	☐	異例の(いれいの) *기출	관형사	이례적인
☐	異動(いどう)	명	(직위·근무처 따위의) 이동	☐	色合い(いろあい)	명	색조
☐	挑む(いどむ)	동	도전하다	☐	異論(いろん)	명	이론
☐	稲光(いなびかり)	명	번개	☐	違和感(いわかん)	명	위화감
☐	否む(いなむ) *기출	동	거절하다, 부정하다	☐	陰影(いんえい)	명	음영, 그림자
☐	意に介する(いにかいする)	관	개의하다, 마음에 두다	☐	印鑑(いんかん)	명	인감
☐	意表(いひょう)	명	의표, 뜻밖	☐	インスピレーション	명	인스피레이션, 영감
☐	鼾(いびき)	명	코 고는 소리	☐	隕石(いんせき)	명	운석
☐	今更(いまさら) *기출	부	이제 와서, 새삼스럽게	☐	インセンティブ	명	인센티브, 장려금
☐	戒める(いましめる) *기출	동	훈계하다, 금하다	☐	引率(いんそつ)	명	인솔
☐	今時分(いまじぶん)	명	지금쯤, 이맘때	☐	インターナショナル	명	인터내셔널, 국제적
☐	未だ(いまだ)	부	아직(도)	☐	インテリ	명	인텔리, 지식층
☐	今や(いまや)	부	이제야말로, 이제는	☐	インフォメーション	명	인포메이션, 정보
☐	意味合い(いみあい)	명	까닭, (사정을 내포한) 의미	☐	インプット	명	인풋, 입력
☐	移民(いみん)	명	이민	☐	ウェイトを置く(ウェイトをおく) *기출	관	무게를 두다, 중점을 두다
☐	嫌々(いやいや)	부	마지못해	☐	穿つ(うがつ)	동	뚫다, 파고들다
☐	卑しい(いやしい)	형	천하다, 야비하다	☐	請け負う(うけおう) *기출	동	도급을 맡다, 책임지고 맡다

D-28일 출제 예상 단어 확인하기

단어	품사	뜻
受け継ぐ	동	계승하다
受け付ける	동	받아들이다, 접수하다
受け止める	동	막아 내다, 받아들이다
受け流す	동	받아넘기다
受け身	명	수동
胡散臭い	형	수상쩍다
薄々 *기출	부	희미하게, 어렴풋이
薄まる	동	(농도가) 엷어지다
渦	명	소용돌이
うずうずする *기출	동	근질근질하다, 좀이 쑤시다
埋める	동	묻다, 파묻다
疑わしい	형	의심스럽다
打ち切る	동	중단하다
打ち込む *기출	동	박아 넣다, 몰두하다
団扇	명	부채
内訳 *기출	명	내역, 명세
俯く	동	머리를 숙이다
訴え	명	호소, 소송
鬱陶しい	형	음울하다, 성가시다
うっとり	부	마음이 사로잡혀 멍한 모양
腕前 *기출	명	솜씨, 역량
腕を上げる	관	솜씨를 향상(숙달)시키다
疎ましい	형	지겹다, 역겹다
促す *기출	동	재촉하다
うなだれる *기출	동	(힘 없이) 고개를 떨구다
唸る	동	신음하다, 으르렁거리다
鵜呑み	명	통째로 삼킴, 그냥 받아들임
生まれつき	명	타고난 것
倦む	동	싫증 나다, 지치다
埋め合わせる	동	보충하다
羽毛	명	우모, 깃털
うやむやに *기출	부	흐지부지하게
裏打ち	명	보강, 뒷받침
裏付け *기출	명	뒷받침, 확증
裏腹に *기출	부	정반대로, 거꾸로
裏目に出る	관	예상이 틀어지다
売り込む	동	팔려고 하다
潤う *기출	동	축축해지다, 윤택해지다
潤す *기출	동	촉촉하게 하다, 윤택하게 하다
うろたえる *기출	동	당황하다, 허둥대다
うろちょろ	부	쫄래쫄래, 어른어른
うろつく	동	배회하다, 서성거리다
浮気	명	바람기
うんざりする	동	진절머리가 나다
運送	명	운송
運搬	명	운반
運用	명	운용
英語圏	명	영어권
英雄	명	영웅
営利	명	영리

エキスパート *기출	명	엑스퍼트, 전문가
閲覧(えつらん) *기출	명	열람
エッセー	명	에세이, 수필
エッセンス	명	에센스, 본질
エモーショナル	명	이모셔널, 감정적인
獲物(えもの)	명	사냥감
襟(えり)	명	옷깃, 목덜미
エリア	명	에어리어, 지역
エレガントだ *기출	형	엘리건트하다, 우아하다
縁(えん)	명	인연
円滑に(えんかつに) *기출	부	원활하게
沿岸(えんがん)	명	연안
厭世(えんせい)	명	염세
エンジニア	명	엔지니어, 기술자
延滞(えんたい)	명	연체
縁談(えんだん)	명	혼담
延長戦(えんちょうせん)	명	연장전
エントリー	명	엔트리, 참가 신청
追い抜く(おいぬく)	동	앞지르다
追い求める(おいもとめる)	동	추구하다
老いる(おいる)	동	늙다, 노쇠하다
負う(おう)	동	(책임을) 지다, (피해를) 입다
応援団(おうえんだん)	명	응원단
応急(おうきゅう)	명	응급
黄金(おうごん)	명	황금
大火事(おおかじ)	명	큰불
大方(おおかた)	부	대개, 얼추
押収(おうしゅう) *기출	명	압수
往診(おうしん)	명	왕진
旺盛だ(おうせいだ) *기출	형	왕성하다
横着だ(おうちゃくだ)	형	뻔뻔하다
横暴だ(おうぼうだ)	형	횡포하다
大株主(おおかぶぬし)	명	대주주
大柄(おおがら)	명	덩치가 큼
大げさだ(おおげさだ)	형	과장되다
大騒ぎ(おおさわぎ)	명	큰 소동
大雑把だ(おおざっぱだ)	형	조잡하다, 대략적이다
大ざっぱに(おおざっぱに)	부	어림잡아, 대충
大筋(おおすじ) *기출	명	대강(의 줄거리), 요점
オーダー	명	오더, 주문
オートマチック	명	오토매틱, 자동
大幅に(おおはばに)	부	대폭으로, 큰 폭으로
大幅に遅れる(おおはばにおくれる)	관	대폭으로 늦어지다
おおむね *기출	부	대개, 대강
おおらかだ *기출	형	너그럽다
拝む(おがむ)	동	절하다
置き換える(おきかえる)	동	(딴 것과) 바꾸어 놓다, 대체하다
怠る(おこたる) *기출	동	게으름을 피우다, 소홀히 하다
厳かだ(おごそかだ)	형	엄숙하다
抑える(おさえる)	동	억누르다

D-27일 출제 예상 단어 확인하기

단어	품사	뜻
治まる	동	다스려지다, 가라앉다
修める	동	닦다, 수양하다
収める	동	거두다, 손에 넣다
押し切る	동	꽉 눌러서 자르다, 강행하다
押し込む	동	밀어 넣다
推し進める	동	밀고 나가다, 추진하다
押し付ける	동	억누르다, 강요하다
押しつぶす	동	눌러 찌부러뜨리다
推し量る	동	헤아리다, 추측하다
惜しむ	동	아끼다, 아쉬워하다
お喋り	명	잡담, 수다(쟁이)
雄	명	수컷
襲う	동	습격하다
遅くとも	부	늦어도
恐らく	부	아마, 어쩌면
穏やかだ	형	온화하다, 평온하다
陥る	동	빠지다
おっくうだ *기출	형	귀찮다, 마음이 내키지 않다
お手上げだ *기출	관	두 손 두 발 다 들었다, 속수무책이다
訪れる	동	방문하다, 찾아오다
衰える	동	쇠약해지다, 쇠퇴하다
おどおど	부	벌벌, 주뼛주뼛
脅す	동	위협하다
自ずから	부	저절로
おのずと *기출	부	저절로, 자연히
怯える *기출	동	무서워하다, 겁내다
夥しい *기출	형	엄청나다
帯びる *기출	동	(성질 등을) 띠다
おぼろげだ	형	어렴풋하다
おむつ	명	기저귀
重々しい	형	묵직하다
思い上がる	동	으쓱대다, 자만하다
思い描く	동	마음에 그리다, 상상하다
思い返す	동	(지난 일을) 다시 생각하다
思いがけない	형	뜻밖이다
思い知らす	동	상대에게 뼈저리게 느끼게 하다
思い詰める *기출	동	골똘히 생각하다
表立つ	동	표면화하다
趣	명	정취, 멋
赴く	동	향하여 가다, 향하다
及び腰	명	엉거주춤한 자세, 태도
及ぶ	동	미치다
及ぼす *기출	동	미치게 하다, 끼치다
折	명	때, 시기
折り合う	동	타협하다
折々	부	때때로
折り返す	동	되짚어 오다, 답장을 바로 하다
織り込む	동	섞어 넣어 짜다, 포함시키다
織物	명	직물
愚かだ *기출	형	어리석다

おろそかになる *기출	관	소홀해지다
お詫びする *기출	동	사죄하다
音楽隊	명	음악대
恩恵 *기출	명	은혜
温厚だ	형	온후하다
温和だ *기출	형	온화하다

か행

カーソル	명	(마우스의) 커서
海運	명	해운
買い替える	동	새로 사서 바꾸다
改革 *기출	명	개혁
階級	명	계급
快挙 *기출	명	쾌거
海峡	명	해협
懐疑	명	회의
解雇	명	해고
回顧 *기출	명	회고, 회상
開港	명	개항
改修 *기출	명	개수, 수리
会心の出来 *기출	명	회심의 (마음에 드는) 만듦새
開示	명	개시, 분명히 표시함
怪獣	명	괴수
解除 *기출	명	해제
介する	동	사이에 두다, 끼우다
快晴	명	쾌청
階層	명	계층
回想する *기출	동	회상하다
開拓 *기출	명	개척
会談	명	회담
怪談	명	괴담
改定	명	개정
改訂版 *기출	명	개정판
解答欄	명	해답란
買い取る	동	사들이다
介入	명	개입
飼い主	명	사육주
回避	명	회피
怪物	명	괴물
解明 *기출	명	해명
解約 *기출	명	해약
快楽	명	쾌락
回覧	명	회람, 돌려 봄
乖離	명	괴리, 서로 어그러져 동떨어지는 것
改良	명	개량
回路	명	회로
会話が弾む *기출	관	대화가 활기를 띠다
省みる	동	돌이켜 보다
抱え込む *기출	동	(양팔로) 껴안다, (많은 것을) 떠맡다
掲げる *기출	동	내걸다, 내세우다
果敢に	부	과감하게

D-26일 출제 예상 단어 확인하기

단어	품사	뜻
書き進める	동	써 나가다
垣根	명	울타리, 장벽
限りない	형	무한하다, 한없다
核	명	핵, 핵심
画一的に *기출	부	획일적으로
架空 *기출	명	가공, 상상으로 만듦
格差	명	격차
拡散	명	확산
各種	명	각종
革新	명	혁신
格段に *기출	부	현격히, 각별히
カクテル	명	칵테일
革命	명	혁명
隔離	명	격리
確立	명	확립
掛け合う	동	교섭하다
家計	명	가계, 생계
駆け込む	동	뛰어들다
掛け声	명	고함 소리, 구호
駆け出す	동	뛰어나가다
可決 *기출	명	가결
駆けつける *기출	동	급히 달려오다(가다)
懸け離れる	동	동떨어지다, 차이가 크게 나다
駆け巡る	동	뛰어(돌아)다니다
駆け寄る	동	달려들다
賭ける	동	걸다, 내기를 하다
加減	명	가감, 더하기와 빼기
加工 *기출	명	가공
化合	명	화합
重ね合わせる	동	겹겹이 포개다
かさばる *기출	동	부피가 커지다, 부피가 늘다
賢い *기출	형	현명하다
姦しい	형	시끄럽다
過信	명	과신, 너무 믿음
かすかだ	형	희미하다, 어렴풋하다
カスタマイズ	명	커스터마이즈, 맞춤식 변경
掠る	동	스치다
課する	동	부과하다
火星	명	화성
化石	명	화석
仮説	명	가설
風当り *기출	명	바람이 불어제침, 비난
風通し	명	통풍
家族ぐるみ	명	가족 전체
片思い	명	짝사랑
肩書き	명	사회적 지위, 직함
かたくなだ *기출	형	완고하다, 고집스럽다
堅苦しい	형	너무 딱딱하다
塊	명	덩어리
傾ける	동	기울이다

☐ 偏り *기출	명	치우침	☐ 株主	명	주주
☐ 偏る *기출	동	(한쪽으로) 치우치다, 기울다	☐ 貨幣	명	화폐
☐ 語り合う	동	서로 이야기를 주고받다	☐ 加味 *기출	명	가미
☐ 傍ら	부	한편	☐ 噛み合う *기출	동	서로 물어뜯다, 맞물리다, (의견 등이) 서로 맞다
☐ 家畜	명	가축	☐ 過密 *기출	명	과밀, 빽빽함
☐ 勝ち取る	동	쟁취하다, 거두다	☐ 噛み付く	동	달려들어 물다, 물고 늘어지다
☐ 勝ち抜く	동	이겨 내다	☐ カムバック	명	컴백
☐ 且つ	부	또한, 한편	☐ 加盟	명	가맹
☐ かつて	부	일찍이, 예전부터	☐ カメラマン	명	카메라맨
☐ 渇望	명	갈망	☐ 寡黙だ *기출	형	과묵하다
☐ 画期的だ *기출	형	획기적이다	☐ からっと	부	활짝, 바싹
☐ 活発化	명	활발화	☐ 絡む	동	휘감기다, 얽히다
☐ カテゴリー	명	카테고리, 범주	☐ 絡める	동	휘감다
☐ 稼働 *기출	명	가동	☐ 狩り	명	사냥
☐ 叶う *기출	동	이루어지다	☐ 駆り立てる	동	휘몰다, 내몰다
☐ 叶える	동	이루어 주다	☐ 軽々しい	형	경솔하다
☐ 金槌	명	쇠망치	☐ カルテ	명	카르테, 진료 기록 카드
☐ かにかくに	부	여러 가지로, 어떻든 간에	☐ 過労	명	과로
☐ 加入者	명	가입자	☐ かろうじて *기출	부	겨우, 간신히
☐ 兼ね合う	동	균형이 잡히다	☐ 軽やかだ	형	가뿐하다
☐ かねがね *기출	부	전부터, 진작부터	☐ 皮切り	명	최초, 시초
☐ かねて	부	미리, 전부터	☐ 交わす	동	주고받다, 교환하다
☐ 庇う *기출	동	감싸다	☐ 変わり目	명	바뀌는 곳, 시기
☐ 過敏だ	형	과민하다	☐ 代わる代わる	부	번갈아 가며
☐ 株式	명	주식	☐ 勘	명	직감력, 육감

D-25일 출제 예상 단어 확인하기

☐ 考え直す	동	다시 생각하다, 재고하다	☐ カンニング	명 커닝, 부정행위
☐ 喚起	명	환기	☐ 幹部	명 간부
☐ 完結する *기출	동	완결 나다	☐ 勘弁	명 용서함
☐ 還元 *기출	명	환원	☐ 完璧だ	형 완벽하다
☐ 慣行	명	관행	☐ 感銘	명 감명
☐ 刊行物	명	간행물	☐ 関与	명 관여
☐ 勧告	명	권고	☐ 寛容	명 관용
☐ 監視	명	감시	☐ 肝要だ	형 긴요하다, 매우 중요하다
☐ 観衆	명	관중	☐ 観覧	명 관람
☐ 慣習	명	관습	☐ 管理下	명 관리하
☐ 干渉 *기출	명	간섭	☐ 管理職	명 관리직
☐ 感触	명	감촉	☐ 官僚	명 관료
☐ 感受性	명	감수성	☐ 完了する	동 완료하다
☐ 肝心だ *기출	형	가장 중요하다	☐ 慣例	명 관례
☐ 歓声	명	환성, 환호성	☐ 還暦	명 환갑
☐ 閑静 *기출	명	한적함, 조용함	☐ 関連付ける	동 관련시키다
☐ 完成する	동	완성하다, 완성되다	☐ 貫禄	명 관록
☐ 感染	명	감염	☐ 緩和 *기출	명 완화
☐ 関税	명	관세	☐ 外貨	명 외화
☐ 簡素だ *기출	형	간소하다	☐ 外観	명 외관
☐ 感嘆	명	감탄	☐ 外資系	명 외국 자본계
☐ 寛大だ	형	관대하다	☐ 害する	동 해치다
☐ 勘違いする	동	착각하다, 잘못 생각하다	☐ ガイダンス	명 가이던스, 생활 지도
☐ 鑑定 *기출	명	(예술 작품 등의) 감정	☐ 害虫	명 해충
☐ 監督 *기출	명	감독	☐ 街頭	명 길거리, 노상

☐ 該当 *기출 (がいとう)	명	해당	☐ 玩具 (がんぐ)	명	완구, 장난감
☐ ガイドブック	명	가이드북, 안내서	☐ 頑固だ (がんこ)	형	완고하다
☐ 概念 (がいねん)	명	개념	☐ 願書 (がんしょ)	명	원서
☐ 外来 (がいらい)	명	외래	☐ 頑丈だ (がんじょう)	형	튼튼하다
☐ 概略 *기출 (がいりゃく)	명	개략, 대략	☐ 岩石 (がんせき)	명	암석
☐ 愕然と (がくぜん)	부	악연히, 깜짝 놀라는 모양	☐ 元祖 (がんそ)	명	원조, 시조
☐ 楽譜 (がくふ)	명	악보	☐ 元来 (がんらい)	명	원래
☐ 学歴 (がくれき)	명	학력	☐ キープ	명	키프, 유지함
☐ 崖 (がけ)	명	절벽	☐ 規格 (きかく)	명	규격
☐ がさがさ	부	꺼칠꺼칠, 거슬거슬	☐ 企画書 (きかくしょ)	명	기획서
☐ ガスストーブ	명	가스스토브, 가스난로	☐ 飢餓 (きが)	명	기아
☐ がっかりする	동	실망하다, 낙담하다	☐ 気掛かり (きが)	명	마음에 걸림
☐ がっくり	부	갑자기 부러지거나 꺾이는 모양, 낙담하는 모양, 확, 푹, 뚝	☐ 気掛かりだ *기출 (きが)	형	마음에 걸리다, 근심스럽다
☐ 合唱 (がっしょう)	명	합창	☐ 気が散る (き　ち)	관	마음이 흐트러지다
☐ 合唱団 (がっしょうだん)	명	합창단	☐ 気軽だ (きがる)	형	가볍다, 부담 없다
☐ がっしり	부	탄탄하게 꽉 짜여 있는 모양, 탄탄히	☐ 機器 (きき)	명	기기, 기계
☐ 合致 *기출 (がっち)	명	합치, 일치	☐ 基金 (ききん)	명	기금
☐ がっちり	부	튼튼한 모양, 탄탄히	☐ 訊く (き)	동	묻다, 질문하다
☐ 合併 *기출 (がっぺい)	명	합병	☐ 利く (き)	동	잘 움직이다, 기능을 발휘하다
☐ 我慢 (がまん)	명	참음	☐ 棄権 (きけん)	명	기권
☐ がやがや *기출	부	왁자지껄	☐ 危険 (きけん)	명	위험
☐ がらりと *기출	부	싹, 갑자기 변하는 모양	☐ 喜劇 (きげき)	명	희극
☐ ガレージ	명	개라지, 차고	☐ 起原 (きげん)	명	기원
☐ 眼科 (がんか)	명	안과	☐ 機構 (きこう)	명	기구
☐ 眼球 (がんきゅう)	명	안구	☐ 気心 (きごころ)	명	기질, 속마음

D-24일 출제 예상 단어 확인하기

記載 (きさい)	명	기재
兆し (きざし) *기출	명	조짐
気質 (きしつ)	명	기질
記者団 (きしゃだん)	명	기자단
希少だ (きしょうだ)	형	희소하다
記述 (きじゅつ)	명	기술
基準 (きじゅん)	명	기준
築き上げる (きずあげる)	동	쌓아 올리다
築く (きずく)	동	쌓다, 구축하다
規制 (きせい) *기출	명	규제
奇跡 (きせき)	명	기적
軌跡 (きせき) *기출	명	궤적
競い合う (きそいあう)	동	서로 경쟁하다, 서로 겨루다
貴族 (きぞく)	명	귀족
鍛える (きたえる)	동	단련하다
基調に (きちょうに) *기출	부	기조로, 바탕으로
几帳面だ (きちょうめんだ)	형	착실하고 꼼꼼하다
きっかり	부	(맞아떨어지는 모양) 딱, (아주 뚜렷한 모양) 뚜렷이
拮抗する (きっこうする) *기출	동	팽팽하다
きっちり	부	빈틈이 없는 모양, 딱, 확실히
既定 (きてい)	명	기정
起点 (きてん)	명	기점, 출발점
喜怒哀楽 (きどあいらく)	명	희로애락
起動 (きどう)	명	기동
軌道 (きどう) *기출	명	궤도
気長だ (きながだ)	형	느긋하다
気に障る (きにさわる) *기출	관	마음에 거슬리다
気迫 (きはく)	명	기백, 기개
希薄だ (きはくだ)	형	희박하다
規範 (きはん)	명	규범
基盤 (きばん) *기출	명	기반
忌避 (きひ)	명	기피
気品 (きひん)	명	기품
起伏 (きふく) *기출	명	기복
規模 (きぼ)	명	규모
気まぐれだ (きまぐれだ)	형	변덕스럽다
生真面目だ (きまじめだ)	형	고지식하다
気ままだ (きままだ) *기출	형	제멋대로다
決まり悪い (きまりわるい)	형	민망하다
決め付ける (きめつける)	동	일방적으로 단정하다
決め手 (きめて)	명	결정적인 수단, 결정타
肝に銘じる (きもにめいじる)	관	마음에 깊이 새기다
脚色 (きゃくしょく)	명	각색
脚本 (きゃくほん)	명	각본
却下 (きゃっか) *기출	명	각하, 기각
キャッチボール	명	캐치 볼, 공을 던지고 받음
キャリア *기출	명	커리어, 경력
救急隊 (きゅうきゅうたい)	명	구급대
急遽 (きゅうきょ) *기출	부	갑작스럽게
究極 (きゅうきょく)	명	궁극

窮屈だ (きゅうくつ)	형	갑갑하다, 답답하다
急激に増える (きゅうげきにふえる)	관	급격히 늘다
救済 (きゅうさい)	명	구제
究明する (きゅうめい) *기출	동	구명하다, 규명하다
丘陵 (きゅうりょう) *기출	명	구릉, 언덕
起用 (きよう) *기출	명	기용, 인재를 높은 자리에 올려 씀
協会 (きょうかい)	명	협회
共感 (きょうかん)	명	공감
協議 (きょうぎ)	명	협의
教訓 (きょうくん) *기출	명	교훈
強行 (きょうこう)	명	강행
強硬に (きょうこうに) *기출	부	강경하게
強固だ (きょうこだ)	형	강고하다
教授陣 (きょうじゅじん)	명	교수진
強制 (きょうせい) *기출	명	강제
競争する (きょうそう)	동	경쟁하다
共存 (きょうぞん)	명	공존 *きょうそん이라고도 함
驚嘆 (きょうたん) *기출	명	경탄(놀라며 감탄함)
協定 (きょうてい)	명	협정
強迫 (きょうはく)	명	강박
脅迫 (きょうはく)	명	협박
興味深い (きょうみぶかい)	형	매우 흥미롭다
恐竜 (きょうりゅう)	명	공룡
極端だ (きょくたんだ)	형	극단적이다
局面 (きょくめん)	명	국면
極力 (きょりょく)	부	극력, 힘껏, 최대한
寄与する (きよする) *기출	동	기여하다, 이바지하다
拒絶 (きょぜつ)	명	거절
拠点 (きょてん) *기출	명	거점
許容 (きょよう)	명	허용
清らかだ (きよらかだ)	형	맑다, 청아하다
きょろきょろ	부	두리번두리번
煌びやかだ (きらびやかだ)	형	눈부시게 아름답다
岐路 (きろ)	명	기로, 갈림길
極まりない (きわまりない)	형	짝이 없다, 극심하다
極めて (きわめて) *기출	부	지극히
究める (きわめる)	동	깊이 연구하다, 끝까지 밝히다
気を配る (きをくばる)	관	마음을 쓰다, 배려하다
奇をてらう (きをてらう)	관	괴이함을 자랑하다
緊急 (きんきゅう)	명	긴급
均等だ (きんとうだ) *기출	형	균등하다
緊迫 (きんぱく) *기출	명	긴박
勤勉だ (きんべんだ)	형	근면하다
緊密 (きんみつ) *기출	명	긴밀
緊密だ (きんみつだ)	형	긴밀하다
勤務先 (きんむさき)	명	근무처
禁物 (きんもつ) *기출	명	금물
勤労 (きんろう)	명	근로
ぎくしゃくする *기출	동	서먹서먹하다, 어색하다
技巧 (ぎこう)	명	기교

D-23일 출제 예상 단어 확인하기

□ ぎこちない *기출	형	어색하다, 딱딱하다
□ 偽造(ぎぞう)	명	위조
□ 技能(ぎのう)	명	기능
□ ギャラリー	명	갤러리, 미술품 진열실
□ 仰々しい(ぎょうぎょう)	형	(보기에) 과장되다
□ 凝視する(ぎょうし) *기출	동	응시하다
□ 業者(ぎょうしゃ)	명	업자
□ 凝縮(ぎょうしゅく) *기출	명	응축
□ 行政(ぎょうせい)	명	행정
□ 仰天する(ぎょうてん) *기출	동	몹시 놀라다
□ 疑惑(ぎわく)	명	의혹
□ 吟味(ぎんみ) *기출	명	음미, 자세히 조사함
□ 食い込む(くこ) *기출	동	파고들다, 침범하다
□ 食い違う(くちが) *기출	동	어긋나다, 엇갈리다
□ 食いつく(く)	동	달려들어 물다, 물고 늘어지다
□ 食い止める(くと) *기출	동	저지하다, 막다
□ 空中戦(くうちゅうせん)	명	공중전
□ 空腹(くうふく)	명	공복
□ 空欄(くうらん)	명	공란, 빈칸
□ 苦役(くえき)	명	고역
□ 潜る(くぐ)	동	빠져나가다
□ 駆使する(くし) *기출	동	구사하다
□ くじける *기출	동	(기세가) 꺾이다
□ 苦情(くじょう)	명	불평, 불만
□ 擽ったい(くすぐ)	형	간지럽다
□ 崩れる(くず) *기출	동	무너지다
□ 砕ける(くだ) *기출	동	부서지다, 깨지다
□ 下す(くだ)	동	내리다, 하달하다
□ 口ずさむ(くち)	동	읊조리다
□ 口出し(くちだ) *기출	명	말참견
□ 口調(くちょう)	명	어조
□ 覆す(くつがえ) *기출	동	뒤집어엎다
□ 寛ぐ(くつろ) *기출	동	편히 쉬다, 느긋이 쉬다
□ くっきり	부	또렷이
□ 屈託ない(くったく)	형	걱정이나 염려할 일이 없다
□ くまなく *기출	부	샅샅이
□ 汲み上げる(くあ)	동	퍼 올리다
□ 組み合わせる(くあ)	동	짜 맞추다
□ 組み入れる(くい)	동	(어떤 조직의) 일부로서 집어넣다
□ 組み込む(くこ)	동	짜 넣다
□ 工面する(くめん) *기출	동	(돈을) 마련하다, 조달하다
□ くよくよ *기출	부	끙끙, 걱정하는 모양
□ クリエーター	명	크리에이터, 창작자
□ くり貫く(ぬ)	동	도려내다
□ クレーム *기출	명	클레임, 불만
□ クレーン	명	크레인, 기중기
□ 玄人(くろうと)	명	전문가, 숙련자
□ 黒ずむ(くろ)	동	거무스름해지다
□ 君臨(くんりん)	명	군림
□ 愚痴(ぐち)	명	푸념

愚痴を言う	관	푸념하다
ぐっと	부	단숨에 꿀꺽, 뭉클
グラウンド	명	그라운드, 운동장
グレー	명	그레이, 회색
グローバル	명	글로벌, 전 세계적인
群衆 *기출	명	군중
軍事	명	군사
経緯 *기출	명	경위
敬意を払う	관	경의를 표하다
経営陣	명	경영진
経営難	명	경영난
経過	명	경과
警戒	명	경계
軽快だ *기출	형	경쾌하다
敬具	명	경구, 편지 끝에 쓰는 인사말
軽減	명	경감
軽視	명	경시
傾斜する *기출	동	경사지다
警鐘	명	경종
形状	명	형상, 모양
軽率だ *기출	형	경솔하다
形態	명	형태
傾聴	명	경청
刑罰	명	형벌
啓蒙	명	계몽
契約 *기출	명	계약
経歴 *기출	명	경력
経路	명	경로
汚らわしい	형	추잡스럽다
削り取る	동	삭제하다
決意	명	결의
決議	명	결의
結合	명	결합
欠如	명	결여
結末 *기출	명	결말
血管	명	혈관
決算	명	결산
決勝戦	명	결승전
結成 *기출	명	결성
結束 *기출	명	결속
蹴飛ばす	동	걷어차다
貶す *기출	동	폄하다, 깎아내리다
懸念 *기출	명	괘념, 근심, 우려
気配 *기출	명	기색, 낌새
煙たい	형	매캐하다, 거북하다
獣	명	짐승
けろりと	부	천연덕스럽게
権威	명	권위
嫌悪	명	혐오
嫌悪感 *기출	명	혐오감

D-22일 출제 예상 단어 확인하기

단어	품사	뜻
けんげん 権限	명	권한
けんざい 健在	명	건재
けんしょう 検証	명	검증
けんしん 献身	명	헌신
けんじつ 堅実だ *기출	형	견실하다
けんぜん 健全だ	형	건전하다
けんちょ 顕著に *기출	부	현저하게
けんとう 検討	명	검토
けんめい 懸命に	부	힘껏
けんりょく 権力	명	권력
けんろう 堅牢だ	형	견뢰하다, 튼튼하다
げきげん 激減	명	격감
げっそり	부	갑자기 여윈 모양, 홀쭉
げり 下痢	명	설사
げんかく 厳格だ	형	엄격하다
げんきゅう 言及 *기출	명	언급
げんけい 原型	명	원형
げんざいりょう 原材料	명	원재료, 원자재
げんし 原始	명	원시
げんしゅ 元首	명	원수
げんじつみ 現実味	명	현실미
げんじゅうみん 原住民	명	원주민
げんせい 厳正に *기출	부	엄정하게
げんそう 幻想	명	환상
げんそく 原則	명	원칙
げんてん 原点	명	원점
げんどうりょく 原動力	명	원동력
げんぽん 原本	명	원본
げんみつ 厳密だ	형	엄밀하다
げんみつ 厳密に	부	엄밀하게
こい 故意に *기출	부	고의로
こうい 好意	명	호의
こうえき 交易	명	교역, 무역
こうえき 公益	명	공익
こうえつ 校閲	명	교열
こうきょう 好況	명	호황
こうぎ 抗議	명	항의
こうけん 貢献 *기출	명	공헌
こうげん 高原	명	고원, 높은 지대
こうこうと	부	휘황찬란하게
こうこくぬし 広告主	명	광고주
こうこくらん 広告欄	명	광고란
こうご 交互	명	교호, 서로 번갈아함
こうご 交互に	부	번갈아
こうさく 交錯 *기출	명	교착, 뒤얽힘
こうさつ 考察	명	고찰
こうしょう 高尚だ	형	고상하다
こうしんりょう 香辛料	명	향신료
こうずい 洪水	명	홍수
こうせき 功績	명	공적, 공로

	こうそう 構想	명	구상	□	こくふく 克服	명	극복
	こうそく 拘束	명	구속	□	こくめい 克明だ *기출	형	극명하다
	こうたい 後退	명	후퇴	□	ここち 心地よい *기출	형	기분이 좋다
	こうだい 広大だ *기출	형	광대하다	□	こころあ 心当たり *기출	명	짐작, 짚이는 데
	こうち 耕地	명	경지, 경작지	□	こころが 心掛け	명	마음가짐
	こうちく 構築	명	구축	□	こころが 心掛ける	동	항상 주의하다, 명심하다
	コーディネート	명	코디네이트, 조정	□	こころがま 心構え *기출	명	마음의 준비, 각오
	こうとう 口頭	명	구두, 입으로 말함	□	こころざ 志す	동	뜻하다, 뜻을 두다
	こうどく 購読	명	구독	□	こころづか 心遣い *기출	명	마음을 씀, 배려
	こうねつひ 光熱費	명	광열비	□	こころづよ 心強い	형	마음 든든하다
	こうばい 購買	명	구매	□	こころな 心無い	형	생각이 모자라다
	こうひょう 好評	명	호평	□	こころぼそ 心細い *기출	형	불안하다, 쓸쓸하다
	こうふ 交付 *기출	명	교부	□	こころ 試みる	동	시험해 보다, 시도해 보다
	こうふん 興奮 *기출	명	흥분	□	こころ 心もとない	형	어쩐지 불안하다
	こうほう 広報	명	홍보	□	こころよ 快い	형	상쾌하다, 기분 좋다
	こうぼ 公募	명	공모	□	こしつ 固執	명	고집
	こうみょう 巧妙だ *기출	형	교묘하다	□	こじれる *기출	동	틀어지다, 꼬이다
	こうめい 公明だ	형	공명하다, 공정하고 떳떳하다	□	コスパ	명	코스트 퍼포먼스(コストパフォーマンス의 줄임말), 가성비
	こうりつ 効率	명	효율	□	こぜに 小銭	명	잔돈, 적은 돈
	こうりょ 考慮 *기출	명	고려	□	こだわ 拘り	명	고집
	こかげ 木陰	명	나무 그늘	□	こだわ 拘る	동	구애되다, 집착하다
	こかつ 枯渇する *기출	동	고갈되다	□	こちょう 誇張 *기출	명	과장
	こぎって 小切手	명	수표	□	こっけい 滑稽だ	형	우스꽝스럽다
	こくいん 刻印	명	각인	□	こっこく 刻々	부	시시각각으로
	こくひょう 酷評	명	혹평	□	こっそり	부	살짝, 몰래

D-21일 출제 예상 단어 확인하기

☐ 骨董品(こっとうひん)	명 골동품	☐ 混血(こんけつ)	명 혼혈
☐ 事柄(ことがら)	명 사항, 일	☐ 混合(こんごう)	명 혼합
☐ ことごとく *기출	부 모조리	☐ コンサートホール	명 콘서트홀
☐ 殊(こと)に	부 각별하게	☐ コンサルティング	명 컨설팅, 조언
☐ 鼓動(こどう)	명 고동	☐ 根性(こんじょう)	명 근성
☐ 孤独(こどく)	명 고독	☐ コンスタント *기출	명 콘스턴트, 항상 일정함
☐ 好(この)ましい	형 마음에 들다, 바람직하다	☐ コンタクト	명 콘택트, 접촉
☐ 拒(こば)む *기출	동 거부하다	☐ 昆虫(こんちゅう)	명 곤충
☐ 個別(こべつ)	명 개별	☐ 昆虫類(こんちゅうるい)	명 곤충류
☐ コマーシャル	명 커머셜, 선전	☐ 根底(こんてい) *기출	명 근저, 근본
☐ 細(こま)やかだ	형 세심하다	☐ コンテスト	명 콘테스트, 경연
☐ 込(こ)み合(あ)う	동 붐비다	☐ コンテンツ	명 콘텐츠
☐ 籠(こも)る	동 틀어박히다	☐ コントラスト *기출	명 콘트라스트, 대조
☐ 固有(こゆう)	명 고유	☐ 混同(こんどう)	명 혼동
☐ 雇用(こよう)	명 고용	☐ 混入(こんにゅう)	명 혼입
☐ 堪(こら)える	동 (감정, 고통 등을) 참다, 억누르다	☐ コンパクトだ *기출	형 콤팩트하다, 작지만 알차다
☐ 凝(こ)り固(かた)まる	동 굳어지다, 응고하다	☐ コンプレックス	명 콤플렉스
☐ 懲(こ)り懲(ご)り	부 지긋지긋함	☐ コンペ(ティション)	명 시합, 경기 대회
☐ 凝(こ)る	동 열중하다	☐ 混乱(こんらん)する	동 혼란하다, 혼란해지다
☐ コレクター	명 컬렉터, 수집가	☐ 語彙(ごい)	명 어휘
☐ これまで	명 지금까지, 이제까지	☐ 互角(ごかく) *기출	명 호각, 막상막하
☐ 怖(こわ)がる	동 무서워하다	☐ 合意(ごうい) *기출	명 합의
☐ 壊(こわ)す *기출	동 부수다, 고장 내다	☐ 豪快(ごうかい)に *기출	부 호쾌하게
☐ 根拠(こんきょ) *기출	명 근거	☐ 合成(ごうせい)	명 합성
☐ コンクール	명 콩쿠르, 경연 대회	☐ 合法(ごうほう)	명 합법

極秘 (ごくひ)	명	극비
極楽 (ごくらく)	명	극락
語源 (ごげん)	명	어원
誤差 (ごさ)	명	오차
誤作動 (ごさどう)	명	오작동
誤使用 (ごしよう)	명	오사용
ごつごつ	부	울퉁불퉁
誤答率 (ごとうりつ)	명	오답률
誤発注 (ごはっちゅう)	명	오발주
ごまかす	동	속이다
ごろごろ	부	우르르, 데굴데굴

さ행

再開発 (さいかいはつ)	명	재개발
災害 (さいがい)	명	재해
細工 (さいく)	명	세공
採掘 (さいくつ)	명	채굴
サイクル *기출	명	사이클, 순환
歳月 (さいげつ)	명	세월
再現 (さいげん)	명	재현
再構成 (さいこうせい)	명	재구성
採算 (さいさん)	명	채산, 수입과 지출을 맞추어 계산하는 것
最小限 (さいしょうげん)	명	최소한
細心 (さいしん) *기출	명	세심
最先端 (さいせんたん)	명	최첨단
最善を尽くす (さいぜんをつくす) *기출	관	최선을 다하다
採択 (さいたく)	명	채택
苛む (さいなむ)	동	괴롭히다
再認識 (さいにんしき)	명	재인식
債務 (さいむ) *기출	명	채무
最優秀 (さいゆうしゅう)	명	최우수
最良 (さいりょう)	명	최량, 최선
遮る (さえぎる) *기출	동	가로막다, 차단하다
冴える (さえる)	동	맑고 깨끗하다
栄える (さかえる)	동	번영하다, 번창하다
遡る (さかのぼる)	동	거슬러 올라가다
差額 (さがく)	명	차액
先立つ (さきだつ)	동	앞서다
咲き誇る (さきほこる)	동	화려하게 피다
咲き乱れる (さきみだれる)	동	꽃이 어우러져 피다
詐欺 (さぎ)	명	사기
索引 (さくいん)	명	색인, 인덱스
削減 (さくげん)	명	삭감
錯誤 (さくご)	명	착오
些細だ (ささいだ) *기출	형	사소하다
捧げる (ささげる)	동	바치다
細やかだ (ささやかだ)	형	자그마하다
差し上げる (さしあげる)	동	드리다
差し替える (さしかえる)	동	바꾸어 끼워 넣다
差し掛かる (さしかかる)	동	접어들다, 다다르다
射し込む (さしこむ)	동	햇빛이 (쏟아져) 들어오다

D-20일 출제 예상 단어 확인하기

□ 指図(さしず) *기출	몡	지시
□ 差(さ)し出(だ)す	동	내밀다
□ 摩(さす)る	동	가볍게 문지르다, 어루만지다
□ 授(さず)ける	동	하사하다, 내려 주다
□ 嘸(さぞ)	부	추측건대, 필시
□ 定(さだ)める	동	정하다, 결정하다
□ 殺人(さつじん)	몡	살인
□ 錯覚(さっかく) *기출	몡	착각
□ 殺菌(さっきん) *기출	몡	살균
□ 察(さっ)する *기출	동	헤아리다, 살피다
□ 察知(さっち)	몡	찰지, 헤아려 아는 것
□ さっと	부	날렵하게
□ 殺到(さっとう)する *기출	동	쇄도하다
□ 諭(さと)す *기출	동	타이르다, 깨우치다
□ 里山(さとやま)	몡	마을 근처의 산
□ 悟(さと)る	동	깨닫다
□ 作動(さどう) *기출	몡	작동
□ 裁(さば)き	몡	심판
□ さほど	부	그다지, 별로
□ 妨(さまた)げる	동	방해하다
□ さまよう	동	헤매다, 방황하다
□ 寒気(さむけ)	몡	한기
□ 然(さ)も	부	아주, 참으로
□ 作用(さよう)	몡	작용
□ さらす	동	햇볕에 쬐다, 드러내다
□ 更(さら)に	부	더욱더
□ さりげない	형	아무렇지도 않은 듯하다
□ 爽(さわ)やかだ	형	상쾌하다, 상큼하다
□ 障(さわ)る	동	방해가 되다
□ 山岳(さんがく)	몡	산악
□ 散々(さんざん)	몡	정도가 심한 모양, 몹시, 실컷
□ 算出(さんしゅつ)	몡	산출
□ 賛成派(さんせいは) *기출	몡	찬성파
□ 賛美(さんび)	몡	찬미
□ 産婦人科(さんふじんか)	몡	산부인과
□ 産物(さんぶつ)	몡	산물
□ 酸味(さんみ)	몡	산미, 신맛
□ 山脈(さんみゃく)	몡	산맥
□ 散乱(さんらん)	몡	산란, 흩어짐
□ 在庫(ざいこ) *기출	몡	재고
□ 在住(ざいじゅう)	몡	재주, 거주
□ 財政(ざいせい)	몡	재정
□ 財団(ざいだん)	몡	재단
□ 財務(ざいむ)	몡	재무
□ 在留(ざいりゅう)	몡	재류
□ 挫折(ざせつ)	몡	좌절
□ 雑(ざつ)だ	형	조잡하다, 엉성하다
□ 雑貨(ざっか)	몡	잡화
□ 雑踏(ざっとう) *기출	몡	잡답, 혼잡
□ ざらざら	부	까칠까칠

残虐だ	형	잔인하고 포학하다	刺激	명	자극
残酷だ	형	잔혹하다	茂る	동	(초목이) 무성하다
斬新だ	형	참신하다	試行	명	시행
残留	명	잔류	志向	명	지향
仕上がる *기출	동	마무리되다, 완성되다	施行	명	시행, 실시
飼育	명	사육	嗜好	명	기호
強いて *기출	부	억지로, 굳이	思考回路	명	사고 회로
シート	명	시트, 자리	試行錯誤	명	시행착오
強いる	동	강요하다	嗜好品	명	기호품
仕入れる	동	사들이다, 얻다	仕込む	동	가르치다, 훈련하다
支援	명	지원	示唆	명	시사, 암시
シェア *기출	명	셰어, 시장 점유율	思索	명	사색
歯科	명	치과	試作品	명	시작품, 시제품
仕返し	명	고쳐 함, 복수	資産	명	자산
しかたなく	형	할 수 없이, 어쩔 수 없이	資質 *기출	명	자질
しがみつく *기출	동	달라붙다, 매달리다	支障 *기출	명	지장
指揮	명	지휘	指針	명	지침
しきたり *기출	명	관습	滴	명	물방울
しきりに *기출	부	자꾸만, 끊임없이	沈める	동	가라앉히다
仕切る	동	칸을 막다	子息	명	자식
資金難	명	자금난	慕う *기출	동	그리워하다, 사모하다
しくじる *기출	동	실수하다, 실패하다	下心	명	속마음
仕組み	명	구조, 장치	親しむ	동	친하게 지내다, 가까이하다
仕草	명	행위, 몸짓	下地	명	밑바탕, 소질
死刑	명	사형	慕われる *기출	동	존경받다, 흠모 받다

 **D-19일** 출제 예상 단어 확인하기

下を向く	관 아래를 향하다, 고개를 숙이다	しぶしぶ	부 마지못해
シチュエーション	명 시추에이션, 상황, 사태	しぶとい *기출	형 고집이 세다, 끈질기다
質疑	명 질의	渋る *기출	동 주저주저하다
仕付け	명 예의범절을 가르침	司法	명 사법
仕付ける	동 (예의범절을) 가르치다	脂肪	명 지방
失脚 *기출	명 실각, 세력을 잃고 지위에서 물러남	縞	명 줄무늬
シック	명 시크, 멋진 모양	始末	명 형편, (뒤)처리
質素 *기출	명 검소(함)	始末書	명 시말서
嫉妬	명 질투	染みる *기출	동 스며들다, 배다, (얼얼하게) 시리다
執筆	명 집필	締め付ける	동 단단히 죄다
淑やかだ	형 정숙하다	締める *기출	동 (바싹) 죄다
シナジー	명 시너지	尺度 *기출	명 척도
品揃え	명 상품을 골고루 갖춤	釈明 *기출	명 해명
しなやかだ	형 (탄력 있고) 유연하다, 부드럽다	社交	명 사교
しなやかに	부 유연하게	謝罪	명 사죄
シナリオ	명 시나리오, 각본	遮断 *기출	명 차단
凌ぐ	동 참고 견디어 내다, 헤쳐 나가다	収益	명 수익
忍ぶ	동 견디다, 남이 모르게 하다	修学	명 수학
支配下	명 지배하	集計	명 집계
しばらくは	부 당분간은, 한동안은	収支	명 수지
縛り付ける	동 붙들어 매다, 동여매다	終始	부 줄곧
シビアだ *기출	형 엄격하다, 혹독하다	修飾	명 수식
痺れる	동 저리다, 마비되다	就職難	명 취직난
シフト	명 시프트, 이동	習性	명 습성
渋い	형 떫다, 차분한 멋이 있다	修正版	명 수정판

일본어	품사	뜻	일본어	품사	뜻
しゅうそく 終息	명	종식	しゅにん 主任	명	주임
しゅうそく 収束	명	수속, 수습	しゅのう 首脳	명	수뇌
しゅうちゃく 執着 *기출	명	집착	しゅび 守備	명	수비
しゅうにゅうげん 収入源	명	수입원	しゅび いっかん 首尾一貫	명	시종일관
しゅうふく 修復 *기출	명	복원	しゅほう 手法	명	수법, 기교
しゅうやく 集約	명	집약	しゅやく 主役	명	주역
しゅうよう 収容 *기출	명	수용	しゅりょう 狩猟	명	수렵, 사냥
しゅぎょう 修行	명	수행	しゅわん 手腕 *기출	명	수완
しゅくめい 宿命	명	숙명	しゅんじ 瞬時に	부	순식간에
しゅけん 主権	명	주권	しゅんぱつりょく 瞬発力	명	순발력
しゅさい 主催	명	주최	しよう 仕様	명	방법, 사양
しゅさいしゃ 主催者	명	주최자	ショー	명	쇼, 구경거리
しゅし 趣旨 *기출	명	취지	しょうかい 照会する *기출	동	조회하다
しゅたい 主体	명	주체	しょうがい 生涯	명	생애
しゅつだい 出題	명	출제	しょうきょ 消去	명	소거, 지워버림
しゅつば 出馬する *기출	동	출마하다	しょうけん 証券	명	증권
しゅつぼつ 出没	명	출몰	しょうげき 衝撃	명	충격
しゅっか 出荷 *기출	명	출하	しょうげん 証言	명	증언
しゅっし 出資	명	출자	しょうこ 証拠	명	증거
しゅっしょう 出生	명	출생	しょうこうぐん 症候群	명	증후군
しゅっぴ 出費	명	출비, 지출	しょうごう 照合	명	조합, 대조하여 확인함
しゅっぴん 出品	명	출품	しょうさい 詳細に	부	상세하게
しゅとけん 首都圏	명	수도권	しょうしん 昇進 *기출	명	승진
しゅどう 主導	명	주도	しょうすうは 少数派	명	소수파
しゅどうけん 主導権	명	주도권	しょう 称する	동	일컫다, 칭하다

D-18일 출제 예상 단어 확인하기

□ 正体(しょうたい)	명	정체
□ 承諾(しょうだく) *기출	명	승낙
□ 焦点を当てる(しょうてんをあてる)	관	초점을 맞추다
□ 小児科(しょうにか)	명	소아과
□ 消防士(しょうぼうし)	명	소방사
□ 奨励(しょうれい)	명	장려
□ 触発される(しょくはつされる) *기출	동	촉발되다, 자극받다
□ 触発する(しょくはつする) *기출	동	촉발하다
□ 植民地(しょくみんち)	명	식민지
□ 職務(しょくむ)	명	직무
□ 書斎(しょさい)	명	서재
□ 所持(しょじ)	명	소지
□ 所詮(しょせん)	부	결국, 어차피
□ 処置(しょち) *기출	명	조치
□ しょっちゅう	부	늘, 언제나
□ 所定(しょてい)	명	소정
□ 所得(しょとく)	명	소득
□ 初版(しょはん)	명	초판
□ 書評(しょひょう)	명	서평
□ 庶民(しょみん)	명	서민
□ しょんぼり	부	기운 없이 풀 죽은 모양, 쓸쓸히
□ 白ける(しらける)	동	바래서 허예지다, 분위기가 깨지다
□ 知り合う(しりあう)	동	서로 알게 되다, 아는 사이가 되다
□ 退く(しりぞく) *기출	동	물러나다
□ 知り抜く(しりぬく)	동	속속들이 잘 알다
□ 記す(しるす)	동	적다, (마음에) 새기다
□ 仕業(しわざ) *기출	명	소행, 짓
□ 進化(しんか)	명	진화
□ 新型(しんがた)	명	신형
□ 新奇だ(しんきだ)	형	신기하다
□ 審議(しんぎ)	명	심의
□ 振興(しんこう) *기출	명	진흥
□ 新興(しんこう)	명	신흥
□ 審査(しんさ)	명	심사
□ 審査員(しんさいん)	명	심사위원
□ 紳士(しんし)	명	신사
□ 真摯だ(しんしだ)	형	진지하다
□ 伸縮(しんしゅく)	명	신축
□ 真実(しんじつ)	명	진실
□ 心情(しんじょう)	명	심정
□ 新鮮味(しんせんみ)	명	신선미
□ 真相(しんそう)	명	진상
□ 診断書(しんだんしょ)	명	진단서
□ 新築(しんちく)	명	신축
□ 進呈する(しんていする) *기출	동	진정하다, 물건을 자진해서 드리다
□ 進展(しんてん)	명	진전
□ 浸透(しんとう)	명	침투
□ 振動(しんどう)	명	진동
□ しんなり	부	(야채 따위가) 숨이 죽은 모양, 나긋나긋
□ 振幅(しんぷく)	명	진폭

シンプルだ	형	심플하다, 단순하다
辛抱 *기출 (しんぼう)	명	참고 견딤
親密だ (しんみつ)	형	친밀하다
真理 (しんり)	명	진리
侵略 (しんりゃく)	명	침략
診療 (しんりょう)	명	진료
ジーパン	명	청바지
ジェスチャー	명	제스처, 몸짓
自覚 (じかく)	명	자각
軸 (じく)	명	축
自己 (じこ)	명	자기
事項 (じこう)	명	사항, 항목
地獄 (じごく)	명	지옥
自粛 *기출 (じしゅく)	명	자숙, 자제
辞職 (じしょく)	명	사직
事実上 (じじつじょう)	명	사실상
自制 (じせい)	명	자제, 자기 억제
事前に (じぜんに)	부	사전에
自尊心 *기출 (じそんしん)	명	자존심
事態 (じたい)	명	사태
時代物 (じだいもの)	명	시대물
自重 (じちょう)	명	자중
実情 *기출 (じつじょう)	명	실정
実に (じつに)	부	실로, 참으로
実力派 (じつりょくは)	명	실력파
じっくり	부	차분히, 곰곰이
実質 (じっしつ)	명	실질, 실제 내용
実相 (じっそう)	명	실상
実態 (じったい)	명	실태
じっと見る (みる)	동	가만히 보다, 지그시 보다
実費 (じっぴ)	명	실비
辞任 *기출 (じにん)	명	사임
地盤 (じばん)	명	지반
地道だ (じみちだ)	형	착실하다
事務職 (じむしょく)	명	사무직
じめじめ *기출	부	습기가 많은 모양, 축축, 꿉꿉
ジャズ	명	재즈
若干 *기출 (じゃっかん)	명	약간
じゃまする	동	방해하다, 훼방을 놓다
ジャンパー	명	점퍼
ジャンプ	명	점프
ジャンボ	명	점보
ジャンル	명	장르
重圧 (じゅうあつ)	명	중압
従業員 (じゅうぎょういん)	명	종업원
従事 *기출 (じゅうじ)	명	종사
従順だ (じゅうじゅんだ)	형	순종하다
従順に (じゅうじゅんに)	부	고분고분하게
従属 (じゅうぞく)	명	종속
従来 *기출 (じゅうらい)	명	종래(이전부터 지금까지)

D-17일 출제 예상 단어 확인하기

☐ 塾(じゅく)	명	학원
☐ 熟す(じゅくす)	동	잘 익다
☐ 熟知(じゅくち) *기출	명	숙지
☐ 寿命(じゅみょう) *기출	명	수명
☐ 樹木(じゅもく) *기출	명	수목
☐ 需要(じゅよう) *기출	명	수요
☐ 受理(じゅり)	명	수리
☐ 循環(じゅんかん)	명	순환
☐ 順繰りに(じゅんぐりに)	부	순서대로
☐ 上位(じょうい)	명	상위
☐ 上位に食い込む(じょういにくいこむ)	관	상위를 차지하다
☐ 常時(じょうじ)	명	상시, 항상
☐ 状勢(じょうせい)	명	정세, 형세
☐ 常設(じょうせつ)	명	상설
☐ 譲渡(じょうと)	명	양도
☐ 情熱(じょうねつ)	명	정열
☐ 上品だ(じょうひんだ)	형	품위가 있다
☐ 譲歩(じょうほ)	명	양보
☐ 情報源(じょうほうげん)	명	정보원
☐ 情報量(じょうほうりょう)	명	정보량
☐ 条約(じょうやく)	명	조약
☐ 除外(じょがい)	명	제외
☐ 除去(じょきょ)	명	제거
☐ 助言(じょげん) *기출	명	조언
☐ 徐行(じょこう)	명	서행
☐ 助長(じょちょう) *기출	명	조장
☐ 自立(じりつ) *기출	명	자립
☐ ジレンマ	명	딜레마
☐ 持論(じろん)	명	지론
☐ じわじわ	부	(조금씩 진행되는 모양) 질금질금, (조금씩 스며들거나 배어 나오는 모양) 서서히
☐ 人格(じんかく)	명	인격
☐ 人権(じんけん)	명	인권
☐ 迅速だ(じんそくだ)	형	신속하다
☐ 迅速に(じんそくに)	부	신속하게
☐ 人体(じんたい)	명	인체
☐ 甚大だ(じんだいだ)	형	몹시 크다
☐ 人脈(じんみゃく) *기출	명	인맥
☐ 人倫(じんりん)	명	인륜
☐ 吸い上げる(すいあげる)	동	빨아올리다, 수렴하다
☐ 推移(すいい) *기출	명	추이
☐ 遂行(すいこう) *기출	명	수행
☐ 水彩画(すいさいが)	명	수채화
☐ 推進(すいしん)	명	추진
☐ 衰弱(すいじゃく)	명	쇠약
☐ すいすい	부	가볍게 나아가는 모양, 획획, 거침없이
☐ 水墨画(すいぼくが)	명	수묵화
☐ 推理(すいり) *기출	명	추리
☐ 推論(すいろん)	명	추론
☐ 据え付ける(すえつける)	동	설치하다
☐ 据える(すえる)	동	붙박다, 설치하다

☐ 透かす	동	틈새를 만들다		☐ ストロー	명	스트로, 빨대
☐ 清々しい *기출	형	상쾌하다, 시원하다		☐ すばしこい *기출	형	재빠르다
☐ スキャンダル	명	스캔들		☐ 素早い *기출	형	재빠르다
☐ スキル	명	스킬, 기술		☐ スパイス	명	스파이스, 향신료
☐ 過ぎ去る	동	지나가다		☐ すべ *기출	명	방법, 수단
☐ 掬う *기출	동	건져 올리다, 떠내다		☐ すべすべ *기출	부	매끈매끈
☐ すくすく	부	잘 자라는 모양, 쑥쑥		☐ スポット *기출	명	스폿, 장소
☐ スケール *기출	명	스케일, 규모		☐ 住み心地	명	거주했을 때의 기분
☐ スケッチ	명	스케치		☐ 速やかに *기출	부	조속히, 신속히
☐ 透ける *기출	동	들여다 보이다, 비쳐 보이다		☐ 澄む	동	맑다, 맑아지다
☐ 頗る	부	대단히, 매우		☐ 棲む	동	서식하다, 둥지를 틀고 살다
☐ 健やかに *기출	부	튼튼하게, 건강하게		☐ スライスする *기출	동	슬라이스하다, 얇게 썰다
☐ 凄む	동	무시무시한 태도로 위협하다		☐ スランプ	명	슬럼프
☐ 凄まじい *기출	형	무시무시하다, 굉장하다		☐ 擦り切れる	동	닳아서 떨어지다
☐ 筋道 *기출	명	조리, 절차, 순서		☐ すり抜ける	동	빠져나가다
☐ 濯ぐ	동	씻다, 헹구다		☐ 擦る	동	문지르다, 비비다
☐ スタジオ	명	스튜디오		☐ スローガン	명	슬로건
☐ 廃れる *기출	동	쓰이지 않게 되다, 한물가다		☐ 寸前	명	직전, 바로 앞
☐ スタンス	명	스탠스, 태도, 자세		☐ すんなり *기출	부	매끈하게, 순조롭게, 쉽게
☐ スチーム	명	스팀, 증기		☐ 随時 *기출	명	수시, 아무 때
☐ ステータス	명	스테이터스, 상태		☐ ずっしりと *기출	부	묵직하게
☐ 捨て去る	동	버리고 가(버리)다		☐ ずばり *기출	부	싹둑 잘라 내는 모양, 거침없이
☐ ステップアップ	명	스텝 업, 단계적으로 증대함		☐ ずぶぬれ	명	흠뻑 젖음
☐ ストック *기출	명	스톡, 비축, 재고품		☐ ずらっと	부	줄줄이
☐ ストレートに *기출	부	스트레이트하게, 단도직입적으로		☐ ずるずる	부	오래 끌고 가는 모양, 질질

D-16일 출제 예상 단어 확인하기

☐ ずれ込む *기출	동	다음 기한으로 넘어가다
☐ 誠意 (せいい)	명	성의
☐ 精鋭 (せいえい)	명	정예
☐ 正規 (せいき)	명	정규
☐ 盛況 (せいきょう)	명	성황
☐ 正義 (せいぎ)	명	정의
☐ 制御 (せいぎょ)	명	제어
☐ 生計 (せいけい)	명	생계
☐ 政権 (せいけん)	명	정권
☐ 精巧だ (せいこう)	형	정교하다
☐ 政策 (せいさく)	명	정책
☐ 生産量 (せいさんりょう)	명	생산량
☐ 星座 (せいざ)	명	성좌, 별자리
☐ 生死 (せいし)	명	생사
☐ 静止 (せいし)	명	정지
☐ 静止画 (せいしが)	명	정지 화면인 영상
☐ 聖書 (せいしょ)	명	성서, 성경
☐ 成熟 (せいじゅく)	명	성숙
☐ 制する (せい)	동	제압하다
☐ 生鮮 (せいせん)	명	(야채나 생선 따위가) 싱싱함
☐ 整然と (せいぜん)	부	정연하게, 질서 있고 가지런하게
☐ 生息 (せいそく)	명	생식, 생존
☐ 生態系 (せいたいけい)	명	생태계
☐ 盛大に (せいだい) *기출	부	성대하게
☐ 制定 (せいてい)	명	제정
☐ 正当 (せいとう) *기출	명	정당
☐ 正当化 (せいとうか)	명	정당화
☐ 正当だ (せいとう)	형	정당하다
☐ 精密だ (せいみつ)	형	정밀하다
☐ 声明 (せいめい)	명	성명
☐ 制約 (せいやく)	명	제약
☐ 誓約書 (せいやくしょ) *기출	명	서약서
☐ 勢力圏 (せいりょくけん)	명	세력권
☐ 精力的に (せいりょくてき) *기출	부	정력적으로
☐ セーブ	명	세이브, 힘을 아껴 둠, 절약
☐ 急かす (せ)	동	재촉하다
☐ せかせかと *기출	부	성급하게, 부산하게
☐ 急かせる (せ) *기출	동	재촉하다, 서두르게 하다(=急かす)
☐ 積載量 (せきさいりょう)	명	적재량
☐ 責務 (せきむ)	명	책무
☐ セクション	명	섹션, 분할된 부분
☐ せこい	형	교활하다
☐ 施錠 (せじょう) *기출	명	자물쇠를 채움
☐ 世俗 (せぞく)	명	세속, 세속 사람
☐ 背丈 (せたけ)	명	신장, 키
☐ 切実だ (せつじつ)	형	절실하다
☐ 切実に (せつじつ)	부	절실하게
☐ 切ない (せつ)	형	애달프다, 애절하다
☐ 切望 (せつぼう)	명	갈망
☐ 設立 (せつりつ)	명	설립

せっしょく 接触	명	접촉
せば 狭める	동	좁히다
セレモニー	명	세리머니, 의식
せんい 繊維	명	섬유
せんげん 宣言	명	선언
せんこう 選考	명	선고, 가려 뽑는 것
センサー *기출	명	센서
せんさい 繊細だ	형	섬세하다
センス *기출	명	센스
せんすい 潜水	명	잠수
せんたくもの 洗濯物	명	세탁물
せんだい 先代	명	선대
せんてをうつ 先手を打つ	관	선수를 치다
せんとう 戦闘	명	전투
せんにゅう 潜入	명	잠입
せんにゅうかん 先入観	명	선입관, 고정관념
せんぱく 船舶	명	선박
せんぱく 浅薄だ	형	천박하다
せんぷく 潜伏 *기출	명	잠복
せんぽう 先方 *기출	명	상대편, 앞쪽
せんゆうりつ 占有率	명	점유율
せんりょう 占領	명	점령
せんりょうか 占領下	명	점령하
せんりょく 戦力	명	전력, 전투 능력
ぜつだい 絶大だ *기출	형	절대적이다, 아주 크다
ぜつぼう 絶望	명	절망
ぜつみょう 絶妙だ	형	절묘하다
ぜつめつ 絶滅 *기출	명	멸종
ぜっきょう 絶叫 *기출	명	절규
ぜっさん 絶賛する *기출	동	절찬하다, 극찬하다
ぜっぱん 絶版	명	절판
ぜんあく 善悪	명	선악
ぜんせい 全盛	명	전성
ぜんてい 前提	명	전제
ぜんめつ 全滅	명	전멸
ぜんれい 前例	명	전례
そ 添う	동	곁에 떨어지지 않다, 부응하다
そうかい 総会	명	총회
そうかん 創刊	명	창간
そうきゅうだ 早急だ	형	조급하다 *さっきゅうだ라고도 함
そうきゅうに 早急に	부	조속히 *さっきゅうに라고도 함
そうぐう 遭遇	명	조우, 우연히 만남
そうさく 捜索	명	수색
そう 総じて *기출	부	대체로
そうぜん 騒然 *기출	명	(시끌벅적) 떠들썩함
そうぞくけん 相続権	명	상속권
そうだいだ 壮大だ *기출	형	장대하다, 웅장하다
そうとうだ 相当だ	형	상당하다
そうにゅう 挿入	명	삽입
そうば 相場 *기출	명	시세

D-15일 출제 예상 단어 확인하기

□ 装備(そうび)	명	장비		□ 逸(そ)らす	동	딴 데로 돌리다, 빗나가게 하
□ 双方(そうほう)	명	쌍방		□ そわそわする *기출	동	안절부절못하다
□ 添(そ)える	동	첨부하다, 곁들이다		□ 尊厳(そんげん)	명	존엄
□ 促進(そくしん)	명	촉진		□ 損失(そんしつ)	명	손실
□ 即(そく)する	동	꼭 맞다, 입각하다		□ 存続(そんぞく)する *기출	동	존속하다, 존속되다
□ 束縛(そくばく)	명	속박		□ 尊大(そんだい)に	부	거만하게
□ 底意地(そこいじ)	명	근성, 마음보		□ 増殖(ぞうしょく)	명	증식
□ 底力(そこぢから) *기출	명	저력		□ 増進(ぞうしん)	명	증진
□ 損(そこ)なう *기출	동	손상하다, 해치다		□ ぞんざいだ *기출	형	거칠다, 난폭하고 무례하다

た행

□ 阻止(そし)	명	저지		□ 退化(たいか)	명	퇴화
□ 訴訟(そしょう)	명	소송		□ 体格(たいかく)	명	체격
□ そそる *기출	동	돋우다		□ 大概(たいがい)	부	대개
□ 措置(そち) *기출	명	조치		□ 待機(たいき)	명	대기
□ 疎通(そつう)	명	소통		□ 待遇(たいぐう)	명	대우
□ ソックス	명	양말		□ 大(たい)して	부	그다지, 별로
□ 素(そ)っ気(け)ない	형	매정하다, 인정머리 없다		□ 大衆(たいしゅう)	명	대중
□ 即刻(そっこく)	부	즉각, 곧		□ 対称(たいしょう)	명	대칭
□ そっちのけ	명	뒷전으로 돌림		□ 態勢(たいせい)	명	태세
□ 率直(そっちょく)に *기출	부	솔직하게		□ 耐性(たいせい)	명	내성
□ 備(そな)え付(つ)ける *기출	동	비치하다		□ 大層(たいそう)	부	매우, 몹시
□ 聳(そび)える	동	우뚝 솟다, 치솟다		□ 対談(たいだん)	명	대담
□ 素振(そぶ)り	명	거동, 기색		□ タイト	명	타이트, 팽팽함
□ 背(そむ)く	동	등지다, 어긋나다		□ タイトル	명	타이틀, 제목
□ 背(そむ)ける	동	돌리다, 외면하다		□ 滞納(たいのう)	명	체납
□ 染(そ)める	동	물들이다, 염색하다				

対比(たいひ)	명	대비
タイムリー	명	타임리, 때맞춤
タイル	명	타일
対話(たいわ)	명	대화
耐えがたい(たえがたい) *기출	형	참기 어렵다, 견딜 수 없다
耐える(たえる)	동	참다, 견디다
絶える(たえる)	동	끊어지다
多角的だ(たかくてきだ) *기출	형	다각적이다
昂る(たかぶる)	동	흥분되다
耕す(たがやす)	동	(논밭을) 갈다
多岐に渡る(たきにわたる) *기출	관	여러 갈래(다방면)에 걸치다
託す(たくす) *기출	동	맡기다
逞しい(たくましい)	형	우람하다, 늠름하다
巧み(たくみ) *기출	명	교묘함, 정교함
蓄える(たくわえる) *기출	동	비축하다, 쌓다
助け合う(たすけあう)	동	서로 돕다
携える(たずさえる)	동	휴대하다
携わる(たずさわる) *기출	동	관계하다, 종사하다
称える(たたえる) *기출	동	기리다, 치하하다
畳み込む(たたみこむ)	동	접어 넣다, 마음속 깊이 간직하다
ただ	명	무료, 공짜
正す(ただす)	동	바르게 하다, 바로잡다
漂う(ただよう) *기출	동	떠돌다, 감돌다
断ち切る(たちきる)	동	끊다, 잘라 버리다
立ち去る(たちさる)	동	떠나다
立ち尽くす(たちつくす)	동	내내 서 있다
立ち直る(たちなおる)	동	다시 일어서다
断つ(たつ)	동	끊다
達成率(たっせいりつ)	명	달성률
立て替える(たてかえる) *기출	동	대신 지불하다
奉る(たてまつる)	동	바치다
辿り着く(たどりつく)	동	겨우 목적지에 다다르다, 도달하다
辿る(たどる)	동	더듬어가다
種まき(たねまき)	명	씨 뿌리기, 파종
度重なる(たびかさなる)	동	거듭되다, 되풀이되다
タブー	명	터부, 금기
多忙だ(たぼうだ)	형	다망하다, 매우 바쁘다
魂(たましい)	명	영혼
賜る(たまわる)	동	윗사람에게서 받다, 내려 주시다
ためらう *기출	동	주저하다
容易い(たやすい) *기출	형	쉽다, 용이하다
多様性(たようせい)	명	다양성
弛む(たるむ)	동	느슨해지다
垂れる(たれる)	동	늘어지다
タレント	명	탤런트
タワー	명	타워
たわいない	형	실없다
戯れる(たわむれる)	동	놀다, 장난치다
単一(たんいつ)	명	단일
単価(たんか)	명	단가

D-14일 출제 예상 단어 확인하기

探求 (たんきゅう)	명 탐구	ダウンロード	명 다운로드
探検 (たんけん)	명 탐험	打開 (だかい) *기출	명 타개
探検隊 (たんけんたい)	명 탐험대	妥協 (だきょう) *기출	명 타협
単行本 (たんこうぼん)	명 단행본	妥結 (だけつ)	명 타결, 타협
探索 (たんさく)	명 탐색	打撃 (だげき) *기출	명 타격
単身 (たんしん)	명 단신, 혼자	打診する (だしんする) *기출	동 타진하다, (신체를 두드려서) 진찰하다, (상대의 뜻을) 떠보다
淡々と (たんたんと)	부 담담하게	脱落 (だつらく)	명 탈락, 낙오
探知 (たんち)	명 탐지	脱却 (だっきゃく)	명 탈각
単調だ (たんちょうだ)	형 단조롭다	脱出 (だっしゅつ)	명 탈출
端的だ (たんてきだ) *기출	형 단적이다, 간단하고 분명하다	脱する (だっする)	동 벗어나다
単独 (たんどく)	명 단독	脱退 (だったい)	명 탈퇴
丹念に (たんねんに) *기출	부 정성껏, 세밀히	ダブル	명 더블
たんぱく質 (たんぱくしつ)	명 단백질	ダメージ	명 대미지, 손해, 피해
ダース	명 다스, 12개로 한 조를 이루는 것	だらしない	형 단정하지 못하다, 야무지지 못하다
代行 (だいこう)	명 대행	だらだら	부 (액체가 흐르거나 길게 끄는 모양) 줄줄, 질질
醍醐味 (だいごみ)	명 묘미, 참다운 즐거움	怠い (だるい)	형 나른하다
大賛成 (だいさんせい)	명 대찬성	断言 (だんげん)	명 단언
題する (だいする)	동 제목을 붙이다	断じて (だんじて) *기출	부 결단코
大胆だ (だいたんだ)	형 대담하다	断然 (だんぜん)	부 단연
大打撃 (だいだげき)	명 큰 타격	断念する (だんねんする) *기출	동 단념하다
大地 (だいち)	명 대지, 땅	ダンプカー	명 덤프트럭
大都会 (だいとかい)	명 대도시	弾力 (だんりょく)	명 탄력
台無し (だいなし)	명 아주 망가짐, 엉망이 됨	治安 (ちあん)	명 치안
台本 (だいほん)	명 대본	地域ぐるみ (ちいきぐるみ)	명 지역 전체
代用 (だいよう)	명 대용	チームワーク	명 팀워크

チェンジ	명	체인지		仲裁 *기출	명	중재
近しい	형	친하다, 친밀하다		駐在	명	주재
力強い	형	마음 든든하다, 힘차다		中傷	명	중상
力を入れる	관	힘을 주다		忠実に *기출	부	충실하게
蓄積	명	축적		中枢 *기출	명	중추, 가장 중요한 부분
ちくりと	부	콕, 따끔하게		躊躇	명	주저, 망설임
地形	명	지형		中途半端だ	형	어중간하다
知性	명	지성		中毒	명	중독
縮まる	동	오그라들다, 줄어들다		チョイス	명	초이스, 선택
秩序 *기출	명	질서		蝶	명	나비
チップス	명	칩스, 과자 같은 것을 얇게 썬 것		聴覚	명	청각
巷	명	번화한 거리, 시가		兆候	명	징후, 징조
緻密だ	형	치밀하다		超高速	명	초고속
ちやほや	부	상대를 얼러주는 모양, 오냐오냐		調査員	명	조사원
チャイム	명	차임, 종		徴収	명	징수
着手	명	착수		調達する *기출	동	조달하다
着色	명	착색		超能力	명	초능력
着目	명	착목		重複する *기출	동	중복되다 *じゅうふく라고도 함
着陸	명	착륙		重宝する *기출	동	편리해서 잘 쓰다
着工	명	착공		超満員	명	초만원
チャンネル	명	채널		調和	명	조화
治癒 *기출	명	치유		ちょくちょく	부	이따금, 가끔
注意を払う	관	주의를 기울이다		直面 *기출	명	직면
中継	명	중계		著作権	명	저작권
忠告 *기출	명	충고		貯蓄	명	저축

35

D-13일 출제 예상 단어 확인하기

直感 (ちょっかん)	명	직감
著名 (ちょめい)	명	저명
ちらっと	부	흘끗, 언뜻
ちらりと	부	흘끗, 언뜻
沈下 (ちんか) *기출	명	침하, 물속에 가라앉음
賃金 (ちんぎん)	명	임금
沈殿 (ちんでん)	명	침전
沈没 (ちんぼつ)	명	침몰
沈黙 (ちんもく)	명	침묵
陳列 (ちんれつ) *기출	명	진열
追及 (ついきゅう)	명	추궁함
追跡 (ついせき)	명	추적
追放 (ついほう)	명	추방
費やす (ついやす) *기출	동	다 소비하다, 써 없애다
墜落 (ついらく)	명	추락
痛快だ (つうかいだ)	형	통쾌하다
痛感 (つうかん)	명	통감
痛切 (つうせつ)	명	통절, 뼈에 사무치도록 느낌
通例 (つうれい)	명	통례, 관례
痛烈 (つうれつ) *기출	명	통렬, 호됨
痛烈だ (つうれつだ)	형	통렬하다
杖 (つえ)	명	지팡이
使いこなす (つかいこなす)	동	보람 있게 쓰다, 잘 다루다
仕える (つかえる)	동	시중들다, 섬기다
司る (つかさどる)	동	맡다, 담당하다
つかの間(の) *기출	명	잠깐 동안(의)
浸かる (つかる)	동	잠기다, 빠지다
突き入る (つきいる)	동	돌진하다, 뛰어들다
突き動かす (つきうごかす)	동	밀어붙여 움직이게 하다
突き切る (つききる)	동	꿰뚫다
突き刺す (つきさす)	동	푹 찌르다
突き進む (つきすすむ)	동	힘차게 나아가다
突き出す (つきだす)	동	밀어내다
突き詰める (つきつめる)	동	끝까지 파고들다
突き止める (つきとめる)	동	밝혀내다
月並み (つきなみ)	명	평범함, 진부함
尽くす (つくす)	동	다하다, 애쓰다
つくづく *기출	부	곰곰이, 절실히
継ぐ (つぐ)	동	잇다
償う (つぐなう)	동	갚다, 변상하다
告げる (つげる)	동	고하다, 알리다
辻褄 (つじつま)	명	사리, 이치
伝う (つたう)	동	따라서 이동하다
培う (つちかう)	동	가꾸다, 배양하다
突く (つく)	동	쿡쿡 찌르다
慎む (つつしむ)	동	삼가다, 조심하다
綴る (つづる)	동	철하다, 잇대다
突っ掛かる (つっかかる)	동	달려들다
突っ走る (つっぱしる)	동	힘차게 달리다
突っ張る (つっぱる)	동	버티다

つと務まる	동	잘 수행해 내다
つと努めて	부	가능한 한, 애써
つど集い	명	모임, 회합
つながりがない	관	연결(되는 것)이 없다, 연관이 없다
つの角	명	뿔
つの募る *기출	동	점점 심해지다, 모으다
つぶさに *기출	부	자세하게
つぶや呟く *기출	동	중얼거리다
つぶ瞑る	동	눈을 감다
つぼ壺	명	항아리, 요점
つ摘まむ	동	집다
つ詰まる	동	막히다
つ積み上げる	동	쌓아 올리다
つ積み立てる	동	적금하다, 적립하다
つ詰む	동	촘촘하다
つ摘む	동	뜯다, 따다
つむ紡ぐ	동	실을 뽑다, 말을 이어서 문장으로 만들다
つ詰め掛ける	동	몰려들다
つゆ露	명	이슬
つよ強み *기출	명	강점
つら連なる	동	나란히 줄지어 있다
つらぬ貫く *기출	동	관철하다
てあつ手厚い *기출	형	극진하다
ていき提起 *기출	명	제기
ていぎ定義	명	정의
ていけい提携	명	제휴
ていけつ締結	명	체결
ていさい体裁	명	체재
ていじ提示	명	제시
ていせいばん訂正版	명	정정판
ていた手痛い *기출	형	심하다, 뼈아프다
ていたい停滞	명	정체
ていねん定年	명	정년
ていめい低迷	명	저미(좋지 않은 상태가 계속됨)
てうす手薄だ *기출	형	허술하다
ておく手遅れ	명	때를 놓침
て手がかり *기출	명	단서, 실마리
てが手掛ける	동	손수 다루다
てきおう適応 *기출	명	적응
てきぎ適宜	명	적당
てきしゅつ摘出	명	적출
てきせい適性	명	적성
てきはつ摘発	명	적발
てきぱきと *기출	부	일을 잘 해내는 모양, 척척
てぎわ手際 *기출	명	솜씨, 수완
てごた手応え	명	반응, 보람
てごろ手頃だ	형	알맞다, 적당하다
てじゅん手順	명	수순, 순서
てだ手立て *기출	명	(목적 달성을 위한) 방법, 수단
てぢか手近だ	형	가까이 있다

D-12일 출제 예상 단어 확인하기

鉄棒 (てつぼう)	명	철봉
撤回する (てっかい) *기출	동	철회하다
撤去 (てっきょ) *기출	명	철거
てっきり *기출	부	틀림없이, 꼭
鉄鋼 (てっこう)	명	철강
徹する (てっ)	동	철저하다
徹底的に (てっていてき)	부	철저하게
天辺 (てっぺん)	명	꼭대기
テナント	명	테넌트, 임차인
手抜き (てぬき)	명	절차를 생략함
手のひら (て)	명	손바닥
手配 (てはい) *기출	명	수배, 준비
手引き (てび)	명	인도함, 길잡이
手本 (てほん)	명	본보기, 모범
手間暇 (てまひま)	명	노력과 시간
照り返す (てかえ)	동	반사하다
照れ臭い (てくさ)	형	멋쩍다, 쑥스럽다
手分けする (てわ) *기출	동	분담하다
手を緩める (てゆる)	관	엄한 태도를 늦추다
転移 (てんい)	명	전이
添加物 (てんかぶつ)	명	첨가물
転ずる (てん)	동	변하다, 돌리다
天地 (てんち)	명	천지, 하늘과 땅
天敵 (てんてき)	명	천적
てんで	부	전혀, 아예, 아주
店頭 (てんとう)	명	점두, 점포 앞
天然 (てんねん)	명	천연
添付 (てんぷ) *기출	명	첨부
転覆 (てんぷく)	명	전복
展望 (てんぼう)	명	전망
転落 (てんらく)	명	전락
ディスカッション	명	디스커션, 토론
データベース	명	데이터베이스
でかい	형	크다
出来栄え (できばえ)	명	만들어 낸 솜씨, 성과
できる限り (かぎ)	부	가능한 한
できるだけ	부	가능한 한, 되도록
出しゃばる (で)	동	주제넘게 나서다
デジタル	명	디지털
デッサン	명	데생, 스케치
出直し (でなお)	명	처음부터 다시 함
デビュー	명	데뷔
デフォルト	명	디폴트, 표준 설정
デマ *기출	명	유언비어, 헛소문
デモ	명	데모(デモンストレーション의 줄임말), 시위운동
デリケート	명	델리킷, 섬세함
伝説 (でんせつ)	명	전설
電波 (でんぱ)	명	전파
問い合わせる (とあ)	동	문의하다
問い詰める (とつ) *기출	동	캐묻다, 추궁하다

☐ 当案件 (とうあんけん)	명	당 안건	☐ トーン	명	톤, 음조
☐ 投影 (とうえい)	명	투영	☐ 兎角 (とかく)	부	이것저것, 자칫하면
☐ 陶器 (とうき)	명	도기, 도자기	☐ 咎める (とがめる)	동	책망하다
☐ 等級 (とうきゅう)	명	등급	☐ 時折 (ときおり)	부	때때로, 가끔
☐ 討議 (とうぎ)	명	토의	☐ 解き放つ (ときはなつ)	동	해방하다, 풀어 주다
☐ 陶芸 (とうげい)	명	도예, 도자기 공예	☐ 途切れる (とぎれる)	동	끊기다, 중단되다
☐ 統合 (とうごう) *기출	명	통합	☐ 説く (とく)	동	말하다, 설득하다
☐ 搭載 (とうさい)	명	탑재	☐ 特産 (とくさん) *기출	명	특산
☐ 倒産 (とうさん)	명	도산	☐ 督促 (とくそく) *기출	명	독촉
☐ 投資 (とうし)	명	투자	☐ 特典 (とくてん)	명	특전
☐ 踏襲 (とうしゅう) *기출	명	답습	☐ 特派 (とくは)	명	특파
☐ 投じる (とうじる)	동	던지다	☐ 匿名 (とくめい)	명	익명
☐ 統制 (とうせい)	명	통제	☐ 特有 (とくゆう)	명	특유
☐ 逃走 (とうそう)	명	도주	☐ 刺 (とげ)	명	가시
☐ 到底 (とうてい)	부	도저히	☐ とげとげ	부	가시 돋친 모양, 삐쭉삐쭉
☐ 尊い (とうと) *기출	형	귀중하다, 고귀하다	☐ 遂げる (とげる) *기출	동	이루다
☐ 尊ぶ (とうとぶ)	동	존경하다, 존중하다	☐ 閉ざす (とざす)	동	닫다, 막다
☐ 投入 (とうにゅう)	명	투입	☐ 年頃 (としごろ)	명	알맞은 나이
☐ 逃避 (とうひ)	명	도피	☐ 閉じ込める (とじこめる)	동	가두다, 감금하다
☐ 当ホテル (とう) *기출	명	당 호텔	☐ 戸締り (とじまり)	명	문단속
☐ 冬眠 (とうみん)	명	동면	☐ 跡絶える (とだえる)	동	(완전히) 끊어지다, 두절되다
☐ 当面 (とうめん) *기출	부	당분간	☐ 突如 (とつじょ)	부	갑자기
☐ 投与 (とうよ)	명	투여	☐ 突然 (とつぜん)	부	돌연, 갑자기
☐ 当列車 (とうれっしゃ)	명	당 열차, 이 열차	☐ 特許 (とっきょ)	명	특허
☐ 遠ざける (とおざける)	동	멀리하다	☐ とっくに *기출	부	훨씬 전에, 진작에

 **D-11일** 출제 예상 단어 확인하기

特権 (とっけん)	명	특권
とっさに *기출	부	순간적으로, 즉시, 바로
突破 (とっぱ)	명	돌파
トップクラス	명	톱클래스
整える (ととのえる)	동	조정하다, 정돈하다
滞る (とどこおる) *기출	동	정체되다, 지연되다, 밀리다
留まる (とどまる)	동	머무르다, 머물다
留める (とどめる)	동	멈추다, 만류하다
唱える (となえる) *기출	동	소리 내어 읽다, 주장하다
飛び交う (とびかう)	동	어지럽게 날다, 난무하다
飛び乗る (とびのる)	동	(움직이는 것에) 뛰어 올라타다
扉 (とびら)	명	문짝
途方に暮れる (とほうにくれる)	관	어찌할 바를 모르다
惚ける (とぼける)	동	시치미 떼다
戸惑う (とまどう) *기출	동	망설이다, 당황하다
富む (とむ)	동	재산이 많다, 풍부하다
取扱 (とりあつかい)	명	취급
取替 (とりかえ)	명	교체
取り返し (とりかえし)	명	되찾음, 만회
取り消す (とりけす)	동	취소하다
取り込む (とりこむ)	동	거두어들이다
取締役 (とりしまりやく)	명	중역, 이사
取り締まる (とりしまる)	동	단속하다
取り調べる (とりしらべる)	동	조사하다
取り立てる (とりたてる)	동	거두다, 징수하다
取り付く (とりつく)	동	매달리다
取り次ぐ (とりつぐ) *기출	동	(용건, 의사 등을) 전하다
取り除く (とりのぞく)	동	없애다, 제거하다
取引先 (とりひきさき)	명	거래처
取り巻く (とりまく)	동	둘러싸다
取り混ぜる (とりまぜる)	동	뒤섞다
取り戻す (とりもどす) *기출	동	되찾다, 회복하다
取り寄せる (とりよせる)	동	가져오게 하다
とりわけ *기출	부	유난히, 그중에서도
トレンド	명	트렌드
とろける	동	녹다
動向 (どうこう)	명	동향
同士 (どうし)	명	같은 종류, 끼리
同世代 (どうせだい)	명	동세대, 같은 세대
同調 (どうちょう)	명	동조
同等 (どうとう)	명	동등
堂々と (どうどうと)	부	당당하게
同封 (どうふう)	명	동봉
同盟 (どうめい)	명	동맹
どうやら	부	아무래도
同類 (どうるい)	명	동류
独自 (どくじ)	명	독자, 자기 혼자
独創 (どくそう)	명	독창
独創性 (どくそうせい)	명	독창성
どっさり	부	무거운 물건을 내려놓는 모양, 털썩, 엄청나게 많은 모양, 듬뿍

ドライ	명 드라이, 무미건조	懐（なつ）く *기출	동 따르다
ドリル	명 드릴	名付（なづ）ける	동 이름을 짓다, 일컫다
どろどろ	부 질척한 모양, 질척질척, 걸쭉걸쭉	何気（なにげ）ない	형 무심하다, 아무렇지도 않다
貪欲（どんよく）	명 탐욕	何卒（なにとぞ）	부 아무쪼록
どんよりする *기출	동 흐리다, 우중충하다	名札（なふだ）	명 명찰
な행		ナプキン	명 냅킨
内閣（ないかく）	명 내각	生臭（なまぐさ）い	형 비린내가 나다
内臓（ないぞう）	명 내장	生温（なまぬる）い	형 미적지근하다
苗（なえ）	명 모종	滑（なめ）らかだ	형 매끄럽다
尚更（なおさら）	부 그 위에, 더욱더	悩（なや）ます	동 괴롭히다, 시달리게 하다
渚（なぎさ）	명 물가	馴（な）らす	동 길들이다
慰（なぐさ）める *기출	동 위로하다	成（な）り立（た）つ	동 성립하다
嘆（なげ）く	동 슬퍼하다, 한탄하다	ナルシスト	명 나르시시스트, 자기도취형인 사람
和（なご）やかだ	형 온화하다, 화목하다	成（な）る丈（たけ）	부 되도록
名残（なごり）	명 추억, 기념	馴（な）れ馴（な）れしい	형 허물없다
情（なさ）け	명 정	難解（なんかい）だ	형 난해하다
情（なさ）けない	형 한심하다	難航（なんこう） *기출	명 난항
情（なさ）け深（ぶか）い	형 인정이 많다	ナンセンス	명 난센스, 무의미함
成（な）し遂（と）げる	동 끝까지 해내다, 성취하다	難点（なんてん） *기출	명 난점, 곤란한 점
馴染（なじ）む *기출	동 친숙해지다, 익숙해지다	何（なん）とか	부 어떻게(든), 그럭저럭, 간신히
為（な）す	동 하다, 행하다(문어적인 말씨)	何度（なんど）も	부 몇 번이나
なぞる	동 덧쓰다, 모방하다	荷（に）が重（おも）い *기출	관 책임이 무겁다
名高（なだか）い	형 유명하다	にきび	명 여드름
なだめる *기출	동 달래다	賑（にぎ）わう *기출	동 번성하다, 붐비다
ナチュラル	명 내추럴, 자연스러움	肉体（にくたい）	명 육체

 **D-10일** 출제 예상 단어 확인하기

단어	품사	뜻
逃げ出す	동	도망가다
にじむ *기출	동	번지다
偽物	명	위조품
日夜 *기출	명	밤낮, 부 언제나
荷造り	명	짐 꾸리기
担う *기출	동	짊어지다, 떠맡다
鈍る *기출	동	둔해지다
ニュアンス *기출	명	뉘앙스
入居	명	입거, 입주
入手 *기출	명	입수
入賞	명	입상
乳児	명	유아
入念に *기출	부	꼼꼼하게
入力欄	명	입력란
尿	명	소변, 오줌
如実に *기출	부	여실히, 있는 그대로
睨む	동	노려보다
にわかに	부	불현듯이, 갑자기
にわかには *기출	부	당장에는
人間味	명	인간미
妊娠	명	임신
忍耐 *기출	명	인내
認知	명	인지
任務	명	임무
任命	명	임명
抜かす	동	빠뜨리다, 거르다
抜け出す	동	빠져나가다
沼	명	늪
ぬるぬる	부	미끄러운 모양, 미끈미끈
音色	명	음색 *おんしょく라고도 함
値打ち	명	값어치
根こそぎ *기출	부	전부, 몽땅
寝心地	명	잠자리 기분
捻れる	동	비틀어지다
妬む	동	질투하다
熱量	명	열량
熱烈に	부	열렬하게
ネック *기출	명	목, 걸림돌
熱帯夜	명	열대야
熱中する	동	열중하다
熱湯	명	열탕, 뜨거운 물
ねばねば	부	끈적끈적
粘り	명	끈기
粘り強い *기출	형	끈기 있다
粘る *기출	동	끈기 있게 견디어 내다
練る *기출	동	반죽하다, (계획을) 짜다
年賀	명	연하, 신년 축하
念願 *기출	명	염원
燃焼	명	연소
念頭 *기출	명	염두

ねんまく 粘膜 *기출	명	점막
ねんりょう 燃料	명	연료
ノイズ	명	노이즈, 소음
ノイローゼ	명	노이로제
のうこう 農耕	명	농경
のうしゅく 濃縮	명	농축
のうち 農地	명	농지
のうどうてき 能動的だ	형	능동적이다
のうにゅう 納入	명	납입
ノウハウ *기출	명	노하우
のうひん 納品	명	납품
のうみつ 濃密だ	형	농밀하다
のが 逃れる *기출	동	벗어나다
のきさき 軒先	동	처마 끝, 집 앞
のぞ 覗く	동	들여다보다
のぞ 望ましい *기출	형	바람직하다
のぞ 臨む *기출	동	임하다
ノック	명	노크
のっと 則る	동	기준으로 삼고 따르다, 본받다
の と 乗っ取る	동	빼앗다, 탈취하다
のどか 長閑だ	형	화창하다
のし 罵る	동	욕을 퍼붓다
の こ 呑み込む	동	삼키다, 납득하다
の き 乗り切る	동	극복하다
の こ 乗り越える	동	타고 넘다, 극복하다
の こ 乗り込む	동	올라타다
の ごこち 乗り心地	명	승차감
の だ 乗り出す *기출	동	타고 나아가다, (어떤 일에) 착수하다
ノルマ *기출	명	노르마, 할당량

は행

はあく 把握 *기출	명	파악
ハードル *기출	명	허들, 진입장벽
はいき 廃棄	명	폐기
はいきぶつ 廃棄物	명	폐기물
はいきゅう 配給	명	배급
はいぐうしゃ 配偶者	명	배우자
はいけい 拝啓	명	배계('삼가 아룁니다'의 뜻으로 편지 첫머리에 쓰는 말)
はいけい 背景に *기출	부	배경으로
はいご 背後 *기출	명	배후
はいしゅつ 排出	명	배출
はいじょ 排除	명	배제
はいぞく 配属 *기출	명	배속
はいち 配置	명	배치
はいとう 配当	명	배당
はいふ 配布 *기출	명	배포
はいぼく 敗北	명	패배
ハイライト	명	하이라이트, 가장 흥미 있는 부분
はいりょ 配慮	명	배려
は 映える *기출	동	(빛을 받아) 빛나다
はかい 破壊	명	파괴

 **D-9일** 출제 예상 단어 확인하기

☐ 博士(はかせ)	명	박사
☐ 捗る(はかどる) *기출	동	진척되다
☐ 儚い(はかない)	형	덧없다
☐ 図る(はかる)	동	도모하다
☐ 剥がす(はがす) *기출	동	벗기다, 떼다
☐ 破棄(はき)	명	파기
☐ 吐き出す(はきだす)	동	토해 내다, 내뱉다
☐ 履き違える(はきちがえる)	동	잘못하여 바꿔 신다, 잘못 인식하다
☐ 波及(はきゅう)	명	파급
☐ 迫害(はくがい)	명	박해
☐ 拍車をかける(はくしゃをかける)	관	박차를 가하다
☐ 白状(はくじょう)	명	자백
☐ 博する(はくする)	동	얻다, (이익을) 독차지하다
☐ 迫力(はくりょく)	명	박력
☐ 派遣(はけん)	명	파견
☐ 励む(はげむ) *기출	동	힘쓰다
☐ 剥げる(はげる)	동	(칠, 껍질 등이) 벗겨지다
☐ 破砕(はさい)	명	파쇄, 깨어져 부서짐
☐ 燥ぐ(はしゃぐ)	동	까불며 떠들다
☐ 恥(はじ)	명	부끄러움
☐ 弾く(はじく) *기출	동	튕기다
☐ 弾ける(はじける)	동	여물어서 터지다, 튀다
☐ 恥じらい(はじらい)	명	수줍음, 부끄러움
☐ 恥じる(はじる)	동	부끄러이 여기다
☐ 派生する(はせいする) *기출	동	파생하다, 파생되다
☐ 破損(はそん) *기출	명	파손
☐ 叩く(はたく)	동	털어 내다
☐ 働き甲斐(はたらきがい)	명	일하는 보람
☐ 破綻(はたん)	명	파탄
☐ 跣(はだし)	명	맨발
☐ 蜂蜜(はちみつ)	명	벌꿀
☐ 爬虫類(はちゅうるい)	명	파충류
☐ 発育(はついく)	명	발육
☐ 発芽(はつが)	명	발아
☐ 発病(はつびょう)	명	발병
☐ 初耳(はつみみ)	명	처음 듣는 일
☐ 発覚(はっかく) *기출	명	발각
☐ はっきり	부	똑똑히, 분명히, 확실히
☐ はっきりする	동	분명히 하다
☐ 発酵(はっこう)	명	발효
☐ 発散(はっさん) *기출	명	발산
☐ 発生源(はっせいげん)	명	발생원
☐ 果て(はて)	명	끝
☐ 果てる(はてる)	동	끝나다
☐ 歯止め(はどめ)	명	제동(기), 브레이크
☐ 話を切り出す(はなしをきりだす) *기출	관	이야기를 꺼내다
☐ 甚だ(はなはだ)	부	매우, 몹시
☐ 甚だしい(はなはだしい) *기출	형	(정도가) 심하다
☐ 華々しい(はなばなしい) *기출	형	매우 화려하다
☐ 花びら(はなびら)	명	꽃잎

단어	품사	뜻
はな 華やかだ *기출	형	화려하다
は か え 跳ね返る	동	튀어서 되돌아오다
はばひろ 幅広い *기출	형	폭넓다
はば 阻む *기출	동	저지하다, 막다
はまべ 浜辺	명	해변
は 嵌まる	동	꼭 맞다, 빠져들다
は 嵌める	동	끼우다, 빠뜨리다
はもん 波紋	명	파문
は 晴らす	동	(불쾌감 등을) 풀다, 해소시키다
はら 原っぱ	명	빈터
はら 孕む	동	잉태하다, 내포하다
は あ 張り合う *기출	동	대항하여 겨루다
は つ 張り付く	동	달라붙다
はる 遥かに	부	아득히, 훨씬
はれつ 破裂	명	파열
は わた 晴れ渡る	동	활짝 개다
はんえい 繁栄	명	번영
ハンガー	명	옷걸이
はんきょう 反響	명	반향
はんけつ 判決	명	판결
はんげき 反撃	명	반격
はんざつ 煩雑 *기출	명	번잡, 번거롭고 복잡함
はんしゃ 反射	명	반사
はんしょく 繁殖 *기출	명	번식
はんしょくき 繁殖期	명	번식기
はんじょう 繁盛 *기출	명	번성, 번창
はんてい 判定	명	판정
はんぱ 半端だ	형	불완전하다, 어중간하다
はんべつ 判別	명	판별, 식별
はんめい 判明	명	판명
はんらん 氾濫	명	범람
ばいかい 媒介	명	매개
ばいきゃく 売却	명	매각
ばいしょう 賠償	명	배상
ばいたい 媒体	명	매체
ばくぜん 漠然と *기출	부	막연하게
ばくだん 爆弾	명	폭탄
ばくは 爆破	명	폭파
ばくろ 暴露 *기출	명	폭로
ば 化ける	동	둔갑하다, 전혀 다른 것으로 변하다
ばつぐん 抜群だ *기출	형	발군이다, 뛰어나다
バックアップ *기출	명	백업, 후원
ばっすい 抜粋 *기출	명	발췌
バッジ	명	배지
バッテリー	명	배터리
ばてる *기출	동	지치다, 기진하다
バラエティ	명	버라이어티
ばらまく	동	뿌리다
バリエーション	명	베리에이션, 변화, 변형
ばんじ 万事	명	만사

D-8일 출제 예상 단어 확인하기

□ 伴奏(ばんそう) *기출	명 반주	□ 引(ひ)き締(し)まる	동 쪼이다, 긴장되다
□ 万人(ばんにん)	명 만인	□ 引(ひ)きずる	동 질질 끌다
□ 万能(ばんのう)	명 만능	□ 引(ひ)き取(と)る	동 물러가다, 떠맡다
□ パート	명 파트	□ 引(ひ)き寄(よ)せる	동 가까이 (끌어)당기다
□ パートナー	명 파트너, 상대	□ 引(ひ)き渡(わた)す	동 넘겨주다, 양도하다
□ パチンコ	명 파친코, 슬롯머신	□ 秘訣(ひけつ)	명 비결
□ パッケージ	명 패키지, 포장	□ 否決(ひけつ)	명 부결
□ パトロールカー	명 패트롤 카, 순찰차	□ 被告(ひこく)	명 피고
□ パンク	명 펑크, 타이어에 구멍이 남	□ 被災地(ひさいち)	명 재해지, 피해지
□ 贔屓(ひいき)	명 편을 들어줌, 후원자	□ 日差(ひざ)し	명 햇살, 햇볕
□ 延(ひ)いては	부 나아가서는	□ ひしひしと *기출	부 강하게 느끼는 모양, 절절히
□ 控(ひか)え室(しつ)	명 대기실	□ 秘書(ひしょ)	명 비서
□ 控(ひか)える	동 삼가다, 기다리다	□ 比重(ひじゅう)	명 비중
□ 干(ひ)からびる	동 바짝 말라 버리다	□ 非常(ひじょう)に	부 매우, 상당히
□ 惹(ひ)かれる	동 (마음 등이) 끌리다	□ 被選挙権(ひせんきょけん)	명 피선거권
□ 悲観(ひかん)	명 비관	□ 密(ひそ)かだ	형 은밀하다
□ 非(ひ)がある *기출	관 잘못이 있다	□ ひそかに *기출	부 살짝, 몰래
□ 引(ひ)き上(あ)げる	동 끌어올리다	□ 浸(ひた)す	동 담그다
□ 率(ひき)いる	동 거느리다, 통솔하다	□ ひたひた	부 철썩철썩, 물밀듯이
□ 引(ひ)き受(う)ける	동 (떠)맡다	□ ひたむきに *기출	부 한결같이, 일편단심으로
□ 引(ひ)き起(お)こす	동 일으키다	□ 肥大(ひだい)	명 비대
□ 引(ひ)き落(お)とす	동 잡아당겨 높은 곳에서 떨어뜨리다, 송금하다	□ 必然(ひつぜん)	명 필연
□ 引(ひ)き込(こ)む	동 틀어박히다, 끌어들이다	□ ひっそり	부 죽은 듯이 조용한 모양, 조용히
□ 引(ひ)き裂(さ)く	동 찢다, 갈라놓다	□ 必至(ひっし)	명 필지, 불가피
□ 引(ひ)き下(さ)げる	동 끌어내리다, 인하하다	□ 必修(ひっしゅう)	명 필수

	ひていてき 否定的	명	부정적		ひゃくてん 百点	명	100점
	ひといちばい 人一倍 *기출	명	남보다 갑절(로)		ひや 日焼け	명	피부가 햇볕에 타서 검게 되는 일
	ひとかげ 人影	명	사람의 그림자		ひょうし 拍子	명	박자
	ひとけ 人気	명	인기척		ひょうしき 標識	명	표식
	ひとご 人込み	명	(사람으로) 북적임, 인파		ひょうしに 拍子に *기출	부	~한 찰나에, ~한 순간에
	ひとじち 人質	명	인질		ひょうめい 表明 *기출	명	표명
	ひとすじ 一筋	명	한 줄기, 오직 그것에만 마음을 쏟는 모양		ひょっと	부	뜻밖에, 불쑥
	ひとで 人出 *기출	명	인파		ひら 平たい	형	평평하다, 납작하다
	ひとで 人手 *기출	명	일손, 남의 도움		ひらめ 閃く	동	번뜩이다
	ひとな 人並み	명	남들과 같은 보통 정도나 상태		ひりき 非力だ	형	힘이 약하다
	ひとなみ 人波	명	인파		ひりつ 比率	명	비율
	ひとばん 一晩	명	하룻밤, 밤새		ヒロイン	명	여주인공
	ひとまず *기출	부	우선, 일단		ひろう 披露 *기출	명	피로, 선보임
	ひとめ ひ 人目を引く	관	남의 이목을 끌다		ひ とお 火を通す	관	잠깐 열을 가하다
	ひなた 日向	명	양지		ひんじゃく 貧弱だ	형	빈약하다
	ひなん 避難	명	피난		ヒント	명	힌트
	ひにく 皮肉	명	빈정거림, 비꼼		ひんど 頻度	명	빈도
	ひにく 皮肉だ	형	빈정거리다, 짓궂다		ひんぱん 頻繁だ *기출	형	빈번하다
	だ ひねり出す	동	생각해 내다, (겨우) 짜내다		ひんぷ 貧富 *기출	명	빈부
	ひはん 批判	명	비판		ひんやり	부	썰렁, 찬 기운을 느끼는 모양
	ひはんてき 批判的	명	비판적		びくびく	부	흠칫흠칫, 바르르
	ひほけんしゃ 被保険者	명	피보험자		びさい 微細だ	형	미세하다
	ひめい 悲鳴	명	비명		びせいぶつ 微生物	명	미생물
	ひ 秘める *기출	동	숨기다, 간직하다		びとく 美徳	명	미덕
	ひ 冷やかす	동	놀리다, 식히다		びりょう 微量	명	미량, 극히 적은 양

D-7일 출제 예상 단어 확인하기

描写 (びょうしゃ)	명	묘사
敏捷だ (びんしょう)	형	민첩하다
貧乏だ (びんぼう)	형	가난하다
ピンチ	명	핀치, 위기
ピント *기출	명	핀트, 초점
ピンポイント	명	핀 포인트, 극히 정확함
ふいに *기출	부	느닷없이
フィードバック	명	피드백
フィット	명	피트, 꼭 맞음
フィルター	명	필터
封印 (ふういん)	명	봉인
封鎖 (ふうさ)	명	봉쇄
風習 (ふうしゅう) *기출	명	풍습
風俗 (ふうぞく)	명	풍속, 풍습
風潮 (ふうちょう) *기출	명	풍조
風土 (ふうど)	명	풍토
フォーム	명	폼, 형식
フォーラム	명	포럼, 광장
フォローする *기출	동	팔로우하다, 보조하다
不機嫌だ (ふきげん)	형	언짢다, 기분이 좋지 않다
不規則 (ふきそく)	명	불규칙
不況 (ふきょう)	명	불황
布巾 (ふきん)	명	행주
複合 (ふくごう)	명	복합
副作用 (ふくさよう)	명	부작용
副社長 (ふくしゃちょう)	명	부사장
副操縦士 (ふくそうじゅうし)	명	부조종사
膨れ上がる (ふくあ)	동	부풀어 오르다
不景気 (ふけいき)	명	불경기
老ける (ふ)	동	늙다
富豪 (ふごう)	명	부호
負債 (ふさい)	명	부채, 빚
相応しい (ふさわ)	형	어울리다, 걸맞다
ふざける	동	까불다, 희롱거리다
不自然だ (ふしぜん)	형	부자연스럽다
負傷 (ふしょう)	명	부상
不審だ (ふしん) *기출	형	수상하다
不順だ (ふじゅん)	형	불순하다
伏せる (ふ)	동	엎드리다
附属 (ふぞく)	명	부속
不注意だ (ふちゅうい)	형	부주의하다
沸々 (ふつふつ)	부	부글부글, 펄펄
復活 (ふっかつ)	명	부활
復旧する (ふっきゅう) *기출	동	복구하다, 복구되다
復興 (ふっこう) *기출	명	부흥
払拭 (ふっしょく) *기출	명	불식, 떨고 훔쳐서 깨끗이 없앰
筆を入れる (ふで い)	관	문장을 고치다, 첨삭하다
不当だ (ふとう)	형	부당하다
不動産 (ふどうさん)	명	부동산
ふにゃふにゃ	부	흐물흐물

일본어	품사	의미
ふにん 赴任 *기출	명	부임
ふはい 腐敗 *기출	명	부패
ふび 不備 *기출	명	충분히 갖추지 않음
ふふく 不服 *기출	명	불복, 불복종
ふへん 普遍	명	보편
ふまえる 踏まえる	동	밟아 누르다, 근거하다
ふみいる 踏み入る	동	발을 들여놓다, 들어서다
ふみこむ 踏み込む	동	발을 들여놓다
ふみだす 踏み出す	동	발을 내디디다
ふようい 不用意だ *기출	형	준비되어 있지 않다, 부주의하다
フライパン	명	프라이팬
フリーランサー	명	프리랜서
フリーランス	명	프리랜스, 프리랜서
ふりはらう 振り払う	동	뿌리치다
ふりょう 不良	명	불량
ふりょく 浮力	명	부력
ふりょ 不慮 *기출	명	뜻밖, 의외
ふりん 不倫	명	불륜
ふるまう 振る舞う	동	행동하다
ふれあう 触れ合う	동	맞닿다, (서로) 스치다
フレーズ	명	프레이즈, 문구
ふんがい 憤慨	명	분개
ふんきゅうする 紛糾する *기출	동	분규하다 (말썽이 많고 시끄러워지다)
ふんしつ 紛失	명	분실
ふんそう 紛争	명	분쟁
ふんとうする 奮闘する *기출	동	분투하다
ふんばる 踏ん張る	동	완강히 버티다
ふんまつ 粉末	명	분말
ぶあいそうだ 無愛想だ	형	퉁명하다, 무뚝뚝하다
ぶきみだ 不気味だ	형	섬뜩하다, 으스스하다
ぶきようだ 不器用だ	형	손재주가 없다
ぶさいくだ 不細工だ	형	못생기다
ぶそう 武装	명	무장
ぶちあける ぶち明ける	동	모두 털어놓다
ぶちこむ ぶち込む	동	박아 넣다, 처넣다
ぶつぞう 仏像	명	불상
ぶっし 物資	명	물자
ぶなんだ 無難だ	형	무난하다
ブランク *기출	명	블랭크, 공백
ふるまい 振る舞い	명	행동거지
ブロック	명	블록
ぶんぎょう 分業	명	분업
ぶんさん 分散	명	분산
ぶんたんする 分担する	동	분담하다
ぶんり 分離	명	분리
ぶんれつ 分裂	명	분열
プライド	명	프라이드, 자존심
プライバシー	명	프라이버시
プライベート	명	프라이빗, 개인적
プラスアルファ	명	플러스알파

 **D-6일** 출제 예상 단어 확인하기

□ プレスリリース	명 프레스 릴리스, 언론공개	□ へんさい 返済	명 반제, 변제
□ プログラミング	명 프로그래밍	□ へんじょう 返上 *기출	명 반납, 반환
□ プロジェクト	명 프로젝트	□ へんせん 変遷 *기출	명 변천
□ へいがい 弊害	명 폐해	□ へんどう 変動	명 변동
□ へいき 兵器	명 병기	□ へんよう 変容	명 변용
□ へいこう 並行 *기출	명 병행	□ ベース	명 베이스
□ へいこう 閉口する *기출	동 질리다, 두 손 들다, 항복하다	□ ベストセラー	명 베스트셀러
□ へいこうせん 平行線をたどる *기출	관 평행선을 달리다, 끝까지 의견 일치를 못 보다	□ べたべた	부 끈적끈적, 물건이 들러붙는 모양
□ へいさ 閉鎖 *기출	명 폐쇄	□ べったり	부 찰싹
□ へいし 兵士	명 병사	□ べっと 別途	명 별도
□ へいしゃ 弊社	명 폐사, 저희 회사	□ べんかい 弁解する *기출	동 변명하다
□ へいじょう 平常	명 평상, 평소	□ べんぎ 便宜	명 편의
□ へいぜん 平然と	부 태연하게	□ べんしょう 弁償	명 변상
□ へいぼん 平凡だ	형 평범하다	□ べんろん 弁論	명 변론
□ へいれつ 並列	명 병렬	□ ペース	명 페이스
□ へだ 隔たり	명 간격, 격차	□ ぺこぺこ	부 몹시 배가 고픈 모양
□ へだ 隔てる	동 사이를 두다, 가로막다	□ ほいく 保育	명 보육
□ へとへとに疲れる *기출	관 몹시 지치다	□ ほうあん 法案	명 법안
□ へとへとになる *기출	관 녹초가 되다, 기진맥진하다	□ ほうかい 崩壊	명 붕괴
□ へりくだ 謙る	동 자신을 낮추다	□ ほうさく 豊作	명 풍작
□ へ 経る	동 지나다, 경과하다	□ ほうさく 方策	명 방책
□ へんかく 変革	명 변혁	□ ほうし 奉仕	명 봉사
□ へんかん 返還	명 반환	□ ほうしゃ 放射	명 방사
□ へんきょう 偏狭だ	형 편협하다	□ ほうしゃのう 放射能	명 방사능
□ へんけん 偏見	명 편견	□ ほうしゅう 報酬	명 보수

ほうじゅん　豊潤だ	형	풍윤하다
ほう　報じる *기출	동	보도하다
ほうち　放置	명	방치
ほうどうじん　報道陣	명	보도진
ほうにん　放任	명	방임
ほうび　褒美	명	포상
ほうふ　抱負 *기출	명	포부
ほうむ　葬る	동	매장하다
ほう　こ　放り込む	동	아무렇게나 던져 넣다
ほうわ　飽和	명	포화
ほおん　保温	명	보온
ほかく　捕獲	명	포획
ほかん　保管	명	보관
ほが　朗らかだ *기출	형	명랑하다, 쾌활하다, (날씨가) 쾌청하다
ほきゅう　補給	명	보급
ほきょう　補強	명	보강
ほぐれる *기출	동	풀리다
ほご　保護 *기출	명	보호
ほしゅてき　保守的	명	보수적
ほしゅは　保守派	명	보수파
ほしょう　保障	명	보장
ほしょく　捕食	명	포식, 잡아먹음
ほじ　保持	명	보유, 계속 유지함
ほじゅう　補充	명	보충
ほそう　舗装	명	포장, 길을 아스팔트 등으로 다짐
ほそく　捕捉	명	포착, 붙잡음
ほっそく　発足 *기출	명	발족
ほったん　発端	명	발단
ほっとする	동	안심하다
ほてん　補填 *기출	명	보전, 부족한 부분을 채움
ほど　解く	동	풀다
ほどける *기출	동	풀리다
ほどこ　施す *기출	동	베풀다, (장식이나 가공 등을) 가하다
ほにゅうるい　哺乳類	명	포유류
ほほえましい *기출	형	흐뭇하다
ほよう　保養	명	보양
ほりゅう　保留	명	보류
ほりょ　捕虜	명	포로
ほろ　滅びる *기출	동	멸망하다
ほんすじ　本筋 *기출	명	본론
ほんね　本音 *기출	명	본심, 속마음
ほんのう　本能	명	본능
ほんば　本場 *기출	명	본고장
ほんばん　本番	명	실전, 본방, 본 경기
ほんぽう　奔放 *기출	명	분방
ほんみょう　本名	명	본명, 실명
ボイコット	명	보이콧, 불매 동맹
ぼうえい　防衛	명	방위, 막아서 지킴
ぼうか　防火	명	방화
ぼうがい　妨害する *기출	동	방해하다

D-5일 출제 예상 단어 확인하기

ぼうきゃく 忘却	명	망각
ぼうぎょ 防御	명	방어
ぼうぜんと 呆然と	부	멍하니
ぼうそう 暴走	명	폭주
ぼうだい 膨大だ *기출	형	방대하다
ぼうっと	부	희미하게 보이는 모양, 멍한 모양
ぼうどう 暴動	명	폭동
ぼくし 牧師	명	목사
ぼくめつ 撲滅	명	박멸
ぼける 惚ける	동	둔해지다, 흐려지다
ぼち 墓地	명	묘지
ぼつらく 没落	명	몰락
ぼっしゅう 没収	명	몰수
ぼっとう 没頭する *기출	동	몰두하다
ぼやく *기출	동	투덜거리다, 불평하다
ぼんやりする	동	어렴풋하다, 흐리멍덩하다
ぼんよう 凡庸だ	형	범용하다, 평범하다
ポーズ	명	포즈, 자세
ポジション	명	포지션
ポテンシャル	명	퍼텐셜, 잠재력
ポンプ	명	펌프

ま행

マーク	명	마크, 상표
まいしん 邁進	명	매진
まいぞう 埋蔵	명	매장
マイホーム	명	마이홈, 자기 집
ま 舞う	동	흩날리다, 춤추다
まえう 前売り	명	예매
まえお 前置きをする	관	서론을 말하다
まえむ 前向きだ	형	긍정적이다
まえ 前もって	부	미리, 앞서
ま 負かす	동	지게 하다, 이기다
まかな 賄う *기출	동	조달하다, 마련하여 공급하다
ま 曲がりなりにも	부	그럭저럭, 어떻게든
まぎ 紛らわしい *기출	형	헷갈리기 쉽다
まぎ 紛れ	명	헷갈림, 요행
まぎ 紛れる *기출	동	(뒤섞여) 헷갈리다
ま 蒔く	동	씨를 뿌리다, 원인을 만들다
まぎら 負けず嫌いだ	형	지기 싫어하다
まこと 誠	명	진실
まこと 誠に	부	참으로
まごころ 真心	명	진심, 성심
まさ 正しく	부	바로, 틀림없이
まさ 勝る	동	낫다, 우수하다
まじ 交える *기출	동	섞다, 주고받다
ますい 麻酔	명	마취
マスコミ	명	매스컴 (マスコミュニケーション의 줄임말)
まばた 瞬き	명	눈을 깜빡임
まち 町ぐるみ	명	마을 전체
まどお 待ち遠しい	형	몹시 기다려지다

町並み	명	거리에 집·상점 따위가 즐비하게 서 있는 모양	満喫 *기출	명	만끽
待ち望む	동	손꼽아 기다리다	満月	명	만월, 보름달
まちまちだ *기출	형	각기 다르다	満載	명	만재, 가득 싣는 것
末期	명	말기	漫然	명	만연
真っ先 *기출	명	맨 앞, 맨 먼저	見合い	명	맞선
まっとうする *기출	동	완수하다	見合わせる *기출	동	보류하다, 서로 마주 보다
的	명	과녁	ミーティング	명	미팅, 회의
惑わす	동	어지럽히다, 현혹시키다	見失う *기출	동	보던 것을 놓치다, (모습 등을) 잃다
マニュアル	명	매뉴얼	見落とす *기출	동	간과하다, 못 보고 놓치다
免れる	동	모면하다 *まぬかれる라고도 함	見返り *기출	명	보답, 보상
マネジメント	명	매니지먼트, 경영	味覚	명	미각
目の当たり	명	눈앞, 직접	見かける *기출	동	가끔 보다
疎らだ *기출	형	드문드문하다, 뜸하다	見極める	동	끝까지 지켜보다
麻痺	명	마비	見くびる	동	깔보다, 얕보다
幻	명	환상	見苦しい	형	보기 흉하다
まみれ *기출	접	투성이	見込み *기출	명	전망, 가망
まもなく	부	곧, 머지않아	未婚	명	미혼
眉	명	눈썹	見境	명	분별, 판별
丸暗記	명	통째로 암기	見定める	동	(직접 눈으로) 확인하다, 확실히 보다
丸一日	명	하루 온종일	未熟	명	미숙
丸ごと	부	통째로	見据える	동	눈여겨보다
マルチタスク	명	멀티태스킹, 다중 작업	見窄らしい	형	초라하다
丸々	부	모조리	水気	명	수분, 물기
丸見え	명	다 보임	見せびらかす	동	과시하다
稀だ	형	드물다, 희소하다	溝	명	도랑, 틈

D-4일 출제 예상 단어 확인하기

満たない *기출	형	차지 않다, 미달하다
見た目	명	겉보기
未知	명	미지
道筋	명	지나가는 길, 코스
道なり	명	길이 뻗어 있는 방향
道端	명	길가
見つめ直す	동	다시 응시하다, 재검토하다
見積もる	동	눈대중으로 재다
密集 *기출	명	밀집
みっちり *기출	부	착실히, 충분히, 많이
密封	명	밀봉
未定	명	미정
見通し	명	전망
見通す	동	꿰뚫어 보다, 내다보다
見なす	동	간주하다
源	명	근원
見習う	동	본받다
身なり	명	옷차림
見抜く	동	알아차리다, 간파하다
峰	명	산봉우리
身の上	명	신세, 처지
見開く	동	눈을 크게 뜨다
見守る	동	지켜보다
耳を澄ませる	관	귀담아듣다
脈	명	맥, 맥박
脈絡がない *기출	관	맥락이 없다
ミュージック	명	뮤직, 음악
見る見るうちに	부	보고 있는 동안에, 순식간에
未練	명	미련
見渡す	동	멀리 바라다보다, 전망하다
向き合う	동	마주 보다, 마주 대하다
報う	동	갚다, 보답하다
無効だ	형	무효하다
惨い	형	비참하다
無残だ	형	무참하다
無償 *기출	명	무상, 무료
むしょうに *기출	부	공연히, 까닭 없이
無神経	명	무신경
無自覚	명	무자각, 지각이 없음
無実	명	사실이 아님, 억울함
矛盾 *기출	명	모순
結び付く	동	결부되다, 이어지다
結び付ける	동	연결시키다
結び目	명	매듭
無造作に *기출	부	아무렇게나
無駄だ	형	소용없다
無駄にする	동	낭비하다, 헛되게 하다
無知	명	무지
無茶だ	형	터무니없다
むっとする *기출	동	욱하다

むな 空しい	형	공허하다
む ねん 無念だ	형	원통하다
む のう 無能だ	형	무능하다
む ぼう 無謀だ *기출	형	무모하다
むやみに	부	무모하게
む よう 無用だ	형	쓸데없다
むら 斑	명	얼룩
む 群れる	동	떼를 짓다, 군집하다
む ろん 無論	부	물론
めいあん 明暗	명	명암
めいかい 明快だ	형	명쾌하다
めいさん 名産	명	명산, 명물
めいしょう 名称	명	명칭
めい 銘じる	동	(마음속에 깊이) 새기다
めいはく 明白だ	형	명백하다
めいはく 明白に	부	명백하게
めい ぼ 名簿	명	명부
めいめいに *기출	부	각자에게
めい よ しょく 名誉職	명	명예직
めい よ 名誉だ *기출	형	명예롭다
めいりょう 明瞭だ	형	명료하다
めいろう 明朗だ	형	명랑하다
メイン	명	메인
メーカー	명	메이커, 제조 회사
め かた 目方	명	무게, 중량
メカニズム *기출	명	메커니즘, 구조
め さ 目が冴える *기출	관	잠이 안 오다, 눈이 말똥말똥하다
めきめき *기출	부	두드러지게
めく 捲る	동	넘기다, 벗기다, 뜯다 *まくる라고도 함
めぐ 巡る *기출	동	돌다, 돌아다니다
め さき 目先 *기출	명	눈앞, 바로 앞
め ざ 目指す	동	목표로 하다
め ざ 目覚ましい *기출	형	눈부시다
めす 雌	명	암컷
メソッド	명	메서드, 방법
め 目つき	명	눈매, 눈빛
めつぼう 滅亡	명	멸망
メッセージ	명	메시지
メディア *기출	명	미디어
めでたい	형	경사스럽다
め 愛でる	동	(구경하며) 즐기다
め ば 芽生える	동	싹트다
め 目まぐるしい	형	어지럽다, 눈이 핑핑 돌다
め やす 目安 *기출	명	목표, 기준
メロディー	명	멜로디, 선율
めんしき 面識 *기출	명	면식
めんじょ 免除 *기출	명	면제
メンテナンス	명	메인터넌스, 건물·기계 등의 관리·유지
めんどう 面倒だ	형	귀찮다
めんぼく 面目	명	면목

55

 **D-3일** 출제 예상 단어 확인하기

☐ 綿密だ *기출	형	면밀하다
☐ 設ける	동	설치하다, 마련하다
☐ 猛攻撃	명	맹공격
☐ 申し入れる	동	제의하다
☐ 申し出る	동	신청하다
☐ 申し分ない	형	더할 나위 없다
☐ モーター	명	모터
☐ 盲点	명	맹점
☐ 猛反対 *기출	명	맹렬한 반대
☐ 網羅 *기출	명	망라
☐ 猛烈だ	형	맹렬하다
☐ 猛烈に *기출	부	맹렬하게
☐ 猛練習	명	맹연습
☐ 黙する	동	침묵하다
☐ 目論見	명	계획, 의도
☐ もくろむ *기출	동	계획하다
☐ 模索	명	모색
☐ もたらす *기출	동	가져오다, 초래하다
☐ 凭れる	동	기대다, 거북하다
☐ 持ち上げる	동	들어 올리다
☐ モチーフ	명	모티프, 동기
☐ 持ち込む	동	가지고 들어오다
☐ 持ち主	명	소유주
☐ モチベーション	명	모티베이션, 동기 부여
☐ 目下 *기출	명	목하, 현재
☐ 専ら *기출	부	오로지
☐ 弄ぶ	동	손에 가지고 놀다, 농락하다
☐ 持て余す	동	처치 곤란해하다
☐ 持て成す	동	대접하다
☐ 持てる	동	가질 수 있다, 인기가 있다
☐ 基づく	동	의거하다
☐ もとより	부	처음부터, 원래
☐ もどかしい *기출	형	안타깝다, 답답하다
☐ 物音	명	(무슨) 소리
☐ 物好き	명	유별난 것을 좋아함, 그런 사람
☐ 物足りない	형	어딘가 부족하다
☐ 物真似	명	흉내
☐ 物々しい	형	어마어마하다, 삼엄하다
☐ もはや *기출	부	이미, 이제는
☐ 模倣	명	모방
☐ 揉める	동	분쟁이 일어나다, 옥신각신하다
☐ 催す *기출	동	개최하다, 열다
☐ モラル	명	모럴, 윤리
☐ 盛り込む	동	그릇에 음식을 담다
☐ もろい *기출	형	무르다
☐ もろに	부	완전히, 모조리
☐ 諸々	명	여러 가지, 갖가지

や행

☐ 矢	명	화살
☐ 役員	명	임원, 간부

役職 やくしょく	명	담당 임무	優位 ゆうい *기출	명	우위
躍進 やくしん *기출	명	약진, 눈부시게 진출함	憂鬱だ ゆううつだ	형	우울하다
やけに	부	몹시, 되게	有益だ ゆうえきだ	형	유익하다
屋敷 やしき	명	대지, 집의 부지	優越 ゆうえつ	명	우월
養う やしなう *기출	동	기르다, 양육하다	誘拐 ゆうかい	명	유괴
安らぐ やすらぐ	동	평온해지다	勇敢だ ゆうかんだ *기출	형	용감하다
やせ衰える やせおとろえる	동	바짝 마르다, 수척해지다	夕暮れ ゆうぐれ	명	해 질 녘
やたら(と)	부	함부로 하는 모양, 몹시	友好 ゆうこう	명	우호
やつれる *기출	동	여위다, 초췌해지다	融合 ゆうごう	명	융합
厄介だ やっかいだ *기출	형	번거롭다	ユーザー	명	유저, 이용자
躍起になる やっきになる	관	기를 쓰다	融資 ゆうし	명	융자
宿す やどす	동	잉태하다, 품다	有数 ゆうすう *기출	명	유수, 굴지, 손꼽힘
やはり	부	역시	有する ゆうする	동	소유하다
闇 やみ	명	어둠	融通 ゆうずう	명	융통
やみくもに	부	무작정	優勢 ゆうせい	명	우세
病む やむ	동	앓다, 병들다	雄大だ ゆうだいだ	형	웅대하다, 웅장하다
やむをえず *기출	관	할 수 없이, 어쩔 수 없이	誘致 ゆうち *기출	명	유치
止むを得ない やむをえない	관	어쩔 수 없다	誘導 ゆうどう	명	유도
ややこしい	형	까다롭다	有望 ゆうぼう	명	유망
やり甲斐 やりがい	명	하는 보람	夕闇 ゆうやみ	명	땅거미
やり通す やりとおす	동	끝까지 하다	有力だ ゆうりょくだ	형	유력하다
やり遂げる やりとげる	동	끝까지 해내다	幽霊 ゆうれい	명	유령
和らぐ やわらぐ *기출	동	누그러지다	優劣 ゆうれつ	명	우열
やんわり *기출	부	온화하게, 부드럽게	優劣をつける ゆうれつをつける	관	우열을 가리다
由緒 ゆいしょ *기출	명	유서, 내력	誘惑 ゆうわく	명	유혹

 **D-2일** 출제 예상 단어 확인하기

☐ 歪む(ゆがむ)	동	비뚤어지다, 일그러지다 *ひずむ라고도 함	☐ 余暇(よか)	명	여가
☐ 行き交う(ゆきかう)	동	왕래하다 *いきかう라고도 함	☐ 預金(よきん)	명	예금
☐ 行き着く(ゆきつく)	동	(목적지에) 이르다 *いきつく라고도 함	☐ 抑圧(よくあつ)	명	억압
☐ 行き詰まる(ゆきづまる)	동	막다르다 *いきづまる라고도 함	☐ 浴室(よくしつ)	명	욕실
☐ 行き渡る(ゆきわたる)	동	널리 퍼지다 *いきわたる라고도 함	☐ 抑制(よくせい)	명	억제
☐ 揺さぶる(ゆさぶる)	동	동요시키다	☐ 欲張る(よくばる)	동	지나치게 욕심을 부리다, 탐내다
☐ 譲る(ゆずる) *기출	동	양도하다, 물려주다	☐ 欲望(よくぼう)	명	욕망
☐ 委ねる(ゆだねる)	동	맡기다, 위임하다	☐ 避ける(よける)	동	피하다
☐ ゆとり *기출	명	여유	☐ 予言(よげん)	명	예언
☐ 弓(ゆみ)	명	활	☐ 装う(よそおう)	동	치장하다, 가장하다
☐ 由来(ゆらい)	명	유래	☐ よそ見(よそみ)	명	한눈팜, 곁눈질
☐ 揺らぐ(ゆらぐ) *기출	동	전체가 흔들리다, 요동하다	☐ 余所余所しい(よそよそしい)	형	서먹서먹하다
☐ 揺るがす(ゆるがす)	동	(뒤) 흔들다	☐ 予断を許さない(よだんをゆるさない) *기출	관	예측을 불허하다, 예측하기 어렵다
☐ 緩む(ゆるむ)	동	느슨해지다	☐ 余地(よち)	명	여지
☐ 緩める(ゆるめる)	동	늦추다, 느슨하게 하다, (긴장 등을) 풀다	☐ 余波(よは) *기출	명	여파
☐ 緩やかだ(ゆるやかだ)	형	완만하다	☐ 余白(よはく)	명	여백
☐ 緩やかに(ゆるやかに)	부	완만하게	☐ 呼び起こす(よびおこす)	동	불러일으키다
☐ 用意する(よういする)	동	준비하다	☐ 呼び止める(よびとめる)	동	불러서 멈춰 세우다
☐ 要因(よういん)	명	요인	☐ 夜更かし(よふかし)	명	밤늦게까지 자지 않음, 밤샘
☐ 溶液(ようえき)	명	용액	☐ 余程(よほど)	부	상당히, 대단히
☐ 様式(ようしき)	명	양식	☐ 読み上げる(よみあげる)	동	소리를 내어 읽다
☐ 要する(ようする)	동	필요로 하다	☐ 読み返す(よみかえす)	동	다시 읽다
☐ 要請(ようせい) *기출	명	요청	☐ よみがえる *기출	동	되살아나다
☐ 様相(ようそう) *기출	명	양상, 모습, 상태	☐ 余裕(よゆう)	명	여유
☐ 要望(ようぼう) *기출	명	요망	☐ 寄り掛かる(よりかかる)	동	기대다

寄り添う (よりそう)	동	바싹 달라붙다	リセット	명	리셋
弱気だ (よわきだ)	형	나약하다, 무기력하다	利息 (りそく)	명	이자
弱音 (よわね)	명	약한 소리, 나약한 말	リタイア *기출	명	리타이어, 기권, 은퇴

ら행

ライフワーク	명	라이프 워크, 필생의 사업	立体 (りったい)	명	입체
落胆する (らくたんする) *기출	동	낙담하다	リテラシー	명	리터러시, 활용 능력
酪農 (らくのう)	명	낙농	理に適う (りにかなう)	관	이치에 맞다
落下 (らっか)	명	낙하	リフォーム	명	리폼
ラッシュ	명	러시, 돌진	リミット	명	리밋, 한계
ラベル	명	라벨	略語 (りゃくご)	명	약어, 줄임말
ランダム	명	랜덤, 무작위	留意 (りゅうい)	명	유의
ランプ	명	램프	流出 (りゅうしゅつ) *기출	명	유출
乱用 (らんよう)	명	남용	流通 (りゅうつう)	명	유통
リアクション	명	리액션, 반응	領域 (りょういき)	명	영역
リアリティー	명	리얼리티	了解 (りょうかい)	명	양해
リーダーシップ	명	리더십	良質 (りょうしつ)	명	양질
利益 (りえき) *기출	명	이익	了承 (りょうしょう) *기출	명	승낙, 양해
リクエスト	명	리퀘스트, 요청	良心 (りょうしん)	명	양심
理屈 (りくつ)	명	도리, 이치	領土 (りょうど)	명	영토
理屈っぽい (りくつっぽい)	형	이치를 따지기 좋아하다	両立 (りょうりつ)	명	양립
理工系 (りこうけい)	명	이공계	旅客 (りょかく)	명	여객
利潤 (りじゅん)	명	이윤	旅券 (りょけん)	명	여권
リスク *기출	명	리스크, 위험	履歴 (りれき) *기출	명	이력
リストアップ *기출	명	리스트 업	林業 (りんぎょう)	명	임업
理性 (りせい)	명	이성	隣接 (りんせつ)	명	인접
			倫理 (りんり)	명	윤리

 **D-1일** 출제 예상 단어 확인하기

□ 類型(るいけい)	명	유형
□ 類似(るいじ)	명	유사
□ 類推(るいすい)	명	유추
□ ルーズだ *기출	형	루스하다, 칠칠치 못하다
□ ルール	명	룰, 규칙
□ レイアウト *기출	명	레이아웃
□ 冷却(れいきゃく)	명	냉각
□ 冷酷だ(れいこく)	형	냉혹하다
□ 零細だ(れいさい)	형	영세하다
□ レース	명	레이스, 인종
□ 冷淡だ(れいたん)	형	냉담하다
□ 歴史上(れきしじょう) *기출	명	역사상
□ 歴然とする(れきぜん) *기출	동	역연하다, 또렷하다
□ 劣化(れっか)	명	열화, 상태나 성능·품질이 나빠짐
□ 劣勢(れっせい)	명	열세
□ レディー	명	레이디, 숙녀
□ レバー	명	레버, 지렛대
□ 連携(れんけい) *기출	명	제휴
□ 連鎖(れんさ)	명	연쇄
□ レンジ	명	레인지, 점화구
□ 連帯(れんたい)	명	연대
□ レンタカー	명	렌터카
□ 連中(れんちゅう)	명	한패, 패거리
□ 連動(れんどう)	명	연동
□ 連邦(れんぽう)	명	연방, 연합 국가
□ 練磨(れんま)	명	연마
□ 連盟(れんめい)	명	연맹
□ 連絡先(れんらくさき)	명	연락처
□ 老朽化(ろうきゅうか)	명	노후화
□ 労苦(ろうく)	명	노고, 수고
□ 朗読(ろうどく)	명	낭독
□ 浪費(ろうひ)	명	낭비
□ ロープ	명	로프, 줄
□ 老舗(ろうほ)	명	노포
□ 朗報(ろうほう) *기출	명	낭보, 기쁜 소식
□ 労力(ろうりょく)	명	노력, 수고
□ ローン	명	론, 대출
□ ろくに *기출	부	제대로
□ 露骨(ろこつ) *기출	명	노골
□ 露骨だ(ろこつ)	형	노골적이다
□ ロスする *기출	동	손실되다, 손해 보다
□ ロマンチック	명	로맨틱
□ 論議(ろんぎ)	명	논의
□ 論じる(ろん)	동	논하다
□ 論理(ろんり)	명	논리

わ행

□ 和解(わかい)	명	화해
□ 若手(わかて)	명	젊은 사람
□ 分かれ目(わかれめ)	명	나뉘는 곳, 갈림길
□ 枠(わく) *기출	명	테두리

わざと	부	일부러
災(わざわ)い	명	재앙, 재난
わずかに	부	간신히, 겨우
煩(わずら)わしい *기출	형	번거롭다, 귀찮다
罠(わな)	명	덫, 함정
侘(わび)しい	형	쓸쓸하다, 적적하다
割(わ)り当(あ)てる	동	분배하다
割(わ)り切(き)る	동	딱 잘라 결론짓다
割(わ)り振(ふ)る	동	할당하다

JLPT 합격 노하우 **yuhadayo.com**

유하다요

JLPT
N1 일본어능력시험

한 권 스피드 합격

출제 예상 문법 확인하기

D-30일 출제 예상 문법 확인하기

1 명사와 접속

☐ **〜あっての**　~이/가 있어야 (성립하는)　　p.254

皆(みな)さまのサポートあっての優勝(ゆうしょう)です。
여러분의 서포트가 있어야 성립하는 우승입니다.

☐ **〜からして**　① ~부터(가)　② ~(으)로 보아　　p.205

お金(かね)がいっぱい稼(かせ)げるという広告(こうこく)は題名(だいめい)からしてうさんくさい。
돈을 많이 벌 수 있다고 하는 광고는 제목부터가 수상쩍다.

☐ **〜次第(しだい)で(は)**　~에 따라서(는)　　p.254

体調(たいちょう)次第(しだい)では、おじいちゃんがお祝いパーティーに参加(さんか)できるかもしれない。
몸 상태에 따라서는 할아버지가 축하 파티에 참가할 수 있을지도 모른다.

☐ **〜だろうが(〜だろうが)・〜だろうと(〜だろうと)・〜であれ(〜であれ)・〜であろうと(〜であろうと)**　~이든 (~이든)　　p.255

相手(あいて)が、金持(かねも)ちだろうが貧乏(びんぼう)だろうが、私(わたし)は常(つね)に平等(びょうどう)だ。
상대가 부자든 빈곤하든 나는 항상 평등하다.

☐ **〜と相(あい)まって**　~와/과 어우러져, ~와/과 맞물려　　p.256

リーダーシップが観察力(かんさつりょく)と相(あい)まって、プロジェクトを成功(せいこう)に導(みちび)かせたのだろう。
리더십이 관찰력과 어우러져 프로젝트를 성공으로 이끌게 했던 것이겠지.

D-29일 출제 예상 문법 확인하기

☐ ～といたしましては ~로서는   p.256

今回のプロジェクトを失敗した原因といたしましては、様々なことがあると思います。
이번 프로젝트를 실패한 원인으로서는 다양한 것이 있다고 생각합니다.

☐ ～ならではの ~만의, ~특유의, ~이/가 아니고서는 안 되는   p.256

伝統工芸品は職人ならではの知識と技術で受け継がれている。
전통 공예품은 장인만의 지식과 기술로 계승되고 있다.

☐ ～にして ① ~이/가 되어서 ② ~이면서 동시에 ③ ~인데도 ④ ~이기에 ⑤ 관용 표현   p.257

親戚の叔父は65歳にして大学に入学した。
친척인 삼촌은 65세가 되어서 대학에 입학했다.

☐ ～のことだから (다른 것도 아닌) ~이기 때문에   p.205

時間に正確な渡辺さんのことだから、時間通りに来ると思うよ。
시간에 정확한 와타나베 씨이기 때문에 시간대로 올 거라고 생각해.

☐ ～は否めない ~은/는 부정할 수 없다   p.258

この時期に人事部から呼ばれるとは、転勤は否めない。
이 시기에 인사부에서 부름을 받다니 전근은 부정할 수 없다.

D-28일 출제 예상 문법 확인하기

☐ **～はともかく(として)**   ~은/는 어찌 됐든, ~은/는 그렇다 치고   p.206

この店の雰囲気はともかくとして、何を食べても抜群においしい。
이 가게의 분위기는 그렇다 치고 무엇을 먹더라도 탁월하게 맛있다.

☐ **～はどう(で)あれ**   ~은/는 어찌 됐든   p.258

結果はどうであれ、挑戦したことに全く悔いはありません。
결과는 어찌 됐든 도전한 것에 전혀 후회는 없습니다.

☐ **～もさることながら**   ~도 물론이거니와, ~도 그러하지만   p.258

この本の魅力は、内容もさることながら、表現力の高さも欠かせないだろう。
이 책의 매력은 내용도 물론이거니와 표현력의 높음도 빠뜨릴 수 없을 것이다.

☐ **～を受けて**   ~을/를 받아서, ~의 영향을 받아서   p.259

円安現象を受けて日本国内の商品価格が上がり気味だ。
엔저 현상의 영향을 받아서 일본 국내의 상품 가격이 오르는 기색이다.

☐ **～を皮切りに・～を皮切りとして**   ~을/를 시작으로   p.259

彼女は今回のマラソン大会を皮切りに、日本各地で優勝している。
그녀는 이번 마라톤 대회를 시작으로 일본 각지에서 우승하고 있다.

D-27일 출제 예상 문법 확인하기

☐ **～を機に** ~을/를 계기로, ~을/를 계기로 하여   p.259

叔父は定年退職を機に、ハワイに移住した。
삼촌은 정년퇴직을 계기로 하와이에 이주했다.

☐ **～を最後に** ~을/를 끝으로, ~을/를 마지막으로   p.260

これは上等な酒だ。これを最後に、明日から酒を断つとするか。
이것은 고급진 술이다. 이것을 끝으로 내일부터 술을 끊기로 할까.

☐ **～を～とする / として / とした** ~을/를 ~라고/으로 하다 / ~하고 / ~한   p.206

グルテンフリーライスペーパーは小麦粉を原料とするパンやパスタと異なり、グルテンを含まない。
글루텐 프리 라이스페이퍼는 밀가루를 원료로 하는 빵이나 파스타와 달리, 글루텐을 함유하지 않는다.

☐ **～を除いて** ~을/를 제외하고   p.206

会議には別途の仕事の予定がある人を除いて、みんな出席してください。
회의에는 별도의 일 예정이 있는 사람을 제외하고 다들 출석해 주세요.

D-26일 출제 예상 문법 확인하기

☐ **〜を控(ひか)えて**　~을/를 앞두고　　p.260

一人暮(ひとりぐ)らしを控(ひか)えて、必要(ひつよう)な家電製品(かでんせいひん)を買(か)いに行(い)こうと思(おも)う。
자취를 앞두고 필요한 가전 제품을 사러 가려고 생각한다.

☐ **〜をもって**　① ~으로　② ~로써　　p.261

この新(あたら)しい機械(きかい)をもって大量生産(たいりょうせいさん)を図(はか)りましょう。
이 새로운 기계로 대량생산을 도모합시다.

☐ **〜を余儀(よぎ)なくされる /〜を余儀(よぎ)なくさせる**　어쩔 수 없이 ~하게 되다 / 어쩔 수 없이 ~하게 하다　　p.261

規則違反(きそくいはん)を繰(く)り返(かえ)したため、彼(かれ)は学校(がっこう)から退学(たいがく)を余儀(よぎ)なくされた。
규칙 위반을 반복했기 때문에 그는 학교에서 어쩔 수 없이 퇴학하게 되었다.

☐ **〜をよそに**　~을/를 아랑곳하지 않고, ~을/를 개의치 않고　　p.262

親友(しんゆう)は、私(わたし)の心配(しんぱい)をよそに彼(かれ)に会(あ)いに行(い)った。
친한 친구는 나의 걱정을 아랑곳하지 않고 그를 만나러 갔다.

D-25일 출제 예상 문법 확인하기

2 동사와 접속

☐ **〜かねない** ~할지도 모른다   p.209

ネガティブな感情を放置すると、心身を壊しかねない。
부정적인 감정을 방치하면 심신을 망가트릴지도 모른다.

☐ **〜ことはない** ~할 필요는 없다   p.207

そこまで嫌なら、わざわざ行くことはない。
그렇게까지 싫은 거라면 일부러 갈 필요는 없다.

☐ **〜次第だ** ~한 것이다, ~한 바이다   p.268

全ては社長の反応にかかっているので、事前に聞いた次第です。
모든 것은 사장님의 반응에 걸려 있기 때문에, 사전에 물어본 바입니다.

☐ **〜始末だ** ~꼴이다, ~지경이다   p.263

相手のせいで私の自転車とぶつかりそうになったのに、逆ギレする始末だ。
상대방 탓으로 내 자전거와 부딪칠 뻔했는데 역으로 화를 내는 꼴이다.

D-24일 출제 예상 문법 확인하기

☐ **〜ずにいるところ**　~하지 않고 있는 중　　p.267

何も言わずにいたところ、やっと彼が口を切った。
아무것도 말하고 있지 않고 있던 중 드디어 그가 입을 뗐다.

☐ **〜そうに(も)ない**　~할 것 같지(도) 않다　　p.210

あっ、俺だけど、今日も家に帰れそうにないんだよね。
앗, 나인데 오늘도 집에 돌아갈 수 없을 것 같아.

☐ **〜たところ**　~했더니　　p.211

着飾って出かけようとしていたところ、急に雨が降ってきた。
차려입고 외출하려고 하고 있었더니 갑자기 비가 내려왔다.

☐ **〜たはいいが**　~한 것은 좋으나　　p.266

久しぶりに友達に会ったはいいが、いざ顔を見たら意外に喋る話題がなかった。
오랜만에 친구를 만난 것은 좋으나 막상 얼굴을 봤더니 의외로 수다 떨 화제가 없었다.

D-23일 출제 예상 문법 확인하기

☐ **〜だけのことだ** ~(될) 뿐이다   p.263

数式(すうしき)が理解(りかい)できなかったら、頑張(がんば)って覚(おぼ)えるだけのことだ。
수식을 이해 못 했다면 열심히 외우면 될 뿐이다.

☐ **〜つつある** ~하고 있다(진행)   p.210

社会情勢(しゃかいじょうせい)の変化(へんか)により、消費者(しょうひしゃ)の購買行動(こうばいこうどう)が変(か)わりつつある。
사회 정세의 변화에 의해 소비자의 구매행동이 변하고 있다.

☐ **〜っこない** (절대로) ~할 리가 없다   p.210

こんなに難(むず)かしい問題(もんだい)、わかりっこないよ。
이렇게 어려운 문제, 알 리가 없어.

☐ **〜っぱなし** ~한 채   p.211

冷凍庫(れいとうこ)を開(あ)きっぱなしにしたせいで、氷(こおり)が溶(と)けちゃったよ。
냉동고를 연 채로 둔 탓에 얼음이 녹아버렸어.

D-22일 출제 예상 문법 확인하기

☐ **〜てからというもの** ~하고 나서 계속   p.266

リーダーが変わってからというもの、無謀な提案ばかりでノイローゼになりそうだ。
리더가 바뀌고 나서 계속 무모한 제안뿐이라서 노이로제가 될 것 같다.

☐ **〜てこそ** ~하고서야 (비로소)   p.212

失敗を積み重ねてこそ、人は強くなる。
실패를 몇 번이고 되풀이하고서야 비로소 사람은 강해진다.

☐ **〜ては** ~하고서는, ~해서는   p.266

先入観を持っては、人間関係で構築できる幅も狭くなると思う。
선입견을 가져서는 인간관계에서 구축할 수 있는 폭도 좁아질 거라고 생각한다.

☐ **〜ところだった** ~할 뻔했다   p.207

寝坊をしてしまって、危うく電車に乗り遅れるところだった。
늦잠을 자 버려서 하마터면 전철을 놓쳐서 못 탈 뻔했다.

D-21일 출제 예상 문법 확인하기

☐ **～ないで済む・～ずに済む**　~하지 않고 끝나다　　p.268

約束していた時間をオーバーして遊んでしまったが、親には怒られないで済んで良かった。
약속한 시간을 오버해서 놀고 말았지만 부모님에게는 혼나지 않고 끝나서 다행이다.

☐ **～ないでもない**　~하지 않는 것도 아니다　　p.212

お酒は飲まないでもないですが、あまり好きではありません。
술은 마시지 않는 것도 아닙니다만 별로 좋아하지 않습니다.

☐ **～ないまでも**　~까지는 하지 않더라도　　p.267

ゆっくり話はできないまでも、生きているかどうかの連絡ぐらいしなさいね。
느긋하게 이야기까지는 할 수 없더라도 살아 있는지 어떤지 연락 정도 하렴.

☐ **～なくはない**　~하지 않는 것은 아니다　　p.267

この量だと、来月までにできなくはないだろう。
이 양이라면 다음 달까지 하지 못하는 건 아닐 것이다.

D-20일 출제 예상 문법 확인하기

☐ **〜なり**　~하자마자　　　　　　　　　　　　　　　　　　　　　p.264

不器用な妹は刺繍をしようと縫い始めるなり、針で指を刺してしまった。
손재주가 없는 여동생은 자수를 하려고 꿰매기 시작하자마자 바늘로 손가락을 찔러 버렸다.

☐ **① 〜はしない ② 〜もしない**　① ~하지는 않다 ② ~하지도 않다　p.264

紙の本の需要は年々減っていくのかもしれないが、完全になくなりはしないだろう。
종이책의 수요는 해마다 줄어드는 걸지도 모르지만 완전히 없어지지는 않을 것이다.

☐ **〜べきだ / 〜べきではない**　~해야 한다 / ~해서는 안 된다　p.207

そんなに悩んでいないで、嫌なことは嫌だとはっきり伝えるべきだよ。
그렇게 괴로워하고 있지 말고 싫은 일은 싫다고 확실하게 전달해야 해.

☐ **〜べく**　~하기 위하여　　　　　　　　　　　　　　　　　　　p.265

人権に関する意識調査を行うべく、資料を集めている。
인권에 관한 의식조사를 행하기 위하여 자료를 모으고 있다.

D-19일 출제 예상 문법 확인하기

☐ **~ほどのことではない** ~할 만한 것은 아니다, ~할 정도의 일은 아니다　　p.269

重大な事項と言っても君が考えているほどのことではないから、心配しないで。
중대한 사항이라고 해도 자네가 생각하고 있는 정도의 일은 아니니까 걱정하지 마.

☐ **~まい** ① ~하지 않겠다(부정의 의지) ② ~하지 않을 것이다(부정의 추측)　　p.208

もう二度とお酒は飲むまいと思っていたのに、昨日の飲み会で飲んでしまった。
두 번 다시 술은 마시지 않겠다고 생각하고 있었는데 어제 술 모임에서 마셔 버렸다.

☐ **~見込みだ** ~할 전망이다, ~할 예정이다　　p.265

この工事は、今年度中に終了する見込みだ。
이 공사는 이번 년도 안에 종료할 예정이다.

☐ **~ものなら** ① ~한다면 ② ~할 수(만) 있다면 ③ ~했다가는　　p.208

お金のことで悩まずに済むものならそうしたい。
돈으로 고민하지 않고 해결된다면 그렇게 하고 싶다.

D-18일 출제 예상 문법 확인하기

☐ 〜ようがない / 〜ようもない　~할 수가 없다 / ~할 수도 없다　p.211

母の着物は袖が短すぎて、着たいけど着ようがない。
어머니의 기모노는 소매가 너무 짧아서 입고 싶어도 입을 수가 없다.

☐ 〜(よ)うとしている　~하려고 하고 있다　p.212

何気なく空を見上げたら、雨が降ろうとしていた。
무심하게 하늘을 올려다봤더니 비가 내리려고 하고 있었다.

☐ 〜(よ)うにも〜ない　~하려고 해도 ~할 수 없다, ~하려고 해도 ~하지 않다　p.268

こんな長文、覚えようにも覚えられない。
이런 장문, 외우려고 해도 외울 수 없다.

☐ 〜ようによって(は)　~하기에 따라서(는)　p.265

毒も使いようによっては薬になるし、逆に薬も使い方を間違えれば毒になる。
독도 사용하기에 따라서는 약이 되고, 거꾸로 약도 사용법을 틀리면 독이 된다.

D-17일 출제 예상 문법 확인하기

☐ **~わけにはいかない** ① ~할 수는 없다 ② ~하지 않을 수는 없다   p.209

「明日は絶対に遅刻するわけにはいかない」と思っていたら、一睡もできませんでした。
내일은 절대로 지각할 수 없다고 생각하고 있었더니 한숨도 잘 수 없었습니다.

3 품사 2개와 접속

☐ **~おそれがある** ~할 우려가 있다   p.213

新規事業に必要な資金が集まらないおそれがある。
신규 사업에 필요한 자금이 모이지 않을 우려가 있다.

☐ **~からぬ** ~하지 않다   p.271

今朝、よからぬ噂を聞いたんだけど、隣の旦那さんが入院しているらしいよ。
오늘 아침, 좋지 않은 소문을 들었는데 옆집 남편이 입원해 있는 것 같아.

☐ **~がちだ** 자주 ~하다, ~하는 경향이 있다   p.215

最近忙しくて外食ばかりしているから、栄養が偏りがちだ。
최근 바빠서 외식만 하고 있으니까 영양분이 치우치는 경향이 있다.

D-16일 출제 예상 문법 확인하기

☐ **~極まりない・~極まる**　~하기 짝이 없다, 너무 ~하다　　p.272

倒産（とうさん）して夜逃（よに）げしたなんて、生活（せいかつ）が苦（くる）しいこと極（きわ）まりない。
도산해서 야반도주했다니 생활이 어렵기 짝이 없다.

☐ **~こそ~が・~こそ~けれど**　~야말로 ~지만, ~만은 ~지만　　p.270

息子（むすこ）が快活（かいかつ）で友達（ともだち）とよく遊（あそ）ぶことこそいいが、いつも服（ふく）を汚（よご）してくるので困（こま）る。
아들이 쾌활해서 친구와 잘 노는 것이야말로 좋지만 항상 옷을 더럽혀 오기 때문에 곤란하다.

☐ **~際に / ~際は**　~할 때(에), ~할 즈음(에) / ~할 때에는, ~할 즈음에는　　p.216

お手（て）すきの際（さい）に、資料（しりょう）をご確認（かくにん）いただけますでしょうか。
손이 비실 때에 자료를 확인해 주실 수 있으실까요?

☐ **~末に**　~한 끝에　　p.216

口論（こうろん）した末（すえ）に、妻（つま）は全財産（ぜんざいさん）を持（も）って家（いえ）を出（で）て行（い）ってしまった。
언쟁한 끝에 아내는 전 재산을 가지고 집을 나가 버렸다.

D-15일 출제 예상 문법 확인하기

☐ **〜そのものだ** ~그 자체다　　p.271

この本で紹介されている生活ノウハウは、実用的そのものだった。
이 책에서 소개되어 있는 생활 노하우는 실용적 그 자체였다.

☐ **〜(っ)きり** ① ~한 채 ② ~뿐, 만　　p.216

妹が夕方出たっきり帰って来ないので心配です。
여동생이 해 질 녘 나간 채 돌아오지 않아서 걱정입니다.

☐ **〜というところだ・〜といったところだ** (기껏해야) ~정도다　　p.270

会議はあと30分程度で終わるというところだ。
회의는 앞으로 30분 정도면 끝나는 정도다.

☐ **〜ともなると・〜ともなれば** ~하게 되면, ~이라도 되면, ~쯤 되면　　p.271

大勢の前で発表するともなると、徹底した事前準備が大事だ。
많은 사람들 앞에서 발표하게 되면 철저한 사전 준비가 중요하다.

D-14일 출제 예상 문법 확인하기

☐ **〜どころではない・〜どころじゃない** ~할 상황이 아니다   p.213

来週、大事なプレゼンがあるから今週末はゆっくり休むどころではない。
다음 주 중요한 발표가 있으니까 이번 주말은 느긋이 쉴 상황이 아니다.

☐ **〜なくして(は)・〜なしに(は)** ~없이(는)   p.331

金持ちだからすぐに結婚を決めてしまうなんて、愛なくしては長続きしないと思う。
부자라고 바로 결혼을 정해 버리다니 사랑 없이는 오래가지 않을 거라고 생각해.

☐ **〜に先立って・〜に先立ち** ~에 앞서(서)   p.214

工事を始めるに先立って周辺住民に説明する必要がある。
공사를 시작하기에 앞서서 주변 주민에게 설명할 필요가 있다.

☐ **〜にしては** ~인 것치고는   p.217

たくさん勉強したにしては、テストの点数が低すぎた。
많이 공부한 것치고는 테스트 점수가 너무 낮았다.

D-13일 출제 예상 문법 확인하기

☐ **〜につけ(て)**　~할 때마다　　　　　　　　　　　　　　　　　p.214

この音楽を聞くにつけ、楽しかった学生時代の記憶が蘇る。
이 음악을 들을 때마다 즐거웠던 학생 시절의 기억이 되살아난다.

☐ **〜にともなって・〜にともない**　① ~에 따라서 ② ~와/과 함께　p.215

人口が増加するにともなって新しい社会問題が台頭している。
인구가 증가함에 따라서 새로운 사회문제가 대두되고 있다.

---

4 여러 품사와 접속

☐ **〜あまり(に)**　(너무) ~한 나머지　　　　　　　　　　　　　　p.221

復職を焦ったあまり、病気が治ってないのに治ったふりをした。
복직을 조급해 한 나머지 병이 낫지 않았는데 나은 척을 했다.

☐ **〜うちに**　~동안에　　　　　　　　　　　　　　　　　　　　p.222

社長が会社にいらっしゃるうちに、書類にサインをいただいて契約を進めましょう。
사장님이 회사에 계시는 동안에 서류에 사인을 받아서 계약을 진행합시다.

D-12일 출제 예상 문법 확인하기

☐ **〜思いをする**　~한 기분이 들다, ~함을 느끼다　　p.217

大好きだったおばあさんが亡くなってしまい、とても悲しい思いをした。
정말 좋아했던 할머니가 돌아가 버리셔서 매우 슬픔을 느꼈다.

☐ **〜か否か**　~인지 아닌지　　p.273

あの風景画は、有名な歌手の某氏が描いたか否かまだ明らかになっていない。
저 풍경화는 유명한 가수인 모 씨가 그렸는지 아닌지 아직 밝혀지지 않았다.

☐ **〜限り**　~하는 한　　p.222

言葉の裏に愛情がない限り、どんな言葉も胸には突き刺さらない。
말의 뒷면에 애정이 없는 한, 어떠한 말도 가슴에는 꽂히지 않는다.

☐ **〜かのごとく**　~인 것 같이　　p.273

彼は、みんなで頑張って作った作品を一人で作ったかのごとく喋っていた。
그는 다 같이 열심히 만든 작품을 혼자서 만든 것 같이 떠들고 있었다.

D-11일 출제 예상 문법 확인하기

☐ **～からには** ~하는(한) 이상에는 p.223

相手が助けを求めているからには、見ないふりをするなんてことは絶対にできない。
상대가 도움을 요구하고 있는 이상에는 보지 않은 척 따위 한다는 것은 절대로 할 수 없다.

☐ **～(が)ゆえ(に)** ~때문에 p.274

説明を長く申し上げたゆえに、肝心な部分が伝わりにくかったかもしれません。
설명을 길게 말씀드렸기 때문에 가장 중요한 부분이 전해지기 어려웠을지도 모릅니다.

☐ **～ことか** ~한가, ~던지, ~말인가(감정) p.223

祖父は戦争で両親を亡くしたらしいが、どんなに苦労したことか。
할아버지는 전쟁으로 부모님을 여의었다고 하던데 얼마나 고생했단 말인가.

☐ **～ことから** ~(으)로 인해, ~때문에 p.224

友達は足が大きいことから、Big footと呼ばれていた。
친구는 발이 크기 때문에 Big foot이라고 불리고 있었다.

D-10일 출제 예상 문법 확인하기

☐ **〜こともあって**　~이기도 해서　　p.274

この時期、気温差が**大きいこともあって**体調を崩しやすいと思います。
이 시기에 기온차가 크기도 해서 컨디션을 해치기 쉽다고 생각합니다.

☐ **〜せいか**　~탓인지　　p.224

頑張って**勉強しなかったせいか**、試験問題が全く解けなかった。
열심히 공부하지 않았던 탓인지 시험문제를 전혀 풀 수 없었다.

☐ **〜たら〜たで・〜なら〜で**　~하면 ~한 대로　　p.218

それを親に**話したら話したで**、構わないと思うよ。
그걸 부모님에게 이야기하면 이야기하는 대로 상관없다고 생각해.

☐ **〜だけあって**　~한 만큼, ~인 만큼　　p.229

そのポスターは、プロのカメラマンが**撮っただけあって**美しいですね。
그 포스터는 프로 카메라맨이 찍은 만큼 아름답네요.

D-9일 출제 예상 문법 확인하기

☐ **～だけに**　① ~한 만큼, ~인 만큼　② ~이기 때문에 (더욱)　　p.229

彼はまだ若いだけに真夜中まで遊んでも次の日、平気で働く。
그는 아직 젊은 만큼 한밤중까지 놀아도 다음날 아무렇지도 않게 일한다.

☐ **～だろうか**　~일까　　p.230

一週間の語学研修で、どれだけ成長できるだろうか。
일주일 간의 어학연수로 얼마나 성장할 수 있을까?

☐ **～だろうに**　~텐데　　p.278

問題を最後まで読めば解けただろうに、惜しいことをしてしまった。
문제를 마지막까지 읽으면 풀 수 있었을 텐데 아쉬운 행동을 해 버렸다.

☐ **～つもりで**　~(한) 셈 치고, ~(했)다고 생각하고　　p.219

私なりには頑張ったつもりで取り組んだのに、何も変わっていなかった。
내 나름대로는 열심히 했다고 생각하고 임했는데 아무것도 바뀌지 않았었다.

D-8일 출제 예상 문법 확인하기

☐ **〜っけ** ~던가, ~었나   p.231

ともちゃんに話したっけ？彼と同棲はじめたんだよ。
토모짱한테 이야기했던가? 남자친구와 동거 시작했어.

☐ **〜てならない** ~해서 견딜 수 없다, 너무 ~하다   p.219

メディアで故郷の映像が映ると、帰りたくてならなくなる。
미디어에서 고향 영상이 나타나면 돌아가고 싶어서 견딜 수 없어진다.

☐ **〜とあって** ~라고 해서, ~라서   p.275

この大会のコースは険しく困難とあって、諦める人も少なくない。
이 대회의 코스는 험하고 곤란하다고 해서 포기하는 사람도 적지 않다.

☐ **① 〜とあっては ② 〜とあれば** ~라고 하면, ~라면   p.276

さすが全国大会とあっては、どの試合も目が離せない。
과연 전국 대회라고 하면 어느 시합도 눈을 뗄 수 없다.

D-7일 출제 예상 문법 확인하기

☐ **～というものだ・～ってもんだ**　~라는 것이다 　　p.225

相手に何かしてほしいと思うより、自分から先に優しく接するというものだ。
상대방에게 무언가 해주면 좋겠다고 생각하기 보다 스스로 먼저 친절하게 접하는 것이다.

☐ **～というものではない**　(반드시) ~라는 것은 아니다 　　p.225

トップクラスの大学を卒業したからといって大企業に就職できるというものではない。
톱클래스 대학을 졸업했다고 해서 대기업에 취직할 수 있다는 것은 아니다.

☐ **～というわけではない・～というわけじゃない**　~라고 하는 것은 아니다 　　p.226

この問題そんなに難しいというわけではないが、解くのに時間はかかると思う。
이 문제 그렇게 어렵다고 하는 것은 아니지만 푸는 데에 시간은 걸릴 거라고 생각해.

☐ **～といったらない・～といったらありはしない**　정말이지 ~하다, ~하기 짝이 없다 　　p.277

結婚した後に仕事に復帰してすぐ部長になるなんて、絶好調といったらないよね。
결혼한 후에 업무에 복귀해서 바로 부장이 되다니 정말이지 절호조(=한창 잘나가)네요.

D-6일 출제 예상 문법 확인하기

☐ **～と言っても過言ではない** ~라고 해도 과언이 아니다   p.277

大切な孫を思うと、目に入れても痛くないと言っても過言ではありません。
소중한 손자를 생각하면 눈에 넣어도 아프지 않다고 해도 과언이 아닙니다.

☐ **～(か)と思いきや** ~라고 생각했더니   p.278

あの夫婦はいつも一緒にいるから仲がいいと思いきや、どうやらそうじゃなさそうだ。
저 부부는 항상 함께 있으니까 사이가 좋다고 생각했더니 아무래도 그렇지 않은 것 같다.

☐ **～とか** ① ~라든지, ~라든가 ② ~라던데, ~라며   p.226

お客さんは、商品の品質が悪いとか、値段が高いとか、文句を言っていた。
고객은 상품의 품질이 나쁘다든가 가격이 비싸다든가 불평을 말하고 있었다.

☐ **～としたら・～とすれば・～とすると** ~라고 하면   p.227

今、何か食べるとしたら何が食べたいですか。
지금 무언가 먹는다고 하면 무엇을 먹고 싶어요?

D-5일 출제 예상 문법 확인하기

☐ **〜としても** ~라고 해도   p.227

引っ越すとしても資金がなければ実行できない。
이사한다고 해도 자금이 없으면 실행할 수 없다.

☐ **〜とは** ~하다니, ~(이)라니   p.340

旅行に行くから早起きしたけど、まだ外が暗いとは、考えもしなかった。
여행을 가기 때문에 일찍 일어났지만 아직 밖이 어둡다니 생각지도 못했다.

☐ **〜とはいえ** ~라고는 해도, ~라고는 하나   p.228

今日のテストは簡単だったとはいえ、100点を取る自信はない。
오늘의 테스트는 간단했다고는 해도 100점을 딸 자신은 없다.

☐ **〜とは限らない** (반드시) ~라고는 할 수 없다   p.228

自分が知っている常識や情報をみんなが知っているとは限らない。
자신이 알고 있는 상식이나 정보를 모두가 알고 있다고는 할 수 없다.

D-4일 출제 예상 문법 확인하기

☐ **どうりで～はずだ** 어쩐지 ~하더라   p.230

もう冬なのか。どうりで寒いはずだ。
벌써 겨울인건가? 어쩐지 춥더라.

☐ **～ないことには** ~하지 않고서는, ~하지 않으면   p.220

注文しておいた材料が届かないことには、どうせ何も作れない。
주문해 둔 재료가 도착하지 않고서는 어차피 아무것도 만들 수 없다.

☐ **～ないことはない** ~(하)지 않는 것은 아니다   p.220

パクチーは食べないことはないですが、あまり好きではありません。
고수는 먹지 않는 것은 아닙니다만 별로 좋아하지 않습니다.

☐ **～ならまだしも** ~라면 몰라도   p.279

パソコンが完全に壊れて使えないならまだしも中途半端に使えるから逆に困る。
컴퓨터가 완전히 고장나서 사용할 수 없으면 몰라도 어중간하게 사용할 수 있으니까 오히려 곤란하다.

D-3일 출제 예상 문법 확인하기

☐ **～なんて**　① ~하다니, ~라니　② ~따위, ~같은 것　③ ~라던가, ~등　　p.231

真実(しんじつ)を言(い)ったにも関(かか)わらず、信(しん)じてくれないなんて、ひどすぎる。
진실을 말했음에도 불구하고 믿어주지 않다니 너무하다.

☐ **～に決(き)まっている**　반드시 ~이다, ~임에 틀림없다　　p.232

急(きゅう)に一人暮(ひとりぐ)らしを始(はじ)めるなんて、親(おや)から反対(はんたい)されるに決(き)まっている。
갑자기 자취를 시작하다니 부모로부터 반대당할 게 틀림없다.

☐ **～に越(こ)したことはない**　~보다 나은 것은 없다, ~이/가 제일이다　　p.279

先方(せんぽう)からのクレームがないに越(こ)したことはないのですが、万(まん)が一(いち)のために備(そな)えておきましょう。
상대방으로부터 클레임이 없는 것 보다 나은 것은 없습니다만 만일을 위해서 대비해 둡시다.

☐ **～にもほどがある**　~에도 정도가 있다　　p.280

あの子(こ)どもは口(くち)が達者(たっしゃ)だと思(おも)っていたが、大人(おとな)を馬鹿(ばか)にするにもほどがある。
저 아이는 말솜씨가 좋다고 생각하고 있었지만 어른을 깔보는 것에도 정도가 있다.

D-2일 출제 예상 문법 확인하기

☐ **~ばかりに**　~하는 바람에, ~탓에　　　p.232

旅行中にスマホの電源が切れてしまったばかりに、目的地に到着できなかった。
여행 도중에 스마트폰의 전원이 꺼져버린 바람에 목적지에 도착할 수 없었다.

☐ **~ばこそ**　~이기 때문에, ~이기에　　　p.221

慌ただしければこそ一人一人丁寧な接客が必要なのだ。
분주하기 때문에 한 사람 한 사람 정중한 접객이 필요한 것이다.

☐ **~もの・~んだもの**　~인(한) 걸, ~란 말이야　　　p.233

A「わっ、部屋中マンガだらけ。」
B「10年間集めた物で、簡単には捨てられないもの。」
A: 와, 방 안이 만화투성이야.
B: 10년간 모은 것이라서 간단하게는 버릴 수 없는걸.

☐ **~ものか**　~할까 보냐　　　p.218

散々無視されたのに、我慢できるものか。
몹시 무시당했는데 참을 수 있을까 보냐.

D-1일 출제 예상 문법 확인하기

☐ **〜ものだ** ① ~하는 법이다, ~하는 것이 당연하다 ② ~하곤 했다(회상) ③ ~(하는)구나(감탄)   p.234

マナーある 人は 電車の 中で 化粧などしないものだ。
매너 있는 사람은 전차 안에서 화장 따위 하지 않는 법이다.

☐ **〜ものの** ~기는 하지만(역접)   p.234

先月からスポーツクラブの会員になったものの、急に忙しくなり一度も行っていない。
지난달부터 스포츠 클럽 회원이 되었기는 하지만 갑자기 바빠져서 한 번도 가지 못하고 있다.

☐ **〜ものを** ~일 텐데, ~일 것을   p.280

昨日言ってくれたら手伝えたものを、なんで当日になって言うの。
어제 말해 줬다면 도울 수 있었을 텐데 어째서 당일이 되어서 말하는 거야.

☐ **〜(よ)うが・〜(よ)うと(も)** ~하더라도, ~해도   p.281

母がどんなに説得しようが、父は自分の考えを貫き通した。
어머니가 아무리 설득하더라도 아버지는 자신의 생각을 관철했다.

MEMO

MEMO

JLPT 합격 노하우 **yuhadayo.com**